Zu diesem Buch

In kritischer Distanz zum dogmatischen Wahrheitsanspruch des Christentums und doch unvoreingenommen gibt dieses Lexikon Auskunft über das Thema Religion: über das Christentum, über andere Religionen und religiöse Phänomene im allgemeinen.
Neben die Darstellung der zentralen Gehalte des christlichen Glaubens treten die Fragen nach Anspruch und Wirklichkeit des Christentums in Geschichte und Gegenwart, nach Bedeutung und Entwicklung seiner charakteristischen Begriffe und Bilder, Theorien und Symbole.
Im weiteren charakterisiert es die großen nichtchristlichen Religionen der Welt und beleuchtet die Verbindungen des Christentums zu ihnen.

Hartwig Weber, geboren 1944, Studium der evangelischen Theologie, Pfarrer, Promotion zum Dr. theol., verheiratet und Vater von vier Kindern, seit 1977 Professor der Evangelischen Theologie und Religionspädagogik an der Pädagogischen Hochschule in Reutlingen, jetzt an der Pädagogischen Hochschule Heidelberg lehrend. Er ist Autor zahlreicher Veröffentlichungen zur Religionspädagogik, zu Problemen der Dritten Welt und zur Hexenverfolgung. Hartwig Weber ist Autor folgender Werke: Mut zur Phantasie. Kinder lernen über Kinder, Reinbek bei Hamburg 1979; Kinder in Lateinamerika, Wiesbaden 1979; Die Opfer des Kolumbus. 500 Jahre Gewalt und Hoffnung, Reinbek bei Hamburg 1982; Kinderhexenprozesse, Frankfurt am Main 1991.

Hartwig Weber

Religion

Lexikon der Grundbegriffe in Christentum und anderen Religionen

rororo

Rowohlt

Redaktion: Wolfgang Müller
Umschlaggestaltung: Büro Hamburg
Umschlagillustration: Jan Riekhoff

Neu bearbeitete und erweiterte Ausgabe des
1986 erschienenen «Jugendlexikon Religion»

Originalausgabe
Veröffentlicht im Rowohlt Taschenbuch Verlag GmbH,
Reinbek bei Hamburg, Juli 1992

Satz Times und Helvetica (Linotronic 500)
Gesamtherstellung Clausen & Bosse, Leck
Printed in Germany
1990-ISBN 3 499 16341 1

Vorwort

Als der griechische Philosoph Plato im 4. Jahrhundert vor Christus den Begriff «Theologie» einführte, verstand er darunter die vernünftige Rede von Göttern: Theologie sei kritisches Nachdenken über den Glauben des Volkes und über die Göttergeschichten, die ja die Verhältnisse widerspiegeln, unter denen die Menschen leben. Wenn aber die Mythen und der Volksglaube den Menschen nicht zum rechten Verhalten anleiten – so Plato –, dann müssen sie eben kritisiert und verändert werden. Wer eine bessere Gesellschaft will, kommt also um die Kritik der Religion nicht herum.

Dieses Lexikon könnte vielleicht für diejenigen Leser von Nutzen sein, die an einer möglichst unvoreingenommenen Information über das Thema Religion – über das Christentum, andere Religionen, religiöse Phänomene – interessiert sind und die sich mit der Frage beschäftigen, wie das Leben in unserer Gesellschaft mit Religion zusammenhängt. Wie stellt sich vor allem das Christentum in seinem Anspruch und in seinen Erscheinungen dar? Wie ist es in der Geschichte hervorgetreten? Wie sind seine charakteristischen Begriffe und Bilder, Theorien und Symbole entstanden, und wie haben sie sich im Laufe der Zeit verändert? Was hat das Christentum mit anderen Religionen der Welt gemein, und welche Haltung nimmt es gegenüber «nichtchristlichen» Glaubensgemeinschaften ein?

Mit einer großen Portion Selbstbewußtsein hat das Christentum in der Geschichte immer wieder die Ansicht in der Welt vertreten, nur christliches Heil sei wahres Heil. Dieser exklusive Anspruch hat das Interesse der Christen an anderen religiösen Auffassungen nicht gerade beflügelt. Häufig wurde sogar die Meinung vertreten, wer das Christentum kennt, kenne alle Religionen. Bei dieser Haltung geriet nun die Tatsache leicht in Vergessenheit, daß es die meisten typisch christlich erscheinenden religiösen Phänomene wie etwa Taufe und Abendmahl, Heiland und Opfer, Auferstehung und Jüngstes Gericht, Jungfrauengeburt und Wunder auch in anderen Glaubensgemeinschaften gibt, ja, daß so gut wie alle bei uns verbreiteten religiösen Vorstellungen von der Wurzel her überhaupt nicht christlich sind, sondern vielmehr Gemeingut der Religionen darstellen.

Wenn man sich der eigenen Religion in einer geschichtlichen und religionswissenschaftlichen Betrachtungsweise nähert und darüber hinaus auch nach und nach ein Verständnis anderer Religionen erwirbt, so kann sich das für den christlichen Glauben stellenweise typische dogmatisch-autoritative Wahrheitsverständnis – christliche Glaubenssätze seien zumindest im Kern allgemein gültig, exklusiv, unveränderlich und ewig – Schritt um Schritt auflösen.

Dieses Buch stellt eine Überarbeitung und Erweiterung des «Jugendlexikon Religion» aus dem Jahr 1986 dar. Es mag, weil Lexika dies im allgemeinen so an sich haben, möglicherweise den Anschein erwecken, «neutral» zu informieren und stets «objektiv» zu sein. Dies ist jedoch gewiß nicht der Fall. Themen der Religion lassen sich schwerlich aus gleicher Distanz wie Objekte der Archäologie oder der Naturwissenschaften behandeln. Schon die Festlegung der Stichwörter und die Auswahl der darin behandelten Aspekte sind von folgenden, durchaus subjektiven Fragestellungen motiviert: Welche Anschauungen und Inhalte, Hoffnungen und Situationen charakterisieren das Christentum, und zwar nicht nur in Hinblick auf sein eigenes Selbstverständnis, sondern auch nach seiner offensichtlichen Wirklichkeit? Was sollte man über die traditionellen Gehalte des christlichen Glaubens wissen, um sich damit kritisch auseinandersetzen zu können? Welche Kenntnisse über fremde Religionen und religiöse Phänomene sollte einer obendrein haben, um sich ein Bild der Bedeutung von Religion überhaupt machen zu können?

Man kann dieses Buch mit der Absicht benutzen, Bedeutungsgehalte oder Definitionen einzelner theologischer Begriffe und religiöser Erscheinungen zu klären. Darüber hinaus aber kann man sich auch über größere Themenzusammenhänge informieren. Wer einzelne, zusammengehörende Artikel einander zuordnet, wird leicht feststellen, daß dieses Lexikon auch größere Problembereiche abdeckt. Interessierte Leser finden derartige Zusammenhänge schnell heraus, indem sie sich entweder an den «Orientierungsrahmen» (S. 11f) halten, den Querverweisen (Pfeilen) innerhalb der Artikel folgen oder das Register (S. 527ff) zu Rate ziehen.

Gleisweiler, im Januar 1992 *Hartwig Weber*

Stichwortverzeichnis

Orientierungsrahmen

Religion – was ist das?

Religion, Religionswissenschaft, Religionsphänomenologie, Religionssoziologie, Heilig, Mythos, Kultus, Tod, Magie, Aberglaube, Theologie, Katholizismus, Protestantismus, Christentum, Absolutheitsanspruch, Religionskritik, Atheismus, Schicksal, Glück

Fremde Religionen

Vorgeschichtliche Religion, Stammesreligionen, Indianische Religionen, Afrikanische Religionen, Afroamerikanische Religionen, Babylonisch-assyrische Religion, Vedische Religion, Hinduismus, Jainismus, Buddhismus, Zen, Chinesische Religionen, Zarathustra, Konfuzianismus, Taoismus, Schintoismus, Ägyptische Religion, Griechische Religion, Judentum, Gnosis, Germanische Religion, Islam, Koran, Bahá'í-Religion

Erscheinungen, die es in vielen Religionen gibt

Religion, Heilig, Animismus, Totemismus, Tabu, Magie, Jenseits, Totenbestattung, Mythos, Opfer, Blut, Kultus, Seele, Schöpfungsmythen, Ewigkeit, Ewiges Leben, Gott, Offenbarung, Polytheismus, Dämonen, Paradies, Hölle, Fegfeuer, Teufel, Engel, Himmel, Dualismus, Aberglaube, Parapsychologie, Wunder, Furcht, Heilige Schriften, Wochentage, Astrologie, Fluch/Segen

Konfessionen, Religionsgemeinschaften, religiöse Gruppen

Katholizismus, Protestantismus, Orthodoxe Kirchen, Herrnhuter Brüdergemeine, Mennoniten, Baptisten, Quäker, Evangelisch-methodistische Kirche, Pfingstbewegung, Sekten, Heilsarmee, Zeugen Jehovas, Christengemeinschaft, Kinder Gottes, Vereinigungskirche, Scientology-Kirche, Hare-Krishna-Bewegung, Bhagwan

Themen des Alten Testaments

Bibel, Bibelwissenschaft, Auslegung, Kanon, Israel, Jahwe, Altes Testament, Pentateuch, Abraham, Moses, Schöpfung, Adam, Prophet, Jesaja, Jeremia, Exodus

Themen des Neuen Testaments

Bibel, Bibelwissenschaft, Auslegung, Kanon, Neues Testament, Synoptiker, Markus, Matthäus, Lukas, Johannesevangelium, Jesus von Nazareth, Jungfrauengeburt, Bergpredigt, Menschensohn, Christus, Kyrios, Kreuz, Maria, Auferstehung, Wunder, Christologie, Jungfrauengeburt, Petrus, Urgemeinde, Apostel, Paulus, Paulusbriefe, Apostelgeschichte

Aus der Frühzeit des Christentums

Auferstehung, Urgemeinde, Petrus, Urchristentum, Platonismus/Neuplatonismus, Hellenismus, Mysterien, Gnosis, Paulus, Apostelgeschichte, Christologie, Kirchenväter, Augustinus, Christenverfolgungen, Märtyrer, Konstantin der Große, Mönchtum, Papsttum, Fälschungen

Aus der Geschichte des Christentums: Von der Alten Kirche bis in die neueste Zeit

Kirche, Kirchenväter, Konstantin der Große, Mission, Augustinus, Papsttum, Mönchtum, Benedikt von Nursia, Franciscus von Assisi, Askese, Mittelalter, Kreuzzüge, Ketzer, Hexe, Inquisition, Index, Folter/Geißelung/Flagellanten, Bauernkriege, Mystik, Ablaß, Antichrist, Reformation, Zwingli, Martin Luther, Thomas Müntzer, Calvin, Gegenreformation, Ignatius von Loyola, Katholizismus, Protestantismus, Orthodoxie, Pietismus, Aufklärung, Erweckungsbewegung, Fundamentalismus, Gemeinschaftsbewegung, Diakonie, Soziales Christentum, Vatikanum I und II, Kirchenkampf, Deutsche Christen, Bekennende Kirche, Antisemitismus, Dialektische Theologie, Theologie der Befreiung

Über das Verhältnis von Staat und Kirche

Kirche, Urchristentum, Paulus, Christenverfolgungen, Konstantin der Große, Augustinus, Mission, Inquisition, Ketzer, Bann, Martin Luther, Thomas Müntzer, Bauernkriege, Pietismus, Aufklärung, Mennoniten, Baptisten, Intoleranz, Protestantismus, Kirchenkampf, Deutsche Christen, Krieg, Frieden, Dogma, Dogmatik, Autorität, Gehorsam, Familie, Sekte

Wichtige Themen der (dogmatischen) Theologie

Theologie, Dogma, Dogmatik, Christentum, Heilige Schriften, Absolutheitsanspruch des Christentums, Christologie, Gott, Offenbarung, Schöpfung, Adam, Bekehrung, Gebet, Gewissen, Sünde, Buße, Beichte, Taufe, Tod, Bekehrung, Geist, Eschatologie, Ewigkeit, Ewiges Leben, Jenseits, Kirche, Sakrament, Abendmahl, Bilder, Existentialismus

Über Theologie und Religion in der Gesellschaft

Theologie, Religion, Religionssoziologie, Christentum, Kirche, Ethik, Askese, Soziales Christentum, Krieg, Frieden, Gewissen, Intoleranz, Familie, Ehe, Sexualität, Frau, Autorität, Gehorsam, Demut, Religionsunterricht, Religionskritik, Atheismus, Politische Theologie, Theologie der Befreiung

Verzeichnis der Abkürzungen

Altes Testament

Jos.	Josua	Hes.	Hesekiel/Ezechiel
Ri.	Richter	Hos.	Hosea
1. Sam.	1. Samuelbuch	Am.	Amos
2. Sam.	2. Samuelbuch	Mi.	Micha
1. Kö.	1. Königsbuch	Ps.	Psalm
2. Kö.	2. Königsbuch	1. Chr.	1. Buch der Chronik
Jes.	Jesaja	2. Chr.	2. Buch der Chronik
Jer.	Jeremia		

Neues Testament

Mat.	Matthäus	2. Tim.	2. Timotheusbrief
Mk.	Markus	Tit.	Titusbrief
Lk.	Lukas	Philem.	Philemonbrief
Joh.	Johannes	Hebr.	Hebräerbrief
Apg.	Apostelgeschichte	Jak.	Jakobusbrief
Röm.	Römerbrief	1. Petr.	1. Petrusbrief
1. Kor.	1. Korintherbrief	2. Petr.	2. Petrusbrief
2. Kor.	2. Korintherbrief	1. Joh.	1. Johannesbrief
Gal.	Galaterbrief	2. Joh.	2. Johannesbrief
Eph.	Epheserbrief	3. Joh.	3. Johannesbrief
Phil.	Philipperbrief	Jud.	Judasbrief
Kol.	Kolosserbrief	Apk.	Johannes-Apokalypse/ Offenbarung des Johannes
1. Thess.	1. Thessalonicherbrief		
2. Thess.	2. Thessalonicherbrief		
1. Tim.	1. Timotheusbrief		

Allgemeine Abkürzungen

d. h.	das heißt	n. Chr.	nach Christus
f	folgende Seite	s. o.	siehe oben
ff	folgende Seiten	s. u.	siehe unten
gest.	gestorben	u. U.	unter Umständen
hg. von	herausgegeben von	v. Chr.	vor Christus

A

Abendmahl

Das Wort «Abendmahl» kommt von der Bezeichnung des letzten Mahles Jesu mit seinen Jüngern «in der Nacht, da er verraten ward» in Martin Luthers Bibelübersetzung seit 1522. Dieses Mahl gilt als Ursprung des christlichen «Herrenmahles» (griech. eucharistia, lat. sacramentum eucharistiae, deutsch Altarsakrament).

1. In zahlreichen Religionen wird das kultische Mahl als Ausdruck der Gemeinschaft des Menschen mit der Gottheit sowie der Gläubigen untereinander angesehen. Bei sakramentalen Mahlzeiten nimmt man einen heiligen Trank, etwa Honigtrank, Soma (→ Vedische Religion) oder Met, zu sich. Der eigentliche Inhalt des Mahles ist ein → Opfer, das der Kommunion (Gemeinschaft, Teilhabe) mit der Gottheit dient. Ein Teil des Opfers wird Gott übergeben, den Rest verzehren die Opfernden gewöhnlich selbst.

Bisweilen gehen die Gläubigen von der Vorstellung aus, daß sie beim kultischen Mahl die Gottheit verspeisen, um ihrer teilhaft zu werden: Während sich der Mensch das Opfermahl einverleibt, nimmt er das göttliche Wesen in sich auf und wird eins mit ihm.

In den griechischen und hellenistischen Mysterienkulten beispielsweise (→ Hellenismus; → Mysterien) war die Praxis solcher Kultmahlzeiten verbreitet. Der Mithraskult (Mithras: persischer Gott des Lichtes seit 1400 v. Chr., dessen Kult sich seit 100 n. Chr. auch in Rom ausbreitete und der zum Rivalen des jungen Christentums wurde) kannte nicht nur eine → Taufe, sondern auch eine Art Abendmahl mit Brot, Wasser und Wein, das in Erinnerung an die letzte Mahlzeit des Mithras gefeiert wurde, der daraufhin mit einem Sonnenwagen zum Himmel aufgefahren war. In Babylonien verspeiste man einen Opferkuchen, der die Göttin Ischtar symbolisierte. (Ischtar: babylonische Liebes- und Fruchtbarkeitsgöttin) Im Dionysoskult wurde ein Bock, der als Gott galt, zerfleischt und roh verschlungen. (Dionysos, lat. Bacchus, Gott der Fruchtbarkeit und des Weines; → Griechische Religion)

Das christliche Abendmahl ist also keineswegs eine einmalige und unvergleichliche Erscheinung. Vielmehr stellt es lediglich einen Sonderfall unter den religiösen Speiseritualen der Religionen dar, bei denen sich Opferungen häufig mit Waschungen, Tänzen, Ekstase sowie profaner Kopulation verbinden und die stets auf die Kommunikation des Menschen mit dem Transzendenten abzielen.

2. Im Neuen Testament finden sich vier Texte zur Einsetzung des Abendmahls: Mk. 14,22–24 und 1. Kor. 11,23–25 scheinen die ältesten, Mat. 26,26–29 und Lk. 22,19f die jüngeren zu sein. Der Genuß von Wein («das ist mein → Blut») und Brot («das ist mein Leib») verspricht die Teilhabe am Leib des Christus. Das Johannesevangelium weitet dieses Verständnis weiter aus: Der Gekreuzigte hat sein Leben nicht nur für die Jünger, sondern «für das Leben der Menschheit» überhaupt hingegeben. «Ich bin das lebendige Brot, vom Himmel gekommen. Wer von diesem Brot essen wird, der wird leben in Ewigkeit. Und das Brot, das ich geben werde, das ist mein Fleisch, welches ich geben werde für das Leben der Welt.» (Joh. 6,51) Durch den Genuß von Brot und Wein

bzw. Leib (Fleisch) und Blut Christi empfangen die Gläubigen jetzt schon das → ewige Leben.

3. Der wichtigste Gottesdienst in der Alten Kirche war die Taufe mit dem Abendmahl als einem seiner Bestandteile. Für das Abendmahl als Gottesdienst bürgerte sich der Name «Eucharistie» (Danksagung) ein. Diese Bezeichnung kommt vom «Becher des Lobpreises», über dem man, nach jüdischem Brauch, im Anschluß an die übliche Mahlzeit einen Lobspruch sagte. «Becher des Lobpreises» nannte man daraufhin auch den Abendmahlsbecher. «Der gesegnete Kelch, welchen wir segnen, ist der nicht die Gemeinschaft des Blutes Christi?» (1. Kor. 10,16). «Eucharistie» hieß also zunächst der Lobpreis Gottes als Gebet, dann bezeichnete man damit die «Elemente» Brot und Wein, die durch das Gebet zu Trägern des Heils «gesegnet» werden.

Im alttestamentlich-jüdischen Tempelkult war wie in den antiken Kulten das Opfer von zentraler Bedeutung. Der Hebräerbrief des Neuen Testaments aber begründet das Ende des Opferkultes folgendermaßen: Christus, der sich am → Kreuz selbst geopfert habe, hat die Sünden der Menschen vergeben; deshalb könne das wahre Opfer der Menschen nur noch Lobpreis Gottes heißen. Daran anschließend bezeichnet man nun das Herrenmahl, insbesondere aber das Eucharistiegebet, als «Opfer». «Wir danken dem Schöpfer aller Dinge und essen die mit Danksagung und Gebet über den Gaben dargebrachten Brote, die durch das Gebet so etwas wie heiliger Leib geworden sind, der die heiligt, die ihn mit gesunden Vorsätzen gebrauchen [verzehren].» (Origines, gest. 254) Das Wesentliche an der «Heiligung», die der Empfang des Abendmahls bewirkt, ist die Vergebung der Sünden und die Verheißung der Auferstehung und des ewigen Lebens. Die Eucharistie wird zum «Heilmittel der Unsterblichkeit» (Ignatius, gest. um 110).

4. Als im Laufe des 4. Jahrhunderts durch die veränderte Religionspolitik der römischen Kaiser immer größere Menschenscharen in die christliche Kirche hineinströmten (→ Konstantin der Große), mußte die Unterweisung der Taufbewerber in den Gemeinden grundlegend verändert werden. Die Taufbewerber wurden in die Taufe und die damit verbundene erste Eucharistie eigens eingeführt. Viele schoben jedoch die Taufe (und damit die erwartete Tilgung der Sünden) immer weiter, ja möglichst bis unmittelbar vor die Sterbestunde hinaus, so daß die Zahl der Katechumenen (Taufbewerber) viel stärker anwuchs als die der Getauften. Deshalb spaltete sich der Gemeindegottesdienst auf: Die einen (die bereits Getauften) gingen zum Abendmahl, die anderen lediglich zu Predigt und Gebet. Als zum Empfang des Abendmahls «würdig» galt nur, wer sich dem Altar «mit Furcht und Schrekken» näherte; denn die Kommunion konnte den Gläubigen nicht nur zu Gnade und Barmherzigkeit, sondern auch zu Gericht und Vergeltung gereichen. Das Abendmahl wurde zu einem gefährlichen «Mysterium» (Geheimnis).

Ausgesprochen geheimnisvoll war überhaupt der ganze Vorgang, der aus Brot und Wein Fleisch und Blut Christi werden ließ. Nach der Erklärung des Bischofs Ambrosius von Mailand (gest. 379) geschieht diese «Wandlung» durch das Wort Christi: «Also vollzieht das Wort Christi dies Sakrament.» «Wenn also eine solche Kraft im Wort des Herrn ist, daß [z. B. bei der Schöpfung] das einen Anfang nahm, was nicht war, wie viel mehr kann es bewirken, daß Dinge, die vorhanden waren [Brot und Wein], existent bleiben und in anderes [Leib und Blut] verwandelt werden?»

Das Problem der «Wandlung» sollte das Christentum noch viele Jahrhunderte lang beschäftigen. Dahinter steht nämlich die Frage, ob Christus «wirklich» oder nur sinnbildlich in den Elementen anwesend sei. Im frühen Mittelalter entwickelte sich das Abendmahl zum Passionsspiel: zur zeremoniellen Darstellung der Leidensgeschichte Jesu als Gedächtnisfeier. Theologen stritten darüber, ob Christi Leib und Blut «nur im Mysterium» oder aber «in Wirklichkeit» genossen werden und ob Christi Leib derjenige Leib sei, der aus Maria geboren worden war und der jetzt «zur Rechten des Vaters» thront. (Wie sollte er in den «Elementen» und gleichzeitig im Himmel sein?) Da man an Brot und Wein trotz der angeblichen Wandlung keinerlei Veränderung wahrnehmen konnte, wie sollte man sich da die Umwandlung anders als nur «geistig» (spiritualiter) und «bildhaft» vorstellen? Die einen neigten dazu, Brot und Wein für «Sinnbilder» von Fleisch und Blut Christi zu halten, die anderen bestanden auf der «realen Gegenwart» Christi in der Eucharistie als Folge einer «wesenhaften» Verwandlung von Brot und Wein.

Im 12. Jahrhundert erklärte man, der Leib Christi sei in der Eucharistie real gegenwärtig, und zwar nicht nach seiner äußeren «Form», wohl aber nach seinem «Wesen»: Die vollzogene Wandlung sei demnach eine Umwandlung der «Substanz», d. h. des Wesens der Elemente; gleich bleiben jedoch die «Akzidentien», das heißt die äußerlichen Eigenschaften wie Farbe und Geschmack von Brot und Wein. Aus dieser Anschauung entwikkelte sich die Lehre von der «Transsubstantiation», die das 4. Laterankonzil (1215) so formulierte: «Sein Leib und sein Blut sind im Sakrament des Altars unter den Gestalten von Brot und Wein wahrhaft enthalten, nachdem durch Gottes Macht das Brot in den Leib und der Wein in das Blut wesensverwandelt sind, damit wir vom Seinigen empfangen... und die geheimnisvolle Einheit vollendet werde.» Thomas von Aquin (1225–1274) erklärte Auffassungen, die von der Transsubstantiation abwichen, für ketzerisch. «Durch göttliche Kraft... wird die ganze Substanz des Brotes in die ganze Substanz des Leibes Christi und die ganze Substanz des Weines in die ganze Substanz des Blutes Christi verwandelt. Somit ist diese Verwandlung nicht eine der Form, sondern der Substanz... [und] kann mit dem Eigennamen ‹Wesensverwandlung› [transsubstantiatio] benannt werden.» «Nach dem offenkundigen Sinneszeugnis bleiben nach der Konsekration [Weihung, Wandlung] alle Eigenschaften [accidentia] des Brotes und des Weines bestehen.»

Da man davon ausging, daß der ganze Christus in jedem einzelnen Teil der «Gestalten» (Brot und Wein) gegenwärtig sei, konnte auf die Kommunion «unter beiderlei Gestalt» verzichtet werden, zumal wenn praktische Gründe (Weinmangel, Sorge vor Verschütten des Weines) dagegen sprachen.

Ein eigenes Fest zu Ehren der Eucharistie, das Fronleichnamsfest (von mittelhochdeutsch vrônlîchnam, vrôn = heilig), wurde um die Mitte des 13. Jahrhunderts eingeführt und 1264 für die ganze Kirche des Abendlandes verbindlich vorgeschrieben. In der Hostie beteten die Gläubigen die geheimnisvolle Gegenwart des himmlischen Herrn an. In der Messe kam nun die Praxis der Elevation (Emporheben von Hostie und Kelch nach der Konsekration) auf. Strittig war dabei, ob sich die Hostie direkt nach dem Aussprechen der Formel «Hoc est corpus meum (Dies ist mein Leib)» oder erst nach der Segnung des Weines wandle. Das Volk wurde jedenfalls angehalten, die Hostie bei der Elevation zu begrüßen, sie anzurufen und demütig anzubeten. Bei den Sakramentsprozessionen trug man das «Allerheiligste» für alle sichtbar und anbetbar in der Monstranz (Schaugefäß) umher. Dem bloßen An-

schauen der Hostie schrieb man wunderbare Wirkungen zu. Wer den «Leib des Herrn» angesehen habe, werde z. B. keines plötzlichen Todes sterben.
5. → Martin Luther (1483–1546) erklärte das Abendmahl zum «Gnadenmittel». Am bedeutsamsten daran seien die Einsetzungsworte: Sie sprechen den Gläubigen Vergebung der Sünden zu, rechtfertigen den Menschen vor Gott und schaffen den Glauben.
Im Vollzug des Abendmahls ist – so Luther – Christus wirklich anwesend. Im Streit mit → Zwingli (1484–1531) hat Luther diese Auffassung immer wieder bekräftigt. Seiner Meinung nach besagen die Einsetzungsworte, daß Jesus Christus mit Fleisch und Blut in Brot und Wein unsichtbar anwesend sei: Zu einem Beutel mit hundert Gulden sagt man, das seien hundert Gulden, obgleich man bloß den Beutel und nicht das Geld sieht. Genauso ist es mit der «Realpräsenz» (mit der wirklichen Gegenwart) von Leib und Blut Christi in den Elementen von Brot und Wein. Zwingli aber bestritt den Opfercharakter der Messe und die römische Transsubstantiationslehre. Seiner Meinung nach kann etwas Irdisches überhaupt keine geistliche Wirkung haben. Im Unterschied zu Luther ersetzte er das «est (ist)» der Einsetzungsworte durch «significat (bedeutet)»: «Dies bedeutet mein Leib.» Von einer «Realpräsenz» der menschlichen Natur Christi in den Elementen könne keine Rede sein; die Erlösung am Kreuz sei einmalig und unwiederholbar. Folglich ist das Abendmahl ein Gedächtnismahl und ein Gemeinschaftsmahl. Beim Abendmahl gehe nicht eine Verwandlung von Brot und Wein vor sich, vielmehr ziele es auf eine «Transsubstantiation der Gemeinde».
Im 16. Jahrhundert (→ Gegenreformation) bekräftigte die katholische Theologie ihre Position gegenüber den Angriffen der Reformation: Die Messe sei nicht ein neues Opfer neben dem Kreuz, sondern die Vergegenwärtigung dieses einstigen «blutigen Opfers» – ein geheimnisvolles und geistliches Opfer. Das Konzil von Trient bestätigte 1551 die Lehre der Transsubstantiation. Das Abendmahl sei «Denkmal Christi», «Gegenmittel gegen die Sünde», «Unterpfand künftiger Herrlichkeit» und Symbol der Einheit des «Leibes Christi», d. h. der Kirche. «Der ganze und unversehrte Christus ist da unter der Gestalt des Brotes und unter jedem Teil dieser Gestalt, und ebenso ist er ganz da unter der Gestalt des Weines und unter ihrem Teil.» In der Messe werde Christus «unblutig geopfert»; dieses Opfer sei «ein wirkliches Sühneopfer».

Aberglaube

«Aberglaube» bedeutet «verkehrter Glaube» (aber = falsch). Sinngemäß bezeichnet man mit dem Wort häufig eine von der eigenen religiösen Überzeugung abweichende Glaubensansicht. Wegen der negativen Bedeutung des Begriffs wird «Aberglaube» bisweilen durch «Volksglaube» ersetzt. Dessen Inhalte sind meist Überbleibsel von Vorstellungen längst vergangener Zeiten oder volkstümliche Bräuche, die beibehalten werden, obgleich man ihren ursprünglichen Sinn vergessen hat.
Nach Europa kam das Gedankengut, von dem der Aberglaube bis heute zehrt, nach der Eroberung des Gebietes zwischen Euphrat und Tigris durch Alexander den Großen (→ Zarathustra) und mit dem Vordringen der Araber nach Europa (→ Islam). Dieses Gedankengut ist also zu einem großen Teil persischen und arabischen, aber auch jüdischen und ägyptischen Ursprungs. Derart uraltes Erbe aus frühesten Zeiten wird von Generation zu Generation weitergegeben, wirkt als magische (→ Magie) Grundstimmung bis heute fort und verlebendigt sich immer wieder besonders in Krisenzeiten. Die → Parapsychologie versucht sogenannte «übersinnliche Erscheinungen»

und «außersinnliche Wahrnehmungen», von denen der Aberglaube lebt, wissenschaftlich zu erfassen.
Aus alter Vorzeit zum Beispiel stammt das → Hexenwesen, uralt sind auch die Mittel zum Schutz vor Unholden und Dämonen. Als Möglichkeit, sich vom Hexenbann zu befreien, gilt schon der bloße Wunsch (Fluchwunsch), daß derjenige erkranken möge, der für das zugestoßene Unglück verantwortlich ist; dem gleichen Zweck dienen etwa auch das Abkochen von Milch und das Umhängen von Amuletten. Professioneller geht der «Hexenbanner» vor. Er bedient sich einschlägiger Zaubersprüche und Zauberbücher. Aus dem 18. Jahrhundert stammt das «Sechste und Siebte Buch Mose»; es schließt an die Erzählungen von Moses und Aron an, die vor Pharao einen Stab in eine Schlange verwandelten (2. Mose 7), und es gibt Anweisungen, wie die Zaubereien von Hexen durch Gegenzauber unschädlich gemacht werden können. Darüber hinaus enthält es zahlreiche «Gesundsprüche». Gegen «Fallsucht» (Epilepsie) empfiehlt es: «Um Johannis werden ein oder mehrere Maulwürfe lebendig in einen unglasurten Topf gelegt, der mit einer Stürze bedeckt ist, wobei man die Fuge mit Teig recht verkittet. Dann wird der Topf solange in glühende Kohlen gesetzt, bis die Maulwürfe gut durchgebrannt sind, worauf man sie nach dem Erkalten zu Pulver stößt, von diesem gibt man den kleinen Kindern zu einer halben Messerspitze voll mit Wasser oder Milch, Erwachsenen mehr.» Auch gegen Krebs gibt es ein Mittel: «Gegen den Krebs der Brust des Weibes hilft eine tote Kröte, darauf gebunden, nachdem man vorher über diese das Kreuzzeichen gemacht hat.» Kröten sollen auch gegen Alkoholismus helfen: «Will man jemand von der Trunksucht heilen, so muß man eine Kröte lebendig mit den Händen in zwei Stücke reißen, diese in einem irdenen Topf zu Asche brennen und dann dem Betreffenden, wenn er sich im trunkenen Zustande findet, mit Branntwein vermischt beibringen.»
Wer den Teufel beschwören möchte, muß einen «Bannkreis» ziehen; er gehe in den Wald auf einen Kreuzweg, «ziehe dort einen Kreis, mache einen Rauch und schreite zur Beschwörung der Geister. Tritt in den Kreis und rufe: wir N. N. in diesem Kreis beschwören und zitieren den Teufel mit all seinem Anhang, hier an dieser Stelle zu erscheinen, unserem Verlangen zu willfahren, im Namen der Engel Schonajen, Chazin, Roknion, Awerian, Kandile, Chaydalic, Labadas, Baragil, Bencul, im Namen Gottes.» Zur Zitierung der → Geister muß man die notwendigen Zaubersprüche kennen: «Um dreiviertel vor zwölf spreche man dann laut und feierlich neunmal hintereinander die fünf furchtbaren Worte der großen Bannformel: Bar, Kirbar, Alli, Alla, Petragamaton! und der gewünschte Geist wird unfehlbar erscheinen und Antworten geben auf alle Fragen.»
Weit verbreitet ist der Glaube, man könne mit Hilfe der sogenannten «Wünschelrute» im Erdreich Verborgenes – Wasseradern, Schätze, Metalle – aufspüren. Die Wünschelrute ist vielen Völkern bekannt. Ursprünglich handelte es sich dabei um einen zauberkräftigen, heilbringenden Stab. Im Mittelalter gebrauchte man dafür einen gegabelten Ast des Haselstrauches oder des Kreuzdorns. Untersuchungen zeigten jedoch, daß es keinen Zusammenhang zwischen dem Wünschelrutenausschlag und dem Erduntergrund gibt; das heißt, daß die unter Umständen einsetzende Bewegung der Rute offensichtlich keine Beschaffenheit des Bodens, sondern eine Erregung (Muskelanspannung) des Rutengängers anzeigt. In neuerer Zeit hat die Wünschelrute eine neue Bedeutung beim Aufspüren von «Reizfeldern» und «Erdstrahlen» erlangt. Der Missionarssohn Hans

Dannert (gest. 1954) entwickelte, nachdem er zunächst als Rutengänger hervorgetreten war, die «Lehre von den biologischen Wirkungen geopathischer Zonen auf Lebewesen». Solche «geopathischen Zonen» («Reizzonen») sollen Unfälle auf Straßen, Krebserkrankungen, Kopfweh oder Schlaflosigkeit verursachen. Die unheimlichen Strahlen kommen aus dem Erdinnern – genau dorther, wo man früher → Hölle und Totenreich vermutete.

In Kriegszeiten hat stets das «Auspendeln» von Bildern und Briefen von Soldaten Konjunktur. Die Art des Pendelausschlags soll Aufschluß über die Verfassung des Abgebildeten bzw. Briefeschreibers geben und bei der Suche nach verschwundenen, entweder noch lebenden oder toten, Personen helfen.

Hellsehern und Wahrsagern wird das «Zweite Gesicht» (Spoekenkieken) zugesprochen. Zahlreiche Menschen berichten über eigene «telepathische» Erfahrungen, unmittelbare Übertragungen seelischer Vorgänge und Gedanken von einem Menschen auf den andern. (Z. B. Stehenbleiben einer Uhr in der Todesstunde einer nahestehenden Person)

Mit großer Aufmerksamkeit verfolgen die Kirchen die Konjunkturschwankungen des Aberglaubens. In der Bundesrepublik, so meldete etwa das «Deutsche Pfarrerblatt» im April 1988, gibt es derzeit dreimal mehr Hellseher als Pfarrer. Etwa 90000 steuerpflichtigen Wahrsagern und Hellsehern stünden gegenwärtig nur 35000 evangelische und katholische Pfarrer gegenüber. Nach kirchlichen Erkenntnissen seien zur Zeit mehr als 500 religiöse und pseudoreligiöse Bewegungen in der Bundesrepublik Deutschland bekannt. Zu deren «hartem Kern» sollen etwa 1,3 Millionen Bürger zählen.

Interesse an alten magischen Kult- und Glaubensformen zeigen in jüngster Zeit auch bestimmte Kreise der Frauenbewegung. Die «neuen Hexen», Frauen, die an die Große Göttin und den Gehörnten Gott glauben und die sonntags statt zur Kirche in ihre eigenen geheimen Tempel gehen, sind auf dem Vormarsch. Sie bekennen sich zur Magie, vor allem zur «weißen Magie»: «Was du gibst, bekommst du dreifach zurück.» Fasziniert sind sie von alten Mythen, mit deren Hilfe sie sich in die Ahnenreihe von Göttin, Priesterin und «weiser Frau» stellen. Aus dem Symbol «Hexe» versuchen sie Identifikation, Unabhängigkeit und Stärke zu gewinnen.

Dieser neue Hexenglaube scheint durchaus einer verbreiteten Stimmung in der Bevölkerung zu entsprechen, und selbst Johannes Paul II. hat jüngst wieder auf die Existenz «unsichtbarer Himmelswesen» aufmerksam gemacht. Nach einer neueren Meinungsumfrage glauben 93 Prozent der Bundesbürger, daß es «Dinge zwischen Himmel und Erde gibt», denen mit Hilfe der Wissenschaft nicht beizukommen ist. Etwas, «das sich mit dem Verstand nicht erklären läßt», haben schon zwei Drittel aller Erwachsenen erlebt. Daß es Menschen gibt, die mit ihren magischen Kräften anderen etwas «anhexen» können, halten 34 Prozent der Männer und Frauen für möglich. Noch viel mehr Menschen glauben an «weiße Magie». 70 Prozent sind überzeugt, daß es Personen gibt, die Krankheiten heilen können, «selbst dann, wenn die Ärzte nicht mehr weiterwissen». 66 Prozent haben kein Problem, sich vorzustellen, daß es Hellseherei gibt. Immerhin 40 Prozent rechnen mit der Wirksamkeit des «Liebeszaubers».

Für den gläubigen Christen bedeutet Aberglaube eine Entwürdigung des Glaubens, für den Atheisten eine Entwürdigung der menschlichen Vernunft. Was einer darunter versteht, hängt also jeweils von der subjektiven Ausgangsposition ab. In Wirklichkeit sind die Inhalte des Aberglaubens nicht nur bedeutungslose Relikte vergangener Bewußtseinsstufen, sondern durchaus auch bestimmte Ausdrucksformen des Logischen wie praktikabler Weltorientierung. Selbst inmitten zahlreicher christlicher Betätigungen, in Gebet, Andacht und Brauchtum, finden sich magische Reste. Durch Magie und Aberglauben will der Mensch den Schleier lüften, der über sein Schicksal gebreitet ist. Hinter der vorgeblich nur wissenschaftlich erschließbaren Wirklichkeit existiert das Numinose und Irrationale mächtig fort und will mittels bestimmter Rituale sowie religiöser Praktiken erschlossen und dann auch manipuliert werden. So gesehen, wurzelt der Aberglaube genauso wie alle Religion in Tiefenschichten der Seele, die dem Bewußtsein meist unzugänglich bleiben. Daß abergläubische Praktiken mitunter tatsächlich auch Wirkungen erzielen, dürfte meistens daran liegen, daß geheimnisvolle Ankündigungen nachträglich als Voraussagen von Ereignissen angesehen werden, die davon betroffene Personen in Wirklichkeit selbst herbeigeführt haben («selffulfilling prophecies»). Genauso wie jeder andere Glaube, so engt auch der Aberglaube die eigenen Entscheidungs- und Entfaltungsmöglichkeiten des Menschen meist ein. Er gründet zutiefst in Daseinsangst und gibt dort durchaus eine gewisse Orientierungssicherheit, steht letztlich menschlicher Reifung jedoch entgegen.

Ablaß

In der römisch-katholischen Kirche bedeutet «Ablaß» den Nachlaß der sogenannten zeitlichen Sündenstrafen. Das Ablaßwesen entstand gegen Ende des 11. Jahrhunderts. Es entwickelte sich zu einem beträchtlichen Faktor kirchlicher Finanzen. Im 16. Jahrhundert wurde es zum Anlaß für die → Reformation. Im Jahr 1967 erließ Papst Paul VI. die letzten Einzelbestimmungen zur Ablaßpraxis.

Das katholische kanonische (verbindliche) Recht bestimmt: «Alle sollen den Ablaß hochschätzen, das ist die vor Gott gültige Nachlassung zeitlicher Strafen für Sünden, die der Schuld nach bereits getilgt sind. Die kirchliche Obrigkeit gewährt diesen Nachlaß aus dem Schatz der Kirche für die Lebenden, in der Form der Lossprechung für die Verstorbenen auf dem Weg der Fürbitte.»

Unterschieden wird dabei zwischen «Schuld» und «Strafe». Im Bußsakrament (→ Buße) werden die Schuld und die ewige «Höllenstrafe» zwar getilgt, die zum Ausgleich zu erbringenden Bußleistungen für die → Sünden sind damit aber nicht erlassen. Der Ablaß setzt also die Vergebung der Schuld voraus und bezieht sich auf die «zeitlichen Sündenstrafen», die eigentlich im Leben oder, soweit in der Zeit nicht tilgbar, nach dem → Tod im → Fegfeuer zu verbüßen wären. Diese Strafen können entweder ganz durch einen «vollkommenen» oder aber nur teilweise durch einen «unvollkommenen» Ablaß getilgt werden.

Die Macht, Ablässe erteilen zu können, hat die Kirche inne; genauer gesagt: der Papst selber ist Träger der Ablaßgewalt. Für deren Verwaltung ist heute die Glaubenskongregation zuständig. Über die Gewährung von Ablässen entscheidet der päpstliche Gnadenhof, die Pönitentiarie.

Ablässe können aus dem «Schatz der Kirche», bestehend aus dem Verdienst des Sühnewerks Christi und den überschüssigen Verdiensten der → Heiligen, gegeben werden. Martin Luther (1483–1546) hat sich einst zu dieser Lehre geäußert: «Der Papst und seine Heuchler... lehren zur allergrößten Schmach Christi, Christi Verdienst sei der Schatz des Ablasses. Wenn man aber fragt, wo sie dafür in der Schrift Belege haben, blasen sie sich auf und brüsten sich mit ihrer Gewalt und sagen: Ist's nicht genug, daß wir's sagen.»

Wer einen Ablaß erlangen will, muß bestimmte Bedingungen erfüllen: beten, beichten, die Kommunion (Abendmahl) empfangen, gewisse Frömmigkeitsübungen verrichten. Eine an magische Praktiken erinnernde Bestimmung der Pönitentiarie lautet: «Ist ein bestimmtes Gebet angegeben, kann man die Ablässe gewinnen, gleichgültig in welcher Sprache man es verrichtet... Die Ablässe gehen jedoch ganz verloren durch jede Hinzufügung, Weglassung oder Einschaltung.» Geeignete Gebete, die «nach der Meinung des Heiligen Vaters» gesprochen werden müssen, sind das «Vater unser», «Gegrüßet seist du Maria» und «Ehre sei dem Vater».

Eine besondere Perspektive eröffnet die Bestimmung, daß «alle vom Papst verliehenen Ablässe... den Seelen im Fegfeuer zugewendet werden» können. Damit greift die Vollmacht des Papstes als Gnadenmittlers sogar über den Tod hinaus. Dem strafenden Gott, der zwar Sünde als Schuld verzeiht, aber die für die Vergehen fälligen Strafen nicht erläßt, tritt somit im Papst der liebende Vater der Gläubigen zur Seite, der Gnade vor Recht ergehen läßt.

Es gibt zahlreiche Arten von Ablässen. «Den Gläubigen, die fromm und andächtig, wenn auch nur durch den Rundfunk, den Segen empfangen, den der Papst der Stadt und dem Erdkreis erteilt, wird unter gewöhnlichen Bedingungen ein vollkommener Ablaß gewährt.» Die Teilnahme am ersten Meßopfer eines Priesters bringt einen Ablaß von sieben Jahren ein. «Wenn sie am Tag der Weihe oder der Primiz [erste Messe] in Ehrerbietung die Hände eines neugeweihten Priesters küssen, wird ihnen ein Ablaß von 100 Tagen gewährt.» Die bei vielen Gelegenheiten zu erwerbenden «unvollkommenen Ablässe» kann man sammeln. Der Kleriker, der seinen Chorrock anzieht, ein Kreuzeszeichen macht und ein bestimmtes Gebet verrichtet, gewinnt dadurch einen Ablaß von 300 Tagen. Der Ablaß an Allerheiligen und Allerseelen «ist nur den Seelen im Fegfeuer zuwendbar. Bedingung ist, daß sie [die Gläubigen] auch beichten, die heilige Kommunion empfangen und bei jedem Besuch sechs ‹Vater unser›, ‹Gegrüßet seist du Maria› und ‹Ehre sei dem Vater› nach der Meinung des Heiligen Vaters beten.» Wer den Ring des Papstes küßt, empfängt Ablaß für 300 Tage; der Kuß des Kardinalrings bringt immerhin 100 Tage.

Auch wer «einen Gegenstand fromm benutzt», der von einem Priester geweiht ist, bekommt einen Ablaß. Kreuze, Kruzifixe, Rosenkränze, kleine Statuen, Medaillen und andere Andachtsgegenstände, die etwa an den heiligen Stätten Palästinas geweiht wurden, muß ein Gläubiger bei sich tragen oder «in geziemender Weise zu Hause aufbewahren», um in den Genuß der (magischen) Kraft dieser Amulette zu kommen und den «Ablaß vom heiligen Land» zu erhalten.

Abraham

Der Name «Abraham» oder «Abram» (1. Mose 11,26) ist nicht nur in der Bibel, sondern auch in der Umwelt des → Alten Testaments bezeugt. Früher nahm man an, daß Abraham und auch die anderen «Erzväter» eigentlich mythologische Figuren gewesen waren, die man später historisierte, d.h. zu Gestalten der Geschichte → Israels erklärte. Heute neigt man eher dazu, hinter den Abrahamerzählungen von 1. Mose 11,27–25,18 tatsächlich eine historische Person anzunehmen.

Die Bedeutung des Namens «Abram» lautet vielleicht «mein Vater (= der Schutzgott) ist erhaben». Daraus könnte man schließen, daß der Träger dieses Namens einer Religion angehörte, die eine persönliche Beziehung zu diesem Schutzgott kannte.

Archäologische Funde im Vorderen

Orient ermöglichen es, die Abraham-Tradition und die biblischen Vätererzählungen in die Zeit und Umwelt des 2. Jahrtausends v. Chr. einzuordnen. Die Heimat des Abraham-Clans wird wohl die Gegend von Harran gewesen sein, das bisweilen auch «Aram der beiden Ströme» genannt wird: Nordmesopotamien zwischen Tigris und Euphrat. (1. Mose 22,4.10; 27,43; anders 1. Mose 11,28:31; 15,7)

Nach der biblischen Darstellung zog der Abraham-Clan von dort nach Kanaan und schließlich sogar bis nach Ägypten. (1. Mose 12) In der Gegend von Mamre soll Abraham einen Altar errichtet (1. Mose 13,18) und einen göttlichen Besuch empfangen haben: «Und der Herr erschien ihm im Hain Mamre, während er an der Tür seines Zeltes saß, als der Tag am heißesten war.» (1. Mose 18,1ff) Dort erwarb er auch eine Höhle als Grabstätte für Sara. (1. Mose 23)

Abrahams Clan gehörte wohl zu den Nordwestsemiten – halbnomadischen Kleinviehzüchtern, die sich nur langsam mit ihren Herden fortbewegten, in Zelten lebten und immer wieder versuchten im Kulturland seßhaft zu werden.

Anscheinend haben die «Patriarchen» (Väter) «Vätergötter» als Kultstifter verehrt. Diese Götter waren nicht im Himmel lokalisiert und auch nicht an ein Heiligtum gebunden. Den «Vätern» des Clans hatten sie sich offenbart und ihnen dabei eine Verheißung zuteil werden lassen. Als göttlicher «Hirte» zog nun der Patriarchengott mit seinem Clan umher und beschützte ihn. Dieses Gottesbild der «Väterzeit» ist der israelitischen Religion erhalten geblieben. «Der Herr ist mein Hirte, mir wird nicht mangeln. Er weidet mich auf einer grünen Aue...» (Ps. 23)

Als die Halbnomaden seßhaft wurden, verbanden sich ihre Götter mit dem Gott El in Kanaan; in das Gottesbild des Alten Testaments gingen neben Zügen der Vätergötter auch solche des El ein, der die Gottheit der → Schöpfung und Vorsehung war.

Die Abrahamgeschichten bestehen aus ursprünglich selbständigen Einzelerzählungen: Sagen über die Patriarchen, deren Erinnerung sie bewahren. Diese Überlieferung beschäftigt sich mit dem einstigen Leben in der Gruppe, mit Fragen von Geburt und Tod, Wanderschaft und Kampf.

Als sich die verschiedenen Stämme zusammenfanden und Israel als Volk entstand, über das als einziger Gott → Jahwe herrschte, wurden die Überlieferungen der einzelnen Clans so bearbeitet und umgebildet, daß sie in einen gesamtisraelitischen Rahmen paßten. Auf diese Weise konnten die Vätergeschichten nach der Landnahme zum Gemeingut Israels werden.

Der Text der Abrahamgeschichten (1. Mose 11–25) ist wohl aus Beiträgen der jahwistischen, elohistischen und priesterlichen Quellen zusammengesetzt (→ Pentateuch). Die jahwistische Überlieferung gibt Aufschluß über die Abstammung Abrahams, seine Wanderung nach Kanaan, die Verheißung Jahwes, die Geburten von Ismael und Isaak und die Heirat Isaaks. Im Zentrum der jahwistischen Tradition steht die Verheißung von Nachkommenschaft und Ansiedlung in Kanaan. Die Absicht des Jahwisten mag es gewesen sein, unter dem Eindruck der Herrschaft Davids zum Ausdruck zu bringen, daß sich die Verheißung an Abraham jetzt, unter Israels großem König, erfüllt habe.

Vom «Elohisten» stammt die Episode der «Opferung Isaaks». (1. Mose 22) Abraham erscheint hier als «Urbild des Glaubenden». Die Sage diente wohl dazu, die Praxis des Menschenopfers zu verurteilen und auf dessen Ersetzung durch das tierische → Opfer hinzuwirken. Aus der «Priesterschrift» stammt der Bericht vom Kauf der Höhle von Machpela.

(1. Mose 23) Der Erwerb eines Grundstückes im verheißenen Land markiert die Veränderung des sozialen Status des Halbnomadenclans und symbolisiert die Besitznahme des Landes Kanaan. Nach der Darstellung des Alten Testaments bildet der Glaube Abrahams den Ursprung der von → Moses gestifteten Religion (2. Mose 3,6); der Patriarch heißt «Israels Vater». (Jos. 24,3)

Das Neue Testament nimmt die Abraham-Tradition auf und interpretiert sie, im Sinne des Christentums, neu. Der Verfasser des Jakobusbriefes etwa unterstreicht mit der Gestalt Abrahams seine Auffassung, daß sich der rechte Glaube auch bewähren müsse. «Ist nicht Abraham, unser Vater, durch Werke gerecht geworden, als er seinen Sohn Isaak auf dem Altar opferte? Da siehest du, daß der Glaube zusammengewirkt hat mit seinen Werken...» (Jak. 2,20ff) Nach der Darstellung des Paulus gilt die an Abraham gerichtete Verheißung den «vielen Völkern». (Röm. 4,17ff) Freilich gibt es jetzt eine neue Bedingung für die Auserwählung: den Glauben an Jesus Christus. (Röm. 9,30–10,21)

Den Juden gilt Abraham seit jeher als bleibende Garantie für das Heil; denn Gott selbst hat mit Abraham seinen Bund geschlossen. Die Christen bestritten dem Judentum diese Garantie und bezogen die «wahre Abrahams-Kindschaft» auf die, die an Jesus Christus glauben: Abrahamskindschaft bestehe allein aufgrund der Gerechtigkeit (Röm. 4; Gal. 3,6f), die die Juden verloren haben.

Alle drei monotheistischen Weltreligionen (Judentum, Christentum, Islam) beziehen sich auf Abraham. Im Koran (→ Islam) ist Abraham (arabisch: Ibrahim) eine der wichtigsten prophetischen Gestalten. Für Mohammed steht er mit dem «geheiligten Haus Gottes», der Kaaba, in Verbindung. Abraham betet für Mekka und für die Anhänger des Propheten Allahs. Die Religion Mohammeds und die Religion Abrahams erscheinen somit als ein und dasselbe. Daraus folgert Mohammed, daß der Islam älter als Judentum und Christentum und mithin die älteste Religion überhaupt sei.

Absolutheitsanspruch des Christentums

Der Ausdruck «Absolutheit des → Christentums» kam im Anschluß an die Philosophie des deutschen Idealismus auf. Er drückt die Ansicht aus, daß die christliche → Religion allgemein gültig und allein gültig sei. Dieser Anspruch ist freilich viel älter als der Begriff; es gibt ihn, seit das Christentum existiert. Christen nehmen für sich in Anspruch, die erhabenste aller bestehenden Religionen zu besitzen. Sie behaupten, daß der Inhalt ihres Glaubens die endgültige, ausschließliche und universale Selbsterschließung Gottes, das heißt die für alle Menschen und alle Zeiten maßgebliche → Offenbarung sei. Aus dieser Sicht erscheinen alle anderen Religionen entweder als Vorbereitung auf die «allein wahre Religion» oder als «falsche Religionen» und Abweichung gegenüber dem von Gott bestimmten Weg der Menschen. Die nichtchristlichen Religionen sind demnach ungestaltete Sammelsurien menschlichen Irrtums, die sich vom «Wunder göttlicher Stiftung» in der christlichen Religion abheben. Dieses Wunder hat, nach christlicher Überzeugung, in der → Kirche Gestalt angenommen, deren «irdische» Geschichte zwar von menschlichen Irrtümern und Sünden behaftet sein mag, die in Wirklichkeit aber an der absoluten Wahrheit und an den eigenen Kräften Gottes teilhat.

1. Das Neue Testament setzt den christlichen Absolutheitsanspruch wie selbstverständlich voraus: Jesus von Nazareth ist der menschgewordene Sohn Gottes; in ihm begegnet der → Christus. Durch diese einzigartige Offenbarung ruft Gott alle Menschen zum Glauben. Denn der

Christus ist der Kyrios (Herr) der ganzen Welt.
An ihm vorbei führt kein Weg zu Gott. «Ich bin der Weg und die Wahrheit und das Leben; niemand kommt zum Vater denn durch mich.» (Joh. 14,6) An seine Stelle ist nun die Kirche getreten. Die kirchliche →Taufe ist Bedingung des Heils. «Wahrlich, wahrlich, ich sage dir: Es sei denn, daß jemand geboren werde aus Wasser und Geist, so kann er nicht in das Reich Gottes kommen.» (Joh. 3,5) Das Abendmahl, zu dem die Kirche einlädt, ist Voraussetzung des (ewigen) Lebens. «Werdet ihr nicht essen das Fleisch des Menschensohnes und trinken sein Blut, so habt ihr kein Leben in euch.» (Joh. 6,53)
Nach christlicher Überzeugung gipfelt der Heilsplan Gottes, der für alle Menschen ohne jede Ausnahme Gültigkeit hat, in Jesu Kreuz und Auferstehung. Denn ohne die «Erlösung durch sein Blut» verharrrt alle Kreatur im Zustand radikaler Gottesferne und tiefer und absoluter Verlorenheit. Nur «das Heil in Christus» kann sie befreien und retten.
Bis zur Wiederkunft Christi und bis zur Aufrichtung des «Reiches der Herrlichkeit» ist der «Heilige Geist» anwesend, um das «Geheimnis Christi» überall, für alle Zeiten und für alle Menschen wirksam werden zu lassen.
Der Absolutheitsanspruch des Christentums ist also im Neuen Testament und vor allem in der →Christologie begründet. Das Neue Testament ist die maßgebliche und verbindliche Urkunde des Christentums und die Christologie das Zentrum christlichen Glaubens. Wollte das Christentum seinen Absolutheitsanspruch aufgeben, müßte es nicht nur seinen Anspruch auf Heilsvermittlung nach außen, sondern auch die Absolutheit Christi, das heißt sein zentrales Glaubensprinzip, in Frage stellen.
2. Der christliche Absolutheitsanspruch stieß früh auf die unbestreitbare Tatsache, daß der kleinen Zahl von Christen die große «Heidenwelt» mit einer Vielzahl unterschiedlicher Religionen gegenübersteht. Weshalb ließ Gott die anderen Religionen überhaupt zu? Waren denn alle Heiden, die sich entweder nicht zum Christentum bekehrten oder schon vor der Entstehung des Christentums gestorben waren, unrettbar verloren?
In frühchristlicher Zeit formulierten die «Apologeten» (Theologen des 2. und 3. Jahrhunderts, die das Christentum gegenüber den «Heiden» verteidigten) eine Antwort auf diese Fragen. Sie glaubten, in den vor- und außerchristlichen Religionen eine den Menschen unbewußte, aber dennoch wirksame Erfahrung Christi, gleichsam eine von Gott ausgelegte christliche Saat, ausmachen zu können. Demnach hätten die vorchristlichen Religionen die Aufgabe, die Völker darauf vorzubereiten, daß sie die «Fülle des Geheimnisses Gottes in Christus» überhaupt erst aufnehmen können. In den fremden Religionen als «Wegbereiter des Evangeliums» sei Gott, wenn auch verborgen, gegenwärtig. Denn alle hätten sie aus der kosmischen Offenbarung oder Uroffenbarung geschöpft, die nun, am Ende der Zeiten, durch das «Christusereignis» ergänzt und gekrönt werde. Den «Heiden», die unwissentlich «anonyme Christen» seien, bringt also erst das Christentum die «Fülle des religiösen Lebens». In dem Moment aber, in dem die christliche Religion ihren Siegeszug durch die Welt antritt, verlieren die anderen Religionen ihre vorläufige Gültigkeit, sie werden «aufgehoben» in der einzig wahren Religion.
Die Theorie der Apologeten erklärt nicht die Aggressivität, mit der die Christen ihren Absolutheitsanspruch in der «Heidenmission» durchsetzten. Die christlichen Missionare betrachteten die Anhänger anderer Religionen keineswegs als «unbewußte» Glaubensbrüder; meist begegneten sie ihnen wie bemitleidens-

werten «Ungläubigen» und «Verlorenen» und allzuhäufig sogar wie «Kindern des Teufels» und Bösewichten.
Der religiöse Abolutheitsanspruch wirkte sich auch auf das Verhältnis des Christentums zur jeweiligen Staatsmacht aus. Christliche und staatliche Machtinteressen konnten sich häufig gegenseitig stützen. Deshalb stimmten kirchliche und staatliche «Weltsicht» meist überein. Notfalls half der Staat der Kirche, ihren Absolutheitsanspruch nach innen durchzusetzen und → Ketzer und Abweichler zu verfolgen. Die Kirche förderte ihrerseits häufig die Expansionsbestrebungen der Staatsmacht und legitimierte die geltenden Sinn- und Wertanschauungen im Interesse derer, die die Herrschaft ausübten.
3. Zum Absolutheitsanspruch des Christentums trat bei der → Mission in Übersee die vermeintliche kulturelle und meist tatsächliche militärische Überlegenheit der Europäer gleichsam als Selbstbestätigung hinzu. Die Christen fühlten sich von ihrem Gott und Herrn beauftragt, das Evangelium und die «Zivilisation» in alle Welt zu tragen. Denn (nach Mat. 28,18ff) Jesus hatte selbst gesagt: «Mir ist gegeben alle Gewalt im Himmel und auf Erden. Darum gehet hin und machet zu Jüngern alle Völker: taufet sie auf den Namen des Vaters und des Sohnes und des heiligen Geistes und lehret sie halten alles, was ich euch befohlen habe.» In der Nachfolge Jesu reklamierte sein Stellvertreter auf Erden, der Papst Nikolaus V., «alle Gewalt» für sich und übertrug «nach reiflicher Überlegung» dem spanischen König Alfonso im Jahr 1454 das «totale und absolute Recht», «in allen Ländern, die von Feinden Christi, Sarazenen [Arabern, Mohammedanern] oder Heiden regiert werden, einzufallen, sie zu erobern und zu unterwerfen». So erwies sich der christliche Absolutheitsanspruch als ausgesprochen förderlich bei der Verfolgung der päpstlichen und königlichen Welteroberungs- und Weltherrschaftsinteressen. Folgerichtig erkannten das sich selbst absolut setzende Christentum und der europäische Kolonialismus ihre gemeinsamen Ziele und gingen weitgehend ineinander auf. Bis ins 19. und 20. Jahrhundert brachten die Missionare nicht nur christliche Glaubensinhalte, sondern auch fremde Sprachen, das europäische Erziehungssystem, ihre eigene Kultur und westliches Gedankengut mit nach Übersee. (→ Indianische Religionen)
Für die fremden Religionen hatten die christlichen Europäer indes kaum Verständnis, geschweige denn Sympathie, statt dessen aber negative und destruktive Kritik. Während sie von Nächstenliebe und Menschenwürde sprachen und vorgaben, für Unterdrückte und Ausgebeutete einzutreten, ließen sie doch niemanden so gelten, wie er war. Sie wollten die Anhänger der «Religionen der Angst» befreien; «Begegnung» mit Christen beinhaltete für die Einheimischen immer den (offenen oder verdeckten) Versuch der «Bekehrung». Das von sich selbst völlig überzeugte Christentum konnte auf Dauer keine andere Religion neben sich dulden, und der christliche Absolutheitsanspruch erfüllte sich, wenn auch bisweilen wie verschämt, in der Mentalität militärischer, kultureller, religiöser, pädagogischer Eroberung.
4. Das wirkliche Erscheinungsbild der Christen entsprach, in den Augen der «Heiden», jedoch meist nicht dem auftrumpfenden christlichen Anspruch. «Daß Jesus der einzige Sohn Gottes sein sollte und daß nur diejenigen, die ihm glauben, ewiges Leben haben sollten, war mehr als ich glauben konnte», schrieb Mahatma Gandhi (1869–1948). «Im Leben frommer Christen gab es nichts zu entdecken, was man nicht im Leben von Menschen anderen Glaubens hätte entdecken können ... Es war mir unmöglich, das Christentum für die vollkommenste

Religion und die größte aller Religionen zu halten.» Der indische Philosoph und Staatsmann, S. Radhakrishnan (1888 bis 1975), verwarf das Christentum aus ähnlichen Gründen. «Es ist gerade dieser absolute Anspruch, sei es in der Kirche oder in der Schrift oder bei Jesus Christus..., der diejenigen unter uns abstößt, die ein Gespür haben für die eigene Unzulänglichkeit und Beschränktheit.»
Vermeintliche Objekte christlicher Missionierung, die sich der Bekehrung entzogen, erkannten, daß der christliche Absolutheitsanspruch nicht nur die Neigung zu religiöser → Intoleranz und militärischer Expansion wachruft und stützt, sondern daß er selbst eine Form von Gewalt ist.
Offensichtlich ist es unmöglich, den Absolutheitsanspruch des Christentums ernsthaft zu revidieren. Zu sehr hat sich die christliche Kirche mit dem «Reich Gottes» und mit Christus identifiziert: Außerhalb ihrer selbst kann es kein Heil geben. Ihre religiösen Formen und dogmatischen Formeln, ihr Kult und ihre Rechtsvorschriften sind zu unveränderlichen «Wahrheiten» verabsolutiert worden. «Heilsgrund» und «Heilsgewißheit» kann nur die «Heilsanstalt» Kirche vermitteln. Gäbe sie den christologischen Grund ihres Absolutheitsanspruchs auf, so müßte sie sich selbst in Frage stellen.

Adam

Das Wort «Adam» bezeichnet im Alten Testament den Menschen schlechthin, in 1. Mose 1–5 hingegen ist «Adam» der Eigenname des ersten Menschen.
Am Anfang der Bibel stehen zwei unterschiedliche Mythen (→ Mythos) von der Erschaffung der Welt und des Menschen. (→ Schöpfung) Sie stammen aus der priesterlichen und der jahwistischen Quelle des → Pentateuch. Beide Mythen räumen dem Menschen eine zentrale Stellung im Kosmos ein.
Nach der Priesterschrift ist Adam die Krönung der Schöpfung. (1. Mose 1,26–30) Der Mensch ist «nach dem Bild Gottes» geschaffen. Die ersten Menschen existieren als Paar. Sie sollen sich vermehren und ausbreiten. Der Mensch ist als Ebenbild Gottes Stellvertreter seines Schöpfers.
Der jahwistische Bericht (1. Mose 2,5b–3,24) erklärt, der Mensch sei aus dem Staub der Erde gebildet. Dem «Mann» ist eine «Männin» beigegeben, geschaffen aus der Rippe Adams. Gott hat ihnen seinen eigenen Lebensodem eingehaucht. Verboten ist es ihnen, vom «Baum der Erkenntnis» zu essen. (1. Mose 2,16f) Aber sie halten sich nicht an das Gebot. Damit wird die ursprünglich heile Gemeinschaft gestört. Der Fluch der bösen Tat ist die Mühsal des Lebens. Das «Wissen um das Gute und das Schlechte» führt zum Verlust kindlicher Unschuld. Mann und Frau, durch Scham voreinander irritiert, werden aus dem Garten vertrieben.
Im Neuen Testament begründet Jesus die Unauflöslichkeit der Ehe mit dem Hinweis auf das erste Menschenpaar. (Mk. 10,6–9) Angesichts dieses «Grundsatzes der Schöpfung» könne es keine Scheidung geben. Paulus stellt «Adam» und «Christus» einander gegenüber: Christus ist der «letzte Adam» (1. Kor. 15,45) Der Tod sei durch den Menschen in die Welt gekommen. «In Adam» sterben alle; «in Christus» aber ereignet sich die → Auferstehung. Dem Geschehen in der Urzeit entspricht das, was in der Endzeit passieren wird. (Röm. 5,12–21) Durch den Fehltritt Adams kam die Sünde in die Welt. Der Tod gelangt zu allen, weil alle sündigen. Der Tod ist einerseits ein Verhängnis von der Urzeit her, andererseits selbstverschuldete Strafe jedes einzelnen Menschen. Aber die «Gnade Gottes in Christus» hebt den «Ungehorsam Adams» auf.
Für die Kirchenväter repräsentiert Adam die Menschheit insgesamt. «Dennoch kann man hier auch in dem einen die gan-

ze Art des Menschengeschlechts sehen: Adam war, und in ihm waren alle. Adam ging verloren, und ihm gingen alle verloren... Das Menschsein wird darum auch in jenem Menschen, der verloren ging, wieder hergestellt; und jener, zur Ähnlichkeit mit Gott und zu seinem Bild geschaffen, wird durch göttliche Geduld und Großmut wieder zurecht gebracht.» (Ambrosius, gest. 397) Adam steht für die sündige Menschheit. Alle, die von ihm abstammen, sind durch die Sünde mitgeprägt. «Gott schuf den Menschen gut, der Urheber der Naturen, aber nicht den Fehler; doch er, willentlich verderbt, erzeugte Verderbte und Verdammte.» (Augustinus, 354–430)
Die biblische Geschichtsdarstellung stellt Adam, den einen, von Gott geschaffenen Menschen, als Stammvater der Menschheit vor. Das moderne geschichtliche Wissen hat diese Auffassung verworfen. Mit dem Bild von Adam als dem «ersten Menschen» fiel auch die theologisch weitergreifende Begründung der Sündhaftigkeit aller. Wenn aber nicht mehr alle Menschen als ganz und gar sündhaft erklärt werden können, so sind sie auch nicht erlösungsbedürftig.
An die Stelle des Bildes vom Menschen, der in Sünde und Schuld nahezu unrettbar verloren ist, stellte die → Aufklärung ein Menschenbild, das sich an den Möglichkeiten menschlicher Selbstverwirklichung orientiert. Nicht mehr die Herkunft soll allesbestimmend sein, sondern die Zukunft als Chance der Befreiung. Kant (1724–1804) formulierte eine Lesart der Schöpfungsgeschichte, die dem überkommenen Verständnis zuwiderläuft. Seiner Meinung nach drückt die biblische Schilderung des Anfangs der «Menschengeschichte» aus, «daß der Ausgang des Menschen aus dem... Paradiese nicht anders, als der Übergang aus der Rohigkeit eines bloß thierischen Geschöpfes in die Menschheit, aus dem Gängelwagen des Instincts zur Leitung der Vernunft, mit einem Wort, aus der Vormundschaft der Natur in den Stand der Freiheit gewesen sei».

Ägyptische Religion

1. Das ägyptische Reich wurde wahrscheinlich um 3000 vor Christus von einem König gegründet, der in der Überlieferung den Namen Menes trägt. Damals wurde die Schrift entwickelt (Hieroglyphen, «heilige Kerben»: Bilderschrift, deren Entzifferung 1822 dem Franzosen Champollion gelang), ein Staat organisiert, die Kunst nahm einen beachtlichen Aufschwung. Nach ägyptischer Tradition teilt man die Geschichte Ägyptens in «Reiche» ein; die Zahl der Herrscher von Menes bis Alexander dem Großen ergibt 30 «Dynastien».
Nach der Frühzeit mit der 1. und 2. Dynastie begann (nach 3000 v. Chr.) das Alte Reich. Wahrscheinlich wurden damals der Kalender eingeführt und die ersten Pyramiden gebaut. Alle irdische Gewalt gipfelte im König. Zunächst galt der König selbst als höchster Gott, später als Sohn des Sonnengottes. Im Neuen Reich (18.–21. Dynastie, 1580–950 v. Chr.) war zunächst Theben die Residenz, wo der Reichsgott Amun verehrt wurde. Man glaubte, daß der Gott Amun in Gestalt des Königs mit der Königin den neuen Pharao zeuge. Amenophis IV. Echnaton ging als Reformer der Religion in die Geschichte ein; er verlegte seine Residenz nach Amarna. Im Tal der Königsgräber bei Theben ließen sich alle Pharaonen bestatten. Im 11. Jahrhundert gründete ein General den thebanischen Gottesstaat und machte sich selbst zum Hohenpriester des Amun. Später wurde der Gottesstaat von Priesterfürstinnen, Verwandten des Königshauses, geleitet.
Nach der persischen Vorherrschaft machte Alexander der Große Ägypten 332 v. Chr. zu einem Teil der hellenistischen Welt. (→ Hellenismus) Damals wurde Alexandria gegründet, wo

Alexanders Nachfolger, die Ptolemäer, residierten. Unter römischer Herrschaft (seit 30 v. Chr.) zerfiel die ägyptische Kultur. Die Ägypter nahmen früh das Christentum an. Nach 640 wurde Ägypten für den Islam erobert. Nur eine kleine Minderheit blieb christlich (Koptische Kirche).

2. Charakteristisch für das Pantheon (Götterhimmel) der ägyptischen Religion sind tierköpfige Menschengötter. Die Götter sind nach Gestalt und Namen geprägte Personen; der Name charakterisiert in der Regel das Wesen des Gottes und seine Funktion. Amun, der als Mensch, als Gans oder als Widder dargestellt wird, ist «der Verborgene», der unsichtbare Luftgott. Chons, «Durchwandler», heißt der Mondgott, der über den Himmel wandelt. Horus, «der Ferne», ist der falkengestaltige Himmelsgott; Neith, «die Schreckliche», ist die Kriegsgöttin, die mit einem Bogen auftritt; Thoth heißt der Götterbote, Isis verkörpert den Thronsitz. Drei weitere Hauptgottheiten sind Re, der Sonnengott, Ptah, der Bildner, und Osiris (s. u.); die genaue Bedeutung ihrer Namen ist ungewiß.

Die Götter gleichen den Menschen; sie sind alle von einem Urgott geschaffen. Von dem Urgott Ptah heißt es: «Er hat die Götter hervorgebracht.» Bisweilen wird auch Amun als einer bezeichnet, «der die Götter hervorgebracht hat». Die ägyptischen Götter sind, genauso wie die Menschen, vom Tod bedroht. Der Mondgott Thoth ist es, «der die Lebenszeiten der Götter und der Menschen berechnet». Der Sonnengott Re und die Gestirne werden täglich aufs neue von der Himmelsgöttin Nut verschluckt und, nach ihrer Wanderung durch das Totenreich, immer wieder neu geboren.

Der Urgott gleicht den Kräften des Urchaos; aus ihm ist die Schöpfung hervorgegangen – so umgibt stets Chaos das Geschaffene. Am Anfang war alles ungestaltet: «Noch war der Himmel nicht entstanden, noch war die Erde nicht entstanden, noch waren der Erdboden und die Würmer nicht geschaffen an jenem Ort.» (→ Schöpfungsmythen) Das Ende der Welt wird dieser Ursprungssituation gleichen: «Die Erde wird als Urozean erscheinen, als Wasserflut wie in ihrem Anfangszustande.» Die Urgottheit war geschlechtlich nicht differenziert, sie war «Vater und Mutter».

Die ägyptischen Götter sind keineswegs immer nur hilfreich und freundlich, sondern bisweilen auch gefährlich, und sie müssen unter Umständen bedroht, bekämpft oder sogar getötet werden. Gegen unerwünschte Maßnahmen der Götter greifen die Menschen auf magische Praktiken zurück. (→ Magie) «Gott schuf dem Menschen den Zauber zur Waffe, um den Schlag der Ereignisse abzuwehren.» In der ägyptischen Totenliteratur sind die Drohungen und Flüche aufgeführt, mit denen man gegen die feindlichen Götter angehen kann. (→ Fluch) Die Ächtungstexte zeigen uns, daß man den Namen der Feinde auf Gefäße schrieb und diese Gefäße dann – in einem Akt magischer Tötung – zerschlug.

Neben den Ortsgöttern gibt es kosmische Gottheiten: Himmel und Erde, Sonne und Mond, Luft und Wasser werden von Göttern verkörpert. Vielleicht stammen die örtlichen Gottheiten aus der Zeit der nomadischen Stämme, die kosmischen Götter hingegen aus der Kultur von Bauern.

Die charakteristische Form der Gottesoffenbarung war der Gottkönig. Im alten Ägypten wurde der König mit Horus, dem falkengestaltigen Himmelsgott, in eins gesetzt. Damit war der König über die Ebene des Menschen hinausgehoben. Später wurde die Identifikation des Königs mit dem Himmels- und Weltengott abgelöst: Der Pharao galt nur noch als Sohn des Re. Damit war die Machtfülle des Gottkönigtums herabgesetzt.

Als lebender Mensch war der König Gottmensch, nach seinem Tod Gott. Ramses II. verkündete von sich selbst: «Höret! Ich spreche zu euch, ihr Menschen alle, ihr Großen auf der Erde und meine Soldaten insgesamt: Ich bin Re, der Herr des Himmels, der auf der Erde ist. Ich tue euch Treffliches, wie es ein Vater tut.» Durch die Krönung war der König der göttlichen Sphäre teilhaftig geworden. Im Tod begann für ihn ein neues Leben. «Du bist nicht tot weggegangen, du bist lebend weggegangen.» Er wurde ins → Jenseits entrückt.

3. Die ägyptische Religion hat eine bemerkenswerte Vorstellung von einem im jenseitigen Totenreich stattfindenden Gericht ausgebildet. Das Gericht über die Toten erfolgt nach sittlichen Normen. Der Jenseitskönig ist Osiris. Sein Diener ist Anubis. Er wiegt das Herz, das Lebenszentrum des Menschen. Thoth zeichnet das Ergebnis der Überprüfung auf. Im Falle eines negativen Bescheides wird der Sünder vom «Totenfresser» vertilgt. Nach einem guten Ausgang des Gerichts geht der Tote als Gerechtfertigter zum Thron des Osiris. «Vertraue nicht auf die Länge der Jahre; die Totenrichter sehen die Lebenszeit als eine Stunde an. Wenn der Mensch übrigbleibt nach dem Sterben, so werden seine Taten im Haufen neben ihm liegen.»

Afrikanische Religionen

1. In Schwarzafrika südlich der Sahara soll es zwischen 800 und 1200 Stämme geben. Jeder einzelne Stamm hat seine eigene Sprache. Zu den afrikanischen Hauptsprachgruppen gehören die Bantusprachen (in Ost-, Zentral- und Südafrika), die hamito-semitischen Sprachen (in Südost- und Nordafrika), die Khoisansprachen (im Süden), das Malaiisch-Polynesische (auf der Insel Madagaskar), das Nigritische (im westlichen Afrika) und die Sudansprachen (Sudan und westlich davon). Neben den europäischen Sprachen (Englisch, Französisch, Portugiesisch, Spanisch und Afrikaans) ist vor allem das Arabische weit verbreitet. Besonders gefördert werden die einheimischen Sprachen Kisuaheli und Haussa. Jedes Volk hat seine eigene soziale und politische Organisation und seine spezifische Religionsform. Als die Europäer 1885 auf der Kongokonferenz in Berlin den afrikanischen Kontinent aufteilten, spalteten sie durch willkürliche Grenzziehungen zahlreiche afrikanische Völker.

Grundvorstellungen, die fast alle afrikanischen → Stammesreligionen gemeinsam haben, sind Gottes- und Geisterglauben (→ Geist), die Hoffnung auf ein Fortleben nach dem Tod (→ Jenseits), → Magie und → Hexerei. Das Stammesgefühl ist auch unter den Bedingungen der modernen afrikanischen Staaten noch eine mächtige Kraft geblieben, und trotz der europäischen Kolonisierung haben sich zahlreiche traditionelle Auffassungen und Denkgewohnheiten, Sprachinhalte und Bilder bis heute erhalten.

2. Wie bei allen Völkern sind die Gottesvorstellungen der afrikanischen Stämme von den jeweiligen historischen und geographischen, sozialen und kulturellen Umweltfaktoren geprägt. Bei vielen Stämmen ist Gott der «Weise», «der alles weiß und alles sieht». «Gott findet nirgendwo und nirgendwann ein Ende.» Dies entspricht der christlichen Vorstellung von der «Allwissenheit» Gottes. Gottes «Allmacht» drücken etwa die Zulu (Südafrika) so aus: «Er brüllt, daß alle Völker vor Schrecken erstarren.» Gottes Macht zeigt sich vor allem in seiner Herrschaft über die Natur. Er beschirmt die Pflanzen, läßt die Sonne auf- und untergehen, erhebt die Berge und schickt Wind und Regen. Gott ist «nun und von Urzeiten an da».

Alle afrikanischen Völker bringen Gott mit dem Himmel in Verbindung. In manchen Mythen (→ Mythos) wird erzählt, wie auch der Mensch vom Himmel auf die Erde kam, in anderen, wie Gott sich von der Erde in den Himmel zurückzog. Was die Christen als «Transzendenz» (Jenseitigkeit) Gottes bezeichnen, kennen auch die afrikanischen Religionen. «Er ist von keinem anderen erschaffen, und niemand ist jenseits von ihm.» (Kongo) Die Kikuju in Kenia beten: «Er ist allein. Er ist weder ein Kind noch ein alter Mann. Er ist derselbe heute, der er gestern war.» Im allgemeinen stellt man sich Gott als → Geist vor, und man kann ihn mit dem Wind oder der Luft vergleichen. «Er ist wie ein Wort, das aus deinem Munde kommt. Dieses Wort! Es ist nicht mehr da. Es ist vergangen, und doch lebt es noch. So ist Gott.» (Pygmäen, Zaire)

Den Menschen gegenüber ist Gott voller Güte und Mitleid. Er wendet Unheil ab, spendet Regen und läßt Menschen, Vieh und Felder fruchtbar werden. Er ist «der für die Bedürfnisse seiner Geschöpfe Sorgende». Bisweilen aber läßt er auch Unglück und Leiden über einzelne oder über ganze Familien kommen. Meist aber werden Magie, Zauberei und Hexerei als Ursachen für Krankheiten und Leid angesehen.

Gottes größtes Werk ist die → Schöpfung. Er hat die Menschen gemacht wie ein Töpfer, der Ton formt. Aber auch die Naturgesetze und die Sitten der Menschen sind von ihm gestiftet. «Gott hört niemals auf, Dinge zu erschaffen.» (Tiwivölker in Ghana)

Das besondere Zeichen seiner Fürsorge ist der Regen. Bei zahlreichen Völkern heißt Gott deshalb der «Regengeber». Der Regen ist Gottes Speichel. Speichel ist Symbol des Segens überhaupt.

Bei Völkern, die Könige, Häuptlinge oder andere Herrscher mit Zentralgewalt haben oder früher hatten, hat auch die Gottesvorstellung königliche und herrscherliche Züge angenommen. Gott gilt als Herrscher des Himmels, der Erde und der Unterwelt. (Akan, Ghana) Er regiert über alle Stämme der Erde. Er ist König der Könige oder Häuptling der Häuptlinge. (Zulu)

Viele Völker sprechen ihn als «Vater» an: «Vater-Gott», «unser Vater», «Vater unserer Väter». In einigen matriarchalischen (mutterrechtlichen) Gesellschaften wird er als Mutter vorgestellt (Ovambo, Namibia), der ähnliche Eigenschaften wie einer der göttlichen Vatergestalt anhaften. Die Menschen, die Gott als Vater oder Mutter ansprechen, sehen sich selbst als «Kinder Gottes», «Söhne Gottes» oder «Volk Gottes».

3. Durch die Darbringung von Weihegaben und von → Opfern wendet man sich an Gott, an die Geister und die Totenseelen (s. u.), um so die Verbindung mit ihnen auszudrücken und um ein etwa gestörtes Gleichgewicht zwischen den Menschen und dem → Heiligen wiederherzustellen. Vor allem sind Geburt, Namengebung, Beschneidung, Hochzeit, Begräbnis und Ernte Anlässe zur Opferung. Als Opfertiere werden beispielsweise Schafe, Ochsen oder Ziegen verwendet. Bei lang anhaltender Dürre hat man früher auch Kinder geopfert. Das Menschenopfer galt überhaupt als wirksamstes Mittel, einen machtvollen Segen zu erwirken. An Kultschreinen opfert man täglich Trank und Speisen. Dankgeschenke gibt man den Gottheiten bei eingetretenem Erfolg, bei Gesundheit und Kinderreichtum; Sühneopfer werden bei Dürre, Hungersnot und schwerer Krankheit dargebracht.

Gebete richten sich an Gott, an die Totenseelen oder an Geistwesen, die als Mittler zwischen den Menschen und der Gottheit angesehen werden. «Unser Vater, es ist dein Weltall, es ist dein Wille, laß uns in Frieden leben, laß die Seelen deines Volkes unbeschwert bleiben. Du bist unser Vater, heb alles Übel hinweg von unserem Pfad.» (Nuer, Sudan)

4. Religiöse Mittler sind die Priester, die

regelrecht ausgebildet und schließlich eigens ernannt oder geweiht werden. Bei einigen Völkern gibt es → Propheten, Seher und Orakelpriester. Religiöse Funktionen haben auch die Wahrsager und Medizinmänner. Besonders wichtig bei fast allen afrikanischen Völkern sind die Regenmacher. Die Zulu nennen sie «Hirten des Himmels». Ihr Wissen empfangen die Regenmacher von den Totenseelen. Riten und Zeremonien der Gemeinschaft begleiten die Regenmacherei. Dabei gebraucht man zahlreiche sakrale Gegenstände, insbesondere die sogenannten «Regensteine». Der Regen ist ein heiliges Phänomen. Bricht die Regenzeit endlich an, so werden der Gottheit Opfer und Dank dargebracht.

Eine Mittelstellung zwischen den Menschen auf der einen und Gott und den Geistern auf der anderen Seite nehmen die Totenseelen ein. Wenn ein Mensch stirbt, wird er zur Totenseele, das heißt zu einem Geist, der nicht mehr im Körper wohnt.

Viele afrikanische Völker glauben, daß das → Jenseits in einer fernen Welt liege. Deshalb geben sie den Toten Nahrungsmittel und Waffen mit ins Grab. Nach den Bestattungsriten begibt sich die Seele auf die Reise. Sie muß zunächst einen Fluß überqueren, und die Schwere dieser Prüfung hängt von der Lebensführung des Verstorbenen ab. Schuldner, Diebe, Hexen und solche Toten, die anderen Menschen einen Wunsch abgeschlagen haben, müssen sich auf große Schwierigkeiten gefaßt machen.

Die Verstorbenen stehen mit den Lebenden weiterhin in Verbindung. Ein Teil des Toten lebt im Gedächtnis seiner Angehörigen weiter. Das macht die persönliche Unsterblichkeit des Menschen aus. Durch Trank- und Speiseopfer, Gebete und Riten für die Verstorbenen drückt man seine Verbindung zur Totenseele des Angehörigen aus.

Die Totenseele bleibt so lange am Leben, wie man sich an den Verstorbenen erinnert. Das kann vier oder fünf Generationen lang dauern. Dann versinkt die Totenseele im Vergessen. Nun verliert sie ihre persönliche Unsterblichkeit. Sie wird zum Geist und geht schließlich in die kollektive Unsterblichkeit ein.

5. Der ganze Lebensablauf mit seinen wichtigen Stadien von der Geburt bis zum Tod ist von religiöser Bedeutung und wird von religiösen Zeremonien begleitet.

Die erste Schwangerschaft gilt in der Regel als Besiegelung der Ehe und als Zeichen, daß die Frau nun in den Verwandtenkreis des Mannes aufgenommen ist. Unfruchtbarkeit aber bedeutet höchstes Unglück; niemand wird einst der Frau, die ohne Kinder gestorben ist, gedenken; ohne Nachkommen wird sie keine persönliche Unsterblichkeit haben.

Schwangerschaft bedeutet bei vielen Stämmen jedoch auch rituelle Unreinheit; nun müssen bestimmte Meidungsgebote und Vorschriften eingehalten werden. Häufig bezieht sich dieses → Tabu auf gewisse Speisen oder auf die Arbeit und den Gebrauch einzelner Werkzeuge (z. B. Waffen und Gegenstände aus Eisen). Bei manchen Völkern darf die schwangere Frau nicht einmal mit ihrem Mann sprechen.

Zur Geburt begibt man sich bisweilen in eigens dafür gebaute Kreißhütten. Ältere Frauen übernehmen dabei die Rolle der Hebamme. Mutterkuchen und Nabelschnur werden besonders sorgfältig behandelt, auf einen unbebauten Acker gelegt, mit Gras und Körnern bedeckt, in der Nähe des Hauses begraben oder in einer Kalebasse sorgfältig aufbewahrt. Die Geburt ist für die ganze Gemeinschaft Anlaß zu einem Freudenfest.

Werden jedoch Zwillinge oder Drillinge geboren, so glaubt man, daß sich dadurch außergewöhnliche Ereignisse ankündigen. In einigen Stämmen wurden früher Zwillingskinder getötet; bisweilen brachte man sogar die Mutter mit ihnen zusammen um. Zwillingsgeburten galten nämlich als Vorzeichen kommenden Unheils; die Tötung sollte den Stamm reinigen, schützen und «erlösen».

Ein wichtiges Ereignis, das mit feierlichen Zeremonien begangen wird, ist der Akt der Namengebung. Bisweilen stammen die Namen der Kinder von den Totenseelen und sind Ausdruck dafür, daß sich der tote Ahne in einem Nachkommen wieder verlebendigt hat.

In Pubertätsriten führt man die Jugendlichen in das Gemeinschaftsleben ein; sie werden in geheimen Dingen unterwiesen und erleben symbolisch das Sterben, das Leben in der Geisterwelt und die Wiedergeburt. Nun erst haben sie Anteil an allen Rechten und Pflichten der Gemeinschaft. Sie können heiraten, Kinder bekommen und für ihre Familien Verantwortung übernehmen.

Die Ehe ist eine religiöse Verpflichtung. Ehe und Zeugung bilden eine Einheit. Wer keine Nachkommen zeugt, löscht das Leben aus und verhindert seine Weiterexistenz.

Der traditionellen Sozialstruktur und den entsprechenden religiösen Vorstellungen ist die Praxis angepaßt, daß ein Mann zwei oder mehrere Frauen heiratet. Je mehr Kinder ein Mann hat, um so stärker ist die Macht seiner Unsterblichkeit und um so größer ist auch das Prestige der Familie. «Je mehr wir sind, desto größer bin ich.»

6. Unter den Afrikanern gibt es etwa 70 bis 100 Millionen Moslems und 50 bis 70 Millionen Christen. Innerhalb eines Jahrhunderts nach dem Tode Mohammeds (632 n. Chr.) breitete sich der → Islam über ganz Nordafrika aus. Es kam zu erbitterten Kämpfen mit dem Christentum. In Ägypten verloren die Christen gegen Ende des 13. Jahrhunderts fast völlig die Macht, in Äthiopien konnten sie ihre Vorherrschaft jedoch aufrechterhalten. Seit dem 9. Jahrhundert breitete sich der Islam auch nach Süden unter den westafrikanischen Völkern, im Zuge des Elfenbein- und Sklavenhandels seit dem Ende des 18. Jahrhunderts schließlich auch im Landesinneren, aus. Heute ist Afrika nördlich des 10. Breitengrades überwiegend moslemisch; der Islam hat überhaupt die größte Anhängerschaft unter den Religionen Afrikas.

Lange vor dem Islam hatte sich das Christentum in Nordafrika, Ägypten, Äthiopien und in Teilen des Sudans ausgebreitet. Zahlreiche große Theologen der Alten Kirche waren Afrikaner: Tertullian, Origines, Clemens von Alexandrien und Augustinus. Im Kampf mit dem Islam verlor das frühe Christentum jedoch viel Terrain und konnte nur in Äthiopien und als Minderheit auch in Ägypten überleben. In Äthiopien war das Christentum als Staatsreligion mit dem Kaisertum und seiner Politik eng verbunden. In Ägypten führen die Überreste der Koptischen Kirche ihre Tradition bis auf die Zeit der → Apostel und auf den heiligen Markus als ihren angeblichen Gründer zurück.

Zu Anfang des 15. Jahrhunderts begann die christliche Kirche an der West- und Ostküste und an der Kongomündung zu missionieren. Im Zuge der europäischen Kolonisation kamen dann dänische, holländische und englische Missionare zusammen mit Händlern, Journalisten, Jägern, Forschern und Philanthropen nach Afrika. Landnahme der Kolonisatoren und christliche → Mission gingen Hand in Hand. So ist bis heute das Bild des Christentums von der einstigen Kolonialherrschaft geprägt.

Jede christliche Konfession und jede Sekte fühlte sich in der Vergangenheit verpflichtet, Missionare nach Afrika zu schicken. So kam es zwischen Anglikanern, Katholiken, Lutheranern, Baptisten, Adventisten, Quäkern usw. nicht nur zu Predigt- und Missionsstreitigkeiten, sondern bisweilen auch zu handfesten Auseinandersetzungen.

Aus dem modernen afrikanischen Christentum spalteten sich deshalb unzählige separatistische Gruppen ab. So sind aus den anglikanischen, lutherischen und sonstigen protestantischen Kirchen unzählige Sondergruppen hervorgegangen. Messianisch-apokalyptische Sekten richten ihre ganze Hoffnung auf den baldigen Anbruch des Reiches Gottes. Offenbarungen und Krankenheilung spielen in diesen Kirchen eine große Rolle. In Träumen (→ Traum) und Visionen empfängt man Botschaften Gottes. In den Gottesdiensten weht der Heilige Geist, und man redet in Zungen. Bisweilen werden die Praktiken der alten afrikanischen Religionen in christlichem Gewand fortgeführt. Es zeigt sich dann, daß die christliche Mission kaum tief in die Mentalität der Menschen eingedrungen ist und die afrikanische Religiosität nur oberflächlich überlagert wurde.
Das offizielle Missionschristentum, das im Unterschied zu den separatistischen Bewegungen die Zeichen der Fremdartigkeit, «westlichen» Lebensstils und paternalistisch-autoritäten Gebarens trägt, ist durch straffe Organisation, Institutionalisierung, enge Bindung an die christliche Tradition und finanzielle Stärke (durch Hilfe aus Übersee) gekennzeichnet. Es repräsentiert europäisch-amerikanische Kultur und Lebensstil in Afrika. Die Neubekehrten werden aus ihrer traditionellen Lebensweise weggelockt. Sie müssen den alten Glauben an Götter und Fetische verwerfen, Kirchenmitglied werden, kirchliche Abgaben entrichten und die kirchlichen Vorschriften einhalten. Für Ahnen, Hexen, afrikanischen Gesang und Tanz ist in dem aus Europa oder Amerika herübergebrachten Christentum kein Platz. Als Christ gilt deshalb derjenige, «der die Bräuche aufgegeben hat».

Afroamerikanische Religionen

In denjenigen Gebieten Süd-, Mittel- und Nordamerikas, die afrikanisch beeinflußt sind, breiten sich heute afroamerikanische Religionen immer weiter aus. Dort leben die Nachkommen der Sklaven, die zwischen dem 16. und dem 19. Jahrhundert aus Afrika in die «Neue Welt» verschleppt wurden. Trotz christlicher Missionierung, Evangelisation und Erziehung bewahren die Schwarzen immer noch zahlreiche traditionelle Mythen, Legenden und Lieder, die sie in ihrer Muttersprache überliefern. Gezwungenermaßen übernahmen die Sklaven auch Symbole und religiöse Praktiken der iberoamerikanischen Kolonisatoren; aber sie bauten, indem sie diese mit ihren Traditionen vermischten, eine eigene religiöse Welt auf. Dabei nahmen afrikanische Gottheiten Namen christlicher Heiliger an, afrikanische und europäisch-christliche Glaubensformen überlagerten sich.
1. Als Religionsgemisch aus afrikanischer Magie und christlich-kultischen Riten entstand auf Haiti der Voodoo-Kult. («Voodoo» = «beschützender Geist», «Gott») Im 18. Jahrhundert spielte diese Religion eine wichtige Rolle im Befreiungskampf der schwarzen Sklaven. Sie kennt zahlreiche, den Alltagssorgen der Menschen zugewandte Gottheiten. Der führende Gott ist Damballah (Schlange). Man unterscheidet zwischen fetischistischen Riten weißer («Umbanda») und schwarzer («Quimbanda») Magie, die – auf dieselbe Weise wie in den afrikanischen Ursprungsländern Benin, Togo und Nigeria – auch in der Karibik und an der Ostküste Nordamerikas praktiziert werden. Fetische können dabei Tiere oder aber irgendwelche Gegenstände sein. Als «Sekundärgottheit» vermittelt ein Fetisch zwischen dem Bereich des Heiligen und dem Bereich des Menschen.
Zum Götterhimmel des Yoruba-Voodoo

gehören Xangó (heiliger Antonius, Herr über Blitz und Donner, Symbol der Männlichkeit), Yemanja (heilige Maria, Astarte, Iris, Aphrodite) und Oxossi (heiliger Georg, Herr der Wälder). Diesen Gottheiten bringt man blutige Tieropfer dar – einerseits um sie zu besänftigen, andererseits um sie zur Gewährung von Schutz und Hilfe zu veranlassen. Im Unterschied zu ihnen sind die Eshus dämonenartige, teuflische Geister.

Während der kultischen Zeremonien nehmen die Gläubigen selbst göttliche Eigenschaften an und leben diese aus. Gleichzeitig werden die Fetische mit menschlichen Zügen ausgestattet. In Trance wird der Mensch zu Gott, die Gottheit wird menschlich. Vor allem der Priester verliert in diesem Zustand seine ganze Persönlichkeit, und während er von Gott «geritten» wird, stellt er seinen Körper einem Geist zu dessen Inkorporation zur Verfügung.

2. Wie Voodoo, so ist auch die brasilianische Umbanda-Religion eine Kultform der untersten sozialen Klasse, Glaube von Analphabeten. Was der triste Alltag einem vorenthält, gewährt der Glaube. Da Krankheiten von Zauberern und Dämonen verursacht sind, kann man sie magisch bannen. Trance führt zu seelischer und körperlicher Entlastung und bewirkt Heilung. Nach uralter Zaubermanier werden mitunter auch Puppen symbolisch gequält, um weit entfernt lebende Personen zu schädigen oder sie gar zu töten. Umbanda will eine Urreligion darstellen, die auf einem einst von Afrika, Amerika und Ozeanien gemeinsam gebildeten Kontinent praktiziert worden sein soll. Urzeit und Endzeit entsprechen einander: Im 3. Jahrtausend wird sich die ganze Menschheit auf dem Weg zu Gott hin wieder vereinen.

Aus dem Gegensatz von Gut und Böse wird «das Gesetz der Umbanda» entwikkelt. Durch Pflichterfüllung, Nächstenliebe und Entfaltung des Guten kann sich der Mensch selbst vervollkommnen. Aber auf dem Weg zum Heil bedarf es auch der Hilfe der guten Geister. («Orixás») Zu ihnen gehören Ahnen und Heroen, Naturmächte sowie Engel, Heilige und auch Jesus. Selbst für die indische Lehre der Reinkarnation und für das Gesetz des Karma ist Raum in der Umbanda-Religion. Durch Wiedergeburt können Fehler gesühnt, die Entwicklung des Menschen bis hin zur Aufnahme unter die Geister vorangetrieben werden.

Im Zentrum der Umbanda-Kultstätten ist stets ein Hauptaltar für einen Orixá errichtet, geschmückt mit Blumen, Kerzen, Statuen. An den Wänden hängen Heiligenbilder, Votivtafeln, Girlanden. Repräsentiert wird der Orixá durch Babalaó oder Babalorixá, Vater oder Mutter des Heiligen. Unter Gebet und Trommelwirbel steigen die Geister herab und treten in den Körper der Gläubigen ein, wenn diese in Trance geraten sind. Haben die Orixás ihren Dienst geleistet, so werden sie in Liedern und Gebeten zum Wiederaufstieg aufgefordert.

3. Eine Verehrung von Ahnen und Heroen kennt auch die Macumba-Religion in Brasilien, andernorts heißt sie Santería. In der Sprache zentral- und südafrikanischer Bantu bezeichnet Macumba den Baum, unter dem Stammesversammlungen abgehalten werden. Unter den Nachkommen der Bantu-Stämme in Rio de Janeiro und in den südlichen Landesteilen Brasiliens wurde daraus der Name eines Kultes, mit dem eine Schöpfergottheit verehrt wird, die allerdings in weite Ferne gerückt ist. Derzeit wirken in der Welt böse und gute Geister. Deshalb kann der Mensch sein Leben nur mit Hilfe seiner Ahnen und unter dem Schutz der guten Geister bestehen. Der Kult unter Leitung eines «Macumbeiro» – des Priesters, Zauberers, Heilers und Helfers – wird vor einem Altar zelebriert, auf dem die christlichen Heiligen, Symbole der Schutzgeister, plaziert sind. Wäh-

rend der kultischen Zeremonien werden unter Gebet, Musik, Gesängen und Tanz Hähne oder Ziegenböcke geopfert. Trance, die sich einstellt, bedeutet «Sprechstunde der Geister», Beginn der Heilung.

Über die schwarze Bevölkerung hinausgehend, ist Macumba heute besonders in den Elendsvierteln der großen brasilianischen Städte verbreitet. Dabei mischen sich volkskatholische, indianische und okkulte Praktiken unter den traditionellen Macumba. Exu, der afrikanische Götterbote, ist in die Funktion des christlichen Teufels eingetreten. Mit Opfern läßt er sich diabolischen Zwecken dienstbar machen.

4. Den Glauben an göttliche Naturmächte teilt mit Umbanda auch Candomblé, der am weitesten verbreitete afrobrasilianische Kult. In seinem Zentrum steht die Verehrung von Geistern (Orixás) hauptsächlich nigerianischen Ursprungs (Yoruba) sowie von Heiligenfiguren der katholischen Tradition. Die afrikanischen Geister Oxalà, Xangó und Ogum haben die Gestalt von «Unserem Herrn von Bonfim» (Jesus Christus), dem heiligen Hieronymus und dem heiligen Antonius angenommen.

Der Kultort (terreiro) bildet die Form des afrikanischen Dorfes nach. In seiner Mitte erhebt sich der heilige Pfahl, Verbindung zwischen Himmel und Erde. Außerdem findet man dort auch das Kreuz, einen Brunnen, um sich zu reinigen, heilige Bäume sowie Häuser der Orixás und der Ahnengeister. Gewisse Räume sind für die Eingeweihten, vorwiegend Frauen, reserviert. Nach der die kultische Zeremonie einleitenden Reinigung werden die Geister herabgerufen, damit sie von den Körpern der Gläubigen Besitz ergreifen. Tänze dauern mitunter bis zur völligen Erschöpfung. Nach der Verabschiedung der höheren Mächte findet ein heiliges Mahl und schließlich die Befragung der Geister statt, die Ratschläge zur Bewältigung des Lebens erteilen.

5. In Jamaika hat die afroamerikanische Erlösungsreligion der Rastafarianer ihren Ursprung genommen. Ihrem Gründer, Marcus Mosiah Garvey (1887–1940), war die Krönung des Kaisers Haile Selassie I. von Äthiopien im Jahr 1930 zum Schlüsselerlebnis und zum Zeichen der Hoffnung auf die Befreiung der Schwarzen in Amerika («Babylon») geworden. Haile Selassie, so glaubte er, werde als der wiedergekehrte Messias die gequälten Nachkommen der Sklaven zurück nach Afrika («Zion») führen.

Besonders unter den Marginalisierten der Städte breitete sich die Bewegung rasch aus. Obgleich nun Rasta-Elemente sogar Eingang in die Politik Jamaikas fanden, änderte sich an den Verhältnissen im Land nichts. So nahm die Rastafari-Bewegung immer mehr die Züge einer Alternativkultur an. Seit seinem Tod im Jahr 1975 gilt Haile Selassie als unsterblicher «Jah Rastafari».

Wie die anderen afroamerikanischen Religionen, so ist auch die Rastafari-Religion ein Selbstfindungsversuch verschleppter und entwurzelter Schwarzer in Amerika. Die schwarzen Sklaven haben dasselbe Schicksal wie Israel erlitten. Nur Gott kann das geschehene Unrecht wiedergutmachen und die Unterdrückten befreien. Der Exodus in ein Land ohne Hunger, Entfremdung und Leid steht bevor. Quelle der Hoffnung ist die Bibel, insbesondere das Alte Testament und die Offenbarung des Johannes.

In Europa sind die Rastafarianer besonders durch den Sänger Bob Marley bekannt geworden, der Rasta-Glaubensinhalte über Reggae, die Volksmusik Jamaikas, verbreitete. Stark ausgeprägt ist das Gefühl der Zusammengehörigkeit unter den Gläubigen. Strikt halten sie sich an bestimmte Grundsätze und Rituale. Ihre Kost ist salzlos und vegetarisch, Alkohol wird abgelehnt; statt dessen konsumieren sie Ganja (Marihuana). Auffallend ist ihre Haartracht, lange, gedrehte Locken und ungestutzte Bärte. Dabei halten sie sich an mosaische Vorschriften (vgl. 3. Mose 21,5).

Altes Testament

1. Nach unserer heutigen Zählung enthält das Alte Testament 39 Bücher. Diese «kleine Bibliothek» ist die literarische Hinterlassenschaft des alten → Israel und entstand in einem Zeitraum von fast 1000 Jahren. Im Neuen Testament wird das Alte Testament gelegentlich als «Thora», das heißt «Gesetz» oder «Weisung», bezeichnet. Es ist als → Kanon («Richtschnur») zusammengestellt worden und in drei Wachstumsringen entstanden:

a. Die Thora im engeren Sinne umfaßt die fünf Bücher Mose, auch → «Pentateuch» («Fünfrollenbuch») genannt;

b. die als «Propheten» bezeichneten (und angeblich tatsächlich von → Propheten verfaßten) Erzählbücher Josua, Richter, Ruth und 1./2. Könige, die Bücher der Schriftpropheten → Jesaja, → Jeremia und Hesekiel (Ezechiel) und das «Zwölfprophetenbuch» (Dodekapropheton);

c. die sogenannten Schriften, die so verschiedenartige Literatur wie u. a. die Psalmen, das Buch Daniel und die Chronik umfassen.

Die Heiligkeit dieser Schriften wurde ganz dinglich verstanden. Von ihnen galt, daß sie, wenn man sie berührt, «die Hände verunreinigen» (→ Tabu); waren Handschriften unbrauchbar geworden, so wurden sie nicht etwa vernichtet, sondern in einem Raum der Synagoge «verborgen» gehalten und später vergraben. Selbstverständlich durfte am Bestand und Wortlaut solcher Bücher nichts verändert werden. Sie waren göttlichen Ursprungs (→ Heilige Schriften) und deshalb gültige Norm. Den ersten Rang vor allen anderen nahm «das Gesetz» ein.

Die griechischsprechenden Juden in Ägypten besaßen eine griechische Übersetzung des Alten Testaments, die sogenannte Septuaginta (Übersetzung der «Siebzig»; nach der Legende waren 72 = 12 × 6 Übersetzer, «aus jedem Stamm sechs würdige und gelehrte Männer», an diesem Werk beteiligt gewesen). Die Septuaginta (abgekürzt: LXX) wurde zur → Bibel der ältesten Christen. Ihr Bestand griff über den hebräischen Kanon hinaus und ging auch in die Vulgata (die «allgemein Geachtete», lateinische Bibelübersetzung des Hieronymus, ca. 347 bis 420) ein. Im Konzil von Trient (Tridentinum, 1546) wurde diese Übersetzung für authentisch erklärt, d. h. dem Original gleichgestellt. Die Kirchen der Reformation hingegen griffen auf den hebräischen Kanon zurück, und Luther (1483–1546) verwies die über diesen hinausgehenden «apokryphen» («verborgenen») Schriften in den Anhang seiner Bibelübersetzung.

2. Die Texte des Alten Testaments entstammen den verschiedenen Epochen der Geschichte Israels. Die Zeit spannt sich von den nomadischen Anfängen über die Seßhaftwerdung in Kanaan, die Staatsgründung, die beiden Königtümer, ihre Zerstörung durch die assyrische und neubabylonische Großmacht und die Wegführung ins Exil im Zweistromland; daran schließt sich die Bildung einer Art «Kirchenstaat» um Jerusalem herum an, der erst unter persischer, dann unter makedonisch-griechischer Oberherrschaft stand. Die alttestamentlichen Texte spiegeln diese geschichtlichen Bewegungen, den Wandel der sozialen Verhältnisse und die damit einhergehenden Veränderungen der israelitischen Religion. Aus nomadischen Viehzüchtern wurden Akkerbauern und schließlich Städter. Die Vielzahl der Heiligtümer wich dem einen Zentralheiligtum in Jerusalem. Auch davon erzwang schließlich das Exil die räumliche Loslösung.

Um 200 v. Chr. gab es neben dem Pentateuch bereits eine Sammlung von historischen und prophetischen Schriften, die die Geschichte Israels als Geschichte →Jahwes mit seinem Volk beschrieben. Sie wurden in Synagogen vorgelesen und erfreuten sich besonderer Achtung und Autorität. Immer neue «heilige Bücher» traten hinzu. «Des vielen Büchermachens ist kein Ende», klagte der Prediger (12,12). Gegen Ende des 1. Jahrhunderts n. Chr. wurde der alttestamentliche Kanon endgültig abgeschlossen: 70 n. Chr. war der Tempel in Jerusalem zerstört worden. Das →Judentum schuf sich nun einen neuen Lebensgrund. Damit waren auch die zeitlichen Grenzen göttlicher Offenbarung festgelegt: Sie reichen von →Moses bis Maleachi. Seither ist die israelitische Prophetie erloschen.

Auch für die christlichen Gemeinden galten die «heiligen Schriften» des jüdischen Kanons als Zeugnisse der Gottesgeschichte. Freilich unterlegten ihnen die Christen einen eigenen Sinn. Ihrer Meinung nach kam die Gottesoffenbarung des «alten Bundes» zu ihrem Ziel- und Endpunkt in Jesus Christus.

3. Die Exegese (→Auslegung) alttestamentlicher Texte ist eine historisch-kritische, das heißt allgemeingültige Methode. Ihr Ziel ist es, den Sinn eines Textes, der in der Vergangenheit formuliert worden ist, zu vergegenwärtigen. Dabei geht die Exegese möglichst vorurteilsfrei zu Werk, selbst wenn sie sich dabei über traditionelle Gläubigkeit und überkommene dogmatische Meinungen hinwegsetzen muß. Gefragt wird nach der Absicht alttestamentlicher Texte in ihrer ursprünglichen Situation. Welches sind die Hintergründe und Umstände, die die Textaussagen hervorgebracht haben?

Die Biblia Hebraica (Hebräische Bibel) enthält den Text des Alten Testaments in der Ursprache. Ihre Schriften sind zwischen eineinhalb- und zweieinhalbtausend Jahre lang handschriftlich verbreitet worden. Dabei haben sich Abschreibfehler eingeschlichen, und bisweilen wurden auch bewußte Änderungen vorgenommen. Der auszulegende Text muß also erst gewonnen werden, indem man die erreichbaren Textzeugen in der Ursprache und auch die wichtigsten Übersetzungen (die griechische Septuaginta und die lateinische Vulgata) heranzieht.

Die einzelnen Bücher des Alten Testaments sind keine literarischen Einheiten. Sie stellen vielmehr Sammlungen von ursprünglich mündlichen und zum Teil bereits schriftlich fixierten Einzeltraditionen dar. Deshalb fragt die alttestamentliche Exegese nach dem Grundbestand dieser Texte und ihren späteren Erweiterungen. Sie will die Quellen herausfinden und die Geschichte ihrer Bearbeitung beschreiben.

Älter als die zusammenhängenden Erzählungskomplexe, prophetischen Spruchreihen oder Rechtsbücher sind indes Einzelerzählungen, die einzelnen Prophetensprüche oder einzelne Rechtssprüche. Die Exegese bestimmt diese verschiedenen Gattungen und analysiert ihren Stil. Die Form eines Textes gibt nämlich Aufschluß über die soziale Gruppe, die ihn verwendet hat, über seine Adressaten und über die Gelegenheit, bei der er gesprochen, verlesen oder gelesen wurde.

So dringt die exegetische Analyse eines Textes des Alten Testaments bis in das historische Leben des Volkes Israel und des Judentums vor, wenn sie den «Sitz im Leben» (Hermann Gunkel, 1862–1932) der sprachlichen Form des Textes ausfindig macht. Die einzelne Gattung hatte meist nicht nur *einen* Sitz im Leben, vielmehr fand sie im Verlauf ihrer Geschichte Verwendung in wechselnden Situationen. Z. B. wurde die ursprüngliche Gattung Leichenlied in späterer Zeit von den Propheten als Form für Mahnungen und Drohungen gebraucht (vgl. 2. Sam. 1,19ff mit Anm. 5,1ff und Jes. 13,3ff). Manche alttestamentlichen Texte waren für gottesdienstliche Lesungen, andere für die Lektüre im Kreis Gebildeter, manche für das Volk insgesamt, wieder andere für besondere Personengruppen vorgesehen. Wer die ursprünglichen und späteren Adressaten eines Textes und seiner unterschiedlichen Verwendungssituationen kennt, erhält dadurch Aufschluß über die wechselnden Ziele, die mit ihm verfolgt wurden. Dadurch wird eine aktualisierte Auslegung des Alten Testaments ermöglicht und gleichzeitig relativiert.

Animismus

(von lateinisch anima: → Seele) ist eine Weltanschauung, nach der alle Natur von → Geistern beseelt ist. Der englische Kulturanthropologe E. B. Tylor (1832 bis 1917) entwickelte gegen Ende des 19. Jahrhunderts die Theorie, daß der Animismus den Ursprung von → Religion überhaupt darstelle. (E. B. Tylor: Primitive Culture I–II, London 1871) Auf seiner niedrigsten Kulturstufe habe sich der Mensch Gedanken über den Unterschied zwischen dem lebenden und dem toten Körper gemacht und erklären wollen, weshalb in Träumen und Visionen menschliche Gestalten erscheinen können. Das erste Problem löste er durch die Annahme eines Lebensprinzips, das dem Körper die Fähigkeit zum Handeln gibt und ihn im → Tod verläßt. Das zweite Problem sollte durch die Erklärung gelöst werden, daß sich Schattenbilder vom Körper freimachen können und in Träumen erscheinen. Beide Vorstellungen zusammen ergaben die Annahme, daß die Seele existieren muß: ein geisthaftes, schattenartiges Abbild des Menschen. Neben dieses Geist-Seele-Wesen traten andere Geister ähnlicher Art, zunächst selbständig lebende Seelen und schließlich mächtige Götter, die das Leben der Menschen in Gegenwart und Zukunft beeinflussen können. Alle magischen Praktiken der Menschen (→ Magie) entspringen demnach der Vorstellung von der Wirksamkeit mächtiger Geister.

Die Theorie des Animismus ist von zahlreichen Ethnologen (Völkerkundlern) und Religionswissenschaftlern kritisiert worden. Sie wiesen darauf hin, daß Begriffe wie «Seele» und «Geist» antikhellenistischer (→ Hellenismus) und christlicher Überlieferung entstammen und nicht ohne weiteres auf andere Religionen, etwa die von Naturvölkern (→ Stammesreligionen), übertragen werden dürfen. Religion sei auch nicht aus «Vorstellungen» (von Seelen usw.), sondern aus Erlebnissen mythischer (→ Mythos) und mystischer (→ Mystik) Natur entstanden. So neigt man heute dazu, animistische Vorstellungen nicht an den Anfang der Entwicklung von Religion zu stellen, sondern sie als spätere Phänomene aufzufassen; sie treten z. B. im Zusammenhang mit komplizierten religiös-sozialen Institutionen, wie etwa dem Schamanismus, auf: In Entrückungszuständen verläßt die Seele den Körper des Schamanen und nimmt Kontakt mit der Geisterwelt auf. (→ Indianische Religionen)

Antichrist

Der «Antichrist» ist eine dämonische Gestalt der Endzeit. Als Gegenspieler → Christi wird er vor dessen Wiederkunft auftreten. Er ist ein böses, verderbenbringendes Wesen, das in Gestalt eines Drachens oder eines Ungeheuers erscheint. An seinem Wirken kann man ablesen, daß die letzten Tage angebrochen sind. (→ Apokalyptik) In der babylonischen, der kanaanäischen und der iranischen Religion ist die Vorstellung dieser Gestalt ausgebildet worden, die auch ins Judentum, ins Christentum und den Islam hineingewirkt hat.

1. Im Anschluß an das Alte Testament (vgl. Jes. 14,12ff und Dan. 8,9–13) hat das Neue Testament die Ansicht formuliert, am Ende der Zeit werde ein teuflischer Herrscher den Kampf gegen Gott

aufnehmen. (→ Teufel) «Kinder, es ist die letzte Stunde! Und wie ihr gehört habt, daß der Widerchrist kommt, so sind nun schon viele Widerchristen gekommen; daran erkennen wir, daß die letzte Stunde ist.» (1. Joh. 2,18) In den Johannesbriefen ist der Antichrist ein Mensch, der falsche Lehren über Christus verbreitet und durch den der Teufel wirkt. Den frühen Christen galten die Häretiker (Ketzer) als von Dämonen Besessene und vom Teufel Verführte.

In der Apokalypse des Johannes bilden zwei Tiere und ein Drachen eine teuflische Trinität (Dreiheit). «Und ich sah aus dem Munde des Drachen und aus dem Munde des Tieres und aus dem Munde des falschen Propheten drei unreine Geister gehen, gleich Fröschen; diese sind Teufelsgeister, die tun Zeichen und gehen aus zu den Königen der ganzen Welt, sie zu versammeln zum Streit auf jenen großen Tag Gottes, des Allmächtigen.» (Apk. 16,13 f)

In der Zeit des frühen Christentums wurden der Antichrist und das Jenseits zu zentralen Themen der Endzeiterwartung. Man erklärte, der Antichrist sei in Gestalt der Schlange bereits im Paradies tätig gewesen. Augustinus (354–430) bildete die Lehre aus, daß der Auferstehung der Gläubigen und dem Jüngsten Gericht eine Zeit heftiger Verfolgungen der Kirche durch den Antichrist vorausgehen werde. Überhaupt sei die Kirche in sich selbst zwiespältig. Der Kirche des Herrn stehe eine satanische Gegenkirche gegenüber: Antichrist und Antichristentum waren nun nicht mehr zukünftige Erscheinungen der Endzeit, sondern stellten eine beständige gegenwärtige Bedrohung dar. Insbesondere in Krisenzeiten neigte man fortan dazu, den Antichrist innerhalb der eigenen Reihen zu vermuten, wo es ihn aufzuspüren und zu bekämpfen galt. Bevorzugt wurde der Antichrist-Vorwurf nun gegenüber politischen Feinden und Verfolgern erhoben.

2. Im Mittelalter entwickelte sich die Lehre vom Antichrist, der zu Sünden anstiftet, den Dämonenkult wieder einführt und die Heilige Schrift auflöst, ehe ihn die Rache Gottes ereilt, zu einem festen Bestandteil des christlichen Glaubens und der Theologie. Im 7. Jahrhundert wurde die islamische Eroberung christlicher Gebiete als Werk des Antichrist bezeichnet. Im 12. und 13. Jahrhundert radikalisierte sich die Kritik an der Kirche selbst und dem Reich, dem Papsttum und dem Kaisertum, dadurch, daß man den jeweiligen Gegner als Antichrist anprangerte. Die Waldenser (→ Ketzer) sahen indes in der Kirche die «Hure Babylons» am Werk. Im Anschluß an die Weissagungen des Joachim von Fiore (ca. 1132–1202) errechneten die Franziskaner («Spiritualen») das Jahr 1260 als Beginn des neuen «Zeitalters des Heiligen Geistes». Zuerst erschien ihnen Friedrich II., dann die Mächtigen der sie unterdrückenden Kirche als antichristliche Gestalten.

Im 14. Jahrhundert datierte man den erwarteten Anbruch der Endzeit auf das Jahr 1367; jetzt war Karl IV. der große Antichrist. John Wyclif (ca. 1324 bis 1384), der die Ideale der Armut, der Demut und des christlichen Leidens betonte, sah im Papsttum alle Untugenden des Antichrist verwirklicht: Lüge und Habsucht, Hoffart und Untätigkeit, Weltliebe und Eroberungsdrang, Kriegslust, Prachtentfaltung und Ruhmsucht. Auch die Anhänger des tschechischen Reformers und Revolutionärs Johannes Hus (1369–1415), der auf verräterische Weise gefangengenommen und als Ketzer verbrannt wurde, trugen die Lehren vom Papst als Antichrist weiter bis in die Anfangszeit der deutschen Reformation.

3. Martin Luther (1483–1546) glaubte seinerseits, in der letzten Epoche der Kirchengeschichte zu leben. Seit 1520 trat auch er mit der Überzeugung an die Öffentlichkeit, der Papst selbst sei der Anti-

christ. Dieser Auffassung blieb er sein Leben lang treu. Der Papst, der sich zum Herrscher der Kirche gemacht habe, stelle seine eigene Autorität über diejenige Gottes. Er tyrannisiere die Gewissen der Gläubigen mit falschen und nichtigen Forderungen. Neben den Papst trat jedoch noch ein zweiter Antichrist: die Türken, die seit dem 14. Jahrhundert Europa bedrohten (1454 Eroberung von Konstantinopel) und seit dem 16. Jahrhundert auf Nordafrika übergriffen. Die Lehre vom «doppelten Antichrist», dem geistlichen im Papsttum und dem weltlichen in den Türken, hat Luthers Schüler und Freund Philipp Melanchthon (1497–1560) weiter ausgearbeitet.

In zahllosen Flugschriften der Reformationszeit wurde die Lehre vom Antichrist in Text und Bild unter das Volk gebracht. Diese Schriften vertieften den ohnedies schon vorhandenen Haß auf die Geistlichen und die päpstliche Kurie. Theologen und Prediger verbreiteten die lutherischen Antichristvorstellungen, die auch Zwingli (1484–1531) und Calvin (1509–1564) übernahmen.

Bald war der Ausdruck «Antichrist» das meistgebrauchte Schimpfwort im Kampf der Protestanten gegen die Katholiken. Aber auch in den Auseinandersetzungen der verschiedenen protestantischen Gruppen untereinander fand der Begriff häufig Verwendung. Vertreter des «linken Flügels» der Reformation nannten Luther den «neuen Papst» und Antichrist. Thomas Müntzer (gest. 1525) betitelte Luther als «Widerchrist», Karlstadt (gest. 1541) nannte ihn des «Endchrists Vetter». Den gewaltlosen Täufern erschienen die vielfältigen Verknüpfungen von kirchlicher und staatlicher Gewalt als Zeichen dafür, daß der Antichrist am Werk war.

4. Im 17. Jahrhundert radikalisierte der mystisch orientierte Schuster und Schriftsteller Jakob Böhme (1575–1624) die Antichristlehre, indem er in jedem den Antichrist sah, der bloß äußerlich und lediglich dem Namen nach Christ war. Der Pietismus setzte diese zugespitzte Sichtweise fort. Der Antichrist, der zuerst den Papst in Rom bezeichnet hatte und anschließend in die eigene protestantische Kirche eingedrungen war, landete schließlich im Herzen des einzelnen Christen, wo es ihn nun auszumachen und zu verfolgen galt.

Die Erweckungsbewegung sah den Antichrist in der Aufklärung und insbesondere in der Französischen Revolution am Werk. In der neueren protestantischen Theologie spricht man vom Antichrist als gegenwärtiger Gefahr in Kirche, Staat und Kultur, während die katholische Theologie an der Erwartung eines zukünftigen Antichrist festhält. In zahlreichen apokalyptisch orientierten Sekten werden die Kirchen heute noch als «antichristlich» bezeichnet. Der Erweckung und dem Konfessionalismus nahestehende katholische und protestantische Theologen und Kirchenvertreter selbst der jüngsten Zeit machen hinter politischen, sozialen und naturwissenschaftlichen Veränderungen immer wieder die Zersetzungsarbeit des Antichrist aus.

Die Begeisterung vor dem Ersten Weltkrieg wurde gleichzeitig in Deutschland, Rußland und England mit der Antichristvorstellung angeheizt, die man auf den jeweiligen Gegner anwendete. Nach dem Ersten Weltkrieg wurde im «Westen» die Gleichsetzung des Antichrist mit dem Kommunismus immer beliebter. Nach dem Ende des Dritten Reiches wurde Hitler von Theologen und Kirchenvertretern im nachhinein als Antichrist verdammt. Für eine eingehende selbstkritische Bewältigung der eigenen Vergangenheit blieb dabei wenig Raum.

Antisemitismus

«Antisemitismus» ist eine Bezeichnung für Judenfeindlichkeit. Der Begriff «Semitismus» entstand allerdings erst im späten 18. Jahrhundert. Später stellte der Philosoph Arthur Graf Gobineau (1816–1882) in seiner Rassentheorie die angeblich «männlich überlegene» Rasse der «Arier» über die nichtarische «weibliche» Rasse der «Semiten». «Semitismus» wurde nun zum abschätzigen Namen für → «Judentum». In neuerer Zeit verwendet man statt des Begriffs «Antisemitismus» bisweilen auch Bezeichnungen wie «Antijudaismus», «Judenhaß», «Judenfeindschaft» u. ä. Derartige Bezeichnungen sollen eine Haltung beschreiben, die von gefühlsmäßiger Abneigung und pauschaler Ablehnung bis hin zu offenem Haß mit dem Ziel planmäßiger Ausrottung der Juden reichen kann.

Antisemitismus auf dem Boden des Christentums

Antisemitismus gab es schon in vorchristlicher Zeit; dauerhaft, offiziell und grundsätzlich vertreten wurde er aber erst von Christen.

Das Christentum hat seinen Ausgangspunkt vom Judentum Palästinas genommen und ist über die jüdische Diaspora (griech. «Zerstreuung»: die unter einer Mehrheit Andersgläubiger wohnende religiöse – z. B. jüdische – Minderheit) in die hellenistische Welt eingedrungen. (→ Hellenismus) Bereits in den Schriften des Neuen Testaments finden sich scharfe Angriffe gegen die Juden. Vor der Kreuzigung Jesu soll das jüdische Volk ausgerufen haben: «Sein Blut komme über uns und unsere Kinder.» (Mat. 27,25) Das Johannesevangelium legt Jesus den an die Juden gerichteten Ausspruch in den Mund: «Ihr habt den Teufel zum Vater, und die Begierden eures Vaters wollt ihr erfüllen.» (Joh. 8,44f; vgl. auch Apk. 2,9; 3,9) Der Haß der Christen auf die Juden hängt offensichtlich mit der Verwandtschaft von Judentum und Christentum zusammen: Das Urchristentum war eine jüdische messianische Bewegung. (→ Christus) Von den Juden wurde es allerdings bald als Fremdkörper empfunden. Die Christen behaupteten nämlich, daß mit der Auferstehung Jesu das von den Juden erwartete messianische Zeitalter angebrochen sei. Das Neue Testament stellt Jesus Christus als die Erfüllung der alttestamentlichen Verheißung, d. h. der Hoffnung der Juden, dar. (Röm. 1,2; Mat. 21,42; Joh. 5,39) In dieser Deutung der Person Jesu und der eigenwilligen Übernahme der jüdischen Tradition liegt wohl der Keim des christlichen Antisemitismus beschlossen.

Bereits in den Schriften des Neuen Testaments sind diejenigen Anklagen formuliert, die die Geschichte des christlichen Antisemitismus begleiten sollten. «Die (Juden) haben den Herrn Jesus getötet und die Propheten und haben uns verfolgt und gefallen Gott nicht und sind allen Menschen feind. Und auf daß sie das Maß ihrer Sünden erfüllen allewege, wehren sie uns, zu predigen den Heiden zu ihrem Heil. Aber der Zorn ist schon über sie gekommen zum Ende hin.» (1. Thess. 2,15f)

Nach der Tolerierung des Christentums durch → Konstantin den Großen konnte sich der christliche Antisemitismus universal und dauerhaft entfalten. Die christliche Kirche machte ihn nun zu einem wichtigen Bestandteil ihrer Lehren. Gerade was den Christen am wichtigsten war, bestritten ja die Juden: daß Jesus der erwartete Messias sei, daß nur die Christen das Alte Testament recht verstehen könnten, daß nur Christen erlöst würden, daß die Auserwählung Israels auf die christliche Kirche übergegangen sei und daß nicht Juden, sondern Christen das «wahre Israel» bildeten. Tatsächlich vereinnahmten die Christen die heiligen Schriften der Juden und verfälschten, nach jüdischer Überzeugung, die ganze Geschichte Israels. Des weiteren erklärten sie die Juden zu Abtrünnige von Gott und zu Erben der prophetischen Verfluchungen: Sie hätten ihren eigenen Messias abgelehnt und getötet. Bereits im 2. Jahrhundert klagten Christen die Juden des «Gottesmordes» an. Gregor von Nyssa (ca. 330–395) nannte sie außerdem «Prophetentöter, Streiter wider Gott, Gotthasser, Gesetzesübertreter, Feinde der Gnade, dem Glauben ihrer Väter entfremdet, Advokaten des Teufels, Schlangenbrut, Denunzianten, Verleumder, umnachtet, Hefe der Pharisäer, Synedrium [Ratsversammlung, «Hoher Rat»] von Dämonen, Zerstörer, durch und durch böse, Steiniger, Hasser des Guten». Die Schuld an der Kreuzigung Jesu lastete man keineswegs den Römern, sondern einzig den Juden an und schob dabei die ansonsten gängige Auffassung, Jesus habe sich selbst aus freiem Willen geopfert, zur Seite.

So entwickelte sich die «Lehre», der Charakter des jüdischen Volkes sei verbrecherisch. Jede erdenkliche Sünde, einschließlich «Teufelsanbetung» und Kinderkannibalismus, legte man den Juden zur Last. Nachdem die Alte Kirche zu der Überzeugung gekommen war, mit der Ankunft Christi sei die Zeit der Juden eigentlich vorbei, erklärte Augustinus (354–430), die Juden existierten nur deshalb weiter, damit sich an ihnen die Wahrheit des Christentums bezeuge. «Ihr Leiden ist aber ein Beweis ihres Unrechts und unserer Wahrheit.» «Volk Gottes» seien nicht mehr die Juden, sondern die christliche Kirche.

Der Antisemitismus der frühen Christen übertraf alle ältere oder gleichzeitige außerchristliche Judenfeindlichkeit. Ab dem 4. Jahrhundert wirkte sich der Haß der Christen in der kirchlichen und staatlichen Gesetzgebung und in zahlreichen Gewalttätigkeiten gegen die Juden und gegen ihre Synagogen aus. Schrittweise verloren die Juden ihre Bürgerrechte. Auf Übertritt zum Judentum stand Tod durch Verbrennen. (Gesetz Konstantins von 315) Die jüdische Mission wurde verboten. Bei gewalttätigen Ausschreitungen gegen die Juden traten häufig Bischöfe und Mönche als Anstifter hervor.

Judenhaß vom Mittelalter bis zur Reformationszeit

Im Mittelalter wurden die Juden von ihrer christlichen Umwelt nur widerwillig geduldet, häufig verfolgt und vertrieben. Thomas von Aquin (1125–1274) wiederholte den alten Vorwurf, die Juden hätten den Tod Jesu verschuldet. Überdies seien sie «verstockt» und nicht zu bekehren. Deshalb mißtraute man auch den Konvertiten (den aus dem Judentum ins Christentum Übergetretenen); sie und sogar ihre Söhne durften in manche Mönchsorden nicht eintreten. Im Jahr 1215 verlangte das 4. Laterankonzil, Juden und «Sarazanen» (Araber, Muslime) sollten ein Erkennungszeichen tragen. Daraufhin wurden Juden dazu verpflichtet, einen gelben oder roten Judenhut und einen gelben Ring auf dem Mantel, Jüdinnen ein Band an der Haube und einen gelben Ring am Mantel zu tragen. So leitete die christliche Kirche die Isolierung der Juden ein; in der zweiten Hälfte des 15. Jahrhunderts begann man mit der Errichtung von jüdischen Gettos. Man verdrängte die Juden aus den meisten Handwerken und verbot ihnen, Grundbesitz zu erwerben. Statt dessen mußten sie sich als Geldleiher betätigen. So entstand das Feindbild vom jüdischen Wucherer.

Der feindlichen jüdischen Minderheit schrieb das Volk überdies magische Kräfte zu: Die Feinde Christi stünden angeblich auch mit äußeren Feinden im Bund. Der erste Kreuzzug (1096) löste Judenverfolgungen und Massenmorde aus. Entsetzen und Angst angesichts des Massensterbens durch die Pest um die Jahre 1348/49 entlud sich in der Vernichtung und Vertreibung ganzer jüdischer Gemeinden am Rhein. Man schmähte die

Juden auch als Brunnenvergifter. Beim Mord an 2000 Straßburger Juden dürften die finanziellen Gründe eine wichtige Rolle gespielt haben. «Das bare Gut, das sie hatten, nahm der Rat und verteilte es unter die Handwerker nach der Kopfzahl. Das war auch das Gift, das die Juden tötete.» Juden galten schließlich auch als Hostienschänder. «In diesem Jahr [1337]», heißt es in einer Chronik, «wurde der Leib des Herrn, den die Juden gemartert haben, in Deggendorf gefunden, und sie wurden deswegen im Jahre 1338 verbrannt.» Man erklärte, die Juden begingen zum Passafest (israelitisches Fest der Darbringung der tierischen Erstgeburten und der Erinnerung an den Auszug aus Ägypten) einen Ritualmord, übten den Satanskult und äußerten sich gotteslästerlich über Christus und Maria in ihren Gottesdiensten.

Im 16. Jahrhundert wurden die Juden aus Spanien und Portugal ausgewiesen. Eine blühende Kultur ging dabei unter. Diejenigen Juden, die zum Christentum übergetreten waren, nannte man «Marranen» (Schweine). Viele flohen nach Italien, Vorderasien und Palästina.

Martin Luther (1483–1546) beschäftigte sich sein Leben lang mit den Juden. Anfangs glaubte er, sie für seine Sicht des Evangeliums gewinnen zu können. Deshalb sollten sie «unser Christlich lere und leben» hören und kennenlernen. Aber bald sah sich der Reformator getäuscht. Die Juden blieben «verstockt» und ließen sich nicht missionieren. In seiner Schrift «Von den Juden und ihren Lügen» (1543) nannte er sie denn auch blutdurstig, rachgierig und geldgierig. Wenn man einem Juden begegne, solle man das Kreuz schlagen; denn in ihm trete einem der leibhaftige Teufel entgegen. Ihre Synagogen solle man verbrennen, ihre Häuser zerstören und ihre Bücher einziehen. «Scharfe Barmherzigkeit» nannte Luther diese Aufforderung zur Gewalt.

Von der Aufklärung bis ins Dritte Reich

Erst die Philosophen der Aufklärung, die die Kirche und ihre Macht kritisierten und bekämpften, machten auf das Unrecht der Christen gegenüber den Juden aufmerksam. John Toland (1670–1722) trat für die Emanzipation der Juden ein. Montesquieu (1689–1755), Lessing (1729–1781), Rousseau (1712–1778) waren Wegbereiter des Gedankens der Toleranz. (→ Intoleranz/Toleranz) Aber zahlreiche Aufklärer (wie Diderot, 1713–1784; Voltaire, 1694–1778; Kant, 1724–1804) hielten immer noch an den überkommenen Vorurteilen gegenüber den Juden fest. Seit dem 19. Jahrhundert bezeichnete man die Juden als Urheber, Drahtzieher und Nutznießer jeglicher Revolution (etwa derjenigen von 1789, 1848 und 1917). Es entstand die Vorstellung einer geheimen jüdischen Verschwörung zur Erlangung jüdischer Weltherrschaft. Der Nationalismus der deutschsprachigen Länder verband sich mit Ideen der Romantik und führte so zu einer neuen Welle des Judenhasses. Johann Gottfried Herder (1744–1803) meinte: «Das Volk Gottes, dem einst der Himmel selbst sein Vaterland schenkte, ist Jahrtausende her, ja fast seit seiner Entstehung eine parasitische Pflanze auf den Stämmen anderer Nationen; ein Geschlecht schlauer Unterhändler beinahe auf der ganzen Erde, das trotz aller Unterdrückung nirgends sich nach eigener Ehre und Wohnung, nirgends nach einem Vaterland sehnet.»

1819 gab es in Mitteldeutschland, Dänemark und Holland heftige Krawalle gegen die Juden. Die allgemeine wirtschaftliche und politische Unzufriedenheit entlud sich: «Nun auf zur Rache! ... Allen Juden Tod und Verderben, Ihr müßt fliehen oder sterben!» Einzelne forderten sogar, daß man die jüdischen Kinder als Sklaven verkaufen, weitere jüdische Nachkommenschaft verhindern und schließlich alle Juden vertreiben oder vernichten solle. Gegen Ende des 19. Jahrhunderts ergriff der Antisemitismus die breiten Volksmassen. Der evangelische Hofprediger Adolf Stoecker (1835–1909) hielt seine antijüdischen Reden, und der Historiker Heinrich von Treitschke (1834–1896) erklärte: «Die Juden sind unser Unglück!» 1880/81 unterzeichneten 250 000 Deutsche eine Petition an den Reichstag gegen eine rechtlich und sozial gleichberechtigte Stellung der Juden.

In der Zeit zwischen den beiden Weltkriegen wandten sich deutschnationale und christliche Parteien gegen die jüdischen «Kriegsgewinnler», «Schieber» und «Zerstörer der Moral». Die «Nationalsozialistische Deutsche Arbeiterpartei» (NSDAP) berief sich auf Richard Wagner (1813–1883) und dessen Schwiegersohn, Houston Stewart Chamberlain, als sie die Juden zu den gefährlichsten Feinden Deutschlands erklärten.

Die Kampfblätter der Nationalsozialisten, der «Völkische Beobachter» und Julius Streichers «Stürmer», ließen ebenso wie Adolf Hitler in seinem Buch «Mein Kampf» keinen Zweifel daran aufkommen, welches Schicksal sie den Juden bereiten wollten. In der Zeit der Weltwirtschaftskrise (1929) und um sich greifender Arbeitslosigkeit richteten sich die Hoffnungen der Massen auf Faschismus und Antisemitismus.

1933 «ergriffen» die Nationalsozalisten die Macht, und 1935 erließen sie die «Nürnberger Gesetze» «zum Schutz des deutschen Blutes und der deutschen Ehre». Diese Gesetze wurden zur Grundlage für die Vernichtung der Juden. Am 9. November 1938 inszenierten die Nazis die «Reichskristallnacht». Über 200 Synagogen gingen in Flammen auf, jüdische Wohnungen und Geschäfte wurden verbrannt und geplündert. Der «Anschluß» Österreichs und der Sudetenländer (1938) und der Überfall auf Polen (1939), der den Zweiten Weltkrieg auslöste, besiegelten schließlich das Schicksal des europäischen Judentums: 6 Millionen Menschen sind im Rahmen der «Endlösung» ermordet, der Rest der Juden in alle Welt vertrieben worden.

Antisemitismus:
«Sünde gegen Gott und Menschen»

1948 rief die erste Vollversammlung des Weltkirchenrates dazu auf, «den Antisemitismus, gleichviel welchen Ursprungs, als schlechterdings mit christlichem Bekenntnis und Leben unvereinbar zu verwerfen». Antisemitismus sei «Sünde gegen Gott und Menschen». Erst in der letzten Session des 2. Vatikanischen Konzils (1962–1965) gab die katholische Kirche ihrerseits die Erklärung ab, die Kirchenversammlung «beweine» und «verdamme» den Haß und die Verfolgung der Juden. Den Staat Israel hat der Vatikan bis heute nicht offiziell anerkannt.

Der Antisemitismus hat die Niederlage des Faschismus und das Entsetzen über die Vernichtungslager des Dritten Reiches überlebt. Noch im Jahr 1981 fand eine Studie heraus («Fünf Millionen Deutsche: ‹Wir sollten wieder einen Führer haben...› Die Sinus-Studie über rechtsextreme Einstellung bei den Deutschen, Reinbek 1981»), daß immer noch 13 Prozent der deutschen Wähler ein rechtsextremes Weltbild haben. Zentraler Bestandteil dieses Rechtsextremismus ist (neben Nationalismus, Militarismus und Führerkult) auch der Antisemitismus. Die Studie zeigt überdies, daß die Übergänge zwischen den Verfechtern rechtsextremistischer Meinungen und der Mehrheit der Bevölkerung fließend sind. Der Haß, der früher den Juden galt, scheint sich heute mehr und mehr auf Ausländer und «Gastarbeiter» zu richten. In einer repräsentativen Umfrage des Instituts für Demoskopie Allensbach aus dem Jahr 1986 wurde der Befund von

1981 bestätigt: 15 Prozent der bundesrepublikanischen Bevölkerung seien judenfeindlich eingestellt. Zwei Drittel der Deutschen wollen überdies nichts mehr von den Verbrechen der Nazizeit hören; sie möchten lieber einen Schlußstrich unter die Vergangenheit ziehen. Mehr als 70 Prozent der Bevölkerung halten die Ansicht eines nach 1945 Geborenen für richtig, der meint: «Ich habe mit dem Dritten Reich und der Judenverfolgung nichts zu tun. Ich fühle mich dafür nicht schuldig.»

Apokalyptik/Apokalypse des Johannes

1. Apokalyptik («Enthüllung») ist eine Art Geschichtsbetrachtung: Spekulation über den Weltverlauf von der Erschaffung der Welt bis zu ihrer Vernichtung. Das besondere Augenmerk gilt dabei allerdings dem Weltende. Deshalb hat die Apokalyptik, indem sie vor allem vom Geschehen während der letzten Weltperiode spricht, eschatologischen Charakter. (→ Eschatologie)
Die indische Apokalyptik rechnet mit vier Weltaltern. Während im ersten die Tugend der Menschen noch vollkommen gewesen ist, hat sie sich in den folgenden Perioden immer mehr vermindert. Der Weltverlauf dauert insgesamt 4320000 (nach anderen Berechnungen 12000) Jahre. In der letzten Weltzeit wird es zu großem Unglück und vielen Katastrophen kommen: Es fällt kein Regen mehr; das natürliche Wachstum ist gestört; die Flüsse trocknen aus. Die Menschen leben in Hunger und Furcht. Unglaube, Ungerechtigkeit und Verderben breiten sich aus. Lüge, Betrug, Diebstahl und Unzucht gehören zur Tagesordnung.
Ähnliche Vorstellungen wie die indische hat auch die iranische Apokalyptik herausgebildet: Mit dem Dahinschwinden der Welt, der Natur und der Menschen altert auch der Leib Gottes. In der letzten, dreitausend Jahre währenden Periode findet schließlich ein Entscheidungskampf zwischen dem Guten und dem Bösen statt. Erlöser treten jetzt auf. Sie sind Inkarnationen (Personifizierungen) des Gottes oder des göttlichen Urmenschen. Sie werden die Schöpfung wieder reinigen; daraufhin folgen die → Auferstehung der Toten und das zukünftige Leben. Alle werden in Ewigkeit unsterblich sein. (→ Ewiges Leben) Die bösen und dämonischen Mächte aber werden vernichtet. (→ Dämonen)
Die Apokalyptik der → babylonisch-assyrischen Religion im Vorderen Orient ging von einem Wechsel zwischen Glücks- und Unglücksperioden aus: Abwechselnd herrschen Überfluß oder Mangel, Sicherheit oder Revolution, Regenzeit oder Trockenheit. Für die Zukunft Babylons lautet eine Prophezeiung: «Die Menschen werden ihre Söhne für Geld verkaufen... Der Mann wird die Frau verlassen und die Frau den Mann verlassen. Die Mutter wird vor der Tochter die Tür verriegeln» (vgl. Micha 7,6).
2. Mit diesen Vorstellungen verwandt ist die israelitisch-jüdische Apokalyptik, eine Fortsetzung des alttestamentlichen Prophetismus (→ Prophet) im Zeitalter des Hellenismus. Sie hat sich z. B. im Buch Daniel des Alten Testaments niedergeschlagen. Ebenso wie in der iranischen Apokalyptik, so ist auch dort von vier Weltperioden die Rede; die letzte kündigt sich durch Naturkatastrophen an. Das Ende der Geschichte wird von der Auferstehung der Toten eingeleitet. Über Gerechte und Ungerechte wird Gericht gehalten. Der Satan (→ Teufel) und die bösen Mächte werden besiegt. Gott richtet seine Herrschaft über die ganze Erde auf. Die Frommen werden ewig leben.
Diese lange verborgen gehaltenen Weisheiten offenbart die Apokalypse nur einem kleinen Kreis von Auserwählten, und diese Offenbarungen erfolgen in Form von Träumen und Visionen. (→ Traum) Engel deuten die «Gesichte». Das neue Dasein setzt das irdische Leben

fort. Im →Himmel findet ein Gastmahl statt, und Krankheit und Alter hören auf. Bisweilen wird die Zukunft aber auch vergeistigt: In der zukünftigen Welt wird es weder Essen noch Trinken, weder Fortpflanzung noch Vermehrung geben. Die Frommen werden Kronen tragen und sich am Glanz der Gottheit erfreuen. Ungerechtigkeit und Sünde verschwinden. Die ganze Schöpfung wird erneuert. So geschieht alles nach einem von Gott seit Ewigkeit vorherbestimmten Plan. Der Weltlauf entspricht nämlich Gottes Ratschluß.

Dann wird «Jahwes Gesalbter», der «König», sich offenbaren. Es ist der →«Menschensohn», der sich im irdischen Messias, dem «Sproß aus Davids Stamm», als endzeitlicher Erlöser zeigt. (→Christus) Er ist nicht nur ein Kriegsheld, der die Feinde vernichtet, sondern auch der Weltenrichter und Friedenskönig, der den Zugang zum Paradies wieder öffnet.

3. Die christliche Apokalyptik hat sich an die jüdische angeschlossen und damit gleichzeitig vorderorientalische, indische und iranische Vorstellungen übernommen. Ihr klassisches Werk ist die Apokalypse des Johannes: «Offenbarung [Apokalypsis] Jesu Christi, die ihm [Christus] Gott gegeben hat, seinen Knechten zu zeigen, was in Kürze geschehen soll» (Apk. 1,1). Das Urchristentum bezog die apokalyptischen Vorstellungen vom erwarteten Anbruch der Gottesherrschaft auf die Wiederkunft Christi. Zahlreiche jüdische Apokalypsen (wie 4. Esra, die Testamente der zwölf Patriarchen, die Sibyllinen, die Himmelfahrt des Jesaja) wurden christlich überarbeitet; daneben entstanden auch zahlreiche neue christliche Apokalypsen (Petrusapokalypse, Hirte des Hermas), deren älteste und bedeutendste die Offenbarung des Johannes darstellt.

Der «Seher» Johannes, ein judenchristlicher Prophet und Verkünder des Evangeliums von Jesus, muß eine bekannte Persönlichkeit gewesen sein. (Seit der Mitte des 2. Jahrhunderts erklärte man, er und der Apostel Johannes, den man fälschlicherweise für den Verfasser des Johannesevangeliums und der Johannesbriefe hielt, seien ein und dieselbe Person gewesen. Beträchtliche sprachliche und stilistische Unterschiede zwischen der Apokalypse und dem Johannesevangelium und einander ausschließende Auffassungen, etwa über die Zukunft, widerlegen jedoch diese Ansicht.) Der Visionär Johannes hat die Apokalypse höchstwahrscheinlich gegen Ende der Regierungszeit des römischen Kaisers Diokletian (81–96) verfaßt, als die Christen zum erstenmal aus religiösen Gründen von den Behörden verfolgt wurden und Märtyrerblut floß. (→Christenverfolgungen) Auf der Insel Patmos, in der Nähe der Stadt Milet der Küste Kleinasiens vorgelagert, empfing Johannes seine Visionen.

Diese Visionen sind in der neutestamentlichen Johannesoffenbarung in Siebenereinheiten gruppiert. Johannes, der in den Himmel entrückt ist, sieht Gott, ein versiegeltes Buch und das Lamm. Er schaut die vier apokalyptischen Reiter, die Seelen der Märtyrer und die Erschütterung des Weltgebäudes. Am Ende beginnt das Gottesgericht; das Kommen Christi bringt die Vollendung. Der →Antichrist wird nun besiegt, und die Frommen bekommen Anteil am Tausendjährigen Reich.

Die christliche Gemeinde und die römische Staatsmacht stehen einander unversöhnlich gegenüber. Der heidnische Staat ist in Johannes' Visionen das Tier, der erbitterte Feind der christlichen Kirche. «Und das Tier, das ich sah, war gleich einem Panther und seine Füße wie Bärenfüße und sein Rachen wie eines Löwen Rachen.» (Apk. 13,1ff) Rom ist die «große Hure», die auf dem Tier reitet. Ihr Angriff auf das Christentum bedeutet das Vorspiel auf den eigentlichen Entscheidungskampf, den Krieg Gottes mit dem Satan. Das römische Kaisertum ist die satanische Weltmacht.

Die Johannesapokalypse endet schließlich mit der Beglaubigung des prophetischen Zeugnisses der göttlichen Wahrheit: «Diese Worte sind gewiß und wahrhaftig... Wenn jemand etwas dazusetzt, so wird Gott zusetzen auf ihn die Plagen, die in diesem Buch geschrieben stehen. Und wenn jemand etwas davontut von den Worten des Buches dieser Weissagung, so wird Gott abtun seinen Anteil vom Baum des Lebens... Ja, ich komme bald. Amen, ja komm, Herr Jesus!» (Apk. 22,6ff)

4. Die Beschäftigung mit geheimen Offenbarungen und mit der Berechnung des nahen Weltendes ist zu allen Zeiten das Christentums lebendig geblieben. Die Kreise, die die Apokalyptik besonders pflegten, standen jedoch gewöhnlich am Rand – mißtrauisch gegenüber der traditionellen Theologie wie gegenüber der Kirche als Institution. Die Kirche ihrerseits warf ihnen häufig Schwärmerei und Sektierertum (→Ketzer) vor.

Apokalyptisches Gedankengut lebte immer dann wieder auf, wenn sich in der Geschichte die Angst vor dem Weltuntergang verdichtete (z.B. um das Jahr 1033: tausend Jahre nach dem «Tod Gottes»). Während der Zeit der Kreuzzüge erneuerte sich die Erwartung eines letzten Kampfes an den heiligen Stätten in Jerusalem. Die Bettelorden riefen damals dazu auf, sich für den großen Umbruch zu rüsten. (→Mönchtum) Zahlreiche «Sekten» entstanden, und die Kirche deutete ihrerseits das Aufblühen der «Ketzerei» als Zeichen des nahen Endes. Auch die Apokalyptiker bezeichneten ihren jeweiligen Feind indes als endzeitlichen «Antichrist» (Gegenspieler Christi; vgl. Apk. 13).

In den mittelalterlichen Volksbewegungen verbanden sich nationale, soziale und religiös-apokalyptische Motive miteinander. Daraus nährten sich Leidenschaft und Grausamkeit der Glaubenskriege. Während der Reformationszeit waren Täufer (→Thomas Müntzer), später der →Pietismus und die →Erweckungsbewegung Träger des apokalyptischen Gedankenguts. Martin Luther (1483–1546) waren die apokalyptischen Spekulationen im allgemeinen und die Apokalypse des Johannes im besonderen zuwider. 1522 erklärte er, daß er die Johannesoffenbarung für «weder apostolisch noch prophetisch halte».

Heute profitieren zahlreiche «Sekten» und Freikirchen (→Baptisten, Neuapostolische Kirche, Adventisten, →Zeugen Jehovas, Mormonen) und wohl auch einzelne Gruppen der Friedens- und Ökologiebewegung von der Anziehungskraft, die von apokalyptischen Gedanken insbesondere in Zeiten äußererer Gefährdung und innerer Verunsicherung ausgeht.

Apostel

Im Neuen Testament werden die Gesandten und Beauftragten Jesu «Apostel» genannt. Sie waren bevollmächtigt, das Evangelium zu verkünden; die Apostel waren also Missionare Jesu. (→Mission) Nach dem Tod Jesu erfolgte die Berufung in dieses Amt zunächst durch die Begegnung mit dem auferstandenen →Kyrios (Herr; →Auferstehung; →Paulus), später durch einen Sendungsakt der →Urgemeinde (vgl. Mat. 28,19; Apg. 13,2f). Alle Apostel hatten die Fähigkeit, «Zeichen und Wunder» zu vollbringen. (Mk. 6,7–13; 2. Kor. 12,12)

Simon Petrus war der erste Zeuge des auferstandenen Jesus und der «Urapostel» in Jerusalem. Um ihn scharten sich andere Apostel. Sie kamen zum Teil aus dem Jüngerkreis Jesu (z.B. Johannes und Jakobus); andere fanden sich erst nach «Ostern» ein (z.B. Stephanus und Philippus, Agp. 6 und 8). Sie waren es,

die die urchristliche Mission über den Rahmen des Judentums hinaus auch nach Kleinasien und Europa trugen.
Später entstand die Vorstellung von den «Zwölf Aposteln» als einem Kreis von zwölf Jüngern um Jesus. (Lk. 6,13; Apg. 1,21–26) Diese Konstruktion sollte in der Rückschau die ununterbrochene Verbindung zwischen Jesus und der Kirche als dem «wahren Israel» beweisen. Darüber hinaus schrieb man den einzelnen Aposteln die Missionierung großer Kirchengebiete und dort jeweils die Einsetzung von Nachfolgern zu, um damit die «apostolische Sukzession» (ununterbrochene Nachfolgereihe der Bischöfe) und die Einheit der Kirche aus einer gemeinsamen Quelle zu begründen. Die Autorität des Bischofsamtes, das sich seit dem 3. Jahrhundert herausbildete, ruhte auf der Vorstellung, daß der Bischof Nachfolger der Apostel sei und daß sich die Kette der Weihen bis auf die ersten Jünger Jesu zurückführen lasse. (→ Papsttum)
Im 19. und 20. Jahrhundert versuchten einige religiöse Gemeinschaften, das Apostelamt neu zu beleben. In den Katholisch-Apostolischen Gemeinden, der Neuapostolischen Kirche und verschiedenen freien Apostelgemeinden haben jeweils Apostel die Leitung inne. Kennzeichnend für diese religiösen Gruppierungen sind Erweckungsfrömmigkeit (→ Erweckungsbewegung), Äußerungen der an neutestamentliche Zeit erinnernden «Geistesgaben» (wie «Zungenreden», Weissagungen, Heilungen) und unmittelbare Naherwartung (→ Eschatologie): Sie wollen eine heilige, katholische, apostolische Endzeit-Kirche aufrichten und erwarten in naher Zeit die Wiederkunft Christi. 1960 starb der «Stammapostel» der Neuapostolischen Kirche, Gottfried Bischoff, der behauptet hatte, er werde nicht sterben, sondern die Wiederkunft Christi erleben.

Apostelgeschichte
Die Apostelgeschichte schildert die → Mission der frühen Christen und die Ausbreitung des «Wortes Gottes» von Jerusalem bis nach Rom. (Apg. 1,8) Nachdem Jesus angeblich in den Himmel aufgefahren war, setzte nach Pfingsten (Apg. 2) die christliche Mission ein. Die → Urgemeinde in Jerusalem stand dabei in scharfer Auseinandersetzung mit dem Synedrium, der obersten religiösen Instanz der Juden.
Die Verfolgung des Stephanus führte zur Gründung der ersten Gemeinde in Antiochia, von der die Mission der «Heiden» ausgehen sollte. Beim «Apostelkonvent» in Jerusalem einigte man sich darauf, daß Heidenchristen sich nicht beschneiden lassen mußten. (→ Urchristentum) Der zweite Teil der Apostelgeschichte erzählt von → Paulus' Reisen durch Kleinasien und Griechenland, von seiner Gefangennahme in Jerusalem, seinem Transport nach Rom und seinem Wirken in der damaligen Welthauptstadt.
Die Apostelgeschichte will Christen erbauen und unter Heiden werben. Deshalb kommt es ihr weniger auf die tatsächlichen historischen Abläufe als auf deren dramatische Darstellung an. Petrus und Paulus werden als ideale → Apostel beschrieben. Sie vollbringen die erstaunlichsten Wunder. (Apg. 5,15; 19,11 f)
Die kirchliche Tradition hat behauptet, der Verfasser der Apostelgeschichte sei Lukas, der bei Paulus ausharrende «geliebte Arzt», gewesen. (Kol. 4,14; 2. Tim. 4,11) Tatsächlich aber ist die Schrift von den grundlegenden Anschauungen des Paulus weit entfernt; sie macht Petrus fälschlicherweise zum Initiator der Heidenmission und zum Vorgesetzten des Paulus. (→ Urgemeinde)
Der Verfasser der Apostelgeschichte hat Einzelgeschichten, deren «Helden» meist Paulus und Petrus sind, gesammelt

und zusammengefügt; die zahlreich eingestreuten Reden (meist Missionspredigten) entwarf er offenbar selbst. Die Zeitumstände, die er schildert, entsprechen jedoch keineswegs den tatsächlichen Verhältnissen, sondern vielmehr dem Bild, das man gegen Ende des 1. Jahrhunderts von der Zeit der Apostel hatte.

Askese

Das Wort «Askese» kommt aus dem Griechischen und bedeutet ursprünglich «Übung» zur körperlichen Ertüchtigung, dann «Übung» zum Erreichen von Weisheit, Tugend und Frömmigkeit. In der Alltagssprache reicht die Bedeutung des Begriffes Askese vom Verzicht auf Wünsche und Genüsse bis hin zu ausartender Selbstquälerei. In religiösem Zusammenhang bedeutet Askese Abstinenz (Enthaltsamkeit) von Bedürfnissen nicht nur des Leibes mit dem Ziel gesteigerter Selbstkontrolle, der Festigung des Charakters und der Einwirkung auf den Bereich des Geistigen oder Göttlichen. In den Religionen zählen mitunter Fasten und geschlechtliche Enthaltsamkeit als Vorbereitung auf den →Kult oder auf eine religiöse Initiation. Im Hintergrund der Askese steht meist ein dualistisches Menschen- und Weltbild (→Dualismus): Der Körper ist das Böse; man muß ihn züchtigen, bekämpfen oder gar vernichten, um das Gute zu fördern.

1. Das klassische Land der Askese ist Indien. In den indischen Religionen bedeutet Frömmigkeit soviel wie Lustverneinung. Durch Perioden langen Fastens konnte Mahatma Gandhi (1869–1948) politische Forderungen durchsetzen. (→Hinduismus) Zahlreiche buddhistische Mönche steigerten die Askese bis zur Selbstvernichtung, als sie sich etwa während des Vietnamkrieges selbst verbrannten. (→Buddhismus)

2. Im Alten Testament wird die Praxis des Fastens als Ausdruck der Trauer oder der Schuld beschrieben. Fasten fördert aber auch den Empfang von Träumen (→Traum) und Offenbarungen (vgl. 1. Sam. 28,5ff). An bestimmten Festtagen mußte das ganze Volk fasten. Einzelne Gruppen in Israel, die die Ideale der Nomadenzeit hochhielten, verzichteten u. a. ganz auf den Genuß von Wein. Vor bestimmten kultischen Handlungen mußte man sexuell enthaltsam sein. (Vgl. 2. Mose 19,10ff) Solche alttestamentlichen Vorschriften erinnern an ihre Herkunft aus dem Totemismus und an alte Tabu-Gebote.

Im Neuen Testament tritt Jesus, den man als «Fresser und Weinsäufer» (Mat. 11,18ff) beschimpfte, in einen gewissen Kontrast zur Asketengestalt Johannes' des Täufers: Weder er noch seine Jünger fasteten. «Wie könnten die Hochzeitsleute fasten, während der Bräutigam bei ihnen ist?» (Mat. 2,18ff) Erstaunlicherweise hielten sich viele Frauen in Jesu Begleitung auf. Dennoch wurde Jesus zum Vorbild der christlichen Asketen: Schließlich hatte er seine Familie verlassen und arm und ehelos gelebt.

Der eigentliche Prediger des christlichen Weltverzichtes war indes Paulus. Durch das Kreuz Christi war ihm die Welt und er der Welt «gekreuzigt». (Gal. 6,14) Sich selbst empfahl er anderen als asketisches Vorbild. «Es ist dem Menschen gut, daß er kein Weib berühre.» (1. Kor. 7,1 ff.; →Sexualität; →Ehe; →Familie)

3. In der Umwelt des Urchristentums waren asketische Ideen und Praktiken weit verbreitet. Besonders nachhaltig hat dabei der Neuplatonismus auf das Christentum eingewirkt. (→Platonismus) Dessen Hauptgestalt, der mystisch orientierte Plotin (204–270), soll wegen der bloßen Tatsache, einen Körper zu haben, errötet sein. Seiner Meinung nach stellt der Leib das Hindernis «vollkommener Liebe» dar. Erst wenn sich die →Seele von den Leidenschaften gereinigt hat, kann sie in ihren ursprünglichen göttlichen Zustand zurückkehren.

Die Alte Kirche räumte denjenigen Christen, die in sexueller Enthaltsamkeit lebten, eine besondere Vorrangstellung ein. Die Witwen, die sich «vor allem Übel» hüteten, galten als «der Altar Gottes». Ein Asket konnte damit rechnen, schneller als andere zu Gott zu gelangen: Entbehrung heiligt. Origenes (gest. 254), der bedeutendste Theologe des 3. Jahrhunderts, nahm Mat. 19,12 zum Anlaß, sich selbst zu kastrieren.

Ermahnungen zur Enthaltsamkeit rückten zusehends ins Zentrum der christlichen Predigt. Die Hochschätzung der Askese wurde dabei auf Jesus selbst zurückdatiert. Nach dem Ägypterevangelium, das zu Beginn des 2. Jahrhunderts entstanden sein dürfte, soll Jesus gesagt haben, der Tod werde so lange in der Welt herrschen, wie Frauen Kinder gebären. «Ich bin gekommen, die Werke des Weibes zu zerstören.» Bekehrung zum christlichen Glauben bedeutete deshalb häufig Bekehrung zur Keuschheit oder aber zur vollkommenen Enthaltsamkeit auch innerhalb der →Ehe. Zahlreiche Geschichten von Ehefrauen, die sich ausgerechnet in der Hochzeitsnacht bekehrten, wurden damals überliefert. In nachträglich dem Apostel Paulus zugeschriebenen Texten heißt es: «Selig sind, die reinen Herzens sind, denn sie werden Gott schauen; selig sind, die ihr Fleisch rein bewahrt haben, denn sie werden ein Tempel Gottes werden; selig sind die Enthaltsamen, denn Gott wird zu ihnen reden; selig sind, die dieser Welt entsagt haben, denn sie werden Gott wohlgefallen; selig sind, die Frauen haben, als hätten sie sie nicht, denn sie werden Gott beerben.» (→Bergpredigt)

Im ägyptischen Christentum entwickelte sich das organisierte →Mönchtum. In einem ägyptischen Text aus der Mitte des 4. Jahrhunderts heißt es: «Wenn ein Christ im Rang eines Engels stehen will, soll er ein für allemal die Nähe von Frauen meiden und sich innerlich darauf einstellen, sie weder anzuschauen, noch mit ihnen zu essen. Er soll seine Güter unter die Armen verteilen, er soll die Engelsregeln in der →Demut des Herzens und des Leibes befolgen, selbstgenügsam sein und wie ein Vogel leben, der nichts besitzt.»

Die christlichen Asketen zogen sich in die Wüste zurück. Sie wollten sich nicht der «Welt» gleichstellen, sondern Christus in «engelsgleichem» Leben nachfolgen. Einzelne vertraten nun die Auffassung, in der Ehe könne man das Reich Gottes überhaupt nicht ererben, und auch die kleinen Kinder seien davon ausgeschlossen, weil sie das eigene «Fleisch» nicht zu bekämpfen und zu besiegen vermögen.

4. In der Kirche des Westens entfaltete sich die Askese unter der Aufsicht der Bischöfe und des Klerus. Die Jungfräulichkeit beider Geschlechter und der Zölibat (Keuschheitsgelübde) der Kleriker wurden dabei zu hohen christlichen Werten. Die asketischen Auffassungen des Augustinus (354–430) prägten das ganze lateinische Christentum. Das klösterliche Asketentum gewann aber auch zusehends Einfluß im Volk. →Gehorsam wurde zum wichtigsten Gelübde der Mönche. Für Jahrhunderte war die Regel des →Benedikt von Nursia (480–547) Grundlage des Lebens in den Klöstern. Durch das Reformwerk des Benedikt von Aniane (750–821) setzte sich die Regel im gesamten Herrschaftsbereich der Karolinger als schließlich alleinige Richtschnur asketischen Lebens durch.

Erst die Bettelorden begründeten ein neues Verständnis der Askese. Die Anhänger und Nachfolger des Franciscus von Assisi (1182–1226) waren Wander- und Bettelasketen, die in den Kranken und Armen den leidenden Gottessohn Jesus erblickten. Die franziskanische Askese führte zu einem beachtlichen sozialen Engagement. Auch die Anhänger des Dominicus (1170–1221) bezeichneten

Armut als Wesensmerkmal des Christentums und Entsagung aller persönlichen Wünsche und Neigungen als erste Mönchspflicht. Gegenüber der Askese der Benediktiner, die auf Abkehr von der Welt aus war, zielte die Askese der Franziskaner und Dominikaner auf den Dienst am Menschen als Ausdruck der Liebe Gottes.

Die Karmeliter ließen das alte asketische Ideal des Einsiedlertums wiederaufleben. Besonders strengen Regeln unterwarfen sich die Kartäuser und später die Trappisten: nahezu ununterbrochenes Schweigen, bis zu acht Stunden Gebet am Tag und rigoroses Fasten.

Für die Mystiker führt der Weg der Askese zur Innerlichkeit. (→Mystik) Demjenigen, der Vollkommenheit erstrebt, gab Heinrich Seuse (gest. 1366) folgende Regeln auf: «1. Halte dich abgeschieden von allen Menschen; 2. halte dich innerlich rein von allen fremden Bildern; 3. befreie dich von alledem, was dir äußerliche Beschwerde, Anhaften ans Irdische und Bedrängnis bereiten kann; und 4. richte dein Gemüt zu allen Zeiten auf ein verborgenes göttliches Schauen, indem du mich zu allen Zeiten vor deinen Augen trägst als ständigen Gegenstand deiner Betrachtung, von dem dein Auge nimmer wanke. Und was andere Übungen betrifft, als Armut, Fasten und alle anderen Kasteiungen, die richte hiernach als nach ihrem Ziele ein, und mache davon soviel Gebrauch, als sie dich hierzu fördern können. Sieh, so gewinnst du das höchste Ziel der Vollkommenheit.»

Am Vorabend der Reformation kam eine neue Frömmigkeitsrichtung, die Devotio moderna («neue Andacht»), auf; die «Brüder vom gemeinsamen Leben» kritisierten das überkommene Mönchtum und riefen zu tatkräftiger Nächstenliebe auf. Askese wurde nun zum Hilfsmittel der «Erbauung».

Martin Luther (1483–1546) lehnte seit 1520 das mittelalterliche Mönchsideal ab; die Gelübde stünden im Widerspruch zur Heiligen Schrift und zum Evangelium, meinte er. Von der Askese stark bestimmte Formen des Protestantismus bildeten sich zunächst als Gegenströmung zur Reformation (Täufer) und im Zusammenhang mit dem →Pietismus und den →Erweckungsbewegungen aus.

5. Nach traditionellem christlichem Verständnis ist Askese darauf ausgerichtet, den Menschen von →Sünden zu reinigen und Verdienste vor Gott zu erwerben. Im Hintergrund der asketischen Haltung stehen gewöhnlich Tendenzen zu Weltflucht und Weltverachtung. Der Soziologe Max Weber (1864–1920) hat die Behauptung aufgestellt, die weltflüchtige Haltung des «asketischen Protestantismus» calvinistischer Prägung (→Calvin) habe die Entwicklung des modernen Kapitalismus mitgeprägt. Gegen Ende des 19. Jahrhunderts hätten außergewöhnlich viele Protestanten zu den wirtschaftlich Erfolgreichen gezählt. Dies sei eine Folge religiöser Kontrolle des Lebens durch Frömmigkeit gewesen: Arbeit galt als eigentlicher Zweck des Lebens, den Gott vorgegeben hat. Diese Haltung kam den Notwendigkeiten der kapitalistischen Arbeitsorganisation entgegen und förderte das kapitalistische Erwerbsstreben. Der religiös begründete Sparzwang führte zur Anhäufung von Reichtum, der der wirtschaftlichen Entwicklung zugute kam.

Andere Theoretiker führen auch die besondere schöpferische Fähigkeit des abendländischen Menschen insgesamt auf Askese zurück: Die Fähigkeit zum Fortschritt sei eine verweltlichte Form religiöser Askese. Sigmund Freud (1856–1939) erklärte die «Sublimierung» sexueller Triebe, d. h. die Umlenkung von sexuellen Triebkräften auf Ziele, die allgemein als wertvoll angesehen werden, zur Voraussetzung aller künstlerisch und sozial produktiven Tätigkeit.

Verteidiger einer neu verstandenen, modernen Askese wollen die christliche Enthaltsamkeit vor dem Vorwurf verteidigen, es handele sich dabei nur um Weltflucht; christliche Askese heute soll zu einem Teil des Kampfes für mehr Gerechtigkeit und Mitverantwortung in der Welt werden. Es gehe dabei um eine Einübung in Selbstbeschränkung angesichts der Flut von Reizen und Angeboten, die auf jeden einströmen. Das Ziel der Selbstbeschränkung sei weltweite brüderliche Hilfe und Dienst am Frieden. So wird christliche Askese als Selbstkontrolle und als Praxis gemeinschaftsbezogener Verhaltensweisen verstanden. Wer das Verhältnis der überreichen Industrienationen zu den immer ärmer werdenden unterentwickelten Ländern der Dritten Welt verändern wolle, komme um die Praxis einer persönlichen materiellen Askese nicht herum. Unter diesem Blickwinkel wird der Askese eine soziale und politische Weltbedeutung ersten Ranges zugesprochen.

Astrologie

Astronomie ist die Wissenschaft der Himmelskörper (Sternkunde), Astrologie (Sterndeutung) hingegen will den Einfluß der Gestirne auf das politische Geschehen und auf den einzelnen Menschen deuten. Die Anzahl der Astrologieanhänger scheint heute noch beträchtlich zu sein. Nach einer neueren Umfrage lesen 58 Prozent der bundesrepublikanischen Bevölkerung regelmäßig oder gelegentlich Zeitungshoroskope. In den USA soll es etwa 32 Millionen Sterngläubige und 5000 Berufsastrologen geben. In vielen arabischen und afrikanischen Ländern sowie in Japan und Indien gehören die Astrologen zu den selbstverständlichen Lebensberatern.

1. Nach alter und weit verbreiteter Überzeugung bestimmen die Sterne das irdische Geschehen: Aus ihrer jeweiligen Stellung zueinander können angeblich zukünftige Ereignisse wie Erdbeben, Krieg, Seuchen, Fruchtbarkeit oder auch das Wetter abgelesen werden. Der Stand der Sterne bei der Zeugung oder bei der Geburt soll die Zukunft und den Charakter des betreffenden Menschen bestimmen. Vor wichtigen Entscheidungen und Handlungen scheint es deshalb angeraten, einen Astrologen zu befragen, ob denn die Sterne zu diesem Zeitpunkt günstig stehen.

Aus Babylonien stammt der Brauch, die Planeten nach Göttern zu benennen. Über Griechenland gelangte diese Praxis auch nach Rom. Zur Zeit des Augustus (römischer Kaiser von 27 v. Chr. bis 14 n. Chr.) ordnete man jeden einzelnen Tag der Woche einem der Planetengötter zu (Sonne, Mond, Mars, Merkur, Jupiter, Venus, Saturn). In den romanischen Sprachen haben sich die Namen der Wochentagsgötter erhalten, in den germanischen Sprachen wurden sie durch germanische Götternamen ersetzt. (→ Wochentage)

Man glaubte, daß die Sphären (von griech. «Kugel») der Planeten die Erde wie Schalen umhüllen, und daß die zu Gott aufsteigende Seele von Stufe zu Stufe diejenigen Leidenschaften ablege, die sie einst bei ihrem Herabsteigen auf die Erde annahm.

Babylonischen Ursprungs ist auch der Tierkreis, dessen zwölf Zeichen in hellenistischer Zeit festgelegt wurden: Widder, Stier, Zwillinge, Krebs, Löwe, Jungfrau, Waage, Skorpion, Schütze, Steinbock, Wassermann und Fische. Jedem Tierkreiszeichen rechnete man bestimmte Eigenschaften zu. Dasjenige Zeichen, in dem die Sonne bei der Geburt des Menschen steht, soll, so die astrologische Grundannahme, die Eigenschaften und das Schicksal der betreffenden Person bestimmen.

Für verhängnisvoll werden in der Regel nicht vorhersehbare Erscheinungen wie Kometen (Schweifsterne) und Meteore

(Sternschnuppen) oder auch Sonnen- und Mondfinsternisse angesehen. Die Bewegungen der Sterne gelten als Ausdruck des Wirkens Gottes, die Himmelserscheinungen als Ankündigungen seines Willens. Astrologie ist demnach diejenige «Wissenschaft», die die Sprache des Himmels verstehen und deuten kann.

2. Im Alten Testament werden die Sterne als personale Mächte vorgestellt. Sie sind Jahwes Geschöpfe. Kultische Verehrung darf ihnen jedoch nicht zuteil werden. «Hebe auch nicht deine Augen auf gen Himmel, daß du die Sonne sehest und den Mond und die Sterne, das ganze Heer des Himmels, und fallest ab und betest sie an und dienest ihnen.» (5. Mose 4,19) Nach Auffassung der Propheten künden Verfinsterungen der Sonne, des Mondes und der Sterne zukünftige Katastrophen an. «Des Herrn Tag kommt grausam, zornig, grimmig, die Erde zu verwüsten und die Sünder von ihr zu vertilgen. Denn die Sterne am Himmel und sein Orion [Sternbild am Äquator] scheinen nicht hell, die Sonne geht finster auf, und der Mond gibt keinen Schein.» (Jes. 13,9)

Auch im Neuen Testament steht Gott als «Vater des Lichts» über den Gestirnen. Die Sterne sind Gottes Diener und Streiter und werden mit den → Engeln gleichgesetzt. «Das Geheimnis der sieben Sterne, die du gesehen hast in meiner rechten Hand, und die sieben goldenen Leuchter: die sieben Sterne sind die Engel der sieben Gemeinden, und die sieben Leuchter sind die sieben Gemeinden.» (Apk. 1,20) Nach jüdischer Auffassung sind die Sterne gestürzte und in die Finsternis verbannte Engel (vgl. 1. Mose 6,1 ff). Jesus selbst «sah den Satan vom Himmel fallen wie einen Blitz» (Lk. 10,18). Mehr als alle anderen neutestamentlichen Schriften ist die Offenbarung des Johannes (→ Apokalyptik) voller astraler Symbolik: Himmelsfrau («ein Weib, mit der Sonne bekleidet») und Drachen kämpfen um den neugeborenen Lichtherrscher (Apk. 12), der vor den Himmelsheeren als Sonnen- und Himmelskönig einherreiten wird. «Und ich sah den Himmel aufgetan; und siehe, ein weißes Pferd, und der darauf saß, hieß: Treu und wahrhaftig... Und ihm folgte nach das Heer im Himmel auf weißen Pferden... Und aus seinem Munde ging ein scharfes Schwert, daß er damit die Völker schlüge.» (Apk. 19,11 ff) Jesus ist der «helle Morgenstern», das «Licht der Welt», der «siebenäugige Widder» und das «Haupt des Kosmos». Er schlägt den Todfeind der Endzeit: den Drachen, der der Teufel und die Paradiesschlange ist.

Am Ende der Zeiten werden die Sterne vom Himmel fallen, «und die Kräfte der Himmel werden ins Wanken kommen. Und dann werden sie des Menschen Sohn kommen sehen in den Wolken mit großer Kraft und Herrlichkeit.» (Mk. 13,24 ff) Als Jesus am Kreuz starb, verfinsterte sich die Sonne. (Mk. 15,23) Dies erschien seinen Jüngern als Auftakt des Weltendes.

3. Die Blütezeit der Astrologie war das Mittelalter. Seit dem 8. Jahrhundert übermittelte der Islam das alte astrologische Wissen nach Byzanz (Byzantinisches Reich, das 395 entstand und mit der Eroberung Konstantinopels durch die Türken, 1453, endete) und seit dem 12. Jahrhundert auch nach Westeuropa. Vor allem in Spanien wurden zahlreiche Übersetzungen astrologischer Texte aus dem Arabischen angefertigt. Bis ins 17. Jahrhundert waren Philosophen, Künstler und Wissenschaftler von der Astrologie gefesselt. Überall gab es Astrologen, die jedem, der es wollte, Horoskope erstellten.

Die breiteste Anerkennung fand die Astrologie indes im 15. und 16. Jahrhundert. Sie erfaßte weite Berichte des täglichen Lebens und fand sogar einen festen Platz im Lehrplan der Universitäten. Große Verbreitung erlangten jetzt auch

Jahreskalender und Jahresvorhersagen. Diese dienten als Ratgeber für Gesundheitspflege und bestimmten die Zeiten, in denen etwa ein Aderlaß, das wichtigste Mittel der Vorsorge wie der Krankenheilung, angebracht schien oder aber unbedingt zu unterlassen war. Darüber hinaus gaben die Jahreskalender auch Aufschluß über das zu erwartende Wetter, über Ernteaussichten und Kriegsgefahren.
Im 16. und 17. Jahrhundert wurde die Kritik an der Astrologie immer lauter. Man wies darauf hin, daß Zwillinge, obgleich unter denselben Sternzeichen geboren, dennoch häufig verschiedene Schicksale hätten und daß die Gefallenen einer Schlacht, trotz unterschiedlicher Sternenkonstellationen bei ihrer Geburt, am selben Tag unter den gleichen Umständen den Tod fänden.
Mit Kopernikus (1473–1543), Kepler (1571–1630), Galilei (1564–1642) und Newton (1642–1727) setzte sich eine neue Physik der Himmelskörper und des Weltsystems durch. Damit schwand langsam die Überzeugung von der Richtigkeit der astrologischen Lehren. Astrologie verlor den Charakter einer Wissenschaft und sank zum → Aberglauben ab.
Als Aberglaube lebt sie allerdings bis heute fort. Zeitungshoroskope und Wahrsager haben Konjunktur. Nicht selten wird die Ansicht vertreten, ein Zusammenhang zwischen dem Stand der Sterne bei der Geburt und dem Charakter des Menschen ließe sich auch wissenschaftlich unzweifelhaft nachweisen. C. G. Jung (1875–1961) vertrat die Auffassung, die Namen und Mythen (→ Mythos) der Sterne seien im Unbewußten verankert: Der Mensch habe die eigenen Seelenkräfte an den Himmel projiziert; aus dieser Projektion ließe sich deshalb eine regelrechte Charakterlehre ablesen. (→ Traum)
Was die Menschen an der Astrologie fasziniert, ist gewiß die beruhigende Idee einer geordneten, sinnvollen Welt. Der einzelne erscheint als Teil des Kosmos, und sein Schicksal ist in den Rhythmus der Natur und der Sterne eingebunden. Vor allem in Zeiten gesteigerter Unsicherheit und Lebensangst scheint der Sternenglaube vielen Trost und Hilfe zu bieten.

Atheismus

Als einen «Atheisten» bezeichnet man denjenigen, der leugnet, daß es einen persönlichen → Gott oder persönliche Götter gibt. «Theismus» ist der Glaube an einen Gott, der – im Unterschied zum «Deismus», der Gott alle lebendige Einwirkung auf Natur und Geschichte abspricht – die Welt nicht nur geschaffen hat (→ Schöpfung), sondern sie auch «erhält und regiert». Im allgemeinen Sprachgebrauch und in seiner Geschichte ist der Begriff «Atheismus» meist unscharf und hat unterschiedliche Nuancen.

Zur Geschichte des Atheismus

«Das grösste neuere Ereignis – dass ‹Gott todt ist›, dass der Glaube an den christlichen Gott unglaubwürdig geworden ist – beginnt bereits seine ersten Schatten über Europa zu werfen. Für die Wenigen wenigstens, deren Augen, deren Argwohn in den Augen stark und fein genug für dies Schauspiel ist, scheint eben irgendeine Sonne untergegangen, irgendein altes, tiefes Vertrauen in Zweifel umgedreht: ihnen muss unsere alte Welt täglich abendlicher, misstrauischer, fremder, ‹älter› scheinen … Diese lange Fülle und Folge von Abbruch, Zerstörung, Untergang, Umsturz, die nun bevorsteht: wer erriethe heute schon genug davon, um den Lehrer und Vorausverkünder dieser ungeheuren Logik von Schrecken abgeben zu müssen, den Propheten einer Verdüsterung und Sonnenfinsternis, deren Gleichen es wahrscheinlich noch nicht auf Erden gegeben hat?»

Diese emphatische Kunde vom «Tod Gottes» und dessen schrecklichen Folgen für die zukünftige Geschichte hat Friedrich Nietzsche (1844–1900) formuliert. Alle Ideale scheinen mit diesem Ereignis, dem Tod Gottes, hinfällig geworden, jegliche Antwort auf die Frage nach dem Sinn des Lebens unmöglich gemacht; was für Nietzsche jetzt noch übrigbleibt, ist der bloße Wille zur Wahrheit.

Derartige Formen des Atheismus wie Gottesleugnung, Gottlosigkeit, Gottabwesenheit sind im übrigen so alt wie der Gottesglaube selbst. In der griechischen Antike wurden diejenigen als «Atheisten» bezeichnet, die die Gottheiten des Staatskultes ablehnten; zu ihnen gehörten z. B. die Christen. Als der christliche Monotheismus Staatsreligion wurde (→ Konstantin der Große), wertete man ab sofort jeglichen Angriff auf das Christentum als atheistisch. «Atheismus» ist demnach meist die Bezeichnung für eine Auffassung, die im Widerspruch zur gesellschaftlich herrschenden religiösen Ansicht steht. Da die herrschenden Glaubensansichten stets als Stütze des gesellschaftlichen Status empfunden wurden und «Gott» beispielsweise auch als Garant des Thrones oder des bürgerlichen Eigentums gelten konnte, hielt man Atheisten für gefährliche und staatszersetzende Personen; bürgerliche Revolutionen proklamierten ihrerseits häufig einen politischen Atheismus. Daher kam es, daß man bisweilen «die Atheisterey» kurzerhand mit Pflicht- und Sittenlosigkeit gleichsetzte und sie auf den Sündenfall von Adam oder den «Fall» Satans zurückführte.

Die weite Verbreitung des Atheismus in der Neuzeit hängt zweifelsohne damit zusammen, daß die traditionell christliche Auffassung, der Mensch stehe im Mittelpunkt des Kosmos, aufgegeben werden mußte. Die neuzeitliche Wissenschaft ersetzte das Bild einer geordneten, überschaubaren und sinnvollen Welt durch dasjenige eines unendlichen, grenzenlosen Universums. Damit ging der Glaube, daß die Ordnung der Welt in Gott gegründet sei und mit der Vernunft erschlossen werden könne, verloren.

Gleichzeitig büßte der Mensch seinen angestammten Ort und sicheren Grund ein; er fiel gleichsam aus dem Kosmos heraus. Sein Dasein und sein Schicksal erschienen nun als Folge von Zufällen. Die Metaphysik (die philosophische Lehre von dem, was der Natur vor- und übergeordnet ist) konnte ihm keine Gewißheiten mehr liefern; damit kam dem Glauben an einen weltüberlegenen Gott die wichtigste Stütze abhanden. Die Verteidiger des Glaubens aber nannten die Atheisten «Gottlose», die sich, im Gegensatz zu den «Gerechten», gegen Gottes Willen auflehnen: Aus dem Übel des Atheismus erwüchsen Rechtsverletzungen und Störungen der sozialen Ordnung. Im Volksmund hat sich bis heute die Bezeichnung «gottlos» für «sittenlos» erhalten.

Massive Ansätze atheistischer Auffassung begegnen im 16. und 17. Jahrhundert in der Nachwirkung der Renaissance, die ihrerseits Aspekte des antiken Atheismus und antiker → Religionskritik wiederbelebte. Kant (1724–1804) versetzte der rationalen Theologie (Vernunfttheologie) durch die Widerlegung ihrer Gottesbeweise einen nachhaltigen Stoß, von dem sie sich bis heute nicht mehr erholen konnte. Die Naturwissenschaften emanzipierten sich aus theologischer und philosophischer Bevormundung. Kopernikus (1473–1543) und Galilei (1564–1642) hatten das mittelalterliche Weltbild erschüttert. Für die Erklärung der Welt und ihrer Erscheinungen wurde Gott immer entbehrlicher.

Zu seiner Vollendung kam der Atheismus indes bei Ludwig Feuerbach (1804 bis 1872). Er wendete den christlichen Schöpfungsglauben in sein Gegenteil um: Gott hat nicht den Menschen erschaffen, sondern der Mensch erschuf

«Gott nach seinem Bilde». Das heißt in der Konsequenz, daß die Lehre von Gott (Theologie) durch die Lehre vom Menschen (Anthropologie) ersetzt wird: In der Religion hat es der Mensch lediglich mit sich selbst zu tun. Der Mensch wird nur von zwei Realitäten bestimmt: von der Gesellschaft und von der Natur. Wer demnach an einen Gott glaubt, täuscht sich selbst. → Aufklärung nimmt die Gestalt der Religionskritik an. Das höchste Wesen des Menschen ist nicht Gott, sondern der Mensch selbst. Wahre Religion verwirklicht sich deshalb in der Beziehung von Ich und Du, beispielsweise in der sexuellen Beziehung. Religionskritik muß am Ende das Christentum völlig auflösen. Sexualität und Politik werden zu den neuen Brennpunkten religiöser Auslegung des Daseins; denn in Politik und Sexualität kann der Mensch sich selbst und seine Natur verwirklichen.

Feuerbachs Einfluß war ungemein groß. Er beeindruckte Marx (1818–1883) und Engels (1820–1895). David Friedrich Strauß (1808–1874) entdeckte im Anschluß an ihn den mythischen Charakter vieler Geschichten des Lebens Jesu: Man müsse zwischen dem «Jesus der Geschichte» und dem «Christus des Glaubens» tunlichst unterscheiden, erklärte er. Heinrich Heine (1797–1856) vertrat einen kämpferischen und spöttischen Atheismus. «Gott, Christus und Co. ...dieses Haus macht bankrott in Europa.» (1823) Bei seinen Untersuchungen zur Abstammungslehre kam Charles Darwin (1809–1882) zu Erkenntnissen, die die biblische Lehre von der Erschaffung des Menschen durch Gott widerlegen. «Schöpfung» und «Entwicklung» traten in unlösbare Spannung zueinander. Durch die Schriften Ernst Haeckels (1834–1917) breitete sich der naturwissenschaftliche Atheismus in allen Volksschichten aus. Gottesglaube und naturwissenschaftliche Erkenntnis galten nun als miteinander unvereinbar.

Der Atheismus des 20. Jahrhunderts ist vor allem politischer Natur. Er steht in der Tradition der französischen Religionskritik des 18. Jahrhunderts, insbesondere derjenigen des Pfälzers Tiry von Holbach (Paul Dietrich Dirre; geb. 1723 in Edesheim bei Landau, gest. 1789 in Paris), eines Klassikers des Atheismus, aus dessen Werken die Religionskritiker des 19. und 20. Jahrhunderts reichlich schöpften. Seiner Meinung nach entspringt der Gottesglaube einem «Priesterbetrug»; die Priester halten das Volk zur besseren Unterjochung und Ausbeutung in Unwissenheit; hinter kirchlichen und religiösen Systemen könne sich der Wille zur Mehrung von Macht nur notdürftig verbergen.

Der moderne politische Atheismus beschreibt Religion als Werkzeug in der Hand der Herrschenden; Kritik der Religion als Bewegung der Befreiung erklärte der Marxismus zu einem wichtigen Bestandteil seiner Ideologie. Die Anziehungskraft dieser Ideologie gründete in ihrer Versprechung: die Emanzipation des Menschen zu fördern und Freiheit und Menschenwürde herzustellen.

War in früheren Zeiten Glaube das Normale und Gottesleugnung das Außergewöhnliche, so hat sich dieses Verhältnis heute gewandelt: Nach der Auffassung seiner Verfechter ist Atheismus «die notwendige und selbstverständliche Form menschlicher Intelligenz» (Max Bense, 1964); die Welt müsse ohne Gott, d. h. aus sich selbst, gedacht und erklärt werden. Damit wären nicht nur Gottesvorstellungen jeglicher Art, sondern auch alle Glaubensinhalte und die Religion überhaupt hinfällig. Im Anschluß an Auguste Comte (1798–1857) wurde behauptet, der menschliche Geist durchlaufe – genau wie jede einzelne Zivilisation – drei Stadien: ein «theologisches», ein «metaphysisches» und ein «wissenschaftliches». Theologie und Metaphysik sterben ab, wenn der Mensch die «Vollreife»

erreicht. Der Materialismus vermeinte, die «Unhaltbarkeit des Glaubens an die Existenz Gottes» bewiesen zu haben und die Zeit heraufkommen zu sehen, in der die Religion verschwindet.
Tatsächlich läßt sich die Nichtexistenz Gottes ebensowenig nachweisen wie seine Existenz. Auch bewahrheitet sich die These vom Absterben der Religion in Wirklichkeit nicht.

Atheismus aus Verzweiflung – Atheismus aus Gleichgültigkeit
Der moderne Atheismus begründet sich nicht so sehr durch Einsichten als durch Erfahrungen. Die Erfahrung des Leidens in der Geschichte und im eigenen Leben hat immer wieder atheistische Tendenzen wachgerufen. Die schärfste Gottesanklage formulierte bereits Epikur (341–271 v. Chr.): «Gott will entweder die Übel nicht beseitigen oder kann es nicht; oder er kann es, will aber nicht; oder er will es weder noch kann er es; oder er will es und kann es. Wenn er es kann und nicht will, so ist er mißgünstig und schwach und daher auch kein Gott. Wenn er es aber will und kann, was allein Gott zukommt, woher stammen also die Übel oder warum beseitigt er sie nicht?»
Die Erfahrung des Bösen und des Leidens in der Welt hat mitunter zu regelrechten Revolten gegen Gott geführt. Da Gott nicht zu rechtfertigen und das diesseitige Glück auch nicht von ihm zu erwarten sei, meinte Albert Camus (1913–1960), sollten die Menschen selbst die größten Anstrengungen unternehmen, um das Leid zu verringern. Aus dem Aufstand gegen Gott ist schließlich die uneingeschränkte Leugnung Gottes hervorgegangen.
Über ein Jahrhundert lang nährte das Erdbeben von Lissabon (1755) einen abgründigen religiösen und philosophischen Pessimismus. Vielen war dadurch die «Güte Gottes einigermaßen verdächtig geworden». (Goethe, 1749–1832) Die Vernichtung der Juden im Dritten Reich nannte Theodor W. Adorno (1903–1969) die «aus dem menschlichen Bösen bereitete» Hölle, die es unmöglich mache, dem Dasein überhaupt noch etwas Positives abzugewinnen, ohne den Opfern Unrecht zuzufügen. Jetzt noch von einem Sinn der Welt zu sprechen, der von Gott ausgeht, erscheine als Hohn gegenüber den Betroffenen. «Auschwitz» habe das Mißlingen der Philosophie und der Kunst, der Kultur und der Religion bewiesen. «Alle Kultur nach Auschwitz... ist Müll». Der Gedanke, «daß die endliche Welt der unendlichen Qual umfangen sei von einem göttlichen Weltplan», ist Irrsinn. «Kein vom Hohen getöntes Wort, auch kein theologisches, hat nach Auschwitz ein Recht». Die Religionen müßten sich eigentlich in Verzweiflung auflösen.
Weiter verbreitet als der Atheismus aus Verzweiflung ist der «Atheismus des inneren Erlöschens» (Kurt Leese, 1948): das «Gefühl für das Göttliche», das «religiöse Suchen und Ahnen» ist bei breiten Bevölkerungsschichten abgestumpft. Dieser Atheismus der Gleichgültigkeit ist radikaler als alle anderen Formen der Gottesleugnung. Bei dem, was die Menschen unmittelbar sorgt, spielt Gott kaum noch eine Rolle. Weder der Gottesglaube noch die Gottesleugnung sind mehr von handgreiflichem Interesse. Der Atheismus der Massen ist auch nicht wie der Atheismus früherer Zeiten die Folge einer persönlichen Entscheidung, sondern eher der unwillkürliche Anschluß an eine verbreitete Stimmung: Die moderne Religionslosigkeit ist gedanken- und sprachlos.

Auferstehung

Auferstehung der Götter und der Toten
Den Glauben an die Auferstehung der Toten und die Vorstellung, daß es nach dem → Tod eine erneuerte und «verklär-

te» Existenz des Menschen geben werde, findet man nicht nur im Christentum. Das Christentum hat die Auferstehungshoffnung vom Judentum übernommen (Apg. 23,6ff; vgl. auch Mk. 12,18), das seinerseits von der persischen (→ Zarathustra) und der → ägyptischen Religion beeinflußt worden ist.

Verwandt mit dem Glauben an die Auferstehung des Körpers ist der Glaube an die Unsterblichkeit der → Seele, dessen griechisch-philosophische (→ griechische Religion) oder gnostische (→ Gnosis) Prägung dem Neuen Testament selbst freilich fremd ist.

Das Alte Testament kennt die «Entrükkung» einzelner Menschen: Henoch wurde «in die Gemeinschaft mit Gott» hinweggenommen (1. Mose 5,24), und Elia fuhr in einem Gewitter zu Jahwe in den Himmel. «Und als sie [Elia und Elisa] miteinander gingen und redeten, siehe, da kam ein feuriger Wagen mit feurigen Rossen, die schieden die beiden voneinander. Und Elia fuhr im Wetter gen Himmel.» (2. Kö. 2,11f)

Aus den Zeugnissen des Auferstehungsglaubens spricht die menschliche Sehnsucht nach gottgleichem Leben und Unsterblichkeit. (→ Ewiges Leben) Alle antiken Mysterienreligionen boten sich als Weg dorthin an. (→ Mysterien) Ob die Jenseitshoffnung unpersönlich ist (wie in der hellenistischen Welt; → Hellenismus) oder von der Idee einer persönlichen Gottesgemeinschaft getragen wird (wie im Christentum oder etwa auch im Mahayana-Buddhismus), ist dieser zentralen Bedeutung gegenüber zweitrangig. (→ Jenseits)

Die Mysterienreligionen tradierten den Mythos vom leidenden, sterbenden und auferstehenden Gott. Wie im Christentum, so gab es vereinzelt auch dort die Vorstellung, daß die Gottheit am Kreuz endete und daß ihr Tod Sühnecharakter habe. Selbst das Motiv der Auferwekkung nach drei Tagen war verbreitet. Die babylonische Gottheit Marduk etwa wurde als Weltschöpfer, vom Vatergott gesandter Erlöser, Totenerwecker und guter Hirte verehrt. Von ihm hieß es, er sei gefangengenommen, zum Tod verurteilt, gegeißelt und zusammen mit Verbrechern hingerichtet worden. Dabei floß Blut aus einer Wunde, die ein Speerstoß verursacht hatte. Er fuhr schließlich hinab zur Hölle und erlöste dort die Gefangenen. (→ Babylonisch-assyrische Religion)

Jesus verkündete (ebenso wie nach ihm auch Mohammed; → Islam) die unmittelbare Nähe des Weltendes, der Auferstehung, des Weltgerichts und der Vollendung der Welt durch die Aufrichtung des «Reiches der Herrlichkeit». (→ Eschatologie)

In der neutestamentlichen Apokalypse (→ Apokalyptik) verband sich diese Hoffnung mit der Vorstellung eines tausendjährigen Zwischenreiches, das durch die Auferstehung der Heiligen und Märtyrer eingeleitet wird (Apk. 20,4ff); danach erfolge der «Endkampf» und die allgemeine Aufweckung der Toten. Während die Guten auferstehen, trifft die Bösen das Verderben: Leib und Seele werden in der Feuerhölle (→ Hölle) vernichtet. (Mat. 10,28) Die evangelische wie die katholische Orthodoxie behaupten (in Anlehnung an Mat. 18,8; 25,41; Mk. 9,43.47f.), diese Höllenstrafen dauerten für immer und ewig.

Nach Jesu Tod wurde der Glaube an seine Auferstehung mit der Hoffnung auf die Auferstehung der Gläubigen verknüpft. Paulus erklärte Jesu Auferstehung zur Bedingung der Auferstehung der Gläubigen (wie umgekehrt): Jesus ist der erste der Auferweckten. (Apg. 3,15; 26,23; Kol. 1,18) Alle Auferstehungshoffnung gründet nach Paulus in der Verkündigung von Christus und in der Taufe. (1. Kor. 15; Röm. 6)

Jesu Auferstehung nach dem Neuen Testament

Nach der Darstellung des Markus, des ältesten der neutestamentlichen Evangelien, endet die Geschichte von Jesus Christus nicht mit der Kreuzigung (→ Kreuz): Jesus ist nicht im Grab geblieben; er erschien seinen Jüngern, er lebt. Das später entstandene Matthäusevangelium geht über die Angaben des Markus hinaus: Jesu Grab ist bewacht worden. Der Eingang der Grabeshöhle war sogar mit einem Grabstein verschlossen. Aber die Erde bebte, und der Auferstandene erschien den Frauen (Mat. 27,62–28,15), später den Jüngern (Mat. 28,16–20).

Offensichtlich ist diese Geschichte von der Auferstehung frühzeitig mit dem Argument bestritten worden, die Jünger hätten den Leichnam Jesu gestohlen. Auf diesen Vorwurf reagiert Matthäus damit, daß er das Grab von Wächtern bewachen läßt. «Des andern Tages, der da folgt nach dem Rüsttag, kamen die Hohenpriester und Pharisäer sämtlich zu Pilatus und sprachen: Herr, wir haben bedacht, daß dieser Verführer sprach, da er noch lebte: Ich will nach drei Tagen auferstehen. Darum befiehl, daß man das Grab verwahre bis an den dritten Tag, auf daß nicht seine Jünger kommen und stehlen ihn und sagen zum Volk: Er ist auferstanden von den Toten; und werde der letzte Betrug ärger als der erste. Pilatus sprach zu ihnen: Da habt ihr die Hüter; gehet hin und verwahret es, so gut ihr könnt. Sie gingen hin und verwahrten das Grab mit den Hütern und versiegelten den Stein.» (Mat. 27,62ff) Vor dem «Engel des Herrn» aber – «seine Erscheinung war wie der Blitz und sein Kleid weiß wie Schnee» – erschraken die Wächter «und wurden, als wären sie tot». Später liefen sie zu den Hohenpriestern, von denen sie sich mit Geld bestechen ließen, damit die ungeheuerlichen Geschehnisse nicht bekannt würden. «Saget, seine Jünger kamen des Nachts und stahlen ihn [den Leichnam], während wir schliefen.» (Mat. 28,13)

Über Markus und Matthäus hinausgehend, bringt das Lukasevangelium weitere Einzelheiten: die Emmausgeschichte (Lk. 24,13ff) und die Erzählung von der Erscheinung Jesu am Osterabend (Lk. 24,36ff). Diese Darstellungen sollen offensichtlich die früh aufgekommene Frage klären, wie man sich den Auferstandenen denn konkret vorzustellen habe. Wie war sein Körper beschaffen? Anscheinend versuchten bestimmte christliche Kreise, die Auferstehungsgeschichte zu «spiritualisieren».

Die überraschende Erscheinung des Auferstandenen ruft im Kreise seiner Jünger Furcht und Erschrecken hervor. «Da sie aber davon [vom Emmausgeschehen] redeten, trat er selbst, Jesus, mitten unter sie... Sie erschraken aber und fürchteten sich, meinten, sie sähen einen Geist.» (Lk. 24,36f) Nach der Auffassung des Lukasevangeliums darf man sich den Auferstandenen aber nicht als einen «Geist» vorstellen. Deshalb läßt Lukas Jesus selbst sprechen: «Was seid ihr so erschrocken, und warum kommen solche Gedanken in euer Herz? Sehet meine Hände und meine Füße, ich bin's selber. Fühlet mich an und sehet; denn ein Geist hat nicht Fleisch und Bein...» (Lk. 24,38f) Um die allerletzten Zweifel an seiner Leibhaftigkeit auszuräumen, ißt der Auferstandene schließlich noch «gebratenes Fleisch und Honigseim». Damit ist der «Beweis» der realen Auferstehung, der Leiblichkeit des Auferstandenen, der «Auferstehung des Fleisches» erbracht: Die erschrockenen, zweifelnden und schließlich überzeugten Apostel stehen für die Menschen, die für den christlichen Glauben gewonnen werden sollen.

Die Auferstehungsgeschichten des Johannesevangeliums zielen teilweise auf eine andere Sicht der Dinge ab. Dem

Evangelisten geht es darum, «daß ihr glaubt, Jesus sei der Christus, der Sohn Gottes, und daß ihr durch den Glauben das Leben habet in seinem Namen». (Joh. 20,31) Diesem Ziel dienen die Erzählungen vom Grab (Joh. 20,31), von zwei Erscheinungen des Auferstandenen in Jerusalem (Joh. 20,19–29) und schließlich einer Erscheinung in Galiläa (Joh. 21,1–23; der Ort der Erscheinungen war laut Markus und Matthäus Galiläa, laut Lukas Jerusalem). Stellvertretend für alle zukünftigen unverbesserlichen Zweifler meint Thomas: «Wenn ich nicht in seinen Händen sehe die Nägelmale und lege meine Finger in die Nägelmale und lege meine Hand in seine Seite, kann ich's nicht glauben.» (Joh. 20,25) Sein Wille wird erfüllt, und alsbald bekennt er: «Mein Herr und mein Gott!» Da eine solche Begegnung nicht unbegrenzt wiederholbar ist, «spricht Jesus zu ihm: Weil du mich gesehen hast, Thomas, so glaubst du. Selig sind, die nicht sehen und doch glauben.» (Anders als Thomas muß Maria Magdalena, der der Auferstandene am Grab begegnet, davor gewarnt werden, ihn anzufassen. «Rühre mich nicht an! Denn ich bin noch nicht aufgefahren zum Vater» [Joh. 20,17].)

Eng mit den Auferstehungsgeschichten verbunden ist der Auftrag Jesu zur → Mission. Die Auferstehung ist Begründung und Triebfeder der Ausbreitung des Christentums.

Paulus entwickelte später seine Lehre von der Auferstehung in Auseinandersetzung mit einer Gruppe von «Irrlehrern» in Korinth, die den Gedanken an die Auferstehung des Leibes ablehnten, weil sie die Befreiung der Seele vom Körper und deren Unsterblichkeit, nicht aber die Wiederherstellung des Körpers erhofften.

Die Auferstehung Christi – so Paulus – ist Grundlage und Voraussetzung der christlichen Predigt und des christlichen Glaubens überhaupt. Beweise dafür, daß Jesus wirklich auferstanden ist, sind sein Leben, Sterben, sein Auferstehen «nach der Schrift» (das heißt nach den Weissagungen des Alten Testaments, vgl. Hosea 6,2; Ps. 2,7; Ps. 16,10) sowie die Tatsache, «daß er gesehen worden ist von Kephas [Petrus], danach von den Zwölfen. Danach ist er gesehen worden von mehr als fünfhundert Brüdern auf einmal, von denen die meisten noch heute leben, etliche aber sind entschlafen. Danach ist er gesehen worden von Jakobus, danach von allen Aposteln. Am letzten nach allen ist er auch von mir als einer unzeitigen Geburt gesehen worden.» (1. Kor. 15,3 ff)

Diese Formulierungen des Paulus gelten als die ältsten Zeugnisse des Auferstehungsglaubens, die den Kenntnisstand der christlichen Gemeinde zu Beginn der fünfziger Jahre unserer Zeitrechnung widerspiegeln. Die Erscheinungsgeschichten aber sind erst später entstanden.

Die Auferstehung Jesu im Christentum

Der Philosoph Celsus, der um 180 die erste bekannte Streitschrift gegen die Christen verfaßte, bezeichnete die neutestamentlichen Auferstehungsgeschichten als «reine Gaukelei» und «Trugbilder», die Verwirrung stiften sollen. Origenes (gest. 254) versuchte ihn mit folgender Argumentation zu widerlegen: Jesus, der schon als Mensch Gott war, hatte einen Leib, der sich verwandeln konnte, wann immer es der Gottessohn wollte. Bei seiner Auferstehung hielt Jesus «sozusagen die Mitte [ein] zwischen dem festen Leib, den er vor seinem Tode hatte, und jenem Zustand, in dem die Seele frei von einem solchen Leib erscheint». Die Seele, die «ihrer Natur nach unkörperlich und unsichtbar ist», wohnt im Körper wie in einer Hütte. Der Körper ist für das Leben auf Erden notwendig, nicht jedoch für die Schau Gottes im Himmel. Die Seele muß sich mit Gott verbinden, nicht

aber der Körper. Bei der Auferstehung bekommt die Seele einen neuen Körper, der von geistiger und ätherischer Natur ist.
Athanasius (295–373) erklärte in seinem Werk «Über die Menschwerdung des Logos und dessen leibliche Erscheinung unter uns» [Logos: göttliches Wort, göttliche Vernunft], der Anlaß für die Herabkunft des göttlichen «Wortes» auf die Erde sei die Schuldverstrickung der Menschen: Durch die Sünde bekam der Tod Gewalt über die Menschen. Das Menschengeschlecht ging seinem Untergang entgegen. Da erschien der «körperlose, unverwesliche Logos Gottes» auf Erden, um die Menschen zu erlösen. Christus, geboren aus einer Jungfrau (→ Jungfrauengeburt), nahm einen menschlichen Leib an, um die dem Tod verfallenen Menschen zu Gott zurückzubringen. Er hat dadurch, daß sein Leib starb, die Schuld aller Menschen gesühnt. «Denn eben das war das Zeichen des Triumphs über den Tod, diese [die Auferstehung] allen vor Augen zu stellen und allen die sichere Überzeugung zu verschaffen von dem durch ihn eingetretenen Ende der Verwesung und einer nunmehrigen Unverweslichkeit des Leibes.» Die Auferstehung des Leibes Christi ist also die Bedingung der Auferstehung aller.
Augustinus (354–430) deutete die Wundergeschichten des Neuen Testaments als Beispiele göttlichen Machterweises. Ein solches Wunder sei auch die Auferstehung, bei der Gott einem menschlichen Leib alle diejenigen Eigenschaften nimmt, die verweslich sind. Adam, der erste Mensch, besaß einen tierischen Leib, in dem eine lebendige Seele wohnte. Bei der Auferstehung hebt der Geist die Verwesung auf. Auch Jesus hatte einen tierischen Leib, der jedoch, im Unterschied zu dem tierischen Leib anderer Menschen, ohne Sünde war. Er verweste nicht. Der Leib des Herrn befindet sich nun im Himmel. Dieser unvergängliche, geistige Leib besteht aus Fleisch und Geist. Durch seinen Tod hat Christus die Schuld der Menschen gesühnt. Durch Kreuzigung, Begräbnis, Auferstehung, Himmelfahrt und Sitzen zur Rechten Gottes schuf Christus ein «Abbild des christlichen Lebens hier auf Erden». Wie Jesus gekreuzigt wurde, so sollen auch seine Jünger die Leidenschaften und Begierden ihres Fleisches «kreuzigen», um mit Christus zu einem neuen Leben auferstehen zu können.
Die christologischen Streitigkeiten der ersten christlichen Jahrhunderte führten zu dem Ergebnis, daß die Auffassung von den zwei «Naturen» Christi zum Dogma erklärt wurde (→ Christologie): Jesus ist «wahrer Mensch und wahrer Gott in einer Person». Er hat «unsere Natur zu seiner eigenen gemacht, der Gottheit und Menschheit so in einer Person miteinander vereinte, daß Schwachheit und Kraft verteilt waren und weder das Fleisch durch die Gottheit unverletzlich werden konnte, noch die Gottheit durch das Fleisch leidensfähig». (Papst Leo der Große, 440–461) Nach der Kreuzigung Jesu blieb seine Seele drei Tage lang in der Unterwelt, und bevor sein Fleisch verwesen konnte, wurde er auferweckt. Dadurch erfolgte eine «ehrenvolle Erhebung» des menschlichen Fleisches überhaupt. Die Voraussetzung, daß die Christen zum ewigen Leben auferstehen, ist somit erfüllt. Sie müssen nur noch «alle irdische Lust meiden und sich zu himmlischer Weisheit emporschwingen». Wer sich jedoch dem verpflichtenden Glauben an die göttliche Natur Christi nicht voll und ganz unterwirft, ist und bleibt verloren.
Martin Luther (1483–1546) erklärte, daß allein schon der Glaube an Christi Tod und Auferstehung ausreiche, um die Sünden der Welt zu vernichten. Am Kreuz «legen sich alle Sünden an seinen [Jesu] Hals»; durch die Auferstehung hat er die Sünde weggeschafft. Jesu Auf-

erstehung bedeutet demnach Vergebung, Seligkeit und ist die Bedingung der Auferstehung der Gläubigen. Voraussetzung der Teilhabe an diesem Gnadengeschenk ist einzig der Glaube.

Entmythologisierung der Auferstehung

Einen Versuch, dem →Mythos von der Auferstehung des Gottessohnes Jesus einen Sinn für unser heutiges Existenzverständnis abzugewinnen, unternahm Rudolf Bultmann (1884–1976). Bultmann ging von der Erkenntnis aus, daß das Weltbild des Neuen Testaments mythisch sei. «Die mythische Rede des Neuen Testaments ist zurückzuführen auf die zeitgeschichtliche Mythologie der jüdischen Apokalyptik und den gnostischen Erlösungsmythos, nach dem die gegenwärtige Welt und die in ihr lebenden Menschen von dämonischen Mächten beherrscht und der Erlösung bedürftig sind.» Im neutestamentlichen Mythos von der Auferstehung soll die Bedeutung Jesu als Heilsgestalt aufgezeigt werden.

Um die Botschaft des Neuen Testaments für heute lebende Menschen zu entschlüsseln, so Bultmann, muß der Mythos anthropologisch-existential interpretiert werden (→ Existentialismus):

Von der Auferstehung kann der moderne Mensch vernünftigerweise nicht annehmen, sie habe in Raum und Zeit stattgefunden. Dies gilt jedoch von der Kreuzigung Jesu. Das Kreuz ist die eigentliche Heilstat Gottes. Durch Jesu Sterben am Kreuz – so Bultmann – erfuhren die Jünger Gottes Gericht über ihre alte Existenz und den Aufbruch zu einem neuen Existenzverständnis. Denn «an das Kreuz glauben heißt, das Kreuz Christi als das eigene zu übernehmen, heißt, sich mit Christus kreuzigen lassen». So wird das Geschehen am Kreuz vergegenwärtigt im Lebensvollzug des Gläubigen.

Zum historischen Ereignis Kreuz tritt die Auferstehung als mythische Auslegung dieses Ereignisses erst sekundär hinzu; die Auferstehung selbst ist nicht historisch. «Die Rede von der Auferstehung kann nichts anderes sein als der Ausdruck der Bedeutsamkeit des Kreuzes.» Auferstehung ist somit einzig der mythische Ausdruck dafür, daß Jesus nicht im Tod geblieben ist, sondern daß er das Leben ans Licht gebracht hat. «Der Auferstehungsglaube ist nichts anderes als der Glaube ans Kreuz als Heilsereignis.»

Als historische Tatsache läßt sich also nur ausmachen, daß die Jünger an die Auferstehung geglaubt haben, nicht jedoch, daß die Auferstehung tatsächlich stattgefunden hat. Jesus ist nicht in den Himmel, sondern «ins Kerygma [Verkündigung] auferstanden».

Bultmanns Programm der Entmythologisierung des Neuen Testaments und damit auch des Auferstehungsglaubens hat vorübergehend zu heftigen Streitigkeiten unter Theologen und in den Kirchengemeinden geführt. Zahlreiche evangelikale Kreise machten Front gegen Bultmann. Bultmanns Ansatz der Entmythologisierung wurde jedoch in der Theologie weder schlüssig widerlegt, noch hat er sich konsequent durchgesetzt. Die fortschreitende Auflösung des Auferstehungsglaubens unter den Christen scheint aus anderen Quellen gespeist zu werden. Nur die allerwenigsten teilen noch ein wortwörtliches Verständnis der biblischen Auferstehungsberichte. Während die Kirchen den Glauben an ein Leben nach dem Tod weiterhin als höchsten Wert propagieren, scheint diese Hoffnung in der Gesellschaft immer weniger gefragt.

Aufklärung

Als «Aufklärung» bezeichnet man eine geistige Bewegung, die seit dem Ende des 17. und dem 18. Jahrhundert Europa prägt; sie hat neue Denkweisen und neue Methoden in der Philosophie, der Geschichtsschreibung und den Naturwissenschaften entwickelt, entscheidende Anstöße zur Kritik von Religion, Kirche und Offenbarung gegeben (→ Religionskritik) und sich bis in unsere Zeit hinein in Kunst und Literatur, Recht und Verfassung, Moral und Politik ausgewirkt. «Aufklärung» wird häufig auch das Jahrhundert vor der Französischen Revolution (1789) genannt, in der sich die Bürger gegen das feudal-absolutistische System auflehnten.

Aufklärung hatte das Ziel, den Menschen aus Unwissenheit, Furcht und Abhängigkeit zu befreien. Einbildung sollte durch Wissen, → Aberglaube durch Verstand besiegt werden. Aufklärung war dabei nicht ein Vorrecht von Königen und Herren, sondern eine Angelegenheit für alle. Deshalb war sie demokratisch, d. h. von der Freiheit und Gleichheit aller Menschen überzeugt. An die Stelle christlicher Weltdeutung traten die modernen Wissenschaften. Wo bisher die christlichen Kirchen Glauben gefordert hatten, hielt man sich nun lieber an die Vernunft.

Kirchen, Religion, Christentum waren herausgefordert, ihre Notwendigkeit, gar ihre Berechtigung zu beweisen. Das neuzeitliche Wissenschaftsverständnis, dem die Aufklärung zum Durchbruch verhalf, zerstörte den kirchlich-christlichen Anspruch, allein die Wahrheit zu erkennen und über sie zu verfügen. (→ Absolutheitsanspruch des Christentums) Von wissenschaftlichem Denken und Arbeiten wurde jetzt behauptet, sie trügen ihre Begründung und ihr Ziel in sich selbst. Die Erkenntnis der Wahrheit hatten die Kirchen immer von der Zustimmung zu ihren Lehren abhängig gemacht. Jetzt galt, daß wissenschaftliche Erkenntnisse vernunftbezogen und für jeden überprüfbar sein müßten. Während die christliche → Theologie aus der Wahrheit Gottes alle menschlichen Erkenntnisse abzuleiten versuchte, ging die neuzeitliche Wissenschaft von Einzelerkenntnissen aus, die sie, wenn sie sich sachlich ergänzten, als ein Gesetz formulierte, um schließlich miteinander übereinstimmende Gesetze zu einer Theorie zu vereinen. Damit schien der Umfang der überhaupt möglichen Erkenntnisse offen und unbegrenzt.

Gegenstand der Wissenschaften wurde die Welt, die Natur, die Geschichte und der Mensch, nicht aber Gott. Themen wie Gott, Glaube, Unsterblichkeit überließ man statt dessen der Theologie und der Philosophie, die man für unwissenschaftlich oder gar unsinnig erklärte. Damit war die vom Judentum und vom Christentum sorgsam hergestellte Einheit von Gott und Welt auseinandergebrochen. (→ Schöpfung) Die geistige Einheit des Abendlandes, das trotz konfessioneller Gegensätze alles in einen Zusammenhang mit dem Christentum gebracht hatte, zerbrach, als sich nun eine Kultur unabhängig von den Kirchen und ohne Berührung mit ihnen entwickelte. Dieses moderne Denken mußte sein Daseinsrecht aber erst im Kampf gegen kirchliche Bevormundung und Ablehnung erringen. Bis heute ist ihm die kirchliche Gegnerschaft erhalten geblieben.

Vorarbeiten für die Aufklärung hatten die Reformation, der Humanismus des 15. und 16. Jahrhunderts, die Theologie der Neuscholastik, d. h. der Gegenreformation, und selbst der Pietismus geleistet. Auf die Frage, was denn Aufklärung sei, formulierte Immanuel Kant im Jahr 1784: «Aufklärung ist der Ausgang des Menschen aus seiner selbstverschuldeten Unmündigkeit. Unmündigkeit ist das Unvermögen, sich seines Verstandes ohne Leitung eines anderen zu bedienen. Sapere aude! Habe Mut, dich deines Verstandes zu bedienen, ist also der Wahlspruch der Aufklärung.»

Das gesamte Leben sollte mit Hilfe der Vernunft gemeistert werden, um das Ziel der «Glückseligkeit» zu erreichen. Damit erhob der Mensch den Anspruch, seine Lebensbedingungen nach dem eigenen Willen zu gestalten. Er wurde sich seines eigenen Könnens bewußt, das durch das überkommene Gottvertrauen und die geforderte Ergebenheit in die Leitung der Kirche zu verkümmern drohte. Dieser Anspruch wirkte sich in allen Lebensbereichen, in der Architektur und der Musik, der Mode und der Geschichtsordnung, der Pädagogik und der Gesellschaftslehre, in Staat und Wirtschaft aus.

Wer nun davon ausging, daß jeder Mensch von Natur aus frei, von niemandem abhängig und selbständig sei, konnte die herkömmliche christliche Auffassung nicht mehr teilen, wonach gemäß Gottes Willen jedermann der «Obrigkeit» untertan zu sein habe. Statt dessen erschien Gemeinschaft als freier Zusammenschluß freier Individuen, bei dem auch die Herrschaft durch freie Vereinbarung und mit dem Ziel zustande kommt, den einzelnen zu fördern (Hugo Grotius, gest. 1645) oder das Chaos und den Kampf aller gegen alle abzuwenden (Hobbes, 1588–1679). Nach dieser neuen Idee gründet also der Staat nicht mehr in einer Anordnung Gottes (so Röm. 13), sondern im eigenen Willen des Menschen. Deshalb konnte die Kirche dem Staat auch nicht mehr Aufgaben und Zwecke vorgeben, indem sie sich als Gottesmacht (so die Katholiken) oder als Verkünderin des Willens Gottes (so die Protestanten) darstellt.

Der → Intoleranz des Christentums stellt sich die Toleranz der Aufklärung entgegen. Geistige Freiheit und Religionsfreiheit mußten den Kirchen jedoch erst mühsam abgetrotzt werden. Die Trennung von Staat und Kirche war Konsequenz der Aufklärung.

Den nachhaltigsten Schock aber versetzte dem christlichen Glauben das naturwissenschaftliche Weltbild. 1534 hatte Kopernikus das heliozentrische Weltbild (nach dem die Sonne im Mittelpunkt des Weltalls steht) an die Stelle des geozentrischen Weltbildes (nach dem die Erde im Zentrum steht) gesetzt. Giordano Bruno (1600 in Rom verbrannt) fand heraus, daß die Fixsterne Sonnen sind, und zerbrach damit auch das heliozentrische Weltbild. Kepler (gest. 1630) erkannte den mathematischen Aufbau des Kosmos, Galilei (gest. 1642) formulierte als Ziel der Naturwissenschaften, die mathematische Ordnung des Weltalls zu erkennen. Damit war das christliche Weltbild mit seiner dogmatischen Gebundenheit zerstört. Die Sicht der Bibel, die die Erde und den Menschen in die Mitte des Alls gestellt hatte, war als falsch erwiesen. Damit kam auch die «Inspirationslehre», d. h. die Behauptung, daß die Bibel das irrtumsfreie Wort Gottes sei, ins Wanken. Nun erst, als die Bibel ihrer verschiedenen dogmatischen Schutzhüllen entkleidet war (→ Kanon), konnte man damit beginnen, sie an Hand historischer und philologischer Methoden wissenschaftlich zu untersuchen und sie schließlich in die allgemeine Weltliteratur einzuordnen. Über Inhalt, Verfassungszeit und Verfasser der biblischen Schriften entschied jetzt nicht mehr die kirchliche Tradition, sondern der historische Befund. (→ Heilige Schriften)

Nachdem Galilei bei seinen Forschungen auf die Idee des strengen Kausalzusammenhangs (Zusammenhang von Ursache und Wirkung) gestoßen war, der für die ganze Weltanschauung der Aufklärung maßgeblich werden sollte, blieb schließlich auch der Gedanke an eine göttliche Lenkung des Weltenlaufes und des Schicksals der Menschen auf der Strecke.

Die Aufklärung hat die gesamte abendländische Kultur säkularisiert (verweltlicht). Das Christentum hörte damit auf, die selbstverständliche Voraussetzung allen Lebens und Denkens abzugeben. «Der Gott, der in einzelnen Willenshandlungen in Welt und Menschenleben eingreift, verschwand von jetzt ab aus dem Denken aller wissenschaftlich geschulten Köpfe.» (Dilthey, 1833–1911) Statt dessen hielt man Ausschau nach den Gesetzen der Entwicklung, die auch ohne Eingreifen von außen und ohne Offenbarung verständlich sind. Damit verlor die Theologie nach und nach die geistige Führerschaft über die anderen Wissenschaften; die Überzeugung von der Exklusivität und Alleinberechtigung des christlichen Glaubens ließ sich jetzt nicht mehr unangefochten aufrechterhalten.

Als die großen Religionen des Ostens und die zahlreichen «primitiven» Religionen (mit einer beträchtlichen Verspätung gegenüber der Zeit der Entdeckungen und Eroberungen in Übersee) in den Denkhorizont der Europäer traten, mußte sich auch das Verständnis der eigenen Religion verändern. «In der Religion der ‹Wilden› sind bereits im Keime alle Begriffe enthalten, aus denen sich die späteren Glaubenslehren zusammensetzen.» (Benjamin Constant, 1767–1830) Theologie wurde zumindest teilweise zur → Religionswissenschaft, und Missionare riefen die moderne Ethnologie (Völkerkunde) ins Leben. Man lernte dabei, alle beobachtbaren religiösen Erscheinungen aus der Geschichte der betreffenden Völker heraus zu verstehen und unter gleichen Gesichtspunkten zusammenzufassen.

Das 18. Jahrhundert, voll Interesse an den einzelnen Religionen, stellte diese als verschiedene Äußerungen einer einzigen «natürlichen Religion» in Gegensatz zur christlichen Offenbarungsreligion. Die aufkommende Religionsgeschichte formulierte die These von der Religion als «Grundgesetz der menschlichen Natur»; der Mensch erschien damit als «religiöses Tier»: «Einen Menschen fragen, warum er religiös, warum er gesellig ist, das heißt ihn nach dem Grund seiner Körperstruktur, seiner Seinsart fragen.» (Benjamin Constant)

Am liebsten hätte die Aufklärung die vorgefundenen Religionen durch eine neue natürliche und vernünftige Religion ersetzt. Sie nahm nämlich an, daß die «religiös-sittlichen Wahrheiten» in der menschlichen Vernunft als «eingeborene Prinzipien» angelegt seien. Als die drei Hauptinhalte dieser Religion bezeichnete sie Gott, Tugend und Unsterblichkeit.

Seit der Zeit der Französischen Revolution wurde die Aufklärung nun aber verstärkt kritisiert und sogar als «gefährlich» bezeichnet. Im 19. Jahrhundert formierten sich Idealismus, Historismus und Romantik als Gegenbewegungen zur rationalistischen Aufklärung. 1799 meinte Novalis (1772–1801): «Die Mitglieder [der Aufklärung] waren rastlos beschäftigt, die Natur, den Erdboden, die menschlichen Seelen und die Wissenschaften von der Poesie zu säubern – jede Spur des Heiligen zu vertilgen, das Andenken an alle erhebenden Vorfälle und Menschen durch Sarkasmen zu verleiden, und die Welt allen bunten Schmucks zu entkleiden.»

Nach dem Zweiten Weltkrieg forderten Max Horkheimer (1895–1973) und Theodor W. Adorno (1903–1969) zur Selbstreflexion der Aufklärung auf. «Seit je hat Aufklärung im umfassendsten Sinn fortschreitenden Denkens das Ziel verfolgt, von den Menschen die Furcht zu nehmen und sie als Herren einzusetzen. Aber die vollends aufgeklärte Erde strahlt im Zeichen triumphalen Unheils.» (Dialektik der Aufklärung, 1947)

Augustinus

Leben

In seinen «Confessiones» (Bekenntnissen) hat Aurelius Augustinus sein eigenes Leben von seiner Jugend bis zu seiner Bekehrung beschrieben. Er wurde am 13. November 354 in Thagaste, einer Stadt im heutigen Algerien, geboren. Sein Vater war städtischer Beamter, seine Mutter Monnica eine Christin wahrscheinlich berberischer Abstammung. Nach dem Elementarunterricht kam Augustinus zur Weiterbildung in Grammatik und Rhetorik nach Madaura und später zum Hochschulstudium nach Karthago, «in einen Hexenkessel voll schamloser Liebeshändel». Er nahm sich dort eine Geliebte und hatte, neunzehnjährig, ein Kind mit ihr: den Sohn Adeodatus. Zu jener Zeit begann er, sich für Philosophie und für die Frage nach dem Ursprung des Bösen zu interessieren.

Auf dieses Problem wußten die zeitgenössischen Manichäer eine Antwort. Der Manichäismus war eine synkretistische Religion (Synkretismus: Religionsgemisch), die der Perser Mani im dritten nachchristlichen Jahrhundert begründet hatte: Zu ihren Grundüberzeugungen gehörte es, daß sich das Gute und das Böse, die Mächte der Finsternis und des Lichts, gegenüberstehen als einander entgegengesetzte Prinzipien. Da sich diese Gegensätze im irdischen Leben miteinander vermengen, muß es das Ziel des Menschen sein, den Geist aus dem Gefängnis der Materie und die → Seele aus der Bindung an den Leib zu lösen. Bei der Erklärung ihrer Ansichten verwendeten die Manichäer zahlreiche christliche Vorstellungen und Bilder.

Augustinus war neun Jahre lang Mitglied dieser Religionsgemeinschaft gewesen. Über seinem Studium kamen ihm jedoch Zweifel am manichäischen → Dualismus. Im Jahr 383 zog er nach Rom und wurde schließlich als Professor der Rhetorik nach Mailand berufen. Mailand war damals Sitz des weströmischen Kaisers. Unter dem Einfluß der Mutter verstieß Augustinus seine Konkubine und strebte statt dessen eine «standesgemäße» Heirat an.

In den Gottesdiensten des Bischofs Ambrosius (gest. 397) lernte Augustinus nun nicht nur die Bibel, sondern auch das neuplatonische Denken (→ Platonismus) näher kennen: Gott soll rein geistig gedacht werden. Die Welt ist von Gott, dem geistigen Prinzip, ins Sein gerufen worden. Das Böse ist die Abwendung vom Ursprung.

Nun wandte sich Augustinus intensiv den Schriften des Paulus zu, die ihn «bis in die Eingeweide» trafen. Daneben faszinierten ihn Erzählungen des Mönchsvaters Antonius (ca. 250–356). So entstand die Idee, mit einem Kreis von Freunden und Gleichgesinnten zusammenzuleben.

Schließlich kam für Augustinus die Stunde der Bekehrung. «Wie lange noch, wie lange morgen und morgen? Warum nicht jetzt? Warum soll nicht diese Stunde das Ende meiner Schmach sein?» Die Lektüre von Römer 13,13 f brachte die Wende seines Lebens: «Lasset uns ehrbar wandeln als am Tage, nicht in Fressen und Saufen, nicht in Wollust und Unzucht, nicht in Hader und Neid; sondern ziehet an den Herrn Jesus Christus und wartet des Leibes nicht so, daß ihr seinen Begierden verfallet.»

Nun zog sich Augustinus mit Verwandten, Freunden und Schülern auf das Landgut Cassiciacum zurück und widmete sich dort philosophischen Gesprächen, philosophischer Lektüre, der Meditation und dem Gebet. Vor allem aber beschäftigte ihn die Frage nach der Seele. «Gott und die Seele verlange ich zu erkennen ... Nichts sonst.»

In der Osternacht des Jahres 387 ließ er sich zusammen mit seinem Sohn Ambrosius taufen. Nach der Rückkehr nach Afrika führte er ein asketisch-monastisches Leben. Als er sich eines Tages in der Hauptstadt Hippo Regius aufhielt, wurde er dort zum Priester gewählt und 395 schließlich zum Bischof geweiht.

Streit mit Donatisten und Pelagianern

Über 25 Jahre lang setzte sich Augustinus mit den Donatisten auseinander. Die Donatisten (so genannt nach ihrem Haupt, dem Bischof Donatus) vertraten die Auffassung, daß ein Sakrament nur dann gültig sei, wenn dessen Spender moralisch unbescholten ist. Sie stellten also die sittliche Qualität des Priesters über die objektive Kraft des Sakraments. In ganz Nordafrika gab es donatistische Gemeinden und donatistische Bischöfe. Sie wurden von Staats wegen verfolgt; deshalb bezeichneten sie sich selbst als «Kirche der Märtyrer», der Reinen, der Heiligen und Prädestinierten (Prädestination: Erwählung, Vorherbestimmung Gottes).

In der Auseinandersetzung mit ihnen ging es Augustinus um das Verständnis der wahren Kirche und um deren Vermittlung des Heils. «Wenn ihr vom Hl. Geist leben wollt, dann achtet auf die Liebe, liebt die Wahrheit und sehnt euch nach der Einheit.» Christus selbst sei das «Haupt der Kirche» und der Mittler des Heils. Deshalb – so Augustinus – sei die Gnade des Sakraments nicht vom Priester, der es spendet, abhängig: Christus ist der eigentliche Sakramentsspender. In der Frage der Zugehörigkeit zur Kirche müsse man zwischen der äußeren Kirchengemeinschaft und der inneren Heilsgemeinschaft unterscheiden. Um des Heils willen muß man zwar Kirchenmitglied sein; aber die äußere Kirchenmitgliedschaft sichert noch lange nicht das Heil. Nur diejenigen gehören zur Heilsgemeinschaft, die «Liebe» (caritas), Friede und Eintracht üben.

Im Jahr 405 verfügte der Kaiser die Verfolgung der Donatisten; zwangsweise sollten sie zur katholischen Kirche zurückgeführt werden. Es kam zu Verbannungen und Hinrichtungen. Augustinus lehnte zwar Todesurteile ab, sprach der Regierung jedoch die Pflicht zu, die Kirche gegen Häretiker (→ Ketzer) zu schützen. Seine theologische Rechtfertigung der staatlichen Gewaltmaßnahmen wirkte in der Folgezeit fort: Augustinus ist der Vater der → Inquisition.

Im Streit gegen die Pelagianer bildete Augustinus seine Lehre von der Gnade aus. Die Pelagianer nannten sich nach dem britischen Mönch Pelagius, der gegen Ende des 4. Jahrhunderts nach Rom gekommen war und eine asketisch-religiöse Frömmigkeit vertrat. Er fand großen Zulauf; denn viele Christen bedauerten damals die allgemeine religiöse Verflachung des Christentums nach der «Konstantinischen Wende». (→ Konstantin der Große) Pelagius trat für eine umfassende und radikale Erneuerung der christlichen Lebensweise ein. Dabei lag ihm alles daran, daß sich der Mensch mit freiem Willen und durch Einsatz seines ganzen Könnens für das Gute entscheide. Pelagius erklärte in diesem Zusammenhang Adams «Fall» als persönliche Schuld des ersten Menschen, nicht aber als Grund der «Erbsünde» aller Menschen. Jesu Bedeutung liege darin begründet, daß er den Menschen ein Lebensvorbild gegeben habe. Die Taufe tilge nicht die Erbschuld, sondern lediglich die persönliche Schuld.

Bei der Widerlegung des Pelagius griff Augustinus auf Paulus zurück: Die Gnade der Rechtfertigung gründe nicht im Tun des Menschen, sondern in Gott. Nur die Gnade Christi könne die Sünde des Menschen heilen.

Im Kampf gegen die Pelagianer verließen sich Augustinus und die afrikanischen Bischöfe nicht nur auf theologische Argumente. Sie riefen schließlich den kaiserlichen Hof in Ravenna an, der im Jahr 418 die Verbreitung pelagianischer Lehren unter Strafe stellte.

Gottesstaat und Teufelsstaat

Von besonderer Bedeutung ist Augustinus' Werk «Über den Gottesstaat». Darin bedenkt der Kirchenvater den Anfang, den Verlauf und das Ziel der Weltgeschichte und entwickelt in diesem Zusammenhang seine Lehre vom «Reich Gottes»: Dem «Gottesstaat» steht der «Teufelsstaat» gegenüber. Der Ursprung beider Staaten wird auf den Anfang der Schöpfung zurückgeführt: auf die Scheidung des Lichts von der Finsternis und die Scheidung der guten von den gefallenen Engeln. Am Ende der Zeiten wird der Friede des Gottesstaates hergestellt werden. Dem geht jedoch das Gericht voraus, das die beiden «Staaten» voneinander trennt. Der Grund, weshalb einer Bürger des «Gottesstaates», der andere aber Bürger des «Teufelsstaates» wird, liegt in Gottes Prädestination (Vorherbestimmung) beschlossen.

Was den Bürger des Gottesstaates von demjenigen des Teufelsstaates unterscheidet, ist das Liebesvermögen: den ersteren charakterisiert Gottesliebe, letzteren Selbstliebe. «Die beiden Staaten werden durch zweierlei Liebe begründet, der irdische durch Selbstliebe, die sich bis zur Gottesverachtung steigert, der himmlische durch Gottesliebe, die sich bis zur Selbstverachtung erhebt. Jener rühmt sich seiner selbst, dieser ‹rühmt sich des Herrn› (2. Kor. 10,17).» Die Bürger des Teufelsstaates sind stolz und ungehorsam, diejenigen des Gottesstaates hingegen sind in ihrem Handeln von Demut und Gehorsam bestimmt.

Beide Staaten sind vermischt und miteinander verflochten. Auch in der Kirche sind gegenwärtig noch Gute und Böse vereint. Am Ende der Zeit aber wird sich die eigentliche Kirche vollenden. Dann werden Kirche und Gottesstaat eine Einheit bilden.

Augustinus hat das Christentum grundlegend geprägt. Besonders folgenreich war seine Lehre von der Sünde und der Erlösung. Im Streit mit Pelagius hatte er seine Auffassung von den Folgen des Sündenfalls Adams herausgestellt. Seiner Meinung nach betrifft die Verfehlung des «ersten Menschen» alle Menschen: Als «Erbsünde» geht Adams Schuld auf alle Menschen über. (Vgl. Röm. 5,12)

Die Menschheit ist eine «Masse des Verderbens», eine «Masse der Verdammnis». Das Sündersein wird nun von Geschlecht zu Geschlecht – und zwar durch die Lust beim Geschlechtsakt – weitergereicht. Alles hängt letztlich von der Erwählung Gottes ab. Völlig unabhängig von ihrem Tun und Lassen gelangen die einen zum Heil, die anderen in die Hölle. Die einen werden «aus Gnaden» erlöst, die anderen zu Recht verdammt. Der Wille des Menschen hingegen ist völlig ausgeschaltet und bedeutungslos. Durch Vorherbestimmung ist über Rettung oder Untergang längst entschieden.

Augustinus ist am 28. August 430 gestorben. Laut eigenem Bekunden hat er 93 Schriften mit 232 Büchern sowie zahlreiche Predigten und Briefe verfaßt. Er prägte dem Christentum rückhaltlose Askese und die Dämpfung aller Triebhaftigkeit als höchstes Ideal ein. Schule machte seine Rückführung der Sexualität auf den Sündenfall. Er verleidete vielen Christen die Lust am Koitus, den er zum Einfallstor des Teuflischen und Grund der Verfallenheit des Menschen in Sünde und Schuld erklärte. Die kirchliche Morallehre hielt sich jahrhundertelang an diese Vorgabe, gestaltete danach ihre → Bußpraxis und versuchte die Lust im Leben ihrer Anhänger möglichst zu dämpfen.

Kirchlichen Hütern der Rechtgläubigkeit und christlichen Obrigkeiten gaben die Anweisungen Augustinus', Heiden und Ketzer notfalls zum Glauben zu «zwingen», ein gutes Gewissen, wenn sie ihren eigenen Machtbereich auszuweiten suchten, und Reformatoren wie Inquisitoren beriefen sich auf den Kirchenvater, wenn sie sich gegenseitig verurteilten und Andersgläubige oder Ketzer hinrichteten.

Auslegung (Allegorese, Exegese)

1. Von allen antiken Religionen haben allein das Judentum und das Christentum bis heute überlebt. Dieser Erfolg hängt zweifelsohne mit der Leistung fortwährender Neuinterpretation der fundamen-

talen Glaubensinhalte in diesen Religionen und mit der in jeder Epoche stets aufs neue erfolgten Durchsetzung ihres jeweiligen Geltungsanspruchs zusammen. Die Anpassung einer auf → heiligen Schriften basierenden Religion an neue historische, gesellschaftliche, politische Verhältnisse aber leistet vornehmlich die exegetische Auslegung ihrer Texte.

«Exegese» (von griech. exégesis) bedeutet Auslegung und Erklärung, Deutung und Kommentierung – ein «Exeget» ist mithin ein «Interpret» oder «Dolmetscher». Damit fast gleichbedeutend wird auch der Begriff «Hermeneut» gebraucht; im modernen theologischen Sprachgebrauch steht «Hermeneutik» allerdings für Theorie und Methodenlehre von Auslegung (philosophische Hermeneutik fragt nach Möglichkeiten und Weisen menschlichen Verstehens überhaupt), während man das Wort «Exegese» meist für eine auf Verkündigung abzielende Interpretation biblischer Texte reserviert.

Exegese zielt also auf Erklärung, Sicherung und Erläuterung biblischer Botschaft hin. Daß sich exegetische und hermeneutische Methoden überhaupt entwickeln konnten, hängt mit dem besonderen Charakter von Schriftkulturen und → Buchreligionen zusammen. Insbesondere der das Schriftprinzip und den Wortgottesdienst hochschätzende reformatorische Protestantismus hat unter Anknüpfung an den philologisch orientierten Humanismus und an jüdische Bibelauslegung eine eigene exegetische Kultur entwickelt.

2. Eine alte hermeneutische Technik stellt die Allegorese dar. Sie ermöglicht «übertragenes» Sprechen und Verstehen: Zum Wortlaut (Literalsinn) eines Textes tritt ein «tieferer» (bzw. «der eigentliche») Sinn. Allegorie ist eine Art und Weise, Texte zu produzieren, Allegorese (allegorische Auslegung) hingegen eine Technik, sie zu verstehen, wobei das Interpretationsproblem darin besteht, daß etwas anderes gesagt wird, als damit eigentlich gemeint ist.

Allegorische Schriftauslegung deutet, enthüllt und offenbart also den zunächst verborgenen Sinn eines Textes, und je rätselhafter das dort eigentlich Bezeichnete ist, um so schwieriger gestaltet sich seine Entschlüsselung. Ohne den geheiligten Wortlaut eines religiösen Textes anzutasten, vermag Allegorese dabei zu diesem oder jenem, prinzipiell zu jedem beliebigen Sinn zu gelangen.

Auf diese Weise können längst antiquierte Texte, selbst wenn deren Autor überhaupt keine Allegorie intendierte, stets eine aktuelle Bedeutung behalten oder eine solche auch erst neu erlangen. Dies ist vor allem für heilige Texte von Bedeutung, die, obgleich gealtert oder mitunter auch ganz unverständlich geworden, ja nicht einfach abgeschafft werden können.

Allegorese ist demnach eine Form der Exegese, die ihre Motivation aus aktuellem Interesse und nicht unbedingt aus den Texten selbst bezieht, auf die man sie anwendet. Indem also alte, kanonische Texte über den Weg allegorischer Auslegung auf neue Situationen angewendet und dadurch aktualisiert werden, rechtfertigt geheiligte Tradition gegenwärtige Zustände, Interessen oder Einschätzungen. Auch wenn unterschiedliche Religionen und Kulturen aufeinanderstoßen, kann es allegorischer Auslegung gelingen, deren differierende kanonische Texte, Mythen oder selbst Gottesvorstellungen durch Interpretation innerhalb eines gemeinsamen Bezugssystems auf einen angeblich bislang übersehenen Sinn hin miteinander zu «versöhnen».

Auch diejenigen Widersprüche, die sich bei der Übernahme des Alten Testaments aus dem Judentum in die neue christliche Religion naturgemäß einstellen mußten, wurden durch Allegorese scheinbar aufgelöst: Jahwe, der Gott Israels, ist auch der Vater Jesu Christi. Die Bibel der Juden verhält sich zum Evangelium der Christen wie die Verheißung zur Erfüllung – nur von letzterer her ist der «eigentliche» Sinn des «Alten Testaments» zu erschließen, so daß nur Christen recht verstehen können, was die Inhalte der heiligen Schrift der Juden wirklich bedeuten. So wird Allegorese in der Hand der Christen zu einem Instrument der Enteignung und Fremdbestimmung jüdischer Tradition.

Als spezifisch christliche Auslegekunst entwickelte sich später die Lehre vom «dreifachen», dann vom «vierfachen Schriftsinn»: Ihr zufolge muß man die buchstäbliche (oder historische) von der spirituellen (oder mystischen), der moralischen sowie der theologischen Bedeutung eines Textes unterscheiden. Bei der Ausgestaltung dieser Technik konnte man sich auf jene «typologische» Beziehung zwischen dem Alten und dem Neuen Testament berufen, die schon der Apostel Paulus herausgearbeitet hatte, als er die alttestamentliche Rede von den beiden Söhnen Abrahams – einem Sohn von der Freien, einem von der Sklavin – als «Vorschein» auf die beiden Testamente (Gal. 4,21–31) deutete oder als er Adam als «Typos des Kommenden» (nämlich Jesu Christi) zu verstehen lehrte (Röm. 5,14).

3. Gegen willkürliche exegetische Veränderungen ihrer heiligen Texte und deren Bedeutung haben sich die Buchreligionen auf vielfältige Weise gesichert, indem sie nämlich die Auslegung ihrer jeweiligen Bibel institutionell und theologisch normierten. Zwar gilt Exegese heute auch im Katholizismus als «wissenschaftliche» Auslegung der Bibel. Tatsächlich aber darf es für den katholischen Exegeten eigentlich keinen Widerspruch zwischen der Schrift und der autoritativen kirchlichen Verkündigung geben. Die mit der Lehrautorität Christi ausgestattete Kirche gibt deshalb die unverrückbaren Grenzen jeder Auslegung vor: «Die Aufgabe aber, das geschriebene oder überlieferte Werk Gottes verbindlich zu erklären, ist nur dem lebendigen Lehramt der Kirche anvertraut, dessen Vollmacht im Namen Jesu ausgeübt wird.» (Vatikanum II.)

Dessenungeachtet praktizieren Katholiken wie Protestanten heute konfessionsüberschreitend die *historisch-kritische Methode* der Bibelauslegung. Als deren Vater gilt J. Salomon Semler (gest. 1791); er verfocht die Freiheit der Exegese des Alten Testaments von vorgegebenen Dogmen und eröffnete damit neue Wege der Quellen- und Literaturkritik.

Gleichzeitig zeigte die *religionsgeschichtliche Forschung* (z. B. von Hermann Gunkel, gest. 1932) auf, daß der Glaube Israels in zahlreichen Zügen von den zeitgenössischen Nachbarreligionen beeinflußt ist. In der Folge wurde die Frage nach der politischen wie der religiösen Umwelt der Verfasser biblischer Texte zu einem wichtigen Bestandteil alttestamentlicher wie neutestamentlicher Exegese. Dabei erkannte man z. B., daß nicht nur das Alte Testament, sondern auch spätjüdische Strömungen und der Hellenismus mit seinen Erlösungsreligionen und deren Heilsbotschaften in vielerlei Hinsicht auf die Vorstellungswelt des frühen Christentums eingewirkt haben. Bisweilen erschien es der neutestamentlichen Wissenschaft so, als sei das Christentum nichts anderes als ein Produkt des antiken Geistes, eine Sonderform unter den antiken Mysterienreligionen. Angeregt wurde die religionsgeschichtliche Forschung in der Nachkriegszeit vor allem durch die Textfunde von Nag Hammadi und Chirbet Qumran. Erst jetzt konnte der zeitgeschichtliche Hintergrund der Predigt Jesu (Variabilität eschatologischer Vorstellungen des Judentums, Gnosis) und damit auch manche dunkle Stelle in den Evangelien aufgehellt werden.

Besonders tiefgreifend wirkte sich die *Formkritik* biblischer Texte aus – die Erforschung der verschiedenen Formen und Gattungen, die den einzelnen Überlieferungseinheiten ihren jeweiligen «Sitz im Leben» der orientalischen Welt zuweisen. Die formgeschichtliche Methode untersucht Gesetze und Entwicklungen mündlicher Überlieferung und unterscheidet sich dadurch von der Literarkritik als Erforschung literarischer Gattungen.

Zunächst beherrschte *Literarkritik* die biblische Forschung insbesondere des 19. Jahrhunderts. Ausgehend von der Hypothese, daß die synoptischen Evangelien literarisch voneinander abhängig seien, setzte sich im Laufe der Zeit die «Zweiquellentheorie» durch: Diese Theorie besagt, daß die Verfasser des Matthäus- und des Lukasevangeliums das Markusevangelium wie auch eine zweite, von der Forschung erschlossene Quelle von Jesusworten (deshalb «Logienquelle» bzw. «Q» genannt) und darüber hinaus jeweils auch noch «Sondergut» bei der Abfassung ihrer Werke benutzt hätten. Aufgrund dieser Theorie kann man sowohl die Unterschiede wie auch die Übereinstimmungen im Stoffumfang zwischen Matthäus/Markus sowie zwischen Lukas/Markus und auch die gemeinsame Reihenfolge der synoptischen Erzählungen erklären.

Ergebnis literarkritischer Forschung stellt darüber hinaus auch die Erkenntnis dar, daß der Rahmen des Markusevangeliums von dessen Verfasser geschaffen worden ist. Durch diesen künstlichen Zusammenhalt konnte erst das vielfältige überkommene Traditionsgut, bestehend aus Jesusworten und Erzählungen, miteinander verbunden werden. Ob und inwieweit die historische Wirklichkeit des öffentlichen Auftretens Jesu damit tatsächlich getroffen ist, bleibt allerdings fraglich.

Bei der *formgeschichtlichen* Untersuchung von Gestalt und Wachstum der «kleinen Einheiten» des Neuen Testaments, das heißt der aus dem Evangelienrahmen herauslösbaren Einzelstücke, haben sich vor allem Martin Dibelius (seit 1919) und nach ihm Rudolf Bultmann (seit 1921) einen Namen gemacht. Der Formgeschichte geht es um die Betrachtung des zuerst hauptsächlich mündlich, dann aber auch schon in Teilsammlungen schriftlich überlieferten Spruch- und Erzählgutes vor der Evangelienbildung durch Markus. Auf dem Weg dieser – auch überlieferungsgeschichtliche oder aber traditionsgeschichtliche Methode genannten – Forschung wurde erkannt, daß die Vortragsart eines Inhaltes konstitutiv für seine Gattung ist und daß Leben und Bedürfnisse einer Gemeinschaft den Stil und die Formen seiner Äußerungen bestimmen. Will man also den ursprünglichen Sinn etwa eines überlieferten Jesuswortes verstehen, so muß man dessen Form begreifen. Hat man diesen Sinn erfaßt, so kann man den historischen Wert bzw. die Zuverlässigkeit eines Logions oder einer Erzählung erschließen.

Erkenntnisse alttestamentlicher Forschung wurden auch auf die Analyse des Neuen Testaments angewendet: Da es sich bei der Jesustradition um volkstümliche Überlieferung handelt, kann man davon ausgehen, daß deren Wiedergabe und Gestaltung ziemlich festen Stilgesetzen folgt, die allerdings je nach literarischer Gattung variieren. So sind etwa Wundergeschichten Jesu in der frühchristlichen Literatur nach Stilgesetzen geformt, die auch in der zeitgenössischen jüdischen und hellenistischen Literatur Geltung haben.

Ist die literarische Gattung erst einmal formgeschichtlich bestimmt, so kann der mögliche «Sitz im Leben» des betreffenden Überlieferungsstückes erschlossen werden. Auf diesem Weg hofft man, das vorliterarische Stadium der Tradition bis

in die erste Zeit der Christenheit und sogar bis ins Leben Jesu zurückverfolgen zu können.
Ein an den Quellen orientiertes historisches «Leben Jesu» zu schreiben ist der exegetischen Forschung bis heute allerdings nicht gelungen. Denn das Neue Testament überliefert – was gerade die Formgeschichte erweisen kann – nicht historische, sondern vielmehr nur vom Glauben motivierte Zeugnisse – der Charakter des Neuen Testaments ist «kerygmatisch» (verkündigend).

Autorität

1. Der Begriff «Autorität» kommt aus dem Lateinischen (auctoritas) und bedeutet ursprünglich die Eignung, die eine Person aufgrund überlegener Einsicht hat, um Einfluß auf Entscheidungen anderer zu nehmen. Wer «Autorität» hat, kann → Gehorsam beanspruchen.
Im Neuen Testament gibt es kein Wort, das auch nur in etwa der Bedeutung von «Autorität» entspricht. Erst die Kirchenväter haben diesen Begriff aus der römischen Rechtssprache in die Theologie überführt. Tertullian (Ende des 2. Jahrhunderts) sprach von der «göttlichen Autorität». Er beschrieb die Gewaltenfülle Gottes entsprechend derjenigen des Kaisers. Autorität wurde gleichbedeutend mit Allmacht und Absolutheit.
Die Autorität Gottes setzt sich in der Autorität der Bibel und diese in der Autorität der Glaubensbekenntnisse fort. Die Apostel sind Autoritäten, weil sie die rechte Lehre von Christus selbst empfangen haben und an die Völker weitergeben können.
Die Tradition (Überlieferung) der Glaubenslehren durch die Kette der Vermittlungen (Sukzession) verbürgt im Islam genauso wie im Christentum die unverfälschte und unantastbare Autorität des religiösen Inhalts. Damit werden «Tradition» und «Autorität» in eins gesetzt. Nur wer in der Traditionskette steht, hat Autorität und kann seinerseits andere autorisieren. Der Bischof wie der Imam in der Traditionskette sind Autoritätsträger. Apostolische Sukzession garantiert «Katholizität» (Allgemeingültigkeit) des überlieferten Glaubensgutes.
Cyprian (gest. 258), Bischof von Karthago und → Märtyrer, erklärte, die Autorität des Bischofs bestehe in seiner Teilhabe an der Gewalt, die Gott über die Kirche hat. Die Autorität der Bischöfe als Wahrer und Übermittler der Tradition von Christus wurde damit unangreifbar.
Augustinus (354–430) stellte die «göttliche Autorität» der grundsätzlichen Schwachheit menschlicher Natur und Vernunft gegenüber. Die Autorität Gottes wirkt seiner Meinung nach als Autorität Christi in der Heiligen Schrift und in der Kirche. «Dem Evangelium würde ich nicht glauben, wenn mich dazu nicht die Autorität der katholischen Kirche bewöge.»
2. Spätantike und Mittelalter bildeten die Vorstellung des päpstlichen Primats (Vorrangstellung des Papstes) aus. Das war deshalb möglich, weil das Christentum Staatsreligion im Römischen Reich geworden war. (→ Konstantin der Große) Dem Bischof einer Stadt kam um so mehr Ansehen zu, je größere politische Bedeutung seine Stadt hatte. Der Bischof von Rom war der größte Nutznießer dieser Verhältnisbestimmung von politischer Macht und geistlichem Ansehen.
Konstantin der Große und andere Kaiser in seiner Nachfolge übertrugen den Bischöfen auch staatliche Aufgaben. Umgekehrt bezwangen Bischöfe ihre innerkirchlichen Widersacher, indem sie die staatliche Zwangsgewalt zu Hilfe riefen.
Papst Gelasius I. schrieb im Jahr 494 in einem Brief an den Kaiser einen Satz, der für die folgenden Jahrhunderte grundlegend bedeutsam werden sollte: «Zwei Instanzen sind es, erhabener Kaiser, durch die vornehmlich die Welt regiert

wird, die geheiligte Autorität der Bischöfe und die königliche Amtsgewalt.»
Mit Gregor VII. (Papst von 1073 bis 1085) brach der Kampf um die Vorherrschaft zwischen kirchlicher und weltlicher Gewalt vollends aus. Kraft der «Gewalt und Autorität des Heiligen Petrus» setzte der Papst Kaiser Heinrich IV. (1056 bis 1106) ab. Seit dem 12. Jahrhundert behaupteten die Päpste, «nicht allein in geistlichen Angelegenheiten die größte, sondern auch in weltlichen eine große Amtsgewalt vom Herrn selbst erhalten» zu haben. In der Verfolgung ihrer Herrschaftsansprüche vertraten sie die Ansicht, «die zeitliche Macht / Autorität (müsse) der geistlichen Gewalt unterworfen sein».
In der mittelalterlichen Wissenschaft kam nun auch das Problem auf, wie sich denn «Autorität» und Vernunft zueinander verhielten. Man begann, zwischen der Autorität der Heiligen Schrift und derjenigen der Kirchenväter zu unterscheiden. Außer auf (überlieferte) «Autoritäten» berief man sich mehr und mehr auch auf «Vernunftgründe» und auf «Erfahrung».
Seit dem «Reformpapsttum» des 11. Jahrhunderts wurde die Entscheidungsbefugnis des römischen Papstes immer größer. Der Papst galt als Haupt des «Leibes Christi» (der Kirche): Die «Autorität des apostolischen Stuhles» mache ihn «unfehlbar». Seit dem 14. Jahrhundert setzte sich die Auffassung durch, der Papst könne Lehrstreitigkeiten autoritativ entscheiden.
3. Die Reformation war im Grund nichts anderes als ein folgenreicher Autoritätskonflikt. Martin Luther (1483–1546) erkannte nur noch das biblische Wort als verbindlich an. Der Kirche sollte die Macht über →Gewissen, Glauben und Leben der Christen genommen werden. Nach Luthers Verständnis der Schriftautorität war die Bibel nicht nur Quelle der Glaubenslehre, sondern auch Maßstab der Auslegung ihrer selbst: Sie bedarf keiner Interpretation von außen. Das Wort Gottes als «göttliches Recht» ist höchste Autorität. Allein Christus ist das Haupt der Kirche; unter ihm gibt es eigentlich keine kirchliche Obrigkeit. Der weltlichen Autorität aber gebührt dennoch Gehorsam, selbst wenn sie Unrecht zufügt – ausgenommen, sie erläßt Befehle, die gegen Gottes Gebote gerichtet sind.
Im Zuge der Gegenreformation betonte die römisch-katholische Kirche trotz aller Anfeindungen und Kritik die Autorität des Papstes. Nicht nur die Bibel, sondern auch die in der Kirche bewahrte Überlieferung sei für die Glaubens- und Sittenlehre verbindlich. Die Anerkennung der Schrift als Richtschnur und Norm «unter Ausschluß der unfehlbaren Autorität der Kirche» käme einer Selbstaufgabe der Kirche gleich.
Die lutherische und die reformierte Orthodoxie erklärten hingegen, Gott selbst sei Urheber der Schrift und absoluter Richter in Glaubensfragen. Den altkirchlichen →Dogmen und den reformatorischen Bekenntnisschriften komme Autorität nur in Beziehung auf die Bibel zu.
4. Die Verwendung des Begriffs «Autorität» in der Geschichte der Kirche spiegelt den Versuch wider, die Ausübung kirchlicher Macht immer wieder neu zu legitimieren und zu heiligen. Die theologisch vielfältigen Begründungen dieser Herrschaft sollen die Bereitschaft der Gläubigen zum Gehorsam fördern. Den Gläubigen bedeutet die Autorität der Kirche Schutz und Heimat. Deshalb brauchen die Kirchen den Gehorsam nicht nur zu erzwingen. Dennoch ist ihnen sehr daran gelegen, die Notwendigkeit zur Fügung und zum Gehorsam immer wieder neu einsichtig zu machen.
Die Rückführung der Autorität auf Gott nützt indes nicht nur kirchlichen, sondern auch politischen Obrigkeiten, nicht nur Kirchenvätern, sondern auch Fami-

lienvätern. Wenn Gott an die Spitze aller Hierarchien als Repräsentant von Ordnung überhaupt tritt, so erleichtert dies die Hinnahme von Macht- und Herrschaftsansprüchen beträchtlich. Die Kirchen haben das Verfügen von Menschen über Menschen nicht nur hingenommen, sondern es häufig für eine Anordnung Gottes erklärt: Es gehört zu den «Schöpfungsordnungen» Gottes, daß Menschen über Menschen Macht ausüben.

Gegenüber derartigen Auffassungen hat die →Aufklärung auf Vernunft und Selbstbestimmung des Menschen gepocht. Während der europäischen Revolutionen verbündeten sich die Kirchenleitungen fast immer mit dem autoritären Absolutismus. Wer auf der Seite der Aufklärung stand, nahm dementsprechend den Kirchen gegenüber meist eine feindselige Haltung ein. Der Kampf um die Durchsetzung der Menschenrechte, um Freiheit, Gleichheit und religiöse Duldsamkeit mußte stets gegen das Bündnis von «Thron und Altar» geführt werden.

B

Babylonisch-assyrische Religion

1. Die beiden Flüsse Euphrat und Tigris bilden in ihrem Unterlauf die Hauptströme des Landes Babylonien; ihr Oberlauf schließt das Land «zwischen den beiden Strömen» (Mesopotamien), das Kernland Assyriens, ein. An den zwei Flüssen gab es schon in alter Zeit Stadtstaaten. Der babylonische Südwesten zerfiel in die Zone der semitischen Akkader und die Zone der nicht zur orientalischen Rasse gehörenden Sumerer.

In früher Zeit gab es in Babylonien einen König, der das Land von der Hauptstadt aus regierte. Ihm unterstanden die verschiedenen Stadtkönigtümer. Um 2500 vor Christus schuf Sargon I. ein Großreich mit der Hauptstadt Akkad. Zu Beginn des 2. Jahrtausends wurde Babel das neue Herrschaftszentrum. Etwa zwischen 1820 und 1780 vor Christus herrschte Hammurapi. Berühmt wurde er durch seine Kanalbauten, die Regelung der Geldwirtschaft und die Pflege des Rechts. Um die Jahrhundertwende (1901/02) fand man eine Gesetzesstele Hammurapis (Stele: Tontafel). Das Gesetz umfaßt etwa 300 Paragraphen, die der König von dem Gott Schamasch empfangen haben will. Erstaunliche Übereinstimmungen gibt es zwischen dem Gesetz Hammurapis und dem juristischen Teil des alttestamentlichen Bundesbuches. («Bundesbuch» ist der Name für die Gesetzessammlung in 2. Mose 20,22–23 und 33, die entweder im 9. oder schon im 11. Jahrhundert vor Christus entstanden ist.)

Im 13. Jahrhundert vor Christus entwikkelte sich Assur zu einer Großmacht, die im 1. Jahrtausend auch die Vorherrschaft übernahm. Nebukadnezar (604–562 v. Chr.) hat das erneut aufsteigende Babylon ausgebaut und auf seinen Eroberungszügen nach Westen 587 v. Chr. Jerusalem zerstört. (→Israel)

Im 6. Jahrhundert begann der Aufstieg des Perserreiches. 539 v. Chr. zog Kyros in Babylon ein. «Babylon und das übrige Assyrien» wurden nun mit Persien verbunden. Wahrscheinlich um 525 v. Chr. durften die nach Babylon deportierten Judäer nach Jerusalem zurückkehren. (→Israel)

Im 4. Jahrhundert wurde Alexander der Große (gest. 323 v. Chr.) Herr über das Perserreich. Babylon, wo Alexander starb, sollte die Hauptstadt seines neuen Großreiches werden. Seine Nachfolger wollten den ganzen Osten in die griechische Kultur einbeziehen. In den babylonischen und assyrischen Städten nahm die makedonisch-griechische Ober-

schicht die Schlüsselstellungen der Verwaltung ein.
Als die Römer von Westen nach Kleinasien und Syrien vorstießen, konnten die Sassaniden von Persien her ihre Herrschaft ausdehnen. Sie belebten die zoroastrische Nationalreligion des alten Persien aufs neue und machten den Mazdaismus zur Staatsreligion. (→ Zarathustra) Im 6. Jahrhundert war Mesopotamien und Syrien in der Hand der Sassaniden. 636 n. Chr. erlag Babylon dem Ansturm der Araber.
2. Die Stadt Babylon («Gottespforte») am Ufer des Euphrat, die schon im 3. Jahrtausend vor Christus bestand, war im Altertum eine der bekanntesten Städte des Zweistromlandes. Bei Ausgrabungen fanden sich u. a. ein Stadtschloß, bastionartige Burganlagen und Altstadtbefestigungen. In Babylon waren auch die berühmten «hängenden Gärten der Semiramis».
Der berühmteste Bau der Stadt war jedoch der «Turm von Babel», der «Tempel des Grundsteines von Himmel und Erde», aus der Zeit vor 2000 v. Chr. Auf einer Grundfläche von 91 Quadratmetern erhob sich eine Stufenpyramide von fünf Stockwerken, die sich nach oben verjüngten. Auf dem obersten Plateau stand ein zweistöckiger Hochtempel. Dort befand sich ein Bett des Gottes Marduk. Insgesamt hatte das Bauwerk die beachtliche Höhe von 92 Metern.
Marduk war seit dem Zeitpunkt, als Babel die Hauptstadt des Reiches wurde, der oberste Gott des babylonischen Pantheons und Herr über die älteren lokalen Stadtgötter und Naturgötter geworden. Jedes Jahr im Frühling feierte man in Babylonien das Thronbesteigungsfest Marduks. Neben ihm gab es die Himmelsgötter Mond, Sonne und Wetter und den Unterwelt- und Pestgott. Als Himmelskönigin galt Ischtar, die Göttin der sinnlichen Liebe und Fruchtbarkeit, von deren Fahrt in die Hölle ein babylonisches Epos erzählt. Während dieser Höllenfahrt hörten auf der Oberwelt alle Zeugung und alles Wachstum auf. Preislieder der Ischtar erinnern an alttestamentliche Psalmen: «Ich harre, meine Herrin, auf dich; mein Sinn ist auf dich gerichtet. Ich flehe dich an: vergiß meine Missetaten, nimm an mein Flehen!»
Am Tag der Thronbesteigung Marduks wurde das Weltschöpfungsepos «Enuma Elisch» rezitiert: Marduk ist der König der Menschen und der Götter. Er besiegt Tiamat, den Drachen des Urmeeres. Aus Tiamat schafft er den Himmel und die Erde, aus Blut und Lehm macht er die Menschen.
Das Gilgameschepos erzählt von den Abenteuern des Königs Gilgamesch von Uruk in Südbabylonien, der, in seinem Bemühen, dem Tod zu entrinnen, bis ans Ende der Welt gelangt. Inhaltlich und formal gibt es zahlreiche Berührungspunkte mit der alttestamentlichen Literatur (z. B. mit der Sintfluterzählung).
3. Das Alte Testament enthält zwei Beschreibungen der Gründung von Babel. (2. Mose 10,8–12; 11,1–9) Seit der Zeit des babylonischen Exils unter Nebukadnezar lebten zahlreiche Juden «an den Wassern Babylons». Aus der dort entstandenen Priester- und Gelehrtenschule soll der berühmte Schriftgelehrte Hillel (gest. um 5. v. Chr.) hervorgegangen sein. In Babylonien kam das → Judentum mit den parsistischen → Engel- und → Dämonenlehren in Berührung. (→ Zarathustra) Babylonische Magie und Astrologie beeinflußten über die Vermittlung des Judentums auch das Christentum.
Als die Römer 70 n. Chr. Jerusalem zerstörten, erklärten die Juden die römische Weltmacht zum «neuen Babylon». Die alttestamentlichen Propheten hatten schon zuvor «Babylon» als Repräsentantin der gottfeindlichen Mächte schlechthin bezeichnet. (Jes. 13; 14; 47; Jer. 50)
Das Christentum führte später den sprichwörtlichen Gebrauch von «Baby-

lon» weiter. Ebenso wie die Juden bezeichneten die von der Staatsmacht verfolgten Christen die gottesfeindliche, lasterhafte Stadt Rom als «Babylon». «Und ich sah ein Weib sitzen auf einem scharlachfarbenen Tier, das war voll lästerlicher Namen... und an ihrer Stirn war geschrieben ein Name, ein Geheimnis: Das große Babylon, die Mutter der Hurerei und aller Greuel auf Erden. Und ich sah das Weib trunken von dem Blut der Heiligen und von dem Blut der Zeugen Jesu.» (Apk. 17,1 ff)

Seit Origines (gest. 254), der Babylon als Stadt des Teufels und als Ausgangspunkt aller Gewalt und des Bösen in der Welt bezeichnete, wurde dem «Sündenbabel» die Gottesstadt Jerusalem als Symbol des Himmels und der Kirche gegenübergestellt.

Augustinus (354–430) sah die «Stadt des Teufels» in beständigem Kampf mit dem Zion, der Stadt Gottes, und der Kirche verstrickt. In evangelikalen Kreisen (→ Erweckungsbewegung; → Gemeinschaftsbewegung; → Fundamentalismus) greift die Spekulation um den Kampf des «Lichtes» mit der «Finsternis» in der Geschichte heute noch gerne auf das Symbol «Babel» zurück.

Bahá'í-Religion (Bahaismus)

Die Heimat der Bahá'í-Religion ist Vorderasien. Sie besitzt fast 30000 Zentren in allen Erdteilen und publiziert ihre Literatur in etwa 400 Sprachen. Die Zahl ihrer Anhänger wird auf 4,5 Millionen geschätzt.

1. Die Bahá'í-Religion ging in Persien aus der Schia, einer Abspaltung vom orthodoxen («rechtgläubigen») → Islam, hervor. Sie knüpfte an den ihr vorausgegangenen Babismus an. Gründer des Babismus war Mirza Ali Muhammed, ein 1821 geborener junger Kaufmann, der 1844 mit seiner Erklärung zum «Bab» eine neue Epoche und Zeitrechnung beginnen ließ. «Bab» ist die «Tür, durch die man eintritt», um mit seinem eigenen Innern, seiner Seele, zu verkehren. Mirza Ali Muhammed verstand sich zunächst als Sprachrohr des Imam (des Nachfolgers des Propheten Mohammed), dann als Spiegel, in dem sich Allah zeigt («Spiegel des Hauches Gottes»), und als Offenbarer. Das brachte ihn in Widerspruch zur islamischen Lehre, der Mohammed als «Siegel der Propheten» und der → Koran als letztgültige, abschließende Offenbarungsurkunde gilt.

Von der persischen Regierung wurde der Babismus revolutionärer Umtriebe beschuldigt und grausam verfolgt. Der «Bab» selbst wurde am 9. Juli 1850 öffentlich hingerichtet, sein Leichnam konnte erst 1909 bei Haifa in den Persischen Gärten am Fuß des Berges Karmel bestattet werden. Dort befindet sich seit 1868 das religiöse Zentrum der Bahá'í-Religion.

Der Bahaismus selbst hat seinen Namen von Mirza Hussein Ali (gest. 1892), der sich 1863 zum Baha'ullah, dem «Glanz Gottes», erklärt hatte. Er vollzog die gänzliche Lösung vom → Islam und erhob den Anspruch, der Bahaismus sei «die Krone aller übrigen Religionen». In zahlreichen «Sendschreiben» wandte er sich an Politiker und Geistliche. Dem Papst in Rom schrieb er: «O Papst! Zerreiße den Schleier! Er, der Herr der Herren, ist gekommen, von Wolken überschattet, und der Ratschluß ist erfüllt worden durch Gott, den Allmächtigen, Unendlichen... Verkaufe den reichverzierten Kirchenschmuck, den Du besitzest und opfere ihn auf dem Pfade Gottes, der die Nacht auf den Tag und den Tag auf die Nacht folgen läßt. Übergib Dein Königreich den Königen und tritt hervor aus Deiner Wohnung, Dein Angesicht zum Reich Gottes erhoben, dann verkünde, losgelöst von der Welt, das Lob Deines Herrn zwischen Himmel und Erde.» 1868 sagte er dem französischen Kaiser Napo-

leon III. die Niederlage seines Reiches und den Verlust der Kaiserkrone voraus.
Die Ethik des Bahaismus basiert auf den Prinzipien der Gleichheit aller Menschen, der allgemeinen Menschenliebe und der Verpflichtung zur Förderung des Weltfriedens, festgelegt in einer Reihe von Grundsätzen: «1. Die ganze Menschheit ist als Einheit zu betrachten. 2. Alle Menschen müssen die Wahrheit selbständig erforschen. 3. Alle Religionen haben eine gemeinsame Grundlage. 4. Die Religion muß die Ursache der Einigkeit und Eintracht unter den Menschen sein. 5. Die Religion muß mit Wissenschaft und Vernunft übereinstimmen. 6. Mann und Frau haben gleiche Rechte. 7. Vorurteile jeglicher Art müssen abgelegt werden. 8. Der Weltfriede muß verwirktlicht werden... 12. Es muß ein Weltschiedsgerichtshof eingesetzt werden.»
2. Im Iran werden die Anhänger der Bahá'í-Religion als Abweichler vom schiitischen Islam und daher als Gotteslästerer, Staatsschädlinge und Agenten fremder Mächte verfolgt, gefangen, gefoltert und getötet. 300000 Iraner, weniger als ein Prozent der Gesamtbevölkerung, gehören zur Bahá'í-Gemeinde. Ihre Mitglieder konnten, trotz Verfolgungen während ihrer ganzen Geschichte, in Wirtschaft, Wissenschaft und Verwaltung aufsteigen. 1970 sprach der Ayatollah Khomeini den Bahá'í das Recht auf freie Religionsausübung ab: «Sie sind eine politische Gruppe, sie sind bösartig, sie werden nicht anerkannt werden.»
Inzwischen sind zahlreiche Bahá'í hingerichtet worden, viele wurden verhaftet und verschwanden, unter ihnen alle neun Mitglieder des leitenden Gremiums der Religionsgemeinschaft. Das Gemeindevermögen wurde beschlagnahmt, die Gotteshäuser verwüstet, ihre Friedhöfe geschändet. Seit Sommer 1983 ist der Gottesdienst der Bahá'í gänzlich verboten. Die Verfolgten können nicht ins Ausland entkommen, da sie kein Geld mehr haben und man ihnen die Ausreisegenehmigung verweigert.
Die Behörden werfen ihnen vor, sie hätten die Regierung des Schah unterstützt. Tatsächlich fordert ihre Religion sie dazu auf, sich gehorsam ihrer jeweiligen Regierung zu beugen und sich aus der Tagespolitik herauszuhalten. Da das Weltzentrum der Bahá'í im israelischen Haifa liegt, beschimpft man sie als «Agenten des Zionismus». Während nach islamischem Recht Juden, Christen und Angehörige der Religion → Zarathustras toleriert werden, gelten die Bahá'í als rechtlose Heiden, die zu berauben oder gar zu töten kein Verbrechen ist.
In der Bundesrepublik, wo sich die Bahá'í in kleinen örtlichen Gemeinschaften oder in zentralen «Häusern der Andacht» (etwa in Hofheim bei Frankfurt a. M.) treffen, gibt es rund hundert gewählte geistige Räte (eine priesterähnliche Gemeindeleitung lehnt man ab) und einen neunköpfigen nationalen Rat. Das weltweite Leitungsgremium hat seinen Sitz im «universalen Haus der Gerechtigkeit» in Haifa.

Bann (Exkommunikation, Kirchenzucht)

«Bann» (Kirchenbann) oder «Exkommunikation» bedeutet Ausschluß vom Leben der Kirche.
1. Im Alten Testament steht der Bann («Aussonderung») in Beziehung zu Kult und zu Krieg. Das Opfer vor anderen Göttern ist unter Bann gestellt. «Wer den Göttern opfert und nicht dem Herrn allein, der soll dem Bann verfallen.» (2. Mose 22,19) Kultische Vergehen werden durch Bannung geahndet. Gebannt werden können Personen und Gegenstände.
Vielleicht war das Bannritual einst Höhepunkt und Abschluß des Heiligen Krieges in → Israel. «Aber in den Städten dieser Völker hier, die dir der Herr, dein Gott, zum Erbe geben wird, sollst du

nichts leben lassen, was Odem hat, sondern sollst an ihnen den Bann vollstrecken.» (5. Mose 20,16f) Bei der Landnahme sollten offensichtlich die Ureinwohner Palästinas weitgehend vernichtet werden. «Der Herr ist zornig über alle Heiden und ergrimmt über alle ihre Scharen. Er wird an ihnen den Bann vollstrecken und sie zur Schlachtung dahingeben. Und ihre Erschlagenen werden hingeworfen werden, daß der Gestank von ihren Leichnamen aufsteigen wird und die Berge von ihrem Blut fließen.» (Jes. 34,2f)
Neben der Vorstellung, den Bann durch Tötung alles Lebendigen und ganzer Völker zu vollziehen, gibt es auch Einschränkungen und Ausnahmen: Nur die Männer werden getötet, Frauen und Kinder, Vieh und Besitztümer hingegen geschont. (1. Sam. 15,9)
2. Die Gemeinde von Qumran (jüdische Sekte aus der Zeit zwischen dem 2. Jahrhundert v. Chr. und 68 n. Chr., die nordwestlich des Toten Meeres in klosterartiger Gemeinschaft lebte) kannte zwei Formen der Exkommunikation: bei schwerem Vergehen die völlige Ausstoßung aus der Gemeinschaft, in leichteren Fällen den zeitweiligen Ausschluß «von der Reinheit». Im Judentum nach dem Jahr 70 n. Chr. konnten einzelne Gelehrte, dann auch Gelehrtenschüler und schließlich «jedermann in Israel» den Bann verhängen. «Wer etwas tut, was nicht recht ist, verdient den Bann.» Durch Bann und Verfluchung vollzogen die Juden eine radikale Trennung zwischen sich und den (Juden-)Christen. (→Fluch)
3. Die frühen Christen grenzten sich ihrerseits von allen Nichtchristen ab. «Wenn jemand den Herrn (→Kyrios) nicht lieb hat, der sei verflucht (= anathema).» (1. Kor. 16,22) Auch gegenüber Mitgliedern der Kirche, die sich etwas hatten zuschulden kommen lassen, wurden Maßnahmen der Kirchenzucht ergriffen. «Sündigt aber dein Bruder, so gehe hin und halte es ihm vor...» Die Regelungen von Mat. 18,15ff wurden Jesus nachträglich in den Mund gelegt. «Was ihr auf Erden binden werdet, soll auch im Himmel gebunden sein, und was ihr auf Erden lösen werdet, soll auch im Himmel los sein.» (Mat. 15,18) Die Gemeinde sprach sich damit selbst fast unbegrenzte Vollmacht zu.
Ein Mann, der etwa «Unzucht» mit seiner Stiefmutter getrieben hatte, sollte, nach Anweisung des Paulus, «dem Satan übergeben [werden] zum Verderben des Fleisches, auf daß der Geist gerettet werde am Tage des Herrn». (1. Kor. 5,1ff)
4. In nachapostolischer Zeit ging die Durchführung der Kirchenzucht von der Gemeinde auf einzelne Amtsträger über; sie richtete sich nun vor allem gegen Irrlehrer. Später wurde die Bannung zu einer besonderen Befugnis des Bischofs, der mit hoheitlicher Macht gebieten, richten und strafen konnte. Durch seine Sünden hatte sich der Frevler von der Kirche getrennt, und die Kirche vollzog nun ihrerseits die Trennung durch Exkommunikation. Durch Buß-Exkommunikation wurde der Sünder in den Büßerstand versetzt, durch das Anathema (schwere Exkommunikation), das hauptsächlich Häretiker (Ketzer) traf, völlig ausgeschlossen.
Seit dem 5. Jahrhundert verbot man den Gläubigen jeden Verkehr mit einem Exkommunizierten. Aufgrund der Verknüpfung staatlicher und kirchlicher Interessen konnten kirchliche Synoden die Regierungen dazu auffordern, Gebannte auch von Staats wegen zu verfolgen und zu bestrafen. Die Exkommunikation hatte nicht mehr nur kirchliche, sondern auch zivilrechtliche und staatsrechtliche Auswirkungen.
Als sich im 7. Jahrhundert die «Privatbuße» entwickelte (→Beichte), verfolgte die Kirche nur noch äußerliche Delikte

mit dem Bann. Beispielsweise stand auf Inzest Exkommunikation, der die staatlichen Strafen folgten.
Nach dem 12. Jahrhundert wurden (kirchlicher) Bann und (staatliche) Acht immer deutlicher einander angenähert. Der Exkommunizierte verlor jetzt jeden Rechtsschutz. Er konnte z. B. kein Lehen empfangen; ein Treueid, der ihm geleistet worden war, mußte nicht mehr gehalten werden. Ein exkommunizierter Herrscher verlor Krone und Reich.
Gegen die Härtiker gingen Papst und Kaiser häufig vereint vor. Auch Mord und Meineid, Brandstiftung und Straßenraub, Hochverrat und Münzfälschung wurden vom kirchlichen Recht mit der Exkommunikation, vom weltlichen mit der Acht geahndet.
Auf immer mehr Vergehen wendeten die Päpste den Bann an. Der «große Bann» bedeutete den Verlust der Kirchenmitgliedschaft, den Ausschluß vom Empfang der Sakramente (Abendmahl, Firmung, Letzte Ölung, Priesterweihe, Bußsakrament) und von der Teilnahme an den sonstigen gottesdienstlichen Handlungen (z. B. Meßopfer). Ein Gebannter konnte auch kein kirchliches Begräbnis bekommen, auf einem Kirchhof bestattet werden und nicht in den Genuß kirchlicher Fürbitten kommen. Der «kleine Kirchenbann» hingegen schloß nur einzelne Mitgliedsrechte (z. B. den Sakramentsempfang) aus.
Aufgehoben wurde der Bann durch Absolution (Lossprechung). Dafür mußten das schuldhafte Verhalten aufgegeben, Reue gezeigt, Buße getan und Wiedergutmachungswerke geleistet werden.
Nach geltendem (kanonischem) Recht in der katholischen Kirche bedeutet Exkommunikation die vorläufige Ausstoßung aus der kirchlichen Rechtsgemeinschaft, nicht aber aus der Kirche. Bestimmte Mitgliedsrechte, nicht aber -pflichten, werden hierbei aufgehoben. Zuständig für solche Strafen ist der Papst. Der Bann hat keine bürgerlichen Rechtsfolgen mehr.
5. Nach dem Verständnis der lutherischen Kirchen gilt der Bann der Besserung und Bekehrung des Sünders. Trotz anderer Ansichten Luthers (1483–1546) hatte der Bann schon im 16. Jahrhundert auch bürgerliche Rechtsfolgen (z. B. in Form von Geldstrafen). Je enger Kirche und Staat zusammenrückten, um so deutlicher nahm der Bann die Züge staatspolizeilicher Maßnahmen an. Der Landesherr mußte die Verhängung des Banns bestätigen. Schließlich entartete der Bann völlig zu einer weltlich-bürgerlichen Strafe. Die reformierten Kirchen forderten den Bann zur Reinhaltung der christlichen Gemeinde. Da man der Religion staatliche Geltung einräumte, bot sich bei der Durchführung des Banns die «Obrigkeit» als weltlicher Arm der Kirche an.
In der Aufklärung wurde der Bann fast völlig abgeschafft. Die Erweckungsbewegung zu Anfang des 19. Jahrhunderts forderte indes eine Erneuerung von Bann und Kirchenzucht. Heute noch können durch Bann die Erlaubnis zur Teilnahme am Abendmahl und an kirchlichen Amtshandlungen entzogen und bestimmte kirchliche Mitgliedschaftsrechte (Wahlrecht, Bekleidung kirchlicher Ämter) aberkannt werden. Einzelne Landeskirchen behalten sich sogar den völligen Kirchenausschluß als härtestes Mittel der Kirchenzucht vor.

Baptisten (Bund Evangelisch-Freikirchlicher Gemeinden)

Der Bund Evangelisch-Freikirchlicher Gemeinden entstand 1941 aus dem Zusammenschluß des Bundes der Baptistengemeinden und des Bundes freikirchlicher Christen. Die Bezeichnung «Baptisten» (engl. Baptists, dt. Täufer) weist auf die Praxis der «Mündigentaufe» hin: Baptisten verstehen sich als lebendige Gemeinschaft glaubensbewuß-

ter Christen. Ihre historischen Quellen sind im England des 16. Jahrhunderts zu suchen, wo die Puritaner (von lat. purus, rein; Vertreter einer strengen, persönlichen, am Calvinismus orientierten Frömmigkeit) die Gedanken der Reformation aufgenommen hatten, die Bibel zur alleinigen Grundlage des Christentums erklärten und die Trennung von Staat und Kirche forderten. Sie breiteten sich auch auf dem Festland (Niederlande) und in Nordamerika aus (Pilgerväter, 1620). Seit dem 17. Jahrhundert praktizierte man die Taufe dadurch, daß der ganze Körper des Täuflings ins Wasser eingetaucht wurde: Symbol des Begrabenwerdens und der Auferstehung.
In Europa gibt es heute 1,16 Millionen (davon etwa 70000 in Deutschland), in Nordamerika 24,1 Millionen, in den Ländern der ehemaligen UdSSR 500000 Baptisten. Wie die Methodisten, so breiteten auch sie sich in der Folge evangelistischer Predigten und zahlreicher →Erweckungsbewegungen aus. Sie treffen sich in Bibel- und Gebetsstunden und sind davon überzeugt, daß die «Kirchenchristen» wie alle Nicht-Bekehrten vom ursprünglichen Christuszeugnis abgefallen sind. Was sie bewegt, ist «persönliche Heilserfahrung». Zahlreiche Arbeitsgruppen in der Gemeinde übernehmen evangelistische, missionarische und diakonische Aufgaben.
Wichtig ist den Baptisten die Glaubensfreiheit und die persönliche und freiwillige Entscheidung für die Nachfolge Jesu. Eine Taufe ohne Glaube erscheint ihnen unsinnig. Die Aufnahme in die Gemeinde geschieht nach einem öffentlichen Bekenntnis des Taufanwärters durch Untertauchen im Taufbrunnen und durch Handauflegung.
Die baptistische Ortsgemeinde ist keiner Kirchenleitung unterstellt. (Independentismus [engl. independency]: völlige Unabhängigkeit der örtlichen Gemeinde [congregation] von staatlichen und sonstigen [kirchlichen] Instanzen.) Vielmehr regelt die Gemeindeversammlung, in der jedes Mitglied Sitz und Stimme hat, alle Angelegenheiten bis hin zum Ausschluß einzelner Mitglieder, wenn deren Glaube «erloschen und die Liebe zu Gott und dem Nächsten erkaltet» ist und sie obendrein in «Verfehlung und Sünde gegen Gottes offenbaren Willen» verharren.

Bauernkriege
Der deutsche Bauernkrieg von 1524/25 war lediglich ein Höhepunkt in einer ganzen Reihe von europäischen Aufständen in der Zeit zwischen dem ausgehenden Mittelalter und dem 18. Jahrhundert. Im 13. und 14. Jahrhundert gab es Bauernaufstände in der Schweiz, in Flandern, Frankreich und England; im 15. Jahrhundert entstand die hussitische Bewegung in Böhmen (Johannes Hus, 1369–1415, brachte Böhmen und Mähren in revolutionäre Bewegung). Die Aufstände des «Bundschuh» in Südwestdeutschland reichten bis zum Vorabend der →Reformation (1513/17): Es waren Erhebungen im Zeichen «göttlichen Rechts» zur Herstellung «göttlicher Gerechtigkeit».
Die Ursachen für die Bauernunruhen waren wirtschaftliche Not und soziales Elend sowie mangelndes Recht der Bauern gegenüber Grund- und Gerichtsherren. Frühkapitalistische Wirtschaftsweisen waren in den traditionell von Grundherren geprägten Lebensbereich eingedrungen, hatten den Bauern neue und schwere Lasten aufgebürdet und führten nun zu einer Krise der gesamten Gesellschaft. Aus Empörung und Aufruhr der Bauern aber machte erst die Reaktion der Fürsten einen richtigen Krieg.
Die Aufstände begannen im Frühsommer 1524 am Südostrand des Schwarzwaldes. Von dort aus griffen sie auf Oberschwaben über. In Memmingen erschien die Hauptprogrammschrift der Bauern, die «Zwölf Artikel». Im Jahr

1525 breitete sich der Aufstand über Oberdeutschland und Franken, Thüringen, Österreich und die Schweiz aus. In Mitteldeutschland wurde Mühlhausen (→Thomas Müntzer) zum Zentrum. Im Erzgebirge und in Böhmen, Tirol und Salzburg verbündeten sich Bauern und Bergknappen; aber auch Geistliche und Künstler, Handwerker und Adelige forderten unter Berufung auf die Bibel tiefgreifende Reformen.
Nach Anfangserfolgen wurden die einzelnen Bauernhaufen im Mai und Juni 1525 von den Truppen des Schwäbischen Bundes und durch vereinigte fürstliche Heere vernichtend geschlagen. Auf seiten der Bauern soll es 70000 bis 100000 Tote gegeben haben.
Der Bauernkrieg war nicht nur «Klassenkampf» (ein Versuch der bürgerlich-revolutionären Umgestaltung der gesellschaftlichen und politischen Verhältnisse beim Übergang vom Feudalismus zum Kapitalismus), sondern auch Religionskrieg. →Thomas Müntzer (gest. 1525) deutete ihn als apokalyptischen Krieg (→Apokalypse) gegen die Gottlosen. Zahllose niedere Geistliche reihten sich in die Bauernbewegung ein, die sich Gedanken von Luther (1483–1546), Müntzer und →Zwingli (1484–1531) zu eigen gemacht hatte. Die Altgläubigen warfen Luther schon 1520 vor, daß aus seiner Lehre «groß aufruhr und blut vergiessen» entstehen würden. 1525 erklärte der Humanist Johannes Cochläus (1479 bis 1552), Luther habe die Bauern zuerst zum Aufstand gereizt, um sich dann, als sie unterlagen, auf die Seite der Fürsten zu schlagen. Erasmus von Rotterdam (gest. 1536) schrieb 1526 gegen Luther: «Wir haben jetzt die Früchte deines Geistes, die Sache ist bis zu einer blutigen Katastrophe fortgeschritten... Du anerkennst nicht diese Unruhestifter, glaube ich, aber jene berufen sich auf dich, und schon hat man erfahren, daß viele, die sich des Namens des Evangeliums rühmten, Anstifter des überaus schrecklichen Aufstandes geworden seien...»
Die katholischen Fürsten nannten die Bauernbewegung kurz «die luthrische Sache», ihren Krieg gegen die Bauern einen Glaubenskrieg gegen die Sekte der Lutheraner, diese «abscheulichen und niederträchtigen Ketzer».
Tatsächlich war Luthers Kritik an der «Papstkirche», das heißt an der tragenden Säule der damaligen Gesellschaft, aber auch an Adel und Fürsten, von nachhaltigem Einfluß auf die Bauern. 1522 unterstrich er jedoch seine Auffassung, daß es in geistlichen Dingen keine Gewalt geben dürfe: «Treue Vermahnung zu allen Christen, sich zu hüten vor Aufruhr und Empörung».
Thomas Müntzer wich von dieser Meinung ab. Für ihn war Luthers Reform gleichsam steckengeblieben. Die Aufständischen erschienen ihm als von Gott erwecktes Werkzeug zur Durchführung seines endzeitlichen Programms.
Nach der Ansicht der Bauern hob gerade die Reformation die Berechtigung ihrer Forderungen hervor. Unter Berufung auf die Bibel bekämpften sie die Leibeigenschaft und forderten freie Jagd, freien Fischfang und Abschaffung des Zehnten.
In seiner Schrift «Ermahnung zum Frieden auf die Zwölf Artikel der Bauernschaft in Schwaben» (April 1525) hatte Luther beide Parteien, Fürsten und Bauern, gleichermaßen angeredet; allen Aufruhr lehnte er ab, kritisierte die Fürsten heftig und bezeichnete als Recht der Christen nicht Krieg und Rache, sondern das Leiden. Mit Hilfe des Evangeliums sollte niemand soziale und politische Forderungen durchzusetzen versuchen.
Im Mai 1525 gab Luther der zweiten Auflage der «Ermahnung zum Frieden» einen Anhang unter dem Titel «Auch wider die räuberischen und mörderischen Rotten der anderen Bauern» bei. Diese Schrift wurde erst bekannt, als die Bau-

ern schon geschlagen waren. Sie forderte die Obrigkeit auf, alles zu tun, um den Aufstand zu unterdrücken. Der Bauer, der in diesem Kampf erschlagen werde, sei mit Leib und Seele verloren und ewig des Teufels. Wer aber auf seiten der Obrigkeit falle, sei ein Märtyrer vor Gott.
Mit diesen Äußerungen hat sich Luther den Namen «Fürstenknecht» und «Bauernverächter» eingehandelt. Von nun an war klar, daß die Reformation nicht zu einer Sache aller Klassen werden konnte. Luther selbst kam indes zu einer immer höheren Einschätzung der von Gott eingesetzten Obrigkeit.
In der darauffolgenden Zeit versuchte man, bei der Formulierung der obrigkeitsorientierten Kirchenordnungen ein für allemal zu verhindern, daß sich je wieder Geistliche an Aufständen beteiligten. Die protestantischen Kirchen wurden zu einer ausgesprochen antirevolutionären Kraft im Staat.

Beichte

1. Beichte nennt man das Eingeständnis einer Verfehlung, das Aussprechen von → Sünden. Beichten dient dazu, das Verhältnis zu Gott oder zu göttlichen Mächten zu normalisieren und wiederherzustellen.
Bei den schriftlosen Völkern in Afrika und Amerika (→ Stammesreligionen) wird die Beichte öffentlich abgelegt: vor einem Freund oder dem Ehepartner, vor Verwandten oder dem Schamanen. (→ Indianische Religionen)
Die «Sünden», die dabei zur Sprache gebracht werden, beziehen sich überwiegend auf den Bereich der → Sexualität. Folgen solcher Vergehen können Krankheiten und Unfruchtbarkeit, Viehsterben oder Dürre, Jagdunfälle oder ausbleibende Jagdbeute sein.
Auch in den großen Religionen Asiens, in den → Chinesischen Religionen, in der → Vedischen Religion, im Zoroastrismus (→ Zarathustra), im → Buddhismus und in der Religion → Israels ist die Beichte ein wichtiges religiöses Element. «Wenn wir unwissentlich deine Normen gestört haben, so sollst du [Gott] um dieser Sünde willen uns nicht zu Schaden bringen.» (Rigveda; → Vedische Religion)
2. In der Alten Kirche wurde die Sündenvergebung als formeller juristischer Prozeß vollzogen: Dem öffentlichen Bekenntnis folgten Wiedergutmachung, Sündenvergebung und Wiedereingliederung in die Gemeinde. Als die christliche Kirche zur Masseninstitution wurde (→ Konstantin der Große), konnte sie nur noch den gröbsten Verfehlungen nachgehen. Neben die öffentliche Beichte trat nun die Privatbeichte, die man insbesondere vor Mönchen und Einsiedlern ablegte. (→ Mönchtum) Die Lossprechung erfolgte dabei direkt nach dem Sündenbekenntnis. Die Wiedergutmachungstaten waren erst anschließend zu erbringen.
Im Mittelalter entwickelte sich die kirchliche → Buße zur Beichte. Die Beichte wurde zum Bußsakrament: In der Vollmacht Christi spricht der Priester den Sünder, der Reue zeigt, von der Schuld seiner nach der Taufe begangenen Sünden frei.
Die Beichte selbst wurde zu einem an sich schon sündentilgenden Bußwerk. «Wer um Christi willen errötet, wird des Erbarmens würdig.» (Traktat aus dem 11. Jahrhundert) Der Reue schrieb man sündentilgende Kraft zu.
Nach dem Vorbild der Mönche, deren ganzes Leben dem Bekenntnis der Sünden geweiht sein sollte, wurde die Privatbeichte eingeführt. Dreimal im Jahr sollte gebeichtet werden: zu Weihnachten, Ostern und Pfingsten. Den jeweiligen Festtagen gingen Bußzeiten voran. Die Beichte fand zunächst vor dem Altar (an der Altarschranke) statt. Im 14. Jahrhundert kam in Italien der Beichtstuhl auf. Er wurde jedoch erst nach dem Konzil von Trient (1545–1563) zu einer

selbstverständlichen Einrichtung der katholischen Kirchen.
Der Beichtvorgang selbst umfaßte verschiedene Akte, Bußsegen und Gebete, Bekenntnis und Befragung, Bußauflagen und Absolutionsbitte (Absolution: Freisprechung von Sünden); am Schluß erfolgte die Handauflegung des Priesters.
In Bußbüchern konnten sich die Beichtpriester über das Beichtritual, aber auch über die Bußsätze (Tarife) informieren. Die Beichtspiegel stellten eine enge Verknüpfung von Sünde und → Sexualität her. Wer «vollständige Buße» leisten wollte, mußte bei der Beichte durchaus auch ins Detail gehen. Aufschluß zu geben war beispielsweise über die Stellung der Partner beim Geschlechtsverkehr, über Haltungen, Berührungen und erotische Gesten, und über den genauen Augenblick der größten Lust. Ab dem 16. Jahrhundert drängte man auf mehr Diskretion; denn das bloße Aussprechen der «widernatürlichen Sünden» galt jetzt schon als gefährlich. Die Beichte der «Einflüsterung des Fleisches» wurde jedoch immer wichtiger. Gedanken und Begehren, «wollüstige» Vorstellungen und Regungen mußten bis in alle Einzelheiten gebeichtet werden. Das «Fleisch» schien die unausrottbare Wurzel aller Sünden zu sein.
«Erforsche alle deine Geisteskräfte, Gedächtnis, Verstand und Willen; erforsche alle deine Sinne, und besonders die beiden ersten: dein Sehen und dein Hören, und noch vielmehr dein Berühren. Erforsche in dieser Hinsicht die Gedanken, die Worte und die Werke. Erforsche sogar die Träume, ob du nicht vielleicht beim Erwachen daran irgendwie Wohlgefallen gehabt hast... Halte endlich in dieser Sache keinen Fehler für gering.» (P. Segneri: Unterricht für Beichtende, Regensburg 1852) Sag alles, «nicht nur... das vollständig vollbrachte unkeusche Werke..., sondern... auch alle unreinen Berührungen, alle unreinen Blicke und alle unehrbaren Reden..., alle unkeuschen Gedanken.» (A. M. von Liguori: Praktische Unterweisungen für Beichtväter, Regensburg 1854)
Die Beichtpriester waren grundsätzlich der Schweigepflicht unterworfen. Das Beichtgeheimnis durfte nur gebrochen werden, wenn drohende Gefahren für Leib und Gut des Nächsten abgewendet werden mußten. Der Priester hatte die Rolle und die Autorität eines Richters, der Auskunft fordert, Buße auferlegt und Absolution erteilt, nachdem er von Gott die Vergebung der vorgebrachten Sünden erbeten hat.
Heute steht das Beichtgeheimnis auch unter staatlichem Schutz. Der Geistliche oder kirchliche Mitarbeiter, der eine Beichte abnimmt, ist von der üblichen Verpflichtung zur Anzeige drohender schwerer Verbrechen befreit und hat das Recht der Zeugnisverweigerung.
3. Martin Luther (1483–1546) brach mit der mittelalterlichen Bußtheologie. Seiner Meinung nach hatte die Beichte nicht den Sinn, der Strafe Gottes zu entgehen, sondern vielmehr die Aufgabe, zur Begegnung mit der Rechtfertigung durch Christus hinzuführen. Allen Bestrebungen, die Beichte abzuschaffen, widersetzte er sich. Ich will «mir die heymliche beicht niemants lassen nemen und wolt sie niet umb der gantzen welt schatz geben. Dann ich weys was trost und stercke sie mir gegeben hat... ich were langst vom teuffel erwürgt, wenn ich nit die beichte erhalten hett!» (1522)
Die Beichte wurde zur Voraussetzung und Bedingung des Sakramentsempfangs. Auch die lutherischen Bekenntnisschriften sprechen sich für die Beibehaltung der Privatbeichte aus. Der reformierte Protestantismus (→ Calvin) hingegen kritisierte die «papistische Ohrenbeichte» und sah in der lutherischen Praxis eine allzu große Nähe zur katholischen Kirche. Die Absolution erfolgt dort nach einer allgemeinen Beichte

der reformierten Gemeinde im Gottesdienst.
Die Privatbeichte hielt sich in den meisten lutherischen Landeskirchen bis ins 18. Jahrhundert. Dann aber erklärte man sie für ein katholisches Überbleibsel und kirchliches Unterdrückungsinstrument.
Die →Erweckungsbewegung jedoch wollte die Beichte wieder in den Mittelpunkt der persönlichen Seelsorge stellen. Zahlreiche weitere Bestrebungen in den protestantischen Kirchen, die Privatbeichte zu erneuern (nach dem Ersten Weltkrieg etwa in liturgischen und bruderschaftlichen Bewegungen und nach 1945 in den kirchlichen Grundordnungen), führten lediglich dazu, daß sie sich zwar in bestimmten religiösen Kreisen, nicht aber in der offiziellen Praxis der Kirche durchsetzte.
In der Auseinandersetzung mit der Reformation klärte die römisch-katholische Kirche ihrerseits ihr eigenes Beichtverständnis neu. Sie hält an der Absolution als einem richterlichen Akt fest und fordert nach wie vor ein vollständiges Bekenntnis der Sünden, zumindest aber der «Todsünden». Die Ohrenbeichte ist nach katholischem Verständnis nämlich ein göttliches Recht und folglich ein kirchlich verpflichtendes Gebot. Der Beichtende muß dabei nicht nur Reue zeigen, sondern auch «Genugtuung» durch gute Werke erbringen.
Auf das Sündenbekenntnis folgt die «Lossprechung», die als eine Form des Sakraments verstanden wird. Bei der Lossprechung muß man zwischen «Sündenschuld» und «Sündenstrafen» unterscheiden. Der Beichtende wird zwar von der Schuld und von ewiger Verdammnis freigesprochen, aber die «zeitlichen Sündenstrafen» muß er noch durch Genugtuung tilgen. Gelingt ihm dies vor seinem Tod jedoch nicht, so muß er die noch offene Strafe im →Fegfeuer verbüßen. Allerdings kann die Tilgung der Sündenstrafen auch durch →Ablaß erfolgen.

Bekehrung

«Bekehrung» ist die Annahme einer neuen Glaubenshaltung. Sie kann durch äußeren Zwang oder innere Nötigung, aufgrund von Erkenntnissen oder besonderen Erfahrungen erfolgen. Manchmal geschieht der Vorgang allmählich, bisweilen auch so plötzlich, daß ihn der Bekehrte selbst als →Wunder deutet, das →Gott bewirkt habe. Was die →Taufe objektiv bewirken soll (äußeres Erlebnis), geschieht in der Bekehrung subjektiv (inneres Erlebnis): Bekehrung ist Neugeburt, der Bekehrte fühlt sich als ein «neuer Mensch».
Mancher Bekehrte kann ein festes Datum, eine bestimmte Stunde oder sogar Minute angeben, in der seine Bekehrung erfolgt ist. «Denkschrift des Pascal. Jahr der Gnade 1654, Montag den 23. Nov., Tag des Hl. Clemens Papst und Märtyrer – Vorabend des Hl. Chrysogonus. Seit ungefähr zehneinhalb Uhr abends bis ungefähr zwölf einhalb. – Feuer – Gott Abrahams, Gott Isaaks, Gott Jakobs, nicht der Philosophen und der Gelehrten. Freude Gewißheit Gefühl Sicht Freude. Gott Jesu Christi... Völlige Unterwerfung unter Jesus Christus und meinen Beichtiger, Ewiglich in Freude für einen Tag des Schmerzens auf Erden... Amen.» Mit diesen Worten notierte Blaise Pascal (1623–1662) das Erlebnis seiner Bekehrungsnacht.
Zahlreiche Bekehrungen innerhalb und außerhalb des Christentums verliefen in der gleichen Art. Ein anderes Selbst tritt dem eigenen entgegen. Ein völlig neues Leben beginnt. Der Anlaß der Bekehrung ist oft ein heiliger Text (z. B. bei Augustinus), bisweilen eine Vision oder ein ekstatischer Zustand (z. B. bei Paulus). Der Durchbruch der Bekehrung hat mitunter etwas Zwanghaftes an sich. Bisweilen kann dieser Vorgang jedoch auch in umgekehrter Richtung vor sich gehen: vom Glauben zum Unglauben.
Bei der Bekehrung gibt der Mensch die

eigene Macht und Selbstbestimmung auf, die ihm als Unbekehrtem noch zu eigen war, und eine heilige Macht überwältigt ihn. Nach dem Verständnis der Religionen ist es eigentlich nicht der Mensch, der sich bekehrt; vielmehr bekehrt Gott den Menschen. Er erneuert das Leben; er läßt es aufs neue beginnen. Damit erfüllt sich eine Ursehnsucht des Menschen.

Benedikt von Nursia (Benediktiner)

1. Benedikt von Nursia, der wahrscheinlich im Jahrzehnt zwischen 480 und 490 geboren wurde und wohl zwischen 555 und 560 starb, entstammte einer bürgerlichen Familie aus Nursia (Norcia, Umbrien), verbrachte einen kurzen Studienaufenthalt in Rom und entschied sich dann für das geistliche Leben. Drei Jahre lang hielt er sich in einer Höhle im einsamen Subiaco, etwa 75 Kilometer östlich von Rom, auf. Man übertrug ihm schließlich die Leitung einer benachbarten Mönchsgemeinde; aber in diesem ersten Amt eines Klostervorstehers scheiterte er. Nach seiner Rückkehr in die Einsamkeit scharten sich zahlreiche Schüler um ihn, die er je zu Zwölfen auf zwölf verstreute Häuser verteilte. Einige von ihnen blieben bei ihm im Zentralkloster.

Später verließ Benedikt Subiaco und ließ sich mit einigen Anhängern auf dem Monte Cassino (an der Via Latina, ungefähr 140 Kilometer südlich von Rom) nieder. Auf diesem Bergzug bei Cassino gab es damals noch eine heilige Stätte, auf der ein heidnischer Kult praktiziert wurde. Benedikt zerstörte die Heiligtümer und widmete den Tempel des Apollo oder Jupiter dem heiligen Martin.

Benedikt scheint diesen Ort nun nicht mehr verlassen zu haben. Das Kloster wurde 1577 von den Langobarden geplündert und mußte aufgegeben werden. Damit war das Werk Benedikts nahezu völlig zusammengebrochen. Nur seine «Regel» blieb erhalten.

2. Diese Regel stammt wahrscheinlich aus den letzten Lebensjahren des Benedikt. Sie ist außergewöhnlich lang. In 73 Kapiteln beschreibt sie die Grundelemente des Klosterlebens, die geforderten persönlichen Tugenden der Mönche, Angaben, wie Novizen (Mönche in der Probezeit vor dem Ablegen des Gelübdes) eingeführt und wie leitende Ämter besetzt werden sollen.

Nach der Benediktusregel ist das Kloster eine Schule, in der der Dienst Christi erlernt und vervollkommnet wird. Jedes Kloster ist eine familienartige Gemeinschaft. Die Führung liegt in der Hand des Abtes, des «Vaters». Die Mönche sind «Brüder». Alle Tugenden gründen im → Gehorsam. «Die unverzügliche Gehorsamsleistung ist die erste Stufe unserer → Demut. Verzichte auf deinen eigenen Willen und nimm die edlen, starken Waffen des Gehorsams, um unter dem Banner Christi, unseres wahrhaftigen Königs, zu kämpfen.»

Seßhaftigkeit und Ausschaltung jeder Unabhängigkeit sind weitere Kardinaltugenden. Kein Mönch besitzt irgend etwas. Aber jeder hat Teil am Gemeinschaftsvermögen, das ihm Lebensunterhalt, Sicherheit und meist einen ansehnlichen Wohlstand verbürgt.

Über den Vorschriften Benedikts liegt stets ein Geist der Mäßigung. «Wir hoffen, weder etwas Beschwerliches noch etwas Belastendes zu schaffen.» Die gemäß der Tradition für Mönche übliche Fastenzeit wird sogar eingeschränkt, asketische Exzesse werden unterbunden. Die Mönche sollen selbst Hand anlegen, die Felder pflügen und die Ernte einbringen; denn Müßiggang könnte der Versuchung Tor und Tür öffnen.

Auch Priester können Mönche werden, und Mönche können die Priesterweihe erhalten. Aber die Geistlichen sind genauso wie die Laienmönche der Regel und dem Abt unterstellt.

Der Abt, der sich als «Vikar» (Vertreter)

Christi versteht, wird vom Konvent (Rat der Mönche) gewählt; er bestellt sich selbst einen Stellvertreter (Prior). Die volle Regierungsgewalt im Kloster geht vom Abt aus; aber in wichtigen Fragen soll er den Ratschlag der Mönche einholen.

Zahlreiche Orden halten sich heute noch an die Regel Benedikts (und zwar nicht nur die Benediktiner, sondern z. B. auch Zisterzienser, Trappisten usw.). Als Benediktiner im engeren Sinn bezeichnet man die Mitglieder der 1893 gegründeten benediktinischen Konföderation (OSB = Ordo Sancti Benedicti).

3. Zwischen dem 6. und 8. Jahrhundert breitete sich das → Mönchtum sehr stark aus. Zuerst folgten angelsächsische Klöster der Regel Benedikts. Auf dem Umweg über England eroberte die Regel im 8. Jahrhundert auch das europäische Festland. Über das 744 gegründete Kloster Fulda beispielsweise schrieb Bonifatius (um 675–754), daß dessen Mönche nach der Benediktusregel «als Männer von strenger Enthaltsamkeit ohne Fleisch und Wein und Met...» lebten. Karl der Große (742–814) ließ sich eine Abschrift der Benediktusregel nach Aachen bringen. Sie wurde nun für alle Klöster im Frankenreich bestimmend. Unter Ludwig dem Frommen und durch Unterstützung des Benedikt von Aniane (gest. 821) wurde die Regel schließlich zur alleinigen Norm klösterlichen Lebens. Das ganze Mönchtum war nun «Benediktinertum». Es spielte eine wichtige Rolle im kirchlichen und politischen Leben.

Schon Karl der Große hatte den Klöstern wichtige Funktionen beim Ausbau seines weiten Reiches übertragen: Sie wurden zu Stützen der Reichsorganisation; als Äbte hatte er häufig Männer seines Vertrauens eingesetzt. In nichtchristlichen Ländern übernahmen die Mönche → Mission und Kolonisation. Neben dem Kaiser erwarb auch der Adel durch Stiftungen zahlreiche Rechte in den Klöstern, z. B. das Gastrecht oder die Mitsprache bei der Abtswahl. Die Auflösung des karolinischen Reiches führte schließlich auch zum Niedergang des Mönchtums.

Nach der Gründung des Klosters Cluny in Burgund (909/910) erfolgte ein Neuaufbruch, der das Benediktinertum in ganz Europa erneuern sollte. Bischöfliche Aufsicht und weltliche Adelsherrschaft über die Klöster wurden jetzt beseitigt.

Im 11. Jahrhundert teilte sich die Gefolgschaft Benedikts: Am eremitischen Asketentum (Eremit: Einsiedler) orientierte sich Bruno von Köln (gest. 1101). Aus seiner Einsiedelei La Chartreuse bei Grenoble (gegründet 1084) ging der Kartäuserorden hervor.

Mit der Gründung des Reformklosters Cîteaux (1098) verband man das Ideal der «Rückkehr zu den Ursprüngen». Unter der Leitung Bernhards von Clairvaux (1090–1153) wurde der streng zentralistisch gelenkte Orden der Zisterzienser weithin bekannt.

So spaltete sich das Mönchtum in konkurrierende und rivalisierende «Familien» auf. Neben den Orden, die sich an die Regel Benedikts hielten, entwickelten sich auch ganz neue Mönchsgemeinschaften: die Chorherren, die sich auf Augustinus (354–430) beriefen, und im 13. Jahrhundert schließlich die verschiedenen Bettelorden. Das benediktinische Mönchtum wurde dadurch allmählich aus seiner Vorrangstellung verdrängt. Infolge neuer Wirtschaftsformen kam es fast überall zu Verarmung und Verfall der Klöster.

In der Reformation verschwanden die Benediktinerklöster in Norddeutschland, den skandinavischen Ländern und anderen protestantischen Territorien völlig. In Europa wurde die Hälfte aller benediktinischen Klöster (etwa 750) aufgelöst. In der Zeit der Aufklärung schien das Mönchtum alle Anziehungskraft einzubüßen.

Im 19. Jahrhundert aber standen die Benediktiner vor einem Neubeginn. Es kam

zu bedeutsamen Neugründungen (z. B. Abtei Solesmes in Frankreich, 1832; Beuron an der Donau bei Tuttlingen, 1863). Auch in Übersee (z. B. in Brasilien und Mexiko erneut nach ersten Ansätzen im 16. und 17. Jahrhundert) breiteten sich die Benediktiner aus.
1893 vereinigte Papst Leo XIII. alle Benediktinerklöster zur benediktinischen Konföderation. An ihrer Spitze steht ein Abtprimas, der für zwölf Jahre gewählt wird und in Rom als Abt von San Anselmo residiert.
Die Benediktinerinnen sind Ordensfrauen, die in Scholastika, der Schwester Benedikts, ihre Patronin und «Gründerin» verehren. Seit dem 17. Jahrhundert leben sie – nach der Regel Benedikts – kontemplativ und in strenger Klausur. Ihre Entwicklung verlief ähnlich wie diejenige der Männerklöster.

Bergpredigt
1. Die Bezeichnung «Bergpredigt» für die (nach der Darstellung des Matthäusevangeliums, Mat. 5–7) erste große Rede Jesu hat sich erst seit dem 16. Jahrhundert eingebürgert. «Da er aber das Volk sah, ging er auf einen Berg...» (Mat. 5,1) Die so eingeleitete Rede stellt eine Komposition aus ursprünglich verschiedenartiger Überlieferung dar. Die Parallele im Lukasevangelium zeigt, daß dieses Überlieferungsgut überwiegend aus einer (wahrscheinlich schriftlichen) Quelle (der «Logienquelle»; →Synoptiker) stammt, die dem ersten und dem dritten Evangelisten wohl in unterschiedlicher Fassung vorlag. Nimmt man eine Synopse (Zusammenstellung der Paralleltexte der drei ersten Evangelien) zur Hand, so stellt man fest, daß das Lukasevangelium (Lk. 6,20–49) die «Bergpredigt» in beträchtlich kürzerer Fassung enthält. Nach Angabe des Lukas (Lk. 6,17) soll diese Rede auf einem ebenen Platz stattgefunden haben. Deshalb nennt man sie hier «Feldrede». Beide Redeversionen sind programmatische Zusammenfassungen der Botschaft Jesu, d. h. «Programm» seiner Weltumgestaltungspläne. Der gemeinsame Grundstock dieser Reden besteht u. a. aus den Seligpreisungen, Sprüchen über Feindesliebe und Wiedervergeltung, Aussagen über liebloses Richten und der «Goldenen Regel» (Lk. 6,31; Mat. 7,12). Matthäus hat die Bergpredigt beträchtlich erweitert und viele Jesusworte, die bei Lukas an anderen Stellen stehen, in die Rede eingebaut. Darüber hinaus bietet er «Sondergut», das sich in den anderen Evangelien nicht findet.
Die Bergpredigt wird von Matthäus nicht nur als Lebensordnung der Jüngergemeinde, sondern als Wille Gottes für die ganze Welt angesichts des zu erwartenden Endgerichts vorgestellt. Das «Gesetz und die Propheten», d. h. die alttestamentliche Überlieferung, faßt Jesus mit der als Liebesgebot verstandenen «Goldenen Regel» zusammen: «Alles nun, was ihr wollt, daß euch die Leute tun sollen, das tut ihnen auch!» (Mat. 7,12) Dadurch daß Jesus «Gesetz und Propheten» gültig auslegt und lehrt, richtet er das Reich Gottes auf. Vielleicht soll der Berg, auf dem Jesus seine Gesetzeslehre verkündigt, an den Berg der ersten Gesetzgebung in Israel, den Sinai, erinnern.
2. Kaum ein anderer Text des Neuen Testaments hat die Kirche durch ihre Geschichte hindurch so beschäftigt wie die Bergpredigt. Bis heute kann die theologische →Ethik nicht schlüssig klären, wie mit den radikalen Forderungen Jesu, seiner Absage an bestimmte natürliche Verhaltensweisen (Lebenssicherung, Besitzstreben) und dem geforderten Verzicht auf selbstverständliche Rechte (Vergeltung, Besitz, Ehe, Ehescheidung) zu verfahren sei. Jesu Forderungen erscheinen weder erfüllbar noch praktikabel.
Seit der Didache («Lehre der zwölf Apostel», Gemeindeordnung aus der ersten Hälfte des 2. Jahrhunderts mit kurzem

Katechismus, kultischen Vorschriften und Gebeten) versucht man diesen Schwierigkeiten dadurch aus dem Weg zu gehen, daß zwischen «vollkommenen» und «gewöhnlichen Christen» unterschieden wird. «Wenn du das ganze Joch des Herrn tragen kannst, wirst du vollkommen sein. Kannst du das aber nicht, dann halte, was du kannst.» Ab dem 4. Jahrhundert waren es die Asketen (→ Mönchtum), die als «Vollkommene» die Forderungen der Bergpredigt einhalten wollten. Sie schworen nicht, gaben sich nicht ihren Begierden hin, wehrten sich nicht gegen Angreifer und blieben besitzlos.

Die Kirche des Mittelalters behielt die Unterscheidung zweier Stufen ethischen Verhaltens bei. Sekten und Bettelorden aber protestierten gegen die Verweltlichung der Kirche und beriefen sich dabei auf die Bergpredigt. → Franciscus von Assisi (1182–1226) verzichtete, im Sinne der Forderungen Jesu, auf Besitz und Recht und rief zu Barmherzigkeit, → Demut und Feindesliebe auf. Dem Ideal des apostolischen Lebens in Armut und Keuschheit, mit Fasten und Beten, strebten Katharer (die «Reinen»; seit 1100 in Südfrankreich und Oberitalien auftretende → «Ketzer») und Waldenser (Anhänger von Petrus Waldes im 12. Jahrhundert) nach. Den Böhmischen Brüdern (Hussiten, deren Tradition heute noch in der → Herrnhuter Brüdergemeine weiterlebt) ging es vor allem um die Einhaltung der sechs «kleinsten Gebote» aus Mat. 5,21–48: nicht zürnen, nicht begehren, sich nicht scheiden lassen, nicht schwören, dem Übel nicht widerstehen und die Feinde lieben.

Auch einige der Täufer des 16. Jahrhunderts versuchten die Forderungen der Bergpredigt im buchstäblichen und rechtlichen Sinn durchzusetzen. Sie traten ein für Gütergemeinschaft und Verzicht auf Kriegsführung, weltliches Gericht, Schwert und Gewalt. Die → Mennoniten (verinnerlichte Erneuerungsbewegung im Anschluß an Menno Simons, gest. 1561, die für völlige Wehrlosigkeit und Zurückgezogenheit von der «Welt» eintraten) lehnten Eid, Kriegsdienst und selbst die Übernahme staatlicher Ämter ab.

Martin Luther (1483–1546) erklärte, die Bergpredigt spreche von «Früchten», die der einzelne Christ aus seinem Glauben heraus Gott darbringe: Was den einzelnen Christen selbst betrifft, so steht er ganz und gar unter den Forderungen der Bergpredigt. Wenn er aber ein Amt innehat und es gilt, für den Nächsten, die Familie oder das Land einzutreten, so muß er das Übel auch bekämpfen. Mit der Unterscheidung der «beiden Reiche» (dem «weltlichen Reich», das alles umfaßt, was der Ordnung des irdischen Lebens dient, und dem «geistlichen Reich», das alles meint, was der Erlösung und Versöhnung von Welt und Mensch gilt) löste Luther die radikalen Forderungen der Bergpredigt auf.

Nach der Reformation waren es vor allem die → Quäker und im 19. Jahrhundert etwa Tolstoi (1828–1910) und seine Anhänger, die für ein radikal-buchstäbliches Verständnis der Bergpredigt eintraten. Die gesellschaftspolitische Bedeutung der Forderungen Jesu betonten indes die Religiösen Sozialisten: «Die Bergpredigt ist die unerhörte Botschaft von der Revolution der Welt durch Gott.» (Leonhard Ragaz, 1868–1945; → Soziales Christentum)

Gegen Ende des 19. Jahrhunderts lehnten Vertreter einer «Gesinnungsethik» jede buchstäbliche Befolgung der Bergpredigt als gesetzlich ab. Die Bergpredigt veranschauliche in ihren Forderungen lediglich diejenige «Gesinnung», für die Jesus seine Anhänger gewinnen wollte. Über der Betonung von Innerlichkeit und Gesinnung trat die Bedeutung der konkreten Tat und ihrer Folgen zurück.

Nachdem Albert Schweitzer (1875 bis

1965) und Johannes Weiß (1863 bis 1914) die eschatologische Ausrichtung (→Eschatologie) der Verkündigung Jesu erkannt hatten, deutete man die Gebote der Bergpredigt als Forderungen angesichts des bevorstehenden Kommens des Reiches Gottes, d. h. als Richtlinien für eine eschatologische Ausnahmesituation. Im Luthertum meinte man hingegegen, die Bergpredigt sei «ihrem Wesen nach unerfüllbare Forderung». Sie diene dazu, «das Bewußtsein der Erlösungsbedürftigkeit zu wecken», um auf die Rechtfertigung allein aus dem Glauben hinzuweisen.

Nach dem Zweiten Weltkrieg lebte die Diskussion um die Bergpredigt im Zusammenhang mit der Debatte um die Wiederbewaffnung der Bundesrepublik Deutschland, um Widerstandsrecht, Gewaltverzicht und Kriegsdienstverweigerung wieder auf. In seinem gewaltlosen Kampf um die Rechte der Schwarzen berief sich Martin Luther King (gest. 1968) ausdrücklich auf die Bergpredigt. Der katholische Fernsehredakteur Franz Alt veröffentlichte 1983 ein kleines Buch, das rasch zum Besteller wurde: «Frieden ist möglich. Die Politik der Bergpredigt». Darin schreibt er: «Man muß nicht Theologe sein, um die Intention, den Geist der Bergpredigt zu begreifen... Jesus hat nicht nur zu Theologen gesprochen, sondern zum Volk. Alle sind gemeint in allen Lebensbereichen. Um die Bergpredigt kommt kein Christ herum. Das entscheidend Christliche steht in der Bergpredigt. Wer nur intensiv darüber meditiert, braucht keinen Exegeten mehr. Man muß diesen Text so nehmen, wie er dasteht: wörtlich!» Wer sich, nach Alts Meinung, an die Bergpredigt hält, muß für Verzicht auf Nachrüstung, gegen Atomwaffen und gegen Waffenexporte eintreten.

Bhagwan/Osho

Bhagwan Shree Rajneesh (seit kurzem «Osho» genannt) wurde 1931 in Indien geboren. Er war Dozent für Philosophie; 1966 erlebte er eine «Erleuchtung»: «Ich habe mein Ego [Ich] fallenlassen und damit die Abgrenzung zum Universum. Ich bin eins mit der Existenz, dem Leben selbst. Rede ich, spricht nicht mein Ich, sondern durch mich das Universum.»

Nach dieser Erleuchtungserfahrung folgten dreizehn «Jahre des Aufrufs», in denen er durch Indien reiste und Vorträge über Politik, Sexualität und Religion hielt. Zusammen mit einem Jüngerkreis ließ er sich schließlich in Bombay nieder und begann, sich «Bhagwan»: «der Gesegnete» zu nennen, was nach der Vorstellung des →Hinduismus eine Person bezeichnet, «die sich selbst als Gott erkannt hat». 1974 zog er von Bombay nach Poona und gründete dort einen «Ashram», eine geistliche Kommune. Der Kreis seiner Jünger (Sannyasins) wuchs. Unzählige Besucher kamen aus dem Westen, um an Meditations- und Therapiecamps im Ashram teilzunehmen und dem verehrten Meister bei seinen «Ansprachen» (Darshan) zu lauschen.

Bhagwan selbst trat nun, nach eigenem Bekunden, aus der «feurigen Sonnenphase» seines Lebens in die stille «Mondphase». «So wie die Sonne ihre Strahlen zurückzieht, wenn es Abend wird, und wie ein Fischer seine Netze einholt, so ziehe ich mich jetzt langsam zurück. Aber es ist nicht richtig, zu sagen, daß ‹Ich› mich zurückziehe. Es geschieht ganz automatisch, weil die dritte Phase... des Prinzips der Losgelöstheit, der Ruhe und der Weisheit für mich begonnen hat. Aus diesem Grund könnt ihr meinen allmählichen Rückzug von allen Aktivitäten beobachten.»

Bhagwans Therapieprogramm verknüpfte Methoden der in der westlichen Welt ausgebildeten humanistischen Psychologie mit östlichen Meditationsformen. Unbewußtheit und Unwissenheit, die «das Ego» des Schülers fesseln, sollen beseitigt werden. «Zerschlagt den Fels der Unbewußtheit!» Seine eigene Bedeutung bei diesem Prozeß beschreibt Bhagwan so: «Ich bin nur ein Spiegel, der dir hilft, dein wahres Gesicht in mir zu sehen, damit du deine Zukunft in mir erkennen kannst, damit du dein inneres Wesen in mir widergespiegelt siehst. Ich bin nur ein Spiegel, wenn du in einen Spiegel siehst, wirst du nicht von ihm abhängig, der Spiegel reflektiert dich nur...»

Die Beziehung des Schülers zu Bhagwan ist angeblich einer Liebesbeziehung vergleichbar. «Liebende werden zu Individuen – nur Liebende werden zu Individuen. Und sich in einen Meister verlieben, ist die höchste Form der Liebe.» Wie selbstverständlich vergleicht sich Bhagwan mit Buddha (→ Buddhismus) und mit Jesus. Sein Konzept ist eine «Psychologie der Buddhas» («Buddha» = der Erleuchtete). Sie zielt auf «Selbstverwirklichung»; Selbstverwirklichung wird als Überwindung des Ego beschrieben. Dadurch soll die «Buddha-Natur», der Wesenskern des Menschen, freigelegt werden. Lachen, Weinen, Schreien und Tanzen, etwa bei der von Bhagwan entwickelten «Dynamischen Meditation», öffnen den Weg zur Stille.

Religiöse und sexuelle Erfahrung sind, nach Bhagwans Erkenntnis, einander sehr nah. «Ich lehre euch, tief in die Liebe hineinzugehen. Und ich lehre euch auch, wie ihr tief in den Sex hineingehen könnt, denn das ist die einzige Möglichkeit, darüber hinauszuwachsen.» Sexualität gilt als (notwendiger) Umweg zur Spiritualität: «Wenn du im Moment des Orgasmus wach und bewußt bist, siehst du, daß es keine Zeit gibt. Für einen Augenblick verschwindet die Zeit. Es gibt keine Vergangenheit und keine Zukunft; du bist absolut hier und jetzt, und das ist das Wunderbare.» Wer erleuchtet ist, braucht keinen Sex mehr; das sexuelle Bedürfnis stirbt ab.

Die Nähe zwischen Liebe und Religion in Bhagwans Konzeption hat viele Besucher aus dem Westen fasziniert. «Sexualität und Spiritualität sind die beiden Enden einer einzigen Energie.» Für dazugehörig erklärt Bhagwan die «Erfahrung des Todes». «Ich möchte, daß ihr euren Sex in seiner Totalität und euren Tod in seiner Totalität erfahrt. Ein Mensch lebt erst in der Wahrheit, wenn er fähig ist, Sex und Tod ohne jede Hemmung zu erleben.»

Bhagwan hatte 1981 seinen Sitz vom indischen Poona ins US-amerikanische Oregon verlegt, wo mitten in der Einöde eine Stadt entstand: «Rajneeshpuram». Bis zu 15000 Sannyasins konnten sich dort gleichzeitig aufhalten.

Seinen Anhängern verkündete er nun den Untergang der Welt und «alle möglichen Zerstörungen» zwischen 1984 und 1999: «Naturkatastrophen ebenso wie von Menschen verursachte selbstmörderische Akte», «Kriege, die zwangsläufig in atomaren Explosionen enden» und einen globalen «Holocaust».

Konflikte mit den amerikanischen Behörden und Spannungen innerhalb der eigenen Leitungsgruppe führten allerdings zur Auflösung der Siedlung. 1986 ließ sich Bhagwan wieder in Poona nieder und gründete dort ein Zentrum mit dem Namen Osho Commune International (Osho = ursprünglich Ehrentitel für Bodhidharma, Patriarch der chinesischen Ch'an-[Zen-]Schule). Im Januar 1990 ist der Bhagwan Shree Rajneesh in Poona gestorben.

Bibel

Seit der Zeit der Kirchenväter nennt man die kanonischen (→ Kanon) Schriften des → Alten und → Neuen Testaments «biblia», die «Schriften», das heilige Buch der Christenheit, das die Offenbarungen

Gottes durch sein Wort enthält. (→ Heilige Schriften) Die Bibel ist keine literarische Einheit, sondern eine Sammlung von einzelnen Schriften, die sich nach Inhalt, Umfang, Alter und Form beträchtlich voneinander unterscheiden. Ihre beiden Teile heißen «Testament», das heißt Abmachung, Vertrag, Bund. Dahinter steht die Vorstellung eines Bundes, den Jahwe mit Israel geschlossen hat. Das Urchristentum ging seinerseits davon aus, daß in Jesus Christus ein neuer Bund mit Gott geschlossen worden sei.

Die Einteilung der biblischen Schriften in Kapitel wurde im 13. Jahrhundert, diejenige in Verse im 16. Jahrhundert vorgenommen.

Das Alte Testament, die wichtigste Urkunde für die israelitisch-jüdische Religion, ist in Althebräisch, einige Abschnitte (Dan. 2,4b–7,28 und Esra 4,8–6,18; 7,11–26) in Aramäisch geschrieben.

Von alters her waren die Schriften des Alten Testaments in drei Gruppen eingeteilt, in «Gesetz», «Propheten» und «andere Schriften». Ab der Mitte des 3. Jahrhunderts v. Chr. wurden die hebräischen Bücher des Alten Testaments auch ins Griechische übersetzt. So entstand für die griechisch sprechenden Juden der Diaspora die Sammlung der «Septuaginta», in die allerdings auch Teile aufgenommen wurden, die in der hebräischen Bibel fehlen (Judith, Tobit, Weisheit, Jesus Sirach, Baruch und die beiden Makkabäerbücher). Die Septuaginta ist zum Alten Testament des Urchristentums geworden.

Auch Hieronymus übernahm deren Umfang für seine lateinische Bibelausgabe, die Vulgata, die für Jahrhunderte zur maßgeblichen Übersetzung in der abendländischen Kirche werden sollte. Anders als er hat sich Martin Luther später an den hebräischen Schriftkanon gehalten und die in der Septuaginta zusätzlich überlieferten Schriften als «Apokryphen» in den Anhang seiner Bibelübersetzung genommen – Schriften, die nützlich und erbaulich zu lesen, aber keineswegs von derselben Geltung wie die anderen Teile der Bibel seien.

Die neutestamentlichen Schriften sind in Griechisch (in Koine: der Sprache der frühen Kaiserzeit in Rom und Afrika bis in den Fernen Osten) verfaßt. Das älteste Verzeichnis kirchlich anerkannter Schriften des Neuen Testaments («Canon Muratori») umfaßte 22 Teile, unter denen der Hebräerbrief und vier Katholische Briefe allerdings noch fehlten. In den ersten Jahrhunderten wechselte der Bestand des neutestamentlichen Kanons; zeitweilig gehörten Schriften zum Neuen Testament, die später verworfen wurden. Im Jahr 382 bestimmte eine Synode den Umfang des «römischen Kanons», der mit den Schriften des Alten Testaments und 27 Schriften des Neuen Testaments den ganzen, heute noch gültigen Bestand der christlichen Bibel aufweist. Stark umstritten waren in der westlichen Kirche lange Zeit der Hebräerbrief sowie einige Katholische Briefe, in der Ostkirche hingegen die Apokalypse des Johannes.

Übersetzungen der Bibel in die deutsche Sprache gab es zwar schon früher; aber erst Luther machte die Bibel zu einem deutschen Volksbuch und beeinflußte dadurch auch die Entwicklung der neuhochdeutschen Schriftsprache. Die Bibel oder einzelne Teile daraus sind heute in über tausend Sprachen übersetzt.

Die Bedeutung sowohl einzelner biblischer Schriften wie der Bibel insgesamt ist in der Geschichte des Christentums sehr unterschiedlich bewertet worden. Im Katholizismus trat neben die Bibel die «lebendige Tradition». Die Reformatoren hingegen erklärten die Bibel zur einzigen Norm des Glaubens. In nachreformatorischer Zeit wurde die Lehre der «Verbalinspiration» (→ Heilige Schriften) ausgebildet. In der Aufklärung begann die kritische wissenschaftliche Bibelforschung. (→ Bibelwissenschaft)

Bibelwissenschaft
Nach seinem eigenen Selbstverständnis bezieht sich der christliche Glaube auf die → Bibel als seine alleinige oder zumindest wichtigste Grundlage. Die Bibelwissenschaft hat das → Alte und das → Neue Testament zu ihrem Gegenstand. Sie versucht deren Überlieferungsprozeß nachzuzeichnen.

Altes Testament
Das Urchristentum legte das Alte Testament als Verheißung aus, die sich in Jesus Christus bereits erfüllt habe. Das Matthäusevangelium und Paulus wollten diese Sichtweise mittels des alttestamentlichen Schriftbeweises und allegorischer Auslegung belegen. Die Allegorese deutet den Wortlaut eines Textes um und sucht in seinem sprachlichen Ausdruck einen tieferen als den buchstäblichen Sinn. So macht sie aus einer zeitgebundenen oder nicht mehr verständlichen Aussage eine zeitlose und bleibende Wahrheit. (→ Auslegung)
Origenes (gest. 254) schuf das riesige Werk (von vielleicht 6000 Seiten) einer Ausgabe des Alten Testaments mit sechs parallelen Kolumnen («Hexapla»), damit man den hebräischen Text, die Septuaginta (griech. Übersetzung des Alten Testaments) und andere griechische Übersetzungen miteinander vergleichen konnte. Hieronymus (ca. 347–420) übersetzte große Teile des Alten Testaments und hielt Informationen über den hebräischen Text fest, die bis zum Wiederaufleben des christlichen Hebräischstudiums im 12. Jahrhundert von allen Theologengenerationen benutzt wurden. Seine Bibelübersetzung, die Vulgata («allgemein Gebrauchte»), wurde auf dem Konzil von Trient (1545–1563) für authentisch erklärt, d. h. dem Original gleichgestellt.
Im Mittelalter fixierten jüdische Gelehrte, die Masoreten (Masora = «Überlieferung»; sie vokalisierten und akzentuierten das ursprünglich als reiner Konsonantentext überlieferte Alte Testament), den Text der hebräischen Bibel. In der christlichen Exegese wurde das Alte Testament so ausgelegt, daß man neben dem Wortsinn (sensus litteralis) auch einen geistlichen Sinn (sensus spiritualis) berücksichtigte. Maßstab der Auslegung waren die kirchliche Tradition und die Entscheidung des kirchlichen Lehramtes, das bevollmächtigt war, zwischen richtigem und falschem Verständnis eines Bibeltextes zu unterscheiden. Seit dem Tridentinum (→ Gegenreformation) hat das kirchliche Lehramt, das im → Vatikanum I (1869–1870) für unfehlbar erklärt wurde, die letzte Entscheidung in Fragen der Schriftauslegung.
Die Entwicklung des Buchdrucks am Ende des 15. Jahrhunderts hat den Zugang zum Alten Testament beträchtlich erleichtert. Vor der Reformation erschienen die ersten, von Christen verfaßten, Grammatiken der hebräischen Sprache (z. B. von Johannes Reuchlin, 1506).
Luther (1483–1546) lehnte den mittelalterlichen «vierfachen Schriftsinn» ab und ließ nur den buchstäblichen Sinn als «prophetischen Sinn im Blick auf das Kommen Christi» gelten: So sollte eine Beziehung zwischen dem Text, seiner historischen Situation, Christus und dem einzelnen Gläubigen hergestellt werden.
Die Orthodoxie (vom Ende des 16. bis zum Ende des 17. Jahrhunderts) identifizierte das «Wort Gottes» vollkommen mit der Bibel. Die Heilige Schrift galt somit als göttlich inspiriert.
Als ab dem 16. Jahrhundert das geozentrische Weltbild (mit der Erde im Mittelpunkt) aufgegeben werden mußte, geriet auch die Bibel in den Strudel der allgemeinen Verunsicherung. Man erkannte, daß sie keine universale Menschheitsgeschichte, sondern lediglich partikulare

jüdische Geschichte, gedeutet als «Heilsgeschichte», beschreibt. Die aufkommende Bibelkritik wollte Bibelstellen, die von Teufeln, Besessenen und bösen Geistern handeln, der irrigen Weltanschauung biblischer Autoren anlasten. J.S. Semler (1725–1791) erkannte, daß man bei der Auslegung von Bibeltexten auf den historischen Sinn achten muß, um zu erfahren, was die Verfasser vor dem Hintergrund ihrer historischen und kulturellen Umwelt wirklich ausdrücken wollten.

Gegen Ende des 18. Jahrhunderts kam die historisch-kritische Methode auf. Die Angaben der Bibel über Geschichte und Religion Israels wurden nun mehr und mehr in Zweifel gezogen. 1774 bis 1778 veröffentlichte G.E. Lessing (1729 bis 1781) die «Fragmente eines Ungenannten», deren Verfasser H.S. Reimarus, 1694–1768, war. Darin wurde u.a. auf die Unglaubwürdigkeit des alttestamentlichen Berichts vom Durchzug durch das Schilfmeer hingewiesen. Man fand immer mehr primitive und abergläubische Elemente in den biblischen Texten. Die jetzt vorgenommene historische Rekonstruktion, insbesondere der Frühzeit Israels, wich völlig vom Wortlaut der biblischen Darstellungen ab. Man glaubte, etwa bei den «Vätergeschichten» Stammesgeschichten von Gruppen des israelitischen Volkes vor sich zu haben. Die Religion des Alten Testaments wurde damit in den Rahmen der Religionen ihrer Zeit gestellt. Die vergleichende Religionswissenschaft beschrieb diese Religion nun als Ergebnis einer Entwicklung vom Animismus über den Polytheismus zum Monotheismus. (→ Gott)

Einzelne Forscher fragten nicht nur nach den literarischen Quellen, die in den biblischen Büchern verarbeitet wurden (→ Pentateuch), sondern auch nach den mündlichen und situationsbedingten Ursprüngen dieser Quellen. Sie versuchten die Entwicklung der biblischen Tradition von der kleinsten mündlichen Einheit über die verschiedenen Stadien der Bearbeitung («Redaktion») bis zur vorliegenden Form nachzuzeichnen («Formgeschichte») und den Text dann von seiner Entstehung und Entwicklung her zu interpretieren. Aus dem Vergleich der Religion Israels mit den Nachbarreligionen leiteten einzelne Theologen die Ansicht ab, daß eine mythologische Weltsicht (→ Mythos) zwar für Israel wie für seine Nachbarn typisch war, daß aber der Glaube des Alten Testaments als Glaube an Gottes Offenbarung in der Geschichte einzigartig sei und Gottes Transzendenz unterstreiche.

Neues Testament

Die Alte Kirche bildete den → Kanon des Neuen Testaments deshalb aus, damit sie abweichende Lehren (→ «Ketzer») besser abwehren konnte. Für die Auslegung der Texte (Exegese) entwickelte sie ihre eigenen Richtlinien. Ganze Schriften wurden allegorisch gedeutet.

In der Reformationszeit führten humanistische Anregungen zu einem verstärkten Interesse an den Quellen und an den Ursprachen der Bibel. 1516 gab Erasmus von Rotterdam (1466 oder 1469–1536) die erste griechische Ausgabe des Neuen Testaments heraus. Luthers Übersetzung des Neuen Testaments in die deutsche Sprache («Septembertestament», 1522) regte viele weitere Bibelübersetzungen an. Gegenüber den Katholiken behaupteten die Reformatorischen, nicht Tradition und Papst deuteten die Texte richtig, sondern «die Bibel lege sich selbst aus».

Im Gefolge der Aufklärung entwickelte sich die «biblische Theologie», die den theologischen Gehalt der einzelnen biblischen Schriften nicht nach dogmatischen Vorgaben (→ Dogmatik), sondern aus diesen selbst heraus erheben will. Die neutestamentliche «Einleitungswissenschaft» fragt nach Sprache, Text, Ent-

stehung und Aufbau der einzelnen biblischen Schriften.
Die historisch-kritische Methode führte u. a. zu der Erkenntnis, daß man in Geschichte und Theologie der frühen Christenheit zwischen dem Judenchristentum (palästinensische Urgemeinde) und dem Heidenchristentum unterscheiden muß. D. F. Strauß (1808–1874) bezeichnete in seinem «Leben Jesu» (1835/36) die Evangelien als «mythisch» und deshalb als historisch weithin wertlos. Die Frage des Verhältnisses der drei synoptischen Evangelien (→ Synoptiker) zueinander versuchte man mit der «Zweiquellentheorie» zu beantworten: Markus lag als ältestes Evangelium Matthäus und Lukas bei der Abfassung vor. Als zweite Quelle haben beide die «Logienquelle» benutzt. Textstücke, die sich entweder nur bei Matthäus oder nur bei Lukas finden, bezeichnet man als «Sondergut».
Die neutestamentliche «Formgeschichte» untersucht einzelne sprachliche Einheiten wie Gleichnisse und Wunder, fragt nach der soziokulturellen Umwelt (dem «Sitz im Leben»), aus der sie kommen, sowie nach ihrer mündlichen, vorliterarischen Überlieferung. Sie geht davon aus, daß diese Einzelstücke meist selbständig weitergegeben wurden und daß für ihre Überlieferung die Stilgesetze der einzelnen Gattung maßgeblich waren. Am interessantesten wird die formgeschichtliche Arbeit dann, wenn es um die Untersuchung der Frage geht, ob ein «Jesuswort» von Jesus selbst stammt oder ob es sich dabei um eine «Gemeindebildung» handelt.
Die Untersuchungen zeigten, daß die neutestamentlichen Einzelgeschichten eigentlich keine historischen Berichte, sondern Glaubensaussagen sind. Bei der Zusammenstellung der Einzelstoffe sind die Verfasser der Evangelien nicht nach biographischen, sondern nach theologischen Gesichtspunkten vorgegangen: Die eigentümliche Literaturgattung des «Evangeliums» will den als erhöht geglaubten Herrn (→ Kyrios) mit den Reden und Taten des irdischen Jesus lebendig machen.
Neuerdings wendet die neutestamentliche Forschung ihr besonderes Augenmerk der Sozialgeschichte des Urchristentums zu, wobei textorientierte mit soziologischen Untersuchungsmethoden verknüpft werden. Auf diese Weise gelangt man über die Rekonstruktion urchristlicher Geschichte zu einer Art «Soziologie der Jesusbewegung» (G. Theißen). Offenbar gab es unter der Anhängerschaft des Mannes aus Nazareth eine Gruppe von Wandercharismatikern, gekennzeichnet durch Heimat-, Familien-, Besitz- und Schutzlosigkeit, deren Lebensweise den sozialen Hintergrund für die Überlieferung insbesondere der Aussprüche («Logien») Jesu bildet. Neben ihnen stößt man auf Gruppen seßhafter und weniger radikal eingestellter Sympathisanten, die im übrigen die materielle Basis der Wandercharismatiker sicherten. Wie Jesus selbst, so stammten anscheinend auch seine Jünger aus den armen, unterprivilegierten Volksschichten Palästinas. Mit dieser Blickrichtung und einem sozialkritischen Ansatz gelangt das neu erwachte Interesse am «historischen Jesus» zu der Überzeugung, daß in dem «Menschensohn» der «Gott der Armen und Unterdrückten» in besonderer Weise sichtbar geworden sei.

Bilder
Bilder religiösen Inhalts sollen das → Heilige sichtbar machen und vergegenwärtigen. Es gibt Andachtsbilder zur Hilfe bei Meditation und Gebet des einzelnen wie Kultbilder, die bei religiösen Festen, Feiern und Prozessionen den Gläubigen gezeigt werden. Religionsgeschichtlich alt ist die Vorstellung, daß das Bild und die Gottheit, die es darstellt, eine Einheit ausmachen (Realpräsenz des Gottes im Bild). Das Bild ist folglich nicht nur ein

Mittel der Begegnung mit der Gottheit, sondern es hat selbst eine heilige Macht. Deshalb muß es verehrt werden (Idolatrie). Heiligen Bildern ähnlich sind Amulette, die ihre Träger schützen, und Talismane, die Glück bringen.
In den Religionen gibt es die unterschiedlichsten Einstellungen zum Bild. Bildfreundlich sind beispielsweise die Religion Altägyptens, die altindischen Religionen, die Religion Griechenlands, der Hinduismus und der Buddhismus. Bildfeindlich hingegen sind die prophetischen Religionen, der Islam, die Religion Zarathustras oder der alte japanische Schintoismus.
1. Aufgrund von Ausgrabungen weiß man heute, daß in Palästina im 8. und 7. Jahrhundert v. Chr. kleine Götterfiguren und Fruchtbarkeit fördernde Amulette überall unter der israelitischen Bevölkerung verbreitet waren. Auch der Tempel war mit Cheruben, sphinxartigen oder greifartigen Engelwesen, geschmückt. (1. Kö. 6,23–28) Mit Löwen war der Thron Salomos ausgestaltet. (1. Kö. 10,18–20) Die «eherne Schlange» erinnerte an die Wüstenzeit Israels. (4. Mose 21,4ff)
Unter den Gesetzen des Alten Testaments findet sich jedoch das Gebot: «Du sollst dir kein Gottesbildnis (aus Holz geschnitzt oder aus Stein gehauen) machen.» (U. a. 2. Mose 20,4; 5. Mose, 5,8–10) Dieses Gebot hat sich im Laufe der Zeit zu einem generellen Bilderverbot ausgeweitet. Alle Nachbarvölker Israels kannten bildliche Darstellungen ihrer Götter. Woher das Verbot der Herstellung von Jahwebildern in Israel stammt, ist unklar. Vielleicht liegt die Ursache einfach darin, daß in der Nomadenzeit des Volkes handwerkliche und künstlerische Fähigkeiten nicht ausgebildet werden konnten. Wahrscheinlicher ist es jedoch, daß die Entstehung des israelitischen Bilderverbots mit der Ablehnung fremder Götter zusammenhängt: Jahwe ist einmalig; er offenbart sich anders als die anderen Götter. Mit menschlichen Zügen kann man ihn nicht darstellen.
2. In der Umwelt des frühen Christentums gab es keinen Zweifel am Zusammenhang zwischen Götterbild und Gottheit. Da die Christen die Götter der Heiden als → Dämonen bezeichneten, dämonisierten sie auch deren Bilder. Künstler hatten in der Alten Kirche überhaupt einen zweifelhaften Ruf und konnten nicht so leicht wie andere Menschen Taufbewerber werden. Gott galt als geistig und unfaßbar; deshalb wollte man ihn nicht bildlich darstellen.
Erst gegen Ende des 3. Jahrhunderts begannen die Christen damit, die Katakomben (unterirdische Gemeindefriedhöfe) auszumalen. Aus der Grabkunst entwickelte sich nun die abendländische christliche Bildkunst. Bevorzugte Motive waren anfänglich Taube, Fisch, Schiff, Leier und Anker. Auf Sarkophagen (von griech. «fleischessend»; Kalksteinart, die Leichname schnell verwesen läßt und deshalb zur Auslegung von Särgen benutzt wurde; schließlich Bezeichnung für Steinsarg überhaupt) stellte man Hirten und Fischer als Sinnbilder paradiesischen Lebens dar. Szenen neutestamentlicher Speisungs-, Heilungs- und Erweckungswunder verdeutlichten die Wundermacht Christi.
Die Ablehnung heidnischer Götterbilder gab der Kritik am christlichen Bild jedoch immer wieder neue Impulse. Christus, die Engel und die Heiligen sollten eigentlich genausowenig dargestellt werden wie Götzen. Die christlichen Bilderverteidiger aber führten die Inkarnation (Fleischwerdung, Menschwerdung) Christi ins Feld: Zwar sei Gott nicht darstellbar, aber Jesus als Mensch könne man sehr wohl abbilden. Die Bilder seien gleichsam als Bibeln der Analphabeten anzusehen. Bei heiligen Festen könne ihre Betrachtung die Feiernden obendrein

von Ausschweifungen abhalten. Manche Theologen gestanden den Bildern somit eine belehrende und unterrichtende Funktion zu, lehnten aber ihre Verehrung ab.

3. Im Osten (Byzanz) trat im 6. und 7. Jahrhundert an die Stelle des christlichen Bildes die Ikone (gemaltes Sakralbild in der → Orthodoxen Kirche): Das Dargestellte und das Bild gelten als Einheit. Das Bild vermittelt das Heilige. Deshalb kann ihm Verehrung zuteil werden.

Mit den Ikonen, meist handlichen Tafeln, konnte man die Heiligenabbildungen und damit das Heilige selbst an alle gewünschten Orte bringen: in Häuser und Mönchszellen, Schiffe und Gefängnisse. Wie ein Amulett ließ sich ein solches Bild auch am Körper tragen. Zu Ehren berühmter wundertätiger Ikonen wurden eigens Kirchen errichtet. Die Ikone über der Tür beschützte das Haus. Man stellte brennende Kerzen oder Lampen in der Nähe von Ikonen auf und verehrte sie mit Weihrauch, Salbung und Proskynese (kniefällige Huldigung, Anbetung). Vor der Ikone vollzog man genauso wie vor dem Bild des Kaisers Rechtshandlungen, deren Gültigkeit dadurch unterstrichen wurde. Gegen Ende des 6. Jahrhunderts tauchten Bilder auf, von denen es hieß, sie seien «nicht von Händen gemalt» (Acheiropoiten) und deshalb in ganz besonderem Maße heilsmächtig.

Ikonen konnten sogar Wunder vollbringen, Bränden und Wassersnöten widerstehen, einen Lichtglanz aussenden und wie Reliquien Heilungen bewirken. Im Krieg halfen Ikonen der Gemeinschaft, die sie verehrte, die Feinde zu besiegen. Manche Ikone, die beschädigt («verletzt») worden war, blutete oder rächte sich, wenn man sie schmähte.

Im 8. und 9. Jahrhundert kam es im Osten zu einem Bilderstreit. Die «Ikonoklasten» («Bilderstürmer») argumentierten mit dem alttestamentlichen Bilderverbot. Die «Ikonodulen» («Bilderverehrer») hingegen wollten Jesus Christus zwar nicht «nach seiner Gottheit», wohl aber «nach seiner Menschheit» abbilden. Am Ende wurde die Ikone und ihre Verehrung zu einem verbindlichen Bestandteil des ostkirchlichen Lebens.

Durch die Dogmatisierung der Bilder kam es zu einem regelrechten Aufschwung der Bildkunst. Die klassische byzantinische Kreuzkuppelkirche zeigt seit dem 11. Jahrhundert in der Kuppel Christus als «Pantokrator» (Allbeherrscher), in der Apsis die Gottesmutter Maria, in der mittleren Zone die Heiligen. Bis heute hat sich diese Aufteilung erhalten. Altar- und Gemeinderaum werden durch eine Bilderwand, die Ikonostase, voneinander getrennt.

4. Auch in der mittelalterlichen Kirche des Westens setzte man sich mit dem Problem der Bilderverehrung und dem byzantinischen Bilderstreit auseinander. Gegen Ende des 8. Jahrhunderts entschied eine Synode, daß dem Kreuz und den Bildern von Christus, der Gottesmutter, den Engeln und den Heiligen andächtige Verehrung mit Lichtern, Weihrauch und Niederwerfen erwiesen werden solle. Die «wahrhafte Anbetung» hingegen gebühre Gott allein.

Karl der Große (742–814) bekämpfte die Bilderverehrung: Bilder seien ein schlechtes Erziehungsmittel und könnten das Entscheidende der biblischen Geschichte nicht aussagen. Wichtiger als bloßes Anschauen seien Hören und Gehorchen. (→ Gehorsam)

Dennoch hielt die Kirche des Mittelalters an der Verehrung der Bilder fest. Die Bußprediger warnten allerdings häufig vor dem Mißbrauch der Bilder; Savonarola (1452–1498) etwa bekämpfte damit einhergehend den Luxus in Welt und Kirche. Den mittelalterlichen Ketzern galten die Bilder gar als Herrschaftssymbole der Kirche. Deshalb verachteten die

Waldenser den ganzen kirchlichen Bilderkult. Die Wiclifiten und Hussiten verbanden mit ihrer Bilderkritik den Kampf gegen soziale und kirchliche Mißstände.
5. Für Martin Luther (1483–1546) war die Frage der Bilder zweitrangig. Bilder erschienen ihm weder heilsnotwendig noch verboten. In Wittenberg kam es 1522 zu reformatorischen Wirren. Andreas Bodenstein von Karlstadt (um 1480–1541) hatte 1521 das Abendmahl «unter beiderlei Gestalt» gefeiert und dabei die Entfernung der Bilder zu seinem Programm erklärt. In seiner Schrift «Von der Abthuung der Bilder» setzte er Bild und Götze («Ölgötze») gleich. Kruzifixe, Christusbilder und Heiligenbilder sollten gänzlich abgeschafft werden. «Bilder auf dem Altar zu haben, ist eine größere Sünde als Ehebruch und Räuberei, denn es geht gegen das erste Gebot.» Luther hingegen zählte die Bilderverehrung zu den Dingen, «die man halten mag oder nit». Das eigentliche Problem dabei sei die «Werkfrömmigkeit», die Vorstellung, man könne sich durch die Bilderverehrung Verdienste vor Gott erwerben.
Der Bildersturm der Täufer in Münster (1534–36) trug deutlich sozialrevolutionäre Züge. Das Zerschlagen der Bilder war für die Täufer Entlarvung von Macht und Mittel der Aufklärung. Auch Zwingli (1484–1531) verurteilte die Bilder als «Götzenbilder». In Zürich und Umgebung kam es 1523 und 1524 zu Bilderstürmen. Man trug die Bilder aus den Kirchen, zerschlug und verbrannte sie («Götzenkrieg»). Die Altgläubigen bedauerten diese Zerstörung wertvoller Kunstwerke.
Auch Calvin (1509–1564) vertrat die Ansicht, daß Christus nur aus dem «Wort» erkannt werde, während die Bilder vom Wort ablenkten. Gott sei Geist und müsse folglich im Geist angebetet werden. Bilder von Gott seien Ausdruck von → Aberglauben.
Die Katholiken hielten indes an ihrem Verständnis der Bilder fest: Christus selbst, der Mensch geworden ist, ist der Urheber der Bilder. Die Bilder leiten nicht nur zur Betrachtung, sondern auch zu guten Taten an. Bilder seien die Bibel der Laien.
6. Die Furcht vor dem Schönen im allgemeinen und dem Bild im besonderen machte Søren Kierkegaard (1813–1855) zu einem zentralen Thema seines Denkens. Ihren Grund hatte diese Einstellung in der Angst vor Sünde und Verdammnis, die Kierkegaard seit seiner Kindheit verfolgte. Das Böse kann sich, seiner Meinung nach, in der Gestalt des Schönen verbergen. Kierkegaard schien es unbegreiflich, wie ein Künstler Christus malen kann, ohne zu fragen, «ob doch Christus sich gemalt wünschte». Christliche Kunst galt ihm als Abkehr vom rechten Christentum. «Nur der ‹Nachfolger› ist der wahre Christ. Der ‹Bewunderer› nimmt ein heidnisches Verhältnis zum Christentum ein, und daher gebar auch die Bewunderung mitten in der Christenheit ein neues Heidentum: die christliche Kunst.»
Der eigentliche Kern des Schönen («Ästhetischen») ist nach Kierkegaard das «Erotische». Dem Ästhetischen wird nun ebenso wie dem Sexuellen, d. h. der Verführung, eine Absage erteilt. Die Liebe des Verführers sei «nicht seelisch, sondern sinnlich», «nicht treu, sondern schlechthin treulos, sie liebt nicht eine, sondern alle, will heißen, sie verführt alle».
Dem Sinnlichen setzt Kierkegaard den Geist, dem Schönen die Ablehnung der Bilder entgegen. Die Sprache, die «alles Sinnliche daran verneint», ist das «vollkommene Medium» des Geistes.
Entbildlichung geht gewöhnlich mit Reinheitsbedürfnis, Fanatismus und Sexualfeindlichkeit einher. Die Abwehr der Bilder ist eigentlich Abwehr des Weiblichen und dient der Entsühnung.

Kierkegaard steht beispielhaft für eine vor allem im Protestantismus weitverbreitete bildabgewandte und wortzugewandte Haltung, der u. a. Calvin starke Impulse vermittelte. Die Bilderfeindschaft ist für eine Glaubensüberzeugung typisch, die auch die Vorherrschaft des Mannes religiös rechtfertigen will. Sie ist Ausdruck für den Willen des Mannes zur Macht und charakteristisch für die männliche Angst vor Verführung und Machtverlust. Deshalb gibt es Bilderfurcht, Bilderabwehr und Bilderzerstörung gerade in den Religionen des maskulinen Monotheismus: im Judentum und im Islam sowie im frauenfeindlichen und marienlosen Protestantismus.

Blut

1. Viele Kulturen schreiben dem Blut eine besondere religiöse Bedeutung zu. Blut gilt als eine unheimliche Sache, der man nur mit Vorsicht und mit Scheu begegnen sollte. Leichtfertig darf man jedenfalls nicht mit ihm umgehen, denn es steht in Beziehung zum Leben. Recht gebraucht, gibt es jedoch Kraft und Gesundheit. Magische und sakramentale Wirkungen (→ Magie, → Sakrament) haften ihm an. Das Leben selbst ist im Blut gegenwärtig.

Wer das Blut seiner Feinde trinkt, eignet sich deren Kräfte an. In alter Zeit fing man besonders das Blut von Hingerichteten auf und verwendete es als Heilmittel. Da Krankheiten als Einwirkungen von Dämonen angesehen wurden, gebrauchte man Blut auch zur Dämonenabwehr. Blut, das an Türpfosten gestrichen wurde, sollte schädlichen Zauber abwehren. Wer sein Blut mit dem eines anderen mischte oder austauschte, ging dadurch einen besonderen Bund mit ihm ein («Blutsbrüderschaft»). Auch mit den heiligen Mächten kann durch die Verwendung von Blut angeblich eine Beziehung hergestellt werden. Heute noch werden die Taufbewerber bei der Einweihung in die neuen brasilianischen Religionen Candomblé, Makumba und Umbanda mit dem Blut eines Opfertieres besprengt. (→ Afroamerikanische Religionen)

2. Im alten Israel war das Blut heilig. Es galt als Sitz der → Seele und als Lebensstoff. Genauso wie dem Wasser schrieb man ihm die Fähigkeit kultischer Reinigung zu. (→ Taufe)

Vergossenes Menschenblut «schreit nach Rache». Es verunreinigt die Hand des Mörders. Verunreinigend ist auch das Blut der menstruierenden Frau, der Gebärenden und der Wöchnerin.

In → Kult und Zauber hat das But die magische Kraft, Dämonen und alles Böse abzuwehren. Das Blut der Beschnittenen vertreibt die bösen Geister in der Hochzeitsnacht (2. Mose 4,24–26), und das Passablut schützt vor den Todesdämonen (2. Mose 12,13.23).

Auf keinen Fall darf Blut genossen werden. «Alles, was sich regt und lebt, das sei eure Speise; wie das grüne Kraut habe ich's euch alles gegeben. Allein esset das Fleisch nicht mit seinem Blut, in dem sein Leben ist. Auch will ich euer eigen Blut, das ist das Leben eines jeden unter euch, rächen und will es von allen Tieren fordern, und will des Menschen Leben fordern von einem jeden Menschen. Wer Menschenblut vergießt, dessen Blut soll auch durch Menschen vergossen werden.» (1. Mose 9,3–6) Jahwe selbst droht dem Mörder Blutrache an.

Wer mit Leichen oder mit Blut in Berührung gekommen ist, muß sich reinigen. Im israelitischen Opferwesen tritt die sühnende Kraft des Blutes hervor. (→ Opfer) Heiligtum und Altar wurden mit Blut besprengt. Auch der Bund, den Moses zwischen Israel und Jahwe stiftete, wurde mit Blut besiegelt. «Da nahm Mose das Blut und besprengte das Volk damit und sprach: Seht, das ist das Blut des Bundes, den der Herr mit euch geschlossen hat...» (2. Mose 24,8) Wie

Blutsverwandte gehören Jahwe und sein Volk von jetzt ab zusammen.
Die alttestamentlich-jüdischen Auffassungen vom Blut finden sich auch im Neuen Testament wieder. Auffallend ist aber Jesu fehlende Scheu vor Menstrualblut. (Mk. 5,25ff)
Reinigung und Sündenvergebung verlangen indes das Vergießen von Blut. «Denn nach dem Gesetz wird fast alles mit Blut gereinigt, und ohne Blutvergießen geschieht keine Vergebung.» (Hebr. 9,22) Deshalb bedarf es des reinigenden Blutes Jesu, «der sich selbst als ein Opfer ohne Fehl durch den ewigen Geist Gott dargebracht hat». (Hebr. 9,14)
Die Judenchristen scheuten vor dem Blut in nicht geschächtetem Fleisch zurück, das die Heiden aßen. Von den Heidenchristen forderte man deshalb, daß sie unausgeblutetes Fleisch ablehnten. «Darum urteile ich, daß man denen, die aus den Heiden zu Gott sich bekehren, nicht Unruhe mache, sondern schreibe ihnen, daß sie sich enthalten sollen von Befleckung durch Götzen und von Unzucht und vom Erstickten [d.h. vom nicht Geschächteten] und vom Blut [d.h. vom Blutgenuß].» (Apg. 15,19f) Der Genuß von Götzenopferfleisch führte nämlich angeblich zu dämonischer Verunreingung.
Die Auffassung von der reinigenden und sühnetilgenden Wirkung des Blutes der Opfertiere wurde auf das Blut Jesu übertragen, dem die Macht, Sünden «abzuwaschen», zugeschrieben wurde. Jesus ist «Gottes Lamm, welches der Welt Sünde trägt». (Joh. 1,29) Wie nach jüdischer Vorstellung das Blut der →Märtyrer reinigend wirkt, so dient Jesu Blut als Blut der →Taufe. (Lk. 12,50) Jesus hat sich selbst stellvertretend als Opfer dargebracht. Sein Blut überbietet dasjenige der geopferten Stiere und «Sündenböcke» (Hebr. 9,13f; 13,11f) und begründet die Rechtfertigung der Sünder (Röm. 3,25). Durch Kreuz und Blut →Christi ist die Welt mit Gott versöhnt. (Kol. 1,19f) Durch die Taufe wird dem einzelnen Gläubigen die Sühnekraft des Blutes Jesu zugeteilt. «So lasset uns hinzugehen mit wahrhaftigem Herzen in völligem Glauben, besprengt in unsern Herzen und los von dem bösen Gewissen und gewaschen am Leibe mit reinem Wasser.» (Hebr. 10,22)
Den Weingenuß beim →Abendmahl bezog man auf Jesu vergossenes Blut. «Das ist mein Blut des neuen Testaments, das für viele vergossen wird.» (Mk. 14,24) Der Weinbund des Abendmahls ist der neue Blutbund, der den mosaischen Blutbund ablöst. (2. Mose 24,6ff)
3. Blutkult und Blutmagie lebten sowohl im Volksglauben als auch in der Theologie des Mittelalters weiter. Thomas von Aquin (1225–1274) bezeichnete «das Blut Christi, oder sein leibliches Leben, das im Blut seinen Sitz hat», als «Preis für unsere Erlösung». Deshalb komme dem Blut zu Recht die «Verehrung der Anbetung» zu.
Der Kult von Reliquien mit dem Blut Christi breitete sich immer weiter aus. Zahlreiche Legenden von blutigen Hostien und mit Blut gefüllten Abendmahlskelchen kamen auf. Auf Gemälden stellte man dar, wie aus der Seitenwunde des gekreuzigten Jesus Blut herausläuft, das die symbolisierte Kirche auffängt oder das Priester in den Abendmahlskelch leiten.
Nach dem Konzil von Trient (1545 bis 1563; →Gegenreformation) nahm die Verehrung des Blutes Christi einen erneuten Aufschwung. Der bloße Anblick der auf Gemälden dargestellten Geißelung des Heilandes konnte bisweilen zu spontanen Bekehrungen führen. Scharen von Pilgern zogen zu den wunderkräftigen Blutreliquien.
Auch im Protestantismus wurden zuzeiten Blut und Wunden Jesu andächtig betrachtet. Jesu blutiges Leiden, der Fluß von Blut aus Seiten- und Nägelwunden,

regte die Jesusfrömmigkeit und die Verehrung des «Blutbräutigams» an. Die Blut- und Wundenfrömmigkeit der → Herrnhuter Brüdergemeine beeinflußte den Methodismus (→ Evangelisch-methodistische Kirche) und wirkt heute noch in den Gesängen vom Blut Christi bei der → Heilsarmee, aber auch in Kreisen der → Erweckungsbewegung und der → Gemeinschaftsbewegung nach.

Buchreligionen

Judentum, Christentum und Islam gelten als die klassischen Buchreligionen. Mit derselben Bezeichnung werden allerdings auch andere Glaubensgemeinschaften wie etwa Hinduismus und Buddhismus, Zoroastrismus und Jainismus, Taoismus und das Mormonentum bedacht. Religionen dieses Typs haben meist ihre → Heiligen Schriften, die als Grundlage des Glaubens überhaupt angesehen werden, jeweils in einem → Kanon gesammelt. Die zentrale Bedeutung des heiligen Buches für eine Religionsgemeinschaft trat erstmals im Judentum des babylonischen Exils im 6. Jahrhundert vor Christus hervor: Die Funktion, die der zerfallene israelitische Staat (Monarchie) zuvor innegehabt hatte, übernahm jetzt das später von den Christen so genannte Alte Testament – Stütze des Glaubens und Sicherung religiöser Identität.

Das Christentum ist von seinem Ausgang her eigentlich keine Buchreligion: Jesus hinterließ weder Bücher noch schriftliche Texte. Erst unter nachträglichem jüdischem Einfluß stellte sich die christliche Buchorientierung ein. (Vgl. Mat. 13,52; 23,34) Die ersten heiligen Texte der Christen waren jüdische Schriften, denen man einen auf Christus verweisenden Sinn unterstellte.

Im Unterschied zu einer Buchreligion läuft eine Religion, die wesentlich nur durch ihren Kult und ihre Riten geprägt ist, leicht Gefahr, sich bis zum Verlust eigener Identität mit anderen Glaubensformen zu vermischen. Erst das Buch stabilisiert eine Religionsgemeinschaft auch gegenüber der Möglichkeit fremdbestimmten Zugriffs. (Montesquieu: «Das Buch triumphiert über den Tyrannen.») Es verleiht den grundlegenden Überzeugungen seiner Verehrer Dauer und ist gleichzeitig immer wieder Quell religiöser Verjüngung.

Innerhalb des Christentums hat vor allem der Protestantismus sein Selbstverständnis als Religion heiliger Schrift pointiert formuliert: «Sola scriptura» – die → Bibel allein ist Norm des Glaubens. Die Berufung auf das heilige Buch und auf die darin gefundene «reine Lehre», um damit gegen etablierte Mächte sowie gegen erstarrte Traditionen und überkommenes Brauchtum aussichtsreicher revoltieren zu können, hat die lutherisch-reformatorische Bewegung mit buddhistischen und islamischen Reformströmungen der Geschichte gemein: Stets verleiht der Rückgriff auf die «Ursprünge» dem Reformer Macht und Legitimation.

Christen und Juden werden im → Koran mit dem Ehrentitel «Leute des Buches» bedacht und somit gegenüber Anhängern anderer Religionen hervorgehoben. Auch für sich selbst betont der Islam die zentrale Bedeutung seiner heiligen Schrift. Im Rückgriff auf den Koran haben sich in der Geschichte islamische Kräfte immer wieder aufs neue gesammelt, so daß die mystische Tradition dieser Religion durch die Überlieferung des Buches ergänzt und gleichzeitig auch verändert worden ist. Selbst die neuzeitliche Säkularisierung konnte die fundamentalen Lehren des Koran nicht grundsätzlich in Frage stellen. Offensichtliche Widersprüche zwischen heiliger Schrift und modernem Alltag werden von der islamischen Theologie entweder dadurch «gelöst», daß man von der Existenz zweier getrennter und jeweils autonomer Wel-

ten ausgeht (marokkanischer Islam: Koran und säkulare Welt stehen isoliert nebeneinander und berühren sich nicht) oder daß eine religiöse Lehre die grundsätzliche Widerspruchslosigkeit zwischen der Schrift und den Wissenschaften herausarbeitet (indonesischer Islam). Beide Richtungen sind einer kritischen Koranforschung naturgemäß nicht förderlich.
In der Geschichte einer Religion setzen sich heilige Schriften in der Regel erst innerhalb eines langwierigen Prozesses religionspolitischer Auseinandersetzung durch, an dessen Ende die Bildung eines → Kanon steht. Der Kanon ermöglicht es, die Kirche, die ihn beschlossen hat (der katholische wie der protestantische Kanon gehen auf Synodalentscheidungen des 4. Jahrhunderts zurück), administrativ und liturgisch zu vereinheitlichen. Nun erst wirkt das heilige Buch maßgebend und orientierend, freilich nicht nur im engeren Bereich von Glauben, Frömmigkeit und Kult, sondern meist auch darüber hinaus in Kultur und Alltagsleben überhaupt. Unter zahlreichen Völkern stellt die jeweilige Bibel ja oft das erste Buch in der eigenen Sprache oder Schrift dar – über der Verarbeitung ihrer Inhalte entwickeln sich wissenschaftliche Methoden sowie Lehr- und Bildungstraditionen. Bis in die Neuzeit hinein war sich das Christentum einig, daß die Bibel die wahre Religion lehrt, daß sie zutreffend über die Entstehung der Welt und über die Geschichte der Menschheit berichtet und daß sie die Basis abzugeben habe für die Gestaltung des persönlichen, sozialen und politischen Lebens der Menschen.
Obgleich die heiligen Schriften als Maßstab und Richtlinie des Glaubens gelten, können sie in der Regel einen religionsinternen Pluralismus nicht gänzlich unterbinden. Dies rührt daher, daß die → Auslegung der heiligen Texte und die daraus gezogenen Konsequenzen für Praxis und Alltag der Menschen oft umstritten sind; im Zusammenhang damit wird auch die Gewichtung einzelner Teile oder Inhalte durch verschiedene Interessengruppen durchaus unterschiedlich vorgenommen; schließlich behält neben der Bibel meist auch andere (nicht-schriftliche) Tradition ihre Gültigkeit. Deshalb richten die Religionsgemeinschaften kontrollierende Institutionen (wie etwa die Christen das Bischofsamt) ein, die die höchste Autorität sachgerechter Auslegung für sich reklamieren.
Erst Buchreligionen sind recht eigentlich fähig zu missionieren – Bibeln kann man von einem Ort zum andern transportieren, sie gegebenenfalls von einer in die andere Sprache übersetzen, darüber hinaus haben sie auch selbst missionarische Kraft. Andererseits stellt schriftlich fixierter Glaube eine Erstarrung lebendiger Religiosität dar: Stets geht die Verehrung einer Bibel, bisweilen nur stillschweigend, nämlich mit einer Art Dogma einher – der Vorstellung ihrer Inspiriertheit. Eine Religion, die sich über ihre heilige Schrift an Glaubensinhalte und Lebensformen längst vergangener Epochen bindet, kann obendrein leicht bis zur Leblosigkeit erstarren, und ihre Anhänger entziehen sich durch diese Rückbindung mitunter jeglicher philosophischer oder naturwissenschaftlicher Weiterentwicklung.
Als Reaktion auf derartige Erstarrung kommt es in den Religionen immer wieder zum Protest der «Propheten», die, getrieben von neuer Offenbarung und unmittelbar ergangenem Gotteswort, gegen die bloß formale Autorität religiöser Institutionen und klerikaler Auslegungsinstanzen ankämpfen und, gerade im Rückgriff auf die «heiligen Ursprünge», neue Schübe religiöser Verlebendigung bewirken können.
In den Buchreligionen stellen die jeweiligen Bibeln auch das bevorzugte Medium zur Bildung des Nachwuchses dar – in Gottesdienst und Schule lernen die Ge-

nerationen nacheinander deren maßgebliche Inhalte kennen. Auf diese Weise wird Kultur tradiert. Das allgemeine Schulwesen beispielsweise hat seine Wurzeln in der Buchreligion des Judentums, und seither gehen Frömmigkeit und Bildung Hand in Hand. Lange Zeit stellte in muslimischen Teilen der Welt der Koran das erste Schulbuch dar, wie es in jüdischen Gebieten die heilige Schrift der Juden gewesen ist. Verdienstlich und hilfreich zugleich erschien es Juden, Christen wie Muslimen, möglichst umfängliche Teile ihrer jeweiligen Bibel auswendig zu lernen. Auch Martin Luther hielt es für besonders wünschenswert, daß jedes Kind mit neun oder zehn Jahren «das ganze heilige Evangelium» auswendig wüßte. So sollte sich jeder einen «Schatz fürs Leben», eine Grundorientierung für alle Lebenslagen, erwerben.

Die ganze Woche im Leben des Gläubigen ist auf einen heiligen Tag (Sonntag, Sabbat) ausgerichtet, und dieser dient in besonderer Weise der Begegnung mit dem heiligen Buch. Schriftauslegung macht den Kern des jüdischen wie des christlichen (nicht jedoch des islamischen) Gottesdienstes aus. Von dort ausgehend durchdringen die Inhalte der heiligen Texte im Laufe der Zeit alle Bereiche des Lebens der Völker, die Alltagskultur so gut wie das Rechtswesen, die Literatur so gut wie die Kunst. Als vorbildlich und stilbildend gilt die Sprache der jeweiligen Bibel, das Arabische des Koran, das Latein der Vulgata, das Deutsch der Lutherbibel. Die heilige Schrift studieren heißt Theologie treiben. Nur Schriftgelehrte verstehen die alten Sprachen, und nur sie können die Texte für die weniger gebildeten Gläubigen auslegen. Theologen sind es denn auch, die in Judentum, Christentum und Islam das gesamte Religionswesen bestimmen.

Die Bibel wird von den Juden im Urtext gelesen, der Koran darf nicht übersetzt werden. Um aber die oft schwierige Bedeutung einer Textstelle oder gar inhaltliche Widersprüche aufhellen und den als ursprünglich unterstellten Sinn in einer neuen Situation aktualisieren zu können, entstehen in den verschiedenen Buchreligionen ausgedehnte Kommentarliteraturen. (→Talmud) Zur sachgerechten «Auslegung» der heiligen Schriften wird eigens die Exegese als theologische Disziplin entwickelt, und Hermeneutik als Theorie der Schriftinterpretation formuliert vor allem im Christentum die Ansicht der Irrtumslosigkeit und Einheit der Bibel als «Wort Gottes».

Im Unterschied zum Christentum, das unter Berufung auf die Bibel ein eigenes Kirchenrecht ausgebildet hat, sind jüdische und muslimische Theologen gleichzeitig («weltliche») Rechtsgelehrte, denn die jeweilige heilige Schrift enthält auch das «göttliche Recht». Der Volksglaube schreibt den heiligen Büchern darüber hinaus nicht selten auch magische Kraft zu. Bibel- wie Koranstellen dienen nicht selten als schützende Amulette. Mitunter diente die Bibel im Kinderbett (oder im Kindbett) als Abwehrzauber gegen dämonische, teuflische oder hexerische Bedrohung. Im Christentum hielt sich über die Jahrhunderte auch das «Däumeln», ein willkürliches Aufschlagen der Bibel, um dem so gefundenen Text («Losung») Rat und Orientierung zu entnehmen. Wie Christen, so schwören auch Juden und Muslime bei ihrem heiligen Buch, das sie dabei mit der Schwurhand berühren.

Die (zumindest theoretisch aufrechterhaltene) Harmonie zwischen Bibel und Alltag, heiliger Schrift und allgemeinem Bewußtsein ist im Christentum spätestens im 17. Jahrhundert nachhaltig erschüttert worden. Statt auf die Bibel, stützten sich die neuzeitlichen Naturphilosophen lieber auf Beobachtung und Experiment. Das 18. Jahrhundert erklärte die biblischen Wunderberichte für historisch unglaubwürdig – für Produkte des Aberglaubens. Als vollends der Wissenschaft widersprechend bezeichnete das 19. Jahrhundert den christlich-jüdischen Schöpfungsglauben. Der Siegeszug des naturwissenschaftlichen Weltbildes, eines kritischen Geschichtsverständnisses und eines sich wandelnden sittlichen Bewußtseins hat die Bibel vom Thron allgemeiner Bedeutsamkeit gestoßen. Vor allem aber waren es die (Religions-)Kriege des Christentums, die jedem, der es sehen wollte, klar vor Augen stellten, daß auf der Grundlage der heiligen Schrift keine den Frieden sichernde Gesellschaftsordnung aufgebaut werden kann.

So ist die heilige Schrift des Christentums nach und nach aus dem öffentlichen Bewußtsein verdrängt worden. Um ihr Verhältnis zu den Naturwissenschaften, zu Geschichte und Politik wird meist nur noch innerhalb kirchlicher Theologien diskutiert. Schritt um Schritt hat die Kirche zentrale, in der Bibel fundierte Positionen aufgeben müssen. Noch im Jahr 1909 bestand die Päpstliche Bibelkommission darauf, daß der biblische «Schöpfungsbericht» eine historische Beschreibung darstelle, und im Jahr 1950 hob der Papst erneut die biblisch verbürgte Tatsache der Abstammung aller Menschen von «Adam und Eva», einem einzigen Urpaar, hervor.

Neuerdings versucht theologische Bibelkritik nicht nur im Protestantismus, sondern auch im Katholizismus modernes Wirklichkeitsbewußtsein und heilige Schrift wieder miteinander zu versöhnen. Der dauerhafte Verlust an Prestige aber, den die Bibel hat hinnehmen müssen, ist gleichwohl nicht zu übersehen. «Heute glaubt niemand mehr, daß eine Sintflut die ganze Oberfläche der Erde überschwemmte, daß ein Paar von jeder Tierart in der Arche gerettet wurde (Gen. 9), daß Josua die Sonne anhielt (Jos. 10,12), daß es zwischen Adam und Jesus nur 42 Generationen gab (Mat. 1,17), daß Judit Holofernes tötete, einen General Nebukadnezars. Die Historiker kennen die Irrtümer in der Chronologie des Buches Daniel und des Neuen Testaments. Die meisten Gebildeten glauben nicht mehr an die vielen Teufel, an die Jesus glaubte. Kein Jude will mehr die Apostaten ausrotten (5. Mos. 13,15), und kein Christ besteht mehr auf dem Gebot, Vater und Mutter zu hassen (Lk. 14,26) oder auf der Verwerfung von Arbeit und Vorsorge (Lk. 12,22–30). In ihrem Glauben, das Haus Davids werde ewig den Thron innehaben, täuschten sich die Propheten. In seinem Glauben an das bevorstehende Gottesreich irrte sich auch Jesus. Dennoch bleibt die Bibel eine reichhaltige Sammlung geschichtlicher Nachrichten, sehr bedeutender Gebote und hoher Poesie.» (Dictionnaire rationaliste, 1964)

Buddhismus

Der Buddhismus ist wahrscheinlich die für viele Christen fremdeste und am schwersten zu verstehende Weltreligion. Manche Europäer halten ihn gar nicht für eine → Religion, sondern eher für eine Philosophie, für ein psychologisches System oder eine Morallehre.

Der «südliche Buddhismus» ist heute in Sri Lanka (Ceylon) und in Hinterindien verbreitet. Er bezeichnet sich selbst als Theravada (= die «Lehre der Ältesten»; früher Hinayana: das «kleine Fahrzeug»). Der «nördliche Buddhismus» (Mahayana: das «große Fahrzeug») ist in China und Japan zu Hause. Eine Sonderform des Buddhismus ist der Lamaismus. (Mönchsreligion in Tibet mit zwei Häuptern an der Spitze: dem Dalai-Lama und dem Panchen-Lama. Nachdem China sich Tibet einverleibt hatte [1950], nahm der Dalai-Lama seinen Sitz in Indien.) Die Gesamtzahl der Buddhisten wird auf bis zu 500 Millionen geschätzt.

1. Der Begründer des Buddhismus war

ein Asket namens Siddhartha Gautama, der zum Buddha (d. h. der «Erwachte» oder «Erleuchtete») geworden war. Er stammte aus einer Adelsfamilie, die im heutigen Grenzgebiet zwischen Indien und Nepal regierte. Der junge Siddhartha heiratete und bekam einen Sohn. Im Alter von 29 Jahren verließ er jedoch seine Familie. Fern von der Heimat wollte er als Asket die Erlösung vom Leiden suchen. Nachdem er sich verschiedenen Lehrern angeschlossen hatte, durch Fasten nahe an den Rand des Todes gekommen war und schließlich einsehen mußte, daß ihn dieser Weg seinem Ziel nicht näher brachte, gab er die → Askese auf. In tiefer Versenkung gelang ihm endlich die Schau der Wahrheit und des Erlösungsweges. Er war zum «Buddha» geworden und hatte das Nirwana (s. u.) erreicht.

Er wanderte nun nach Benares, um den Menschen die Wahrheit, die er erkannt hatte, mitzuteilen. Fünf Wanderasketen schlossen sich ihm dabei an. Er legte ihnen seine Lehre, die «Vier Heiligen Wahrheiten», vor und gründete die Ordensgemeinschaft (Sangha) der buddhistischen Mönche und Nonnen. 45 Jahre lang wanderte er nun umher. Im Alter von 80 Jahren (wahrscheinlich 386 v. Chr.) starb er. Mit seinen Aschen- und Knochenresten begann der buddhistische Reliquienkult.

Der Buddha trat nicht mit dem gleichen Anspruch wie Jesus von Nazareth auf, eine einmalige historische Erscheinung zu sein. Er wollte lediglich andere auf den Weg zu wichtigen Einsichten führen und sie zur Erkenntnis ihrer eigenen Kraft anleiten. Die Vorstellung von einem Gott, der die Welt erschaffen hat, sie erhält und regiert, erschien ihm als Illusion. Er glaubte auch nicht an eine unsterbliche Seele und schrieb dem bloßen Glauben an eine Lehre oder der Hoffnung auf göttliche Gnade und Vergebung keine Bedeutung zu.

Was ihn statt dessen interessierte, war der Weg, der zur endgültigen Erlösung vom Leiden führt. Demgegenüber waren alle möglichen Erklärungen von Gott und Welt nebensächlich. «Wie das große Meer nur von einem Geschmack durchdrungen ist, dem Geschmack des Salzes, so ist auch diese Lehre und Ordnung nur von einem Geschmack durchdrungen, dem der Erlösung.»

Erlösung heißt Aufhebung des Leidens. Auf dem Weg dorthin ist der Buddha kein Tröster und kein Gott. Sein Weg der Erlösung setzt voraus, daß man sich an die «Vier Heiligen Wahrheiten» hält. Die erste Wahrheit lautet: «Alles ist Leiden.» Das ganze Dasein ist leidvoll, weil alles vergänglich ist. (→ Tod) Es ist sinnlos, nach einer unvergänglichen Seele zu suchen.

Die zweite Wahrheit erklärt, weshalb es die Wiederverkörperungen gibt. «Dies, ihr Mönche, ist die Wahrheit von der Entstehung des Leidens: es ist das Begehren, das von Wiederverkörperung zu Wiederverkörperung führt, das hier und dort seine Freude findet; das Begehren nach Lust, nach Dasein und nach Vernichtung.» Wer begehrt, will sich im Kreislauf des Daseins festhalten.

Die Wiedergeburt erfolgt nach dem Gesetz des Karman («Werk»): Gute Taten führen zur Wiederverkörperung in einer guten Existenzform, böse Taten zu einer schlechten Wiedergeburt. (Die Lehren von der Seelenwanderung, dem Kreislauf der Existenzen und dem Karman stammen aus vorbuddhistischer Zeit und sind in den Upanishaden belegt; → Hinduismus.) Es gibt fünf Orte der Wiederverkörperung: die Hölle, die Tierwelt, das Gespensterreich, die Menschenwelt und die Götterwelt. Auch Götter sind Wesen im Kreislauf der Existenzen.

Die dritte der «Vier Heiligen Wahrheiten» zeigt die Möglichkeit auf, wie man aus dem Kreislauf des Leidens ausbrechen kann. «Dies ist die Wahrheit von der Aufhebung des Leidens: es ist die

restlose Abwendung vom Begehren, das Erlöschen, Verwerfen, Aufgeben des Begehrens.» Das Ende des Begehrens heißt Loslassen, Befreiung: Nirwana.
Die vierte Wahrheit schließlich beschreibt den Weg zur Befreiung als den «edlen achtgliedrigen Pfad»: Dazu gehören die «rechte Ansicht» (die Erkenntnis der Vier Wahrheiten), sittliches Verhalten, die Anwendung der richtigen Methoden der Meditation und Konzentration und die Beseitigung von Gier, Haß und Verblendung.
Die richtige Einstellung des Menschen beruht auf Güte, Mitlied, Mitfreude und Gleichmut. Taten, die aus dieser Einstellung hervorgehen, sind heilsam und bewirken gutes Karman. Allen Menschen gibt der Buddha fünf grundlegende Gebote auf: nicht töten, nicht stehlen, sexuelle Ausschweifung meiden, nicht lügen und keine Rauschmittel genießen.
Nirwana ist das eigentliche Ziel des Heilsweges. Es bedeutet «Erlöschen», Ende des Leidens, absoluter Friede. «Es gibt, ihr Mönche, einen Bereich, wo weder Festes noch Flüssiges ist, weder Hitze noch Bewegung, weder diese Welt noch jene Welt, weder Sonne noch Mond. Das, ihr Mönche, nenne ich weder ein Kommen, noch ein Gehen, noch ein Stillestehen, weder ein Geborenwerden, noch ein Sterben. Es ist ohne jede Grundlage, ohne Entwicklung, ohne Stützpunkt: das eben ist das Ende des Leidens.»
Die christliche Kritik am Buddhismus hat die Nirwanavorstellung als «nihilistisch» abgetan. (Nihilismus: ein Standpunkt, der jeden Sinn sowie alle Ordnungen und Werte verneint und für den das Ziel des Lebens das Eingehen in das reine Nichts ist.) Tatsächlich ist das Nirwana etwas anderes als die christliche Vorstellung vom → «Ewigen Leben». Es ist nicht den Anschauungsformen von Raum und Zeit unterworfen und kann nicht erst nach dem Tod – etwa im → Paradies nach der → Auferstehung –, sondern schon hier und jetzt im Leben erfahren werden: wenn alle Leidenschaften erloschen sind, der innere Friede sich eingestellt hat und die Heiligkeit erreicht ist. Nirwana ist Seligkeit.
Zentrale Fragen der christlichen Religion, etwa die nach der → Ewigkeit oder der Begrenztheit des Lebens und der Welt oder nach dem Sein und der Anschauung Gottes, sind für den Buddhismus ohne Interesse. Eine Gottesvorstellung wie die christliche erscheint dem Buddhisten als völlig sinnlos. «Jene Asketen und Priester, die behaupten, daß, was auch immer dem Menschen zustoße an Wohl und Wehe, daß das alles durch Gottes Schöpfung bedingt sei, die habe ich aufgesucht und befragt: ‹Ist es wahr, daß ihr diese Lehre vertretet?› Sie bejahten dies. Ich aber sagte ihnen: ‹Demnach aber, Verehrte, würden die Menschen infolge von Gottes Schöpfung zu Mördern, Dieben, Gewalttätern, Lügnern, Zuträgern, Habgierigen usw.›»
2. Der frühe Buddhismus war eine Erlösungslehre, in dessen Konsequenz es lag, daß man sich aus dem Leben zurückzog. Der älteste Orden Buddhas bestand deshalb aus einer Gemeinschaft umherziehender Bettelmönche und Bettelnonnen. Der einzelne Jünger des Buddha scherte Haar und Bart, zog ein gelbes Gewand an und machte sich auf den Weg «in die Hauslosigkeit». «So in die Hauslosigkeit gezogen, erfüllt er die Lebensregeln der Mönche: Er vermeidet das Verletzen lebender Wesen, ist voll Mitgefühl und Erbarmen zu allen Wesen. Er vermeidet das Stehlen, nimmt nur das Gegebene und ist reinen Herzens. Er vermeidet die Unkeuschheit, lebt rein und enthält sich des geschlechtlichen Verkehrs. Er vermeidet die Lüge, spricht nur die Wahrheit und täuscht niemanden. Er vermeidet die Zwischenträgerei, vermeidet grobe Worte und leeres Geschwätz. Er vermeidet es, Keim- und Pflanzenleben zu

zerstören. Er speist nur einmal am Tage, besucht keine Tanzvorstellungen, Gesangs- und Musikveranstaltungen und dergleichen, schmückt sich nicht mit Kränzen, Wohlgerüchen oder Salben, schläft nicht in hohen und breiten Betten, nimmt kein Gold oder Silber an, kein rohes Getreide oder rohes Fleisch, keine Diener oder Dienerinnen, besitzt keine Haustiere usw. Er ist zufrieden mit dem Gewand, das seinen Körper schützt, und mit der Almosenspeise, die seinen Magen füllt.»

Die Mönche und Nonnen wurden im Laufe der Zeit allerdings seßhaft und übernahmen gegenüber den Laien in ihrer Umgebung eine Art Seelsorgeverpflichtung. So ist es in Thailand und Birma bis auf den heutigen Tag geblieben. In Sri Lanka entwickelte sich hingegen eine buddhistische Berufsgeistlichkeit.

Der Buddha selbst hatte vor seinem Tod keinen Nachfolger als Oberhaupt seiner Gemeinde bestimmt; allein seine Lehre sollte der Wegweiser sein. Diese Lehre hatte er, ähnlich wie Jesus, in Form von Predigten und Lehrgesprächen vorgetragen. Nach seinem Tod wurden Buddhas Lehren gesammelt und als Tripitaka («Dreikorb», aus drei Hauptteilen bestehend) geordnet. Die Sammlung besteht aus Texten der Ordenszucht, aus Lehrtexten und Lehrbegriffen.

Die Überlieferung vom Leben des Buddha wurde im Laufe der Zeit indes von immer mehr Legenden überwuchert.

In der Regierungszeit des Königs Ashoka (268–233 v. Chr.) wurde der Buddhismus zur Grundlage des Staatsdenkens in Indien. Der Staat selbst übernahm die Aufgabe sozialer Fürsorge und baute Krankenhäuser für Menschen und Tiere. Die Welt sollte nach den buddhistischen Idealen verändert werden. Jetzt begann auch die buddhistische Weltmission. Auf der Insel Ceylon (Sri Lanka) wurde der Buddhismus zur Nationalreligion der Singalesen. Die Form dieses frühen Buddhismus heißt Theravada («Lehre der Ordensältesten»). Wegen seiner Verbreitung in den südasiatischen Ländern nennt man ihn auch den «südlichen Buddhismus». Der Theravada-Buddhismus ist noch heute die Mehrheitsreligion der Singalesen, der Birmanen, der Thai, der Laoten und der Khmer (Vietnam). In Thailand ist der Buddhismus Staatsreligion. In Indien selbst ging er im Ansturm der islamischen Eroberer während des 12. und 13. Jahrhunderts fast völlig unter.

Im Laufe der Zeit entwickelte sich der Buddhismus von einer Erlösungslehre des einzelnen mit einem einheitlichen, in sich geschlossenen Lehrgebäude zu einer Religion ganzer Völker mit einer Vielzahl religiöser Formen. Seit dem 1. Jahrhundert vor Christus drängte das Mahayana («großes Fahrzeug») die alten buddhistischen Schulen zurück. Die Kultlosigkeit der alten Religion entsprach nicht dem Bedürfnis der Massen; statt dessen machten sich Reliquienkult und Wunderglaube breit.

Vom 1. bis 5. Jahrhundert n. Chr. wurden die Lehrtexte des Mahayana, die zur «Vollkommenheit der Erkenntnis» führen sollen, festgehalten. Die Anhänger dieser Lehre setzten sich zum Ziel, selbst zu Buddhas zu werden. Als Bodhisattva («Wesen der Erleuchtung», zukünftiger Buddha) muß man das Gelübde ablegen, das Wohl aller Kreaturen unermüdlich zu fördern. Das Heil steht nicht mehr nur wenigen Asketen, sondern der Masse der Menschen offen.

Um die Mitte des 1. Jahrtausends n. Chr. entstand der tantrische Buddhismus. Tantras sind heilige Bücher, die u. a. Geheimlehren und Zauberformeln enthalten. Zuerst hatte der Hinduismus einen Tantrismus entwickelt. Zwar lehnte der alte Buddhismus den Glauben an die Wirksamkeit magischer Formeln und Rituale ab; aber die Volksfrömmigkeit erklärte gerade diese zum Mittel der Erlö-

sung. Im Zentrum der Symbolik des Tantrismus steht ein Mandala (Kreis): das kosmische Symbolbild, das man bei der Meditation benutzt, um zu höheren Einsichten und übernatürlichen Kräften zu kommen.
Nach seiner Verdrängung aus Indien konnte sich der Buddhismus nur noch auf der von Bergen geschützten Hochebene in Nepal halten. Dort blieb er bis heute bestehen. In verschiedenen Wellen der Ausbreitung kam er bis ins heutige Afghanistan, ins Gebiet der einstigen zentralasiatischen Sowjetunion, nach Tibet und zu den Mongolen. In Indonesien verbanden sich Hinduismus und Buddhismus zur Mischreligion des «Shiva-Buddhismus», die sich bis jetzt in Bali erhalten hat.
Im 1. Jahrhundert nach Christus kam die buddhistische Religion auch nach China. Dort bildeten sich zwei buddhistische Hauptformen heraus: der Meditationsbuddhismus (Ch'an, japanisch: → Zen) und der Buddhismus des «Reinen Landes», der aus der alten Selbsterlösungslehre Buddhas eine Religion des Glaubens und der Fremderlösung (durch ein übernatürliches Wesen) machte.
Von China aus gelangte der Buddhismus nach Japan, Korea und Vietnam. Zu den bedeutendsten Formen des japanischen Buddhismus gehört der Zen («meditative Versenkung»), der in neuerer Zeit in Europa und den USA auf starkes Interesse gestoßen ist. «Zen» heißt Meditation, Kontemplation, richtiges Denken, Konzentration des Geistes. Er gilt als Weg zum Nirwana. Wer diesem Weg folgt, spricht den Schwur der buddhistischen Mönche, der als wichtigstes Gelöbnis des Buddha und aller Heiligen gilt:
«Der Menschen sind unendlich viel – wir geloben, sie alle zu retten.
Zerstörender Irrtum ist unerschöpflich – ihn auszurotten, geloben wir.
Die Lehre der Wahrheit ist unermeßbar – wir geloben, sie kennenzulernen.
Buddhas Wahrheit ist die höchste – wir geloben, sie zu vollenden.»

Buße

Buße ist «Besserung» eines durch → Sünde gestörten Verhältnisses zu Gott oder zu heiligen Mächten. Im Christentum gilt Sünde als Verkehrung angemessenen Lebens und Verhaltens. Buße soll diese Verkehrung wieder rückgängig machen und das Schlechte beseitigen. So ist «Wiedergutmachung» das Hauptziel der Buße.
1. Die alten Azteken entnahmen ihren Begriff für Sünde dem Bereich des Schmutzes und des Unrates; Buße war dementsprechend «Entfernung des Unrates» und «Beseitigung der Beschmutzung». Nach der Ansicht zahlreicher Völker Afrikas können Krankheiten von Geistern verursacht sein. Buße erfolgt dann in der Absicht, diese Geister zu besänftigen und zufriedenzustellen.
Die Religionen kennen zahlreiche Bußhandlungen, durch die sich der Mensch selbst reinigt. Bei den Azteken etwa galt Fasten als eine wichtige Bußübung. Sich selbst Blut abzapfen und → Askese üben waren weitverbreitete religiöse Maßnahmen. Den Göttern gegenüber mußte man grundsätzlich Reue empfinden; ehrfürchtig sein und sich selbst erniedrigen galt als angemessene Haltung, um das gestörte Verhältnis zu den heiligen Mächten wiederherzustellen.
2. Im alten Israel gab es schon in vorexilischer Zeit Fastentage, an denen es Brauch war zu klagen, sich kahlzuscheren und einen Sack umzugürten. (Joel 1,14; Jona 3) Diese Fasten- und Bußtage hatten zum Ziel, die «Umkehr zu Jahwe» zu vollziehen. «Umkehren» steht im Alten Testament für Buße tun. (5. Mose 30,1–3) Das schließt «Hören auf Jahwes Wort» und → Gehorsam gegenüber seinen «Geboten und Satzungen» ein. Die alttestamentlichen Propheten mahnten zur Umkehr: zum Verlassen des bösen

Weges und zur Beendigung der Verehrung fremder Götzen.
Der Vorläufer Jesu, Johannes der Täufer, trat mit der Ankündigung des nahen «Gerichts» und dem Ruf zur Buße hervor. «Tut Buße, denn die Herrschaft der Himmel ist nahe herbeigekommen.» (Mat. 3,2) Taufe und Umkehr seien die letzte Chance zur Rettung.
Jesus selbst orientierte sich anfangs an der Botschaft des Johannes; er ließ sich taufen. Dann aber stellte er nicht den «Zorn Gottes», sondern das «Heil» in die Mitte seiner Verkündigung. Von Buße war bei ihm sehr selten die Rede. (Wahrscheinlich ist nur der in Lk. 13,3.5 überlieferte Ausspruch auf Jesus selbst zurückzuführen.) Mk. 1,15 – «Die Zeit ist erfüllt, und das Reich Gottes ist herbeigekommen. Tut Buße und glaubt an das Evangelium!» – dürfte eine programmatische Zusammenfassung der Botschaft Jesu sein, deren Sprache die Herkunft aus der urchristlichen Mission verrät.
Die ersten christlichen Missionare waren Wanderprdiger, die durch die Dörfer Galiläas zogen. Auch sie sprachen vom «Reich Gottes» und dem letzten Angebot zur Umkehr an Israel. (Lk. 10,8–11) Die urchristlichen Heidenmissionare forderten zur Abkehr von den «Götzen» und zur Hinwendung zum allein wahren Gott der Christen auf (vgl. 1. Thess. 1,9f). Außer bei der Mission spielte Buße aber auch in der urchristlichen Gemeinde und unter den Christen selbst eine große Rolle. (→ Urgemeinde) Wer im christlichen Stand gesündigt hatte, sollte öffentlich Reue zeigen; Buße war Voraussetzung zur Vergebung. (2. Kor. 7,9f; 12,21)
3. In nachapostolischer Zeit setzte sich die Auffassung durch, daß Gott denjenigen Christen, die sich in Sünde von ihm entfernen, die Möglichkeit der Buße eröffnet, um zu ihm zurückkehren zu können. Vor dem sonntäglichen «Herrenmahl» (→ Abendmahl) mußte man deshalb die Sünden bekennen; andernfalls war das Opfer nicht rein. Als Bußleistungen galten Gebet, Fasten und Almosen. «Almosen wird zur Sündenerleichterung.» (Didache, «Lehre der zwölf Apostel», syrische Gemeindeordnung aus der ersten Hälfte des 2. Jahrhunderts) Jeder Büßer mußte sich plagen, → Demut üben und leiden. «Die Buße der Sünder bringt Leben, Buße zu unterlassen den Tod.»
Der Buße wurde die Kraft zugeschrieben, Sünden zu tilgen und Gott «Genugtuung» zu verschaffen. Beim öffentlichen Bekenntnis mußte man sich deshalb selbst überwinden und sich unter Fasten, → Gebet und Tränen demütigen. Augustinus (354–430) erklärte, daß außerhalb der (katholischen) «Mutterkirche» keine Sündenvergebung möglich sei. Deshalb müsse der Sünder bei der Kirche Zuflucht suchen, sich demütigen und sich öffentlicher Buße unterziehen. «Entweder du bestrafst dich oder er [Gott] bestraft dich.» Wer nicht hier auf Erden büßt, kommt ins → Fegfeuer. Sünde ist der «Tod der Seele». Nicht nur Taten, sondern schon Gedanken können Sünde sein. Die von Demut getragene Buße soll das ganze Leben hindurch andauern.
Das ganze Leben der Mönche, die dem Ziel der Vollendung durch Weltflucht und Askese nacheifern, ist eine fortdauernde Buße. (→ Mönchtum) Deshalb trugen Mönche, als äußeres Zeichen ihrer Gesinnung, ein Büßergewand. Trauer und Tränen sollten ihre Grundstimmung ausmachen. Strenge Gewissenserforschung bereitet die tägliche Beichte vor.
4. Im Mittelalter setzte sich überall die «private Buße» durch. Sie wurde zum vollgültigen, für jeden Christen heilsnotwendigen → Sakrament. Damit konnte die Sündenvergebung in einem geheimen Verfahren zwischen Priester und Sünder unbegrenzt wiederholt werden. Bußleistungen wurden nun für jeden erdenk-

lichen Fall festgelegt und in Bußbüchern gesammelt. Nach den ältesten Regeln hatte etwa ein Geistlicher für einen von ihm begangenen Mord mit zehn Jahren, ein Laie mit drei Jahren Verbannung zu büßen. Für den Diebstahl eines Ochsen mußte man dreimal 40 Tage bei Wasser und Brot darben. Den Geistlichen, der beim Konsekrationsgebet («Wandlung» beim Abendmahl) stotterte, erwarteten 50 Hiebe.

Jetzt kam auch die Praxis auf, lästige Bußstrafen umzuwandeln und durch andere Leistungen, z. B. durch Geldzahlungen, zu ersetzen. (→ Ablaß) «Öffentliche» Vergehen wurden im Rahmen des öffentlichen, «private» Vergehen im Rahmen des privaten Bußverfahrens getilgt. Öffentliche Vergehen waren z. B. Mord, Ehebruch oder Meineid.

Das 4. Laterankonzil (1215) erklärte dann die wenigstens einmal im Jahr vor einem Priester zu vollziehende Privatbeichte zum verpflichtenden Gesetz für jeden Christen. Die private Buße stieg damit in den Rang eines «Gnadenmittels» der Kirche auf. Die öffentliche Buße hingegen trat mehr und mehr zurück.

Im 12. und 13. Jahrhundert gingen immer neue Wellen regelrechter Bußbegeisterung durch die Kirche des Abendlandes. Es gab asketische Reformen, Bewegungen zur Erneuerung des Mönchtums und zahlreiche Gründungen von Bettelorden. Alle Anstrengungen wurden nun darauf verwendet, das christliche Leben durch Gebet, Fasten und «Werke der leiblichen und der geistlichen Barmherzigkeit» als «genugtuende» Bußleistungen zu intensiveren. → Franciscus von Assisi verstand sein Leben in Abkehr von der Welt als eine einzige Buße; seine ersten Anhänger nannten sich deshalb «Büßer von Assisi».

Im 13. und 14. Jahrhundert breiteten sich, von Italien ausgehend, in Mitteleuropa zwei Geißlerbewegungen aus: Büßergruppen wanderten von Ort zu Ort und unterzogen sich der öffentlichen blutigen «Geißelbuße», um daraufhin von ihrem Anführer immer wieder von neuem die Absolution (Lossprechung) erteilt zu bekommen. So wollten sie das bevorstehende Strafgericht Gottes abwenden. (→ Folter)

5. Die Reformation begann mit der Kritik an der mittelalterlichen Bußlehre. Martin Luther (1483–1546) sah den Menschen ganz und gar in Sünde verstrickt. «So ist unser natur gantz sundhafftig.» Buße ist, seiner Meinung nach, eine Haltung, bei der sich der Mensch selbst verabscheut. Buße muß das ganze Leben lang andauern. Aber Grundlage der Sündenvergebung ist nicht Reue des Menschen, sondern Vergebung Gottes. Die «guten Werke» darf man nicht als Voraussetzung, sondern als «Früchte» der Sündenvergebung ansehen: Sie dienen «alleyn Gott zu eehr und dem nehsten zu nutz».

Zwingli (1484–1531), der einen ausgeprägten Widerwillen gegen Ablaß, Fegfeuer und Beichtzwang hatte, meinte, der gläubige Christ «gadt täglich in sin kämerlin und recht darin mit got und klagt im sine prästen (Krankheiten, Sünden)». Die Vergebung der Sünden ist dem, der glaubt, gewiß.

Calvin (1509–1564) zog der Einzelbeichte das öffentliche Schuldbekenntnis an jedem Sonntag vor. Buße war für ihn «die Hinkehr unseres Lebens zu Gott», die «Tötung des Fleisches» und «Selbstverleugnung» einschließt. Die «Heiligung» ist Folge der Buße. Besonders wichtig erschien dem Reformator Genfs die Kirchendisziplin: Sie dient der «Erhaltung der Heiligkeit und Reinheit der Gemeinde», soll Sünder vom Bösen abschrecken und sie zur Beschämung und Reue führen. Durch «die Christliche Bußzucht [wird] das Himmelreich des glaubigen auffgeschlossen vnd den vnglauben zugeschlossen».

Für die katholische Kirche verurteilte das

Konzil von Trient (1545–1563) die protestantische Lehre von der Rechtfertigung und Buße. Jeder reuige Sünder müsse alle «Todsünden» einschließlich ihrer näheren Umstände in der Beichte aufzählen. Die Bußleistungen tilgen «ewige Sünden», aber auch «zeitliche Strafen». Die Buße ist, nach katholischem Verständnis, eines der sieben Sakramente der Kirche, die Christus selbst eingesetzt hat. Durch sie wird den sündigen und reuigen Christen «die Wohltat des Todes Christi zugewendet». Der Priester erlegt dem Beichtenden daraufhin eine «Genugtuung» auf, die nach der Absolution zu leisten ist. (→ Beichte)

C

Calvin

Johannes Calvin wurde am 10. Juli 1509 in Noyon in Nordfrankreich geboren. Mit 14 Jahren begann er ein philosophisch-theologisches Studium in Paris; später studierte er Jurisprudenz (Rechtswissenschaft). Etwa zwanzig Jahre war er alt, als er eine «plötzliche Bekehrung» erlebte; er wandte sich nun von der Glaubenslehre der katholischen Kirche ab und anerkannte als Autorität in religiösen Dingen, genauso wie Martin Luther (1483–1546), nur noch die Bibel.

Als es zu einer Protestantenverfolgung kam, verließ er Paris und ging nach Basel. Dort verfaßte er einen Abriß des christlichen Glaubens, «Institutio Religionis Christianae» (Unterweisung in der christlichen Religion). Darin wollte er den Nachweis erbringen, daß die französischen Protestanten «rechtgläubig» seien und zu Unrecht verfolgt würden. Die Schrift machte Calvin mit einem Schlag zu einem bekannten Mann.

Auf einer Reise von Basel nach Straßburg mußte er einen Umweg über Genf machen («da mir der Krieg den direkten Weg versperrt hatte»); dort traf er die Reformatoren Wilhelm Farel und Peter Viret, die den Katholizismus in der Stadt völlig ausgerottet hatten. Sie nötigten Calvin zu bleiben. Aber Calvins kirchliche und politische Forderungen waren so hart, daß ihn die Stadregierung bald darauf kurzerhand auswies. Drei Jahre verbrachte er nun in Straßburg, einem der lebendigsten Zentren des damaligen deutschen Protestantismus.

1541 wurde er erneut nach Genf gerufen. Sogleich machte er sich an die «Reformation» der Kirche in Genf, der er eine der Heiligen Schrift gemäße Form und Ordnung in Lehre, Zucht und Gottesdienst geben wollte. Dann verfaßte er ein Handbuch der Unterweisung in der reformierten Lehre, den sogenannten Genfer Katechismus, der in 373 Fragen und Antworten aufgegliedert ist. Er stellte die Predigt in den Mittelpunkt des Gottesdienstes und schaffte → Bilder, Altäre, Kerzen und die → Beichte ab.

Allergrößten Wert legte er auf «Sittenzucht»; denn die Gemeinde trägt seiner Meinung nach die «Herrschaft Gottes» in die Welt hinein. Jede Familie wurde jährlich einmal «inspiziert», d. h. «untersucht, ob es im Hause ruhig und friedlich zugeht, ob Streit mit den Nachbarn oder etwa Trunkenkeit vorkommt, ob sie faul und träge im Predigtbesuch sind».

Das Konsistorium, zusammengesetzt aus Pastoren und Ältesten, war eine regelrechte Inquisitionsbehörde. «So werden Flucher, Trunkenbolde, Hurer, Raufbolde, Streitsüchtige, Tänzer, Reigenführer und dergleichen Leute vorgeladen... Verachtet jemand verstockt die kirchliche Macht und läßt nicht binnen Jahresfrist von seinem Trotz, so wird er vom Rat auf ein Jahr ausgewiesen.» (Calvin an seinen Schüler Olevian)

Wer das Sittengebot übertrat, beleidigte, nach Calvins Meinung, Gott selbst. 1554 wurde ein Genfer wegen Sittlichkeitsverbrechen hingerichtet. Für drei Jugendliche, die in das Vergehen hineingezogen waren, forderte Calvin selbst die Todesstrafe durch Ertränken. Würfel- und Kartenspiel, Theater und Tanzen fielen der «Heiligung des öffentlichen Lebens» zum Opfer. Wirtshäuser ersetzte man durch «Erbauungslokale», in denen der Wirt für fromme Gespräche zu sorgen hatte.

Gegenüber Personen, die anderer Ansicht als er selbst waren, gab Calvin kein Pardon. Der Spanier Miguel Serveto, Arzt und Entdecker des Blutkreislaufs, hatte sich, Calvins Meinung nach, ketzerisch über das christologische und trinitarische Dogma geäußert. «Kommt er hierher, so lasse ich ihn, wenn ich irgend etwas vermag, nicht mehr lebendig fort», äußerte Calvin 1546. Im Jahr 1553 kam Serveto tatsächlich nach Genf, wurde ergriffen, als Ketzer verurteilt und verbrannt. «Ich will nicht verhehlen, daß ich es für meine Pflicht hielt, diesen Menschen, soviel an mir lag, unschädlich zu machen», äußerte Calvin in der Überzeugung, man müsse die Reinheit der Lehre, wenn nötig, auch mit derart drastischen Mitteln schützen.

Ketzerei war für Calvin soviel wie Bösartigkeit, Gottlosigkeit und Verstocktheit. Die Anhänger der zahlreichen verschiedenen protestantischen Strömungen waren für ihn, genauso wie die des «Papsttums», Pestbeulen, dunkle Gesellen, schlaue Füchse, heimliche Einschleicher. Sein Kampf gegen die Irrlehrer galt ihm als Teil des Kampfes, den das Licht gegen die Finsternis, das Gute gegen das Böse führt.

In Genf wurde nun auch eine Bücherzensur eingeführt. Kein Buch durfte gedruckt werden, wenn es keine Lizenz der Pastoren aufwies. Das kirchliche Überwachungssystem reichte bis in die Intimsphäre des einzelnen. «Da der menschliche Charakter nur allzusehr zu Leichtsinn, Wollust und Frechheit neigt, so wird die Menge, wenn sie nicht im Zaum gehalten wird, üppig und unbändig.»

Im Hintergrund dieser eigentümlichen Maßnahmen stehen Calvins «prophetisches» Selbstbewußtsein und eine Theologie, für die die «Prädestinationslehre» (Lehre von der Vorherbestimmung Gottes) typisch ist:

Alle Protestanten teilten die Auffassung, daß der Wille des Menschen nicht frei und außerdem zur Erlösung nichts nütze sei: Der Sünder ist ganz und gar auf Gottes Gnade angewiesen. Calvin spitzte diese Lehre noch beträchtlich zu: Von Ewigkeit her hat Gott vorherbestimmt, welcher Mensch einmal selig und welcher verdammt werden wird. Die «heilige Prädestination» war das ausdrückliche Zentrum der Heilslehre Calvins. «Ich bekenne, daß die Bösen aus Notwendigkeit sündigen und daß diese Notwendigkeit nach Gottes Anordnung und Willen besteht. Aber ich füge bei, daß trotzdem diese Notwendigkeit nicht in der Weise ein Zwang ist, daß der einzelne Sünder zu seiner Entschuldigung sagen könnte, er sei dazu gezwungen worden.» Das heißt, daß der Sünder in jedem Fall schuld ist, auch wenn er für seine Sünde nichts kann, und daß Gott den Menschen für die Sünden straft, die er selbst – Gott – verfügt hat.

Nur der kann folglich glauben, der von Gott zur ewigen Seligkeit vorherbestimmt wurde. Der Glaube ist nicht des Menschen, sondern allein Gottes Werk. Gott hat zum Glauben «prädestiniert», wen er will.

Die Genfer Hochschule, von Calvin gegründet, entwickelte sich zum geistigen Ausbildungszentrum für die reformierten Lehrer und Pastoren ganz Europas. Nach Calvins Plan sollte die gesamte christliche Welt von Genf aus missionarisch durchdrungen und reformiert werden. Er zweifelte auch nicht daran, daß die Genfer Lehre und die Wahrheit Got-

tes ein und dasselbe waren. Genf wurde tatsächlich zum Grundstein einer evangelischen Weltkirche. Der von Calvin inspirierte Protestantismus blieb militant und politisch. Er hat das geschichtliche Geschehen der folgenden Jahrhunderte mitgeprägt. Sein Ziel, der Herrschaft Christi die Wege zu ebnen und das Reich Gottes auf Erden zu errichten, sein missionarischer Bekenntniseifer, seine strenge sittliche Disziplin, seine → Intoleranz machten aus dieser Religion eine Kraft, die weit über die Grenzen einer Kirche hinaus wirkte. Erstaunlicherweise hat der Prädestinationsgedanke nicht lähmend, sondern geradezu anspornend gewirkt, die Frömmigkeit belebt und die Tatkraft der Gläubigen gesteigert. Mit den Niederländern und Angelsachsen gewann der Calvinismus die wirtschaftlich aktivsten und politisch potentesten Völker des 17. Jahrhunderts. Mit ihnen wurde er in die Welt getragen: Nach Südafrika, Amerika und Indonesien.
In seinem Testament schrieb Calvin: «Ich habe mich nach dem Maß der mir verliehenen Gnade bemüht, Gottes Wort rein zu lehren und die Heilige Schrift getreulich auszulegen. Aber mein Wollen und mein Eifer waren so kalt und so träge, daß ich mich recht schuldig fühle...»
Am 29. Mai 1564 starb er, nicht ganz 55 Jahre alt.

Chinesische Religionen

1. Die wichtigsten Quellen über die Religion im alten China sind «Das Buch der Urkunden» (Shu King), «Das Buch der Lieder» (Shi King), «Das Buch der Wandlungen» (Yi King) sowie aus späterer Zeit «Die Unterhaltungen und Gespräche (des Konfuzius)» (Lun Yü) und «Die Aufzeichnungen über die Sitten» (Li Ki). Aus diesen Schriften geht hervor, daß die Ahnen im alten China von besonderer religiöser Bedeutung waren. (→ Stammesreligionen) Ihre Namen wurden auf eine Tafel geschrieben, die man im Haus aufstellte. Das Sippenoberhaupt brachte ihnen Opfer dar. Später wurden Ahnentempel errichtet. Neben den Ahnengeistern galt die religiöse Verehrung auch zahlreichen Natur- und Lokalgeistern. Meere und Berge, Flüsse und Wälder hatten ihre bestimmten Geister oder Götter. Neben den Schutzgeistern gab es auch böse Geister. Geheimnisvolle Tiere waren Einhorn, Schildkröte und Drache. Unter den vielen Göttern trat Shangti, der «Himmelsherr», hervor. Als seine Wohnung galt der Große Bär. Der Himmelsherr wachte über die Einhaltung von fünf Pflichten: über die Liebe zwischen Vater und Sohn, die Gerechtigkeit zwischen Fürst und Untertan, die Einhaltung der Pflichten zwischen Mann und Frau, die Ehre des Alters und die Treue zwischen Freunden.
Nach altchinesischem Glauben gibt es im Kosmos zwei «Urgewalten»: yang, das Männliche, Helle, Warme, Trockene, Hohe und Aktive, und yin, das Weibliche, Dunkle, Kalte, Nasse, Tiefe und Passive. Überall im Leben trifft man diese beiden Prinzipien in Gegensatzpaaren wie Himmel und Erde, Gut und Böse, Fürst und Untertan. Alle Menschen sollten in Entsprechung zur Ordnung des Kosmos leben. An der Spitze aller stand der Kaiser, der Himmelssohn, der sogar das Recht hatte, Menschen in den Rang von Göttern zu erheben.
2. Heute denkt man bei chinesischen Religionen vor allen Dingen an → Buddhismus, → Taoismus und → Konfuzianismus. Außerdem gibt es in China 20 bis 50 Millionen Muslime (→ Islam) sowie einige Millionen Christen.
Chinas wirkliche Volksreligion aber besteht aus einem Gemisch aus Taoismus, Konfuzianismus, Buddhismus und der traditionellen Ahnenverehrung. Während sich die buddhistischen Priester hauptsächlich mit den Seelen der Toten befassen, kümmern sich die Taopriester bevorzugt um die Dämonen.

Das Volk verehrt buddhistische und taoistische Götter gleichzeitig und hält sich darüber hinaus auch an Traumdeutung, Wahrsagekunst, Zauberei und Magie. Die Gebildeten und Aufgeklärten verehren hingegen nur den Himmel, die Ahnen und bisweilen Konfuzius (Kung-tzu, 551–479 v. Chr.), Buddha und Lao-tse (Lao-tzu, «alter Meister», geboren angeblich 604 v. Chr.).
Der chinesische Kommunismus schließt eigentlich jegliche Religion aus. Religion gilt nämlich als Ergebnis und Zeichen der Unwissenheit und Unterdrückung des Volkes durch die Herrschenden. Dennoch existieren die Religionen in eingeschränktem und kontrolliertem Rahmen fort. Die Verfassung der Volksrepublik China gewährt zwar Freiheit zur Religion und Freiheit von der Religion; 1927 äußerte aber Mao Tse-tung (1893–1976): «Wir glauben, daß die Religion ein natürliches Produkt der Gesellschaft auf einer gewissen Stufe ihrer Entwicklung und ein Ausdruck für die menschliche Anrufung von mythischen Kräften um Hilfe angesichts unerklärlicher und unwiderstehlicher Naturkräfte ist... Religion ist daher eine Spiegelung der Klassengegensätze in der Klassengesellschaft und ein Werkzeug des Klassenkampfes, hauptsächlich ein solches, das von der ausbeutenden Klasse angewandt wird, um die Ausgebeuteten zu beherrschen. Andererseits ist es offenbar, daß die Ausgebeuteten die Religion als ein Banner benutzen, unter dem sich das Volk sammelt, um der Ausbeuterklasse standzuhalten... Manche Leute behaupten, daß die Kommunisten, als Atheisten in der politischen Sphäre, nicht mit Theisten zusammenarbeiten, noch daß sie ehrlich eine Politik annehmen können, die die Freiheit des religiösen Glaubens unterstützt. Dieser Gedanke ist falsch... Der Mensch kann revolutionäre Gewalt anwenden, um ein reaktionäres, soziales System umzustürzen; dieselben Mittel können aber nicht benutzt werden, um das religiöse Bewußtsein in den Seelen der Menschen zu zerstören... Die Religion wird gradweise eines natürlichen Todes sterben. Die Kommunisten glauben daher, daß die Anwendung von administrativen Erlassen, um gegen den religiösen Glauben der Massen einzugreifen, und die Annahme von einfachen, vorschnellen Maßnahmen, um das Religionsproblem zu bewältigen, in der Hoffnung, die Religion zu liquidieren, nutzlos sind.»
1951 wurde Tibet von China besetzt. Obgleich der tibetanische Buddhismus und der Dalai Lami respektiert werden sollten, kam es zu einer schonungslosen Verfolgung des Lamaismus. 1959 floh der Dalai Lama nach Indien. Im Zuge der chinesischen «Kulturrevolution» (ab 1966) kam es immer wieder zu Religionsverfolgungen in Tibet. 1968 meldete eine Pekinger Zeitung: «Während früher Bodhisattvas [‹Wesen der Erleuchtung›, Ideal des Mahayana-Buddhismus und künftiger Buddha] aus Ton und Buddhagottheiten in den meisten Heimen angebetet worden waren, sind diese jetzt durch das Porträt des Vorsitzenden Mao ersetzt worden. Dort, wo Statuen der Götter und Geister Dörfer und Straßen gefüllt hatten, sind diese jetzt überall durch Zitate des Vorsitzenden Mao ersetzt.» Viele Tibetaner flohen nach Indien, einzelne Gruppen auch nach Europa.
Da der Konfuzianismus in China nicht als Religion gilt, ist er weniger belastet als Taoismus und Buddhismus. Außerhalb der Kulturrevolution glaubte man sogar, an die alten «progressiven, ja sogar revolutionären Elemente» der Lehren des Konfuzius anknüpfen zu können.

Christengemeinschaft

Die «Christengemeinschaft» geht auf einen Kreis von Theologen, Künstlern und Akademikern zurück, die sich 1921 um Rudolf Steiner (1861–1925) gesammelt hatten. «Die Krise des Zeitalters hatte in uns die Überzeugung vertieft, daß der wesentliche Beitrag zur menschlichen Erneuerung auf dem innersten, dem religiösen Felde zu leisten wäre.» (Emil Bock, 1895–1959; später «Erzoberlenker» der Christengemeinschaft)

Steiner gab diesem Kreis «Beratung und Unterweisung»: Die religiöse Erneuerung müsse von der Verkündigung der christlichen Heilswahrheiten ohne Benutzung der überkommenen kirchlichen und theologischen Begriffe ausgehen; freie Gemeinden außerhalb der Kirche sollten gegründet werden, und nicht Lehren, sondern Kultushandlungen sollten die neue Gemeinschaft zusammenhalten.

Friedrich Rittelmeyer (1872–1938) wurde der erste «Erzoberlenker» der «über Katholizismus und Protestantismus» hinausgehenden «dritten Kirche». Die «Menschenweihehandlung» trat an die Stelle des Abendmahls. Die Teilnehmer fühlten sich als ein «Kreis von Geprüften, in den sich die Figuren höherer hierarchischer Ordnungen einzeichneten». Sie zogen, in Erfüllung ihres «Priesterauftrags», durch das Land und sammelten Gleichgesinnte. «Überall gab es Menschen, die auf uns warteten, als hätten sie bereits vor ihrer Geburt von der geistigen Welt auf die Erde herunterschauend mit uns den Beschluß zur Begründung der Christengemeinschaft gefaßt.» (Bock)

Die Christengemeinschaft schloß sich an Steiners Weltbild an. Dieses ist offen für alle möglichen «übersinnlichen Wirklichkeiten», die freilich nur Menschen mit dem «absoluten Gehör der Seele» wahrnehmen können. Steiner hatte 1913 die «Anthroposophische Gesellschaft» gegründet. «Anthroposophie» (griech. «Weisheit vom Menschen») zielt auf ein «tieferes» Erkennen und Leben im «Geist». Durch Meditation und innere Schau kann der Mensch angeblich mit übersinnlichen Mächten in Beziehung treten. Dann durchschaut er den Kosmos, dessen Entwicklung und auch seine eigenen früheren Daseinsstufen.

In der Christengemeinschaft gilt Christus als «konkrete allerhöchste Geistperson», Gott als «geistig-physisches» Wesen und «Daseinsgrund der Himmel und der Erde». Der «Werdestrom der Zeit» offenbart den Sohn als die schöpferische Seite der Gottheit.

Christi Erdenleib ist die «Urhostie». Mit ihr beginnt der Weltprozeß, der die Verwandlung der Erdenstofflichkeit in «reine Geistleiblichkeit» zum Ziel hat. Die Verwandlung geht von Christus auch auf die Menschen über: Der Mensch wird zum Priester im kosmischen Raum.

Kultus und Taufe der Christengemeinschaft beziehen sich auf die «Erkenntnis an ein Weiterleben der Seele nach dem Tod».

Während des Dritten Reiches wurde die Christengemeinschaft verboten (1941). Heute hat sie Gemeinden in ganz Deutschland, in anderen europäischen Ländern, in Amerika und Südafrika. Ihr Zentrum ist in Stuttgart. Dort, am Sitz des «Erzoberlenkers», unterhält sie ein Priesterseminar. Die Evangelische Kirche in Deutschland hat 1949 die Anerkennung der Taufe der Christengemeinschaft (bei der Wasser, Salz und Asche verwendet werden) abgelehnt und blokkiert seit 1950 ihre Aufnahme in den Weltrat der Kirchen.

Christentum

Selbstverständnis

Das Christentum ist eine → Religion, die davon ausgeht, daß Gott als Person in der Welt und in der Geschichte handelnd anwesend ist und sich in dem historischen Menschen → Jesus von Nazareth offenbart hat. (→ Offenbarung) Nach christlichem Verständnis verdankt und schuldet der Mensch als Geschöpf alles, was er hat und tut, diesem Gott. (→ Schöpfung)

Das Christentum ist überzeugt von seiner Einzigartigkeit, Unanfechtbarkeit und absoluten Wahrheit. (→ Absolutheitsanspruch) Diese Wahrheit ist für alle Gläubigen verbindlich in → Dogmen (Bekenntnissen) festgelegt, als deren Keimzelle «das Evangelium» gilt. Von anderen Religionen hebt sich das Christentum dadurch ab, daß in seiner Mitte nicht so sehr eine Lehre, als vielmehr eine historische Person steht, deren barbarisches Ende am Kreuz als zentrale Heilstat Gottes an allen Menschen gedeutet wird. Indem sich der Mensch heute zum Glauben an das damalige Geschehen entscheidet, wird die geschichtliche Heilstat für sein eigenes Dasein grundlegend bedeutsam.
Im Laufe seiner Geschichte hat das Christentum immer wieder seine Gestalt und seine Auffassungen verändert. Es spaltete sich in zahlreiche Untergruppen auf. Im Jahr 1054 entzweiten sich das abendländische und das morgenländische Christentum endgültig voneinander. Im 16. Jahrhundert trennten sich die Kirchen der → Reformation (Lutheraner, Reformierte, Anglikaner) von der römisch-katholischen Kirche. Zahlreiche weitere Kirchen und Gruppen spalteten sich von den Reformationskirchen ab (Presbyterianer, Kongregationalisten, Methodisten [→ Evangelisch-methodistische Kirche], → Baptisten, → Quäker, → Herrnhuter Brüdergemeine usw.). Daneben gab und gibt es unzählige christliche → «Ketzer», Sektierer und Freikirchen (→ Zeugen Jehovas, Neuapostolische Gemeinden, Adventisten, Mormonen, → Pfingstbewegung usw.). In neuerer Zeit melden sich darüber hinaus verschiedene «Jugendreligionen» (→ «Vereinigungskirche», → «Kinder Gottes» usw.) zu Wort, und das «konfessionslose Christentum» nimmt einen immer größeren Raum ein. Die zahlreichen Spaltungen trotz entgegengesetzter neutestamentlicher Weisung («... daß sie alle eins seien, gleich wie du, Vater, in mir und ich in dir», Joh. 17,21) hindern kaum jemanden daran, allein die eigene Gruppe für «rechtgläubig» zu erklären und die anderen für Abweichler zu halten.
Im Laufe der Geschichte haben sich die Inhalte des Christentums immer wieder entsprechend den geistigen Strömungen und politischen Verhältnissen der Zeit verändert. Als die christliche Religion den kulturellen Rahmen Palästinas überschritt und in den Bereich des → Hellenismus eintrat, mußten ihre grundlegenden Anschauungen sprachlich und gedanklich «übersetzt» werden. Aus Jesus von Nazareth wurde der metaphysische Logos (→ Christologie), aus dem jüdischen Monotheismus die christliche Trinitätslehre. (→ Gott) Die Alte Kirche baute ihre Dogmen aus Bausteinen einer eigentlich bibelfremden Vorstellungswelt auf. (→ Platonismus/Neuplatonismus)
Während des → Mittelalters kam es zu einer erneuten Durchdringung von Christentum und Platonismus (Anselm von Canterbury, 1033–1109; Alexander von Hales, 1170–1245; Bonaventura, 1221 bis 1274). Unter dem Einfluß von Aristoteles (384–322 v. Chr.) lehrte → Thomas von Aquin (1225 bis 1274), wie menschliche Vernunft und christliche → Offenbarung miteinander in Einklang gebracht werden können; schroff verwarf später Martin Luther (1483–1546) diesen Harmonisierungsversuch und lehnte auch die bislang gültige Verdienstfrömmigkeit ab.
Die → Aufklärung fand im → Katholizismus wenig, unter den Protestanten wesentlich größeren Widerhall. → Absolutheitsanspruch und Überlegenheitsgefühl, durchgehende Kennzeichen des Christentums, kamen angesichts des sich aufdrängenden Vergleichs mit außerchristlichen Religionen in arge Bedrängnis. Im 19. und 20. Jahrhundert formierte sich die Front der Fundamentalisten (→ Fundamentalismus) und Evangelikalen gegen die historisch-kritische → Bi-

belwissenschaft. Die →Dialektische Theologie konnte nach dem Ersten Weltkrieg zwar Denkformen und Lebensgefühl des kulturoptimistischen Neuprotestantismus überwinden; aber angesichts der Brutalität und Selbstgewißheit der «religiösen» Weltanschauung des Nationalsozialismus gelang es ihr nicht, die Kirche im →Kirchenkampf zu uneingeschränktem Widerstand aufzurütteln. Nach dem Zweiten Weltkrieg gewannen →Existentialismus und Marxismus besondere Bedeutung bei der Auslegung und Aktualisierung der Anliegen des Christentums.

Gewalt in den Quellen des Christentums

Wer die Kirchengeschichte überblickt, stößt auf ein erdrückendes Schuldregister des Christentums. Auffallend ist der Bruch zwischen dem Selbstverständnis des Christentums als Religion des →Friedens und der Liebe und seiner tatsächlichen aggressiven und kriegerischen Praxis. (→Krieg) Die Geschichte zeigt, daß die Anhänger der christlichen Religion gewöhnlich vor Gewaltanwendung nicht zurückschreckten, wenn ihre Auffassungen gegen Ungläubige oder Ketzer durchgesetzt und ihre Macht verteidigt oder ausgeweitet werden sollten. Obgleich ihnen Liebe gegenüber Freund und Feind geboten ist, missionierten sie mit Feuer und Schwert (→Mission), organisierten →Kreuzzüge und →Inquisition, verfolgten →Hexen und Häretiker (→Ketzer). Kaum jemand auf der Welt hat so blutige und verheerende →Kriege geführt wie die Christen; kein friedliches Volk durfte friedlich bleiben, wenn es erst unter den Einfluß des christlichen Europa geraten war.

Gründe für diesen gewalttätigen und rücksichtslosen Charakter des Christentums finden sich bereits in seiner wichtigsten Quelle, der →Bibel. Zahlreiche biblische Texte, auf die sich die Christen als auf einen absoluten und nicht hinterfragbaren Maßstab beziehen, legen eine Haltung der Gewalttätigkeit nahe gegenüber Andersgläubigen, gegenüber der Welt der Natur und gegenüber der eigenen Person.

Bereits die Religion des Volkes →Israel war ausgesprochen kriegerisch. Die Bekämpfung, Vertreibung und Ausrottung ganzer Völker propagierte es als «Heilige Kriege». Sein →Gott, der «Herr der Heerscharen», ist ein ausgesprochen kriegerischer Gott, der in Aussicht stellt, daß er alle Heidengötzen und ihre Völker vernichten werde. (Ps. 46) Psalm 144 etwa besingt ihn als den, «der meine Hände den Kampf lehrt und meine Fäuste den Krieg».

In Israel kannte der Haß gegenüber den Feinden keine Grenzen. «Tochter Babel, du Verwüsterin, wohl dem, der dir vergilt, was du uns angetan hast! Wohl dem, der deine jungen Kinder nimmt und sie am Felsen zerschmettert!» (Ps. 137,8f) «Der Gerechte wird sich freuen, wenn er solche Vergeltung sieht, und er wird seine Füße baden in der Gottlosen Blut.» (Ps. 58,11; vgl. auch Ps. 110)

Der Geist des →Neuen Testaments, so wird behauptet, habe die alttestamentliche Kriegswütigkeit und Rachebegeisterung überwunden. Tatsächlich war auch Jesus, der sich nach Mat. 11,29 selbst für «gütig und von Herzen demütig» hielt, in mancherlei Hinsicht gnadenlos, unerbittlich, intolerant und gewaltbereit. Er forderte z. B. denjenigen zu rigider Selbstkasteiung auf, der «eine Frau ansieht, ihrer zu begehren»: «Wenn dir aber dein rechtes Auge Ärgernis schafft, so reiß es aus und wirf's von dir.» (Mat. 5,27ff) «Heulen und Zähneklappern» drohte er denen an, die von Gottes Wegen abwichen.

In der Nachfolge Jesu fühlten sich die Christen oft so sanft, demütig und friedfertig, wie ihr Meister angeblich gewesen war; den Haß, den sie derweil bei sich

selbst übersahen, entdeckten sie bei anderen. Selbsthaß und Gewalt gegen sich selbst gingen einher mit Verketzerung und Verfolgung von Nichtchristen oder ketzerischen Abweichlern vom «Pfad der rechten Lehre».
Jesus verlangte von seinen Anhängern eine vorbehaltlose Ergebenheit gegenüber Gott und seiner eigenen Person. «Wer nicht für mich ist, der ist gegen mich.» Angesichts dieser Forderung konnten Brüder, Eltern und Kinder gegeneinander aufgebracht, ja zu Todfeinden werden. (Mat. 10,21f) «Wer Vater oder Mutter mehr liebt als mich, ist meiner nicht würdig.» (Mat. 10,35ff) Mit solchen Anforderungen können nur Angst und Schuldgefühle geweckt werden. Mit der Verheißung ewigen → Lebens werden eingewurzelte familiäre Bindungen aufgesprengt, um neue Bindungen – an Jesus, später an die Gemeinde, an Gott, Maria, den Heiligen Vater – herzustellen und zu festigen.
Die Versprechung ewigen Lebens macht es für den, der wirklich daran glaubt, letztlich überflüssig, dem Tod ins Auge zu schauen. Das Angebot, alles Geschick aus den Händen eines gütigen Vatergottes zu nehmen, verhindert es auch, daß die Christen die Verantwortung für ihre eigenen Taten, für Kriege und Umweltzerstörung, selbst übernehmen. Ihr Elitebewußtsein – «Ihr seid das Salz der Erde» –, versehen mit dem Stachel der Ungewißheit – «Viele sind gerufen, aber nur wenige sind auserwählt» –, regte sie zu beträchtlichen Anstrengungen und Leistungen an: zu guten Werken und Opfern, zu Heidenbekehrung und Eroberungen, zu Ablaßzahlungen und Selbstkasteiungen, zu Kapitalanhäufung und Wirtschaftsexpansion. Das Gefühl, Teil einer Weltfamilie zu sein, in der sich alle an bestimmte allgemeingültige Lebensregeln zu halten haben, konnte die christliche Religion ihren Anhängern jedoch kaum vermitteln.

Christentum: Religion der Demut
Die Gewalt der christlichen Religion richtet sich nicht nur gegen Andersgläubige, sondern auch gegen die eigenen Anhänger. Nach christlicher Auffassung ist der Mensch aus Gottes Hand hervorgegangen, seine Seele göttlichen Ursprungs; nur der Leib ist aus den Niederungen des Tierreiches emporgewachsen, und von dorther stammen auch die triebhaften, unbewußten Regungen, die → Sünde. Die christliche Moral ist deshalb darauf bedacht, die bösen Bestrebungen des Menschen zurückzuweisen und zu dirigieren.
Zu den bevorzugten Tugenden der Christen zählt → Demut. «Wer sich selbst erniedrigt, der wird erhöht werden.» (Lk. 18,14) In seiner demütigen Selbsterniedrigung ist der Gottessohn selbst allen Gläubigen ein Vorbild. (Phil. 2,6–8) In seiner eigenen Demutshaltung drückt der Fromme aus, daß er sich seiner Minderwertigkeit und der überlegenen Macht Gottes, der über ihn herrscht, bewußt ist. Beispielhaft ist christliche Demut von den Mönchen gefordert. (→ Mönchtum) Tonsur und niedergeschlagener Blick (auf daß sie «nie das Schuldbewußtsein verlasse»), Sünden bekennen («unter Tränen und Seufzen»), Fasten und sexuelle Enthaltsamkeit, Knien und Barfußgehen symbolisierten früher Unterwerfung unter die Gewalt des Herrn über Leben und Tod.
Die christliche Selbsterniedrigung durch → Buße und «Zerknirschung» und die Annahme der eigenen Nichtigkeit sind Aspekte einer Gewalt gegen sich selbst, die in der Geschichte des Christentums immer wieder mit äußerer Gewalt und Heiligen Kriegen einherging, um Andersgläubige in die Schar der Christen hineinzuzwingen. Die Demütigen sahen sich indes selbst als «Soldaten des gekreuzigten Christus».
Unterwerfung unter die Gewalt des Leidens Christi fordert in der Konsequenz

die Selbstvernichtung des Menschen vor seinem Gott. Dann erst kann Gott im Menschen Platz gewinnen. Je mehr das Ich des Menschen verarmt, um so größer wird die Gottheit in ihm. (→ Mystik)

Christenverfolgungen
«Christenverfolgungen» sind Maßnahmen von Staaten zur Bekämpfung des Christentums, die Opfer werden als → «Märtyrer» bezeichnet.
1. Christenverfolgungen mit religiösen, politischen, wirtschaftlichen und rassistischen Motiven gibt es bis in die Neuzeit. Im Zusammenhang mit der Durchsetzung des Marxismus-Leninismus in Rußland nach der Revolution von 1917 z. B. kam es zur Unterdrückung der christlichen Kirche und zu zahllosen Hinrichtungen einzelner Christen. Während der Zeit des Nationalsozialismus in Deutschland brachte der Widerstand zahlreiche Gläubige in Konzentrationslager. (→ Kirchenkampf) In Bulgarien, Albanien und Jugoslawien wurden nach 1945 zeitweise Christen verfolgt. Das neuerwachte Nationalbewußtsein in einigen Staaten Asiens, Afrikas und Lateinamerikas sieht in den christlichen Kirchen mitunter Wegbereiter des verhaßten europäischen und US-amerikanischen Imperialismus und nimmt ihnen gegenüber deshalb eine feindliche Haltung ein. In Armenien, China und Korea forderte der Nationalismus christliche Opfer. Seit sich Christen in den Diktaturen Mittel- und Südamerikas auf die Seite der verarmten Bevölkerung stellen und die ungerechten Besitzverhältnisse kritisieren, gibt es auch in diesen katholischen Ländern unzählige kriminelle Akte und Morde an Christen. (→ Theologie der Befreiung)
2. Im allgemeinen denkt man bei dem Begriff «Christenverfolgung» jedoch an die Zeit der Alten Kirche. Die Kirchenväter und die kirchliche Tradition erwekken den Eindruck, als reihte sich in den ersten nachchristlichen Jahrhunderten eine staatliche Christenverfolgung an die andere. Tatsächlich war die kleine Gruppe der Christen, die als jüdische Sekte erschien, noch im 1. und 2. Jahrhundert für die römischen Kaiser so gut wie bedeutungslos. Die Behörden behandelten sie ähnlich wie andere, nichtchristliche Kulte. Denn im allgemeinen waren die Römer in religiöser Hinsicht tolerant. Auch den Juden hatten sie Religionsfreiheit garantiert. Probleme mit den Christen ergaben sich aber daraus, daß man von jedem Staatsbürger erwartete, daß er den Göttern Opfer darbrachte und dem Kaiser huldigte. Das ganze öffentliche Leben war von religiösen Zeremonien begleitet. Religion sicherte die Einheit des Reiches. Daneben konnte jeder sein persönliches Heil suchen, wo immer er wollte.
Dem toleranten → Polytheismus der Römer trat nun der Ausschließlichkeitsanspruch der Christen entgegen. (→ Absolutheitsanspruch) Die Christen verschmähten Ämter und Würden, hielten sich vom öffentlichen Leben fern, erklärten ihren Gott für den allein wahren und bezeichneten alle anderen Götter als Teufel. Aggressiv schmähten sie die «Heiden» als Gottlose, Lügner und Mörder, deren Welt reif für die Vernichtung in «Blut und Feuer» sei.
Darauf reagierte das römische Volk seinerseits mit Haß und warf den Christen Blutschande, Ritualmord und Kannibalismus vor. Ein gebildeter Römer drückte damals seine Ablehnung des Christentums so aus: «Menschen einer bejammernswerten, unerlaubten, verzweifelten Rotte ziehen gegen die Götter zu Felde, indem sie aus der Hefe des Volkes unwissende Leute und leichtgläubige Weiber, die schon die Schwäche ihres Geschlechts zu Verirrungen treibt, zusammensuchen und eine ruchlose Verschwörerbande bilden, die bei nächtlichen Zusammenkünften, bei hungerleidenden Festen und kannibalischen

Speisen nicht durch eine heilige Handlung, sondern durch ein Verbrechen sich verbrüdert; ein duckmäuseriges, lichtscheues Volk, stumm in der Öffentlichkeit, nur in den Winkeln redselig... Jeden muß es empören und ärgern, wenn gewisse Leute, und zwar solche, die keine gelehrte Bildung, keine wissenschaftliche Weihe empfangen haben, ja sich nicht einmal auf gewöhnliche Gewerbe verstehen, etwas Sicheres über die Weltregierung zu bestimmen wagen, über die seit so vielen Jahrhunderten bis zum heutigen Tag die Philosophie selbst in ihren meisten Schulen noch im Zweifel ist.»

Die römischen Behörden reagierten auf die Anschuldigungen des Volkes gegenüber den Christen meist sehr zurückhaltend. Erst die kirchliche Geschichtsschreibung hat aus den römischen Kaisern kalte Mörder gemacht und «ungeheure Scharen heroischer (christlicher) Gestalten» erfunden, «die, die Stirnen von Märtyrerblut gezeichnet, das ganze zweite Jahrhundert durchziehen». Es gab nicht, wie oft behauptet, zehn Christenverfolgungen; nur unter fünf von fünfzig römischen Kaisern zwischen → Konstantin dem Großen und Nero lassen sich staatliche Verfolgungsmaßnahmen nachweisen, die übrigens nie die Grausamkeit der späteren christlichen Religionskriege erreichten. Der römische Kaiser Trajan (98–117) gab die Anweisung, daß jeder Verfolgte, «der leugnet, Christ zu sein, und dies durch die Tat beweist, indem er unsere Götter anruft, wegen seiner Reue Verzeihung erhalten soll, so verdächtig er auch hinsichtlich seiner Vergangenheit sein mag. Anklageschriften ohne Namen des Verfassers dürfen bei keinem Prozeß zugelassen werden. Denn das wäre ein schlimmes Beispiel und unserem Zeitalter nicht angemessen.» Die christliche → Inquisition späterer Jahrhunderte kannte solche Skrupel nicht.

Zwischen den Jahren 64 und 200 n. Chr. gab es kein planmäßiges Vorgehen gegen die Christen. Immer waren nur einzelne Orte und einzelne Personen davon betroffen. Das Martyrium war keineswegs das normale Ende eines Christen, sondern äußerst ungewöhnlich. Nie haben die staatlichen antichristlichen Maßnahmen den Bestand des Christentums ernstlich gefährdet oder auch nur seine Ausbreitung verhindern können.

Zwischen 200 und 250 folgte für die Christen eine Friedensperiode, bis der Kaiser Decius im Zusammenhang einer altrömischen Restaurationsstimmung 249/250 eine allgemeine Christenverfolgung anordnete. Der Kaiserkult sollte dabei gefestigt, das Wachstum der Kirche, die sich als «Staat im Staat» entpuppte, gestoppt und die notwendige Einheit im Innern des Reiches, das die Germanen bedrohten, wiederhergestellt werden. Nachdem Decius 250 ein allgemeines Opfergebot erlassen hatte, wurde eine große Zahl von Christen von ihrem Glauben abtrünnig, viele aber kamen in Gefangenschaft oder wurden hingerichtet.

Im Jahr 251 hörten die Verfolgungen auf, bis sie der Nachfolger Valerian verschärft fortsetzte. Er verbot jetzt den Christen, sich zu versammeln, und ordnete Inhaftierung und Hinrichtung des christlichen Klerus an. 260 stellte sein Sohn Gallienus, der mit einer Christin verheiratet war, die Verfolgungen wieder ein.

Die zweite und letzte allgemeine Christenverfolgung verfügte Diokletian im Jahr 303. Christliche Kirchen wurden zerstört und standhafte Christen in die Bergwerke verbannt. 311 und 313 beendeten kaiserliche Toleranzedikte die Auseinandersetzungen. Unter Licinius (323) und Julian (361–363) kam es noch einmal zu begrenzten Verfolgungen. Im Jahr 380 aber erhob Theodosius das Christentum zur Staatsreligion.

Unter den Christen erfreuten sich die Erzählungen von den Leiden unzähliger → Märtyrer (Märtyrerakten) großer Beliebtheit. Tatsächlich blieb jedoch die Zahl der «Blutzeugen» insgesamt «klein und leicht zu zählen». (Origines, gest. 254) Die Alte Kirche selbst gab bis zur Verfolgung des Decius von siebzehn römischen Bischöfen elf als Märtyrer aus, obwohl kein einziger von ihnen diesen angesehenen Titel zu Recht trägt.

Christologie

«Christologie» ist die Lehre von der Person → Jesu Christi und von seiner Bedeutung für die Christen: Sie gründet im Bekenntnis von Jesus als dem Gottessohn, seiner Inkarnation (Menschwerdung), seinem Leiden (Passion), seiner → Auferstehung und einstigen Wiederkunft (Parousie).

Das wichtigste Anliegen der Christologie ist es, Jesus als Mensch und gleichzeitig als «Gott für uns» zu beschreiben. Das Verhältnis des Gottessohnes zum Vatergott will die Trinitätslehre erklären. (→ Gott) In der Christologie im engeren Sinn geht es hingegen um das Verständnis Christi als «gottmenschlicher» Person. Die eigentliche theologische Bedeutung der Christologie und ihr Interesse an der «Wahrung der Menschheit und der Gottheit Jesu» ist es, Aussagen zu machen über die Natur des Menschen, seine Verlorenheit und Schuld sowie seine Erlösungsbedürftigkeit.

1. Die außerkanonischen Zeugnisse (→ Kanon) über die Entwicklung der Christologie ab dem Ende des ersten Jahrhunderts beginnen mit den sogenannten apostolischen Vätern. Das wichtigste Prädikat, das sie auf Jesus Christus beziehen, ist der → Kyrios-Titel (Kyrios = Herr). Genauso nannten damals die «Heiden» ihren Kaiser. Der Kyrios rückt in die unmittelbare Nähe Gottes. Ignatius (gest. um 110) beschreibt Jesus Christus als Sohn Gottes, der einst auf der Erde wandelte und jetzt im Himmel thront. Der geschichtliche und der erhöhte Herr sind ein und derselbe. Jesus offenbart den Vater, deshalb ist er sein «Logos», d.h. Gottes Wort und Wille, sein «Mund». Er ist gleichzeitig leiblich, menschlich und welthaft, das heißt «geschaffen», und dennoch geistig, das heißt über alles Welthafte in die Ewigkeit hineinragend, ein «ewiges Ich»: Eine Art himmlisches Geistwesen, das ganz zu Gott gehört, ist in Jesus Christus erschienen.

Diese «Geistchristologie» war die maßgebliche Christusauffassung in der frühesten nachbiblischen Zeit.

Daneben gab es auch die Anschauung, Jesus sei ein Mensch gewesen, der sich besonders bewährte; deshalb habe ihn Gott, als Lohn für seine Treue und seinen Gehorsam, sozusagen «adoptiert» und damit in die Herrschaft eingesetzt.

2. Nach der Mitte des 2. Jahrhunderts setzten sich die frühkirchlichen Apologeten (Verteidiger des Christentums) mit dem nichtchristlichen Kulturerbe ihrer Zeit auseinander. Sie gelten als die eigentlichen Begründer einer kirchlich-wissenschaftlichen Theologie, die die Grundlage für den bedeutungsvollen Bund zwischen christlicher und griechisch-philosophischer Tradition schufen. Ihnen erschien Jesus von Nazareth als der «Logos», der weit über das irdische Leben zurückweist in die «Praeexistenz»: ins Vorweltliche. (Vgl. Joh. 1,1–18; Phil. 2,5–11) An die Stelle der «Geistchristologie» trat somit eine «Logoschristologie». Der Logosbegriff war zu dieser Zeit allgemein geläufig. Er bezeichnete die göttliche Vernunft, die den Kosmos durchdringt, oder die Gestalt und Macht, durch die das Göttliche in die Welt hineinwirkt. Der Begriff war wie ein Schwamm, der alle möglichen religiösen Vorstellungen aus dem griechisch-philosophischen, aber auch orientalisch-mythologischen Religionsumfeld aufsog. Der Logos war das «Wort» oder die «Vernunft» Gottes, die bei der Schöpfung der Welt freigesetzt wurde. Gott ist

ursprungslos, der Logos hingegen durch Zeugung entstanden. Der Vater ist der unbewegliche, ewige Gott; der Sohn tritt in die Welt hinein und zeigt sich den Menschen. Der Vater, Schöpfer des Alls, verläßt seinen Himmel nicht und redet auch nicht mit den Menschen. Dazu hat er einen Mittler, den Logos, der schon zu den Vätern und Propheten des Alten Testaments gesprochen hat.

Die Apologeten entwickelten auch die Auffassung, daß schon vor dem Christentum und außerhalb seiner Grenzen bedeutsame christliche Einsichten gewonnen wurden und noch gewonnen werden können. Denn «Sperma des Logos», Samenkörner der Vernunft, wurden überall ausgestreut und eingesenkt, so daß auch einige heidnische Dichter und Denker gleichsam zu Christen vor Christus werden konnten. (→ Absolutheitsanspruch des Christentums)

Im Laufe der Zeit wurde die Frage des Verhältnisses von Gott-Vater zum Logos-Sohn immer dringlicher. Beide galten als zusammengehörig, sozusagen als Einheit. Aber ging damit nicht die Besonderheit eines jeden einzelnen verloren?

Tertullian, Katechet aus Karthago und erster lateinisch schreibender Theologe, erklärte nun, daß Vater und Sohn in der Substanz, dem göttlichen Sein und Wesen, zusammengehörten, daß sie aber als Personen voneinander getrennt seien. Vater, Sohn und Geist sind drei Personen, aber eine Substanz. Der Vater hat durch den Logos die Welt erschaffen; der Logos hat sich im «alten Bund» offenbart, ist schließlich Fleisch geworden, gestorben, auferstanden und sitzt nun zur Rechten des Vaters. Den Geist sendet der erhöhte Herr zu den Seinen.

Mit dieser Lehre war Origenes (gest. 254), ein streitbarer theologischer Lehrer und textkritischer Ausleger biblischer Schriften, nicht einverstanden. Der Sohn, warf er ein, dürfe dem Vater nicht untergeordnet sein. Folglich ist der Sohn nicht Teil des Vaters, und er ist auch nicht zu irgendeinem Zeitpunkt entstanden. In Gott ist alles ewig, auch die Zeugung. Von Ewigkeit zu Ewigkeit zeugt der Vater den Sohn. Erst unter dieser Voraussetzung, meint Origenes, ist der Logos ganz göttlich und gleichzeitig, als Gezeugter, ganz von Gott geschieden.

Welche Konsequenzen hat diese Annahme für die Person Jesu, für sein «Innenleben»? In ihm vereinigen sich zwei «Naturen», die göttliche mit der menschlichen, «damit die menschliche durch enge Verbindung mit der Gottheit selbst göttlich werde» (Origenes).

3. Zu Beginn des 4. Jahrhunderts wurden die grundlegenden kirchlichen Lehrbestimmungen bezüglich des Logos und der Trinität fixiert. Dabei war die Auseinandersetzung mit dem alexandrinischen Priester Arius (gest. 336) von grundlegender Bedeutung. Arius erklärte, die Besonderheit Gottes sei seine «Ungeschaffenheit». Gott ist ungezeugt, anfangslos und ewig: «allein wahr, allein unsterblich, allein weise, allein gut, allein Herr, allein Richter aller». Alles andere ist durch ihn geschaffen, das heißt aus dem Nichts ins Dasein gerufen, nicht aber aus Gott hervorgegangen. Damit rückt der Sohn in die Reihe der Kreaturen, wenn auch an eine bevorzugte Stelle. Der strenge Monotheismus des Arius verlangt, daß zwischen dem Vater auf der einen Seite und dem Sohn und dem Geist auf der anderen Seite eine unendliche Distanz aufrechterhalten bleibe.

Arius fand mit seiner Lehre viel Resonanz im Kirchenvolk. Eine Synode in Alexandrien belegte ihn daraufhin mit dem Bann.

Das Konzil von Nicaea, das 325 zusammentrat, sollte den Streit ausräumen. Den Vorsitz der Reichssynode führte →Konstantin der Große, der als erster Kaiser Christ geworden war. Ihm lag im Grunde nichts an religiösen Streitigkeiten und an, seiner Meinung nach, unnützem Theologengezänk. Sein eigentliches Interesse bestand vielmehr darin, ein Auseinanderbrechen der Kirche zu verhindern. Die Kirche stellte nämlich in seinem Imperium bereits einen bemerkenswerten Machtfaktor dar; ihr war etwa die Aufgabe zugedacht, die Sittenlosigkeit der Bevölkerung zu beheben und überhaupt für Zucht und Ordnung zu sorgen. Folglich war es das Anliegen des Kaisers, daß sich die Theologen einigten. Er als «Stellvertreter Christi» ließ sich deshalb das Recht nicht nehmen, die einigenden christlichen Formeln vorzuschlagen. Die Bischöfe, die wie hohe Beamte auf Staatskosten zur kaiserlichen Residenz angereist waren, hatten zuzustimmen. Dreihundert Jahre Christenverfolgung waren vergessen, als der Kaiser den Gläubigen diktierte, was sie für wahr zu halten hätten. Die Bischöfe folgten den Wünschen des Kaisers in der Hoffnung, mit seiner Gunst noch höher aufsteigen zu können. Diejenigen, die ihre Unterschrift verweigerten (Arius und zwei seiner Freunde), wurden abgesetzt und verbannt. Als «allgegenwärtiger Gott» (deus praesentissimus) ließ sich der Kaiser verabschieden.

Das Nicaenische Glaubensbekenntnis bezeichnet Jesus Christus als «aus dem Sein des Vaters» stammend, als «wahrer Gott vom wahren Gott», «gezeugt, nicht geschaffen», und als «wesenseins mit dem Vater». Mühsam und auf großen Umwegen mußte die Kirche in der Folgezeit erst verstehen lernen, was sie in diesen Formeln denn eigentlich gemeint und beschlossen hatte. Der Kampf um die rechte christologische Lehre war nämlich keineswegs ausgekämpft. Gewaltakte und Verbannungen erschienen fortan als geeignete Mittel zur Klärung des christologischen Problems. Um winziger Nuancen willen «kündigte man sich die brüderliche Gemeinschaft und sind Tausende geschmäht, in Ketten gelegt und hingemordet worden. Es ist eine schaurige Geschichte. Auf dem Boden der ‹Christologie› haben die Menschen ihre religiösen Lehren zu phantastischen Waffen geschmiedet und Furcht und Schrecken verbreitet. Diese Haltung dauert noch immer fort, die Christologie wird behandelt, als böte das Evangelium keine andere Frage, und der Fanatismus, der sie begleitet, ist auch heute noch lebendig.» (Adolf von Harnack: Das Wesen des Christentums, 1900; jetzt Göttingen 1977, S. 82)

Athanasius (gest. 373), Bischof von Alexandrien, wurde der gewichtigste Streiter für das Credo (Bekenntnis) von Nicaea: Die Gottheit des Vaters ist die des Sohnes. Eine unteilbare Substanz umschließt beide. Der Sohn verhält sich zum Vater wie der Glanz zum Licht. Dennoch ist der Vater nicht der Sohn und der Sohn nicht der Vater. Der Vater ist der Anfang, der Sohn das Geschaffene. Es gibt demnach eine Substanz in drei Seinsweisen.

4. Nach der Klärung der «innergöttlichen» Verhältnisse von Vater, Sohn und Geist stand die Frage an, wie sich das Göttliche und das Menschliche in Jesus selbst zueinander verhalten. «Neben die die Geister noch völlig in Atem haltende und aufs tiefste erregende Frage, ob der Satz von der wahren, ungeminderten Gottheit des Logos zu Recht bestehen solle, tritt, nicht weniger bewegend und aufwühlend, die andere, was es denn um das Menschsein des Erlösers sei, und wie man über die in ihm Ereignis gewordene Verbindung von Gottheit und Menschheit zu lehren habe.» (A. Gilg: Weg und Bedeutung der altkirchlichen Christologie, München 1936, [4]1966, S. 87) Das Glaubensbekenntnis von Nicaea stand als Grundlage für diese weiterführende Frage nach der Person Jesu Christi zur Verfügung.

Verbinden sich in ihm zwei selbständige und in sich vollendete Naturen zur Ein-

heit, oder bricht er in zwei Personen, eine natürliche und eine «adoptierte», eine anzubetende und eine rein menschliche, auseinander? Wie ist die Einheit aus «Fleisch» und «Geist» zu denken? Beziehen sich Geburt und Sterben des Kyrios nur auf die menschliche oder auch auf die göttliche Natur Jesu? Wenn nur sein Fleisch litt und ein bloßer Mensch am Kreuz starb, so kann dieses Sterben doch nicht heilskräftig sein.
Das Bekenntnis der Synode von Chalcedon (451) schließt die altkirchliche Christologie ab: «Wir bekennen einen und denselben Christus, der in zwei Naturen unvermischt und unverwandelt, (aber auch) ungeschieden und ungetrennt besteht.» Auch das Bekenntnis von Chalcedon hat jedoch die einander widerstreitenden theologischen Meinungen nicht zur Ruhe kommen lassen.
Während die klassische Christologie auf der Anschauung begründet war, nur die göttliche Natur in Jesus Christus könne dem Menschen die Teilhabe an Gott verbürgen («Er [Gott] ist Mensch geworden, damit wir vergottet würden.» Athanasius), rückte die Theologie des Mittelalters das Problem von Schuld und Vergebung der Sünden in den Mittelpunkt. «Cur Deus Homo» («Warum ist Gott Mensch geworden»), fragte Anselm von Canterbury (1033–1109). Er erklärte, daß Gott selbst Mensch werden und am Kreuz Genugtuung (satisfactio) leisten mußte, um seine durch die Sünde des Menschen verletzte Ehre wiederherzustellen. Das → Opfer des Gottessohnes allein sühnt die menschliche Schuld.
Für Martin Luther (1483–1546) war schon die Menschwerdung Gottes in Jesus ein Akt göttlicher Selbstkreuzigung. Gott habe sich «ins Fleisch verhüllt», um sich gerade dadurch zu offenbaren. In Tod und Auferstehung Jesu gewinnt deshalb der Mensch Anteil an der Majestät Gottes.
Im Gefolge der Aufklärung wurden die christologischen Vorstellungen von → Jungfrauengeburt, Auferstehung und Himmelfahrt als zeitgebundene Mythen erkannt. Theologie und Verkündigung versuchten jetzt die Bedeutung des Jesus von Nazareth als Modellfall des «Menschen für andere» zu beschreiben. Gerade die Bindung an ihn ermöglicht den Gläubigen «wahre Menschlichkeit»; Orientierung an Jesus bedeute Praxis eines «wahrhaft radikalen Humanismus».

Christus/Messias

Im Neuen Testament ist «christos» die griechische Übersetzung des aramäischen «Messias» (= der Gesalbte). Als Messias wird im Judentum der endzeitliche Herrscher, Heilbringer und König bezeichnet. (Vgl. Mk. 15,2.9.18.26.32; Joh. 1,49)
Auf hellenistischem Boden (→ Hellenismus), wo die → Synoptiker ihre Ausprägung erfuhren, verlor dieser Begriff seinen ursprünglichen Sinn; er büßte seinen Charakter als Titel ein und wurde zum bloßen Eigennamen.
→ Jesu Leben war, gemessen am traditionellen Gehalt der jüdischen Messiasvorstellung, kein messianisches. Er hat sich selbst auch nie als Messias oder Christus bezeichnet. Erst als die Erinnerung an sein Leben verblaßte, stellte ihn die Gemeinde seiner Anhänger ins Licht des messianischen Glaubens. Gleichzeitig war man bestrebt, ihn mehr und mehr von allem Menschlichen abzuheben. Dazu wurden zahlreiche in der Umwelt zugängliche Würdetitel (→ Menschensohn; → Kyrios) auf ihn übertragen. Man verglich ihn mit anderen Heilsbringern und mythischen Herrschern. Die Überhöhung wucherte aus bis zum schließlich nicht mehr überbietbaren Gottesprädikat, neben dem alle anderen Titel verblaßten.
Die Häufigkeit, mit der die Namen «Jesus» und «Christus» in den Schriften des

Neuen Testaments gebraucht werden, zeigt eine charakteristische Verteilung. In den Evangelien kommt «Jesus» zehnmal häufiger vor als «Christus». Markus, das älteste Evangelium, gebraucht sogar fast ausschließlich «Jesus». Erst bei Paulus tritt die Wende ein: Er verwendet «Christus» häufiger als «Jesus». «Jesus» löst sich gleichsam in «Christus» auf.

Die urchristliche Gemeinde (→Urgemeinde), die an Jesus als den Christus glaubte, überliefert in den Evangelien eine Fülle von Aussagen, in denen angeblich Jesus selbst schon vor seinem Weg zum →Kreuz den Anspruch, Messias zu sein, bekundet hat. Werden diese Texte wissenschaftlich untersucht, stellt man jedoch fest, daß es sich dabei nicht um Aussagen von Jesus selbst handeln kann. Das sogenannte Messiasbekenntnis des Petrus (Mk. 8,27–30): «Du bist der Christus» ist z. B. eine vom Schreiber des Markusevangeliums in das Leben Jesu zurückdatierte Glaubensansicht der Christen «nach Ostern». Auch die Geschichte von Jesu Weihe zum Messias bei der Taufe (Mk. 1,9–11), die Versuchungsgeschichte (Mk. 1,12ff) und die Erzählung vom Einzug in Jerusalem (Mk. 11,1–10) sind Legenden. Was die Passionsgeschichte (Leidensgeschichte Jesu) betrifft, so stand für die Gemeinde, die den Gekreuzigten als Messias verehrte, natürlich fest, daß er auch als Messias gekreuzigt worden war.

Den Widerspruch zwischen dem tatsächlichen Befund und dem durch die Evangelisten erweckten Anschein hat man durch die Theorie des «Messiasgeheimnisses» (W. Wrede: Das Messiasgeheimnis, 1901) auszugleichen versucht: Vom Glauben an die →Auferstehung her seien die Jünger zu der Überzeugung gelangt, daß Jesus schon zu Lebzeiten Beweise seiner Messianität gegeben habe, die sie nur nicht hatten wahrnehmen wollen. (→Markus) Diese Theorie scheint jedoch lediglich zu bestätigen, daß vor dem Tod Jesu keiner an ihn als den Christus/Messias geglaubt hat.

D

Dämonen/Exorzismus

Exorzismus ist die Befreiung eines Menschen von einem bösen →Geist durch magische, religiöse oder kultische Maßnahmen. Dabei greift man bisweilen auf Fasten und Gebet, Beschwörungen oder Verfluchungen (→Fluch), Segnungen und Manipulationen mit heiligen Gegenständen wie Reliquien, Kreuzen oder geweihten Hostien zurück. Die böse Kraft, die dabei bekämpft wird, kann ein →Teufel, ein Dämon oder ein Geist sein.

Der Mensch, dem der Exorzismus gilt, ist «besessen». Besessenheit heißt, daß ein Teufel oder Dämon von seinem Körper Besitz ergriffen hat. Die Vorstellung von Dämonen oder bösen Geistern haben die Religionen entwickelt, um erklären zu können, wieso es das Übel gibt und wie es in die Welt gekommen ist.

Der Exorzismus ist, ebenso wie die →Magie, überkonfessionell und überkulturell: ein Schmelztiegel, der heilige Namen und Gebete, Praktiken und religiöse Vorstellungen aus allen möglichen Religionen miteinander vermischt.

1. Die →babylonisch-assyrische Religion etwa setzte Krankheit und Dämonenbesessenheit in eins: Krankheit ist kultische Unreinheit, →Sünde, Strafe und Besessenheit. Heilung, Rechtfertigung und Vergebung sind Befreiung von der Sünde und Befreiung von den Dämonen. In Babylon gab es deshalb eine regelrechte Zunft von Beschwörern. Sie heilten nicht nur Kranke, sondern trieben auch Sturmdämonen und Totengeister aus. Beim Exorzismus verwendete man Öl, Spei-

chel und Räucherwerk, Amulette, Statuetten und heilige Bilder.
Auch im alten Ägypten war der Priester Medizinmann und Exorzist gleichzeitig. Er trieb die schädlichen Geister durch Gebet und Drohung aus. (→ Ägyptische Religion)
In der Zeit des → Hellenismus kam es zu einem regen Austausch magischer Formeln und Riten zwischen dem Orient, Ägypten und dem griechisch-römischen Kulturbereich. (→ Griechische Religion) Durch Befehl und Drohung, Beschimpfung und Schmähung versuchte man die Dämonen zu ängstigen. Nach dem Exorzismus fuhr der Geist häufig in Gegenstände, Tiere oder an einen fernen Ort. Der Exorzist verwendet traditionellerweise bestimmte Gebärden wie Anblasen, Seufzen oder verächtliches Ausspucken und benutzt als magische Mittel Eisen, Ringe, Mineralien, Salz oder Öl. In den Texten der Exorzismusgebete verschmelzen Magie, → Astrologie und Schicksalsglaube. (→ Schicksal)
2. Das Alte Testament hat Zauberei eigentlich verboten. «...daß nicht jemand unter dir gefunden werde, der seinen Sohn oder seine Tochter durchs Feuer gehen läßt oder Wahrsagerei, Hellseherei, geheime Künste oder Zauberei treibt oder Bannungen oder Geisterbeschwörungen oder Zeichendeuterei vornimmt oder die Toten befragt.» (5. Mose 18,9ff) Dennoch kennen auch die alttestamentlichen Schriften Exorzismen und Dämonenbannungen. (→ Bann)
In der Begegnung mit der Religion Babylons entwickelte sich die jüdische Magie zu regelrechter Blüte. (→ Israel)
Noch in der Überlieferung von Jesus waren der Urgemeinde dessen Heilungswunder besonders wichtig. Angeblich erbrachten gerade die → Wunder den Beweis dafür, daß Jesus der von den Juden erwartete Messias gewesen war. (→ Christus)
Wie es allgemein üblich war, setzten auch die Verfasser des Neuen Testaments Krankheit und Besessenheit in eins. Jesus hatte nicht nur gepredigt, sondern darüber hinaus auch Kranke geheilt. Für ihre eigene Heilpraxis fanden die altchristlichen Exorzisten später Impulse in den neutestamentlichen Wundern von Jesus, die ihrerseits im Stil und im Detail nach dem Vorbild antiker Wundererzählungen verfaßt sind: Der Wundermann begegnet dem «unsauberen Geist», der sogleich dessen Überlegenheit anerkennt. Der Dämon «schrie und sprach: Was willst du von uns, Jesus von Nazareth? Du bist gekommen, uns zu verderben. Ich weiß, wer du bist: der Heilige Gottes.» (Mk. 1,23f) Jesus «bedroht» nun den Geist nach Weise der Exorzisten, gebietet ihm zu schweigen und gibt ihm den Befehl auszufahren. Nach üblichem Muster enden die Wundergeschichten mit dem Hinweis auf das Staunen der zuschauenden Menge. Stets hält sich Jesus an diese allgemein gebräuchlichen exorzistischen Handlungen: Er heilt mit Speichel, mit «Seufzen» und durch Auflegen von Finger oder Hand. «Und er nahm ihn [einen Taubstummen] von dem Volk besonders und legte ihm die Finger in die Ohren und berührte mit Speichel seine Zunge und sah auf gen Himmel, seufzte und sprach zu ihm: Hephata! das ist: Tu dich auf! Und alsbald taten sich seine Ohren auf, und das Band seiner Zunge war los, und er redete recht.» (Mk. 7,31ff) Bisweilen kann jedoch schon die bloße Berührung Jesu einen Kranken heilen. Magisch übermittelt sich dann die Kraft des Wundermannes auf den Besessenen. «...er heilte ihrer viele, so daß sie ihn überfielen alle, die geplagt waren, auf daß sie ihn anrührten.» (Mk. 3,10)
Die Fähigkeit zum Exorzismus gründet nach neutestamentlicher Lehre im Glauben. Auch die Jünger können «im Namen Jesu» Dämonen austreiben. Die Apostel führten ihre eigene Exorzismus-

praxis auf Jesus zurück. Alle, die glauben, sollen diese Fähigkeit erwerben. «Die Zeichen aber, die da folgen werden denen, die da glauben, sind die: in meinem Namen werden sie böse Geister austreiben, in neuen Zungen reden, Schlangen vertreiben, und wenn sie etwas Tödliches trinken, wird's ihnen nicht schaden; auf Kranke werden sie die Hände legen, so wird's besser mit ihnen werden.» (Mk. 16,17ff)
Die Apostelgeschichte erzählt von magischen Kontaktheilungen. «...so daß sie die Kranken sogar auf die Gassen hinaustrugen und sie auf Betten und Bahren legten, damit, wenn Petrus käme, zum wenigsten sein Schatten einige von ihnen überschattete.» (Apg. 5,15) Ähnlich wie Petrus' Schatten wirkten Paulus' Taschentücher: «...so daß sie auch von seiner Haut die Schweißtüchlein oder Binden über die Kranken hielten und die Krankheiten von ihnen wichen und die bösen Geister von ihnen ausfuhren.» (Apg. 19,12)
3. Auch in nachbiblischer Zeit blieb der christliche Heilungsexorzismus in Mode. Vor allem das Glaubensbekenntnis schien als Instrument zur Vertreibung von Dämonen geeignet zu sein, zumal die Hoffnung auf die für die bösen Geister schreckliche Wiederkunft Christi Bestandteil des Dogmas ist. Auch das → Gebet hat nach christlichem Verständnis exorzistische Kraft. Als besonders wirksamer exorzistischer Gestus gilt dabei des Kreuzeszeichen.
Die Christen behaupteten, ihr Exorzismus sei viel wirkungsvoller als der Exorzismus der «Heiden»: Der heidnische Exorzismus ist aufgeblasen und unwirksam, der christliche einfach und unfehlbar. Denn die Dämonen kennen Christus, ihren Bezwinger, und sie begegnen ihm «mit Furcht und Zittern». Der christliche Exorzismus überbietet angeblich alle heidnische Magie. In Wirklichkeit ist der christliche Exorzismus selbst Magie; Religion und Magie sind offenbar nicht voneinander zu trennen. «Heidnische» Exorzisten blieben ihrem Beruf denn auch nach ihrer Bekehrung und Taufe treu. Kritiker wie Celsus (um 180 n. Chr.) machten den Christen deshalb zu Recht den Vorwurf, Zauberei zu betreiben.
Das altbekannte Motiv, daß sich die Dämonen ins Gespräch mit dem Exorzisten einlassen und sich dabei selbst bekennen, nahm Tertullian (Ende des 2. Jahrhunderts) als Begründung dafür, die Dämonen mit den heidnischen Göttern gleichzusetzen. Damit wurde der christliche Exorzist zum Unterwerfer der Heidengötter – er stellte nicht nur deren Bosheit, sondern vor allem ihre Schwächen vor Augen. Die Schwäche der Heidengötter aber ist die Kehrseite der Größe des Christengottes.
Ursprünglich war Exorzismus eine christliche «Gnadengabe» ebenso wie «Zungenreden» (Glossolalie, ekstatisches Zwangsreden aus religiöser Ergriffenheit) oder Krankenheilung; um 250 (im Westen) und um 300 (im Osten) entwickelte sich das Dämonenaustreiben zu einem regelrechten kirchlichen Amt (Exorkistat). Der Exorzist trat somit neben den Lektor, den Subdiakon und den Diakon. Um 500 soll es allein in Rom 22 christliche Exorzisten gegeben haben.
Neben dem Heilungsexorzismus entwickelte sich auch ein Exorzismus bei der → Taufe. Der Taufexorzismus basiert auf der Vorstellung, daß Unglaube und Besessenheit ein und dasselbe seien. Erst die Bekehrung befreit aus der Herrschaft des Satans. Diese Befreiung wird durch den Initiationsritus («Eintritt»; Einweihungsritus) Taufe vollzogen.
Da die Dämonen nach christlicher Vorstellung sowohl den Leib wie den Geist bewohnen und gleichzeitig Krankheit und Sünde verursachen, müssen sie auch auf zweierlei Art ausgetrieben werden: ethisch (durch Glauben und christlichen

Lebenswandel) und leiblich (durch Enthaltsamkeit, Fasten, Waschungen und Gebet).
Das exorzistische Taufverständnis der Kirche scheint auf Erlösungsvorstellungen der →Gnosis zurückzugehen. Die gnostische Auffassung, daß das ganze Dasein →Besessenheit entweder von Gott oder von den Dämonen bedeute und daß der Übermittlung des Geistes die Austreibung der Dämonen vorangehen müsse, wurde in die Lehren der christlichen Kirche übernommen.
In die Fußstapfen der Apostel als Exorzisten traten später die Mönche. (→Mönchtum) Auf dem Weg zur Vollkommenheit müssen nämlich die Mönche auch die Dämonen überwinden. Die bösen Geister sitzen – so nahm man inzwischen an – vor allem im Innersten des Menschen. Der einmalige Taufexorzismus reicht deshalb nicht mehr aus; der ganze Lebenskampf muß jetzt gegen die unreinen Geister gerichtet sein.
Das Mönchsleben wurde in der Folge zum Modell christlichen Lebens überhaupt. Christliches Dasein galt im Grundsatz der Selbstüberwindung. In der →Askese wendet sich der Exorzismus konsequenterweise gegen die eigene Person. Auf sich selbst verzichten bedeutet die Dämonen besiegen. Erst der Sieg über die Dämonen im eigenen Innern verleiht die Vollmacht zur Dämonenaustreibung auch bei anderen. Die christliche Hochschätzung der Dämonenaustreibung führte nun folgerichtig zu einer um sich greifenden Dämonisierung der Welt, der Menschen und des eigenen Innern.
In der Zeit der Christenverfolgungen wurden die →Märtyrer zu besonders mächtigen Exorzisten: Infolge ihres Leidens verschmilzt gleichsam der gemarterte Leib mit dem Geist, und eine wunderwirkende Kraft wird freigesetzt, die die Dämonen in die Flucht schlägt. Die Wunderkraft der Märtyrer teilt sich durch bloße Berührung ihres Leichnams oder ihrer Reliquie auch anderen Menschen oder Gegenständen mit. Selbst der Exorzismus «in ihrem Namen» ist noch wundermächtig. Martyrium bedeutet – nach christlichem Verständnis – also Sieg über den Teufel und Entdämonisierung der Welt.
4. Im Mittelalter veranstaltete die Kirche Exorzismen als regelrechte Volksschauspiele, zu denen das Publikum von weither strömte. Die Erregung der Zuschauer, des Exorzisten und der Kranken (fast immer handelte es sich um Frauen) steigerte sich gegenseitig. Besonders in Frauenklöstern des 16. und 17. Jahrhunderts kam es zu wahren Besessenheitsepidemien. 1614 wurden im Rituale Romanum die Kriterien zur Feststellung dämonischer Besessenheit formuliert. Sie gelten in der katholischen Kirche bis heute: Ein Mensch ist dann besessen, wenn er mehrere Worte in einer ihm unbekannten Sprache sprechen oder verstehen kann (Glossolalie); er muß berichten können, was sich weit entfernt oder im Verborgenen zugetragen hat (Telepathie); und er muß Kräfte zeigen, die über das eigentlich Menschenmögliche hinausgehen. (Psychokinese; →Aberglaube; →Parapsychologie)
Nach dem Codex Iuris Canonici (Rechtsbuch der katholischen Kirche, das 1918 in Kraft gesetzt wurde und das als die «authentische und einzige Quelle» des kanonischen Rechts gilt) darf ein Exorzismus nur mit Genehmigung der vorgesetzten kirchlichen Behörde, das heißt des Bischofs, ausgeführt werden. Der Exorzist muß zuerst eine «sorgfältige und sachkundige Untersuchung» anstellen und herausfinden, ob es sich in dem betreffenden Fall tatsächlich um eine dämonische Besessenheit handelt. Er soll sein Werk in Liebe – standhaft und demütig – durchführen.
Bei seinem Zweikampf mit dem Teufel setzt der Exorzist Gebete und Beschwö-

rungen, Kreuz und Reliquien, Weihwasser und Abendmahl ein, um des Bösen Herr zu werden. «Ich beschwöre dich, alte Schlange, bei dem Richter über Lebende und Tote..., daß du von diesem Diener Gottes, der in den Schoß der Kirche zurückkehrt, voller Furcht mitsamt dem Heer seines Schreckens eilends weichest.»

Der Exorzismus wurzelt in überkonfessioneller christlicher Tradition. In Möttlingen bei Pforzheim hatte in der Mitte des 19. Jahrhunderts der protestantische Pfarrer K. Chr. Blumhardt im «Gebetskampf» und durch Bibellesen unzählige Dämonen aus der achtundzwanzigjährigen Gottliebin Dittus ausgetrieben.

Bis heute stoßen öffentliche Exorzismen gewöhnlich auf ein großes Interesse des Publikums. Im April 1991 z. B. sendete das amerikanische Fernsehen (ABC-Nachrichtenmagazin 20/20) ein Beschwörungsritual zur besten Sendezeit, vollzogen an einem sechzehnjährigen Mädchen, das, von Geistern geplagt, in «fremden Zungen» redete und Visionen hatte. Der Teufel – erklärte der zuständige Bischof, der die Dreherlaubnis für das Spektakel gegeben hatte – existiere wirklich, und die Sendung könne vielleicht, wie zu hoffen sei, «die teuflischen Aktivitäten um uns herum einschränken».

Dämonenglaube und Exorzismus erinnern daran, daß die christliche Religion auf Trümmern magischen Denkens aufgebaut ist. Obgleich vergessen und verdrängt, verschaffen sich diese immer wieder Geltung. Böses und Unerklärliches, Unglück und Katastrophen, Schicksalsschläge und verlorene Kriege möchte man allzugern jemand anderem als sich selbst, etwa Geistern oder Dämonen, Gott oder dem Teufel, zuschreiben. Wer vom christlichen Glauben «abfällt», abweichende Meinungen vertritt oder sündigt, wurde in alter Zeit exkommuniziert. Wer aber aus der Kirche ausgeschlossen ist, ist aus dem Bereich des → Heiligen in denjenigen des Bösen, des Teufels und der Dämonen, hinausgestoßen, und Andersgläubige, Abweichler oder Ungläubige sind «besessen». (→ Absolutheitsanspruch)

Unter den Fällen kirchlicher Exorzismen findet sich keiner, bei dem der Patient tatsächlich geheilt worden wäre. Besessenheit ist denn auch keine Tatsache, sondern lediglich eine Diagnose, die beim Exorzisten wie beim Exorzierten einen gemeinsamen (Dämonen-) Glauben voraussetzt. Noch nie hat man von der Besessenheit oder dem Exorzismus eines Atheisten gehört.

Demut

1. Im Alten Testament heißt «demütig sein» soviel wie «sich ducken, sich beugen». Dieses Verhalten wird nie von Gott, sondern nur von Menschen ausgesagt. Demut bedeutet also → Gehorsam und Unterordnung. Dem Demütigen werden als Lohn Reichtum, Ehre und Leben versprochen. Wer sich aber der Forderung, demütig zu sein, widersetzt, gilt als hochmütig und ungehorsam. Strafen dafür sind Schande, Gericht, Untergang oder Spott.

Demut als Gehorsam bedeutet Beugung unter Jahwes Willen; dies ist überhaupt das dem Menschen angemessene Verhalten vor Gott.

Wenn Jahwe selbst die Menschen demütigt, schickt er Not, Krankheit, Unglück oder Feinde. Der Grund für solche Strafen ist die → Sünde des Menschen. Wer betet, weiß, daß Jahwe deshalb demütigt, um zur Umkehr zu führen: «Ehe ich gedemütigt wurde, irrte ich; nun aber halte ich dein Wort.» (Ps. 119,67) (→ Bekehrung)

Das im Neuen Testament für «sich demütigen» gebrauchte Verb hat im griechischen Sprachgebrauch die Bedeutung «sich wegwerfen, sich preisgeben, sklavisch denken und handeln». Grundlegend für das neutestamentliche Denken

ist die Auffassung: «Wer sich selbst erniedrigt, wird erhöht werden.» (Mat. 23,12)
Demut charakterisiert das Verhältnis Jesu Christi zu Gott. «Ein jeglicher sei gesinnt, wie Jesus Christus auch war: welcher, ob er wohl in göttlicher Gestalt war, nahm er's nicht als einen Raub, Gott gleich zu sein, sondern entäußerte sich selbst und nahm Knechtsgestalt an... Er erniedrigte sich selbst und ward gehorsam bis zum Tode... Darum hat ihn auch Gott erhöht.» (Phil. 2,5ff)
Dieselbe Demutsgesinnung wie Jesus sollen auch die Christen einnehmen. Paulus fordert deshalb Demut gegenüber Gott («Was hast du, das du nicht empfangen hast?» 1. Kor. 4,7) und Demut gegenüber dem «Bruder»: «In Demut achte einer den andern höher als sich selbst.» (Phil. 2,3)
2. Der Philosoph Celsus warf um 180 n. Chr. den Christen vor, eine «unwürdige und schmutzige Demutshaltung» zu propagieren. Origenes (gest. 254) entgegnete ihm jedoch, Demut sei die universalste Tugend, die Demut Christi die Wurzel der menschlichen Erlösung.
Augustinus (354–430) meinte, der Mensch müsse sich alles von Gott schenken lassen; nichts vermöge er aus eigener Kraft. Demut erringe, wer seinen Stolz bekämpft. In der Liebe zu Gott soll sich der Mensch selbst ganz vergessen, sich ganz und gar verachten. Denn Demut ist Anfang, Mitte und Ende jeder Bekehrung, die «Mutter aller Tugenden».
Dieses Verständnis der Demut hat das Leben der christlichen Mönche geprägt. (→ Mönchtum) In der Regel des → Benedikt von Nursia beginnt Demut mit Gottesfurcht und führt hin zur Gottesliebe.
Die Theologie des Mittelalters beschrieb die Demut als Weg, der zum Ziel der Wahrheit sowie zum Empfang der Gnade führt und der das endzeitliche Gericht in der → Buße vorwegnimmt. Bernhard von Clairvaux (1090–1153) nannte deshalb Demut die Tugend der Selbsterkenntnis und Selbsterniedrigung: «Die Demut ist eine Tugend, durch die der Mensch sich durch die wahrhaftigste Selbsterkenntnis wertlos wird.» Im Kloster soll sich Demut im Gehorsam dem Prior gegenüber, vor allem aber im Bekenntnis der Sünden und der eigenen Ratlosigkeit, Unwürdigkeit und Nichtigkeit verwirklichen.
Franciscus von Assisi (1182–1226) steigerte das monastische Demutsideal noch beträchtlich. In Demut seien die Mönche Erben des Himmelreiches, «an Gütern arm, an Tugenden aber reich».
Nach Thomas von Aquin (1225–1274) entspricht die Demut dem Maß an Selbsterkenntnis, das der Mensch hat. «Und so nimmt die Demut die erste Stelle ein, insofern sie den Hochmut austreibt, dem Gott widersteht, und den Menschen darbietet als einen Unterworfenen und als einen solchen, der stets für den Einfluß der göttlichen Gnade offen ist, indem sie den aufgeblasenen Hochmut austreibt.»
Auch Luther (1483–1546) hielt die «Geringschätzung, Verachtung und Verdammung seiner selbst» für äußerst bedeutsam. Demut war für ihn das Einverständnis des Glaubens in das Gericht Gottes, das im Kreuz Christi offenbar geworden ist. «Deshalb muß man sich vor allen Dingen demütigen, damit wir das Licht und die Gnade empfangen, ja vielmehr sie bewahren. Demut und Gnade wollen nämlich nicht voneinander getrennt werden, wenn auch die eine der anderen vorangeht.»
Demut ist deshalb ein Akt der → Buße im Glauben sowie Erkenntnis und Anerkennung der eigenen Niedrigkeit angesichts der «Erbsünde», die nur von der Gerechtigkeit Christi überwunden werden kann. Luther hebt auch hervor, «daß das Evangelium uns demütig und zunichte macht vor Gott wie auch vor den Menschen, daß wir durch die Anerkennung unseres derartigen Übels die Gnade der Gerechtigkeit verdienen... So hat uns vor Gott

unsere Niedrigkeit erhöht ... Selig ist also der Niedrige, selig seine Niedrigkeit, denn, weil sie um Gottes willen auferlegt worden ist, ist sie kostbar für Gott.»

Besonders wichtig war die Demut des Menschen vor Gott für Calvin (1509 bis 1564). Seiner Meinung nach kommt Demut als Selbsterkenntnis und Selbstverleugnung aus dem Glauben. «Hat diese Selbstverleugnung einmal unser Herz ergriffen, so läßt sie der Hoffart, der Aufgeblasenheit, der Prahlerei, dann aber auch dem Geiz, der Gier, der Ausschweifung, der weichlichen Wollust und all dem anderen, was aus unserer Selbstliebe entsteht, keinen Raum mehr.» In Demut soll sich der Mensch niederwerfen, damit ihn Gott aus Güte und Barmherzigkeit von seinen Sünden losspricht.

Die monastische Demutstradition führte der 1539 von Ignatius von Loyola (1491–1556) gegründete Jesuitenorden fort: Mönchsein ist der Beruf der «Demütigung und Erniedrigung» schlechthin. Das zeigt sich beispielhaft in der Unterwerfung der Ordensangehörigen unter Papst und Ordensgeneral.

3. Demut ist die Gesinnung des Dienens. Sie gehört zu jener Haltung, die der Sklave seinem Herrn gegenüber einnimmt. Religionen, die eine personale Gottheit kennen, stellen sich die dieser Gottheit gegenüber angemessene Haltung stets als Unterwerfung vor. In einem Gebet der Galla heißt es: «Wie wir einen Wurm auf der Erde treten können, so kannst du [Gott], wenn du willst, uns auf der Erde durch einen Tritt vernichten.» (F. Heiler: Das Gebet, ^{5}1923, S. 90)

Je erhabener die göttliche Majestät vorgestellt wird, um so niedriger und nichtiger ist der Mensch. Die demütige Haltung des Menschen drückt sich aus in Gebet und Flehen, Niederknien und Huldigung, Bitte und Selbstverleugnung. Die Haltung der Demut spricht Gott alle Macht zu, dem Menschen hingegen alle Macht ab. Durch Demutshaltung wird also eine klare Gewaltordnung anerkannt.

Demütig sein will kein Mensch von Natur aus. Wer es trotzdem ist, verfolgt damit gewöhnlich bestimmte Absichten. Diese Absichten spricht er aber meist nicht offen aus. Deshalb ist die demütige Untergebenenhaltung normalerweise mit Unaufrichtigkeit und Heuchelei gepaart. Der Demütige ist meist abhängig, unentschlossen oder wenig selbstbewußt.

Demütiger Unterwürfigkeit begegnet man deshalb mit gesundem Mißtrauen. Sie erinnert an ein infantiles Stadium, das überwunden sein sollte, wiewohl selbst Kindern Demut erst anerzogen werden muß. Demut von Erwachsenen erscheint wie ein fortdauerndes Bedürfnis nach Bevormundung. Religiöse Demut vermag diesem Bedürfnis die Weihe zu verleihen, indem demütige Selbstverleugnung vor Gott als angebracht, sinnvoll und verdienstlich ausgegeben wird.

Demut ist ein Verhalten, das in eine autoritäre patriarchalische Gesellschaft paßt: Kraft natürlicher Überlegenheit und Begabung haben dort die Väter und Männer das Sagen. In gleichberechtigten Gesellschaften hingegen verliert die grundsätzliche Demutshaltung der Kleinen gegenüber den Großen, der Frauen gegenüber den Männern, der Untergebenen gegenüber ihren Vorgesetzten an Selbstverständlichkeit, und die von Kirche und Theologie propagierte Demutshaltung vor Gott erscheint dort leicht als Überbleibsel längst vergangener gesellschaftlicher Verhältnisse.

Beständiger Selbsterniedrigung fügt sich indes selbst der religiöse Mensch nur mit Widerstreben. Deshalb ist der Weg der Demut nicht nur mit Verlockungen, sondern auch mit Drohungen gepflastert. Auf die Kosten für jene Gewalt gegen sich selbst, die der Demütige zu tragen

hat, weisen Resignation und vor allem jene Schwermut hin, die religiöse Selbstverleugnung oft begleiten.
In der → Mystik jedoch nimmt die Demut als «Entwerdung» des menschlichen Ich eine überraschende Wende. Die demütige Selbstentmachtung entpuppt sich am Ende nämlich als höchste Machtsteigerung. Lao-tse sagte: «Darum stellt der Heilige sein Selbst hintan, und siehe, es tritt hervor. Er gibt auf sein Selbst, und siehe, es wird bewahrt.» (→ Chinesische Religionen) Die Mystik spricht endlich aus, weshalb manche Religion den Weg der Demut propagiert: weil Selbstentmachtung und Selbstvernichtung «uns zum Herrscher der Welt» zu machen versprechen.

Deutsche Christen

Die Deutschen Christen waren eine kirchenpolitische Bewegung des deutschen Protestantismus, die sich in den Jahren 1933–1944 hervortat. Ihre Entstehung verdankte sie dem Nationalsozialismus. Sie wollte die protestantischen Konfessionen einigen und eine evangelische Reichskirche errichten, die auf völkischer und rassischer Grundlage aufgebaut sein sollte. Dabei griff sie auf Gedanken zurück, die die «völkische Bewegung» schon im 19. Jahrhundert vertreten hatte. H. St. Chamberlain hatte schon 1899 zur «Germanisierung» des Christentums als «Einigung aller Germanen in der Religion und durch die Religion» aufgerufen.
Christentum und Deutschtum sollten also eine Einheit bilden. Seit 1933 breitete sich in Deutschland die nationale Begeisterung wie ein Fieber aus. Ihr steuerten die Deutschen Christen ihr Programm der Volksmission und Überwindung der Verweltlichung durch «positives Christentum» bei.
Die Idee einer evangelischen Reichskirche mit einem Reichsbischof an der Spitze (Wehrkreispfarrer Ludwig Müller) glaubte der NS-Staat anfangs sich nutzbar machen zu können, zumal die Deutschen Christen der Gleichschaltung von Kirche und NS-Staat nichts entgegensetzten. Ihr Programm sah vor, «judenstämmige» Pfarrer zu entlassen, die kirchliche Predigt an die NS-Ideologie anzugleichen, in Predigt und Verkündigung an die Stelle des leidenden Jesus den heldischen Christus zu stellen, christlichen Pazifismus auszurotten und Volkstum und Rasse als «gottgegebene Aufgaben» zu pflegen.
Gegenüber diesem Versuch, das Christentum dem NS-Staat als unverzichtbar und nützlich anzudienen, formierte sich die Bekennende Kirche; mit der «Theologischen Erklärung» der Bekenntnissynode von Barmen (Mai 1943) formulierte sie ihren Protest und boykottierte das deutschchristliche Kirchentum. (→ Kirchenkampf)
In den Kreisen der Deutschen Christen nahm Hitler teilweise die Züge eines besonderen göttlichen Offenbarers an; der Nationalsozialismus wurde zum «Glaubenserlebnis». Angeblich eröffnete Hitler ein neues «tieferes Verständnis» des Christentums, in dem die Bedeutung der göttlichen «Schöpfungsordnungen» (Volk, Staat, Rasse, Ehe, Familie) wieder sichtbar wurde.
Die NS-Partei aber wehrte sich gegen diese Versuche der Deutschen Christen, sie «religiös» zu ergänzen. Hitler verhielt sich zunächst zurückhaltend. Er wollte ihnen eine begrenzte und befristete Selbständigkeit solange zugestehen, wie sie ihm keine Hindernisse in den Weg legten. Die «Lösung» der religiösen Frage wollte er indes erst zu einem späteren Zeitpunkt angehen, dann aber «mit Stumpf und Stiel, mit allen seinen Wurzeln und Fasern das Christentum in Deutschland ausrotten». (Hitler, im Gespräch mit Rauschning)
Die Deutschen Christen schockierten zahlreiche ihrer Anhänger mit ihrer radikalen Kritik zentraler christlicher Dog-

men. Die Machthaber, die die Deutschchristen anfangs gestützt hatten, ließen sie am Ende fallen. Nach dem Zweiten Weltkrieg fanden sich ihre versprengten Sympathisanten in kleinen Vereinen zum Beispiel in Stuttgart, Hannover und Dortmund zusammen und feierten ihre «Gottesfeiern» und «Jugendweihen» weiter.

Diakonie/Caritas

Der Begriff «Diakonie» (griech. «Dienst») wird heute meist gleichbedeutend mit «Caritas» (lat. «Liebe») oder «Liebestätigkeit» verwendet. «Diakonisch» nennt man ein soziales Handeln, das aus dem christlichen Glauben hervorkommt.

1. Im Neuen Testament und in frühchristlicher Zeit hatte Diakonie noch eine andere Bedeutung und bezog sich auf die christliche Gemeinde und ihre Leitung. In Apg. 6,1–6 wird von der Einsetzung eines Siebener-Kollegiums in der Jerusalemer → Urgemeinde berichtet. Es sollte die «tägliche Diakonie» im Zusammenhang mit den Mahlveranstaltungen der Gemeinde, bislang Leitungsaufgaben der «Zwölf» (→ Apostel), übernehmen. In der Gemeindeversammlung waren «Verkündigung», «Liturgie» und Sozialdienst verankert. Bischöfe wie Diakone waren gleichermaßen «Leitende»; erst später bildete sich die hierarchische Stufung von Episkopat (griech. episkopos: Aufseher, Bischof), Presbyterat (Ältestenamt) und Diakonat heraus: Der Presbyter wurde zum kultischen Vertreter des Bischofs, der Diakon zu dessen «rechter Hand»: Er kümmerte sich um die Sozialhilfe und teilte im Gottesdienst Brot und Wein aus.

Zum frühchristlichen Sozialdienst gehörte auch die Sorge der Gemeinde für ihre Witwen und Waisen, der Unterhalt der Waisenkinder und die Verheiratung der elternlosen Jungfrauen. Die urchristliche Mahlversammlung verband → Kult und Sozialdiakonie. Bald aber traten «Herrenmahl» und «Agape» («Liebesmahl») auseinander; die Agape wurde schließlich bedeutungslos.

Im 3. Jahrhundert stieg der Diakon zum bloßen Helfer und Handlanger des Bischofs ab. Für die Sozialdienste wurden häufig Frauen herangezogen, damit sie «Straße für Straße in fremde und gerade in die ärmsten Häuser eintreten, um die Brüder zu besuchen». (Tertullian, Ende des 2. Jahrhunderts). Man nahm sich dabei besonders der Gefangenen und der Zwangsarbeiter in Bergwerken an. Bei Pestepidemien ging die Hilfe sogar über die Grenzen der Gemeinden hinaus. Durch freiwillige Selbstbesteuerung brachte man das Geld für die Gemeindekasse auf. Damit wurde die Diakonie bezahlt, und auch die Amtsträger bekamen einen bescheidenen Unterhalt.

Mit zunehmender Hochschätzung der → Askese bevorzugte man Jungfrauen als Diakonissen, die bei Taufen und bei der Krankenpflege eingesetzt wurden. Die Entwicklung zur Priesterkirche, die das Opfer in den Mittelpunkt des Gottesdienstes stellt, den Sozialdienst zurückdrängt und ausschließlich Männern alle Macht einräumt, schwächte die Stellung der Frauen, die schließlich nur noch hinter Klostermauern zu kirchlichem Amt und Würden (etwa als Äbtissinnen) kommen konnten.

2. Als mit der «Konstantinischen Wende» (→ Konstantin der Große) aus der verfolgten christlichen Minderheit eine privilegierte, mächtige Gruppe der Gesellschaft wurde und fast die ganze Bevölkerung in die christliche Kirche hineinströmte; als die Geistlichen die Ehrentitel der staatlichen Beamten annahmen, eine Besoldung der Kleriker eingeführt wurde und sich das Gegenüber von Klerus und Laien erst richtig ausprägte, trat die Diakonie aus dem christlichen Kult heraus, und der kirchliche Armendienst wurde Konkurrent und schließlich

Nachfolger der staatlichen Fürsorge. Die kirchliche Diakonie organisierte nun die städtischen Armenspeisungen und baute das Herbergs- und Hospitalwesen aus. Angeleitet von Augustinus (354–430) und orientiert an der Regel des Benedikt von Nursia (480–547), entwickelte sich das Kloster zum Träger der Diakonie. (→Mönchtum) Die Kirche versuchte indes, ihre Kultteilnehmer durch die Verheißung himmlischen Lohnes einerseits und die Androhung ewiger Höllenstrafen andererseits wenigstens zu persönlicher Mildtätigkeit und zum Almosengeben zu bewegen. Seit dem 8. Jahrhundert ging vom «Zehnten» der Christen nur noch ein Drittel an die Armen; den Großteil verschlangen die Entlohnung des Klerus und die kirchliche Bautätigkeit.

Nach der Jahrtausendwende widmeten sich die «Elenden»-Bruderschaften den Wohnsitzlosen, Kranken und sonstigen «Sozialfällen». Während der Kreuzzüge entstanden die Spitalorden der Ritter (Johanniter, 1099; Templer, 1119; Deutschordensherren, 1191), die mit dem Kampf gegen die «Ungläubigen» die Pflege der Hilflosen verbinden wollten. Franciscus von Assisi (1182–1226) und Elisabeth von Thüringen (1207 bis 1231) leiteten ihre Zeitgenossen zu christlicher Opferfreude und Selbsthingabe an. Armut erfreute sich zeitweise solcher Hochschätzung, daß in Gilden organisierte Bettlerscharen, die übrigens ihre Gewinne versteuern mußten, durch die Städte zogen und von der Verdienstlichkeit der guten Werke anderer lebten.

Die Reformatoren vertraten die Ansicht, daß, aus Dankbarkeit für die Gnade des Evangeliums, «alles innerliche und äußerliche Vermögen der Christgläubigen zur Ehre Gottes und Liebe des Nächsten (der ebenso Christenmensch ist wie wir)... dienen und gereichen sollen» (Luther, 1483 bis 1546). Zwingli (1484 bis 1531) versuchte in Zürich ein Gemeinwesen aufzubauen, das Armen-, Schul- und Kirchenwesen aus christlicher Verantwortung heraus gestaltete.

Im Bereich des Katholizismus versuchte Vinzenz von Paul (1581–1660) durch Verbindung von Diakonie und Volksmission die Kirche zu erneuern. 1634 sammelte er vornehme Damen zur Betreuung der Kranken im großen Pariser Hospital. Die «Vinzentinerinnen» (Barmherzige Schwestern) verbreiteten sich nun über ganz Europa und gaben im 18. und 19. Jahrhundert Anstöße zu zahlreichen ähnlichen Dienstorden.

3. Nach dem Dreißigjährigen Krieg trat eine bürgerlich-philanthropische neben die christlich begründete Sozialhilfe. Bei Philipp Jakob Spener (1635–1705) taucht der Gedanke einer genossenschaftlichen Selbsthilfe durch freiwillige Selbstbesteuerung auf. August Hermann Francke (1663–1727) verband Erwekkung, Bekehrung und Nothilfe. Alle Christen sollten «in derselben Erniedrigung, darein sich Christus gegeben hat, da er sich allen zum Knecht gemacht, sich auch allen Menschen zu Knechten machen und nicht das ihre, sondern das, was ihren Nächsten nützlich und ersprießlich ist, suchen». 1695 gründete er in Glaucha bei Halle eine Armenschule, aus der später eine ganze Reihe von Erziehungsanstalten hervorging. Die →Herrnhuter Brüdergemeine des Grafen Zinzendorf, diese «herzliche Vereinigung der Kinder Gottes in der Welt», betrieb Krankenpflege und unterhielt eine Alters- und Invalidenversorgung.

Im 18. Jahrhundert wurde die «Armenpflege» zu einem bevorzugten Thema der Aufklärung. 1780 hatte München 37150 Einwohner, davon waren immerhin 4275 Almosenempfänger und Bettler. In Köln gab es unter 40000 Einwohnern 10000 bis 11000 Bettler. Die aufgeklärte Gesellschaft wendete sich nun insbesondere den armen Kindern zu. Oberlin (1740–1826) kümmerte sich im elsässischen Steintal um Armenpflege und

Wirtschaftsplanung und baute eine Kleinkinderschule auf. Der Verein als Form der Vergemeinschaftung entwickelte sich in der Zeit der → Erweckungsbewegung zu einer Art christlicher Ersatzgemeinde.

Bis weit ins 19. Jahrhundert hinein gab es eine nahezu unüberschaubare Zahl diakonischer Einzelinitiativen. Johannes Falk (1768–1826) nahm sich verwahrloster Kinder an, die in den Befreiungskriegen elternlos geworden waren. Heinrich Zeller gründete 1820 eine Ausbildungsanstalt für Armenschullehrer. Die Kaiserswerther Mutterhausdiakonie, die der Pfarrer Theodor Fliedner (1800–1864) ins Leben gerufen hatte, verbreitete sich überaus rasch in Europa und bis nach Amerika. J. H. Wichern (1800–1881) eröffnete 1833 in Hamburg das «Rauhe Haus» für verwahrloste Jungen und entwickelte für sie eine eigene Sozialpädagogik, die Vergebung, Vertrauen, Freiheit und Zucht miteinander verband. 1848 gründete er den «Central-Ausschuß für die Innere Mission». Aus dem Geist «errettender Liebe» wollte er die ganze Kirche erneuern.

Auf katholischer Seite trat der Mainzer Bischof Ketteler (1811–1877) mit sozialpolitischen Ideen und Initiativen hervor. Der «Gesellenvater» Adolf Kolping (1813–1865) wollte den Handwerkerstand durch intakte menschliche und berufliche Verhältnisse festigen. Die Religiösen Sozialisten engagierten sich in der Schweiz und in Deutschland für eine soziale Neuordnung. (→ Soziales Christentum)

4. In der Praxis stellte sich heraus, daß zahlreiche Problemsituationen ein soziales und politisches Engagement erforderlich machen, das über eine bloß individualethische «Liebestätigkeit» hinausgeht. Sozialethik und politische → Ethik formulieren und begründen diese Notwendigkeit.

In einer Zeit, in der die Länder der «Dritten Welt» in Afrika, Asien und Lateinamerika damit begonnen haben, sich aus kolonialer und nachkolonialer Abhängigkeit zu befreien; in der Nahrungsmangel und Bevölkerungswachstum Jahr für Jahr zu Millionen von Hungertoten führen und in der Industrialisierung, Auflösung der Großfamilie und Landflucht zu unabsehbaren sozialen und persönlichen Problemen führen, haben die christlichen Kirchen neben dem «nahen» auch den «fernen Nächsten» in Übersee entdeckt.

Der Ökumenische Rat der Kirchen in Genf trat mit zahlreichen gesellschaftspolitischen Studien, Aktivitäten (Unterstützung armer Kirchen) und Programmen (Hilfe für Flüchtlinge, Vertriebene, Asylanten) hervor. Bei den Geberkirchen sind Hilfsaktionen für Gruppen und Länder im Freiheitskampf indes heftig umstritten. Grundsatz des Ökumenischen Rates ist es jedoch zu helfen «ohne Rücksicht auf nationale, politische, rassische und religiöse Zugehörigkeit allein nach dem Gesichtspunkt der größten Not».

Das überkommene Erbe aus Theologie, Verkündigung und → Mission läßt eine «politische Diakonie» gleichwohl immer wieder an ihre Grenzen stoßen. Viele Kirchenmitglieder und insbesondere konservative und evangelikale kirchliche Machtgruppen und Landeskirchen sind zwar zu «Spenden» bei Hunger-, Flüchtlings- und Naturkatastrophen bereit, verweigern aber ein Engagement für politische und wirtschaftliche Veränderungen. (→ Fundamentalismus)

Dialektische Theologie

Mit dem Ausdruck «Dialektische Theologie» bezeichnet man eine theologische Bewegung der Zeit zwischen 1920 und 1933. Vertreten wurde sie u. a. von den Theologen K. Barth, E. Thurneysen, F. Gogarten, R. Bultmannm und E. Brunner. Bisweilen und zutreffender

wird sie auch «Theologie des Wortes Gottes» genannt.
Die Erfahrungen des Ersten Weltkrieges und der durch ihn ausgelösten umfassenden Krisen führte in der protestantischen →Theologie zu einem Bruch mit ihrer liberalen Tradition. «Der Gegenstand der Theologie ist Gott, und der Vorwurf gegen die liberale Theologie ist der, daß sie nicht von Gott, sondern von Menschen gehandelt hat. Gott bedeutet die radikale Verneinung und Aufhebung des Menschen.» (Bultmann)
Der Ausgangspunkt der neuen Theologie war die Auffassung, daß der Mensch und die Welt von Gott total getrennt seien: Menschsein heißt Schuldigsein und bedeutet im Gegensatz zu Gott stehen. Zwischen Gott und Mensch tut sich ein unendlicher Abgrund auf. Gott ist für die Welt der «ganz Andere». Deshalb scheidet jede Gotteserkenntnis und Versöhnung mit Gott als vom Menschen ausgehende Möglichkeit aus. Wenn es dennoch Gotteserkenntnis und Versöhnung gibt, dann nur als (dialektische) «unmögliche Möglichkeit» von Gott her: Der heilige Gott handelt an der sündigen Welt.
Nachdem Karl Barth die Dialektische Theologie angestoßen hatte, sorgte Friedrich Gogarten insbesondere in der Zeitschrift «Zwischen den Zeiten» (1923–1933) für ihren Durchbruch. Zur eigentlichen Programmschrift und zum Hauptdokument der Dialektischen Theologie wurde jedoch Barths ‹Römerbrief›-Auslegung. (Der Römerbrief, Zollikon-Zürich ^{12}1978)
Die Vertreter der etablierten Theologie lehnten die neue theologische Richtung ab, aber unter den Pfarrern breitete sie sich rasch und wirkungsvoll aus. Der theologische Liberalismus trat darüber mehr und mehr zurück. Die Auseinandersetzung mit dem erwachenden Nationalismus aber ließ Unterschiede und Spannungen zwischen den Vertretern der Dialektischen Theologie immer deutlicher hervortreten und führte schließlich zu ihrer Auflösung. (→Kirchenkampf)
Bis heute gilt die Dialektische Theologie als hinsichtlich ihrer Wirkungen wichtigste theologische Bewegung des 20. Jahrhunderts.

Dogma
In seiner ursprünglichen Bedeutung hieß «Dogma» soviel wie «Meinung» oder «Lehre». Zur Zeit des frühen Christentums bezeichnete man beispielsweise die Lehren der philosophischen Schulen als «dogmata»; Philosophie galt als die reinste und angesehenste Form der Religion. Deshalb wollten auch die Christen eine «Lehre» ausbilden.
Platon (427–347 v. Chr.) meinte mit «Dogma» allerdings nicht die Erkenntnis der Wahrheit, sondern die Meinung über sie; wenn sich Bürger und Politiker von Meinungen, die sich an der Wahrheit ausrichteten, leiten ließen, so diene dies dem Heil und der Erhaltung des Staates. Deshalb müsse das «Dogma» der Einsichtigen und Weisen zum gemeinsamen Dogma aller werden.
Das christliche Verständnis von Dogma und Lehre schloß sich an diese Überlegung an. Das erste regelrechte Dogma der Kirche war die Erklärung des Konzils von Nicaea (325), daß Christus «wesenseins» mit Gott sei. Diese Glaubenslehre hatte Gesetzeskraft. Nur der galt als rechtsfähig, der das orthodoxe (rechtgläubige) Bekenntnis teilte. (→Christologie)
Die christliche Glaubensformel hatte also von Anfang an eine politische Funktion. Sie sollte den Glauben so darstellen, daß ihm die Bedeutung universaler Welterkenntnis zukäme. Als solche gewährleistete sie nicht nur die Einheit der Kirche, sondern auch die Einheit des Reiches; sie machte die Kirche zu einem tragenden Pfeiler des Staates. Wenn das Dogma den Glauben «vernünftig» aus-

drücke, brauche man sich zur Annahme und Anerkennung des Glaubens nur seiner Vernunft zu bedienen; dadurch wird der Glaubensinhalt zu einer für jeden zumutbaren Einsicht und die Zustimmung zur Glaubensformel zu einer öffentlichrechtlichen Angelegenheit.

Das Dogma drückt also einen universalen Anspruch des Glaubens aus. (→ Absolutheitsanspruch des Christentums) Folgerichtig erklärten die Apologeten (Verteidiger des Christentums im 2. und 3. Jahrhundert) die christliche Lehre zur Philosophie. Die ganze altkirchliche Dogmenentwicklung ist mithin der Versuch, das Bekenntnis «Jesus ist der Sohn Gottes» auch im Denken zu verarbeiten und als verpflichtende Lehre darzustellen. (→ Christologie) Dabei griff der ursprünglich nichtgriechische, mythologische christliche Glaube auf die griechische Philosophie zurück. Adolf von Harnack (1851–1936) hat deshalb das Dogma zu einem «Werk des griechischen Geistes auf dem Boden des Evangeliums» erklärt.

Im Dogma nahm also der geschichtlich bedingte christliche Glaube eine ungeschichtliche Gestalt an, indem er sich am allgemeinen philosophischen Wahrheitsanspruch maß, der auf der Identität (dem Sich-gleich-Bleiben im Wechsel der Zustände) der ewigen Gegenwart beruht. Rechtgläubig ist hinfort, «was überall, immer und von allen zu glauben ist».

Im Unterschied zur eher offen argumentierenden Philosophie vertrat die christliche Lehre ihren Anspruch jedoch stets mit bitterem Ernst: «Wer da will selig werden, der muß vor allen Dingen den rechten christlichen Glauben haben. Wer denselben nicht ganz und rein hält, der wird ohne Zweifel ewiglich verloren sein.»

Das kirchliche Dogma beruft sich auf zwei Ursprünge: die → göttliche Offenbarung und einen → Autoritätsakt des kirchlichen Lehramtes. «Unter Dogma im strengen Sinn versteht man eine von Gott unmittelbar (formell) geoffenbarte Wahrheit, die vom kirchlichen Lehramt als solche zu glauben vorgelegt wird.» Es gilt ein für allemal, und es ist «Pflicht gegenüber Gott und der Kirche», auch daran zu glauben. «Schrift», (Offenbarung) und «Tradition» (Dogma) sind streng und wechselseitig aufeinander bezogen. Die Bibel an sich ist noch nichts wert; erst die Kirche macht sie zum «Wort Gottes»; erst die kirchliche Lehre enthält die Wahrheit des Alten und des Neuen Testaments.

Nachdem die kirchliche Interpretation die biblische Wahrheit festgestellt hat, wird sie für alle Gläubigen zum verbindlichen, unfehlbar richtigen Glaubens- und Rechtssatz erklärt. Mit diesem Anspruch macht sich die Kirche selbst zum Ort der Wahrheit, an dem über Leben oder Tod, Verderbnis oder ewige Glückseligkeit des Menschen entschieden wird. Die kirchliche Lehrentwicklung gipfelte konsequenterweise in einer Lehre über das kirchliche Lehramt selbst: dem Dogma von der Unfehlbarkeit des Papstes.

Dogmen sollen der Lehre der Kirche einen zeitlosen Charakter verleihen. Tatsächlich binden sie den aktuellen Glauben der Kirche an eine vergangene Gestalt seiner selbst. Das kirchliche Dogma soll «schriftgemäß» sein. In Wirklichkeit sind die Grundaussagen der Bibel vielschichtig; die Widersprüche der «Heiligen Schrift» werden von der einen Wahrheit des Dogmas lediglich überdeckt oder verdrängt. Die hierarchische Spitze der Kirche (Papst, Konzilien, Bischöfe) nimmt das Recht zur Festlegung der Dogmen für sich in Anspruch und verpflichtet die Gläubigen unter Androhung von Strafen, die sogar die Grenze des Lebens überschreiten, auf diese Dogmen. Dies macht die Kirche und ihre Lehre autoritär, aggressiv und schließlich leblos.

Im Protestantismus sind die Ansichten über Dogma und → Dogmatik nicht einheitlich. Die einen lehnen es überhaupt ab, verbindliche Glaubenswahrheiten festzulegen. «Die wahre Kritik des Dogmas ist seine Geschichte.» (David Friedrich Strauß, 1840) Die anderen halten an Glaubenswahrheiten fest, wollen diese aber, im Blick auf die jeweilige Zeit und im Rückgriff auf die Bibel, immer wieder neu formulieren.

→ Martin Luther (1483–1546) hatte der Kirche überhaupt jegliches Recht bestritten, selbständig Lehrsätze zu entwickeln («sola scriptura»: «allein die Schrift zählt»); aber die protestantische Tradition wollte das Machtinstrument kirchlicher Lehrautorität nicht gänzlich aufgeben. Sie erklärte die Bibel zu einer Sammlung inspirierter (→ Heiliger Schriften), zeitlos gültiger Lehren. Der Prozeß der Bekenntnisbildung gilt (mit den Bekenntnisschriften des 16. Jahrhunderts) als abgeschlossen. Damit wird das Bekenntnis zur gesetzlichen Lehrform, die protestantischen «Dogmen», ebenso wie die katholischen, zur zeitlosen Lehre. Die «Glaubenswahrheit» darf nun eigentlich nicht mehr konsequent kritisch hinterfragt werden, sondern ist vielmehr letzter Maßstab des rechten Verständnisses der Bibel.

Dogmatik

«Dogmatik» ist die zusammenfassende Darstellung theologisch verbindlicher Aussagen und Lehren. Während es die «dogmatische → Theologie» mit Glaubenssätzen zu tun hat, geht es bei der «ethischen Theologie» um die moralischen Maßstäbe des christlichem Lebens (→ Ethik) und bei der «historischen Theologie» um die geschichtlichen Bedingungen von Christentum und christlichem Glauben. Nach katholischer Auffassung legt die Dogmatik die Dogmen aus; sie denkt über alles nach, «was zum Verständnis des Dogmas methodisch und inhaltlich notwendig und förderlich ist». Damit steht über der Dogmatik die → Autorität der Kirche. In der evangelischen Theologie soll die Dogmatik die überlieferten Glaubenssätze an der Bibel überprüfen. Die Glaubenssätze der Kirchen der Reformation (z. B. die Lehre von der Rechtfertigung) werden nicht als Dogmen bezeichnet.

1. Die ältesten Dogmatiken sind Zusammenstellungen verbindlicher theologischer Aussagen. Augustinus' (354–430) «Enchiridion» («Handbüchlein») z. B. hielt sich an den Aufbau des altkirchlichen Glaubensbekenntnisses. Daran schließt sich die Auffassung an, Dogmatik sei «Rede vom dreieinigen Gott». Thomas von Aquin (1225–1274) hingegen ließ in seiner «Summa theologica» die Trinitätslehre der Gotteslehre folgen und besprach dann Gott als Ursache der Schöpfung; daran schließen sich die Themen «Mensch», «Christus und sein Werk» und «die Sakramente» an. Calvin (1509–1564) läßt in seiner «Institutio Christianae Religionis» (Unterweisung in der christlichen Religion) auf die Gotteslehre die Christologie, die Gnadenlehre, die Lehre von der Kirche (Ekklesiologie) und die Sakramentenlehre folgen.

In der Zeit nach der Reformation entwickelte man den Aufbau der Dogmatik in Entsprechung zur «Heilsgeschichte»: Nach der Gotteslehre kommt die Schöpfung, der «Fall» des Menschen, die Menschwerdung Gottes in Christus, das Werk Christi, die Kirche und die Lehre vom Ende des einzelnen und vom Ende aller Dinge.

Als den eigentlichen «Gegenstand» der Theologie und der Dogmatik hatte Thomas von Aquin Gott bezeichnet: Alle Dinge sind auf Gott hingeordnet. Deshalb muß die Theologie alles von Gott her verstehen. Martin Luther (1483 bis 1546) stellte statt dessen den Menschen in die Mitte: «Der charakteristische Gegenstand der Theologie ist der Mensch, der der Sünde schuldig und verworfen

ist, und Gott, der den sündigen Menschen rechtfertigt und errettet.» (1532)
Friedrich Daniel Schleiermacher (1768 bis 1834) ersetzte den Begriff der Dogmatik durch den der «Glaubenslehre» (Der christliche Glaube nach den Grundsätzen der evangelischen Kirche im Zusammenhange dargestellt, Berlin 1821/22) und erklärte die Frömmigkeit und das christliche Selbstbewußtsein zu dessen Zentrum. Die religiöse Verfassung des Menschen wird damit zur Grundlage, um Glaubensaussagen über Gott, Welt und Mensch überhaupt machen zu können.
In seinem monumentalen Werk «Die Kirchliche Dogmatik» (I/1, 1932 bis IV/4 1967) schrieb Karl Barth (1886–1968) der Dogmatik die Aufgabe zu, die Verkündigung der Kirche zu hinterfragen. «Dogmatik ist die kritische Frage nach dem Dogma, d. h. nach dem Wort Gottes in der kirchlichen Verkündigung oder konkret: nach der Übereinstimmung der von Menschen vollzogenen und zu vollziehenden kirchlichen Verkündigung mit der in der Schrift bezeugten Offenbarung.» (1932)
Dogmatik greift also auf Aussagen über Gott, Jesus Christus, den Heiligen Geist, die Schöpfung, die Versöhnung und Vollendung zurück, die in der Bibel, in den Bekenntnissen der Kirche und in der theologischen Tradition formuliert wurden, und versucht diese Aussagen neu zu entfalten. Dabei sagt sie den Menschen, was sie zu glauben haben. Ihre grundlegenden Annahmen sind, daß Gott sich selbst mitgeteilt und sich endgültig in Jesus Christus offenbart habe. «Jesus Christus» ist ihr der Inbegriff der Einheit von Gott und Mensch; «Gnade» ist das Handeln Gottes als Richter und Erretter; «Glaube» ist das Werk Gottes am Menschen; «Hoffnung» ist Vertrauen auf Gottes Verheißung. Der Heilige Geist gilt als Grund für die Erkenntnis der Wahrheit. Das grundlegende Merkmal der Dogmatik ist ihre Bindung an die Autorität der Bibel und die Autorität der Kirche.
2. Ihren besonderen Nutzen hat die Dogmatik vor allem als Lehre der Kirche erwiesen. Deshalb muß die Glaubenslehre «orthodox» (rechtgläubig) sein. So ist sie häufig zum Anwalt der Tradition in der Theologie geworden. Von ihr erwartete man die Formulierung überzeitlicher Wahrheiten. Dann konnte man sie z. B. als Instrument zur Überführung und Reglementierung von Abweichlern verwenden. Als Doktrin (Lehre) dient sie dann gegebenenfalls der Indoktrination.
Um dem Vorwurf des «Dogmatismus» auszuweichen, wurde in neuerer Zeit der Begriff «Dogmatik» durch den der «Systematischen Theologie» ersetzt. Mitunter auch reservierte man die Bezeichnung «Dogmatik» für die kirchlich gebundene Lehre und verwendete den der «Systematik» zur Bezeichnung der Gesamtheit des «Glaubenswissens». Kant (1724 bis 1804) hatte ein System als «Einheit der mannigfaltigen Erkenntnisse unter einer Idee» definiert. «Systematische Theologie» sollte dementsprechend Dogmatik und → Ethik, die theologische Grundlagen- und Methodenlehre, Konfessionskunde und historische Theologie umfassen, um die Einheit der Theologie zu beschreiben. Sie sollte Glauben und Denken in Beziehung zueinander setzen und schließlich auch die soziale Weltgestaltung und das Verhältnis der → Religion zur Gesellschaft reflektieren.
Die Orthodoxen Kirchen kennen bis heute keine institutionalisierte Dogmatik. Sie halten sich an die Dogmen der ökumenischen Konzilien. In der römisch-katholischen Kirche spricht der Papst kraft göttlichen Rechtes die Glaubenswahrheiten verbindlich aus. Dogmatik hat darüber zu reflektieren; in ihr spricht die Kirche gleichsam mit sich selber. In der Zeit, als man zur Erkenntnis kam, daß Dogmen nicht vom Himmel ge-

fallen sind, sondern sich langsam entwikkelt haben, erfolgte als Gegenmaßnahme gegen gefährlich erscheinende Relativierungen die Dogmatisierung der Unfehlbarkeit des päpstlichen Lehramtes. (→ Papst) Der protestantischen Dogmatik liegt die Ansicht zugrunde, daß die Bibel die Kirche (als «normierende Norm») bestimmt, während gleichzeitig das Verständnis der Bibel durch das Bekenntnis der Kirche (als «normierte Norm») bestimmt ist.
Dogmatik schließt den Versuch ein, die Wahrheit des Glaubens allgemein und universal zu vertreten. (→ Absolutheitsanspruch) Die christliche Überzeugung von der Alleinherrschaft Christi in der Kirche und in der Welt will auch so ausgedrückt sein, daß dieser Anspruch möglichst für alle Menschen gültig erscheint. Die frühe Dogmenbildung war darauf angelegt, die Einheit der Kirche nach innen zu sichern und nach außen darzustellen. Dem politischen Vereinheitlichungsbestreben des Römischen Reiches entsprach der Kampf der Kirche um religiöse Weltherrschaft. (→ Konstantin der Große) Beim Streit um die «reine Lehre» ging es also immer auch um «weltliche» Macht und Herrschaft. Um den Anspruch der orthodoxen Lehre durchsetzen zu können, entwickelte die Kirche, gleichsam im Nachgang zur Dogmatik, die Instrumente der «Kirchenzucht», das → Buß- und → Beichtwesen, den → Bann (Exkommunikation) und die → Inquisition.

Dualismus

«Dualismus» nennt man die Auffassung, daß die Wirklichkeit in Polaritäten (Gegensätze) aufgespalten sei und daß stets zwei Prinzipien, Tendenzen oder Grundbefindlichkeiten einander gegenüberstünden. Dualismus ist für Begriff und Wesen von Religion und Christentum überhaupt grundlegend bestimmend und betrifft beispielsweise die Gegensätze von Diesseits und → Jenseits, von → Heilig und Profan (= was «vor dem heiligen Bereich» liegt: das Ungeweihte), von Immanenz (= das Innerweltliche) und Transzendenz (= was Erfahrung und Welt überschreitet).
Dualistische Vorstellungen findet man in allen religiösen Bereichen. Zahlreiche Kosmogonien (= Lehren von der Weltentstehung) beschreiben den Übergang von einem chaotischen Urzustand in die Ordnung der Welt: Marduk, Gott von Babylon, spaltete den Chaosdrachen Tiamat und formte aus den Teilen seines Körpers den → Himmel und die Erde. (→ Babylonisch-assyrische Religion)
Nach der → Gnosis stehen → Geist und Materie, Licht und Finsternis einander feindlich gegenüber. Die Welt ist dadurch entstanden, daß sich beide Prinzipien mischten. Im alten China bezeichnete man den Weg, nach dem sich der Gang des Kosmos harmonisch vollzieht, mit «tao». (→ Chinesische Religionen) Tao ist den beiden Prinzipien yang und yin übergeordnet. Yang ist das starke, aktive, schöpferische, lichte und warme Element, dem Himmel, Sonne, Süden und die rote Farbe entsprechen. Yin hingegen ist das weibliche, schwache, passive, dunkle und kalte Element, dem Mond, Norden und die schwarze Farbe zugeornet sind.
Die Mythen verteilen die gegensätzlichen Eigenschaften der Güte und des Zorns bisweilen auf verschiedene Götter; in anderen Fällen vereinigt eine einzige Göttergestalt Züge des Furchterregenden wie der Güte. Häufig treten Götterpaare auf, und eine einzige Gottheit kann den Gläubigen sowohl als Vater wie als Mutter erscheinen.
Unter den Religionen hat der Parsismus (→ Zarathustra) einen besonders stark ausgeprägten Dualismus. Zwei Götter stehen dort einander unversöhnlich gegenüber: Ahura Mazda und der «böse Geist» Angra Mainyu. In den Gesängen

Zarathustras heißt es: «Ich will reden von den beiden Geistern zu Anfang des Lebens, von denen der heiligere also sprach zu dem argen: Nicht stimmen unsere beider Gedanken noch Lehren noch Absichten noch Überzeugungen noch Werke noch Individualitäten noch Seelen zusammen.»

Dualistische Weltbilder sehen die menschliche Ordnung so, als entspräche diese einer kosmischen Ordnung: Der König ist Repräsentant Gottes auf Erden. Tempel, heilige Stätten oder heilige Bücher stellt man sich als sekundäre Ausgaben von himmlischen Urbildern vor. (→ Koran) Auf diese Weise spiegelt die Ehe zwischen Mann und Frau das Verhältnis von Himmel und Erde wider.

Der religiöse Dualismus prägt auch die Moral des Menschen. (→ Ethik) Alles Tun gilt letztlich dem Kampf gegen das Böse. «Höret mit den Ohren das Beste, betrachtet es mit klarem Sinn: die Entscheidung zwischen den beiden Wahlmöglichkeiten...» (Zarathustra)

Das dualistische Geschichtsbild untergliedert den historischen Prozeß in Perioden, in denen abwechselnd das Gute und das Böse vorherrscht. Erst am Ende der Geschichte wird der Gegensatz aufgelöst: Die Guten kommen zur Vollendung und ins → Ewige Leben, die Gottlosen hingegen enden in der → Hölle oder werden völlig vernichtet. «Wer zum Rechtgläubigen sich gesellt, nennt künftig jubelndes Glück sein eigen. Langes Schmachten in Finsternis, ekle Speise, Weheruf –, in solches Dasein, ihr Lügenknechte, wird auf Grund eurer Taten eure Seele euch führen.» (Zarathustra)

Mit der → Apokalyptik ist iranisch-dualistisches Denken in den jüdischen Glauben eingedrungen. Deshalb benutzt bisweilen auch das Neue Testament dualistische Denkformen: Mit der Erscheinung Jesu ist die Wende von der «alten» zur «neuen Weltzeit» vollzogen.

Auch Paulus' Theologie ist durchsetzt von Gegensatzpaaren: Gesetz steht gegen Verheißung (Gal. 3,18), Werke gegen Glauben (Röm. 3,21 ff), Fleisch gegen Geist (Röm. 8,4 ff). In der Welt der Sünde und des Todes brechen Leben und Heil auf. (2. Kor. 3,1 ff) Christus bringt die Scheidung der Menschen in Gerettete und Verlorene. (1. Kor. 1,18) Im Menschen selbst hebt der Kampf des Innern gegen das Äußere (Kol. 3,9 f), des pneumatischen Leibes gegen den psychischen Leib an. (1. Kor. 15,43)

Dualistisch geprägt ist insbesondere das Johannesevangelium: Das «Licht» scheint in der «Finsternis». (Joh. 1,5 ff) Das «Gesetz» wird von der «Gnade» abgelöst. (Joh. 1,17) Aus «Fleisch» wird «Fleisch», aus «Geist» wird «Geist» geboren. (Joh. 3,6) Aber das «Leben» überwindet den «Tod». (Joh. 5,24)

E

Ehe (Ehescheidung)

1. In nahezu allen Kulturen wird der Ehe eine besondere religiöse Bedeutung beigemessen. Hochzeit und Ehe drücken aus, daß sich zwei kosmische Prinzipien, das Männliche und das Weibliche, gegenüberstehen und sich miteinander einen. Die Ehe bringt dieses heilige Gegenüber zur Darstellung und bewirkt, daß sich die kosmische Ordnung für die Menschen heilsam auswirkt. «Yin umarmt yang, und zehntausend Dinge leben in Harmonie durch die Verbindung dieser Kräfte.» (Lao-tse, «alter Meister», chinesischer Denker und älterer Zeitgenosse des Konfuzius) «yin» und «yang» sind die beiden kosmischen Grundkräfte, das weibliche und das männliche Prinzip. (→ Dualismus; → Konfuzianismus)

Im Alten Testament hat die Ehe vor allem den Zweck, daß Nachkommen gezeugt werden. Doch ist sie auch Lebensgemeinschaft in Liebe zur gegenseitigen Ergänzung. (1. Mose 2,21–24) Um die Hand der Braut muß angehalten werden. (1. Mose 24,33–49) Der Bräutigam zahlt dann dem Brautvater das «Brautgeld». (1. Mose 34,12) Die Braut kann ihrerseits als Mitgift Sklavinnen oder Landbesitz, Hausrat oder Geld erhalten. Bereits die Verlobte ist zur Treue verpflichtet. Auf Untreue und Vergewaltigung steht, genauso wie auf Ehebruch, die Todesstrafe. (5. Mose 22,23ff) Ehebruch ist für Männer der Verkehr mit einer fremden verheirateten Frau, für eine verheiratete Frau aber jeder Verkehr mit einem fremden Mann. Der Mann braucht seiner Frau nur eine Entlassungsurkunde auszustellen, um sich von ihr zu trennen. Die Frau hingegen kann von sich aus die Ehescheidung nicht fordern.

Erzväter und Könige hatten mehrere Frauen. Die Hauptfrau konnte, wenn sie kinderlos blieb, ihrem Mann eine Sklavin als Nebenfrau überlassen. Der unverheiratete Bruder eines kinderlos Verstorbenen mußte dessen Witwe heiraten; deren erster Sohn galt dann als Sohn des Verstorbenen. («Leviratsehe», 5. Mose 25,5–10)

Die Ehe galt als Institution, die von Gott eingesetzt ist. (1. Mose 1,27) Wer sie verletzte, beging eine große Sünde. (2. Mose 20,14)

Die wichtigsten Gestalten des Neuen Testaments, Johannes der Täufer, Jesus und Paulus, lebten ehe- und familienlos. Aber zahlreiche neutestamentliche Bestimmungen und Mahnungen richten sich an Verheiratete und Familien. Jesu Mutter, Maria, war, bevor ihr erster Sohn geboren wurde, mit Joseph verlobt (Mat. 1,18; Lk. 1,27), der anscheinend jedoch auf den Geschlechtsverkehr mit ihr verzichtete. (Mat. 1,18–24) Dennoch trennte er sich nicht von ihr, als eine Schwangerschaft, die angeblich nicht von ihm verursacht worden war, festgestellt wurde. (Vgl. Mat. 1,20ff gegenüber Lk. 2,5)

Jesus selbst verurteilte Polygamie und Verwandtenehe sehr streng. Auch die Ehescheidung zum Zweck einer neuen Verheiratung verbot er. (Mat. 5,32; Mat. 19,9)

Darin folgte ihm Paulus (1. Kor. 7,10f): Die Liebe in der Ehe soll eine Fortsetzung der Liebe Christi zur Kirche sein. (Eph. 5,22ff) Für den Mann bedeutet dies die Forderung nach liebender Fürsorge («Liebt eure Frauen!» Kol. 3,19; Eph. 5,25), für die Frauen hingegen nach Anpassung. («Ordnet euch unter!» Kol. 3,18; Eph. 5,21; Tit. 2,5; 1. Petr. 3,1)

Als nützlicher sah man jedoch völligen Eheverzicht und Enthaltsamkeit an. Nachfolge war für Jesus nämlich wichtiger als Familienbindungen. (Mat. 10,37; Lk. 14,26) Auch Paulus hielt den Verzicht auf die Ehe im Dienst Jesu angesichts der noch verbleibenden kurzen Zeit bis zum Ende der Welt für angebracht. (1. Kor. 7,26ff) Nützlich erschien ihm die Ehe lediglich als Mittel zur Verhinderung von Unzucht. (1. Kor. 7,2) In einer Vision der Johannesapokalypse (Apk. 14,4) folgen dem Christus 144000 jungfräuliche Seelen, die sich mit Frauen nicht «verunreinigt» haben, als Brautjungfrauen. (→ Apokalyptik)

Jesu Verbot des Ehebruchs ist gegenüber dem 6. und 7. Gebot des Alten Testaments (2. Mose 20,13; 5. Mose 5,17) radikalisiert: Schon die bloße Begierde auf eine andere Frau sei Ehebruch. (Mat. 5,28) Andererseits wird von Jesus eine Szene überliefert, in der er angesichts einer des Ehebruchs angeklagten Frau ausgesprochen milde urteilt. (Joh. 8,2–11) Er vertrat auch die Auffassung, daß nach der Auferstehung eheliche Bindungen keinerlei Bedeutung mehr hätten. (Mat. 22,29f)

2. In der Alten Kirche sollte die christ-

liche Ehe das zeitliche Abbild der Vereinigung Christi mit der Kirche in der Ewigkeit darstellen. (Eph. 5,22f) Jungfräulichkeit aber ermöglicht angeblich schon jetzt eine Teilhabe an diesem göttlichen Geheimnis (so Origenes, gest. 254); sie galt als dem Ehestand «geistlich» sogar noch überlegen. Ehezweck war lediglich die Kinderzeugung in Nachahmung der Liebe Christi, aber unter Ausschluß egoistischer Leidenschaft und sinnlicher Begierde. Was den Vollzug des ehelichen Aktes betraf, so konnte schon Origenes nicht umhin, darin «eine gewisse Unreinheit» zu erblicken. Hieronymus (ca. 347–420) bezeichnete den Sexualakt rundweg als sündig, weil er am Gebet hindere. Augustinus bedauerte, daß er mit der «Konkupiszenz» (Begierde, böse Lust) vermengt sei.

Ehen von Christen mit Ketzern, Juden und Heiden wurden von der Kirche wiederholt verboten. Jeder Christ war, wenn er heiraten wollte, verpflichtet, einen christlichen Ehepartner zu suchen. Bis ins 4. Jahrhundert konnten auch die Geistlichen heiraten. Dann aber wurden Priester, die heirateten, vom Klerus ausgeschlossen. Geistliche, die vor der Ordination geheiratet hatten, sollten mit ihren Frauen enthaltsam leben oder sich von ihnen trennen. Die Keuschheitsforderung galt insbesondere für den höheren Klerus.

Im Mittelalter vertrat die Kirche des Westens noch die Vorstellung, daß die Eheschließung eigentlich eine weltliche Angelegenheit sei. Zum weltlichen Rechtsakt konnte die kirchliche Einsegnung hinzukommen. Erst um 1200 nahm die Kirche das Recht der Eheschließung allein für sich in Anspruch. Die Scholastik gestaltete dann das Verständnis der Ehe als → Sakrament aus. Auf dem Konzil von Lyon (1274) erschien die Ehe unter den sieben Sakramenten. Seitdem lehnt die Kirche alle anderen Ehehandlungen als die ihre ab. Eheschließung wurde zu einer exklusiv kirchlichen Angelegenheit.

Martin Luther (1483–1546) sah im Gelübde der Mönche und im Zölibat (Keuschheitsverpflichtung) die Gefahr der Werkgerechtigkeit und pries die Ehe; sie sei «der gemeineste, edleste Stand, so... durch alle Welt gehet und reichet». (Großer Katechismus) Ehe sei die ursprüngliche Ordnung der → Schöpfung und habe den Zweck, «daß sie [die Ehepartner] sich zusammen halten, fruchtbar seien, Kinder zeugen, nähren und aufziehen zu Gottes Ehren». Als Sakrament ließ er die Ehe aber nicht gelten, sondern bezeichnete sie lediglich als Stiftung des «weltlichen Regimentes Gottes», die die Eheleute auf das «geistliche Regiment Gottes» zuführe.

Das Konzil von Trient (→ Gegenreformation) bestätigte 1563 gegenüber der reformatorischen Herausforderung die Auffassung der Ehe als Sakrament, beharrte darauf, daß die Ehe grundsätzlich unauflöslich sei, und verwarf die Möglichkeit, daß Mönche und Priester heiraten. Mit der Überhöhung der Ehe zum Sakrament als «Gnadenmittel» geht in der katholischen Kirche die strenge Bindung an die Ehezwecke einher: Empfängnisverhütung ist verboten. Bis hin zur Enzyklika Pauls VI. (Humanae vitae», 1968) und bis heute wird dieses Verbot immer wieder bekräftigt.

3. Seit der Aufklärung setzte sich die Auffassung durch, daß die Ehe eine weltliche, vernünftig und zweckhaft zu gestaltende Angelegenheit sei. Das zeigt sich praktisch daran, daß die gültigen Gründe für die Scheidung (z. B. Mißhandlung, Verhinderung der Zeugung, Feindschaft zwischen den Ehegatten; schließlich bloß einseitiger Widerwille oder gegenseitige Einwilligung in die Trennung bei kinderloser Ehe) vermehrt wurden. Die Ehe wurde so zusehends «entheiligt» und relativiert. Aufklärer meinten schließlich, eine Ehe sei nichts weiter als ein Vertrag

zweier Personen beiderlei Geschlechts, die die vertraglichen Bedingungen frei bestimmen und so lange zusammenbleiben können, wie sie wollen. Nur aus der Bedürftigkeit der Kinder konnte noch eine Verpflichtung zur dauerhaften ehelichen Gemeinschaft abgeleitet werden. Kant (1724–1804) definierte die Ehe als eine Verbindung zweier verschiedengeschlechtlicher Personen zum wechselseitigen Besitz ihrer «Geschlechtseigenschaften» (Metaphysik der Sitten).

Die Kultivierung der Liebe und die Verehrung der Frau führten in der Romantik zu einer regelrechten emotionalen Revolution. Wichtig an der Ehe wurden nun «Gemütsverbindung» und «Freundschaft». Der Pietismus erkannte sogleich die Gefahr einer Konkurrenz der Gefühle, der Konkurrenz zwischen sinnlicher Lust und Jesusliebe. Die Liebesehe galt nun als der Verstandesehe überlegen. Eine neue Moral zeichnete sich ab: Liebe war an sich schon so gut wie Ehe, auch wenn der Trauschein fehlte. Schleiermacher (1768–1834), der «Kirchenvater des 19. Jahrhunderts», erklärte, die Ehe habe ihren Zweck nicht in der Zeugung, sondern in sich selbst. Die romantische Glücksgemeinschaft mit ihrer Gleichsetzung von Liebesempfinden und Ehe erwies sich in der Praxis freilich meist nur als ein elitäres Ideal gebildeter Kreise.

Die bürgerliche Auffassung der Ehegemeinschaft schrieb dem Mann eine «höhere Macht der Persönlichkeit» zu. Aufgrund der «natürlichen Superiorität (= Überlegenheit) des sittlichen Geschlechtscharakters des Mannes über den des Weibes» sei die Frau auf die sittliche Entwicklung angewiesen, die ihr die Ehe mit dem Mann eröffne. (Richard Rothe, 1799–1867) Dem entspricht angeblich eine hierarchische Ordnung der Geschlechtergemeinschaft. Die Lehren der Kirchen haben (auf katholischer Seite mit naturrechtlicher, auf evangelischer Seite mit biblischer Begründung) bis in die Gegenwart hinein an der patriarchalischen Stellung des Mannes als Haupt der Frau festgehalten.

Die Kritik der bürgerlichen Auffassung durch den Marxismus stellte die Notwendigkeit der Ehe überhaupt in Frage. Friedrich Engels (1820–1895) sah die Monogamie als Bestandteil patriarchalischer Herrschaft überhaupt. Die Ehe habe die Aufgabe, Eigentumsverhältnisse zu garantieren. Wenn sich die gesellschaftlichen Bedingungen veränderten, könne auch die Ehe durch freie, partnerschaftliche und gleichberechtigte Beziehungen zwischen den Menschen abgelöst werden. Die sozialistische Kritik wurde durch die psychoanalytische Kritik an der bürgerlichen Eheinstitution ergänzt und vertieft: Ehe sei eine Form der Repression (Unterdrückung) des Sexualtriebes. Der moderne Feminismus schließt sich mit seinem Kampf gegen eine selbstbezogene → Sexualität des Mannes und die Herabsetzung der Frau als Sexualobjekt an diese Auffassung an.

Die theologische Ethik der neueren Zeit hält jedoch meist an der Ehe als «Schöpfungsordnung» fest, «wobei Mann und Weib ihre Plätze nicht vertauschen können». (W. Elert, 1885–1954) Monogamie entspricht angeblich der biologisch vorgegebenen und personalen Verantwortung der Ehepartner. (E. Brunner: Das Gebot und die Ordnungen, Tübingen 1932 und 1933) Das «Physische» und «Personhafte», das bei der Frau stärker als beim Mann ausgebildet sei, dränge auf die Einzigkeit der Partnerschaft. «Nicht Einzigkeit begründet Ehe, sondern Ehe begründet Einzigkeit.» (H. Thielicke: Theologische Ethik III, Tübingen 1964)

Einem sozialen Wandel vom Patriarchat zur Partnerschaft können Theologie und Kirche jedoch auf Dauer nicht die Weihe und Berechtigung versagen. Manche Theologen erklären deshalb heute, nicht die Ehe legitimiere den Geschlechtsakt,

sondern der Geschlechtsakt legitimiere die Ehe.
Das Zusammenleben unverheirateter Paare hat sich, zumal frühere strafrechtliche Verbote abgeschafft wurden, zusehends eingebürgert, und «Ehen ohne Trauschein» werden auch gesellschaftlich weitgehend toleriert. Besonders jüngere Menschen scheuen vor ehelichen Bindungen zurück und wollen lieber zuerst erproben, ob sie überhaupt zusammenpassen. Freilich bereitet die Auflösung solcher «Probeehen» am Ende ähnliche seelische und auch rechtliche Probleme wie die Scheidung herkömmlicher Ehen.
Die Zahl der Ehescheidungen nimmt indes seit den letzten zwei Jahrzehnten deutlich zu. (Von den in der Bundesrepublik Deutschland vor 1960 geschlossenen Ehen wird jede achte geschieden; von den nach 1970 geschlossenen Ehen jede vierte und von den nach 1980 geschlossenen Ehen voraussichtlich jede dritte.) Nach römisch-katholischer Lehre sind Scheidungsfälle jedoch nur möglich, wenn Mängel hinsichtlich des anfänglichen ehelichen Konsenses (Zustimmung) bestanden. Nach protestantischer Ansicht kann Scheidungsgrund auch die Entfremdung der Ehepartner voneinander sein.
Ein Sonderproblem bilden die sogenannten Mischehen, etwa zwischen römisch-katholischen Christen und Angehörigen eines anderen Bekenntnisses. Katholisches Kirchenrecht verbietet solche Verbindungen, wenn die Gefahr des «Abfalls» für den katholischen Ehegatten und die Kinder besteht. Eine bloß standesamtliche Eheschließung oder eine nicht-katholische Trauung sind nach katholischem Verständnis weder gültig noch erlaubt. Deshalb leben heute zahlreiche Katholiken in Ehen, die kirchlich gesehen nichtig sind. Das Motuproprio (vom Papst erlassene Verfügung mit Verbindlichkeit für die römisch-katholische Kirche) «Matrimonia mixta» (vom 31.3. 1970) verlangt, daß der katholische Teil einer Mischehe dafür sorge, daß die Kinder katholisch getauft und erzogen werden. Der nicht-katholische Teil soll am katholischen Brautunterricht teilnehmen und von dieser Bestimmung Kenntnis nehmen.

Engel

Engel (von griech. angelos, Bote, Gesandter) sind Himmelswesen, die eine Botschaft Gottes zu den Menschen bringen.
Die Engellehre des Judentums ist ins Christentum und in den Islam übergegangen. Engel sind mächtiger als Menschen, aber den Gottheiten untergeordnet. Sie gehören in die Umgebung der Götter, die sie als Boten zum Schutz und zur Hilfe der Menschen ausschicken. (Vgl. Mat. 18,10) Bisweilen sind sie aber auch gefährlich und böse (→ Dämonen); es gibt aufrührerische und gefallene Engel. Selbst der → Teufel war anfangs im himmlischen Hofstaat Jahwes. (Hiob 1,6) Engel können auch als Unglücksboten auftreten. (Ps. 78,49)
Das Judentum kannte ganze Chöre von Engeln, aus denen als besonders bedeutsame Gestalten Michael und Gabriel, Raphael und Uriel hervortreten. Nach Ansicht des Neuen Testaments erscheinen die Engel als Begleiter des Messias (→ Christus) beim Endgericht. Ein Engel verkündete Maria, daß der Heiland aus ihr geboren werde, den Hirten verhießen Engel «große Freude», den Frauen und Jüngern sagten sie die Auferstehung Jesu an. Ihre Aufgabe ist es auch, «Gott zu loben in alle Ewigkeit». (Apk. 7,11) Nach dem Tod eines Menschen nehmen die Engel die Seele in Empfang; deshalb ruft man sie in den Sterbegebeten eigens an. Da die Engel «weder freien noch sich freien lassen» (Mk. 12,25), sind sie die Vorbilder der Mönche. (→ Mönchtum)
Nach christlicher Engellehre (für Katho-

liken glaubensverpflichtend festgelegt beim 4. Laterankonzil, 1215) haben die himmlischen Wesen einen (unsichtbaren, unirdischen) «Astralleib» oder einen «Feuerleib» und sind in neun Chöre eingeteilt (Engel, Erzengel, Kräfte, Mächte, Herrschaften, Fürstentümer, Throne, Cherubim, Seraphim). Die Reformation hat nicht den Glauben an Engel, sondern nur deren Anbetung und kultische Verehrung beseitigt. «Also beten wir die Engel nicht an, trauen ihnen auch nicht..., sondern danken und loben Gott, daß er sie uns zugute geschaffen hat.» (Luther, 1483–1546)

Erweckungsbewegung

Die «Erweckung» war eine religiöse Bewegung, die sich im 18. und 19. Jahrhundert gegen die ihr vorausgehende → Aufklärung richtete. Sie erfaßte die gesamte protestantische Welt. Sich selbst verstand sie als «Frühling des neuerwachten ursprünglichen, d.h. biblischen, insbesondere des paulinischen Christentums».

Die Erweckung war mit dem → Pietismus eng verwandt. Sünde und Versöhnung, Buße und Wiedergeburt, Erleuchtung und Heiligung nahmen bei den Erweckten die gleiche zentrale Bedeutung ein wie bei ihren pietistischen Vorfahren. Dennoch stellte die Erweckungsfrömmigkeit in gewisser Weise einen Neuansatz dar. Die Erweckten waren von einem ausgesprochenen Interesse an der religiösen Persönlichkeit getragen, betonten Gefühl und frommes Erlebnis, Erfahrung und religiöses Empfinden. Viel hatten sie dem Einfluß der ihnen eigentlich feindlichen Aufklärung zu verdanken, wodurch sie beispielsweise der Natur und der Welt offener gegenübertreten konnten, als es den älteren Pietisten je möglich gewesen war. Der Pietismus hatte erklärt, die «Natur» sei durch Sünde schlechthin verdorben; jetzt aber sah man in der Natur eine Gestalt der Offenbarung Gottes. Zur Begeisterung der Aufklärung an der Schöpfung trat bei den Erweckten indes eine Sicht der Welt und des Menschen, die von Verantwortung und Engagement insbesondere für Randgruppen geprägt war.

Mit der Aufklärung hatte die Erweckung auch das Interesse an der Geschichte gemein. Die Erweckten lasen die Bibel als Urkunde der «Heilsgeschichte» Gottes mit den Menschen. Aber sie lehnten den optimistischen Glauben der Aufklärung an die Unversehrtheit des Menschen und seine grenzenlose Entwicklungsfähigkeit ab und betonten statt dessen die Verfallenheit aller an die Sünde und die Notwendigkeit der Erlösung durch Christus.

Allen Erweckten gemeinsam war überdies ein starkes Interesse an praktischer christlicher Betätigung. Von der Aufklärung übernahmen sie dabei die Aufwertung der Erziehung. Erziehung wurde zu einer Aufgabe, die alle philosophischen Erkenntnisse und christlichen Gedanken mobilisierte; ihre Grundsätze leitete man von der Bibel ab.

Die alten Lehrsätze und Dogmen sollten wieder verlebendigt werden: Prädestination (Vorherbestimmung) und Inkarnation (Fleischwerdung Gottes), Trinität (→ Gott) und Satisfaktion (Genugtuung). Erweckung wollte «Orthodoxie des Herzens», Wiedererwachen der reformiert-orthodoxen Frömmigkeit sein. In der Kirche sollte es nicht nur Platz für Prediger, sondern auch für Propheten, nicht nur für Pfarrer, sondern auch für aktive Laien und Gemeindeglieder geben.

Der Frömmigkeitstypus der Erweckung entstand aus dem Zusammenspiel englischer, schweizerischer, französischer, deutscher, skandinavischer und niederländischer Anregungen. Periodisch wiederkehrende Erweckungen im 19. Jahrhundert machten auch Amerika zum klassischen Land der Massenevangelisation. Die Frömmigkeit der englischen Erweckung, die auf den Methodismus (→ Evangelisch-methodistische Kirche) von John

Wesley (1703–1791) und George Whitefield (1714–1770) zurückging, kam mit dem schottischen Laienprediger Robert Haldane (1764 – 1842) nach Genf. Sie verband Biblizismus (Bibel als unmittelbare und eindeutige Richtschnur für Leben und Denken) mit dem Ideal eines frommen, tätigen Lebens. Von zentraler Bedeutung waren den Frommen Gewissenserforschung und Selbstkontrolle, die persönliche Entscheidung fordernde Predigt, die «schlichte Klarheit» der Lehre und die Hinwendung zu den Ausgestoßenen der Gesellschaft, die die verfaßte Kirche oft vergessen hatte.

Die englische Erweckung hatte auch nach Schottland hinübergewirkt, wo aus einer einflußreichen Erweckungsgruppe um Thomas Chalmers (1780–1847) 1843 die Freie Schottische Kirche hervorging. Zahlreiche erweckte Persönlichkeiten legten durch Reisen, Briefwechsel und literarischen Austausch ein regelrechtes Netz engster persönlicher und religiöser Verbindungen über ganz Europa. Ein Erweckungsprediger wie César Malan (1787–1864) bereiste alle westeuropäischen Länder und predigte nach reformatorisch-pietistischem Muster die «Rechtfertigung des Sünders».

Nachdem sich deutsch-pietistische und englisch-methodistische Elemente in der Schweiz miteinander verbunden hatten, wirkte die Erweckung auch nach Frankreich hinein. In Deutschland schloß sie sich an die Tradition der → Herrnhuter Brüdergemeine und der Deutschen Christentumsgesellschaft (Basel) sowie an Einzelpersönlichkeiten wie Oberlin (1740–1826), Lavater (1741–1801) und Jung-Stilling (1740–1817) an. Oft war die Romantik Wegbereiter der Erweckung. Über das ganze Land waren bald «Inseln der Erweckungsbewegung» verteilt, im Südwesten und Nordwesten Deutschlands (in Baden, Württemberg, am Niederrhein) ergriff die volkstümliche Erweckung Bauern und Bürger.

Die Erweckung war mit dem Ziel aufgebrochen, die Aufklärung zu überwinden. Das gelang ihr allerdings nicht. Ihre eigene Sendung sah sie darin, alles Tun und Denken im christlichen Glauben zu verwurzeln und Fürsorge an Kranken und randständigen Menschen zu üben. In das politische, soziale und wirtschaftliche Leben konnte die Erweckungsbewegung jedoch nicht sehr tief eindringen.

Ihr praktisches Programm formulierte Johann Hinrich Wichern (1808 bis 1881), als er die «Innere Mission» gründete: «Die Kirche erkläre: Die Liebe ist mein wie der Glaube.» Die Innere Mission sollte eine «Erziehungsgemeinde» sein. «Rettung» hieß ihr Losungswort. In den Selbsthilfeorganisationen der Arbeiter, den Gewerkschaften, die sich politisch organisierten und zunehmend atheistisch wurden, fand sie keine Resonanz. Die christliche Fürsorge konnte das bestehende Elend bestenfalls lindern; um es abzuschaffen, fehlten der Erweckungsbewegung Konsequenz und Radikalität. Die bestehende Gesellschaftsordnung sollte nicht angetastet werden.

Zum allgemeinen Geistesleben und der Kultur hatte die Erweckung im allgemeinen so wenig Zugang wie zuvor der Pietismus. Das Scheitern der Französischen Revolution erschien den Erweckten als Gottesgericht. Die nachhaltigsten Auswirkungen erzielten sie jedoch innerhalb der Kirche selbst, wo sie den «persönlichen Glauben» als → Bekehrung von Unglauben und Gleichgültigkeit sowie die Abwendung vom Zeitgeist hin zur biblischen Heilsgewißheit propagierten. In Württemberg etwa gelang es ihnen, die Landeskirche völlig zu durchdringen und sie bis auf den heutigen Tag konservativ zu prägen. Im Laufe der Zeit wurde die Erweckungsfrömmigkeit zu einer «kirchlichen» Haltung, deren Anhänger man daran erkennt, daß sie die Welt in Bekehrte und Unbekehrte unterteilen.

Nach dem Krieg trat die sich selbst als

«bibeltreu» (→Fundamentalismus) verstehende Erweckung in Gestalt der →Gemeinschaftsbewegung gegen die «moderne Theologie» (insbesondere Rudolf Bultmanns [1884–1976]), den angeblich «politischen» Kurs der Ökumenischen Bewegung und die Neuorientierung der Mission, auf den Plan. Charakteristisch für die «Evangelikalen» (so werden die Anhänger der Gemeinschaftsbewegung seit den sechziger Jahren meist genannt) sind ihr Gespür für die aktuellen Nöte und Ängste der Menschen sowie ihr Denken in Kontrasten und Freund-Feind-Schablonen. Kommunismus und Marxismus galten ihnen stets als Ausgeburt des →«Antichrist». Die «wahren Christen» sollen zum letzten Glaubenskampf gegen den Zeitgeist gesammelt werden.

Unter der Bezeichnung «Evangelikale» treten heute neben Angehörigen der Amtskirche auch freie Glaubensgemeinschaften und evangelische Freikirchen wie Methodisten, Baptisten und freikirchliche Lutheraner hervor. Zu ihnen gesellen sich die Bekenntnisbewegung «Kein anderes Evangelium» und die im Gnadauer Verband zusammengeschlossenen Pietisten, samt ihrer Werke (Blaues Kreuz, Deutsche Zeltmission, Evangelischer Sängerbund, Reichsgottesarbeiter-Vereinigung e. V.). Evangelikale Funktionäre in der Evangelischen Kirche in Deutschland (→Protestantismus) setzen mittels lautstarker Austrittsdrohungen bisweilen die Kirchenleitungen unter Druck und prangern die angebliche «Politisierung gewisser Kreise der Pfarrerschaft» und die «Emanzipationstheologien» (z. B. Theologie der Befreiung) an. Die Einrichtungen der Evangelischen Kirche in Deutschland unterziehen sie nicht nur beißender Kritik; sie gründeten selbst eigene Konkurrenzunternehmen: Neben den Evangelischen Pressedienst (epd) stellten sie den «Informationsdienst der Evangelischen Allianz» (idea), neben das Gemeinschaftswerk der Evangelischen Publizistik (GEP) die «Konferenz evangelikaler Biblizisten». Gegenüber der kirchlichen Entwicklungshilfeorganisation «Brot für die Welt» vertreten die Evangelikalen die Auffassung, daß es keine Hilfe ohne Mission, «kein Brot ohne Bekehrung» geben dürfe; so gründeten sie das Konkurrenzunternehmen «Hilfe für Brüder», das sich u. a. für die Ausbildung bibeltreuer Pfarrer in Chile, für Studentenmission in Japan oder für missionarische Jugendarbeit in Soweto (Südafrika) einsetzt. 1985 verhalf der CDU-Entwicklungshilfeminister Warnke den Evangelikalen auch zu einer eigenen staatlich anerkannten und geförderten Hilfsorganisation für die Dritte Welt: «Christliche Fachkräfte international» (CFI) als Konkurrenz zu «Dienste in Übersee». Leitspruch: «Mission und Entwicklungshilfe gehören für uns ganzheitlich zusammen.»

Eschatologie

1. Die Eschatologie faßt solche Glaubensvorstellungen zusammen, bei denen es um die «letzten Dinge» geht: das Geschick, das den Menschen nach dem →Tod bevorsteht, die erwarteten Ereignisse am «Ende der Zeiten», die →Ewigkeit und das Vergehen der Welt. Die bevorzugten Themen der Religionen sind demnach eschatologisch. (→Religion)

Der Tod, der den Sinn menschlicher Anstrengungen in Frage stellt, wird in den Religionen gedeutet und «überschritten», und die Erwartung dessen, was nach dem Tod kommt, prägt die Art und Weise, wie schon vor dem Tod gelebt wird. Zahlreiche Religionen gehen nämlich davon aus, daß einst jede einzelne Tat des Menschen verantwortet werden muß und daß das jenseitige Geschick davon abhängt, wie das Urteil beim «Jüngsten Gericht» ausfällt.

Man kann eine ganze Reihe verschiedener eschatologischer Anschauungen in

den einzelnen Religionen unterscheiden. Manche beziehen sich auf das zukünftige Geschick des einzelnen Menschen (Individualeschatologie), andere auf die Menschheit insgesamt oder auf die ganze Welt (Universaleschatologie). In der → Apokalyptik werden Schöpfung, Geschichte und Ende der Welt als Drama thematisiert, in dem die Frage nach dem Geschick des einzelnen eine vergleichsweise untergeordnete Rolle spielt.
Manche individualeschatologischen Glaubensvorstellungen gehen davon aus, daß die Person nach dem Tod, zum Beispiel im → Jenseits, weiterbesteht. Andere nehmen an, daß sich die Person auflöst und bestenfalls noch als unstoffliches Wesen, gleichsam als Schatten, existiert. Religionen, die mit einem Weiterleben der gestorbenen Person rechnen, glauben, daß der Leichnam immer belebt bleibt. Manche Arten der → Totenbestattung sollen verhindern, daß der Tote aus seinem Grab zurückkommt.
Der Glaube an die → Auferstehung schließt die Ansicht ein, daß der Körper des Toten wiederhergestellt wird. Der Aufenthaltsort der Toten ist das Jenseitsreich, das → Paradies oder die → Hölle; beide sind von der Welt der Lebenden räumlich getrennt, aber nicht zeitlich geschieden (so in der griechischen Religion, bei den Azteken und Babyloniern); in anderen Religionen (z. B. im Islam) wird das Jenseitsreich erst am Ende der Welt eingerichtet. Die Entscheidung, ob der Gestorbene in die Hölle oder ins Paradies kommt, hängt vom Totengericht ab, dessen Urteilsspruch meist nach moralischen Kriterien erfolgt. (→ Ethik)
Universaleschatologische Vorstellungen (z. B. in der Germanischen Religion und im Islam) rechnen häufig mit einer Vernichtung der ganzen Welt am Ende der Zeiten. Die kosmische Katastrophe wird dann eintreten, wenn die Geschichte an ihr Ziel gekommen ist. Andere Weltbilder gehen von einer «ewigen Wiederkehr» des Kosmos aus: Auf die periodische Vernichtung der Welt folgt stets eine Welterneuerung.
Verbreitet ist die Hoffnung auf einen endzeitlichen Heilbringer oder Messias. Seine «Herabkunft» auf die Erde gilt als Einleitung der Auferstehung (z. B. in Parsismus [→ Zarathustra] und Christentum).
2. In der Theologie des 20. Jahrhunderts hat man der Eschatologie eine bevorzugte Bedeutung beigemessen. Orientierung gab dabei das philosophische Zeitverständnis, das u. a. Martin Heidegger (Sein und Zeit, Halle ^{5}1951) und Ernst Bloch (Das Prinzip Hoffnung, 3 Bände, Frankfurt 1959; ders.: Atheismus im Christentum, Frankfurt 1968) ausgebildet hatten. Für eine «konsequente Eschatologisierung» der gesamten Theologie traten u. a. Wolfhart Pannenberg (Theologie und Reich Gottes, Gütersloh 1979), Jürgen Moltmann (Theologie der Hoffnung, 1964, ^{3}1965) und Pierre Teilhard de Chardin (Die Zukunft des Menschen, Olten/Freiburg 1963) ein.
Pannenberg ging von der Botschaft Jesu und seiner Ankündigung des kommenden Gottesreiches aus, das, in gewisser Weise, schon als in die Gegenwart hineinreichend vorausgesetzt wird. Demnach orientierte sich Jesus selbst zuallererst an der «Zukunft Gottes». Von dort her wird nun die Gegenwart bestimmt: Die Gegenwart erscheint als «Wirkung der Zukunft». Gott ist die «Macht der Zukunft», und die Zukunft bestimmt die «Erfahrung der Gegenwart». «Wenn Gott die einigende Zukunft der Welt ist, so bedeutet das ferner, daß... die Einheit der Welt in ihrer Zukunft liegt.» Alles theologische Reden wird schließlich als eschatologisches Reden bestimmt. Alle Theologie sei Eschatologie: Erst indem der Mensch von der Zukunft weiß, hat er Religion. «Verschlossenheit gegen die Zukunft ist die Qualität der Sünde.» Auch Moltmann behauptet, daß Escha-

tologie die Theologie in jeder Hinsicht bestimme. Christentum sei «Hoffnung, Aussicht und Ausrichtung nach vorne, darum auch Aufbruch und Wandlung der Gegenwart.» Die Zukunft wird dadurch zum zentralen, ja einzigen Problem der Theologie. Wer aber für die Zukunft «offen» wird, läßt auch die Gegenwart davon bestimmt sein. «Die Hoffnungssätze (treiben) in einen Widerspruch zur gegenwärtig erfahrbaren Wirklichkeit.» Theologie nimmt Gestalt an als «Auferstehungstheologie gegenüber dieser Wirklichkeit, gegenüber dieser Vernunft und gegenüber einer so beschaffenen Gesellschaft». Völlig neue Zustände sind zu erwarten, die «auf die Erfüllung der verheißenen Gottesgerechtigkeit an allen, auf die Erfüllung der in seiner (Jesu) Auferstehung verheißenen Totenauferstehung (und) auf die Erfüllung der in seiner Erlösung verheißenen Herrschaft» hindeuten.

Ethik

«Ethik» geht auf das griechische Wort «Ethos» zurück, das ursprünglich die gemeinsame Behausung von Menschen und Tieren, dann das Verhalten der Hausgenossen zueinander bezeichnete. Seit Aristoteles (384–322 v. Chr.) heißt «Ethik» die Lehre vom Sittlichen. Sie beginnt damit, daß sich der Mensch eine Aufgabe stellt. Umfassend ausgedrückt, bedeutet Ethik die Theorie menschlicher Lebensführung.

Ethik in den Religionen

In den Stammesreligionen sind Religion und Ethik noch unauflöslich miteinander verbunden. Gebote und Verbote orientieren sich am → Tabu. Angeblich haben Götter, Ahnen oder heilige Herrscher die Ehegesetze und die Sexualmoral, Speisevorschriften und Fasten- wie Enthaltsamkeitsgebote für den Stamm verbindlich festgelegt.

Bei den Kelten und Germanen hingegen richtete sich das sittliche Verhalten weniger nach den Göttern als nach der Stammessolidarität, die von jedem Loyalität (Treue) und → Gehorsam forderte. (→ Germanische Religion) Die Griechen und Römer leiteten aus der Religion die Pflicht ab, sich bestimmten Geboten und Verboten zu unterwerfen und die Riten der Opferung genau zu befolgen. Im alten Ägypten bestimmte die Hoffnung auf ein Leben im Jenseits das Verhalten im Diesseits. Nur wer sich ethisch richtig verhielt, hatte Aussicht, im Totengericht zu bestehen. (Ägyptische Religion)

Im Zoroastrismus bzw. dem Parsismus der Gegenwart (→ Zarathustra) gehen Religion und Ethik gänzlich ineinander auf. Die Welt gilt als Kampfstätte zwischen den Mächten des Guten und des Bösen. Gute und böse Gesinnung, Wahrheit und Lüge, Heil und Tod bestimmen das Menschenleben. Das Gute siegt, wenn die Gesetze eingehalten werden.

Altes Testament

In das Alte Testament sind die unterschiedlichsten Vorstellungen darüber eingegangen, was unter rechtem menschlichem Verhalten zu verstehen sei, sie entstammen – zeitlich und geographisch, ethnisch, kulturell und sozial gesehen – völlig verschiedenen Situationen. (→ Israel) Erst durch spätere Zusammenstellung und Bearbeitung sind die verschiedenen Überlieferungen vereinheitlicht und auf den Willen Jahwes zurückgeführt worden.

An der Frage rechten Verhaltens waren vor allem die Propheten interessiert. Sie setzten das menschliche Handeln in Beziehung zu einem ihrer Meinung nach unmittelbar bevorstehenden Handeln Jahwes: Jahwe wird ein vernichtendes Urteil über Israel sprechen. Mit dem Exil trat die Verkündigung zukünftigen Heils in den Mittelpunkt der prophetischen Botschaft.

Die ethischen Forderungen des Alten

Testaments nahmen vor allem im «Gesetz» Gestalt an. Dessen Feststellungen und Anweisungen beziehen sich auf alle Lebensgebiete. Die «Rechtsbücher» im → Pentateuch beinhalten nicht nur juristische Sätze, sondern auch zahlreiche Belehrungen und Unterweisungen. Das Deuteronomium (5. Buch Mose) knüpft die Gabe des «verheißenen Landes» an Forderungen, die mit dem Gebot der Liebe Jahwes, des einen Gottes (5. Mose 6,4f), und dem Opferdienst an der von ihm ausgewählten Stätte (5. Mose 12) zusammenhängen. Das Gesetz und seine Gebote sollen den Israeliten stets vor Augen stehen; sind die «Kinder Israel» gehorsam, so wird ihnen Segen zuteil, aber für den Fall des Ungehorsams droht ihnen der → Fluch Jahwes.

Zu den berühmtesten Stellen, die verschiedene Gebote zusammenfassen, gehört der Dekalog (2. Mose 20,2–17; 5. Mose 5,6–21): Die «Zehn Gebote» sollen Moses auf dem Berg Sinai (d. h. vor der «Landnahme») offenbart worden sein; tatsächlich setzen sie aber die Seßhaftigkeit im Kulturland bereits voraus (Bilderverbot, Sabbatgebot, Erwähnung von Häusern). Die alttestamentlichen sittlichen Forderungen werden auf Gott selbst zurückgeführt: «Ich bin Jahwe...» Rechtes Handeln bedeutet *Gehorsam* gegenüber Gott: «Hören auf seine Stimme», «wandeln in seinen Wegen» und «vor seinem Angesicht».

Der Urheber und Garant der sittlichen Forderungen ist Jahwe, «der die Schuld der Väter heimsucht an den Söhnen bis ins dritte und vierte Glied». (2. Mose 20,5; 5. Mose 5,9f) Deshalb ist vor allem das rechte Verhalten gegenüber Jahwe wichtig; Gott selbst ist Gegenstand des Glaubens (1. Mose 15,6), der Liebe (5. Mose 6,5), des Erkennens (Hosea 4,1) und der Furcht. (Hiob 1,1) → Sünde ist vor allem Sünde gegen Gott. (1. Mose 39,9)

Die sogenannte Goldene Regel: «Du sollst deinen Nächsten lieben wie dich selbst» (3. Mose 19,18) bezieht sich lediglich auf den Mitmenschen als Volksgenossen. Im Verhältnis der Generationen zueinander dominieren die Eltern, insbesondere der Vater. (2. Mose 20,12; 5. Mose 5,16) Wer sich den Eltern widersetzt, muß mit schlimmsten Strafen rechnen. (2. Mose 21,15.17; 5. Mose 21,18ff) Da der Mensch zu «Gottes Ebenbild» geschaffen wurde, ist das menschliche Leben geschützt. Wer Menschenblut vergießt, muß dadurch sühnen, daß auch sein eigenes Blut vergossen wird. (1. Mose 9,6) Mit dem Verbot, die Ehe zu brechen (2. Mose 20,14), ist nicht grundsätzlich die Pflicht zur Einehe verbunden. Es schützt die Frauen anderer wie fremdes Eigentum. Könige, Reiche, Kinderlose können durchaus polygam leben. Das achte und das zehnte Gebot schützen das Eigentum. Schließlich wird dem Israeliten nachdrücklich aufgetragen, sich um Personen minderen Rechts, um Sklaven, Witwen und Waisen, zu kümmern. (2. Mose 22,20–26)

Neues Testament

Das Neue Testament entwickelt zwar keine umfassende Verhaltenstheorie, aber es zieht doch aus dem christlichen Glauben zahlreiche praktische Konsequenzen für das Leben in Ehe und Familie, für Arbeit und Eigentum, Gesellschaft und Staat. Die Ethik Jesu war von der Erwartung der nahen Gottesherrschaft geprägt. Nach der Vorstellung des Mannes aus Nazareth würde sich das «Reich Gottes», an dessen Herbeikunft seiner Meinung nach der Mensch selbst mitzuwirken hat, nicht nur auf das Leben des einzelnen, sondern auch auf die Gesellschaft, die Politik und den ganzen Kosmos auswirken. Das rechte Verhalten bezieht sich auf die jetzt angebrochene «letzte Stunde»; Jesus macht das «Eingehen in die Gottesherrschaft» allerdings von einer Reihe von Bedingun-

gen abhängig. (Mk. 10,15; Mat. 7,21) Am Ende, so stellt er in Aussicht, müßten alle Rechenschaft für ihre Taten ablegen. (Mat. 5,22; 7,1f)
Die Gottesherrschaft ist aber nach Jesu Überzeugung nicht nur eine Sache der Zukunft. Wie das Neue Testament berichtet, so glaubte er, sie sei bereits angebrochen. Der Mensch, dem sie als Barmherzigkeit Gottes «widerfährt», ist dadurch selbst zu Barmherzigkeit aufgerufen. (Mat. 18,23ff) Auf die Predigt Jesu sollen seine Hörer durch Umkehr und Nachfolge reagieren. (Mk. 1,15) Diese Forderung ist total und schockierend (vgl. Lk. 9,57ff) und schließt radikale Konsequenzen ein (Mat. 8,19ff): so z. B. den Bruch mit dem bisher gewohnten Verhalten, die Bereitschaft zu Risiko, zu Verzicht und Leiden – eben «Selbstverleugnung».
In der →Bergpredigt radikalisiert und überbietet Jesus das alttestamentliche Gesetz: Nicht erst Mord, sondern schon Zorn, nicht erst Ehebruch, sondern schon das bloße Begehren, nicht erst die Verletzung des Schwurs, sondern der Schwur selbst seien Sünde. (Mat. 5,21ff, 27ff)
In der Mitte der Ethik Jesu steht das «Doppelgebot der Liebe». (Mk. 12,28ff; Lk. 10,25ff; 5. Mose 6,4ff; 3. Mose 19,18) Liebe erscheint als Quintessenz aller Einzelgebote: Sie ist nicht nur «Nächsten»-Liebe, sondern grenzenlose Liebesverpflichtung (Lk. 10,30ff), die Vorurteile, Konventionen und religiöse sowie nationale Schranken überschreitet und dabei selbst Feinde einschließt. (Lk. 6,27f; Mat. 5,44)

Zur Geschichte der Ethik und ihren Fragestellungen

Die erste wissenschaftliche Ethik ist die «Nikomachische Ethik» von Aristoteles (384–322 v. Chr.). Seiner Meinung nach ist das Ziel der Tugend Glückseligkeit, der höchste Wert des Menschen überhaupt. «Niemand lobt die Glückseligkeit so wie die Gerechtigkeit, sondern man preist sie als etwas Göttliches und noch Besseres.» Nichts ist begehrenswerter als die Glückseligkeit. Sie ist eine der Tugend gemäße Tätigkeit der Seele, die sich als gekonntes, beherrschtes und mit Vernunft vollzogenes Leben konkretisiert. Glück setzt sich, nach der Sicht Aristoteles', zusammen aus Tugend, aus äußeren Gütern (z. B. Reichtum, wohlgeratenen und zahlreichen Kindern), einem langen Leben und einem entsprechenden Lebensende.
Die Stoa (griechisch-römische Philosophie, begründet von Zenon, 336–264) meinte, die äußeren und körperlichen Güter seien eigentlich keine wirklichen Güter. Tugend selbst sei der höchste Wert, und unter ihr gebe es nichts, was man mit Recht «gut» nennen könne. Schönheit und Tugend fallen zusammen. Es gibt nur Tugend oder Laster, aber nichts dazwischen. Alle, die nicht weise und tugendsam sind, sind elend. Wer aber weise ist, ist vollkommen, glücklich, unabhängig.
In der «Summa theologica» des Thomas von Aquin (1225–1274) ist die bedeutendste Ethik des →Mittelalters enthalten. Sie verbindet die Tugendlehren Platons (427–347), Aristoteles' und des Christentums miteinander. Das Glück bleibt auch bei Thomas Bezugspunkt des sittlichen Verhaltens. Als «Kardinaltugenden» werden Gerechtigkeit, Tapferkeit, Vernunft und Maß genannt. Drei göttliche Tugenden stellt ihnen Thomas voran: Glaube, Hoffnung und Liebe.
Mit Hilfe seiner Vernunft kann der Mensch, nach Thomas' Meinung, herausfinden, wie er sittlich handeln soll. Die praktische Vernunft, erleuchtet vom Glauben, hat die Aufgabe, die für das Glück erforderlichen Normen zu suchen. Damit erlangt der Mensch die «Teilnahme am göttlichen Gesetz». Das sittliche Naturgesetz und das Gesetz der Vernunft

fallen zusammen. Das →Gewissen des Menschen ist deshalb verpflichtend, selbst wenn es irren sollte. Darum binden Wahrheit und Gewissen den Menschen stärker als irgendeine andere →Autorität.
Immanuel Kant (1774–1804) zielte bei seinen verschiedenen Formulierungen des «kategorischen Imperativs» darauf ab, «daß der Wille durch seine Maximen [oberste Grundsätze] sich selbst zugleich als allgemein gesetzgebend betrachten könne». Damit ist der Wille des einzelnen durch die Übernahme der allgemeinen moralischen Gesetzgebung bestimmt. Er soll sich auf eine objektive Gültigkeit hin bilden. Die Bestimmung des menschlichen Willens hängt, nach Kants Darlegung (z. B. in der Schrift «Die Religion innerhalb der Grenzen der bloßen Vernunft», 1793), mit dem Gottesgedanken zusammen. «Moral also führt unumgänglich zur Religion, wodurch sie sich zur Idee eines machthabenden moralischen Gesetzgebers außer dem Menschen erweitert, in dessen Willen dasjenige Endzweck ist, was zugleich der Endzweck des Menschen sein kann und soll.»
Nach der Ansicht von Karl Marx (1818 bis 1883) richtet sich das Verhalten der einzelnen Menschen weniger nach ethischen Überzeugungen, als vielmehr nach den wirtschaftlichen und politischen Bedingungen des gesellschaftlichen Lebens: Das Handeln der Menschen entspricht übergeordneten ökonomischen Gesetzmäßigkeiten. Erst der erfolgreiche Kampf gegen Abhängigkeit und Unterdrückung und die Veränderung der gegebenen materiellen Verhältnisse könnten später einmal die Frage nach einer Ethik des guten Lebens aufwerfen. Zunächst aber konzentriert sich alles Interesse auf die «Selbstverwirklichung» des Menschen. «Unsere Sittlichkeit ist von den Interessen des proletarischen Klassenkampfes abgeleitet.» (Lenin, 1870–1924) Im Marxismus geht die Ethik weithin in der Frage auf, wie sich Theorie und Praxis bei offensichtlicher Differenz miteinander in Einklang bringen lassen.
In der Problemgeschichte der Ethik sind immer wieder bestimmte Grundsatzfragen hervorgetreten. Kant lehrte, daß man nur den Willen «sittlich gut» nennen könne; nur die Gesinnung, nicht aber der Erfolg einer Tat entscheide, ob die betreffende Handlung als gut oder als böse zu betrachten sei («Gesinnungsethik»). Andere ethische Ansätze haben stärker den Aspekt der sozialen Wirkung und des praktischen Nutzens einer Handlung für die anderen Menschen betont («Verantwortungsethik»). Umstritten war bisweilen auch, ob sittliche Forderungen absolut und unveränderlich sind oder ob sie, als relative Verhaltensformen, lediglich den Niederschlag dessen bilden, was sich für das gemeinsame Leben als nützlich herausgestellt hat. Damit hängt auch die Frage zusammen, ob die Sittlichkeit in der Vernunft des Menschen gründe oder ob sie einer Kundgabe göttlichen Willens, d. h. einer Offenbarung, entsprungen sei.
Nach der Meinung Karl Barths (1886 bis 1968), der die theologische Ethik innerhalb seiner «Kirchlichen Dogmatik» entfaltete, ist die Quelle ethischer Einsicht die «Offenbarung Gottes in Jesus Christus»; christliche Ethik ist demnach «Glaubensethik». Der Gedanke der «Königsherrschaft Jesu Christi» ist maßgeblich für das ethische Handeln. Alle christliche Ethik wird folglich zu einer Art Sozialethik. Sozialethik soll sich als «politische Ethik» praktisch umsetzen. «Christengemeinde» und «Bürgergemeinde» sind, nach Barths Darlegung, einander ähnliche Gebilde. Demokratie rückt damit in eine vergleichsweise enge Beziehung zum Christentum, und die christliche «Gemeinde» präsentiert sich als sozialethischer Modellfall für «weltliche» Lebensverhältnisse.

Die neuere (insbesondere evangelische) Ethik hat sich teilweise durch marxistische Überlegungen herausfordern und befruchten lassen. Sie kam dabei zu der Erkenntnis, daß das allgemeine Gebot der Nächstenliebe zur ausschließlichen Begründung der Ethik nicht mehr ausreiche. Ethische Aussagen sollten vielmehr daraufhin überprüft werden, ob sie zur Veränderung der gesellschaftlichen Verhältnisse dienlich sind oder nicht. Starre Normen, «ewige» Werte und ungeprüft übernommene Traditionen werden abgelehnt. Statt dessen versteht sich christliche Ethik als «engagierte» Wissenschaft. Selbst ein Bekenntnis zur Revolution oder die Anwendung von Gewalt sind dann für Christen u. U. keine tabuisierten Themen mehr.

Evangelisch-methodistische Kirche (Methodismus)

Die Evangelisch-methodistische Kirche ist der deutschsprachige Teil der United Methodist Church. Das Wort «Methodist» war ursprünglich ein Spottname für eine Person mit puritanischem (strengreligiösem, düster-ernstem) Einschlag, später bezeichnete man mit «Methodismus» eine besonders geordnete Lebensweise mit täglicher Bibel- und Erbauungslektüre, Gebet, Fasten und Wohltätigkeit. Heute versteht man darunter eine Ausprägung evangelischen Glaubens, die darauf abzielt, «Menschen in die Gemeinschaft mit Christus zu rufen und ihnen zu einem Leben der Nachfolge und des Dienstes zu verhelfen».

Von dem anglikanischen Geistlichen (Anglikanische Kirche: englische Staatskirche mit lutherisch-calvinistischem Mischbekenntnis) John Wesley (1703 bis 1791), der zur Gewißheit der «Rechtfertigung des Sünders allein aus Glauben» gekommen war, ging 1739 eine → Erwekkungsbewegung aus, die sich in England, Schottland, Irland und schließlich auch in Amerika ausbreitete. Wesley trat als Reiseprediger vor entkirchlichten und armen Arbeitern auf Straßen und Plätzen auf, predigte von Gottes Gnade und forderte zu einem geheiligten Leben im Dienst am Nächsten auf.

Rückwanderer aus den USA brachten im 19. Jahrhundert den Methodismus auch nach Deutschland. Von Württemberg und Bremen ausgehend, breitete er sich in Erweckungsbewegungen aus. Heute hat die Methodistische Kirche in der Bundesrepublik Deutschland etwa 55000, auf der ganzen Welt etwa 19 Millionen Mitglieder. Damit gehört sie zu den größten evangelischen Kirchen.

Das zentrale Anliegen des Methodismus richtet sich auf die Mission. Starre Lehraussagen und tote Dogmen werden abgelehnt. Die eigene persönliche Glaubenserfahrung als «Zeugnis» soll andere zum Glauben führen. Um zur «Heiligung» (d. h. zur Entfaltung des Glaubens im Leben) zu kommen, müssen Gott und Mensch aktiv zusammenwirken. Im Unterschied zur reformatorischen Lehre betont der Methodismus, daß der Mensch durch eigenes Bemühen (nämlich durch Buße, → Bekehrung, Glaube, heiliges Leben, «Früchte des Glaubens») an seiner Erlösung selbst beteiligt sei. Besonders betont wird dabei das soziale und gesellschaftliche Engagement. «Geheiligte» Menschen sollen, so Wesley, ihr Leben nach bestimmten Regeln ausrichten:

– «Erstens: Nichts Böses tun, sondern Böses aller Art meiden, besonders solche Sünden, welche am meisten verübt werden, wie Mißbrauch des Namens Gottes, Entheiligung des Tages des Herrn...

– zweitens: Dadurch, daß sie Gutes tun; in jeder Hinsicht nach ihrem Vermögen sich barmherzig erweisen...

– drittens: Durch den Gebrauch aller von Gott verordneten Gnadenmittel...» (Gottesdienst, Abendmahl, Beten, Fasten, Enthaltsamkeit)

Evangelisation ist ein wichtiger Bestandteil im Missionsauftrag des einzelnen wie der Kirche; sie ist «Dienst der Christen an denen, die Jesus Christus nicht als ihren Herrn bekennen und die nicht in seiner Nachfolge leben». Sie zielt darauf ab, «Menschen in eine lebendige, tätige Gemeinschaft mit Gott zu bringen», die «christliche Jüngerschaft in jedem Bereich menschlichen Lebens» auszudrükken und «das Reich Gottes auf Erden erkennbar» zu machen. Evangelistische Formen sind Zeltmission, Bibelwochen, Gemeindeseminare, Rundfunksendungen, Telefonseelsorge und «Schriftenmission».

Ewiges Leben (Unsterblichkeit)

Was die Götter im Unterschied zu den Menschen auszeichnet, ist ihr ewiges Leben. Die Hoffnungen vieler Religionen sind deshalb darauf gerichtet, daß auch die Menschen an diesem göttlichen Privileg Anteil bekommen. Das ist die Verheißung des Heils, die als Kernstück die Auffassung beinhaltet, daß mit dem → Tod nicht alles vorbei sei: Das Heil des Menschen wird sich im ewigen Leben vollenden.

Die Ansichten darüber, wie sich das Heil konkretisieren wird und wie sich das Fortleben nach dem Tod gestaltet, gehen allerdings weit auseinander. Neben dem Glauben an die persönliche Unsterblichkeit des einzelnen gibt es auch den Glauben an ein Fortleben der Person im Verband der Familie, der Sippe und des Volkes. (→ Totenbestattung)

Das Ansehen des Menschen wird durch das Sterben keineswegs ausgelöscht; vielmehr kann der Tod die Macht, die eine Person zu Lebzeiten innehatte, noch beträchtlich steigern. Deshalb hält man den Toten in ehrenhaftem Andenken. Man findet sich an seiner Grabstätte ein und nimmt durch → Opfer und Gebet Kontakt zu ihm auf. Die besondere Macht der Toten läßt es mitunter auch angeraten erscheinen, sie zu «beschwören». (vgl. 1. Sam. 28,7ff)

Was die Religionen dazu treibt, Bilder ewigen Lebens auszumalen, ist also die Vorstellung, daß der Mensch Gott verwandt oder ähnlich sei, und die Sehnsucht, mit der Gottheit oder in ihr leben zu können. «Wo unerschöpfliches Licht, die Welt, darin die Sonne gesetzt ist, in die setze mich, in die unvergängliche Unsterblichkeit... Wo man nach Lust wandeln darf, am dritten Firmament, im dritten Himmel des Himmels, wo die Lichtwelten sind, dort mache mich unsterblich. Wo alle Wünsche und alles Begehren sind, ...wo Wonne und Freude, Lust und Genießen wohnen, wo des Wunsches Wünsche erfüllt werden, dort mache mich unsterblich.» (→ Vedische Religion)

Einzelnen Sterblichen schenkten die Götter Griechenlands Unsterblichkeitsspeise. (→ Griechische Religion) In Ägypten versprach die Vereinigung des Menschen mit der Sonne Anteil am ewigen Leben des Sonnengottes. (→ Ägyptische Religion) Auch die antiken → Mysterienreligionen boten sich als Wege zur Unsterblichkeit an. «Dreimal selig sie, die diese Weihen geschaut...; denn von allen Sterblichen wird nur ihnen Leben, allen anderen Leid zuteil.» Wenn sich nach platonischer Anschauung (Platon, 427–347) die → Seele beim Tod vom Leib gelöst hat, wird sie ewig in der Welt des Lichts und der Ideen leben. (→ Platonismus)

Nach 1. Mose 2f hat der Mensch erst durch seinen Ungehorsam gegenüber Gott das ewige Leben verloren. (vgl. 1. Mose 3,22.24; 6,3; → Adam; → Gehorsam) Mit der → Auferstehung der Toten aber werden die Frommen das ewige Leben wieder erlangen. (Dan. 12,2) Zuvor jedoch muß «die kommende Welt» anbrechen.

Die → Apokalyptik malte den seligen Zustand des ewigen Lebens in bunten Bildern aus: Die Herrschaft des Todes wird gebrochen sein, und die Menschen wer-

den «die Fülle des Friedens haben, solange die Tage währen, Früchte der Saat mit allen ewigen Segnungen, ewige Freuden im ewigen Licht genießen und eine Krone der Herrlichkeit mitsamt einem Ehrenkleid im ewigen Licht empfangen».
Der Gedanke der Unsterblichkeit der Seele schließt das ewige Leben auch ohne die Auferstehung der Toten ein. Es beginnt, wenn sich die unsterbliche Seele unmittelbar nach dem Tod in die Unvergänglichkeit begibt.
Im Neuen Testament stellt sich die Frage nach dem ewigen Leben als Frage nach der Überwindung des Todes. Der Tod ist dann besiegt, wenn die Sünden vergeben sind. Das ewige Leben ist «Versöhnung» zwischen Gott und Mensch (1. Kor. 15; 2. Tim. 1,10; Röm. 5,12; 6,23), das heißt Hoffnung auf Leben im Heil, auf das Reich Gottes. Wenn der Mensch in die Gottesherrschaft eingeht, geht er «ins Leben» ein. (Mk. 9,43.45; Mt. 5,20)
Von der Unsterblichkeit der Seele ist im Neuen Testament keine Rede. Erwartet wird hingegen die Wiederbelebung des Menschen durch eine Art Neuschöpfung. Das heißt, daß zwischen diesseitigem und ewigem Leben keine Kontinuität besteht. Die Auferstehung Jesu «aus den Toten» verbürgt auch des Menschen Auferstehung. (1. Kor. 15) Jesus selbst ist das ewige Leben. (Joh. 11,25; 14,6)
Die Idee des ewigen Lebens in den Religionen verleiht den meist flüchtigen menschlichen Erfahrungen der Erfüllung und des Glücks, der Freude und der Feier, der Gelassenheit und des Genusses ununterbrochene Dauer und ist damit Ausdruck religiöser Sehnsucht. (→ Religion) Lebendigkeit, hier und jetzt nur augenblickhaft erfahren, wird sich einst erfüllen. Wahrheit und Freiheit, Gerechtigkeit und Gemeinschaft werden sich verwirklichen. Das ewige Leben ist ohne Zweifel das attraktivste Angebot der Religionen. Was sich jetzt nur gebrochen und in Andeutung darstellt, weist über die Begrenzung irdischen Lebens hinaus und ist Abglanz seiner jenseitigen Vollendung. Ewiges Leben ist Leben nach der Art Gottes: dem jetzigen Leben verwandt und doch ganz anders. Der Gegensatz hierzu ist nicht das Aufhören des Lebens oder die Vernichtung der Person, sondern Verlorenheit im Gericht. Das heißt: zum ewigen Leben entweder als ewiges Heil oder aber als «ewige Strafe» (Mt. 25,46) gibt es keine Alternative. Nichts hört auf.

Ewigkeit

Was wir anschauen können, erscheint uns in den Formen des Raumes und der Zeit. «Alles, was ist, ist in der Zeit. Alles, was gewesen ist, ist in der Zeit gewesen. Alles, was sein wird, wird in der Zeit sein.» (Georg Picht, 1913–1982) Die Zeit und der Raum selbst sind aber nicht wahrnehmbar. Sie sind Bedingung aller Erscheinungen.
Die Menschen haben sich die Zeit auf verschiedene Weisen vorzustellen versucht: als ewigen Kreislauf, der alle Dinge wiederbringt, oder als Geschichte, die, vergleichbar einer Linie, einen Anfang und ein Ende hat.
Wir erleben die Zeit als Vergangenheit, Gegenwart und Zukunft. Jede dieser Zeitarten hat eine andere Qualität. Aber sie sind gleichermaßen flüchtig, wechseln dauernd und lösen einander ab. Aus der Gegenwart wird Vergangenheit, aus der Zukunft Gegenwart usw.
Die Vergänglichkeit und Flüchtigkeit der Zeit ist die Vergänglichkeit und Flüchtigkeit des Lebens. Hinter der Flüchtigkeit des Lebens steht drohend der → Tod. Der Mensch möchte dem Wechsel der Zeitlichkeit enthoben sein. Das hat ihn auf den Gedanken der Ewigkeit gebracht. Was aus dem Wechsel der Zeit herausgenommen ist, ist ewig. Ewigkeit ist jenseits der Grenze der Zeit.
Die Menschen erleben, daß sie der Zeit unwiderruflich ausgeliefert sind. Da be-

denken sie ihre Götter mit dem, was sie für sich selbst am sehnlichsten wünschen: mit dem → Ewigen Leben.
Die Religionen erklären den Kosmos (Welt, Universum) und die Zeit zu Gottes Kosmos und Gottes Zeit: Die Götter sind Herren der Zeit. Sie sind also der Zeit nicht unterworfen wie die Menschen, sondern bestimmen den Zeitablauf.
In den monotheistischen Religionen werden die Gottheiten der Zeit vorangestellt. Gott untersteht nicht den Gesetzen der Zeit, sondern setzt sie erst in Gang. Obgleich die Gottheit über der Zeit steht, kann sie sich doch in der Zeit und in der Geschichte offenbaren. (→ Offenbarung) In den Veden (→ Vedische Religion) erscheint Kala («Zeit») als die Urgottheit, «die Himmel und Erde erzeugt hat; von ihr angetrieben, breitet sich Vergangenes und Zukünftiges aus». Augustinus (354–430) erklärte, «ohne Schöpfung kann es keine Zeit geben». Gott habe die Zeit zusammen mit der Welt erschaffen.
Mit der Gottheit werden auch der → Kult, die religiösen Werte und die Religion selbst der Zeit übergeordnet. Auch sie sind angeblich unveränderlich und zeitlos wahr. So entsteht die Vorstellung der Ewigkeit – der Dauer ohne Anfang und Ende. Sie bahnte sich im alten China (→ Chinesische Religionen) und Indien (→ Hinduismus), vor allem aber im → Buddhismus, an und wurde im christlichen (Spät-)Mittelalter konsequent durchdacht.
Ist die Gottheit nicht durch die Zeit festgelegt und ihr auch nicht ausgeliefert, so gilt dies ebenfalls für das Schicksal des Menschen nach dem irdischen Leben. (→ Jenseits) Am «Ende der Tage» (→ Eschatologie) wird die Zeit überhaupt aufhören. Dann werden die Menschen aus der Zeit herausgenommen und gelangen zu einer völlig neuen Daseinsweise. (→ Paradies) Die schmerzhafte Relativierung des Lebens durch die Zeit kann sogar jetzt schon besiegt werden. «Mitten in der Endlichkeit eins werden mit dem Unendlichen, ewig sein in jedem Augenblick, das ist die Unsterblichkeit der Religion.» (Schleiermacher, 1768–1834)
Damit verliert das Ende seine Unerbittlichkeit. Mit der Zeitlichkeit fallen Sorge und Angst des Menschen. Das ist die Ankunft des Heils. Nach der Meinung Nietzsches (1844–1900) stellt die Idee der Ewigkeit nichts anderes dar als eine Projektion des Willens zum Leben, der sich nicht selbst verwirklichen kann.

Existentialismus (Existenzphilosophie)
Der Existentialismus ist eine philosophische Bewegung, die u. a. von Karl Jaspers (1883–1969) und Martin Heidegger (1889–1976) angeregt wurde. Neben diesen und anderen Philosophen (u. a. Jean-Paul Sartre, 1905–1980, und Gabriel Marcel, 1889–1973) nennt man auch Dichter und Schriftsteller wie Franz Kafka (1883–1924) und Rainer Maria Rilke (1875–1926) mitunter «Existentialisten». Existentialismus und Existenzphilosophie haben verschiedenen Wissenschaften, vor allem der Psychologie, den Literaturwissenschaften, der Pädagogik und der Theologie, tiefgreifende Impulse gegeben.
Am Anfang der existentialistischen Denkbewegung stand die Wiederentdekkung des dänischen Philosophen und religiösen Schriftstellers Søren Kierkegaard (1813–1855). Auf die protestantische Theologie wirkte der Existentialismus besonders stark durch die Vermittlung Rudolf Bultmanns (1884–1976), der, beeindruckt vom Denken Heideggers, erklärt hatte, die Offenbarung Gottes müsse von einer vorausgehenden Analyse der menschlichen Existenz her interpretiert werden: Theologie sei die «wissenschaftliche Selbstbesinnung [des Menschen] über die eigene Existenz als durch Gott bestimmte» Existenz.

1. Das Anliegen des Existentialismus versteht man am besten, wenn man sich in die ihm eigentümliche Grundstimmung hineinversetzt. Die Philosophien, die ihm vorangingen, vermittelten im großen und ganzen noch das Gefühl des Geborgenseins in einer geordneten Welt und das Bewußtsein, daß der Mensch im Kosmos aufgehoben sei. Im Gegensatz etwa zum deutschen Idealismus oder zur Lebensphilosophie ist der Existentialismus jedoch von einer Stimmung des Ungeborgenseins, der Begrenzung und Endlichkeit: vom «Geworfensein» des Menschen in eine unverständliche, ängstigende Wirklichkeit geprägt.
Deshalb denken die Existenzphilosophen bevorzugt über Themen wie Angst (→Furcht) und →Tod, Endlichkeit und Schuld nach und berühren damit Fragestellungen, die auch für die Theologie zentral sind. Die Existentialisten sind dabei weniger an Ideen und Theorien als an dem interessiert, was im Leben wirklich ist und geschieht. «Wir dürfen die Augen nicht davor verschließen, daß wir aller Wahrscheinlichkeit nach schrecklicherem Unheil entgegengehen, einer Ausrottung, die keinen Vergleich duldet mit jener, deren Zeugen viele von uns seit mehr als einem Dritteljahrhundert waren... Ich selbst werde niemals zugeben..., der Philosoph habe die Möglichkeit, ja gar das Recht, von einer Situation abzusehen, die unbedenklich als eine eschatologische, als eine Endsituation bezeichnet werden darf», schrieb Gabriel Marcel im Jahr 1953.
2. In der Erfahrung der Einsamkeit und Verlassenheit von allem, was dem Leben noch Ordnung und Sinn geben könnte, bleibt für den Existentialisten nur die Verzweiflung – oder aber der Rückgriff zum Innersten und Letzten des Menschen selbst: zur «Existenz». Hinter der einfachen Tatsache, daß der Mensch da ist, meldet sich (in der Tiefe seines «Daseins») die Existenz, die ein jeder ergreifen oder aber verfehlen kann, als das Letzte und Unbedingte.
Vom «bloßen Dasein» zur «eigentlichen Existenz» gelangt man abrupt, gleichsam durch einen Sprung. Es reicht nicht aus, das herkömmliche Leben bloß wertmäßig zu steigern; man muß völlig «umkehren», eine Art →«Bekehrung» muß sich vollziehen.
Bereits die scholastische Philosophie des Mittelalters hatte zwischen dem «Dasein» (existentia) und dem «Sosein» (essentia, Wesen) unterschieden. Das «Sosein» eines Dinges deutet auf das hin, was es wirklich ist. Sein «Dasein» ist seine zufällige und eigentlich bedeutungslose Erscheinung. Die Existenzphilosophie nun lehnt es ab, das Dasein als unwesentlich beiseite zu schieben: Vielmehr darf man das Dasein überhaupt nicht vom Sosein abtrennen. Das Sosein ist gerade die Weise, in der sich etwas als «existierend» zeigt. Im Gegensatz zur überkommenen metaphysischen Ontologie formulierte Heidegger: «Das Wesen des Daseins liegt in seiner Existenz.» Das heißt, daß das, was am Menschen wesentlich interessiert, seine Existenz ist.
Als charakteristisch für die menschliche Existenz hatte Kierkegaard das Leiden bezeichnet. Deshalb interessieren sich die Existenzphilosophen vor allem für solche «Grenzsituationen» des Lebens, in denen sich Leiden ausdrückt: Sie denken nach über Tod und Kampf, über Schuld und Zufall. In diesen Situationen steht der Mensch stets da als ein einzelner. Deshalb ist der einzelne der wirkliche Mensch. «Was existiert, was zählt, ist dieses Individuum, ist das wirkliche Individuum, das ich bin, mit dem unglaublich minuziösen Detail seiner Erfahrung, mit allen Besonderheiten des konkreten Abenteuers, das es zu leben hat: es und kein anderes.» (Gabriel Marcel, 1944).
Die Existenzphilosophie, getrieben von dem Wunsch, den wirklichen Menschen

und sein konkretes Leben zu verstehen, mußte rasch auf die Frage nach dem Tod als zentraler Frage des Lebens stoßen. Tatsächlich ist, nach existentialistischem Verständnis, das Dasein durch den Tod grundlegend bestimmt. Der Tod ist die eigenste Leistung eines jeden, die kein anderer einem abnehmen kann. Ständig ist der Tod als Möglichkeit nahe; er gehört zum Leben dazu und ist Teil des Bewußtseins menschlichen Daseins. Ob ausdrücklich oder unausgesprochen, ständig setzt sich das Dasein mit ihm auseinander. Das Dasein ist sozusagen ein «Sein zum Tode». (Heidegger) Der Tod ist es, der den Menschen aus seiner Alltäglichkeit und dem Sich-selbst-Vergessen herauswirft und ihm dabei das Bewußtsein gibt, begrenzt und endlich zu sein. Ohne den Tod gäbe es keine Existenz. Existieren heißt, die unbestimmt bleibende Möglichkeit des Todes auszuhalten.

Jean-Paul Sartre (1905–1980) hat, im Gegensatz zu Heidegger, darauf hingewiesen, daß man sich auf seinen eigenen Tod letztlich nicht einstellen kann. Der eigene Tod entziehe sich dem Menschen: Er kommt «von Draußen und verwandelt uns in Draußen». Für Gabriel Marcel hingegen hat der Tod ein doppeltes Gesicht: Eine Seite blickt zum Leben, die andere vom Leben weg. Der Tod kann kein endgültiger Schluß sein. Man muß «der bannenden Gewalt des Todes Widerstand» leisten, «die er auf jeden übt, der ihn für das letzte Wort hält». Der Glaube an die Unsterblichkeit des Menschen entspringt erst der Revolte gegen den Tod des geliebten anderen. «Einen Menschen lieben, heißt sagen, du wirst nicht sterben.»

Die Angst vor dem Tod ist der eigentliche Grund jeder Angst überhaupt. Diese Angst ist es auch, die den wahren Charakter der Welt, ihre Unheimlichkeit und Vergänglichkeit, offenbart. Sich ängstigen ist deshalb die Grundstimmung des Daseins. In der Angst sieht der Mensch, daß er vereinzelt und einsam ist. Angst ist «unheimlich». Vertrautsein mit der Welt wäre mithin bloßer Schein, nur die Erfahrung des «Unzuhause» ist Wirklichkeit.

Exodus

1. Exodus (griech.-lat. «Auszug») heißt das zweite Buch des →Pentateuch, das vom Auszug →Israels aus Ägypten handelt. Es beginnt mit einem Bericht über das Leben der Israeliten in Ägypten, die zur Zeit des Stammvaters Jakob dorthin kamen und nun von einem neuen Pharao unterdrückt werden. Es folgen die Geschichten von →Moses und der Bericht des Auszugs aus der Unterdrückung: der Durchzug durch das Rote Meer, Wüstenwanderung und erstaunliche Wunder (Moses macht ungenießbares Wasser trinkbar; es regnet Wachteln und Manna; Moses schlägt Wasser aus einem Felsen). Nach der Ankunft am Sinai erfolgt die Gesetzgebung →Jahwes. (2. Mose 20ff) Der letzte Teil des Exodus, der Zug der Kinder Israel zum Jordan und der Einzug ins «verheißene Land», wird erst im dritten Buch des Pentateuch (Numeri) erzählt.

Der tatsächliche historische Kern der biblischen Auszugserzählungen ist schwer auszumachen. Beim Exodus dürfte es sich um geschichtliche Erfahrungen einer Gruppe handeln, die später im «Volk Israel» aufging. Daß das Volk des Exodus die ganzen zwölf Stämme Israels gewesen sein sollen, ist späte Tradition.

Der Zeitpunkt dieser Ereignisse ist umstritten; man vermutet das 13. Jahrhundert, da zu Beginn des Buches Exodus der Bau der Städte Pithom und Ramses erwähnt wird, der nach archäologischer Forschung zur Zeit Ramses' II. (gest. 1223 v. Chr.) erfolgte.

Der Exodus wurde im Jahwekult zu einem Ereignis von höchster religiöser Bedeutung: Durch die «Herausführung aus Ägypten» hat Jahwe dem Volk Israel seine Erwählung bekundet. Im → Alten Testament wird dieser Akt der Auserwählung immer wieder ins Gedächtnis gerufen. «...so hüte dich, daß du nicht den Herrn vergißt, der dich aus Ägyptenland, aus der Knechtschaft, geführt hat.» (5. Mose 6,12) «Wenn dich nun dein Sohn morgen fragen wird: Was sind das für Vermahnungen, Gebote und Rechte, die euch der Herr, unser Gott, geboten hat?, so sollst du deinem Sohn sagen: Wir waren Knechte des Pharao in Ägypten, und der Herr führte uns aus Ägypten mit mächtiger Hand; und der Herr tat große und furchtbare Zeichen und Wunder an Ägypten und am Pharao und an seinem ganzen Hause vor unsern Augen und führte uns von dort weg, um uns hineinzubringen und uns das Land zu geben, wie er unsern Vätern geschworen hatte. Und der Herr hat uns geboten, nach all diesen Rechten zu tun, daß wir den Herrn, unsern Gott, fürchten, auf daß es uns wohlgehe unser Leben lang, so wie es heute ist.» (5. Mose 6,20ff) Ganze Psalmen sind dem Exodus-Thema gewidmet. (Ps. 78; 105; 106; 114)

Die Propheten benutzten das Auszugsmotiv als Bild auch der zukünftigen Befreiung des Gottesvolkes. (→ Eschatologie) «So spricht der Herr, der im Meer einen Weg und in starken Wassern Bahn macht, der ausziehen läßt Wagen und Rosse, Heer und Macht, daß sie auf einem Haufen daliegen und nicht aufstehen, daß sie verlöschen, wie ein Docht verlischt: Gedenkt nicht an das Frühere und achtet nicht auf das Vorige! Denn siehe, ich will ein Neues schaffen, jetzt wächst es auf, erkennt ihr's denn nicht? Ich mache einen Weg in der Wüste und Wasserströme in der Einöde.» (Jes. 43,16ff)

Dieses Verständis des Exodus griff auch das Neue Testament auf: Jesus Christus verwirklicht den verheißenen neuen Auszug. (Vgl. Mat. 2,15) So wie Israel vierzig Jahre durch die Wüste wanderte, wurde Jesus vierzig Tage «vom Geist in die Wüste geführt, auf daß er von dem Teufel versucht würde». (Mat. 4,1ff) Besonders gern greift das Johannesevangelium auf das Exodusmotiv zurück. (Vgl. Joh. 6) Paulus sieht im Durchzug durch das Rote Meer und im Fels des lebendigen Wassers Vorbilder der Taufe und des Abendmahls. Die Offenbarung des Johannes (→ Apokalyptik) schließlich deutet den Exodus der Endzeit als Durchzug durch ein Meer von Glas und Feuer. «Und ich sah, und es war wie ein gläsernes Meer, mit Feuer gemengt; und die den Sieg behalten hatten über das Tier und sein Bild und über die Zahl seines Namens, die standen an dem gläsernen Meer und hatten Gottesharfen und sangen das Lied des Mose, des Knechtes Gottes, und das Lied des Lammes und sprachen: Und wundersam sind deine Werke, Herr, allmächtiger Gott!» (Apk. 15,2f)

2. Das Motiv des Exodus blieb im Christentum stets ein beliebtes und vielfältig vewendetes Symbol. Der Bischof von Lyon, Irenäus (um 115–202), deutete es auf die Kirche. «Alles, was Gott beim Auszug des Volkes [Israel] aus Ägypten gewirkt» hat, sei «Vorbild des Auszuges der Kirche aus den Völkern».

Durch die Ausbildung der Typologie, der Lehre von der Vorbildung (typos) neutestamentlicher und kirchengeschichtlicher Ereignisse oder Personen im Alten Testament, (→ Auslegung) eignete sich das Christentum die jüdische Tradition an und deutete sie nach seinen eigenen Zwecken um. In der Liturgie der Osternacht betete man: «Es [das Lamm, d. h. Christus] hat uns von der Knechtschaft der Welt wie des Landes Ägypten erlöst; es hat uns von der Sklaverei des Todes wie von Pharao befreit.» «Ägypten» wurde zum Symbol für «Welt», «Pharao» zum Symbol für «Teufel». So wie Pharao die «Kinder Israels» bis zum

Meer verfolgte, so verfolgt der Teufel den Katechumenen (Taufbewerber) bis zum Taufbecken: Der Durchzug durchs Rote Meer ist Sinnbild der Taufe. Der Fels, aus dem Moses Wasser schlug, ist ein Urbild auf Christus, das Lebenswasser ist der Typos seines Blutes. Manna deutet auf das Abendmahl, die eherne Schlange auf den gekreuzigten Christus.
Eine andere, zukunftweisende Auslegung alttestamentlicher Motive begann mit Origenes (gest. 254). Für ihn war der Exodus Israels ein Bild des Weges, den die Seele zurücklegt, ehe sie zu Gott gelangt. «Ausziehen aus Ägypten heißt die Welt verlassen.» In der allegorischen Auslegung wird der gegenständliche Glaubensinhalt transzendiert, seine Ausdrucksform aber festgehalten. Nach Origenes bedeutet der Weg Israels zum Meer die Reinigung menschlicher Worte, Handlungen und Gedanken. Der Durchzug durchs Meer ist der Sieg über den Geist des Widerspruchs. Die Stationen der Wüstenwanderung sind sozusagen Entwicklungsstufen geistigen Lebens.
Daneben bot Origenes aber noch weitere Möglichkeiten der Auslegung an: die «mystische Exegese». Die drei Tage des Weges zum Meer bedeuten demnach die drei Tage Christi am Grab. Der Auszug aus Ägypten ist Symbol des Auszugs der Seele aus dem Leib, Symbol des Todes. «Im geistigen Sinn kann man auf zwei Arten aus Ägypten ausziehen: indem man das heidnische Leben verläßt, um zur Kenntnis des göttlichen Gesetzes zu gelangen, oder indem die Seele ihre Wohnung in diesem Körper aufgibt.» Immer beliebter wurde indes die «moralische Exegese», die den Exodus als Seelenreise deutete. Exodus wurde zum Begriff des Transzendierens schlechthin.
In neuester Zeit hat vor allem die →Theologie der Befreiung im Exodus-Motiv eines ihrer beliebtesten Symbole gefunden: Exodus heißt dort Aufbruch aus den gegebenen Lebensbedingungen, heißt Kampf gegen Abhängigkeit, Ausbeutung und Unterdrückung vor allem in den Bereichen der Weltwirtschaft, der Politik und der Gesellschaft.

F

Fälschungen (Pseudepigraphen)

Ein Pseudepigraphon ist eine Schrift, die in Wirklichkeit nicht von dem Verfasser stammt, unter dessen Namen sie erschienen ist. Fälschungen begleiten die Literatur wie ein Schatten. Unter ihnen finden sich alle literarischen Formen: Orakel und Visionen, Evangelien und Apostelgeschichten, Lehrschriften und Dialoge, Aussprüche und Reden, Inschriften und Briefe. Im Griechenland des 7. und 6. Jahrhunderts v. Chr. hatte sich die Vorstellung vom geistigen Eigentum bereits ausgebildet. Deshalb kann man durchaus von einer bewußten Fälschung sprechen, wenn ein Verfasser seine Schrift unter der Maske eines anderen erscheinen läßt, um damit einen bestimmten Erfolg zu erzielen.
1. Aus dem Alten Orient sind Fälschungen kaum bekannt. In Ägypten kamen sie erst in hellenistischer Zeit auf. (→Hellenismus) In Griechenland fälschte man Homertexte, Orakel, Tragödien, Aussprüche von Philosophen und politisch bedeutsame Schriftstücke. Der Griff nach dem Namen eines anerkannten Schriftstellers sollte das Ansehen der eigenen Ideen, philosophischen Lehren oder religiösen Erkenntnisse steigern. Astrologische und alchimistische Zauberliteratur ließ man unter dem Namen eines Gottes, eines Weisen oder eines Königs erscheinen. Da Orakelsprüche im ganzen Altertum ein beliebtes Mittel des politischen Kampfes waren, wurden sie

zu bevorzugten Fälschungsobjekten. Einzelne Philosophenschulen befehdeten sich gegenseitig unter Verwendung von Fälschungen.
Als sich in hellenistischer Zeit die judenfeindliche Stimmung immer weiter ausbreitete und man u. a. die jüdischen Ritualgesetze und die Sabbatruhe, die angebliche Kulturlosigkeit der Juden und ihre Beschneidungspraktiken kritisierte, formulierten die Angegriffenen judenfreundliche Äußerungen, die sie bekannten Griechen in den Mund legten. Von berühmten Philosophen und Staatsmännern vernahm man nun ein überschwengliches Lob des Judentums, des salomonischen Tempelbaus, der mosaischen Gesetze, des jüdischen Gottesglaubens, ja der ganzen jüdischen Kultur. Diese Fälschungen «bewiesen» z. B. die Abhängigkeit der griechischen Philosophie von der jüdischen Weisheit: Überhaupt seien die Juden das älteste Volk der Welt. Der jüdische Monotheismus wurde in diesem Zusammenhang als die überlegene Religion schlechthin dargestellt.
2. Juden und Christen sind wohl die eifrigsten literarischen Fälscher der Welt. Den Grund dafür muß man in der Bedeutung suchen, die dem Buch in der jüdisch-christlichen Religion zukommt. Bei Griechen und Römern hingegen hatten Bücher und auch Dogmen (→Dogma) eine ungleich geringere Bedeutung. Für Juden und Christen aber ist die Offenbarung Gottes in →heiligen Schriften niedergelegt. Die heiligen Bücher gelten als «Wort Gottes» und damit als absolute Autorität. An ihnen darf nichts verändert werden.
Das Ansehen, das das Alte Testament bei den Juden genoß, ging im Christentum auf die Evangelien und später auf Schriften der Apostel und selbst auf die Apostelgeschichte über. Alle diese Schriften galten als erfüllt vom Heiligen Geist. Auch die Lehrautorität der Kirche selbst leitet sich in einer ununterbrochenen Kette der Zeugen, über Päpste, Konzilien, Synoden, Kirchenväter, Apostel und Apostelschüler, von Jesus, dem Gottessohn, ab. Bei Auseinandersetzungen in Glaubensfragen stritt man immer mit Hilfe schriftlicher Zeugnisse. Zur Begründung der Auffassung, die einer vertrat, mußte er möglichst bedeutsame literarische Beweise und Stützen beibringen. Deshalb waren gerade Vertreter abweichender Meinungen dazu gezwungen, autorisierte Texte etwa des Neuen Testaments (→Kanon), Kirchenväterschriften oder Konzilserlasse zu ändern oder gänzlich neue zu erfinden.
In den ersten Jahrhunderten erschienen unter dem Namen Jesu und der Apostel vor allem «Offenbarungen», unter dem Namen von Kirchenvätern hingegen unzählige Lehrschriften.
Die christlichen Fälschungen werden heute vielfach mit der Bemerkung «entschuldigt», es handele sich dabei um eine in damaliger Zeit übliche Praxis, für die man kein modernes «Unrechtsbewußtsein» unterstellen könne. Tatsächlich gab es in der «heidnischen» Welt viele Kunstwerke, die angeblich von einem Gott oder von einer mythischen Gestalt stammten und die wie Fälschungen aussehen. Die Fälschungen der Christen aber sind in Wirklichkeit von anderer Natur: Sie wollen nicht unterhalten oder erfreuen, sondern theologisch überzeugen und beeinflussen. Die Apostelgeschichten und Heiligenleben sind religiöse Propagandaliteratur.
Schon früh wurde vor solchem Schrifttum gewarnt. «...daß ihr euch nicht so bald wankend machen lasset in eurem Sinn noch erschrecken weder durch eine Offenbarung im Geist noch durch ein Wort noch durch einen Brief, wie von uns gesandt... Lasset euch von niemand verführen.» (2. Thess. 2,2f) Einige Kirchenväter versuchten durch die genaue Untersuchung von Stil und Sprache unechte Schriften auszuscheiden. Wichtigstes

Zeichen der Echtheit war der Inhalt einer Schrift. Er mußte «rechtgläubig» sein und mit dem übereinstimmen, was die «apostolischen», d. h. von Aposteln gegründeten Gemeinden für richtig hielten. Um den endgültigen Bestand der kanonischen Schriften des Neuen Testaments wurde lange gestritten. (→ Kanon) Dennoch schlichen sich zahlreiche Irrtümer ein. Die Anklage, Schriften zu fälschen, erhob schließlich fast jeder gegen jeden.

Beliebt war die Maßnahme, Gestalten des Neuen Testaments und der Zeit der Apostel gefälschte Apostelakten zuzuschreiben. Auf diese Weise verhielten sich die Fälscher genauso, wie es der Autoritätsgläubigkeit des Christentums angemessen war. Die Häretiker (Ketzer) selbst mußten unter die Maske orthodoxer Verfasser schlüpfen, um ihre Gedanken verbreiten und ihre Schriften vor der Vernichtung durch die Kirche bewahren zu können. Die häretischen Fälschungen bekämpften rechtgläubige Verfasser häufig mit Gegenfälschungen.

Im Laufe der Zeit kamen theologische, dogmatische, kultische und rechtliche Fragen auf, die vom Neuen Testament her nicht beantwortet werden konnten. Kurzerhand legte man die eigenen Ansichten und Meinungen Jesus und den Aposteln in den Mund und füllte so die biblischen Lücken. Auch kirchenpolitische Machtkämpfe wurden mit Hilfe von Fälschungen ausgetragen, die die eigene Position bestätigten; häufig versuchte man den Gegner mit Fälschungen auch persönlich in einen schlechten Ruf zu bringen. Durch Schwindeleien wurden Lokalheilige aufgewertet oder Propaganda für eigene Reliquien gemacht. Eine ganze Reihe von Kirchenordnungen sind Fälschungen; indem man Jesus und die Apostel sprechen ließ, sollten mißliebige Ordnungen verdrängt werden.

Die besonders brennenden Fragen nach dem Endgericht und dem Jenseits, die das Neue Testament mehr oder weniger offen läßt, beantworten die gefälschten Apokalypsen. (→ Apokalyptik) In 2. Korinther 12,1 ff schreibt Paulus: «Ich kenne einen Menschen in Christus; vor vierzehn Jahren... da ward derselbe entrückt bis an den dritten Himmel. Und ich kenne denselben Menschen, ... der ward entrückt in das Paradies und hörte unaussprechliche Worte, welche ein Mensch nicht sagen darf.» Diese geheimnisvollen Aussagen regten die Phantasie des Verfassers der «Paulus»-Apokalypse an. Das «Protevangelium (Erstevangelium) Jacobi» ergänzte die etwas dürftige neutestamentliche Überlieferung von der «Gottesmutter» Maria und ihrer Jungfräulichkeit. (→ Jungfrauengeburt)

Die Gnostiker (→ Gnosis) gaben ihre Evangelien in Form von Gesprächen des auferstandenen Jesus aus. (→ Auferstehung) Die Judenchristen, die mit der Zeit ins christliche Abseits gedrängt wurden, verbreiteten im Hebräer- und Ebioniterevangelium sowie in Apostelakten ihre eigene Theologie und eine Überlieferung, in der nicht Paulus, sondern ihrem Gewährsmann Jakobus die Hauptrolle zufiel.

Da nichtchristliche Schriftsteller von Jesus und seinen Anhängern kaum Notiz genommen und auch der jüdische Geschichtsschreiber Josephus (37–ca. 100) die für das Christentum maßgeblichen Ereignisse schnöde übergangen hatte, schuf man nachträglich das «Testimonium Flavianum», das sich bei der Mission von Juden und Heiden als nützlich erweisen sollte.

Nachdem schon das Johannesevangelium aus politischer Opportunität Pilatus und die Römer von der Schuld an Jesu Tod entlastet hatte und statt dessen alles den Juden aufbürden wollte, entwickelte sich eine verzweigte Pilatusliteratur mit derselben geschichtsverfälschenden Tendenz. In diesen Schriften ist es der römische Statthalter selbst, der die Auferstehung Jesu und die Jungfrauengeburt Marias bezeugt. Schließlich wird Pilatus Christ und stirbt als Märtyrer. Als solcher ist er schließlich sogar zum → Heiligen der koptischen und der äthiopischen Kirche aufgestiegen.

In zahllosen gefälschten Schriften, die man wirkungsvoll «heidnischen» Schriftstellern zuschrieb, treten Philosophen, Götter und Sibyllen (Sibylle: legendäre Prophetin aus Kleinasien, deren Orakel sich bis Griechenland und Rom ausbreiteten) als Propheten und Weissager Christi auf. Die christliche Sibylle zeugte für die christlichen Wahrheiten und gegen das Heidentum. Christliche Gnostiker legten Zarathustra-Orakel auch Christus in den Mund, um besser unter den Anhängern des Parsismus werben zu können.

Da die Kritiker des Christentums im geringen Alter der biblischen Religion ein Argument gegen deren Göttlichkeit sahen, gaben die Christen im 3. und 4. Jahrhundert gefälschte ägyptische Chronographien heraus, die die biblischen Geschichten für älter als die ägyptischen ausgaben.

Den gebildeten Kreisen in Rom versuchte man den christlichen Glauben dadurch schmackhafter zu machen, daß man einen Briefwechsel zwischen Paulus und Seneca (4 v. Chr.–65 n. Chr.; aus Spanien stammender Stoiker, Tragödiendichter und Staatsmann) verfaßte. Ein durchgehender Zug der gefälschten Apostelgeschichten geht dahin, das Interesse vornehmer Frauen und Männer am Christentum dadurch zu wecken, daß berichtet wird, wie die Apostel an den Höfen vor höchsten Würdenträgern und Kaisern predigten.

Im Streit um die Christologie entstanden zahlreiche Fälschungen auf beiden Seiten der Fronten. Rechtgläubige wie Abweichler ließen ihre Glaubensbekenntnisse unter dem Namen berühmter Kirchenväter verbreiten.

Da die apostolische Gründung einer Gemeinde ausschlaggebend für ihre Autorität und Macht war, erstritten sich zahlreiche Bischöfe diese Würde durch Fälschungen. Der Herrscher der Stadt Edessa in Syrien, Abgar V., war angeblich mit Christus selbst in Kontakt gekommen. Die Gründung von Arles führte man auf einen Mitarbeiter des Paulus zurück. Als Antiochien sein Ansehen über das der Kirche Zyperns stellen wollte, fanden sich zur rechten Zeit die Reliquien des Barnabas auf der Insel. Ravenna kämpfte mit Hilfe der gefälschten Leidensgeschichte eines Petrusschülers. Byzanz wollte mit seinem angeblichen Gründer Andreas die gleichen Würden wie Rom haben. In Rom handelte man indes mit erfundenen Papstprozessen, die eindeutig «nachwiesen», daß der Papst von niemandem gerichtet werden könne.

Die wohl berühmteste Fälschung ist die «Konstantinische Schenkung». Sie entstand in der Mitte des 8. Jahrhunderts und behauptet, der Kaiser Konstantin der Große habe dem Papst Sylvester kaiserliche Würden und Rechte über Rom, Italien und das ganze Abendland geschenkt. Daß es sich dabei um eine Fälschung handelt, wurde erst im Jahr 1440 aufgedeckt. Auch die anderen Bistümer, die über keine alte schriftliche Überlieferung verfügten (Metz, Trier, Mainz usw.), erdichteten sich selbst eine ehrwürdige Tradition.

Die christlichen Fälschungen geben einen guten Einblick in die Verhältnisse und den Geist ihrer jeweiligen Zeit. Sie haben die Entwicklung der kirchlichen Dogmatik, aber auch die kirchlichen Machtkämpfe entscheidend mitgeprägt. Kämpfe und Auseinandersetzungen mit Mitteln der Fälschung blieben keine vorübergehende Erscheinung, sondern haben die Kirchengeschichte bis ins Mittelalter, d. h. über ein Jahrtausend lang, begleitet. Literarische Fälschungen und Fälschungen geschichtlicher Tatsachen gingen Hand in Hand und haben sich gegenseitig befruchtet. Die praktischen politischen Auswirkungen mancher literarischen Schwindeleien kann man kaum überschätzen. Fälschungen sind also nicht nur ein wesentlicher Teil der christlich-abendländischen Literaturgeschichte, sondern auch der kirchlichen und staatlichen Machtpolitik.

Familie

Unter «Familie» versteht man heute meist die «Kleinfamilie»: Zwei Generationen – Vater, Mutter und Kinder – wohnen unter einem Dach. Von der «vollständigen» oder «Normalfamilie» unterscheidet man die «unvollständige Familie», bei der ein Elternteil als Alleinerzieher mit Kindern zusammenwohnt.

1. Im Alten Testament heißt die Nachkommenschaft eines gemeinsamen Vorfahren «Sippe»; deren Glieder sind «Brüder» von gleichem «Fleisch und Bein». Häufig wird unterschieden zwischen «Stamm», «Sippe» und «Haus». Sippenangehörige helfen sich gegenseitig. Kern der Sippe ist das «Haus», an dessen Spitze der Vater steht. Zu ihm gehören Frau(en), Kinder, Schwiegertöchter und Enkel (1. Mose 7,13; 2. Mose 20,17), ferner Sklaven (2. Mose 21,6) und Gäste. (1. Mose 19,8) Der Vater beansprucht Gehorsam und Ehrfurcht; er kann seine Kinder strafen, verstoßen oder gar in Schuldknechtschaft verkaufen. (1. Mose 21,10)

Im Neuen Testament sprengt die Forderung Jesu, ihm nachzufolgen, alle überkommenen Familienbindungen. «Wer Vater oder Mutter mehr liebt als mich, der ist mein nicht wert; und wer Sohn oder Tochter mehr liebt als mich, der ist mein nicht wert.» (Mat. 10,37) Haus und Familie können aber auch einen Wert als Versammlungsort der Gemeinde erhalten. (Apg. 20,20; 1. Kor. 1,16) Die Gläubigen haben teil an der «Gottesfamilie» als «Mitbürger der Heiligen und Gottes Hausgenossen». (Eph. 2,19)

2. Seit der Mitte des 19. Jahrhunderts beklagen Theologen und konservative Familienforscher den «Verfall der Familie» und als Folge davon eine «Erschütterung der Grundfesten der Gesellschaft». Die «tiefste Sorge» um die Zukunft der Familie scheint heute insbesondere in solchen Kreisen verbreitet zu sein, die von der Tradition des Pietismus und der Erwekkungsbewegung geprägt sind. Sie möchten der «christlichen Auffassung» von der Familie als «naturwüchsiger und gottgewollter sittlicher Form des Zusammenlebens» wieder Geltung verschaffen. Überblickt man jedoch den Bedeutungswandel des Begriffs «Familie» in der Geschichte, so stellt man fest, daß diese Institution keineswegs einen gleichbleibenden Willen Gottes, sondern sich verändernde gesellschaftliche Verhältnisse widerspiegelt. «Familia» im römischen Reich meinte den Großhaushalt, bestehend aus der Mehrgenerationenfamilie, den Beschäftigten, Sklaven und dem Familienbesitz. Während der Feudalzeit bezeichnete «Familie» meist den ländlichen Haushalt, der außer den eigentlichen Familiengliedern auch das «Hausgesinde» einschloß.

Mit der Entstehung der kapitalistischen Gesellschaft kam die Arbeitsteilung als ergiebigere Form des Wirtschaftens auf. Dadurch löste sich die Einheit von Hauswirtschaft und handwerklicher Produktion auf. Betrieb und Haushalt traten auseinander. Jetzt erst entstand Familie als Kleinfamilie in unserem heutigen Sinn: Die Kleinfamilie, die die Großelterngeneration weithin ausschließt, ist eine soziale Einheit, die normalerweise nicht mehr selbst produziert, sondern nur noch konsumiert. Ausbildung, soziale Sicherung und Altenversorgung gingen auf Betrieb und Staat über. So wurde die Familie mehr und mehr von der Gesellschaft getrennt und entwickelte sich zu einem Raum der Privatheit und Individualität, geradezu zu einer «Gegenkraft» der Gesellschaft.

Die Kleinfamilie soll den einzelnen «emotional absichern» angesichts der Anforderungen einer Gesellschaft, die die einst «ganzheitlichen», Arbeit, Nachbarschaft und Freizeit umfassenden Beziehungen auseinandergebrochen hat und die bei der Bewertung der Menschen kaum mehr Gewicht auf diese selbst legt; alle Bedeutung kommt vielmehr den Waren (und der Arbeitskraft) zu, die sie untereinander austauschen. Die Arbeit wird immer mehr «fremdbestimmt», die Gesellschaft unüberschaubar. Die Konkurrenz aller gegen alle macht die Menschen einsam. Da bietet sich die vertraute Familie als «Schutzraum» an, der Rückhalt und Wärme gewährt.

In neuerer Zeit tauchten mit Kommunen und Wohngemeinschaften immer häufiger Alternativen zur Familie auf. Die Beziehungen der Partner sind dort in der Regel weniger patriarchalisch als eher partnerschaftlich orientiert. Viele Jugendliche wenden sich enttäuscht von Denken und Haltung der Erwachsenen ab, die ihrer Meinung nach allzusehr an individuellem Erfolg, wirtschaftlichem Wachstum und Wohlstand ausgerichtet sind. Statt in einer → Ehe möchten sie sich lieber in offenen Wohn- und Lebensgemeinschaften entfalten. Seit 1965 geht überdies die Anzahl der Eheschließungen und die der Geburten zurück. Indes wächst die Zahl der außerehelichen Geburten und der «Paare ohne Trauschein».

Bei der kritischen und oft negativen Beurteilung dieser Entwicklungen wird meist übersehen, daß die heute vorherrschende Familienform nur deshalb die am meisten verbreitete Art der Lebensgemeinschaft wurde, weil man die Zivilehe als obligatorisch einführte und sie durch Gesetzgebung auch im öffentlichen Bewußtsein zur Norm machte. Davon abweichende Formen des Zusammenlebens von Erwachsenen und Kindern wurden hingegen bewußt zurückgedrängt und diskriminiert.

Das Verhältnis von Mann und Frau in der Ehe hängt damit zusammen, wie Arbeit und Geldverdienen aufgeteilt sind und wer dementsprechend mehr Macht und Autorität hat. Zur Ungleichheit in den Familien trägt bei, daß meist die Frauen Haushalt und Kinder zu versorgen haben. Da immer mehr Frauen gleichzeitig einer Erwerbstätigkeit nachgehen, sind sie doppelt belastet. Häufig haben sie eine schlechtere Berufsausbildung (verbreitet ist die Praxis, daß junge Frauen ihre Berufsausbildung abbrechen, wenn sie heiraten) und werden bei vergleichbarer Arbeit auch noch durchschnittlich um ein Drittel geringer bezahlt als Männer. Ungleichheiten im Berufsleben begründen aber auch Ungleichheit in der Familie.

Seit der Zeit nach dem Zweiten Weltkrieg setzen sich demokratisch-emanzipatorische Gedanken und Zielperspektiven immer stärker durch und fordern auch ein gewandeltes Verhältnis zwischen Mann und Frau. Zunehmende Kritik an der Kleinfamilie verweist auf deren durchgehend autoritäre Struktur. Die Kleinfamilie scheint die Emanzipation der Frau nachhaltig zu behindern. Beklagt werden Sexualfeindlichkeit der Familienerziehung, ungeeignete Ausbildung der intellektuellen und seelischen Kräfte des Kindes und die von der Familie ausgehende Tendenz, das Bestehende unkritisch sichern und Veränderungen grundsätzlich verhindern zu wollen. Manche Kritiker sehen einen Zusammenhang zwischen der Unterdrückung freier → Sexualität durch die Familie und der Stabilisierung des politischen Systems: Verdrängung der Sexualität erzeuge autoritätsgläubige, untertanenhafte Charaktere. Dadurch würden die herrschenden gesellschaftlichen Verhältnisse gestützt. Sexualunterdrückung vermindere überdies Kritikfähigkeit und erhöhe statt dessen die Bereitschaft, sich von entfremdenden Ideologien abhängig machen zu lassen.

Nach der Sicht von Familienkritikern haben Männer eigentlich keinen Gewinn aus dem Zuwachs an familiärer Macht und Autorität. Da die Frauen häufig von ihren berufstätigen Männern abhängig sind, setzen sie die Ehegatten unter Anpassungsdruck. «Als abhängig von der Stellung und dem Verdienst des Mannes ist sie [die Frau] darauf angewiesen, daß der Hausvater sich den Verhältnissen fügt, unter keinen Umständen sich gegen die herrschende Gewalt auflehnt, sondern alles aufbietet, um in der Gegenwart vorwärts zu kommen.» (Horkheimer, 1936) Durch Druck und (psychosomatische) Krankheiten demonstrieren abhängige Frauen die tatsächliche Machtlosigkeit ihrer Männer.

3. Kirche und Staat sind sich einig in ihrem Interesse, die Familie zu schützen. Es gibt kirchliche Familienberatung und Familientherapien, Familienkuren sowie Erziehungshilfen. Die Kirchen unterhalten Kindergärten und veranstalten Familiengottesdienste sowie Familienfreizeiten. Nach kirchlicher Auffassung müssen Ehen kirchlich getraut werden.

In der theologischen Tradition (insbesondere lutherischer Prägung) wird die Ehe als «Keimzelle der Völker» und «Urform des Gemeinschaftslebens», die Familie als «Schöpfungsordnung» angesehen. In ihr hat das Miteinander von Eltern und Kindern den «geschöpflichen Primat» (= Vorrang) inne. In Anlehnung an Luther (1483–1546) bezeichnet man die Trauung als Stiftung «geistlicher Geschwisterschaft» von Mann und Frau, die «Freunde in Christus» werden. Die Taufe der Säuglinge soll zum Ausdruck bringen, daß das neugeborene Kind nicht nur «Menschenkind», sondern auch «Gotteskind» ist.

Den sich im Laufe der Geschichte wandelnden Familienformen haben Theologie und Kirchen kaum jemals auf Dauer die religiöse Weihe versagt. Als sich die Rollenverteilung von Mann und Frau patriarchalisch verfestigte, wurden Vorherrschaft und Ansprüche des Mannes gegenüber Frau und Kindern als gottgewollt begründet. Die religiöse Erziehung der Kinder war lange Zeit auf das bürgerliche Ideal des Mannes als Haushaltsvorstand und Alleinverdiener ausgerichtet. Die heutigen Emanzipationsbestrebungen der Frauen, insbesondere in den Bevölkerungsgruppen der mittleren und höheren Angestellten, Beamten und Selbständigen, haben ihre theologische Entsprechung in der sogenannten Feministischen Theologie. In der Folge dieser jüngsten Veränderungen hat die kirchliche Verkündigung entdeckt, daß «die neutestamentliche Botschaft von der Gotteskindschaft» angeblich jegliche Form hierarchischer Über- und Unterordnung in der Familie ausschließe. In allerletzter Zeit melden sich sogar «fortschrittliche» Theologen zu Wort, die davor warnen, die «gegenwärtigen Versuche in Wohngemeinschaften» theologisch unbesehen und pauschal zu verurteilen.

Fegfeuer

In den Religionen kommt dem Feuer eine große Bedeutung zu. Es hat oft etwas mit den Ereignissen zu tun, die am Ende der Zeiten erwartet werden. (→ Eschatologie) Beispielsweise ist in Mythen der Germanen die Rede von einem Weltenfeuer und einem Weltenbrand, der den ganzen Himmel bedecken wird. (→ Germanische Religion) Die parsische Theologie (→ Zarathustra) spricht von einem Feuersturm, der über die Erde fließen wird, um die Bösen zu peinigen und den Guten ein erquickendes Bad zu bereiten.

Auch das Neue Testament kennt den «Tag, an welchem die Himmel von Feuer zergehen und die Elemente vor Hitze zerschmelzen». (2. Petr. 3,12) Dieses Bild knüpft an die alttestamentliche Vorstellung des richtenden und rächenden Feuers Jahwes an: «Ein Feuer ist entbrannt durch meinen Zorn und wird brennen bis in die unterste Tiefe [Unterwelt] und wird verzehren das Land mit seinem Gewächs und wird anzünden die Grundfesten der Berge.» (5. Mose 32,22; vgl. auch Jes. 66,15; Mal. 3,2)

Die germanische Auffassung des Weltenbrandes und die prophetische Gerichtsdrohung des Alten Testaments sind verwandt mit der Vorstellung vom Gerichtsfeuer am Ende der Welt. Die →Hölle wird deshalb oft als «Feuerofen» oder «Pfuhl, der mit Feuer und Schwefel brennt» (Apk. 21,8), und als Straf- oder Läuterungsfeuer beschrieben.

Feuer gilt als bevorzugtes Mittel der Reinigung von →Sünden. Die Prüfung der Menschen und ihre Reinigung beim Endgericht geschieht, nach Paulus, «wie durch Feuer». (1. Kor. 3,14ff) In nachbiblischer Zeit entwickelten die Kirchenväter die Vorstellung, daß beim Endgericht alle Menschen ohne Ausnahme einen Feuerfluß durchqueren müßten. Die Schwere der Sünden des einzelnen entscheidet sodann darüber, wie lange er das Läuterungsfeuer aushalten muß.

Aus dieser Auffassung entwickelte sich die Lehre vom Fegfeuer, die u. a. von Augustinus (354–430), Papst Gregor dem Großen (590–604) und der Mystikerin Katharina von Genua (1447–1510) vertreten und im Konzil von Florenz 1439 zum Glaubensartikel erklärt wurde. Man griff dabei auf die Kirchenväter Clemens von Alexandrien (gest. um 216) und Origenes (gest. 254) zurück. Letzterer hatte erklärt, daß alle von Gott geschaffenen Menschen und Dämonen nach einer mehr oder weniger langen Zeit der Läuterung zur Seligkeit in Gott gelangen werden. Denn Christus selbst könne nicht zur vollen Seligkeit kommen, solange auch nur «ein einziges Glied seines Leibes» fehle. Folglich sind die Höllenstrafen zeitlich begrenzt.

Im Mittelalter schränkte die Kirche diese Auffassung jedoch wieder ein: Nur die, die mit «läßlichen» Sünden belastet sind, werden im Fegfeuer geläutert. Wer hingegen in schwerer Sünde und ohne Reue stirbt, fährt zur Hölle. Nur die von Sünden und Sündenfolgen befreiten Seelen kommen sofort in den Himmel.

Der Ort des Fegfeuers wurde meist im Innern der Erde vorgestellt: Dort sühnen die Sünder ihre Schuld. Gebete und Almosen der Gläubigen können die Feuerstrafen jedoch mildern und abkürzen.

Dem gleichen Zweck dient der «Ablaß»: kirchliche Nachlassungen von zeitlichen Sündenstrafen für die «armen Seelen im Fegfeuer». Am wirksamsten war jedoch die Darbringung des Meßopfers. Wurde es an einem Altar gefeiert, den der Papst eigens dafür vorgesehen hatte, so kam die Seele des Verstorbenen augenblicklich aus dem Fegfeuer frei.

Das Fegfeuer wird, so die Meinung vieler katholischer Theologen, bis zum Weltende andauern. Nach der Auferstehung aber werden sich die Seelen mit ihren Leibern wieder vereinigen und vor dem Richterstuhl Christi zum «allgemeinen Gericht» erscheinen. Dann werden die Menschen entweder in Gottes Herrlichkeit eingehen oder für immer und ewig die Qualen der Feuerhölle erleiden.

Die Orthodoxen Kirchen und die Reformatoren haben die Lehre vom Fegfeuer nicht übernommen.

Feministische Theologie

1. Als «Feminismus» kann man den Versuch bezeichnen, die traditionelle Nichtbeachtung von Frauen in der Geschichte (auch der Religionen wie des Christentums) zu überwinden, das herrschende «Patriarchat» (Max Weber) in den Gesellschaften (wie auch in den Kirchen) zu

kritisieren und dabei die besondere Erfahrung von Unterdrückung und Marginalisierung, die Frauen über die Jahrhunderte gesammelt haben, zur Geltung zu bringen. Feministische Theologie ist Teil des Feminismus im 20. Jahrhundert, der sich seinerseits in die Emanzipationsbewegung der Frauen einfügt, die die ganze europäische und US-amerikanische Neuzeit mitbestimmt hat.
Mit dem Kampfbegriff «Patriarchat» verweist der Feminismus auf ein Herrschaftssystem, das die Menschheitsgeschichte nahezu lückenlos geprägt hat: Unterordnung der Frauen unter die Männer in allen Lebensbereichen (Kate Millett). Auch die meisten Religionen betrachten Männer als den Frauen überlegene Geschöpfe. Im Judentum, im Christentum, im sunnitischen Islam, im Konfuzianismus und im Hinduismus beispielsweise bestärken sich Männer mit religiösen, anthropologischen und aus der eigenen geschichtlichen Erfahrung gezogenen Argumenten gegenseitig in der Überzeugung, daß sie grundsätzlich mehr wert und von der Natur (oder von Gott) bevorzugt ausgestattet seien. In diesem Zusammenhang taucht immer wieder der theologisch fundierte Hinweis auf, daß Frauen – im Unterschied zu den hinsichtlich des Willens und der Verstandeskraft stärkeren Männern – eher zu Gefühlen, Leidenschaften und Begierden sowie mithin zum «Weltlichen» und zur Sünde neigen.
2. Der Anspruch der Frau auf Gleichberechtigung kann sich denn auch nicht leicht aus religiösen Traditionen, eher schon aus einer durch die Aufklärung motivierten Emanzipationsbewegung ableiten – die Forderung nach Befreiung der Frauen ist in den jede Demokratie begründenden Menschenrechten verankert: «All men are created equal.» (Bill of Rights, 1689) In der Praxis hat dieses theoretische, aus der Schöpfungsordnung begründete Recht allerdings den mühsamen Kampf um seine Verwirklichung und damit um die Anerkennung der Frau als eines vollwertigen Menschen nicht überflüssig gemacht.
Die aktuelle europäische Frauenbewegung, aus der die feministische Theologie wesentliche Impulse bezog, ging vom «Women's Liberation Movement» der sechziger Jahre in den USA aus. In kurzer Zeit gelang es, einen regelrechten «internationalen Aufbruch der Frauen» in der Welt zu bewirken. Zunächst hatte sich ein radikaler Feminismus ans Werk gemacht, um insbesondere jegliche Form von «Sexismus» im alltäglichen Leben wie in den politischen Strukturen, in der Sprache, im Schul- und Erziehungssystem und nicht zuletzt auch in den Kirchen zu demaskieren. Im Gefolge dieser Bewegung gab es zahlreiche neue Ansätze in der soziologischen, historischen, erziehungswissenschaftlichen, literaturwissenschaftlichen und auch theologischen Forschung: So entstanden Publikationen zur Frauengeschichte, zum Problem der Identitätsfindung von Mädchen, zur Erhellung der Ursachen und Wirkungen von Unterdrückung bei Frauen. Indem die Frau als Forschungsgegenstand wie als Subjekt der Forschung in den Mittelpunkt des Interesses rückte, konnte mancher «blinde Fleck» der traditionellen «Männerforschung» ausgefüllt werden. Zu klassischen Fragestellungen rückten nun Themen wie diese auf: Geschichte und Bedingungen der Hausarbeit, Frauen in der Dritten Welt, Gewalt gegen Frauen, Sexismus, Koedukation, historische Frauengestalten, Geschlechtsverhältnisse. Selbstverständlich ist der feministischen Forschung ein Zug zur Kritik herrschender Wissenschaft und traditioneller wissenschaftlicher Kategorien eigen.
3. Feministische Theologie im deutschsprachigen Raum ist Teil einer religiösen Frauenbewegung, die vor allem anläßlich von Kirchen- und Katholikentagen an die

Öffentlichkeit tritt. Der feministische Ansatz möchte dem Gebiet der Theologie keineswegs neue Bereiche hinzufügen, sondern vielmehr sämtliche theologischen Inhalte einer feministischen Revision unterziehen. Gleichzeitig erkennt die feministische Analyse vielfältig diskriminierende Auswirkungen einer auf Männlichkeit fixierten Rede von Gott in einer «Priesterkirche», deren Leitungsgremien von Männern als Repräsentanten Gottes übervölkert sind, während Frauen von politischer Einflußnahme wie von liturgischer Beteiligung weithin ausgeschlossen bleiben.

Der Protest feministischer Theologie gegen die Einseitigkeiten eines fixierten Bildes von Gott, dem Vater, und dessen politischen Implikationen rührt an die Tatsache, daß die christliche Gottesvorstellung tatsächlich überwiegend von männlichen Attributen lebt: Gott wird nicht nur als «Vater», sondern auch als «Herrscher», «König», «Richter» vorgestellt; zu den Menschen – Frauen und Männern – schickt er einen (männlichen) «Sohn». Obendrein verleiht ihm die Theologiegeschichte die überaus männlichen Eigenschaften eines «Allmächtigen», «Allwissenden» und «Allweisen», einer «höchsten Vernunft», des «ganz Anderen».

Männlichkeit ist also ein wesentliches Merkmal Gottes. Indem aber Gott so eindeutig nach dem Bild des Mannes geformt wird, heiligt sich das Männliche stillschweigend selbst. Darüber hinaus wird auch alle wesentliche Welt- und Menschensicht von männlichen Lebens- und Erfahrungszusammenhängen her gedeutet und gewichtet: Der (göttliche) Mann ist das Maß des Menschlichen schlechthin. Gleichzeitig rückt die Frau an den Rand des Interesses, mithin auch an den Rand der christlichen Anthropologie. Männliche Vorurteile durchdringen die christliche Sprache, die religiöse Ideologie wie auch die Theologie.

Da Theologie (Lehre von Gott) und Anthropologie (Lehre vom Menschen) einander stets bedingen, verlangt nun ein neues Selbstverständnis der Frau, gemäß feministischer Theologie, geradezu zwangsläufig nach einem gewandelten Gottesbild. Der männlich-ferne, allmächtig-unabhängige Vatergott soll abgelöst werden von einem «gynaikozentrisch gedachten Göttlichen», das wesentlich dadurch bestimmt ist, daß es spürbar wird und sichtbar hervortritt in zwischenmenschlichen Beziehungen, in gerechten Verhältnissen, in der Begegnung des Menschen mit der Natur.

Statt nun in einer konsequent kritischen Analyse biblischer wie theologiegeschichtlicher Gottesbilder einschließlich ihrer praktischen gesellschaftlichen Folgen voranzuschreiten, schwenkt die feministische Bibelexegese bald auf ein Maß der Kritik ein, das auch für die traditionelle Theologie vertretbar ist, indem sie hinter den offenbaren Zügen des männlichen Gottes der Bibel ergänzend auch verborgene weibliche, insbesondere mütterliche Anteile ausfindig zu machen versucht. Vor allem in den von der Mystik geprägten frömmigkeitsgeschichtlichen Traditionen findet sie so Wesensbezeichnungen Gottes, die ein einseitig männlich bestimmtes Gottesbild transzendieren. Die Gottheit erscheint dort – etwa als «Licht» oder als «Brunnquell aller Güter» – mitunter in bisexueller Symbolik (Hildegard von Bingen). Göttliche Väterlichkeit soll durch göttliche Mütterlichkeit ergänzt werden, und gepriesen wird nun nicht mehr nur Gottes «Vatergüte», sondern auch seine «Mutterliebe».

Der auf diese Weise hervorgehobene weiblich-mütterliche Anteil des jüdisch-christlichen Gottesbildes bestimmt jetzt auch die Menschenliebe des Gottessohnes: Christus liebt die Seinen, «wie eine Mutter ihre Kinder liebt». In diesem Zusammenhang knüpft feministische

Theologie an Bilder und Erfahrungen mystischer Frauenfrömmigkeit des Mittelalters an, indem sie besonders die Gebetssprache weiblicher Subjektivität aufs neue entdeckt.
Für jede theologische Anthropologie ist die Annahme von der «Gottesebenbildlichkeit» des Menschen von grundlegender Bedeutung. Daraus leitet feministische Theologie die Forderung ab, daß das Christus- wie das Gottesverständnis der christlichen Religion so gestaltet sein müsse, daß sich aus ihm heraus auch Frauen verstehen können. Abwechselnd werden deshalb männliche und weibliche Eigenschaftswörter zur Beschreibung der Gottheit verwendet. So wird – in Nachbildung der Gesamtheit des Menschlichen – «die Gesamtheit des Göttlichen» sichtbar.
4. Die Anrufung einer «Göttin» als Symbol weiblicher Stärke setzt die Überzeugung, daß das Göttliche ebensogut weiblich wie männlich (oder doch eher *«mehr* als weiblich und männlich») sei, konsequent fort. In diesem Zusammenhang greift die Frauenforschung auf den Begriff des «Matriarchats» zurück. Darunter versteht sie allerdings nicht eine (im übrigen empirisch nicht nachweisbare) Gesellschaftsordnung, die ein genaues Spiegelbild des Patriarchats – Frauenherrschaft mit Unterdrückung der Männer statt Männerherrschaft – darstellt. Vielmehr bezeichnet sie damit eine ursprünglich egalitäre, später «gynaikokratische» und «theakratische» Gesellschaftsform, in der Frauen in wirtschaftlicher, sozialer und religiöser Hinsicht zwar die Vorherrschaft innehaben, in der jedoch Männer dennoch nicht unterdrückt werden. Derartige soziale Verhältnisse sollen in Gesellschaften der Jungsteinzeit und bis in die bronzezeitlichen Hochkulturen (Sumer, Altägypten, Kreta, Indien) vorgeherrscht und sich darüber hinaus, wenn auch nur in Resten, bei einigen Stammesgesellschaften Indiens, Indonesiens und Afrikas bis heute erhalten haben.
Feministische Matriarchatsforschung greift nun mit großem Interesse auf Mythologien zurück, die von (germanisch-keltischen, altorientalischen, griechischen, stammesreligiösen, zeitgenössisch-indianischen) Göttinnen handeln. Bisweilen tritt so die «Große Mutter» – verkörpert in der dreifachen Gestalt der «Jungfrau», der «Mutter» und der «weisen Alten» – als Objekt religiöser Identifikation wie als Symbol des Ewig-Weiblichen überhaupt an die Stelle des maskulinen biblischen Gottes. Auf der Grundlage dieser Frömmigkeit werden sodann ansatzweise auch neue kultische Rituale und eine neue feministische Ethik entfaltet.

Fluch (Segen)

1. Die heilige Macht, die im Mittelpunkt der Religionen steht, ist sowohl gut und hilfreich wie auch bedrohlich und gefährlich. (→ Heilig) Sie offenbart sich entweder im Segen oder im Fluch. (→ Offenbarung) Wenn die Gottheit durch Vergehen erzürnt wird, so verflucht sie den Menschen. Durch → Magie oder → Gebet versucht der Mensch, den Frieden mit ihr wiederherzustellen.
Der Fluch dient auch zur Strafe und Vergeltung zwischen den Menschen. Einem Frevler wünscht man durch den Fluch Verderben, Vernichtung oder den Tod. Wenn der Fluch einem anderen Schaden zufügen soll, wird er meist heimlich gesprochen oder aufgeschrieben. Zahlreiche Schadenflüche sind auf Fluchtafeln überliefert worden, mittels deren man die Mächte der Unterwelt um Hilfe anrief.
Schwur und Eid sind eng mit dem Fluch verwandt. Der Schwur war ursprünglich eine bedingte Selbstverfluchung, die Verträge und Gelübde schützt. Der Drohfluch nennt die Folgen einer bestimmten Handlung, die man abwehren

will. Mit dem Drohfluch wurden weltliche Gesetze und kultische Gebote, Verträge und Testamente, das Eigentum und auch die Grabesruhe geschützt.
Fluch und Segen setzen ein magisches Denken voraus. Während sich Segen in der Fruchtbarkeit von Frau, Vieh und Acker zeigen kann, führt der Fluch zur Unfruchtbarkeit. Seuchen, Krankheiten oder Naturkatastrophen versuchte man auf den Zorn heiliger Mächte zurückzuführen, der durch Frevel von Menschen erregt worden war.
Ein Fluch überantwortet den Verfluchten an die heilige Macht. Dadurch wird er tabu. (→ Tabu) Die doppelpolige – segnende oder fluchende – Macht kann auf personhafte Gestalten übertragen werden: auf heilbringende oder schadenstiftende Seelen, Geister, Dämonen oder Götter.
Segen und Fluch galten als körperartige Kräfte oder als dämonische Wesen, die in Wüsten und Einöden wohnen. Dorthin verbannte man auch den verfluchten Menschen oder das verfluchte Tier («Sündenbock»).
Einen Fluch stellte man sich ansteckend wie eine Krankheit vor. Damit war der Verfluchte für alle zur Gefahr geworden; wer mit ihm Umgang pflegte, infizierte sich und wurde selbst zum Verfluchten. Das Alte Testament kennt sogar den Fluch, der sich von Geschlecht zu Geschlecht vererbt. (S. u.)
Ein Fluch- oder Segenswort, das einmal ausgesprochen war, galt als selbständig wirkend. Besonders wirkmächtig waren Flüche von mächtigen Menschen: von Königen, Priestern, Propheten und Heiligen. Bei den Germanen galten die «böse Stiefmutter» und die Schwiegermutter als äußerst fluchmächtig. (→ Germanische Religion)
Durch den Fluch schützten sich die Gemeinschaften vor Verletzung der für sie grundlegenden Tabus.
Der Zorn der heiligen Macht wird damit von der Gemeinschaft auf einzelne Schuldige abgeleitet. Der Verfluchte ist gebannt, d. h. aus der Gemeinschaft ausgeschlossen. (→ Bann)
Mit der Verfluchung ging häufig die sakrale (heilige) Steinigung einher, die außerhalb der Gemarkung oder des Wohnbereichs durchgeführt wurde. Wo der Glaube an Dämonen ausgebildet ist, wird der Fluch auch zu einem Mittel der Dämonenabwehr, der Beschwörung und des Exorzismus (→ Bann)
2. Zu den grundlegenden Überzeugungen des Alten Testaments gehört es, daß Jahwe demjenigen zürnt, der seine Gebote übertritt. Zum Ausgleich alles menschlichen Tuns und Erleidens gibt es also eine Vergeltung. Da Gott gerecht ist, straft er auch. Sein Zorn und sein Fluch sind notwendig und folgerichtig. Deshalb kann man von Unheil und Krankheit auf zuvor begangene Sünden zurückschließen.
Schon von Anfang an war das Verhältnis zwischen Gott und den Menschen durch Fluch gesichert. Jahwe hatte die Menschen auf seine Gesetze verpflichtet. (1. Mose 2,16f) Aber die Menschen zerstörten durch Ungehorsam und Sünde die göttliche Ordnung. (→ Gehorsam) Da versetzte Gott den Menschen in den Zustand des Fluchs: Das erste Menschenpaar wurde aus dem → Paradies verjagt (gebannt), die Schlange aus der Tiergemeinschaft entfernt.
Aber der Gott Israels ist nicht nur ein zorniger und strafender, sondern auch ein gnädiger Gott. Die «Heilsgeschichte» wird den Zustand des Fluchs, den Adams Sünde ausgelöst hat, überwinden. Deshalb wurde Abraham erwählt. «Ich will dich zum großen Volk machen und will dich segnen und dir einen großen Namen machen, und du sollst ein Segen sein. Ich will segnen, die dich segnen, und verfluchen, die dich verfluchen; und in dir sollen gesegnet werden alle Geschlechter auf Erden.» (1. Mose 12,2f)

Der Vertrag, den Gott mit den Menschen geschlossen hat, ist (für den Fall der Vertragstreue Israels) durch Segen und (für den Fall des Bundesbruchs) durch Fluch gesichert. Der Fluch ist grundlegend, der Segen demgegenüber zweitrangig.
Der Bund Jahwes mit Abraham wurde in Gestalt einer magischen Schwurhandlung vollzogen. (1. Mose 15,7–12) Der Fluch Noahs über Kanaan stürzte die Kanaanäer ins Unglück. Der Fluch Jakobs über Simeon und Levi erfüllte sich im Geschick ihrer Nachkommen. Besonders fluchmächtig waren die Stammväter, die Priester, Heerführer, Könige und Propheten. Elias läßt Feuer vom Himmel fallen. (2. Ko. 1,9 ff) Elias verflucht des Königs kleine Buben, die ihn als «Kahlkopf» verspottet hatten. «Da kamen zwei Bären aus dem Walde und zerrissen zweiundvierzig von den Kindern.» (2. Kö. 2,23 ff) Auch den Diener Gehasi, der Elias hintergangen hat, verflucht der Mann Gottes samt seinen Nachkommen auf ewig. «Da ging Gehasi von ihm hinaus, aussätzig wie Schnee.» (2. Kö. 5,19 ff) Fluchwundergeschichten dieser Art wurden später im frühen Christentum besonders gerne erzählt. (→ Wunder)
Während und nach dem Exil deutete Israel sein Geschick als Folge eigenen Ungehorsams gegenüber den Geboten Jahwes. Jahwes Gesetze aber sind fluchgesichert. «Verflucht sei, wer einen Götzen oder ein gegossenes Bild macht... Verflucht sei, wer seinen Vater oder seine Mutter verunehrt... Und alles Volk soll sagen: Amen!» (5. Mose 27,14–26) Die Folgen, die ein Bundesbruch Israels nach sich ziehen würde, liegen folglich auf der Hand. «Alle diese Flüche werden über dich kommen und dich verfolgen und treffen, bis du vertilgt bist, weil du der Stimme des Herrn, deines Gottes, nicht gehorcht und seine Gebote und Rechte nicht gehalten hast, die er dir geboten hat. Und diese Flüche werden Zeichen und Wunder sein an dir und an deinen Nachkommen immerdar.» (5. Mose 28,45 ff) Der Fluch ist Gottes bevorzugtes Strafmittel.
3. Fluch und Bann heißen im Neuen Testament «Anathema». Anathema ist eine Person, wenn sie dem Zorn der Gottheit ausgeliefert wird. «Wenn jemand den Herrn nicht lieb hat, der sei verflucht.» (1. Kor. 16,22) Anathema ist ins Lateinische und in die Kirchensprache als (gleichsam magisches) Fremdwort eingegangen.
Wie die Juden, so glaubten auch die Christen, daß Gott als Antwort auf menschliche Vergehen seinen Fluch schicke. Jesus predigte nicht nur Nächsten- und Feindesliebe; er kündigte auch das Gottesgericht über die Sünder an. «Dann wird er [Gott] auch sagen zu denen zur Linken: Gehet hin von mir, ihr Verfluchten, in das ewige Feuer, das bereitet ist dem Teufel und seinen Engeln!» (Mat. 25,41)
Die Zerstörung Jerusalems verstanden die Christen als Fluch Gottes über das treulose Volk Israel. Fluch ist Vergeltung. Deshalb riefen die Märtyrer Gott um Rache an. «Und sie [die um des Wortes Gottes willen Getöteten] schrien mit großer Stimme und sprachen: Herr, du Heiliger und Wahrhaftiger, wie lange richtest du nicht und rächest nicht unser Blut an denen, die auf der Erde wohnen?» (Apk. 6,9 ff)
Im Christentum starben die alten magischen Vorstellungen keineswegs ab. Im Gegenteil. Die Praxis des griechisch-römischen Fluchzaubers kam sogar zu neuen Ehren. An die Stelle der alten finsteren Mächte trat der → christliche Teufel, der von Gott in Ewigkeit Verfluchte. Der verfluchte Mensch ist, nach christlichem Verständis, mit dem Satan wesensverwandt. «Wenn dein Bruder sündigt, sprich Anathema Satanas!» lautet ein alter Mönchsspruch. Durch den Fluch verfällt der betroffene Mensch dem Reich des Bösen.
Paulus hatte den Korinthern gegenüber darauf gedrungen, einen «Unzüchtigen» («einer der seines Vaters Frau hatte») aus

der Gemeinde auszuschließen. «Wenn ihr versammelt seid im Namen des Herrn Jesus und mein Geist samt der Kraft unseres Herrn Jesus bei euch ist, wollen wir diesen Menschen übergeben dem Satan zum Verderben des Fleisches [das heißt wohl: zur Hinrichtung], auf daß der Geist gerettet werde am Tage des Herrn.» (1. Kor. 5,1ff) Auf diesen Vorfall griffen später mancherlei christliche Spekulation und Praxis häufig zurück.

Alle Christenfeinde, gottlosen Mächte und Heidengötter wurden zu Dämonen erklärt. Wie den Christen die Erlösung, so stand den Nichtchristen die Verdammung bevor. Kaum je zuvor hatte der Fluch eine solche Schärfe und überragende Bedeutung besessen wie in christlicher Zeit. Entgegen der Meinung des Paulus, der den Fluch (gleichsam «religionspädagogisch») nur auf Zeit verhängt hatte, machte sich nach und nach die Auffassung von der Ewigkeitswirkung der Verdammung breit.

In Stellvertretung Gottes war es nun die Kirche, die den Fluch gegen alle möglichen Frevler schleuderte. Ihr Fluch wurde zur mächtigsten Waffe.

Wer aus der Kirche ausgeschlossen wurde, war verflucht und gebannt. Nach altgewohnter Auffassung wirkte der Verkehr mit einem Exkommunizierten «ansteckend»; der Fluch konnte sich wie eine Krankheit ausbreiten. Ausgestoßene Häretiker (Ketzer) galten als erfüllt von magischem «Fluchstoff», an dem sich andere anstecken können.

Da der Fluch die Grenzen des Lebens überschreitet und auch im Tod weiterwirkt, durften Verdammte nicht in der geweihten Erde des Friedhofs beigesetzt werden. In der Antike und im Christentum galten auch Selbstmörder als Verfluchte. Häufig grub man die Leichen von Verfluchten aus der Erde aus, verbrannte sie und schüttete die Asche in einen Fluß. Bisweilen wurde der Fluch, der einem Unglücklichen galt, auch auf sein Haus und seine ganze Familie ausgedehnt.

Man war der Auffassung, daß der Leib eines Verfluchten im Grab nicht verwesen könne. Eine Bannformel lautete dementsprechend: «Dein Teil sei mit dem Teufel und dem Verräter Judas, ja, nach dem Tode sollst du in Ewigkeit nicht zu Asche werden, sondern wie Stein und Eisen ewiglich unverweslich liegen, und zwar zum Zeugnis über dir, wo du nicht Buße tust.»

Ein Fluch erfolgte «im Namen Jesu» oder als Bitte an Gott, er möge den Frevler vernichten. Insbesondere von Heiligen hieß es, ihr Wort sei von schrecklicher Mächtigkeit. Das Wort des Petrus etwa, der Ananias überführt hatte, vom Erlös eines verkauften Ackers für sich selbst einen Teil genommen zu haben, tötete augenblicklich. «Als Ananias aber diese Worte [des Petrus] hörte, fiel er nieder und gab den Geist auf.» (Apg. 5,5) Ebenso erging es seiner Frau Saphira. «Siehe, die Füße derer, die deinen Mann begraben haben, sind vor der Tür und werden dich hinaustragen. Und alsbald fiel sie zu seinen Füßen und gab den Geist auf.» (Apg. 5,9ff) Ähnliche Fluchwunder berichtet die Apostelgeschichte auch von Paulus.

Die christlichen Legenden bieten eine Fülle von Fluch- und Strafwundern der Heiligen. Jesus selbst schrieb man in nachbiblischer Zeit viele solcher Wunder zu: Er verflucht Spielkameraden, seine Lehrer und eine im Bau befindliche Synagoge. Wie in alter Zeit üblich, verbanden auch die Christen Fluch und Steinigung miteinander, und bis ins 6. Jahrhundert nach Christus wurden sogar die Gräber von fluchwürdigen Personen gesteinigt. Verbreitet waren Gebete um Abwendung eines Übels (Apopompe) und Gebete um Hinwendung eines Übels auf einen Feind (Epipompe). Dämonen sollten durch Flüche abgewehrt werden. «Der Fluch, der hervorkommt aus dem

Mund des Vaters und des Sohnes und des heiligen Geistes, er komme über euch und zerstöre euch! Wohlan. Schnell.» Feindliche Kräfte wie Krankheiten und Zauber, Befleckung und Dämonen konnten angeblich durch Fluchbann vertrieben werden. Selbst gegen Insekten gab es eine Bannformel: «Weichet in die Wüste und zu unfruchtbaren Bäumen.»
Am nachhaltigsten wirkten im Christentum die Fluchformeln des Paulus. (1. Kor. 16,22 und Gal. 1,8f) Noch das erste Vatikanische Konzil (→ Vatikanum I und II) griff darauf zurück. Die Geschichte des christlichen Fluches zeigt eine Tendenz zunehmender Ausführlichkeit und Grausamkeit. Auf mögliche Grabschänder wünschte man die Lepra Gehasis, das Zeichen Kains, das Los des Ananias und der Saphira oder das Ende des Judas herab. Besonders der 109. Psalm diente als Fundgrube aller möglichen Flüche: «Seiner Tage sollen wenige werden, und sein Amt soll ein anderer empfangen. Seine Kinder sollen Waisen werden und sein Weib eine Witwe. Seine Kinder sollen umherirren und betteln und vertrieben werden aus ihren Trümmern. Es soll der Wucherer alles fordern, was er hat, und Fremde sollen seine Güter rauben. Und niemand soll ihm Gutes tun, und niemand erbarme sich seiner Waisen. Seine Nachkommen sollen ausgerottet werden, ihr Name soll schon im zweiten Glied getilgt werden.»
Mit dem Fluch als Zuchtmittel versuchte die Kirche die Reinheit ihrer Lehren zu sichern und ihre Macht zu mehren. Die griechische wie die lateinische Kirche verlasen alljährlich an einem bestimmten Tag im Gottesdienst ein Fluchformular. Die Orthodoxen segneten die Bekenner der Rechtgläubigkeit (im Streit um die → Bilder) und sprachen ein dreimaliges Anathema über die Häretiker. Seit dem 13. Jahrhundert wurde am Gründonnerstag in Rom ein Fluch über Ketzer, Fälscher päpstlicher Erlasse, ungerechten Steuerdruck, Gefangennahme, Beraubung von Rompilgern und die Lieferung von Waffen an die Sarazenen (Moslems) geschleudert. Die Lehrentscheidungen der Konzilien und die bindenden Verordnungen der Päpste sind durch Fluch gesichert. Im Laufe der Zeit trat das kirchliche Anathema gleichberechtigt neben die Heilige Schrift.
In der Auseinandersetzung der Christen mit den Juden spielte auch der Fluch von Anfang an eine wichtige Rolle. Schon die Kirchenväter klagten die Juden an, sie verfluchten Christus und die Christen in ihren Synagogen. Die Christen behaupteten, die Juden hätten den Fluch Gottes auf sich gezogen, als sie bei der Verurteilung Jesu ausriefen: «Sein Blut komme über uns und unsere Kinder!» (Mat. 27,25) In Wirklichkeit wollte der Schreiber des Matthäusevangeliums mit der Verwendung dieser alttestamentlichen Fluchformel (vgl. 3. Mose 20,9) die Römer von der Schuld an Jesu Tod entlasten und statt dessen alle Verantwortung den Juden aufbürden. Seit dem 4. Jahrhundert und bis in die neueste Zeit hinein wird dieser Ausruf als Selbstverwünschung der Juden gedeutet, die deshalb als die Verfluchten schlechthin gelten. (→ Antisemitismus)

Folter (Geißelung, Flagellanten)

Als Folter bezeichnet man körperliche Mißhandlungen von Personen, die entweder bestraft oder während eines Prozesses dazu gezwungen werden sollen, die Wahrheit zu sagen. Geißelung ist das Schlagen mit biegsamen Werkzeugen wie Peitschen, Ketten, Stricken und Ruten. Geißler oder Flagellanten nennt man hingegen jene frommen Laien, die zwischen dem 13. und dem 15. Jahrhundert in kleinen Gruppen vor allem durch Oberitalien, Süddeutschland, das Elsaß und Böhmen zogen, Bußlieder sangen, über die hereinbrechende Endzeit predigten, darüber in mystische Verzückung gerieten und sich selbst blutig geißelten, um dadurch Gottes Strafgericht abzuwenden.

1. In Griechenland und im Römischen Reich wurde die Folter insbesondere an Sklaven, mitunter aber auch an Freien, im Zusammenhang mit gerichtlichen Ermittlungen angewendet. Sie sollte als Mittel der Wahrheitsfindung oder aber als Leibesstrafe dienen. Die römischen Behörden setzten die Folter gelegentlich auch gegen Cristen ein. (→ Christenverfolgungen)

Die Geißelung Jesu (Joh. 19,1 und 5) war Teil der Beweiserhebung im Prozeß vor dem Statthalter Pilatus. Die Apostelgeschichte berichtet, daß die Stadtrichter in Philippi Paulus und Silas «die Kleider abreißen» ließen und befahlen, «sie mit Ruten [zu] schlagen». (Apg. 16,22) In Jerusalem ordnete der Oberhauptmann an, daß man Paulus «geißeln und verhören sollte, auf daß er [der Oberhauptmann] erführe, um welcher Ursache willen sie [die Leute] so über ihn schrien». Aber Paulus konnte sich diesem Untersuchungsverfahren durch Berufung auf sein römisches Bürgerrecht entziehen.

Nach dem Brand Roms (64 n. Chr.) zur Zeit des Kaisers Nero gingen die Behörden gegen die Christen als Brandstifter vor, wobei die Folter deren Schuld an den Tag bringen sollte. Im Zuge der Christenverfolgungen richtete Plinius als Statthalter von Bithynien eine Anfrage an den Kaiser Trajan (53–117 n. Chr.) bezüglich der gegenüber den Christen anzuwendenden Verfahrensweisen. Gegen Nichtrömer, die sich auf dreimalige Befragung immer noch als Christen bekannten, wurde die Todesstrafe verhängt. Durch die Folter sollten die Christen jedoch gezwungen werden, von ihrem Glauben abzufallen. Um 249/250 n. Chr. verpflichtete der Kaiser Decius alle Bewohner des Reiches dazu, die «römischen Zeremonien» zu vollziehen und dem Kaiser zu huldigen. Nach diesem Opfergebot setzte eine allgemeine Verfolgung ein, in deren Verlauf die Christen immer grausamer gefoltert wurden. Wer nicht opferte, wurde zum Tod verurteilt, gefoltert und hingerichtet.

2. Bei den Griechen war die bevorzugte Art der Folter die Räderung. Dabei wurden der Körper gedehnt und die Glieder verrenkt. Das Opfer lag rücklings auf der Felge des Rades, und seine Arme wurden über dem Kopf in die Höhe gezogen, bis die Schultern ausgerenkt waren. Die Räderung blieb bis ins Mittelalter eine beliebte Art der Marterung. Sie machte den Gefolterten unbeweglich, so daß man ihn gleichzeitig der Geißelung unterwerfen konnte. Beim «Rad mit Feuer und Eisen» wurden verschiedene Körperteile gleichzeitig gebrannt und zerrissen.

Die Leiter diente ebenfalls zur Dehnung des Körpers und zum Ausrenken der Arme. Andere Werkzeuge ermöglichten es, daß der Verurteilte öffentlich zur Schau gestellt werden konnte. Es gab eigens zugerichtete Balken mit halbrunden Aussparungen, die, wenn man die Balken zusammenfügte, Löcher bildeten, um Füße, Hände und den Hals einzuschließen.

Während die Römer ihre Mörder enthaupteten, bevorzugten die Griechen die Prügelstrafe. Das römische «Pferdchen» (eculeus, Folterpferd) dehnte den Körper, der auf einem erhöhten Holzgestell lag, mittels einer Winde. Gleichzeitig verbrannte man einzelne Körperteile mit Fackeln und glühenden Eisenklingen und zerriß die Haut mit Haken. Römische Gefangene bekamen eine Holzgabel um den Hals gelegt, und die Hände wurden an den Enden dieser Gabel festgebunden.

Unter den orientalischen Foltermethoden waren die persischen besonders grausam. Bei den Babyloniern war die Zerstückelung des Körpers häufig. Als der König Nebukadnezar eines Tages einen besonders erschreckenden Traum gehabt hatte, drohte er den Traumdeu-

tern («Wahrsagern»): «Werdet ihr mir nun den Traum nicht kundtun und deuten, so sollt ihr in Stücke gehauen und eure Häuser sollen zu Schutthaufen gemacht werden.» (Dan. 2,5)
Es gab auch den Brauch, Verurteilte lebend zu begraben oder sie in einen Trog so einzuschließen, daß Kopf, Hände und Füße der Sonne und den Insekten so lange ausgesetzt wurden, bis der Tod eintrat.
Der Perser Mani Tetwa, das Haupt des Manichäismus, wurde 276 n. Chr. sechsundzwanzig Tage lang mit Eisenketten gefesselt, bis er starb, worauf man ihm noch Kopf und Hände abhieb. (→ Gnosis)
In Israel zählten Stockschläge zu der einfachsten körperlichen Strafe. Das Opfer wurde auf den Bauch gelegt und bekam eine Anzahl von Hieben verabreicht, die der Schwere des Vergehens entsprachen. «Wenn der Schuldige Schläge verdient hat, soll ihn der Richter hinlegen lassen, und man soll ihm vor dem Richter eine Anzahl Schläge geben nach dem Maß seiner Schuld. Wenn man ihm vierzig Schläge gegeben hat, soll man nicht weiter schlagen, damit, wenn man mehr Schläge gibt, er nicht zuviel geschlagen werde und dein Bruder entehrt werde in deinen Augen.» (5. Mose 25,2f) In der Zeit nach dem Exil verabreichte man höchstens 39 Schläge, um ja nicht das Gesetz zu übertreten. Darauf beziehen sich die Angaben des Paulus zu den Torturen, die er erlitten hatte: «Ich bin öfter gefangen gewesen, ich habe mehr Schläge erlitten, ich bin oft in Todesnöten gewesen; von den Juden habe ich fünfmal empfangen *vierzig Streiche weniger einen*; ich bin dreimal mit Ruten geschlagen, einmal gesteinigt...» (2. Kor. 11,24f) Die Prügelstrafe der Juden wurde unter römischem Einfluß generell durch Geißelung ersetzt.
3. Nach dem Sieg des Christentums über die «Heiden» im Römischen Reich wurde weder die übliche Folterpraxis in Frage gestellt, noch etwa die Härte der Folter gemildert. In der Gerichtsbarkeit der christlichen Kaiser blieb die Folter vielmehr ein selbstverständlicher Bestandteil des Beweisverfahrens.
Ausgesprochen vielfältig sind die in den Legenden von den christlichen Märtyrern beschriebenen Foltermethoden. Danach wurden die Märtyrer auf dem Rad über dem Feuer gedreht oder auf dem «Folterpferd» gestreckt. Im Rückgriff auf eine in Persien beheimatete Marter wird in diesem Zusammenhang auch die «Presse» beschrieben, die dazu diente, den Körper zu halbieren. Eine Märtyrerin und ihre beiden Gefährtinnen sollen in zwei Teile gesägt worden sein, so daß die kranke Königin von Persien, um geheilt zu werden, zwischen den beiden Körperhälften hindurchgehen konnte.
Die christlichen Autoren sind in der Beschreibung der Folterqualen keineswegs so zurückhaltend wie die Griechen und Römer der Antike. Im Gegenteil. Vielmehr zielen sie bewußt auf Schauder und Entsetzen. Die Qual der Märtyrer bereitet nämlich das Wunder göttlichen Eingreifens vor: Über die Leiden des Heiligen Thomas von Schentolet etwa wird berichtet: «Mit seinen Händen und Füßen banden sie ihn und zogen an ihm, bis sich seine Glieder ausrenkten... Der Erzengel Michael kam; er sprengte die Fesseln, die ihn banden, ohne daß die Soldaten, welche die Winden spannten, es bemerkten.»
4. Viel Einfallsreichtum wurde auch auf die Herstellung von Geißelinstrumenten verwendet. Die Ägypter beispielsweise kannten die Ledergeißel mit eingeflochtenen Knoten und Metallstücken, die Juden hingegen die «Synagogengeißel» aus einem vierfach geteilten Kalbslederriemen. Joh. 2,15 wird berichtet, daß Jesus eine Geißel aus Stricken fertigte, um alle, «die da Ochsen, Schafe und Tauben feil-

hielten, und die Wechsler» «samt den Schafen und Ochsen» aus dem Tempel hinauszutreiben.
Geißelung war bei allen Völkern der Antike verbreitet. Schon in Hammurapis (ca. 1792–1750 v. Cr.) Gesetz wird sie demjenigen angedroht, der einem Höhergestellten auf die Backe schlägt. Sie wurde indes nicht nur als Mittel der Züchtigung und der Strafe, sondern auch zu kultischen Zwecken verwendet. In Strafverfahren sollte die Geißelung Geständnisse erzwingen, oder – wie während der Christenverfolgungen – eine Sinnesänderung der Gemarterten herbeiführen. Es wird berichtet, daß Geißelhiebe bis zu den «nackten Knochen» hindurchdrangen. Manche Christen (z. B. die Märtyrerin Domnina) sollen unter der Geißelung gestorben sein.
Die Zahl der Geißelhiebe schwankt in den Gesetzesordnungen der verschiedenen Völker zwischen 30 und 40 (bzw. 39) Hieben. Geißelung war aber nicht nur eine Angelegenheit der offiziellen Gerichtsbarkeit, sondern auch der Hauszucht. Römische Mütter und Lehrer wurden dazu angehalten, die Kinder nicht nur mit Worten, sondern auch mit der Peitsche zu züchtigen. Der Ehemann, der einen Liebhaber bei seiner Frau ertappte, hatte das Recht, diesen zu geißeln.
Geißelung war auch eine Begleitstrafe der Hinrichtung. Vor der Vollstreckung der Todesstrafe durch Kreuzigung wurde etwa Jesus, und nach ihm auch die christlichen Märtyrer, gegeißelt.
5. In zahlreichen Kulten spielte die Geißelung eine besondere Rolle. Am Luperkalienfest etwa, einem altrömischen Hirtenfest, liefen die «Wolfabwehrer» (luperci) um den Palatin herum, um die Wölfe durch magischen Zauber von der Siedlung abzuwehren. Dabei wurden die Frauen, die sich ihnen in den Weg stellten, mit Riemen geschlagen, die aus dem Fell geopferter Böcke hergestellt waren. Dadurch sollte Fruchtbarkeit auf die Frauen übertragen werden. (In der am Palatin gelegenen Grotte des Faunus, dem Kultort – Lupercal – der «Wolfabwehrer», sollen Romulus und Remus, die Begründer Roms, von einer Wölfin gesäugt worden sein.) Auch das Orakel von Delphi hat die Geißelung von Frauen als Fruchtbarkeitsritus angeordnet. Vielleicht ist das Blutvergießen durch Geißelung im Kult an die Stelle früherer Menschenopfer getreten.
Im Attis-Kult geißelten sich die Priester selbst (Attis: phrygischer Natur- und Frühlingsgott) und erzeugten dadurch Ekstase und Massenhysterie.
In einigen Mysterienkulten war die Geißelung Bestandteil der Initiation. Durch Schläge, Verhüllung, Fesselung, Einschließen in einen dunklen Raum sollte das schmerzvolle Sterben und der Beginn eines neuen Lebens beim Eintritt in die Gemeinde der Mysten (Eingeweihte) versinnbildlicht werden. Zu diesem Übergang vom «Tod» zur «Neugeburt» gehörten häufig auch Haareschneiden, zeitweiliger Ausschluß aus der Gemeinschaft und das Tragen von Masken.
Selbstgeißelung ist eine gesteigerte Form der → Askese und eine besonders auffällige Art, sich selbst Gewalt anzutun. Dabei werden die persönliche Eignung für das neue Leben erprobt, zurückliegende Verfehlungen und → Sünden bestraft und der alte Mensch zum neuen Menschen «geläutert». Der Apostel Paulus wies darauf hin, daß er, offensichtlich mittels asketischer Übungen, seinen Leib «züchtige» und «zähme», «daß ich nicht den andern predige und selbst verwerflich werde». (1. Kor. 9,27) Die Selbstgeißelung christlicher Asketen kam im Mittelalter als Buße in Mode. Petrus Damianus (1006/7–1072) z. B., Prior einer Einsiedlergemeinde in Italien, berief sich bei der Begründung der Selbstgeißelung auf das Vorbild Christi, der Apostel und Märtyrer.

Die Geißler des 13. bis 15. Jahrhunderts nahmen 1. Kor. 9,27 wörtlich. Sie riefen auf zu Frieden und Buße. Joachim von Fiore (um 1132–1202), Abt eines Klosters im italienischen Kalabrien, hatte den bevorstehenden Anbruch eines neuen Zeitalters angekündigt. Als in der Mitte des 14. Jahrhunderts die Pest durch Europa ging, erweckte die verbreitete Endzeitstimmung extreme Formen der Frömmigkeit, die Menschen schwankten zwischen Verzückung und Todeserwartung. Durch Selbstgeißelung versuchten die Flagellanten sich zu «reinigen» und Gottes Zorn abzuwenden. Die Geißlerfahrten gingen von Italien aus und erreichten sogar Polen, die Niederlande und England. Die Männer geißelten sich öffentlich, die Frauen hinter verschlossenen Türen. Flagellanten hielten sich bis ins 15. Jahrhundert. Als sie jedoch die Geißelbuße über die Sakramente stellten und obendrein auch noch die Kirche kritisierten, wurden sie von den Päpsten bekämpft.

Auf die Folter als Mittel der Wahrheitsfindung griff auch die → Inquisition zurück. Sie war eine Einrichtung kirchlicher Gerichtsbarkeit zum Zweck der Verfolgung von Häretikern (Ketzern). Die Inquisition selbst hatte die für das Urteil erheblichen Tatsachen zu «erfragen (inquirere»). Das «Sanctum Officium» (Heiliges Amt) verfolgte, folterte und verurteilte nicht nur Ketzer, sondern auch Alchimisten, Hexen und Wahrsager und übte darüber hinaus auch Bücherzensur (→ Index) aus.

Besonders grausam verfolgt wurden die Beginen und Begarden im 14. Jahrhundert (Beginen: asketische «Klosterfrauen»; Begarden: «Bettler»; Laienfrömmigkeit, die von der Kirche abweichender Lehren bezichtigt wurde), Waldenser und Katharer in Frankreich und Spanien im 13. Jahrhundert (→ Ketzer) und die Muslime im Spanien des 16. und 17. Jahrhunderts.

Die Hexenjagd in Europa, die mit der Hexenbulle Papst Innozenz VIII. (1484 bis 1492) einen beträchtlichen Aufschwung nahm, führte zu einem ungeheuren Morden, in dessen Verlauf unzählige Frauen, Männer und Kinder verbrannt, ertränkt, geköpft, erdrosselt und gehenkt wurden.

6. Der Begriff «Geißelung» ging – auch im übertragenen Sinn – in die religiöse Sprache ein. Gewissensbisse etwa (→ Gewissen) konnten auf diese Weise als eine Art Geißelung beschrieben werden. Wer sich Zerstreuungen hingibt, so eine verbreitete Warnung, dessen Herz werde von Begierde und Habgier «gegeißelt». Die «Geißelung» durch ein böses Schicksal konnte hingegen als Ausdruck der Zuwendung Gottes gedeutet werden, der den Menschen aus Liebe züchtige, wie dies angeblich auch ein liebender Vater mit seinem Sohn tue. «Und so wir unsre leiblichen Väter haben zu Züchtigern gehabt und sie gescheut, sollten wir dann nicht viel mehr untertan sein dem Vater der Geister, auf daß wir lebten? Denn jene haben uns gezüchtigt wenige Tage, wie es ihnen gut dünkte, dieser aber zu unserm Besten, auf daß wir an seiner Heiligkeit Teil erlangen. Alle Züchtigung aber, wenn sie da ist, dünkt uns nicht Freude, sondern Traurigkeit zu sein; aber danach wird sie geben eine friedsame Frucht der Gerechtigkeit denen, die dadurch geübt sind.» (Hebr. 12,9–11)

Franciscus von Assisi

Franciscus von Assisi wurde 1181 oder 1182 als Sohn des reichen Tuchhändlers Pietro Bernardone und seiner Frau Pica in Assisi geboren. Er wollte eigentlich Kaufmann werden. In einem Krieg seiner Vaterstadt gegen Perugia geriet er jedoch in Gefangenschaft. Nach schwerer Krankheit und langwieriger Genesung kam es nun zu einer «Bekehrung», nach eigener Aussage in seinem Testament geschah dies bei der Pflege von Aussätzigen. Fortan wollte er sich der Buße und dem Gebet sowie den Armen und Kranken widmen.

Franciscus nahm Waren und Geld aus dem väterlichen Geschäft für karitative Zwecke. Das führte zum Streit mit der Familie. Zeitweilig sperrte man ihn ein und behauptete, er sei irrsinnig. Der Bischof von Assisi aber schützte ihn. Nach einem Prozeß des Vaters gegen den eigenen Sohn verzichtete Franciscus auf Besitz, Erbe und Kleidung und lebte anschließend als Einsiedler in und bei Assisi.

Schließlich machte er sich (in Entsprechung zu Mat. 10,5 ff) radikale Armut zur Pflicht. Erste Jünger fanden sich bei ihm ein. Sie betätigten sich als Bußprediger. 1209 oder 1210 pilgerten sie nach Rom und erhielten dort die Genehmigung für ihre Lebensform von Innozenz III. Sie verpflichteten sich zu Buße, Nachfolge, Demut und freiwilliger Besitzlosigkeit. Als «Minderbrüder» (fratres minores, Minoriten) wollten sie «nach der Form des Evangeliums» leben und wirken. Franciscus verfaßte nun für sie eine kurze (nicht erhalten gebliebene) Regel.

Nach ihrer Rückkehr hielt sich die Brüderschaft in der Nähe von Assisi auf. 1212 nahm Franciscus Chiara degli Offreducci (Clara) als Nonne in seine Gemeinschaft auf. Um sie herum bildete sich der Orden der «Armen Frauen» (Klarissenorden).

Die Brüderschaft des Franciscus wuchs, sogar über die Grenzen Italiens hinaus, unaufhaltsam weiter. Der Orden gliederte sich nach Provinzen, an deren Spitze ein Provinzialminister trat. Jährlich traf man sich bei Assisi (Pfingstkapitel).

Wahrscheinlich erst nach Franciscus' Tod entstand neben den Minoriten und Klarissen der Orden der «Tertiarier». Diesem Ordenszweig konnte beitreten, wer zwar «evangeliumsgemäß» leben, aber weiterhin in seinem Beruf und seiner Familie bleiben wollte.

1219 besuchte Franciscus das Kreuzfahrerheer in Damiette (Ägypten). Er wollte den ägyptischen Sultan zum Christentum bekehren. Mit einer qualvollen Augenkrankheit kehrte er zurück. Seine Brüderschaft wandelte sich langsam zu einem festen Orden. Franciscus gab ihm nun eine ausführlichere Regel. Krank und fast erblindet, zog er sich dann von der Leitung zurück und entwickelte eine immer stärker asketisch-kontemplative Frömmigkeit.

1224 empfing er die Stigmata (von griech. «Stich»; Wundmale Christi): Der Gekreuzigte erschien ihm als Seraph, von dessen Wunden sengende Strahlen auf ihn ausgingen, so daß an seinem Körper die Wundmale Christi sichtbar wurden. Die Tatsache dieser Stigmatisierung ist nicht zu bezweifeln. (Bis in die neueste Zeit kam es bei religiös übersteigerten Persönlichkeiten zu ähnlichen Erscheinungen, z. B. bei Louise Lateau [gest. 1883] und Therese Neumann von Konnersreuth [1898–1962].)

1226 starb Franciscus. 1228 wurde er heiliggesprochen. Heute ist Assisi neben Rom das am häufigsten besuchte Pilgerziel Italiens.

Die Regeln des Franziskanerordens (Ordo Fraternus Minorum, OFM) verlangen die Beachtung des Evangeliums, Besitzlosigkeit, Verbot der Geldannahme, im Notfall Zuflucht zum Betteln, Selbstheiligung und Arbeit am Seelenheil des Nächsten. Ordensangehörige erkennt man an ihrer Tracht; heute tragen sie meist ein braunes Gewand mit Kapuze und weißem Strick.

Zahlreiche Mitglieder des Ordens wurden heilig- und seliggesprochen. Zu den bekanntesten Franziskanern gehören Joachim von Fiore, Alexander von Hales, Bonaventura, Duns Scotus und Wilhelm von Ockham. (→ Mönchtum)

Frau

«Gepriesen sei Gott, daß er mich nicht als Heiden geschaffen hat! Gepriesen sei

Gott, daß er mich nicht als Weib geschaffen hat!» So beteten zur Zeit Jesu die männlichen Juden einmal am Tag. Rabbi Eliezer, ein Zeitgenosse des Johannesevangelisten, schrieb: «Eher sollten die Worte der Thora [des alttestamentlichen Gesetzes] verbrannt werden, als daß man sie einer Frau anvertraut. Wer seiner Tochter Thora lehrt, ist wie einer, der sie Ausgelassenheit lehrt.»

Frauen und Sklaven galten damals weder als bildungs- noch als kultusfähig, sie waren weithin Geächtete der Religion. Jesus setzte sich über diese Einschätzung jedoch hinweg. Mit ihm zusammen reisten viele Frauen über Land: Maria Magdalena, Johanna, die Frau des Chusa, Susanna, Salome, Maria, die Mutter des Jakobus und Joseph, usw. (Vgl. Lk. 8; 1–3; 23,49; 24,1–10; Mat. 27,55f; Mk. 15,40f; Joh. 19,25)

Von Maria aus Magdala, einer Stadt, die für Hurerei bekannt war, trieb er «sieben Geister» aus (Lk. 8); die Tradition machte diese Frau zur «großen Sünderin» und Büßerin, die Dämonenaustreibung zum Anfang ihres moralisch einwandfreien Lebenswandels. (Lk. 7,36ff). Offensichtlich hat sie eine führende Rolle in Jesu Gefolge gespielt. Nach der Kreuzigung erschien ihr der Auferstandene und gab ihr den Auftrag, dies den Jüngern mitzuteilen.

Das Frauenbild Jesu ließ sich unter seinen Nachfolgern nicht lange aufrechterhalten. Paulus sorgte statt dessen dafür, daß sich das junge Christentum mit den herrschenden politischen und sozialen Auffassungen arrangierte. (Vgl. Röm 13,1–7) Die Frauen sollten in der Gemeinde den Mund halten und sich unterordnen. «Wie in allen Gemeinden der Heiligen lasset die Frauen schweigen in der Gemeinde; denn es soll ihnen nicht zugelassen werden, daß sie reden, sondern sie sollen sich unterordnen, wie auch das Gesetz sagt. Wollen sie aber etwas lernen, so lasset sie daheim ihre Männer fragen.» (1. Kor. 14,36f) Im Epheserbrief (5,22–24) heißt es dementsprechend: «Die Frauen seien ihren Männern untertan wie dem Herrn; denn der Mann ist das Haupt der Frau, wie auch Christus das Haupt der Kirche ist, er, der Erlöser des Leibes. Wie aber die Kirche Christus untertan ist, so seien es auch die Frauen ihren Männern in allem.»

Trotz der frauenfeindlichen Haltung des Paulus und seiner Schüler übernahmen die Frauen in der Alten Kirche wichtige Funktionen. Es gab zahlreiche «Vorsteherinnen» der Hausgemeinden, Prophetinnen, Missionarinnen. Als sich freilich die «geistlichen Ämter» der Kirche herausbildeten, triumphierte der überkommene Patriarchalismus des Judentums und des Hellenismus. Die «Verführerin des Mannes» war in den Augen der Männer nicht fähig, ein kirchliches Amt zu übernehmen und die kirchlichen Weihen zu empfangen. Bis heute ist die Frau aus der geistlichen Hierarchie der katholischen Kirche ausgeschlossen.

Die Diakonissinnen verpflichtete man indes zur Keuschheit, und bei ihrer Weihe betete der Priester: «Reinige sie von jeder Befleckung des Fleisches und Geistes, damit sie würdig das ihr übertragene Amt zu deinem Ruhm und Lob deines Christus ausführe.» Wer sein Keuschheitsversprechen nicht einhielt, wurde exkommuniziert, bekam die Nase abgeschnitten oder wurde mit ewigen Höllenstrafen bedroht.

Gleichzeitig entstand eine grenzenlose Verehrung der «unberührten Jungfrauenschaft». (→Jungfrauengeburt) Als Jungfrau war die Frau fast soviel wert wie ein Mann. Nach dem Verfasser des Lukasevangeliums hatte →Maria Jesus als Jungfrau geboren. (Lk. 1,34) Markus, Johannes (→Johannesevangelium) und Paulus wußten von diesem erstaunlichen Ereignis freilich nichts zu berichten. Ab dem 2. Jahrhundert n. Chr. aber trat in

der Verkündigung der Kirche neben Jesus als den «neuen Adam» Maria als die «neue Eva». Sie, die Reine, Sündlose hatte die Verfehlung der «alten Eva» ausgeglichen und die Sünde, die durch die Frau in die Welt gekommen war, abgetragen. Maria nahm zusehends die Züge einer weiblichen Gottheit an. Das 5. Jahrhundert erklärte sie zur «Gottesgebärerin» und das 7. zur immerwährenden Jungfrau: «Wenn jemand nicht... bekennt, daß die heilige und immerwährend jungfräuliche und unbefleckte Maria wirklich und wahrlich die Mutter Gottes sei, weil sie... ohnc Samen durch den Heiligen Geist das Wort wahrlich empfangen hat... und daß sie ihn so unverdorben und so geboren hat, daß nach seiner Geburt ihre Jungfräulichkeit unbeschädigt blieb, so sei er im Bann.»
Das 20. Jahrhundert schließlich ließ sie «mit Leib und Seele» in den Himmel fahren. In umgekehrt proportionalem Verhältnis zur Abwertung der lebenden Frauen stieg so die Verehrung der toten Maria ins Unermeßliche. Ihr Tugendreichtum und ihr Gehorsam, ihre Dienstbereitschaft und Passivität boten den Weiblichkeitsvorstellungen der Jahrhunderte einen lebendigen Anhalt.
Die Geringschätzung der Frauen nahm indes immer groteskere Züge an. Schon der Kirchenvater Tertullian (Ende des 2. Jahrhunderts), überzeugt von der religiösen und sittlichen Minderwertigkeit des weiblichen Geschlechts, lieferte die theologische Begründung für die Forderung, daß sich die Frauen im Gottesdienst zu verschleiern hätten. «Ein so verderbenbringendes Antlitz muß verhüllt werden, das bis in den Himmel hinein seine Ärgernisse geschleudert hat.» Frauenverachtung und Frauenangst gingen Hand in Hand. (→Bilder) Der heilige Antonius (ca. 250–356) meinte, mit den Frauen solle man am besten überhaupt nicht reden und sie nicht beachten: «Das Weib ist eine Torheit, welches die Sinne zur Unzucht reizt.» (→Mönchtum) Nach Hieronymus (ca. 347–420) ist die Frau Quelle sinnlicher Lust und Grund dafür, daß es Unkeuschheit und Ketzerei überhaupt gibt. «Die Liebe schickt sich für den Mann, die Furcht schickt sich für die Frau.»
Nach Augustinus (345–430) verbleiben den Frauen überhaupt wenig erfreuliche Aussichten: «Da die gläubige Frau... ihr Geschlecht nicht beiseite zu legen vermag, kann sie nur, wenn sie geschlechtslos ist, das heißt im Geiste, zum Bilde Gottes neu geschaffen werden.»
Im christlichen Mittelalter beteten am Abend Männer und Frauen: «In Schuld bin ich gezeugt worden, und in Sünde hat mich meine Mutter empfangen.» Frauen galten als Inbegriff des Lasters und der Schlechtigkeit, als Verderben des Mannes und als Fallstrick auf dem Pfad der Tugend und Heiligkeit.
Diese Auffassung hatte natürlich auch Auswirkungen auf die soziale und rechtliche Stellung der Frauen. Während bei den Germanen die Ehrfurcht vor der Frau gerade in der Religion verankert war (→Germanische Religion), sanken ihr Recht und ihr Ansehen nach der Christianisierung immer tiefer. Frauen waren nun nicht mehr im gleichen Maß rechtsfähig wie Männer, die übrigens das ganze Mittelalter über das Züchtigungsrecht über die Frauen hatten. Die fortdauernde Unterjochung der Frau prägte offensichtlich auch das politische Klima, und Männerideologien bestimmten Europas Expansion über die ganze Erde.
Erst mit dem 19. Jahrhundert setzte eine zunehmende Besinnung auf die Situation der Frau (Frauenbewegung, Wahlrecht, neue Ehe- und Familiengesetzgebung usw.) und eine Erschütterung des bis dahin nahezu unangefochtenen Primats der patriarchalischen Lebensordnung ein. Die politischen und sexuellen Rechte der Frau konnten sich erst zu einer Zeit langsam mehren, als die Macht der Kirchen zu schwinden begann.

Innerhalb der Kirchen selbst vollziehen sich derartige Veränderungen äußerst mühsam. Bis heute bleibt das seit Jahrhunderten geprägte Modell bestimmend: Frauen dienen – Männer leiten. Die meisten aktiven Kirchenmitglieder sind Frauen. Aber sie verrichten häufig nur die unbezahlten kirchlichen Hilfsarbeiten (Sammeln, Besuche machen, Feste veranstalten). In den verantwortlichen Gremien der Kirchen sitzen vorwiegend Männer. In der Evangelischen Kirche in Deutschland (→Protestantismus) sind etwa 70 Prozent der Mitarbeiter Frauen, in Verkündigung und Seelsorge sind aber etwa 95 Prozent der Amtsinhaber Männer. Seit 1978 sind Frauen in den Gliedkirchen der Evangelischen Kirche in Deutschland zum Pfarramt zugelassen.

Frieden

In allen Religionen gehört der Friede zu den grundlegenden Werten. Dennoch wird heute bisweilen die Meinung vertreten, die Religionen wirkten insgesamt systemstabilisierend und folglich eher friedensfeindlich. Angesichts einer Situation, in der der «Friede auf Erden» zur Bedingung des Überlebens der Menschheit überhaupt geworden ist, stellt sich deshalb nachdrücklich die Frage nach der Friedenskompetenz der Religionen.

1. Seit jeher hat der Wunsch der Menschen nach Frieden einen religiösen Akzent. In der →Vedischen Religion z. B. entsprachen die Handlungen der Götter dem Geschehen in der Gesellschaft: Wie der Gott Indra den Chaosdrachen besiegt, so besiegen die Krieger ihre Feinde. Der Gott ist Schirmherr der Eroberungen. Friede als Ende von Gewalt und Kampf bleibt jedoch dem künftigen Goldenen Zeitalter vorbehalten. In der Neuzeit hat Mahatma Gandhi die altindische Heilslehre in den Bereich politischer Praxis übersetzt, indem er Wahrheitsstreben (satyagraha), Gewaltlosigkeit (ahimsa) und wirtschaftlich-soziale Entwicklung (sarvodaya) miteinander verband.

Der →Buddhismus verankert den Friedensgedanken im Gebot des «Nichtverletzens» (Verbot der Gewaltanwendung), der Verpflichtung zur Liebe gegenüber allen Wesen und zum Mitleiden. In der Geschichte (insbesondere des Mahayana-Buddhismus) erwiesen sich diese Gebote jedoch kaum als Hindernis gegenüber der Anwendung von Gewalt im Dienst der Religion. In neuerer Zeit wird in buddhistischen Ländern (z. B. in Sri Lanka) ein Programm gewaltloser Erneuerung der Gesellschaft propagiert, das weniger auf politischen Kampf als auf religiöse Aktivierung des einzelnen setzt. Während des Vietnamkrieges erregten zahlreiche Selbstverbrennungen buddhistischer Mönche und Nonnen, die damit den Frieden erzwingen wollten, Aufsehen in der Welt.

Der→Islam blickt auf eine ausgesprochen kämpferische Frühgeschichte zurück. Seit seinem Zug nach Medina entschied sich Mohammed für den gewaltsamen Kampf und zum «Krieg auf dem Wege Gottes» (Gihad/Dschihad) gegen die Ungläubigen. «Heilige Kriege» und militärische Gewalt etwa gegen neokolonialistische Überfremdung oder andersgläubige Gegner und Minderheiten (→Bahá'í-Religion) kennzeichnen die Geschichte islamischer Staaten bis in unsere Zeit.

2. Im Alten Testament steht «Schalom» (Frieden, Heil) für einen ganz und gar positiven Zustand der Welt. Der Schalom bezieht sich auf die Bereiche des Politischen, des Rechts, des Kultus und des Sozialen als Teile eines umfassend geordneten Ganzen. «In Schalom sein» heißt «ganz, unversehrt und heil sein».

Im Kultus steht der Schalom im Zusammenhang mit dem Segen. (4. Mose 6,24–26) Beim Gruß wird dem anderen ein gutes, heilvolles Ergehen zugesagt. (1. Sam. 25,6; 2. Sam. 18,28; 1. Sam. 29,7; 1. Mose 43,27) (→Fluch)

Der König Israels, eingesetzt als «Sohn» und «Statthalter Gottes», hatte im politischen Bereich für «Frieden» zu sorgen. Zu seinen Friedensaufgaben gehörte auch die Niederschlagung der Feinde. (5. Mose 20,10–14) Nach der Auffassung der Propheten Amos, Hosea, Jesaja, Micha, Jeremia und Zephania hängen die unfriedlichen Verhältnisse mit der Schuld der Menschen zusammen.

In der Zeit des jüdischen Exils in Babylonien und danach wurde «Friede» zum Hauptinhalt der Prophetie. Nachdem die Schuld des Volkes gesühnt schien, verkündete Deuterojesaja (→ Jesaja) eine neue Friedensbotschaft: Jahwe werde durch einen neuen Friedensbund (Jes. 54,10) sein Volk «in Schalom» zurückführen (Jes. 55,12) und in Jerusalem selbst Frieden schaffen. (Jes. 54,13)

Die Rückkehr aus dem Exil brachte aber keineswegs den erhofften Frieden. (Hag. 2,1–9; Sach. 8,9–13) Die Friedensvorstellung verwandelte sich. Aus dem Schalom wurde ein eschatologisches Heilsgut (→ Eschatologie), ein zukünftiger Zustand, der nicht der Geschichte Israels, sondern einer anderen Weltzeit angehören werde: Nachdem Jahwe alle Feinde besiegt hat (Jes. 9,3f; Jer. 30,8f), wird der erwartete König und Messias auftreten und ein Reich des Friedens aufrichten.

Das Neue Testament geht davon aus, daß dieser endzeitliche Zustand schon eingetreten sei. «Friede» (eirene) wird zur Bezeichnung des Heils in Christus. «Frieden Gott gegenüber» erlangen die, die «aus Glauben gerechtfertigt» sind «durch unseren Herrn Jesus Christus». (Röm. 5,1–11) Frieden ist Versöhnung der Menschen mit Gott durch den Tod des Sohnes. (2. Kor. 5,18f; Kol. 1,20) Die Güter der kommenden Gottesherrschaft sind Gerechtigkeit (vor Gott), Friede und Freude.

Nach dem Johannesevangelium hat Jesus seinen Jüngern den Frieden zurückgelassen. (Joh. 14,18; 14,27) Es ist der Friede «in ihm» (Joh. 16,33), das Heil aufgrund seines Sieges über die Welt am Kreuz. (Joh. 16,11; 12,31)

3. In frühchristlicher Zeit bestand kein Zweifel daran, daß Jesu Gebot der Feindesliebe jegliche Gewalttat gegenüber anderen Menschen ausschließe. (→ Bergpredigt) «Während die anderen in den Krieg ziehen, nehmen wir als Priester und Diener Gottes am Feldzug teil, indem wir unsere Hände rein waschen und für die gerechte Sache, den rechtmäßigen König und seinen Sieg beten ... Wir bilden durch unsere Gebete ein eigenes Heer, ein Heer der Frömmigkeit, das dem Kaiser dadurch bessere Dienste leistet als alle sichtbaren Soldaten.» (Origenes, gest. 254)

Nach der «Konstantinischen Wende» (→ Konstantin der Große) traten Christen jedoch sehr rasch in die Armee ein und beteiligten sich an → Kriegen. Dieser radikale Wandel sollte allerdings auch theologisch gerechtfertigt werden. So erklärte Eusebius von Caesarea, die Absage an den «heidnischen» Aberglauben und der Schutz der «wahren Religion» gewährleisteten erst den Frieden des Reiches. Deshalb müßten sich auch die Christen an den notwendigen politischen Aufgaben (z. B. am Kriegsdienst) beteiligen.

Als Rom im Jahr 410 dem Ansturm der Westgoten unter Alarich erlag, erklärten die Kritiker des Christentums diese Niederlage als Rache der alten Götter. Als Entgegnung und zur Verteidigung der Christen verfaßte daraufhin Augustinus (354–430) sein geschichtstheologisches Werk «De civitate Dei» («Vom Gottesstaat»). Darin beschreibt er den Frieden als künftige Ruhe, in der der Kampf der Gegenwart sein Ziel und Ende finde. Um den Bestand des eigenen Staates zu sichern, aus Treue gegenüber Verbündeten und um den gestörten Frieden wiederherzustellen, gebe es durchaus ein Recht zur Kriegsführung.

Im Mittelalter schrieb man, in Anlehnung

an Augustinus, dem politischen Gemeinwesen als oberste Aufgabe die Herstellung und Erhaltung des irdischen Friedens zu: Erst im himmlischen Frieden finde der irdische Friede sein Ziel. Aus dieser Annahme leitete man die Begründung für die Vormachtstellung des Papstes gegenüber dem Kaiser ab. Der Kaiser und seine Parteigänger erklärten hingegen, die politische und die geistliche Macht seien voneinander unterschieden und gleichrangig.

Für die nachfolgenden Jahrhunderte formulierte Thomas von Aquin (1225 bis 1274) die Kriterien des «gerechten Krieges»: die Kriegserklärung durch eine autorisierte politische Gewalt, das Vorliegen eines gerechten Grundes, die Ausrichtung an der Wiederherstellung des Friedens, das Bestreben, den Guten zu helfen und die Bösen zu züchtigen, und die Beschränkung auf rechtmäßige Mittel der Kriegsführung.

Martin Luther (1483–1546) erklärte, «der zeitlich fried... [sei] das grösseste gut auff erden... darinn auch alle andere zeitliche güter begriffen sind». Die «Bergpredigt» muß seiner Meinung nach unverkürzt gelten. Sie zeige nicht, wie man durch Werke vor Gott gerecht wird, sondern wie der im Glauben Gerechtfertigte handelt: Gott ist Grund und Voraussetzung des nachfolgenden Mitwirkens des Menschen. Der Obrigkeit aber schrieb auch Luther die Berechtigung zu, Gewalt einzusetzen, wenn Unrecht abgewehrt werden muß. Aus der Bergpredigt lasse sich keine Forderung auf Gewaltverzicht ableiten.

Die Christentumsgeschichte orientierte sich in der Praxis freilich kaum an den ethischen Formulierungen ihrer theologischen Vordenker. Die Glaubensspaltung, die die Reformation einleitete, die Entdeckung und Eroberung der «Neuen Welt», der Ausbau der Kolonialherrschaft Spaniens und Portugals in Südamerika und die neue Kriegstechnik (Einführung der Feuerwaffen um 1500) widerlegen den immer wieder behaupteten Zusammenhang zwischen Christentum und Frieden. Die Kirche wies schließlich selbst die Wege auf, wie man den Forderungen ihrer «Friedensbotschaft» entging, ohne Schaden an der Seele zu nehmen.

4. Im Gegenzug gegen Nationalismus und Kriegsbegeisterung und angesichts der rasch zunehmenden Zerstörungsgewalt moderner Waffen bildeten sich im 19. und 20. Jahrhundert zahlreiche Friedensbewegungen. Um die Jahrhundertwende kam der Begriff «Pazifismus» auf. Er soll alle Bestrebungen zusammenfassen, die auf gewaltfreie Austragung zwischenstaatlicher Konflikte und auf eine friedensfördernde internationale Rechtsordnung ausgerichtet sind. Der Krieg als Mittel internationaler Auseinandersetzung wurde geächtet. Die allgemeine Kriegsbegeisterung bei Ausbruch des Ersten Weltkriegs fegte jedoch die Friedensbewegungen christlicher, liberaler und sozialistischer Herkunft hinweg.

Aus Sorge um den Weltfrieden wurde nach Kriegsende (1919/20) der Völkerbund zur Förderung internationaler Zusammenarbeit und Friedenssicherung und der Ständige Internationale Gerichtshof in Den Haag als Instrument internationaler Schiedsgerichtsbarkeit gegründet. Der Briand-Kellogg-Pakt (1928) ächtete zum erstenmal in einem völkerrechtlichen Vertrag den Angriffskrieg. Doch alle diese Friedensbemühungen hielten der Friedensbedrohung durch die faschistischen Staaten (insbesondere des nationalsozialistischen Deutschland) nicht stand. (→ Kirchenkampf)

In den letzten Jahrzehnten wächst die Einsicht, daß Frieden nicht nur eine Frage des Ost-West-Verhältnisses ist, sondern auch die Beziehung der Industriestaaten zu den Ländern der Dritten Welt einschließt und mit der Herstellung gerechterer wirtschaftlicher Bedingungen zusammenhängt. Angesichts der Gefährdung der Biosphäre durch die technische und industrielle Entwicklung wird die Friedensproblematik auch auf das Verhältnis des Menschen zu seiner natürlichen Umwelt bezogen («Frieden mit der Natur»).

Fundamentalismus

Als christlichen «Fundamentalismus» bezeichnet man eine streng konservative, an der → Bibel orientierte, oft pietistisch (→ Pietismus) geprägte Frömmigkeit. Kennzeichnend für Fundamentalisten ist vor allem ihr nachdrückliches Eintreten für die Lehre von der Verbalinspiration, das heißt ihre Auffassung, die Bibel sei absolut irrtumslos. (→ Heilige Schriften) Diese Lehre gehört zur alten katholischen, lutherischen und reformierten Glaubenstradition. Als seit dem 19. Jahrhundert die historisch-kritische Forschung an den biblischen Schriften aufkam, wurde die traditionelle Bibelgläubigkeit erschüttert. (→ Bibelwissenschaft) Insbesondere in Amerika griffen der → Erweckungsbewegung nahestehende Gruppen daraufhin nach dem → Dogma der wörtlichen Inspiration der Bibel als Protest gegen vermeintliche Zugeständnisse an den Zeitgeist in Theologie und Kirche. Die Haltung dieser Erweckten war vor allem von der Erwartung der baldigen Wiederkunft Christi geprägt. Sie suchten unter den apokalyptischen Aussagen der Bibel (Daniel, Apokalypse des Johannes; [→ Apokalyptik]) Hinweise auf das nahende Ende. Die Heilige Schrift war ihnen dabei «wörtliches» Gotteswort, die historisch-kritische Bibelwissenschaft hingegen Machwerk von «Ungläubigen».
Besonders heftig bekämpften sie die Darwinsche Entwicklungs- und Abstammungstheorie, die ihrer Meinung nach die biblische Schöpfungslehre verleugnet. (Verschiedentlich setzten sie Professoren der Geologie und Biologie unter Druck, zwangen sie zur Aufgabe ihrer Ämter und erreichten in einigen Staaten der USA, daß Gesetze gegen die Evolutionslehre erlassen wurden. [→ Schöpfung]) Unter den verschiedenen fundamentalistischen Gruppen und Kirchen entbrannten indes heftige Streitigkeiten, die mit allen zur Verfügung stehenden Mitteln ausgefochten wurden.
Zu den wichtigsten Glaubenswahrheiten der Fundamentalisten gehören die Trinität (→ Gott), die Gottheit Jesu Christi, die → Jungfrauengeburt, die Versöhnung durch Christi Blut, Jesu leibliche Auferstehung und leibhaftige Wiederkunft. Die ganze Menschheit gilt als der Sünde verfallen. Grund dafür ist der Sündenfall Adams, den man sich als historisches Ereignis vorstellt.
Vom Kanon der Bibel wird behauptet, sein Inhalt und Wortlaut seien von Gott selbst so gesetzt. Nicht nur der theologische Gehalt, sondern alle Angaben über Ereignisse, Zahlen, Örtlichkeiten bis hin zu den Verfasserangaben der biblischen Schriften seien irrtumsfrei. Am Bekenntnis zur göttlichen Unfehlbarkeit der Bibel scheiden sich, nach Meinung der Fundamentalisten, wahre und falsche Christen. Wenn die Bibel nur in einem einzigen Punkt Falsches behauptet, so die fundamentalistische Argumentation, wäre auch alles andere, einschließlich des «Zeugnisses vom Heil in Christus», ungewiß.
Wegen angeblich kommunistischer und katholisierender Tendenzen bekämpften die Fundamentalisten auch immer wieder die ökumenische Bewegung. In der Bundesrepublik Deutschland formierte sich seit den fünfziger Jahren eine «evangelikale» Agitation in der Bewegung «für Bibel und Bekenntnis». Deren Erzfeind war Rudolf Bultmann (1884–1976) und sein Programm der «Entmythologisierung» (Versuch, die in der Bibel enthaltenen mythologischen Elemente [→ My-

thos] mit Begriffen neuzeitlicher Weltanschauung, insbesondere solchen des →Existentialismus, verständlich zu machen). Später bekämpften sie die Ansätze einer politischen Theologie und immer wieder den «antichristlichen Kommunismus».
Ihr bisweilen militant-religiöses Auftreten gründet in der Überzeugung, daß der apokalyptische Endkampf Christi gegen den «Antichrist» angebrochen sei. Sie rufen zur letzten, gerade jetzt noch möglichen Glaubensentscheidung, die sich gegen «Emanzipation» und Ökumene, Pazifismus und Marxismus, «Psychologismus» und Liberalismus wendet.

Furcht (Angst)
Umgangssprachlich werden «Furcht» und «Angst» meist gleichgesetzt. In der Nachfolge von Søren Kierkegaard (1813–1855) und Martin Heidegger (1889–1976) hat man jedoch versucht, zwischen der Angst als einer unbestimmten, gegenstandslosen Gemütsverfassung und der Furcht als einer Gefühlsreaktion, die auf einen bestimmten bedrohlichen Gegenstand oder eine gefährliche Situation gerichtet ist, zu unterscheiden. Furcht sei stets Furcht vor jemandem oder vor etwas; Angst hingegen sei Angst vor dem Nichts, dem Unheimlichen. Furcht rufe die Kräfte der Person wach und stärke sie meist; Angst hingegen sei eigentlich sinnlose, jagende Angst.
Zu den Auswirkungen der existentialistischen Philosophie in den Nachkriegszeiten gehört es, daß man heute ungenierter von der Angst im allgemeinen und von seinen eigenen «Ängsten» im besonderen spricht. (→Existentialismus) Die Verwendung der Wörter «Furcht» oder «sich fürchten» ist demgegenüber zurückgetreten. Was sowohl Angst als auch Furcht bedeuten können – nämlich Grauen und Entsetzen, Schrecken und Bangen –, läßt sich jedoch kaum auf zwei unterschiedliche Gefühlslagen oder Verursachungen zurückführen. Bestimmte und unbestimmte Bedrohung können ineinander übergehen oder einander abwechseln. «Der Stachel der Furcht ist Angst, und die Angst strebt zur Furcht.» (Paul Tillich, 1886–1965)
1. Die Furcht vor heiligen Mächten wird bisweilen als Ursprung von →Religion überhaupt angesehen: Die Angst der Menschen hat die Götter geschaffen. Zahlreichen Göttern des Polytheismus haftet noch das Unheimliche und Schauerliche an. Toten- und Unterweltgottheiten ängstigen die Menschen.
Die Angst vor →Dämonen ist unter den Völkern weit verbreitet. Damit die Toten nicht als Spuk zu den Lebenden zurückkehren, werden die Leichen bisweilen gefesselt und mit Steinen beschwert. (→Totenbestattung) Vor Gespenstern und Totengeistern muß man sich hüten.
An Macht und Autorität der Gottheiten haben mitunter auch die Herrscher Anteil (z. B. Moctezuma in Mexiko, Atahuallpa im Inkareich). Schamanen haben übernatürliche und furchterregende Kräfte. (→Indianische Religionen) Krisenzeiten des menschlichen Lebens machen angst, und die Furcht vor Einschnitten in den Lebensablauf wie Geburt und Geschlechtsreife, Hochzeit und Tod versucht man mit «Übergangsriten» zu bannen.
2. Im Alten Testament ist Gott der wichtigste Gegenstand der religiösen Furcht. Wenn er erscheint oder wenn er einen Boten schickt, reagiert der Mensch mit Angst. (2. Mose 3,6) Denn wer Gott anschaut oder wer nur die Bundeslade, den Ort seiner Gegenwart, berührt, muß sterben. (→Jahwe) Sogar der bloße Name Gottes ist furchterregend. Israel soll «diesen herrlichen und heiligen Namen» fürchten, sonst «wird der Herr schrecklich mit dir umgehen und dich und deine Nachkommen schlagen mit großen und anhaltenden Plagen, mit bösen und an-

haltenden Krankheiten». (5. Mose 28,58ff) Im Gegenüber zu Gott wird sich der Mensch bewußt, daß er «Sünder» ist. Die Erkenntnis eigener Sünde vertieft die Angst. Gott versetzt den Menschen in Furcht, damit er sich seiner Schuld bewußt werde.

Die Furcht wird so zur Grundlage des Glaubens an Gott. «Herr, wer ist dir gleich unter den Göttern? Wer ist dir gleich, der so mächtig, heilig, schrecklich, löblich und wundertätig ist. Als du deine rechte Hand ausstrecktest, verschlang sie die Erde.» (2. Mose 15,11ff) Wenn der Mensch auf die Gottheit mit Angst reagiert hat, beruhigt und begütigt Gott den Furchtsamen: «Fürchte dich nicht, ich bin mit dir, weiche nicht, denn ich bin dein Gott. Ich stärke dich, ich helfe dir auch, ich halte dich durch die rechte Hand meiner Gerechtigkeit.» (Jes. 41,10)

Fromm ist, wer Gott fürchtet. «Der Weisheit Anfang ist die Furcht des Herrn, und den Heiligen erkennen, das ist Verstand.» (Sprüche Salomos 9,10) Die Furcht Gottes besiegt das Böse und bewirkt Ehre und Reichtum.

3. Auch im Neuen Testament werden Frömmigkeit und Gottesfurcht in eins gesetzt. (Vgl. Apg. 10,2) Außer Gott und seinem Namen werden nun auch der Kyrios (Herr) und seine Wunder zum Gegenstand der Furcht und zum Anlaß des Schreckens.

Nach der «Verklärung» Jesu, bei der eine Stimme «aus der Wolke» spricht: «Dies ist mein lieber Sohn, an welchem ich Wohlgefallen habe; den sollt ihr hören!» fallen die Jünger auf ihr Angesicht; sie «erschraken sehr». (Mat. 17,5ff) Als im Zusammenhang mit der Auferstehung Jesu «ein großes Erdbeben» geschieht und ein → Engel «wie der Blitz» vom Himmel herabkommt, erschrecken die Hüter des Grabes und die anwesenden Frauen und werden, «als wären sie tot». (Mat. 28,1ff) Ähnliche Reaktionen rufen die Wunder Jesu, die Sturmstillung (Mat. 8,23ff), der erstaunliche Fischfang (Lk. 5,1ff), Jesu Wandel auf dem Meer (Mat. 14,22ff) und die Auferweckung des Jünglings von Nain (Lk. 7,11ff), hervor. Dem Erschrecken folgt ein Sündenbekenntnis: «Herr, gehe von mir hinaus! Ich bin ein sündiger Mensch.» (Lk. 5,8f)

Der eigentliche «Theologe der Gottesfurcht» war indes der Apostel Paulus. Ihn selbst scheint die Furcht nie verlassen zu haben. «Auch war ich bei euch in Schwachheit und in Furcht und mit großem Zittern.» (1. Kor. 2,3) Das gesamte Leben der Christen soll von der Furcht Gottes begleitet sein. «Du aber stehst durch den Glauben. Sei nicht stolz, sondern fürchte dich!» (Röm. 11,20)

4. Die Möglichkeit, sich zu fürchten, ist zweifellos in jedem Menschen gegenwärtig. In aktuellen Situationen der Gefährdung und Bedrohung wird sie lebendig. Religion als Schutzsystem verleiht eine relative Sicherheit gegenüber bedrohlicher Weltangst; ihr Sinngefüge verhindert, daß der Mensch sich in Heimatlosigkeit und Haltlosigkeit verliert.

Für immer mehr Menschen scheint heute jedoch das Schutzsystem Religion zu zerbrechen und die Frage Pascals (1623–1662) – «Wer hat mich hier hingesetzt?» – nicht mehr beantwortbar. Die Welt zeigt sich als sinnleere Welt. «Daß die Natur sich nicht kümmert, ist der wahre Abgrund.» (Hans Jonas, 1960) Heidegger (1889–1976) und Sartre (1905–1980) beschrieben das Grundgefühl des modernen Menschen als «Geworfensein unseres Daseins» in die Welt, die Friedrich Nietzsche (1844–1900) als «Tor zu tausend Wüsten, stumm und kalt» beklagt hatte. (→ Existentialismus) Die Angst gründet letztlich darin, daß wir in der Welt sind. Das Leben aber ist ungesichert. So bildet Angst vor dem → Tod Grund und Kern jeder anderen Angst.

G

Gebet

1. Im Gebet wendet sich der Mensch der Gottheit zu. Häufig wird es von einem → Opfer begleitet, das die Gottheit freundlich stimmen soll. In nahezu allen Religionen gibt es Gebete unterschiedlichster Form: konkrete Bitten oder Hymnen (feierliche kultische Lieder), Danksagungen oder Segenswünsche, → Fluch oder Eid.

Gebete des Kultes oder der Magie werden fixiert, wenn der Glaube vorherrscht, daß nur das richtige Wort das erwünschte Ergebnis erzielt, während das falsche Wort den Beter sogar in Gefahr bringen kann. Sehr alt ist die Vorstellung, daß vor allem das festgelegte Wort einen magischen Zwang auf Götter und Dämonen ausübe, so daß diese die Bitte des Betenden erfüllen müssen. Zu diesem Zweck kann man Flüche und Zaubertexte auf Tontafeln oder Papyri schreiben und an bestimmten Stellen niederlegen oder vergraben. (→ Ägyptische Religion) Um das angerufene Wesen auf seine Verpflichtung hinzuweisen, wird mitunter daran erinnert, daß die Leistungen gegenseitig seien: Der Betende stellt Lohn für die Erfüllung seiner Bitten – Opfer, Weihungen, Wallfahrten – in Aussicht, und die Gottheit, an deren frühere Taten man sich erinnert, wird obendrein im Hymnus gelobt und gepriesen.

Zu Anfang des Gebets ruft man die Gottheit an. Wer den Namen einer Person oder eines Gottes kennt und ausspricht, bekommt magische Gewalt über den Träger des Namens. Der Gruß der Gottheit ist häufig mit Formeln der Anbetung und Beschwörung, der Bitte und des Dankes verknüpft. Neben den Wunsch nach Gegenständen und Gütern tritt die Bitte um Abwehr und Vertreibung des Bösen, um Hilfe und Errettung.

Weit verbreitet sind bestimmte Gebärden beim Gebet: das Erheben der ausgestreckten Hände, wobei die Handflächen dem Himmel zugewendet werden; die Berührung der Erde mit den Händen; die Kußhand als Ersatz für das Küssen der Gottheit; die Verhüllung des Kopfes; die Drehung des Körpers sofort nach dem Gebet, um die möglicherweise erscheinende Gottheit nicht sehen zu müssen; das Schlagen an die Brust; der Kniefall oder das Knierutschen.

2. Zu den Gebeten des Alten Testaments gehören die Psalmen. «Herr, höre die gerechte Sache, merk auf mein Schreien, vernimm mein Gebet von Lippen, die nicht trügen. Sprich du in meiner Sache; deine Augen sehen, was recht ist.» (Ps. 17,1f) Als Begriffe, die Beten umschreiben, verwendet das Alte Testament «reden» und «schreien», «rufen» und «weinen», «seufzen» und «rühmen», «huldigen» und «preisen». «Ich bin so müde vom Seufzen; ich schwemme mein Bett die ganze Nacht und netze mit meinen Tränen mein Lager. Mein Auge ist trübe geworden vor Gram...» (Ps. 6,7f)

Die Anrede Jahwes im Gebet geht häufig mit der Erinnerung an seine Taten in der Vergangenheit einher. (→ Exodus) Not und Klage werden sodann ausgebreitet. Dem schließt sich die eigentliche aktuelle Bitte und bisweilen auch ein Schuldbekenntnis sowie ein Gelöbnis an. Im Gottesdienst der jüdischen Synagoge schloß das «Amen» (hebr. «wahrhaftig», «gewiß») als Zustimmung der Gemeinde zu dem, was der Priester gesagt hatte, das Gebet ab. «Danket dem Herrn, denn er ist freundlich, und seine Güte währet ewiglich... Gelobt sei der Herr, der Gott Israels, von Ewigkeit zu Ewigkeit! Und alles Volk sagte: Amen! und: Lobe den Herrn.» (1. Chr. 16,34ff)

Inhalt des alttestamentlichen Gebets ist vor allem die Rede von Jahwe selbst, dem Herrn Israels, der keine anderen

Götter neben sich duldet, der Israel erwählt und einen Bund mit den Vätern geschlossen hat und der sein Bundesversprechen auch einhalten, die Sünden vergeben und Heil sowie Gottzugehörigkeit gewähren wird.

Gebete wurden in Israel vor allem an Orten von Gotteserscheinungen verrichtet, wo man Altäre aufgestellt hatte. Später wurde der Tempel in Jerusalem zum bevorzugten Ort des Gebets. «Und die Fremden, die sich dem Herrn zugewandt haben, ... die will ich zu meinem heiligen Berge bringen und will sie erfreuen in meinem Bethaus, und ihre Brandopfer und Schlachtopfer sollen mir wohlgefällig sein auf meinem Altar; denn mein Haus wird ein Bethaus heißen für alle Völker.» (Jes. 56,6ff) Neben dem Tempel in Jerusalem als zentralem Kultort wurden auch Nebentempel (z.B. Elephantine auf einer Nilinsel bei Assuan) und Synagogen der Einzelgemeinden für Belehrung und Liturgiefeier am Sabbat errichtet.

Das persönliche Gebet verrichtete man zu Hause, und zwar vor allem im Obergemach. Zur Zeit der Entstehung des Christentums beteten die Juden zum Sonnenaufgang, am Nachmittag, zur Stunde des Nachmittagsbrandopfers (gegen 15 Uhr), und bei Sonnenuntergang. Charakteristisch für die jüdische Gebetshaltung ist das Zum-Himmel-Schauen, und zwar in Richtung nach Jerusalem. Wie im ganzen Orient und im antiken Mittelmeerraum betete man mit ausgespannten und erhobenen Händen.

3. Das Gebet im Neuen Testament knüpft an die alttestamentliche Praxis an. Von Jesus selbst sind nur wenige Gebetsworte überliefert. In Gethsemane betete er: «Abba, mein Vater, es ist dir alles möglich; nimm diesen Kelch von mir.» (Mk. 14,36) Bisweilen griff er auf alttestamentliche Psalmenrufe zurück: «Eli, Eli lama asabthani? das ist verdolmetscht: Mein Gott, mein Gott, warum hast du mich verlassen?» (Mk. 15,35 und Psalm 22,2) Das Wort «Abba» («Papa») ist der Kindersprache entnommen. Diese Redeweise findet sich nur bei Jesus. Sie drückt ein besonders inniges Vater-Sohn-Verhältnis aus.

Das «Vater unser» ist dasjenige Gebet, das Jesus seine Jünger – auf deren Bitte hin – lehrte. Es ist nicht einheitlich überliefert. Fünf Bitten bei Lukas (11,2ff) stehen sieben Bitten bei Matthäus (6,9–13) gegenüber. Der Schluß (Doxologie: Lobpreisung) «... denn dein ist das Reich» usw. ist erst in der Didache («Zwölfapostellehre» aus der ersten Hälfte des 2. Jahrhunderts) bezeugt. Das Vaterunser wurde zum wichtigsten Gebet der Eucharistie (→ Abendmahl) und der Taufliturgie. (→ Taufe)

Ansonsten übernahm die Urgemeinde altestamentliche Gattungen, Hymnen und Psalmen für ihre Gottesdienste. (Vgl. Lk. 1,46–55 und 68–79) Bestimmte Formeln (Amen, Halleluja [hebr. «preiset Jahwe»], Abba, Maranatha [aram. «unser Herr ist gekommen» oder «unser Herr, komm!»]) behielt man in der hebräischen oder aramäischen Ursprache bei. Die Anrufung des Namens Jesu wurde zum wesentlichen Moment des christlichen Gebets. Daran schloß sich das Glaubensbekenntnis an (→ Dogma): «Jesus ist der Herr!»

Paulus erließ bestimmte Anweisungen für das Verhalten der Frauen beim Gebet. «Urteilt bei euch selbst, ob es sich ziemt, daß eine Frau unbedeckt vor Gott bete. Lehrt euch nicht auch die Natur selbst, daß es einem Manne eine Unehre ist, so er langes Haar trägt, aber der Frau eine Ehre, so sie langes Haar hat? Das Haar ist ihr zum Schleier gegeben.» (1. Kor. 11,13f) «Darum soll die Frau eine Macht [einen Schleier?] auf dem Haupte haben um der Engel willen [wegen der Engel].» (1. Kor. 11,10) Was die Engel betrifft, so ging Paulus entweder davon aus, daß diese himmlischen Wesen, weil überall anwesend, alles sehen und durch unziemliches Verhalten verletzt würden; oder aber er teilte die zur Zeit der Alten Kirche verbreitete Ansicht von den auf die Haare der Frauen gerichteten erotischen Begierden der Engel.

4. In nachbiblischer Zeit wurden in Fortführung alttestamentlichen Brauchs Beten und Fasten immer strenger miteinander verbunden. (→ Askese) Als Voraussetzung, daß Gebete auch erhört werden, galten die Gesinnung der Demut, Geduld und die Freiheit von jeglichem Glaubenszweifel.

Clemens von Alexandrien (gest. vor 216) erklärte das Gebet zum «Gespräch mit Gott» und zum vorzüglichsten Weg zum höchsten Ziel: der Gotteserkenntnis. Er unterschied vom lauten das leise Gebet. «Wenn wir... schweigend zu ihm [Gott] sprechen, so rufen wir laut in unserem Herzen.» Da Gott ständig anwesend ist, muß man den ganzen Tag über beten. Diese Vorstellung hat später die Gebetspraxis des → Mönchtums bestimmt. (S. u.) Das stille Gebet war nicht unumstritten; es konnte nämlich den Verdacht magischer Praktiken auf sich ziehen. Deshalb begründete es Clemens folgendermaßen: «Wenn uns aber die Sprache und das Wort gegeben sind, damit wir einander verstehen können, wie sollte da Gott nicht die Seele selbst und das Denken hören, da ja schon eine Seele eine andere Seele und ein Geist einen anderen Geist vernimmt? Deshalb hat es Gott nicht nötig, erst die Äußerungen in den mannigfachen Sprachen abzuwarten, wie das bei den menschlichen Dolmetschern der Fall ist, sondern er kennt unmittelbar die Gedanken aller Menschen; und was uns die Stimme kundtut, das sagt Gott unser Denken, von dem er schon vor der Schöpfung wußte, daß es uns in den Sinn kommen werde. Es ist also möglich, das Gebet auch ohne das gesprochene Wort zu Gott zu senden, wenn man nur in seinem Innern entsprechend der unverrückbaren Hinwendung zu Gott alle seine Geisteskraft auf die Stimme des Geistes sammelt.»

Besonders wichtig erschien das auf Gott gerichtete Schweigen: Es führt zur «Schau» Gottes und zur Vereinigung mit ihm. Deshalb sind die wichtigsten Güter, um die man bitten soll, vornehmlich geistiger Art. Der Höhepunkt des Gebetslebens ist die «Theoria» (Schau) Gottes. Daneben trat als besonders dringliche Bitte die Fürbitte um das Heil des Nächsten.

Aus der römisch-hellenistischen Tradition übernahmen die Christen den Brauch des Morgen- und Abendgebets, aus judenchristlicher Überlieferung das Gebet zur dritten, sechsten und neunten Stunde. Zu diesen fünf Gebetszeiten kam schließlich noch das Nachtgebet hinzu. «Deshalb müssen wir uns auch in der Nacht oft von unserem Lager erheben und Gott preisen.» (Clemens) Gerade am Nachtgebet sehe man die «Engelgleichheit» der Christen; denn die Engel sind die stets «Wachenden».

Dem Morgen- und Mittagsgebet ging eine Handwaschung voran. Dieser frühchristliche Brauch entsprach antiker und jüdischer Sitte. Das Wasser gilt in vielen Religionen als Träger reinigender Kraft. Die Kniebeuge beim Gebet sollte den Akt der → Buße vor Gott versinnbildlichen und die innere Haltung der Demut und Unterordnung auch äußerlich sichtbar unterstreichen.

Üblich wurde es, Stirn und Augen zu bekreuzigen. Tertullian forderte (Ende des 2. Jahrhunderts) dazu auf, sich nicht nur am Anfang und am Ende des Gebets, sondern vor jeder Tätigkeit zu bekreuzigen. Der Bekreuzigungsgestus bedeutet grundsätzlich Segnung. Er erfolgt erstmals bei der Aufnahme in die Gemeinde; das mit der Hand immer wieder neu geschlagene Kreuz soll das Tauferlebnis verlebendigen.

Allmählich entwickelte sich ein christlicher Gebetsgottesdienst, der auf bestimmte Tages- und Nachtstunden verteilt war. Dabei wurden das «Gebet des Herrn» und Psalmen gebetet. In den Klöstern des 4. bis 7. Jahrhunderts entwickelten sich daraus die Stundengebete der Mönche. In manchen Klöstern bestand das Ideal darin, an einem einzigen Tag oder in einer einzigen Nacht den ganzen Psalter durchzubeten. Die Regel Benedikts (→ Benedikt von Nursia) verteilt sämtliche Psalmen auf die Stundengebete einer Woche.

Als wichtige christliche Gebetsform bildete sich die «Eucharistie» (Danksagung) des Herrenmahls heraus. Dazu gehören die «Anamnese» (Bischof und Gemeinde bekunden, daß sie an Leiden und Auferstehung Jesu denken), die «Epiklese» (Herabrufung des Heiligen Geistes auf Brot und Wein), die «Fürbitten» für Lebende und Tote, das «Gedächtnis der Heiligen», die «Doxologie» (Lobpreisung) und das «Amen» der Gemeinde.

Eine Sonderform des griechisch-römischen, jüdischen und christlichen Gebets ist das Fluch- und Rachegebet. Fluchgebete schrieb man bisweilen auf Grabsteine oder auf Papyri. Auch die Christen glaubten an die Wirksamkeit solcher Formeln, die man vor allem in den Exorzismen verwendete. (→ Dämonen; → Fluch)

Gegenreformation

Der Begriff «Gegenreformation» taucht erstmals gegen Ende des 18. Jahrhunderts auf. Er bezeichnete damals gewaltsame Aktionen katholischer Obrigkeiten im eigenen Machtbereich gegen protestantische Untertanen. Im 19. Jahrhundert entwickelte sich dann die Vorstellung einer mächtigen, in sich geschlossenen Bewegung, als deren Hauptträger Kurie und Jesuitenorden angesehen wurden. Gegenreformation heißen demnach diejenigen Maßnahmen, die die römisch-katholische Kirche auf die Herausforderung der Reformation hin ergriff, um die Gebiete, die reformatorisch beeinflußt worden waren, zurückzugewinnen, den eigenen Bestand zu sichern und die eigenen Auffassungen gegenüber dem reformatorischen Glauben abzugrenzen.

In der deutschen Geschichtsschreibung entstand schließlich der Epochenbegriff der Gegenreformation: Das «Zeitalter der Gegenreformation» reicht vom Augsburger Religionsfrieden von 1555 bis zum Westfälischen Frieden von 1648. Gekennzeichnet ist diese Epoche vom Versuch gewaltsamer Rekatholisierung katholischer Fürsten gegen ihre protestantischen Untertanen im Gefolge des Augsburger Religionsfriedens. Dieser hatte den Fürsten das Recht eingeräumt, die Konfessionszugehörigkeit der Untertanen zu bestimmen. Mit der «declaratio Ferdinandea», die die katholischen Fürsten allerdings nicht anerkennen wollten, wurde dieses Recht jedoch eingeschränkt, indem den Protestanten in den geistlichen Territorien der Konfessionsstand des Jahres 1555 garantiert wurde. Im letzten Viertel des 16. Jahrhunderts begannen die geistlichen Fürsten nach und nach, ihre protestantischen Untertanen unter Druck zu setzen und sie zum Konvertieren oder aber zur Auswanderung zu bewegen. Die «klassischen» Länder der Gegenreformation waren die geistlichen Territorien an Main und Rhein: Fulda, Würzburg, Bamberg, Kurmainz, Kurtrier und Kurköln.

Die katholische Kirche konnte bei dieser äußeren und inneren Selbsterneuerung auf innerkirchliche Reformbewegungen aus der Zeit vor der Reformation zurückgreifen. So war beispielsweise seit dem Ende des 14. Jahrhunderts in der Windsheimer Kongregation mit augustinischer Regel und seit der Mitte des 15. Jahrhunderts in benediktinischen Klöstern eine neue Frömmigkeit aufgeblüht. (→ Mönchtum) Die einflußreichsten Im-

pulse zur kirchlichen Erneuerung gingen von Italien und von Spanien aus. Durch die Heirat Isabellas von Kastilien mit Ferdinand von Aragon war das vereinte Königreich (1479) entstanden; jetzt sollte das ganze spanische Volk religiös erneuert werden. Die Juden wurden verbannt, die letzten Herrschaftsbereiche der arabischen Muslime auf spanischem Boden erobert, die neu entdeckten Gebiete in Amerika in Besitz genommen. Aus Sorge um das Seelenheil der Missionierten rief man die → Inquisition zu Hilfe. Denn die «Bekehrten» sollten für den christlichen Glauben nicht nur oberflächlich gewonnen werden. Die Inquisition wurde später zu einem wichtigen Instrument im Abwehrkampf gegen die Reformation.
Zahlreiche neue Orden entstanden nun in der katholischen Kirche (u. a. Theatiner, gegründet 1524; Somasker, 1540; Barnabiten, 1533; Kapuziner, 1528; Ursulinerinnen, 1536). Sie widmeten sich der Armenfürsorge und der Predigt, der sozialen Arbeit für Waisen, Frauen und Jugend und der Volksmission, der Krankenpflege und der äußeren Mission.
Für die Gegenreformation wurde der Jesuitenorden (Societas Jesu) zur bedeutsamsten Neugründung. (→ Ignatius von Loyola) Neben den Gelübden der Armut und Keuschheit verpflichteten sich die Jesuiten zu absolutem Gehorsam gegenüber dem Ordensoberen und dem Papst. Bald wurde der Orden zu einem ausgesprochen antireformatorischen Kampfinstrument. Die Jesuiten gewannen immer mehr Einfluß, besonders an den katholischen Höfen und im höheren Unterrichtswesen. Nach 1540 begannen sie ihre weltumspannende Missionsarbeit.
Unter dem Schock der Reformation wandelte sich das Renaissancepapsttum zum Reformpapsttum. 1545 kam es zur Eröffnung des Reformkonzils in Trient. Die erste Sitzungsperiode dauerte bis 1549; 1551/52 trat das Konzil erneut zusammen; die letzte Sitzungsperiode fand von 1561 bis 1563 statt. Außer Fragen der Reform ging es hauptsächlich um die Festigung der dogmatischen Grundlagen der katholischen Kirche.
Bestätigt wurde nun die traditionelle katholische Ansicht, daß nicht nur die Heilige Schrift, sondern auch die Kirchenväter und die kirchlichen Lehrentscheidungen als Quellen des Glaubens zu gelten haben. Gegen die Rechtfertigungslehre der Reformatorischen (nach der der Glaube allein durch die Gnade Gottes bewirkt wird) betonte man, daß die Mitwirkung des menschlichen Willens am Rechtfertigungsprozeß durchaus von Bedeutung sei.
Häufig knüpfte das Konzil an die Lehren des Thomas von Aquin (1225–1274) an. 1567 erhob man ihn zum «doctor ecclesiae» («Doktor der Kirche»).
Nach dem Konzil forderte man von den Bischöfen, Pfarrern, Ordensoberen und Doktoren der Theologie das «Trienter Bekenntnis des Glaubens». Auch die Reorganisation der Kurie kam in Gang. Für die Ausbildung der Geistlichen wurden jetzt zahlreiche Kollegien in Rom errichtet.
Bei der Rekatholisierung, die man, soweit möglich, mit staatlicher Hilfe betrieb, verquickten sich religiös-kirchliche mit politischen Zielen. Die Jesuiten waren die aktivsten Helfer der katholischen Landesherren und der Bischöfe.
1563 waren Portugal, Spanien und Italien ganz katholisch. In Frankreich befand sich der Calvinismus auf dem Vormarsch. (→ Calvin) Die Länder Skandinaviens waren protestantisch geworden. Im Deutschen Reich, in Österreich, Böhmen und Ungarn verlor der Katholizismus an Boden. Zunehmend griff man bei der Auseinandersetzung zur Gewalt. Das Zeitalter der Gegenreformation wurde zum Zeitalter der Glaubenskriege. Deren Schauplätze waren Frankreich (1562–1598), die spanischen Niederlan-

de (1566–1609/48), Böhmen und Mähren (1618–1623). Achtmal flammten die «Hugenottenkriege» in Frankreich auf. «Hugenotten» (von «Eidgenossen») ist der Name der Protestanten in Frankreich, die, nach anfänglicher Beeinflussung durch den Humanismus und durch Luther, sich schließlich an den Calvinismus anschlossen. In der Bartholomäusnacht («Pariser Bluthochzeit») vom 23. auf den 24. August 1572 und in den darauffolgenden Tagen wurden in Paris gegen 4000, im ganzen Land vielleicht 30000 Menschen ermordet. Als Papst Gregor XIII. von diesem Blutbad hörte, ließ er den Sieg über die Hugenotten feiern und ein Tedeum laudamus («Großer Gott, wir loben dich») in der Peterskirche singen.
In Spanien rottete Philipp II. die Protestanten nach und nach aus. In den Niederlanden schlossen sich 1579 die nördlichen Provinzen zur (protestantischen) Utrechter Union zusammen. In den südlichen Provinzen wurde die protestantische Minderheit ab 1598 unterdrückt, zensiert und mitunter zwangsweise bekehrt.
Das Zeitalter des Konfessionshasses gipfelte im «Dreißigjährigen Krieg» (1618–1648). Dieser endete mit einer Dezimierung der Bevölkerung auf etwa ein Drittel des Vorkriegsstandes. Der Friedensvertrag von 1648 schloß Katholiken, Lutheraner und Calvinisten ein. Alle anderen christlichen Gruppen waren jedoch als «Sekten» von der Duldung ausgeschlossen.
Die unmenschlichen Greuel während der gegenreformatorischen Kämpfe in Frankreich, den Niederlanden, England und Deutschland lösten bei vielen einen tiefen Schrecken, eine Abscheu gegenüber jeglichem Konfessionalismus und Zweifel am Christentum überhaupt aus. So schuf die Gegenreformation wesentliche Vorbedingungen für die → Aufklärung.

Gehorsam

Der Begriff «Gehorsam» tritt in der neueren theologischen Diskussion zwar stark zurück; dennoch ist damit ein Phänomen anvisiert, das Christentum und Theologie seit jeher und bis heute wesentlich geprägt hat und das oft für Religion überhaupt kennzeichnend ist. Der christliche Glaube bestimmte den Menschen als ein Wesen, das «zum Gehorsam gegenüber Gottes Wort bestimmt» sei. Gehorsam gegenüber Gott sei «der fundamentalste Akt des Menschen zur Erreichung und Erfüllung seines Daseinssinnes».
Nach dem Alten Testament heißt Gehorsam «Hören auf Jahwe». Gehorsam äußert sich darin, daß der Mensch die Gebote Gottes einhält. Diese Gehorsamsforderung Jahwes ist total, und der Mensch muß sie rückhaltlos erfüllen. Dem Ungehorsamen droht der → Fluch. «Siehe, ich lege euch heute vor den Segen und den Fluch; den Segen, wenn ihr gehorcht den Geboten des Herrn..., den Fluch aber, wenn ihr nicht gehorchen werdet...» (5. Mose 11,26f) Verheißungen und Zusagen Jahwes sind an den Gehorsam Israels gebunden. (Jes. 1,19; Jer. 16,13) Leben und Heil gibt es nur für ein gehorsames Volk.
Nach dem Neuen Testament ist Gehorsam zum einen eine Leistung, die der Mensch zu erbringen hat, und zum andern Folge der Erlösung durch Christus. Jesus war selbst ein Vorbild des Gehorsams. Sein Gehorsam Gott gegenüber begründet seine Nähe zum Vater. «Der Vater läßt mich nicht allein; denn ich tue allezeit, was ihm gefällt.» (Joh. 8,29)
Durch Ungehorsam kam die Sünde in die Welt. Aber durch den Gehorsam Jesu ist die Bedingung der Rechtfertigung für alle Menschen erfüllt. «Denn gleich wie durch eines Menschen [d.h. durch Adams] Ungehorsam viele zu Sündern geworden sind, so werden auch durch eines Gehorsam viele zu Gerechten.»

(Röm. 5,19; vgl. Phil. 2,8; Hebr. 5,8) In der Nachfolge des Mannes aus Nazareth wird für den Christen Gehorsam zur Grundform seines Daseins. Deshalb sieht auch Paulus das Wesen seines Apostelamtes darin, den «Gehorsam des Glaubens» aufzurichten. (Röm. 1,5)

In seiner Nachfolge hat Augustinus (354–430) den Gehorsam als «Mutter und Wächterin aller Tugenden» beschrieben. Gehorsam kennzeichnet den Demütigen, und demütig muß sich der Mensch Gott unterwerfen. (→Demut) Wie Gott höher ist als der Mensch, so steht die Seele höher als der Leib. Deshalb nimmt der Leib eine Art Gehorsams- und Sklavenverhältnis zur Seele ein. Wer gehorsam ist, hat dadurch Anteil an der Fülle des Seins: Christlicher Gehorsam ist Bedingung der Errettung und weist den Weg zum Vater auf.

Zugespitzt findet sich die christliche Forderung nach Gehorsam in den Mönchsregeln. (→Mönchtum) Gehorsam, konsequent gedacht, führt zum Verzicht auf den eigenen Willen. Nach der Benediktusregel leben die Mönche «nicht nach eigenem Urteil, gehorchen nicht ihren eigenen Wünschen, nicht ihrem eigenen Verlangen». (→Benedikt von Nursia)

Religiös und moralisch bindet sich der Mönch durch das Ordensgelübde, eine Art Eid. Dies schließt die Verpflichtung ein, sich lebenslang den in der Gemeinschaft herrschenden Regeln unterzuordnen. Dieses Versprechen wird «vor Gott und den Heiligen» abgelegt. An die Einhaltung des Gelübdes ist die Verheißung geknüpft: «Wenn du in allem auf die göttlichen Gebote und meine Mahnungen hörst, wirst du am Tag des Gerichts die Krone guter Werke erlangen.» Das ganze Mönchsleben ist somit von der Haltung des Gehorsams durchdrungen. Der vollkommene Gehorsam der Mönche wird als sicherer Weg der Nachfolge Christi und als am besten geeignetes Mittel zur Vollkommenheit angesehen. Nach den Regeln der Jesuiten («Gesellschaft Jesu»; →Ignatius von Loyola) ist derjenige gehorsam, der das Befohlene sofort ausführt. «Jede eigene Ansicht und eigenes Urteil, die sich dem widersetzen», sollen «in blindem Gehorsam» verleugnet werden.

Nach Thomas von Aquin (1225–1274) ist das «Geloben» des Mönches (das dreifache Gelübde von Gehorsam, Keuschheit und Armut) «ein Akt der Gottesverehrung». Die Grundform des Gehorsams bildet die Unterwerfung des Menschen unter den göttlichen Willen. Daraus lassen sich auch die Grundsätze für den Gehorsam ableiten, den man Vorgesetzten schuldig ist. «Der Mensch ist Gott schlechthin in allem, sei es Inneres oder Äußeres, unterworfen. Ihm muß er daher auch in allem gehorchen. Die Untergebenen sind ihren Vorgesetzten aber nicht in allem unterworfen, sondern nur in einigem, was genau bestimmt ist.» (Thomas) Der weltlichen Gewalt ist man Gehorsam schuldig um der geordneten Beziehungen unter den Menschen willen.

Die Reformation hat die Gehorsamsforderung der (katholischen) Kirche zurückgewiesen und dafür den «Gehorsam des Glaubens» gegenüber dem Wort Gottes betont. Was den bürgerlichen Gehorsam betrifft, so argumentierte Luther (1483–1546) folgendermaßen: Nach der geistlichen Seite hin ist der Christ nur der Heiligen Schrift gehorsam. Da der Christ aber in der Welt lebt und aufgrund des Gebots der Nächstenliebe das tut, was seinem Nächsten nützt, unterstellt er sich auch dem weltlichen Regiment (der «Obrigkeit»), damit dem Bösen gewehrt und der Frieden erhalten werde.

Noch wichtiger war das Gehorsamsgebot für Calvin (1509–1564). Seiner Meinung nach kann nur der gehorsame Mensch Gott erkennen. Von Natur aus muß der Mensch als Geschöpf dem Schöpfer gegenüber Gehorsam zeigen. Das ganze

Leben soll ein Leben in Gehorsam gegenüber Gott sein. Die Regeln für das christliche Leben «hat der Herr voll und ganz in seinem Gesetz zusammengefaßt». (Calvin) Nichts verlangt Gott dringlicher als Gehorsam. Auch der bürgerliche Gehorsam ist darin begründet, daß Gott selbst die Regierung in ihr Amt ruft.

Von zentraler Bedeutung ist die Gehorsamsforderung auch in der Dialektischen Theologie des 20. Jahrhunderts, bei der im übrigen wenig von Dialektik (kritisches Denken in Gegensätzen zur Aufdeckung von Widersprüchen), aber viel von der → Autorität des Wortes Gottes die Rede ist. Für Karl Barth (1886–1968) war Gehorsam die «Bereitschaft zur Entgegennahme des von Gott gesprochenen Wortes». Als «Freiheit» blieb dann nur noch die «Freiheit zur Entscheidung» übrig, d. h. «der Weg eines von Gott umschlossenen Menschen: die in der ihm durch die Tat der allmächtigen Gnade Gottes geschenkten Freiheit zu vollziehende Entscheidung zum Gehorsam».

Wie kaum ein anderes Thema ist dasjenige des Gehorsams in allen wichtigen Problembereichen der Theologie implizit enthalten: Als Voraussetzung jeglicher Erkenntnis Gottes gilt das bedingungslose Tun dessen, was Gott gebietet. Nur der Gehorsame kann angeblich von Gott etwas wissen. Dieser Gedanke zeigt nicht nur, wie sich christlicher Glaube und christliche Theologie Gotteserkenntnis, d. h. das Verhältnis des Menschen zu Gott, vorstellen: als Unterwerfung; er verdeutlicht darüber hinaus auch das christliche Bild von Gott (als dem absoluten Herrn) und das Bild des Menschen (als Kind oder Diener). Die Christologie weist in der Beschreibung des Vater-Sohn-Verhältnisses und des Leidens Jesu bis zum Kreuz den Modellfall einer gehorsamen Gottesbeziehung aus und erklärt diese gehorsame Gottesbeziehung zur Bedingung des Heils für alle Menschen. In der Lehre von der Kirche (Ekklesiologie) erscheint das Thema Gehorsam immer dann, wenn einerseits das Verhältnis von Christus zur Kirche und andererseits das Verhältnis der Kirchenmitglieder zur Gemeinde als Gehorsamsbeziehungen beschrieben werden. Die Herrschaft Christi über die Kirche – die Kirche ist Christi «Leib» – begründet auch die Gehorsamsforderung der Kirche gegenüber den Gläubigen – der Papst ist das «Haupt des Leibes Christi». Die christliche «Freiheit des Glaubens» verwirklicht sich also im «Glaubensgehorsam». So werden Freiheit und Gehorsam angeblich eine Einheit.

Geist (Geister, Heiliger Geist)

Das deutsche Wort «Geist» hat einen großen Bedeutungsumfang. Es kann z. B. den «Träger des Lebens» im Gegensatz zum «Fleisch», die → «Seele» als Mitte der Person, die «Lebenskraft» oder aber nicht-körperliche Wesen: «Geister» sowie den «Heiligen Geist» bezeichnen.

Wie das Atmen für die Lebewesen von grundlegender Bedeutung ist, so braucht der Mensch nach religiösem Verständnis zum Leben den Geist und die Seele. In vielen Religionen ist deshalb der Hauch, der ein- und ausgeatmet wird, selbst eine Gottheit. Auch der Geist, der sich beim Tod vom Körper trennt, wird bisweilen «windgestaltig» vorgestellt.

Im lateinischen Sprachgebiet bezeichnet «anima» den Geist als Atem, «animus» den Geist als ein höheres Wesen. Im Griechischen heißt «pneuma» sowohl «Geist» als auch «Hauch» und «Atem». Auch die Seele (psyche) wird mitunter luftförmig aufgefaßt. Sie hält den ganzen Menschen zusammen. Der «Geist» hingegen macht die Einheit des Kosmos aus.

1. Im Alten Testament ist «Geist» (ruach) das Prinzip, das durch die Atmung für die Lebendigkeit des Menschen sorgt. «Ruach» bezeichnet auch den

«Geist Jahwes»; dieser kann in Gestalt des Windes in einen Menschen hineinfahren und ihn «inspirieren». (→ Heilige Schriften) Der «Hauch» der Gottheit verursacht die Ekstase (Außersichsein) der Propheten. Er kann Menschen überfallen und sie zu außerordentlichen Leistungen befähigen. (1. Sam. 11,6)
Der Geist des Menschen kommt von Gott und kehrt wieder zu ihm zurück. (Prediger 12,7). «Verbirgst du dein Angesicht, so erschrecken sie; nimmst du weg ihren Odem [ruach], so vergehen sie und werden wieder Staub. Du sendest aus deinen Odem [ruach], so werden sie geschaffen, und du machst neu die Gestalt der Erde.» (Ps. 104,29f) Der Geist gehört also nicht dem Menschen, sondern Gott.
Der Geist des Menschen, der von Gott kommt, ist das unvergängliche Lebensprinzip; der Körper aber vergeht. Denn Jahwe hat den Menschen aus Staub geschaffen und ihm einen Lebensgeist in die Nase geblasen; das machte ihn zu einem lebendigen Geschöpf. (→ Schöpfung)
Das Alte Testament kennt aber auch den «bösen» Geist. Er kann als «Lügengeist» zur Bosheit verführen. (1. Kö. 22,21ff) Der böse Geist steht im Dienst des Zornes und der Strafe Jahwes. In späterer Zeit erschien es nicht mehr möglich, Gott als den Urheber des Bösen zu betrachten. Da verselbständigte sich die böse Geistesmacht und wurde zum → Teufel.
2. Im Christentum wird der «Geist» (pneuma) als ein höheres Element dem Körper und der Seele gegenübergestellt. Der Geist des Menschen entspricht dem Geist Gottes: Der Mensch hat an Gottes heiligem Geist Anteil. Deshalb ermöglicht der Geist den Zugang zu Gott. Nur wer die sündhaften Triebe verdrängt und ihnen jede Macht nimmt, wer den Körper, die fleischliche Lust und die Begierden überwindet, kann den Geist stark machen. Mehr wert als der Leib ist die Seele; aber noch höher steht die reine Geistigkeit. So wird der Mensch nach niederen und höheren Trieben geschichtet. Das Göttliche soll auch im Menschen gefunden und der göttliche Keim entwickelt werden. Auf diese Weise wächst die Teilhabe des Menschen an Gott und an göttlicher Macht.
Nach der Meinung des Paulus hat jeder Christ nicht nur selbst den Geist, sondern er befindet sich «in Christus», der seinerseits der Geist ist. «Der Herr aber ist der Geist.» (2. Kor. 3,17) «Ihr seid nicht im Fleisch, sondern im Geist, wenn Gottes Geist wirklich in euch wohnt; hat aber jemand den Geist Christi nicht, so gehört ein solcher Mensch ihm auch nicht an.» (Röm. 8,9) An dem Geist (pneuma), der Christus ist, haben die Christen teil, und «durch ihn haben wir beide in einem Geist Zugang zum Vater». (Eph. 2,18) An diesen Geist sollen sich alle halten. «Bewahret mit Eifer die Einigkeit im Geiste durch das Band des Friedens: ein Leib und ein Geist... ein Herr, ein Glaube, eine Taufe, ein Gott und Vater aller, der da ist über allen und durch alle und in allen.» (Eph. 4,3–6)
Der Geist Gottes verhält sich zu Gottes Wesen wie der Geist des Menschen zum menschlichen Wesen. Der Menschengeist ist nichts anderes als Gottes Geist. «Denn welcher Mensch weiß, was im Menschen ist, als allein der Geist des Menschen, der in ihm ist? So weiß auch niemand, was in Gott ist, als allein der Geist Gottes. Wir aber haben nicht empfangen den Geist der Welt, sondern den Geist aus Gott, daß wir wissen können, was uns von Gott geschenkt ist.» (1. Kor. 2,11f)
3. Manche Religionen haben die Vorstellung entwickelt, der Geist des Toten, d. h. das in individueller Form überlebende Prinzip des Menschen, existiere als Gespenst, als Toten- und Ahnengeist, fort. Andere Religionen erklären

hingegen, daß das Lebensprinzip des Menschen nach dem Tod in andere Wesen, Menschen oder Tiere, übergehe.
Werden die Geistwesen und Gespenster (Naturgeister, Krankheitsgeister, Totengeister, → Dämonen) als bedrohliche und gefährliche Wesen vorgestellt, so muß man sie durch Beschwörung entfernen, beseitigen, verscheuchen oder bannen; sind sie hingegen mächtig und hilfreich, so ist es ratsam, sie zu beschwichtigen, zu begütigen und herbeizulocken. Oft ist die Beschwörung mit einer Zauberhandlung verbunden. Nicht jeder Mensch kann die Geister bannen. Dafür sind Häuptlinge und Medizinmänner, Schamanen, Priester und Propheten zuständig. (→ Indianische Religionen)
Geisterglaube und Beschwörungskunst waren im Judentum, im Hellenismus und auch in der Umwelt Jesu lebendig. Jesus selbst soll zahlreiche Geister ausgetrieben haben. «Ich gebiete dir, fahre aus!» (Mk. 9,25; 1,25; 5,8) (→ Wunder) Die Apostel bannten ihrerseits die Dämonen in Jesu (zaubermächtigem) Namen. Später wurde der charismatische Geisteraustreiber durch den kirchlichen Exorzisten ersetzt (→ Dämonen), dessen Amt bis heute in der römisch-katholischen Kirche weiterlebt.
Die Geister, die nicht gebannt, sondern angelockt werden sollen – Totengeister und Wahrsagungsgeister, Regen- und Wolkendämonen –, können durch Pfeifen, Schnalzen, durch das Läuten einer Glocke oder durch Gebete herbeigerufen werden. Der Geist erscheint, er fährt in ein Götterbild oder in einen heiligen Gegenstand; Christus wird in die «Elemente» des Abendmahls, in Brot und Wein, gerufen: «Unser Herr, komm!» (1. Kor. 16,22) Der menschgewordene, gekreuzigte, auferstandene und als Geist fortlebende Gottessohn Christus soll sinnlich und wirklich im «Herrenmahl» mitten in seiner Gemeinde anwesend sein. Sein Geist (pneuma) fährt auf die Elemente Brot und Wein herab und «verwandelt» sie. Im Gebet wird der Geist um Hilfe oder zur «Vereinigung» mit dem Betenden angerufen. «Komm, Herr, zu mir, du allmächtiger Gott, Herr alles Schönen in der Welt, erhöre mich», heißt es entsprechend in einem alten Zauberspruch. Die christlichen Pfingsthymnen beginnen mit dem Ruf: «Komm, Heiliger Geist!»
Die Geistwesen sind den Menschen überlegen, aber den echten Gottheiten untergeordnet. Neben den → Engeln in der Umgebung der Götter gibt es die Schutzgeister, die den Menschen helfen. Weiter als alle anderen Religionen haben Judentum, Christentum und Islam den Engelglauben ausgebildet. Die Engel halten sich beim Thron Gottes auf. Sie sind «Gottes Söhne» (Hiob 1,6) und seine Boten, Helfer der Menschen und Fürbitter bei Gott. Aus der Fülle der vielgestaltigen Geister können einzelne Mächte deutlicher hervortreten und die gestalthaften Züge von Göttern annehmen.
4. Im Neuen Testament gibt es außer zahlreichen Geistern auch den Heiligen Geist. Seine Anwesenheit in der Welt geht auf das «Pfingstereignis» (Apg. 2,17) nach dem Tod Jesu zurück. Mit der «Gabe des Heiligen Geistes» brach die Heilszeit an. Der Heilige Geist schloß die Jünger Jesu als «Rest Israels» in der Kirche zusammen.
Die neutestamentlichen Aussagen vom Heiligen Geist sind verwirrend und widersprüchlich. Paulus und Johannes etwa (→ Johannesevangelium) behaupten, Jesus habe den Heiligen Geist erst gebracht. (Joh. 15,26; 16,7) Nach den anderen Evangelien ist Jesus selbst der Geistbegabte. Lukas sieht im Heiligen Geist eine Weiterführung des Werkes Jesu. Meist erscheint Jesus als der geistbegabte Mittler zwischen dem Vatergott und den Menschen.
Die kirchliche Dogmatik, die das Verhältnis des Vatergottes, des Sohnes und

des Geistes zueinander klären wollte, mußte sich jahrhundertelang mit den Ungereimtheiten des Neuen Testaments herumschlagen. (→ Christologie) Der «Taufbefehl» von Mat. 28,19 ordnet die Taufe «im Namen des Vaters und des Sohnes und des Heiligen Geistes» an. Wie aber war diese Dreiheit zu verstehen? Hatte der Täufling drei Herren oder einen Herrn? Die kirchliche Lehre entschied, daß eine Dreiheit die Gestalt der Einheit Gottes sei. Damit war die Grundlage der «Trinitätslehre» festgelegt. (Vgl. auch 2. Kor. 13,13; Eph. 4,4–6; 1. Petr. 1,2)

In der nachapostolischen und altkatholischen Zeit wurden dreigliedrige Bekenntnisformeln bei Taufen gesprochen. Die eigentliche Trinitätstheologie jedoch begründete Tertullian (geb. um 160), der auch für die Christologie die grundlegenden Begriffe «Substanz» und «Person» einführte. Die zentrale Fragestellung war: Wie steht es um die Einheit Gottes (Monotheismus), wenn er sich doch als Sohn und Geist geoffenbart hat? Die einen behaupteten: Da ist nicht Gott, sondern nur etwas Göttliches in Erscheinung getreten. Gott blieb hinter seinen verschiedenen Selbstdarstellungen verborgen. Die anderen erwiderten: Wenn Gott nur schweigend hinter seiner Offenbarung verharrt, kann es keine Erlösung geben. Gott ist in jedem Teil der dreifachen Offenbarung je ganz und gar er selbst, ohne freilich dadurch seine Einheit aufzugeben. Deshalb ist Gott der «Drei-Einige» als Vater, Sohn und Heiliger Geist.

In späteren Zeiten haben sich besonders solche innerchristliche Bewegungen, die die etablierten Kirchen kritisieren wollten, immer wieder auf den Heiligen Geist berufen: Montanisten (enthusiastisch-apokalyptische Bewegung im 2. Jahrhundert mit «Zungenreden» und strengster Askese) und Donatisten (Sekte in Nordafrika zu Beginn des 4. Jahrhunderts, die die Wirksamkeit des Sakramentsvollzugs von der sittlichen Qualität des Priesters abhängig machte), Katharer (seit 1100 in Südfrankreich und Oberitalien auftretende «Ketzer» mit dem Ideal apostolischer Armut, Wanderpredigt und strenger Askese) und Waldenser (Kritiker des herrschenden Klerus seit dem 12. Jahrhundert, die Fegfeuer und Ablässe verwarfen), Hussiten (revolutionäre Reformbewegung, die seit dem 15. Jahrhundert das Abendmahl «in beiderlei Gestalt», den «Laienkelch», strenge Kirchenzucht und Armut des Klerus forderte) und Wiclifiten (Kritiker des Papsttums, des Klerus und der herrschenden Kirche seit dem 14. Jahrhundert). Mit ihrer Beziehung auf den Heiligen Geist, der auch im Neuen Testament als «eschatologische Gabe», d. h. als Zeichen dafür erscheint, daß die «letzten Tage» angebrochen sind (Apg. 2,17; 2. Kor. 1,22; 5,5), unterstrichen sie ihre religiös-revolutionäre Ungeduld.

Gemeinschaftsbewegung

Die Gemeinschaftsbewegung wird heute in Deutschland vom Gnadauer Verband für Gemeinschaftspflege und Evangelisation e. V. repräsentiert. 1983 gab sich dieser eine neue Satzung: «1. Der Verband steht auf dem Boden der Heiligen Schrift, der reformatorischen Bekenntnisse und des biblischen Erbes des Pietismus. Er ist ein freies missionarisches Werk innerhalb der evangelischen Kirche. 2. Der Verband will a) durch Evangelisation Menschen zum lebendigen Glauben an Jesus Christus rufen, b) durch Gemeinschaftspflege Hilfe zum christlichen Leben und Zurüstung zur Mitarbeit in der Gemeinde geben, c) durch Unterstützung der Mission zur Ausbreitung des Evangeliums in aller Welt beitragen, d) durch diakonische Tätigkeit aus dem Evangelium begründete soziale Verantwortung wahrnehmen, e) durch christliches Schrifttum, Bild und Ton das biblische Zeugnis ausbreiten.»

Die Entstehung der Gemeinschaftsbewegung fällt mit dem Beginn der Gnadauer Pfingstkonferenzen im Jahr 1888 zusammen. Bis heute finden sich in den «Gemeinschaften» protestantische Christen zusammen, die außerhalb der kirchlichen Gottesdienste und Veranstaltungen sich gegenseitig «erbauen» wollen. Dort sprechen sie über ihre «persönlichen Heilserfahrungen in Jesus Christus» und beten gemeinsam.

Die Gemeinschaftsbewegung fühlt sich historisch verwurzelt in der Reformation. Aus diesem Erbe betont sie vor allem die «Glaubens- und Heilsgewißheit» des einzelnen und das «Priestertum aller Gläubigen». Deutlicher noch fällt die Verwandtschaft der Gemeinschaftsbewegung mit →Pietismus und →Erweckungsbewegung ins Auge. Seit 1670 trafen sich reformierte und lutherische Christen in Haus- und Gemeindekreisen («Konventikel» oder «Collegia») zu gemeinschaftlichem Gebet und Gespräch über die Bibel. Sie wollten die «alte apostolische Art der Kirchenversammlungen» wieder einführen, «also, daß neben unseren gewöhnlichen Predigten auch andere Versammlungen gehalten würden, auf die Art, wie sie Paulus 1. Korinther 14 beschreibt, wo nicht einer allein auftritt zu lehren, sondern auch andere mit dazu reden, die mit Gaben und Erkenntnis begnadet sind». (Philipp Jakob Spener, 1635–1705) Die Erweckungsbewegung gab diesem Frömmigkeitstypus neue Impulse. Sie wollte die kirchlichen Gemeinden erneuern. Die Erweckten und Bekehrten hatten ein ausgeprägtes Bedürfnis nach enger Gemeinschaft miteinander, und die gewöhnlichen Kirchengemeinden waren ihnen viel zu anonym. Deshalb suchten sie in ihren eigenen Bibelgruppen (der «Stunde») Wärme und gegenseitigen Zuspruch.

Seit der Mitte des 19. Jahrhunderts und bis heute sind Erweckung und Gemeinschaftsbewegung vor allem an Volksmission und Evangelisation interessiert. Durch Schriftenmission, Stadtmission und Reisepredigt machen sie auf sich aufmerksam. Anregungen dafür empfingen sie von der angelsächsischen Evangelisations- und Heiligungsbewegung, die in der zweiten Hälfte des 19. Jahrhunderts in Nordamerika entstanden war. Deren Ideale waren das «Erfülltwerden mit dem Heiligen Geist» und der «völlige Sieg über die Sünde». «In jedem Teil der Christenheit hat der Gott aller Gnade vielen seiner Kinder ein Gefühl tiefer Unzufriedenheit mit ihrem gegenwärtigen geistlichen Stand und eine starke Überzeugung davon gegeben, daß die Wahrheiten, welche sie glauben, eine Macht über ihre Herzen und ihr Leben ausüben könnten und sollten, die weit über alles hinausgeht, was sie bisher erfahren haben.»

Die «Heiligungsbewegung» kam auch nach Deutschland, und der Ruf «Jesus errettet mich» ging durch die Lande. Die Heiligung setzte das «unablässige Bleiben in Jesus» voraus und führte, nach der Bekundung einzelner, zur völligen Erlösung «von jedem Hang zur Sünde». Man konnte schließlich «seinen alten Menschen» nicht mehr sehen noch spüren.

Kurz nach der Jahrhundertwende entstand in den USA eine →Pfingstbewegung in einer baptistischen Negergemeinde, die das «Zungenreden» verlebendigte (griech. «Glossolalie», ein im Neuen Testament, insbesondere 1. Kor. 12 und 14, erwähntes ekstatisches Zwangsreden aus religiöser Ergriffenheit, das auch sonst im Laufe der Kirchengeschichte verschiedentlich bezeugt ist). Dieses aufsehenerregende und unverständliche Sprechen, Stammeln und Singen stieß innerhalb der Gemeinschaftsbewegungen auf ein starkes Interesse. Fragen der Endzeit und der Heiligung, der Erweckung und →Bekehrung standen ohnedies an erster Stelle. Im Juli 1907 entstand, von Kassel ausgehend,

eine deutsche Pfingstbewegung. Ekstatische Erscheinungen und Zungenreden setzten bald ein. Die Zungenbotschaften begannen mit der (prophetischen) Formel: «Ich, der Herr...» Es gab Fernheilungen und Weissagungen. Die Pfingstbewegung griff in den Gemeinschaftskreisen immer weiter um sich.
Da schlossen sich führende Gemeinschaftsleute zusammen und grenzten sich entschieden von der Pfingstbewegung ab. «Die sogenannte Pfingstbewegung ist nicht von oben, sondern von unten... Es wirken in ihr →Dämonen, welche, vom Satan mit List geleitet, Lügen und Wahrheit vermengen, um die Kinder Gottes zu verführen. In vielen Fällen haben sich die sogenannten ‹Geistbegabten› als besessen erwiesen... Der Geist in dieser Bewegung bringt geistige und körperliche Machtwirkungen hervor; dennoch ist er ein falscher Geist. Er hat sich als ein solcher entlarvt.» (Berliner Erklärung, 1909) Rasch kam es nun in der Gemeinschaftsbewegung zu einer allgemeinen Distanzierung von den Pfingstlern.
Nach der «Machtergreifung» der Nationalsozialisten drückte die Gnadauer Pfingstkonferenz 1933 ihren Dank gegenüber Gott für den erhofften staatlichen Schutz von Ehe und von Familie aus und rief zur Fürbitte für Hindenburg und Hitler auf. Aber bald setzten sich die Gemeinschaftsleute von den →«Deutschen Christen» ab. «Wir gehören an die Seite der Bekenntnisfront.» (1934) (→Kirchenkampf)
Heute noch gibt es eine Reihe christlicher Werke, die im Geist der Gemeinschaftsbewegung gründen. 1877 entstand in Genf das Blaue Kreuz als Hilfe für Alkoholkranke; 1883 das Weiße Kreuz als seelsorgerliche Hilfe bei «sexuellen Nöten»; 1881 der Jugendbund für entschiedenes Christentum; 1883 der Christliche Verein Junger Männer und 1895 die Deutsche Christliche Studentenvereinigung. 1899 wurde das Missionsseminar der Liebenzeller Mission gegründet. Für Frauen entstanden Diakoniehäuser (u. a. diejenigen von Eva von Tiele-Winckler, 1866–1930).
In die jüngste Kirchen- und Theologiegeschichte hat die Gemeinschaftsbewegung immer wieder eingegriffen. Daran läßt sich ihr aktuelles Selbstverständnis ablesen. Schon 1951 nahm sie Stellung zum «Streit um die Entmythologisierung des Neuen Testaments»: Den Versuch, die in der Bibel enthaltenen Mythen durch Neuinterpretation (mit Begriffen neuzeitlicher Weltanschauung, insbesondere des philosophischen Existentialismus) dem modernen Menschen verständlich zu machen und nahezubringen, bezeichnete sie als «Entleerung» der Heiligen Schrift und setzte ihr eigenes Verständnis der «Botschaft von Kreuz und Auferstehung Christi» dagegen. Wiederholt betonte die Gemeinschaftsbewegung ihre Sicht biblischer Autorität: Die Bibel sei «gewirkt und durchlebt vom Heiligen Geist und unbedingt wahrhaftig und vertrauenswürdig». (→Heilige Schriften) In der ökumenischen Bewegung sahen die Gemeinschaftsleute beträchtliche Gefahren. Eindringlich warnten sie vor einem «Pluralismus der Lehren» in Kirche und Theologie und vor einer «wachsenden Annäherung» der Evangelischen Kirche in Deutschland an die römisch-katholische Kirche. Insbesondere das «Antirassismus-Programm» des Ökumenischen Rates der Kirchen ist ihnen ein Dorn im Auge. In einem «Wort an Eltern, Lehrer und Erzieher» (1979) formulierten sie ein «fünffaches Ja» zu Ehe, Elternschaft und Autorität in der Erziehung. 1980 bedankten sie sich bei den Ärzten, die nicht bereit sind, «die erweiterte Indikationslösung... zu praktizieren».

Germanische Religion

Seit der Antike werden mit dem Namen «Germanen» Bevölkerungsgruppen der

Gebiete östlich des Rheins und Nordwesteuropas benannt. Das Germanentum scheint vom Raum Norddeutschland, Dänemark, Südschweden, Südnorwegen seinen Ausgangspunkt genommen zu haben. Wahrscheinlich breiteten sich die Germanen zwischen 1000 und 750 v. Chr. über die Gebiete von Weser und Oder bis zur Weichsel aus. Ab 500 v. Chr. stießen sie bis zum Rhein vor.
Aus der Jüngeren Steinzeit (4000–1700 v. Chr.) finden sich erste religionshistorisch bedeutsame Funde in Skandinavien und Norddeutschland: Sippengräber, die auf die Verehrung der Ahnen und vielleicht auf einen Totenkult schließen lassen. (→Totenbestattung) Aus der Bronzezeit (1700–700 v. Chr.) gibt es Felszeichnungen in Skandinavien, wahrscheinlich Abbildungen, die im Zusammenhang mit Fruchtbarkeitsritualen stehen. In der Eisenzeit drangen die Germanen nach Süden (seit dem 8. Jahrhundert v. Chr.) und kamen in engen kulturellen Kontakt mit den Kelten (seit dem 6. Jahrhundert v. Chr.)
Seit der Römerzeit gibt es schriftliche Quellen (Caesar, Tacitus usw.) sowie schriftliche Selbstzeugnisse und aus der Zeit nach dem Untergang des Römischen Reiches auch christliche Texte zur Religion der Germanen.
Zu den wichtigen Zeugnissen über die germanische Götterwelt zählt die Wiedergabe der lateinischen Wochentagsnamen in den germanischen Sprachen. Dies führte zu folgenden Göttergleichungen: Mars/Tiwaz, Mercurius/Wodan, Jupiter/Donar, Venus/Frija. (→Wochentage)
Eine Hauptquelle für die germanische Religion während der Römerzeit ist die «Germania» des Tacitus (ca. 50–116 n. Chr.). Danach stand an der Spitze der Götterwelt Mercurius/Wodan, gefolgt von Mars/Tiwaz. Wodan war Kriegs- und Siegesgott. Er als einziger empfing Menschenopfer. Verehrt wurden auch eine Erd- und Muttergöttin, ein göttliches Zwillingspaar und zahlreiche weibliche Gottheiten (Matronen).
Schriftliche Quellen zur Religion der Germanen im skandinavischen Norden sind die «Ältere Edda» (Lieder-Edda), eine Sammlung von Liedtexten (Heldengedichten und Götterliedern), die im 13. Jahrhundert in Island entstand, und die «Jüngere (Prosa-)Edda», eine nach 1220 von dem Christen Snorri Sturluson (gest. 1241) verfaßte Mythenlehre.
An der Spitze der nordischen Götterwelt stand Odin (Wodan). Sein Zeichen war der Speer; begleitet wurde er vom achtbeinigen Sleipnir und dem Raben Hugin. Odins Frau war Frigg; Odin war Kriegsgott, Herr über die Toten der Schlacht und über das Totenreich Walhall. Er sollte den endzeitlichen Kampf («Götterdämmerung») gegen die bösen Mächte führen. Odin ist auch der Gott des Zaubers, der Magie und der Weisheit. Bei der Erschaffung gab er den Menschen den Atem. Thor (Donar) war der Donnergott, Gott der Bauern, der Fruchtbarkeit und des Wachstums.
Odin, Thor und Tyr (Tiwaz) gehörten zum Göttergeschlecht der Asen. Ihnen stand die Familie der Wasen gegenüber. Außer Göttern gab es unzählige Dämonen und Geister, Riesen und Zwerge, Wichte und Elben, Kobolde und Mahre. (Mahr, Alp oder Drud: ein menschen- oder tierähnliches Wesen, das sich auf den Schlafenden setzt und ihm Angstträume und «Alpdrücken» verursacht)
Das Bild der Welt und des Kosmos wird in verschiedenen Quellen unterschiedlich dargestellt. Die «Edda» beschreibt den Weltbaum Yggdrasil, an dessen Wurzeln die Menschen-, die Riesen- und die Totenwelt liegen. Das Reich der Götter heißt Asgard; es wird in den Himmel verlegt. Dorthin führt eine schwankende Brücke.
Charakteristisch für die germanische Religion sind Tier-, Trank- und Speise-

opfer, Weissagungen und Orakel. Träger kultischer Handlungen waren Priester, die weissagten und, auf Geheiß der Götter, auch körperliche Strafen vollzogen. Weibliche Priester und Seherinnen (Völva) standen in hohem Ansehen.
Als Kultorte gab es einfache Tempel und Haine. Wodans- und Donarsberge lassen auf Bergkulte schließen. Die Donarseiche, die Bonifatius 724 fällte, stand wohl an einem geheiligten Kultplatz. (→ Mission)

Gewissen

In der Umgangssprache wie in der Theologie und der Philosophie werden dem Gewissen zahlreiche und unterschiedliche Bedeutungen und Aufgaben zugeschrieben. Erstmals hat Demokrit (gest. um 371 v. Chr.) den Ausdruck «Ich habe Gewissen» im Sinne von «Ich bin mein eigener Mitwisser» verwendet. Dabei ging es ihm um die Bewertung bereits geschehener unrechtmäßiger Taten durch das «böse Gewissen». Diese Bewertung und die innerlich damit einhergehende Schuldreaktion des Menschen auf sein eigenes Handeln wurden häufig mit anderen Begriffen als dem des Gewissens umschrieben: Als David einen Zipfel vom Rock Sauls abschnitt, «schlug ihm sein Herz». (1. Sam. 24,6; vgl. 2. Sam. 24,10) Der jüdische Philosoph Philo von Alexandrien (gest. ca. 40 n. Chr) hat das Gewissen theologisch bedacht und es als Ankläger, Mahner und Richter bezeichnet. Es sei ein Werkzeug in Gottes Hand, das den Menschen zur Umkehr leiten soll. Nach der Ansicht der Stoa (griech.-römische Philosophenschule, gegründet von Zenon von Kition, gest. 264 v. Chr.) hat Gott das Gewissen zum Wächter des Menschen bestellt. So wurde das Gewissen zu einer ethischen Führungsinstanz. (→ Ethik)
1. Paulus hat den Begriff des Gewissens in den christlichen Sprachgebrauch eingeführt. Er verstand darunter nicht direkt Gottes Stimme im Menschen, sondern ein Wissen um das eigene Verhalten angesichts der Forderungen Gottes. Das Gewissen zeugt vom Gesetz Gottes. «Denn wenn die Heiden, die das Gesetz nicht haben, doch von Natur tun des Gesetzes Werk, so sind sie, obwohl sie das Gesetz nicht haben, sich selbst ein Gesetz; denn sie beweisen, des Gesetzes Werk sei geschrieben in ihrem Herzen, da ja ihr Gewissen es ihnen bezeugt, dazu auch die Gedanken, die sich untereinander verklagen oder auch entschuldigen...» (Röm. 2,14f) Im Gewissen erfolgen Verklagung und Verteidigung gewissermaßen als Vorspiel auf das «Jüngste Gericht».
Das Mittel, das das Gewissen beruhigen soll, ist das «Gesetz»; wer es einhält, vollbringt gute Werke und Opfer. Auf diese Weise soll Gott gegenüber «Genugtuung» geleistet werden. Der Weg des Gesetzes muß aber, nach Paulus' Ansicht, notgedrungen scheitern: Damit «aller Mund gestopft werde» und «alle Welt vor Gott schuldig sei», kann «kein Fleisch [kein Mensch] durch des Gesetzes Werke vor ihm [Gott] gerecht sein». Die Befriedigung des Gewissens geschieht erst durch Gottes «rechtfertigendes Handeln in Christus».
Das Christentum hat zwischen dem «Gewissen» und «Gottes Stimme» nicht immer streng unterschieden. Wenn das Gebot Gottes in die «Seele» dessen kommt, der handeln soll, so «schlägt» das Gewissen. Damit ist der Sinn für Recht und Unrecht im Gewissen lokalisiert. Das Gewissen gibt Impulse («Du sollst!»), Warnungen und richterliche Urteile ab («Gewissens-Bisse»). Kant (1724–1804) erklärte, jeder Mensch habe Gewissen und finde sich «durch einen inneren Richter beobachtet, bedroht und überhaupt im Respekt... gehalten, und diese über die Gesetze in ihm wachende Gewalt ist nicht etwas, was er sich selbst (willkürlich) macht, sondern ist seinem

Wesen einverleibt. Es folgt ihm wie ein Schatten, wenn er zu entfliehen gedenkt.» (Metaphysik der Sitten) Der «innere Richter» wird häufig mit Gott identifiziert. Jedenfalls schlägt das Gewissen eine Brücke vom Menschen zum göttlichen Gesetzgeber.

Im Gewissen wird der Mensch, wie er ist, mit dem Menschen, wie er eigentlich sein sollte, konfrontiert. Das Gewissen steht also für einen inneren Zwiespalt. Martin Luther (1483–1546) hatte diesen Zwiespalt so erklärt: Zuerst übernehme das Gewissen die Verteidigung des Menschen gegenüber der göttlichen Anklage; dann aber spiele es selbst die Rolle des Anklägers, und Gott trete als Verteidiger auf. Nach christlicher Überzeugung drückt das Gewissen das Bewußtsein des Menschen als Sünder aus. Das Gewissen ist Selbstbewußtsein: Wissen davon, daß der Mensch schuldig ist.

2. Schuld setzt Abhängigkeit voraus. Schuldgefühle kann man nicht nur gegenüber Gott, sondern auch gegenüber Menschen haben, von denen man abhängig ist. Schuld ist Angst, Sorge, «schlechtes Gewissen»; sie tritt auf, wenn verinnerlichte Werte verletzt worden sind. Schuldangst kann einer Tat vorangehen und als Kontrolle die Ausführung der Handlung vielleicht verhindern. Der erfolgten Tat kann Schuldangst in Gestalt von «Gewissensbissen» folgen. Das Gewissen ist also Warnung und Strafe und führt bisweilen zu einem spürbaren inneren Konflikt.

Nach christlicher Auffassung kommt dieser Konflikt durch den Widerspruch zwischen dem Willen Gottes und dem Willen des Menschen zustande. Sigmund Freud (1856–1939) hat die Entstehung des Gewissens hingegen anders erklärt. Er entwarf eine Sicht der Persönlichkeit als Einheit aus «Es», «Ich» und «Über-Ich». Diese Begriffe weisen auf das Leidenschaftliche, das Rationale und das Moralische im Menschen hin. Mit «Es» meinte Freud «alles was ererbt, bei der Geburt mitgebracht, konstitutionell festgelegt ist, vor allem also die aus der Körperorganisation stammenden Triebe». Das «Ich» ist das ordnende Zentrum der Persönlichkeit. Das «Über-Ich» entwickelt sich beim Kind unter dem Einfluß der Eltern. Der Heranwachsende lernt, daß bestimmte Dinge nachgeahmt, andere aber vermieden oder aber aufgegeben werden müssen. Das Kind identifiziert sich mit den Eltern und «verinnerlicht» ihr Bild. Der Standpunkt, den die Eltern einmal vertreten haben, bleibt dadurch auch im Erwachsenen erhalten. Wenn das Kind die gesetzten Werte verletzt, so äußert sich die Angst vor dem Verlust der Liebe der Eltern als «Stimme des Gewissens». Mit Schuldgefühlen straft sich der «gewissenhafte» Mensch schließlich selbst.

Erich Fromm (1900–1980) beschrieb – anders als Freud – den Ursprung des Gewissens als Antwort des Kindes auf die Erfahrung von Macht. Dadurch, daß das Kind ein Gewissen entwickelt, hebt es den Machtkampf mit der → Autorität der Eltern auf. → Furcht und Autorität bestimmen das Gewissen. Das Kind will die Autorität der Eltern verinnerlichen und sein Leben nach den Vorschriften und Wünschen der Eltern ausrichten. Sein Gewissen ist die nach innen verlegte äußere Autorität. Diese Autorität beherrscht das Kind, das die gesetzten Normen nicht etwa deshalb akzeptiert, weil sie gut, sondern weil sie gefordert sind. «Gutes Gewissen» stellt sich ein, wenn das zu beurteilende Verhalten der Autorität gefällt, «schlechtes Gewissen», wenn es ihr mißfällt. Pflicht, → Gehorsam und Unterwerfung erscheinen dem «autoritären Gewissen» als vornehmste Tugenden, Widerstand und Ungehorsam hingegen als Verfehlung und Schuld.

Folglich setzt das «gute Gewissen» in einem autoritären System die Opferung der eigenen Unabhängigkeit voraus. Seine Bedingung ist Selbstentfremdung. Mißerfolge, Niederlagen und Schwächen erscheinen dann als «gerechte» Strafen für begangene →Sünden. «Das wichtigste Symptom der Niederlage im Kampf um das eigene Ich ist das schlechte Gewissen. War der Versuch, dem autoritären Netz zu entschlüpfen, erfolglos, dann ist dieser erfolglose Fluchtversuch ein Beweis der Schuld. Das gute Gewissen kann nur durch abermalige Unterwerfung wiedergewonnen werden.»

Nach Fromms Darlegung haben vor allem Paulus, Augustinus, Luther und Calvin das autoritäre christliche Gewissensverständnis ausgearbeitet. Das so verstandene Gewissen ist grundsätzlich nicht vernünftig und einsichtig. Es fordert vielmehr Unterwerfung und Preisgabe der eigenen Lebendigkeit und Produktivität und erzeugt eine aggressive Ablehnung jeglichen Selbstwertgefühls. So wird verhindert, daß sich die Persönlichkeit selbst enfalten kann. Gefühle von Schuld und Sünde, die das Gewissen erzeugt, verfestigen die autoritäre Abhängigkeit. Das christliche Gewissen ist somit Teil eines Glaubens, der die Vernunft ausschließt und Hörigkeit gegenüber einer unerfindlichen jenseitigen Autorität, nämlich derjenigen Gottes, begründet.

Als Alternative zum «autoritären Gewissen» beschreibt Erich Fromm das «humanistische Gewissen». «Das humanistische Gewissen ist ein Ausdruck der Interessiertheit des Menschen an sich und an seiner Integrität [Ganzheit, Unversehrtheit]. Das autoritäre Gewissen dagegen beschränkt sich auf den Gehorsam des Menschen, auf seine Selbstaufopferung, seine Pflicht oder gesellschaftliche Anpassung. Das Ziel des humanistischen Gewissens ist Produktivität und demzufolge Glück, denn Glück ist eine notwendige Folge produktiven Lebens.»

Der Begriff Gottes muß nach Erich Fromms Überzeugung ins Bild vom wahren Menschen einbezogen werden. Der Gottesbegriff hat nämlich seinen Sinn im Prozeß der Befreiung des Menschen, d. h. im Prozeß der Menschwerdung. Der Gott Abrahams, Abbild eines autoritären Stammeshäuptlings, muß jedoch abgelöst werden von der Idee der Gottesebenbildlichkeit sowie vom «Konzept der vollständigen Freiheit des Menschen, selbst der Freiheit von Gott».

Konsequent führt dieser Gedanke des befreiten, gottesebenbildlichen Menschen am Ende schließlich zur Aufhebung der Gottesidee überhaupt.

So entsteht bei Erich Fromm eine neue «Religion», ein neuer Glaube und ein neues Gewissen. Inhaltlich orientiert sich das humanistische Gewissen am Menschen und an der Menschheit. Sein Kern ist das Identitätsgefühl und die Gewißheit eigener Produktivität, die geleitet wird von der «Stimme unserer liebenden Besorgtheit um uns selbst». Ihr Ziel ist der mit sich selbst identische Mensch, der lebt, indem er sich selbst beständig neu erschafft.

Glück

Glück heißt im Griechischen «eudaimonia». Dieser Begriff stammt aus dem religiösen Bereich. Wer Glück hat, befindet sich in einem Zustand, in dem ihm die Gottheit (daimon; →Dämon) wohlgesinnt ist. Glück verdankt man also den Göttern. Es äußert sich in langem Leben, in Gesundheit, Macht, Ehre, Reichtum und Erfolg.

«Selig» oder «glückselig» (griech. makarios) sind hauptsächlich die Götter selbst: Sie haben eine überlegene Macht, sind unsterblich und brauchen sich um die Folgen ihrer Handlungen nicht zu kümmern. (→Griechische Religion) Wer glücklich leben will, muß sich den Göttern nähern, ihnen gleich werden. Glück, ein umfassend guter und erfreulicher Zustand, den der Mensch der Hilfe göttlicher Mächte verdankt, verwirklicht sich vornehmlich im Gehorsam gegenüber den göttlichen Gesetzen.

1. Glück ist – ob ausgesprochen oder unausgesprochen – ein zentraler Begriff in Religion und Philosophie. Die Griechen haben auch die philosophische →Ethik vom Ziel menschlichen Lebens, d. h. vom Glück her, entworfen. Um das Glück muß man sich intellektuell (denkend) und moralisch (handelnd) bemühen. Demokrit (ca. 470–380 v. Chr.) bezeichnete die Seele als Sitz des Daimons und folglich auch des Glücks. Daraus leitet sich die Vorstellung ab, der göttliche Daimon sei Bestandteil der menschlichen Natur und der höchsten menschlichen Fähigkeit: der Vernunft. Glück ist also ein Zustand, in dem das Göttliche im Menschen nicht verkrüppelt ist, sondern sich entfalten kann. Heraklit (549–480 v. Chr.) betonte, daß das Glück keine fremde Schicksalsmacht sei; der Mensch gestalte vielmehr durch seine Lebensweise sein →Schicksal und sein Glück selbst. Platon (427–347 v. Chr.) erklärte, man werde nur durch den Besitz des Guten glücklich. Das Gute aber sei eine übersinnliche Idee: Von der Liebe zum Schönen (etwa zu einem schönen Körper) muß man zur übersinnlichen Idee der Schönheit aufsteigen und sich mehr und mehr von der bloßen Schattenwelt sinnlicher Erkenntnisse befreien. Neben den Intellekt (Verstand, Erkenntnisvermögen) muß die Moral (sittliches Verhalten) treten; denn Tugend ist die Quelle des Glücks.

Nach Aristoteles (384–322 v. Chr.) ist das Handeln des Menschen nur auf ein Ziel: auf das Gute ausgerichtet. Das höchste Ziel und höchste Gut aber ist das Glück. Deshalb muß die Philosophie sagen, worin das Glück besteht. Das Glück ist – nach der Meinung Aristoteles' – eine Tätigkeit der menschlichen Vernunft. Versenkung in die Wahrheit – das ist das höchste Lebensziel des Menschen und das Glück selbst.

In der Folge rückte die Frage der praktischen Vernunft in den Mittelpunkt des philosophischen Interesses. Die Ethik als Technik oder «Lebenskunst» sollte den Weg zum Glück aufzeigen. Nach der Ansicht Epikurs (341–270 v. Chr) liegt im Streben nach Lust der Grundantrieb des Menschen. Glück ist Lust, die höchste Lust aber ist die seelische Lust, der innere →Frieden, das Ende aller Leidenschaften.

Zenon (336–264 v. Chr.), der Gründer der Philosophenschule Stoa, sah das intensivste Streben des Menschen nicht auf Lust, sondern auf die Entfaltung der eigenen Person ausgerichtet: Das Glück des Menschen besteht darin, daß er seine Fähigkeiten entfaltet, und die höchste dieser Fähigkeiten liegt in der Vernunft und in der Tugend. Die Tugend ist das höchste, ja sogar das einzig Gute. In Harmonie leben bedeutet glücklich sein. Der Glückliche ist völlig unberührt von Leidenschaften, aber auch von Leiden (er ist «apathisch»). Selbst auf der Folterbank ist der Weise angeblich glücklich.

Harmonie und Ordnung im Leben, die durch Tugend verwirklicht werden, kommen nach Meinung der Neuplatoniker (→Platonismus/Neuplatonismus) dadurch zustande, daß der Mensch die Idee des Guten nachahmt, d. h. sich an Gott angleicht: Lebensziel und Glück bestehen in der «Angleichung an Gott, soweit es möglich ist».

2. Das Wort «Glück» (eudaimonia) kommt im Neuen Testament nicht vor; die diesem Begriff entsprechenden Vorstellungen sind im Anschluß an das Alte Testament entwickelt. «Wohl dem, der den Herrn fürchtet, der große Freude hat an seinen Geboten! Sein Geschlecht wird gewaltig sein im Lande; die Kinder der Frommen werden gesegnet sein. Reichtum und Fülle wird in ihrem Hause sein, und ihre Gerechtigkeit bleibt ewiglich. Dem Frommen geht das Licht auf in der

Finsternis von dem Gnädigen, Barmherzigen und Gerechten. Wohl dem, der barmherzig ist und gerne leiht und das Seine tut, wie es recht ist!»
Im Alten Testament ist das, was wir als «Glück» bezeichnen, Gegenstand und Folge des Segens Jahwes, und dieser Segen wirkt sich nicht nur im Bereich der Einzelpersönlichkeit, sondern für die ganze Gemeinschaft aus. Das zeigt sich bereits an den äußeren Lebensbedingungen. Viele Söhne haben, mit einer klugen Frau zusammenleben, seine Lust am Gesetz des Herrn haben, mit Verstand begabt sein und Weisheit gefunden haben – das ist Glück.
Der alttestamentliche Ruf «Wohl dem, der...» taucht auch in den Seligpreisungen Jesu wieder auf. «Selig sind, die da geistlich arm sind; denn das Himmelreich ist ihr... Selig sind, die da Leid tragen; denn sie sollen getröstet werden...» (Mat. 5,3) Die → Bergpredigt nennt die Jesus gemäßen Tugenden und verknüpft diese mit der Verheißung des Glücks und des Himmelreichs.
Die christliche Lehre von Glück und Seligkeit gründet sich auf den Glauben an die Auferstehung und an das → Ewige Leben jenseits des Todes.
3. In nachbiblischer Zeit versuchte Justin (gestorben als Märtyrer um 165 in Rom) den christlichen Glauben als einzigen Weg zu Erlösung, Weisheit und Glück zu beschreiben: Das Christentum sei «die einzige zuverlässige und fruchtbare Philosophie». Clemens von Alexandrien (gest. vor 216) kennzeichnete das christliche Lebensideal als «Angleichung an Gott», das heißt als Antwort auf die Tatsache, daß Gott den Menschen nach seinem Ebenbild geschaffen hat. (→ Adam) Nach Ambrosius (gest. 397), Bischof von Mailand, kommt zur «Freundschaft mit Gott» das asketisch-moralische Streben nach Vollkommenheit (→ Askese) hinzu, das angeblich zum Glück führt.
Augustinus (354–430) hat mit seiner Lehre des Glücks die christliche Philosophie und Theologie der folgenden Jahrhunderte nachhaltig geprägt. Seiner Meinung nach gehören zum Glück nicht nur Verstand und Einsicht, sondern auch Moral und Askese. Nachdem sich das göttliche «Wort» im Menschen «inkarniert» hat, ist dem Menschen die Richtung des Aufstiegs in die jenseitige Welt aufgezeigt. Aber Sünde verdunkelt den Weg zum Glück. Der intellektuelle Aufstieg muß deshalb mit moralischer Reinigung verbunden sein. Der Mensch muß «Gott mit dem Verstand lieben», das heißt alle seelischen Fähigkeiten auf die Schau Gottes richten; daneben tritt die «Liebe des Herzens», das heißt die auf den Mitmenschen und die eigene Person gerichtete Vernunft. Wahres Glück ist schließlich Vereinigung mit Gott. Denn nur das göttliche Leben ist seliges Leben. Im Alter kam Augustinus zu der Überzeugung, das ganze Erdenleben müsse auf die Bekämpfung des «Fleisches» durch den «Geist» gerichtet sein. Die Vollkommenheit aber, die Gottesschau und das Glück seien erst nach dem Tod möglich.
4. So wurde das Glück in der christlichen Lehre zu einer Angelegenheit, die wesentlich zum → Jenseits gehört. Wahres Glück fällt zusammen mit dem zukünftigen ewigen Leben. Glücksähnliche Empfindungen, Erfolge oder Reichtum gelten bestenfalls als «Vorgeschmack aufs → Paradies» und als bloßer Abglanz endgültiger ungetrübter Herrlichkeit.
Häufig wurde und wird als Bedingung, einst in den Genuß des ewigen Glücks zu kommen, der bewußte Verzicht auf diesseitiges, insbesondere auf direktes körperliches Glück ausgegeben. (→ Sexualität) Je rigider die Enthaltsamkeit von augenblicklichem Glück und gegenwärtiger Lust ausfällt, um so leuchtender erscheint der ewige Gewinn. (→ Askese; → Demut) Mitunter werden Abstinenz und Askese sogar bis zur Selbstfolterung und Selbstgeißelung gesteigert (→ Fol-

ter), um Gott gleichsam zur «Barmherzigkeit» zu zwingen.
Ein ausgeprägter Pessimismus bezüglich der Welt und der eigenen Möglichkeiten des Menschen findet sich in zahlreichen christlichen Grundanschauungen (→Sünde) und hat viele Erscheinungen und Gruppierungen in der Geschichte der Kirche geprägt. Eine ausgesprochen lebensfeindliche Haltung wirkte sich beispielsweise jahrhundertelang in der christlich-religiösen Erziehung direkt aus. (Vgl. K. Rutschky: Schwarze Pädagogik, Berlin 1977) Wo sich direktes Glücksverlangen, wenn auch nur verstohlen, äußert, wird es häufig als unangebracht oder unverschämt, unanständig oder sündig abgewehrt. Die Angehörigen mancher christlicher Gruppen (z. B. die sogenannten pietistisch-erwecklichen «Mucker») demonstrieren ihr gebrochenes Verhältnis zu (diesseitigem) Glück, Lust und Schönheit schon äußerlich durch geduckte Haltung, ängstliches Gebaren und alltagsgraue Kleidung. Wo aber das Recht auf Glück geleugnet und das Glücksverlangen zur Sünde erklärt wird, verkümmert auf die Dauer alle Lebendigkeit; es triumphiert statt dessen ein Moralismus, der aus Selbstablehnung kommt und zu Selbstablehnung führt.

Gnosis

Gnosis (griech. «Erkenntnis») ist der Name für ein religiöses Denken, das sich insbesondere zwischen dem 1. Jahrhundert v. Chr. und dem 4. Jahrhundert n. Chr. weit ausbreitete. Sein Charakteristikum ist ein dualistisches Welt- und Menschenverständnis. (→Dualismus) Früher nahm man an, die Ursprünge der Gnosis seien in der altiranischen Religion zu suchen. (→Zarathustra) Bemerkenswerte Übereinstimmungen gibt es auch zwischen dem gnostischen Denken und dem →Platonismus. Manche Forscher führen die Gnosis jedoch auf besondere jüdische Gruppen zurück. (→Judentum) Offensichtlich stellt die gnostische Weltanschauung ein Gemisch (Synkretismus) aus verschiedenen Religionen und Traditionen dar, das «heidnische», jüdische und christliche Kreise erfaßte.
Das Urchristentum und die Gnosis waren miteinander verwandte Erlösungsreligionen. Die Gnostiker konnten deshalb Jesus als einen Erlöser in ihre Vorstellungen aufnehmen. Das →Johannesevangelium zeigt an einigen Stellen Übereinstimmung mit gnostischen Auffassungen (Joh. 1,5; 3,6; 3,13); daneben finden sich dort aber auch deutliche Abgrenzungen gegenüber der Gnosis. (Joh. 1,14; 3,16) Auch der 1. Johannesbrief bekämpft gnostische Lehren. (1. Joh. 4,2)
Stärker als die Urkirche setzte sich die Kirche des 2. und 3. Jahrhunderts, insbesondere in Syrien und Ägypten, mit der Gnosis auseinander. Dort entstanden neue christliche Offenbarungsbücher, die man den apostolischen Autoritäten (Petrus, Paulus, Thomas, Jakobus usw.) zuschrieb. (→Fälschungen)
Im 3. und 4. Jahrhundert gewann die Gnosis immer mehr Einfluß. Sie trat z. B. in Gestalt des Manichäismus auf. Der Manichäismus wurde zum mächtigsten Rivalen des Christentums. (→Augustinus) Er drang im Osten bis nach Tibet, im Westen bis nach Norditalien und Südfrankreich vor.
Sein Begründer war Mani (215–276 n. Chr.). Mani wurde in Persien zu Tode gefoltert. Das Christentum hat seine Lehren, wann immer es möglich war, bekämpft und seine Schriften verbrannt. Deshalb sind Manis Auffassungen fast nur noch in den Schriften derjenigen Kirchenväter fragmentarisch erhalten, die sie zu widerlegen versuchten.
Nach dieser Überlieferung muß das gnostische Denksystem erst mühsam rekonstruiert werden. Epiphanius von Salamis, Bischof von Zypern, zitiert in seinem Werk (geschrieben 375 n. Chr.) den Anfang der Kosmologie (Lehre von der

Welt und ihren Ordnungen) des Mani folgendermaßen: «Am Anfang waren Gott und Materie, Licht und Dunkelheit, Gut und Böse, die einander vollkommen feindlich gegenüberstanden und nichts gemeinsam hatten.» Aus diesen beiden Prinzipien, aus Gott und dem Teufel, sind alle Dinge der Welt hervorgegangen: und zwar «von dem einen alle guten, von dem anderen alle bösen Dinge. Der eine schuf die Seele, der andere den Körper.»

Die Seele ist ein Stück vom guten Gott, dem «Vater des Lichts». Aber der «böse Gott» (die Finsternis) hat die Seele ergriffen und sie in den Körper und in die Materie eingekerkert. «Der gute Gott in seiner Weisheit wollte deshalb die Seele, die so in alle geschaffenen Dinge hineingegossen worden war, wieder einsammeln. Er stellte Sonne, Mond und Sterne an das Firmament. Sie sollten als Schiffe dienen, welche die Seelen durch die Luft in die Wohnungen der Seligen tragen.»

Da alle Materie, genauso wie der Mensch selbst, eine Mischung aus Licht und Finsternis darstellt, findet zwischen beiden Prinzipien ein beständiger Kampf statt. In diesen Kampf greift der gute Gott ein, indem er zuerst seinen Sohn Gayomart schickt. Obgleich dieser mit den fünf Lichtelementen, mit Äther, Licht, Wind, Wasser und Feuer, ausgerüstet ist, wird er beim Abstieg in die Tiefe von den Dämonen, den Mächten der Finsternis, überwältigt.

Daraufhin schickt der Vater des Lichts seinen zweiten Sohn: Mithras, den Sonnenhelden, dem die zwölf Wächter der zwölf Tierkreiszeichen zur Seite stehen. (→ Astrologie) So wird Gayomart gerettet: nackt; denn seine Rüstung, die fünf Elemente, ist von den Dämonen der Finsternis verschlungen worden.

Nun erschafft der Vater des Lichts den Kosmos und bildet den → Himmel und die Erde aus den Leibern der Dämonen. Deshalb ist in dieser Welt alles dämonisch und satanisch und enthält dennoch die fünf Lichtelemente.

Alles Irdische ist folglich widersprüchlich. Darum muß das Stoffliche geläutert und das Licht aus der Finsternis befreit werden. Das befreite Licht steigt hinauf zum Vater, die Materie aber sinkt hinab in die Unterwelt.

Als der Gott der Finsternis bemerkt, was vor sich geht, erschafft er sich seinerseits einen Sohn: Adam, den Menschen. Alle Menschen sind also, nach Manis Auffassung, Geschöpfe des Teufels. Die Natur der Menschen ist demzufolge schlecht. Das Alte Testament berichtet nach Meinung der Gnostiker in den Geschichten der Schöpfung von der Erschaffung des Menschen durch den Gott der Finsternis. Nachdem dieser Gott Abraham den Auftrag gegeben hat, sich zu mehren «wie die Sterne unter dem Himmel», breitet sich durch die Fortpflanzung der Menschen auch das Böse über die ganze Erde aus.

Da muß der Vater des Lichts aufs neue eingreifen. Er schickt seinen dritten Sohn: Jesus Christus. Dieser soll die Macht der Finsternis endgültig zerstören. Der Sinn der Welt und der Geschichte liegt nach manichäischer Auffassung darin, die fünf Lichtelemente aus der Materie zu befreien. Der Mensch ist zwar von Natur aus böse; dennoch hat er durch seine göttliche Seele Kunde vom Vater des Lichts. Deshalb muß er gegen die Finsternis ankämpfen.

Am Ende der Zeiten wird die Welt in einem Feuer aufgehen, das hundert Jahre lang anhält. Dabei wird die Finsternis zu Asche verbrannt. Erst wenn die Menschen aufhören, sich fortzupflanzen, wird es keine Finsternis mehr geben. In dem im 2. Jahrhundert entstandenen Ägypterevangelium wird die Frage an Jesus gerichtet: «Bis wann wird der Tod Gewalt haben?» und «Bis wann werden die Menschen sterben?» Da antwortet Jesus: «Solange die Frauen gebären und die Begierden mächtig sind ... Ich bin ge-

kommen, die Werke des Weibes aufzulösen.» (→ Sexualität) Um die Fortpflanzung zu beenden, gingen gnostische Gruppen bisweilen zu Kindesmord und zu «heiliger Abtreibung» über.
Die christliche Kirche hat den Manichäismus aufs heftigste bekämpft. Während dessen Schriften verbrannt und seine offiziellen Anhänger verfolgt wurden, setzten sich die manichäischen Lehren jedoch in tieferen Schichten des christlichen Bewußtseins fest. Die christliche Sittenlehre radikalisierte sich unter dem Einfluß des Manichäismus. Auch der manichäische Dualismus blieb dem Christentum nicht fremd. Zum Charakteristikum der Christen wurden die Furcht vor dem Körper, dem Instinkthaften und den natürlichen Neigungen. Der Glaube an die böse Natur des Menschen wirkte u. a. in rigider christlicher Erziehung fort.

Gott

Ursprung des Glaubens an Gott
Die Antwort auf die Frage nach dem Ursprung der Gottesvorstellung ist umstritten. Die einen stellen den Gottesglauben an den Anfang, die anderen an das Ende der Religionsgeschichte. Seit der antiken philosophischen → Religionskritik gibt es Theorien, die die Entstehung des Glaubens an Götter aus dem Motiv menschlicher → Furcht und dem Bedürfnis nach Gerechtigkeit und Vergeltung herleiten. Nach der Theorie des → Animismus stand am Anfang der → Religion eine Weltanschauung, nach der alle Natur von → Geistern beseelt ist. Andere behaupteten, noch älter sei das Stadium magischen Macht- und Zauberglaubens (→ Magie) oder des → Totemismus und der Vergöttlichung sozialer Institutionen in einem kollektiven Gruppengeist.
Auf den biblischen → «Schöpfungsbericht», der einen uranfänglichen Ein-Gott-Glauben bei den Stammeltern des Menschengeschlechts voraussetzt, geht die Lehre des «Urmonotheismus» zurück: Bevor der Glaube in seinen animistischen und magischen, dämonistischen (→ Dämonen) und polytheistischen Formen (→ Polytheismus) verkümmerte und degenerierte, hätten die Menschen an den einzigen und allein wahren Gott geglaubt. Tatsächlich können weder die Quellenzeugnisse aus den Religionen der Naturvölker (→ Stammesreligionen) noch die Auswertung prähistorischer Objekte (→ Vorgeschichtliche Religion) diese Auffassung beweisen.
Heute erscheint es vielmehr sicher, daß am Anfang nicht ein Ein-Gott-Glaube stand, von dem der Glaube an viele Götter (Polytheismus) abgefallen wäre. Vielmehr ist der Monotheismus das Ende einer langen Entwicklung, die u. a. den Polytheismus voraussetzt. (→ Heilig) «Gott» ist eine späte «Erkenntnis» der Religionsgeschichte.

Entwicklung des Gottesglaubens
Die Kritik an den vielen und allzu menschlichen Göttern des polytheistischen Pantheons (Götterheiligtum) führte zu einer allmählichen Vereinheitlichung des Gottesbildes: Der eine Gott setzte sich auf Kosten seiner Götterkollegen an die Spitze der Götterhierarchie. Er wurde menschlich und personhaft vorgestellt. Aber das Weltbild verlangte nicht nur nach einem personalen höchsten Wesen, sondern auch nach einer Abstraktion, die die Einheit alles Seins gewährleistet. So wurde Gott als «Geist» verstanden, als gestaltloser höchster Intellekt (Verstand) und Wille.
Der Ein-Gott-Glaube ließ die Existenz anderer höherer Wesen wie → Engel, → Geister und → Heilige durchaus zu. Neben Gott trat auch, und zwar fast ebenbürtig, das Prinzip des Bösen (→ Teufel). Der Gottheit nahe standen Heilande und Offenbarungsmittler (z. B. im Christentum und im Islam). Gott selbst konnte in verschiedenen Erscheinungsweisen auftreten (z. B. als Trinität). Daran zeigt

sich, daß der Monotheismus kaum je konsequent verwirklicht wurde. («Islam) Entweder blieben die alten Vorstellungen der vielen Götter neben dem einen Gott erhalten, oder aber es wurden außer ihm gottähnliche Mittlergestalten eingeführt.

Pantheismus (Gott und Welt sind eins) und Mystik versuchten die Gottheit mit der ganzen Welt zu identifizieren und die Einheit zwischen Gott und Mensch im Kosmos und im Innern des Menschen herzustellen. Diese Idee konnte auch zu einer völligen Ablehnung des Gottesglaubens und zu einem religiösen → Atheismus (wie im alten → Buddhismus) führen.

In den theistischen Hochreligionen (Theismus: Glaube an einen persönlichen, überweltlichen Gott) lebt die personhafte Gottesgestalt fort, die der Polytheismus ausgebildet hat. Bisweilen wird die Gottheit als eine Autorität gedacht, die aktiv in die Schöpfung eingreift, manchmal aber erscheint sie als unnahbare ferne Majestät. Die Auffassung des «Deismus» spricht Gott alle lebendige Einwirkung auf die Natur und die Geschichte ab.

Das Bestreben des Menschen, Moral und Herrschaft unangreifbar, am besten durch Verankerung im Jenseits, zu begründen, und das Bedürfnis nach einem personhaften Gegenüber haben das theistisch-personhafte Gottesbild zur Erschließung des Daseinssinnes populär gemacht.

Christliche Gottesvorstellung: die Trinität

Das Interesse an Gott gilt letztlich der Frage nach der Möglichkeit des Heils für die Menschen. Deshalb haben die Christen Jesus Christus den Titel «Gott und Mensch» gegeben.

In der Bibel und in den frühen Glaubensbekenntnissen (→ Dogma) finden sich trinitarische Formeln (Trinität: Dreieinigkeit), die von «Vater», «Sohn» und «Geist» sprechen. Nur Gott wird als «Vater» bezeichnet, Sohn und Geist sind ihm untergeordnet. Damit könnte das wirkliche Gott-Sein von Sohn und Geist in Frage gestellt werden. Wäre aber Jesus Christus nur Mensch und nicht auch Gott, so würde das Heil seines «Opfertodes» für die Menschen ungewiß. Deshalb bestimmte das Konzil von Nicaea (325), daß der Sohn, wenn auch vom Vater «gezeugt», so doch «wesenseins» mit ihm sei. (→ Christologie) Das Heil für die Menschen muß einen metaphysischen (jenseitigen) Grund haben.

Als «Heiliger Geist» soll die Gestalt Gottes beschrieben werden, wie sie in der Gegenwart der Kirche wirkt. Er ist, so das Konzil von Konstantinopel (381), aus dem Vater «hervorgegangen». Durch ihn erhalten die Menschen göttliches Leben. Zusammen mit dem Vater und dem Sohn wird auch der Geist «angebetet und verherrlicht».

Im 11. Jahrhundert erklärte der Papst Benedikt VIII. (1012–1024), der Geist sei nicht nur aus dem Vater, sondern auch aus dem Sohn hervorgegangen. Die Ostkirche, nach deren Meinung jedoch der Geist «durch den Sohn aus dem Vater» hervorgegangen ist, empfand dies als Häresie und trennte sich im Jahr 1054 von der Westkirche.

Die Gotteslehre wurde immer stärker objektiviert, und allein die Kirche legte fest, was über Gott zu denken war. Wer falsch denkt, verliert das Heil. Das Heil wurde damit zu einer Frage des richtigen Denkens.

Existiert Gott?

Erst im 19. Jahrhundert begannen Theologen über die Frage nachzudenken, ob Gott überhaupt existiere; zuvor hatte die Existenz Gottes als unumstritten gegolten. Das hing damit zusammen, daß inzwischen der → Atheismus zu einer Massenbewegung geworden war. Die katholische Kirche schleuderte im 1. Vatikanischen Konzil (1868/69) den Bannstrahl gegen alle Ungläubigen: Wer Gott leugnet, wird ausgeschlossen. Gott ist Grund und Ziel aller Dinge. Der Mensch ist so abhängig, daß er seine eigene Existenz nur von Gott herleiten kann. (→ Vatikanum I und II)

Die Richtung, die das theologische Nachdenken über Gott inzwischen genommen hatte, konnte damit freilich nicht nachdrücklich beeinflußt werden. Metaphysik als selbstverständliche Voraussetzung von → Theologie war ins Wanken geraten. Als Ausgangspunkt theologischer und philosophischer Reflexion galt nun das menschliche Bewußtsein. Die altkirchliche Trinitätslehre und die Zweinaturenlehre (→ Christologie) waren fragwürdig geworden. Auf den Grundlagen philosophischer Spekulationen (G. W. F. Hegel, 1770–1831) und Theosophie (F. W. J. Schelling, 1775–1854), Biblizismus (J. T. Beck, 1804–1878), Konfessionalismus (A. F. Ch. Vilmar, 1800–1868) und historisch-kritischer Methode (Religionsgeschichtliche Schule) begann man die Frage nach Gott neu zu stellen. Eine betont optimistische Einschätzung eigener Fähigkeiten hatte dem menschlichen Selbstbewußtsein größeren Raum geschaffen. Ihr war die alte Lehre von der Erbsünde (→ Sünde), die ständige Rede vom Zorn Gottes und seinem Gericht über die Menschheit sowie der Rechtfertigung allein um Christi willen fremd geworden. Vernunft schickte sich an, dem Heiligen Geist den Rang streitig zu machen.

Kant (1724–1804) hatte die metaphysischen Reste der → Aufklärung in Frage gestellt, die griechischen und thomistischen Gottesbeweise (Thomas von Aquin, 1225–1274) widerlegt und Gott als Postulat (Denkforderung) der praktischen Vernunft formuliert: «Der Glaube an Gott und eine andere Welt ist mit meiner moralischen Gesinnung so verwebt, daß so wenig Gefahr ich laufe, die letztere einzubüßen, ebensowenig besorge ich, daß mir der erste jemals entrissen werden könne.» An die Stelle der Gewißheit, daß Gott existiert, trat das Postulat, daß es ihn geben müsse. Eine tiefe Erschütterung traf alsbald die kirchliche Gotteslehre. Unsicherheit und schließlich Interesselosigkeit breiteten sich aus. Hegel (1770–1831) hatte behauptet: «Gott ist ohne Mensch nicht mehr als der Mensch ohne Gott.» Seine Schüler machten sich daran, diese Formel konsequent auszulegen:

Feuerbach (1804–1872) ersetzte Theologie durch die Religion des Menschen und erklärte den Unterschied zwischen dem Göttlichen und dem Menschlichen als «illusorisch»: Der Mensch ist, was er ißt. Religion gelangt damit an ihr Ende. «Der Himmel ist leer, die Erde der Macht ohne Prinzipien ausgeliefert.» (Albert Camus) Der Mensch schien die Ketten der Unterjochung zerrissen zu haben. «Auch Götter verwesen! Gott ist tot! Gott bleibt tot! Und wir haben ihn getötet!» (F. Nietzsche: Die fröhliche Wissenschaft. Der tolle Mensch, 1881/82). Vom Tag der Erkenntnis an, daß es keinen Gott gibt, sollen «ein neuer Himmel und eine neue Erde» entstehen. Der Himmel verliere nun seine Bedrohlichkeit. Der Mensch übernehme endlich die Herrschaft über die Erde.

Die sogenannte «Gott-ist-tot-Theologie» der sechziger Jahre unseres Jahrhunderts wollte aufzeigen, wie heute, trotz der Erfahrung von der Abwesenheit Gottes, das Gespräch über Gott weitergeführt werden kann. Es gehe um die Frage, wo sich Gott von den Menschen noch finden läßt. So suchte Harvey Cox einen neuen Namen für die neue Gotteserfahrung dieser Zeit: Die moderne Großstadt erschien ihm als Gestalt des sich ausbreitenden Gottesreiches, an dem Gott und Mensch gemeinsam bauen. Martin Buber rief dazu auf, mit der

Hoffnung die Zeit der «Gottesfinsternis» geduldig zu durchmessen. Gabriel Vahanien vermutete, daß der Gott, unter dessen Abwesenheit die Menschen leiden, nichts weiter sei als die Vergöttlichung eigener religiöser und kultureller Überzeugungen des Menschen. Für Dorothee Sölle und Paul van Buren erfolgt die Antwort Gottes auf unsere existentiellen Fragen im Lebensweg und im Verhalten des Jesus von Nazareth, der stellvertretend die Rolle des toten Gottes übernommen habe. Herbert Braun und Manfred Metzger versuchten Gott neu aus der Qualität der Begegnung mit dem Nächsten, d. h. als eine bestimmte Art der Mitmenschlichkeit, zu verstehen. Jürgen Moltmann, Gerhard Sauter und Ulrich Hedinger formulierten unter dem Einfluß von Ernst Bloch die Annahme, daß Gott deshalb abwesend sei, weil seine Anwesenheit erst der Zukunft angehöre.

Griechische Religion

Im Griechenland des Altertums glaubten die Menschen an eine Vielzahl von Göttern, von denen angenommen wurde, daß sie über Glück oder Unglück der «Sterblichen» im Leben wie auch nach dem Tod entscheiden. Das ganze Leben war gegliedert nach dem Rhythmus religiöser Feste.

Seit dem 6. und 5. Jahrhundert vor Christus traten aber Philosophen auf, die die Existenz der Götter wie auch die Wirksamkeit solcher religiösen Praktiken bezweifelten. Da in der antiken Stadt zwischen Weltlichem und Religiösem, staatlichem Recht und göttlichem Recht kein grundsätzlicher Unterschied gemacht wurde, waren die atheistischen Philosophen verdächtig, die Staatsgesetze und die Regeln der Gemeinschaft zu verletzen. (→ Atheismus) Deshalb gab es im 5. und 4. Jahrhundert mehrere Prozesse gegen ungläubige Philosophen. 399 vor Christus warf man Sokrates vor, er «glaube nicht an die Götter, an welche die Stadt glaubt, versuche neue Götter einzuführen und verderbe dadurch die Jugend». Er wurde zum Tod verurteilt. Vor ihm hatten bereits Anaxagoras (500–428 v. Chr.), Protagoras (480–410 v. Chr.) und andere einflußreiche Männer wegen Gottlosigkeit vor Gericht gestanden. Anaxagoras hatte die Vernunft an den Anfang der Natur gestellt, und Protagoras hatte gemeint: «In betreff der Götter vermag ich nicht zu wissen, weder ob sie sind noch, daß sie nicht sind, noch welcher Gestalt; denn vieles hindert dies zu wissen, zumal die Dunkelheit der Sache und die Kürze des menschlichen Lebens.» Die Schrift, die mit diesem Satz beginnt, wurde öffentlich verbrannt, und Protagoras kam auf der Flucht ums Leben.

1. Die ältesten Kulte in Griechenland waren Ausdruck einer Hirten- und Bauernfrömmigkeit. Flüsse galten als heilig. Beim Überqueren eines Wasserlaufes wurden Opfer dargebracht. Man nahm an, daß Nymphen («Mädchen»), wohltätige Naturgottheiten, die Quellen und Bäche, die Wälder und Bäume, die Haine und Grotten, die Berge und das Meer bevölkern oder im Gefolge höherer Götter auftreten, während sie sich mit Musik und Tanz vergnügen. Wenn jemand plötzlich starb, so schrieb man dies den unsichtbaren Pfeilen der göttlichen Bogenschützen Apollon oder Artemis zu.

Der Kult bestand aus Akten der Reinigung, Gebeten und Opfern. In offiziellen Gebeten rief man in Athen die Götter, allen voran Athene und Zeus, an und erbat «Wohlergehen und Heil für die athenischen Bürger, ihre Frauen und Kinder sowie für das ganze Land und seine Verbündeten». Als Opfergaben verwendete man Wein, Milch, Kuchen, Erstlingsfrüchte der Ernte und vor allen Dingen Blutopfer. (→ Blut) In ältester Zeit wurden auch Menschen geopfert; an deren Stelle trat dann die Opferung von Hammel oder Mutterschaf, Kuh oder Rind, Schwein oder Ziege.

Wahrsager, die am Opfer teilnahmen, lasen aus den noch warmen Eingeweiden der Tiere oder aus der Leber die Zukunft. Wurden die geschlachteten Tiere verbrannt, so sprach man von Holokauston: dem Opfer zur Reinigung des einzelnen oder der ganzen Gemeinschaft. Unrein war, wer mit Geburt oder Tod in Berührung gekommen war oder wer selbst einen Menschen getötet hatte. Dem Kult und dem Göttlichen durfte man sich nur gereinigt nähern. Deshalb begannen jede Kulthandlung und jede Bürgerversammlung in Athen mit Reinigungsriten.

Der Totenkult hob am dritten Tag nach der Beisetzung eines Verstorbenen an. An den Jahrestagen des Todes trafen sich Angehörige und Freunde und brachten dem Toten Speise und Trank dar; denn man glaubte, daß die Verstorbenen unter der Erde weiterleben.

2. Die Zahl der griechischen Götter ist unbegrenzt und unübersichtlich, und die meisten von ihnen hatten nur örtliche Bedeutung. Die großen Götter bekamen ihre klassische Prägung im Epos Homers, insbesondere in der «Ilias» und der «Odyssee»: Dort bildet die Götterwelt eine himmlische Aristokratie, in der es zu erstaunlichen Vorkommnissen, zu Intrigen, Kämpfen und Hochzeiten, kommt. Die Helden des Epos sind Götterkinder oder Götterenkel: Herakles ist der Sohn des Zeus, Helena dessen Tochter; Achilles ist der Sohn der Meeresgöttin Thetis. Götterhandlungen und Menschenhandlungen greifen ineinander über und beeinflussen sich gegenseitig. Menschliches spiegelt Göttliches und umgekehrt.

In Fortführung kleinasiatischer Tradition bildete sich in Griechenland eine Gruppe von zwölf wichtigen Göttern heraus. An deren Spitze steht Zeus, der Himmelsvater, strahlender Tageshimmel, höchster Gott und Gott des Regens und Gewitters. In der Umgangssprache sagte man nicht «es regnet», sondern «Zeus regnet». Homer nennt Zeus den «Wolkensammler» und den «Dunkelwolkigen», der «in der Höhe Donnernde» und «Blitzesschleuderer». Er wohnt auf den Bergen, vor allem auf dem Olympos, der eigentlichen Götterwohnung. Wo ein Blitz einschlug, errichtete man dem «niederfahrenden Zeus» ein Heiligtum.

Der stärkste und potenteste der Götter hat eine Schar von Kindern, die er mit einer ganzen Reihe von Göttinnen, aber auch mit sterblichen Frauen, gezeugt hat. Zu den mächtigen Göttern zählen auch die Zeuskinder Apollon, Artemis, Hermes, Persephone, Dionysos, Athene und Ares (der einzige, der von Zeus' Gattin Hera stammt).

Hera, die Götterkönigin, wurde als Große Mutter verehrt. Ihr waren die ältesten und wichtigsten Tempel geweiht. Sie, die «in den Armen des großen Zeus» schlief, war die Göttin der Hochzeit und der Ehe; für Verführung und Genuß hingegen war Artemis zuständig.

Poseidon war der Gott der Fischer. Kronos, sein Vater, hatte drei Söhne; bei der Verlosung der Welt erhielt Zeus den Himmel, Hades die Unterwelt und Poseidon das Meer. Die Erde und der Götterberg Olymp hingegen gehören allen gemeinsam. Poseidon, der «Erderschütterer», ist auch Gott des Erdbebens und der Orakel.

Für die Athener war Athene (Athenaia, Athena) die Göttin schlechthin; die gewappnete Jungfrau, Göttin der Burg und der Stadt, heißt bei Hesiod (um 700 v. Chr.) die «schreckliche Weckerin des Kampfgewühls, Führerin des Heeres, eine Herrin, der Kampfgeschrei gefällt und Kriege und Schlachten»: Im Kampf steht sie den siegreichen Kriegern bei, beschützt aber auch das friedliche Handwerk, insbesondere Zimmerleute. Bekannt ist der Mythos ihrer Geburt: Zeus allein hat sie «geboren», ohne Mutter; mit einem Frauenschoß ist sie nicht in Berührung gekommen, sondern in voller

Rüstung dem Haupt des Zeus entsprungen.
Apollon, dessen Kult sich weit ausbreitete, trat mit Pfeil und Bogen auf. Er ist zugleich Gott der Pest und Gott des heilenden Liedes, Gott der Reinigung und des Orakels.
Artemis, «Herrin der Tiere», beherrscht die gesamte wilde Natur, die Fische, die Vögel, Löwen, Hirsche und Hasen. Als jauchzende Jägerin erlegt sie ihre Beute: Göttin der Jagd und der Jäger. Sie ist eine unberührte und unberührbare Jungfrau, und auch die Jäger müssen enthaltsam sein, wenn sie Jagdglück haben wollen (Jagd-Tabu). Artemis wacht über die Frauen im Kindbett, über die Initiation (Einweihung) der Mädchen und über die grausamen und blutigen Opfer.
Aphrodite ist die Göttin der Sexualität. Ihr Sohn heißt Eros («Liebesverlangen»). Zusammen mit Himeros («Sehnsucht») erscheint er als geflügelter Jüngling. Aphrodite ist mit der altsemitischen Liebesgöttin Ischtar (→ Babylonisch-assyrische Religion) verwandt, und beide Kulte kennen Tempelprostitution. (→ Sexualität) Aphrodite trägt einen bezaubernden Gürtel: «In ihm ist Liebe, Sehnsucht, Geplauder, Überredung.» Der Mythos ihrer Geburt erzählt, daß ihr Vater, Uranos (der Himmel), seine Kinder nicht ans Licht kommen ließ; da schnitt der Sohn Kronos dem Vater das Zeugungsglied ab und warf es aufs Meer, wo es auf weißem Schaum dahintrieb, während in ihm ein Mädchen heranwuchs, die schaumgeborene Aphrodite. Darstellungen der nackten Aphrodite waren jahrhundertelang die schönsten und berühmtesten Bilder einer Liebesgöttin.
Hermes, der Schelm und Götterbote, erfand, als Konkurrent des Prometheus, Feuer und Feuerzeug. Er drang bis zu den Toten der Unterwelt vor. Er ist der Patron der Hirten, der Diebe, der Herolde und der Bewacher der Gräber.
Demeter, die «Mutter», ist die Göttin des Getreides; sie füllt die Scheunen.
Dionysos, der Gott des Weines, ist – im Unterschied zu Athene – aus dem Schenkel des Zeus als einem «männlichen Mutterleib» hervorgegangen. Weingenuß und Sexualität gehören bei ihm zusammen. Der Wein verändert das Bewußtsein und steigert den Rausch bis zum «Wahnsinn», zur Mania: Rasen ist Zeichen gesteigerter geistiger Kraft.
Hephaistos, der Gott mit dem verkrüppelten Fuß, ist der Patron der Schmiede und steht mit dem Feuer und den Vulkanen in Verbindung. Der gepanzerte, «eherne» Ares – «unersättlich im Krieg», «vernichtend», «meuchelmordend» – verbreitet Furcht und Schrekken. Zeus mag seinen einzigen legitimen Sohn am wenigsten von allen: «Am verhaßtesten bist du mir unter den Göttern, die den Olymp innehaben; stets ist Streit dir lieb und Kriege und Schlachten.» Ares ist die Verkörperung des häßlichen Krieges; ihm müssen die kriegsführenden Heere opfern.
3. Während die staatlichen Kulte hauptsächlich das allgemeine Wohlergehen im Blick hatten, versprachen die → Mysterienreligionen ihren Anhängern persönliches Heil. Bei den Athenern standen die Mysterien von Eleusis zu Ehren der Demeter und ihrer Tochter Kore in besonderer Wertschätzung. Mit dem Ruf «Zum Meer, ihr Mysten!» eilten jedes Jahr die Bewerber um die Einweihung in die Mysterien zu einem Reinigungsbad, brachten Schlachtopfer dar und begaben sich auf die Heilige Straße von Athen zum zweiundzwanzig Kilometer entfernt liegenden Eleusis. Dort wurde nach einem Fastentag die Initiation vollzogen. Seit dem 5. Jahrhundert scheint es eine orphische Religion gegeben zu haben, die auf den thrakischen Sänger Orpheus, einen Jünger des Dionysos, zurückging. Orpheus hatte über die magische Kraft der Musik verfügt, war in die Unterwelt hinabgestiegen und schließlich von den

Mänaden (verzückte Verehrerinnen des Dionysos) zerrissen und verschlungen worden. Nach der Meinung der Orphiker ist die Seele aufgrund einer alten Schuld in den Körper wie in ein Gefängnis oder Grab verbannt worden. Jetzt muß sie den Kreislauf aufeinanderfolgender Leben und Wiedergeburten durchlaufen. Nur für die, die die Offenbarung des Orpheus kennen, gibt es einen Ausweg; zu den Bedingungen des Heils gehören Enthaltsamkeit und Askese. So entledigt sich die Seele alles Fleischlichen und Stofflichen und kann schließlich zu den Göttern emporsteigen.

Weit verbreitet war in Griechenland die Wahrsagerei, der es um die Ergründung des Willens der Götter für Gegenwart und Zukunft ging. Der Seher hieß Mantis, seine Kunst Mantik. Die Mantik basiert entweder auf Intuition und Eingebung oder auf der Auslegung bestimmter Zeichen, die den Willen der Götter symbolisieren. So galten Regen und Donner als «Zeichen des Zeus». An manchen Heiligtümern wurde die Zukunft aus den Geräuschen gelesen, die der Wind in den Blättern der Bäume verursacht. Vor allem galten der Flug der Vögel, der «Götterboten», oder die Eingeweide frisch geschlachteter Tiere als geeignetes Material für die Wahrsagerei. Epidauros war im 4. Jahrhundert wegen seiner wundersamen Heilungen bekannt. In Schlaf und Traum erhielt man Heilrezepte von Asklepios.

In hohem Ansehen stand das Heiligtum des Pythischen Apollo in Delphi. Dort gab Pythia, eine delphische Bäuerin, Privatleuten und Politikern aus dem unterirdischen Adython (dem Grab des Apollo), wo sie auf einem Dreifuß saß, «zuverlässige» und «unfehlbare» Orakel, die allerdings oft zweideutig waren. Delphi übte im 6. und 5. Jahrhundert einen ernormen religiösen, sittlichen und politischen Einfluß aus, und als Platon im 4. Jahrhundert seine Utopie des idealen Staates entwarf, gab er an, daß alle kultischen und sittlichen Fragen vom Delphischen Orakel zu regeln seien.

H

Hare-Krishna-Bewegung (Internationale Gesellschaft für Krishna-Bewußtsein)

Die Krishna-(Krsna-)Bewegung wurde 1966 in New York von Swami Prabhupāda (1896–1977) gegründet. «Seine Göttliche Gnade A. C. Bhaktivedanta Swami Prabhupāda verließ 1965 Indien und landete im Safrangewand mit einem Koffer und sieben Dollars allein in New York, um das Krishna-Bewußtsein in eine Welt hineinzutragen, die nur Unpersönlichkeit und Leere kannte.»

Wie bei den anderen neueren «Jugendreligionen», so kommen die jugendlichen Anhänger Prabhupādas hauptsächlich aus den Randzonen der Großstädte. Die Zentrale der Bewegung ist heute in Los Angeles; Zweiggruppen gibt es in Kanada, Japan, Australien, England und Frankreich; die deutschen «Zentren» sind in Hamburg, Heidelberg, Berlin und München. 1974 wurde das Schloß Rettersdorf im Taunus zur «ersten deutschen Schule für vedische Kultur und Philosophie». (→ Vedische Religion; → Hinduismus) Die jugendlichen Anhänger («Prabhus»), die auf den Straßen werben und ihre Schriften verkaufen, sind ein weithin bekannter Anblick. Seit 1980 haben sie ihre Zentrale in Jandelsbrunn, Kreis Passau.

Das Ziel, das Swami Prabhupāda verfolgte, beschrieb er so: «Diese Bewegung für Krishna-Bewußtsein versucht der gesamten Menschheit diese spirituelle Existenz zu bringen. In unserem gegenwärtigen, materiellen Bewußtsein haften wir an der sinnlichen, materiellen

Auffassung des Lebens, aber hingebungsvolles Dienen zu Krishna, das heißt Krishna-Bewußtsein, kann diese Auffassung sofort beseitigen... Wer solchen Dienst leistet, kann sofort – sogar in diesem gegenwärtigen Leben – befreit werden. Die meisten spirituellen Bemühungen sind materialistisch gefärbt, aber reines, hingebungsvolles Dienen ist transzendental zu jeder materiellen Verunreinigung. Diejenigen, die zurück zu Gott gehen wollen, brauchen nur die Prinzipien dieser Bewegung für Krishna-Bewußtsein anzunehmen und ihr Bewußtsein auf die Lotosfüße des Höchsten Herrn zu richten, des Persönlichen Gottes, Krishna.»

Zentrale Bedeutung im Glauben der Bewegung kommt Krishna zu, dem göttlichen Offenbarer der Bhagavadgita. (→Hinduismus) Mission besteht zu einem Gutteil darin, das Mantra (Dauergebet) zu singen: «Hare Krsna, Hare Krsna, Krsna, Krsna, Hare, Hare, Hare Rama, Hare Rama, Rama, Rama, Hare, Hare».

Wie «Krishna», so sind auch «Hare» und «Rama» hinduistische Gottesnamen.

Beim Eintritt in die Gesellschaft verändert der Krishna-Anhänger sein Leben völlig: Er läßt Elternhaus, Beruf, Schule und Freundeskreis hinter sich und erhält einen neuen Namen: Zeichen seines gewandelten Bewußtseins. Absoluter Vegetarismus gehört zu den Grundgeboten. Ohne jeglichen Besitz leben die Krishna-Gläubigen in «Tempeln», gemieteten Wohnungen oder Häusern.

Sexualität gehört, wie Essen, Schlafen, Verteidigung, zu den «vier Prinzipien» des Daseins. «Zweck der Ehe ist es, gute Kinder zu zeugen.» Nur einmal monatlich, wenn die Zeit zur Empfängnis am günstigsten ist, wird den Ehepaaren der Verkehr erlaubt. Der Swami: «Wenn die Männer mehr Geschlechtsverkehr haben, verlieren sie die Kraft, ein männliches Kind zu zeugen... Wenn das Geschlechtsleben nicht eingeschränkt wird, gibt es soviel Übles. Jetzt können wir die Nachteile tatsächlich sehen: Impotenz, keine Heirat und erhöhte weibliche Bevölkerung... Die Verschwendung von Samen verringert die Intelligenz.» (1975)

Der Tagesablauf der Krishna-Jünger wird von «Chanten» und von «Samkirtan» ausgefüllt. «Chanten» ist das unablässige Absingen des «Hare-Krsna»-Liedes. Mindestens 1728mal täglich soll dieser Vers aufgesagt werden. «Samkirtan» ist das öffentliche Tanzen und Singen zum Zweck der Werbung und des Geldsammelns. Das durchschnittliche Sammelergebnis eines Krishna-Tänzers liegt in Deutschland pro Tag angeblich bei 500,– bis 600,–DM, teilweise sogar bei über 1000,–DM. Die Jünger geben alles Geld ab und überwiesen zeitweilig von der Bundesrepublik Deutschland fast 1 Million DM monatlich an die Zentrale. (Angaben der Illustrierten «Stern», 1974)

Krishna-Bewußtsein ist «die Wissenschaft der Gottesgegenwärtigung». (Werbeflugblatt) «Die Aussprache des Namens ‹Krishna› stellt eine überweltliche Lautschwingung her. Durch diesen einfachen Vorgang des Singens der absoluten Namen Gottes, wie sie im Maha Mantra, dem großen Mantra, enthalten sind, ...findet man Vollendung in diesem Leben.»

Inhalt der Lehre ist im wesentlichen Verehrung Krishnas. «Krisna ist der Schöpfer aller Dinge, Krisna ist der Besitzer aller Dinge, Krisna ist der Genießende aller Dinge und der Freund aller Lebewesen.» Veränderung aller Verhältnisse soll herbeigeführt werden durch die Befreiung aus dem Kreislauf der ständigen Wiederverkörperungen der Seele. Das geschieht in der Hoffnung, «daß wir zu Krisna zurückkehren werden, wenn wir für Krisna denken, für Krisna chanten, für Krisna leben, für Krisna essen, für Krisna sprechen, für Krisna hoffen und

für Krisna uns erhalten. Das ist die Substanz des Krisna-Bewußtseins.»
Den Lohn aller Anstrengungen empfängt der Krishna-Jünger schon jetzt. Er erfährt das «transzendentale Glück», das sich unter verschiedenen Zeichen kundtut, nämlich als «1. sprachloses Innehalten, 2. Schweißausbruch, 3. Sträuben der Körperhaare, 4. Brechen der Stimme, 5. Zittern, 6. Ohnmacht, 7. ekstatisches Weinen, 8. Trance». (Aus einem Flugblatt)

Heilig

«Heilig» ist, was einer Gottheit angehört. Das Heilige ist von dem, was nicht heilig ist, d.h. vom Profanen (von lat. profanum, «was vor dem Heiligtum ist»), unterschieden und abgegrenzt.
Im «Heiligen» glaubte man die Wesensbestimmung von → Religion überhaupt gefunden zu haben: «Religion ist Begegnung mit dem Heiligen», das Heilige sei der allen Religionen gemeinsame Nenner. (F. Max Müller, 1876; N. Söderblom, 1916; G. van der Leeuw, 1933; F. Heiler, 1961; insbes. R. Otto: Das Heilige, 1963)
1. Das Heilige wird als das «ganz Andere» beschrieben, das sich von allem Menschlichen, aber auch von der normalen Welt unterscheidet. Dennoch tritt es an irdischen Gegenständen und Vorgängen in Erscheinung. Es gibt so gut wie nichts in der Welt, das nicht «heilig» werden könnte.
Das entscheidende Merkmal des Heiligen ist seine Macht – das Heilige ist das Machtvolle schlechthin. Machtvorstellungen beherrschen die Religionen so sehr, daß man sie überhaupt als Gefüge von Machtbeziehungen und Machtwirkungen erklären könnte. Gewaltsame Äußerungen der Natur wie Gewitter und Vulkanausbrüche oder die zerstörenden Kräfte von Wasser und Feuer können dem Menschen als Hinweis auf die Macht des Heiligen erscheinen. Das Heilige hat jedoch nicht nur zerstörende und vernichtende Kraft. Als helfende Macht greift es bisweilen rettend, befreiend und heilend, richtend und ordnungschaffend in das Weltgeschehen ein.
In zahlreichen persönlichen Göttern nimmt die Macht des Heiligen Gestalt an. In Indien verehrt man Indra, die Kraftfigur des vedischen Götterhimmels. (→ Vedische Religion) Rudra verkörpert die dämonisch-düstere Seite der göttlichen Macht. Auch der brahmanisch-hinduistische Shiva trägt Züge des Gewaltsamen und Grausigen. (→ Hinduismus) In der germanischen Religiosität stehen dafür Thor/Donar und Odin/Wotan. (→ Germanische Religion)
Eine Ursache für die Ausprägung dieser Seite der Religionen dürfte in dem Bedürfnis des Menschen nach Überwältigtwerden, nach Beherrschtsein von einer mächtigen Gottheit und nach Hingabe an einen gewalttätigen Herrschaftsanspruch liegen. Der religiöse Mensch will von der Gottheit überwunden, ja, «vergewaltigt» werden. Deshalb wird seine Beziehung zu Gott oft als Untertanen-, Sklaven-, Kindschafts- und Liebesverhältnis beschrieben, bei dem der Mensch die untergeordnete, passive Rolle einnimmt. (Vgl. 1. Mose 32,25–32; Jer. 20,7)
Das Heilige erscheint dem Menschen als befremdlich, fern und unheimlich. Deshalb sind die Gottesbilder mancher Völker beängstigend, seltsam und abstoßend. Man tritt Gott gegenüber «in → Furcht und Zittern». (Ps. 119,120)
Nicht selten tragen die Götter grausame Züge. Ursprünglich waren gute und böse Macht in einer einzigen Gottheit vereint. Erst die dualistischen Systeme (→ Dualismus) haben das Unheimliche aus Gott herausgelöst und in eine eigens dafür geschaffene Gestalt, den → Teufel, verlegt.
Dem religiösen Menschen tritt das Heilige aber nicht nur machtvoll, befremdlich und erschreckend, sondern bisweilen auch vertraut, angenehm und freundlich

entgegen. Die Beziehung zwischen Gott und Mensch kann dann als Freundschaft oder gar als Bruderschaft beschrieben werden. Ein solches Verhältnis unterstreichen vor allem die Mittlergestalten der Religionen. In vielerlei Formen kommt es zu Inkarnationen (Fleischwerdung, Menschwerdung) von Gottheiten. In den antiken Religionen drückt sich diese Vorstellung im Heroenkult aus. (Heros: Held, Halbgott) In Heilands- und Erlösergestalten fast aller Religionen geschehen «Epiphanien» (Erscheinungen) des Heiligen, um den Menschen Hilfe und Schutz zu gewähren. (→Jesus von Nazareth)

2. Ursprüngliche Manifestationen (→Offenbarungen) heiliger Macht machen sich meist an gewöhnlichen Objekten der Natur fest, an Steinen und Hölzern, Bergen und Hügeln, Bäumen und Büschen, aber auch an Tieren und Menschen. Man hat die Sphäre, aus der solche Erscheinungen des Göttlichen kommen, mit dem polynesischen Wort «Mana» bezeichnet. Lebende und Tote, Sachen wie Personen können Träger von Mana sein. Mana ist Wirksamwerden irrationaler Mächte in vielfältigsten Erscheinungsweisen.

Äußerlich tote Gegenstände (Steine, Mineralien, Metalle, Hölzer) werden lebendig, wenn sich das Heilige in ihnen manifestiert. Der Mensch kann beseelte Gegenstände auch selbst künstlich herstellen: Fetische (kraftgeladene Gegenstände) werden durch rituelle Handlungen mit heiliger Macht aufgeladen, geweiht und belebt. Waffen und Werkzeuge, Hoheits- und Würdezeichen, Hausgeräte und Kultgegenstände, aber auch Bücher und Schriften (→Heilige Schriften) können als Repräsentanten heiligen Lebens in Erscheinung treten. Die Bundeslade des Volkes Israel z. B. verkörperte den lebendig gegenwärtigen Jahwe. Südamerikanische Indianer glauben, daß in den großen Trommeln die Seelen der Stammesmitglieder wohnen. Heilige und geweihte Gegenstände des Christentums sind Altäre, Kruzifixe (→Kreuz), Reliquien (Überreste von Heiligen oder von deren Besitz), Gewänder, Glocken. Auch die Kultgebäude, die Tempel und Pagoden, Kapellen und Kirchen erscheinen den Gläubigen als erfüllt von heiligem Leben. Altarsakrament (→Sakrament) und Reliquien werden deshalb verehrt: Man grüßt sie, verneigt sich, entblößt oder verschleiert den Kopf, behandelt sie wie lebendige Menschen in Ritual- und Höflichkeitsgesten. (→Kultus)

In zahlreichen Religionen werden Pflanzen mit dem Charakter göttlicher Heiligkeit ausgestattet; denn an ihnen zeigt sich das «Mysterium» (Geheimnis) des Wachstums und der Fruchtbarkeit. Auch Tiere, vor allem Bären und Elche, Schlangen und Vögel, Rinder und Pferde, werden von der Aura des «Numinosen» (des Unbegreiflichen und Überwältigenden) umgeben. Zahlreiche Gottheiten, vor allem in Ägypten und in Indien, traten ursprünglich in Tiergestalt auf. Aber im Verlauf der Entwicklung der Religionen tritt die Tiergestalt zugunsten der Menschengestalt des Heiligen zurück. Auch von Machtträgern, Charismatikern (Charisma: Gnadengabe) und Propheten, Heilkünstlern und ekstatisch Besessenen (Ekstase: Außersichsein, Verzückung), Priestern, Herrschern und Kriegshelden können Kräfte des Numinosen ausstrahlen.

Die Verehrung derart besonderer Menschen trug dazu bei, daß ein gestalthaft-persönliches Gottesbild entstehen konnte. Als Heroen und Heilige leben sie in Buddhismus und Taoismus (→Chinesische Religionen), in Judentum, Christentum und Islam fort. Sie tauchen wieder auf im Glauben, daß sich Gott im Menschen «inkarnieren» könne. Andererseits kann der Gläubige durch das Erlebnis des Kultes und durch mystische Er-

fahrungen seinerseits gottähnlich, ja schließlich sogar zu einer Gottheit werden.
So träumt der Mensch in den Religionen den Traum seiner eigenen Vollkommenheit, seiner Würde und Schönheit.
Das Heilige manifestiert sich jedoch nicht nur in Gegenständen und Personen, es tritt auch in Vorgängen und Entwicklungen der Natur in Erscheinung. Dem Wasser, Seen und Flüssen, Bächen und Quellen, schreibt man heiligende, reinigende und sühnende Wirkung zu. Auch das Feuer, das irdische des Herdes und des Opfers, das innerirdische der Vulkane und das himmlische des Blitzes und des Sonnenlichtes, wird verehrt und nimmt in Sonnen- und Blitzgöttern personhafte Gestalt an. (→ Fegfeuer)
Den heiligen Kräften der Erde, des Pflanzlichen und Tierischen, treten die «oberen Kräfte» des Himmels und der Gestirne entgegen. Die Sonne ist lebensspendende Macht schlechthin, der Mond das Symbol der Fruchtbarkeit und des Weiblichen. Insbesondere von Hirten- und Nomadenvölkern werden Götter verehrt, die mit dem «Himmelslicht» in Zusammenhang stehen. Die Verbindung des Heiligen mit dem Astralen wirkt im Christentum fort: «O Gott, du schöner Morgenstern, gib, was wir von deiner Lieb begehrn.» (Johannes Zwick, gest. 1542) Der Himmel gilt als Ort der Götter, die Orientierung an «oben» und «unten» wird zum grundlegenden religiösen Denkschema. (→ Astrologie)
Häufig erscheint das kosmische Geschehen selbst als heilig. Für die Gesetzmäßigkeiten im Weltgeschehen treten die Licht- und Himmelsgötter als Rechts- und Ordnungsmächte ein.

Heilige (Heiligenkult)

In den Religionen sind Götter und Menschen häufig nicht allzu scharf voneinander getrennt. «Göttliche Menschen», die zwar weniger als Götter, aber mehr als normale Menschen sind, werden im Übergangsbereich zwischen Menschlichem und Göttlichem angesiedelt. Der Kult solcher «Heroen» (griech. «Herren») entwickelte sich an den Gräbern von Personen, die mitunter schon zu Leibzeiten mit besonderer Macht ausgestattet waren. Diesen Heilsgestalten wurden blutige → Opfer, Früchte und vielerlei Geschenke dargebracht. Oft feierte man in den Heiligtümern, die über ihren Gräbern errichtet worden waren, kultische Mahlzeiten. (→ Totenbestattung, → Abendmahl)
In christlicher Zeit wurden die → Märtyrer in ähnlicher Weise wie zuvor die antiken Heroen verehrt. Märtyrer und Heilige entwickelten sich zu christlichen Zwischenwesen, die bis in die göttliche Sphäre hineinreichen. Wenn in der Frühzeit des Christentums ein christlicher Mitbürger von der nichtchristlichen Staatsmacht wegen seines Glaubens angeklagt, verurteilt und schließlich hingerichtet wurde (→ Christenverfolgungen), sammelten seine Glaubensgenossen die Überreste, begruben sie und versammelten sich am Jahrestag seines Todes in festlichem Gedenken. Der Name des Hingerichteten wurde in die Liste der kirchlichen Märtyrer (Martyrologium) aufgenommen. An den Gräbern der Märtyrer entwickelte sich ein Kultfest, und man errichtete dort eine Kapelle oder gar eine Kirche (Basilika) als Heiligtum. Dorthin wallfahrteten die Gläubigen. An den Gräbern wurden Gebete um Heilung, um Hilfe, um Regen verrichtet. Man brachte Gaben zum Heiligtum, behängte es mit Kränzen, Tafeln und Stoffstücken, zündete Lampen an, vergoß viele Tränen beim Gebet und feierte gemeinsame Mahlzeiten.
An den Heiligengräbern ereigneten sich erstaunliche → Wunder; wer im Heiligtum schlief, konnte u. U. Offenbarungen im Traum empfangen. Die Heiligenfeste entwickelten sich schließlich zu populären Volks- und Marktfesten.

Man schrieb dem Leib des Heiligen göttliche Eigenschaften zu: Er verbreite Licht; allein schon sein kleiner Finger könne beispielsweise einen festgefahrenen Wagen wieder ins Rollen bringen. Durch Berühren konnte sich jeder die Macht des Heiligen selbst aneignen. Deshalb werden bis heute Überreste von Heiligen, die man mitunter in Glasbehältern aufbewahrt, andächtig geküßt.

Der Heilige ist eine Reliquie: ein mächtiges Ding. Glücklich kann sein, wer selbst in der Nähe eines Heiligengrabes seine letzte Ruhestätte findet. Im Mittelalter führte man um die Gräber und Reliquien von Heiligen sogar Kriege. Bisweilen wurden ihre Leichen geraubt, weil man sie für Zwecke der Krankenheilung oder zur Abwehr der Pest brauchte. Um die heilsame Wirkung eines Leichnams zu vervielfältigen, zerschnitt man die Heiligenreliquien und verkaufte die Einzelteile, denen man jeweils die gleiche Machtwirkung wie dem ganzen Körper zuschrieb. Später unterschied man zwischen wichtigen, weniger wichtigen und geringerwertigen Stücken.

Als besonders wundermächtig galten z. B. die Schweißtücher des Apostels Paulus. Im 4. Jahrhundert fand sich in Jerusalem das Kreuz Jesu mitsamt seinen Nägeln. (→ Konstantin der Große) In aller Welt gibt es heute «Kreuzpartikel» voll übernatürlicher Kraft. Entdeckt wurden auch die Säule, an der Jesus gegeißelt worden war, der Speer, der seine Seite durchbohrt hatte, der Schwamm, der ihn getränkt hatte, seine Dornenkrone und seine Leichentücher. Krankheiten, Brände und Stürme wurden mit Hilfe dieser Reliquien bekämpft. Die Zahl der vorhandenen Reliquien wurde beliebig vergrößerbar, als man dazu überging, andere Gegenstände durch Berührung der Originalreliquie mit heiliger Kraft «aufzuladen». Heute noch werden mehr als vierzig Tücher vom Grab des Herrn und zahlreiche heilige Röcke Christi verehrt.

Das Interesse an Heiligen beschränkte sich ursprünglich auf heilsmächtige Leichen; mit lebendigen Heiligen konnte man hingegen weniger anfangen. Heiligenkult ist Totenkult. Für die Heilsmächtigkeit eines Toten ist es mitunter sogar völlig unwichtig, was er im Leben wirklich getan hat.

Unter den katholischen Heiligen gibt es neben Märtyrern auch Lehrer, Propheten, Nationalhelden und ganz einfache Leute. Ansonsten sind auch Götter und Heroen als Heilige in die christliche Kirche eingewandert. (Aus Apollo mit dem Beinamen Ephoibios wurde der heilige Ephebus, aus Dionysos mit dem Beinamen Eleutherios [Erlöser] der heilige Eleutherius usw.) Als eingebürgerte Heilige vollbrachten sie übrigens die gleichen Wunder wie zuvor als heidnische Schutzgottheiten.

Die Heiligen erwiesen sich durchaus als Bereicherung des Volksglaubens (→ Aberglaube) und als ungemein praktische Hilfen. «Wenn jemand ein Zahn wehe tät, der fastet und feiert St. Apollonia, fürchtet er sich vor Feuernot, so macht er St. Lorenz zum Nothelfer; fürchtet er sich für Pestilenz, so gelobt er sich zu St. Sebastian oder Ottilie; Rochus wird bei Augenkrankheiten angerufen, Blasius bei Halsschmerzen, Antonius von Padua bringt verlorene Gegenstände wieder zurück.» (Luther, 1483–1546)

Die Heiligen wurden zu regelrechten Familiengöttern der Christen. Jeder Stand bekam seinen Patron: die Tischler und Maler, Schuster und Bierbrauer. Im Mittelalter huldigten die Prostituierten Magdalena als ihrer Standesheiligen.

Bevor die katholische Kirche jemanden in die Schar der Heiligen aufnimmt (Kanonisation), verlangt sie eine Beglaubigung durch Wunder, die nach dem Tod der betreffenden Person gewirkt worden sein müssen. Außerdem muß dieser Mensch ausgesprochen tugendsam gelebt haben. Tugend und Wunder gelten

nämlich als miteinander verwandt. Der Papst persönlich vollzieht die Heiligsprechung. Von der betreffenden Person gilt dann, daß sie im Himmel mit Christus regiert und überall in der Kirche verehrt werden muß.
Der Kanonisation geht die «Seligsprechung» voraus. Dafür kommen nur Personen in Betracht, deren schriftlicher Nachlaß theologisch einwandfrei ist und deren persönliche Heiligkeit außer Zweifel steht. Sie müssen die «Kardinaltugenden» in «heroischem Maß» geübt haben. Besonders begünstigt sind Menschen, die um des Glaubens willen getötet wurden. Auf ihre Fürbitte hin müssen allerdings auch (zwei bis vier) Wunder geschehen sein.

Heilige Schrift(en)

Heilige Schriftzeichen
In vielen Religionen gilt das geschriebene Wort als →Heilig. Die Möglichkeit, Gedanken und Wort mittels der Schrift festzuhalten, war schon für die alten Ägypter so erstaunlich, daß sie die Hieroglyphen (altägyptische Bilderschrift), die «heiligen Eingrabungen», wie Zauberwesen betrachteten. Die gleiche Zauberkraft wie das gesprochene Wort konnte allerdings auch das geschriebene Wort haben. Die Runen der Germanen waren ursprünglich leise geraunte Zauberwörter, die als in Stein, Holz oder Rinde eingeritzte Schriftzeichen zugleich Zauberzeichen wurden: Wer die Runen beherrscht, kann zaubern.
In vielen Völkern, bei den Babyloniern, Ägyptern oder Kelten, galten die Götter selbst als Erfinder der Schrift. Auch im Christentum zeigt sich noch eine besondere Achtung gegenüber den Schriftzeichen in der Alphabet-Mystik: A und O (Alpha und Omega, der erste und der letzte Buchstabe des griechischen Alphabets) erscheinen in der Apokalypse des Johannes (→Apokalyptik) und in der christlichen Kunst als Christussymbol.

Zaubersprüche
Noch zauberkräftiger als Schriftzeichen sind indes Zauberformeln. Auf Bänder oder Scherben geschrieben, kann man sie als Talismane und Amulette («Abwehr-» und «Schutzmittel») am Hals tragen. Im alten Griechenland wurden Zaubersprüche und Flüche auf Tontafeln geschrieben und in der Nähe dessen, den man schädigen wollte, vergraben. (→Fluch) Auf Gebetsriemen schreiben die Juden das «Schema Jisrael», die Bekenntnisformel «Höre, Israel, Jahwe ist unser Gott, Jahwe ist einzig» (5. Mose 6,4), und auf Amuletten der Christen stehen Heiligennamen oder Bibelstellen. An heiligen Stätten (z. B. in Kirchen) werden bisweilen Briefe als Bittschriften niedergelegt. Ein letzter Rest Zaubersprüche sind noch die Wandsprüche (Bibelzitate) mit oder ohne Heiligenbilder, die man manchmal in katholischen und protestantischen Haushalten findet.

Schriftreligionen
Das geschriebene Wort verleiht einer Religion Dauer. Denn wenn eine schriftlose Religion ausstirbt, sterben auch ihre Anschauungen und Erkenntnisse. Anders die Schriftreligionen. Ein ägyptischer Papyrus (aus einer vom tropischen Afrika bis nach Sizilien verbreiteten Staude hergestelltes Schreibmaterial der Antike) besagt: «Ein Mensch vergeht, und sein Körper wird zu Erde; all seine Mitmenschen zerfallen zu Staub. Aber Schriften lassen ihn fortleben im Munde des Vorlesers. Die Menschen sind gegangen, ihr Name wäre vergessen; aber Schriften halten die Erinnerung an sie wach.»
Unter den Schriftreligionen gibt es solche, die ihre Texte für kanonisch, das heißt normativ, autoritativ und unfehlbar, erklärt haben. (→Kanon) Es wird behauptet, daß diese Schriften göttlichen Ursprungs seien; als solche hätten sie teil an der Ewigkeit Gottes.

Derartige →Bibeln können schon in grauer Vorzeit entstanden sein. So etwa die Veden des alten Indien (→Vedische Religion) oder die fünf ching, die kanonischen Bücher der chinesischen Reichsreligion. (→Chinesische Religionen)
Die anderen Bibeln der Menschheit sind auf dem Boden von Religionen entstanden, die einen Stifter haben: die kanonischen Schriften der mystischen Erlösungsreligionen Indiens (des →Jainismus, →Buddhismus, →Taoismus) und die Bibeln der prophetischen Offenbarungsreligionen. Zu letzteren gehören das →Judentum, das die Thora mit den «Propheten» und den «Schriften» hat, das Christentum mit dem →Neuen und mit dem →Alten Testament und der →Islam mit dem →Koran.
Außer den kanonischen Texten gibt es in den Religionen auch Schriften mit geringerer Autorität, wie z. B. Mischna (mündliche Gesetzeslehre, Ende des 2. Jahrhunderts aufgeschrieben) und →Talmud (rabbinische Auslegung der Thora) im Judentum und die Schriften der «Apostolischen Väter» im Christentum (die Briefe des Clemens, Barnabas Ignatius, Polykarp, der «Hirte des Hermas» und die Zwölfapostellehre). Hierzu sind die «apokryphen» (verborgenen) Schriften zu zählen, die von den Religionsgemeinschaften als minderwertig oder ketzerisch ausgeschlossen wurden. Diese Schriften standen ursprünglich gleichrangig neben denjenigen, die später als kanonisch galten. (→Ketzer)
Außer den Schriften, die tatsächlich ins Neue Testament aufgenommen wurden, kennt das Christentum eine ganze Reihe weiterer Evangelien, Apostelakten, Apostelbriefe und Apokalypsen (→Apokalyptik), die in frühchristlicher Zeit für ketzerisch erklärt wurden, mitunter aber in der Volksfrömmigkeit dennoch weiterlebten (wie etwa die Kindheitsevangelien Jesu und das Buch vom Hinscheiden Marias). Andererseits blieben einzelne neutestamentliche Schriften (wie der Hebräerbrief, die Katholischen Briefe, d. h. Jakobus, 1. und 2. Petrus, 1., 2. und 3. Johannes und Judas, und die Apokalypse des Johannes) lange Zeit umstritten. Schließlich entschieden die Religionsgemeinschaften aufgrund bestimmter theologischer oder religionspolitischer Werturteile über die Würdigkeit solcher Überlieferungen.
Sobald aber die Entscheidung gefallen und der vorangegangene Streit vergessen war, galt das kanonisierte Schriftum als «göttlich», «heilig», «ewig» und «unveränderlich». In den Religionen, die die Vorstellung eines persönlichen Gottes haben, führte man die Schriften, über deren Wert man eben noch uneins gewesen war, auf göttlichen Ursprung zurück. Die altindischen heiligen Schriften etwa sollen durch einen Schöpfungsakt des Herrn aller Geschöpfe entstanden sein. Bisweilen heißt es auch, der Religionsstifter selbst habe sie «ausgehaucht». Die Veden sollen von den Göttern, indem diese ihren Samen in einen Krug ergossen, gezeugt worden sein. Manche der heiligen Bücher, die angeblich von Gott höchstpersönlich gemacht sind, stammen aus dem Himmel. Der →Koran etwa gilt als das «vom Himmel auf den Propheten herabgesandte Buch».
Manche Schreiber heiliger Bücher wollen den Inhalt ihrer Schriften indes in Visionen («Schauungen») und Auditionen (Hörerlebnissen) oder während einer inneren Erleuchtung empfangen haben. Alttestamentliche Propheten hörten Jahwes Wort und schrieben es auf. «Und Jahwe sprach zu mir: ‹Nimm vor dich eine große Tafel und schreibe darauf!›» (Jes. 8,1) Die Juden glauben, daß der Pentateuch (die fünf Bücher Mose) nichts weniger als das Gottesgesetz sei, das Jahwe Moses auf dem Sinai diktierte. (Vgl. auch 2. Mose 24,4; Apk. 2) Mohammed hörte die Worte des Korans aus dem Mund des Erzengels Gabriel.

Inspiration
Die Inspiration (Eingebung, Einhauchung) des Verfassers einer heiligen Schrift kann auch dadurch erfolgen, daß er die göttlichen Worte «schaut». (Jes. 1,1; Apk. 1,11) Alles läuft auf die Betonung dessen hinaus, daß nicht der Mensch, sondern ein Gott selbst Urheber der heiligen Schrift sei. Die Verfasser schrieben «getrieben vom Heiligen Geist». (2. Petr. 1,21) Philo von Alexandrien (ca. 13 V. Chr. bis 40 n. Chr.), der Judentum und Hellenismus miteinander versöhnen wollte, beschrieb diesen Vorgang so: «Bisweilen fing ich leer an und kam ohne weiters zur Fülle, indem die Gedanken wie Schneeflocken oder Samenkörner von oben her unsichtbar herabgeflogen kamen und es mich wie göttliche Kraft ergriff und begeisterte...»
Von vielen außerchristlichen Schriftstellern sind ähnliche Beschreibungen des seelischen Zustandes der Inspiriertheit überliefert. Das theologische Inspirationsverständnis der kirchlichen Gemeinschaften unterscheidet sich jedoch völlig von derart persönlichen Erfahrungen. Die Kirchen haben meist solche Schriften für «inspiriert» erklärt, deren Verfasser sich keineswegs so gefühlt haben. «Inspiration» wurde dabei zum «Beweis» für Irrtumslosigkeit und unangreifbare Autorität einer Schrift. Alle ihre Inhalte, die religiösen, ethischen und profanen (naturwissenschaftlichen oder historischen), galten nun als gleichermaßen unumstößlich. Wer an ihnen zweifelte, war ein Ketzer.
Seinen äußeren Ausdruck findet der mit dieser Lehre einhergehende Biblizismus in der kultischen Verehrung des heiligen Buches. (→Fundamentalismus) In manchen Religionen ruft man die kanonischen Schriften wie göttliche Wesen an. Im jüdischen Gottesdienst wird die Thora-Rolle mit dem Zipfel des Gebetsmantels berührt und geküßt. Muslime küssen den Koran. Bei den östlich-orthodoxen Christen trägt man das Evangelienbuch in feierlicher Prozession durch die Kirche; Katholiken beräuchern und küssen es nach der Verlesung des Evangelientextes; auf dem Altar der evangelischen Kirchen liegt die Bibel unter dem Kreuz.
Eine alte Sitte ist es, heilige Schriften und einzelne heilige Sprüche als Orakel und zu Zauberzwecken zu benutzen. Schon in altkirchlicher Zeit gab es den Brauch, mit geschlossenen Augen und aufs Geratewohl den Daumen auf eine beliebige Bibelstelle zu legen, um so eine Antwort auf eine gerade anstehende Frage zu bekommen. Volkssitte war es auch, bei Kopfweh die Bibel auf die schmerzende Stelle zu halten und bei Gewitter etwa den Prolog des Johannesevangeliums zu sprechen. So wurde das inspirierte Buch zum Idol und regelrechten Zaubermittel.
Die Religionen neigen dazu, ihre eigene inspirierte Schrift zu verabsolutieren und gleichzeitig die heiligen Schriften anderer Religionen herabzusetzen: Gottesoffenbarung gibt es nur in den eigenen Texten.
Dabei ist der Prozeß der Niederschrift religiöser Erfahrung und die Kanonisierung der aufgeschriebenen Texte in Wirklichkeit immer schon ein Punkt der Erstarrung in der Entwicklung der Religion. In den inspirierten Schriften bauen sich die Religionen gleichsam ihr eigenes Mausoleum: Die Gottheit hört nun auf, sich direkt zu offenbaren, und an die Stelle des einstmals direkten Verkehrs mit ihr tritt die vermittelnde Funktion der Gemeinde und des heiligen Buches. So wird religiöses Erleben dem Bedürfnis nach einer absoluten, festgeschriebenen Autorität geopfert.
Die Lehre, daß eine Schrift heilig und inspiriert sei, geht immer von einer Gemeinde aus. Da diese die Schlüssel der Kanonisierung in Händen hält, hat sie auch Macht über die Gläubigen. Der Glaube an die Irrtumslosigkeit einer Schrift stellt denn auch einen der Macht-

faktoren der Religionsgemeinschaften dar. Der einzelne Gläubige wird religiös entmündigt. Er muß sich in religiösen Dingen an einen Kenner, den Klerus, halten. Der Klerus aber propagiert die Unfehlbarkeit der Kirche auch aus eigenem Interesse. Die Unfehlbarkeit der Schrift und die Unfehlbarkeit der Kirche fallen somit zusammen. So ist es in den Religionen Indiens, im Islam, im Judentum und im Christentum. Die katholische Kirche hält trotz offensichtlicher und gravierender Irrtümer des kirchlichen «Lehramtes» bis heute an der Behauptung fest, die päpstliche Verkündigung der Wahrheit sei durch alle Jahrhunderte hindurch unfehlbar gewesen.

Heilsarmee

Um «den Gestrandeten das Evangelium der Liebe Jesu» zu bringen, gründete der ehemalige Methodistenprediger William Booth (1829–1912; →Evangelisch-methodistische Kirche) 1865 die Ost-Londoner Erweckungs-Gesellschaft. Er predigte in Kneipen und Elendsvierteln. Evangelisation und soziales Engagement waren in seinem methodistischen Glauben ganz und gar miteinander verbunden.

Die zu Christus «Bekehrten» sollten einer strengen Zucht unterworfen und zu einem «heiligen Leben» angeleitet werden. Deshalb entwickelte Booth einen religiös-militärischen Führungsstil und nannte seine Missionsorganisation «Salvation Army» (Heilsarmee).

In der nach militärischem Vorbild aufgebauten Heilsarmee gibt es Offiziere, Soldaten, Uniformen, Fahnen, Musikkapellen. Die «Streiter Jesu» organisieren «Feldzüge» und folgen dem «Kriegsruf» ihres Generals. So brachten sie es zu beträchtlichen sozialtherapeutischen Erfolgen in vielen Ländern aller Kontinente. Zu ihren Arbeitsschwerpunkten gehört die Betreuung von Strafentlassenen, Prostituierten, verwahrlosten Jugendlichen, Trinkern, Arbeitslosen. Etwa eine Million «Heilssoldaten» sind heute in «Evangelisationsfeldzügen» tätig.

Jeder, der Heilssoldat (salutist) werden will, muß eine Reihe von Glaubens- und «Kriegsartikeln» unterschreiben. Darin verpflichtet er sich zum «Bekenntnis der persönlichen Erfahrung des Heils», gelobt «Trennung von der Welt», Treue zur Heilsarmee, Gehorsam den Offizieren gegenüber, gänzliche «Enthaltsamkeit von allen berauschenden Getränken und verderblichen Rauschgiften» und verspricht, jede freie Zeit, alle Kräfte und alles Vermögen der Förderung des Heilskrieges zu weihen.

Ziel der Heilsarmee ist es, «das Blut Jesu Christi und das Feuer des Heiligen Geistes in jeden Winkel der Welt zu tragen». Uniformen, Musikkapellen und Gesangsgruppen gelten als geeignetes Mittel des öffentlichen Christuszeugnisses auf Straßen und Plätzen, insbesondere aber «an allen Stätten der sittlichen Gefährdung» (z. B. in Wirtshäusern, Bordellen, Gefängnissen).

Hellenismus

Der Begriff «Hellenismus» kam im 19. Jahrhundert als Bezeichnung für die geschichtliche Epoche auf, die von Alexander dem Großen (356–232 v. Chr.) über die Zeit des Römischen Reiches unter Augustus (63 v. Chr. – 14 n. Chr.) bis etwa 200 n. Chr. reichte. Die ganze Menschheit sollte damals unter dem Leitbild der Humanität griechischen Geistes vereint werden. Was Alexander bei seinem Vordringen nach Osten an orientalischer Kultur vorgefunden hatte, war ins griechische Denken eingegangen und hatte zur Idee eines «Weltbürgertums» und zu einer allgemeinen Individualisierung des Lebensgefühls beigetragen. Der Hellenismus schloß die römische Weltmonarchie zu einer Einheit zusammen. Das Spätgriechische (Koine) wurde zur Einheitssprache des Reiches.

Alle christlichen Schriftsteller der ersten

Jahrhunderte schrieben griechisch. Sie versuchten die Aussagen des Christentums in jenen Formen, Begriffen und Vorstellungen auszudrücken, die der Hellenismus ausgebildet hatte.
Das griechische Denken kreiste, bei aller Freude an Schönheit und Lebensgenuß, um die Frage nach Vergänglichkeit und Tod. Als Lösung dieses Problems erschien die Idee des → ewigen Lebens; unbegrenztes Leben galt zunächst als Vorrecht der Götter, → Ewigkeit als Eigenschaft der göttlichen Natur. Will der Mensch den Schrecken des Todes überwinden, so bleibt ihm nur der Weg, der zur Teilhabe an der göttlichen Natur führt: selbst Gott zu werden. Diese Vergottung ist nicht – wie im Judentum und im Christentum – Erlösung von Sünde und Schuld, sondern Überwindung der Sterblichkeit, die am Leib haftet.
Auf die Frage nach dem Sinn des Lebens und nach der Entstehung der Welt fand das griechische Denken eine gänzlich andere Lösung als das Alte Testament, das die Welt als Welt Gottes versteht. (→ Schöpfung) Die griechischen Philosophen suchten nach einer letzten Einheit hinter der Vielfalt der Erscheinungen. Sie erklärten die Gestalt der Welt als Kosmos (Universum), das Gestaltete als Stoff. Durch eine Kraft, durch Idee oder Geist, wird das Material in eine Form gebracht. Der Mensch gehört zum Kosmus und hat an dessen innerer Harmonie teil. Die harmonische Gestaltung seiner Seelenkräfte macht seine Glückseligkeit aus. Wer die Ordnung des Alls erkennt, wird auch richtig handeln können. In Übereinstimmung mit dieser Ordnung ist der Mensch frei. (→ Glück)
Der unsterbliche Gott und der sterbliche Mensch sind nicht völlig voneinander getrennt; im Menschen gibt es einen göttlichen Funken als Logos (griech. Wort, Vernunft) oder Idee, Geist oder Verstand. Da der Körper erdgebunden und vergänglich ist, muß es das Ziel des Lebens sein, den göttlichen Funken aus seinem Leibgefängnis zu befreien. Dann erst lockt die «Einung mit Gott». (→ Mysterien; → Gnosis)
Der Weg dorthin ist ein Weg der «Erkenntnis». Der hellenistische Drang zur Erkenntnis ist so stark wie der Drang zum Leben: Erkenntnis bedeutet soviel wie Leben. Das Denken kann stufenweise zur Gottheit führen. Der vollkommene Mensch, der «Gnostiker», ist auch der Gottmensch.
Im 2. Jahrhundert begann der griechische Geist verstärkt ins Christentum einzuströmen: Die Entstehung von Dogma und Theologie sind darauf zurückzuführen. Die «Apologeten», die Verteidiger des Christentums gegenüber der heidnisch-hellenistischen Umwelt, setzten den griechischen «Logos» mit dem jüdischen «Menschensohn» gleich und bezogen beide auf Jesus von Nazareth (→ Christologie): Die Weltvernunft selbst ist in der Gestalt Jesu unter uns erschienen. So sollte die Bedeutung des Mannes aus Nazareth metaphysisch gedeutet werden.
In der Folge dieser Interpretation konnte nun das Christentum seinen eigenen Anspruch weltweit ausdehnen. Als Vorgeschichte der christlichen Religion galt jetzt nicht mehr nur die «Heilsgeschichte» Israels, wie sie das Alte Testament erzählt, sondern darüber hinaus auch die gesamte bisherige Religions- und Geistesgeschichte der Menschheit bis hin zu ihrem abschließenden Höhepunkt: der Erscheinung des Christentums. Damit erklärte sich die christliche Religion selbst zur Universalreligion, zur Krönung aller Religionen, ja zur ersten und ältesten Religion der Welt, zur «Religion Adams». «Die vollkommene Religion, die durch die Predigt Christi zu uns gekommen ist, ist nicht neu oder fremd, sondern in Wahrheit die erste, einzige und wahre.» (Eusebius von Cäsarea, 260–339) (→ Absolutheitsanspruch des Christentums) In allen Religionen, so die

Behauptung der Christen, habe sich nämlich der Logos bereits teilweise geäußert (als logos spermaticos: «Samen-Logos»), bis er in Christus schließlich in seiner ganzen Fülle Gestalt annahm. Deshalb können auch Sokrates und Platon zu den Erlösten zählen.
In späterer Zeit gab es immer wieder neue Schübe einer «Hellenisierung» des Christentums. In der Renaissance seit dem 13. Jahrhundert wurde die verlorene aristotelische, platonische und neuplatonische Literatur auf dem Weg über Juden und Araber (insbesondere über die arabischen Bildungsstätten in Spanien: Toledo, Salamanca) neu entdeckt. Die Renaissance des 16. Jahrhunderts wollte daraufhin in Anlehnung an die griechische Tradition ein vernunftgemäßes Christentum und eine natürliche Religion entwickeln. Der Humanismus pflegte die Literatur des vorchristlichen und christlichen Altertums, und Erasmus von Rotterdam (1466 oder 1469–1536) gab der Exegese durch seine Ausgabe des griechischen Neuen Testaments neue Impulse. (→ Auslegung)
Die eifrigsten Bekämpfer dieser vermeintlichen «griechischen Verfälschung» des Christentums waren Pietisten (→ Pietismus), Erweckte (→ Erweckungsbewegung), evangelikale Freikirchen und Anhänger der sogenannten → Dialektischen Theologie des 20. Jahrhunderts, die Front machten gegen Humanisierung, Rationalisierung und «natürliche Religion» im Christentum.

Herrnhuter Brüdergemeine (Evangelische Brüder-Unität)

Aus hussitischem Erbe (Johannes Hus, tschechischer Reformator, geb. nach 1370, verbrannt 1415) entstand 1457/58 in Böhmen die «Gemeinschaft der Brüder des Gesetzes Christi», die die Bibel als höchste Autorität für Lehre und Leben der Christen ansah. Im 16. Jahrhundert schloß sie sich an lutherische und reformiert-calvinistische Überzeugungen an. Ihr bedeutendster Vertreter war Amos Comenius (1592–1670). Als Böhmen und Mähren nach 1620 gewaltsam rekatholisiert wurden, flohen ihre Anhänger und gründeten zahlreiche neue Gemeinden im Exil.
Emigrierten mährischen Brüdern bot der Graf Nikolaus Ludwig von Zinzendorf (1700–1760) auf seinem Gut Berthelsdorf eine neue Heimat. So entstand die Kolonie Herrnhut, die die alte Tradition mit pietistischer Frömmigkeit und lutherischem Rechtfertigungsglauben verband. Charakteristisch für sie sind kleine intime Seelsorgegemeinschaften, nach Alter, Geschlecht und Familienstand gegliederte «Chöre» (Gemeindegruppen), Singstunden, Stundengebete und «Losungen» (seit 1731 jährlich gedruckt).
Bis heute vertreten die Herrnhuter eine eigene «Herzensreligion». Jeder Gläubige sollte «eine lebende Bibel sein». Jesus ist der Bruder und «Seelenfreund» und das Haupt der «Kreuzgemeine». Der «Gemeingeist» erwächst aus der «persönlichen Konnexion [Beziehung] zum Heiland». Erwartet wird von jedem Mitglied «der persönliche Glaube an Christus». Drei Aufgaben hat jeder: Mission («Seelen für das Lamm zu werben»), «Zeugnis des Lebens in der Gemeine» und Dienst der Diakonie, d. h. das Zeugnis der durch die «Tat helfenden Liebe».

Hexe

Das Wort «Hexe» ist westgermanischen Ursprungs und bedeutet wohl «Zaunreiterin». Seit dem 16. Jahrhundert ist die Vorstellung eines «durch Zauber schadenbringenden Weibes» damit verbunden. Lange bevor es das Wort «Hexe» gab, traten Hexenglauben und Hexenverfolgungen unter anderen Bezeichnungen auf. Schon in der Antike machte man weibliche Unholde und Zauberinnen ausfindig, um sie zu bestrafen. Aber erst das christliche Mittelalter glaubte ein-

deutig erklären zu können, was unter einer Hexe zu verstehen sei: eine Ketzerin (→Ketzer), die einen Pakt mit dem →Teufel geschlossen hat, Geschlechtsverkehr mit →Dämonen treibt, andere durch Zauber schädigt, durch die Luft fliegt und sich in ein Tier verwandeln kann.
Im neuzeitlichen Hexenglauben überlagert christliches Gedankengut Vorstellungen alter Fruchtbarkeitskulte und des Schamanismus (Geisterbeschwörung, Krankenheilung, visionäre Kontakte mit dem Jenseits) und verbindet sich mit der Idee des persönlich gedachten Bösen, des Teufels.
Von Anfang an haben die Christen an böse Geister und Zauberei geglaubt. Nach dem Vorbild des Alten Testaments wurden die Götter der Andersgläubigen zu Dämonen erklärt. Paulus bezeichnete Zauberei als Verkehr mit den Dämonen. Nach alttestamentlicher Vorschrift waren Zauberer zu töten. (2. Mose 22,17)
Die großen Theologen des Mittelalters bauten den Hexenglauben in ihre theologischen Systeme ein. (→Thomas von Aquin) Jahrhundertelang hatten einzelne Kirchenväter die Saat des Hasses gegen die →Frauen ausgestreut, das Weib als Sinnbild alles Bösen und Schlechten, als «Einfallstor des Teufels», als Verführerin des Mannes und als Grund für allerlei Ketzerei diffamiert.
1275 wurde die erste Hexe in Toulouse verbrannt. Ihren Höhepunkt erreichten die Verfolgungen in Frankreich um die Mitte des 15. Jahrhunderts, in Deutschland zwischen 1590 und 1630. Die letzten Prozesse fanden im späten 18. Jahrhundert statt. Viele Hunderttausende, Frauen, Männer und Kinder, fielen dem kirchlich geschürten Hexenwahn zum Opfer.
In einzelnen deutschen Bistümern wurden im Verlauf eines einzigen Jahres zwischen drei- und viertausend Frauen verbrannt. In manchen Orten blieben kaum mehr Frauen übrig. Die →Inquisition, Ankläger und Richter in einem, überführte die Hexen und lieferte sie zur Bestrafung der weltlichen Gewalt und damit dem Scheiterhaufen aus; denn «die Kirche trinkt kein Blut».
Während die «hohe Minne» des Mittelalters die verheiratete «frouwe» besang und die «reine Liebe» verwirklichen wollte; während die Ritterschaft in ihrer Hochschätzung der Frau →Sexualität zur sittlichen Lebensform sublimierte und so eine regelrechte Blüte der Literatur und Kunst herbeiführte, steigerte sich auf religiöser Ebene die Marienverehrung zu ungeahnter Intensität. →Maria, die angeblich den Teufel zertreten und die Hölle besiegt hatte, verlieh den Männern die Kraft, zölibatär zu leben, und befähigte verheiratete Frauen dazu, den Orgasmus als sündhaft zu verwehren. Der überhöhten Marienfrömmigkeit entsprach eine tiefe Mißachtung der «gemeinen Frau» im Alltag. Abwertung von Sexualität und Dämonenglauben gingen Hand in Hand.
Im Jahr 1487 veröffentlichten die Dominikanermönche Heinrich Institoris und Jakob Sprenger den «Malleus maleficarum» («Hexenhammer»), eine Art Kommentar zur Hexenbulle Innozenz' VIII. aus dem Jahr 1484. Sie erklären darin, daß das Hexenwesen mit der Schlechtigkeit der weiblichen Natur zusammenhänge. «Also schlecht ist das Weib von Natur, da es schneller am Glauben zweifelt, auch schneller den Glauben ableugnet, was die Grundlage für die Hexerei ist.»
Der Dämonenglaube des Kirchenvaters Augustinus (354–430) und des Thomas von Aquin (1225–1274) erstand aufs neue, nachdem der Papst beklagt hatte, daß sich an vielen Orten Männer und Frauen mit Teufeln vermischten und durch Zauberei Menschen und Tieren Schaden zufügten.
Kaum eine Angeklagte kam straffrei über die Hexenprozesse. Auch Kinder und Krüppel wurden verbrannt oder ge-

köpft, wobei mitunter das Feuer extra so schwach gehalten wurde, daß die Qualen – zur Vorbereitung auf das Höllenfeuer – länger andauerten.
Die Anhänger der Reformation verfolgten die Hexen übrigens ebenso fanatisch wie die Katholiken. Der Jurist Benedikt Carpzow (1595–1666), ein strenggläubiger Lutheraner, gab an, in seinem Leben dreiundfünfzigmal die Bibel gelesen zu haben; in derselben Zeit unterschrieb er angeblich 20000 Todesurteile gegen Hexen. Die notwendigen Geständnisse wurden meist unter →Folter erpreßt: mit Marterstuhl und Daumenstöcken, Peitsche und Beinstock, Streckleiter und Ausrenken der Glieder. Wer gestand, wurde verbrannt, wer leugnete, qualvoll zu Tode gebracht. Auch Martin Luther (1483–1546) ließ in Wittenberg Hexen exkommunizieren und erklärte sich mit der Einäscherung der «Teufelshuren» einverstanden.
Wer gegen Hexenverfolgungen eintrat, mußte selbst mit Verfolgung rechnen. Kritische Bücher setzte die Kirche kurzerhand auf den Index (Verzeichnis der unter Androhung von Strafe verbotenen Bücher), deren Verfasser wurden als «Zauberer» verschrien. Erst in der Zeit der Aufklärung machte u. a. Friedrich der Große, der meinte, jeder könne nach seiner «Fasson» selig werden, dem Hexenwahn ein Ende.
Die Debatte über Ursachen des Hexenwahns dauern bis heute an. Der Historiker Trevor-Roper meinte, Natürlichkeit und Irrationalität der Frauen seien dem wissenschaftlichen und technologischen Fortschritt der Neuzeit im Wege gestanden und hätten deshalb beseitigt werden müssen. «Die Frauen verloren die Macht über die Natur zur gleichen Zeit, als sie die Kontrolle über ihren Körper verloren: das erstere wurde durch die Wissenschaft erklärt und durch die Technologie manipuliert; das letztere wurde durch den neuen männlichen Medizinberuf überwacht. Der Fall der Hexe traf mit dem Aufkommen eines neuen Bildes zusammen: das der zerbrechlichen, entsexualisierten Mutter des Bürgertums, deren einziger Ausweg Hysterie war, nicht Hexerei. Da die Unterdrückung der Natur die Basis der Modernität war, spielte das Hexenphänomen eine Rolle in Europa, die es nirgendwo sonst spielte. Es war Teil des Modernisierungsprozesses der abendländischen Rationalität. Der Preis des ‹Fortschritts› wurde mit den Körpern und Seelen weiblicher Hexen bezahlt.»

Himmel

Das ursprüngliche Interesse des Menschen am Himmel gründet möglicherweise in der Furcht, die Sonne könne eines Tages überhaupt nicht mehr aufgehen. Die Sonne aber gibt der Welt Regel und Maß. Erst wenn sie erscheint, offenbart sich Macht. Der altägyptische Sonnengott hieß «Der aus sich selbst entsteht». Daß die Sonne alltäglich zurückkehrt, ist jedoch keineswegs selbstverständlich. Sonnen- oder Mondfinsternisse rufen deshalb Furcht und Schrekken hervor. Das Licht der Sonne oder des Mondes muß immer wieder die Finsternis vernichten. Der Mythos vom Sieg des Lichts über die Dunkelheit beherrscht zahlreiche religiöse Vorstellungen. (→Dualismus)
Während den Römern die Sonne am wichtigsten war, bezogen die Babylonier den Lichtmythos auf den Mond, «die Frucht, die von selbst erzeugt wird». (→Babylonisch-assyrische Religion) Die Ägypter verglichen das Los der Sonne (die von Morgen bis Mittag wächst und dann bis zum Abend abnimmt) mit dem Los des Menschen: Zusammen mit Re, dem Sonnengott, will der Mensch sein Leben erneuern. (→Ägyptische Religion) Dem Menschen verwandt sind jedoch auch die Sterne. Verbreitet war die Vorstellung, daß die Toten als Sterne am

Himmel weiterleben oder daß Mensch und Stern zusammen geboren würden und eine Sternschnuppe den Tod eines Menschen anzeige.
Das Licht am Himmel ist das Heil des Menschen. In dieser Überzeugung gründet der Glaube der alten Ägypter. Seit dem dritten vorchristlichen Jahrtausend bauten sie deshalb große Sonnentempel. «Schön erstrahlst du am Himmelshorizont, du lebender Aton [Sonne], der von Uranfang lebt.» (Hymnus des Echnaton)
Licht ist das Wesen und die → Offenbarung der Gottheit und das häufigste Symbol der religiösen Sprache. In der → Gnosis stand dem «Reich des Lichtes» das «Reich der Finsternis» entgegen: Welt und Mensch sind selbst aus der Vermischung von Licht und Finsternis entstanden. In der Redensart «ein Kind erblickt das Licht der Welt» klingt die antike Anschauung vom Licht als Symbol des Lebens nach.
Im Alten Testament steht Licht für Jahwe. «Das Volk, das im Finstern wandelt, sieht ein großes Licht.» (Jes. 9,1) Auch die zukünftige Herrlichkeit erscheint unter dem Bild des Lichts. (Ps. 4,7; Ps. 27,1 usw.)
Jesus und Paulus griffen ihrerseits auf die Lichtsymbolik zurück. (Mat. 5,14ff; Röm. 13,12) Nach Johannes (Joh. 1,4f) war Christus «das Licht der Welt». Von Judentum und Christentum hat der Islam das Bild übernommen: «Allah ist das Licht des Himmels und der Erde... Allah leitet zu seinem Licht, wen er will.» Franciscus von Assisi besang die Himmelsmächte als Gottes Schöpfung: «Gelobt seist du, Herr, wegen Schwester Mond und der Sterne, im Himmel hast du sie klar, köstlich und schön formiert.»
Im Hellinismus galt die ewige Wiederkehr der Himmelslichter als Grund der Sicherheit, ja Göttlichkeit des Menschen. «Ich weiß, daß ich als Sterblicher geboren bin, als vergängliches Wesen, aber wenn ich meinen Geist den komplizierten Bahnen der Gestirne folgen lasse, dann berühren meine Füße die Erde nicht mehr; gesättigt von himmlischer Speise ruhe ich bei Zeus selber.» (Ptolemäus, ca. 145–180)
Die Sterne bestimmen das Leben des Menschen. Das glaubten schon die Babylonier; denn die Sterne haben Macht über die Menschen. (→ Astrologie) Im Laufe der Entwicklung der Religion wurden diese himmlischen Gewalten aber Gott untergeordnet. Die «Hochgötter» der Religionen sind Himmelsgottheiten, Lichtgestalten, die man als «Vater», «Schöpfer» oder «Macht» anbetet. Ihre Eigenschaften sind Schöpferkraft, Allmacht, Allwissenheit, Gerechtigkeit und Güte. Im Gegensatz zum väterlichen Himmelsgott wird in mutterrechtlichen Kulturen die «Große Mutter» verehrt, die aus ihrem Schoß alle Dinge und Wesen hervorgebracht hat.
In Israel galt der Himmel als Wohnstätte Jahwes. «Der Himmel ist mein Thron und die Erde der Schemel meiner Füße.» (Jes. 66,1) Aus Babylonien stammt die alttestamentliche Vorstellung vom Himmelszelt und vom Sternenmantel Gottes. «Licht ist das Kleid, das du anhast. Du breitest den Himmel aus wie einen Teppich; du baust deine Gemächer über den Wassern.» (Ps. 104,1–11) Im Neuen Testament werden «Himmelreich» und «Gottesreich» in eins gesetzt.
In Ägypten gab es die Vorstellung, die Sonne durchziehe in der Nacht den «Nachthimmel». Dieser war die «Unterwelt», das «Schattenreich» der Toten. Im Himmel halten sich die Götter und auch Tote auf. Das älteste Christentum teilte die Totenwelt in zwei Bereiche, in Himmel und Hölle: Das Los der Seele entscheidet sich entsprechend dem Leben, das hinter ihr liegt.

Hinduismus

Der Begriff «Hinduismus» ist keine Selbstbezeichnung einer Religion, sondern ein von Europäern eingeführter Sammelname für verschiedene Religionen Indiens. «Hinduismus» stammt vom Namen des Indus-Stromes (Sanskrit: Sindhu; griech.: Indos), von dem auch die Wörter «Indien» und «Inder» kommen. «Hindus» sind also ursprünglich die «Leute vom Indus». Erst die Europäer machten einen Unterschied zwischen «Hindu» und «Inder», indem sie dem ersten Begriff eine religiöse, dem zweiten eine säkulare (weltlich-politische) Bedeutung beimaßen.

Die wichtigsten Religionen, die sich hinter der Bezeichnung «Hinduismus» verbergen, sind der Vis(c)hnuismus (Verehrung des Gottes Vis[c]hnu) und der S(c)hivaismus (Verehrung des Gottes S[c]hiva). Eine dritte Gruppe bildet der S(c)haktismus, die Verehrung einer weiblichen Gottheit.

1. Die Hindureligionen gehen auf verschiedene sehr alte Traditionen zurück. Zwischen dem 7. Jahrtausend und dem 18. Jahrhundert vor Christus gab es im Industal eine hochentwickelte Kultur. Nachdem diese Kultur erloschen war, wanderten die Arier nach Nordwestindien und schließlich bis zum Ganges ein. Die Arier haben die religiöse Tradition der Hindureligionen tief geprägt und auch die heilige Sprache der Hindus, das Sanskrit, mitgebracht. Sanskrit gilt als die Sprache der Götter.

Auch die ältesten heiligen Texte der Hindus, die Veden (der Veda: das Wissen), stammen von den Ariern. Die Hindureligionen sind Offenbarungsreligionen und führen ihre Stiftung auf eine Gottheit zurück. Sie knüpfen alle an die Veden an. Der älteste der Veden ist der Rigveda, eine Sammlung von Götterhymnen und Gesängen mit über 10000 Versen, dessen Umfang schon 1000 v. Chr. abgeschlossen war. Silbe für Silbe wird er bis auf den heutigen Tag mündlich überliefert.

Seit dem Anfang des 1. Jahrtausends vor Christus entwickelten die vedischen Priester eine bemerkenswerte Philosophie, indem sie nach der Einheit hinter den vielfältigen Erscheinungen der Welt, nach einer Gottheit hinter der Vielzahl der Götter und nach dem Bewußtsein suchten, das den Menschen mit Gott verbindet. Dabei bildeten sie die Lehre von der Wiedergeburt und die Lehre von der Erlösung durch Wissen aus. Dieses religiös-philosophische Denken wurde im 9. und 8. Jahrhundert vor Christus in den Brahmana-Texten und den Upanishaden («geheime Sitzungen») festgehalten. («Brahman»: ursprünglich der Zauberspruch, der vom Priester beim Opfer gesprochen wird; «Brahmane» = Priester) Unter dem Einfluß der Arier entstand auch das Kastenwesen, das sich bis heute erhalten hat. Eine Kaste (von lat. castus: rein, keusch) ist eine soziale Gruppe, die sich durch religiöse Reinheitsvorschriften von anderen Gruppen abgrenzt. Im heutigen Indien gibt es unübersehbar viele Kasten. Sie sind in vier Schichten, entsprechend den wichtigsten Aufgaben in der alten arischen Gesellschaft, geordnet: in Priester, Adelige und Krieger, Menschen, die für Haus, Vieh und Feld sorgen, und Dienende. Mit der Kastenordnung wollte die Minderheit der Arier ihre Sonderstellung und ihre kulturelle Identität gegenüber der indischen Bevölkerung behaupten.

Zwischen dem 6. und dem 4. Jahrhundert vor Christus gab es eine Periode von Reformationen, die zur Entstehung eigenständiger Religionen führten. Die asketischen Lehren des Mahavira, genannt Jina (Sieger), begründeten den → Jainismus, die des Gautama, genannt Buddha (der Erwachte), den → Buddhismus.

Die Hindureligionen vertreten, ebenso wie Buddhismus und Jainismus, die Ansicht, daß Unwissenheit der Grund für die Unerlöstheit des Menschen sei. Der Weg der Erlösung heißt folglich Wissen. Dieses Wissen entsteht aus dem Nachdenken, aber auch aus der Vision Gottes.

So wird die Distanz zu Gott überwunden. Durch Meditation kann der Mensch seine Einheit mit dem absoluten Sein erfahren und erkennen.
Im Unterschied zum Christentum und zum Islam – Religionen, die glauben, nur sie allein seien im Besitz der Wahrheit (→ Absolutheitsanspruch), und die deshalb stets auf Widerspruch und Abgrenzung gegenüber anderen Glaubensauffassungen aus sind – sind die Hindureligionen grundsätzlich tolerant. Wer sich einem anderen als dem höchsten Gott der jeweiligen Hindureligion zuwendet, verliert dadurch keineswegs die Gnade. Denn trotz der Vielfalt an Formen von Gottesverehrung gibt es ein gemeinsames Ziel aller Menschen, die Vereinigung mit Gott, das Heil.
Um dieses höchste Ziel, die Erlösung, geht es in sechs grundlegenden «Anschauungen» oder Systemen, die die Brahmanen entwickelt haben. Von diesen Systemen sind bei uns vor allem Yoga («Anschirrung», Joch) und Vedanta (Ende und Krönung des Veda) bekannt geworden. Ziel des Yoga ist Selbstbeherrschung und Konzentration. Was den Geist hemmen könnte, soll ausgeschaltet werden. Im Vedanta werden die philosophischen Lehren der Upanishaden weiterentwickelt. Die individuelle Seele (Atman) und das Absolute (Brahman) sollen sich vereinigen. Das absolute Sein in den einzelnen Dingen und Erscheinungen ist das Ziel der Erkenntnis.
Schon im zweiten nachchristlichen Jahrhundert stießen Christen (nach der Überlieferung war es der Apostel Thomas) bis nach Indien vor und gründeten dort christliche Gemeinden («Thomaschristen»). Seit dem 17. Jahrhundert trat das Christentum im Zug der kolonialen Expansion Europas erneut auf den Plan und erwarb sich damit den Ruf einer Religion, die mit Fremdherrschaft, Unterdrückung und Ausbeutung zusammenfällt. Dennoch wurden einzelne christliche Gedanken (Nächstenliebe, Bergpredigt) akzeptiert und mit der indischen Tradition verbunden. Im 19. Jahrhundert entstanden eine Reihe von Reformbewegungen («Neohinduismus»), die den politischen Hinduismus und die indische Unabhängigkeitsbewegung (Gandhi, 1869–1948) beeinflußten. Aus dem Neohinduismus heraus bildeten sich Bewegungen, die bis nach Europa und in die USA vordrangen. («Jugendreligionen»; → Bhagwan)
2. Im indischen Volksglauben spielen zahlreiche himmlische Götter (Deva) und Unterweltgötter (Asura) eine große Rolle. Daneben gibt es drei große Götter – Brahma, Vishnu und Shiva –, die im Zentrum je einer eigenen Religion stehen. Die Brahmareligion ist ausgestorben. In allen drei Hindureligionen werden diese Götter verehrt: Brahma als Weltschöpfer, Vishnu als Welterhalter und Shiva als Weltzerstörer. Gleichzeitig gilt diese Götterdreiheit als Gestalt einer einzigen höchsten Gottheit.
Alles Geschehen in der Welt ist in einen sich stets wiederholenden zeitlichen Ablauf eingeordnet. Die Weltperioden begannen mit der Schöpfung des Gottes Brahma, und sie enden mit der Zerstörung durch den Gott Shiva. Die einzelnen Perioden sind ihrerseits in vier Zeitalter unterteilt. Nach dem ersten Zeitalter der vollkommenen Ordnung, des heiligen Wissens und allgemeiner Zufriedenheit führt fortschreitende Entfernung von den guten Anfängen zu allgemeinem Niedergang, zu Streit und Bösartigkeit. In Momenten größter Gefahr greift jedoch Vishnu ins Weltgeschehen ein: Er inkarniert sich und stellt (z. B. in der Gestalt Krishnas) die kosmische Ordnung vorübergehend wieder her. Außer in der Person Krishnas, des vollkommenen Menschen und inkarnierten Gottes, erscheint Vishnu auch in der Gestalt Ramas. Rama war das Ideal der indischen Herrscher. Die von ihm geübte Gerech-

tigkeit wollte z. B. auch die indische Unabhängigkeitsbewegung (vor 1947) wiederherstellen.
Der einzelne Mensch lebt in unendlichen Wiederholungen, bis er schließlich zum höchsten Gott aufsteigt. Die gegenwärtige Weltperiode begann vor 3893087 Jahren und endet (bezogen auf 1992) in 426606 Jahren in Feuer, Wind und Wasser. Dann beginnt eine Neuschöpfung.
Gott und Welt sind letztlich eins. Alle Geschöpfe und alle Dinge haben deshalb Anteil am Wesen Gottes, und jeder Mensch ist ein Teil des Absoluten. Wenn Atman (das individuelle Selbst) und Brahman (das universale Bewußtsein) miteinander verschmelzen, wird die Trennung des einzelnen vom Ganzen aufgehoben, und das Individuum gelangt zu seinem eigenen Ursprung zurück. Brahman ist die abstrakteste Form der Gottesidee überhaupt: ein Sein jenseits der vergänglichen Welt, ohne Gestalt und Eigenschaft, das Unsichtbare und doch Wirkende, das Wesentliche.
Erlösung kann auf drei Wegen erreicht werden: durch Handeln (Karma), durch Wissen oder durch Gottesliebe (Bhakti). Mittels Askese und Yoga erfolgt Läuterung, damit Denken und Meditation ungestört verlaufen können. Durch Meditation und Vision kann der Mensch schließlich zur letzten Erkenntnis gelangen.
Die Bhagavadgita («Lied des Erhabenen», Andachtsbuch und heilige Schrift der Bhagavatreligion) beschreibt den Weg des Handelns nicht als Weltabkehr, sondern als soziales Engagement. Auf dem Erlösungsweg der Gottesliebe (Bhakti) wird der Mensch der Gnade teilhaftig. Gott und Mensch gehen aufeinander zu. Ziel ist die Verschmelzung des einzelnen mit dem Absoluten.
Während der Christ seinem Gott vor allem als Sünder, der Muslim Allah als Sklave gegenübertritt, begegnet der Hindu seinem Gott vor allem als «Gastgeber». Der göttliche Gast wird im häuslichen Gottesdienst «empfangen». Dieser Empfang ist die wesentliche religiöse Aufgabe von Mann und Frau.
Mann und Frau durchleben vier Lebensstadien. Im ersten Stadium erwerben sie das notwendige religiöse Wissen. Im zweiten Stadium, das mit der Eheschließung beginnt, übernehmen sie die religiösen Pflichten gegenüber Eltern, Ahnen und Göttern. Während der dritten Phase zog man sich früher in die Stille zurück, übte Askese und studierte die heiligen Texte. Dieses letzte Lebensstadium soll der Loslösung vom Besitz, von den Menschen und von allen leiblichen Bedürfnissen dienen. Selbst im Sterben darf der Hindu nicht vergessen, daß er mit dem Absoluten eins ist. Dann erst kann er endgültig erlöst werden.

Hölle

Nach römisch-katholischem Glauben gehen die Seelen derer, die «im Zustand der persönlichen, schweren Sünde» gestorben sind, in die Hölle ein. Hölle ist der Ort oder («moderner» ausgedrückt) der Zustand ewiger Unglückseligkeit und Gottferne. In «schwerer Sünde» sterben heißt, daß der betreffende Mensch nach einer schwer sündhaften Tat gestorben ist, ohne zuvor gebeichtet (→Beichte) oder vollkommen bereut zu haben. Die Hölle bereitet den Verdammten ewige Qual und Pein.
Vom peinigenden Feuer der Hölle ist das →Fegfeuer zu unterscheiden. Das Fegfeuer ist lediglich ein Reinigungs- und Läuterungsort. Dorthin gelangen diejenigen Menschen, die zwar nicht im Zustand der Todsünde gestorben, jedoch für den →Himmel noch nicht reif sind. Nach dem Fegfeuer hat man immerhin noch die Chance, ins →Paradies einzugehen; die Hölle hingegen ist eine unwiderrufliche, ewige Strafe und Vergeltung ohne jeglichen jenseits ihrer selbst liegenden Zweck.
1. Den Höllenglauben teilt das Christen-

tum mit vielen anderen Religionen. Älter als die Vorstellung von der Hölle ist indes diejenige des Totenreiches. In das Totenreich gehen alle Verstorbenen unterschiedslos ein. In Israel hieß das Totenreich Scheol, in Griechenland Hades, bei den Germanen Hel (davon leitet sich unser Wort «Hölle» ab).

Der Gedanke an die Hölle als Ort der Strafe rührt von der Hoffnung des Menschen her, daß es einen Ausgleich für die guten und bösen Taten jenseits des Lebens gebe. Die Hölle ist der Ort jener Vergeltung, die das Leben versagt. Die babylonisch-assyrische Religion kennt die Vorstellung, daß verstorbene Übeltäter ewig dürsten müssen. Der Gedanke, daß die verstorbenen Guten, zum Beispiel die christlichen Märtyrer, nicht wie alle anderen ins Reich der unterschiedslosen Schatten hinabfahren müssen, sondern direkt an den Ort der Freuden und der Seligkeit gelangen, ging mit der Aufspaltung des Totenreiches in zwei Bereiche einher: ins Paradies als Ort des Glücks und in die Hölle als Ort der Verdammnis.

Der Höllenglaube verschiedener nichtchristlicher Religionen unterscheidet sich in charakteristischer Weise von der christlichen Höllenvorstellung. Während etwa in den Upanishaden (→ Vedische Religion), im Mahayana-Buddhismus und auch in der iranischen Religion (→ Zarathustra) die Höllenstrafen von begrenzter Dauer sind, hat die offizielle christliche Lehre stets die → Ewigkeit und Unabänderlichkeit der Verdammnis und der Höllenqualen betont.

2. Das Neue Testament rechnet mit einem «doppelten Ausgang» des Lebens: Ein Teil der Menschen wird in ewiger Verdammnis enden. «Dann wird er denen zur Linken sagen: Gehet weg von mir, ihr Verfluchten, in das ewige Feuer, das bereitet ist dem Teufel und seinen Engeln.» (Mat. 25,41) Nach der Meinung des Jesus von Nazareth werden die Sünder in die «Gehenna» (seit den Propheten eine Bezeichnung für den Ort der Strafe; Jer. 19,6) eingehen, wo Würmer sie peinigen und sie in ewigem Feuer brennen. (Mk. 9,48 und Parallelen; vgl. Jes. 66,24) Dort herrschen «Heulen und Zähneknirschen». (Mat. 13,42.50) Im Stil der spätjüdischen → Eschatologie schildert Jesus im Gleichnis vom reichen Mann und armen Lazarus (Lk. 16,19ff), wie er sich Seligkeit und Strafe in der anderen Welt vorstellt: Das Paradies, der Ort der Seligkeit in «Abrahams Schoß», ist durch eine tiefe Kluft von der Hölle, einer brennenden Grube, getrennt, in der die Sünder vor Durst verschmachten.

Mit wenigen Ausnahmen vertreten die Kirchenväter die Auffassung, das Höllenfeuer habe man sich ganz real vorzustellen. Eindrucksvoll schilderte es Johannes Chrysostomus gegen Ende des 4. Jahrhunderts in seinen Predigten: «Wohl weiß ich, daß euch nichts mehr zuwider ist als eine Predigt von der Hölle. Mir aber ist nichts lieber als das. Daß wir doch beim Mittagessen, beim Abendessen, im Bade und überall von der Hölle sprächen!... Was kannst du mir für ein Ungemach nennen? Armut oder Krankheit oder Gefangenschaft oder Körperverstümmelung? Alles das ist zum Lachen im Vergleich mit der Strafe im Jenseits... Es wird eine ganz genaue Prüfung auch der geringfügigsten Handlungen stattfinden, sowohl hinsichtlich ihrer Sündhaftigkeit als auch hinsichtlich ihrer Verdienstlichkeit. Sogar für lüsterne Blicke werden wir Strafen erleiden, für jedes Scherz- und Schmähwort, für jede Trunkenheit werden wir Rechenschaft geben müssen... Wie wagst du also zu sagen, daß Gott, der mit solcher Genauigkeit unsere Handlungen prüft, nur so ohne Ernst mit der Hölle droht?»

Nach dem Triumph des Christentums über die «Heiden» im 4. Jahrhundert (→ Konstantin der Große) wurde die christliche Höllenbotschaft beträchtlich verschärft: Alle Nichtchristen und «Götzendiener» werden in der Hölle landen. Nach der Lehre Augustinus' (354–430) ist die ganze Menschheit eine zur Verdammung bestimmte Masse. Nur die Taufe kann vor der Hölle retten. Selbst Kinder, die ungetauft sterben, sind deshalb verloren und verdammt. Hatte nicht Jesus selbst gesagt: «Wahrlich, wahrlich, ich sage dir: Es sei denn, daß jemand geboren werde aus Wasser und Geist, so kann er nicht in das Reich Gottes kommen.» (Joh. 3,5)

Als Origenes (gest. 254), der bedeutendste Theologe in der frühen Kirche, die Ansicht vertrat, am Ende der Zeiten werde Gottes Liebe über Hölle und → Teufel siegen und die Allversöhnung (Apokatastasis) von Natur und Geschichte zur ursprünglichen Einheit und Reinheit aller herbeiführen – «Denn Gott hat alle in den Ungehorsam eingeschlossen, um sich aller zu erbarmen» (Röm. 11,32) –, wurde er als Irrlehrer aus der Kirche ausgeschlossen, und seine Lehren wurden verdammt. Für die christlichen Asketen und Mönche (→ Askese; → Mönchtum) war die Drohung mit den Höllenqualen ein bevorzugtes pädagogisches und moralisches Mittel der Verkündigung.

3. In zahlreichen Verlautbarungen hat die christliche Kirche immer wieder unterstrichen, daß der Höllenglaube «göttliche Wahrheit» und verpflichtendes Dogma sei. In einem Glaubensbekenntnis, das dem Papst Damasus I. (366–384) zugeschrieben wurde und das man heute auf das Ende des 5. Jahrhunderts datiert, heißt es: «Wir haben die Hoffnung, daß wir von ihm [Christus] erlangen werden entweder das ewige Leben als Belohnung des guten Verdienstes oder für die Sünden die Strafe der ewigen Verdammnis.» Im Athanasianischen Glaubensbekenntnis aus dem 5. Jahrhundert, das mit dem Satz beginnt: «Wer da selig werden will, der muß vor allem den katholischen Glauben festhalten; wer diesen nicht in seinem ganzen Umfange und unverletzt bewahrt, wird ohne Zweifel ewig verlorengehen», heißt es: «Bei seiner [Christi] Ankunft werden [die,]... die Böses getan haben, ins ewige Feuer [eingehen].»

Das Glaubensbekenntnis des Papstes Pelagius I. aus dem 6. Jahrhundert droht nicht nur allen Heiden, sondern auch den abtrünnigen Christen die Hölle an. Das 4. Laterankonzil verkündete 1215: «Am Ende der Zeit... werden [alle Lebenden und Toten] mit dem eigenen Leib, den sie hier tragen, auferstehen, damit die einen mit dem Teufel die ewige Strafe und die anderen mit Christus die ewige Herrlichkeit empfangen, je nach ihren guten und schlechten Werken.»

Höllenstrafen galten als Folge von Todsünden oder auch der Erbsünde. (→ Sünde) Im Jahr 1336 erklärte Benedikt XII., die Seelen armer Sünder stiegen nicht erst nach dem Endgericht und der Auferstehung des Leibes, sondern unmittelbar nach dem Tod in die Hölle hinab, «wo sie von höllischen Qualen gepeinigt werden». (S. u.)

Die Verdammnis aller Nichtchristen, aber auch aller Nicht-Rechtgläubigen (Ketzer) unterstrich das Konzil von Florenz (1438–1445): «Die heilige römische Kirche, durch das Wort unseres Herrn und Erlösers begründet, glaubt fest, bekennt und verkündet, daß ‹niemand außerhalb der katholischen Kirche, weder Heide noch Jude noch Ungläubiger oder ein von der Einheit Getrennter, des ewigen Lebens teilhaftig wird, vielmehr dem ewigen Feuer verfällt, das dem Teufel und seinen Engeln bereitet ist, wenn er sich nicht vor dem Tod ihr [der Kirche] anschließt›.»

4. Plastischer als der Höllenglaube der kirchlichen Dogmen und Lehrentscheidungen sind die Höllenvorstellungen der kirchlichen Verkündigung und des Volksglaubens.

Ein Zeugnis frühchristlicher Glaubensvorstellung stellt z. B. die Petrusapokalypse aus dem 2. Jahrhundert dar, die zeitweise den Büchern des Neuen Testaments gleichgestellt wurde. In den apokalyptischen Schilderungen der Hölle spiegeln die jeweiligen Strafen die einstigen Vergehen im Diesseits: Lästerer werden an der Zunge aufgehängt; Frauen, die sich zum Ehebruch herausgeputzt haben, hängen an den Haaren über brodelndem Schlamm; Frauen, die abgetrieben haben, sitzen bis zum Hals in Blut und werden von Flammen getroffen, die von weinenden Kindern ausgehen.

Die Höllenphantasien der Petrusapokalypse haben die Höllenbilder in Dantes (1265–1321) «Göttlicher Komödie» («Divina Commedia») beeinflußt. In der Erbauungsliteratur – dem religiösen «Hausschatz» des christlichen Volkes – konnten sich höllische Ausgeburten der Phantasie unbehindert entfalten: In der Hölle werden «viel hunderttausend Millionen Menschen» in glühendes Erz getaucht. Gott selbst bläst das Feuer an. Ein pestilenzartiger Geruch herrscht überall. In gewaltigen Kesseln werden die Seelen gesotten.

5. Der Höllenglaube ist nicht nur eine Sache der Katholiken, er gehört auch in den offiziellen Protestantismus. Martin Luther (1483–1546) lehrte, daß die Hölle beim Endgericht eigens für die Verdammten eingerichtet werde. Die altprotestantische Dogmatik wies den teuflischen Mächten die Hölle als den ihnen gemäßen Ort zu.

1953 brach in der lutherischen Kirche Norwegens ein regelrechter «Höllenstreit» aus. Im Stil der Erweckungsbewegung hatte ein Dogmatikprofessor im Rundfunk gesagt: «Ich spreche sicher heute abend zu vielen, die wissen, daß sie unbekehrt sind. Du weißt, wenn du tot zu Boden stürzest, würdest du direkt in die Hölle stürzen... Wie kannst du, der du unbekehrt bist, dich am Abend ruhig schlafen legen, der du nicht weißt, ob du am Morgen in deinem Bett oder in der Hölle erwachst?» In die Hölle, die ursprünglich nur für Heiden, Juden und Ketzer reserviert war, sollen demnach auch alle diejenigen getauften Christen gelangen, die sich, im Sinne der Erweckten, nicht rechtzeitig «bekehrt» haben. (→ Bekehrung)

6. Der christliche Höllenglaube ist keineswegs folgenlos geblieben. Wer davon ausgeht, daß alle Nichtchristen und sogar alle Christen, die nicht auf eine bestimmte Weise glauben, dereinst in ewigen Höllenqualen enden, wird alles daransetzen, möglichst viele, am besten die ganze Welt, von seiner eigenen Glaubensansicht zu überzeugen oder gar, wenn es nicht anders geht, sie dazu zu zwingen. Die grausamste irdische Gewalt erscheint milde im Kontrast zur Hölle.

Getrieben von Höllenfurcht, haben Christen Millionen von Menschen gefoltert (→ Folter) und ermordet. Ketzerverfolgungen (→ Ketzer) und Judenpogrome (→ Antisemitismus), Schwertmission (→ Mission) und Hexenverbrennungen (→ Hexen) verfolgten angeblich nur das Ziel, «Seelen vor der Hölle zu retten». «Im Namen Christi» vertrieb, verfolgte und tötete man unzählige Juden, die sich angeblich des «Gottesmordes» schuldig gemacht hatten. Der Höllenglaube und die Vorstellung, daß nur rechtgläubige Christen «in den Himmel kommen», wirkte geradezu wie ein Zwang, Heiden, Juden und Ketzer um jeden Preis zu bekehren. 1391 wurde die jüdische Gemeinde in Sevilla mit dem Ruf «Taufe oder Tod» vernichtet, 4000 Juden wurden ermordet. Bernhard von Clairvaux (1090–1153) rief zu «Bekehrung oder Vernichtung» der Ungläubigen auf. (→ Kreuzzüge) Keine andere Religion der Welt hat so viele Opfer auf dem Gewissen wie das Christentum. So gesehen ist das Christentum «die mörderischste

Religion, die es je gegeben hat». (Th. u. G. Sartory: In der Hölle brennt kein Feuer, München 1968)

I

Ignatius von Loyala (Jesuitenorden)

Ignatius von Loyola ist vermutlich um 1491 im spanischen Teil des Baskenlandes geboren. Zur Zeit seiner Geburt wurde Granada, das letzte maurische Königreich auf spanischem Boden, erobert; 1492 entdeckte Kolumbus Amerika. Mit 14 Jahren zog Ignatius als Page an den Hof des Großschatzmeisters von Kastilien, wo er sich auf ein Leben als Ritter – «sehr freizügig in Frauenliebe, Spiel und Ehrenhändeln» – vorbereitete. Als Offizier im Dienst des Vizekönigs von Navarra wurde ihm bei der Verteidigung der Festung Pamplona ein Bein von einer Kanonenkugel zerschlagen. Die anschließende Zeit des Krankenlagers führte zu einer vollständigen inneren Wende. Über der Lektüre von Heiligenlegenden korrigierte Ignatius sein Lebensziel: Das weltliche Ritterideal verwandelte sich in ein religiöses; statt um Ruhm und Ehre, wollte er sich nun nur noch um sein Heil kümmern. Im Marienheiligtum des Montserrat legte er sein Rittergewand ab und lebte hinfort als Einsiedler in der Nähe des Städtchens Manresa. Seine geistlichen Erfahrungen verarbeitete er in den «Exercitia spiritualia», einem geistlichen Übungs- und Exerzitienbuch. (Exerzitien, lat. Übungen). 1523 pilgerte er nach Jerusalem. Zurück in Spanien, ging er als bereits Dreiunddreißigjähriger zur Lateinschule und studierte anschließend Philosophie und Theologie. Wegen theologisch anstößiger Äußerungen wurde er mehrmals vor die Inquisition zitiert, bis er schließlich nach Frankreich auswich. Dort gründete er einen religiösen Freundschaftsbund. Die Freunde legten 1534 ein Gelübde ab. «Ich will auf all mein Habe an einem bestimmten Tag mit Ausnahme des Zehrgeldes verzichten und nach Rom gehen, um mir vom Papste die Erlaubnis zur Wallfahrt nach Jerusalem zu holen... Kann die Fahrt nach Jerusalem... nicht stattfinden, ... so bin ich verpflichtet, ... mich dem Papst zur Verfügung zu stellen und zu tun, was er mir aufträgt, indem ich überall dahin gehe, wohin er mich sendet.» «Ritter Christi» wollten sie sein und der Majestät Gottes die eigene Person völlig unterwerfen. Diese Genossenschaft wurde die Keimzelle des Jesuitenordens.

In Rom gaben sich die Freunde den Namen «Compañía de Jesús». 1540 wurden sie vom Papst als «Societas Jesu» («Gesellschaft Jesu») anerkannt. Ignatius war der erste «General» des Ordens. Er entwickelte die Verfassung und die Gesetze der Gemeinschaft, die straff, fast militärisch, zentralisiert war. Die Gruppen der Professoren, Scholaren, Koadjutoren, Laienbrüder und Novizen wurden durch die Verpflichtung zum Gehorsam, dem eigentlichen Rückgrat der «Gesellschaft», zusammengehalten. Der Orden verpflichtete sich seinerseits zu absolutem Gehorsam dem Papst gegenüber. So wurde der Jesuitenorden zur zuverlässigsten päpstlichen Garde in der katholischen Kirche des 16. Jahrhunderts.

Schon ein Jahr nach der Anerkennung durch den Papst wirkten zwanzig Genossen in aller Welt: im Fernen Osten, in Portugal, in Spanien, in Deutschland und Frankreich. Die Jesuiten wandten sich bald sämtlichen Bereichen kirchlicher Tätigkeit zu.

Die römische Kirche leitete im 16. Jahrhundert (nachdem sie sich vom Schock der Reformation einigermaßen erholt hatte) einen umfassenden Reformprozeß

ein. (→ «Gegenreformation») Sie hielt, trotz aller Kritik, am Papsttum fest, ja wertete es noch beträchtlich auf. In diesem Kampf übernahm der Jesuitenorden die Rolle einer Kerngruppe.
Er engagierte sich insbesondere auf dem Gebiet der «Heidenmission». In Christus sah Ignatius den «Conquistador», den welterobernden Herrscher. Alle Jesuiten wurden deshalb zur Mission verpflichtet. Als Sprungbrett auf dem «Feld der Mission» dienten ihnen die Handelsniederlassungen und Kolonien der Spanier und Portugiesen. Sie drangen vor bis nach Brasilien, Mittel- und Südamerika, Afrika und den Mittleren Osten und erreichten schließlich auch Indien, Thailand (Siam), China und Japan.
Innerhalb des europäischen Christentums kümmerten sie sich insbesondere um Abwehr des Protestantismus, Rückgewinnung der Gebiete der Reformatorischen und Erneuerung der römischen Kirche. Besonders erfolgreich waren sie bei der Pfarrerseelsorge. Sie versorgten die Fürsten und Könige mit Beichtvätern und Hofkaplänen, die Bischöfe mit Dompredigern und die Hochschulen mit Theologieprofessoren. Geschickt hielten sie sich dabei an Obrigkeiten und Machthaber, Ortsgewaltige und Staatsmänner. Bald entwickelte sich die Gesellschaft Jesu zu einem regelrechten Schul- und Erziehungsorden, der eigene Ausbildungsstätten (z. B. das Collegium Germanicum in Rom) und Universitäten (z. B. die päpstliche Universität Gregoriana, ebenfalls in Rom) gründete. Heute noch schickt der Jesuitenorden viele Tausend Missionare in alle Welt; er unterhält zahlreiche kirchliche Hochschulen, Universitäten und Gymnasien.
Im Unterschied zu Calvin blieb Ignatius den Andersgläubigen gegenüber stets klug und vernünftig. Einem Ordensangehörigen riet er: «Der Eifer gegen die Neuerung darf Sie nicht hindern, den Andersgläubigen in Liebe zu begegnen. Das Verlangen nach ihrem Heil flößt eher Mitleid ein als etwas anderes.»
1556 starb Ignatius von Loyola. 1609 wurde er selig-, 1622 heiliggesprochen. 1922 ernannte ihn Pius XI. zum «Patron der Geistlichen Übungen».

Index

Der «Index librorum prohibitorum» ist ein von der katholischen Kirche zwischen 1599 und 1966 fortlaufend geführtes Verzeichnis verbotener Bücher.
Der erste Index wurde von der römischen → Inquisition unter der Aufsicht des Papstes Paul IV. zusammengestellt. Zuvor hatten es die römischen Bischöfe und Päpste immer schon als ihre «heilige Pflicht» angesehen, wissenschaftliche und theologische Veröffentlichungen der Zensur zu unterwerfen und abweichende Meinungen zu verbieten. So wurden Werke griechischer und römischer Literatur, außerkanonische Bibelvarianten (Apokryphen; → Kanon), Ketzertexte aus der Zeit des frühen Christentums und des Mittelalters (→ Ketzer), aber auch die heiligen Schriften anderer Religionen wie → Talmud und → Koran vernichtet.
Die erste christliche Bücherverbrennung – es handelte sich dabei um eine Schrift des Arius (→ Christologie) – nahm das Konzil von Nicaea (325) vor. Während des Mittelalters waren Zahl und Herstellung von Büchern für die kirchlichen Zensoren noch überschaubar.
Schwieriger wurde es erst mit der Erfindung des Buchdrucks. (Zwischen 1448 und 1500 wurden in 246 Städten Europas 1099 Buchdruckerwerkstätten eingerichtet, die in fünfzig Jahren etwa 40000 Buchausgaben in einer Gesamtauflage von 12 Millionen Exemplaren herausbrachten.) Der Druck wurde nun zu einer gefürchteten Waffe in der Hand von Kirchenkritikern und erwies sich – nach kirchlicher Einschätzung – als ein «teuflischer Anschlag» auf das Papsttum. Da verbot die Kirche jeglichen

Druck, für den nicht zuvor eine Genehmigung eingeholt worden war. Es gab eine Vorzensur und eine Nachzensur. Leo X. (1513–1521) setzte es durch, daß alle Druckerzeugnisse von den jeweils zuständigen Ortsbischöfen in der ganzen christlichen Welt zensiert wurden. Auf Druck, Herausgabe, Verbreitung oder auch bloß Studium verbotener Bücher standen Exkommunikation (Kirchenausschluß; → Bann), Gefängnis oder gar der Scheiterhaufen. Regelmäßig ließen die Inquisitoren Buchläden und Bibliotheken, sogar die privaten, kontrollieren. Papst Pius V., der zuvor Großinquisitor gewesen war, richtete 1571 eine spezielle Indexkongregation ein. Im 17. Jahrhundert unterstand diese der Kontrolle der Jesuiten. (→ Ignatius von Loyola).

Seit dem 19. Jahrhundert gab es zwei Arten des Verbots: 1. Alle Bücher, die sich gegen die Religion richten, sind «von Rechts wegen» und ohne daß man sie namentlich aufführen müßte verboten. 2. Daneben gibt es einzelne Werke von Autoren oder das Gesamtwerk eines Verfassers (opera omnia), die indiziert werden. Zu den «von Rechts wegen» verbotenen und deshalb nicht eigens zu nennenden Büchern gehörten die Veröffentlichungen von Darwin, Marx, Engels, Lenin und überhaupt alles kommunistische und sozialistische Schrifttum.

Seit 1917 und bis heute hat der Codex Juris Canonici (katholisches Gesetzbuch) Gültigkeit. Dort heißt es: «Bezüglich der Bücher kommt der Kirche ein doppeltes Recht zu: a) sie kann verlangen, daß die Gläubigen nur solche Bücher herausgeben, welche die Kirche vorher prüfend anerkannt hat; b) ferner kann sie Bücher verbieten, von wem immer sie auch herausgegeben sein mögen.» Alle Geistlichen, die etwas publizieren wollten, mußten zuvor die Erlaubnis ihrer Vorgesetzten einholen. Wer das Bücherverbot übertrat, beging eine schwere Sünde. «Wenn es sich um obszöne Sachen handelt, kann schon das Lesen einer halben Seite eine schwere Sünde sein... Durch Lesen verbotener Zeitungen und Zeitschriften begeht man eine schwere Sünde, wenn man sie gewohnheitsmäßig liest.» (Aus einem Kommentar zum katholischen Gesetzbuch)

Als Kategorien, die zum Verbot «von Rechts wegen» führten, nennt der Codex Juris Canonici u. a.: «Die Bücher aller beliebigen Schriftsteller, die Häresie [abweichende Lehren] oder Schisma [Lehren, die zur Kirchenspaltung führen] verfechten oder die Grundlagen der Religion in irgendeiner Weise zu untergraben suchen... Die Bücher aller Nichtkatholiken, die ihrem Hauptinhalt nach von Religionen handeln, außer es sei gewiß, daß diese Bücher nichts gegen den katholischen Glauben enthalten... Bücher, die ein katholisches Dogma bekämpfen oder verspotten... Bücher, die Duell, Selbstmord, Ehescheidung als erlaubt darstellen.»

Im Jahr 1948, als die letzte amtliche Ausgabe des Index mit etwa 4000 Einzeltiteln erschien, waren z. B. sämtliche Werke von Jean-Paul Sartre indiziert. Daneben fanden sich Bücher von Malaparte, André Gide, Alberto Moravia und Simone de Beauvoir. Verbotene Schriften steuerten u. a., auch bei Balzac, Bergson, Comte, Descartes, Flaubert, Heine (u. a. Reisebilder, 1836), Hume, Kant (Kritik der reinen Vernunft, 1781), Montesquieu, Pascal (u. a. Pensées, 1787), Rousseau (Emile, 1762) und Spinoza.

Nie kam ein Buch, das einmal auf dem Index stand, wieder von der Verbotsliste herunter. Albertus Magnus, dessen Werk 1665 verboten worden war, wurde 1941 von Pius XII. zum Patron der Naturwissenschaften ernannt; aber seine Indizierung wurde nicht zurückgenommen.

Jahrhundertelang blieb der Index eine wirksame Waffe der Kirche gegen jegliche Kritik und alles Progressive. Aber im 19. und besonders im 20. Jahrhundert

wurde der Druck auf die kirchliche Reglementierungspraxis so groß, daß der Vatikan den Index schließlich zurückziehen mußte. Außerdem war es für viele moderne Schriftsteller geradezu eine werbewirksame Ehre, «auf den Index» zu kommen. Als die Inquisitionskongregation in die «Kongregation für die Glaubenslehre» umgewandelt wurde (→Inquisition), schaffte man den Index schließlich ab.
Aber selbst noch heutzutage überprüft die katholische Kirche Bücher und Aufsätze, Vorlesungen, Predigten sowie Rundfunk- und Fernsehansprachen. Ein negativ auffallender Autor wird von seinem zuständigen Bischof im Auftrag des römischen Offiziums (Glaubensbehörde) zunächst zum Widerruf oder zur Rechtfertigung seiner Lehren, insbesondere «gefährlicher Meinungen», aufgefordert. Gefährlich ist, was den «kindlichen Glauben» der katholischen Christen bedrohen könnte.
1980 vertrat der niederländische Theologieprofessor Edward Schillebeeckx in seinem Buch «Das kirchliche Amt» die Auffassung, daß es angesichts des aktuellen Pfarrermangels einerseits und in Anbetracht der Praxis in der frühen Kirche in gewissen Fällen erlaubt werden sollte, daß auch nichtgeweihte Personen von einer Gemeinde ausgewählt werden, um die Eucharistie zu feiern. Daraufhin kam es zu einem Streit mit dem Vatikan, der erst nach vier Jahren durch ein Machtwort des Präfekten der vatikanischen Glaubenskongregation, Joseph Kardinal Ratzinger, beendet wurde: «Keiner Gemeinde kommt die Vollmacht zu, ein apostolisches Amt zu verleihen. Das eucharistische Sakrament darf nur durch einen geweihten Priester gefeiert werden.» Durch Ausnahmen von dieser Regel werde die gesamte apostolische Struktur der Kirche verletzt und die kirchliche «Heilsökonomie» zerstört. Schillebeeckx wendete das Lehrbeanstandungsverfahren dadurch ab, daß er, loyal zur Kirche, einlenkte und versprach, sich mit diesem Problem nicht mehr zu befassen. Am 26. April 1985 verhängte die römische Glaubenskongregation über den brasilianischen Franziskanerpater und Befreiungstheologen Leonardo Boff ein einjähriges «Schweigegebot». Diese Zeit – ohne Vortragstätigkeit und Publikationen (Veröffentlichungen zur franziskanischen Spiritualität waren ausdrücklich von dem Verbot ausgenommen) – sollte der Theologe benutzen, um bestimmte theologische Sachverhalte in Ruhe aufzuarbeiten, die er bislang nicht in Übereinstimmung mit der kirchlichen Lehre dargestellt hatte. Dabei handelte es sich um einige ekklesiologische Thesen, die, nach Ansicht der römischen Glaubenshüter, dem katholischen Christentum gefährlich werden könnten, da sie die hierarchische Struktur der Kirche in Frage stellten und Begriffe wie Sakrament und Wort Gottes in Zusammenhang mit «Produktion» und «Konsum» brachten. In der Öffentlichkeit weithin bekannt wurden darüber hinaus Versuche kirchlicher Maßregelung von kritischen Theologen wie Hans Küng, Norbert Greinacher und Eugen Drewermann (1991/92).
Durch derartige Überwachungsmethoden sollen katholische Theologen, Priester, Laien und Ordensleute abgeschreckt werden, sich der Äußerung «irriger» Ansichten schuldig zu machen. Die vorgesehenen Strafen reichen vom Bücherverbot bis zur Suspendierung vom priesterlichen Amt, vom Verbot der Lehrtätigkeit bis zur Verhinderung von Berufungen unliebsamer Kandidaten auf theologische Lehrstühle.
Der 1908 exkommunzierte Priester Albert Loisy schrieb in sein Tagebuch: «Es ist sicher, daß das gegenwärtige Regime der Kirche eine Schule der Lüge und der Niedrigkeit ist... Die Schwachsinnigsten, die Feigen, die Lügner haben die

schönste Partie ... Es ist wichtig, daß die Zukunft des Katholizismus nicht einer Schar von Toren und Lügnern preisgegeben werde, die hinter sich ein allzu politisches Papsttum und einen sehr unwissenden Episkopat heranziehen.»

Indianische Religionen (Indianermission)
Die Religionen der Ureinwohner Amerikas waren geprägt vom Glauben an Geister, von Magie, →Totemismus und der Verehrung von Urheber-Gottheiten und «Kultheroen». Träger der ältesten Religionsstufe in Nordamerika und im südlichen Südamerika waren «niedere Jägerstämme». Ackerbauern stellten Erd- und Vegetationsgöttinnen in die Mitte ihres Kultes. Der Agrarkult erreichte seine volle Entfaltung in den alten Hochkulturen Mexikos und Perus (Azteken, Maya, Chibcha, Inka). Heute leben in Südamerika noch gegen 40 Millionen Indianer; die Indianer Nordamerikas sind indes bis auf einige Hunderttausend ausgerottet.

1. Archäologische Funde weisen darauf hin, daß Nordamerika vor mindestens 30000 bis 50000 Jahren besiedelt wurde. Man nimmt an, daß die amerikanischen Ureinwohner aus Asien stammen und über die Beringstraße von Sibirien nach Alaska kamen, wo es während der Eiszeit eine Landbrücke gab. Die sibirischen Jäger, ein Seitenzweig der mongolischen Rasse, zogen in kleinen Gruppen am Ostrand der Rocky Mountains nach Süden. Innerhalb von 1500 Jahren scheinen sie sich von der Beringstraße bis nach Feuerland ausgebreitet zu haben. Manche Indianergruppen blieben auf der Stufe von Jägern und Sammlern stehen, während andere «Hochkulturen» entwickelten. Im Laufe der Zeit gliederten sie sich in etwa 370 größere Stämme und Völkerschaften mit etwa 125 Sprachfamilien und mehr als 600 einzelnen Sprachen auf. Manche Linguisten behaupten, 1492 habe es in Amerika über 2000 gesprochene Sprachen gegeben.
Als die Europäer nach Amerika kamen, lebten die «Indianer» auf einer Kulturstufe, die der der Jungsteinzeit (Neolithikum) in der Alten Welt entspricht. Die amerikanischen Ureinwohner waren vom Sammeln von Wildpflanzen zur Entwicklung und zum Anbau von Kulturpflanzen übergegangen. Damit erst war die Möglichkeit seßhafter Lebensweise eröffnet.

2. Unter den indianischen Jägern war der Schamane von zentraler Bedeutung. Er hatte Einfluß auf die Wildgeister, z. B. auf den «Herrn der Tiere», der Lebewesen und Wälder schützt und den Jägern, die ihm Tabak oder Blumen geopfert haben, gestattet, Wild zu erlegen. Nach der Jagd mußte der Schamane den Schutzgeist der Tiere versöhnlich stimmen und seine Rache abwehren.
Die Macht des Schamanen bei den Jägern war im Jagdzauber begründet; bei den Ackerbauvölkern hingegen verlagerte sich seine Bedeutung auf die Krankenheilung. Tier- und Waldgeister wurden mit Krankheitsdämonen in eins gesetzt.
Zu den Kennzeichen des Schamanen gehört es, daß er sich in ekstatische Zustände versetzen kann, während deren er in den Himmel oder in die Unterwelt gelangt oder aber Geister von dort herbeiruft. Der Kontakt mit jenseitigen Wesen ist die eigentliche Quelle seiner Macht.
Wie die Propheten des Alten Testaments wurden auch die indianischen Schamanen berufen. Die Berufung zeigte sich äußerlich an außergewöhnlicher Erregung, an Zittern und «absonderlichem Gebaren».
Bisweilen ging die Initiative, Schamane zu werden, auch von jungen Männern aus, die sich durch bestimmte Kasteiungen und durch asketische Übungen auf ihr «Amt» vorbereiteten. Durch langes Fasten und Tanzen, durch Tabaksaftgetränke und magische Gesänge gelangten die Schamanenanwärter zu der Fähig-

keit, die Geister zu sehen. Die Vorbereitungszeit konnte einige Monate oder aber auch viele Jahre dauern.
Die Kürbisrassel ist bis heute das «Wahrzeichen» des Schamanen geblieben. Das Geräusch, das die Steinchen in dem getrockneten Fruchtkörper verursachen, ist in Wirklichkeit die Stimme der Geister. Im südlichen Chile, in Nordamerika und Sibirien benutzen die Schamanen an Stelle der Rassel (maraca) flache Felltrommeln.
Der Schamane kann seine «Seele» zu den Totenseelen, den Naturgeistern oder Gottheiten schicken, um von diesen Rat einzuholen. Er vermag es aber auch, seine Seele beispielsweise in einen Jaguar zu verwandeln. Seine hauptsächliche Aufgabe ist jedoch Krankenheilung. Krankheiten stellt man sich als Folge der Einwirkung feindlicher Zauberer oder böser Mächte und Geister vor. Auch Pflanzen- und Tiergeister können den Menschen krank machen. Denn die Menschen leben ja von Pflanzen und Tieren, deren Rache sie beständig zu fürchten haben. Der Krankenheiler muß zuerst die Geister konsultieren. Sie zeigen ihm die Ursache der Krankheit und den Weg der Heilung. Durch Aussprechen bestimmter Zaubersprüche werden diejenigen mythischen Tiere (z. B. Tapir, Hirsch, Wildschwein) angerufen, die zu der betreffenden Krankheit in einer Beziehung stehen. Die Tiere sollen die Krankheit «schrecken» und vertreiben. Neben den guten Zaubersprüchen kennt der Schamane jedoch auch böse Zaubersprüche. Damit bringt er Unheil und Krankheit über seine Feinde.
Der Schamane begleitet die wichtigsten Stationen im Leben des Menschen: Geburt, Reife und Tod. Er sorgt dafür, daß sich die Nahrungspflanzen vermehren und daß die Jagd erfolgreich ausfällt. Die Darbringung der Opfer für die Geister und die Veranstaltung der Feste und Tänze gehören zu seinen Aufgaben. Er ist es, der die mythologische und kulturelle Tradition überliefert und darüber wacht, daß die religiös begründeten Verhaltensanforderungen auch wirklich eingehalten werden. Früher wurde er vor jedem Kriegszug um Rat befragt. Große Häuptlinge waren mitunter selbst auch mächtige Schamanen. Ihre Macht hörte mit dem Tod keineswegs auf. Man bewahrte ihre Knochen auf, brachte ihnen Opfer dar und befragte sie vor wichtigen Entscheidungen. (→ Totenbestattung)
3. Die Religion der Inka des 16. Jahrhunderts stellte eine Vermischung zahlreicher religiöser Traditionen mit dem Staatskult dar. Man glaubte an männliche und weibliche Gottheiten. (→ Polytheismus) Ursprünglich regionale Götter wurden im Zuge der Reichsbildung in einem gemeinsamen Götterhimmel vereint und bekamen bestimmte Zuständigkeiten zugeschrieben.
Der herrschende Inka stand selbst in einer Art Kindschaftsverhältnis zum Sonnengott Inti. So wurde das Gottkönigtum mythologisch begründet. Neben Inti verehrte man vor allem den Schöpfergott Viracocha. Von den gestorbenen Ahnen nahm man an, daß sie sich im Totenreich aufhielten, aber dennoch auf die Überlebenden Einfluß haben könnten.
Die Frömmigkeit des einzelnen drückte sich etwa auch im Verzicht von Pfeffer, Salz, Fleisch, Chicha (Getränk aus Zukkerwasser und fermentiertem Mais) und Geschlechtsverkehr sowie in der Darbringung von Opfern aus.
In Mittelamerika wurde der Hauptgott mit dem Taghimmel, der Sonne und dem Feuer in Verbindung gebracht: Die Azteken (die im späten 12. Jahrhundert in das Hochtal von Mexiko eingewandert waren und deren politische Macht sich seit der Mitte des 15. Jahrhunderts immer weiter ausbreitete) unterschieden dreizehn Himmel und neun Unterwelten. Jede der oberen Schichten beherbergt eine Himmelsgottheit, und in den

unteren Regionen werden die verstorbenen Menschen von immer neuen Schrekken bedroht. Das Totenreich galt als wahres → Paradies: ein bewässerter Hain voller Früchte und Blumen.
Die Religion der Azteken war eine Religion von Kriegern. Gefallenen Kriegern schrieb man ein besonderes Totenschicksal zu: Sie bilden das Gefolge der Sonne. Als schöne Vögel und Schmetterlinge können sie zur Erde herabfliegen. Die gewöhnlichen Toten aber verwandeln sich in Wiesel, Stinktiere und Mistkäfer.
Die Religion der Maya war ausgesprochen dualistisch. (→ Dualismus) Jeder Gott hat eine gute und eine böse Seite, er kann sich in vielen Gestalten und mit männlichem oder weiblichem Geschlecht offenbaren. Das Höchste Wesen hieß «Einziger Gott». Die Maya nahmen (ähnlich wie die Azteken) mehrere Weltalter an, die jeweils durch eine Sintflut vernichtet wurden. Am Ende der Tage wird das «Krokodil vom Hause des Tropfens» (der Himmelsdrache) zusammen mit dem Todesgott und den Göttern der Unterwelt die «Insel» (d.h. die Welt) vernichten. Sonne und Mond werden auf ihr Antlitz fallen, und die Erde wird in Flammen aufgehen. (→ Apokalyptik)
Von besonderer Bedeutung war das Menschenopfer. Mit der Darbringung des Blutes halfen die Menschen den Göttern, die kosmische Ordnung aufrechtzuerhalten. Ohne die Opfer der Gläubigen könnten die Götter überhaupt nicht leben. Unter dem Einfluß der Tolteken kam es dazu, daß sich Opferungen zu regelrechten Massenschlächtereien entwickelten.
Die Götter der Maya zeigen nie ihre wahre Gestalt. Sie sind eng mit der Natur verwoben. Ihr Wesen ist zwiespältig, weil auch Leben und Tod dicht beieinander wohnen. Ein häufig anzutreffendes Symbol der Maya stellt einen Drachen mit zwei Köpfen dar; der eine Kopf des Ungeheuers ist lebendig, der andere tot. Vielleicht symbolisiert der Rachen des lebenden Kopfes hingegen das Tor des Himmels im Osten der Welt, aus dem die Himmelskörper emporsteigen, der Rachen des toten Kopfes das Tor im Westen, in dem die Himmelskörper verschwinden. Auch zahlreiche Jaguar- und Fledermausdämonen sind abgebildet. Schädel und gekreuzte Knochen symbolisieren den Tod.
4. Ohne hinlängliche Missionserfahrung und ohne Vorstellung der tatsächlichen Problematik machte sich die christliche Kirche, voran Papst Alexander VI. und die katholischen Könige Spaniens, gegen Ende des 15. Jahrhunderts daran, einen ganzen Kontinent – die «Neue Welt» – zu christianisieren. Anfangs war jede Kommunikation mit den Indianern äußerst eingeschränkt. Kolumbus, der die westliche Passage nach Asien gesucht hatte, hatte lediglich Dolmetscher für arabische und östliche Sprachen mitgebracht. So mußte man sich auf gestikulierende Dialogversuche mit den Einheimischen beschränken. Vor deren staunenden Augen errichteten die Christen Kreuze und lasen Messen. Später setzte man indianische Dolmetscher ein, Gefangene, die man gezwungen hatte, das Spanische zu erlernen. Schließlich gingen einzelne Weiße daran, die Eingeborenensprachen zu erforschen. In Brasilien setzte man Strafgefangene aus; sie sollten eine Zeitlang mit den Indianern leben, um deren Sprachen zu lernen und später den Portugiesen als Dolmetscher zu dienen.
Schließlich gelang es, Teile der Bibel zu übersetzen. Spanien aber, das nach den Erfahrungen mit der Reformation in der Übertragung der Bibel in Landessprachen die Ursache aller Ketzerei sah, setzte Bibelübersetzungen auf den Index, und die Inquisition verhinderte den Druck von Bibelübersetzungen in Amerika.
Eine Mission, die ohne kolonialistische Absichten erfolgt wäre, und die die Sou-

veränität der Indianer je respektiert hätte, hat es in Amerika nie gegeben. Ansätze friedlicher Missionsversuche der Dominikaner wurden von goldgierigen Conquistadoren sogleich gestört. Unbewaffnete Missionierungsvorhaben ließ man immer nur dann zu, wenn kriegerische Völker ohne das Risiko und ohne die Kosten militärischer Expeditionen «befriedet» werden sollten.

«Schwertmission» setzte die üblichen Methoden des Kampfes der Spanier gegen die Araber in der Neuen Welt fort. Die militärische Unterwerfung der Indianer erschien als notwendige Voraussetzung für die Verkündigung des Evangeliums. «Ich glaube, daß die Barbaren mit demselben Recht unterworfen werden können, wie sie gezwungen werden können, das Evangelium zu hören», verkündete um 1540 der einflußreiche Theologe und Theoretiker der Schwertmission, Ginés de Sepúlveda. Das Christentum sollte für immer den Charakter einer Religion weißer Eroberer behalten.

Andere Formen staatlichen und kirchlichen Zwangs, Versklavung und Arbeitsdienst, traten hinzu. Die Kirche führte Zwangstaufen durch, zog die Kindererziehung an sich und forderte Zwangsumsiedlungen von Einheimischen; die Indianer wurden zur Teilnahme an Gottesdienst und Katechese getrieben. Gewaltanwendung und körperliche Züchtigung der «unmündigen Kinder» waren an der Tagesordnung. Kirchlicher Missionseifer und die abschätzige und diskriminierende Behandlung der Indianer durch die Weißen ordneten sich den wirtschaftlichen Zielen der Eroberer aufs beste unter. Indianer, die sich der «Beleidigung Gottes» schuldig gemacht hatten, zogen die Kriegshorden der Spanier auf sich, die jeden Vorwand nutzten, um Sklaven machen zu können.

Wer fliehen konnte, zog sich in unwegsame Gegenden zurück. Viele starben an Unterernährung, Überarbeitung, Hunger oder an Krankheiten, die die Europäer eingeschleppt hatten.

5. Im 19. Jahrhundert kamen Protestanten Nordamerikas zu der Überzeugung, daß der in Südamerika eingepflanzte katholische Glaube nichts weniger als «eine Entstellung des Christentums» bedeute. Es war die Zeit des «American dream». Nordamerikaner fühlten sich als Werkzeug der Vorsehung zur Ausbreitung des «American way of life». 1898 besetzten sie Kuba und Puerto Rico. «Die Vereinigten Staaten haben Westindien besetzt, um der Welt zu zeigen, daß die Erziehung und das reine Christentum die Menschen darauf vorbereiten können, sich selbst zu regieren.» Zwischen 1814 und 1821 wurden zahllose Missionsgesellschaften gegründet. 1888 gab man das Motto aus: «Evangelisation der Welt in dieser Generation». Alle Völker sollten «christianisiert» werden. Dies galt als heilige Verpflichtung. Gebetsfeldzüge und Pressekampagnen für das Heil Südamerikas, den «Erdteil ohne Christus», «dem Spanien wohl das Kreuz, nicht aber den Heiland» gebracht habe, wurden organisiert. Die Protestanten sahen vor sich «einen Kontinent, der von Pfaffen beherrscht ist, ohne häusliches Leben, ein Opfer der Anarchie, des Götzendienstes, des Kultes heidnischer oder halbheidnischer Gottheiten, kontrolliert von der korruptesten Priesterschaft, deren einziges Instrument der Seelenhandel ist». (J. A. Brown, 1901)

Die Bibel wurde nun als wirksamste «Entwicklungshilfe» propagiert. Der protestantische Geist sollte Ignoranz und Analphabetismus überwinden. Die Missionare in Lateinamerika fühlten sich (genauso wie diejenigen in Afrika und Asien) als Boten einer erfolgreichen und «höheren» Zivilisation; aus «Erbarmen» wandten sie sich der «niedrigen Kultur der armen Heiden» und der katholischen Lateinamerikaner zu.

Die Evangelisationsbemühungen der

Protestanten zielten auf «Bekehrung» ab. Die Folge einer solch persönlichen Glaubensentscheidung schloß naturgemäß auch einen Bruch mit der Umwelt ein. Dieser Bruch ging nicht zuletzt mit der Übernahme protestantischer Kardinaltugenden wie Rechtschaffenheit, harte Arbeit und Enthaltsamkeit einher.
Indessen verfolgte die Indianermission der Katholiken auch im 19. Jahrhundert die gleichen Ziele wie eh und je: Es ging um «Befriedung» und «Integration». Damals noch führten katholische Geistliche selbst bewaffnete Expeditionen an. Der Pater Gabriel Sala etwa zog mit einem Trupp Abenteurer in den Urwald, um das Amazonasgebiet zu durchdringen und die lästige indianische Bevölkerung, die der wirtschaftlichen Expansion im Wege stand, zu verdrängen. «Wir sind ganz geschickt mit einem Gewehr, und wenn wir je eine Flinte auf irgendeinen Wilden richten müßten, würden wir ins Schwarze treffen», meinte der Pater; wer sich ihm entgegenstelle, den werde er gegebenenfalls «mit seinem Messer aufschlitzen». Die Missionare sind häufig Vorläufer und Wegbereiter von Unterwerfung und Ausbeutung gewesen.
Die Indianermission ist bis heute unverändert aktiv. Franziskaner und Maryknoller Missionare, Redemptoristen aus Deutschland, Spanien, den USA und unzählige Ordensschwestern «wirken» unter den Indianern, entfremden sie weiter von ihrer eigenen Kultur und berauben sie ihrer Selbständigkeit. «Die Kirche soll die zerstörerische Kraft ihrer missionarischen Aktivität als Mechanismus europäischer Kolonisierung und Entfremdung der indianischen Gruppen überwinden.» (Manifest der Minkas, 1976) So protestieren die Indianer bisweilen gegen die christlichen Missionare. Kirchen und Missionsgesellschaften aber überhören dieses Aufbegehren. Missionare fahren fort, die Kinder der Indios in ihren Internatsschulen auszubilden und sie ihrer angestammten Umgebung zu entfremden; halbnomadische Gruppen werden in der Nähe von Missionsstationen angesiedelt, um sie besser und beständiger christianisieren zu können; die «Wilden» müssen sich wie «Zivilisierte» kleiden; Prinzipien christlicher Moral, des Privateigentums und abendländischer Sexualität werden ihnen aufgezwungen, während man ihre Kulte, Bräuche und Tänze diskriminiert und zu beseitigen versucht. Der Bruch mit der traditionellen Glaubensüberlieferung und die Hinwendung zum christlichen Glauben bedeuten für viele Indianer Unterwerfung unter christliche Priester und Missionare sowie Verachtung der eigenen Geschichte und Überlieferung.
Unter den protestantischen Missionsunternehmungen treten seit 1930 die «Wycliff Bible Translators» hervor, die auf den Missionar W. Cameron Townsend zurückgehen. Sie betreiben Sprachstudien und übersetzen biblische Schriften in Indianersprachen. Die «Unterrichtung» der Indianer beginnt in der jeweiligen Indio-Sprache und endet in Spanisch oder Portugiesisch. Danach können sich die Indianer mit den Bildungsinhalten der herrschenden Nationalkultur beschäftigen und die Geschichte ihrer Kolonisatoren erlernen.
In der Erklärung von Barbados (1971) warfen Ethnologen der kirchlichen Missionsarbeit das Verbrechen des Ethnozids (Ausrottung von Kulturen) und Beihilfe zum Genozid (Völkermord) vor. Statt die Christianisierungsanstrengungen fortzusetzen, sollte man die Indianer als kolonisierte Völker anerkennen und ihren Befreiungskampf unterstützen. Jegliche weitere missionarische Tätigkeit solle eingestellt werden. 1972/73 empfahl die Weltmissionskonferenz von Bangkok, die Kirchen und Missionsgesellschaften sollten für geraume Zeit von der Entsendung weiterer weißer Missionare in die einstigen Missionskirchen ab-

sehen («Moratorium»). Die Forderung nach Einstellung der Missionsarbeit aber wurde abgelehnt; sie liege nicht im «wohlverstandenen Interesse» der Indios. Auch erscheine die missionarische Aufgabe der Kirche als unaufgebbar. 1975 sagte ein Bororo-Indianer: «Der Weiße ist wie ein Gürteltier; wo er hinkommt, zerstört er alles. Auch wenn er alles hat, will er noch mehr rauben, und er schreibt seinen Raub noch auf Papier, um ihn sicherer zu besitzen.»

Inquisition

Die Inquisition (lat. «Untersuchung») war in der Kirche des Mittelalters ein Verfahren zur Ausforschung solcher Christen, die von der offiziellen Lehre abzuweichen schienen. Bei diesem kirchlichen Strafprozeß war das Amt des Anklagevertreters und das des Richters in einer Hand. Der Zweck bestand darin, → Ketzer, Abweichler und Andersgläubige aus der Kirche auszuschließen.
Bereits im Neuen Testament wird die Frage aufgeworfen, wie mit «Sündern» eigentlich zu verfahren sei. «Sündigt aber dein Bruder, so gehe hin und halte es ihm vor ... Hört er die Gemeinde nicht, so sei er dir wie ein Heide und Zöllner.» (Mat. 18,15–18). In einem schweren Fall von «Unzucht», «von der auch die Heiden nicht zu sagen wissen, daß einer seines Vaters Frau habe», gibt Paulus die Anweisung: «Wenn ihr versammelt seid im Namen des Herrn Jesus und mein Geist samt der Kraft unsers Herrn Jesus bei euch ist, wollen wir diesen Menschen übergeben dem Satan zum Verderben des Fleisches [das heißt wohl: zur Hinrichtung], auf daß der Geist gerettet werde am Tage des Herrn ... Gott aber wird, die draußen sind, richten. Tut ihr selbst von euch hinaus, wer da böse ist!» (1. Kor. 5,1 ff; → Fluch)
Bei der Auseinandersetzung mit Abweichlern beschränkte sich die Alte Kirche noch auf Ermahnung und literarischen Streit. Augustinus (354–430) aber forderte bereits dazu auf, die Ketzer zwangsweise von den Lehren der Kirche zu überzeugen.
Als das Christentum toleriert und schließlich zur Staatsreligion geworden war, änderten sich die Verhältnisse grundlegend. Kircheninteressen und Staatsinteressen waren nun in Einklang gebracht. Die Kaiser erließen Gesetze, die die Ketzer mit staatlichen Strafen, mit Amtsenthebung, Beschlagnahmung ihres Besitzes und Verbannung belegten. (→ Bann)
Als «Häresie» bezeichnete man Abweichungen von der kirchlichen Lehre, als «Schisma» («Spaltung») Abweichungen von der kirchlichen Ordnung. Seit dem 4. Jahrhundert wurde die Todesstrafe gegen Manichäer (Anhänger Manis, ca. 215 bis 275, des Stifters einer gnostischen Erlösungsreligion; → Gnosis) und Donatisten (Anhänger des nordafrikanischen Bischofs Donatus im 4. Jahrhundert, die bestritten, daß von Abtrünnigen oder «Todsündern» gespendete Sakramente wirksam seien) verhängt.
Im 12. Jahrhundert einigten sich Kaiser und Papst auf ein gemeinsames Vorgehen gegen Ketzer: Bischöfe übernahmen die Ketzerbefragung, die weltliche Gewalt daraufhin die Bestrafung der Ketzer. Die eigentliche päpstliche Inquisition führte Gregor IX. 1231 ein. Für unbußfertige oder rückfällige Abweichler bestimmte er den Feuertod. Alle Christen waren jetzt zur Ketzerhatz verpflichtet. Päpstliche Inquisitoren sollten die Häretiker ausfindig machen.
Thomas von Aquin (1225–1274) lehrte: «Was die Ketzer anlangt, so haben sie sich einer Sünde schuldig gemacht, die es rechtfertigt, daß sie nicht nur von der Kirche vermittels des Kirchenbannes ausgeschieden, sondern auch durch die Todesstrafe aus dieser Welt entfernt werden. Ist es doch ein viel schwereres Verbrechen, den Glauben zu verfälschen,

der das Leben der Seele ist, als Geld zu fälschen, das dem weltlichen Leben dient.» Unzählige Menschen hat der christliche Staat in der folgenden Zeit auf Veranlassung der Kirche und unter genauester Einhaltung der vom Papst vorgeschriebenen Foltermethoden hingemordet. (→ Folter)

Das Inquisitionsverfahren wurde geheim durchgeführt; erst was die Folter erpreßte, galt als rechtskräftiger Beweis. Den Inquisitor Konrad von Marburg, den der Papst «einen beinahe heiligen Mann» genannt hatte, erschlug die aufgebrachte und verzweifelte Bevölkerung. In Sevilla verbrannte man 4000 Menschen, 30000 wurden zu schwersten Strafen verurteilt. Kreuz und Folter standen unmittelbar nebeneinander. Die Marterwerkzeuge wurden mit Weihwasser eigens besprengt. Das Ketzergericht flehte den Heiligen Geist um Beistand an. Bereuende Ketzer und Juden mußten eine Kleidung tragen, die sie äußerlich kenntlich machte. (→ Antisemitismus) Hinrichtungen wurden wie Volksfeste veranstaltet. Von dem, der unbußfertig auf dem Scheiterhaufen endete, galt, daß er am Jüngsten Tag nicht auferstehen werde. Bisweilen wurden sogar noch die Knochen verstorbener Ketzer ausgegraben und verbrannt. Das Vermögen der Nachkommen zog man häufig ein und erklärte sie über drei Generationen für ehrlos.

Mit der Zeit wurde der Aufgabenbereich der Inquisition beträchtlich ausgedehnt. Sie mußte sich nun auch um Alchimisten (Alchimie: die «schwarze Kunst», der es um die Umwandlung eines schwarzen Urstoffes geht und die magischen Vorstellungen u. a. des Zusammenhangs zwischen Metallen und Gestirnen anhängt), Zauberer, Hexen und Wahrsager kümmern. Sie ging schließlich gegen Protestanten und Juden sowie gegen Judenchristen («Marranen») und maurische Christen («Morisken») in Spanien vor. Ihre Betätigungsfelder waren außer Spanien, wo sie erst 1843 aufgehoben wurde, vor allem Portugal, Frankreich, die Niederlande, Lateinamerika und Deutschland.

Verschiedene Inquisitoren wurden später zu Päpsten gewählt, andere heiliggesprochen. Bis heute hält der Vatikan die Archive der Inquisition unter Verschluß, und das mittelalterliche Inquisitionstribunal besteht unter der Bezeichnung Congregatio Sancti Officii («Glaubenskongregation») immer noch fort (reformiert 1971). Betroffene erhalten keine Einsicht in die belastenden Akten, können einen Verteidiger nicht frei wählen und haben keinerlei Möglichkeit, Berufung einzulegen.

Luther (1483–1546), Zwingli (1484 bis 1531) und vor allem Calvin (1509 bis 1564) waren übrigens nicht weniger intolerant als die katholischen Verfechter einer Inquisition. «Mit Ketzern», erklärte z. B. Luther, «braucht man kein langes Federlesen zu machen, man kann sie ungehört verdammen. Und während sie auf dem Scheiterhaufen zugrunde gehen, sollte der Gläubige das Übel an der Wurzel ausrotten und seine Hände in dem Blute der Bischöfe und des Papstes baden, der der Teufel in Verkleidung ist.»

Später führten auch die lutherischen und reformierten Kirchen ein «Lehrzuchtverfahren» gegen abweichende Auffassungen in den eigenen Reihen ein: Da die protestantische Kirche von dem einen Evangelium des einen Christus lebe, müsse die Einheit der Lehre unbedingt gewahrt werden. Die Lehre muß «rein» bleiben, um den «Dienst des Heils» erfüllen zu können. Durch Ausbildung, Prüfung, Ordination und Berufung der Prediger und «Lehrer des Evangeliums» betreiben deshalb auch die protestantischen Kirchen «Lehrpflege».

Schwieriger wird es freilich, wenn man Lehrabweichungen feststellt und wenn die Verbreitung von Irrlehren unterbunden werden soll. Nach protestantischer

Überzeugung ist nur die Heilige Schrift «Regel, Richter und Richtschnur» aller Verkündigung und Lehre. Außer ihr, das heißt neben der «Selbstbezeugung des Evangeliums auf Grund der Schrift», gibt es eigentlich keine Instanz in der evangelischen Kirche, die verpflichtend feststellen könnte, was schriftgemäß und was schriftwidrig ist.
Dennoch wird immer wieder die Auffassung vertreten, auch die protestantischen Kirchen hätten die Pflicht, für die Reinheit der Verkündigung zu sorgen und über ihre Lehren zu wachen. Wenn in einem Konfliktfall «Beratung und Ermahnung» durch die Kirchenoberen nicht ausreichen, so droht auch einem protestantischen Abweichler als «äußerste Maßnahme» eine «Lehrbeanstandung» in einem förmlichen Verfahren. (→ Index).

Intoleranz (Toleranz)

Intoleranz (Unduldsamkeit) Andersgläubigen gegenüber, die Christen in der Geschichte häufig an den Tag gelegt haben, hängt mit dem Wesen und dem Selbstverständnis der christlichen Religion zusammen. Das Christentum geht nämlich davon aus, daß es nur eine Wahrheit gibt, die Gott in Christus geoffenbart hat. (→ Offenbarung) Der Jesus des Johannesevangeliums nimmt diese Wahrheit ausschließlich und ein für allemal für sich selbst in Anspruch: «Ich bin der Weg und die Wahrheit und das Leben. Niemand kommt zum Vater denn durch mich.» (Joh. 14,6) Nur wer Christ ist, kann demnach in der Wahrheit sein. (3. Joh. 4; 2. Petr. 2,2)
Die Kehrseite dieses Anspruchs bildet die Verteufelung derjenigen, die sich Jesus nicht beugen. Wer die christliche Wahrheit nicht anerkennen will, ist ein «Feind des Kreuzes Christi» (Phil. 3,18) und verwandelt «Gottes Wahrheit in Lüge». (Röm. 1,25) Er steckt sozusagen mit dem Teufel unter einer Decke. (1. Petr. 5,8) Jeder ist zur Entscheidung gezwungen, keiner kann sich heraushalten. «Wer nicht für mich ist, der ist wider mich.» (Mat. 12,30)
Diese intolerante Grundhaltung ist um so erstaunlicher, als das Christentum in einer politisch, gesellschaftlich und rechtlich toleranten Umwelt entstand. Im Römischen Reich wurden alle Kulte zugelassen, die nicht gegen die staatliche Ordnung verstießen. Das Christentum aber war nicht nur gegenüber Juden und «Heiden», sondern auch gegenüber dem römischen Kaiserkult intolerant. Damit zwang es den römischen Staat zur Unduldsamkeit und zu Christenverfolgungen.
Nachdem das Christentum durch → Konstantin den Großen anerkannt worden war, machte es sich daran, sämtliche heidnischen Religionen im Reich zu beseitigen, ihre Einrichtungen zu vernichten, ihre Tempel und Überlieferungen zu zerstören. Christliche Mission zielte stets darauf ab, die Kultstätten und die Traditionen der Heiden (Angelsachsen, Germanen, Slawen) möglichst restlos zu beseitigen; daran konnte sie bisweilen nur fehlende Macht hindern (so in China und Japan).
Im 7. Jahrhundert stießen der kämpferische → Islam und das intolerante Christentum aufeinander. Die Muslime verstanden sich als die eigentlichen Erben der alttestamentlichen und auch der neutestamentlichen Offenbarung. Die Christen hingegen bezeichneten den Islam als Religion des «falschen Propheten», ja des → «Antichrist». Bei der Reconquista (Wiedereroberung der iberischen Halbinsel durch die Spanier) und während der → Kreuzzüge lieferten sich die beiden Religionen im Mittelmeerraum, in Palästina und in Nordafrika blutige Kämpfe. Die katholische Mission sorgte in Mittel- und Südamerika für die Ausrottung indianischer Kulte und gab dem Mord der Eroberer an Millionen

von Einheimischen die religiöse Weihe (→ Indianische Religionen).

In den Auseinandersetzungen von Reformation und Gegenreformation bekämpften sich Protestanten und Katholiken mit dem gleichen Ingrimm wie die Christen die Türken. Die Inquisitionstruppen schlachteten Katharer, Albigenser und Waldenser ab. (→ Ketzer) Vor dem Terror der → Inquisition war letztlich niemand sicher. Die protestantischen Landeskirchen verfolgten ihre eigenen Abweichler mit der gleichen Grausamkeit wie die Katholiken ihre Häretiker (Ketzer).

Erst der Verlust an Macht und die Erfahrung der Folgen religiöser Intoleranz am eigenen Leib brachten die Christen dazu, die Idee der Toleranz in einem besseren Licht zu sehen. Die Schrecken angesichts der Eroberung von Konstantinopel durch die Türken veranlaßten sie schließlich dazu, gegenseitige Duldung von Christen und Muslimen zu fordern.

Nachdem sich das Christentum in Konfessionen aufgespaltet hatte, versuchte jede einzelne von ihnen die Macht des Staates zur Ausbreitung des eigenen Einflußbereiches zu gewinnen. Jede Konfessionskirche nahm dabei für sich allein die ausschließliche Wahrheit in Anspruch und wollte diese selbst mit politischer und militärischer Macht gegen die anderen Konfessionen durchsetzen. In den Religionskriegen des 16. und 17. Jahrhunderts verteufelten und vernichteten sich Protestanten und Katholiken gegenseitig. In einer einzigen Nacht wurde nahezu die ganze protestantische Führungsschicht Frankreichs ausgerottet (Bartholomäusnacht 1572; → Gegenreformation).

Martin Luther (1483–1546) verlangte, daß seine Anhänger geduldet wurden, rief aber gleichzeitig zur Verfolgung von Ketzern, «Sakramentierern» (den Anhängern Zwinglis, 1484–1531) und Wiedertäufern auf. Johannes Calvin (1509–1564) hielt Häresie (Ketzerei) für «Seelenmord» und ließ Michael Servet 1553 allein deshalb hinrichten, weil er die Trinitätslehre (→ Gott) kritisiert hatte. Toleranz war freilich auch nicht Sache der revolutionären Gruppen der Reformationszeit, die, wie die Anhänger Thomas Müntzers (gest. 1525), das Reich Gottes durch Herrschaft der «Auserwählten» über die «Gottlosen» herbeizwingen wollten.

Die frühesten religiösen Verfechter von Toleranz waren die, die am meisten unter grausamer Unduldsamkeit von Angehörigen anderer religiöser Anschauungen zu leiden hatten: Täufer und Spiritualisten der Reformationszeit, denen Katholiken wie Protestanten gleichermaßen heftig zusetzten. Sie wiesen hin auf den zentralen Widerspruch zwischen dem Selbstverständnis des Christentums als Religion der Liebe und seiner Praxis blutiger Verfolgungen Andersgläubiger.

Dem Glauben der Christen selbst war Toleranz schwerlich abzutrotzen. Wer für Duldsamkeit eintreten wollte, mußte sich auf andere als christliche Autorität berufen: auf die Vernunft z. B. Toleranz vertrug sich besser mit der rationalistischen (auf Vernunft hin orientierten) Grundhaltung des Humanismus (z. B. eines Erasmus von Rotterdam, 1466 oder 1469–1536).

Der Augsburger Religionsfriede 1555 ermöglichte Katholiken und Protestanten, in getrennten Territorien nebeneinander zu leben, wobei der Landesherr das Bekenntnis seiner Untertanen bestimmte («cuius regio eius religio»), und derjenige, der sich nicht fügen wollte, immerhin auswandern konnte. Aber Täufer und Spiritualisten wurden weiterhin verfolgt.

Die Revolution gegen Monarchie und Staatskirche in England schrieb politische Freiheit und Religionsfreiheit auf ihr Banner. Man erkannte dort, daß grundlegend für jegliche Duldsamkeit die Trennung von Staat und Kirche sei.

Wenn sich heute Christen ihrer Toleranz rühmen, so übersehen sie meist, daß Freiheit und Toleranz (genauso wie Fortschritte von Vernunft und Wissenschaft, Bekämpfung von Rassismus und Diskriminierung, Abschaffung der Sklaverei usw.) der christlichen Religion immer erst mühsam abgetrotzt werden mußten. Die römisch-katholische Kirche hat den «Wahnsinn der Religionsfreiheit» immer abgelehnt; auch hielt sie ihren Anspruch auf religiöse Alleinherrschaft im Staat, wo immer es möglich war, konsequent aufrecht. Wenn sie jedoch selbst gegenüber andersgläubigen Mehrheiten ins Hintertreffen geriet, forderte sie für sich nachdrücklich Toleranz; im eigenen Bereich blieb ihr Toleranz stets suspekt, denn «es kommt für den katholischen Christen, solange er auf dieser Erde... lebt, in erster Linie nicht auf die Einsicht in die einzelnen Glaubenslehren an, sondern auf den Glaubensgehorsam gegen die kirchliche Lehrautorität». (→ Autorität; → Gehorsam)

Islam

«Der Islam ist der Glaube, den Gott durch Seinen letzten Gesandten Muhammed (Friede sei mit ihm!) der Menschheit offenbarte. Er äußert sich in vollständiger Ergebung in Gott, die gleich ist wie die Schließung des Friedens mit Gott, mit den Menschen und mit sich selbst. Das Wort ‹Islam› heißt arabisch Ergebung, Frieden und Rettung gleichzeitig. Jeder Angehörige des Islam – Muslim oder Muslimin – muß glauben und mit Taten Zeugnis dafür ablegen, daß es nur einen Gott gibt und wahr ist, was Er durch seine Gesandten verkünden ließ.» (Aus einem islamischen Katechismus für Kinder deutschsprachiger islamischer Einwanderer)
Für viele Christen ist die Welt des Islam befremdlich, beängstigend und unheimlich. Gegenüber keiner anderen Religion gibt es bei uns so viele negative Vorurteile. Diese gehen nicht erst auf die Ölkrise, die islamische Revolution im Iran und den Golfkrieg, sondern bereits auf das Mittelalter zurück. Schließlich bildeten islamische Mächte rund ein Jahrtausend lang eine fortdauernde Bedrohung des Abendlandes; diese begann mit der arabischen Eroberung Spaniens zu Beginn des 8. Jahrhunderts und reichte bis zur Belagerung Wiens durch die Türken im Jahr 1683. Der Islam galt zu dieser Zeit als «Erzfeind» des Christentums. Martin Luther (1483–1546) sah in der «Türkengefahr» gar den Antichrist am Werk. Dies mag mit dem Umstand zusammenhängen, daß der Islam die einzige Weltreligion ist, die erst nach dem Christentum entstanden ist. Manche christlichen Theologen haben ihn deshalb rundweg als «Häresie des Christentums» geschmäht. Erst die Aufklärung ebnete den Weg zu einem sachlicheren Verständnis des Islam und seiner kulturellen Verdienste. Über das mittelalterliche Spanien hat der islamische Orient die abendländische Kultur nachhaltig befruchtet.
In zurückliegenden Jahrzehnten hat die «Gastarbeiterwelle» Millionen Muslime nach Deutschland gebracht; dennoch scheint sich bei uns das Verständnis des Islam nicht vertieft zu haben. Juden, Christen und Muslime wohnen seit jeher eng zusammen, und ihre verschiedenen Glaubensausprägungen sind miteinander verwandt. Alle drei Religionen behaupten jedoch von sich selbst, die ausschließliche Wahrheit zu besitzen. (→ Absolutheitsanspruch) Judentum, Christentum und Islam stehen in einer zeitlichen Reihenfolge. Das Judentum als die älteste der drei Religionen behauptet, daß Gott sich Israel gegenüber – und zwar ein für allemal – offenbart habe und daß die Juden das Volk der Erwählung seien. Die Christen hingegen erklären, daß der «neue Bund» Gottes mit der christlichen Kirche durch Jesus Christus gestiftet sei, der den «alten Bund» abgelöst habe. Für

den Islam schließlich sind alle Religionen lediglich Vorläufer der eigenen Glaubensüberzeugung: Die Heilige Schrift der Muslime, der →Koran, (qur'ān) greift hinter die Thora (Gesetz) der Juden und das Evangelium der Christen zurück und nimmt die Religion Abrahams wieder auf. Die Anhänger Mohammeds verstehen sich folglich als Nachkommenschaft Adams; demnach ist der Islam das erste und älteste Bekenntnis der Menschheit: Eigentlich wird jeder Mensch als Moslem geboren. Erst seine Eltern können ihn zum Anhänger einer anderen Religion machen. In der falschen oder verdunkelten Sicht der jeweiligen anderen Religion mag ein Großteil der gegenseitigen abschätzigen Vorurteile bei Juden, Christen und Moslems begründet sein.

1. Der Stifter des Islam war Abul Rasim Muhammad ibn Abdallah (Mohammed = der Gepriesene, Abd-Allah = Diener Gottes). Er wurde um 570 in Mekka geboren. Schon als Kind verlor er Vater und Mutter, so daß er selbst seinen Lebensunterhalt verdienen mußte. Er war zuerst Schafhirte, später Kamelführer. Bald heiratete er seine Dienstherrin Khadīğa, die ihm mehrere Kinder gebar. In den seelischen Krisen, in die ihn seine religiösen Erlebnisse stürzten, stand sie ihm treu zur Seite. Auf seinen Reisen lernte er die Kulturen und Religionen anderer Völker (insbesondere Judentum und Christentum) kennen.

Um das Jahr 610 oder 613 wurde ihm eine Offenbarung zuteil. Der Erzengel Gabriel «überbrachte» ihm die ersten Verse eines heiligen Buches, des Koran: «Im Namen Allahs, des Allbarmherzigen. Lies im Namen deines Herrn, der alles erschaffen hat, und den Menschen aus geronnenem Blut erschuf. Lies bei deinem Herrn, dem glorreichsten, der den Gebrauch der Feder lehrte und den Menschen lehrt, was er nicht wußte.»

Mohammed betrachtete sich von nun an als bevollmächtigten Propheten Allahs. Er verkündigte den «einzigen, wahren, den geistigen Gott» und das Kommen des «Jüngsten Gerichts». Nur die Frommen würden ins Paradies gelangen, wo in duftenden Gärten Milch und Honig fließen. Anhänger fand er hauptsächlich unter den Armen.

Wahrscheinlich am 14./15. Juli 622 zog er zusammen mit etwa 70 Anhängern von Mekka in die Nachbarschaft Yathrib, die später den Namen Medina («Stadt des Propheten») bekam. Mit diesem Ereignis (Hiğra = Verlassen der Familie) beginnt die muslimische Zeitrechnung.

Jetzt wurde aus dem Prediger ein Politiker. In wenigen Jahren stieg er bis zum alleinigen Herrscher in Medina auf. Mehrere jüdische Sippen, die ihm dabei im Wege standen, wurden ausgerottet. Durch Verträge, Bündnisse und Kriege weitete er seinen Herrschaftsbereich aus. Im Jahr 630 zog er auch in Mekka ein. Er zerstörte die alten Götterbilder des Heiligtums der Ka'ba («Würfel», ein schwarzer Meteoritenstein, arabischer Kultmittelpunkt aus vorislamischer Zeit) und machte es zum Zentralheiligtum des Islam.

2. Zwischen seinem 40. (oder 43.) Lebensjahr und seinem Tod verkündete Mohammed den →Koran («Lesung») in kleinen Stücken, so wie er ihm offenbart wurde. Der Koran galt ihm und seinen Anhängern als wörtliche Wiedergabe des «Urkoran», der bei Gott im Himmel aufbewahrt ist. Erst einer seiner Nachfolger (Kalif) hat die einzelnen Suren (Kapitel) und Verse zusammengestellt. Der Koran zerfällt in 114 Kapitel, die nach Anfangsworten oder Stichworten benannt werden und nach abnehmender Länge aneinandergereiht sind. Die kürzesten Suren sind die ältesten, die längsten dagegen die jüngsten. Die erste Sure (Fātiḥa), das «Vater unser» des Islam, weicht von dieser Ordnung ab. Sie lautet:

«Im Namen Gottes, barmherzigen Erbarmers:

Preis sei Gott,
dem Herrn der Welten,
dem barmherzigen Erbarmer,
dem, dem der Tag des Gerichtes gehört.
Dir dienen wir, dich flehen wir an:
Führe uns den geraden Weg,
den Weg derer, denen du deine Gnade gibst,
und nicht derer, über die Zorn kommt,
und die abirren.
Amen!»

Der Koran ist die einzige heilige Schrift der «Hochreligionen», die in allen Teilen vom Stifter der Religion selbst stammt. Neben den Koran trat bald die Überlieferung (sunna, die «Gewohnheit» des Propheten, und ḥadīth, Bericht über seine Handlungen) mit Aussprüchen des Propheten, die nicht unmittelbar göttlicher Offenbarung entstammen.

Der strenge Monotheismus Mohammeds schloß die Vorstellung aus, daß Allah je einen Sohn haben könnte. Jesus ist deshalb im Islam zwar ein hochgeachteter Gesandter Gottes und ein bedeutender Prophet; die Gottessohnschaft Jesu, die die Christen behaupten, wird jedoch bestritten.

Allah gilt als allwissend. Er hat alles, was geschieht, vorherbestimmt. (Prädestinationslehre) Ihm untergeordnet sind zahlreiche Erzengel und Engel (Gabriel, Michael, Isrāfīl, Raphael usw.) sowie der Aufseher der Hölle, Mālik, und der Paradiespförtner, Ridvan. Neben den Engeln gibt es Dämonen und die Dschinn (ǧinn). Die Dschinn sind aus dem Gluthauch erschaffen, leben in der Wüste, sind zum Teil gut, zum Teil böse. Ihr Herr ist Iblīs (diabolos = Teufel), der gefallene Engel. Der Mensch, der unterhalb dieser überirdischen Welt lebt, ist Allah dann wohlgefällig, wenn er fünf Hauptpflichten (die «fünf Säulen») erfüllt: 1. Das Bekenntnis des Glaubens: «Ich bezeuge, daß kein Gott ist außer Allah; und ich bezeuge, daß Mohammed der Gesandte Allahs ist.» 2. Das Gebet: Die vom Koran vorgeschriebenen Gebete müssen fünfmal täglich verrichtet werden. Am Freitag, dem «Sonntag» der Muslime, sucht der Gläubige die Moschee auf, hört die Predigt des Imam («Vorgänger»; Vorbeter, Gebetsleiter und führender Lehrer, der durch ununterbrochene Abfolge die göttliche Lichtsubstanz vom Propheten und seinem ersten Imam erhalten hat und deshalb als sündlos und unfehlbar gilt) und verrichtet das Gebet öffentlich. Man richtet sich dabei nach Mekka aus; festgelegt sind darüber hinaus auch rituelle Waschungen und Verbeugungen. 3. Das Fasten. Es wird insbesondere im 9. Monat des islamischen Mondjahres (354 Tage), im heiligen Ramadan, geübt. Am 27. Tag des Ramadan, in dessen Nacht dem Propheten die erste Offenbarung zuteil geworden sein soll, erreicht das Fasten seinen Höhepunkt. Zum Fasten gehört die Enthaltung von Essen, Trinken und Rauchen, vom Genuß des Wohlgeruchs und vom Geschlechtsverkehr. 4. Almosengeben; dieses hat sich inzwischen zu einer regelrechten Armen- und Sozialsteuer entwickelt, die den 14. Teil des Einkommens beansprucht. Eigentum ist nur zur Befriedigung der eigenen Bedürfnisse und des Lebensunterhalts berechtigt. Was darüber hinausgeht, gehört Allah und der Gemeinde. 5. Die große Wallfahrt (hadsch) nach Mekka. Jeder Muslim soll sie einmal im Leben vollziehen. Das Motto der Pilgerfahrt lautet: «lawaika», «zu Deinen Diensten».

Viel stärker und offensichtlicher als das Christentum verknüpft der Islam Religion und Politik miteinander. Glaube schließt für Muslime auch eine politische Verpflichtung ein. Der Staat selbst soll für den Erhalt und die Ausbreitung des Islam sorgen. Wie im Alten Testament kann der «heilige Krieg» aus dem Auftrag Gottes heraus notwendig werden; (→Krieg) ǧihād (Anstrengung) ist die Verteidigung des islamischen Erbes.

Wenn ein islamisches Land angegriffen wird, so haben die Muslime das Recht und die Pflicht, einen «heiligen Krieg» zu führen. Denn ein islamisches Land ist ein «Land des Friedens», d.h. ein «Land Gottes». Ein Angriff auf den Islam ist demnach Angriff auf Gott selbst. Die Ausbreitung des islamischen Glaubens hingegen kann rechtmäßig eigentlich nie als «heiliger Krieg» ausgegeben werden: «Kein Zwang im Glauben». (Sure 2, 257) Die Kriege gegen den Staat Israel in unserer Zeit werden bisweilen als «heilige Kriege» bezeichnet, da das Staatsgebiet Israels ursprünglich Land des Islam war.

Alter islamischer Tradition entspricht ein Staatsdenken, das sich vom europäischen ganz und gar unterscheidet. Eine Regierung unter der Aufsicht von Theologen erscheint manchen Europäern als Diktatur. Nach Erklärungen des verstorbenen Ayatollah Khomeini ist Allah der Gesetzgeber des Staates. Außer dem göttlichen Gesetz (das im Koran und in der Sunna festgelegt ist) gibt es kein anderes. «Die islamische Regierung ist eine gesetzliche Regierung. In einer solchen Regierung kommt die Souveränität nur Gott zu, und das Gesetz ist Anweisung und Erlaß Gottes. Das islamische Gesetz oder die Anweisung Gottes hat für alle Menschen und die islamische Regierung Gültigkeit. Alle Menschen – angefangen vom edlen Propheten bis zu seinen Nachfolgern (Kalifen) sowie alle anderen Menschen unterstehen für immer diesem Gesetz, das von dem gnädigen und allmächtigen Gott geoffenbart und in der Sprache des Korans und des edlen Propheten verkündet wurde.»

Mohammeds Lehren vom «Jüngsten Tag» und der Auferstehung, von Hölle und Paradies erinnern an christliches Gedankengut. Nach der Auffassung des Koran hat die Offenbarung Mohammeds die vorislamischen Offenbarungen nicht verneint, sondern aufgenommen und vervollständigt. Der Tod des Menschen ist nach Mohammeds Meinung von Gott im voraus bestimmt. Wenn die Lebenszeit abgelaufen ist, kommt der Todesengel Isrāfīl und fordert die Seele des Menschen. Nach der Bestattung treten die Engel Munkar und Nakīr auf. Der Tote wird daraufhin kurzzeitig wiederbelebt, damit er Rede und Antwort stehen kann. Nun befragen ihn die Engel nach seinem Glauben. Gibt er die richtigen Antworten, so hat er seinen Frieden bis zum Jüngsten Tag. Gibt er falsche Antworten, so wird er mit eisernen Keulen geschlagen.

Zwischen Tod und Auferstehung verbleiben die Verstorbenen in einem schlafähnlichen Wartezustand in den Gräbern, ihre Seelen halten sich in der Nähe Allahs auf. Durch den Schall einer Trompete wird schließlich die Auferstehung eingeleitet. Die Himmel öffnen sich, die Berge verschwinden; erstaunliche Naturveränderungen treten ein. Jesus kommt wieder und verkündet den Koran. Dann beginnt das Gericht – die Scheidung der Menschen in Erlöste und Verdammte.

Das Paradies der Seligen, der einstige Garten Eden, aus dem Adam und Eva vertrieben worden sind, ist mit allen nur erdenklichen Annehmlichkeiten ausgestattet: Dort altern die Menschen (die Männer) nicht und leiden auch keinen Hunger. Sie werden von schönen Knaben bedient. Ihre Gefährtinnen sind Paradiesjungfrauen. Die Hölle aber ist ein Ort des Leidens, der Qualen und Schmerzen: ein loderndes, funkensprühendes Feuer. Wenn die Haut der Verdammten gargeschmort ist, wird sie zur Fortsetzung der Pein sogleich gegen eine neue ausgetauscht.

3. Zehn Jahre nach der «hiğra» (632 n. Chr.) starb Mohammed. In der Folgezeit entstand das Kalifat, die politische Nachfolge des Propheten. Bald setzte eine gewaltige Expansion des Islam ein. Die Muslime durchdrangen innerhalb eines einzigen Jahrhunderts den gesamten

Vorderen Orient bis nach Indien; sie eroberten Nordafrika und Spanien und wurden erst in Frankreich durch Karl Martell aufgehalten (Schlacht bei Tours und Poitiers, 732).
Als Hauptstadt wählten die Kalifen Bagdad. In Córdoba in Spanien wurde 756 ein eigenes Kalifat errichtet. Damals sorgten islamische Gelehrte dafür, daß die indischen Ziffern 1–9 und 0 übernommen wurden (heute: die «arabischen» Ziffern), so daß die Mathematik vereinfacht werden konnte und neue Anregungen bekam. In der Regierungszeit Hārūn ar-Rašīds (786–809), eines Zeitgenossen Karls des Großen, blühte die arabische Dichtung (Märchen aus «Tausendundeiner Nacht»), später die arabische Wissenschaft.
Heute gehören die islamischen Staaten zur sogenannten Dritten Welt, d. h., sie gelten als «Entwicklungsländer». Teilweise konnten sie durch den aus der Förderung von Öl erwirtschafteten Reichtum zu ökonomischer und politischer Macht kommen. Gegen 700 Millionen Anhänger umfaßt die Weltmuslimgemeinschaft heute. Zum sunnitischen Islam (Sunna, der Brauch des Propheten) hält sich die große Mehrheit der Muslime. Etwa 6 Prozent sind Schiiten (von Absplitterung; Partei Alis, eines Vetters Mohammeds, der die Prophetentochter Fatima geheiratet hatte, sich mit der Prophetenwitwe Aischa zerstritt und schließlich ermordet wurde). Vom Schiismus stammen verschiedene islamische Sekten ab (Drusen, Ismaeliten, Babismus und die → Bahá'í-Religion).
4. In der Bundesrepublik Deutschland leben heute etwa 1,7 Millionen Moslems meist sunnitischer Prägung. Unter ihnen stellen die Türken (1,46 Millionen) die größte Gruppe. Die Zahl der illegal anwesenden Muslime wird auf 100000 bis 200000 geschätzt. Damit sind fast 3 Prozent der deutschen Bevölkerung muslimisch.
Die islamische Minderheit leidet unter offenkundiger Ungleichheit. Sozial ungerechte Behandlung und Ausbeutung, offene und versteckte Diskriminierung, Rechtsunsicherheit und Sorge um Arbeitsplatz und Aufenthaltserlaubnis drängen die gesellschaftlich nicht eingebundene Randgruppe in Identitätskrise, Absonderung und teilweise Absonderlichkeiten. Etwa 600000 moslemische Kinder und Jugendliche in Deutschland, die «zweite oder dritte Generation in der Emigration», drohen zu «Analphabeten in zwei Sprachen und Kulturen» zu werden. In vielen deutschen Schulen sind um die zehn Prozent der Schüler Muslime, in manchen Gebieten sind es weit mehr.
Zwischen 1965 und 1975 wurden in der Bundesrepublik Deutschland 22576 christlich-islamische Ehen geschlossen.
In der islamischen Familie steht der Mann aufgrund «natürlicher» Auszeichnung von seiten Allahs und wegen besonderer Pflichten gegenüber Frau und Kindern über der Frau. «Die Männer stehen den Frauen voran wegen dessen, was Gott dem einen vor dem anderen gegeben hat, und weil sie von ihrem Geld [für die Frauen] auslegen. Die rechtschaffenen Frauen sind gehorsam und sorgsam in der Abwesenheit [ihrer Gatten], wie Gott für sie sorgte. Diejenigen aber, für deren Widerspenstigkeit ihr fürchtet – warnet sie, verdammet sie in die Schlafgemächer und schlaget sie. Und so sie euch gehorchen, so suchet keinen Weg wider sie; siehe, Gott ist hoch und groß.» (Sure 4–38) «Und sprich zu den gläubigen Frauen, daß sie ihre Blicke niederschlagen und ihre Scham hüten und daß sie nicht ihre Reize zur Schau tragen, es sei denn, was außen ist, und daß sie ihren Schleier über ihren Busen schlagen und ihre Reize nur ihrem Ehegatten zeigen... Und sie sollen nicht ihre Füße zusammenschlagen, damit nicht ihr verborgener Zierat bekannt wird.» (Sure 24–31)

Nach dem Koran ist es dem Mann erlaubt, vier Frauen gleichzeitig zu ehelichen und beliebig viele Konkubinen zu haben. Praktisch kommt Polygamie jedoch längst nicht so häufig vor, wie man glauben möchte. Denn alle Frauen müssen gleich behandelt werden. Deshalb meinen manche modernen Ausleger des Koran, die Forderung völlig gerechter Behandlung der Frauen sei, da letztlich undurchführbar (Keiner ist gerecht außer Gott allein), im Grunde eine Absage an die Polygamie.
Leicht kann sich der Mann scheiden lassen, wozu die Frau kaum eine Möglichkeit hat. Die Kinder, die aus Ehen zwischen Muslimen und Christen hervorgehen, müssen in der Religion des Vaters erzogen werden. Sie «gehören» dem Vater.
Der vor einem Kadi (islamischer Richter) geschlossene Ehevertrag schützt die Frau. Wenn Ehen ohne einen solchen Vertrag geschlossen werden, gelten sie als Konkubinate («wilde Ehen»), die der Mann dadurch aufheben kann, daß er dreimal ausruft: «Ich scheide mich von dir!»
In Deutschland gibt es eine ganze Reihe von muslimischen Zentren und Gemeinden (z. B. in Hamburg, München, Köln). In Schwetzingen residiert seit August 1977 das Oberhaupt der türkischen Moslems.
Wiederholt machten radikale politische und religiöse Gruppen von sich reden. Zu den rechtsgerichteten Gruppierungen zählen die Föderation der Türkisch-Demokratischen Idealistenvereine in Europa e. V. (die eng zusammenarbeiten mit der Partei der Nationalen Bewegung und deren Jugendorganisation, den «Grauen Wölfen») und die orthodox-islamische Nationale Heilspartei. Linke Gruppierungen sind die Föderation der Türkischen Arbeitervereine in der Bundesrepublik Deutschland e. V., die Föderation der Arbeiter aus der Türkei in Deutschland e. V. und die Föderation demokratischer Türkischer Arbeitervereine in Deutschland e. V. In Widerspruch zur öffentlichen Meinung steht die Tatsache, daß nur 2 Prozent aller Türken in Deutschland radikalen politischen Gruppen zuzurechnen sind und nur 5 bis 6 Prozent Mitglieder religiöser Gemeinschaften sind.

Israel

Von den «Vätern» bis zur «Landnahme»
«Israel» ist der Name des von →Jahwe «erwählten» Volkes. Im →Alten Testament wird damit die Gesamtheit der zwölf Stämme, bisweilen aber auch nur das Nordreich im Unterschied zum Südreich Juda, bezeichnet. Auch der neue jüdische Staat trägt den Namen «Israel». Nach der Sicht des Alten Testaments beginnt die Geschichte Israels mit den «Erzvätern»: →Abraham, der aus «Aram der zwei Flüsse», d. h. wohl aus dem Zweistromland (Mesopotamien), stammen soll, ist in Palästina eingewandert. (1. Mose 12ff) Sein Vater war von Ur in Chaldäa nach Aram gekommen. In Palästina spielt ein Großteil der biblischen Geschichten. Das Alte Testament nennt dieses Land «Kanaan», das «Land, das von Milch und Honig fließt». Seine Lage und die Lebensmöglichkeiten, die es eröffnete, haben die Geschichte Israels in hohem Maße geprägt.
Die Landnahme Abrahams ist nach biblischer Vorstellung nicht die endgültige gewesen. Abrahams Sohn Jakob, der in «Israel» umbenannt wird (1. Mose 32,29; 35,10), hat zwölf Söhne, die Ahnherren der zwölf Stämme. Der zweitjüngste, Joseph, kommt auf verschlungenen Wegen nach Ägypten, wo er vom Sklaven zum «Gebieter über das ganze Land Ägypten» aufsteigt. (1. Mose 45,26) Er holt Vater, Brüder und Angehörige nach und rettet sie dadurch vom Hungertod. Dort werden sie «zum Volk»; aber Frondienst und Unterdrückung lassen sie zu Jahwe

schreien. Er erhört sie und erneuert die Landverheißung.
Unter der Führung des →Moses gelingt die Flucht aus der Knechtschaft und die Errettung am Schilfmeer. (2. Mose 14f) Es folgt eine Wanderung durch die Wüste, die Jahweoffenbarung und Gesetzgebung am Sinai und schließlich unter Josua die Eroberung des verheißenen Landes. (Jos. 1–2)
Dieses Bild der Vorgeschichte Israels hält der historischen Überprüfung nicht stand. Die «Stammväter» Israels waren Nomaden oder Halbnomaden. Tatsächlich gab es im 20. Jahrhundert v. Chr. eine große Völkerbewegung, die den Hintergrund der ältesten biblischen Geschichten zu bilden scheint. Wie die alttestamentlichen Erzvätergestalten, so versuchten zahlreiche semitische Nomaden von der syrisch-arabischen Wüste her ins Kulturland vorzudringen, um dort das Leben von Bauern und Halbnomaden zu führen. Kaum vorstellbar ist jedoch, daß eine Gruppe die Entfernung von Ur in Südbabylonien über Nordmesopotamien (Aram) bis nach Ägypten zurückgelegt haben sollte. Auch die Anwesenheit des ganzen Volkes Israel in Ägypten und sein geschlossener Auszug «aus dem Diensthause» ist unmöglich. (2. Mose 12,37) Die Schilderung der frühen Geschichte Israels im Alten Testament erweist sich demnach als Konstruktion in theologischer Absicht.
Ereignisse, die die biblische Darstellung nacheinander erzählt, sind wohl eher gleichzeitig abgelaufen. Die Einwanderung nach Kanaan war keine kurz befristete, kriegerische Aktion. Sie vollzog sich vielmehr langsam und friedlich im Zug des Weidwechsels. Die Gruppen um Abraham, Isaak und Jakob stehen beispielhaft für unzählige Clans von Nomaden, die begehrlich auf die Fruchtbarkeit des Kulturlandes und den Reichtum seiner Bewohner blickten. Im schwach besiedelten kanaanäischen Hinterland faßten diese Einwanderer zuerst Fuß. Die Städte hingegen blieben noch lange in kanaanäischer Hand.
Die ehemaligen Nomaden brachten ihre eigenen Religionen und ihre eigenen Götter, die sogenannten «Vätergötter», mit. In den Heiligtümern des Landes wurden die kanaanäischen «Elim» verehrt. (El, vielleicht «Macht»; semitische Allgemeinbezeichnung für Gott oder Geist, s. u.) Die «Vätergötter» verschmolzen mit ihnen oder verdrängten sie.
Das Alte Testament gibt über diese Vorgänge nur indirekt Aufschluß. Es behauptet statt dessen, der «Gott der Väter» («der Gott meines Vaters», «der Gott Abrahams, Isaaks, Jakobs») sei nicht nur unter dem Namen «Jahwe», sondern auch als «El Schaddai» und «El Eljon» angebetet worden. «El» war jedoch der Titel, unter dem der höchste Gott der Kanaaniter verehrt wurde. Tatsächlich stehen hinter den einzelnen Gottesbezeichnungen Götter völlig verschiedener Religionstypen. Die Vätergötter waren wohl ursprünglich ortsungebundene Nomadengottheiten, die ihren Anhängern Führung, Nachkommenschaft und Landbesitz verhießen. Ob die «Väter» Offenbarungsempfänger und Kultstifter oder aber selbst Gottheiten waren, ist umstritten. Der Jahwekult scheint ursprünglich einem Wüsten- oder Berggott gegolten zu haben, den Halbnomaden vielleicht aus der Gegend der Sinaihalbinsel nach Ägypten brachten. Aus den unterschiedlichen Nomadenreligionen wurde in Palästina eine Kulturlandreligion, aus dem Glauben an verschiedene Götter die exklusive Verehrung Jahwes, der keine anderen Götter neben sich duldet.
Mit der Durchsetzung des Jahwekultes in Israel ist nach biblischer Schilderung der Name «Moses» verbunden. Moses gilt als «Stifter» der Religion Israels. Bei der Befreiung der «Kinder Israel» aus Ägyp-

ten erscheint er als Werkzeug Jahwes, am Sinai als Offenbarungsmittler. Außerbiblische Quellen, die seine geschichtliche Existenz belegen könnten, gibt es nicht. Hingegen ist gesichert, daß die Ägypter immer wieder semitische Gruppen in ihr Land ließen, angeblich, «um sie und ihre Herden am Leben zu erhalten» (aus einem Text, der etwa aus dem Jahr 1215 v. Chr. stammt), tatsächlich wohl, um sie als billige Arbeitskräfte auszubeuten.

Der «Auszug aus Ägypten» ist chronologisch nur schwer zu fixieren. Bisweilen wird behauptet, Ramses II. (1290 bis 1224 v. Chr.) sei der Pharao der Unterdrückung gewesen. (Vgl. 2. Mose 1,11) Aber kein Zeugnis aus Ägypten gibt Kunde von der höchst erstaunlichen Katastrophe dieses Pharaos und seines Heeres am Schilfmeer.

Der geschichtliche Kern dieses Ereignisses dürfte wenig Wundersames an sich gehabt haben: Wahrscheinlich war Moses der Führer einer Gruppe, die sich dem Zwang der Ägypter durch Flucht entzog und schließlich aus einer schier ausweglosen Situation – «am Schilfmeer» – gerettet wurde. Der Erfolg gab allerdings dem Gott dieser Gruppe, Jahwe, recht. Nach ihrer Ankunft in Palästina vertraten seine Anhänger anscheinend sehr offensiv ihren Glauben.

Gegenüber der Exodustradition (Tradition vom Auszug aus Ägypten; → Exodus) und dem mit ihr verbundenen Jahweglauben trat nun die Vätertradition mehr und mehr zurück; sie wurde vom Jahwekult sozusagen nachträglich vereinnahmt. «Ich bin Jahwe, der dich von Ur in Chaldäa ausgeführt hat.» (1. Mose 15,7)

Die Einwanderungsbewegung der Nomaden und Halbnomaden nach Palästina kam gegen Ende des 13. Jahrhunderts zum Abschluß. Aus ursprünglich getrennten Gruppen entstand nun ein Bevölkerungsgemisch, das sich in Stämme gliederte. Auseinandersetzungen mit den kanaanäischen Städten scheinen diese Stämme zu wechselhaften Koalitionen bewogen zu haben. Ihre Kämpfe und Raubzüge fochten sie als «heilige Kriege» aus. Jahwe war ihr Führer; nach erfolgreichen Schlachten galt er auch als der Sieger. (2. Mose 15; Jos. 10,10–14) Man hat die im Alten Testament nirgends direkt belegte und tatsächlich auch unwahrscheinliche Ansicht vertreten, Israel habe sich als sakraler («heiliger») Zwölfstämmeverband organisiert, dessen Kennzeichen die Verehrung Jahwes als des einzigen Gottes und die Lade als zentrales Heiligtum gewesen wären.

Von den «Richtern» zu den Königen

Vor der Entstehung des Königtums traten in Israel die «Richter» auf: Führer im Kampf gegen Nachbarvölker. Ihre Autorität verdankten sie einem Charisma, einer besonderen göttlichen Begnadung. Die alttestamentliche Darstellung erweckt den Eindruck, als hätten sie aufeinander folgend die Herrschaft über das ganze Land innegehabt; tatsächlich war ihre Macht immer nur auf einen kleinen Teil des Landes beschränkt. Die Erzählungen des «Buches der Richter» bieten eine Geschichtsschreibung, die in Anpassung an vorgegebene religiöse Ideen verfaßt wurde und streng schematisiert ist: Israel fällt von Jahwe ab – Jahwe zürnt und läßt sein Volk von Feinden bedrohen – Israel bekehrt sich – Jahwe sendet einen Erlöser in Gestalt eines Richters.

Im Laufe der Zeit vertieften sich die Beziehungen zwischen den einzelnen Stämmen. Größere Einheiten entstanden im Norden und im Süden. Unter den Königen Israels wurden diese zu einem Reich zusammengefaßt.

Saul, als König von Jahwe designiert (1. Sam. 9,1–10; 10,17–27; 11,5–7) und vom Volk bestätigt (10,24; 11,15), war nicht lange erfolgreich. Aber David, politisch und militärisch ausgesprochen talentiert, gelang der Aufstieg vom Räuberhauptmann (1. Sam. 22,2) zum König über Juda (2. Sam. 2,1–4) und (nach verschiedenen Intrigen, Blutrache, Frauengeschichten und Meuchelmord) auch über das Nordreich Israel. (2. Sam. 2–5) Er eroberte →Jerusalem und machte den zentral gelegenen Ort, die «Stadt Davids», zur Hauptstadt seines Reiches. Der ehemalige Berufskrieger, der mit seiner Militärmacht alsbald die Oberherrschaft der Philister brechen konnte, wurde zum größten Jerusalemer Herrscher aller Zeiten. Er holte die Bundeslade nach Jerusalem. (Bundeslade: Kriegsheiligtum aus der Nomadenzeit, das während des Kampfes vorangetragen wurde. [4. Mose 10,35f] Darin sollen zwei Steintafeln mit den Zehn Geboten enthalten gewesen sein. [1. Kö. 8,9] Häufig, aber nicht überzeugend, wird die Lade als Gottesthron interpretiert.)

Dieser Vorgang war Sinnbild des Übergangs vom Nomadendasein zum Leben seßhafter Bauern und Städter. An die Stelle des einst mit den Stämmen wandernden Jahwe trat ein Gott mit einem festen Wohnsitz, Jerusalem wurde zu seinem zentralen Heiligtum. Die Heiligkeit der Bundeslade und des Tempels ging schließlich auf die Stadt und den Berg Zion (Name der Burg Davids, später Bezeichnung des Tempelbergs, dann Symbol Jerusalems überhaupt) über.

Davids Nachfolger, der im Ehebruch mit Bathseba gezeugte Sohn Salomo, ging nicht als Kriegsmann wie sein Vater, sondern als Förderer der Kultur, der Religion und des wirtschaftlichen Lebens, ja als Inbegriff des Weisen in die Geschichte ein. Die ersten Geschichtswerke Israels könnten zu seiner Zeit entstanden sein (z. B. das «Jahwistische Geschichtswerk», →Pentateuch). Während in Jerusalem ein sprichwörtlicher Reichtum, insbesondere aus dem Handel, angehäuft wurde, erlitt das Reich Einbußen an Land und internationalem Einfluß. Üppige Hofhaltung und Bautätigkeit wurden über Steuern und Fronarbeit finanziert. Salomo ließ sich auch einen Harem, angeblich für 700 Fürstinnen und 300 Nebenfrauen (1. Kö. 11,3), bauen. Das Steuersystem schuf Klassengegensätze, die in der ausgeglichenen älteren Gesellschaft undenkbar gewesen wären. Die ausgesogene Bevölkerung murrte; Aufstandsbewegungen wurden angezettelt. Da traten die →Propheten auf.

Das Fronwesen belastete vor allem die Bewohner der Nordhälfte des Reiches. Nach Salomos Tod fielen Juda und (Nord-)Israel wieder auseinander. «Wir haben kein Erbe beim Sohn Isais. Auf, Israel, zu deinen Zelten!» hieß die Parole. (1. Kö. 12,16; Isai: der Vater Davids) Jerobeam wurde jetzt König über die zehn Stämme des Nordens, Rehabeam Herrscher über Juda und Benjamin mit der Hauptstadt Jerusalem. (1. Kö. 12,20ff) Die Reichsteilung war endgültig.

Der Nordstaat existierte unter dem Namen «Israel» bis zum Fall von Samaria: 722/21 v. Chr. liquidierten die Assyrer das Reich. Im Norden pflegte man die alten Traditionen. Es entstand die Gerichtsprophetie. Die Propheten waren es, die die Könige auswählten. Eine dauerhafte Dynastie konnte sich jedoch nicht herausbilden. Königsmorde waren fast an der Tagesordnung.

Im Südreich Juda hingegen herrschten meist Ruhe und Stabilität. Hundert Jahre lang geriet das Land unter die Vorherrschaft der neuassyrischen Großmacht. Aufstände gegen Assur führten zu Gebietsverlusten. (→Jesaja) Später geriet Juda in ägyptische und neubabylonische Abhängigkeit. Als es die Vasallität Babylons abschütteln wollte, kam es im Jahr 597 zur Deportation. Der König Jojaquim und der Prophet Hesekiel waren unter den Exilierten. (S. u.) 587 wurde der jüdische Staat gänzlich beseitigt, Jerusalem zerstört und eine erneute Deportation durchgeführt. (2. Kö. 24f; → Babylonisch-assyrische Religion)

Vom Exil bis zur römischen Vorherrschaft

Die Geschichte Israels und Judas war begleitet von den Mahnungen und Drohungen der → Propheten. Elias kämpfte gegen den Baalskult. (1. Kö. 17–19; 21; 2. Kö. 1) Im 8. Jahrhundert trat der Judäer Amos, von Jahwe «hinter der Herde weggegriffen» (Am. 7,15), im Nordreich auf; zur selben Zeit wirkte Hosea im Südreich. Dort folgten ihm Micha und → Jesaja. → Jeremia und Hesekiel begleiteten die Endphase Judas und die Anfänge des Exils. Sie alle beklagten den «Abfall» Israels von Jahwe, vielerlei Rechtsbrüche und eigenmächtiges politisches Taktieren.

Die Geschichte des Volkes war mit dem Untergang Judas jedoch nicht beendet. Im Exil in Babylon verkündete ein uns unbekannter Prophet («Deuterojesaja», → Jesaja) die frohe Kunde vom bevorstehenden Ende der Knechtschaft und von einem neuen → Exodus.

In dieser Zeit könnten in Palästina das «deuteronomistische Geschichtswerk» (5. Mose – 2. Kö.) und im oder nach dem Exil das priesterschriftliche Werk entstanden sein, das dem → Pentateuch (den fünf Büchern Mose) seine endgültige Gestalt gab. Während die durch die Assyrer deportierten Nordisraeliten aus der Geschichte verschwanden, konnten die Exilierten aus Judäa und Jerusalem in Babylon ihre eigenen Sitten und Gewohnheiten beibehalten. Fern vom «gelobten Land» und vom Tempel scharten sie sich um ihre Propheten und Lehrer, entwickelten sich zur «Gemeinde», feierten den Sabbat, ließen ihre Kinder beschneiden und begingen einen opferlosen Kult. In den Psalmen sind ihre Klagen überliefert: «Wie könnten wir des Herrn Lied singen in fremdem Lande? Vergesse ich dich, Jerusalem, so verdorre meine Rechte.» (Ps. 137,4f)

Hesekiel war einer der Gemeindeführer. (Hes. 33,1–11; 18,1–23) Gegen Ende des Exils deutete «Deuterojesaja» das Schicksal des Volkes als gerechte Strafe für den Bruch des Bundes mit Jahwe. Nach der Eroberung Babylons durch die Perser durften die Vertriebenen (Exulanten) in ihre alte Heimat zurückkehren. Viele blieben jedoch und bildeten den Kern des babylonischen → Judentums.

In Jerusalem kam es zu Spannungen zwischen den Rückkehrern und den dort Zurückgebliebenen, die die einstige Elite nur ungern zurückkommen sahen. Im Jahr 515 wurde der Neubau eines Tempels beendet. (Esra 6,15) Unter persischer Vorherrschaft entwickelte sich eine Art theokratisch geordneter Tempelstaat, dessen Verwaltung ein Hohepriester und ein Ältestenrat innehatten. Die Begegnung mit den Persern konfrontierte Israel mit deren dualistischer Religion (→ Zarathustra). Die theologische Auseinandersetzung mit ihr klingt etwa in Jesaja 45,6.7 nach. Damals drangen die dualistischen Vorstellungen von → Himmel und → Hölle, Licht und Finsternis, Gott und Satan (→ Teufel) ins Judentum ein, die später auch vom Christentum übernommen wurden. Männer wie Esra und Nehemia aber sorgten dafür, daß das Judentum nicht im Völkergemisch des Perserreiches aufging.

In hellenistischer Zeit (332 bis 363); (→ Hellenismus) konnten die Judäer Selbstverwaltung und Religionsfreiheit in ihrem kleinen Staat bewahren. Alexander, nach Daniel 8,5 der «Ziegenbock, der vom Westen kommt und über die ganze Erde eilt, ohne sie mit den Füßen zu berühren», versprach den Juden, daß sie nach dem Gesetz ihrer Väter leben dürften. Griechische Lebensart und Denkweise strömten nun ins Judentum

ein. Der abgeschlossene Pentateuch und die gesammelten heiligen Schriften der Propheten kamen zu großem Ansehen. Da es viele Juden in Ägypten gab, begann man dort, die heiligen Schriften auch ins Griechische zu übersetzen. So entstand die «Septuaginta» (Übersetzung der Siebzig; nach der Legende von 72 Gelehrten verfaßt).
Nach Alexanders Tod (323 v. Chr.) wurde Jerusalem zum Zankapfel zwischen den Diadochen (Nachfolgern), dem Ptolemäer- und dem Seleukidenreich. Die von Staats wegen betriebene Hellenisierung des Judentums führte zu heftigen Spannungen im Volk. Aufkeimende Rebellionen wurden blutig unterdrückt. Der Staat selbst verordnete synkretistische Kulte (Synkretismus: Religionsmischung), der Tempel wurde geschändet. Gesetzestreue Juden bedrohte man mit der Todesstrafe, wenn sie den Sabbat feierten oder ihre Kinder beschneiden lassen wollten. Angehörige der Priesterkaste (Chassidim) und die durch Steuern ausgeplünderte Landbevölkerung zettelten schließlich eine Art Guerillakrieg an. Die sogenannten Makkabäerkriege führten dazu, daß die Juden unter der Herrschaft der Hasmonäer (so wurde das zum jüdischen Fürstenhaus gewordene Geschlecht der Makkabäer genannt) wieder zu Unabhängigkeit und gewisser Prosperität gelangten. 164 v. Chr. konnte der Tempel «von heidnischer Befleckung» gereinigt und neu geweiht werden.
Unter römischer Vorherrschaft (63 v. bis 325 n. Chr.) wurde das jüdische Territorium verkleinert. Die Römer setzten Herodes (37 v. – 4 n. Chr.) zum König ein. Dieser absolute Machthaber über seine Untertanen war den Römern gegenüber nur Vasall. Römische Abhängigkeit und Steuerdruck führten zu heftigem Widerstand unter der jüdischen Bevölkerung. Die Stimmung im Lande war stark aufgeheizt, apokalyptische Endzeiterwartung (→ Apokalyptik) machte sich breit. Da trat Jesus von Nazareth auf. (→ Urchristentum)
66 n. Chr. brach ein Aufstand aus, vier Jahre später nahmen die Römer Jerusalem ein und zerstörten den Tempel. Der Tempelkult hörte damit auf, und der nationale Mittelpunkt des Judentums ging verloren. Es schuf sich statt dessen neue Zentren in den Synagogen.
Die Juden konzentrierten ihren Gottesdienst nun auf die Heilige Schrift und deren Auslegung. In den Jahren 132 bis 135 kam es zu neuen schweren Aufständen gegen die Römer. Auf dem Zion wollte die Besatzungsmacht einen Tempel für Jupiter errichten. An die Spitze der Aufständischen trat Simon ben Kosiba, genannt Bar Kochba. Mit beträchtlicher Anstrengung kämpften die Römer den Aufstand nieder. Jerusalem wurde römische Provinzstadt, die Juden vertrieb man und verbot ihnen bei Todesstrafe, die Stadt je wieder zu betreten.
Damit kam die Geschichte Israels als eines Volkes in Palästina zum Abschluß. Erst am 14. Mai 1948, 18 Jahrhunderte später, wurde das Land wieder zur nationalen Heimstätte der Juden proklamiert. (→ Judentum)

J

Jahwe

Der hebräische Text des Alten Testaments schreibt den Gottesnamen als «Tetragramm» (Vierbuchstabenname) mit den vier Konsonanten J-H-W-H. Die ursprüngliche Aussprache ist jedoch nicht überliefert. Später wurden diese Konsonanten aus Scheu vor dem heiligen Gottesnamen mit den Vokalen des Wortes «adonaj» = «mein Herr» versehen und auch so ausgesprochen. Im Mittelalter entstand, als Mischform aus den Konsonanten und den hinzugefügten Vokalen, die eigentlich falsche christliche Lesung «Jehova».

Jahwe und die «Vätergötter»
Vielleicht geht der Jahwename auf einen kultischen Ruf oder «Urschrei» zurück: «ja hu wa»: «ach, er ist's!» Das Alte Testament gibt selbst Deutungen des Gottesnamens. «Mose sprach zu Gott: Siehe, wenn ich zu den Kindern Israel komme... und sie mir sagen werden: Wie ist sein Name?, was soll ich ihnen sagen? Gott sprach zu Mose: Ich werde sein, der ich sein werde.» (2. Mose 3,13f) Diese Textstelle hat viele Spekulationen ausgelöst. Die griechische Übersetzung der Selbstbezeichnung Gottes lautet: «Ich bin der Seiende.» Häufig wird indes auch übersetzt: «Ich werde mit euch sein.»
Jedenfalls scheint die Einführung des Namens «Jahwe» für «Gott» eng mit der Person des Moses zusammenzuhängen. Wenn hingegen von den göttlichen Taten der Urzeit die Rede ist, wird häufig die allgemeine Bezeichnung «Elohim» (Gott) verwendet. Abraham, dem ältesten der «Väter» Israels, offenbarte sich Gott unter dem Namen «El Schaddaj» (vielleicht «El [Gott] des Berges»). Die Bemühung, ursprünglich unterschiedliche Götter unter einem einzigen Begriff zu vereinen, spricht aus 2. Mose 6,2ff: «Und Gott redete mit Mose und sprach zu ihm: ich bin Jahwe. Dem Abraham, Isaak und Jakob bin ich unter dem Namen El Schaddaj erschienen; aber in meinem Namen Jahwe bin ich ihnen nicht bekannt geworden.»
Wahrscheinlich waren der «Gott Abrahams», der «Gott Isaaks» (auch der «Schreck Isaaks» genannt [1. Mose 31,42]) und der «Gott Jakobs» (nach 1. Mose 49,24; Jes. 49,26 auch der «Starke Jakobs») drei unterschiedliche Väter-Gottheiten. Das Alte Testament hat Religionsformen aus der Zeit vor Moses unter der Vorstellung, daß Jahwe auch an den «Vätern» gehandelt habe, harmonisierend dem Jahweglauben eingeordnet.

«Jahwe von Ägypten her»
Der Jahwe des Alten Testaments tritt als Gott Israels auf: «Ich bin Jahwe, dein Gott vom Lande Ägypten her.» (Hos. 13,4; vgl. 2. Mose 20,2f; 5. Mose 5,6f) Damit wird zunächst nicht auf urzeitliche Gegebenheiten (wie es in unzähligen Göttermythen [→ Mythos] der Fall ist), sondern auf Ereignisse in der Geschichte zurückgegriffen. Auf Geheiß Jahwes führte Moses das Volk Israel aus der «Knechtschaft» Ägyptens. «Singet Jahwe, denn hocherhaben ist er, Roß und Reiter warf er ins Meer.» (2. Mose 15,21: das Mirjamlied, der älteste alttestamentliche Hymnus [kultisches Lied]) Der → Exodus des Alten Testaments ist das wunderbare Geschehen (→ Wunder) schlechthin. Da in Wirklichkeit nicht alle Ahnen Israels, sondern nur eine kleine Gruppe (vielleicht das «Haus Joseph») den Auszug aus Ägypten erlebt hat, muß davon ausgegangen werden, daß der Jahweglaube erst später zum Gemeinbesitz Israels wurde. Vielleicht war Jahwe ursprünglich eine Gottheit, die an einem Götterberg in der Wüste von (midianitischen) Gruppen verehrt wurde. (2. Mose 18; Midianiter: arabische Nomaden)
Der Gott des Alten Testaments ist in erster Linie der Gott der «Herausführung Israels aus Ägypten». Durch die → Schöpfungsmythen der kanaanäischen Umwelt herausgefordert, formulierte Israel schließlich auch seine eigene Ansicht von Jahwe als dem «Schöpfer Himmels und der Erden». Der Schöpfer war ursprünglich der «Höchste» in einem Kreis von Göttern, später blieb für einen zweiten Gott neben ihm kein Raum mehr. (1. Mose 14,18–20) Jahwe trat an den Anfang der Geschichte, der Welt und des Menschen.
Neben dem Titel des «Schöpfers» wurde Jahwe auch derjenige des «Königs» ver-

liehen: «Jahwe ist König.» (Ps. 93,1; 96,10) Vielleicht drückt sich auch darin der Eintritt des Gottes Israels ins kanaanäische Götterpantheon (Götterhimmel) aus; Jahwe übernimmt die Stelle des «Königs» im Himmelreich und degradiert die anderen Götter zu bloßen Engelwesen. (→ Engel)

Bund zwischen Gott und Volk

Deshalb konnte die Bezeichnung «El», der Name des höchsten Gottes der Kanaaniter, unbekümmert auf Jahwe übertragen werden. Auch «Baalja» («Jahwe ist Baal») wurde er bisweilen genannt, bis Elia und Hosea zur Abwehr des Baalskultes aufriefen. (Baal: Natur- und Bauerngott, Herr der Erdscholle in der kanaanitischen Religion) Auch die Namen vieler anderer fremder Götter (z. B. El Olam = El der Ewigkeit; El Roi [Bedeutung unklar]; El Bethel = Gott Bethel; El Berit = El des Bundes) wurden nicht einfach ausgemerzt. Jedes Volk hatte seine Engel (Dan. 10,13), Israel aber hielt sich an Jahwe. Erst bei «Deuterojesaja» (→ Jesaja) wurden die fremden Götter zu «Nichtsen» erklärt. (Jes. 45,22 ff)

Nachdem «Israel» aus Ägypten geflohen war, hielt es sich lange Zeit in der Wüste auf. Da erschien Jahwe in erschreckender Gestalt, in Feuer und Erdbeben, auf dem Berg Sinai (2. Mose 19), bevor er dem Volk die Zehn Gebote gab. Am Fuß des Berges kam es zu einem «Bundesschluß» zwischen Gott und Volk. Der «Bund», den Jahwe schon den Vätern «zugeschworen» hatte (5. Mose 7,8), bedeutete die «Verheißung des Landes». Nach 1. Mose 15 hatte Jahwe einen Bund mit Abraham geschlossen und ihm das Versprechen gegeben, dessen Nachkommen würden das Land «vom Strom Ägyptens [Nil] bis zum großen Strom [Euphrat]» besitzen. Der Bund, den Jahwe zuvor mit Noah geschlossen hatte (1. Mose 9), verhieß allen Lebewesen den Bestand der Erde. Der «neue Bund» aber wird nach der Meinung → Jeremias (Jer. 31,31 ff) davon gekennzeichnet sein, daß Jahwe seinen Willen den Menschen direkt «ins Herz» schreibt.

«Zelt» und «Lade»

Nach alttestamentlichen Nachrichten über die Mosezeit hing Jahwes Anwesenheit beim wandernden Volk mit dem «Zelt» und der «Lade» zusammen. Das «Zelt der Begegnung» wurde entweder außerhalb des Lagers (2. Mose 33,7–11), nach anderer Darstellung in der Lagermitte aufgeschlagen. Auf das Zelt senkte sich Jahwe in einer Wolke nieder. «Da redete Jahwe mit Mose von Angesicht zu Angesicht, wie ein Mann mit seinem Freunde redet.» (4. Mose 12,8; vgl. hingegen 2. Mose 33,20; Jes. 6,5)

In den Erzählungen von der Durchquerung des Jordan (dessen Wasser sich teilten) und der Eroberung der Stadt Jericho (deren Mauern zusammenbrachen; Jos. 3 f; 6) spielt die Lade als Ort der Gegenwart Jahwes eine Rolle. (vgl. auch 1. Sam. 4–6; 2. Sam. 6) Über der Lade wurde der Name Gottes, als des «Mächtigen», ausgerufen: «Jahwe der Herrscharen» (des himmlischen Heeres oder des Heeres Israels?). Nach Psalm 99,1 und 18,11 hieß er auch «der über den Cheruben Thronende». (Cherubim: mythologische Wesen, die das Heiligtum hüten oder die Gottheit tragen; ursprünglich Personifizierungen der Wetterwolke als Wohnstätte der Gottheit. Aus den tiergestaltigen Wesen wurden später Engel, die – genauso wie die aus Schlangenwesen zu Engeln aufgestiegenen Seraphim – den göttlichen Lobgesang zu verrichten haben.) Bisweilen interpretiert man die Lade als Thron Jahwes (vgl. Jer. 3,16 f), bisweilen erscheint sie als «Schemel seiner Füße». (Ps. 99,5; 132,7 f) Nach verschiedenen Traditionen soll der Kasten der Lade die Gesetzestafeln (2. Mose 40,20), den Stab Aarons (4. Mose 17,25) und ein

Mannakrüglein (2. Mose 16,33f) enthalten haben. Dadurch daß David die Lade nach Jerusalem und zum Zion überführte (→ Israel), wurde aus Jahwe, dem Nomadengott, ein seßhafter Gott, aus dem Zion der «Weltberg» (vgl. Jes. 8,18; Ps. 46,5), von dem die Verheißung gilt, daß Jahwe die Waffen der dort anstürmenden Völker vernichten wird. (Ps. 46; 48; 76) → Jerusalem

Die eigentliche Erscheinungsweise Jahwes ist die «kabod», seine göttliche «Schwere», «Ehre», «Herrlichkeit»; deshalb wird Mose, der die «kabod» sehen will, angewiesen: «Wenn nun meine ‹kabod› vorüberzieht, dann stelle dich in die Felsspalte und decke meine Hand über dich, bis ich vorübergegangen bin. Dann werde ich meine Hand wegtun, und du darfst hinter mir nachsehen – aber mein Angesicht darfst du nicht schauen.» (2. Mose 33,18ff)

Jainismus

In Indien gibt es neben den Anhängern der Hindureligionen (→ Hinduismus) auch Muslime (→ Islam), Christen, Sikhs, Buddhisten (→ Buddhismus) und Jainas.

Der Jainismus (oder Jinismus) geht auf das Reformwerk des Mahavira Vardhamana zurück, der um 480 oder um 370 vor Christus als Oberhaupt eines Ordens von Asketen starb. Jahre zuvor hatte er die «vollkommene Erkenntnis» erlangt und wurde deshalb Mahavira («großer Held») oder Jina («Sieger») genannt.

Mahavira ist nicht eigentlich ein Religionsstifter, sondern der Reformator einer älteren Überlieferung gewesen: der Lehren von Parshva Natha (800 v. Chr.) und Nemi Natha (5000 v. Chr.). Auf sie geht die Grundlehre des Jainismus zurück, die besagt, daß jegliche Verursachung von Leid vermieden werden muß und nichts verletzt werden darf. «Die innerste Wahrheit eines Weisen liegt darin, daß er kein Geschöpf verletzt: allen Geschöpfen gleichgesinnt sein und sie als das eigene Selbst betrachten, ist Ahimsa [Gewaltlosigkeit]. Erlerne diese edle Tugend.»

Parshva Natha und Nemi Natha gehören zu den vierundzwanzig Oberhäuptern des Jainismus, die zwar keine Götter sind, aber wie Götter verehrt werden. Sie heißen Tirthankara. Ihre Standbilder werden – als Zeichen der Verehrung – mit Salbe bestrichen.

Mahavira, der vierundzwanzigste Tirthankara, wurde als Prinz erzogen; mit achtundzwanzig Jahren entschied er sich, asketisch zu leben, mit dreißig entsagte er der Welt. «Von nun an bis an mein Lebensende will ich allen Geschöpfen gleichgesinnt sein; ich will nicht sündigen, weder im Geist, noch im Wort, noch im Körper; noch will ich mich dazu durch irgend jemanden verleiten lassen und dergleichen auch nicht bei anderen billigen; ich bereue alle Sünden, die ich bis jetzt begangen habe und lasse von ihnen.»

Zwölf Jahre lang vernachlässigte er seinen Körper, erduldete Schmerzen und wurde von zahlreichen Teufeln versucht. Auch gelobte er, daß er sein Fasten nur dann brechen werde, wenn eine versklavte Prinzessin mit kahlgeschorenem Kopf, gefesselten Füßen und von dreitägigem Fasten erschöpft, ihm weinend gekochte Hülsenfrüchte reiche …

Schließlich erreichte Mahavira das «absolute Wissen». Er bekehrte Priester, Prinzen und Königinnen. Um ihn herum entstand eine klosterartige Gemeinschaft aus Mönchen und Nonnen, die fünf Gelübde ablegten: Gewaltlosigkeit, Wahrhaftigkeit, nicht Stehlen, Unverhaftetsein und Keuschheit.

Im Alter von 72 Jahren starb Mahavira «und schied aus dieser Welt und entschwand nach oben, um niemals wiederzukehren. Er hat die Fesseln von Geburt, Hinfälligkeit und Tod zerrissen, und so wurde er vom Selbst erfüllt, er wurde erleuchtet und befreit, wurde frei von allem

Karma [→ Buddhismus], er war geborgen in der letzten Befreiung und gefeit gegen alles Leiden.»
Die Lehre von der Wiedergeburt ist auch im Jainismus bedeutsam. Samsara ist der Kreislauf der Existenzen von der Geburt zum Tod und zu neuer Geburt. Vom Rad des Samsara zu befreien, ist das Versprechen aller indischen Erlösungsreligionen. Während das Christentum den Tod, der nur einmal erfahren wird, überwinden will, erlösen die Religionen Indiens vom wiederholten Tod und von wiederholter Wiedergeburt. «Für Menschen, die auf den Gezeiten von Leben und Tod treiben, ist die Insel der Religion die beste Ausflucht, das beste Ziel und die beste Stütze... Derjenige, der diese Welt verläßt, ohne eine solche Religion ausgeübt zu haben, leidet im nächsten Leben an vielerlei Übeln und Gebrechen.»
Der Grund des Leidens liegt in der Begierde. Leiden überwinden heißt alles Verhaftetsein in der Welt aufgeben. «Du sollst aller Vorliebe und allem Abscheu entsagen.» Jeder ist selbst für sein Glück oder sein Unglück verantwortlich. «Das Selbst ist Erschaffer von Glück und Leid, und auch ihr Zerstörer. Das Selbst ist entweder Freund oder Feind, je nachdem, ob es Gutes oder Böses tut.» Der Mensch kann das Göttliche erreichen. Denn Gott selbst ist in den Kräften der Seele anwesend.
Jainas unterwerfen sich folgenden grundlegenden Geboten: Sie dürfen kein Leben vorsätzlich zerstören (Strenggläubige tragen deshalb stets eine Maske vor dem Mund, um nicht zufällig kleine Insekten zu verschlucken), nicht lügen und kein fremdes Eigentum ohne Einwilligung des Besitzers benutzen; sie sind keusch, beschränken sich auf den Gebrauch derjenigen Güter, die lebensnotwendig sind, und nehmen nur solche Nahrung zu sich, die unnötiges Töten ausschließt. Strenge Jainas essen überhaupt kein Fleisch, aber auch keine Früchte, in denen Insekten leben könnten.
Alles Handeln soll frei von Gewalttätigkeit und Grausamkeit sein. Der Meinung des andern begegnet man mit Respekt, denn alle Urteile sind, wie man weiß, abhängig vom Standpunkt, den einer einnimmt.
Heute gibt es etwa 2 Millionen Jainas. Da ihre Religion es ihnen verbietet, Ackerbau zu treiben, konnten sie als Kaufleute und Händler zu unverhältnismäßig großem Einfluß und Reichtum kommen. Mahatma Gandhi (1869–1948) hat zahlreiche Auffassungen der Jainas in sein Handeln und seine Philosophie aufgenommen.

Jenseits

Leben nach dem Tod

An der Art, wie die Völker ihre Toten behandeln, kann man mitunter ablesen, was sie über das Jenseits und das Fortleben nach dem → Tod denken. (→ Totenbestattung) Bereits in vorgeschichtlicher Zeit (→ Vorgeschichtliche Religion) gab man den Toten Waffen und Schmuck, Werkzeuge und Speisen mit ins Grab: Zeugnisse für die Vorstellung, daß mit dem Tod nicht alles aus ist.
Im Jenseits sollen sich die Glieder der Familien wiederfinden. Deshalb gibt es die Bestattung in Familiengräbern. Sie sichert die Fortsetzung der Gemeinschaft. Denn wichtiger als die persönliche Unsterblichkeit ist die Unsterblichkeit der Familie, der Sippe und des Volkes. Wer im alten Israel starb, wurde «versammelt zu seinen Vätern». (1. Mose 35,29; 49,33)
Die Toten brechen nach ihrem Dahinscheiden keineswegs alle Verbindungen mit den Lebenden ab. Im Gegenteil. Sie erlangen nun erst richtig Macht über bestimmte Lebensbereiche. Besonders verstorbene Häuptlinge, Helden und Schamanen (Geistesbeschwörer und Krankenheiler) können selbst ins Leben der

Nachkommen noch eingreifen. Sie werden deshalb geachtet, verehrt und schließlich zu Göttern erklärt. Das Alte Testament nennt sie «Elohim» (Bezeichnung für Gott, Götter und Geistwesen; 1. Sam. 28,13f). Wenn man die Toten beschwor, konnte man Auskunft über die Zukunft erhalten. (1. Sam. 28,7ff) Wie Götter werden die Ahnen im Gebet angerufen und mit Opfern bedacht; denn es gilt als ratsam, sich vor ihrem Zorn zu hüten.

Bei Ägyptern, Kelten und Griechen war die Auffassung verbreitet, daß sich das Leben der Toten in einem jenseitigen →Paradies oder Totenreich fortsetze: Dort lebt es sich angenehm bei Jagd und Fischfang, Essen und Trinken, Liebe und Gesang. Die «andere Welt» ist «das leuchtende Land» ewiger Jugend und Schönheit. In der babylonischen «Totenstadt» hingegen, im «Haus der Finsternis», irren die Seelen der Toten als Gespenster umher. Sie bedrohen die Lebenden. (→Babylonisch-assyrische Religion) Nach dem Glauben anderer Völker, z.B der Tlaxcalteken in Mexiko, setzt sich das Leben nach dem Tod auf der Erde fort: Die Seele löst sich vom Körper und geht in einen Gegenstand der Natur, ein Tier, eine Pflanze oder in den Körper eines anderen Menschen ein. Die Häuptlinge werden als Vögel und Edelsteine wiedergeboren. Die Germanen glaubten, daß die Seelen der Ahnen in den Neugeborenen erscheinen. (→Germanische Religion)

Vergeltung

Im Jenseits geht es jedem so, wie er es nach seinem irdischen Leben verdient hat. Die Gerechtigkeit verlangt, daß sich das jenseitige Schicksal den guten oder bösen Taten gemäß gestaltet: Das Jenseits ist der Ort der Vergeltung.

Deshalb kennen viele Religionen eine Einrichtung, die Diesseits und Jenseits wie eine Brücke miteinander verbindet; dort wird bei einer Art Gerichtsverhandlung über das Fortleben nach dem Tod entschieden.

Gut und Böse können jedoch auch dadurch ausgeglichen werden, daß die Seele ins Diesseits zurückkehrt. In Indien und Griechenland galt die Seelenwanderung als Voraussetzung dafür, daß Belohnung und Strafe gerecht verteilt werden. So lautet das Gesetz des indischen Karma (Glaube an die Wirkungskraft der menschlichen Tat): «Gut wird einer durch gutes Werk, böse durch Böses.» Der Mensch kann als Gott, Mensch oder Tier, «als Wurm, als Fliege, als Fisch, als Vogel, als Löwe, als Eber, als Reißstier oder als Tiger» wiedergeboren werden. Dies lehren die Upanishaden (Sammlung von heiligen Texten des Brahmanismus; →Hinduismus), die jainistische (→Jainismus) und buddhistische (→Buddhismus) Erlösungsreligion. Für den Hinduismus ist die Lehre der Wiedergeburt bis heute Dogma.

Nach indischer Auffassung, aber auch nach den Lehren von Pythagoras (ca. 570–496 v. Chr.) und Empedokles (ca. 490–430 v. Chr.), besteht die Möglichkeit, sich an frühere Existenzen zurückzuerinnern: «Ich war bereits einmal Knabe, Mädchen, Pflanze, Vogel und der Flut enttauchender, stummer Fisch... Bei der Seelenwanderung werden die Menschen unter den Tieren am besten zu... Löwen... Zuletzt werden sie zu Sehern, Sängern, Ärzten und Fürsten unter den irdischen Menschen und wachsen empor zu Göttern.» Auch in der Dichtung und der Philosophie etwa der deutschen Klassik und Romantik lebte die Reinkarnationslehre (Seelenwanderung) wieder auf. Goethe (1749–1832) z. B. schrieb an Frau von Stein: «Ich bin gewiß, schon tausendmal dagewesen zu sein und hoffe, noch tausendmal wiederzukehren.» Ihre Verfechter hat diese Auffassung bis heute etwa unter den Anhängern der Theosophie («Gottesweisheit»; «Theosophische Gesellschaft», gegründet 1875) und der Anthroposophie («Anthroposophische Gesellschaft», gegründet 1913 von Rudolf Steiner [1861–1925]; → Christengemeinschaft).

«Die letzten Dinge»
Unsterblichkeitsideen sind Ausdruck der Sehnsucht des Menschen, Gott ähnlich zu werden und mit oder in Gott zu leben. (→ Ewiges Leben) Das Alte Testament beschreibt die «Entrückung» einzelner Menschen in die «Gemeinschaft mit Gott». (Z. B. 2. Kö. 2,11 f; → Auferstehung) Durch heilige Weihen versuchten Menschen Gewißheit der Unsterblichkeit zu erlangen. (→ Mysterien) Das Jenseits galt ihnen als Garant des erhofften Heils.
Im Tod löst sich die Seele vom Leib. Aber bereits im diesseitigen Leben kann man die Seele von der Materie «lokkern»: etwa durch → Askese. Dieser Gedanke ist in der gesamten hellenistischen Welt, in der → Gnosis und im Neuplatonismus (→ Platonismus) verbreitet.
Das Jenseits bringt dem einzelnen Gottesgemeinschaft und ewiges Leben. Daneben steht der Glaube an die zukünftige Vollendung des ganzen Kosmos und der gesamten Menschheit. Bevor die letzten Ereignisse (→ Eschatologie) eintreten, wird allerdings das Böse wachsen; Katastrophen, Erdbeben, Krieg und Verwüstung müssen über die Menschheit hereinbrechen. Dann werden die Toten auferstehen, und die Seelen, die sich im Himmel oder in der Hölle befinden, werden sich mit ihren Leibern vereinen. Nun erst erfolgt die Scheidung der Gerechten von den Ungerechten; die einen gehen in den Himmel, «das Haus der Lobpreisung», die anderen in die Hölle. (→ Apokalyptik)
Das Judentum hat diese kosmische → Eschatologie (Lehre von der Endzeit) unter persischem Einfluß ausgebildet: Weltuntergang, Auferstehung der Toten, Weltgericht, Beseligung der Guten und Verdammung der Bösen sind die verschiedenen Akte dieses Dramas.

Das Jenseits im Christentum
Auch das Christentum ist eine Jenseitsreligion. Es verarbeitete die Jenseitsvorstellungen des Judentums, des Parsismus (oder Mazdaismus, eine heute in Vorderindien weiterlebende Religion, die von → Zarathustra gestiftet wurde) und des Hellenismus. Die eschatologische Botschaft des Jesus von Nazareth von der unmittelbaren Nähe des Gottesreiches (Mt. 3,2) wurde in der Predigt Johannes des Täufers vorbereitet. Nach dem Tod Jesu am Kreuz erklärten seine Jünger, der Kyrios (Herr) sei auferstanden (→ Auferstehung) und habe sich ihnen als lebender Mensch offenbart. (1. Kor. 15,12 ff)
Die Jenseitsvorstellungen Jesu wurden auch von Mohammed übernommen. Beide erwarteten das Weltende, die Auferstehung, das Weltgericht und die Vollendung der Welt durch Errichtung eines Reiches der Herrlichkeit. (→ Islam)
Jesus sah die «Vernichtung» und das «Verderben» von Leib und Seele der Bösen in der Feuerhölle voraus. (Mt. 10,28)
Mit der frühchristlichen Vorstellung vom Ende der Welt verband sich bald die platonische Jenseitslehre: Beim Tod löst sich die unsterbliche Seele vom Leib, der ja nur deren Kerker war. Sie geht daraufhin in die ewige Welt ein. Dort wird sie von Gott gerichtet.
Die urchristliche Gemeinde glaubte, daß die Wiederkunft des Herrn unmittelbar bevorstehe. (→ Urchristentum) Als dieses Ereignis sich jedoch immer weiter hinauszögerte, kam die Frage auf, welches → Schicksal die Gestorbenen in der Zeit zwischen dem Tod des einzelnen und der Auferstehung aller denn erwarte. Dieser «Zwischenzustand» wurde unterschiedlich beschrieben:

Die einen erklärten, die Verstorbenen verblieben solange dort, bis sie der Schall der Posaune am «Jüngsten Tag» aufwekke. (1. Thess. 4,15f) Auch Martin Luther (1483–1546) vertrat die Auffassung, daß «die Seelen der Gerechten schlafen und bis zum Tag des Gerichts nicht wissen, wo sie sind».
Nach anderer Anschauung befinden sich die Toten in einem Zustand des Wartens auf die Auferstehung. Dabei empfinden die Guten schon einen Vorgeschmack auf die ewige Seligkeit, die Bösen aber eine Vorahnung der Hölle. Der Ort des Wartens ist die Unterwelt, die aufgeteilt ist in das «Paradies» und den «Abgrund der Finsternis». Manche beschreiben diesen Zwischenzustand als «Läuterungsort» oder «Reinigungsfeuer». (→Fegfeuer)
Völlig unterschieden von diesen die Zukunft betreffenden Jenseitsvorstellungen sind die Anschauungen, die der Verfasser des Johannesevangeliums vertritt. Seiner Meinung nach schließt der Glaube an Gott das ewige Leben bereits in sich ein. «Wer mein Wort hört und glaubt dem, der mich gesandt hat», läßt er Jesus sagen, «der hat das ewige Leben und kommt nicht ins Gericht, sondern er ist vom Tode hindurchgedrungen zum Leben. Wahrlich, wahrlich, ich sage euch: Es kommt die Stunde und ist schon jetzt, daß die Toten werden die Stimme des Sohnes Gottes hören, und die sie hören werden, die werden leben.» (Joh. 5,24f)
Die Auferstehung ist demnach keine Angelegenheit der Zukunft, sondern der Gegenwart: «Ich bin die Auferstehung und das Leben.» (Joh. 11,25) Auch das Gericht vollzieht sich schon jetzt. «Wer an den Sohn Gottes glaubt, der wird nicht gerichtet; wer aber nicht glaubt, der ist schon gerichtet.» (Joh. 3,18)

Jeremia

Jeremia ist im Jahr 627/26 vor Christus zum →Propheten berufen worden. Er entstammte einer Priesterfamilie, die im Gebiet des Stammes Benjamin nordöstlich von Jerusalem ansässig war. (Jer. 32,6ff) Dort wurde die altisraelitische Tradition vom →Exodus (Auszug aus Ägypten) und vom Bundesschluß am Sinai gepflegt. Jeremia bezieht sich in seinen Heilsweissagungen jedoch nicht nur auf die Überlieferungen vom Auszug aus Ägypten, vom Bund mit Jahwe und vom Einzug ins «gelobte Land», sondern auch auf die Davidtradition, der er in Jerusalem, seinem eigentlichen Wirkungskreis, begegnete. (→Jerusalem)
Typisch für seine Verkündigung sind lange, persönliche und in lyrischem Stil gehaltene Klagen und Schilderungen des Leidens: Israel hat Jahwe verlassen und wendet sich dem Baalskult zu. (Baal: Natur- und Bauerngott der Kanaaniter, der vorisraelitischen semitischen Bevölkerung Palästinas) «Vergißt wohl eine Jungfrau ihren Schmuck oder eine Braut ihren Schleier? Mein Volk aber vergißt mich seit endlos langer Zeit.» (Jer. 2,32)
Die Verfehlungen Israels betreffen den Kult und die Rechtsordnungen. Deshalb schickt Jahwe das «Unheil aus dem Norden» in Gestalt eines geheimnisvollen Reitervolks, das Israel heimsuchen wird. «Mein Inneres, mein Inneres, ich muß mich winden! O meines Herzens Wände, es wogt mein Herz; ich kann nicht schweigen. Hörnerschall hört meine Seele, Kriegsgetümmel.» (Jer. 4,19)
Das Jeremiabuch enthält nicht nur Aussprüche des Propheten; es finden sich darin auch Erzählungen über sein Geschick. So ist zu erfahren, zu welchen Anfeindungen die Reden Jeremias geführt haben. (Jer. 26; 19,1–20) Seine Verkündigung gipfelt in der Ankündigung von Gericht und Vernichtung (Jer. 15,1ff; 11,22); das Unheil könne nur dann abgewendet werden, wenn das Volk «umkehrt» und Jahwe daraufhin seinen Unheilsplan fallenläßt. (Jer. 18,1ff)
Über Jeremia selbst geben am ehesten seine «Konfessionen» und eindringli-

chen Klagelieder Aufschluß. «Ich habe mich nicht zu den Fröhlichen gesellt, noch mich mit ihnen gefreut, sondern saß einsam, gebeugt von deiner Hand; denn du hattest mich erfüllt mit Grimm.» (Jer. 15,17; vgl. auch Jer. 11, 18–23; 12,1–5; 15,10–12; 17,12–18; 18,18–23; 20,7–18) Diese Lieder sind «Gespräche» Jeremias mit Jahwe, Ausdruck letzter Verzweiflung des Propheten: «Du hast mich verführt, Jahwe; und ich habe mich verführen lassen. Du bist mir zu stark geworden und hast mich überwältigt. Nun bin ich zum Gelächter geworden den ganzen Tag; jeder spottet meiner...» (Jer. 20,7; siehe auch 20,14f)

Der Mißerfolg seines Wirkens bringt ihn in äußerste Spannung zu seinem Prophetenamt. Das daraus erwachsene Leiden wird in den Kapiteln 37 bis 45, den Erzählungen seines Dieners Baruch, beschrieben: Diese geben Aufschluß über das Geschick Jeremias von der Gefangennahme bis zu seiner Verschleppung nach Ägypten. Jeremia sah die Einnahme Jerusalems durch den Großkönig Nebukadnezar voraus (Jer. 37, 8,17; 38,3) und riet deshalb öffentlich zur Kapitulation. Damit brachte er die Nationalisten in Jerusalem gegen sich auf. Ohnmächtig war er ihren Verfolgungen ausgeliefert. Seine Spur verliert sich im ungewissen.

In seiner Prophezeiung des Untergangs von Jerusalem stand Jeremia völlig allein, einer mächtigen Kriegspartei, aber auch einer Gruppe von Propheten gegenüber, die die religiöse Erregung schürten und das Eingreifen Jahwes zugunsten seines Volkes verhießen. (Jer. 23,9ff; 28) In der Auseinandersetzung mit ihnen wußte Jeremia keinerlei objektives Merkmal zu nennen, um wahre von falschen Propheten zu unterscheiden. (Vgl. hingegen 1. Kö. 22,21ff) Unheilsbotschaft hatte keine Konjunktur.

Im Jahr 597 wurde die Oberschicht des Volkes samt dem König nach Babylonien deportiert. Ihnen schickte Jeremia, der das Los der Zurückgebliebenen teilte, ein Schreiben. Er mahnt sie, sich auf die gegebenen Verhältnisse einzustellen. (Jer. 29,5–7) Jetzt sieht er wieder eine Zukunft für Israel: «Denn ich weiß wohl, was ich für Gedanken über euch habe, spricht Jahwe: Gedanken des Friedens und nicht des Leides, daß ich euch gebe Zukunft und Hoffnung.» (Jer. 29,11)

Jerusalem

1. Jerusalem (volksetymologisch: «Stadt des Friedens») wurde von David im Kampf gegen die dort ansässigen Jebusiter erobert und anschließend zur Hauptstadt seines Reiches der zwölf Stämme gemacht. (2. Sam. 5,4–9) Dort wurde auch der israelitische Kult zentralisiert. Nach Vorarbeiten seines Vaters erbaute Salomo in Jerusalem einen → Tempel – die zentrale Opferstätte Israels. (1. Kö. 3,1) Jerusalem gilt den Juden als «die Stätte, die der Herr, dein Gott, erwählt hat, daß sein Name daselbst wohne». (5. Mose 26,2) Aus der Vorstellung, daß Jahwe selbst für sein auserwähltes Volk diese Stadt als Zentrum bestimmt habe, leitet sich bis heute die überragende religiöse Bedeutung Jerusalems für Juden und Christen ab.

Zumindest seit dem 8. Jahrhundert v. Chr. stehen Jerusalem und der Zion im Mittelpunkt eschatologischer Erwartungen des Judentums, die sich in der → Apokalyptik zur Vision des «himmlischen Jerusalem» steigern. Der liturgische Teil der jüdischen Sederfeier endet mit dem Wunsch: «Nächstes Jahr in Jerusalem!» Die bereits in Jerusalem wohnenden Juden ändern den Wortlaut dieses Wunsches, indem sie dessen messianischen Sinn betonen, folgendermaßen ab: «Nächstes Jahr im wiedererbauten (d. h. im messianisch erlösten) Jerusalem!»

Jerusalem ist aber auch für die Christen von besonderem Interesse. Denn dort ereigneten sich die wichtigsten Begebenheiten im Leben des Religionsstifters: Das Geschehen der Karwoche, an das sich die Christen zwischen Palmsonntag und Ostern erinnern, sowie Tod und Auferstehung des Jesus von Nazareth sind mit dieser Stadt verbunden. Über die Jahrhunderte ist Jerusalem mit seinen vielen heiligen Stätten Ziel christlicher Wallfahrerströme gewesen, und zur Zeit der → Kreuzzüge wurde dort sogar ein christliches Königreich errichtet. Wie für die Juden, so gilt Jerusalem auch für die Christen als Symbol messianischer Erfüllung. Im «himmlischen Jerusalem» sieht Paulus die «Mutter» der Christen (Gal. 4,26), nach einer Vision der Johannesapokalypse kommt das himmlische Jerusalem von oben auf die Erde herab. (Apk. 21,1–27)

Schließlich gilt Jerusalem – el-Kuds, «die Heilige» – auch dem Islam als heilige Stadt. In einigen Hadithen (Worte des Propheten und Berichte über seine Handlungen) ist von einer Nachtreise Mohammeds von Mekka nach Jerusalem die Rede. Daran knüpft sich die Vorstellung an, der Prophet sei nicht von der Ka'ba in Mekka, sondern vom Tempelberg in Jerusalem aus in den Himmel gefahren. Genau an der betreffenden Stelle wurde später eine Moschee errichtet.

2. Den in wasserarmer Umgebung gelegenen, jedoch selbst durch besonderen Wasserreichtum gesegneten Ort hatte David als Hauptstadt ausgewählt, weil er, mitten in Palästina, den Mittelpunkt seiner beiden Reichshälften Juda und Israel bilden konnte. Jerusalem – 50 km vom Mittelmeer, 20 km vom Toten Meer entfernt – liegt auf einer Hochebene von 720–770 m ü. d. M. zwischen dem Hinnomtal im Westen und Süden (im Tal Ben Hinnom, von dem sich der Name «Gehenna», Hölle, ableitet, war das berüchtigte Tophet, der Ort der Kinderopfer für den Gott Molech) sowie dem Kidron- und Josephattal im Osten. Davids Stadt breitete sich über die südliche Hälfte des Osthügels aus, nördlich davon erhob sich der Salomonische Tempel, an dessen Stelle heute eine Moschee steht.

Bereits vor David hatten die Jebusiter, die die Stadt länger als vier Jahrhunderte bewohnten, starke Mauern und eine Akropolis angelegt. Nachdem sich David an die Spitze ganz Israels gestellt hatte und in Hebron öffentlich zum König gesalbt worden war, zog er mit seinem Heer nach Jerusalem («Jebus»), erstürmte «die Burg auf dem Zion» (2. Sam. 5,7f) und errichtete dort seine Residenz: aus Jebus und Zion wurde «Davidsstadt».

Für einen theokratischen Staat war es unabdingbar, daß mit dem politischen auch sein religiöses Zentrum zusammenfiel. Deshalb ließ der König die Bundeslade, das alte Nomadenheiligtum Israels, zum Zion bringen. Nun verkündete jedoch der Prophet Nathan, daß Jahwe nicht von David, sondern erst von dessen Sohn einen Tempel erbaut haben wollte. So konnte David lediglich den Platz für das künftige Gotteshaus bestimmen und mit einer Sammlung für die anfallenden Baukosten beginnen.

Sofort nach seinem Regierungsantritt fing Salomo mit dem Tempelbau an, in unmittelbarer Nähe dazu errichtete er einen Palast, der als Residenz der davidischen Könige dienen sollte. Während der Regierungszeit Salomos erlebte Jerusalem, hervorgerufen durch rege Bautätigkeit, seine erste Blüte. Neben Palästen und Befestigungsanlagen errichtete Salomo auch einige «Götzentempel» (zum Beispiel des Gottes Moloch) für seine heidnischen Frauen.

Hauptsächlich infolge regen Fremdenverkehrs, der durch die großen Tempelfeste angelockt wurde, entwickelte sich die Stadt schnell. Die Könige ließen sie mit der Zeit immer stärker befestigen, u. a. durch Mauerzinnen und Wehrtürme. Dennoch wurde Jerusalem von fremden Königen wiederholt erobert und ausgeplündert.

Nach zweijähriger Belagerung zerstörten die Babylonier Jerusalem im Jahr 587 v. Chr. völlig. Niedergebrannt wurde «das Haus des Herrn und das Haus des Königs und alle Häuser in Jerusalem», teilweise wurden auch die Mauern gebrochen (2. Kö. 25,9f) Das Volk der Stadt aber führte man weg nach Babylon. Etwa sechzig Jahre sollte diese Gefangenschaft dauern (598/87–539/38), und während dieser Zeit blieb Jerusalem verwüstet liegen.

3. Zur Wiederbesiedlung kam es erst, als Kyros den Exilierten die Erlaubnis zur Rückkehr erteilte (538). Als erstes errichteten die Heimkehrer an der alten Tempelstätte einen Brandopferaltar. Nur mit Mühe gelang es Nehemia, dem jüdischen Statthalter und Reformator der Gemeinde im 5. Jahrhundert v. Chr., den Gedanken der Wiederherstellung einer festen Hauptstadt zur Sicherung des Bewußtseins von der Einheit des Volkes durchzusetzen. Sein Hauptwerk ist der religiös motivierte Wiederaufbau der von David und Salomo stammenden Mauern. Auf den alten Fundamenten erstand auch der Tempel aufs neue. Allerdings wuchs die Stadt nur langsam; als Alexander der Große das persische Reich eroberte, soll Jerusalem jedoch wieder 120000 Einwohner gehabt haben. Nach Alexander (gest. 323) versuchten die Seleukiden alle Ägypter aus Vorderasien zu verdrängen; Antiochus Epiphanes ließ Jerusalem an einem Sabbat überfallen – ein Teil der Stadt brannte nieder, die Mauern wurden gebrochen. Unsägliches Leid brachte der anschließende Versuch, das ganze Volk zu hellenisieren (Aufhebung des bisherigen Kultes, Herausgabe der heiligen Schriften, Verbot der Beschneidung sowie Aufrichtung eines Zeusaltars auf dem Jahwealtar), über die gesetzestreuen Juden. Da gab Mattathias aus dem Geschlecht Hasmon das Signal zum «Makkabäer»-Aufstand. Nach dessen Tod übernahm sein Bruder Judas die Führung der Glaubenstreuen, die im Dezember 165 mit der Reinigung und Wiederherstellung des Heiligtums ihr Ziel tatsächlich erreichten.

4. Während der Epoche römischer Vorherrschaft war es Pompejus, der die Mauern der Stadt erneut brechen ließ, Caesar erlaubte im Jahr 47 n. Chr. deren Wiederaufbau. Die größte Ausdehnung erlebte Jerusalem unter dem baulustigen Herodes dem Großen, der die Nachfolge der Hasmonäer als König von Judäa, Idumäa, Samarien und Galiläa angetreten hatte. (Dessen Sohn Herodes Antipas war später der Landesherr Jesu, vgl. Lk. 12, 32) Neben einem Theater, einem Amphitheater und einem Rathaus baute Herodes den zweiten Tempel, stattete ihn besonders prächtig aus und errichtete für sich selbst auf dem Zion, der einstigen Davidsburg, einen Palast.

Nach wiederholten Aufständen der Juden gegen die Römer zog Titus, der Sohn Vespasians, nach Jerusalem. Er erstürmte die erste und die zweite Mauer, die Aufrührer konnten sich schließlich nur noch in der oberen Stadt halten. 1100000 Juden sollen (nach Josephus) in diesem Kampf getötet, 97000 gefangengenommen worden sein. Schließlich ließ Titus Stadt und Tempelreste bis auf die Grundmauern zerstören. Als die Römer später auf der heiligen Stätte einen Jupitertempel errichten wollten, kam es zum Bar-Kochba-Aufstand, dem letzten Versuch der Juden, politische Selbständigkeit zu wahren. Dessen Anführer, Simon ben Kosba, fiel 135 n. Chr. im Kampf und wurde später von einigen als Messias verehrt.

Im Anschluß an die Niederwerfung dieses Aufstandes verbot der römische Kaiser Hadrian allen Juden, je wieder einen Fuß auf Jerusalemer Boden zu setzen. Die Stadt sollte von nun an Aelia Capitolina heißen, der Tempelberg zu einer Kultstätte des Jupiter-Capitolinus werden. Zusammen mit den Juden flüchte-

ten damals übrigens auch die Judenchristen, während sich in Jerusalem bald eine Gemeinde von Heidenchristen ansiedeln konnte. (→ Urchristentum)
Mit der Zerstörung Jerusalems verschob sich das geistige Zentrum des Judentums in die Synagogen und Schulen der Diaspora: In Jamnia (Jabne) entstand um 90 n. Chr. der endgültige Kanon der jüdischen heiligen Schrift. In der Mischna wurde die «mündliche Tradition» gesammelt, aus der in einem langen Prozeß die nachbiblische schriftliche Tradition des Judentums – der → Talmud – entstand.
5. Nachdem Konstantin das Christentum anerkannt hatte, besuchte Helena, die Mutter des Kaisers, Jerusalem, wo sie den Tempel zerstört fand. Zum Gedenken an den Tod Jesu errichtete sie dort die Grabeskirche und stellte das Kreuz Jesu aus. In der Folgezeit entwickelte sich die Stadt zum bevorzugten Ziel christlicher Pilger aus dem Osten wie auch aus dem Westen – Jerusalem wurde zu einer christlichen Stadt. Als im 7. Jahrhundert ein persisch-jüdisches Heer Jerusalem eroberte, sollen 90000 Christen diesem Ansturm zum Opfer gefallen sein.
Inzwischen gelang es dem Islam, weite Teile Asiens und Europas zu erobern. Mohammed hoffte zunächst, die Juden bekehren zu können. Auch nahm er viele jüdisch-christliche Elemente in seine Religion auf. Später unterdrückte er die Juden in seiner Heimat, gewährte Juden und Christen, den «Leuten des Buchs» (Besitzern einer heiligen Schrift) jedoch die Stellung von Schutzbefohlenen. Im Jahr 636 erschien ein arabisches Heer auch vor Jerusalem. Nach langer Belagerung gaben die Christen auf; daraufhin wurde ihnen die freie Ausübung ihres Kultes zugesichert. Auf dem Tempelberg begannen die Muslime mit dem Bau eines Gotteshauses – die Omarmoschee sollte zu einer der heiligen Stätten des Islam werden. Als in der ersten Hälfte des 10. Jahrhunderts der Weg nach Mekka verschlossen war, zogen die muslimischen Pilger nach Jerusalem.
Am 15. Juli 1099 nahmen christliche Kreuzfahrer die Stadt ein; sie gründeten dort das Königreich Jerusalem und übertrugen dessen Herrschaft dem Herzog von Lothringen, Gottfried von Bouillon, dem «Beschützer des heiligen Grabes». Im Jahr 1187 eroberte Saladin von Ägypten die Stadt für den Islam zurück. Nach 1517 kam Jerusalem unter türkische Herrschaft, die, abgesehen von einer kurzen Unterbrechung im 19. Jahrhundert, 400 Jahre lang währen sollte. Die heutigen Mauern der Stadt stammen aus der Zeit Suleimans des Prächtigen (1537).
Nach dem Ersten Weltkrieg bestimmte man Jerusalem zur Hauptstadt des englischen Mandatsgebietes Palästina (1922 bis 1948). Während das nationalsozialistische Deutschland die überwiegende Mehrheit des europäischen Judentums in Todeslagern vernichtete, wuchs der Wunsch der Juden, wieder nach Palästina zurückzukehren. Den Plan eines «Judenstaates» hatte schon Theodor Herzl (1860–1904), der Begründer des modernen Zionismus, in seinem Zukunftsroman «Altneuland» (1896) entfaltet: Darin erscheint Jerusalem als «Heimat aller Völker» und als Stadt, in der für Frieden und Wohlergehen der ganzen Menschheit gewirkt wird.
Mit der Beendigung des englischen Mandats wurde 1948 die Republik Israel mit Jerusalem als Hauptstadt errichtet. Nach der Teilung Palästinas eroberte Jordanien das östliche Jerusalem, das Israel daraufhin im «Sechstagekrieg» des Jahres 1967 besetzte, um alsbald die ganze Stadt für «wieder vereinigt» zu erklären.

Jesaja

Das Jesajabuch
Das Buch Jesaja ist aus verschiedenen, ursprünglich selbständigen Teilen zusam-

mengesetzt. Die Annahme kirchlicher und jüdischer Tradition, daß die alttestamentlichen Bücher in der Regel so, wie sie sind, von den → Propheten, deren Namen sie tragen, selbst verfaßt worden seien, läßt sich nicht aufrechterhalten. Die Prophetenbücher haben ihre heutige Gestalt erst im Laufe langer Zeiträume gefunden. Ältere Überlieferungen sind in sie eingearbeitet worden, die vielleicht schon in Form schriftlicher Sammlungen vorlagen und zum Teil möglicherweise auf die Propheten selbst oder auf Schülerkreise der Propheten zurückgehen.
Bestandteile dieser Sammlungen waren vor allem Worte, Sprüche und Reden, in denen die Propheten insbesondere Unheil (Gericht) oder Heil (Verheißung) ankündigten. Die prophetischen Drohungen und Heilsankündigungen beanspruchen meist, Jahwes eigene Rede zu sein. In den alttestamentlichen Prophetenbüchern finden sich aber auch Erzählungen und Berichte (Selbstberichte in der 1. Person und Fremdberichte in der 3. Person). Eine eigene Gattung bilden die Visionen («Gesichte»), die meist auch Auditionen (Hörerlebnisse) enthalten. Schließlich gibt es Berufungserzählungen und Berichte über symbolische Handlungen der Propheten.
Das Jesajabuch beginnt mit einer Überschrift, die nur für die Kapitel 1 bis 12, eine ursprünglich selbständige Sammlung, gilt: Schauung des Jesaja ben Amoz in den Tagen der judäischen Könige Usija (787–736), Jotam (759–744), Ahas (744–729) und Hiskija (728–700). Die Kapitel 40 bis 55 hingegen stammen von einem uns unbekannten Propheten aus der Exilszeit («Deuterojesaja»: «Zweiter Jesaja»); die Kapitel 56 bis 66 schließlich sind Anhänge an die Botschaft des Deuterojesaja und werden bisweilen einem weiteren Propheten («Tritojesaja»: «Dritter Jesaja») zugeschrieben. Demnach enthalten nur die Kapitel 1 bis 39 authentische Aussagen von Jesaja.
In der Mitte der Sammlung von Jesajaworten in den Kapiteln 1 bis 12 steht ein Bericht über die Berufung des Propheten. «Und ich hörte die Stimme des Herrn, wie er sprach: Wen soll ich senden? Wer will unser Bote sein? Ich aber sprach: Hier bin ich, sende mich.» (Jes. 6,8)
Bei einer Begegnung mit dem König während des syrisch-ephraimitischen Krieges (Ahas hatte gegen die angreifenden Aramäer und Israeliten die Assyrer zu Hilfe gerufen) lautete Jesajas Devise: «Glaubt ihr nicht, so bleibt ihr nicht.» (Jes. 7,9). Jahwe selbst wird denen, die nicht glauben, ein Zeichen geben. «Siehe, eine junge Frau ist schwanger und wird einen Sohn gebären, den wird sie nennen Immanuel [›Gott mit uns‹].» (Jes. 7,14) Unklar ist, wer mit «Immanuel» gemeint ist: etwa ein Sohn Jesajas, ein beliebiges Kind irgendeiner Frau oder ein Nachkomme Davids als → Messias?
In den Kapiteln 13 bis 23 sind Worte Jesajas gegen fremde Völker (Babylon, Assyrien, Ägypten usw.) gesammelt. Der Rest des Buches besteht aus zahlreichen, ursprünglich getrennten Teilstücken. Die «Jesaja-Apokalypse» (Kap. 24 bis 27) kann nicht von Jesaja selbst stammen. In Weissagungen und Liedern schildert sie eine in der Endzeit über die Erde hereinbrechende Katastrophe sowie eine Erlösung, Auferstehung und Wiederherstellung Israels.
Wer Jesaja selbst kennenlernen will, muß sich also im wesentlichen auf Jes. 1–12 und 28–32 (sowie einzelne Worte aus 13–23) beschränken. Drei Viertel des Buches sind im Laufe mehrerer Jahrhunderte zu diesem ursprünglichen authentischen Bestand hinzugekommen. Aber auch die als authentisch geltenden Worte Jesajas wurden im Prozeß der Überlieferung vielfach verändert und erweitert.

Jesaja, der Prophet

Jesaja war Jerusalemer, verheiratet mit einer «Prophetin», Vater zweier Söhne, die symbolische (auf das Geschick Israels bezogene) Namen trugen: Schear-Jaschub («Rest kehrt um») und «Raubebald-Eilebeute». Er erlebt das Ende des Nordreiches Israel durch die Assyrer (722) und die folgende Zeit der Aufstände gegen die Vormacht Assur. 701 wird Jerusalem belagert, Juda geht zum größten Teil verloren. Dann verschwindet die Spur Jesajas aus der Geschichte.

Im Zentrum seiner Botschaft, des «gewaltigsten theologischen Phänomens des Alten Testaments» (G. von Rad), stehen zwei Überlieferungen: David und der Zion, «auf dem Jahwe der Heerscharen wohnt»: Die Macht der Feinde, die Juda bedrohen, wird vor dem Zion zerbrechen. Denn «Jahwe hat den Zion gegründet; dort werden sich bergen die Elenden des Volkes.» (Jes. 14,28–32) Die alte Überlieferung, daß Jahwe den Thron Davids in Jerusalem bestätigt und dem König weitreichende Zusagen gemacht hat, wird bei Jesaja verlebendigt. «Und es wird ein Reis hervorgehen aus dem Stamm Isais [Davids Vater] und ein Zweig aus seiner Wurzel Frucht bringen.» (Jes. 11,1ff) Der «Gesalbte» Jahwes wird den Schwachen Recht schaffen, das Gottesrecht auf Erden durchsetzen und ein Reich des Friedens erbauen.

Jahwe ist «der Heilige Israels», seine Herrlichkeit füllt die ganze Erde. Vor seinem Angesicht erkennt der Mensch seine eigene Schuld. «Weh mir, ich vergehe! Denn ich bin unreiner Lippen und wohne unter einem Volk von unreinen Lippen; denn ich habe den König, den Herrn Zebaoth, gesehen mit meinen Augen.» (Jes. 6,5) Die Verkündigung des Propheten soll, Jahwes Auftrag gemäß, die «Verstockung» des Volkes bewirken. Dies wird bis zur völligen Verwüstung des Landes dauern.

Jesajas Rede ist am politischen Geschehen orientiert. Geschichte spiegelt sich in seiner Verkündigung. «Weh denen, die... sich verlassen auf Rosse und hoffen auf Wagen, weil ihrer viele sind, und auf Gespanne, weil sie sehr stark sind!» (Jes. 31,1) Er wendet sich gegen eine Politik des Taktierens und menschlicher Klugheit und empfiehlt statt dessen Neutralität gegenüber der assyrischen und der ägyptischen Großmacht. «Wenn ihr umkehrtet und stille bliebet, so würde euch geholfen; durch Stillesein und Hoffen würdet ihr stark sein. (Jes. 30,16)

Deuterojesaja

Die Kapitel 40 bis 66 des Jesajabuches stammen von unbekannten Propheten aus dem Exil und der nachexilischen Zeit. Darin bilden die Kapitel 40 bis 55 eine Einheit. Sie setzen durchgehend die Situation des Exils voraus: Nach dem Sturz des Assyrerreiches nahm das neubabylonische Reich Syrien und Palästina in Besitz. Juda versuchte wiederholt, sich der Oberherrschaft der Babylonier zu entziehen. Das führte (597 und 588/87) zum Eingreifen der Großmacht. Sie setzte einen Vasallenkönig ein, beseitigte das Königtum, zerstörte Jerusalem und den Tempel und deportierte die Oberschicht der Bevölkerung nach Babylon.

Im Exil setzte nun eine Besinnung auf den Grund des Unglücks ein: Seit Generationen hatten die Propheten das Gericht Jahwes vorhergesagt. Jenseits des Gerichts aber erwarteten sie das Heil. (Hesekiel; →Jeremia) Der klassische Vertreter der Heilserwartung unter den Exilierten war «Deuterojesaja», «durch dessen Mund Jahwe von bisher nie gehörter Großartigkeit und zugleich von betörender Lockung gesprochen hat» (von Rad). In seinen Tagen kam das Perserreich mit seinem König Kyros auf. (Jes. 44,28; 45,1) An Kyros knüpften sich nun die Erwartungen der Exilierten. Nach dem Sturz Babylons gab er tatsächlich Befehl, den Tempel in Jerusalem

wieder aufzubauen. Aber erst viel später (vor 520) wurde den Deportierten die Rückkehr erlaubt.
Von der Person «Deuterojesajas» wissen wir nichts, weder Name noch Lebensverhältnisse, noch Wirkungsort. (Man denkt meist an Babylonien.) Aber hinter seinen Aussagen steht deutlich das aktuelle politische Geschehen seiner Zeit: der Siegeszug des Kyros, der die damalige Welt erschütterte.
Im Zentrum der Theologie des Deuterojesaja steht die Tradition vom → Exodus. Wie Jahwe in der Vergangenheit Israel das Heil durch den Auszug aus Ägypten brachte, so stellt er sich auch das zukünftige Heilsgeschehen als Exodus aus Babylon vor. (Jes. 43,16f; 18–21; 48,20f) «Warst du es nicht, der das Meer austrocknete, die Wasser der großen Tiefe, der den Grund des Meeres zum Wege machte, daß die Erlösten hindurchgingen? So werden die Erlösten des Herrn heimkehren und nach Zion kommen mit Jauchzen.» (Jes. 51,10f) Der neue Exodus führt nach Jerusalem, in die wieder aufgebaute Stadt, und zum Zion, für den sich Jahwe selbst verbürgt hat. Dort wird sich nicht nur das zerstreute Gottesvolk sammeln, auch «die Völker» werden zur heiligen Stadt wallfahren (Jes. 45,14f; 49,14–23), und Israel wird zum «Fürsten der Völker» werden. (Jes. 55,4)
Der das alles bewirkt, ist Jahwe, der Weltschöpfer, der «die Enden der Welt gemacht» hat und der deshalb auch Israels Schöpfer und Erhalter ist. (Jes. 44,24; 54,5) «Du aber, Israel, mein Knecht, Jakob, den ich erwählt habe..., fürchte dich nicht, ich bin mit dir, weiche nicht, denn ich bin dein Gott. Ich stärke dich, ich helfe dir auch, ich halte dich durch die rechte Hand meiner Gerechtigkeit.» (Jes. 41,10)
Das bevorstehende Heilsgeschehen ist der neue Exodus, die Heimkehr der Verbannten und das Kommen Jahwes selbst. «Nicht hungern und nicht dürsten werden sie, weder Glutwind noch Sonne werden sie schädigen, denn ihr Erbarmer wird sie geleiten, und an Wasserquellen wird er sie führen.» (Jes. 49,10)
Rätselhaft ist bis heute der Sinn der sogenannten Gottesknechtlieder Deuterojesajas. «Siehe, mein Knecht, den ich festhalte, mein Erwählter, an dem ich Gefallen habe... Er wird die Wahrheit zu den Völkern hinausbringen... Das geknickte Rohr wird er nicht zerbrechen und den glimmenden Docht nicht auslöschen.» (Jes. 42,1–4) Der Gottesknecht ist ein Prophet, seine Aufgabe die Verkündigung. «Der Herr hat mich berufen vom Mutterleibe an... Er hat meinen Mund wie ein scharfes Schwert gemacht.» (Jes. 49,1f) Vielleicht soll der Gottesknecht das Volk Israel im Ganzen symbolisieren, vielleicht aber ist an eine einzelne Person gedacht, die einen besonderen zukünftigen Auftrag sühnenden Leidens an Israel und an der ganzen Welt zu erfüllen hat. «Deuterojesajas» eigene Erfahrungen und Leiden scheinen in das Bild, das er vom «Gottesknecht» zeichnet, eingegangen zu sein.

Tritojesaja
Deuterojesaja spricht vom bevorstehenden Auszug der Deportierten aus Babylon. Wann diese Rückkehr tatsächlich stattgefunden hat, ist ungewiß. Sie hat sich der geschichtlichen Erinnerung des Volkes Israel nicht besonders eingeprägt. Offenbar geschah sie unter weniger wunderbaren Begleiterscheinungen, als aufgrund der vorausgehenden Prophezeiungen zu erwarten gewesen war. In Jerusalem begann der mühsame Wiederaufbau. Die Propheten dieser Epoche waren «Tritojesaja», Joel, Haggai, Sacharja und Maleachi.
Die Kapitel 56 bis 66 des Jesajabuches hat man unter den Namen «Tritojesajas» gestellt. (Umstritten ist allerdings, ob diese Texte von einem einzigen Propheten stammen.) Das Amt «Tritojesaja»

war es zu trösten. «Der Geist Jahwes des Herrn ist auf mir, weil der Herr mich gesalbt hat. Er hat mich gesandt, den Elenden gute Botschaft zu bringen, die zerbrochenen Herzen zu verbinden, zu verkündigen den Gefangenen die Freiheit, den Gebundenen, daß sie frei und ledig sein sollen; zu verkündigen ein gnädiges Jahr des Herrn...» (Jes. 61,1)
Katastrophale soziale und politische Verhältnisse hatte «Tritojesaja» zu bekämpfen. (Jes. 57,1ff) Er kritisierte einen sinnentleerten Kult und forderte statt dessen soziale Gerechtigkeit. (Jes. 58,1ff) Der Zion, Endpunkt der Prophezeihung des Deuterojesaja, wird nun zum unerlösten, immer noch wartenden und unverwirklichten Gottesberg: Jahwes Kommen hat sich verzögert; aber seine Ankunft steht unmittelbar bevor. «Wie ein junger Mann eine Jungfrau freit, so wird dich dein Erbauer freien, und wie sich ein Bräutigam freut über die Braut, so wird sich dein Gott über dich freuen.» (Jes. 62,5)

Jesus von Nazareth

Quellen

Das → Neue Testament ist die einzige bedeutsame historische Quelle über das Leben Jesu. Außer in den → Synoptikern ist auch im → Johannesevangelium und bei → Paulus (z. B. 1. Kor. 11,23–25; 15,3ff) einiges über den historischen Jesus zu erfahren. Außerhalb der → Bibel gibt es nur flüchtige Nachrichten im jüdischen und griechisch-römischen Schrifttum (bei Josephus, Tacitus, Plinius dem Jüngeren, Sueton, Claudius).
Die Synoptiker berichten lediglich über den letzten Lebensabschnitt Jesu. Die Niederschrift der synoptischen Evangelien erfolgte in einem zeitlichen Abstand von wahrscheinlich 40 bis 70 Jahren zu den dargestellten Ereignissen. Einzelne Worte Jesu und Geschichten über ihn wurden vor der schriftlichen Fixierung mündlich überliefert. Aus der Zeit vor Jesu öffentlichem Auftreten sind nur Einzelheiten bekannt, und selbst über die kurze Phase seines Wirkens ist wenig Genaues auszumachen.

Leben

Jesus wurde in Palästina geboren. Ungewiß ist das Jahr, unbekannt der Ort seiner Geburt. (Die Legenden Mat. 2,1–12 und Lk. 2,1–20 geben Bethlehem als Geburtsort an.) Jesus wuchs in Galiläa, wahrscheinlich in Nazareth (Mat. 2,23), in einer armen jüdischen Familie auf, die als «davidisch» («aus dem Geschlecht Davids», Röm. 1,3) galt. Von Joseph, seinem Vater, hört man fast nichts. Er war wohl Zimmermann (Mat. 13,55), und vielleicht übte der Sohn denselben Beruf aus (Mk. 6,3). Seine Mutter hieß → Maria (Marjam), seine Brüder Jakobus, Josef, Judas und Simon. Anzahl und Namen seiner Schwestern werden verschwiegen. (Mk. 6,3)
Jesus war, wie seine Familienangehörigen, den Anschauungen und den Sitten nach, Jude; er kannte das Alte Testament und war theologisch gebildet. Seine Sprache war Aramäisch.
Vor seinem öffentlichen Auftreten wurde er von Johannes dem Täufer getauft. (Mk. 1,9) Er zog als Wanderprediger umher. In Synagogen predigte er am Sabbat. Dabei wendete er sich besonders an die Armen (Lk. 6,20) und an religiöse und soziale Außenseiter («Zöllner und Sünder»). Er soll Dämonen ausgetrieben, Kranke geheilt und → Wunder vollbracht haben.
Obgleich er arm war, lebte er keineswegs asketisch. (Mat. 11,18f) Eine Schar von Schülern begleitete ihn auf seiner Wanderschaft. Unter ihnen tat sich → Petrus hervor. Der Kreis der zwölf Jünger, eine nachträgliche Stilisierung, deutet auf die Hoffnung hin, daß das Gottesvolk Israel mit seinen zwölf Stämmen wiederhergestellt werde. Nach Ostern leiteten die Jünger als → Apostel die Gemeinde in Jerusalem. (→ Urgemeinde)

Das öffentliche Auftreten Jesu dauerte nur kurz, nach Johannes wenige Jahre, nach den Synoptikern ein Jahr. Zum Schluß wanderte Jesus von Galiläa nach Jerusalem. Dort versammelte sich, wie es das Gesetz bestimmte, ganz Israel zum Passahfest (israelitisches Fest zur Darbringung der tierischen Erstgeburten und zur Erinnerung an den Auszug aus Ägypten). Wahrscheinlich wollte sich Jesus dort an das ganze Volk wenden. Die (jüdischen und römischen) Behörden aber kamen dem zuvor und machten ihm den Prozeß. (Jerusalem gehörte damals zur römischen Provinz Judäa.) Die Juden befürchteten nämlich, daß ein Auftreten Jesu politische Folgen haben könnte. (Mk. 11,1ff) Der römische Präfekt Pontius Pilatus verurteilte ihn daraufhin wegen Aufruhrs zur Kreuzigung. Das Urteil wurde sogleich vollstreckt.
Nach der Kreuzigung kam es zu einer Reihe von Jesusvisionen. (→ Auferstehung) Petrus hatte die erste, → Paulus die letzte, die zu dessen Bekehrung führte. (1. Kor. 15,3ff; Lk. 24,34) Aus diesen Visionen schlossen die Betroffenen, daß Jesus von Gott auferweckt worden sei.

Verkündigung
Im Zentrum der Botschaft Jesu steht der Hinweis, daß die «Gottesherrschaft», das «Reich Gottes», unmittelbar bevorstehe. «Die Zeit ist erfüllt. Das Reich Gottes ist nahe. Kehrt um.» (Mk. 1,14f)
Die gegenwärtige Welt wird untergehen, Gott wird Gericht halten und eine neue Welt schaffen. Die eschatologische Überzeugung Jesu (→ Eschatologie) vom bald hereinbrechenden Weltende (Lk. 17,24ff) ist mit der jüdisch-apokalyptischen Enderwartung (→ Apokalyptik) seiner Zeit eng verwandt. Das Gottesreich, für das Jesus wirbt, bringt «Heil» für alle. Dieses Heil gilt vor allem den Hungrigen (Lk. 6,20–23), Sündern (Mk. 2,5) und Kranken. Da Gott nahe ist, ruft Jesus die Menschen zur Umkehr auf. Er radikalisiert das Gesetz. «Liebet eure Feinde!» (Lk. 6,37ff; 10,30–37)
Die Adressaten Jesu waren Angehörige der armen, ungebildeten Masse. Sie wurden zum Träger seiner messianisch-revolutionären Bewegung. Die Masse des armen Volkes von Jerusalem und die Kleinbauern des Landes, die durch wachsenden politischen und wirtschaftlichen Druck sowie durch gesellschaftliche Verfemung und Verachtung gebeutelt waren, erhofften ungeduldig eine radikale Veränderung der bestehenden Verhältnisse; sie erwarteten den Anbruch einer glücklicheren Zeit, in der sie sich an den Herrschenden des jüdischen und des römischen Volkes würden rächen können.
Die ganze Epoche war gekennzeichnet von Rebellionen und Aufständen, von apokalyptischen und phantastischen Schwärmereien, von politisch-revolutionären und religiösen Erwartungen. Die Verkündigung Jesu versprach den Armen zwar kein wirtschaftliches oder sozialreformerisches Programm, aber immerhin doch eine glückliche Zukunft, in der die Unterprivilegierten bevorrechtigt, die Hungernden satt und die Ausgebeuteten zu Herrschern würden. Die Inhalte dieser Hoffnung waren keineswegs vergeistigt oder jenseitig, sondern handfest und real. «Selig seid ihr Armen, denn das Reich Gottes ist euer. Selig seid ihr, die ihr hungert, denn ihr werdet satt werden.» (Lk. 6,20ff)
Das Neue Testament hat Jesus mit einer ganzen Reihe exklusiver Hoheitstitel bedacht: Messias (→ Christus), Sohn Gottes, → Menschensohn, Davidssohn, Herr (→ Kyrios). Jesus selbst hat wohl keines dieser Prädikate auf sich angewendet. Überhaupt gehen viele neutestamentliche Aussagen aufs Konto der «nachösterlichen» Gemeinde, und deren Anschauungen wurden Jesus kurzerhand in den Mund gelegt. Diese interpretierenden → «Fälschungen», durchaus im Stil der Zeit, verdecken die Tatsache, daß Je-

sus niemals und nirgends sich selbst zum Teil seiner Botschaft machte. Erst die Gemeinde seiner Anhänger hat die Person Jesu mitten ins «Evangelium» hineingestellt, als habe der Mann aus Nazareth von seiner eigenen Bedeutung für das Heil der Menschen gesprochen.

Das Problem des «historischen Jesus»
Die in den synoptischen Evangelien dargelegte Botschaft Jesu ist größtenteils nicht authentisch. Sie drückt lediglich den Glauben seiner Jünger aus, daß Jesus der auferstandene und erhöhte Herr sei. Echte Überlieferung von Jesus gibt es nur eingebettet in die Predigt des → Urchristentums.

Der nachösterliche Christus hat das Bild des irdischen Jesus fast völlig aufgesogen, und die Vergangenheit spielt kaum mehr eine Rolle angesichts der überragenden gegenwärtigen und zukünftigen Bedeutung des verkündigten Christus. Die neutestamentlichen Schriftsteller drücken dies freilich nie offen aus. Sie behaupten vielmehr, daß der «biblische Christus des Glaubens» mit dem «irdischen Jesus» eins sei. Mit Hilfe authentischer und legendärer Tradition erwecken sie in den Evangelien noch einmal das Bild des Jesus von Nazareth und schreiben ihm all das zu, was er ihnen inzwischen bedeutet: Er ist zum «Erlöser», «Schöpfungsmittler», «Präexistenten» (→ Christologie) geworden. So entfalten sie ihre Christologie mit dem Stoff der Vergangenheit.

Der Leser des Neuen Testaments muß sich klarmachen, daß die Jesus-Erzählungen von der Hoffnung seiner Anhänger, von nachösterlichem Enthusiasmus und Mythologie (→ Mythos) geprägt sind. Das weitverbreitete mythische Schema von der Erniedrigung und der anschließenden Erhöhung eines Erlösergottes macht sich am Geschick des Jesus von Nazareth fest. (→ Mysterien) Die Enttäuschung der Jünger über den Elendstod Jesu am → Kreuz und über das Ausbleiben des erwarteten Gottesreiches endet nicht in Resignation, sondern in Protest. Das Kreuz wird zum Siegeszeichen.

Der am Kreuz Gescheiterte galt hinfort als der wunderbar Erhöhte und Gegenwärtige. Dieser Blickwinkel vom Kreuz und von Ostern her verfälschte die Jesusüberlieferung. In der Rückschau schien es, als habe schon der irdische Jesus Züge des himmlischen Herrn getragen. Dem Mann aus Nazareth sprach man im nachhinein ein messianisches Selbstbewußtsein zu. Schon zu Lebzeiten habe er gewußt, daß er um des Heils der Menschen willen sterben und auferstehen werde.

Es scheint also, als gehe das Christentum nicht unmittelbar auf Jesus, sondern auf einen aus Verzweiflung und Protest geborenen Glauben seiner Anhänger, einer eschatologischen Sekte innerhalb des Judentums, zurück.

Durch diese exegetische Erkenntnis fühlte sich die moderne Theologie herausgefordert. In der Nachfolge S. Kierkegaards (1813–1855) und Martin Kählers (1835–1912) erklärte Rudolf Bultmann (1884–1976), wir wüßten über das historische Leben Jesu tatsächlich so gut wie nichts. Das brauchten wir aber auch nicht; denn für den Glauben sei die bloße Tatsache, daß Jesus gelebt hat, genug. Für das «Kerygma», die «Verkündigung» von Jesus als dem Messias, reiche das «Daß des Gekommenseins Jesu» und das Kreuz als das entscheidende Heilsereignis aus. Das «Was und Wie seines Lebens» sei demgegenüber bedeutungslos.

Mit dieser Erklärung Bultmanns schien alles Historische nebensächlich geworden zu sein. Christus nahm nun vollends die Stelle des Jesus von Nazareth ein: Jesus ist sozusagen «ins Kerygma auferstanden». Folglich gibt es auch keinen Glauben an Jesus Christus, der nicht gleichzeitig Glaube an die Kirche als Trägerin des Kerygmas ist. Damit ist die Be-

deutung der Kirche enorm aufgewertet und auf längere Sicht jeglicher ernsthaften Kritik kirchlicher Tradition ein Riegel vorgeschoben.
Die Schüler Bultmanns (unter ihnen Ebeling, Fuchs, Käsemann) wollten sich mit der Meinung ihres Lehrers allerdings nicht abfinden. Sie stellten erneut die Frage nach der Bedeutung des «irdischen Jesus» für das Kerygma der Gemeinde. Den Kern des Kerygmas glaubten sie schon in Wort und Tat des historischen Jesus aufspüren zu können. J. Jeremias machte sich auf die Suche nach den unter den Gemeindebildungen verborgenen echten Jesusaussprüchen. Damit sollte der historische Jesus aus der kirchlich-dogmatischen Übermalung befreit werden, aber nicht nur, um den Ursprung des Christtentums bei ihm, sondern gerade um die vermeintliche Einheit dieses Ursprungs mit der kirchlichen Verkündigung zu beweisen.
Entgegen der Skepsis Bultmanns hat sich herausgestellt, daß bei Anwendung wissenschaftlicher Methoden ein Zugang zum historischen Jesus, wenn auch innerhalb enger Grenzen, tatsächlich möglich ist. Kriterium für die Echtheit eines Jesuswortes ist, daß es weder als aus dem Judentum noch als aus dem Urchristentum stammend erklärt werden kann. Dementsprechend gilt die neutestamentliche Jesusüberlieferung so lange als unecht, bis ihre Echtheit bewiesen ist. Daher finden sich wenig gesicherte authentische Äußerungen Jesu, aber noch viel weniger historisch zuverlässige Aussagen über sein Geschick.
Tiefenpsychologische und analytische Überlegungen z.B. über «Jesus, den Mann» (Hanna Wolff) entdeckten indes den «integrierten Mann» aus Nazareth, dessen «differenziertes Gefühl» angeblich als beispielhaft gelten kann. Jesus sei spontan, sicher, differenzierend, nicht infantil, schöpferisch und «kosmisch beteiligt», kurzum, er stelle heiles Menschentum (Mannsein) in charakteristischer Ausformung dar. So dient der historische Jesus als Modellfall für diejenigen Werte und Eigenschaften, die heute als wünschenswert erscheinen. Jesus ist Beispiel, Lehrer und Vorbild, der die auf ihn übertragenen Werte angeblich selbst gelebt hat und deshalb erst möglich macht, daß man sie heute wieder lebt. Diese Sichtweise soll eine «freie Religiosität» in Bindung an Jesu Person bei kritischer und distanzierter Haltung gegenüber der Kirche begründen.

Johannesevangelium

Das Johannesevangelium besteht aus zwei Hauptteilen: Der erste beschreibt Jesu Leben und Offenbarung vor der Welt (Joh. 1,19–12,50), der zweite seine Rückkehr zu Gott. (Joh. 13,1–20,29). Vorangestellt ist ein Prolog in Form eines Hymnus. (Lobgesang; Joh. 1,1–18) Er verkündet die «Fleischwerdung» des göttlichen «Logos» (griechisch: «Wort», «Rede»; in der griechischen Philosophie die «göttliche Vernunft», die zwischen dem jenseitigen Gott und der Welt die Rolle der Vermittlung übernimmt), der von allem Anfang an existiert hat, in Jesus Christus. An den Schluß von Joh. 20,30f ist ein Nachtrag (Kapitel 21), wohl von fremder Hand, angehängt worden.
Wie die → Synoptiker gehört auch diese neutestamentliche Schrift zur literarischen Gattung der Evangelien, die das Leben Jesu, seine Wundertaten («Zeichen» der Offenbarung) und seine Lehre, seinen Tod und seine Auferstehung beschreiben. Aber zwischen den synoptischen Evangelien und dem Johannesevangelium gibt es zahlreiche Unterschiede: Die Synoptiker berichten von Jesu Wirken in Galiläa und seinem Weg nach Jerusalem, der zur Kreuzigung (→ Kreuz) führte. Nach Johannes zog Jesus aber dreimal von Galiläa nach Jerusalem (Joh. 2,13; 5,1; 7,10), und seine

Wirksamkeit umfaßte mindestens zwei Jahre, davon ein halbes Jahr in Jerusalem. Nach Mk. 11–15 hielt er sich dort aber nur etwa eine Woche lang auf, und nach Mk. 2,23 und Mk. 14,1 dürfte Jesu Wirken insgesamt nicht länger als ein Jahr gedauert haben.

Die synoptischen Evangelien stellen ursprünglich voneinander unabhängige Einzelberichte, Einzelworte und Wortgruppen zusammen. Nur die Leidensgeschichte Jesu bietet einen größeren zusammenhängenden Bericht. Im Gegensatz dazu besteht das Johannesevangelium in der Hauptsache aus größeren Redekompositionen, die, oft in dialogischer Form, ein oder mehrere Themen umkreisen.

Nur wenige Erzählungen hat das Johannesevangelium mit den Synoptikern gemeinsam. Das meiste, was Jesus in diesem Evangelium sagt, findet sich weder bei → Markus noch bei → Lukas, noch bei → Matthäus. Auch die Sprache Jesu ist im Johannesevangelium ganz anders als in der synoptischen Überlieferung.

Wahrscheinlich ist, daß Johannes das Markus- und das Lukasevangelium gekannt hat. Aber mit diesen seinen «Quellen» verfuhr er völlig frei. Er verwertet sie dann, wenn es ihm für seine eigene Darstellung dienlich erscheint. Unsicher ist, ob Johannes auch andere Quellen (etwa eine Quelle von Offenbarungsreden Jesu, eine Quelle von Zeichenhandlungen, eine Sammlung von Leidens- und Auferstehungsgeschichten) benutzt hat.

Auch die Begriffswelt, in der sich Johannes bewegt, ist von der der Synoptiker völlig verschieden. Sie ist fast durchgängig von Gegensätzen gekennzeichnet: «Licht und Finsternis», «Lüge und Wahrheit», «oben und unten», «Vater und Sohn» stehen einander gegenüber. Eigentümlich sind auch die Begriffe, die das Heil beschreiben: «Lebenswasser», «Lebensbrot», «Licht der Welt».

Die → Christologie des Johannesevangeliums kreist um die Vorstellung des in die Welt gesandten Sohnes, der am Ende wieder zum Vater zurückkehrt. Damit unterscheidet sich das Johannesevangelium von der palästinensisch-jüdischen Begriffswelt der Synoptiker, aber auch vom philosophischen → Hellenismus. Hingegen zeigen sich Ähnlichkeiten zur heidnischen oder jüdischen → Gnosis und zu den Schriften der Qumram-Gemeinde. (→ Dualismus)

Die Gnosis (griechisch: «Erkenntnis») war eine religiös-dualistische Strömung, die vor allem im 2. Jahrhundert das Christentum ergriff. Sie spekulierte über die Welt (als Ergebnis eines urzeitlichen Falles), die Menschen (die durch einen Funken des göttlichen Geistes mit Gott verbunden sind) und die Erlösung (durch radikale Ablehnung des Diesseits und den Glauben an die unverlierbare Göttlichkeit des Menschen).

In Qumran lebte in der Zeit vom 2. Jahrhundert v. Chr. bis 68 n. Chr. eine jüdische Sekte in klosterartiger Gemeinschaft; ihre Hinterlassenschaft in Form einer ganzen Fülle von Schriftrollen (unter ihnen die ältesten heute bekannten Textzeugen von Büchern des Alten Testaments, daneben Gemeinderegeln und Lehrschriften) wurde 1947 aufgefunden.

In der Vorstellungswelt jüdischer Gnosis und den Gedanken der Qumran-Gemeinde vermutet man den geistigen Boden des Johannesevangeliums. Anscheinend nahm Johannes die Sprache der Gnosis in Anspruch, um zu zeigen, daß Jesus der Offenbarer war, der die Erwartungen des Judentums erfüllt und die wahre Religion für alle Heiden stiftet. Die Heilstitel (Hirt, Weinstock, der Gesandte), die die Gnostiker für ihre Offenbarergestalten verwendeten, schrieb er Jesus zu. (Joh. 10,11; 15,1; 5,36) Eigentümlich sind die Selbstaussagen Jesu im Johannesevangelium: «Ich bin das Brot des Lebens.» (Joh. 6,35) «Ich bin die Auferstehung und das Leben.» (Joh. 11,25)

Eine Reihe von Texten des Johannesevangeliums wendet sich gegen Johannes den Täufer und seine Anhänger. (Joh. 1,7f, 15,20–27; 3,36ff; 5,33–36; 10,41) Der Evangelist läßt ihn von sich weg und auf Jesus verweisen: Er selbst sei weder Prophet noch Messias. Offensichtlich gab es unter den Adressaten des Johannes eine dem Evangelisten gefährlich erscheinende Täuferverehrung. Auch die Juden werden von Johannes recht scharf angegriffen. (Joh. 5,16.18.37f, 45; 7,1.19; 8,22–24. 37–59; 10,31–39). Dies deutet auf eine ausgeprägte Feindschaft zwischen Juden und Christen zur Zeit der Abfassung des Johannesevangeliums.
Der Verfasser des Evangeliums wird nirgendwo genannt. In der zweiten Hälfte der Schrift ist allerdings häufig die Rede von einem «Lieblingsjünger» Jesu (Joh. 13,23ff; 19,26f; 20,2ff). Dieser scheint in einem gewissen Konkurrenzverhältnis zu →Petrus gestanden zu haben. Im Nachtragskapitel Joh. 21 ist offensichtlich der Tod dieses Lieblingsjüngers, der als Augenzeuge der Kreuzigung Jesu (Joh. 19,35) und als Verfasser des Evangeliums angesehen wird (Joh. 21,24), vorausgesetzt. Nach den Kapiteln Joh. 1–20 kann aber kein Jünger Jesu, also auch nicht dieser Lieblingsjünger, der Verfasser des Evangeliums gewesen sein. Vielleicht hatte der Schreiber des Johannesevangeliums Kontakt zu einem sehr alt gewordenen Jünger, dem der Ehrentitel «der, den Jesus liebte» zugeteilt worden war.
Die kirchliche Tradition hat seit alters Johannes, den Sohn des Zebedäus und «Herrenjünger, der auch an seiner [Jesu] Brust gelegen hatte», zum Verfasser des Evangeliums erklärt. (Z.B. Irenäus 115–202, Bischof von Lyon) Dagegen sprechen freilich zahlreiche Gründe: die gnostische Sprache des Evangeliums, die Abhängigkeit vom Markusevangelium, fehlende Kenntnisse von den tatsächlichen Verhältnissen in Palästina und von der Auseinandersetzung Jesu mit Pharisäern (jüdische Religionspartei «die Abgesonderten»), Sadduzäern (jüdischer, vorwiegend aristokratischer Priesteradel, der weltoffener war als die Pharisäer) und Schriftgelehrten.
Der Verfasser des Johannesevangeliums bleibt uns also unbekannt. Seine Kenntnisse hat er wohl über einen Christen aus Palästina erhalten. Wahrscheinlich hat er sein Evangelium im letzten Jahrzehnt des ersten Jahrhunderts irgendwo in Syrien verfaßt. Aus seinem Umkreis dürften auch die Johannesbriefe und die neutestamentliche Apokalypse (→Apokalyptik) stammen.

Judentum

Thora, Mischna, Talmud

Die erste Zeitspanne der jüdischen Geschichte, die von der Frühzeit →Abrahams bis zur Epoche der römischen Fremdherrschaft über Palästina reicht, wird unter dem Stichwort «Israel» (S. 254) beschrieben. Im ersten Jahrhundert vor unserer Zeitrechnung war das Judentum bereits weit über Palästina hinausgewachsen. In der ägyptischen Stadt Alexandria beispielsweise soll es damals eine Million Juden gegeben haben. Das Diaspora-Judentum übernahm die griechische Lebens- und Denkart. Unter dem Einfluß Platons (427–347), Aristoteles' (384–322) und der Stoiker eigneten sich die Juden systematisches Denken nach der Art der Griechen an. Der jüdische Philosoph Philo (20 v. Chr. bis 54 n. Chr.) legte die Thora (Gesetz; s.u.) im Sinne der Griechen aus und bezeichnete die Mitzwoth (Gottesgebote, s.u.) als Mittel Gottes, die ewigen Vernunftwahrheiten zu enthüllen.
In der Zeit des aufkommenden Christentums hatte sich im Judentum ein blühendes Geistesleben entwickelt. Unter dem Einfluß des →Hellenismus entstanden mehrere jüdische Sekten. Die Sadduzäer waren eine reiche, aristokratische, konservative Gruppe, die sich um den Ho-

henpriester und den Tempeldienst scharte. Der Hohepriester Kaiphas zur Zeit des Prokurators Pilatus war Sadduzäer.

Die Essener erwarteten das unmittelbar bevorstehende Ende der Welt. Einige von ihnen zogen sich in klosterartige Gemeinschaften zurück. Dem Jüngsten Gericht würde, wie sie glaubten, der Kampf der «Söhne des Lichts» mit den «Söhnen der Finsternis» vorangehen. In einer Höhle am Toten Meer (Qumran) fanden sich Schriftrollen, die Aufschluß über ihre Lebensweise geben.

Die Zeloten («Eiferer») riefen zum bewaffneten Aufstand gegen die Römer auf. Nach dem Fall von Jerusalem leistete ein Teil von ihnen zwei Jahre lang Widerstand in der Festung Masada (bis 73 n. Chr.).

Die Pharisäer («die Abgesonderten») hielten sich streng und ohne Abstriche an die Thora und erfüllten die Mitzwoth bis ins kleinste. Sie wurden von der Nachwelt und insbesondere von der neutestamentlichen und christlichen Überlieferung völlig zu Unrecht als Heuchler verschrien. Einer der größten pharisäischen Lehrmeister war Hillel (30 v. Chr. bis 10 n. Chr.). Als goldene Sittenregel und Grundgesetz des Judentums bezeichnete er den Satz: «Was dir selbst unangenehm ist, das tue keinem anderen.» Nächstenliebe, erklärte er, sei die Grundlage des jüdischen Glaubens. Seine Aussprüche und diejenigen seines Zeitgenossen Schammai gelten als «Worte des lebendigen Gottes».

Nach dem Fall Jerusalems (70 n. Chr.) wurden die pharisäischen Rabbiner zu den jüdischen Lehrmeistern schlechthin. Sie arbeiteten die Thora Wort für Wort durch. Das hebräische Wort «Thora» bedeutet «Weisung», «Unterweisung». Die Thora ist Inbegriff aller jüdischen Unterweisung und Leitfaden der Lebensführung. Im engeren Sinn bezeichnet «Thora» auch die Schriftrollen der fünf Bücher Mose (→ Pentateuch), sodann die Lehren dieser und der anderen heiligen hebräischen Schriften.

Aus der Arbeit an der Thora entstand die Halacha (hebr.: «Gang»; was «gang und gäbe» ist), das jüdische Religionsgesetz. Um dem Volk die sittlichen Grundsätze begreiflich zu machen, bedienten sich die Rabbinen der Haggada (hebr.: «Aussage»), der Veranschaulichung durch Parabel und Gleichnis. Die Lebens- und Sittenregeln der «Väter» wurden gesammelt und von Generation zu Generation unter dem Titel «Sprüche der Väter» mündlich weitergegeben.

Schließlich wurde die «mündliche Thora» bearbeitet und niedergeschrieben. Gegen 200 n. Chr. war die Mischna (hebr.: «Zweitschrift», «Überarbeitung») abgeschlossen.

Zweimal jährlich kamen die Schriftgelehrten zu einer Tagung zusammen, bei der sie alle anstehenden Fragen erörterten. Jeder mußte für die nächste Versammlung ein Problem als «Hausaufgabe» bearbeiten. Diese Erörterungen hielten sich an die Mischna. Sie wurden unter der Bezeichnung Gemara (aram.: «Erlerntes», «Vervollständigung», «Zusatz zur Mischna») gesammelt.

Bis etwa zum Jahr 500 sammelte man den gesamten Stoff und faßte Mischna und Gemara zum → Talmud (hebr.: «Studium», «Belehrung») zusammen.

Sefardim und Aschkenasim

Im 4. Jahrhundert wurden ganz Westeuropa und Britannien christianisiert. (→ Mission) Im 7. und 8. Jahrhundert breitete sich der Islam von Arabien bis Babylon und über Nordafrika bis nach Spanien aus. Die Juden bewegten sich innerhalb dieser beiden Machtbereiche. In Deutschland, Polen und Rußland richteten sie bedeutende Gelehrtenschulen ein. Die Angehörigen dieser jüdischen Gruppe nennt man Aschkenasim. Die meisten der heutigen Juden sind deren Nachkommen.

Mit dem Islam wanderten die Angehörigen der anderen jüdischen Gruppe, der Sefardim, nach Nordafrika und Spanien. Die Araber betrachteten die Juden anfangs als «Brüder»: Während die Juden als Abkömmlinge Isaaks, des Sohnes Abrahams, galten, hielten sich die Araber selbst für Nachkommen Ismaels, des anderen Sohnes Abrahams. (1. Mose 16 und 21) Als sich die Juden jedoch den Bekehrungsversuchen Mohammeds widersetzten, ging dieser dazu über, die Unwilligen zu verfolgen.

Den Sefardim ist es zu verdanken, daß das philosophische Erbe der Antike (nach der Übersetzung der griechischen Werke ins Arabische, dann ins Hebräische und schließlich ins Lateinische) ins mittelalterliche christliche Westeuropa gelangte. Der berühmteste der spanischen Juden war Moses Maimonides (1135 bis 1204). Man sagte: «Von Moses [dem alttestamentlichen Gesetzgeber] bis Moses [Maimonides] hat es nie einen wie Moses gegeben.» In seinem Kommentar zur Mischna verband er jüdisches Denken und aristotelische Philosophie miteinander. Das Glaubensbekenntnis, das er formulierte, lautet folgendermaßen:

«Ich glaube:

1. Daß nur Gott allein der Schöpfer ist.
2. Daß ER durchaus nur ein alleinig-einzig Einer ist.
3. Daß ER keinen Leib noch irgendeine leibhafte Gestalt hat.
4. Daß ER Ursprung und Ziel ist.
5. Daß wir nur zu IHM, aber zu niemandem sonst beten dürfen.
6. Daß der Propheten Worte wahr sind.
7. Daß Moses' Kündung wahr und er der Vater aller Propheten ist.
8. Daß die Thorah, wie sie uns nun vorliegt, dem Moses eingegeben wurde.
9. Daß diese Thorah unwandelbar ist, und es eine andere Thorah vom Schöpfer niemals geben wird.
10. Daß der Schöpfer alle Gedanken und Taten des Menschen kennt.
11. Daß ER gemäß den Taten belohnt und straft.
12. Daß der Messias kommen wird. Und ließe er auch lange auf sich warten, so werde ich doch alle Tage seiner harren.
13. Daß die Toten auferstehen werden.»

Schritt für Schritt eroberten die Christen Spanien von den Mauren zurück. Jetzt begann eine schwere Zeit für die Juden. 1233 wurde in Aragon die → Inquisition eingeführt. Der neu eingerichtete Dominikanerorden war mit deren Leitung betraut. Nachdem die letzten Mauren vertrieben und Kastilien mit Aragon zum Königreich Spanien vereint war (1492), blieben die Juden als einzige «Ungläubige» übrig. Die «Katholischen Könige» verwiesen sie des Landes. Eine blühende jüdische Kultur wurde dadurch zerstört. Nur wer zum Christentum übertrat, konnte bleiben. Die «Neubekehrten» nannte man «marranos», «Schweine». Die Flüchtlinge zogen nach Holland und ins Reich der Türken, nach Palästina und in die Kolonien der Neuen Welt.

Nach Germanien waren die Juden schon im Gefolge der Römer gekommen. Je mächtiger die christliche Kirche dort wurde, um so schlechter erging es den Juden. Nach der cluniazensischen Reform im 10. Jahrhundert untersagte man den Christen alle Geldgeschäfte; dieser Erwerbszweig wurde nun den Juden aufgedrängt.

Während der Zeit der Kreuzzüge (nach 1096) begannen blutige Unterdrückungen der Juden. In Mainz, Worms und Speyer machten sich die Kreuzfahrer zunächst über die «Ungläubigen im eigenen Land» her. Tausende wurden ermordet. Die Kirche zwang die Juden, auf der Brust das gelbe Abzeichen der Vogelfreien und auf dem Kopf einen Spitzhut als Sinnbild des Teufelshorns zu tragen. Darüber hinaus wurden die Juden in Gettos abgesondert. Die Zünfte nahmen keine jüdischen Handwerker auf. Häufig entlud sich der Volkszorn gegen die jüdischen Geldleiher in massiven Ausschreitungen. Auch beschuldigte man die Juden, in ihren Gottesdiensten das Blut von Christenkindern zu trinken und die heiligen Hostien der Christen zu entweihen.

Als 1349 der Schwarze Tod (Pest) das Abendland heimsuchte und Berge von Leichen zurückließ, beschuldigte man die Juden, sie hätten die Brunnen vergiftet; unzählige wurden totgeschlagen oder vertrieben.

Seit der Zeit der Kreuzzüge flüchteten viele Juden, denen die Lebensumstände in Mitteleuropa unerträglich geworden waren, nach Polen und Rußland. Immer wenn dort die russische Kirche in Macht und Ansehen stand, hatten die Juden zu leiden. In Polen hielten sie an ihrem mitgebrachten Deutsch fest und entwickelten daraus allmählich das Jiddische. Ihre traditionelle deutsche Tracht war der Kaftan. Die Mitzwoth beherrschten das Leben. Nach der Weisung von 3. Mose 19,27 («Ihr sollt euer Haar am Haupt nicht rundherum abschneiden noch euren Bart gar abscheren») ließ man die typischen Schläfenlocken wachsen.

Im 17. Jahrhundert kam es erneut zu grausigen Judenpogromen, als die griechisch-orthodoxen Kosaken gegen die katholischen Polen meuterten und brandschatzend und mordend durchs Land zogen.

Im 18. Jahrhundert trat Rabbi Israel Baal Schem («Meister des göttlichen Namens»; 1700–1760) auf. Er erklärte, daß Gott selbst der Erlösung bedürfe. Mit seinem Volk lebe er in der Verbannung. Deshalb brauche er die erlösende Tat jedes einzelnen. Jeder müsse an der messianischen Bürde mittragen, um eine bessere Zukunft vorzubereiten. Baal Schem ist der Gründer des Chassidismus (von hebr.: «fromm»), einer Ausprägung jüdischer Frömmigkeit, die die Einung mit Gott im Gebet sucht und als «Religion der kleinen Leute» auch die Lebensfreude nicht vergißt. Der Philosoph Martin Buber (1878–1965) hat Erzählungen der chassidischen Lehrmeister gesammelt und veröffentlicht. (M. Buber: Die Legenden des Baalschen, 1922, ^{6}1955; ders.: Die chassidische Botschaft, 1952)

Unter den Zaren (Nikolaus I., 1825 bis 1855, und seinen Nachfolgern) wurden die Juden in Sperrbezirken eingepfercht, schikaniert, zwangsweise zum Christentum «bekehrt» und verfolgt. Viele Juden flohen in die USA, andere nach Palästina. So entstand der «Zionismus». Er trat für die «Schaffung einer öffentlich-rechtlich gesicherten Heimstätte in Palästina» ein (1. Zionistenkongreß in Basel, 1897). Theodor Herzl (1860–1904) gab dem Zionismus Namen und Organisationsform.

In Rußland wurden die Juden auch nach dem Sturz des Zaren weiterhin verfolgt. Auch die Bolschewiki (Anhänger der Leninschen Auslegung des Marxismus) versuchten sie auszurotten (1917). Bis in die neueste Zeit dauerte die Unterdrückung der Juden in Ländern der ehemaligen UdSSR an.

Vom Dritten Reich bis zur Gründung des Staates Israel

In Deutschland verschlechterte sich die Lage der Juden nach 1933 zusehends. Jüdische Unternehmen wurden boykottiert. Die meisten Juden konnten wegen der Einwanderungsbestimmungen der anderen Länder nicht emigrieren. 1935 wurden die Nürnberger Rassengesetze erlassen. Damit waren die Juden vom gesamten kulturellen, wirtschaftlichen und gesellschaftlichen Leben des Landes ausgeschlossen. 1938 brannten die jüdischen Synagogen. Immer mehr Juden verschwanden in den Konzentrationslagern. In den Ländern, in die die deutschen Heere eindrangen, wurden die Juden sofort verfolgt, deportiert, vergast. Insgesamt haben die Deutschen etwa 6 Millionen Juden ermordet.

In Palästina lebten um 1914 etwa 80000 Juden unter türkischer Herrschaft. 1917/18 eroberten die Engländer das Land. Sie betrachteten «die Schaffung einer nationalen Heimstätte in Palästina für das jüdische Volk mit Wohlwollen». Rasch stieg die Zahl der insbesondere aus Osteuropa kommenden Juden auf etwa 200000. Gleichzeitig wuchs der arabische Widerstand. Angesichts der Judenverfolgungen durch die Nazis stieg die Zahl der zuwandernden Juden bis 1939 auf eine halbe Million. Die Briten wollten die Spannungen zwischen Juden und Arabern durch eine Aufteilung des Landes lösen. 1947 vertrat auch der Sicherheitsrat der Vereinten Nationen diese Auffassung. Die Araber wiesen diesen Plan jedoch zurück. Da gab Großbritannien das Mandat auf, das ihm 1920 übertragen worden war, und zog seine Truppen zurück. Daraufhin proklamierte ein jüdischer Volksrat in Tel Aviv am 14.5.1948 den Staat Israel.
Die umliegenden Staaten (Ägypten, Jordanien, Irak, Syrien und Libanon) erklärten Israel daraufhin den Krieg. Aber die Araber wurden von Israel geschlagen, und Hunderttausende von Arabern wurden aus Palästina vertrieben. Sie sammelten sich in Flüchtlingslagern in den angrenzenden arabischen Staaten. Hunderttausende von Juden flohen gleichzeitig aus den arabischen Staaten nach Israel.
In der Folgezeit kam es zu drei weiteren Kriegen zwischen Israel und den arabischen Staaten: Als 1956 Ägypten den Golf von Akaba blockierte, antwortete Israel mit der Eroberung der Sinaihalbinsel und des Gazastreifens. Im «Sechstagekrieg» von 1967 drangen die Israelis bis zum Suezkanal vor und nahmen Westjordanien und syrische Grenzgebiete ein. Im «Jom-Kippur-Krieg» 1973 gegen Ägypten und Syrien mußte Israel schwere Verluste hinnehmen.
Eine Reihe von Organisationen der palästinensischen Flüchtlinge kämpft bis heute um die Beseitigung des Staates Israel. 1973 wurde ihre Dachorganisation PLO (Palestine Liberation Organization) unter der Führung Jassir Arafats von den Vereinten Nationen als rechtmäßige Vertretung der Palästinenser anerkannt.
In England leben heute etwa 400000, in Frankreich 500000, in den Ländern der ehemaligen Sowjetunion 3 Millionen und in den USA fast 6 Millionen Juden. Israel selbst hat etwa 3,5 Millionen Einwohner, darunter eine halbe Million Araber.

Jungfrauengeburt (Geburt)
Das Motiv der wunderbaren Geburt eines Kindes von einer Jungfrau ist unter den Religionen der Menschheit weit verbreitet. Auch der normale Geburtsvorgang ist bei vielen Völkern von Gebet, Zauber und sonstigem religiösem Brauchtum (→ Aberglaube) begleitet.
1. Das Altertum kannte zahlreiche Götter, die eigens in der Schwangerschaft angerufen wurden. Vor, bei und nach der Geburt wurden auch bestimmte Riten vollzogen. Man glaubte nämlich, daß die Mutter und das neugeborene Kind in besonderem Maße von bösen → Dämonen bedroht seien. Diese sollten durch Gebet, → Opfer und → Magie abgewehrt werden. Verbreitet war die Vorstellung, daß Mutter und Kind nach der Geburt kultisch unrein seien. Deshalb wurden sie vom kultischen Leben ausgeschlossen.
Der Kult der babylonischen Geburts-, Liebes- und Fruchtbarkeitsgöttin Ischtar hatte sich über den ganzen Vorderen Orient und auch in Palästina und Ägypten ausgebreitet. Ischtar, die Allgebärerin, war die Beschützerin des Geschlechtslebens und der Frauen. Sie trug eigens einen Gebärgürtel. Dieser Gürtel galt wegen seiner runden geschlossenen Form in vielen Religionen als Kraftträger. Deshalb verbanden sich mit ihm eine Fülle magischer Bräuche. Er sollte Un-

heil abwehren und galt gleichzeitig als Symbol der Herrschaft, der Keuschheit, der Reinheit und der Jungfräulichkeit. Wie die Göttin Ischtar, so trugen auch die Gebärenden einen Gürtel, der beim Einsetzen der Wehen gelöst wurde, um den Geburtsvorgang zu beschleunigen.
Die Babylonier glaubten an die Existenz einer ganzen Gruppe von Dämonen, die es darauf abgesehen hatten, die Befruchtung von Frauen zu verhindern, und die danach gierten, Kinder aus dem Schoß ihrer Mütter zu stehlen. Bei der Geburt beteten die Priester: «Möge diese Frau glücklich entbinden! Möge sie entbinden, möge sie am Leben bleiben, und möge es dem Kinde in ihr wohlergehen. Möge sie in Gesundheit vor deiner Gottheit [Ischtar] wandeln. Möge sie glücklich entbinden und dich anbeten.»
Außer auf Gebete griff man bei der Geburt auch auf Beschwörungen und Amulette zurück, um die bösen Geister zu bannen. Ein solches Amulett aus Babylonien trägt folgende Aufschrift: «O Bitnur, treibe die Schmerzen weit weg; kräftige den Keim und bringe das Haupt des Menschen zu voller Entwicklung.» Berühmt ist der «Stein der Gebärenden»; in Indien, Mesopotamien, im Vorderen Orient, in Griechenland und Rom war der Adlerstein verbreitet. Der Adler – Zeichen zahlreicher Götter, Orakeltier und Symbol der Auferstehung und Verjüngung – galt selbst als Geburtshelfer, der das «Kraut des Gebärens» bringt.
Bestimmte Tage und Monate sah man als besonders günstig an für Empfängnis und Geburt. Nach dem Stand der Planeten zum Zeitpunkt der Geburt werden seit babylonischer Zeit Horoskope für die Neugeborenen erstellt, da die Sterne angeblich Charakter und Schicksal der Menschen bestimmen. (→ Astrologie)
Um das Geschlecht eines Kindes schon vor der Geburt feststellen zu können, träufelte der Vater Öl in einen Becher mit Wasser. «Kommen aus dem Öl zwei Ringe hervor, von denen der eine groß, der andere klein ist, so wird die Frau des Betreffenden ein Knäblein gebären.» Vor allem aus Mißgeburten von Mensch und Tier bezogen Wahrsager und Priester Aufschlüsse über die Zukunft.
2. Bezüglich der Einschätzung von Sexualität, Empfängnis und Geburt ist das Alte Testament zwiespältig. Einerseits gilt jede Geburt als Erfüllung des Segens, den Jahwe den ersten Menschen zusprach: «Seid fruchtbar und mehret euch!» (1. Mose 1,28) Dem entspricht es, daß Kinderlosigkeit als Fluch und Strafe angesehen wird. (Vgl. 1. Mose 11,30; 1. Mose 30,1)
Andererseits lastet seit dem Sündenfall ein Fluch auf der Frau. «Ich [Jahwe] will dir [Eva] viel Mühe schaffen, wenn du schwanger wirst; unter Mühen sollst du Kinder gebären. Und dein Verlangen soll nach deinem Manne sein, aber er soll dein Herr sein.» (1. Mose 3,16) Geschlechtsverkehr und Geburt sind demnach Folgen von Sünde. Ohne Sünde gäbe es überhaupt keine Sexualität.
Nach der Sicht des Alten Testaments ist es Jahwe selbst, der das Kind nach der Empfängnis im Mutterleib bildet. «Deine Hände haben mich gebildet und bereitet... Bedenke doch, daß du mich aus Erde gemacht hast... Hast du mich nicht wie Milch hingegossen und wie Käse gerinnen lassen? Du hast mir Haut und Fleisch angezogen; mit Knochen und Sehnen hast du mich zusammengefügt.» (Hiob 10,8 ff)
Eine schmerzhafte Geburt gilt als normal, eine schmerzfreie hingegen als Wunder oder gar als Zeichen nahender Endzeit. «Ehe sie Wehen bekommt, hat sie geboren; ehe sie in Kindsnöte kommt ist sie eines Knaben genesen. Wer hat solches je gehört? Wer hat solches je gesehen? Ward ein Land an *einem* Tage geboren? Ist ein Volk auf einmal zur Welt gekommen? Kaum in Wehen, hat Zion schon ihre Kinder geboren. Sollte ich das

Kind den Mutterschoß durchbrechen und nicht auch geboren werden lassen? spricht der Herr. Sollte ich, der gebären läßt, den Schoß verschließen? spricht dein Gott... Ich will euch trösten, wie einen seine Mutter tröstet.» (Jes. 66,8f) Die Ansicht von der schmerzfreien Geburt als Wunder führte später zur Annahme der schmerzlosen Niederkunft der Jungfrau Maria.

An die Stelle «heidnischer» Geburtsgötter trat in Israel Jahwe selbst. Deshalb beteten die Unfruchtbaren zu ihm, der «den Mutterleib öffnet». (1. Mose 29,31) Dennoch setzt auch das Alte Testament die Ansicht voraus, daß Sexualität und Geburt kultisch verunreinigen und daß die Niederkunft von bösen Dämonen bedroht sei. (Jes. 34,14)

Jahwe selbst fordert die Erstgeburt von allem Männlichen. «Deinen ersten Sohn sollst du mir geben. So sollst du auch tun mit deinem Stier und deinem Kleinvieh.» (2. Mose 22,28f; vgl. 2. Mose 13,2 und 12) Ein Menschenopfer galt in den vorderorientalischen Religionen als bestes Mittel, um zu weiterem Kindersegen zu kommen. In späterer Zeit wurde das blutige Opfer durch das «Darstellen» (Auslösung) des Erstgeborenen ersetzt. (Vgl. auch die «Darstellung» Jesu im Tempel, Lk. 2,23)

Dem Neugeborenen wurde der Name ursprünglich direkt nach der Geburt verliehen, am 8. Tag ließ man das Kind «beschneiden». Beschneidung war ursprünglich ein Initiationsritus, der zur Zeit der Geschlechtsreife vollzogen wurde. Dabei brachte man die Vorhaut einem Fruchtbarkeitsgott als Opfer dar, um Sexualität unter seinen Segen zu stellen. Durch die spätere Zurückverlegung der Beschneidung ins frühe Kindesalter sollte der göttliche Segen schon den Kleinen zuteil werden. Mit der Beschneidung ist das Opfer der Jungfräulichkeit (die sogenannte «Kultprostitution») zum Beispiel in den Heiligtümern der Astarte (auch Mylitta, westsemitische Fruchtbarkeitsgöttin, identisch mit der babylonischen Ischtar) verwandt. (→ Sexualität)

3. Einen Sonderfall von Geburt stellt indes die Jungfrauengeburt dar. Sie beruht auf der Vorstellung, daß Zeugung nicht nur durch einen natürlichen Geschlechtsakt, sondern durchaus auch auf übernatürliche, zauberhafte Weise erfolgen könne. Natürliche Zeugung hat nämlich eine «befleckende» Wirkung, sie macht sündig.

Von zahlreichen außerordentlichen Menschen, von Erlösern und Königen, Helden und Weisen, Propheten und Heiligen wird berichtet, sie seien dadurch empfangen worden, daß ein Gott eine menschliche Jungfrau geschwängert habe. Heilande nordamerikanischer Indianer beispielsweise wurden von Jungfrauen geboren, die dadurch schwanger geworden waren, daß sie Kieselsteine oder Tannennadeln verschluckt hatten. Herakles, Asklepios, Perseus, Pythagoras, Platon und Augustus galten als auf übernatürliche Weise gezeugte Göttersöhne. Alexander wurde angeblich dadurch empfangen, daß in der Hochzeitsnacht ein Blitz in den Schoß seiner Mutter fuhr. Zum Wunder der jungfräulichen Empfängnis tritt das der jungfräulichen Geburt. Jungfrauengeburt geschieht unter Umgehung des Genitalbereichs, und die auf wunderbare Weise gezeugten Kinder treten statt dessen zum Beispiel aus der Achselhöhle oder aus einer Seite des Leibes hervor.

In der Geschichte von der Geburt Jesu schreibt der Verfasser des Matthäusevangeliums: «Das ist aber alles geschehen, auf daß erfüllt wurde, was der Herr durch den Propheten gesagt hat, der da spricht: ‹Siehe, eine Jungfrau wird schwanger sein und einen Sohn gebären...›» (Mat. 1,22f) Das prophetische Wort von der «Jungfrau» bezieht er auf → Maria. Tatsächlich ist in der betreffenden alttestamentlichen Textstelle (Jes.

7,14) nicht von einer «Jungfrau», sondern von einer «jungen Frau» die Rede. Mat. 1,22f zitiert die alttestamentliche Verheißung nicht nach dem hebräischen Urtext, sondern nach der griechischen Übersetzung des Alten Testaments, der sogenannten Septuaginta. Die Septuaginta hat den Begriff «junge Frau» (hebr. alma) in Jes. 7,14 mit «Jungfrau» (griech. parthénos) übersetzt. Um diesen erstaunlichen Vorgang verstehen zu können, muß man wissen, daß die Septuaginta um 200 v. Chr. im hellenistischen Judentum in Alexandria (Ägypten) entstanden ist. Das dortige Judentum war nicht nur vom Hellenismus, sondern auch von der Vorstellungswelt Ägyptens (→ Ägyptische Religion) beeindruckt. Wahrscheinlich ist ägyptische Mythologie Grund dafür, daß aus der «jungen Frau» von Jes. 7,14 eine «Jungfrau» wurde, daß bestimmte Gruppen des Judentums die Geburt des Messias aus einer Jungfrau erwarteten und daß sich später die Auffassung im Christentum durchsetzte, Jesus sei aus der Jungfrau Maria geboren worden. Der betreffende ägyptische Mythos handelt von wunderbarer Zeugung und Geburt des Pharaos aus einer Jungfrau: Der Gott Amun naht sich in Gestalt des regierenden Königs der jungfräulichen Königin und zeugt mit ihr den neuen Gottkönig. Zahlreiche Züge dieses Mythos begegnen uns wieder in den neutestamentlichen Geburtsgeschichten Jesu.

4. Die Legende von der jungfräulichen Geburt Jesu findet sich innerhalb des Neuen Testaments nur an zwei Stellen, in den Kindheitsgeschichten des Matthäus- und des Lukasevangeliums. Die Kindheitslegenden nach Lukas scheinen selbst Bearbeitungen älterer Stoffe zu sein, die die jungfräuliche Geburt Jesu noch gar nicht kannten. Sicher verankert ist die Überstellung einer Jungfrauengeburt nur in der Verkündigungsperikope (Lk. 1,26–38), während schon in der «Weihnachtsgeschichte» (Lk. 2,1–20) Joseph und Maria als wirkliche und normale Eltern Jesu auftreten. Auch die (miteinander nicht übereinstimmenden) Stammbäume Jesu bei Lukas und Matthäus lassen sich schwerlich mit der Vorstellung einer Jungfrauengeburt vereinbaren.

Was das übrige Neue Testament betrifft, so sucht man dort vergeblich nach Hinweisen auf Jesu wundersame Geburt. Das Markusevangelium kommt ganz ohne Vorgeschichte und ohne Jungfrauengeburt aus. Nach dem Johannesevangelium ist Jesus «Josephs Sohn»; die Lehre von der Jungfrauengeburt ist dem vierten Evangelium unbekannt. Paulus, der erklärt, Jesus sei «von einem Weibe» geboren (Gal. 4,4), weiß von einer jungfräulichen Empfängnis und Geburt Marias genausowenig wie Markus und Johannes.

Demnach bilden die Verkündigungsszene im Lukasevangelium und die Vorgeschichte des Matthäus die ältesten Zeugen der Auffassung von der jungfräulichen Geburt Jesu. Nach Matthäus ist die Jungfrauengeburt ein Zeichen erfüllter alttestamentlicher Weissagung; als Wunder beweist sie, daß Jesus der prophezeite Messias und Erlöser ist. Wie alle anderen Evangelien, so berichtet übrigens auch Matthäus, daß Maria nach der Geburt Jesu als des «Erstgeborenen» (Lk. 2,7) noch weitere Söhne und Töchter bekam.

In nachbiblischer Zeit wurde die Legende von der Jungfrauengeburt Jesu nur sehr zögernd weitergegeben und ausgestaltet. Erst Irenäus (gest. 202) entfaltete sie als Mittelpunkt seiner Lehre von Sünde und Erlösung. Seiner Ansicht nach stehen sich Adam und Christus auf der einen sowie Eva und Maria auf der anderen Seite spiegelbildlich gegenüber: Wie die Jungfrau(!) Eva durch ihren Ungehorsam für sich selbst und für das ganze Menschengeschlecht den Tod bewirkt hat, so wurde die Jungfrau Maria zum Grund des Heils für alle.

Als seit dem Ende des 2. Jahrhunderts der christlichen → Askese immer mehr Bedeutung zugesprochen wurde, erschien die Jungfrauengeburt als Gegenbild zur natürlich-sündigen Sexualität. Die jungfräuliche Mutter Jesu galt als Urbild der Unberührtheit und Reinheit und als leuchtendes Vorbild der christlichen Frau. Das angeblich von Jakobus, dem Bruder Jesu, selbst verfaßte «Protevangelium Jacobi» aus dem 2. Jahrhundert stellt das Leben Marias von der Verheißung der Geburt bis zur Niederkunft dar.

Maria ist das reine Bild asketischer Frömmigkeit. Ihre Jungfräulichkeit dauert wunderbarerweise auch nach der Geburt fort. Die Geschwister Jesu werden deshalb zu Stiefbrüdern aus Josephs angeblicher erster Ehe. Aus der anfänglichen jungfräulichen Empfängnis Marias vom Heiligen Geist entwickelt sich bis ins 4. Jahrhundert die Lehre von der «ewigen» Jungfräulichkeit, der Jungfräulichkeit vor, bei und nach der Geburt, und der Kirchenvater Hieronymus (gest. 420) reklamiert schließlich auch noch für Joseph das Ideal der «Jungfräulichkeit».

Die jungfräuliche Geburt diente fortan als «Beweis» dafür, daß Christus selbst ohne Befleckung durch die Erbsünde (→ Sünde) empfangen worden war. Infolge der Jungfrauengeburt ist Jesus aus der Kette der menschlichen Sünde herausgenommen, die durch Sexualität und Begehrlichkeit Adam mit allen Generationen verbindet.

Die immerwährende Jungfrauenschaft Marias wurde von der östlichen Kirche auf dem Konzil von Ephesus (431) und von der abendländischen Kirche auf der Lateransynode des Jahres 649 zum Dogma erklärt. Nach der Dogmatisierung der «leiblichen Himmelfahrt Marias» bezeichnete man alle Kritiker, die in Jesu Brüdern Kinder aus der Ehe Marias mit Joseph sahen (vgl. Mk. 6,3; 3,32 u. a.), als «Tiere», «die sich im Schmutz wälzen» und «nur an das Fleisch denken, und denen der Unflat des Fleisches es unmöglich gemacht hat, die Augen aufzurichten, um den Himmel zu sehen».

Die Hochschätzung der Enthaltsamkeit, die in den Legenden und den Glaubenssätzen von der Jungfrauengeburt Marias zum Ausdruck kommt, teilt das Christentum mit vielen anderen Religionen. Bereits in der Alten Kirche wurde der Zölibat (Pflicht des katholischen Priesters zu Ehelosigkeit und Keuschheit) über die Ehe gestellt. Im Urchristentum waren «Enthaltsame», «Asketen» und Witwen, die sich nicht wieder verheirateten, besonders hoch geachtet. Denn Geschlechtlichkeit galt als Grund von Verunreinigung. «Diese sind's, die sich mit Frauen nicht befleckt haben, denn sie sind jungfräulich und folgen dem Lamme nach, wo es hingeht.» (Apk. 14,4) Wer enthaltsam ist, sammelt gleichsam zauberhafte Kraft auf sich; er kann sich Gott ganz hingeben. (1. Kor. 7,32)

Die Nachfolge von Asketen und Asketinnen der Alten Kirche traten später Mönche und Nonnen an. (→ Mönchtum) Auch die Kirchenväter stimmten in den überschwenglichen Lobpreis der Jungfräulichkeit ein. «Die Jungfräulichkeit ist um soviel besser als... der Himmel besser ist denn die Erde, als die Engel besser sind denn die Menschen.» (Chrysostomus, 345–407) Die westliche Kirche verpflichtete schließlich alle Priester zur Ehelosigkeit. Diakone, Priester und Bischöfe, die sich nicht an das Gebot der Enthaltsamkeit hielten, wurden kurzerhand abgesetzt. Geistliche sollten sich vom Makel der Unreinheit freihalten, die sich nach der Theorie des Kirchenvaters Augustinus (354–430) als Erbsünde im Zeugungsakt fortpflanzt. (→ Sünde)

5. An die Stelle der alten Geburtsgötter trat im Christentum eine Fülle von Heili-

gen und Märtyrern. Mit ihrer schmerzlosen jungfräulichen Niederkunft wurde Maria zur bevorzugten Geburtspatronin der Christen. Seit dem 4. Jahrhundert gab es daneben weitere Schwangerschafts- und Geburtsheilige. Asketen und Mönche nahmen bei der Geburt die Rolle der einstigen Magier und Astrologen ein und trieben, bei Bedarf, die Dämonen der Schwangeren aus, wenn diese die Niederkunft zu behindern drohten. Die heilige Magarita z. B. war Patronin für glückliche Entbindung, und der ihr geweihte Gürtel wurde den Gebärenden um den Leib gelegt. Der Kult der heiligen Anna, der Mutter Marias, die um Fruchtbarkeit und Schwangerschaft angerufen wurde, hielt sich in Süditalien bis in die neueste Zeit. Die heilige Katharina von Alexandrien, bei deren Enthauptung im 4. Jahrhundert nicht Blut, sondern Milch geflossen war, wurde Patronin zur Erlangung von Muttermilch.

Auf die Jungfräulichkeit Marias verwiesen die Prediger der Kirche immer wieder, wenn sie die Keuschheit preisen wollten. Viele sahen in der →Ehe die Ursache des Leidens in der Welt und im erbarmungswürdigen und tränenreichen Schauspiel der Geburt das Symbol irdischen Jammertals. Besser als zu freien, schien es, jungfräulich zu bleiben und «Mutter im geistlichen Sinne» zu werden. Leibliche Ehe bedeutet Tod, geistliche Ehe mit Christus aber Leben. Die wahre Fruchtbarkeit ist die Fruchtbarkeit des Geistes.

Auch bei den Christen blieb die Geburt ein verunreinigender Vorgang. Hebammen galten überhaupt als unrein. (→Hexe) Bevor sie sich nicht reinigten, durften sie an den Sakramenten nicht teilnehmen. «Eine Frau, welche geboren hat, soll außerhalb des heiligen Raumes stehen: 40 Tage, wenn das neugeborene Kind männlich ist; 80 Tage, wenn es weiblich ist. Wenn sie die Kirche betritt, soll sie mit den Katechumenen [Taufbewerbern] und Hebammen beten.» (Kirchenordnung des Hippolyt, um 235) Wegen seiner eigenen Unreinheit durfte das Kind selbst erst 40 Tage nach der Geburt getauft werden.

Magie und Dämonenglauben waren stets auch unter den Christen verbreitet. Die Dämonen mußten aus dem Täufling durch Exorzismus ausgetrieben werden. Die Geburtsgötter der Heiden waren für die Christen zu bösen Geistern geworden, die um das Wochenbett herum ihr Unwesen treiben. Zu ihnen zählten auch die Seelen der ungetauft gestorbenen oder «in Sünden geborenen» Kinder.

Als besonders gefährlich vor allem für Säuglinge galt der «Böse Blick». Nach Lehre der Kirchenväter ist der Mensch, der den Bösen Blick hat, von Dämonen besessen. Indem man das Kleinkind mit Schmutz, Asche, Ruß oder Salz einrieb, versuchte man es vor den bösen Geistern zu schützen. An die Stelle der Amulette trat als christliches Schutzmittel das Kreuzeszeichen.

Nach christlicher Lehre sind schon Neugeborene durch die Erbsünde verderbt. Deshalb glaubte man, daß sie den Angriffen des Teufels besonders hilflos ausgeliefert seien und versuchte das Böse durch Anblasen und Beschwörung zu bannen. Die alten Exorzismen gingen ins christliche Taufritual über. Altorientalische Praxis, Dämonen mit Salz zu vertreiben, hat sich – ebenso wie die Salbung von Stirn und Lippen der Neugeborenen mit Speichel – bis heute im Christentum erhalten.

Noch heute verpflichtet die katholische Kirche ihre Gläubigen auf die Vorstellung, daß die Geburt Jesu aus einer Jungfrau nicht nur geistig oder symbolisch gemeint, sondern ein realer «biologischer» Vorgang gewesen sei. Als die katholische Theologieprofessorin Uta Ranke-Heinemann bezweifelte, daß Maria den Gottmenschen Jesus Christus «ohne einen Mann zu erkennen» allein durch Überschattung des Heiligen Geistes empfangen habe, und statt dessen behauptete, die Mutter Jesu habe sich zuvor wohl doch einem Mann geschlechtlich hingegeben, wurde ihr am 15. Juni 1987 die kirchliche Lehrerlaubnis entzogen.

K

Kanon

Aus der Fülle der Literatur, die das → Urchristentum hervorbrachte, wurden im Laufe der ersten nachchristlichen Jahrhunderte 27 Schriften ausgewählt, im neutestamentlichen Kanon zusammengeschlossen und zu → «Heiligen Schriften» erklärt.

Mit dem griechischen Wort «Kanon» bezeichnete man das Richtmaß des Zimmermanns und das Lineal des Schreibers. Im kirchlichen Sprachgebrauch wurden daraus das christliche Glaubensbekenntnis und die anerkannten Glaubenslehren: der «Kanon der Wahrheit» oder «Kanon des Glaubens». Später nannte man auch die → Dogmen «canones». Auf dem Konzil von Nicaea (325; → Christologie) bezeichnete man das Verzeichnis der Kleriker (Geistlichen) einer Diözese als «Kanon»; davon leitet sich der Begriff «Kanoniker» (Chorherren) ab.

Seit der Mitte des 4. Jahrhunderts wurde das Wort «Kanon» dann auf die Sammlung der neutestamentlichen Schriften angewendet. Diese «kanonischen» Schriften gelten als maßgebliche Norm für das Leben und die Lehren der Kirche. Die «Kanonizität» heiliger Schriften bedeutet, daß diese als göttlich, heilig und irrtumslos gelten. Der Kanon der Schriften christlicher Herkunft heißt → Neues Testament in Entsprechung und Abgrenzung zu den heiligen Schriften der Juden, denen die Christen den Namen → «Altes Testament» gaben.

1. Die ersten heiligen Schriften des jungen Christentums waren die heiligen Schriften der Juden. Was in diesen Texten verheißen worden war, nämlich die Ankunft des Messias (→ Christus), sahen die Christen in Jesus von Nazareth bereits erfüllt. Folglich konnten auch nur die Christen, die sich als das neue und wahre «Israel» fühlten, die alten heiligen Schriften richtig auslegen und verstehen; die Juden, die natürlich diese Interpretation ablehnten, hatten damit, nach der Meinung der Christen, das Recht auf ihre eigenen heiligen Schriften und auf deren sachgemäße Interpretation verloren.

Einen jüdischen Kanon gab es zur Zeit Jesu überhaupt noch nicht. Erst um die Wende vom ersten zum zweiten Jahrhundert wurde dessen endgültiger Umfang, bestehend aus dem «Gesetz», «den Propheten» und «den Schriften», festgelegt.

2. Die ersten Christen erwarteten das baldige Ende der Welt. Deshalb hatten sie kein besonderes Interesse am Sammeln von Tradition (Überlieferung). Erst als dieses Ende immer länger auf sich warten ließ, und man sich gezwungenermaßen auf eine ausgedehntere Zukunft einzustellen begann, kam das Problem auf, wie die Erinnerung an die christlichen Ursprünge bewahrt und die Überlieferung vom Leben und den Aussprüchen Jesu sachgerecht weitergegeben werden könne.

Wahrscheinlich verfügte schon die Urgemeinde in Palästina über einen Grundstock an Jesusworten und Jesusgeschichten. Paulus, ein Mann der ersten Generation nach Jesus, kannte bestimmte festformulierte Aussagen über den Tod und die Auferstehung des Herrn, über die Einsetzung des Abendmahls und auch einige Worte von Jesus selbst. Er griff bei Bedarf darauf zurück und argumentierte mit dieser Tradition.

Die neu entwickelte literarische Form des «Evangeliums» faßte nun die beiden zentralen Inhalte der Überlieferung zusammen: einerseits Geschichten vom Leben, Leiden und Auferstehen des Kyrios (Herrn) und andererseits Aussprüche von Jesus. Den Text des Markusevangeliums haben später die Verfasser des Matthäus- und des Lukasevangeliums überarbeitet und erweitert. Das Johannesevangelium hat im Unterschied zu den drei Synoptikern einen anderen Aufbau und überhaupt einen anderen Charakter.

Als man damit anfing, die Überlieferung von Jesus aufzuschreiben, hörte die mündliche Tradition keineswegs schlagartig auf. Im 2. Jahrhundert machte sich Papias auf die Suche nach der vorhandenen Jesusüberlieferung. Zur Einleitung seiner Sammlung schreibt er: «Ich werde mich's nicht verdrießen lassen, dir mit den Auslegungen auch all das zusammenzustellen, was ich von den Alten gut gelernt und gut behalten habe... Denn das, was aus Büchern stammt, scheint mir nicht so viel Nutzen zu bringen wie das, was sich durch mündliche Rede lebendig erhalten hat.»

Damals wurde nicht nur echtes Überlieferungsgut weitergegeben, man hat auch neue «Tradition» geschaffen. Solche Neuschöpfungen bezeichnete man bisweilen als «geheime Belehrungen» Jesu, die jetzt erst der überraschten Öffentlichkeit bekanntgegeben werden könnten. Bisweilen bearbeitete man auch bereits vorhandene Stoffe und gab diese «gereinigte» Überlieferung als die ursprüngliche aus. (→ Fälschungen) Um die Mitte des 2. Jahrhunderts griff der «Ketzer» Marcion das Christentum seiner Zeit an und kritisierte, daß es die authentischen Ursprünge «judaistisch» verfälscht habe. Er verwarf darüber hinaus das ganze Alte Testament als Offenbarung eines falschen, rachsüchtigen Gottes. Der wahre Gott der Barmherzigkeit sei erst jetzt durch seinen Sohn in der Welt bekannt geworden. Der einzige echte Zeuge und wahre Apostel des Gottessohnes aber sei Paulus gewesen.

Marcion war nun, nachdem er das Alte Testament abgelehnt hatte, der erste Christ ohne Heilige Schriften, und da er auch die christlichen Texte als verfälscht ansah, blieb ihm keine verläßliche schriftliche Überlieferung, auf die er sich hätte berufen können. Da schuf er einen eigenen Kanon, bestehend aus dem Lukasevangelium, der Apostelgeschichte und zehn Paulusbriefen. Alle diese Texte hatte er, angeblich um sie in ihrer ursprünglichen Reinheit wiederherzustellen, radikal verändert und gekürzt.

Jetzt kam die Kirche selbst in Zugzwang: Als Antwort auf den ersten christlichen Kanon des Ketzers Marcion bildete sie einen eigenen Kanon, den sie – als die «Erfüllung» der «Weissagung» des «Alten Testaments» – «Neues Testament» nannte. Im Unterschied zu Marcion stellte die Kirche vier Evangelien als gleichwertige Zeugnisse nebeneinander. Den Evangelien wurde obendrein eine Sammlung von Briefen beigegeben; dabei handelt es sich nicht nur um Paulusbriefe, sondern auch um Schriften mit vermeintlich apostolischen Verfassern. Zwischen diese Briefe und die Evangelien schob man die Apostelgeschichte ein. Aus der prophetisch-apokalyptischen Literatur übernahm man einzig die Offenbarung des Johannes, um deren Platz im Kanon allerdings noch jahrhundertelang gestritten wurde (→ Apokalyptik). Umstritten blieben vor allem auch der 2. Petrusbrief und der Jakobusbrief.

Die kanonisierten Paulusbriefe sollten später für die christliche Theologie und das Christentum überhaupt grundlegend bestimmend werden. Durch Vermittlung von Augustinus (354–430) wurde Paulus zum ersten Theologen des

Abendlandes, und Martin Luther (1483–1546) machte ihn zum ersten Theologen auch des Protestantismus.

Katholizismus (Römisch-katholische Kirche)

Die abendländische Christenheit ist seit der →Reformation in konfessionelle Teilkirchen zerfallen, zu denen die römisch-katholische Kirche gehört. Sie erhebt selbst den Anspruch, die einzige und allein wahre Kirche Christi zu sein. «Katholisch» heißt «allgemein», «das Ganze betreffend»; seit dem 2. Jahrhundert bezeichnete sich so die christliche Gesamtkirche, um sich von den bischöflichen Teilkirchen zu unterscheiden. (→Urchristentum). Im 3. Jahrhundert verstand man unter der «katholischen» die «rechtgläubige Kirche» in Abgrenzung zu den Häretikern (Ketzern).

Die (römisch-)katholische Kirche ist eine bestimmte Organisationsform des →Christentums, der Katholizismus hingegen eine weltanschauliche Größe, die nicht immer mit der Kirche zusammenfällt und z. B. als «Politischer Katholizismus», «Linkskatholizismus», «Sozialer Katholizismus» sogar mit dieser in Spannung treten kann.

Ihr Selbstverständnis hat die katholische Kirche letztgültig im 2. Vatikanischen Konzil (1962–1965) festgelegt: Authentisch und autoritativ äußert sie sich im Lehramt, d. h. durch den einzelnen Bischof, das Bischofskollegium innerhalb und außerhalb eines Konzils und durch den →Papst, der die volle und höchste kirchliche Gewalt innehat. Das Lehramt stellt den Glauben «irrtumsfrei» und verbindlich fest. (→Vatikanum I und II)

Das hat seinen Grund darin, daß die katholische Kirche die Merkmale der «Apostolizität», der «Einheit», der «Katholizität» und der «Heiligkeit» für sich in Anspruch nimmt. Sie ist damit «Trägerin der Offenbarungswahrheit», «Leib Christi», «Volk Gottes» und «Mutter der Gläubigen». In ihrer Kultfeier mit der Eucharistie (Abendmahl) als Höhepunkt vergegenwärtigt sie das «göttliche Mysterium» und macht in den Sakramenten das Heil sichtbar.

In ihrer Selbstbeschreibung möchte sie ausdrücken, daß ihr Wesen letztlich alle menschliche Erkenntnis übersteigt: Die Organisation Kirche weist in ihrem Sendungsbewußtsein über das Diesseits hinaus. Sie stellt die Einheit dar zwischen einem innerweltlichen sozialen Gebilde und einer übernatürlichen geistlichen Gemeinschaft. Deshalb bezeichnet sie sich als Mysterium: Sie ahmt den Christus nach, der Gottheit und Menschheit eint.

Ihr Dasein verdankt sie einem «Ratschluß» Gottes: Gott will alle Menschen an seinem göttlichen Leben teilnehmen lassen. Deshalb hat er seinen Sohn als «Erstgeborenen aller Schöpfung» gesandt, um die sündigen Menschen zu erlösen. Seit der Kreuzigung des Gottessohnes wächst die Kirche in der Kraft des Heiligen Geistes.

Eine besondere Bedeutung in ihr besitzt Maria als die Gottesmutter. Ihre «Mutterschaft dauert unauflöslich an... bis zur ewigen Vollendung aller Auserwählten».

Nach katholischer Auffassung hat die Weltgeschichte ihren geheimen Grund in der Heilsgeschichte Gottes. Das Organ der Heilsgeschichte aber ist die Kirche. In ihr verwirklicht sich das Heil. Das erweist sich beispielhaft im gottesdienstlichen Leben. In der Liturgie wirkt der Hohepriester Jesus Christus; zugleich aber führt die Kirche sein priesterliches Amt weiter; dadurch bewirkt sie die Heiligung der Menschen und verherrlicht Gott.

Seit dem Konzil von Trient (1547–1563) versteht die katholische Kirche unter Sakrament ein Zeichen, das Gnade beinhaltet und Gnade mitteilt. (→Gegenreformation) Sie kennt sieben angeblich

von Christus selbst gestiftete Sakramente: Taufe, Firmung, Eucharistie, Buße, Letzte Ölung, Weihe und Ehe.
Das Weihesakrament umfaßt drei Stufen: die Diakonats-, die Priester- und die Bischofsweihe. Die Diakone predigen, taufen, trauen, beerdigen «im Dienst des Wortes, des Altars und der Liebe». Die Priester haben am Lehr-, Priester- und Hirtenamt Christi teil. Durch die Weihe des Bischofs wird die ununterbrochene Nachfolge der Bischöfe (die «apostolische Sukzession») gewahrt. Die Aufnahme in den geistlichen Stand (Kleriker) erfolgt in der Diakonatsweihe und schließt die Verpflichtung des Zölibats (Keuschheit, Ehelosigkeit) ein. Frauen können in der katholischen Kirche nicht Priester werden, da eine weibliche Person angeblich nicht an die Stelle Christi treten könne und Jesus im übrigen auch keine Frauen als Priester bestellt habe.
Wenn konfessionsverschiedene Partner heiraten und eine «Mischehe» eingehen wollen, so muß sie ein Priester zuerst vom «Ehehindernis der Konfessionsverschiedenheit» befreien (Dispens). Der katholische Partner muß versprechen, «als katholischer Christ» zu leben und sich «nach Kräften» um Taufe und katholische Erziehung der Kinder zu bemühen.
Charakteristisch für die katholische Frömmigkeit ist die Verehrung Marias, der Heiligen und der Seligen. Von den Heiligen gilt, daß sie bereits mit Christus vollkommen vereint sind und fürbittend vor ihm auftreten. Sie zeigen den «sicheren Weg» zur Heiligkeit. Maria wird verehrt, weil sie «vor allen Engeln und Menschen erhöht» wurde, weil sie unaufhörlich um die Gabe des ewigen Heils für die Kirche bittet und weil sie als «Fürsprecherin, Helferin, Beistand und Mittlerin» angerufen werden kann. Seit dem 17. Jahrhundert gibt es ein juristisch festgelegtes Verfahren der Selig- und Heiligsprechung. Seither wurden 1200 Seligsprechungen, davon 90 Prozent in den letzten hundert Jahren, vorgenommen.
Das organisatorische Grundprinzip der römisch-katholischen Kirche ist die «Hierarchie»: Die Gewalt, die Christus «im Himmel und auf Erden» innehatte, gab er an die Apostel und diese an ihre Nachfolger, die Bischöfe, weiter. Wie Petrus an der Spitze des Apostelkollegiums stand, so ist der Papst das Haupt der Bischöfe. Als «Stellvertreter Christi auf Erden» hat der Papst die «volle, höchste und universale Gewalt über die Kirche» inne. Den Kirchenmitgliedern wird bei Taufe und Firmung (Sakrament an Sieben- bis Zwölfjährigen unter Gebet, Handauflegung, Salbung und einem Backenstreich; ihr entspricht die Konfirmation bei den Protestanten) der Heilige Geist und damit die Teilhabe am Priesteramt Christi mitgeteilt; aber sie werden damit nicht zu Trägern geistlicher Gewalt.
Keine irdische Instanz kann sich über den Papst stellen. Neben sich hat er das Kardinalskollegium (120 Kardinäle). Sie beraten ihn im Konsistorium (Senat). Die Organe und Institutionen, durch die der Papst seine Vollmacht ausübt, sind in der Römischen Kurie zusammengefaßt, zu der u. a. zehn Kongregationen (z. B. die Glaubenskongregation) und die päpstlichen Gerichtshöfe gehören.

Ketzer (Häretiker)

Das Wort «Ketzer» kommt wahrscheinlich von «Katharer» (griech.: «die Reinen»), einer seit etwa 1100 n. Chr. insbesondere in Südfrankreich und Oberitalien auftretenden religiösen Gemeinschaft, die die Ideale von Armut und Askese mit dualistischen (→ Dualismus) Vorstellungen verband. (S. u.) Häresie (von griech. «wählen», «ergreifen») ist eine Lehre, die den Dogmen der Großkirche nicht entspricht. Ketzer oder Häretiker legen ein nonkonformistisches (abweichendes) Verhalten gegenüber den etablierten Kirchen an den Tag. In der Kirchengeschichte deutet das Auftreten von Ketzern gewöhnlich auf einen religiösen Niedergang der Kirchen selbst hin: Die Mächtigen in der Kirche widersetzen sich Reformbestrebungen und können das religiöse Bedürfnis der Bevölkerung nicht mehr befriedigen.

Verachtung und Verfolgung von Christen durch Christen reicht in frühe Zeiten zurück. Schon Paulus nannte bisweilen seine christlichen Gegner «Hunde», «Verstümmelte», «Lügenapostel». Der 2. Petrusbrief strotzt nur so von Beschimpfungen der Anhänger anderer christlicher Meinungen. Sie werden als «Schmutz- und Schandflecken», «Kinder des Fluches», vernunftlose Tiere», «Hunde», «Schweine» bezeichnet. (2. Petr. 2,12ff; 2,22) In der Auseinandersetzung mit den Häretikern wurde in späteren Jahrhunderten dieser Stil beibehalten. Der auf Versöhnlichkeit und Ausgleich bedachte Gregor von Nazians (329/30–390/91) bemerkte dazu: «Wir alle sind nur insofern fromm, als wir andere der Gottlosigkeit beschuldigen... Wir fallen übereinander her und verschlingen einander... Überall wird da der Glaube vorgeschoben... Dies hat uns der innere Krieg beschert... Soll man für Christus kämpfen, ohne sich an Christi Gesetze zu halten?»

Als die christliche Kirche selbst noch machtlos war, forderte sie Freiheit der Religion, und solange sie unterdrückt wurde, sprach sie sich für Gewissensfreiheit aus. Kaum aber war das Christentum zur Staatsreligion, die Kirche zur Staatskirche geworden, wendete sich das Blatt. Als sie selbst die Macht bekam, Andersgläubige zu unterdrücken, proklamierte die christliche Kirche Zwang und Verfolgung gegenüber «Heiden» und Ketzern. Im Jahr 381 erließ Theodosius (römischer Kaiser von 379–395) ein Religionsedikt, das der religiösen Toleranz (→ Intoleranz) den Todesstoß versetzte. Unter Androhung himmlischer und irdischer Strafen wurde jeder römische Bürger dazu verpflichtet, Christ zu werden: «Wir befehlen, daß diejenigen, welche dies Gesetz befolgen, den Namen ‹katholische Christen› annehmen sollen; die übrigen dagegen, welche wir für toll und wahnsinnig erklären, haben die Schande zu tragen, Ketzer zu heißen... Sie müssen zuerst von der göttlichen Rache getroffen werden, sodann auch von der Strafe unseres Zorns, wozu wir die Vollmacht dem himmlischen Urteil entlehnen.»

1. Als Urbild christlicher Häresie gilt Simon Magnus. (Apg. 8) Die Geschichte seines Lebens wurde im Verlauf der Überlieferung – ausgehend von der Apostelgeschichte über die Pseudoclementinen (frühchristlicher Apostelroman; → Fälschungen), Justinus, Irenäus, Hippolyt bis Ambrosius – zum Modell des Ketzerlebens schlechthin gesteigert und verdichtet.

Das historische Anliegen Simons, der zum Christentum übergetreten war, scheint es gewesen zu sein, die christliche Religion mit dem griechischen Geist zu versöhnen. Dieser Versuch stellte offenbar seine Häresie dar. Anstatt sich mit seinem Vorhaben auseinanderzusetzen, verketzerte man ihn als Schwindler, Gaukler und Verkörperung des Satans. Wie es für die kirchliche Ketzerbekämpfung späterer Zeiten typisch werden sollte, versuchte man ihn auch moralisch in schlechten Ruf zu bringen und warf ihm ausschweifenden Lebenswandel vor.

Ein Sammelbecken frühchristlicher Häresien bildete die → Gnosis. Voller Erbitterung wurde sie von der Kirche bekämpft. Gnostische Ketzer wurden exkommuniziert (→ Bann) und ihr Schrifttum vernichtet.

Aber auch Origenes (gest. 254), der bedeutendste christliche Theologe des 3. Jahrhunderts, geriet mit seinen Lehren von der All-Erlösung (am Ende der Zei-

ten soll es einen Zustand allgemeiner Vollkommenheit geben, und «auch das Land der Hölle [wird] der Glückseligkeit der Welt zurückgegeben») und seiner Auffassung von der Präexistenz der Seele («Vorherdasein»; vor ihrer Verbindung mit dem Körper war die unsterbliche Seele – nach Platons [427–347 v. Chr.] Auffassung – im Reich der Ideen) in die Schußlinie kirchlicher Kritik. Als junger Mann hatte sich Origenes von dem Jesuswort in Mat. 19,22 dazu verführen lassen, sich selbst zu entmannen. Nun entzog ihm – dem «Eunuchen» – die Versammlung der Bischöfe in Alexandrien die Presbyterwürde und schloß ihn aus der christlichen Gemeinde aus. Obendrein beschimpfte man ihn als «den Heiden der Heiden» und erklärte, «daß jeder Mensch, der den Origenes liest und seine Schriften nimmt, in die Tiefe der Hölle kommen wird». 543 verdammte ihn die Synode von Konstantinopel.
Zu den Erzketzern des frühen Christentums zählt auch Marcion (geb. um 85), den Irenäus (um 115–202) als «des Teufels Sprachrohr» und Tertullian (Ende des 2. Jahrhunderts) als ein «reißendes Tier» beschimpfte. Seine Abweichung von der rechten Lehre nahm ihren Ausgangspunkt in der Begeisterung am Evangelium: «O Wunder über Wunder, Verzückung, Macht und Staunen ist, daß man gar nichts über das Evangelium sagen, noch über dasselbe denken, noch es mit irgend etwas vergleichen kann.» Das Christentum war für ihn etwas völlig Neues in der Geschichte, der christliche Gott «der Fremde», der ganz andere, dessen Wesen erbarmende Liebe sei. Die Welt aber lehnte Marcion als sinnlos ab und mit ihr auch den alttestamentlichen Weltschöpfer. Die ursprüngliche Reinheit des Christentums war – so Marcion – bereits im 2. Jahrhundert seines Bestehens verlorengegangen, ja, das Neue Testament selbst hatte die Botschaft Jesu verfälscht. So machte sich Marcion daran, das «ins Verderben geratene Evangelium» wieder in seinen ursprünglichen Zustand zu versetzen. Er erkannte nur das gereinigte Lukasevangelium und die gekürzten Paulusbriefe an. Daraus stellte er den ersten christlichen → Kanon zusammen. Das Alte Testament lehnte er völlig ab.
Marcion wurde als Ketzer aus der Kirche ausgestoßen. Daraufhin gründete er eine neue Kirche, die sich rasch ausbreitete. Es war eine Gemeinschaft rigoroser Asketen. Jegliche Sexualität war untersagt, die Ehe verboten, die Bereitschaft zum Martyrium Pflicht. (→ Märtyrer) Bis ins 6. Jahrhundert konnte sich die marcionitische Kirche halten.
In der zweiten Hälfte des 2. Jahrhunderts entstand in Phrygien die enthusiastisch-apokalyptische Bewegung des Montanismus, die von Montanus und den Prophetinnen Prisca und Maximilla ihren Ausgangspunkt nahm und sich im ganzen Römischen Reich ausbreitete. (→ Augustinus) Die Donatisten, eine zu Beginn des 4. Jahrhunderts in Nordafrika entstandene Bewegung, die bestritt, daß von «Todsündern» gespendete Sakramente wirksam seien, wurden von Augustinus (354 bis 430) bekämpft und vom Staat mit Gewalt verfolgt.
Die größten dogmatischen Kämpfe der alten Kirche löste Arius, ein alexandrinischer Priester, aus, der bestritt, daß der Gottessohn Jesus genauso ewig sein könne wie Gottvater (da der Sohn als Gezeugter einen Anfang habe, gab es eine Zeit, in der er noch nicht existierte). Der Bischof von Alexandrien verfügte kurzerhand die Absetzung des Arius. Auf dem Konzil von Nicaea (325), bei dem sich die Kirche triumphal zur Schau stellte und der Kaiser die Theologen zur Einigung auf ein «Glaubensbekenntnis» nötigte, wurden die Anhänger des Arius (Arianer), die in der Minderheit waren, verdammt und des Landes verwiesen. (→ Christologie) Wer sich fortan zu Arius

bekannte, galt als Verbrecher und Staatsfeind. Arius selbst wurde als «Vorläufer des Antichrist» geschmäht.

2. Peter Abaelard (1079–1142) ist vor allem wegen seiner leidenschaftlichen Liebe zu Héloïse (1101–1164) bis heute bekannt geblieben. Der siebenunddreißigjährige Abaelard lernte die siebzehnjährige Héloïse im Hause ihres Onkels kennen, wo er «die ganze Stufenleiter der Liebe durchmachte ... Wo die Liebe eine neue Entzückung erfand, da haben wir sie genossen.» In einer für die Menschen des Mittelalters kühnen, für eine Christin geradezu ketzerischen Offenheit gestand Héloïse ihre Liebe. «Mag dort der Name ‹Gattin› heiliger und ehrbarer erscheinen, mir klang es allezeit reizender, deine ‹Geliebte› zu heißen oder gar – verarg es mir nicht – deine ‹Buhle›, deine ‹Dirne›.» – «Ich wäre auf dein Wort ohne Zögern dir in die Hölle vorangeeilt oder gefolgt.»

Héloïse wurde schwanger und bekam einen Sohn. Ihr Onkel, Kanonikus (Chorherr) Fulbert, ließ den Verführer überfallen und zum Eunuchen verstümmeln. Abaelard trat daraufhin ins Kloster von St. Denis ein und nötigte die zwanzigjährige Héloïse dazu, den Schleier zu nehmen.

Zum Ketzer der Kirche wurde Abaelard indessen dadurch, daß er für den Gebrauch der Vernunft in Fragen der Religion eintrat. «Ich befaßte mich nun zuerst damit, das Fundament unseres Glaubens selbst durch menschliche Vernunftgründe faßlich zu machen.» Bisher hatte die christliche Lehre gefordert, der Glaube müsse der Erkenntnis vorangehen. Abaelard aber kehrte das Verhältnis um und trat für einen Vernunftglauben ein. Damit erschütterte er den kirchlichen Autoritätsanspruch. (→ Autorität) Er stellte achtzehnhundert Textstellen der Bibel und Kirchenväter zusammen, um zu zeigen, daß sich diese Autoritäten in zentralen Glaubensfragen widersprechen. Daraus schloß er, daß an die Stelle der Unterwerfung unter eine Autorität die Beweisführung mit Hilfe eigener Vernunft zu treten habe.

Die Rechtgläubigen witterten sogleich Ketzerei. Als Gegenspieler Abaelards trat Bernhard von Clairvaux (1090 bis 1153) auf, den die Kirche mit dem Titel «der honigfließende Lehrer» schmückte. Berühmt ist seine Mystik, in der er Jesus als Bräutigam bezeichnet, den die Seele in heißer Umarmung an sich reißen muß. Der innige Christusmystiker, schlaue Kirchenpolitiker und Prediger der Gewalt gegen die Ungläubigen (→ Demut; → Kreuzzüge) bekämpfte Abaelard aufs heftigste: «Von außen ein Mönch, von innen ein Ketzer, hat er vom Mönche nichts als den Namen und die Tracht.» Damit begann Abaelards erneute Leidensgeschichte. Auf einer Synode in Soissons forderte man von ihm Unterwerfung. «Ohne Untersuchung und Prüfung zwang man mich, mein Buch mit eigener Hand ins Feuer zu werfen.» Der Papst selbst verbrannte schließlich Abaelards Appellation, stieß den «Ketzer» aus der Kirche aus und verurteilte ihn zu lebenslänglicher Haft. Als gebrochener Mann starb er.

3. Im Mittelalter lebte der altchristliche Manichäismus (→ Gnosis) unter dem Namen der Katharer (s. o.) oder Albigenser wieder auf. Zu deren Grundüberzeugungen, die auch die Paulicianer (Bewegung, die im 4. Jahrhundert in Samosata entstand, im 7. Jahrhundert in Armenien ihr Zentrum hatte und sich bis ins 12. Jahrhundert halten konnte) und die Bogomilen teilten (die «Gott-Liebenden», eine Bewegung in der östlichen Kirche, insbesondere in Bulgarien und Rußland, die Askese und Fasten praktizierte und Ehe und Fleischgenuß ablehnte), gehörte der Glaube an den grundlegenden Gegensatz von Gut und Böse, an den Körper als Kerker der Seele und die Herabkunft Christi vom Himmel, der mit seinem

ätherischen Leib durch den Schoß der Maria hindurchgegangen war, ohne daß die Jungfrau seinen Eingang oder seinen Ausgang gespürt hätte.
Kurz nach der Jahrtausendwende traten die Katharer mit ihren – nach kirchlicher Ansicht – «unsinnigen Lehren» und «schrecklichen Taten» überall an die Öffentlichkeit und wurden zu einem gefährlichen Gegner des kirchlichen Christentums. Als «Vollkommene» vertraten sie einen geistigen Totalitätsanspruch; sie wollten das Himmelreich mit Gewalt herbeizwingen, indem sie Sinnlichkeit bekämpften, die Fortpflanzung abzuschaffen versuchten und sämtliche Lehren und Institutionen der Kirche verdammten: Der Papst sei der Antichrist, die Messe unbiblisch, Bilder und Kreuze eine Schmähung Christi. «Glaubt doch nicht jenen Betrügern, den Geistlichen, die euch, wie in vielem andern, so auch in ihrer Altarhandlung hintergehen und den Leib Christi zu konsekrieren und euch zu eurem Seelenheile zu reichen vorgeben. Sie lügen.»
Die Katharer lehnten militärische Gewalt und Todesstrafe, Eid und Kriegsdienst ab. Ihre Gottesdienste feierten sie im Verborgenen, in Wäldern und Höhlen. Am wichtigsten für sie war die «Taufe des Heiligen Geistes» (Konsolamentum): die Bedingung der Seligkeit. Dabei gaben sie folgendes Gelöbnis ab: «Ich verspreche, mich Gott und seinem Evangelium zu weihen, nie zu lügen, nie zu schwören, nie eine Frau zu berühren, kein Tier zu töten, kein Fleisch zu essen, und nur von Früchten zu leben. Ich verspreche weiterhin, nie ohne einen Mitbruder zu reisen, zu wohnen oder zu essen, und falls ich in die Hände unserer Feinde falle oder von meinem Bruder getrennt bin, mich drei Tage lang jeder Nahrung zu enthalten. Und dann verspreche ich noch, nie meinen Glauben zu verraten, welches auch der mir angedrohte Tod sei.»
Der Höhepunkt ihres Kampfes gegen das Böse war der freiwillige Tod (Endura): entweder durch das Martyrium oder durch Verweigerung jeglicher Nahrungsaufnahme. Dabei glaubten die Katharer, den «Kuß Gottes» zu spüren.
Die Kirche verfolgte sie mit allen Mitteln der Gewalt. Mit dem Ausspruch «Gott ist die Liebe» gingen die Katharer auf den Scheiterhaufen. Jahrzehntelang dauerten die Albigenserkriege, zu denen der Papst 1208 aufgerufen hatte. Für die Beteiligung an diesem → «Kreuzzug» wurden ein «vollkommener Ablaß» sowie die Güter der Albigenser als Beute in Aussicht gestellt. Es kam zu beispiellosen Blutbädern, bei denen auch Kinder, Greise und Frauen wahllos hingeschlachtet wurden. «Tötet sie alle, Gott wird die Seinen schon herausfinden.» Zehntausende wurden ermordet, bis das Katharertum restlos erstickt war.
4. Petrus Waldes (um 1175), ein reicher Kaufmann aus Lyon, gründete im 12. Jahrhundert eine Bewegung, die die Ideale von Armut und Askese für alle Christen forderte. So wollten Waldes' Anhänger die Lebensweise der Jünger Jesu nachahmen. Männer und Frauen zogen als Wanderprediger über Land. Durch diesen neuen Laienstand fühlte sich der kirchliche Klerus herausgefordert. Der zuständige Erzbischof und der Papst verboten daraufhin den Waldensern das Predigen. «Das Wort gehört dem Priester und gelangt durch ihn an die Gemeinde, die der Leibrock Christi ist. An der Quelle soll man das Wasser schöpfen und nicht aus den Pfützen auf der Gasse.» Mit der Parole aller religiösen Rebellen: «Man muß Gott mehr gehorchen als den Menschen!» setzte sich Waldes jedoch über das päpstliche Verbot hinweg. Daraufhin trafen ihn Bann und ewiger Fluch.
Jetzt wendete sich die Bewegung direkt gegen die Kirche. Sie verwarf den kirchlichen Ablaß, die Anbetung der Hostie

und der Bilder und die Lehre vom Fegfeuer.

Aus Lyon vertrieben, kamen die Waldenser auch nach Deutschland, nach Oberitalien und bis nach Böhmen. Die Kirche versuchte sie auszurotten, aber nicht alle gingen unter. In der Reformationszeit nahmen sie mit den Protestanten Kontakt auf. Noch heute gibt es in Italien eine kleine Minderheit von Waldensern, die in Rom eine eigene theologische Hochschule unterhalten.

5. Während Ketzer in der Alten Kirche nur von Fall zu Fall verfolgt worden waren, institutionalisierte die Kirche des Mittelalters die →Inquisition, nachdem in manchen Gegenden die Zahl der Häretiker überhandgenommen hatte und zusehends die kirchliche Machtposition gefährdet schien.

Ihr Vorgehen gegen die Ketzerei rechtfertigte die Kirche, indem sie den Satan als deren Urheber bezeichnete. Dem Teufel gegenüber aber durfte es kein Pardon geben. 3. Mose 24,16 – «Wer des Herrn Namen lästert, der soll des Todes sterben!» – diente als Legitimation für kirchliche Grausamkeiten und Verbrechen. Vereint erklärten Kirche und Staat Häresie zu Hochverrat und Majestätsbeleidigung. Die kirchlichen Inquisitoren waren gleichzeitig Ankläger, Richter und Beichtväter der Opfer. Die Inquisition rechtfertigte sich dabei selbst mit dem Hinweis auf Gott, der nach dem Sündenfall gegenüber Adam und Eva die erste «Inquisition» (Erforschung) durchgeführt habe. Die unglücklichen Opfer wurden dermaßen gequält und gefoltert, daß sich in der Folge häufig Mütter, Töchter, Väter und Söhne gegenseitig denunzierten. In diesem Zusammenhang wurde die Anwendung der →Folter im 13. Jahrhundert auch kirchenrechtlich geregelt.

Ketzerei galt als schwerstes Verbrechen, auf das als Strafe Geißelung, Pilgerfahrten, Kreuztragen, Vermögenskonfiszierung und Einkerkerung standen. Verstockte Ketzer wurden jedoch verbrannt. Der Feuertod sollte die Auferstehung der getöteten Ketzer am Jüngsten Tag verhindern. Deshalb grub man bisweilen die Gebeine von Häretikern aus der Erde aus und verbrannte sie. Die Kirche vollzog die Bestrafung der Ketzer allerdings nicht selbst; sie übergab die Verurteilten – mit der Bitte um Milde – dem «weltlichen Arm». Wenn die staatliche Behörde sich jedoch weigerte, das Opfer zu verbrennen, wurde sie von der Kirche exkommuniziert. Mit der Verurteilung der Ketzer fällte die Kirche faktisch die Todesurteile selbst.

Die Verbrennungen wurden als Schauveranstaltungen (span. auto da fé, «Glaubenshandlung») bevorzugt an Festtagen organisiert. Im Augenblick der Hinrichtung sangen die gläubigen Zuschauer «Großer Gott, wir loben dich!» Die Inquisition wurde später erst auf Druck von außen abgeschafft. In Rom selbst blieb die «Heilige Kongregation der römischen und katholischen Inquisition» bis 1909 bestehen.

Als eine Variante der Ketzerei bezeichnete die Kirche das Hexenwesen. (→Hexen) Um dieses zu bekämpfen, mobilisierte man die auf Ketzerhatz spezialisierte Inquisition. Zahlreiche Frauen, Männer und Kinder wurden gefoltert und getötet. Nach dem ausgehenden Mittelalter und in nachreformatischer Zeit schwoll der Hexenwahn zu einem Höhepunkt an. Wer leugnete, daß es Hexen gäbe, galt selbst als Ketzer. Die Schriften einzelner Ärzte gegen den Hexenglauben kamen unverzüglich auf den →Index.

6. Gegen Papsttum und Weltherrschaftsabsichten der Kirche wandte sich John Wyclif (Wyclyf oder Wiclif; ca. 1324 bis 1384), Professor in Oxford: Die Kirche habe das Christentum verfälscht, und der Papst selbst sei der Antichrist. Wyclif bestritt die Transsubstan-

tiation (Lehre von der Wandlung beim Abendmahl) und erklärte den Sakramentalismus zum Mittel, um den Geistlichen einen überirdischen Glanz zu verleihen.

Wyclifs Anhänger, die Lollarden («Unkrautsäer»), zogen als Reiseprediger über Land. «Jeder Mann ist verbunden so zu tun, damit er selig werde, aber jeder Mann, welcher selig werden wird, ist ein wirklicher Priester, von Gott dazu gemacht, und jeder Mann ist verpflichtet, solch ein wahrer Priester zu sein.» Den Klerikalismus der Kirche bekämpfte Wyclif mit der Lehre vom allgemeinen Priestertum. Er begann damit, die Bibel in die Landessprache zu übersetzen, um sie zum Gemeingut aller zu machen.

Nach Wyclifs Tod wurden seine Lehren verdammt. Bei der Lösung der englischen Kirche von Rom, in den Ideen der englischen Revolution und in der Radikalität der Puritaner lebten die Impulse Wyclifs allerdings weiter.

Von Wyclif stark beeinflußt wurde Johannes Hus (1369–1415), Buß- und Sittenprediger in Prag. «Unsere heutigen Bischöfe und Priester, und namentlich die Domherren und faulen Meßstecher, können leider kaum das Ende des Gottesdienstes abwarten und eilen aus der Kirche, die einen in die Wirtshäuser, die andern hin und her, um sich auf eine der Priester unwürdige Weise zu unterhalten, ja sogar um zu tanzen.» Nationale Wirren trugen dazu bei, daß Hus weithin bekannt wurde. Die Böhmen nannten ihn den «fünften Evangelisten».

Schließlich entzog man ihm die geistlichen Rechte (Interdikt) und bannte ihn. «Unsere Päpste und Petri Nachfolger haben sich zu Henkern und Scharfrichtern ausgebildet; einen treuen Christen heißen sie einen Ketzer und verbrennen ihn.» Als Hus seine Kritik auch auf die staatlichen Machthaber ausdehnte, mußte er auf Ersuchen des Königs 1412 Prag verlassen. Seine Lehre aber verbreitete sich im ganzen Land.

Hus wurde nun auf das Konzil nach Konstanz (1414–1418) zur Verteidigung seiner Ansichten geladen. Auf verräterische Weise setzte man ihn dort gefangen, noch bevor seine Verhandlung begonnen hatte. Die Bitte um einen Anwalt wurde abgeschlagen. «So sei denn der Herr Jesu mein Verteidiger und Sachwalter, der euch alle in kurzem richten wird.»

Die Kirchenversammlung dachte nicht daran, sich auf Diskussionen mit ihm einzulassen, und forderte augenblicklichen Widerruf. Hus aber hatte stets davor gewarnt, sich in bloßem Gehorsam einer Autorität zu beugen, wenn dabei die Wahrheit auf der Strecke bleibe. «Nur in guten Befehlen darf man den Vorgesetzten gehorchen, bei schlechten aber kühn sich widersetzen.»

Als er nicht widerrief, wurde er geschmäht – «Vermaledeiter Judas, der du den Rat des Friedens verlassen und eins mit den Juden geworden bist, sieh, wir nehmen dir den Kelch des Heils» – und vom Priesteramt degradiert; man riß seine Kleidungsstücke herunter und zerstörte seine Tonsur. Nach dem Ausstoß aus der Kirche wurde er dem Magistrat der Stadt zur Vollstreckung des Urteils übergeben und am 6. Juli 1415 verbrannt. Auf dem Scheiterhaufen rief er: «Ich wollte die Menschen von ihren Sünden abbringen. Was immer ich sagte und schrieb, war stets für die Wahrheit, für die Wahrheit.» Seine Asche warf man in den Rhein.

Nach seinem Tod brachen die Hussitenkriege (1419–1436) aus, die von Böhmen ausgehend alle Nachbarländer verwüsteten.

7. Hexenverbrennungen und Ketzerverfolgungen betrieben, entgegen verbreiteter Meinung, nicht nur die Altgläubigen, sondern auch die Kirchen der Reformation. Ein bezeichnendes Licht auf

die Protestanten und insbesondere auf Johannes Calvin (1509–1564) wirft z. B. die Geschichte der Ermordung des spanischen Arztes Michael Servet (Serveto, 1511–1553). Dieser hatte aus Furcht vor den Ketzergerichten seine Heimat verlassen und in Toulouse Jurisprudenz (Rechtswissenschaft) studiert. Als Mediziner gelang es ihm, den kleinen Blutkreislauf zu entdecken. Religiös war er stark interessiert, kritisierte das Papsttum und wandte sich Humanismus und Reformation zu.
Sein religiöses Interesse führte ihn zur Beschäftigung mit der Trinitätslehre. (→ Gott) Er hielt diese für eine Art unbiblischer Vielgötterei und rief in seiner Schrift «Wiederherstellung des Christentums» dazu auf, an die christlichen Anfänge anzuknüpfen. Seiner Meinung nach waren die Protestanten bei ihren Reformen auf halbem Wege stehengeblieben.
Calvin, der in diesen Lehren nur «Wahnsinn» und eine «hochmütige Gesinnung» erblicken konnte, denunzierte Servet bei der Inquisition. Aus dem Inquisitionsgefängnis konnte der Inhaftierte jedoch entweichen. Auf der anschließenden Flucht kam er durch Genf. Beim Besuch einer Predigt Calvins verhaftete man ihn und nahm ihm Hab und Gut ab. Calvin betrieb nun mit allen Mitteln die Verurteilung. Auch die übrigen Köpfe des Protestantismus – u. a. Ökolampad (1482 bis 1551, Reformator in Basel) und Bucer (Butzer, 1491–1551, Reformator von Straßburg) – sprachen sich gegen Servet aus. Bucer forderte sogar von der Kanzel herab, man möge diesem Mann die Eingeweide aus dem Leib reißen.
Nach dem Todesurteil des Genfer Rates wurde Servet am 27. Oktober 1553 verbrannt. Wilhelm Farel (1489–1565), der Reformator von Mömpelgard, der Westschweiz und der französischen Schweiz, sagte zur Volksmenge, die dem Schauspiel beiwohnte: «Da seht ihr, welche Macht Satan besitzt, und euch könnte dasselbe widerfahren.»
8. Kirchliche Ketzerbekämpfung begleitet die Geschichte der Kirche – wenn auch unter veränderten Vorzeichen – bis auf den heutigen Tag. Gegen Ende des 19. Jahrhunderts bekämpfte Papst Pius X. den «Modernismus», eine theologische Strömung, die die traditionellen kirchlichen Lehrsätze an die Erfordernisse der modernen Zeit anpassen wollte und den Primat (→ Papsttum) sowie die Behauptung von der Unfehlbarkeit des Papstes ablehnte. Auch das beginnende 20. Jahrhundert stand im Zeichen der Bekämpfung dieses «Sammelsuriums aller möglichen Häresien». «Was übrig bleibt, ist Atheismus und das Ende der Religion.» (Pius X.) Am 3. Juli 1907 wurden 65 «modernistische Irrtümer» verdammt und in allen katholischen Bistümern «Überwachungsausschüsse» eingerichtet, die die Geistlichen einschließlich der Kardinäle überwachen sollten. 1910 wurde der «Antimodernisteneid» von allen Professoren, allen Personen geistlichen Standes, allen Angestellten der bischöflichen Kurie, allen Angestellten der vatikanischen Einrichtungen, allen Predigern und Oberen der geistlichen Orden und Kongregationen gefordert.
Am 29. Juli 1908 wurde die Bezeichnung «Heilige Kongregation der römischen und katholischen Inquisition» in «Kongregation des heiligen Offiziums» umgewandelt. Unter dem neuen Namen blieben alte Funktionen allerdings erhalten. Die Werke der Modernisten (Alfred Loisy, Louis Duchesne u. a.) kamen auf den Index.
Zwischen 1929 und 1942 unterstützten die Päpste den Antikommunismus und förderten Hitlers Bundesgenossen Mussolini in Italien und Franco in Spanien.
Nach dem Zweiten Weltkrieg war Pius XII. einer der Betreiber des «Kalten Krieges». 1949 schloß er per Dekret der Kongregation des Heiligen Offiziums al-

le Kommunisten aus der Kirche aus und verbot den Gläubigen, «Bücher, Zeitschriften, Zeitungen oder Flugschriften zu veröffentlichen, zu verbreiten oder zu lesen, die die Doktrin oder Tätigkeit der Kommunisten unterstützen, und ebenso in solchen Veröffentlichungen zu publizieren».

1953 löste das Heilige Offizium in Frankreich das Institut der «Arbeiterpriester» auf, da sich diese Priester in den Betrieben mit kommunistischen Arbeitern zusammentaten. Die Arbeiterpriester wurden aus den Fabriken abberufen und in Klöster zur Umerziehung geschickt.

Pius XII. brachte in der Ära des Kalten Krieges die Werke so bekannter Schriftsteller wie André Gide (Nobelpreisträger), Jean-Paul Sartre, Alberto Moravia und Simone de Beauvoir auf den Index.

Auf dem 2. Vatikanischen Konzil (1962 bis 1965) (→ Vatikanum I und II) sagte ein englischer Erzbischof: «Es versteht sich, im 20. Jahrhundert ist es bedeutend schwerer, jemanden ins Gefängnis zu bringen oder gar zu töten, aber die Inquisition fährt fort, die Menschen zu entehren und ihr Schicksal zu zerstören.»

1965 änderte Paul VI. die Bezeichnung «Oberste Kongregation des heiligen Offiziums» in «Kongregagion für die Glaubenslehre»; sie hat den Auftrag, neue Lehren und neue Meinungen zu «prüfen», und behielt das Recht, Bücher zu zensieren. 1966 wurde der Index offiziell abgeschafft; aber das Lesen der verurteilten Bücher bleibt Sünde. Man machte «darauf aufmerksam, daß der Heilige Stuhl sich entsprechend den Erfordernissen des Naturrechts und seines göttlichen Mandats das Recht vorbehält, auch weiterhin öffentlich jedes Buch zu verurteilen, das den Glauben und die guten Sitten beleidigt». Dem Vatikan nicht genehme Theologen werden auch heute noch mit Sanktionen belegt. Der mehrfach hiervon betroffene Theologe Hans Küng meinte dazu: «Sie [die Kongregation für die Glaubenslehre] war Inquisition und ist Inquisition geblieben.»

Kinder Gottes (Children of God, Family of Love)

Die Gemeinschaft der Kinder Gottes zählt zu den neuen «Jugendreligionen». Der Gründer dieser Gruppe ist David Berg, genannt MO (Abkürzung von «Moses»). Er wurde als Sohn eines aus Schweden stammenden Predigers und einer «Prophetin und Visionärin» am 18. Februar 1919 geboren. «Viele Propheten Gottes prophezeiten über mich, daß ich vom Mutterleib an mit dem Heiligen Geist erfüllt sei, wie Johannes der Täufer. Es war vorausgesagt worden, daß ich viele große Dinge tun würde...»

Seit 1952 hatte er tatsächlich zahlreiche Visionen, darunter eine «Weltende-Warnungs-Prophezeiung» (1965) und 1970 eine letzte «Weltende-Enthüllung». «Die direkte Verbindung, die wir mit dem Himmel haben, ist immer noch etwas beschränkt, wie durch eine Röhre. Dank Gott für diese kurzen Einblicke, wo er diese kleinen Visionen und Atemzüge übernatürlicher Luft herunterschießt, die uns ausflippen lassen können... Gott bläst ein bißchen von dieser himmlischen Luft durch diese Röhre, und wir sehen Visionen und träumen Träume und reden in Zungen und prophezeien – so etwa wie das alte Lachgas! Oder er kann uns durch die Röhre nach oben saugen für einen kleinen himmlischen Besuch und uns dann gleich wieder zurück nach unten schießen.»

In seiner Jüngerschar herrschten von Anfang an völlige Besitzlosigkeit und absoluter Gehorsam gegenüber dem Anführer. Wer in die Gruppe eintritt, trennt sich völlig von Familie, Beruf und allen bisherigen Beziehungen. «Es ist wichtiger, deinen geistigen Eltern, Ältesten und Leitern zu gehorchen und zu folgen als deinen leiblichen Eltern, Ältesten und Leitern.» Die Forderung lautet: Ge-

horchen, «wie ein kleines Baby seiner Mutter» gehorcht.
Nach MOs Lehre leben wir heute in der Endzeit. Rettung vor dem Untergang können nur die «Kinder Gottes» erwarten. Wer eintritt, erhält einen neuen Namen, Zeichen der Abkehr von der Welt und des Eintritts in die neue «Familie». Dort wird die christliche Bibel buchstabengläubig gelesen, und große Teile daraus werden auswendig gelernt. Daneben treten als weitere Autorität die Offenbarungen MOs.
Nachdem sich die Kinder Gottes seit 1968 von Kalifornien aus über die USA ausgebreitet hatten, faßte MO den Plan, die ganze Welt mit «Kolonien Gottes» zu überziehen. «Wir beginnen jetzt mit dem Vormarsch in die katholischen Länder der Welt, und wir müssen pro-katholisch werden... Macht ihr kindisches Gehabe mit...» 1971/72 erreichte die «Offensive für Jesus» auch Deutschland.
Zahlreiche aufgeschreckte Eltern, deren Kinder zu der Bewegung gestoßen waren, reagierten erschreckt und meist hilflos. Nach dem Bericht einer Mutter äußerte eine von den Gotteskindern beeinflußte Tochter: «Mutti, ich werde nicht lange leben. Ich muß sterben, eine Heilige werden, und nur für Jesus leben... Die Regierung wird die Bibel verbieten. Ich muß viel lernen, bevor sie mich wegnehmen, so daß ich in den Himmel gehen und mit Jesus sein kann.»
Über den Erfolg seiner «Offensive» berichtete MO (1977) selbst: «Nicht nur die siebentausend Vollzeitarbeiter, Vollzeitmissionare für Gott in 71 Ländern, sondern fast eineinhalb Millionen Seelen sind bereits durch unser Zeugnis gerettet worden.» Ein halbes Jahr später heißt es: «Wir sind zwei Millionen in über 100 Ländern mit 8000 Arbeitern in 800 glücklichen Heimen in fast 80 Ländern auf allen sechs Kontinenten und sprechen 50 Sprachen und verteilen über 60 Millionen Evangelisationsheftchen im Jahr an unsere 600 Millionen Leser und Nachfolger in der ganzen Welt.» Eheschließungen der «Kinder Gottes» untereinander werden innerhalb der Gemeinschaft selbst abgesegnet. Verhütungsmittel sind verboten. «Die Kinder kommen in den Wohnungen der Kinder Gottes zur Welt und sollen standesamtlich nicht registriert werden, weil man die Säuglinge zwischen Ehepaaren austauscht.» (Fremdbericht von 1976) «Die Kinder werden ausschließlich innerhalb der Gruppe ‹ausgebildet›, auf geistig niederem Niveau gehalten und vor Behörden versteckt, um... für die... Gruppe betteln zu gehen.» (Fremdbericht von 1977) MO nennt seine Kinder-Armee «Soldaten des Kreuzes».
MOs Reaktionen auf Anfeindungen von außen lassen an Deutlichkeit nichts zu wünschen übrig: «Zur Hölle mit Eurem teuflischen System. Möge Gott Eure ungläubigen Herzen verdammen... Gott wird Euch vernichten und uns retten, während wir gegen Eure Bosheit rebellieren und Euer ehebrecherisches System zerstören im Namen Gottes, des Allmächtigen, ... tut Buße oder vergeht in der Hölle auf Erden.»
Eine spezielle Werbemethode haben die Kinder Gottes, die sich auch «Familie der Liebe» nennen, mit dem «flirty fishing» entwickelt: Mädchen werden zum sekteneigenen Liebesdienst zuerst regelrecht ausgebildet. «Prostitution für Jesus» erbringt kein direktes Entgelt für sie, sondern «Spenden» und «Schenkungen» für die Bewegung. Der «Strich» ist für die Mädchen Missionsdienst, Ausdruck ihrer Liebe zu Gott. «Flirty fishing ist eine wirksame Methode, Seelen für Gott zu gewinnen. Zuerst gehen wir an die Leute mit Geld heran, denn die haben Einfluß. Dann kriegen wir auch die anderen... Was ist schon so ein bißchen Sex gegen die Seelen, die wir damit gewinnen? Ich gebe damit ein Beispiel von Gottes Liebe; das kann jeder, wenn er

nur will.» (Äußerung einer Betroffenen) MO selbst hat (im Dezember 1977) auch die männlichen «Familienmitglieder» zur Beteiligung an dieser Art Mission aufgefordert. «Versprecht den Mädchen alles und gebt ihnen alles, was sie brauchen. Sie sind es wert, ihnen alles zu versprechen, um sie zu fangen, los Jungens, macht euch an die Mädchen ran! Sie geben tolle Frauen ab. Ihr habt doch alles, was sie wollen, tut es auch! Ha! Gutes Fischen – in Jesu Namen!»
1979 wurden die Anhänger MOs in Deutschland dazu gezwungen unterzutauchen. Die meisten Kinder Gottes gingen daraufhin nach Asien. Im Auftrag des verborgen lebenden Gründers organisieren Family Service Centers in Zürich, Poona, Lima den Zusammenhalt der Bewegung. Während Visiting Servants die Aktivitäten kontrollieren, berichten monatliche Reports über die Missionierungserfolge. 1988/89 wurde die Bewegung erneut in Europa aktiv. Seit 1985 zählen zu den Kindern Gottes angeblich 10000 Vollmitglieder, unter ihnen 5500 Kinder im Alter von weniger als 12 Jahren.

Kirche

Nach ihrem Selbstverständnis ist die christliche Kirche eine Gemeinde von Menschen, die →Gott selbst ins Dasein gerufen hat; sie ist aus der Welt erwählt. Zum Dienst an der Welt ist sie von Jesus Christus im Heiligen Geist beauftragt worden.
Nach protestantischer Auffassung bedeutet Kirche «die Versammlung der Gläubigen, bei welchen das Evangelium rein gepredigt und die heiligen Sakramente laut des Evangeliums gereicht werden». (Confessio Augustana, Augsburgisches Bekenntnis, 1530) Nach katholischer Auffassung ist die Kirche ein «Geheimnis des Glaubens», das nicht streng verstandesgemäß, sondern nur in Bildern erfaßt werden kann: Zwar steht die Kirche sichtbar in Raum und Zeit, aber sie weist über sich hinaus auf Gott: Sie ist «das von der Einheit des Vaters und des Sohnes und des Heiligen Geistes her geeinigte Volk». (Cyprian, gest. 258) Ihr Wesen erschließt sich nur dem Glauben: «Credo ecclesiam (Ich glaube [an] die Kirche).» Die Kirche ist «Volk Gottes» und als solches «Leib Christi». Sie lebt «in hierarchischer Ordnung» im Dienst des «Reiches Gottes».

Jesus von Nazareth und die Kirche
Zahlreiche Theologen führen die Stiftung der Kirche auf Jesus von Nazareth zurück. Jesus, so behaupten sie, sei vom Bewußtsein seiner Gottessohnschaft durchdrungen gewesen. Er habe sehr wohl gewußt, daß er «der eingeborene Sohn Gottes» und als solcher selbst Gott war. Aus dieser einzigartigen Beziehung zu Gott leitete er nun seine unvergleichliche Autorität ab. Deshalb kannte er auch den Zweck seiner Sendung auf Erden: Er sollte das Reich Gottes verkünden und dieses in seiner Person, seinen Worten und seinen Taten gegenwärtig machen. Zur Verwirklichung dieses Erlösungsauftrages mußte er aber die Menschen um sich vereinen. Zu diesem Zweck ergriff er Maßnahmen, die man nach Meinung mancher christlichen Theologen heute nur so interpretieren kann: Er bereitete die Einrichtung einer Kirche vor, die dann endlich zur Zeit der Oster- und Pfingsereignisse ins Leben gerufen wurde. Folglich hätte Jesus selbst die Kirche gegründet.
In Wirklichkeit war Jesu Erwartung so sehr auf das nahe Weltende konzentriert, daß er an der Einrichtung und Organisation eines kirchlichen Kultverbandes kein Interesse haben konnte. Er sprach tatsächlich vom «Reich Gottes», nie aber von einer Kirche. Erst nach seinem Tod erklärte man ihn rückwirkend zum Kirchengründer. (Vgl. Mat. 16,15)
Die Gestalt, die die Kirche annahm, und

die Interessen, die sie verfolgt, haben mit den Zielen ihres vermeintlichen Gründers denn auch wenig gemein. Die Kirche als ein «Staat des Rechts und der Gewalt» (Adolf von Harnack) widerspricht sogar dem Anliegen Jesu grundsätzlich. Gerade was Jesus bekämpft hatte, wurde nun zum Kennzeichen der Kirche: Klerikalismus, Kultvorschriften und Kirchenrecht. Die jüdische Gesetzeskirche, die Jesus kritisiert hatte, wurde von der christlichen Gesetzeskirche abgelöst.

Ursprünglich gab es voneinander unabhängige Gemeinden, die ihre Entstehung mit der Behauptung begründeten, der gestorbene Jesus sei ihnen als lebendiger Mensch erschienen. (→ Auferstehung) Diese Gemeinden schlossen sich zu einem Verband zusammen. Im Laufe der Zeit trat ihr ursprünglicher prophetischer Geist zurück. Ekstase wurde ersetzt durch Lehre, Freiheit und Spontaneität durch Hierarchie. In ihrer Verfassung und Organisation glich sich die Kirche immer mehr dem Staat an. Es entstanden die kirchliche Theologie, die kirchliche Geschichtsschreibung und die kirchliche Kunst. Die ursprüngliche Naherwartung wurde aufgegeben, und die Kirche richtet sich statt dessen auf eine unbegrenzte Lebensdauer ein.

Kirchliche Ämter

In den ältesten christlichen Gemeinden gab es die kirchlichen Ämter der Apostel, Propheten und Lehrer. «Apostel» war ursprünglich kein Titel, sondern eine Funktionsbezeichnung: Ein Apostel war ein Missionar. Dieses Amt hatten alle nachösterlichen Zeugen inne, die den Auferstandenen gesehen hatten. Als die Ostererscheinungen aufhörten, gingen die Gemeinden dazu über, die missionarische Aufgabe selbst an einzelne zu delegieren. (Mat. 28,19; Apg. 13,2f) Wie Jesus, so galten auch die Apostel als befähigt, «Zeichen und Wunder» zu tun.

Der erste Apostel und anfängliche Leiter der urchristlichen Gemeinde in Jerusalem war Simon Petrus. Außer ihm gab es noch andere Apostel; sie kamen teils aus dem Kreis der Jünger Jesu, teils schlossen sie sich den Jesusanhängern erst nach Ostern an. (Apg. 6 und 8) Erst später entstand die Vorstellung der «Zwölf Apostel» als Bezeichnung für den Jüngerkreis Jesu.

Die urchristlichen Propheten waren Charismatiker («Begnadete»; Charisma ist eine geheimnisvolle innere Machtausstattung, die von göttlicher Gnade herrühren soll). Damit wiesen sie Züge auf, die auch Jesus selbst nicht fremd gewesen waren (Mat. 18,17; Mat. 16,23): Aus ihnen sprach der Geist Gottes.

Ihnen und den Lehrern war die Aufgabe übertragen, die Gemeinden zu leiten. Was die Gläubigen von Gott und dem Teufel, den Engeln und Geistern, Christus und dem Heiligen Geist wissen sollten, sagten ihnen die Lehrer. Später traten die Bischöfe (Episkops = Aufseher) an ihre Stelle und übernahmen die religiöse Erziehung der Gemeinden.

Außer diesen Amtsinhabern gab es im frühen Christentum auch Funktionsträger, die sich mit administrativen und wirtschaftlichen Fragen beschäftigten und die Armen und Kranken versorgten. Als Diakone («Diener») und Presbyter («Älteste») standen sie allerdings unter den Aposteln, Propheten und Lehrern.

Als der anfängliche Enthusiasmus zurückging, gewannen die Bischöfe und Presbyter an Bedeutung, und ab dem 3. Jahrhundert stießen die Bischöfe, die die Einkünfte und Spenden kontrollierten, an die Spitze. Was sie für Leben und Unterhalt brauchten, entnahmen sie der Kirchenkasse, obgleich Jesus seinen Jüngern einst verboten hatte, «Gold, Silber oder Kupfergeld» in der Tasche zu haben. Überhaupt veränderte das kirchliche Interesse am Geld die gesamte christliche Einstellung zu Reichtum und Besitz. Die Bischöfe, die über das Geld verfügten, hatten bald auch die ganze Macht in Händen. Sie drängten die Charismatiker zurück. Schließlich vereinnahmte der Bischof (im «monarchischen Episkopat») sämtliche Ämter: Er wachte über die Einhaltung des Kirchenrechts, übernahm die charismatischen Gaben der Propheten, empfahl sich als Lehrer und kontrollierte das Kirchenvermögen. Den «Priester» ordnete er sich als «Presbyter» unter.

Bis in die Mitte des 3. Jahrhunderts hatte jeder Laie zum Bischof gewählt werden können. Er sollte nur ehrbar, gastfrei, wahrhaftig, nachgiebig, nicht geldgierig und ein guter Gatte und Familienvater sein. Bald aber verlor das christliche Volk das Wahlrecht; es blieb ihm nur die feierliche Akklamation (Beifall bei der Einsetzung) des Bischofs.

Über dem Volk erhob sich nun die hierarchische Organisation der Kirche mit dem Bischof an der Spitze und dem Presbyterkollegium sowie den Diakonen als Untergebenen. Dem Bischof sollte man «wie dem Kyrios (Herrn) selbst» begegnen. Denn er sei Abbild Gottes, Empfänger himmlischer Offenbarungen und Vorbild der Gemeinde. Ohne ihn gebe es überhaupt keine Gemeinde, keine Taufe, kein Abendmahl.

Gegenüber dem Urchristentum völlig neu ist diese kirchliche Herausbildung des Gegensatzes von Laien und Klerus. Kleriker sind die von Gott als Erben Auserwählten. Die Laien (das Volk) werden darüber entmündigt. Predigt und Austeilung der Sakramente sind Privilegien des Klerus.

Die Laien müssen vor allem dem Bischof gehorchen. «Wer den Bischof ehrt, wird von Gott geehrt. Wer ohne den Bischof etwas tut, dient dem Teufel.» (Ignatius von Antiochien, gest. um 110) Ab dem 4. Jahrhundert titulierte man den Bischof mit «Deine Heiligkeit», «Deine Gottseligkeit», «König», «Herr über Leben und Tod» und «Abbild des allmächtigen Gottes». Mit Handkuß und Fußfall bezeugte man ihm die gebührende Hochachtung.

In späterer Zeit wurde eine Liste von Bischöfen mit der Behauptung aufgestellt, sie beschreibe deren ununterbrochene rechtmäßige Tradition und Nachfolge seit der Zeit der Apostel (Sukzession; → Fälschungen). Die Kirche will über diese Bischöfe in direkter Folge das empfangen haben, was die Apostel von Jesus und was Jesus von Gott selbst erhalten hat. So werden die kirchliche Tradition gesichert und der Autoritätsanspruch der Kirche begründet.

Nachdem das Christentum toleriert und schließlich sogar zur Staatsreligion erklärt worden war, standen die Kirchenfunktionäre den höchsten Staatsbeamten in nichts mehr nach. Der Thron des römischen Papstes wurde zum begehrten Platz römischer Adeliger. Die Macht der Kirche wuchs unaufhaltsam. Im Kampf um die Vorherrschaft im Staat belegten die Päpste schließlich sogar Kaiser und Könige mit dem Kirchenbann (→ Bann) oder setzten sie einfach ab. Das Papsttum wurde zur Weltmacht. Dabei behauptete es, Jesus selbst habe Petrus nicht nur die Leitung der Kirche, sondern die der gesamten Welt übertragen. Folgerichtig mischten sich die Päpste auch in die Kriege der Staaten ein.

Kampf um die Macht

Als Konstantin die christliche Religion den übrigen Religionen gleichstellte und das Recht der Kirche zu einem Teil des öffentlichen Rechts (ius publicum) erklärte, mag ihn die Vorstellung einer harmonischen Einheit aus Kirche und Staat unter der obersten Leitung des Kaisers geleitet haben. Ein solcher «Caesaropapismus» konnte sich im Oströmischen Reich auch tatsächlich ausbilden. Im Weströmischen Reich hingegen bewahrte sich die Kirche eine größere Selbständigkeit. Zwar galten Kirche und Staat als

Einheit. Aber an der Spitze dieser Einheit gab es zwei Häupter: der Kaiser auf der einen Seite und Papst, Bischöfe und Priester als Mittler zwischen himmlischer und irdischer Gewalt auf der anderen Seite. Der christliche Herrscher sollte die Kirche schützen, die christliche Religion als alleinige Staatsreligion anerkennen und Irrlehren abwehren.

Im Laufe der Zeit aber vermischten sich geistliche und weltliche Gewalt immer mehr. Die Bischöfe übernahmen neben den Fürsten Aufgaben des Reichsaufbaus. Kirchliche Reformbewegungen des 10. bis 12. Jahrhunderts forderten deshalb die «Freiheit» der Kirche vom Staat, d. h. in Wirklichkeit die Überordnung der Kirche über den Staat. Theologen bildeten daraufhin die Lehre von zwei eigenständigen Gewalten aus. Bernhard von Clairvaux (1090–1153) erklärte, der Papst sei Inhaber beider «Schwerter» (Gewalten). Zwar werde die Welt durch Kaiser und bischöfliche Autorität gleichzeitig regiert; gemessen am Endzweck des Daseins habe jedoch letzteres das größere Gewicht, hatte schon Papst Gelasius I. (492–496) erklärt.

Bis zum Ende des 13. Jahrhunderts gelang es der Kirche, ihren Anspruch auf Vorherrschaft weitgehend durchzusetzen. Sie hat dadurch freilich das Deutsche Reich nachhaltig geschwächt. Indes konnten die Einzelterritorien ihre Macht beträchtlich steigern.

Im 14. Jahrhundert zerfiel die Weltherrschaft der Päpste, und gegen Ende des Mittelalters standen sich Kirche und Staat scheinbar unabhängig gegenüber; die kirchliche Gerichtsbarkeit aber griff noch weit über den geistlichen Bereich hinaus.

Auch die Reformation bewirkte keine entscheidende Veränderung dieses problematischen Verhältnisses. In den evangelischen Territorien entstand das Landeskirchentum. Geistliche und weltliche Macht waren in der Person des Landesherrn vereinigt. Die Gleichberechtigung der Konfessionen wurde durchgesetzt und der Bestand zweier «Religionsparteien» im Reich garantiert.

Die Aufklärung wollte den Staat rein innerweltlich und nach den Kriterien der Vernunft begründen. Da blieb der Kirche nur noch die Stellung eines Verbandes unter anderen Verbänden, die alle dem Staat untergeordnet sind. Der Staat beanspruchte auch die allgemeine Kirchenhoheit und die Aufsicht bei der Organisation und Besetzung kirchlicher Ämter sowie bei der Verwaltung des Kirchengutes.

Im 19. Jahrhundert entfremdeten sich Kirche und Staat immer mehr voneinander. Die persönliche Bekenntnisfreiheit konnte jetzt in Deutschland durchgesetzt werden. Die Kirchen verloren ihre weltliche Hoheitsgewalt und den größten Teil ihres Vermögens. Das evangelische landesherrliche Kirchenregiment hielt sich bis 1918.

Kirche und Staat in der Gegenwart

Nach dem Ersten Weltkrieg erklärte die Weimarer Reichsverfassung: «Es besteht keine Staatskirche.» (Art. 137 Abs. 1) Den «Religionsgemeinschaften» wurde das Selbstbestimmungsrecht lediglich innerhalb der «Schranken des für alle geltenden Gesetzes» eingeräumt. Die Kirchen konnten aber ihre öffentlich-rechtliche Stellung und zahlreiche ihrer für das Staatskirchentum charakteristischen Privilegien wahren. Die Allianz von «Thron und Altar» endete also nur juristisch. Die Kirche wurde jetzt zur «nationalen», «vaterländischen», «völkischen» Kirche.

Das nationalsozialistische Regime verfolgte nach 1938 einen Kurs, der auf planmäßige Entchristlichung und Entkirchlichung ausgerichtet war. (→ Kirchenkampf) Konfessionelle Schulen wurden beseitigt, der Religionsunterricht an öffentlichen Schulen zurückgedrängt, die theologischen Fakultäten bevormundet, die kirchliche Krankenpflege vom Staat übernommen und die kirchliche Jugendarbeit eingeschränkt. Diese Beschränkungen nahm man nach dem Ende der NS-Zeit allerdings wieder zurück.

Heute wollen die Kirchen die Eigenständigkeit von «Welt» und Staat anerkennen: Der Staat sei weltlich, d. h. «religiös neutral». Für den Staat liegen Kirche, Glaube und Bekenntnis «jenseits» seiner eigenen Zwecke. Theoretisch sind Kirche und Staat also auseinandergetreten. In Wirklichkeit bestehen jedoch vielfältige Interessensverknüpfungen fort:

– Zur überkommenen christlichen Lehre gehört die Ansicht, daß die Kirche nicht nur Trägerin der Offenbarung, sondern auch Hüterin des natürlichen Sittengesetzes sei. Deshalb sei es bleibendes Recht der Kirche, Richtlinien und «Wegweisungen» für das «weltliche Leben» auszugeben und auch darüber zu wachen, daß die staatlichen Anordnungen dem natürlichen und göttlichen Sittengesetz entsprechen. Die Kirche hat also ihrer eigenen Meinung nach einen politischen «Auftrag». Katholische wie protestantische Kirchen stimmen in der Auffassung überein, daß das politische Leben unter dem Anspruch Gottes stehe. Der einzelne Christ soll seine politischen Entscheidungen im «Glaubensgehorsam» treffen. Die kirchliche Verkündigung will dementsprechend öffentliche Verkündigung sein, die auch Stellungnahmen zu politischen Fragen einschließt.

– Die evangelische Kirche versteht sich als «Volkskirche», d. h. als Kirche für das ganze Volk. Als solche steht die Institution Kirche über den Parteien. Ihre Pfarrer sollen deshalb eigentlich kein politisches Mandat innehaben. Die Kirche sollte auch nur sprechen, wenn sie für alle Gruppen, Schichten und Klassen der Gesellschaft eintreten will.

– Als besonderer «Dienst der Kirche» an der Gesellschaft gilt die →«Militärseelsorge», eine Einrichtung, die auf das brandenburgisch-preußische landesherrliche Kirchenregiment zurückgeht und heute für die römisch-katholische Kirche und für die evangelischen Landeskirchen unterschiedlich geregelt ist. Der an der Spitze der evangelischen Militärseelsorge stehende Militärbischof wird vom Rat der Evangelischen Kirche in Deutschland ernannt, nachdem dieser sich zuvor versichert hat, «daß vom staatlichen Standpunkt aus gegen den ... vorgesehenen Geistlichen keine schwerwiegenden Einwendungen erhoben werden». Ein Militärgeneraldekan wird auf Vorschlag des Militärbischofs zum Leiter des «Evangelischen Kirchenamtes für die Bundeswehr» berufen; dieses Amt ist dem Bundesministerium für Verteidigung unmittelbar nachgeordnet. Der Militärgeneraldekan untersteht dem Militärbischof in kirchlichen, dem Bundesministerium für Verteidigung in staatlichen Angelegenheiten.

– Als «Körperschaft des öffentlichen Rechts» genießen die Kirchen umfassende Steuer-, Gebühren- und Kostenbefreiungen. Die kirchliche Steuereintreibung wird durch staatlichen Hoheitsakt garantiert. Auf katholischer Seite haben sich der Papst für die Gesamtkirche und die Bischöfe für ihre Diözesen ein Zwangsabgabenrecht eingeräumt. Die Kirchensteuern sind ein Restbestand des Staatskirchentums der Vergangenheit und unterhöhlen die Trennung von Staat und Kirche.

Die innige Verquickung von staatlichen und kirchlichen Interessen in Deutschland ist häufig kritisiert worden. Der Evangelischen Kirche in Deutschland hielt man vor, sie zeige «nicht einmal die Spur von Eigenständigkeit» gegenüber der Gesellschaftsordnung des Staates. Ihre Zustimmung zur freiheitlich-demokratischen Ordnung des Grundgesetzes begründe sie nicht politisch, vielmehr sanktioniere sie das Grundgesetz theologisch. In der Art und Weise, wie sie die Grundlagen demokratischer Staatsform mit dem christlichen Menschenbild in eins setze, verleihe sie dem Grundgesetz den Charakter eines Bekenntnistextes, und die bürgerlichen Verfassungsprinzipien erschienen gleichzeitig wie kirchliche Dogmen. Grundgesetz, Demokratie und Rechtsstaat dürften nicht theologisch verabsolutiert werden. Tatsächlich kann man sich zu einer Staatsform nicht «bekennen», und Volkssouveränität sowie Volksmacht sind ihrem Wesen nach nicht religiös, sondern säkular.

Kirchenkampf im Dritten Reich (Bekennende Kirche)

«Kirchenkampf» nennt man die Geschichte der christlichen Kirchen in Deutschland zur Zeit der nationalsozialistischen Herrschaft (1933–1945), die sich gegen den Totalitätsanspruch des NS-Staates wehrten. Die «Bekennende Kirche» war eine kirchliche Notorganisation und Widerstandsbewegung, die aus der Auseinandersetzung des deutschen Protestantismus mit dem Nationalsozialismus (seit 1934) hervorgegangen war.
Während der Zeit der Weimarer Republik (1913–1933) hatte sich die Nationalsozialistische Deutsche Arbeiterpartei mit ihrem Führer Adolf Hitler (1889 bis 1945) zu einer immer einflußreicheren Größe entwickelt. Am 30.1. 1933 kam Hitler als Reichskanzler an die Macht; seit dem 2.8.1934 regierte er als alleiniger Führer in Deutschland. Im Programm der nationalsozialistischen Partei war von einem «positiven Christentum» die Rede, das Hitler auch in seiner Regierungserklärung am 23.3. 1933 als «Fundament des moralischen Lebens unseres Volkes» rühmte. «Die Partei als solche vertritt den Standpunkt eines positiven Christentums.»

Katholische Kirche: Konkordat mit Hitler
Aufgrund von Hitlers Regierungserklärung stellte die katholische Kirche ihre anfänglichen Vorbehalte gegenüber dem Nationalsozialismus zurück, zumal sich die Reichsregierung verpflichtete, die zwischen den christlichen Kirchen und den Ländern des Deutschen Reiches geschlossenen Verträge zu respektieren; unter der Voraussetzung, daß der unliebsame «politische Katholizismus» ausgeschaltet würde, stellten die Machthaber sogar ein Reichskonkordat (Vertrag zur Regelung des gegenseitigen Verhältnisses zwischen Staat und Kirche) in Aussicht. Darüber verhandelte der deutsche Vizekanzler von Papen mit dem Kardinalstaatssekretär Pacelli, dem späteren Pius XII. (Papst von 1939–1958). 1933 wurde das Konkordat ratifiziert. Damit hatte sich die katholische Kirche noch viel mehr Rechte und Freiheiten als in der Weimarer Republik ausgehandelt. Hitler hatte den gefürchteten politischen Katholizismus ausgeschaltet und außenpolitisch die Anerkennung durch eine unbestrittene moralische Autorität, den Vatikan, errungen.
Hitlers Rechnung ging auf. Für lange Zeit war die Kritik der katholischen Kirche zum Schweigen gebracht. Lange konnte sich die Kurie zu keinem öffentlichen Wort über die Lage der Kirche in Deutschland entschließen. Erst im März 1937 wurde die päpstliche Enzyklika «Mit brennender Sorge» von allen Kanzeln verlesen. Sie enthielt eine deutliche Kritik an der nationalsozialistischen Religionspolitik und verurteilte die NS-Weltanschauung. Dennoch lag dem Papst alles daran, am Konkordat festzuhalten.

Die Protestanten und die Reichskirche
Die Protestanten waren aus ihrer eigenen Geschichte an die Verbindung von «Thron und Altar» gewöhnt. Maßgeb-

liche lutherische Universitätsprofessoren wie Paul Althaus und Emanuel Hirsch riefen dazu auf, der «deutschen Freiheitsbewegung» den evangelischen Glauben zur Seite treten zu lassen. Die Nationalsozialisten vermieden anfangs alles, was die Sympathie christlicher Kreise für ihre Politik hätte schmälern können.

Bei den preußischen Kirchenwahlen (November 1932) kandidierten zum erstenmal Nationalsozialisten unter dem Namen → «Deutsche Christen» und errangen ein Drittel aller Sitze. Eng schlossen sie sich an das politische Programm Hitlers an. Sie traten für «positives Christentum» in einer evangelischen Reichskirche ein und verwarfen Parlamentarismus, Marxismus, christlichen Sozialismus, Pazifismus und Freimaurertum. Rasse, Volkstum und Nation hingegen galten ihnen als «göttliche Lebensordnungen». Eheschließungen zwischen Christen und Juden sollten verboten und das Volk «vor den Untüchtigen und Minderwertigen» geschützt werden. Später hat die NS-Regierung in Übereinstimmung mit diesen Forderungen die «Nürnberger Gesetze» erlassen und Maßnahmen zur «Vernichtung lebensunwerten Lebens» ergriffen.

Am 30. Januar 1933 berief der Reichspräsident Hindenburg Adolf Hitler zum Reichskanzler. Am 27. Februar brannte der Reichstag. Dieses Ereignis stellten die Nationalsozialistten in den Dienst ihrer Propaganda für die Reichstagswahlen am 5. März. Dennoch gewannen sie nicht die absolute Mehrheit und mußten mit den Deutschnationalen koalieren. Am 24. März wurde das «Gesetz zur Behebung der Not von Volk und Reich» («Ermächtigungsgesetz») erlassen. Damit war der «totale Staat» geboren. Alle Lebensbereiche und Institutionen (z. B. Gewerkschaften, KPD, SPD) sollten nun «gleichgeschaltet» oder aber völlig beseitigt werden. Eigentlich hätte die Gleichschaltung auch die Kirchen treffen müssen. Aber Hitler hielt sich zunächst noch zurück und gestand diesen eine begrenzte Selbständigkeit zu. Die «religiöse Frage» sollte erst zu einem späteren Zeitpunkt «gelöst» werden.

Die Haltung der Kirchen zum Nationalsozialismus war zwiespältig. Unter den Protestanten fand die NSDAP mehr Anhänger als unter den Katholiken. Die Religiösen Sozialisten hingegen (→ Soziales Christentum) hatten sich mit der Arbeiterbewegung solidarisiert und den Nationalsozialismus klar und eindeutig als «Faschismus» gebrandmarkt. Die Kirchenregierungen selbst äußerten sich nichtssagend: «Je mehr des Hasses, desto mehr Liebe. Je mehr der Lüge, desto strengere Wahrhaftigkeit ... Je mehr des selbstischen Wesens, desto mehr selbstlose Hingabe ... an das ganze Volk, an das ganze Vaterland.»

Im Laufe der Zeit häuften sich die positiven Stellungnahmen von seiten des Protestantismus sogar noch. Die Gemeinsamkeit des Antikommunismus und eine Woge nationaler Begeisterung spülten die anfänglichen Vorbehalte gegenüber Hitler hinweg. Schließlich wollte die Kirche bei der «Mitarbeit an der nationalen und sittlichen Erneuerung unseres Volkes» nicht zurückstehen, zumal die große Wende zum «Aufbruch der tiefsten Kräfte unserer Nation zu vaterländischem Bewußtsein, echter Volksgemeinschaft und religiöser Erneuerung» zu führen versprach. (Evangelischer Oberkirchenrat in Berlin, 16. April 1933)

Nachdem Hitler die Katholiken durch das Konkordat zum Schweigen gebracht hatte, lockte er nun auch die Protestanten mit dem Projekt einer Deutschen Evangelischen Reichskirche, die die 28 evangelischen Landeskirchen eingliedern sollte. Die Deutschen Christen, die den NS-Staat ohne Einschränkung bejahten, erhoben den Führungsanspruch in ihr. Ihnen entgegen trat die lutherisch

geprägte «Jungreformatorische Bewegung» unter der Führung von W. Künneth, H. Lilje und M. Niemöller. «In freudigem Ja zum neuen deutschen Staat» sollte, ihrer Meinung nach, die Kirche den «von Gott gegebenen Auftrag in voller Freiheit von aller politischen Beeinflussung» erfüllen. Daneben bildete sich eine reformiert orientierte Gruppe um Karl Barth (1886–1968); im Mai 1933 veröffentlichte diese eine «Theologische Erklärung zur Gestalt der Kirche», in der sie, sich an Zwingli ausrichtend, formulierte: «Die heilige christliche Kirche, deren einziges Haupt Christus ist, ist aus dem Wort Gottes geboren, in demselben bleibt sie und hört nicht die Stimme eines Fremden.»
Um die Errichtung der Reichskirche voranzutreiben, berief Hitler den Militärpfarrer Ludwig Müller als Vertrauensmann in Kirchenfragen. Die evangelischen Landeskirchen wollten zwar ihre Unabhängigkeit vom Staat wahren, aber gegenüber den politischen Machthabern kapitulierten sie bald. Die Kirchenwahlen im Juli brachten den Deutschen Christen, die von Hitler und seiner Partei tatkräftig unterstützt worden waren, fast überall überwältigende Mehrheiten. Die Nationalsynode wählte im September 1933 Müller zum Reichsbischof.

Die Kirchen angesichts der Judenverfolgungen

Der Kampf Hitlers gegen die Juden hätte die Kirchen aufschrecken müssen. Hitlers Ziel, «das Böse» in der Welt niederzuringen, richtete sich zuallererst gegen die Juden, die er als Feinde der germanischen Rasse und des deutschen Volkes, ja als Verkörperung des Übels schlechthin ansah. Nach der «Machtergreifung» kam es zu Ausschreitungen und zum Boykott jüdischer Ärzte, Kaufleute und Rechtsanwälte. Am 7. April 1933 wurde das «Gesetz zur Wiederherstellung des Berufsbeamtentums» erlassen und damit die meisten jüdischen Beamten zwangspensioniert (Arierparagraph). Die Nürnberger Rassengesetze (15. September 1935) entzogen den Juden das Reichsbürgerrecht, Eheschließungen zwischen Juden und «Ariern» wurden verboten. In der «Reichskristallnacht» (9./10. November 1938) wurden jüdische Geschäfte zerstört und Synagogen in Brand gesteckt. 1939 beschuldigte Hitler «das internationale Finanzjudentum», einen Weltkrieg anzetteln zu wollen.
Weder die evangelischen noch die katholischen Kirchenleitungen konnten sich dazu aufraffen, offen für die verfolgten Juden einzutreten, zumal die Kirchen selbst von einem latenten Antisemitismus durchsetzt waren. Nur dort, wo die eigene Sicherheit und Macht auf dem Spiel standen, traten die Kirchen dem NS-Staat entgegen. Das Schicksal der jüdischen Minorität war demgegenüber zweitrangig. Unter den Protestanten gab es etwa 300000 Juden als Gemeindeglieder; 1933 standen 29 Juden im kirchlichen Dienst. Deshalb waren die protestantischen Kirchen von der Judengesetzgebung direkt betroffen; aber nur wenige äußerten sich wie etwa Dietrich Bonhoeffer (1906 bis 1945): «Die Kirche ist den Opfern jeder Gesellschaftsordnung in unbedingter Weise verpflichtet, auch wenn sie nicht der christlichen Gemeinde zugehören.»
Hilfe leisteten jedoch nur einzelne, und von den Mitgliedern der Hilfsorganisationen erlebten nur wenige das Kriegsende. Als 1941 die «Endlösung der Judenfrage» beschlossen wurde, forderte die Kirchenkanzlei der Deutschen Evangelischen Kirche die Kirchenbehörden dazu auf, «geeignete Vorkehrungen zu treffen, daß die getauften Nicht-Arier dem kirchlichen Leben der deutschen Gemeinden fernbleiben».

Widerstand

Nationalistische Begeisterung, Obrigkeitshörigkeit und der Wunsch nach einer geeinten deutschen Kirche trieben den Protestantismus in Hitlers Arme. Erst der rechtlich-institutionelle Zugriff des Staates veranlaßte die Kirche dazu, sich zu wehren. Die → Dialektische Theologie bekämpfte die Gleichsetzung von «Reich Gottes» und «nationaler Revolution», von «christlich» und «deutsch». Trotz der kirchenpolitisch hoffnungslosen Situation riefen Vertreter der Bekennenden Kirche dazu auf, sich einzig an die Bibel und die Bekenntnisse der Reformation zu binden. Martin Niemöller gründete den «Pfarrernotbund» und bezeichnete die Anwendung der staatlichen Judengesetzgebung in der Kirche als Verletzung des Bekenntnisses. Seit 1934 bildeten sich im Kampf gegen die deutsch-christlichen Synoden «freie Synoden».

Erstaunlich rasch zerfiel die Macht der Deutschen Christen. Dennoch wurden die meisten Landeskirchen in die Reichskirche eingegliedert. Gegen sie wandten sich im Mai 1934 Vertreter lutherischer, reformierter und unierter Kirchen, freier Synoden, Kirchentage und Gemeindekreise auf der «Reichsbekenntnissynode» in Wuppertal-Barmen. Die Barmer «Theologische Erklärung zur gegenwärtigen Lage der Deutschen Evangelischen Kirche», entworfen von Karl Barth, war nach den reformatorischen Bekenntnissen des 16. Jahrhunderts das erste Dokument in der evangelischen Kirche mit der Qualität eines Bekenntnisses. Es gab der Bekennenden Kirche das theologische Fundament. Mit keinem Wort aber nahm sich diese Erklärung der verfolgten Juden an.

Die zweite Reichsbekenntnissynode in Berlin-Dahlem zog aus der Barmer Erklärung praktische Konsequenzen und kündigte den deutsch-christlichen Kirchenleitungen den Gehorsam auf. Daraufhin brach die Kirchenpolitik des Reichsbischofs Müller völlig zusammen. Die Bekennende Kirche, die sich nur um Fragen von Bekenntnis und Kirchenordnung kümmern wollte, ließ allerdings nie einen Zweifel daran aufkommen, daß sie politisch unbedingt loyal zu Führer und Reich stand. Für den nationalsozialistischen Antisemitismus und dessen Folgen blieb sie weithin blind. In den folgenden Jahren zerfiel die Bekennende Kirche in verschiedene Gruppen.

Die Begeisterung des deutschen Volkes für den Nationalsozialismus und das neue Reich ergriff immer größere Teile der katholischen und protestantischen Kirche. Die Hitler-Bewegung entpuppte sich selbst als religiös-enthusiastische Bewegung. Manchen erschien das «Dritte Reich» gar als die «Erfüllung der Zeiten». Politik und Glaube gingen zusehends ineinander auf. Als später der Krieg ausbrach, entzogen sich nicht einmal die oppositionellen kirchlichen Kreise der «Verpflichtung», gerade jetzt den Staat moralisch zu unterstützen. Die offiziellen Vertreter der Kirchen erließen Mahnungen «zum Gehorsam gegen den Führer» und riefen auf zur «Fürbitte für Führer und Reich» sowie zum Kampf gegen den Bolschewismus. Der Vertrauensrat der Deutschen Evangelischen Kirche gab gegenüber Hitler schließlich der Hoffnung Ausdruck, daß «in ganz Europa (!) unter Ihrer [Hitlers] Führung eine neue Ordnung erstehe und aller inneren Zersetzung, aller Beschmutzung des Heiligsten, aller Schändung der Gewissensfreiheit ein Ende gemacht werde».

Die Kirchen, befangen in überkommener Gehorsamshaltung gegenüber der «Obrigkeit», ließen nur verhaltene ideologische Kritik zu und lehnten – trotz Antisemitismus und Judenverfolgung, Wahlmanipulationen und Konzentrationslagern – jeglichen politischen Widerstand ab. Nach eigener Überzeugung

hatte die Kirche kein «Mandat zur Verschwörung». Verschwörer wie Dietrich Bonhoeffer oder wie der Jesuitenpater Alfred Delp blieben Außenseiter, die man bewußt isolierte.
Erst die Ermordung Geisteskranker, die Hitler im Oktober 1939 befohlen und die bis 1941 schon über 70000 Opfer gefordert hatte, wurde zum Anlaß, daß die Kirchen endlich öffentlich Anklage erhoben. 1940 protestierte der württembergische Landesbischof Wurm gegen die «planmäßige Ausrottung schwacher und gebrechlicher Volksgenossen». Der Bischof von Münster, Graf Galen, erstattete gegen die Verantwortlichen Anzeige wegen Mordes. Die Proteste und Anklagen hatten Erfolg. Das «Euthanasieprogramm» wurde eingeschränkt und schließlich eingestellt.
Ab 1938 zeichnete sich in der nationalsozialistischen Kirchenpolitik eine Wende ab. Die Politische Polizei und der Sicherheitsdienst wurden immer häufiger zur Überwachung und Unterdrückung der Kirchen als weltanschaulicher Gegner eingesetzt. Der NS-Staat begann, auf die Beseitigung der Kirchen hinzuarbeiten. Martin Bormann, der allmählich zum mächtigsten Mann in der Partei aufstieg, erklärte, Christentum und Nationalsozialismus seien schlechterdings nicht miteinander zu vereinbaren; erst wenn der Einfluß der Kirchen restlos beseitigt werde, seien «Volk und Reich für alle Zukunft in ihrem Bestande gesichert». Ab 1941 bereitete sich die SS planmäßig auf eine Endabrechnung mit den Kirchen vor. Einzig der Krieg verhinderte die große Konfrontation.

Kirchenväter

Als «Kirchenväter» bezeichnet man eine Reihe von Schriftstellern und Theologen der Alten Kirche. Die theologische Wissenschaft, die sich mit deren literarischen und theologischen Leistungen beschäftigt, nennt man «Patristik»; Leben und Schriften der Kirchenväter stellt die «Patrologie» dar.
Die frühen christlichen Theologen setzten sich mit ihrer hellenistischen Umwelt auseinander (→Hellenismus) und bezogen sich dabei auf die Autorität der neutestamentlichen Schriften, die damals kanonisiert wurden. (→Kanon) Sie erklärten, was unter christlichem Glauben zu verstehen sei, und schufen, als dessen Grundlage und als Voraussetzung aller weiteren kirchlichen Tradition, das Glaubensbekenntnis. (→Dogma) Wer immer später seine «Rechtgläubigkeit» beweisen wollte, mußte auf die Kirchenväter zurückgreifen. Name und Bedeutung dieser Theologen erwuchsen aus dem Bedürfnis der Kirche, sich selbst aus der Tradition zu legitimieren und sich auf Autoritäten zu berufen, die den kirchlichen Anspruch auf Rechtgläubigkeit begründeten.
Zitate aus den Schriften der «Väter» waren bald fast genausoviel wert wie Bibelstellen. Heute noch spielt vor allem in der katholischen Theologie die «kirchliche Tradition», die die Kirchenväter verbürgen, eine große Rolle.
Der Ehrenname «Kirchenvater» wurde kirchlicherseits freilich nur solchen Gestalten verliehen, die den Orthodoxen genehm waren. Origenes (gest. 254), beispielsweise, dem bedeutendsten Theologen des 3. Jahrhunderts, der die gesamte Theologie der beiden auf ihn folgenden Jahrhunderte mitbestimmen sollte, wurde er nicht zuteil. (→Ketzer)
Die Kirche hat gewisse, sie bestätigende Texte ihrer Frühzeit als «apostolisch» und «orthodox» (rechtgläubig) akzeptiert und andere, ebenso alte und ursprünglich hoch geschätzte als «apokryph» (verborgen, nichtkanonisch) verworfen. Die Kirchenväter fühlten sich als Lehrer der Kirche, als christliche Philosophen und als Ausleger der Bibel. Sie versuchten das christliche und das antike Erbe miteinander zu verbinden. Auf die-

ser Verbindung sollte später die Kultur des Abendlandes beruhen. Die christliche Literatur begann im griechischen Sprachraum, und die griechische Theologie blieb für die christliche Kirche mindestens vier Jahrhunderte lang bestimmend.

Zu den griechischen Kirchenvätern gehört Athanasius (295–373), Bischof von Alexandrien und Führer der Orthodoxen im Kampf gegen den Arianismus. Arius hatte die Auffassung vertreten, Christus sei Gott nicht völlig gleich, sondern nur sein vornehmstes Geschöpf gewesen. Die Theorie des Athanasius über die Trinität (→ Gott; → Geist) hat maßgeblichen Einfluß auf das Dogma gehabt: Vater und Sohn sind seiner Meinung nach ein einziges Wesen, eine unbedingte Einheit. Die Anhänger des Arius bezeichnete er in diesem Zusammenhang als Gottesfeinde, Lügner, Teufelssöhne und «Schwätzer, die nicht mehr richtig bei Verstand sind»; man sollte sie mit dem sofortigen Tod bestrafen. (→ Christologie)

Basilius der Große (um 330–379) kämpfte für die Anerkennung der Gottgleichheit des Heiligen Geistes, für die trinitarische Erweiterung des Bekenntnisses und für die Erneuerung des Mönchtums.

Cyrill von Alexandrien (gest. 444) machte sich um die Förderung des Marienkultes verdient (auf dem Konzil von Ephesus, 431, zahlte er beträchtliche Bestechungsgelder, um die Bezeichnung «Gottesgebärerin», einen Titel der Göttin Isis, auf Maria zu übertragen) und führte das erste Fest zu Ehren der heiligen Jungfrau ein. Den 15. August, den Tag, an dem man die Himmelfahrt der Astraea, der Göttin der Gerechtigkeit, feierte, bestimmte er zu einem christlichen Festtag, der später zu «Mariae Himmelfahrt» wurde. Er beschlagnahmte zahlreiche jüdische Synagogen und machte christliche Kirchen daraus. Die Synagoge in Alexandrien ließ er stürmen und zerstören, die Juden vertreiben und ihr Eigentum plündern.

Die lateinischen Kirchenväter waren Schüler der griechischen. Sie übertrugen das Christentum in die neuen geistigen Formen des Westens. Jesus und seine Jünger hatten aramäisch gesprochen. Das Neue Testament ist griechisch verfaßt. Das Christentum, das aus der Verbindung alttestamentlich-hebräischer und jüdischer Grundlagen mit dem griechisch-hellenistischen Geist entstanden war, trat nun in den Kulturkreis des «lateinischen» Abendlandes.

Zu den lateinischen Kirchenvätern gehört Ambrosius (339–297), Bischof in Mailand: der eigentliche Begründer des theologischen Denkens im lateinischen Westen, der die Lehren des Paulus erneuerte, den Kirchengesang im Abendland einführte und selbst Hymnen dichtete. Gregor der Große, Papst von 590–604, schickte Missionare zu den Angelsachsen, mehrte den Grundbesitz der römischen Kirche und wies die Ansprüche des «ökumenischen» Patriarchen von Konstantinopel in die Schranken.

Der bedeutendste lateinische Kirchenvater aber war Aurelius → Augustinus (354–430). Seinen Lebensgang bis zur Bekehrung schildert er in seinen «Confessiones» («Bekenntnisse»). Er verband die Lehren des Paulus, den Neuplatonismus (→ Platonismus) und eine starke asketische Grundhaltung, die ihn zur Betonung der Gnade, der Vorherbestimmung Gottes und der Erbsünde (→ Sünde) führte.

Er vertrat die Meinung, daß man in Glaubensfragen nicht auf Zwang verzichten könne. Abweichler sollten mit Geldstrafen, Beschlagnahmung ihres Gutes oder Verbannung zum rechten Glauben gebracht werden. Züchtigung der Ketzer gab er als «Almosen» und «Werk der Barmherzigkeit» aus. Augustinus' Anregungen zur christlichen Zwangsbekehrung von Heiden und Ketzern wurden zum Leitbild der Kirche durchs ganze Mittelalter hindurch; bei ihm nahm die christliche Gewalt ihren Ausgangspunkt, die in gerader Linie zu den Albigenserkriegen (Albigenser: südfranzösische Ketzer, die alle kirchlichen Lehren und Institutionen ablehnten, Gott für reinen Geist und Liebe hielten und durch die «Albigenserkreuzzüge» fast völlig ausgerottet wurden), zur Inquisition, zu den Todesurteilen von Hus (1369–1415, kirchlich-sozialer Reformer, der Böhmen und Mähren in revolutionäre Bewegung brachte, in verräterischer Weise gefangengesetzt und als Ketzer verbrannt wurde) und Servet (1511–1553, spanischer Arzt und Humanist, der die kirchliche Trinitätslehre kritisierte und in Genf als Ketzer verbrannt wurde) sowie zu den Todesopfern der Reformation und der Religionskriege führt. (→ Gegenreformation)

Konfuzianismus

Die → chinesischen Religionen Taoismus und Konfuzianismus gehen auf einen gemeinsamen religiösen Mutterboden zurück, für den die Verehrung der Natur (in Gestalt der Gottheiten des Erdbodens und der Naturkräfte wie Wind und Regen, Berge und Flüsse, Sonne und Mond), der Ahnen und des Himmels charakteristisch ist. Der Mensch muß sein Handeln in Einklang mit dem Kosmos bringen. Der kosmische Weg, tao, verwirklicht sich im Wechselspiel der beiden Grundkräfte yang und yin. (→ Taoismus) Im 12. Jahrhundert vor Christus stellte der Herzog Tschou den Kult für seine Ahnen dem Himmelsdienst gleich. So wurde der Kaiser zum «Sohn des Himmels» und rückte in den Mittelpunkt des Kultes.

In der Mitte des 8. Jahrhunderts vor Christus büßte der Kaiser jedoch seine politische Macht ein; er war jetzt nur noch oberster Kultpriester. In dieser Zeit tiefer Gegensätze und Umbrüche wurde in China eine ganze Reihe großer Denker geboren. Der bedeutendste unter ihnen war Konfuzius (Kung-tzu, 551 bis 479 v. Chr.).

Schon in der Kindheit soll die Darbringung von Opfern und die Verrichtung von Zeremonien zu Kung-tzus Lieblingsspielen gehört haben. Als Sproß einer vornehmen, aber armen Familie schlug er die Laufbahn eines Verwaltungsbeamten ein. Mit fünfzig stieg er zum ersten Ratgeber seines Fürsten auf. Später gab er sein Amt auf und zog nun als politischer und militärischer Ratgeber von Hof zu Hof. Viele Schüler schlossen sich ihm an, die später selbst Regierungsstellen einnahmen. Im Alter verbreitete sich weithin Kung-tzus Ruf als weiser Staatsmann und Lehrer. Von sich selbst sagte er: «Mit fünfzehn war ich auf Lernen aus. Mit dreißig stand ich fest. Mit vierzig hatte ich keine Zweifel mehr. Mit fünfzig kannte ich die Weisungen des Himmels. Mit sechzig war mein Ohr fähig, der Wahrheit zu gehorchen. Mit siebzig konnte ich den Begierden meines Herzens folgen, ohne das rechte Maß zu überschreiten.»

Konfuzius lebte etwa in derselben Zeit wie Buddha. (→ Buddhismus) Während aber Buddha seine gesellschaftliche Klasse verließ, versuchte Konfuzius in die herrschende Schicht hineinzuwirken. Auch die Anhänger des zeitgenössischen Taoismus zogen es vor, der Gesellschaft den Rücken zu kehren. Konfuzius' Lehren weisen jedoch in die entgegengesetzte Richtung. «Es sei ferne von mir zu behaupten, ich sei ein Göttlicher Weiser oder gar ein Guter Mensch. Ich kann noch nicht einmal hoffen, je einem Göttlichen Weisen zu begegnen, ich kann höchstens hoffen, einem wahrhaft edlen Menschen zu begegnen.»

Er war Konservativer und Bürokrat und führte nicht einmal ein ausgesprochen religiöses Leben. «Chi Lu [ein Schüler] fragte, was es mit dem Dienst an den Geistern der Verstorbenen auf sich habe. Der Meister sagte: ‹Wenn du nicht fähig bist, den Menschen zu dienen, wie kannst du ihren Geistern dienen?› Chi Lu fügte hinzu: ‹Ich erlaube mir, nach dem Tod zu fragen.› Er erhielt zur Antwort: ‹Wenn du das Leben nicht kennst, was kannst du dann vom Tode wissen?›» Während sich Lao-tse (→Taoismus) von der Welt abwendete, setzte sich Konfuzius auf seine Art intensiv mit der Gesellschaft auseinander.

Das Hauptaugenmerk des Konfuzianismus ist überwiegend auf Fragen des rechten Verhaltens, politischer Strategien, des richtigen Ritus und moralischer Vorschriften gerichtet. Alles hängt davon ab, daß das Gesetz in allen Einzelheiten beachtet und alle Vorschriften präzise eingehalten werden; wer nämlich die soziale Ordnung an irgendeiner Stelle verändert, gefährdet das Ganze.

Das Ziel, sich in allen Situationen angemessen zu verhalten, ist dem Taoismus und dem Konfuzianismus gemein. Während aber Lao-tse dem tao gegenüber Gehorsam und Ergebenheit predigte, sprach sich Kung-tzu für kraftvolles und entschiedenes Handeln aus, damit die Umstände an tao angepaßt würden.

Tugend bezeichnet Konfuzius als «jen»; jen ist eine Verfassung und ein Verhalten, das der Situation angemessen ist, in der sich mehrere Menschen befinden. Jen ist also eine soziale Angelegenheit. Man stellte Kung-tzu folgende Frage: «Sollte man seine Feinde, als diejenigen, die uns Schaden zufügen, lieben?» Diese Frage wird vom Taoismus wie vom Christentum bejaht. Kung-tzu hingegen antwortete: «Keinesfalls. Beantwortet Haß mit Gerechtigkeit und Liebe mit Wohlwollen. Andernfalls wäre euer Wohlwollen verschwendet.»

Dem Konfuzianismus gelang es, das ganze Erziehungssystem zu beherrschen. So verschmolz er schließlich mit der chinesischen Zivilisation. Konfuzius wurde zwar nicht zum Gott erhoben, aber als Vater des Systems verehrt. Als es dem Kaiser Wu nach 141 v. Chr. gelang, die Macht zu zentralisieren, machte er den Konfuzianismus zum Staatskult. Nur noch konfuzianische Bücher durften studiert werden. Das wichtigste militärische Problem war damals das der Grenzen des Kaiserreiches. Die Konfuzianer erklärten, ein solches Problem gäbe es überhaupt nicht, wenn der Kaiser nur tugendsam wäre; einem tugendhaften Kaiser würden sich die Barbaren freiwillig unterwerfen. Tugend aber hieß nicht nur Vorsicht, sondern schloß auch Macht ein.

Um 65 n. Chr. kam der Buddhismus nach China. Es gelang ihm, die Massen zu gewinnen. Der Konfuzianismus schien auszusterben. Erst im 7. Jahrhundert n. Chr. führte der Kaiser das konfuzianische System wieder ein. Andere Religionen wurden toleriert. 685 n. Chr. brachte Christian Ruben (in chinesischer Transkription: Alopen) das Christentum nach China. Sein Ersuchen, eine christliche Diözese zu gründen, wurde mit folgenden bemerkenswerten Worten genehmigt: «Die Länder haben ihre eigenen Religionen, so wie sie für deren Auslegung ihre Weisen haben. Alopen, offensichtlich ein Priester von gutem Charakter, hat Bilder und Bücher aus römischem Gebiet mitgebracht. Bei der Prüfung haben wir festgestellt, daß diese Lehren friedfertig sind und hinsichtlich der moralischen Prinzipien, die sie für sich in Anspruch nehmen, eine glaubwürdige Klarheit besitzen, denn sie sind logisch und ohne Verschwommenheit. Es ist nichts dagegen einzuwenden, daß Alopen sie hier verkündet. Das Amt für öffentliche Arbeiten wird im Ining-Hof ein Kloster bauen, das groß genug für einundzwanzig Insassen ist.»

Die enge Verbindung mit dem Staat führte dazu, daß der Konfuzianismus bis zum Sturz des Kaiserreiches im Jahr 1912 Staatsreligion blieb. Als bürokratisches

System brach er damals zusammen; als organisierter Kult und als Religion lebt er fort.

Konstantin der Große («Konstantinische Wende»)

Konstantin (Kaiser von 306–337) war bereits durch Vermittlung seines Vaters mit dem Christentum in Berührung gekommen. Seine Mutter (die heilige Helena) lebte mit Konstantins Vater im Konkubinat, bis dieser sie, mit Rücksicht auf seine Karriere, verstieß. Sie pilgerte nach Palästina und besuchte die «heiligen Stätten»; auf ihre Initiative gehen der Bau der Geburtskirche Jesu und derjenige der Himmelfahrtskirche in Jerusalem zurück. Der Kirchenvater Ambrosius (gest. 397) erzählt, Helena habe das echte Kreuz Jesu aufgefunden.
Als Konstantins Vater Constantius starb, riefen seine Truppen den Sohn zum «Augustus» (römischen Kaiser) aus, obgleich diesem rechtmäßig nur ein Caesarenamt zugestanden hätte. Sogleich versuchte Konstantin seine Macht über Rom auszudehnen. So fiel er 312 in Italien ein und schlug seinen Gegner Maxentius am Pons Milvius (Milvische Brücke, heute Ponte Molle) vor den Toren Roms. Maxentius ertrank im Tiber, einen Sohn und eine Reihe seiner Anhänger ließ Konstantin beseitigen. Der Senat erklärte ihn daraufhin zum Alleinherrscher der westlichen Reichshälfte.
Mit einer Anzahl frommer Fabeln hat die Kirche später versucht, aus dem Sieg des Konstantin über Maxentius einen Sieg des Christengottes über das Heidentum zu machen. Angeblich wurde Konstantin im Traum angewiesen, das Christusmonogramm auf den Schilden seiner Soldaten anzubringen. Eusebius (um 260 bis 339), Bischof von Caesarea und Verfasser der ersten Kirchengeschichte, berichtete nach dem Tod Konstantins, dieser habe am Nachmittag der Schlacht am Himmel ein Lichtkreuz mit der Beischrift gesehen: «Hierdurch siege!» Im der folgenden Nacht sei ihm Christus selbst erschienen und habe ihn beauftragt, ein Abbild dieses Zeichens als Standarte (Labarum) und Schutzmittel gegen die Feinde anfertigen zu lassen. (Das Christusmonogramm besteht aus einer Verbindung der beiden ersten griechischen Buchstaben des Wortes «Christos»: X und P [sprich «Chi» und «Rho»]. Es sieht so ☧ oder so ⳩ aus.)
Nach der Niederwerfung des Rivalen im Westen standen Konstantin noch die beiden Herrscher des Ostens gegenüber. Den einen, Licinius, band er zunächst durch die Vermählung mit seiner Schwester Konstantia an sich. Beide einigten sich hinsichtlich einer gemeinsamen Haltung gegenüber den Christen und beschlossen (im sog. Mailänder Toleranzedikt von 313), diesen volle Religionsfreiheit und die Rückgabe aller beschlagnahmten kirchlichen Gebäude und Grundstücke zu gewähren. (Schon 311 hatte Galerius, der Herrscher im Osten, ein Edikt erlassen, das die Christen tolerierte.)
Kurze Zeit später besiegte Licinius seinen Mitherrscher im Osten, so daß Konstantin nur noch ihn als Rivalen hatte. Er schlug daraufhin das Heer des Licinius in zwei Schlachten und ließ diesen, trotz der Fürbitte seiner Schwester und trotz des eigenen Schwurs, das Leben des Gegners zu schonen, kurze Zeit später ermorden. Damit war Konstantins Alleinherrschaft gesichert. Mit ihm siegte das Christentum im Römischen Reich.
Die neugewonnene Einheit des Reiches konkretisierte sich in dem einen Herrscher, der es regierte, in der nach ihm umbenannten Hauptstadt Konstantinopel (Byzanz), der Nahtstelle zwischen Europa und Asien, und in dem einheitlichen Glauben an einen Gott, der das Reich zusammenhalten sollte.
Folgerichtig war der Kaiser auch auf die Einheit der von ihm unterstützten Kirche

bedacht; als diese im Streit um das Wesen Christi sich zu spalten drohte (→Christologie), versammelte er ihre Bischöfe (250 bis 300 an der Zahl) in Nicaea (325 n. Chr.). Die Beschlüsse dieser Synode, die er selbst eröffnete und leitete, wären ohne kaiserliches Eingreifen gewiß nicht zustanden gekommen. Die Entwicklung des kirchlichen Dogmas war von Anfang an dem Einfluß politischer Machthaber unterworfen.

2. Unter Konstantin bahnte sich ein völlig neues Verhältnis zwischen Staat und Kirche an. Zwar wurde das Christentum erst unter Theodosius dem Großen (379–395) die allein zugelassene Religion im Römischen Reich; aber die Verquickung von Staat und Kirche begann bereits jetzt. Christen rückten in hohe Staatsämter auf, und die christliche Sonntagsfeier wurde gesetzlich verordnet. Die Großkirche, die zuungunsten der christlichen «Sekten» gefördert wurde, ließ es bereitwillig zu, daß ihre Organisation in den römisch-byzantinischen Verwaltungsapparat einging. Der römische Bischof bekam den Lateran-Palast als Geschenk; in ihm sollten die Päpste über tausend Jahre lang residieren. Der katholische Klerus wurde von allen Personallasten befreit, und später ging dieses Vorrecht auch auf die Kinder und Frauen der Geistlichen über.

Wer in den neuen Herrenstand aufrükken wollte, wurde Kleriker. Die geistliche Rechtsprechung wurde der staatlichen gleichgestellt. Jeder konnte fortan der Kirche Stiftungen vermachen; der Kirchenbesitz wuchs dadurch beträchtlich an.

Massen von Menschen strömten jetzt in die Kirche hinein. Daß sie alle zuvor für das Christentum überzeugt worden wären, kann man nicht behaupten. Die Kirche wurde zu einem öffentlichen Machtfaktor und bestimmte fortan das gesamte öffentliche Leben und die Kultur. Staat und Wirtschaft, Sitte und Recht – alles verlangte mit einemmal nach einer Begründung «vom Evangelium», das heißt von der Lehre der Kirche, her. Während des Kaisers Gunst gegenüber den Christen wuchs, wurden die «Heiden» mehr und mehr unterdrückt und der offizielle, bisher vom Reich bestätigte tolerante Polytheismus Zug um Zug beseitigt. Kaiserliche Gunst und Fürsorge bekam die Kirche natürlich nicht kostenlos. Als Reichskirche und Bundesgenosse des Staates bezahlte sie mit dem Verlust ihrer Freiheit. Sie gewann Macht und Reichtum, aber sie mußte auch die antike Herrscherverehrung und, was folgenreicher war, die kaiserliche Herrschaft über die Kirche mit in Kauf nehmen. Ihre Verfassung und die Frömmigkeit, ihr Kultus und ihre Moral waren fortan der politischen Macht unterworfen.

Unter den Söhnen Konstantins bekam die kaiserliche Religions- und Kirchenpolitik einen despotisch-fanatischen Zug. Es kam nun zu wilden Ausschreitungen der Christen gegen die Heiden. Beim Sturm auf heidnische Kultstätten entfesselte der christliche Pöbel einen erschreckenden Fanatismus. So schnell war das eigene Leiden während der zurückliegenden Verfolgungen vergessen. «Heidnischer Aberglaube» und Opfer wurden mit dem Tod bestraft, die Tempel geschlossen.

Die Kaiser Theodosius und Gratianus erhoben die christliche Kirche zur alleinberechtigten Staatskirche. Heidentum und Häresie (Abweichung von der rechten Lehre) wurden zu Staatsverbrechen erklärt. (→Ketzer) Die Christen stürmten erneut Tempel und vernichteten Kunstschätze. Rasch verschwand das «Heidentum» aus dem öffentlichen Leben.

Das Erbe Konstantins, die Anpassung des Christentums an die jeweils herrschenden gesellschaftlichen und politischen Mächte und Normen, wirkt bis

heute fort. Hinsichtlich Organisation, Ideologie und Interessen ergänzen sich Staat und Kirche fortan recht häufig, wenn sie nicht gerade gegenseitig um die Vorherrschaft streiten. (→ Papsttum) Die christliche Religion wies, wenn nötig mahnend, lockend und drohend auf das Dasein eines allmächtigen Gottes und Richters hin, der die Gerechten belohnt, die Ungerechten bestraft und die staatlichen Gesetze heiligt. Wer sich demnach der staatlichen Gesetzgebung widersetzt oder sich gar gegen die «Obrigkeit» auflehnt, zieht nicht nur zeitliche, sondern sogar ewige Strafen auf sich.
Bis heute wird die Forderung zur Anpassung an die herrschenden Normen, zu → Gehorsam und Leistung, Sparsamkeit und moralischem Anstand häufig religiös begründet. Im Gegenzug fordert die Kirche den Staat dazu auf, die kirchliche Moral (etwa im Eherecht oder im Sexualstrafrecht) durchzusetzen. Die ursprüngliche kritische Kraft des Christentums und seine anfänglichen Impulse zur Befreiung von gesellschaftlichen Zwängen bleiben auf der Strecke, während die herrschenden Autoritäten und Normen durch ihre Begründung in Gottes angeblichem Willen überhöht und unangreifbar gemacht werden.

Koran

Die Grundlage des Islam ist der Koran («qur'àn», «Rezitation», «Lesung»). Für einen Moslem bedeutet dieses Buch nicht nur Prophetenwort, sondern vielmehr Wort Gottes. Allerdings ist das Gotteswort durch den Mund des Propheten Mohammed (Muhammad) den Menschen erst vernehmbar geworden. Der auf diese Weise zustande gekommene Koran stellt eine Kopie des «Urkoran» dar, der im Himmel auf einer «wohlverwahrten Tafel» verborgen ist. Der Inhalt dieses Buches ist so heilig, daß es nur der rituell Reine berühren darf. Da Gott sein Wort in Arabisch geoffenbart hat, erscheint es einem gläubigen Muslim auch ausgeschlossen, den Koran in eine andere Sprache zu übersetzen.

1. Im Inhalt, in der Anordnung seiner Verse und selbst der Buchstaben liegen die göttlichen Geheimnisse beschlossen; alle Probleme der Welt sind im Koran bereits gelöst. Besonders im Hinblick auf die ältesten Offenbarungstexte hat Goethe gesagt: «Der Stil des Koran ist seinem Inhalt und Zweck gemäß streng, groß, furchtbar, stellenweise wahrhaft erhaben.»
Die jetzige Anordnung der Texte ist keineswegs chronologisch. Vielmehr wurden diese unter dem Kalifen 'Othmān so angeordnet, daß die längsten am Anfang stehen und die kürzeren «Suren» (Kapitel) in absteigender Ordnung folgen. Deshalb finden sich die ältesten Gerichtsdrohungen am Ende des Koran.
Einleitend steht ein kurzes Gebet, die Fātiḥa (die «Eröffnende»): «Lob sei Gott, dem Herren der Welten, dem Barmherzigen, dem Erbarmer, dem König des Gerichtstages...» (→ Islam) Täglich wird die Fātiḥa nebst einer Reihe kurzer Suren beim Gebet rezitiert. Manchen Versen schreibt man besondere Kräfte zu, andere gelten als schutz- und segenbringend.
Die einzelnen Koranverse heißen auch āyat («Zeichen»); denn Mohammed wies sie einem, der von ihm Wunder verlangte, als die rechten Wunderzeichen vor. Wenn neue Offenbarungen bereits notierte Suren überholten, blieben diese dennoch stehen; als Folge ergeben sich bisweilen Widersprüche.

2. Nach der Lehre des Koran steht der Mensch höher als die Geister, er besitzt Gottes Atem. Die Engel mußten sich einst vor ihm verneigen. Als aber Satan sich weigerte, wurde er gestürzt. Im Unterschied zum Christentum gilt im Islam der Mensch als gut von Natur aus. Erst äußere Einflüsse können ihn böse machen. Alle Menschheit ist an Gott gebun-

den. In der Natur, der Kultur, der Geschichte oder aber in der eigenen Seele kann jeder die Zeichen Gottes erkennen. Es sind vor allem die späten Teile des Koran, die konkrete und praktische Befehle und Anordnungen für das tägliche Leben und für die staatliche Ordnung enthalten. Aus dem Studium dieser Texte entwickelten sich über die Jahrhunderte die arabische Grammatik und die Rhetorik. Da der Koran nicht übersetzt werden darf, sahen sich Nationen wie die der Perser, Türken, Inder, die den Islam annahmen, gezwungen, Arabisch zu lernen. So gelangte Sprachgut des Koran in Dichtung und Umgangssprache zahlreicher nichtarabischer Völker.

3. Weil Gottes Wort schriftlich weitergegeben wird, ist die Schrift zum wichtigsten arabischen Kunstzweig geworden. So schön wie möglich soll der Koran geschrieben sein. Somit löst sich der Unterschied zwischen Schrift und Ornament fast auf. Manche religiösen Formeln und Anrufungen werden kunstvoll in Tier- oder Pflanzenform geschrieben. Allerdings fehlt jeglicher Bildschmuck sowohl im Koran wie auch in der Moschee; deshalb wird die Ornamentik zur eigentlichen islamischen Kunstbetätigung. Zentralmotiv ist dabei die Arabeske, eine Gabelblattranke, die ohne Ende weiterwächst. So wird dem Gläubigen symbolisch die Unendlichkeit und Unerschöpflichkeit Gottes vor Augen gestellt.

4. Es gibt keinen Bereich des Lebens, der nicht im Koran geregelt würde. Damit hängt es zusammen, daß sich eine ausgedehnte Kommentarwissenschaft entfaltet hat. Zunächst mußte aus voneinander abweichenden Lesarten ein einziger Text philologisch rekonstruiert werden. Der erste Korankommentar stammt aus dem 9. Jahrhundert. Um ein «innerliches Verständnis» der Texte mühte sich die islamische Mystik. Der innere Sinn der Worte soll die Menschen stufenweise zur Einweihung führen. Immer gilt die Lektüre des Koran als Gespräch mit Gott. Als abschließende, endgültige Offenbarung muß der Koran auch alle wissenschaftlichen Erkenntnisse der Neuzeit enthalten. Wenn nun eine wissenschaftliche Neuerung mit dem Glauben unvereinbar erscheint, so gilt es, den Koran und die Tradition neu zu befragen. Im Konfliktfall wird der heilige Text allegorisch gedeutet, um Wissenschaft und Religion miteinander in Einklang zu bringen.

5. Da der Koran letztlich aber doch nicht allen Erfordernissen des täglichen Lebens gerecht werden kann, hielten sich bereits die Gefährten und Nachfolger Mohammeds an die «Worte und Handlungen» des Propheten. Die «Gewohnheit des Propheten» (sunna) wurde selbst zu einer Auslegung des Koran. Man sammelte die Aussprüche Mohammeds und gab sie von Generation zu Generation weiter. Dabei schob sich allerdings auch unechte Überlieferung ein. Deshalb bieten die Ḥadīthe («Aussprüche des Propheten») nicht nur ursprüngliche Lehre Mohammeds, sondern vielmehr Auffassungen verschiedener islamischer Strömungen. Jede Richtung verbreitete die ihr genehmen Ḥadīthe.

Nachdem Zehntausende von Prophetenworten im Umlauf waren, wurden im 9. Jahrhundert die vertrauenswürdigsten ausgewählt und klassifiziert. Dabei besteht jedes Ḥadīth aus einem Text sowie – als Nachweis seiner Echtheit – aus der bis auf Mohammed oder seine Gefährten zurückgehenden Kette derer, die das Wort gehört haben.

6. Koran und Tradition können freilich auch zusammengenommen nicht alle strittigen Probleme lösen. Deshalb bildeten sich seit dem 8. Jahrhundert Rechtsschulen, die die vorhandenen Quellen mittels Analogieschluß oder durch Spekulation auf neue Situationen anwendeten. Neben Koran, Tradition und Analogieschluß trat das Prinzip der Übereinstimmung (iǧmā', consensus) der Ge-

meinde bzw. der Gelehrten als Quelle der Rechtsprechung. «Wenn die islamische Gemeinschaft einer religiösen Praktik oder Glaubensregel zustimmt, so ist sie gewissermaßen durch Gott geleitet und inspiriert und unfehlbar zur Wahrheit geführt – kraft einer besonderen Gnade, die Gott der Gemeinschaft der Gläubigen verliehen hat.»
Auf diese Weise werden Gesetzesgelehrten (ulamā) zu Hütern der Überlieferung. In das Gefüge der šarī'a (Gesetz) ist das ganze Leben des Muslim eingebunden. Alle Lebenssituationen sind von religiöser Bedeutung; deshalb umfaßt die šarī'a religiöse Pflichtenlehre, kultische Vorschriften, juridische und politische Regeln. Die Pflichtenlehre ist im Islam von weit größerer Bedeutung als die Anerkennung dogmatischer Formeln.
7. Der Text des Koran enthält auch einige Berichte über Jesus von Nazareth. Die jungfräuliche Geburt des Stifters der christlichen Religion wird anerkannt. Allerdings gilt Jesus nicht als Sohn Gottes. Er ist lediglich der letzte große Prophet vor Mohammed. Auch fand eine Kreuzigung Jesu in Wirklichkeit nicht statt. «Nicht haben sie ihn getötet und nicht gekreuzigt, sondern es erschien ihnen nur so. Vielmehr erhöhte ihn Allah zu sich, und Allah ist allmächtig und weise.» (Sure 4, 157f) Weissagungen auf Mohammed werden aus verschiedenen Stellen der christlichen Bibel gelesen.
Der Islam versteht sich als konsequenter Monotheismus. Deshalb anerkennt man im Glaubensbekenntnis, der eigentlichen Säule der Religion, nur die Einheit Gottes und das Prophetenamt Mohammeds (nach Sure 2,285): «Ich glaube an Allah und seine Engel, seine Bücher und seine Gesandten, an den Jüngsten Tag, die Auferstehung nach dem Tod, die Vorherbestimmung seitens Allah – die gute wie die schlimme –, an das Gericht, die Waage, das Paradies und das Höllenfeuer – das alles ist Wahrheit.»
Die Reihe der Propheten, die der muslimische Glaube einschließt, reicht von Adam über Abraham, Mose, Jesus bis zu Mohammed, und neben dem Koran gehören auch Thora, Psalter und Evangelien zu den geoffenbarten Schriften.

Kreuz

1. Das Kreuz ist ein uraltes vorchristliches Zeichen: Sinnbild des Himmels oder der Sonne, der vier Himmelsrichtungen oder des Lebensbaumes. Es war in unterschiedlichen Kulturen verbreitet. In Mexiko z. B. stand es für Fruchtbarkeit, in Ägypten galt es als Schlüssel des Lebens.
Im Gefolge des Todes Jesu am Kreuz wurde es zum zentralen christlichen Symbol. Im Christentum entwickelte sich ein regelrechter Kreuzeskult. Wer das Kreuz mit der Hand schlägt (Bekreuzigung), wird gleichsam zum Träger magischer Kraft, mit der das Böse abgewehrt oder Segen gespendet werden können.
Aber auch das Kreuz selbst gilt als Gegenstand der Verehrung, wobei die Macht des Kreuzes und die des Gekreuzigten ineinanderfließen.
Nach der Legende fand Helena, die Mutter → Konstantins des Großen, bei einer Wallfahrt nach Jerusalem (326) das Kreuz Jesu. Kreuzreliquien spielten fortan in der Geschichte der Kirche eine beachtliche Rolle und trugen zur Namengebung vieler Kirchen bei. Die romanische Kunst zeigt den Kruzifixus (den Gekreuzigten) – anfänglich bekleidet, später nackt – als Sieger am Kreuz und als Überwinder des Leidens; die gotische Kunst stellt ihn als «Schmerzensmann» mit dem «Haupt voll Blut und Wunden» dar. Das Kreuz wurde zum Symbol des Versöhnungsmysteriums.
2. Fragt man nach dem geschichtlichen Kern der neutestamentlichen Erzählungen um Jesu Tod, so bleibt wenig Sicheres übrig. Historisch ist zunächst die Kreuzigung selbst. Daraus ist zu schlie-

ßen, daß Jesus zuvor verhaftet wurde und daß ein römisches Gerichtsverfahren stattfand; die Kreuzigung war nämlich eine römische, nicht eine jüdische Todesstrafe.

Alle übrigen Ereignisse im Umfeld des Todes sind strittig. Die meisten Züge der Leidensgeschichte sind theologisch, insbesondere in Anlehnung an das Alte Testament, stilisiert. So drängt sich der Eindruck auf, Jesus habe «nach der Schrift» gelitten und sei gestorben, damit die alttestamentlichen Prophezeiungen erfüllt würden. Diese Stilisierungen nach Vorgaben des Alten Testaments betreffen nicht nur Details, sondern auch den Gesamtablauf der Passionsgeschichte; diese will die Kreuzigung Jesu als Heilsgeschehen deuten. An das geschichtliche Ereignis (Jesu Tod am Kreuz) schließt sich dessen theologische Interpretation (seine → «Auferstehung») an. (Vgl. Röm. 14,9; 1. Kor. 15,3ff) Die Passionsgeschichte Jesu ist demnach kein historischer Bericht, sondern eine erzählerische Ausgestaltung des Auferstehungsglaubens der christlichen Gemeinde nach Ostern.

Nach der Darstellung des ältesten Evangeliums, nach Markus, ist Jesus keineswegs unverhofft in die Katastrophe hineingeraten. Er ging vielmehr seinem Schicksal in vollem Bewußtsein entgegen: Das Heil für die Menschen kann nur aus Jesu Passion (Leiden) und Tod kommen.

Als Jesus sich noch in Galiläa aufhielt, verbarg er seine Messianität sorgfältig. (→ Christus) Aber in Jerusalem konnte er – so das Markusevangelium – offen aussprechen, wer er tatsächlich war. Das Kreuz war also immer schon seine geheime Bestimmung gewesen; aber erst die Kreuzigung macht sein Werk vor der Öffentlichkeit sichtbar. Mit der Auferstehung wird das Messiasgeheimnis für alle gelüftet. (Vgl. Mk. 9,9)

3. Den Gläubigen blieb nach Jesu Ende der «Friede durch das Blut seines Kreuzes». (Kol. 1,20) Jesus hatte sich selbst geopfert. (Mk. 14,24) Seinem → Blut wurde erlösende und versöhnende Kraft zugeschrieben. (Röm. 3,25) Durch dieses Blut würden die Menschen gerecht und vor dem Zorn Gottes bewahrt. (Röm. 5,9) «Das Blut Christi macht uns rein von aller Sünde.» (1. Joh. 1,7)

Am umfassendsten entfaltet der Hebräerbrief diese Bluttheologie. (Hebr. 9,12ff) Sie fand ihren Ausdruck in der → Abendmahlsvorstellung, bei der der Wein mit dem Blut Christi in eins gesetzt wird. Die theologische Spekulation, die dem Blut Christi sündentilgende Kraft zuschreibt, entfaltete sich später insbesondere im Pietismus. «Herr Jesu Christ, dein teures Blut ist meiner Seele höchstes Gut.» (Johannes Olearius, 1611–1684) Das reinigende und sühnende Blut Jesu gewinnt somit eine geradezu zauberhaft bannende Kraft.

4. Der Tod Jesu am Kreuz gilt als das blutige → Opfer des Christentums. «Wir haben ein Opferlamm, für uns geopfert, das ist Christus.» (1. Kor. 5,7; vgl. auch Hebr. 9,28; Eph. 5,2; Apk. 13,8; Kol. 1,26) Der Hebräerbrief enthält eine voll entfaltete Opfertheologie. (Hebr. 9,14; 9,26; 10,12ff) Beim Abendmahl wird dieses Opfer ins Gedächtnis der Gläubigen zurückgerufen und kultisch vergegenwärtigt. Darin gleicht das christliche Abendmahl durchaus zahlreichen außerchristlichen Mysteriendramen (z. B. den → Mysterien von Osiris und Attis). Das unblutige, vergeistigte Opfer des Abendmahls soll, insbesondere nach katholischer Lehre, das Opfer Jesu am Kreuz erneuern und dessen sühnende Kraft darstellen. Dem einzelnen Gläubigen wird durch das Abendmahl die Teilhabe am einstigen Kreuzesopfer zugesprochen.

Der religionsgeschichtliche Vergleich zeigt, daß das christliche Heil auf dem alten Mythos vom Menschenopfer gründet und außerchristlichen Speise- und Reinigungsritualen vergleichbar ist, bei denen

Sünden durch Blut «abgewaschen» und vergeben werden.

Kreuzzüge

Die Kreuzzugsbewegung umfaßt den Zeitraum vom 11. bis zum Ende des 13. Jahrhunderts. Damals waren die Christen von dem Gedanken beherrscht, die Auseinandersetzung mit den «Ungläubigen» müsse mit → Krieg und Waffengewalt vollzogen werden. Frankreich und Deutschland, England und Italien beteiligten sich an Kriegszügen nach Osten. Nur Spanien hatte selbst alle Hände voll mit den Sarazenen (arabische Bevölkerung, Muslime) im eigenen Land zu tun.

Wallfahrten ins «heilige Land» hatte es bereits in altkirchlicher Zeit gegeben; die Araber gestatteten den Christen, gegen einen geringen Tribut, den Besuch der heiligen Stätten in Palästina. Derartige Pilgerfahrten galten überhaupt als bevorzugtes Mittel, das Wohlgefallen Gottes zu erlangen; Pilgern war die vollkommenste und beliebteste Form der Askese. Wallfahrt war Buße. Sünder bekamen sie von den Bischöfen als Werke der Läuterung auferlegt. Im Pilgerzug zum «Gelobten Land» ahmte man symbolisch das zum Himmelreich wandernde Gottesvolk nach. Vom geistlichen Zweck einmal abgesehen, machte Pilgern auch Vergnügen – das 11. Jahrhundert kannte keine attraktivere Zerstreuung.

Abendländische Pilgerzüge verliefen in Etappen von einer Reliquienstätte zur anderen. Begehrteste Ziele bildeten drei Gräber: das des heiligen Petrus in Rom, das des heiligen Jakobus in Galizien (Santiago de Compastela) und das Grab Christi. Über die Zeit nach der Jahrtausendwende wird berichtet, daß «eine zahllose Menge aus der ganzen Welt dem Grab Jesu in Jerusalem zuströmte; erst Leute aus dem gemeinen Volk, dann die Männer aus dem Mittelstand, dann all die ganz Großen, die Könige, die Grafen, die Bischöfe und Prälaten; und schließlich, was noch nie zuvor geschehen war, befanden sich auch Frauen des Hochadels zusammen mit den Allerniedrigsten auf dem Weg zu dieser Stätte. Viele trugen sich mit dem Wunsch, vor der Rückkehr in ihre Heimat zu sterben.»

Seit der Mitte des 11. Jahrhunderts fingen die pilgernden Ritter an, sich zu bewaffnen und sich zu kampfentschlossenen Banden zusammenzurotten. Die Kirche trachtete danach, diese Kampfbegeisterung der Ritter für den «Dienst Gottes» zu gewinnen. Zeremonien zur Einführung der Nachwachsenden in den Kriegerstand wurden auf den Pfingsttag, den Tag der Ausgießung des Heiligen Geistes, gelegt. Die Priester segneten die Waffen für den Schutz der Schwachen und für den Kampf gegen die Ungläubigen. Um 1050 nahmen die Pilgerfahrten zum heiligen Jakob und die nach Jerusalem durch die muslimischen Länder Züge kriegerischer Angriffe an. Religiöse Begeisterung und Eroberungslust gingen bei den Kämpfen Hand in Hand. Die westlich-christlichen Völker sahen eine Chance, ihren Einflußbereich beträchtlich auszuweiten. (→ Krieg)

An die Spitze der großen antimohammedanischen Bewegung des christlichen Abendlandes stellte sich der Papst. Er rief auf zum «Heiligen Krieg» gegen die «Heiden». Was ihm vorschwebte, war die Ausweitung seines Herrschaftsgebietes und die Eingliederung der byzantinischen und armenischen Kirchen. Die ganze Ritterschaft (der Kriegerstand) fühlte sich aufgerufen, die Christenheit zu schützen und die Ungläubigen zu besiegen.

Jeder, der zum Kampf bereit war, bekam ein Stoffkreuz angeheftet. Alle Kreuzzugsteilnehmer erlangten vollkommenen → Ablaß. Ein bunter Zug von Abenteurern, angelockt von phantastischen Bildern des märchenhaften Orients, zog im Jahr 1096 nach Osten; ihm folgte das eigentliche Kreuzheer der Ritter.

Mit fanatischer Grausamkeit machte man

sich über die «Ungläubigen», über Männer und Frauen, her. Den Höhepunkt bildeten die Schlachten um Antiochia und um →Jerusalem, das 1099 von den Kreuzfahrern erobert wurde. Unter der Bevölkerung richteten sie ein wahres Blutbad an.

Einzelne christliche Fürstentümer wurden gegründet, und in Jerusalem richtete man ein Königreich ein, das 1244 von den Türken zurückerobert wurde. Den Schutz der Kreuzfahrerstaaten übernahmen die geistlichen Ritterorden (Tempelritter, Johanniter, Deutschritter).

Man unterscheidet heute einzelne Kreuzzüge; in Wirklichkeit aber zogen damals unzählige ungeordnete Scharen von Kreuzrittern, Wallfahrern und Abenteurern zusammen mit Frauen, Kindern, Greisen und Krüppeln zwischen den einzelnen geordneten Heereszügen nach Osten. Meist gingen sie unterwegs zugrunde.

Die Päpste hatten bei der Werbung für diese kriegerischen Großunternehmen, für Vorbereitung und Finanzierung, alle Hände voll zu tun. Kreuzzugssteuern wurden erhoben und Ablässe verteilt.

Die Päpste heizten die endzeitliche Kampfesstimmung an und propagierten den «Heiligen Krieg» als ausgezeichnete Möglichkeit zur Sündentilgung. Sie entwarfen das Bild des kampfbereiten christlichen Volkes, das die Stätten des vertriebenen (Lehns-)Herrn Jesus unter der Führung des «Stellvertreters Christi auf Erden» befreit.

Den sogenannten zweiten Kreuzzug (1147–1149) inszenierte Bernhard von Clairvaux (1090–1153). Bei dem Unternehmen wurden später zwei Armeen von jeweils mehr als 100000 Mann aufgerieben und eine unbekannte Zahl von Griechen, Sarazenen, Türken, Juden und Wenden (Ostseeslawen) getötet. Die Parole hieß: «Innen im Glauben – außen im Schwert.» Die Katastrophe konnte den, der sie zu verantworten hatte, nicht schrecken: «Ich scheue mich nicht, ruhmlos zu werden, auf daß Gottes Ruhm kein Abbruch geschehe.» Die Gefallenen, so Bernhard weiter, die die Schlachten verloren, hätten ohne Christus, ja gegen ihn gekämpft. So rief er zum dritten Kreuzzug auf.

Bei den Kreuzzügen vollzog das Christentum das militärische Aufgebot gegen seine Feinde, die Andersgläubigen. Was im Kampf gegen die Mauren in Spanien erprobt worden war, eignete sich anscheinend auch fürs Missionsfeld und schließlich auch für den Kreuzzug gegen die inneren Feinde: die → Ketzer. Zu Anfang des 13. Jahrhunderts ging die katholische Kirche im «Albigenserkreuzzug» mit Fanatismus und Grausamkeit gegen südfranzösische Ketzergruppen (Katharer) vor und ruhte nicht, bis der letzte Albigenser verbrannt war. (→ Ketzer)

Krieg

«Kinder des Friedens»

Die ältesten Christen lehnten Krieg und Kriegsdienst ab. An jüdischen Aufständen gegen die römische Besatzungsmacht Jerusalems beteiligten sie sich nicht. Ehemalige Soldaten sollten nach ihrer Bekehrung das Kriegshandwerk aufgeben und «Schwerter in Pflüge und Lanzen in Ackergeräte» umschmieden, meinte im 2. Jahrhundert der Philosoph und Märtyrer Justin. Krieg und Mord waren für die Christen nämlich austauschbare Begriffe, Feindesliebe galt ihnen als wichtigstes Gebot. «Wenn uns Feindesliebe geboten ist, wen sollten wir hassen? Wenn uns verboten ist, Unrecht mit Unrecht zu vergelten, wer kann dann Unrecht erleiden durch uns?» Man könne nicht gleichzeitig Soldat und Christ sein, meinten sie. Hatte nicht Jesus selbst dem Petrus befohlen, sein Schwert in die Scheide zu stecken? Damit aber hatte er ein für allemal «jedem Soldaten den Degen abgeschnallt».

Die bekanntesten Vertreter des frühen

Christentums waren pazifistisch. Das kritisierten ihre Gegner. Ihnen entgegnete jedoch Origenes (gest. 254), der bedeutendste Theologe des 3. Jahrhunderts: «Wir ergreifen nicht mehr das Schwert gegen ein Volk, und wir lernen nicht mehr die Kriegskunst, da wir ‹Kinder des Friedens› geworden sind durch Jesus, der unser ‹Führer› ist.»
Jesus hat das Töten verboten, auch das Töten im Krieg. «Es trieft die ganze Erde von gegenseitigem Blutvergießen; und begeht der einzelne einen Mord, so ist es ein Verbrechen; Tapferkeit aber nennt man es, wenn das Morden im Namen des Staates geschieht», erkannte der Bischof von Karthago und spätere Märtyrer Cyprian (gest. 258).

Fürs Vaterland töten und sterben
Diese eindeutige Ablehnung von Krieg und Kriegsdienst wurde solange durchgehalten, bis sich die politischen Bedingungen der christlichen Religion änderten. → Konstantin der Große (306–337) machte das Christentum, dessen Gott er den entscheidenden Sieg über seinen Gegner Maxentius zuschrieb, zur tolerierten Religion. Die christliche Kirche paßte sich daraufhin schnell an den neuen Kurs an. Wo eben noch jede Teilnahme am Krieg verworfen wurde, feierte man jetzt den Tod fürs Vaterland als rühmenswerte Selbsthingabe. Bischöfe segneten die kaiserlichen Truppen, und Kriege der Staatsmacht wurden zu Religionskriegen. Der Kaiser betete vor jeder Schlacht, die Bischöfe begleiteten ihn hinaus aufs Feld, und auf die Fahnen wurden die Initialen des Namens Christi geschrieben.
Neben Christus und Maria entstand ein ganzes Heer von Schutzheiligen der Soldaten.
Ein Jahr nachdem der Kaiser den Christen Religionsfreiheit gewährt hatte, beschlossen die christlichen Bischöfe, fahnenflüchtige Soldaten zu exkommunizieren. (→ Bann) «Morden ist nicht erlaubt», schrieb Athanasius (295–373), Patriarch von Alexandrien und orthodoxer Kirchenführer, «in Kriegen jedoch ist es sowohl gesetzlich als lobenswert, Gegner zu töten». Dennoch rechtfertigte die Kirche immer wieder den Krieg: «Wo Bosheit offenkundig ist, ist es besser, mit Feuer und Schwert, mit Geschick und Macht und auf alle mögliche Weise vorzugehen, als am Sauerteig der Bosheit teilzunehmen.» Im Laufe der Jahrhunderte bildeten Ambrosius (gest. 397), Augustinus (354–430) und Thomas von Aquin (1225–1274) nach und nach die Lehre vom «gerechten Krieg» aus. Danach ist die Beteiligung an Kriegen dann zu verantworten, wenn es sich um Verteidigungskriege handelt, wenn diese völkerrechtlich erlaubt sind, wenn sie dem Schutz der Gerechtigkeit, der Freiheit und der menschlichen Ordnung dienen oder deshalb geführt werden, weil anderen geholfen werden soll, die zu Unrecht angegriffen wurden. «Was hat man denn gegen den Krieg?» fragte Augustinus. «Etwa daß Menschen, die doch einmal sterben müssen, dabei umkommen?»
Die Kirche, die einst jegliche Tötung, den Kriegsdienst und im Sinn der → Bergpredigt selbst jedes Recht auf Notwehr abgelehnt hatte, verfocht nun die Notwendigkeit des Militärdienstes, das Notwehrrecht und die Todesstrafe. (→ Militärseelsorge)

«... im Namen des Herrn darfst du sie zerhauen»
Die Geschichte des Christentums wird von Kriegen begleitet. Nationen und Staaten, bei denen die Kirche ihre Interessen gewahrt sah, hat sie ihre Unterstützung für die Kriege nicht versagt. Oft erklärte sie Kriegszüge für heilig. Aus Kriegen wurden → Kreuzzüge. Denen, die daran teilnahmen, versprachen die Päpste Ablaß, ewiges Leben und «reiche Beute». «Der Kämpfer Christi kann ru-

higen Gewissens töten und in Frieden sterben. Stirbt er, so arbeitet er für sich; tötet er, so arbeitet er für Christus... Der Tod der Heiden gereicht zu seinem Ruhm, denn er bedeutet den Ruhm Christi.» (Bernhard von Clairvaux, 1090–1153) Päpste forderten auf zum Kampf gegen die «Ketzer»: «Auf, Streiter Christi! Das Blut der Gerechten schreit zu dir, daß du der Kirche den Schild des Glaubens gegen deren Feinde vorhältst; erhebe dich und umgürte dich mit dem Schwert.» (Innozenz III., ca. 1160–1216)

Auch die Reformatoren teilten die Theorie vom «gerechten Krieg». Im 19. Jahrhundert formulierte dann Schleiermacher (1768–1834): «Sich von der Teilnahme am Krieg auszuschließen, weil man ihn nicht gerecht findet, ist geradezu Empörung.» Protestantische und katholische Theologen begrüßten den Ausbruch des Ersten Weltkrieges. «Hei, wie es saust aus der Scheide! Wie es funkelt im Maienmorgensonnenschein! Das gute deutsche Schwert, nie entweiht, siegbewährt, segensmächtig. Gott hat dich uns in die Hand gedrückt; wir halten dich umfangen wie eine Braut... Komm, Schwert, du bist mir die Offenbarung des Geistes... im Namen des Herrn darfst du sie zerhauen.» Die Soldaten sollten an der Front «im Vertrauen auf den heiligen gerechten Gott» bis zum Letzten kämpfen. «Wir kämpfen mit Gott und für seine Sache.» Denn «es ist von oben wie Heiliger Geist über das deutsche Land gekommen». «Nie hat unser alter deutscher Gott seine Deutschen so gut und groß gesehen.» Nationalismus, Militarismus und Religion verbanden sich miteinander. Die Kriegsbegeisterung überwältigte die Mehrheit vor allem der Protestanten. Krieg war damit geradezu zu einer Form der Offenbarung geworden. «Ist Gott für uns, wer mag wider uns sein?»

Im Zweiten Weltkrieg lautete die Parole: «Der Christ bleibt der Fahne treu, der er Ergebenheit geschworen hat, komme, was kommen mag.» Schon 1933 hatten die katholischen Bischöfe zur Zusammenarbeit mit Hitler aufgerufen. Sie forderten «Ehrfurcht und Gehorsam» vor der staatlichen Obrigkeit. «Hirtenworte» an die Soldaten gaben dem «Krieg gegen Rußland» die Weihe eines «europäischen Kreuzzuges». «Wir loben Dich droben, Du Lenker der Schlachten und flehen, mögest stehen uns fernerhin bei.» 1942 verkündeten die deutschen Bischöfe: «Ein Sieg über den Bolschewismus wäre gleichbedeutend mit dem Triumph der Lehren Jesu über die Ungläubigen.» (→ Kirchenkampf)

Als sich gegen Kriegsende die nahende Katastrophe abzeichnete, änderten die Kirchen ihre Haltung. «Die deutschen Bischöfe haben, wie ihr wißt, von Anfang an vor den Irrlehren und Irrwegen des Nationalsozialismus ernstlich gewarnt und immer wieder hingewiesen», erklärte Kardinal Faulhaber bereits im Jahr 1945.

Die «christlich-demokratische» deutsche Regierung wandte nach 1945 ihre Aufmerksamkeit erneut dem «Todfeind» in der «östlichen Welt» zu. Angesichts der «bolschewistischen Gefahr» bekämpfte man alle westdeutschen Rüstungsbeschränkungen. Auf dem Katholikentag 1950 in Bonn forderte Kardinal Frings öffentlich die Wiederaufrüstung der Bundesrepublik. «Ein Eintreten für eine uneingeschränkte und absolute Kriegsdienstverweigerung ist mit dem christlichen Gedanken nicht vereinbar. Es ist eine verwerfliche Sentimentalität und ein falsch gerichtetes Humanitätsdenken, wenn man aus Furcht vor den Leiden eines Krieges jegliches Unrecht geschehen ließe... Nach den Gedanken des Papstes ist also eine Kriegführung, die gegen das Unrecht gerichtet ist, nicht nur ein Recht, sondern sogar eine Pflicht aller Staaten... Der echte Friede kann nur auf der Gottesordnung beruhen. Wo im-

mer aber diese angegriffen wird, müssen die Völker auch mit Waffengewalt die gestörte Ordnung wiederherstellen.» Kurz darauf bot Adenauer den Westmächten die Wiederaufrüstung Deutschlands an.
Damals schrieb ein Wehrexperte des bundesrepublikanischen Heeres: «In der Bibel heißt es: Suchet zuerst das Reich Gottes; alles übrige wird euch hinzugegeben. In der Politik kann man sagen: Ergreift zunächst die Waffen; alles übrige wird euch hinzugegeben, auch die Ehre. – Überlassen wir es den Heiden, die Wiederbewaffnung abzulehnen; handeln wir selbst als Christen.»
Als Adenauer 1958 die atomare Aufrüstung erzwingen wollte, sprangen ihm Theologen zur Seite und versicherten, Atombomben widersprächen «nicht notwendig der sittlichen Ordnung» und seien «nicht in jedem Fall Sünde». «Wir haben erstens sichere Gewißheit, daß die Welt nicht ewig dauert, und zweitens haben wir nicht die Verantwortung für das Ende der Welt. Wir können dann sagen, daß Gott der Herr, der uns durch seine Vorsehung in eine solche Situation hineingeführt hat oder hineinkommen ließ... dann auch die Verantwortung übernimmt.»
Im Gegensatz dazu hatte der Ökumenische Rat der Kirchen bei seiner ersten Vollversammlung 1948 Krieg grundsätzlich verworfen. «Die herkömmliche Annahme, daß man für eine gerechte Sache einen gerechten Krieg mit gerechten Waffen führen könne, ist... [im Atomzeitalter] nicht mehr aufrechtzuerhalten. Der Krieg als Mittel zur Lösung von Streitfragen ist unvereinbar mit der Lehre und dem Vorbild unseres Herrn Jesus Christus.»

Kultus (Ritus)

Kultus (von lat. colere = pflegen) soll dazu dienen, die Gemeinschaft zwischen Gott und der gläubigen Gemeinde herzustellen. Deshalb ist der Kult das Zentrum der Religion. Der Mensch «dient» der Gottheit, von der er sich abhängig fühlt. Dafür erwartet er von Gott Segen und Glück, Gnade und Heil.
Die kultischen Tänze und Spiele zahlreicher «Naturvölker» sollen Götter, Dämonen und Geister sprechen und handeln lassen. Kostüme und Masken unterstreichen die Stellvertretung der Geister durch die Tanzenden. Masken stellen die Dämonen und Götter aber nicht nur dar, sie machen sie gegenwärtig; sie rufen z. B. die Toten und Totengötter ins Leben. (→ Stammesreligionen)
Tanz ist älter als Gebet und Lobpreis. Er ist Gottesdienst. Sowohl Nahrung als auch ewige Seligkeit kann man sich «ertanzen». Es gibt kultische Liebes-, Kriegs- und Jagdtänze. Häufig bewegt sich der kultische Reigen um das Götterbild herum. Der Tanz ist aus dem Kult entstanden, und selbst das Dasein im Himmel stellen sich manche Religionen als fortwährenden Tanz vor. «Wer die Macht des Tanzes kennt, wohnt in Gott.»
Der Kult stellt ein Drama dar, das als heiliges Schauspiel oder symbolisch in der Liturgie «gespielt» werden kann. Die Gemeinde hat selbst Anteil an diesem Vorgang. Die Prozession ist eine Sonderform des Tanzes. Sie breitet den Segen des Allerheiligsten, der sonst auf den Kultraum beschränkt ist, «über Dorf und Stadt, über Feld und Flur» aus. Sie mehrt heilvolle Kraft und wehrt unheilvolle Kräfte ab. In Schwaben wurde früher das Evangelium als «Wettersegen» zu Pfingsten an den vier Ecken der Dorfwiese verlesen.
Im christlichen Kult hat sich die Liturgie immer weiter weg vom Drama und hin zu Wort und → Sakrament entwickelt. Zwar wiederholt das Kirchenjahr mit seinen Festen die Geschichte des Heils, aber im Gottesdienst kommt sie nur in Wort und Sakrament zur Darstellung.
Kultische «Symbole» sind Weihrauch, Kreuz und Altar, der Thron oder Tisch

Gottes. Weihrauch galt schon im alten Ägypten als «Treppe zum Himmel». (→ Ägyptische Religion)
Wenn sich der Mensch im Kult Gott nähert, um «sein Antlitz» zu schauen, bringt er das → Opfer mit. Gottesbilder, Madonnenbilder, Ikonen sind Mittel, Gott oder das → Heilige festzuhalten. Wie einen Fetisch bewohnt der Gott oder Geist auch das → Bild. So kommt die Kunde von Heiligenbildern zustande, die bluten, sprechen und heilen können.
In seiner Schrift «Zwangshandlungen und Religionsübungen» hat Sigmund Freud (1856–1939) die Kultrituale der religiösen Gemeinschaft mit dem krankhaften Zeremoniell eines Zwangsneurotikers verglichen. Dabei stellte er fest, daß die neurotischen Handlungen des einzelnen und das kultisch-rituelle Verhalten der religiösen Gemeinschaft in zahlreichen Aspekten übereinstimmen: in der Gewissenhaftigkeit der Ausführung, in der Angst vor Unterlassung, in der Isolierung vom sonstigen «normalen» Tun. Im Hintergrund beider «Zwangshandlungen» vermutete Freud ungelöste Triebkonflikte, im Fall der Neurose solche sexueller, im Fall des Kultes solche sozialer Natur. Er bezeichnete Neurose als «eine individuelle Religiosität», Religion als eine «universelle Zwangsneurose» und Kult als eine krankhafte Erscheinung. (→ Religionskritik)
Erik H. Erikson (geb. 1902) vermutete den eigentlichen Ursprung des kultischen Rituals in den immer wiederkehrenden Verhaltensformen, mit denen ein Säugling Kontakt zur Mutter aufnimmt: In diesem Wechselspiel erwirbt das Kind Vertrauen und Glauben daran, daß die Welt in Ordnung und es selbst in ihr willkommen und angenommen ist. So entsteht die Fähigkeit des Menschen zur Ritualisierung.
Das Alltagsverhalten der Menschen weist zahlreiche Rituale auf (Begrüßung, Lächeln, Händedruck, Gespräch). Vorgegebene Spielregeln ermöglichen Akte wechselseitiger Selbstdarstellung. An Hand dieser Spielregeln kann jeder eine soziale Identität ausbilden. Als Verhaltensklischees dienen sie andererseits auch dazu, gesellschaftliche und persönliche Probleme vor anderen zu verschleiern. Im Kult drücken die Gläubigen ihre Wünsche nach Versöhnung, Anerkennung und Ordnung aus; dieselben Wünsche sind auch in den Alltagsritualen, wenn auch unausgesprochen, enthalten. Im Rahmen des Kultes werden sie auf Gottheiten und heilige Mächte bezogen.

Kyrios

Der Kyrios-Titel → Jesu (Kyrios = Besitzer, Eigentümer, Herr) hat seinen Ursprung im hellenistischen Urchristentum. Mit der Bezeichnung des Jesus von Nazareth als «Herr» beginnt die eigentliche Christus-Religion. (→ Christologie)
Die Juden wurden belehrt, den göttlichen Eigennamen Jahwe in den Heiligen Texten durch die Aussprache «Adonaj» (Herr) zu umgehen. Die griechischen Übersetzer des Alten Testaments übertrugen demnach, korrekt jüdisch, den Namen «Jahwe» als «Kyrios» (vgl. Lk. 1,32), d. h., sie ersetzten «Jahwe, Gott der Heerscharen» im Urtext durch «Herr/Kyrios, der Gott», so daß «Kyrios» als Eigenname Jahwes erscheint.
Später wurde die Kyrios-Bezeichnung Jahwes auf Jesus Christus übertragen. Die aramäische Formel «Maranatha»: «Unser Herr kommt» oder «Unser Herr, komm!» (1. Kor. 16,22) zeigt, daß schon in der jüdischen Gemeinde der Auferstandene «unser Herr» genannt wurde. Nach Apg. 2,36 hat Gott selbst Jesus zum «Herrn und Christus» gemacht.
Im Hellenismus wurde der Titel «Herr» für Götter und für den Kaiser gebraucht, dem religiöse Verehrung zukam. Hellenistischen Christen war der Würdename «Christus» unverständlich geworden; er

trat zurück. An seiner Stelle bevorzugte man die Kyrios-Bezeichnung für Jesus Christus. (Röm. 10,9; 1. Kor. 12,3)
Paulus setzte den vielen «Göttern und Herren», denen die Menschen Kult und Anbetung darbringen, den einen Kyrios Jesus Christus entgegen. (1. Kor. 8,5f) Dabei war er darauf bedacht, Christus Gott unterzuordnen: Gott ist «der Vater unseres Herrn Jesus Christus». (Vgl. 2. Kor. 1,3; 1. Kor. 3,23; Eph. 1,17: «der Gott unseres Herrn Jesus Christus»; Joh. 20,17: «Ich fahre auf zu meinem Vater und zu eurem Vater, zu meinem Gott und zu eurem Gott.») Bei der «Erhöhung» hat Gott Christus den Namen gegeben, der über allen Namen ist, damit alle bekennen sollen, «daß Jesus Christus der Herr sei». Der Name «Kyrios» überragt also alle anderen Menschen- und Götternamen.
Gott und der Kyrios Jesus Christus treten immer enger nebeneinander. Nicht nur Gott, sondern auch «dem Herrn» gelten Anrufung und Gebet. (Röm. 10,12; 2. Kor. 12,8; Apg. 7,58) Langsam wird Christus ein Gott. «Mein Herr und mein Gott!» spricht Thomas den Auferstandenen an. (Joh. 20,28; vgl. auch 1. Joh. 5,20; Tit. 2,13) So läßt hellenistische Denkweise in den jüngsten Schriften des Neuen Testaments neben Gott eine weitere Gottheit treten, ein für den Juden Jesus und die jüdischen Grundanschauungen des ältesten Christentums eigentlich unvorstellbarer Vorgang. (Mk. 10,18)
«In der Formel ‹unser Herr Jesus Christus› ist die urchristliche Religion im Kern enthalten. Gehorsame Beugung, Ehrfurcht und heilige Scheu, ihn zu verletzen, das vollkommene Gefühl der Abhängigkeit in allen Dingen...» (Johannes Weiß: Christus. Die Anfänge des Dogmas, Tübingen 1909, S. 3ff) Dennoch wird Jesus mit immer neuen Titeln geschmückt: Bald bezeichnet man ihn als «Aufseher» und «Oberhirt» (Erzhirte; 1. Petr. 5,4), bald als «Priester», «Hoherpriester», «erhabener Hoherpriester» (Hebr. 5,6; 2,17; 4,14), obgleich Jesus (abgesehen von Mk. 2,5) keine priesterliche Funktion ausgeübt hat.
Mit der anwachsenden Fülle christologischer Hoheitstitel werden die Grenzen verwischt, die Jesus von Nazareth zwischen sich und Gott gezogen hatte. Der Mittler läßt schließlich Gott selbst in den Hintergrund treten. Gleichzeitig werden die Versuche, die Bedeutung des Mannes aus Nazareth für die Gegenwart und Zukunft auszudrücken, immer abstrakter. (Vgl. Phil. 2,6) Neutestamentliche Schriftsteller bezeichnen Jesus als «Vorhang», «Scheidewand» oder «Schuldschein». (Vgl. Hebr. 10,20)
Den Titel «Herr» übernimmt später der römische Bischof und Papst, der damit seinen Anspruch, Nachfolger und Stellvertreter Christi zu sein, unterstreicht. Was der Kaiser für das Römische Reich ist, ist der Papst für die Kirche und für den ganzen Erdkreis. In Rom stattet sich nicht nur der Kaiser mit Attributen und Ehrenbezeugungen eines Gottes aus. Auch die Päpste beziehen den Heiligentitel auf sich. Das äußert sich zum Beispiel im Zeremoniell des Kniefalls vor dem Papst. Die Päpste, die sich «Herr» und «Allerheiligster Herr» nennen lassen, wollen damit ihre Gleichstellung mit Christus und ihre Mittlerfunktion zwischen Gott und der Welt ausdrücken. Beim Krönungsritual spricht ein Kardinal zum neuen Papst: «Empfange die dreifache Tiara und wisse, daß du bist der Vater der Fürsten und Könige, der Lenker des Erdenkreises...»
Auf dem 1. Vatikanischen Konzil (1869/70; →Vatikanum I und II) wird mit der Erklärung des Dogmas von der Unfehlbarkeit des Papstes der Herrschaftsanspruch der Kirche in aller Offenheit formuliert. Alle Katholiken, ja, alle «Christgläubigen», haben, wenn sie nicht exkommuniziert werden wollen,

daran zu glauben, «daß der Heilige Apostolische Stuhl und der Römische Pontifex den Vorrang [primatum] über den ganzen Erdkreis» innehabe. Der Papst ist «Haupt der gesamten Kirche, Vater und Lehrer der ganzen Christenheit». «Die Römische Kirche besitzt... den Vorrang der ordentlichen Gewalt über alle anderen Kirchen... Ihr gegenüber sind Hirten und Gläubige jeglichen Ritus und Rangs... zur Pflicht hierarchischer Unterordnung und wahren Gehorsams gehalten, nicht allein in Sachen des Glaubens und der Sitte, sondern auch der Ordnung und Regierung der über den gesamten Erdkreis verstreuten Kirche.» Das 2. Vatikanische Konzil (1962–65) hat an der Idee absoluter Macht des Papstes nichts geändert, sondern die dogmatischen Lehren des 1. Vatikanums bekräftigt.

L

Lukas

Das Lukasevangelium und die → Apostelgeschichte sind Werke ein und desselben Verfassers. Dieser war Heidenchrist und schrieb für Heidenchristen. Ob er jener «Lukas, der geliebte Arzt» war, den Paulus in Kol. 4,14 und Philem. 24 nennt, und ob er darüber hinaus auch noch ein Schüler des Paulus war, ist jedoch unwahrscheinlich.

Das Lukasevangelium und die Apostelgeschichte wurden wohl in der Zeit zwischen 70 und 90 n. Chr. geschrieben. (Lk. 21.20.24; 19,43f, die Ankündigung der Verwüstung Jerusalems, ist erst nach der Belagerung und Zerstörung der Stadt durch die Römer im Jahr 70 formuliert worden.)

Das Evangelium nach Lukas beginnt mit der Vorgeschichte und Vorbereitung des Auftretens Jesu. Es folgen die Darstellung der Wirksamkeit Jesu in Galiläa, sein Weg nach Jerusalem und sein Aufenthalt dort.

Als einziger Evangelist stellt Lukas seinem Evangelium einen Prolog (1,1–4) voran. Darin gibt er Aufschluß über seine Quellen und die Grundsätze, die ihn bei der Abfassung leiteten. Er schreibt ein gepflegtes Griechisch und kennt die literarischen Gepflogenheiten seiner Zeit. Die Quellen, die Lukas verarbeitete, sind das Markusevangelium und die «Logienquelle» (→ Synoptiker). Außerdem baute er reichlich Überlieferungsstoff ein, der sich im Neuen Testament nur bei ihm findet (sogen. Sondergut in Lk. 1 und 2; Lk, 24,12–53). Solche Erzählungen und Worte Jesu entnahm er der mündlichen Tradition.

Was ihm am Markusevangelium anstößig erschien, strich er. Affekte Jesu fielen weg. (Lk. 6,10; 18,22 gegegenüber Mk. 3,5; 10,21) Die Erklärung der Angehörigen, Jesus sei «von Sinnen» (Mk. 3,20), fehlt bei Lukas ebenso wie der das eigene Scheitern eingestehende Ruf Jesu am Kreuz: «Mein Gott, mein Gott, warum hast du mich verlassen?» (Mk. 15,34) Statt dessen läßt er Jesus sagen: «Vater, in deine Hände befehle ich meinen Geist.» (Lk. 23,46)

Nach der Darstellung des Lukas war Jesus von Anfang an der Messias (→ Christus), und Petrus nannte ihn «Kyrios» (Herr). (Lk. 5,8; siehe auch Lk, 7,13; 10,1; 22,61 usw.) Stärker als Markus und Matthäus wollte Lukas die Liebe Gottes zu den Verachteten: den Sündern (Lk. 5,1ff), den Samaritern (Lk. 10,30ff) und zu den Frauen (Lk. 10,38ff) betonen.

Lukas stellt die Geschichte Jesu in die Geschichte seiner Zeit hinein. (Lk. 2,1f; 3,1f; Apg. 11,28; 26,26) Damit will er ausdrücken, daß die Geschichte Jesu Christi zur Weltgeschichte gehört. Die Geschichte Jesu ist für ihn der Anfang der Kirchengeschichte. (Lk. 19,11; 21,8) Die Kirchengeschichte ist eingeordnet in die Heilsgeschichte Gottes. Die Erwartung des nahen Endes tritt gegenüber Markus und Matthäus zurück. (Mk. 1,15 wird ersetzt durch Lk. 4,21) Die «Gottesherrschaft» steht nicht mehr als eine über alle Menschen hereinbrechende Katastrophe unmittelbar bevor, sondern ist «jetzt schon», vergeistigt und entschärft, «zwischen euch». (Lk. 17,20f) So verarbeitet Lukas die Enttäuschung über die ausbleibende Wiederkunft Jesu («Parousieverzögerung»). Die Zeit der Kirche dehnt sich über die von Jesus ursprünglich äußerst kurz bemessene Zeit ins uferlose aus.

Der staatlichen Macht gegenüber war Lukas loyal eingestellt. Kein anderer Evangelist bemüht sich so sehr wie er, die Römer von Schuld an Jesu Hinrichtung freizusprechen und dafür den Juden alles in die Schuhe zu schieben. (Lk. 20,20.26; 23,4.14.20.22) (→ Antisemitismus) So arbeitet Lukas der Verteidigung der Christen gegen politische Verdächtigung in die Hand. Selbst die grausamen Verfolgungen der Christen durch Nero und Diokletian (→ Christenverfolgungen) bringen ihn nicht von seiner Haltung ab, die es ihm auch angeraten erscheinen läßt, die Hinrichtung des Paulus durch die Römer zu verschweigen.

Luther, Martin

Jugendjahre und Klosterzeit

Martin Luther wurde am 10. November 1483 in Eisleben geboren. Er stammte aus einem bäuerlichen Geschlecht. Seine Eltern waren anfangs arm und erzogen ihn streng. «Meine Eltern haben mich in strengster Ordnung gehalten, bis zur Verschüchterung. Meine Mutter stäupte mich um einer einzigen Nuß willen, bis Blut floß», erzählte er später (1537).

In Mansfeld besuchte er eine Kirchenschule und lernte Latein. Es gab «abgeschmackte Schulmeister, die durch ihr barsches Wesen viele treffliche Anlagen verdarben». (Luther 1537) Anschließend ging er nach Magdeburg, wo er bei den Brüdern vom gemeinsamen Leben (den «Nullbrüdern»), einer ordensähnlichen Gemeinschaft zur Pflege mönchischer Frömmigkeit und Nächstenliebe, in die Schule ging. Später zog er nach Eisenach und verdiente dort seinen Unterhalt als Singschüler. 1501 ließ er sich an der Universität Erfurt einschreiben. Er wohnte in einer Burse, die eine fast klösterliche Lebensordnung einhielt, und lernte die Scholastik, die mittelalterliche Schulwissenschaft, kennen. Er hörte von Thomas von Aquin (1225–1274), der Offenbarung und Vernunft in eine unauflösliche Verbindung miteinander brachte, und von Duns Scotus (1270–1308), der beide Bereiche gegeneinander abgrenzte und die Vernunft nur in bezug auf die natürlichen Dinge gelten lassen wollte. Am einflußreichsten an der Erfurter Universität war jedoch Wilhelm von Ockham (1285–1349), der behauptet hatte, daß die Vernunft überhaupt nie zu einer sicheren Glaubenserkenntnis gelangen könne.

Nachdem Luther Bakkalaureus (niedrigster akademischer Grad) und schließlich Magister geworden war, faßte er auf Wunsch des Vaters ein Weiterstudium der Rechte ins Auge. Als ihn eines Tages ein Blitzstrahl erschreckte und zu Boden warf, gelobte er jedoch, Mönch zu werden. «Nachher reute mich das Gelübde, und viele rieten mir ab. Ich aber beharrte dabei.» (1539)

1505 trat er ins Augustinerkloster in Erfurt ein. Wie alle Augistinereremiten versprach er, «zu leben ohne Eigentum und in Keuschheit nach der Regel des seligen Augustinus bis an den Tod».

1507 wurde er Priester. Der Orden ließ ihn das Studium der Theologie aufnehmen. 1508 berief man ihn auf einen Lehrstuhl für Moralphilosophie seines Ordens in Wittenberg. Dort las er über die Ethik

des Aristoteles (384–322 v. Chr.); zurück in Erfurt, beschäftigte er sich intensiv mit Augustinus. Wegen Streitigkeiten in seinem Orden schickte man ihn nach Rom. «Die Gottlosigkeit und Bosheit ist dort [in Rom] so groß und so unverschämt, daß allda weder Gott noch Menschen, weder Sünde noch Schande geachtet werden», erklärte er später (1537).
Luther war ein eifriger Mönch. «Es ist wahr, ich bin ein frommer Mönch gewesen und habe meinen Orden so streng gehalten, daß ich sagen darf: Ist je ein Mönch in den Himmel gekommen durch Möncherei, so wollte ich auch hineingekommen sein.» (1533)
Sein Ordensvorgesetzter, Johann von Staupitz (1469–1524), überredete ihn dazu, den theologischen Doktorgrad zu erwerben und das Lektorenamt der Klostergemeinde zu übernehmen. So wurde er Mitglied der theologischen Fakultät und begann, neunundzwanzigjährig, eine Lehrtätigkeit als Professor mit einer Vorlesung über das 1. Buch Mose.
Über die Frage, was «Gerechtigkeit Gottes» (nach Psalm 31,2 und Röm. 1,17) bedeute, kam er zu der Einsicht, daß es dabei um das Heil gehe, das jedem, der glaubt, zuteil werde: um die dem Sünder aus Gottes Barmherzigkeit und Gnade verliehene Gerechtigkeit. «Die Gerechtigkeit Gottes besteht darin, daß wir durch Christus gerechtfertigt und erlöst werden.»
1515 wurde Luther zum Distriktvikar über die kursächsischen Klöster ernannt. Seine Grundauffassungen nahmen jetzt immer deutlichere Konturen an. Aus der Lektüre des Neuen Testaments gewann er die Überzeugung, daß Offenbarung und Vernunft, Gnade und Verdienst, Gott und Mensch sich nicht so harmonisch miteinander in Verbindung bringen ließen, wie es manche Strömungen in der Theologie und der Kirche seiner Zeit vorgaben. Gegen die herrschende Lehrmeinung stellte er die Behauptung, der Glaube sei allein der Gnade zu verdanken. Die Rechtfertigung des Sünders erfolge allein durch den Glauben. Damit war die Rechtfertigungslehre der → Reformation geboren.

Kampf mit der Kirche
An der Praxis des mittelalterlichen Bußsakraments (→ Buße; → Beichte) sollte sich der Streit Luthers mit den Kirchenoberen entzünden. Nach kirchlicher Lehre erlangt der reuige Sünder die Absolution (Vergebung der Schuld vor Gott), aber die Strafen der Kirchen liegen noch auf ihm. Die sogenannten zeitlichen Strafen (wozu auch das Fegfeuer gehört) müssen durch «Genugtuungswerke» (Fasten, Almosen, Wallfahrten) abgebüßt werden. An Stelle dieser teilweise mühseligen «Werke» bot die Kirche allerdings «Ersatzleistungen» an (Zahlungen für einen Kirchbau, Teilnahme an einem Pilgerzug usw.). Von den Fegfeuerstrafen konnte man sich dadurch freikaufen, daß man einen → Ablaß erwarb, der z. B. von wandernden Händlern feilgeboten wurde. Wer «Beichtbriefe» kaufte, konnte damit jeden Priester verpflichten, ihm die Absolution zu erteilen. Auch die Toten, die «armen Seelen», konnten (ab 1476) in den Genuß des Ablasses kommen und aus den Qualen des Fegfeuers freigekauft werden. Das Geld des Volkes wurde nämlich insbesondere für den Bau von St. Peter in Rom gebraucht. Luthers Kritik traf nun die Tätigkeit des Ablaßkommissars Johann Tetzel, der von sich behauptet haben soll, er wolle mit Petrus im Himmel nicht tauschen, denn er selbst hätte mit seinem Ablaß mehr Seelen erlöst als St. Peter mit seinem Predigen.
Am 31. Oktober 1517 veröffentlichte Luther seine Meinung über den Ablaß in 95 Thesen: «Unser Herr und Meister Jesus Christus hat mit seinem Wort ‹tut Buße usw.› gewollt, daß das ganze Leben der Gläubigen nichts als Buße sein soll-

te...» Die Thesen wurden in Windeseile im ganzen Land verteilt. Deren Tragweite war klar: Der Wittenberger Mönch bedrohte nicht nur die Ablaßpraxis, sondern das ganze Kirchensystem. Auf Betreiben Tetzels wurde Luther beim Papst wegen des Verdachts der Ketzerei verklagt.

Bei einem Ordenskapitel (Mönchsversammlung) der deutschen Augustiner in Heidelberg am 25. April 1518 konnte Luther seine Ansichten verteidigen. «Meine Disputation haben die Doktores der Heidelberger Universität mit Vergnügen zugelassen und mit solcher Bescheidenheit mit mir diskutiert, daß sie sich dadurch mir aufs beste empfahlen.» (1518)

Das kirchliche Disziplinarverfahren wurde nun gegen Luther eingeleitet. In Rom sollte er seine Ansichten selbst verantworten. Andernfalls drohte ihm der → Bann: der Verlust der «Gnadenmittel» der Kirche und der ewigen Seligkeit sowie, nach der kaiserlichen Acht, auch der Ausschluß vom bürgerlichen Handel und Wandel. Luther griff daraufhin nicht mehr nur den Ablaß, sondern sogar den Bann an, d. h., er traf den empfindlichsten Nerv der kirchlichen Macht- und Finanzpolitik.

Auf dem Reichstag von Augsburg (1518) verlangte man von ihm den Widerruf seiner Irrtümer. Gegenüber dem Kardinal Cajetan, dem Legaten des Papstes, behauptete Luther jetzt, die Gnade sei nicht im Besitz der Kirche, sondern Gabe Gottes.

1519 wurde König Karl von Spanien und Neapel zum König und künftigen Kaiser des Heiligen Römischen Reiches deutscher Nation gewählt. Zur gleichen Zeit bestritt Luther bei einer Disputation in Leipzig, daß die Autorität des Papstes auf göttlichem Recht beruhe. «Daß die römische Kirche über allen anderen stehe, wird bewiesen aus den eiskalten päpstlichen Dekretalen [Erlassen], die erst in den letzten 400 Jahren aufgekommen sind. Gegen sie spricht die beglaubigte Geschichte von 11 Jahrhunderten...» Der Papst sei nicht unfehlbar, und auch die Konzilien könnten irren. «Aus dem allen folgt, daß die erste Christenheit, die allein die wahre Kirche ist, kein Haupt auf Erden haben kann und mag und von niemand auf Erden, durch keinen Bischof noch Papst, regiert werden kann; sondern allein Christus im Himmel ist hier das Haupt und regiert allein.» (1520)

Am 15. Juli 1520 wurde die Bannandrohungsbulle gegen Luther ausgefertigt. Sie beklagt, daß der «Weinberg des Herrn» «von wilden Säuen zerwühlt» werde. Knapp einen Monat später verbrannte Luther vor der Stadtmauer Wittenbergs auf einem Scheiterhaufen Werke des päpstlichen Kirchenrechts, einige scholastische Bücher und die Bannandrohungsbulle: «Weil du den Heiligen Gottes verderbt hast, deshalb verderbe dich das ewige Feuer.»

Nach der Ernennung Karls V. zum römischen Kaiser fand 1521 in Worms der erste Reichstag des jungen Spaniers statt. Auch Luthers Sache sollte dort vor einem Schiedsgericht unter dem Schutz der höchsten Reichsgewalt geklärt werden. Luthers Reise von Wittenberg nach Worms glich einem Triumphzug. Zum Widerruf aufgefordert, entgegnete er dem Kaiser: «Weil Eure Majestät und Eure Gnaden eine schlichte Antwort begehren, so will ich eine solche ohne Hörner und Zähne geben: Werde ich nicht durch Zeugnisse der Schrift oder durch klare Vernunftgründe überwunden – denn ich glaube weder dem Papst noch den Konzilien allein, da es am Tage ist, daß sie des öfteren geirrt und sich selbst widersprochen haben –, so bleibe ich überwunden durch die von mir angeführten Stellen der Schrift und mein Gewissen gefangen durch Gottes Wort. Widerrufen kann und will ich nichts, denn es ist weder sicher noch heilsam, gegen das

Gewissen zu handeln. Gott helfe mir, Amen.» Der Kaiser als Schirmherr des katholischen Glaubens erklärte daraufhin, er werde von jetzt an gegen diesen offenkundigen Ketzer vorgehen (Reichsacht).

Auswirkungen
Zehn Monate lang verbarg sich Luther nun auf der Wartburg. Dort entstand seine deutsche Übersetzung des Neuen Testaments. Seine Ideen verbreiteten sich in erstaunlicher Schnelligkeit. Die religiöse Gärung, die sich bis Ungarn, die Niederlande und die Schweiz ausbreitete, fiel zusammen mit einem (mißglückten) Aufstand der Reichsritter (Franz von Sickingen, Ulrich von Hutten). Eine Anzahl von Landesherren stellte sich auf die Seite der Reformation. Innerhalb der Reformatorischen selbst kam es zu Spannungen; Luther trennte sich von den «Schwärmern» (Karlstadt, 1486–1541; → Thomas Müntzer, Wiedertäufertum). 1525 kam es zum → Bauernkrieg. Die ablehnende Haltung, die Luther gegenüber der aufrührerischen Bauernschaft einnahm («Wider die mörderischen und räuberischen Rotten der Bauern», 1525), kostete ihn die Volkstümlichkeit. Auch von den Humanisten (Erasmus von Rotterdam, 1466 oder 1469–1536) setzten sich die Lutheraner ab.
Seit 1526 traten in Norddeutschland ein katholisches Bündnis und ein evangelisches Gegenbündnis einander gegenüber. Die Spannungen wuchsen. In Kursachsen und Hessen organisierten sich lutherische Landeskirchen, für deren Ordnung die Landesherren verantwortlich waren.
Über dem Streit um das → Abendmahl trennten sich die Lutheraner von den Schweizern (→ Zwingli, 1484–1531). Luther behauptete, daß Leib und Blut Christi im Sakrament «real» gegenwärtig seien. Zwingli hingegen wollte die «Elemente» nur als symbolische Hinweise auf Christus und das Abendmahl lediglich als Bekenntnis- und Erinnerungsakt der Gemeinde anerkennen.
Trotz wiederholter Versuche, die Gegensätze zwischen den verschiedenen Fraktionen der Reformatorischen auszuräumen, kam keine Einigung zustande. (Religionsgespräch in Marburg, 1529) Der Kaiser selbst wollte die religiöse Frage in Deutschland und die Konflikte zwischen den Katholischen und den Evangelischen auf dem Augsburger Reichstag 1530 ausräumen. Mit der «Confessio Augustana» («Augsburgisches Bekenntnis») versuchten die Anhänger Luthers ihren Standpunkt zu rechtfertigen. Aber der Bruch zwischen den evangelischen Reichsständen und der katholischen Mehrheit war nicht zu beheben.
Die evangelischen Stände schlossen sich 1531 im Schmalkaldischen Bund, einem Kriegsbündnis, zusammen. 1547 unterlagen sie dem Kaiser. 1555 wurde der Augsburger Religionsfriede geschlossen: ein Kompromiß innerhalb der herrschenden Klasse. Er schloß alle nicht-lutherischen reformatorischen Strömungen aus. Die Feudalherren bestimmten fortan die Religion ihrer Untertanen.
Die beiden letzten Lebensjahrzehnte verbrachte Luther als theologischer Lehrer und Prediger, Schriftsteller, Schriftausleger und Ratgeber verschiedener Obrigkeiten in Wittenberg. Zusammen mit Melanchthon (1497–1560) arbeitete er an der Reform des Gottesdienstes und des Kirchengesangs, des Katechismus (Erklärung der Hauptpunkte christlicher Lehre) und der Schule, der Universität und der Armenpflege.
Die Diffamierung und Verteufelung seiner Widersacher nahm immer groteskere Formen an. Sein Haß richtete sich nicht nur gegen den Papst und die «Papstkirche». Den Fürsten riet er schon 1524/25, die aufständischen Bauern ohne Gnade niederzumachen: «Steche, schlage, würge hier, wer da kann...» Gegen

«Schwärmer» und Täufer forderte er das Einschreiten der Obrigkeit und hielt, im äußersten Fall, sogar die Todesstrafe für zulässig. Der Judenhaß, der (nach einer verhältnismäßig «judenfreundlichen» Schrift von 1523) sein Werk durchzieht, steigerte sich im Alter. «Erstlich, daß man ihre Synagoge oder Schule mit Feuer anstecke, und, was nicht verbrennen will, mit Erde überhäufe und beschütte, daß kein Mensch einen Stein oder Schlacke davon sehe ewiglich.» (1544)

Am 18. Februar 1546 starb Luther in seiner Geburtsstadt Eisenach.

M

Magie

Magie (von «magos»: der persische und babylonische Priester, der sich auf Stern- und Traumdeutung versteht) und → Religion sind schwer voneinander abzugrenzen. Wenn Menschen an Gottheiten oder heilige Mächte glauben und durch Gebet und Opfer Kontakt mit ihnen aufzunehmen versuchen, so spricht man von Religion. Wenn sie hingegen durch gewisse Handlungsweisen gleichsam automatisch bestimmte Ergebnisse zu erzielen gedenken, so handelt es sich um Magie. Magisch ist also die Vorstellung, daß ein Ritus, wenn er nur sachgerecht vollzogen wird, im erwünschten Sinn wirke.

Einblick in Gesetzmäßigkeiten der Magie haben immer nur besonders Kundige: Magier, Medizinmänner, Schamanen oder weise Frauen. Magie ist also Geheimwissenschaft. Wer sie kennt, hat Macht und verfügt über zauberhafte Kräfte.

James George Frazer (1854–1941) hat die Meinung vertreten, Magie, Religion und Wissenschaft seien drei aufeinanderfolgende Entwicklungsstufen menschlichen Denkens zuzuordnen. Diese Ansicht ist umstritten. Manche Religionswissenschaftler behaupten, Religion (als Umgang mit persönlichen Mächten) und Magie (als Umgang mit unpersönlichen Kräften) seien aus derselben Wurzel entstanden. Andere erklären, Magie sei eine Entartung der Religion. Tatsächlich sind magische Elemente in den Religionen keineswegs verschwunden. Magische Riten und Praktiken finden sich beispielsweise in der griechischen Religion, im Christentum, im Islam wie im Buddhismus. Magisches Brauchtum des Christentums wird häufig ins Abseits des → Aberglaubens gedrängt. (→ Parapsychologie)

Magie gehört im allgemeinen nicht einer primitiven, sondern einer entwickelten Kulturstufe an. Zu einem Höhepunkt konnte sie sich in der Antike entfalten. Eine regelrechte Zauberliteratur gab es in Ägypten, China (→ Chinesische Religionen) und Indien (insbesondere in dem den Veden angegliederten Atharva-Veda, d. h. «Wissen um Zauberformeln»).

Religion und Magie ergänzen sich häufig. Durch magische Praktiken stärken Priester ihre Macht. Heilige Zeichen (z. B. das Kreuzeszeichen) werden wie Zaubergesten, heilige Gebete («Im Namen des Vaters und des Sohnes und des Heiligen Geistes») wie Zauberformeln verwendet. (→ Dämonen)

Mit dem Zauber ist das → Wunder verwandt. Das Wort «Zauber» kommt aus dem Angelsächsischen und bezeichnet die rote Farbe, mit der die Runen, die «zauberhafte Geheimschrift», eingeritzt wurden. Durch Zauber versucht der Mensch, Kontakt mit dem → Heiligen herzustellen. Das Zauberwort, die Zauberhandlung oder der Zaubergegenstand können eine segenvolle oder aber eine gefährliche Wirkung freisetzen. (→ Fluch)

Auch die Kraft des Willens wirkt bisweilen zauberhaft. Willenszauber, eine frühe Form von Konzentration, Meditation und Versenkung, spricht auch ans neutestamentlichen Wundererzählungen. Gegenstände können geladen sein mit heiliger Kraft, die durch bloße Berührung auf den Menschen übergeht. (→Heilig; →Tabu) Magische Steine erhöhen angeblich die Fruchtbarkeit. Zur Kraftübertragung eignen sich insbesondere Pflanzen: Bei den Kelten galt die Mistel als «Allheiler». Der Zahn eines Löwen, als Amulett getragen, soll die eigene Kraft steigern. Kannibalismus hat wohl darin seinen Ursprung, daß einzelne Körperteile des Menschen als gefüllt mit überlegener magischer Kraft angesehen wurden. Auch Hauch und Atem werden häufig als Kraftträger genannt. (→Seele) Das magische Wort wirkt als Segen wie als Fluch. Besonders kraftgeladen ist der Name. Er stellt das Wesen oder die «Seele» seines Träger dar.

Bestimmte magische Sprüche wurden den Toten mit ins Grab gegeben. Damit konnten Hunger und Durst, Schlangen und Skorpione angeblich abgewendet werden. In Buchstaben und Sprüchen, Zahlen und Tönen können verborgene Kräfte vorhanden sein. Ein böser Kraftstoff bewirkt Sünde und Krankheit. Man kann ihn vom Menschen weg auf ein Tier ableiten: auf den «Sündenbock».

Auch das Christentum eröffnete magischen Vorstellungen und Praktiken ein weites Feld etwa durch die Reliquienverehrung. (→Märtyrer) Der Leib des →Heiligen gilt als von Kraft durchströmt. Jeder Teil seines Leichnams beinhaltet dieselbe Kraft wie der gesamte Körper. Wer ein Stückchen davon besitzt oder wer auch nur die Reliquie berührt, leitet die Kraft des Heiligen auf sich selbst über.

Die Hochschätzung der Heiligen Schrift im Christentum erinnert an die in den Religionen verbreitete Wortmagie. Die Bibelwissenschaften mußten erst eines der stärksten christlichen Tabus durchbrechen, um einer kritischen Sicht auf die heiligen Texte Raum zu schaffen. Fünfzehn Jahrhunderte lang war die Bibel als einmalige Erscheinung in der Geschichte der Menschheit ausgegeben worden: als Schrift, deren eigentlicher Verfasser Gott war und die den Willen Gottes für alle Menschen und alle Zeiten enthielt. Deshalb mußte sie in ihrem vollen unverfälschten Wortlaut, ohne Weglassung und ohne Hinzufügung, überliefert und weitergegeben werden, eine sakrosankte und sakrale (heilige) Größe. Jede kritische Auslegung war eigentlich Blasphemie (Gotteslästerung).

Um das Mysterium Bibel herum hatte sich ein magischer Bannkreis gelegt, an dessen →Tabu man nicht rühren konnte, ohne daß Verurteilung und Fluch drohten. Häufig praktiziert wurde das «Bibelstechen» oder «Däumeln»: Vor schwierigen Entscheidungen befragt man den «Willen Gottes» dadurch, daß man – mit dem Daumen oder mit einer Nadel – eine beliebige Stelle der Bibel aufschlägt und diese als Orakel bzw. als private Offenbarung Gottes nimmt. So werden aus Bibelsprüchen praktische Rezepte, die sich mitunter auch als Abwehrmittel gegen böse Einflüsse verwenden lassen. Im Zweiten Weltkrieg etwa ließen sich Soldaten Bibelsprüche gewissermaßen als Abwehrzauber gegen Verwundung in die Uniform einnähen.

Kirchliche Amtsträger werden üblicherweise geweiht und erlangen dadurch eine besondere Machtvollkommenheit. Weihe ist eine Art Kraftbegabung. Die verschiedenen Weihen machen den katholischen Priesterkandidaten zum «Stellvertreter Christi» und Mittler zwischen Gott und Mensch. Im Glauben des Volkes erlangt er damit Verfügungsgewalt über die Erlösung. Durch sein (magisches) Wort kann er nun beim →Abendmahl den Gottesleib erschaffen. Das Wunder der Machtbegabung zeigt sich etwa auch in der Primiz (erste Messe des neugeweihten Priesters): Der Segen des Neupriesters hat in den Augen vieler Gläubigen eine besondere Wirkung. Der Zölibat (Keuschheitsgelübde) mehrt die heilige Macht des Priesters. Ein «abtrünniger» Priester bricht ein tiefreichendes Tabu und vergeht sich an der religiösen Gemeinschaft. Die christlichen → Sakramente entwikkelten sich aus ursprünglichen Gemeinschaftsveranstaltungen zu sogenannten Gnadenmitteln. Geheimnisvoll wandelt sich in der Eucharistie (Abendmahl) die Substanz des Brotes in die Substanz des Leibes Christi, während die «Akzidenz» (Gestalt) des Brotes gleichbleibt. Diese Auffassung, gepaart mit derjenigen des Priesters als einer mit göttlicher Macht begabten Person, erfordert geradezu ein magisches Verständnis. Das Wunder der heiligen Wandlung geschieht in völligem Schweigen der Gemeinde, während der Priester die Konsekrationsworte (Konsekration: Weihung) «Hoc est enim corpus meum» («Dies ist mein Leib») spricht. Das Volksbewußtsein hat sich an dieser Glaubenszumutung gerächt und die Worte der Wandlung zur Zauberformel «Hokuspokus» verballhornt.

Maria

Über Maria (= hebr. Mirjam), die Mutter Jesu, ist im Neuen Testament, abgesehen von der Geschichte der außerehelichen Geburt des Gottessohnes, nur wenig zu hören. Offensichtlich hat die «begnadete Jungfrau» (Lk. 1,28) von der Sendung ihres Sohnes zunächst nichts begriffen Mk. 3,21; 31ff); später aber hielt sie sich zu seiner Gemeinde. (Apg. 1,14; Joh. 19,26f) Paulus scheint nichts von Maria gewußt zu haben; er stellt nur lapidar fest, Jesus sei «vom Weibe geboren». Bald aber rankten sich Legenden um ihre Gestalt. Man wußte auf einmal zu berichten, sie selbst sei als Kind betagter Eltern auf wunderbare Weise geboren worden. Joseph habe sich erst als alter Mann mit ihr verlobt; ihre Jungfräulichkeit habe er jedoch nicht angetastet. (→ Jungfrauengeburt)

Als die vorbildliche Jungfrau ging sie daraufhin durch die Jahrhunderte. Das Konzil von Ephesus erklärte sie 431 zur «Gottesgebärerin». Damit bekam sie einen Teil am göttlichen Erlösungwerk zugeschrieben. Gleichzeitig entrückte man sie allem menschlichen Los: Ihr Frausein und ihre Leiblichkeit wurden geleugnet. Gereinigt von allem Irdischen und allem «Unsauberen», trat die «Himmelskönigin» hervor: Idealbild aller → Frauen, frei von sündhaften Trieben und Begierden.

Selbst Geburten hatte sie «leiblich unversehrt» überstanden. Die Kinder, die sie nach Jesus bekam (Jakobus, Josef, Simon, Judas und die namentlich nicht genannten Mädchen), wurden zu «Verwandten» erklärt.

Der Heilige Geist hatte sie «überschattet» und sie, nach der Erklärung des Kirchenvaters Augustinus (354–430), «durch ihre Ohren» begattet. Die über alles Menschliche erhabene «Magd des Herrn» konnte so zu einer Art Muttergottheit der christlichen Religion werden und die patriarchalische Trinität aus Gottvater, Sohn und Heiligem Geist ergänzen.

Im → Koran, der Sammlung der Offenbarungen des Propheten Mohammed (um 570–632; → Islam), tritt «Maryam», die «Gottesfürchtige», als einziger Elternteil Jesu auf; der «Prophet Jesus» hat, nach islamischer Darstellung, also «keinen irdischen Vater» gehabt. Marias Befruchtung fand dadurch statt, daß ein Engel ihr gerade abgelegtes Kleid «beatmete». Deshalb jubelte der Engelchor: «O Maryam, in der Tat hat Allah dich auserwählt und gereinigt und dich unter den Weibern aller Geschöpfe erkoren. O Maryam, sei deinem Herrn untertan und wirf dich zu Boden.»

Die katholische Kirche hat 1854 die «Unbeflecktheit» der Empfängnis Mariens zum Dogma erhoben: Maria selbst sei durch einen besonderen Gnadenakt, also frei von «Erbsünde», empfangen worden und deshalb «makellos». Die von Anfang an Sündlose habe ihren geschlechtlichen Begierden ganz und gar entsagt. Pius XII. erklärte 1950 «mit völliger Sicherheit und ohne jeden Irrtum» sowie glaubensverbindlich, Maria sei «mit Leib und Seele» in den Himmel aufgenommen worden. Denn ihr Leib habe nicht zu Asche und den Würmern preisgegeben werden dürfen. So wurde die Mutter des Königs Christus zur «Königin des Alls». Der christliche Glaube ist damit auf Maria angewiesen. Die Mutter des Erlösers ist Mittlerin des Heils. Wie niemand zu Gott gelangen kann, außer durch den Sohn, so kann niemand zum Sohn kommen, außer durch Maria. Sie ist die zuverlässigste Fürsprecherin bei ihrem Sohn für die, die zu ihr beten. (Mariengebete: Ave Maria, Rosenkranz, Angelus usw.) Maria ist das Symbol der römisch-katholischen Kirche und ihres Anspruchs: Mutter der Kirche und Mutter aller Gläubigen. 1942 weihte ihr Pius XII. die ganze Menschheit.

Auftrieb bekam der Marienkult der katholischen Kirche, dem vierzehn Festtage des Jahres besonders gewidmet sind, durch verschiedene Erscheinungen der Gottesmutter z. B. in Altötting und Lourdes. 1917 erschien sie wiederholt drei Hirtenkindern beim portugiesischen Ort Fátima und hinterließ düstere politische Botschaften: «Wenn man auf meine Wünsche hört, wird Rußland sich bekehren, und es wird Friede sein. Wenn nicht, dann wird seine Irrlehre sich verbreiten. Sie wird Kriege und Verfolgungen heraufbeschwören.» 1982 ernannte sich Papst Paul II. in Fátima selbst zum «Zeugen der fast apokalyptischen [endzeitlichen] Bedrohungen der Nationen und der Menschheit» und weihte «die ganze Welt dem Unbefleckten Herzen Mariens».

Markus

Das Markusevangelium hat im kirchlichen Gebrauch gegenüber dem → Matthäusevangelium immer ein Schattendasein geführt und steht auch im neutestamentlichen → Kanon erst an zweiter Stelle. Tatsächlich ist aber seine Bedeutung für die Geschichte der christlichen Literatur nicht hoch genug einzuschätzen. Es ist für uns die älteste, direkt erreichbare Form eines «Evangeliums» («gute Botschaft») und liegt, wie der Vergleich der → Synoptiker zeigt, als Quelle sowohl dem → Lukas- wie auch dem Matthäusevangelium zugrunde.

Dennoch ist im Markusevangelium nicht die ursprüngliche Form der Überlieferung von → Jesus erhalten. Es ist vielmehr ein in dogmatischer Absicht gestaltetes Werk.

An keiner Stelle des Evangeliums gibt sich sein Verfasser zu erkennen. Die älteste nachbiblische, jedoch keineswegs gesicherte Nachricht aus dem frühen 2. Jahrhundert besagt: «Markus war ein Interpret des Petrus und schrieb sorgfältig auf, wessen er [Petrus] sich erinnerte.» Vielleicht ist damit jener Johannes Markus gemeint, den die Apostelgeschichte mehrfach nennt. (Apg. 12,12; 13,5.13; 15,37ff) Dieser war vermutlich in Jerusalem aufgewachsen und hatte die Zeit miterlebt, als Jesus dort auftrat und starb. 1. Petr. 5,13 bringt ihn in Beziehung zu Petrus in Rom. Tatsächlich steht die Autorität des Petrus hinter dem Markusevangelium. Überhaupt wird in keinem anderen Evangelium Petrus so häufig erwähnt.

Der Ort, an dem das Markusevangelium abgefaßt wurde, dürfte eine heidenchristliche Gemeinde des Ostens, etwa Syriens, gewesen sein. (→ Urchristentum) Da die Entwicklung der Tradition, die Markus verarbeitet, schon weit vor-

angeschritten ist, und Mk. 13 eine gewisse Nähe zum jüdischen Krieg spüren läßt, datiert man die Abfassungszeit des Evangeliums etwa auf das Jahr 70 n. Chr.
Vor der Abfassung des Markusevangeliums wurden die Nachrichten vom Leben und Wirken Jesu mündlich überliefert. Markus hat diese verstreut umgehende Jesusüberlieferung gesammelt.
Die Überschrift verrät seine Absicht: «Das Evangelium von Jesus Christus». (Mk. 1,1) «Evangelium» heißt für Markus «Botschaft vom Heil». In diese Botschaft bezieht der Verfasser die Geschichte Jesu vor der Kreuzigung (→ Kreuz) ein. Was er über das Leben Jesu berichtet, bezieht er stets auf Kreuz und → Auferstehung. Umgekehrt verankert er die Bedeutung des Todes Jesu in der Lebensgeschichte des Mannes von Nazareth.
Die Überlieferung, die Markus vorfand, bestand aus unverbundenen Einzelstükken: aus Reden Jesu und Erzählungen seines Wirkens. Markus hat sie miteinander verknüpft. Er gab dem gesammelten Überlieferungsstoff dabei den Charakter einer geographisch und zeitlich zusammenhängenden Geschichte. So entstand ein Gesamtbild der Wirksamkeit Jesu. Danach trat Jesus im wesentlichen in Galiläa, und zwar insbesondere in Kapernaum und am galiläischen See, auf.
Die redaktionelle Arbeit am Überlieferungsstoff zeigt, daß Markus sich nicht nur als Schriftsteller, sondern auch als Theologe mit einer bestimmten dogmatischen Absicht betätigt hat. Der Neutestamentler Martin Dibelius (1883 bis 1947) hat das Markusevangelium als «Buch der geheimen Epiphanien» (Erscheinungen) charakterisiert: Es stellt das Leben Jesu als eine Folge von Offenbarungen vor. Die Taufe Jesu und seine «Verklärung», Sturmbeschwörung und Seewandel, Heilungen und Dämonenaustreibungen sind Epiphanien, die erkennen lassen, daß der Gottessohn am Werk ist. (→ Wunder)
Aber über diese Offenbarungen ist gleichsam ein Schleier des Geheimnisses gebreitet. Die Dämonen sollen schweigen, und die Geheilten dürfen nicht erzählen, welches Wunder an ihnen geschehen ist. Das Gottesreich muß verborgen bleiben. Bis zur Auferstehung sollen die Jünger das Geheimnis wahren, daß Jesus der Messias ist. (→ Christus)

Märtyrer (Martyrium)

«Martyrium» bedeutet das Leiden und Sterben als Zeugnis für eine Sache, die man für gut und richtig hält, insbesondere aber für den eigenen Glauben. Der Begriff «Märtyrer» entstammt jüdischen Vorstellungen und wurde in der christlichen Literatur vor allem in der Mitte des zweiten nachchristlichen Jahrhunderts zum Ehrentitel.
In außerchristlichen Religionen gibt es kaum Märtyrer. Das hängt damit zusammen, daß Judentum und Christentum ihre Anhänger auf Bekenntnisse verpflichten, Bekenntnistreue fordern und selbst ausschließliche Gültigkeit beanspruchen. Der → Absolutheitsanspruch des Christentums ist der Boden, auf dem sich das Märtyrertum erst richtig entfalten konnte. Die christlichen Märtyrer opferten sich, um, wie sie glaubten, am Opfertod Christi teilzuhaben (→ Opfer) und an der eigenen Erlösung und dem Heil aller Menschen mitzuwirken. Martyrium war «Bluttaufe». (→ Blut)
Das Verlangen, den Tod und die Erlösungstat des Jesus von Nazareth als eigenes Zeugnis nachzuahmen, führte zu einer regelrechten Todessehnsucht im frühen Christentum. Blutzeugen wurden inbrünstig verehrt. So entwickelte sich eine Theologie des Leidens und des Todes: Durch sein Sterben und seine → Auferstehung hat Jesus den Tod überwun-

den; der Tod hat keine Macht mehr. (1. Kor. 15,54f) Zahlreiche Stellen im Neuen Testament fordern geradezu zum Martyrium auf. (Lk. 14,26f; Mat. 10,37; 16,24; Mk. 8,34) Daraus schlossen die Gläubigen, der Tod um Christi willen habe erlösende Bedeutung. Leid und Schmerz bekamen einen ins → Jenseits hineinreichenden Sinn.
Ignatius (gest. um 110 als Märtyrer), der während einer Christenverfolgung zur Zeit des Kaisers Trajan (98–117) verhaftet worden war, ersehnte leidenschaftlich sein eigenes Martyrium. Er wolle «Fraß für die Bestien» werden; denn wann werde er «jemals wieder eine solche Gelegenheit haben, um zu Gott zu gelangen»? Seiner Meinung nach kann nur ein Märtyrer wahrer Jünger Jesu, echter Christ und Berufener Gottes sein.
In der christlichen Gemeinde wurden diejenigen, die um ihres Glaubens willen gelitten hatten, verehrt. Sie galten als Elite, und ihrem Urteil maß man besonderes Gewicht bei, zumal die Anzahl derjenigen, die bei Verfolgungen von den christlichen Verpflichtungen abfielen, die Zahl der Standhaften bei weitem überstieg. Die Gräber der Märtyrer wurden zu Orten besonderer Segnungen. Dort entstand die Heiligenverehrung. (→ Heilige) Die Bücher über Leben, Prozeß und Tod der Märtyrer wurden zu einer beliebten Erbauungslektüre der Christen.

Matthäus

Der Aufbau des Matthäusevangeliums ist am → Markusevangelium orientiert. Außer einzelnen Umstellungen, Kürzungen und Neuformulierungen bringt Matthäus gegenüber Markus jedoch auch umfangreiche Einfügungen. Er verknüpft die der Überlieferung entnommenen einzelnen Texte so, daß der Eindruck eines zeitlichen und räumlichen Zusammenhangs der Berichte von Jesu Leben und Taten entsteht. Die sachlichen Änderungen, die Matthäus gegenüber Markus vornimmt, beschränken sich auf die Berichte von Jesu Handlungen (z. B. seiner Wunder), während Jesu Aussprüche fast immer unangetastet bleiben.
Noch stärker als Markus hat Matthäus die Gestalt des Jesus von Nazareth an das Bild vom erhöhten → Kyrios (Herr) angeglichen, anstößige Züge in Berichten über ihn gestrichen (vgl. Mk. 3,21; Mk. 6,5 und Parallelen; Mat. 13,58) und die Jünger stärker idealisiert. (Mk. 4,13 gegenüber Mat. 13,16f)
Etwa die Hälfte des Matthäus-Stoffes kommt im Markusevangelium nicht vor. Die Hälfte davon findet sich auch bei → Lukas, d. h. daß etwa ein Viertel des Matthäus keine Parallelen bei den anderen Evangelien hat. («Matthäus-Sondergut») Den mit Lukas gemeinsamen Stoff hat Matthäus der sogenannten Spruch- oder Logienquelle entnommen. (→ Synoptiker) Ansonsten benutzte er wahrscheinlich nur mündliche Überlieferung von Jesus.
Dem Verfasser des Matthäusevangeliums lag viel daran, Jesus als die «Erfüllung der Schrift» vorzustellen: Die Propheten des Alten Testaments haben weissagend auf Jesus hingewiesen. Jesus ist das Ziel der alttestamentlichen Gottesoffenbarung. Überhaupt vertritt Matthäus oft einen betont judenchristlichen Standpunkt. (→ Urgemeinde) Er möchte das Christentum offenbar den Juden gegenüber verteidigen. Jesus soll als der erwartete jüdische Messias ausgewiesen werden. (Vgl. Mat. 10,5; 10,23; 15,24) Dennoch gilt seine Botschaft allen Völkern. (Mat. 28,19; 13,38)
Vieles spricht dafür, daß Matthäus sein Evangelium in griechischer Sprache für griechisch sprechende Christen geschrieben hat, die aber judenchristlicher Herkunft waren. Vielleicht war Antiochia in Syrien der Ort der Abfassung. Als Zeit wird 80–100 n. Chr. angenommen. (Mat.

22,7 spielt auf die Zerstörung Jerusalems um 70 n. Chr. an.)
Der Verfasser des Matthäusevangeliums ist mit Sicherheit nicht einer der «Zwölf» um Jesus gewesen. (Mat. 10,3; Mk. 3,18; Lk. 6,15; Apg. 1,13) Unerklärlich wäre sonst seine Abhängigkeit von Markus, dem griechischen Evangelium eines Nichtjüngers, seine spätapostolische Theologie, seine griechische Sprache. Wir kennen seinen Namen nicht, nur daß er ein griechisch sprechender Judenchrist mit Kenntnissen eines Rabbiners war, dessen Überlieferung die Worte Jesu stark an jüdische Auffassungen angeglichen hat.

Mennoniten

Die Mennonitengemeinden sind aus der Täuferbewegung des 16. Jahrhunderts herausgewachsen. Bei der Durchführung der Reformation in Zürich gab es Streitigkeiten unter den Schülern Zwinglis (1484–1531). Die Gegner der Kindertaufe vollzogen die «Mündigentaufe» und gründeten die erste Täufergemeinde. Sie wurden unerbittlich verfolgt, ihre Führer ertränkt und verbrannt. Dennoch breitete sich die Bewegung aus.
Ihre apokalyptischen Gedanken vom bald hereinbrechenden Reich Gottes (→ Apokalyptik) suchten die Täufer in Münster (1534–35) mit Gewalt durchzusetzen. Andere vertraten eine verinnerlichte, weltabgewandte Täufergesinnung. Zu ihnen stieß 1536 der ehemals katholische Priester Menno Simons (1496–1561). Er wurde der Führer und Organistor der Taufbewegung im niederdeutsch-holländischen Raum.
Im 17. und 18. Jahrhundert entstanden Täufergemeinden in vielen Ländern Europas und in Amerika. Aus Mähren wanderten die Hutterischen Brüder nach Nordamerika. In den Niederlanden heißen sie «Doopsgezinde» («Taufgesinnte»). Das deutsche Mennonitentum verband sich mit dem → Pietismus. In Rußland gründeten mennonitische Flüchtlinge zahlreiche Siedlungen (Mennoniten-Brüdergemeinden). Heute halten sich zahlreiche afrikanische und asiatische Kirchen an die täuferisch-mennonitische Tradition. Weltweit gibt es 600 000, in Deutschland etwa 11 600 getaufte Mennoniten.
Charakteristisch für ihre Frömmigkeit ist die Ansicht, daß sich die Rechtfertigung des Christen auch zu bewähren habe. «Das Mittel ist Christus, welchen niemand mag wahrlich zu erkennen, es sei denn, daß er ihm nachfolge mit dem Leben.» (Hans Denck, um 1495–1527) Getauft, d. h. ins «Bündnis» mit Gott und den Glaubensbrüdern aufgenommen werden, kann man nur aufgrund von Buße und Glauben. Deshalb ist die Säuglingstaufe ausgeschlossen.
Die Gemeinde ist frei und unabhängig, sie besitzt «Macht und Gewalt», d. h. die höchste menschliche Autorität, um Lehren zu erteilen, Gemeindezucht zu üben, zu vergeben, zurechtzuweisen und zu bannen. Staat und Kirche müssen getrennt sein; denn der Christ muß Gott mehr gehorchen als staatlichen Instanzen. Aus dem Gebot Jesu zu Nächstenliebe und Versöhnung wird für die Mennoniten ersichtlich, daß jegliche Gewaltanwendung (Militärdienst, Krieg) abzulehnen ist: Christentum und Pazifismus sind eins. Auch der Eid wird verweigert, da der Gläubige allein an Gott gebunden ist. Schon früh wurden die Mennoniten zu Vorkämpfern der Toleranz. (→ Intoleranz)

Menschensohn

Der Begriff «Menschensohn» war im Alten Testament und im Judentum nur von begrenzter Bedeutung. In vorneutestamentlicher Zeit verbanden sich in ihm Elemente iranischer Religion (→ Zarathustra) mit jüdischen Endzeitvorstellungen. Die Evangelien verwenden ihn als Selbstbezeichnung → Jesu.

«Menschensohn» bezeichnet meist ein Einzelwesen im Sinne von «Mensch». «Was ist der Mensch, daß du seiner gedenkst, und des Menschen Kind [Sohn], daß du dich seiner annimmst?» (Ps. 8,5; Ps. 80,18; Hiob 25,6) In Daniel 7,13f sieht der Visionär ein Wesen «wie eines Menschen Sohn», das mit den Wolken des Himmels kommt; ihm werden von Gott «Macht, Ehre und Reich sowie die Herrschaft über alle Völker übergeben. Umstritten ist, ob dieser Menschensohn als Individuum oder als Kollektivum zu verstehen sei. Wahrscheinlich ist hier und an anderen Stellen an das Volk des endzeitlichen Heils, «die Heiligen des Höchsten», die Engel oder das Volk Israel gedacht. Der Menschensohn ist eschatologischer (→Eschatologie) Weltherrscher.

In der jüdischen →Apokalyptik ist der Menschensohn eine messianische Gestalt (→Christus), die bisweilen Züge des «Gottesknechtes» aus Deuterojesaja (→Jesaja) an sich gezogen hat. (Jes. 53) Er ist «der Gesalbte», «der Auserwählte», «der Gerechte», «das Licht der Völker». Sein Erscheinen führt die Endzeit herauf, und Gott überträgt ihm das Gericht.

Die Menschensohnvorstellung hat etwas Aufrührerisches, sie revoltiert gegen religiöse und politische Unterwerfung. Jahwe selbst duldet nicht den Kniefall des Menschen: «Du, Mensch, stell dich auf deine Füße! Ich will mit dir reden.» (Hes. 2,1) Jeglicher sozialen und politischen Unterwerfung wird die religiöse Basis entzogen.

Im Neuen Testament kommt das Menschensohn-Prädikat (bei einer Ausnahme: Apg. 7,55 und als Danielzitate in Apk. 1,13 und 14,14) nur in den Evangelien (einschließlich Johannesevangelium), und zwar in der Rede Jesu, vor. Die neutestamentlichen Briefe enthalten keine Menschensohn-Aussagen.

Jesus spricht vom Menschensohn in der dritten Person, d. h., er meint damit nicht sich selbst; alle Titel, selbst den schlichtesten: «Rabbi», lehnt er ab. (Mat. 23,8) Erst die urchristliche Gemeinde erhöht ihn zum Menschensohn. (Mk. 8,38; Lk. 12,8f; Mat. 24,27.37.44)

Die christliche Glaubenslehre hat, wie es die Evangelien nahelegen, behauptet, Jesus von Nazareth habe sich selbst als den kommenden Menschensohn ausgegeben. «Er ist auf den hin, der er sein wird.» (Otto Weber) Tatsächlich aber enthält die synoptische Tradition (→Synoptiker) kein Wort, in dem Jesus gesagt hat, er werde dereinst wiederkommen. Fälschlicherweise werden die Leidensweissagungen und die Parusieweissagungen (parousía heißt nicht «Wiederkunft» [Jesu], sondern «Ankunft» [des Menschensohnes]) als echte Jesusaussagen genommen und miteinander verbunden. Die Leidensweissagungen (Mk. 8,31; 9,31; 10,33f; 10,45; 14,21.41) sagen zwar die Tötung Jesu als Folge göttlicher Vorherbestimmung aus. Aber sie sind aufgrund der späteren Ereignisse formuliert und ins Leben Jesu zurückdatiert worden. Den Hinweis auf eine Parusie sucht man ihn ihnen vergeblich.

Die Weissagungen der Parusie ihrerseits (Mk. 8,38; 13,26f; 14,62; Mat. 24,27.37.39.44) sagen nichts über das Sterben und Auferstehen des Menschensohnes. Sie haben demnach mit den Weissagungen von Tod und Auferstehung ursprünglich nichts zu tun. Die Menschensohnworte Jesu rechnen also nicht damit, daß der Menschensohn da sei und erst durch den Tod entfernt werden muß, um dann vom Himmel wiederzukommen. Jesus selbst teilte also keineswegs die ihm später zugeschriebene Vorstellung, daß er vor dem Ende der Welt durch einen gewaltsamen Tod von der Erde verschwinden müsse, um auf den Wolken des Himmels zur Ausrichtung seines eigentlichen Auftrags wieder herabzukommen.

Schon in den späteren Evangelien ging der Sinn des Titels «Menschensohn» verloren. Das Wort wurde zur Selbstbezeichnung Jesu. So kann Matthäus ein überliefertes «Menschensohn» durch «ich» (Mat. 10,32 gegen Lk. 12,8f) wie umgekehrt ein «ich» durch «Menschensohn» (Mat. 16,13 gegen Mk. 8,27) ersetzen.
Der revolutionäre Beigeschmack des Menschensohn-Begriffes brachte es mit sich, daß er schon im Neuen Testament zurückgedrängt wurde und auch keinen Eingang in die → Christologie fand. Für die Menschensohn-Gestalt, die der Hoffnung der Armen und ihrem Aufbegehren gegen Herrschaft und Unterdrückung einen Anhalt hätte bieten können, gab es keinen Platz (→ Urchristentum) An seine Stelle trat der im Kult gegenwärtige → Kyrios (Herr). Der Herrengott ersetzte den Menschensohn.

Militärseelsorge

Die religiöse und kultische Betätigung von Schamanen und Priestern unter Soldaten und in Kriegsheeren reicht bis ins Altertum zurück. Sie wandelte sich in der Neuzeit, als stehende Heere eingerichtet wurden, zu einer dauerhaften Institution. Die christliche Militärseelsorge, eine Fortsetzung kriegsbegleitender magischer Praktiken der «Naturvölker» (→ Stammesreligionen), geht auf → Konstantin den Großen (306–337) zurück. Seit dieser Zeit spiegelt sie das einvernehmliche und meist auch gesetzlich geregelte Miteinander von Staat und Kirche in charakteristischer Weise wider.

Entstehung und Merkmale

Aufgabe der christlichen Militärseelsorge ist es, Soldaten humanitär zu betreuen und ihnen klarzumachen, daß Militär- und Kriegsdienst mit dem Christentum durchaus vereinbar sind. Militärseelsorge ist «Fortsetzung des Religionsunterrichts mit anderen Mitteln». Sie hat zur Stärkung der Kampfmoral unter den Soldaten beizutragen. Dieses Ziel war solange leicht einsichtig zu machen, wie der König «von Gottes Gnaden» regierte; die christliche Religion hatte hierbei die Aufgabe, das Kriegshandwerk zu rechtfertigen.
Während der Wilhelminischen Zeit (Zeitabschnitt zwischen 1888 und 1918, benannt nach Kaiser Wilhelm II.) haben sich die Grundlagen der modernen Militärseelsorge entwickelt. Ihr wurde der ideologische Kampf gegen den Sozialismus und die religiöse Propaganda für den preußisch-deutschen Nationalstaat als gottgewollter, rechtmäßiger Obrigkeit übertragen. Die Monarchie bedachte die christlichen Kirchen im Gegenzug mit zahlreichen Privilegien. Zu keiner Zeit wurden mehr oder größere Garnisonskirchen in Deutschland gebaut; finanzieren ließ sich die Militärseelsorge aus dem Reichsmilitärbudget.
Zu den kennzeichnenden magisch-religiösen Symbolen des Militärkirchenwesens gehört die Fahne. Fahnen wurden bei Militär- und Feldgottesdiensten in unmittelbarer Nähe des Altars (beim «Allerheiligsten») aufgestellt, um sie der gottesdienstlichen Opferhandlung zuzuordnen. Der christliche Gottesdienst selbst hat sich aus dem Opfer entwickelt. Wie sich Gott in Christus für den Menschen geopfert hat, soll sich der Mensch für Gott opfern. Mit diesem Gedanken stimmt der Militärgottesdienst die Soldaten auf Kampf und Schlacht als Selbstopfer ein.
Zu den Aufgaben der Militärgeistlichen gehörten Fahnenweihe und Vorbereitung auf den Fahneneid. «Die Fahnen ... zu vertheidigen und unter ihnen zu siegen oder zu sterben, ist des Soldaten heiligster Beruf.» (Württembergische Allgemeine Kriegsdienstverordnung, 1858) Häufig trugen die Fahnen christlich geprägte Leitsprüche oder das Kreuzemblem als Aufschrift.

Die kirchliche Weihe von Truppenfahnen geht mindestens bis ins 11. Jahrhundert zurück. Durch Segen und Gebet wurde die Fahne religiös aufgewertet. «Sie [die Fahne] ist Euer Heiligthum ... So nehmt sie hin aus Gottes Hand und des Kaisers Hand, so haltet sie hoch und heilig!» (Evangelischer Feldpropst, 1891) «Die Fahne ist das Heiligtum des Soldaten, das rühmliche Pfand des Vertrauens, welches der Monarch in die Tapferkeit seiner Krieger setzt ... Die Verteidigung der Fahne ist daher eine heilige Pflicht; von ihrer Erhaltung ist der Ruhm der Truppe unzertrennlich. Die Feier der kirchlichen Weihe versinnlicht ihren hohen Wert.» (Katholischer Feldbischof, 1905)

Unter Anwesenheit von Militärgeistlichen mußten die Soldaten einen Eid auf die Fahne schwören und sich zum Gehorsam gegenüber dem Monarchen verpflichten. Der Fahneneid hatte einen religiösen Zusatz, der für Protestanten ab 1831 folgendermaßen lautete: «So wahr mir Gott helfe, durch Jesum Christum zur Seligkeit». Indem Gott zum Zeugen des Gelöbnisses künftiger Pflichterfüllung aufgerufen wird, stellt sich der Fahneneid als «Akt der Gottesverehrung» dar.

Kirchliche Predigt und religiöse Unterweisung versuchten zu verhindern, daß sich die Soldaten ihrer tatsächlichen Situation bewußt wurden. «Was endlich das Politisiren auf der Kanzel betrifft, so wissen wir, daß der Soldat als solcher nicht Politik treibt. Ueber die Motive des Krieges denkt er nicht viel, und hat seinem Eide gemäß nicht darnach zu fragen. Daß sein König ihn sendet, daß sein Regiment marschirt, das ist ihm genug, das begeistert ihn! ... Wohl aber ist die Kathechismuslehre von der Obrigkeit oft und entschieden zu treiben. Es ist für das gesamte Leben des Soldaten von höchster Bedeutung, daß der König ‹von Gottes Gnaden› regiert, und seine Krone von Gott zum Lehen trägt. Daß in des Königs Befehlen Gottes Wort an den Krieger ergeht, das erhält ihm die Freudigkeit, Haus und Hof, Gut und Blut zum Opfer zu bringen ... Natürlich hat die Predigt in schwierigen Zeitlagen ... den Soldaten zu den ihm näher rückenden besonderen Aufgaben geistlich, religiös und sittlich zu wappnen.» (Evangelischer Divisionsprediger und Superintendent, 1870)

Religion und Eid entließen den Soldaten also aus seiner politischen Eigenverantwortung, ja aus seiner Selbständigkeit. Bis in den Tod ist die Treueverpflichtung des Soldaten gültig. «Nicht umsonst gilt der Tod des Kriegers auf dem Schlachtfelde nicht für einen gewöhnlichen Tod: es ist der Tod der Ehre, ein heiliger Opfertod für Gott und Vaterland.» («Württembergisches Gebetbüchlein für katholische Soldaten», 1900) Durch den Fahneneid wird aus dem «Waffendienst» ein «Dienst Gottes». «Alles, was man tut wegen Gott, ist im weiteren Sinne Gottesdienst, der Gottes Lohn empfängt. Darum ist der Dienst des pflichttreuen Soldaten ein immerwährendes Opfer auf dem Altar des Herrn, der Tod in Beruf und Pflicht die schönste Einlösung des heiligen Eides, das Sterben auf dem Schlachtfelde nichts Furchtbares und Schreckliches, sondern etwas Erhabenes und Herrliches.» (Ein Geistlicher Rat und Militärpfarrer aus Bayern)

Die katholische Militärseelsorge griff gern auf die Verehrung militärischer Schutzpatrone und Soldatenheiliger zurück. Die Heiligen sollten zum Kriegsdienst motivieren und die Soldaten zum rechten Verhalten anleiten. Jede militärische Waffengattung hatte ihren eigenen Schutzpatron, die Infanterie den heiligen Mauritius, die Kavallerie den heiligen Georg, die Artillerie die heilige Barbara, die Pioniere den heiligen Josef. Die evangelische Militärseelsorge hielt sich ihrerseits an militärische Vorbilder aus der bi-

blischen Überlieferung. Der «Hauptmann von Kapernaum» (Mat. 8,5–13) galt als Muster des christlichen Offiziers. In seinen «Fußstapfen» sah man sogar Kaiser Wilhelm II. wandeln. «Um sicherer und leichter zu siegen im Lebenskampfe, schaue sich der junge Soldat um bewährte Bundesgenossen um und schließe Allianz mit Gott, dem Allmächtigen und Allgütigen, dessen Arm nie erlahmt und nie verkürzt wird; mit Jesus Christus, dessen Kriegsfahne, die Kreuzesfahne, vor fast 2000 Jahren geweiht war und mit so viel Glanz und Ruhm bedeckt ist, wie keine andere; mit Maria, der Schutzfrau...» (Katholische Militärseelsorge, 1911)
Die Militärseelsorge pries die «Blutsverwandtschaft» zwischen → Krieg und Christentum. Militär und Monarchie erschienen als Verkörperungen unverfälschten Christentums und als gottgewollte Institutionen.

Aufrüstung zur «Seelenrettung»
Als in den frühen Augusttagen des Jahres 1914 die Mobilmachung für den Ersten Weltkrieg befohlen wurde, ergriff eine wahre Kriegsbegeisterung die Bevölkerung und die Kirchen. Menschenscharen strömten in die Gottesdienste, in denen die ausrückenden Soldaten verabschiedet wurden. Der bevorstehende Kampf galt als «gerechter Krieg», die bewaffnete Staatsgewalt als rechtmäßige, gottgewollte Ordnungsmacht. Soldatentum und Christentum bildeten eine höhere Sinneinheit. «Nach Gottes Willen bist du Soldat. Folglich ist Gott mit dir. Aber auch du mit Gott.»
Den Feldgeistlichen erschien der Krieg als besondere Chance, den kirchlichen Einfluß in Staat und Gesellschaft zu mehren: Der Krieg ist «Bestätiger des Christentums». Die Kirchen brachten eine wahre Flut kriegstheologischer Schriften auf den Markt. Darin wurde dargelegt, daß Gottes Weltordnung das normalerweise geltende Verbot des Tötens im Falle eines «gerechten Krieges» vorübergehend außer Kraft setze.
Während der Zeit der Weimarer Reichsverfassung wurde weder das Verhältnis zwischen Staat und Kirche grundsätzlich neu bestimmt, noch die Militärseelsorge umgestaltet. Selbst die Machtübernahme durch die Nationalsozialisten beeinflußte kaum das kirchliche Engagement unter den Soldaten. Am 20.7.1933 schloß der Vatikan mit dem Deutschen Reich ein Konkordat, das die Militärseelsorge nach traditionellem Muster regelte. Als sich im → «Kirchenkampf» in der evangelischen Kirche einige Zivilgeistliche, die militärseelsorgerlich tätig waren, der Kirchenpolitik Hitlers widersetzten, verfügte der Oberbefehlshaber der Wehrmacht, daß nur noch beamtete Geistliche, die vor Regierungsvertretern eigens eine kirchenpolitische Prüfung abgeleistet hatten, zur Militärseelsorge zugelassen wurden. Auf die Feldseelsorge als «wichtigstes Mittel zur Stärkung der Schlagkraft des Heeres» wollte man auch während des Zweiten Weltkrieges nicht verzichten.
Während des Dritten Reiches wurden ein Protestant, sieben Katholiken, zwei Quäker, sieben Mitglieder der Sieben-Tage-Adventisten und etwa siebentausend Zeugen Jehovas, die den Kriegsdienst konsequent verweigerten, verurteilt und hingerichtet. Den überwiegenden Teil der Zeugen Jehovas brachte man ohne juristische Verfahren in Konzentrationslagern und Haftanstalten um, 203 von ihnen verurteilten die Gerichte zum Tod. Als über den einzigen kriegsdienstverweigernden Protestanten, Hermann Stöhr, am 9. Januar 1940 vom Reichskriegsgericht die Todesstrafe verhängt wurde, sah sich seine Kirche, die um Unterstützung gebeten worden war, außerstande zu intervenieren; denn Staatsfeindschaft oder mangelnde Wehrbereitschaft wollte sich die evangelische Kirche keinesfalls nachsagen lassen.

Fünf Jahre nach dem Ende des Zweiten Weltkrieges kam eine Diskussion über die Wiederaufrüstung der Bundesrepublik Deutschland in Gang. Die Bestrebungen der CDU/CSU-Regierung nach atomarer Aufrüstung führten in den fünfziger Jahren zu einer Kontroverse um Wehrdienst und Kriegsdienstverweigerung. Anfangs lehnte die Evangelische Kirche in Deutschland die Atombewaffnung ab. Aber schon bald wich dieses klare Nein einer Mittelposition. Einzelne Theologen wie Helmut Gollwitzer und Heinrich Vogel oder der Kirchenpräsident von Hessen-Nassau, Martin Niemöller, wandten sich jedoch gegen eine atomare Aufrüstung der Bundeswehr. Niemöller erklärte, daß «heute die Ausbildung zum Soldaten die Hohe Schule für Berufsverbrecher» sei. Kritiker der Atomrüstung wurden daraufhin als Sympathisanten des Kommunismus beschimpft. Befürworter der atomaren Aufrüstung der Bundeswehr fanden sich vor allem im Lager der Lutheraner: Die Atombombe sei eine «Zuchtrute Gottes»; durch sie werde der Westen vor einem bolschewistischen Überfall geschützt. Überhaupt seien westliche Atombomben eine läßliche Sünde, östliche Atombomben hingegen eine schwere Todsünde. Der Gefahr des «Seelenmordes» durch den Kommunismus habe Gott selbst die Atombombe des christlichen Westens als «Seelenrettung» entgegengestellt. Da der Staat von Gott den Auftrag habe, die Ordnung zu erhalten, müsse er diejenigen Kräfte, die Unfrieden verursachen und das Chaos herbeiführen wollen, mit allen Mitteln bekämpfen. Deshalb könne die Herstellung, Lagerung und sogar der Einsatz von atomaren, biologischen und chemischen Waffen gerechtfertigt sein. Der Theologe Walter Künneth, auf den sich die Militärseelsorge bis heute gerne beruft, erklärte 1958 auf einer Synode in Berlin: «Die Frage der Herstellung, der Verwendung, des Besitzes von Atomwaffen kann eine ethische Forderung von höchster Bedeutung sein, denn auch diese schrecklichen Mittel können in den Dienst der Nächstenliebe treten. Es kann lieblos sein, auf Atomwaffen zu verzichten. Der christliche Gehorsam kann auch in dieser Gestalt echter politischer Entscheidung für atomare Rüstung sichtbar werden.»

Stärkung des Einsatzwillens
1957 schlossen Bundesregierung und Evangelische Kirche in Deutschland einen Militärseelsorgevertrag. Damit stimmte das evangelische Kirchenparlament der Wiederaufrüstungspolitik der Regierung Adenauer zu. Für die katholische Militärseelsorge gelten die Bestimmungen des Konkordats zwischen dem nationalsozialistischen Deutschen Reich und dem Vatikan vom 22. Juli 1933 fort.

Genauso wie der Militärapparat selbst, so ist auch die Militärseelsorge hierarchisch aufgebaut. Der Militärbischof wird von der Kirche ernannt, aber der Staat kann Einwände gegen ihn geltend machen. Das Evangelische Kirchenamt für die Bundeswehr ist dem Bundesministerium für die Verteidigung «unmittelbar nachgeordnet». Der Stellvertreter des Bischofs ist der «Militärgeneraldekan». Er untersteht dem Verteidigungsministerium, das auch die oberste Dienstbehörde der Militärgeistlichen ist. Militärpfarrer sind nicht Kirchenbeamte, sondern Bundesbeamte auf Zeit. Der Staat trägt zu einem bedeutenden Teil die Kosten für die Seelsorgebürokratie.

Das Interesse des Staates an der Militärseelsorge liegt vor allem im Bereich von Erziehung und geistig-psychologischer «Rüstung» der Soldaten. Denn der Wert der Streitkräfte «hängt von Charakter und seelischer Einstellung der Soldaten nicht weniger ab als vom waffentechnischen Ausbildungsstand. Diese Eigenschaften werden aber bei den meisten

Menschen von der religiösen Grundlage her bestimmt.» (Grundzüge der Militärseelsorge, 1954) Im Zusammenhang des «Lebenskundlichen Unterrichts» stärkt religiöse Erziehung «Selbstzucht, Maß und Pflichtbewußtsein» der Soldaten, und die «psychologische Rüstung» weckt und stärkt den Einsatzwillen.

Die Kirchen begründen ihr Engagement beim Militär mit dem Hinweis auf das Neue Testament, insbesondere den sogenannten «Missionsbefehl» Jesu. (Mat. 28,18ff) Die einzigen kritischen neutestamentlichen Gedanken zum Soldatentum, so argumentiert man, habe Johannes der Täufer formuliert: «Tut niemand Gewalt und Unrecht und lasset euch genügen an eurem Sold.» (Lk. 3,14) Weder der Täufer noch Jesus hätten indes die «Kriegsleute» zur Wehrdienstverweigerung gedrängt. Vielmehr habe Jesus sie selbst (Mat. 8,5–13; Lk. 7,1–10), ihre Aufgabe und damit wahrscheinlich auch die befohlene Anwendung von Gewalt anerkannt. «Weder Jesus noch die Evangelisten, noch ihre ‹Quellen› haben Anstoß am Wehrdienst genommen.» (Beiträge aus der Evangelischen Militärseelsorge, 1975) Jesu Aufforderung zur Feindesliebe wörtlich zu nehmen sei «bare Schwärmerei»; der Herr habe damit lediglich das «endzeitliche Gottesreich» gemeint und ansonsten das «Notwehrrecht des Staates» und die Pflicht der Obrigkeit anerkannt, ihr Land zu schützen. Krieg stamme im übrigen aus der Sünde, und wer den Krieg bekämpfen will, muß zuerst gegen die Sünde kämpfen. «Insofern die Menschen Sünder sind, droht ihnen die Gefahr des Krieges, und sie wird ihnen drohen bis zur Ankunft Christi.»

Das Problem der Militärseelsorge gehört im Prozeß des Zusammenwachsens der Kirchen in West- und Ostdeutschand seit 1991 zu den am heftigsten diskutierten Kontroverspunkten. In diesem Bereich wollen die neuen evangelischen Länder (acht Gliedkirchen des Bundes der Evangelischen Kirchen, BEK) andere Wege als die Landeskirchen der alten EKD gehen. Sie wehren sich gegen jeden Anschein einer Verquickung von Kirche und Staat, und mehr noch zwischen Kirche und Militär. Einzelne Theologen aus der ehemaligen DDR sehen im Militärpfarrer einen «direkten Nachfolger des Politoffiziers». «Wir haben die Volkskirche überwunden, wir sind bekennende Gemeinde.» Die Zuordnung des Evangelischen Kirchenamtes zum Verteidigungsministerium erscheint ihnen, genauso wie die faktische Einbindung des Pfarrers in den militärischen Apparat, als äußerst problematisch. Eine Verwischung der Grenzen zwischen kirchlichem Dienst und militärischem Reglement sei in diesem Bereich offensichtlich. Um deutlicher Distanz zum Staat und zu seinem Machtapparat halten zu können, lehnen sie den Militärseelsorgevertrag rundweg ab. Der lebenskundliche Unterricht, den die Militärgeistlichen erteilen, sei grundsätzlich darauf angelegt, zum Instrument der «Inneren Führung» zu werden. Damit werden Verkündigung und seelsorgerliches Handeln der Kirche militärischer Zielsetzung dienstbar gemacht.

Statt dessen erscheint es diesen Theologen wichtig, Konsequenzen aus der friedensethischen Diskussion der letzten Jahre zu ziehen: Die Kirche muß ihre Distanz zu allem Militärischen betonen. «In einer Welt mit Massenvernichtungsmitteln gibt es keine gerechten Kriege mehr.» Jeder Christ, der vor die Frage des Wehrdienstes gestellt ist, müsse deshalb prüfen, ob seine Entscheidung mit dem «Evangelium des Friedens» überhaupt zu vereinbaren ist. Waffendienst zu verweigern könne durchaus Ausdruck von «Glaubensgehorsam» sein, während die Entscheidung für den Wehrdienst das größere Wagnis darstelle.

Mission

Im Unterschied zu den → Stammesreligionen betreiben die Missionsreligionen Werbung für ihren Glauben; sie sind darauf bedacht, ihren Kult auszubreiten und die Zahl ihrer Anhänger zu erhöhen. Zu den missionierenden Religionen gehören → Buddhismus, → Christentum und → Islam, aber auch die universalistischen Kulte der hellenistischen Zeit (→ Hellenismus) wie die → Mysterienreligionen und die → Gnosis.

1. Die christliche Mission gründet in der Überzeugung, daß das Christentum exklusive Heilsbedeutung für alle Menschen, alle Völker und alle Zeiten habe. «In keinem anderen ist das Heil, ist auch kein andrer Name unter dem Himmel den Menschen gegeben, darin wir sollen selig werden.» (Apg. 2,12) «Mir ist gegeben alle Gewalt im Himmel und auf Erden. Darum gehet hin und machet zu Jüngern alle Völker...» (Mat. 28,18ff)

Die Bedeutung der Mission für das Christentum hat als erster Paulus erkannt. Er sorgte dafür, daß sich der Christusglaube in der griechischen Hälfte des Römischen Reiches ausbreitete. Zu Beginn des 4. Jahrhunderts waren im Osten etwa ein Fünftel, im Westen ein Zehntel der Gesamtbevölkerung durch freie und persönliche Mission für die Christusreligion gewonnen.

Als → Konstantin der Große 312 das Christentum zur «erlaubten Religion» machte, wurde die Kirche zum wichtigsten Bündnispartner des Staates und zum Garanten der Reichseinheit. Ab sofort konnte mit Hilfe des Staates und seiner Gesetzgebung und unter Regierungsaufsicht missioniert werden. Damit entwikkelte sich diejenige christliche Missionsmethode, die sich in späteren Jahrhunderten als die erfolgreichste erweisen sollte: Wenn nichtchristliche Territorien erobert wurden und unter die Regierungsgewalt oder in die politische «Einflußsphäre» eines christlichen Staates gerieten, wurden sie auch religiös «assoziiert».

In der zweiten Hälfte des 4. Jahrhunderts missionierte Wulfila (gest. 382/383) die Goten; er schuf eine Bibelübersetzung, die fast alle germanischen Stämme erreichte. Von Klöstern aus betrieb man Mission unter den Kelten. Durch den Übertritt Chlodwigs zum Christentum (496) wurde das Frankenreich der römischen Kirche zugeführt. Bonifatius (um 675–754), ein Schüler Willibrords (gest. 739), begann die Missionierung der Friesen, kam nach Hessen und Thüringen, fällte die Donarseiche bei Geismar und reformierte als Erzbischof und römischer Legat die fränkische Kirche. Im Alter fand er in Friesland den Märtyrertod. (→ Märtyrer)

Mit brutaler Gewalt brachte Karl der Große (768–814) die Sachsen unter die Kontrolle der Kirche. «Unsere Aufgabe ist es, mit Gottes Hilfe die heilige Kirche Christi überall vor dem Ansturm der Heiden und der Verwüstung der Ungläubigen nach außen mit den Waffen zu verteidigen und nach innen durch die Anerkennung des katholischen Glaubens zu befestigen.» (Karl der Große an Papst Leo III., 796) Mit der römischen Version des Christentums konkurrierende Ideologien (z. B. der Arianismus der Germanen, der durch die Vorstellung charakterisiert war, daß der Gottessohn dem Vatergott untergeordnet sei; → Ketzer) wurden ausgeschaltet. Die Nestorianer (Anhänger des Nestorius, Patriarch von Konstantinopel, gest. um 451, der im Zusammenhang der christologischen Streitigkeiten verleumdet und als Irrlehrer verdammt worden war; → Christologie) trugen das Christentum bis nach China, wo es sich wie der Buddhismus als Mönchsreligion organisierte, bis der chinesische Kaiser im Jahr 845 allen «Bonzen» (Buddhisten und Christen) befahl, in ihre Länder zurückzukehren.

Seit dem 7. Jahrhundert verdrängte der

Islam die christliche Religion aus dem Gebiet zwischen Vorderem Orient und Persien sowie aus Nordafrika. Das Christentum wurde entmachtet und auf eine Religion für Europa begrenzt. Im Mittelalter kämpften die Missionsorden der Franziskaner (→ Franciscus von Assisi) und Dominikaner gegen die Ketzer und für die Ausweitung des päpstlichen Machtbereiches z. B. auf Persien und die Mongolei.

Im 15. Jahrhundert stellte das Papsttum den christlichen Nationen die Vollmacht aus, alle Länder der «Ungläubigen» zu erobern, zu unterwerfen und zu versklaven. Innerhalb von 80 Jahren waren daraufhin die mittel- und südamerikanischen Zivilisationen vernichtet und ihre Bevöllkerung von wohl 100 auf etwa 10 Millionen Menschen dezimiert.

Der «Bekehrungsakt» der Indianer sollte jeweils mit der «Conquistadorenproklamation» (Requerimiento) eingeleitet werden. Darin wird erklärt, der Papst habe den spanischen Königen die neuentdeckte Welt geschenkt; die Indianer seien nun aufgefordert, sich ihrem neuen Herrn zu unterwerfen und sich gleichzeitig zur wahren Religion zu bekehren; wenn sie sich aber widersetzten, würden sie versklavt oder getötet. Die Kritik einzelner Geistlicher, wie diejenige des Dominikaners Bartolomé de las Casas (gest. 1566), verhallte ohne nennenswerten Erfolg. Der Völkermord wurde als notwendige Bedingung der «Ausbreitung des Reiches Gottes» in Kauf genommen.

Die Kolonialmission in Lateinamerika teilten sich Dominikaner und Franziskaner; der Jesuitenorden (gegründet 1534; → Ignatius von Loyola) trieb Mission in Asien. Franz Xaver (1506–1552) erreichte, nach beträchtlichen Missionserfolgen in Vorder- und Hinterindien, 1549 Japan. 1622 unterstellte Rom die teilweise miteinander konkurrierenden Missionsorden einer zentralen Behörde, der Congregatio de propaganda fidei (Kardinalskongregation für die Mission).

Im 19. Jahrhundert, dem «Jahrhundert der Mission», wurden auch christliche Stimmen laut, die Theorie und Praxis der Mission kritisierten und auf Arroganz und Verlogenheit hinwiesen, mit denen man «europäische Kultur und Christentum zu den Völkern bringen will und dabei die Menschen verachtet». Die Missionare, so der Vorwurf, predigten Weltflucht und politische Enthaltsamkeit und hüllten sich in Schweigen angesichts der Unterdrückung und Ausrottung ganzer Völker.

Diese Kritik vermochte die hochgestimmten Erwartungen der Mission freilich nicht zu dämpfen. Die erste Weltmissionskonferenz 1910 stellte sich unter das Motto: «Evangelisierung der Welt in dieser Generation». Langsam entstanden auf den Missionsfeldern junge Kirchen, die im Zuge der politischen Entkolonisation ein partnerschaftliches Verhältnis zu den sendenden Kirchen forderten. 1948 wurde der Ökumenische Rat der Kirchen gegründet.

Die Mitschuld der christlichen Mission an Kolonialismus und Imperialismus der europäischen Nationen ist heute ernsthaft nicht mehr zu leugnen. Die Missionare, die im «Kampf gegen die dämonischen Mächte» im «Heidenland» von den Eingeborenen die «Bekehrung» zum Christentum forderten, waren Wegbereiter der Entfremdung. Zusammen mit der christlichen Botschaft brachten sie auch die Ansprüche der europäischen Kultur in die fremden Kontinente. Mit der angestrebten «Befreiung von den Götzen, von den götzenhaften Gesetzen und vom Aberglauben» entfernten sich die Eingeborenen meist schnell von ihrer eigenen Kultur und Religion; die «Bekehrten» bekamen dafür aber keineswegs die besten Errungenschaften der europäischen Kultur, wie man es in

Aussicht gestellt hatte. Statt dessen breiteten sich Verunsicherung und Angst, Isolation und Abhängigkeit, Krankheit und Armut aus. Die Ideologie der Missionare war gegenüber jeder kritischen Hinterfragung gewappnet: Gott selbst öffnete ja die Tür zu den Heiden, indem er ihre Entdeckung und Unterwerfung zugelassen hatte.
Da die Christen von der Überzeugung ausgingen, ihre Religion müsse unbedingt über die ganze Welt ausgebreitet werden, konnten sie kein angemessenes Verständnis für andere Religionen aufbringen. Sie kamen auch nicht auf den Gedanken, die wirtschaftlichen und politischen Interessen ihrer Länder kritisch in Rechnung zu stellen. Übereinstimmend verurteilten die Missionare hingegen alle Bewegungen in den Kolonien, die auf Befreiung, Sozialismus oder Revolution abzielten. Christentum und Rassismus gingen Hand in Hand, wenn der eigene Besitzstand gewahrt werden sollte. Wenn sich die Kolonisierten gegen ihre weißen Unterdrücker (d. h. gegen die ihnen angeblich von Gott gesetzte «Obrigkeit») auflehnten, erschien dies den christlichen Missionaren als Empörung gegen Gott.
Die Missionstheologie, die die Expansion des Christentums theologisch begründete, erklärte den «dreieinigen Gott» zum eigentlichen «Missionar». Die missionierende Kirche habe an seinem Werk, der missio dei (Mission Gottes), nur den geringen Anteil, sich in Gehorsam rufen zu lassen. Damit war sie auch aller Veranwortung enthoben. Überhaupt sei Mission letztlich nicht auf Welt und Politik, sondern auf das Reich Gottes ausgerichtet, so daß sie von irdischen Problemen oder menschlichen Verfehlungen nicht sonderlich berührt werde.
Die jahrhundertealte christliche Prophezeiung vom bevorstehenden Untergang des «Heidentums» – wichtiger Beleg für die Begründung des → Absolutheitsanspruchs der christlichen Religion – erfüllte sich nicht. Im Gegenteil. Nichtchristliche Religionen gewannen im Befreiungsprozeß der kolonisierten Völker mitunter mehr Bedeutung als je zuvor. Überdies wurde der Monopolanspruch der christlichen Religion auf Mission dadurch gebrochen, daß auch fremde Religionen ihrerseits in Europa und in den USA zu missionieren begannen.

Mittelalter

1. Der Begriff «Mittelalter» (lat. media tempestas oder medium aevum, «Zwischenzeit») kam im 15. Jahrhundert in Mode. Man bezeichnete damit die Zeit zwischen der griechisch-römischen Antike und deren Wiederentdeckung und Wiederbelebung («Renaissance») in der «Neuen Zeit».
Bis heute haftet diesem Zeitraum etwas Abwertendes und Negatives an, das im Schlagwort vom «finsteren Mittelalter» zum Ausdruck kommt. Häufig hört man Aussprüche wie diese: «Wir leben doch nicht mehr im Mittelalter», «Das sind Zustände wie im Mittelalter», «Das bedeutet einen Rückfall ins Mittelalter». «Mittelalter» steht in der Umgangssprache für Unwissenheit, Unterentwicklung und Stumpfsinn.
Die Gründe für die pauschale Abwertung dieser «Zwischenzeit», die immerhin tausend Jahre umfaßte, liegen außer in der verbreiteten Unwissenheit über das Mittelalter im Selbstverständnis der Renaissance und deren Sicht der Vergangenheit begründet.
Der Ausdruck «Rinascità» wurde zum erstenmal in der Mitte des 16. Jahrhunderts benutzt. Was damals «wiedergeboren» wurde, waren die klassischen Künste und Wissenschaften. Vom 16. bis ins 19. Jahrhundert glaubte man, daß es in der Weltgeschichte lediglich zwei glanzvolle Epochen gegeben habe: das Altertum und dessen Wiederaufleben in der

Renaissance. Was dazwischen lag, waren «finstere Zeiten». Wer in Philosophie, Kunst und Wissenschaft Rang und Namen hatte, war voller Begeisterung für die antike Welt. Im Italien des 14. Jahrhunderts war diese Bewegung entstanden, die sich in den folgenden Jahrhunderten über ganz Europa ausbreitete.

Die Kenntnis der Antike galt damals als Zeichen für Bildung, und die Nachahmung der klassischen Zeit wurde zum allgemeinen Prinzip erhoben. Während man sich anschickte, unbekannte Länder, Ozeane und Kontinente zu entdecken und zu erobern, blickte man rückwärts und orientierte sich an der Alten Welt. Die Auffassung, daß zur Zeit des Perikles (gest. 429 v. Chr.) das Ideal der Schönheit unüberbietbar und vollkommen erreicht worden sei, führte für die folgenden Jahrhunderte zu einer äußerst eingeschränkten Betrachtungsweise und zur Anlehnung der Künste an die klassischen Vorbilder, die es galt, «genau zu kopieren, ohne etwas hinzuzufügen». Die exklusive Bewertung der Antike bewirkte eine gänzliche Ablehnung dessen, was ihr gefolgt war: des «Mittelalters». Die Gotik empfand man als «fade» und «barbarisch», die Romanik gar als «linkisch» und «ungeschickt».

2. In allerneuester Zeit scheint sich unser Bild des «Mittelalters» zu verändern. Alle Welt reist, und man stößt dabei auf die Kirchen, Kapellen und Kathedralen des 12. und 13. Jahrhunderts. Überall werden mittelalterliche Bauwerke restauriert. Mittelalterliche Architektur, Bildhauerei, Kirchenfenster, Fresken, Bildteppiche und Miniaturen lassen die Frage aufkommen, welche Vielfalt das Etikett «Mittelalter» eigentlich verdeckt und wie die Menschen in jenen Zeiten tatsächlich gelebt haben, aus denen man immerhin Namen und Begriffe wie Karl der Große und die Jungfrau von Orléans, Inquisition und Minnesänger, Gral und Feudalismus, Rolandslied und Leibeigenschaft kennt.

Näher betrachtet, umfaßt der Zeitraum des «Mittelalters» völlig unterschiedliche und ausgedehnte Perioden. Das sogenannte «Frühmittelalter» begann mit der «Fränkischen Periode». Diese dauerte vom Niedergang des Römischen Reiches (410 wurde Rom von den Goten eingenommen, 476 der letzte Kaiser abgesetzt) bis zum Herrschaftsantritt der Karolinger um die Mitte des 8. Jahrhunderts, d. h. dreihundert Jahre lang. In der anschließenden «Kaiserlichen Periode» von etwa zweihundert Jahren wurde die Einheit Europas verwirklicht.

Die «Feudalzeit» dauerte von der Mitte des 10. bis zum Ende des 13. Jahrhunderts.

Schließlich folgte eine Epoche von zwei Jahrhunderten: die Zeit des Übergangs von der Feudalherrschaft zur Monarchie mit heftigen sozialen und wirtschaftlichen Erschütterungen, für die diejenigen Charakteristika gelten, die wir im allgemeinen dem ganzen «Mittelalter» zuzuschreiben geneigt sind: ein Zeitraum der Kriege, Hungersnöte und Epidemien.

Um 1350 wurden die Europäer von einer der größten je erlebten Katastrophen heimgesucht: der Beulenpest oder «Schwarzen Pest». Ein Drittel der Bevölkerung wurde davon befallen, viele Dörfer verschwanden völlig von der Landkarte.

In der ersten Hälfte des 14. Jahrhunderts tauchte das Schießpulver auf den Schlachtfeldern auf. Während bisher die Angriffsmittel schwächer als die Verteidigungsmittel waren, wendete sich nun das Verhältnis ins Gegenteil. Früher war man bestrebt, Gefangene zu machen, jetzt galt es, möglichst viele Gegner zu töten. Die Angriffswaffen wurden nun immer weiter entwickelt und «verbessert». 1315 bis 1317 suchte eine große Hungersnot ganz Europa heim. Der Fortschritt in der Zeitmessung (zu Beginn des 14. Jahrhunderts wurde die mechanische Uhr entwickelt) bedingte so gut wie alle folgenden wissenschaftlichen Fortschritte und veränderte das Denken der Menschen, die zuvor ihren Alltag am Rhythmus der Natur, der Folge von Tag und Nacht, den Jahreszeiten und den liturgischen Festen orientiert hatten.

3. Beim Niedergang des Römischen Reiches fühlten sich die bisher abhängigen Völker von einem fremden Joch befreit. In Literatur und Kunst versuchten sie zu ihren eigenen Ursprüngen zurückzufinden. Eine Zeit lebendiger poetischer und musikalischer Produktion hob an. Damals entstanden viele Hymnen und liturgische Gesänge. Der «Codex», das Buch, löste das antike «Volumen», die Rolle, ab und wurde zum bevorzugten Bildungsinstrument. Zu den berühmtesten Autoren des 6. und 8. Jahrhunderts gehören Isidor von Sevilla, der die ganze romanische und gotische Kultur mitprägte, und Beda Venerabilis.

Im 8. und 9. Jahrhundert fielen die Araber von Süden (sie drangen vor bis Poitiers und Autun) und die Normannen von Norden her ein, und die Sarazenen zerstörten Städte und Abteien an der Mittelmeerküste.

Karl der Große stellte das Kaisertum im Westen wieder her und belebte Erziehung und Kultur nach römischem Vorbild. In seiner Pfalz in Aachen sammelte er Dichter, Gelehrte und Schriftsteller aus ganz Europa um sich.

Zu Zentren der Kultur wurden damals die irischen Klöster, die die größten Gelehrten beherbergten. Spielleute und Rezitatoren gaben das im 11. Jahrhundert entstandene «Rolandslied» weiter. An den Ritterhöfen entstand eine neue Poesie, die höfische Lyrik, die die persönlichen Beziehungen der feudalen Gesellschaft, das Verhältnis zwischen Herr und Vasall, Lehensherrin (Dame) und Dichter beschrieb. Neben den Liedern der Minnesänger entstanden Ritterromane (Artusepen, Sage vom heiligen Gral), die Leben und Sitten der Feudalzeit widerspiegeln. Überall wurde Theater gespielt, das aus der gottesdienstlichen Liturgie entstanden war: Man dramatisierte Szenen aus der Bibel (z. B. «Passionsspiele») und führte sie an den Festen des Jahres, etwa in der Oster- oder Christnacht, auf. Die mittelalterlichen Mysterienspiele hatten nicht nur religiöse, sondern auch erzieherische Bedeutung und nahmen in Schulen und Universitäten eine wichtige Rolle ein.

4. Als die zentralisierte Macht des Römischen Reiches zerfallen war, traten lokale Mächte, z. B. Grundbesitzer, in Erscheinung, die sich selbst und ihrer Umgebung diejenige Sicherheit zu schaffen versuchten, die der Staat nicht mehr gewährleistete. Sie wollten den Boden, die einzige Quelle des Reichtums, schützen. Kleinbauern hielten sich an mächtige Nachbarn, die gegen Entgelt bzw. einen Teil der Ernte bereit waren, Schutz zu gewähren. So entstand die «feudale» Ordnung. Sie beruht auf dem Lehen («feudum»). «Lehen» bezeichnet ein Recht, das sich meist auf Grund und Boden bezieht; es meint nicht Eigentumsrecht, sondern Gebrauchsrecht.

Während der «Schreckensherrschaft der Sarazenen», d. h. zur Zeit, als der →Islam in Europa einbrach, war die Feudalordnung überall in Europa an die Stelle der antiken Reichsordnung getreten. Das feudale Recht war Gewohnheitsrecht, eine Gesamtheit von Bräuchen, die jeder Landstrich selbst hervorgebracht hatte. Der Träger des Gewohnheitsrechts war die Gruppe oder Gemeinschaft. Die Feudalgesellschaft war im wesentlichen ländlich und naturnah. Ihre Zivilisation entstand in Schloß und Landsitz. Unsere Ausdrücke «höflich» und «Höflichkeit» erinnern an die Kultur des Feudalschlosses, von dem der Hof ein Teil war: Feinheit des Umgangs und rücksichtsvolle Aufmerksamkeit gegenüber der Frau schwebten damals der Gesellschaft als Ideal vor.

Neben Schloß und Hof waren die Klöster von besonderer Bedeutung: Stätten des Gebets und des Studiums. Die Mönche, z. B. die Zisterzienser, bearbeiteten ihren Boden selbst. Im 13. Jahrhundert entstanden völlig neuartige Klöster; Franziskaner (→ Franciscus von Assisi) und Dominikaner siedelten sich mitten in den Städten an, ein Zeichen dafür, daß die Städte an Bedeutung gewannen. Die Benediktinerklöster, Zentren ländlicher Kultur, verloren indessen an Einfluß. Ab dem 16. Jahrhundert hatten die Städte dem Land den Rang abgelaufen. Regierung, Verwaltung und Schulen nahmen ihren Sitz in der Stadt.

Als im 5. und 6. Jahrhundert der römische Einfluß aufhörte, verschwand auch die Sklaverei, die für die antiken Gesellschaften typisch gewesen war. An die Stelle der Sklaverei trat die mittelalterliche Leibeigenschaft. (Im 16. Jahrhundert kehrte die Sklaverei wieder.) Der mittelalterliche Leibeigene galt nicht als Besitz oder Sache seines Herrn, sondern als Person. Vom Leibeigenen wurde Seßhaftigkeit gefordert: Er mußte, wie sein Herr, auf dem Landgut bleiben, das er bebaute. Dafür erhielt er einen Teil der Ernte. Abgesehen von der Bindung an den Boden war der Leibeigene frei; er konnte heiraten, eine Familie gründen und Boden und eigenen Besitz vererben. Alle diese Rechte hatte der Sklave nicht. Es galt als «frommes Werk», Leibeigene freizulassen. Wer als freier Mann oder Adeliger eine Leibeigene heiratete, stieg sozial gesehen ab. Häufig versuchte man sich mit Geld aus der Leibeigenschaft freizukaufen. Die Kirche unterstützte diese Befreiung.

5. Charakteristisch für die Feudalzeit war die Auffassung, daß sich «Weltliches» und «Heiliges» überall gegenseitig durchdringe und miteinander vermische. Die → Ketzer des Mittelalters griffen deshalb mit ihren abweichenden theologischen Auffassungen nicht nur kirchliche Lehren an, sie bedrohten auch die Grundlagen des gesellschaftlichen Lebens und gefährdeten die allgemeine Übereinstimmung der Gesellschaft. Deshalb wurden sie von der Allgemeinheit verdammt.

Im Jahr 1184 ermahnte Papst Lucius III. die Bischöfe dazu, mit aller Aufmerksamkeit nach Ketzern zu «forschen». Das hing damit zusammen, daß die Bischöfe das Recht hatten, Ketzer zu exkommunizieren und sie sogar zu «exterminieren» (sie außerhalb der Grenzen zu treiben, zu verbannen). Ketzer gab es damals vor allem in Südfrankreich und Italien. Die Katharer (die «Reinen»; → Ketzer) hielten Welt und Materie für das Werk eines bösen, die Seelen aber für das Werk eines guten Gottes. Deshalb seien Fortpflanzung und Ehe zu verdammen.

Die Gerichte der Inquisition verfolgten die Katharer und vernichteten ihre Werke. «Die faulige Geißel der Ketzerei hat sich in einem Maße ausgedehnt, daß die meisten, die ihr anhängen, Gott dadurch Ehre zu erweisen vermeinen ...; die Taufe wird geleugnet, das Abendmahl verabscheut, die Buße verachtet, die Erschaffung des Menschen und die Auferstehung des Leibes abgelehnt, und alle Sakramente der Kirche werden für nichtig erklärt.» (Raymond V., Graf von Toulouse, Anfang des 13. Jahrhunderts) Papst Innozenz III. rief schließlich zum → Kreuzzug gegen die südfranzösischen Ketzer auf.

Die 1231 eingeführte päpstliche Inquisition wurde den Dominikanern und später auch den Franziskanern übertragen. Bisweilen führte man Razzien auf den Märkten durch und verbrannte die Gefangenen, bis gegen zweihundert Opfer, auf einem Scheiterhaufen. Die gewöhnlichen Strafen waren «Einmauern» (Gefängnis), die Verurteilung zu Pilgerfahrten oder das Tragen eines Stoffkreuzes, das auf die Kleider aufgenäht wurde.

Die alten Formen der kirchlichen Strafen

waren Exkommunizierung und Kirchenbann, der ein ganzes Gebiet, eine ganze Stadt und selbst den König oder einen Abt treffen konnte. Beim Krieg gegen die Ketzer ging die Kirche über diese traditionellen Strafen hinaus und bediente sich der staatlichen Gewalt. Der Feuertod, Rechtsmittel der weltlichen Macht, wurde die Strafe für «verstockte Ketzer». Die Kirche übergab den «Rückfälligen» der «weltlichen Macht», damit diese ihn auf den Scheiterhaufen führe. Seit der Mitte des 13. Jahrhunderts war die Folter als Mittel, um Geständnisse zu erpressen, offiziell zugelassen. Im 16. Jahrhundert geriet die Inquisition völlig in die Hände der Könige und Kaiser. In Spanien wurden auch Juden und Mauren von der Inquisition, die ursprünglich nur für den internen Kirchengebrauch entwickelt worden war, verfolgt.

Mit dem Bild des «finsteren Mittelalters» sind auch die Hexenprozesse verknüpft. Geschichten von → Hexen und Hexenmeistern hat es zu allen Zeiten gegeben. Die ersten Hexenprozesse aber fanden erst im 14. Jahrhundert statt; sie häuften sich in der zweiten Hälfte des 15. Jahrhunderts und schwollen im 17. Jahrhundert, dem «Zeitalter der Vernunft», zu ungeahnten Ausmaßen an. Fast keine Gegend Europas blieb davon verschont. Der Hexenwahn grassierte in protestantischen Ländern genauso wie in katholischen. Erst im 17. Jahrhundert entstand eine kritische Gegenbewegung, deren Schrittmacher Ärzte, einige Jesuiten und Aufklärer waren (u. a. Friedrich von Spee, gest. 1635).

In der Zeit des Feudalismus wuchs dem Papst immer mehr Macht zu. Auf dem Konzil von Clermont rief Urban II. zum ersten → «Kreuzzug» auf. Man nannte dies damals «Pilgerfahrt» oder «Reise über das Meer». Der Papst forderte die Christen dazu auf, die «heiligen Stätten» von den Türken zurückzuerobern.

Die christliche Religion des 16. Jahrhunderts nahm immer fanatischere Formen an. So begann die Zeit der Religionskriege.

Mönchtum

1. Das Mönchtum ist aus dem christlichen Bestreben erwachsen, «vollkommen» zu sein. «Vollkommene» wurden in der Alten Kirche alle Getauften genannt.

Die altkirchlichen Mönche glaubten, die christliche Vollkommenheit durch weltflüchtige → Askese zu erreichen. Askese (griech. «Übung») diente dem Zweck, die Ideale der Nachfolge Christi, der Tugend und der Frömmigkeit, zu steigern. «Wir haben alles verlassen und sind dir nachgefolgt.» (Mat. 19,27) Um der Erlösung und des Heils willen verzichtet der Asket auf Essen, Heimat, → Sexualität. «Willst du vollkommen sein, so verkaufe alles, was du hast, und gib es den Armen.» (Mat. 19,21) Dem Leib und seinen Bedürfnissen, der Welt und allen Verlokkungen wendet der Asket den Rücken zu, um näher zu Gott zu gelangen. Durch «Disziplin» und asketische Übung (exercitium) versucht er Gottes- und Nächstenliebe zu verwirklichen.

Von den mönchischen Lebensregeln gilt ursprünglich, daß sie nicht für jedermann, sondern nur für besonders begnadete Menschen geeignet seien. Sie beinhalten keine verpflichtenden «Gebote», sondern «Ratschläge», um besser auf dem Weg der Berufung voranschreiten zu können.

Die Alte Kirche hat schon früh die ehelosen Asketen und Asketinnen als besonderen Stand anerkannt, zumal in den Paulusbriefen (1. Kor. 7) das Ideal der Ehelosigkeit hochgehalten wird. (→ Paulus) Um «den Schatz im Himmel» zu erwerben (Mat. 19,21), verzichteten manche Christen auf Besitz, vornehme Kleidung und Ehe; alles Irdische und Leibliche galt als Werk des Bösen. Antonius (ca. 251–356) lebte von Brot und Salz, trank nur Wasser, hauste in einem Grabhäuschen, zog sich schließlich in die Wüste zurück, blieb zwanzig Jahre allein und beschäftigte sich mit Psalmengesang, Gebet, dem Wort Gottes und dem Kampf mit dem Teufel. Dann sammelten sich Jünger um ihn. Sie bildeten Einsiedlerkolonien. Antonius behauptete, die Spannkraft der Seele wachse, wenn man die Lüste des Körpers abtöte.

Die Selbstüberwindung der Mönche erforderte ein beträchtliches Maß an Gewalt gegen sich selbst. Manche Mönche gestatteten sich nur eine Stunde Schlaf in der Nacht. Einer trug angeblich drei Jahre lang einen Stein im Mund, bis er das Schweigen gelernt hatte. Ein anderer berichtete, er habe sich vierzig Jahre lang nicht auf die Seite gelegt, sondern nur sitzend oder stehend geschlafen. Fasten und Hitze, Durst und Ungezieferplagen zu ertragen erschien dafür geeignet, den «Ungehorsam der Natur» zu überwinden.

Die Asketen bevorzugten einsame Gegenden außerhalb menschlicher Siedlungen. Die Absonderung brachte ihnen die Bezeichnung «Mönch» ein (von griech. mónos: allein, einzeln). In ihre Lebensordnung flossen Formen älterer jüdischer und hellenistischer Vorbilder ein. Die jüdischen Essener (Qumran) lebten in apokalyptischer Naherwartung (→ Apokalyptik) und verbanden Askese mit Kontemplation (Versenkung). Im Hellenismus galt ein philosophisches Leben als gleichbedeutend mit asketischem Lebenswandel.

Bedeutsam war das Bleiben an einem Ort (stabilitas loci), am besten in einer engen Zelle. Ruhe, Schweigen, Einsamkeit galten als Voraussetzung der Sündlosigkeit.

Im 4. Jahrhundert wurde das Mönchtun zu einer festen Institution der Kirche. Als die staatliche Religionspolitik die Massen in die christliche Kiche zog (→ Konstantin der Große), wuchs auch die Zahl derjenigen, die sich der Verflachung widersetzten und in der Wüste dem Ideal der Vollkommenheit nachstrebten. Der mönchische Asket wurde zum Modell christlichen Lebenswandels.

Die Einsiedler schlossen sich in gegliederten Genossenschaften zusammen und unterstellten sich einem geistig herausragenden Mönchsvater. Die Urform des Klosters (von lat. claustrum = das Abgeschlossene) ist ein umzäuntes Gelände mit den einzelnen Hütten der Eremiten. Das erste Kloster im heutigen Sinn eröffnete der ehemalige römische Soldat Pachomius (292–346): eine Lebensgemeinschaft von Mönchen, die sich unter einem Dach und unter der Leitung eines Abtes (syrisch-armäisch, abba = Vater) zusammenschlossen. Pachomius wurde der Begründer des Koinobitentums (von griech. koinos bios = gemeinschaftliches Leben).

Die Mönche nahmen eine völlig neue Haltung gegenüber praktischer Tätigkeit ein. Mit der «Arbeit an der Seele» sollte auch «körperliche Arbeit» verbunden sein. Zur Askese trat der Dienst am andern. Der «Säulensteher» Symeon (gest. 459), der sich auf eine neun Meter hohe Säule stellte, um sich den Belästigungen seiner vielen Verehrer zu entziehen und dem Himmel näher zu sein, betete bis zu neun Stunden am Tag, hielt täglich zwei Ansprachen, sprach aber auch Recht, schlichtete Streitigkeiten und ermahnte Behörden und Bischöfe.

Durch ihre beispiellose Selbstüberwindung machten sich frühchristliche Asketen in Ägypten, Syrien, Palästina und Kleinasien nicht nur zu Außenseitern der Gesellschaft, sondern auch zu christlichen Leitbildern, Identifikationsmustern und Modellen des Menschenmöglichen schlechthin.

Für das orthodoxe Mönchtum (→ Orthodoxe Kirchen) waren die Regeln Basilius' des Großen (ca. 330–379), für das abendländische Mönchtum insbesondere die des Augustinus (354–430) und die des → Benedikt von Nursia (gest. um 550) von grundlegender Bedeutung. Danach verzichten die Mönche auf Ehe und Privateigentum und verpflichten sich zum Gehorsam dem Abt gegenüber. Im Reich Karls des Großen wurde die «Regula Benedicti» zur allgemein verbindlichen Norm des Mönchslebens.

Im Mittelalter wurden Verzicht auf Reichtum, Niederlegung der Waffen, Leben in Enthaltsamkeit und Fasten zu Idealen für alle. Im 11. Jahrhundert entwickelten sich angesichts apokalyptischer Ängste die Klöster zu Stätten der Zuflucht und Hoffnung. Die Gebete und der Gesang der Mönche waren wie ein nicht abreißendes Opfer vor Gott, Lob und Anflehung seiner Barmherzigkeit. Die Mönche kauften nicht nur sich selbst frei; auch die anderen hatten Anteil an der Gnade, die sie erwirkten.

Abteien waren die bevorzugten Aufbewahrungsstätten für Reliquien. Jedes Kloster «gehörte» einem Heiligen. Wer den Tod nahen fühlte und sich den Beistand der Heiligen sichern wollte, begab sich zu einem Kloster. So wurden die Mönche für viele zu Mittlern zwischen der diesseitigen und der jenseitigen Welt. Für den Leichnam gab es, im Blick auf die erhoffte Auferstehung, keinen günstigeren Platz als die Nähe eines Reliquienschreins und die Nachbarschaft eines Chores, von dem aus Gott Tag für Tag im Gebet der Mönchsgemeinde beschworen wurde. Wer keinen Platz im Innern der Klosterkirche fand, nahm mit dem Friedhof vorlieb, der sich um die Kirche herum erstreckte.

Seit dem 11. Jahrhundert kam die Gewohnheit auf, daß sich Ritter auf dem Totenbett «bekehrten» und in ihrer letzten Stunde in ein Kloster eintraten. Zahlreiche Adelige und Fürsten gründeten selbst eigene Klöster, um den Nutzen von den Gebeten ihrer Mönche zu haben.

Um 1130 kam eine tiefgreifende Reform des Mönchtums zum Abschluß, die bereits zu Anfang des 10. Jahrhunderts eingeleitet worden war. Mit außergewöhnlicher Strenge erneuerten einzelne hervorragende Äbte zahlreiche Klöster und schlossen diese zu Kongregationen zusammen. Sie forderten «Kasteiung des Fleisches, Verwerfung des Körpers und spärliche Nahrung». Die rigorose Askese ging weit über die traditionellen Regeln und Vorschriften hinaus. Über alle Kongregationen erhob sich der Orden von Cluny (in Burgund, Frankreich). «Wisse», schrieb ein zeitgenössischer Chronist über Cluny, «daß dieses Kloster in der römischen Welt nicht seines gleichen hat, insbesondere wenn es um die Erlösung der Seelen geht, die unter die Herrschaft des Teufels gefallen sind. Die heilige Kommunion wird dort so oft vollzogen, daß kaum ein Tag vergeht, an dem diese immerwährende Verbindung nicht irgendeine Seele der Macht der bösen Dämonen zu entreißen vermag. In diesem Kloster, das kann ich selbst bezeugen, gibt es einen Brauch, der sich nur durch die gewaltige Anzahl der Mönche verwirklichen läßt; und diesem Brauch gemäß werden tatsächlich von der ersten Stunde des Tages bis zur Ruhezeit ohne Unterlaß Messen gefeiert; dies geschieht mit so viel Würde, so viel Frömmigkeit und so viel Verehrung, daß man eher meinen könnte, Engel walten zu sehen als Menschen.»

Im Zusammenhang mit der Kreuzzugsbewegung entstanden auf Anregung von Bernhard von Clairvaux (gest. 1153) die Ritterorden (Johanniter, Templer, Deutschherren). Im 13. Jahrhundert versuchten die Bettelorden (Franziskaner → Franciscus von Assisi; Dominikaner, Augustinereremiten) das Armutsideal des Mönchtums zu verwirklichen.

Unbeschadet der Kritik Luthers (1483 bis 1546), der dem monastischen Leben jegliches besondere heilswirksame Verdienst absprach, kam es zu weiteren Ordensbildungen (Jesuiten; → Ignatius von Loyola). Selbst im Protestantismus der neuesten Zeit wuchs das Interesse am altkirchlichen Mönchsideal (Bruderschaften, Kommunitäten, Taizé). Im Katholizismus bewahren beispielsweise Benediktiner und Karmeliter die alten Traditionen fast ungebrochen bis auf den heutigen Tag.

2. Die Tradition, das Ziel christlicher Vollkommenheit durch einen außergewöhnlichen Lebensstil zu erreichen, wird im heutigen Mönchtum fortgesetzt. Fragt man Mönche, was das wichtigste an diesem Lebensstil sei, so verweisen sie auf das Gebet. Das «ununterbrochene Gebet» bedingt und ermöglicht alle weiteren Verhaltensweisen und Regeln im Kloster.

Der Verzicht auf materiellen Besitzstand gilt als Voraussetzung einer konsequenten Gebetshaltung. Mönche wollen nur das in Anspruch nehmen, was zum Leben unbedingt notwendig ist. Deshalb geht es ihnen beim Armutsideal nicht nur um äußerlich meßbare Besitzlosigkeit, sondern um Freiheit gegenüber allen Dingen und Gütern. Gott soll der einzige Besitz und Reichtum der Mönche sein.

Folgerichtig wollen die Mönche alle Lust abtöten: nicht nur die Lust «am Leiblichen», sondern auch die an geistigen und intellektuellen Genüssen. Keuschheit erscheint ihnen als Voraussetzung, um mit Jesus zu Gott «auferstehen» zu können. Keuschheit ist nicht nur Verzicht auf Ehe und Sexualität, sondern Grundeinstellung zur Wirklichkeit: Der Mönch versagt sich jeglicher Inbesitznahme.

Neben dem Gebet wird der Arbeit im Kloster große Bedeutung zugemessen. Als Arbeit gelten körperliche Beschäftigung und geistliches Tun. Arbeit soll «den Geist fürs Gebet freilassen». Der Lebensstil des Klosters ist schlicht; Mönche müssen auf Bequemlichkeit und Komfort verzichten. Die Zellen sind in der Regel nur karg möbliert. Nichts soll dem Denken an Gott im Wege stehen.

Der «inneren Erfahrung» dient vor allem das Schweigen. Der Mönch soll nur das äußern, was «vor Gott erwogen» und «von der Liebe gefordert» ist. Schweigen ist Voraussetzung dafür, «unablässig zu beten». Konzentration auf Gott setzt «Anachorese» (Sich-Zurückziehen) voraus.

Um nicht eigenen Wünschen «zum Opfer zu fallen», übt der Mönch Verzicht auf den eigenen Willen ein. Gehorsam ist sein erstes Gebot. Im Kloster läßt er sich endgültig auf einen bestimmten Lebensstil und eine festgefügte Lebenssituation ein. Diese «Stabilität» des Lebensraumes bedeutet, daß kein Konflikt und keine Krise ihn dazu bringen sollten, zu fliehen.

Der 1098 gegründete Orden der Zisterzienser zeichnet sich durch strenge Askese, Armutsgelübde und konsequente Zurückhaltung gegenüber der «Welt» aus. 1969 verabschiedete das Generalkapitel folgendes «Rahmengesetz»:

«1. Treu der Auffassung ihrer Gründer, leben die Zisterziensermönche unter einer Regel und einem Abt, in einer stabilen Kommunität, effektiv von der Welt getrennt, geeint durch die Liebe Christi.
2. Als geistlicher Vater seiner Gemeinde unterscheidet der Abt den Willen Gottes...
3. In der Tagesordnung hält man sich an die von der Regel des heiligen Benedikt vorgesehene Ausgewogenheit von Gottesdienst, Geistlicher Lesung und Handarbeit.
4. Die Stunde des Aufstehens wird so angesetzt, daß die darauffolgenden Vigilien [Wachen] ihren traditionellen Charakter als nächtliches Gebet im Warten auf dic Rückkehr des Herrn behalten.
5. Weil der Mönch nach dem immerwährenden Gebet strebt, braucht er täglich eine bestimmte Zeit für die Betrachtung. Der Abt trägt dafür wachsam Sorge, sowohl für die Kom-

munität als ganze als auch für jeden einzelnen.

6. Dieses Streben nach dem Gebet muß in einem Klima der Sammlung und des Schweigens gelebt werden, für das alle verantwortlich sind. Vor allem wahrt man das Große Stillschweigen in der Nacht und das Stillschweigen an den regulären Orten.
7. Die Trennung von der Welt macht es erforderlich, daß die Ausgänge selten sind und einen ernsthaften Grund haben. Der Gebrauch von Radio und Fernsehen soll eine Ausnahme sein. Auch für die anderen Kommunikationsmittel ist eine kluge Unterscheidung... notwendig.
8. Unsere Klöster müssen eine hochherzige Gastfreundschaft üben; indes darf diese nicht den kontemplativen Charakter unseres Lebens beeinträchtigen.
9. Die Nahrung sei einfach und nüchtern. Man behält den monastischen Brauch des Fastens und der Abstinenz bei.
10. Man behält das Ordenskleid als Unterscheidungsmerkmal des Ordens bei. Sein Gebrauch kann von Haus zu Haus verschieden sein.
11. Das Leben der Kommunität, wie auch das Leben jedes einzelnen Mönches, soll den Stempel der Einfachheit und der Armut tragen. Ferner soll es durch eine wirklich dem Evangelium entsprechende brüderliche Zurechtweisung stimuliert werden.»

1664 wurde im Zisterzienserkloster La Trappe der Orden der Trappisten gegründet. Die Askese der Trappisten ist von sprichwörtlicher Strenge. Abgesehen von Gottesdienst, Gebet und Gruß sind die Trappistenmönche zum Schweigen verpflichtet. In der Trappisten-Abtei Mariawald sieht der normale Tagesablauf etwa so aus:

— 2.15 Aufstehen
— 2.30 «Vigilien», gemeinsames nächtliches Gebet in der Kirche, das gewöhnlich, mit einer viertelstündigen Unterbrechung für stilles Gebet, bis etwa 3.30–4.00 Uhr dauert.
Vom Ende der Vigilien bis gegen 8 Uhr ist Gelegenheit zum Frühstück, das jeder privat im Speisesaal (Refektorium) einnimmt.
Die Zeit vom Ende der Vigilien bis zum Beginn des Morgengebets, der «Laudes», ist der privaten Lesung und dem stillen Gebet vorbehalten. Man kann dazu im gemeinsamen Tagesraum («Skriptorium»), in der Kirche oder sonst an einem stillen Ort weilen – im Bett freilich nicht.
— 6.00 «Laudes», Morgengebet in der Kirche, das bis ungefähr 6.40 Uhr dauert. Daran schließt sich unmittelbar die Messe an, die immer als gesungenes Hochamt gehalten wird. Sie endet zwischen 7.15 und 7.30 Uhr.
Dann ist ungefähr eine Stunde frei für privates Gebet und Lesung.
Im Noviziat (Probezeit vor dem Gelübde) ist in dieser Zeit meistens Unterricht.
— 8.30 «Terz», gemeinsames Vormittagsgebet, das eine Viertelstunde dauert. Daran anschließend ist Arbeit bis 10.45 Uhr. Im Winterhalbjahr ist an drei Tagen der Woche vormittags keine Arbeit, sondern freie Zeit.
— 11.00 «Sext», Mittagsgebet im Chor, das wieder ungefähr eine Viertelstunde dauert. Daran schließt sich eine weitere Viertelstunde für stilles Gebet in der Kirche an.
— 11.30 Mittagessen bis gegen 12.00 Uhr. In der Mittagspause bis 13.15 Uhr kann man ruhen oder sonst nach Belieben etwas tun.
— 13.15 «Non», viertelstündiges gemeinsames Nachmittagsgebet. Im Anschluß daran wieder Arbeit bis 16.15 Uhr.
— 16.30 «Vesper», Abendgebet in der

Kirche, das eine halbe bis Dreiviertelstunde dauert; einige Minuten für stilles Gebet schließen sich noch an, und dann ist um

- 17.15 Abendessen. Danach bleiben noch etwa 40 Minuten freie Zeit, bis man sich um
- 18.15 zum «Kapitel» bzw. zur «Kompletlesung» im Kapitelsaal versammelt, wo entweder der Abt, ein Mitbruder oder gelegentlich auch ein Gast spricht oder aus einem geistlichen Buch vorgelesen wird. Diese Viertelstunde ist gedacht als geistlicher Ausklang des Tages, auf den um
- 18.30 die «Komplet», das Nachtgebet, in der Kirche folgt, das mit dem Gesang des «Salve Regina», eines Marien-Lobpreises, endet. Um
- 19.00 ist schließlich Bettruhe.

Moses

Moses wird von manchen Religionsgeschichtlern als Religionsstifter, Prophet und Priester, von anderen als Volksführer und Gesetzgeber bezeichnet. Die römisch-katholische Kirche und die Ostkirche haben ihn in die Reihe ihrer → Heiligen aufgenommen. Sigmund Freud (Der Mann Moses und die monotheistische Religion, 1939) versuchte nachzuweisen, daß Moses eigentlich nicht Jude, sondern Ägypter war und daß er den Juden den Monotheismus des ägyptischen Pharaos Amenophis IV. Echnaton (ca. 1367 bis 1347) brachte. Manche Kritiker meinen jedoch, Moses sei überhaupt keine historische Gestalt, sondern eine Sagenfigur; der → Exodus (Auszug) der Hebräer aus Ägypten unter seiner Führung habe in Wirklichkeit nie stattgefunden. «Der Moses, den wir kennen, ist der Ahnherr der Priester von Quades [oder Kades: «Heiligtum», s. u.], also eine mit dem Kultus in Beziehung stehende Gestalt der genealogischen Sage, nicht eine geschichtliche Persönlichkeit.» (So der Alttestamentler Eduard Meyer, 1900)

1. Die im Alten Testament erzählten Ereignisse über den Aufenthalt → Israels in Ägypten, die «Rettung am Schilfmeer», die Gesetzgebung am Sinai, die Wüstenwanderung sind jedoch ohne die geschichtliche Person Moses schwer vorstellbar. Offensichtlich hat diese Gestalt zahlreiche ursprünglich unterschiedliche Überlieferungen zusammengezogen und auf sich vereint.

Die Zeit, in der Moses gelebt haben könnte, ist umstritten. Manche Historiker nehmen an, daß Ramses II. (gest. 1223) der Pharao der ersten Unterdrükkung «Israels» war und daß unter seinem Sohn Mernephtah (um 1220 v. Chr.) die Hebräer aus Ägypten ausgezogen sein könnten.

Andere Historiker verlegen die Ereignisse ins 14. Jahrhundert und in die Zeit der Pharaonen Amenophis III. und Amenophis IV. Echnaton.

Das Alte Testament erwähnt tatsächlich die beiden ägyptischen Städte Ramses und Pithom, bei deren Bau die Hebräer Fronarbeit leisten mußten. Pithom wurde unter Ramses II. erbaut. Das spricht dafür, daß die genannten Ereignisse im 13. Jahrhundert stattfanden. Als weiterer Beweis wird die Erwähnung des Namens «Israel» im Text eines Monuments des Pharaos Mernephtah angesehen.

Wahrscheinlich lebten die Hebräer im 14. Jahrhundert im Negeb und in der Wüste Juda als Halbnomaden; wenn Dürre und Hungersnot eintraten, blieb ihnen als letzte Zuflucht Ägypten, die Kornkammer des Vorderen Orients. Dorthin zogen sie mit ihrem Vieh. (1. Mose 45,1 ff)

Amenophis IV. ist bekannt als Reformator der → ägyptischen Religion. Er schaffte den Polytheismus (Glaube an mehrere Götter) ab und begründete eine monotheistische Religion, den Glauben an den einen Gott Aton. Sich selbst nannte er

«Echnaton», «es ist dem Aton angenehm». Theben, die Stadt des alten Gottes Amon, wurde nun durch ein neues religiöses Zentrum ersetzt: durch Achtet-Aton, «Horizont des Aton»; heute als Tell-el-Amarna bekannt; diese Stadt wurde 1891–1892 freigelegt; man fand Tontafeln, «Briefe» der Statthalter in Syrien, Phönizien und Kleinasien, an den Pharao.

S. Freud meinte, Moses sei ein Beamter am Hofe Echnatons gewesen. «Wenn Moses ein hoher Beamter war, so erleichtert dies unser Verständnis für die Führerrolle, die er bei den Juden übernahm; wenn ein Priester, dann lag es ihm nahe, als Religionsstifter aufzutreten... Ein Prinz des königlichen Hauses konnte leicht beides sein, Statthalter und Priester.» Nach Freuds Vermutung geht folglich der jüdische Monotheismus über die Vermittlung des Moses auf die ägyptische Aton-Religion zurück.

2. Der Name «Moses» stammt wohl aus dem Ägyptischen («mose» – «geboren», «Kind des...») und bildet häufiger das zweite Glied von Eigennamen (z.B. Thutmose). Aber auch aus dem Hebräischen ließe sich der Name ableiten; dann hieße «Moses» «der Herausziehende». Nach der biblischen Erzählung nahm ihn die Tochter des Pharaos, nannte ihn «Moses» und sprach: «Ich habe ihn aus dem Wasser gezogen.» (2. Mose 2,10)

Die Erzählung von Moses' Geburt und Aussetzung (2. Mose 2,1–12) deckt sich übrigens in zahlreichen Zügen mit anderen Heldensagen, etwa mit der Sage über die Geburt Sargons, des Gründers von Babylon, über Kyros oder Romulus. In der Geburtssage Sargons heißt es:

«Es empfing mich meine arme Mutter,
im Geheimen gebar sie mich,
setzte mich in ein Körbchen mit Rohr,
verschloß meine Tür mit Erdpech
und gab mich dem Flusse...»

Das Motiv der Aussetzung erweist schon das Kind als einstigen Kultheros und Helden.

Das hebräische Kind Moses wird daraufhin von einer ägyptischen Prinzessin adoptiert und großgezogen. Als junger Mann sieht Moses eines Tages, wie ein Ägypter einen seiner hebräischen «Brüder» schlägt; Moses tötet den Ägypter. Er muß nun Ägypten verlassen und flieht nach Midian. Dort liegt der Berg Sinai, und an diesem Berg soll Moses aus «der Lohe eines Feuers mitten aus dem Dornbusch» berufen werden.

3. Dabei stellt sich → Jahwe vor als «der Gott → Abrahams, der Gott Isaaks und der Gott Jakobs». (2. Mose 3,6) Seit dem 19. Jahrhundert hat man versucht, mehr Aufschluß über die Religion der hebräischen Stämme und der «Väter» zu gewinnen. Offensichtlich gab es in dieser frühen Zeit keinen Monotheismus, sondern eine Reihe lokaler Gottheiten («Elim», «Götter»), unter ihnen etwa den El Olam von Beerseba, den El Bethel von Bethel, den El Berith von Sichem, den El Schaddaj und den El Eljon. Die Anhänger der El-Religionen opferten Tiere, vornehmlich die Erstlinge der Herde, und auch die menschliche Erstgeburt. Menschenopfer wurden später durch Tieropfer ersetzt (vgl. die Geschichte von Abraham und Isaak).

Die Jahwe-Religion war vor Moses noch unbedeutend. Bei ihrer Durchsetzung haben offensichtlich Moses' Schwiegervater Jethro und die Oase Quades (Kades), das Zentrum der Sinai-Religion, eine wichtige Rolle gespielt. Der Sinai scheint lange vor Moses schon ein heiliger Berg gewesen zu sein. Seine tatsächliche Lage ist allerdings umstritten. Die einen lokalisieren ihn auf der Halbinsel Sinai, andere im Land Midian, wo es, im Gegensatz zur Sinaihalbinsel, Vulkanberge gibt.

Manche Historiker nehmen an, daß Jahwe ursprünglich ein midianitischer Vulkan- und Feuergott gewesen sei. Die Mi-

dianiter waren Araber. Daß Jahwe zum Gott Israels wurde, wäre folglich das Werk Moses gewesen, der die Verehrung des Sinaigottes aus Midian nach Israel verpflanzte.
Andere Historiker meinen, Jahwe sei ursprünglich ein Gott der Keniter gewesen. Die Keniter, ein Nomadenstamm, bewohnten einen Teil der Halbinsel Sinai. Dort lag auch Quades, das Hauptlager der Hebräer während der Wüstenwanderung. Dort soll Moses Wasser aus einem Felsen geschlagen und Kundschafter ins «gelobte Land» geschickt haben. (1. Mose 14,7; 16,14) Heute heißt die Oase «Ain Qedes».
Nach der Erzählung von Moses' Berufung folgt in der biblischen Darstellung der Bericht einer «Beschneidung». «Unterwegs aber, da wo er übernachtete, trat ihm der Herr entgegen und wollte ihn töten. Da nahm Zippora einen scharfen Stein, schnitt ihrem Sohne die Vorhaut ab und berührte damit Moses' Lenden und sprach: Ein Blutbräutigam bist du mir. Da ließ er von ihm ab. Damals sagte sie ‹Blutbräutigam› um der Beschneidung willen.» (2. Mose 4,24–26, nach der Zwingli-Bibel) Die Gottheit, die nach Moses' Leben trachtete, trägt die Züge eines mordlustigen Nacht- und Sexualdämons. Diese Geschichte sollte nachträglich als Begründung dafür dienen, daß alle jungen «mannbaren Glieder des Volkes Israel» vor der Hochzeit beschnitten werden müßten, um dadurch den Angriff von Dämonen in der Brautnacht abzuwehren. Später ging man dazu über, alle Knaben, die acht Tage alt waren, zu beschneiden.
Zurück in Ägypten (2. Mose 3–12), wird der Pharao durch märchenhaft-phantastische Wunder Jahwes und seines Propheten dazu bewogen, die «Kinder Israel» ziehen zu lassen. Jetzt beginnt die lange Wanderung nach Palästina, die schließlich vierzig Jahre dauern soll. Es geht mitten durch die Wüste im Osten Ägyptens bis hin zum Schilfmeer. Jahwe führt sein Volk: nachts in Gestalt einer Feuersäule, tags als Wolkensäule. (2. Mose 13,21) Trotz vorhergegangener Wunder und Plagen verfolgt der Pharao die Hebräer. Mit einem Zauberstab teilt Moses das Meer (2. Mose 14,16), so daß das Volk trockenen Fußes hindurchkommt. Die Ägypter aber ertrinken in den zurückflutenden Wellen.
Moses' «Gottesstab» bewährt sich auch im Kampf gegen die Amalekiter, das erste Nomadenvolk, das den Vormarsch der Hebräer nach Palästina aufhalten will. «Und wenn Mose seine Hand emporhielt, siegte Israel; wenn er aber seine Hand sinken ließ, siegte Amalek.» (2. Mose 17,11–13)
Nach der Amalekiterschlacht findet sich, so die biblische Schilderung, Jethro bei seinem Schwiegersohn Moses ein. (2. Mose 18,1–27) Er hört von dessen Wundertaten, preist Jahwe, «der größer ist als alle anderen Götter», und bringt ihm Brand- und Schlachtopfer dar. Manche Alttestamentler interpretieren diese Geschichte als historische Erinnerung an den Glaubenswechsel der Hebräer zur Jahwe-Religion: Die aus Ägypten kommenden (und außer ihnen noch andere verwandte Stämme) hätten unter midianitischem Einfluß in Quades einen neuen Glauben, denjenigen an den «Vulkangott» Jahwe, angenommen.
Der eigentliche Bundesschluß zwischen Israel und Jahwe findet nach der biblischen Darstellung indes erst am Sinai statt. «Als nun der dritte Tag kam und es Morgen ward, da erhob sich ein Donnern und Blitzen und eine dichte Wolke auf dem Berge und der Ton einer sehr starken Posaune. Das ganze Volk aber, das im Lager war, erschrak. Und Mose führte das Volk aus dem Lager Gott entgegen, und es trat unten an den Berg. Der ganze Berg Sinai aber rauchte, weil der Herr auf den Berg herabfuhr im Feuer; und der Rauch stieg auf wie der Rauch

von einem Schmelzofen, und der ganze Berg bebte sehr. Und der Posaune Ton ward immer stärker. Und Mose redete, und Gott antwortete ihm laut.» (2. Mose 19,16ff)
Zuvor hatte es bereits Bundesschlüsse Jahwes mit Adam, Noah, Abraham und Jakob gegeben. Der Akt des Bundesschlusses am Sinai aber wird durch Blut vollzogen. (2. Mose 24,5–8) Der Dekalog (griech. «zehn Worte», die Zehn Gebote), die «Gesetze und Gebote, die ich [Jahwe] aufgeschrieben habe», läßt sich – historisch gesehen – schwerlich auf Moses selbst und auch nicht auf seine Zeit zurückführen. Es handelt sich dabei um Gesetze, die eine Gemeinschaft konstituieren. Die vier ersten Gebote regeln das Verhalten Israels zu Jahwe, sie sind in ihrer Umwelt neu. Die restlichen sechs Gebote sind weit über Israel hinaus verbreitet.
Während der Wanderung Israels durch die Wüste soll es zu zahlreichen Kämpfen, zu wiederholtem «Murren» des Volkes und schließlich zu einem Abfall von Jahwe zu Baal-Peor gekommen sein. (4. Mose 25,1–18) Baal-Peor ist die Gottheit eines Agrarkults, der auch kultische Prostitution kennt. Die Bestrafung Israels durch Jahwe fällt äußerst grausam aus. «Da entbrannte des Herrn Zorn über Israel, und er sprach zu Mose: Nimm alle Oberen des Volkes und hänge sie vor dem Herrn auf im Angesicht der Sonne, damit sich der grimmige Zorn des Herrn von Israel wende.» (4. Mose 25,1ff) Ähnliche Züge offenbart die Jahwereligion bei einem «Rachezug» gegen die Midianiter (4. Mose 31,1–24), bei dem alles, was männlich ist, getötet werden muß. Daß auch nur Frauen und Kinder als Beute lebend ins Lager gebracht werden, erzürnt Moses. «Warum habt ihr alle Frauen leben lassen? Siehe, haben nicht diese die Kinder Israels... abwendig gemacht, daß sie sich versündigten am Herrn durch den Baal-Peor...? So tötet nun alles, was männlich ist unter den Kindern, und alle Frauen, die nicht mehr Jungfrauen sind; aber alle Mädchen, die unberührt sind, die laßt für euch leben.» (4. Mose 31,14ff)
Nach dieser Massentötung folgt die «Entsündigung»: «Und lagert euch draußen vor dem Lager sieben Tage, alle, die jemand getötet oder die Erschlagene angerührt haben, daß ihr euch entsündigt am dritten und siebenten Tag samt denen, die ihr gefangengenommen habt.» (4. Mose 31,19)
Das Deuteronomium (5. Buch Mose) erzählt den Tod Moses'. «Geh auf das Gebirge Abarim... und schaue das Land Kanaan, das ich den Kindern Israel zum Eigentum geben werde. Dann stirb auf dem Berge...» (5. Mose 32,48ff) Um den Tod Moses' rankten sich bald zahlreiche Geschichten und Theorien. Mitunter wurde die Auffassung vertreten, Moses sei bei einem Aufstand des Volkes Israel gewaltsam ums Leben gekommen. Im Judentum der nachbiblischen Zeit gewann die Gestalt des Moses immer mehr an Bedeutung. Er selbst galt als derjenige, der die Thora («Gesetz»; die fünf Bücher Mose) niedergeschrieben hatte. Als unschuldiger →Märtyrer, so glaubte man, sei er gestorben; Gott habe sein Leiden als stellvertretende Sühne für die Schuld seines Volkes angenommen und Moses schließlich «entrückt». Das hellenistische Judentum (→Hellenismus) machte ihn zum größten und vollkommensten Menschen. Auch im Neuen Testament gilt er als der Größte vor Christus: Er ist «Mittler des Gesetzes», Prophet des Kommens Christi (Lk. 24,27ff, 44ff), und als Führer und «leidender Gottesknecht» trägt er die Züge Christi.

Müntzer, Thomas

Von Thomas Müntzers Herkunft ist nur bekannt, daß er aus Stolberg am Harz stammt. Das erste feste Datum ist sein Studium in Frankfurt/Oder (1512–13).

Ab 1514 war er Priester in Braunschweig, und bald darauf wurde er Seelsorger in verschiedenen Frauenklöstern.
Nach dem Beginn der → Reformation (ab 1518) stand er mit → Luther (1483–1546) in Verbindung. Er kritisierte Papst, Bischöfe und Kirche, und Luther empfahl ihn 1520 als reformatorischen Prediger nach Zwickau in Kursachsen. Nach Konflikten mit den Altgläubigen, aber auch mit den Sympathisanten der Reformation, wurde er wegen aufrührerischer Bestrebungen vom Rat der Stadt entlassen. Er selbst gab sich den prophetischen Titel «Gottesknecht». Am Ende seines Wirkens bezeichnete er sich als «Thomas Müntzer mit dem Schwert Gideons» und drückte damit sein Selbstbewußtsein als von Gott berufener Heerführer und Retter des Volkes aus.
Bei einem Aufenthalt in Böhmen verfaßte er das «Prager Manifest» (1521). Darin äußert er seine Grundansichten: Adams Sündenfall habe sich nicht nur auf das Volk Israel, sondern auf alle Menschen ausgewirkt. Auf diesen Abfall folgte die Strafe Gottes. Erst durch Jesu Kreuzigung und Auferstehung habe die Menschheit eine neue Chance bekommen. Jetzt muß der Christ die Ordnungen Gottes anerkennen und sie auch verwirklichen.
Mit Luthers reformatorischen Auffassungen war Müntzer nicht zufrieden. Seiner Meinung nach stand die Zeit des Gerichts und der gereinigten neuen Kirche noch bevor. Die von Gott berufenen Propheten müßten jetzt die Scheidung der Auserwählten von den Gottlosen vornehmen und die Gläubigen zum wahren Glauben hinführen. «Dye zceyt der ernde ist do! Drumb hat mich Goth selbern gemit [gemietet] in seyn ernde.»
Mit vielen seiner Zeitgenossen teilte Müntzer ein ausgeprägtes Endzeitbewußtsein. Daraus erwuchs sein dringendes Interesse an der Veränderung der herrschenden Verhältnisse. Dazu gehörte, daß die Auserwählten sich bereithielten, um an den Gottlosen das Gericht zu vollziehen.
Müntzers Botschaft fand jedoch nur im thüringischen Raum größeren Widerhall. Überall sammelten sich dort kleine Gruppen seiner Anhänger. Versuche, mit Luther einen gedeihlichen Kontakt herzustellen, verliefen erfolglos.
Als Prediger im kursächsischen Städtchen Allstedt versuchte er auch dort eine Gemeinde von Auserwählten zu bilden. Er verdeutschte die lateinische Messe, übersetzte lateinische Hymnen und machte – vor Luther – den deutschen Gemeindegesang zu einem wichtigen Bestandteil des Gottesdienstes. Zu seinen Predigten kamen mitunter mehr als 2000 Auswärtige zusammen. Er heiratete Ottilie von Gersen, eine ehemalige Nonne, und gründete eine Familie.
Sein Ziel blieb es, das Gottesgericht und die Christusherrschaft vorzubereiten. Daraufhin verboten die katholischen Obrigkeiten der Umgebung ihren Untertanen den Besuch seiner «ketzerischen» Gottesdienste. Im Unterschied zu Luther verwarf Müntzer blinden Gehorsam der Gläubigen gegenüber einer gottlosen Obrigkeit.
Luther sah in Müntzers Wirken einen Versuch des Satans, die Reformation zum Scheitern zu bringen. Diese Ansicht legte er 1524 in einem «Brief an die Fürsten zu Sachsen von dem aufrührerischen Geist» dar. So kam Müntzer zwischen zwei Fronten zu stehen, zwischen die katholischen Obrigkeiten auf der einen und Luther auf der anderen Seite. Als er nun immer stärker unter Druck geriet, äußerte er: «Es wher wol byllich, wan dye regenten nicht widder den christenglauben handelten. Nun sye aber nit alleyne widder den glauben, sundern auch widder yhr naturliche recht handelen, so muß man sye erwurgen wye dye hunde.»
Müntzer mußte schließlich Allstedt verlassen. Nun versuchte er, das «Feuer des

göttlichen Ärgernisses» unter den Bewohnern der thüringischen Reichsstadt Mühlhausen zu schüren. Dort gab es bereits Ansätze einer sozialrevolutionären Bewegung gegen die Oberschicht der Stadt. Müntzer gründete den religiös-militärischen «Ewigen Bund Gottes», mit dem er die städtischen Verhältnisse völlig umgestalten wollte. Aber bald wurde er aus der Stadt verwiesen.
Damals gärte es in Südwestdeutschland. Die Bauern forderten wirtschaftliche, soziale und rechtliche Veränderungen. Die Reformation gab ihnen Auftrieb. Von Süddeutschland aus richtete Müntzer seine schärfsten Schriften gegen Luther: «Ausgedrückte Entblößung des falschen Glaubens» und «Hochverursachte Schutzrede und Antwort wider das geistlose sanftlebende Fleisch zu Wittenberg». Dabei propagierte er den Aufstand des gläubigen Volkes als Werkzeug in Gottes Hand. Als sich nun die Unruhen ausbreiteten, eilte er zurück nach Mühlhausen. Im April 1525 brach im hessisch-thüringischen Grenzgebiet ein Aufstand los: 60000 Bauern und Bürger erhoben sich allein in Thüringen gegen ihre Herrschaft. In weiten Gebieten zwischen dem Harz und der Schweiz, den Vogesen und Österreich gab es Aufstände. «Das ganze deutsche, franzosische und welsch land ist wag [= wach], der meyster will spiel machen, die bößwichter mussen dran.»
Eilig rief man zu den Waffen; um die Stadt herum wurden Burgen und Schlösser ausgeräumt und niedergebrannt, die Beute nach Mühlhausen gebracht. Luther drängte die Fürsten zu Gegenmaßnahmen. Im Mai 1525 rückten der mit der Reformation sympathisierende Landgraf Philipp von Hessen und sein streng katholischer Schwiegervater Georg von Sachsen mit ihren Heeren gemeinsam gegen die Aufständischen in Thüringen.
Müntzer rief jetzt auf zum «Streit des Herrn»: «Dran, dran weyl [= solange] ir tag habt, Gott gehet euch vor, volget, volget!» Er selbst zog mit 300 Mann zum Bauernheer nach Frankenhausen. Ihre Symbole waren das Schwert – Zeichen des Gerichts an den Gottlosen – und das Kreuz: Hinweis auf das Leiden der Auserwählten. Drei Untergebene des Grafen Ernst von Mansfeld wurden im Bauernlager vor Gericht gestellt, zum Tode verurteilt und, mit Müntzers Einverständnis, hingerichtet. Mehrfach predigte Müntzer vor den Bauern. «Got der almechtig wolte jetzo die welt reinigen und hatte der oberkait den gewalt genomen und den undertannen geben.»
Auf der Flucht vor der hessisch-sächsischen Übermacht fielen vor Frankenhausen ungefähr 6000 Aufständische, während von nur sechs Toten aus dem Fürstenheer berichtet wird.
Müntzer wurde gefangengenommen, gefoltert und zum Tode verurteilt. In einem Abschiedsbrief forderte er die Mühlhäuser dazu auf, die Waffen niederzulegen. Daß der Aufstand gescheitert war, lag seiner Meinung nach nur am Eigennutz der Aufständischen selbst: Sie allein waren an der Misere schuld und sollten die Niederlage als Strafe Gottes betrachten. Am 27. Mai 1525 wurde Müntzer mit einigen seiner Gefährten vor der Stadt Mühlhausen hingerichtet.

Mysterien

Bei den «Mysterien» der alten Griechen (griech. «Geheimnisse») handelt es sich um Geheimkulte, zu denen nur die «Mysten» («Eingeweihte») Zugang hatten. (→ Griechische Religion) Diese Religionen waren einst aus dem Osten in den griechischen Kulturkreis gekommen. Zu ihnen zählten etwa der kleinasiatische Attiskult, der ägyptische Isis- und Osiriskult und der syrische Adoniskult. (→ Ägyptische Religion) Der Mithraskult, eine typische Soldatenreligion, wollte seine Anhänger, ausschließlich Männer, zu sittlicher und militärischer

Tüchtigkeit erziehen. In der Zeit des → Hellenismus wurden die Mysterien, ursprünglich Volksreligionen, zu Methoden und Wegen für den einzelnen, um in Verbindung mit dem → Jenseits zu kommen. Die Aufnahme in die Gemeinde erfolgte durch eine feierliche Weihehandlung. Zuvor mußte man allerlei Reinigungsriten vollziehen (Enthaltsamkeit, → Taufe usw.). Durch bestimmte Handlungen sollte die durch Sinnlichkeit beschmutzte Seele gereinigt werden. Erst dann konnte sie das zukünftige Gericht und den gefahrenvollen Weg ins ewige Licht unbeschadet überstehen.

Was der Unsterblichkeit (→ Ewiges Leben) im Wege steht, ist Bindung an die Materie: die Leiblichkeit. Als Vorbedingung des Heils muß sich der Mensch durch Askese erst vom Leib lösen. Die eigentliche Vergottung vollzieht sich dann bei sakramentalen Handlungen, Taufen und heiligen Mahlzeiten, während deren man überzeugt ist, Gott selbst zu essen. (→ Abendmahl) Das → Sakrament nimmt den Menschen in den Lebensprozeß der Gottheit hinein. In Ekstase und mystischer Schau zeigt sich für Momente, was später einmal von ewiger Dauer sein würde.

Sinn und Ziel der Mysterien war also das Heil. Deshalb hießen die Gottheiten auch «Heilande». Heil umfaßt also Rettung von Gefahren, von Krankheit und Mißerfolg, aber auch Heil der Seele: Unsterblichkeit.

Im Mittelpunkt des Kultes stand eine jugendliche Gottheit, die selbst dem Tod verfallen war und wieder zum Leben erwachte. Wer sich mit dieser Gottheit kultisch (oft unter Symbolen des Geschlechtsverkehrs) vereinigte, bekam damit Anteil am unvergänglichen Leben des Heilandes. (→ Sexualität) Rückkehr aus dem Tod heißt «Wiedergeburt», der «Wiedergeborene» gilt als «Vergotteter», «Verwandelter» oder «Verklärter». Zur Allgottheit und Himmelskönigin Isis, Vorläuferin der christlichen «Muttergöttin» Maria, beteten die Mysten: «O du heilige und ewige Retterin des Menschengeschlechtes, allzeit gütig spendend den bedürftigen Sterblichen, du schenkst süße Mutterliebe den Elenden in ihren Nöten...»

In Entsprechung zu den Aufnahmeriten der Mysterienreligionen entwickelte das frühe Christentum seine Taufe. Wie der Myste beim Tauchbad das Sterben und Auferstehen der Gottheit erlebt, so gestaltet der Christ in der Taufe den Tod und die → Auferstehung Jesu nach. «Wie der Gott gerettet, so wächst für uns Errettung aus dem Leiden», heißt es bei der Attistaufe. (Vgl. Röm. 6,1ff; Kol. 2,12) Die Taufe gilt als «das Zeichen lebendigen Wassers, kraft dessen ihr zum Lichtorte emporsteigen werdet». Als Zeichen der gewonnenen Unsterblichkeit zieht der Gläubige das Gewand der Gottheit an. (Vgl. Gal. 3,27; Röm. 13,14. «Ziehet den Herrn Jesus Christus an.»)

Auch die christliche Praxis des vorbereitenden Taufunterrichts entwickelte sich nach dem Vorbild der Mysterien: Fasten und Beten, Dämonenbeschwörung sowie Anblasen, Bekreuzigungen und Servieren von geweihtem Salz waren dabei gebräuchliche Handlungen. (→ Dämonen)

Auch die Vorstellung, sich mit einem Gott während des Rituals seiner Verspeisung zu vereinigen, hat das Christentum mit den Mysterienreligionen gemein. Beim heiligen Mahl der Attisreligion wurden Brot und Wein genossen. Im Gottesdienst des Mithraskultes verwendete man die gleichen Geräte wie bei der christlichen Eucharistie: Kelch und Patene (Opferschale, Hostienteller); man vermischte Wein mit Wasser und verbeugte sich vor dem heiligen Kelch.

Das christliche Sakramentsverständnis entspricht deutlich demjenigen des sakramentalen Mahles der Mysten: Vereinigung mit dem gestorbenen und auferstandenen Gott ist die Bedingung von Wiedergeburt und ewiger Seligkeit des Menschen. Wie das christliche Abendmahl als Erinnerungsfeier an Jesu letztes Mahl gedeutet wird, so waren die Mithras-Agapen (Liebesmahlzeiten) rituelle Gedächtnisfeiern an das letzte Mahl des Mithras vor seiner Himmelfahrt.

Mystik

Das Wort «Mystik» (von griech. myein: «die Augen schließen») bedeutet die Lehre von dem Weg, der zur Verbindung mit der Gottheit führt. Elemente der Mystik gibt es in allen Religionen, insbesondere aber in den großen Weltreligionen, in denen die Anschauung vertreten wird, die →Seele des Menschen (oder mindestens ein «Seelenfünklein») sei göttlicher Natur. Demnach kann sie mit Gott vereint werden. Diesem Ziel gilt das ganze Streben des Mystikers: Er will Gott «schauen» und «genießen», ja, sich mit ihm «einen».

Die Vereinigung mit Gott – das ist das äußerste Selbstwertgefühl und die größte Machtfülle, die der Mensch je erreichen kann. Um dorthin zu gelangen, zerbricht der Mystiker die Schranken seines eigenen Ichs. Das Objekt des Sehnens (Gott) und das Subjekt des Mystikers verschwimmen ineinander. Die Erfahrungen der Ekstase sind kaum zu beschreiben und können von anderen, die solche Erlebnisse nicht gehabt haben, nur schwer verstanden oder nachempfunden werden. Voraussetzung dieses Außersichseins ist für den Mystiker eine «Entleerung des Selbst». Erst das leere Ich kann von etwas anderem als ihm selbst neu gefüllt werden.

Mystik ist weder national noch kulturell, noch konfessionell beschränkt. Sie kennt keine Grenzen. Riten und Sitten, Sakramente und Dogmen, Moral und Gesetze sind ihr letztlich unbedeutend, die besonderen Formen einer historischen Religion gleichgültig. Sie kann sich in allen Religionen entfalten, aber keine ist ihr wesentlich; sie strebt über die zufällige Gestalt einer besonderen Religion hinaus.

Eine typische Ausprägung hat die Mystik im Neuplatonismus (→Platonismus) gefunden. Dessen Gedanken sind dem Abendland durch Augustinus (354–430) und durch mystische Schriften des 6. Jahrhunderts (etwa durch den sogenannten Pseudo-Dionysius Areopagita) übermittelt worden. Erneuert wurden sie im 12. Jahrhundert durch Hugo von St. Viktor (gest. 1141) und Bernhard von Clairvaux (gest. 1153).

Der Grundgedanke der neuplatonischen Mystik lautet, daß das «Herz», das Gott sieht, selbst göttlich sei. Ein islamischer Mystiker drückt die gleiche Überzeugung so aus: «Wer von der Ewigkeit spricht, muß in sich die Lampe der Ewigkeit haben.» Gott kann nur von Gott selbst erkannt werden. Das heißt, daß Gott sich im Menschen als Subjekt und Objekt erkennt und liebt. Wenn Gott sich im Menschen selbst erkennt und liebt, sind Gott und Mensch letztlich nicht mehr voneinander zu unterscheiden. «Das Erkennen setzt Gleichartigkeit voraus im Erkennenden und Erkannten, und es bewirkt Gleichheit.» (Meister Eckhart, um 1260–1327)

Die Stufen des Weges, der zu diesem Ziel führt, werden unterschiedlich beschrieben. Von der «seichten Fülle des Alltags» zur mystischen «Leere des Nichtseins», zum Sterben in Gott, können beispielsweise folgende Schritte führen: Reue, Abstinenz (Enthaltsamkeit), Entsagung, Armut, Geduld, Gottvertrauen, Befriedigung. Dieser Weg muß allerdings erst eingeübt werden, etwa durch Fasten oder Rausch, durch Meditation oder Kontemplation (Betrachtung), durch besondere Atemtechniken oder durch das Gebet.

Gott und Mensch können erst dann in eins fließen, wenn «Entwerdung» stattgefunden hat und Gott und Mensch im selben «Nichts» zusammengekommen sind. Dabei findet im Grunde etwas «Unsagbares» statt, dem nur das Schweigen angemessen ist. «Am Schweigen werden sie erkannt, die Gott im Herzen tragen.» (Tersteegen, 1667–1769) Das Schweigen ist für die Mystik wesentlich, «im Grunde» herrscht lautlose Stille. Da sind «Raum und Ruhe für jene Geburt, dafür daß Gott der Vater dort sein Wort spreche.» (Meister Eckhart)

Die völlige Vereinigung mit Gott wird als «unio mystica» («mystische Einheit») vollzogen. «Es gibt nur diese beiden Wahrheiten, das All und das Nichts. Alles andere ist Lüge. Wir vermögen Gottes All nur zu ehren durch unsere eigene Vernichtung, und kaum sind wir vernichtet, daß Gott, der keine Leere dulden kann, ohne sie zu erfüllen, uns mit Sich Selbst erfüllt.» (Madame Guyon, 1648–1717)

In der «unio mystica» wird der «Beweis» erbracht, daß der Mensch Gott und Gott Mensch sei. Der Mystiker erhebt für den Menschen den Anspruch der Göttlichkeit. Er kann sagen: Ich bin Gott. Dann aber spricht nicht er selbst, sondern Gott aus ihm. Er ist «die Hand, die Gott als Werkzeug dient». Die mystischen Bilder überbieten sich gegenseitig: «Ich ging von Gott zu Gott, bis es von mir rief in mir: ‹O du ich!›»

Einung mit Gott ist wie ein Sterben. Der Mystiker wird von Todessehnsucht getrieben. Diese Sehnsucht ist möglicherweise auch die Kehrseite seines «Willens zur Macht». Der → Tod macht offensichtlich Angst und Lust zugleich.

Einer Kirche, die darauf bedacht ist, daß sich die Gläubigen an ihre Dogmen und Normen halten, müssen Mystiker verdächtig und ärgerlich sein. Den christlichen Mystikern ist selbst die Heilige Schrift an die zweite Stelle gerückt. «Nicht die Schrift, sondern der heilige Geist!» (George Fox, 1624–1691) Weder die Heiligen noch die heilige Jungfrau, weder die Sakramente noch die Lehre von der «Menschwerdung Gottes in Christus» sind dem Mystiker derart wichtig wie die Begegnung mit Gott im eigenen Herzen. Die Kirchen haben die Mystiker denn auch häufig kritisiert und verfolgt. Allzu ketzerisch erschien ihnen die Unbotmäßigkeit, mit der sich die Mystiker Gott näherten. «Gott ist als Mensch geboren, damit ich als derselbe Gott geboren würde. ... Gottes Grund ist mein Grund, und mein Grund ist Gottes Grund.»

Das mystische Bewußtsein der eigenen Nichtigkeit ist offensichtlich die Kehrseite eines kaum steigerbaren Bewußtseins seiner selbst. So gelangt der Mystiker durch das Nichts hindurch zur «Allmacht». «Der Abgrund meines Geistes ruft immer mit Geschrei / Den Abgrund Gottes an: sag welcher tiefer sei.» (Angelus Silesius, 1624–1677) Die eigene Macht schlägt demnach sogar Gott in die Abhängigkeit. «Was wirst du tun, Gott, wenn ich sterbe? / Ich bin dein Krug (wenn ich zerscherbe?) / Ich bin dein Trank (wenn ich verderbe?) / Bin dein Gewand und dein Gewerbe, / mit mir verlierst du deinen Sinn.» (Rainer Maria Rilke, 1875–1926)

Mythos

Der Mythos (griech. «Wort», «Rede», «Fabel») ist der Form nach eine Erzählung. Er berichtet von Geschehnissen, die keine geschichtlichen Grundlagen haben, sondern jenseits der wirklichen Zeit: in der Vorzeit oder in der Endzeit stattfinden. Nach der Darstellung des Mythos traten in der Vorzeit Ereignisse ein, die noch das gegenwärtige Dasein grundlegend bestimmen.

Zahlreiche Mythen handeln beispielsweise von der Entstehung der Götter (theogonische Mythen). Der Gott Brahma etwa (→ Hinduismus) ging aus dem Nabel Vishnus, die Göttin Athene aus dem Haupt des Zeus hervor.

→ Schöpfungsmythen (kosmogonische Mythen) kennen die «Naturreligionen» genauso wie die antiken Völker. Das alttestamentliche Schöpfungsverständnis (1. Mose 1 und 2; → Schöpfung) geht auf babylonische Vorstellungen zurück, nach denen die Welt aus dem Urchaos entstanden ist. (→ Stammesreligionen; → Babylonisch-assyrische Religion)

Naturmythen (kosmologische Mythen) erklären das Werden und Vergehen der Natur. In altägyptischen Sonnenmythen erscheint die Sonne beispielsweise als Sonnenfalke, der über den Himmel fliegt, oder als «Sonnenschiff», das am Tag über den Himmel, in der Nacht aber durch die Unterwelt (den «Nachthimmel») fährt. Sonnenglaube und Sonnenkult sind tief im Leben der Religionen (z. B. des alten Mittelamerika, der Indogermanen, der Babylonier und Griechen, aber auch des Judentums und des Christentums) verwurzelt. Zahlreiche Mond-Mythen sind über die ganze Erde verbreitet. Ihr Ursprung liegt meist in mutterrechtlichen Kulturkreisen. Häufig wird der Mond gefeiert als «Mutterleib, der alles gebiert» und als «Erzeuger der Götter und Menschen». Neben der Sonne und dem Mond werden aber auch die Sterne als lebendige göttliche Wesen angesehen. Viele Mythen bringen die Sterne mit den Verstorbenen in Zusammenhang.

→ Paradies- und Sündenfallmythen (anthropologische Mythen) wollen hingegen erklären, wie das Übel und der Tod in die Welt gekommen sind. Weit verbreitet sind auch Sintflutmythen, die von der Ausrottung eines alten Menschengeschlechts und dem Überleben eines Paares erzählen, das den Anfang einer neuen Menschheit bildete.

Stammesmythen führen die Entstehung eines Volkes auf einen Gott oder einen gottähnlichen Urahn (Kultheros, Dema-Gottheit) zurück. Auch das Alte Testament kennt zahlreiche solcher Mythen von «Stammvätern». (→ Abraham)

Kultmythen erklären, daß die Heiligtümer von Göttern begründet und Kult (→ Kultus) und Zeremonien von ihnen selbst angeordnet worden seien. 1. Mose 28, 16ff will den Ursprung des Bethel-Heiligtums verdeutlichen, und 1. Mose 22 veranschaulicht die Ablösung des Menschenopfers durch das Tieropfer.

Offenbarungs- und Heilandsmythen erzählen, wie ein göttlicher Erlöser auf die Erde herabkam, um die Menschen aus Not und Sünde zu erretten. Heilbringer waren es, die den Menschen Werkzeuge und Waffen zeigten und sie die Kultivierung von Nutzpflanzen lehrten. Verwandt mit ihnen sind die Heilandsgestalten der antiken Religionen, des Buddhismus, Hinduismus und des Christentums. Buddha stieg vom Himmel herab, um den Menschen die Erlösung vom ewigen Geburtenkreislauf zu bringen; geboren wurde er, wie Jesus, aus einem jungfräulichen Mutterschoß. (→ Jungfrauengeburt)

Jenseits- und Endzeitmythen geben dramatische Schilderungen der Suche des Menschen nach dem → Ewigen Leben, und sie beschreiben auch den Weltuntergang. Dabei werden Urzeit und Endzeit in gegenseitiger Entsprechung vorgestellt: Was am Anfang war, wiederholt sich am Ende. (→ Jenseits)

Die ganze christliche Glaubenslehre ist von mythischen Elementen durchsetzt. In die christliche Dogmatik gingen Schöpfungsmythos, Paradies- und Sündenfallmythos und Heilandsmythos ein: Der Gottessohn, den die Menschen ersehnt haben, kam zur Erde herab, wurde aus einer Jungfrau geboren (→ Jungfrauengeburt), besiegte die Gewalt des → Teufels, stillte den Zorn Gottes durch sein stellvertretendes Leiden und sein Selbst-Opfer (→ Opfer), stieg in die Unterwelt hinab, wo er die Verstorbenen befreite, und fuhr schließlich auf zum Himmel, von wo aus seine Rückkehr zum Weltgericht zu erwarten ist.

Neben dem «Christusmythos» gibt es im

Christentum auch einen «Marienmythos»: → Maria, die, bewahrt von Erbsünde, nach jungfräulicher Empfängnis vom Heiligen Geist den Gottessohn auf übernatürliche Weise gebar, wurde zur Miterlöserin unter dem Kreuz und fuhr schließlich selbst in den Himmel auf.

N

Neues Testament

1. Das Neue Testament besteht aus 27 verschiedenen Schriften, den vier Evangelien (→ Matthäus, → Markus, → Lukas und → Johannes), der → Apostelgeschichte, 13 → «Paulusbriefen», die allerdings nicht alle von → Paulus stammen, dem Hebräerbrief, 7 «katholischen Briefen» und der → Apokalypse (Offenbarung) des Johannes.

Diese neutestamentlichen Schriften sind chronologisch geordnet: Die Evangelien beschreiben das Wirken → Jesu, die Apostelgeschichte den Anfang der christlichen Kiche; in den folgenden 21 Briefen sprechen die → Apostel zur Kirche, und die Offenbarung des Johannes entwirft schließlich ein Bild der Zukunft.

Die Entstehungszeit der einzelnen Schriften hat mit dieser chronologischen Ordnung nichts zu tun. Zwar enthält keine Schrift eine Datierung; man kann aber das jeweilige Alter doch ungefähr erschließen:

Die Paulusbriefe sind die ältesten Bestandteile des Neuen Testaments. Paulus stand Jesus zeitlich näher als die Verfasser der Evangelien. Trotzdem erfahren wir von ihm so gut wie nichts über den Mann aus Nazareth. Das Jesusbild der Evangelien ist dann erst aus einem relativ großen zeitlichen Abstand zu den beschriebenen Ereignissen gezeichnet.

Der 1. Thessalonicherbrief, die älteste neutestamentliche Schrift, ist um das Jahr 50 n. Chr. verfaßt worden. In den folgenden fünf bis sechs Jahren, das heißt gegen Ende seiner Wirksamkeit, schrieb Paulus den Galaterbrief, den sogenannten Philipperbrief (der wahrscheinlich eine Zusammenstellung mehrerer an die Gemeinde in Philippi gerichteter Briefe ist), den Philemonbrief, die beiden Korintherbriefe (auch der 2. Korintherbrief scheint eine Komposition von ursprünglich mehreren Briefen zu sein) und schließlich den Römerbrief. Die anderen Briefe, die den Namen des Paulus tragen, sind in Wirklichkeit nicht von Paulus selbst, sondern von seinen Schülern verfaßt worden.

In der zeitlichen Reihenfolge kommt nach den Paulusbriefen das Markusevangelium, das vielleicht nach 70 n. Chr. verfaßt worden ist. Das Markusevangelium dient den Verfassern des Matthäus- und des Lukasevangeliums, die in den achtziger Jahren entstanden sein dürften, als Vorlage. Man nimmt an, daß der Lukasevangelist auch die Apostelgeschichte verfaßt hat. Einen völlig anderen Charakter als die → Synoptiker (Markus, Matthäus und Lukas) hat das Johannesevangelium, das wohl um die Jahrhundertwende verfaßt worden ist.

Die «gefälschten» Paulusbriefe (es galt als Zeichen der Bescheidenheit, wenn ein Schüler sein eigenes Werk unter dem Namen seines Lehrers herausgab) nennt man «Deuteropaulinen»: Wahrscheinlich zwischen dem Jahr 70 und der Jahrhundertwende sind der 2. Thessalonicherbrief, der Kolosserbrief und der Epheserbrief entstanden, während die «Pastoralbriefe» (1. und 2. Timotheus und Titus) vom Anfang des 2. Jahrhunderts stammen.

Von den sogenannten katholischen Briefen gehören der 1. Petrusbrief und der Jakobusbrief ins 1. Jahrhundert, die drei Johannesbriefe, der Judasbrief und der 2. Petrusbrief (die jüngste Schrift des Neuen Testaments) ins 2. Jahrhundert.

Die Offenbarung des Johannes, die ebenso wie der Hebräerbrief, um 90 n. Chr. entstanden sein dürfte, gehört einer anderen literarischen Gattung an als die sonstigen neutestamentlichen Schriften. (→ Apokalyptik)

2. Die Schriften des Neuen Testaments entstanden also innerhalb eines Zeitraumes von etwa 80 bis 90 Jahren. Ihre Aussagen sind alles andere als einheitlich. Matthäus und Lukas haben das Markusevangelium nicht einfach abgeschrieben; sie haben es vielmehr umgeschrieben, verändert und erweitert. Die Paulusschüler haben die Aussagen ihres Meisters weitergeführt und ergänzt. Der Verfasser des 2. Petrusbriefes hat den Judasbrief verarbeitet und verändert.

Im Neuen Testament spiegelt sich der Übergang des Christentums aus dem aramäischen Sprachbereich (Aramäisch, das zur Zeit Jesu in Palästina gesprochen wurde, ist eine späte Form des Hebräischen) in den griechischen Sprachbereich. Mit dem Wechsel der Sprache veränderten sich auch Kultur und religiöse Vorstellungswelt des Christentums. Die alten Überlieferungen mußten neu formuliert werden.

Bloßes wortwörtliches Übersetzen reichte dabei oft nicht aus. Zahlreiche neue Begriffe wurden eingeführt. In Palästina hatte man Jesus als «Rabbi» oder «Messias» bezeichnet. Im Griechischen nun übersetzte man «Messias» mit → «Christus», vergaß aber bald die ursprüngliche Bedeutung des Ehrentitels «Christus» und verwendete das Wort statt dessen wie einen Namen. Manche Bezeichnungen für Jesus («Heiland»: Soter; «Herr»: → Kyrios) wurden im griechisch-hellenistischen Bereich überhaupt erst neu eingeführt.

Die → Urgemeinde hatte noch mit der baldigen Wiederkunft Jesu gerechnet. An die Korinther schrieb Paulus: «Siehe, ich sage euch ein Geheimnis: Wir werden nicht alle entschlafen, wir werden aber alle verwandelt werden; und dasselbe plötzlich, in einem Augenblick, zur Zeit der letzten Posaune.» (1. Kor. 15,51) Die frühen Christen hatten geglaubt, daß noch zu ihren Lebzeiten das Reich Gottes hereinbrechen werde: Die Wiederkunft Jesu würde das Ende der Welt bedeuten. Angesichts dieser Erwartungen kam die Frage, was denn der Tod für den einzelnen bedeute, erst gar nicht auf. Als aber in Thessalonich einige aus der Gemeinde starben, wurde die Frage an Paulus gerichtet, was denn mit den Entschlafenen geschehe, die die Ankunft Jesu ja nun nicht miterleben könnten.

Paulus beruhigte die Besorgten: «Er selbst, der Herr, wird mit befehlendem Wort, mit der Stimme des Erzengels und mit der Posaune Gottes herniederkommen vom Himmel, und die Toten in Christus werden auferstehen zuerst. Danach wir, die wir leben und übrigbleiben, werden zugleich mit ihm hingerückt werden in den Wolken, dem Herrn entgegen in die Luft...» (1. Thess. 4,13ff)

An diesem Beispiel wird ersichtlich, wie im Laufe der Zeit durch Veränderung der äußeren Bedingungen neue Fragestellungen erst aufkamen und wie schon im Neuen Testament neue Antworten formuliert wurden, die Jesus selbst noch fremd gewesen waren. Das Neue Testament bildet also weder eine literarische noch eine inhaltliche Einheit, sondern spiegelt den allerersten Prozeß des Ausbaus der christlichen Botschaft von Jesus.

Dabei kommt es nun sogar zu beträchtlichen Widersprüchen zwischen einzelnen grundlegenden Auffassungen. Beispielsweise formuliert Paulus in Röm. 3,28: «So halten wir nun dafür, daß der Mensch gerecht werde ohne des Gesetzes Werke, allein durch den Glauben.» Im Jakobusbrief (2,24) hingegen heißt es: «So sehet ihr nun, daß der Mensch durch Werke gerecht wird, nicht durch Glauben allein.» (→ Martin Luther [1483 bis 1546], dessen theologischer Auffassung die Aussage des Jakobusbriefes völlig widersprach, nannte diese Schrift denn auch eine «stroherne Epistel [Brief]» und rückte sie ganz ans Ende des Kanons).

3. Trotz solcher und ähnlicher Widersprüche wurde das Neue Testament zum → «Kanon» (Richtschnur, Norm) der christlichen Kirche. Paulus wäre sicher nie auf den Gedanken gekommen, daß seine Briefe eines Tages zu → «Heiligen Schriften» werden könnten. Tatsächlich hat es auch lange Zeit gedauert, bis endgültig feststand, welchen urchristlichen Schriften kanonische Gültigkeit zuerkannt werden sollte.

Das älteste Kanonverzeichnis ist der sogenannte Kanon Muratori aus dem 2. Jahrhundert. Darin fehlen noch einige Schriften (z. B. die Petrusbriefe und der Jakobusbrief), die heute zum Neuen Testament gehören; andererseits enthält dieses Verzeichnis eine Reihe von Texten (z. B. die «Weisheit Salomos» und die Petrusapokalypse), die heute als nicht kanonisch gelten. In der Frühzeit des Christentums standen darüber hinaus auch Schriften wie das Hebräerevangelium, die Didache («Lehre der zwölf Apostel») und der 1. Clemensbrief (97 n. Chr. von einem römischen Presbyter an die Gemeinde in Korinth gerichtet) in gleich hohem Ansehen wie die schließlich kanonisierten Schriften.

Erst gegen Ende des 4. Jahrhunderts wurde der Bestand des Neuen Testaments in dem heute bekannten Umfang festgeschrieben. Die christliche Kirche hatte damit festgelegt, was hinfort ihre Grundlage und ihr Maßstab sein sollte.

4. Neutestamentliche Exegese (→ Auslegung) als Grundlage der → Bibelwissenschaft untersucht Texte des Neuen Testaments, um herauszufinden, welche Aussagen sie eigentlich machen wollen, unter welchen geschichtlichen Bedingungen sie verfaßt worden sind, wer ihr Verfasser war, wen dieser als Adressaten vor sich sah und, überhaupt, welche Weltanschauung im Hintergrund steht. Die Exegese des Neuen Testaments schließt dabei auch die Überzeugung ein, daß die Bedeutung, die ein Text haben könnte, erst dann erschlossen werden kann, wenn zuvor geklärt ist, mit welcher Absicht und in welcher Situation er einst verfaßt worden ist.

Wer einen neutestamentlichen Text exegisieren will, muß also zunächst versuchen, seine erste Bedeutung zurückzugewinnen. Dies aber setzt eine Kenntnis des ursprünglichen Wortlautes voraus. In der Ausgabe des griechischen Neuen Testaments von E. Nestle und K. Aland ist deshalb nicht nur ein «Durchschnittstext», sondern auch ein textkritischer «Apparat», d. h. eine Zusammenstellung der verschiedenen abweichenden Lesarten der wichtigsten Handschriften des Neuen Testaments, abgedruckt. Um sich für die eine oder andere Lesart entscheiden zu können, muß man Alter und Wert der einzelnen Handschriften kennen.

Einen neutestamentlichen Einzeltext kann man oft erst dann richtig verstehen, wenn man über die Entstehungsverhältnisse der betreffenden Schrift Bescheid weiß, deren Teil er ist. Wer beispielsweise Texte der → Synoptiker exegisieren will, untersucht zuerst, was der Evangelist mit dem betreffenden Abschnitt im Zusammenhang seines Evangeliums sagen wollte. Der «synoptische Vergleich», d. h. der Vergleich mit der Parallelüberlieferung in den anderen synoptischen Evangelien, kann zeigen, daß Matthäus und Lukas einen großen Teil der Überlieferung mit Markus und einen anderen Teil miteinander gemeinsam haben. Die «Zweiquellentheorie» will das Verhältnis der synoptischen Evangelien zueinander erklären. Die Exegese fragt also danach, wie der vorliegende Evangelientext eigentlich zustande gekom-

men ist. Sie versucht die Quellen zu erschließen, aus denen der Schreiber des Evangeliums geschöpft hat. Aus dem Vergleich der Quellen mit dem uns vorliegenden Text kann man bisweilen deutlich die theologischen Absichten erschließen, die den Evangelisten beim Verfassen seiner Schrift geleitet haben.
Wenn die Exegese nun auf literarische Quellen gestoßen ist, die dem untersuchten Text zugrunde lagen, hat sie ihr Ziel noch nicht erreicht. Sie forscht weiter und fragt nach der mündlichen Überlieferung, die der schriftlichen Quelle voranging.
Die mündliche Tradition wurde ursprünglich in Einzelstücken weitergegeben. Für deren Formgebung war ausschlaggebend, um welche Gattung (z. B. Wunder, Gleichnisse, Streitgespräche usw.) es sich dabei handelte. Auch diese Einzelgeschichten waren keineswegs historische Berichte, sondern Glaubensaussagen derer, die sie überlieferten. Wer nach Form und Inhalt der historischen Worte und Taten Jesu fragt, muß sie hinter diesen Glaubensaussagen suchen. Manche Theologen halten einen solchen Rückgriff auf die tatsächliche Geschichte Jesu jedoch für unmöglich.
In den zurückliegenden Jahren ist die exegetische Forschung am Neuen Testament neuen Fragestellungen nachgegangen. Unter Berücksichtigung sozialgeschichtlicher und soziologischer Erkenntnisse versuchten einige Neutestamentler die Geschichte des Urchristentums zu rekonstruieren und das palästinensische Christentum und die paulinischen Gemeinden soziologisch zu erschließen. Die Erforschung einer «Soziologie der Jesusbewegung» (G. Theißen) führte zu der Annahme, daß sich die Anhängerschaft des Mannes aus Nazareth aus zwei Gruppen zusammengesetzt habe: aus radikalen heimat- und besitzlosen Wandercharismatikern und seßhaften Sympathisanten, die ersteren ein materielles Auskommen schufen. Jesus und seine Jünger hätten selbst zu der armen, unterprivilegierten Volksschicht Palästinas gezählt.
Der christlich-jüdische Dialog förderte u. a. die falsche, im Neuen Testament wie von neutestamentlicher Exegese vertretene Meinung vom Judentum als einer Religion der Gesetzlichkeit zutage und zeigte auf, daß es sich bei der häufig angenommenen jüdischen «Werkgerechtigkeit» um eine tendenziöse christlich-theologische Verzeichnung handelt. Tatsächlich unterschied sich die rabbinische Soteriologie (Lehre von der Erlösung) – das Heil kann man nicht verdienen – grundsätzlich nicht von derjenigen Jesu.

New Age

Seit den achtziger Jahren unseres Jahrhunderts erfaßt die Bewegung «New Age» («Neues Zeitalter») von den USA ausgehend auch Europa und Deutschland. Deren Ziel ist es, ein neues Bild der Welt und des «ganzheitlichen» Menschen zu begründen. Dabei nimmt sie Elemente aus Okkultismus und Esoterik («Richtung nach innen», «Geheimlehre» für einen beschränkten Kreis von Eingeweihten), Therapie und Selbsterfahrung auf. Der neue «androgyne» (männliche und weibliche Geschlechtsmerkmale vereinigende) Mensch, den sie dabei im Blick hat, ist durch ein erweitertes «planetares» Bewußtsein und durch die Befähigung, sich selbst zu verwirklichen, ausgezeichnet. Er selbst wie auch die Welt um ihn her müssen auf «Spiritualisierung» hin «transformiert» werden.
Apokalyptische Naherwartung charakterisiert das heilsgeschichtliche Denken der New-Age-Bewegung. (→ Apokalyptik) Bei dessen Entfaltung greift man auf gnostische Motive, philosophische Spekulation, Mystik, Astrologie und östliche Religionen zurück – New Age ist in hohem Maß synkretistisch. (→ Gnosis) Die Gegenwart ist gekennzeichnet vom apo-

kalyptischen Endkampf zwischen Licht und Finsternis (→ Dualismus), sie ist «kosmische Wende-Zeit», wobei Umweltzerstörung, Naturkatastrophen und Rüstungsexpansion als eschatologische Zeichen des nahen Endes gedeutet werden.
Die erwartete «Verwandlung des Menschen» tritt allerdings erst im «Weltzeitalter der Humanität» in Kraft – spätjüdische christliche Verheißung erfüllt sich so in säkularisierter Gestalt. In spirituell-religiöser Reaktion auf neuzeitliche Krisen- und Entfremdungserfahrung setzen sich Anhänger von New Age wundergläubig über Aufklärung und rationale Kritik hinweg. Als Ziel der intendierten Bewußtwerdung lockt eine Art Vergöttlichung, die Einheit mit Gott. Christus ist Vorbild des angestrebten Entwicklungs- und Erfahrungsprozesses – er ist schließlich der Erleuchtete schlechthin.
Allerdings steht dieser Weg nicht nur Christen offen. Vielmehr können sich alle Glaubensformen zu einer einzigen Weltreligion vereinen. Die Traditionen der unterschiedlichsten Religionen fließen in New Age zusammen, und jeder Mensch vermag in sich selbst diejenigen okkulten Kräfte verlebendigen, die ihn in Verbindung mit der Geister- und Seelenwelt bringen.
Auswirkungen der New-Age-Religiosität sind bereits vielfältig wahrzunehmen, so z. B. in Wissenschaft (das traditionell naturwissenschaftliche «cartesianisch-newtonsche Weltbild» wird abgelehnt), Kultur (Musik und Malerei dienen als Gestalten und als Medium von Therapie), Wirtschaft (man strebt naturkonforme, dezentrale, vernetzte ökonomische Strategien an) und vor allem im individuellen Lebensstil. (In vegetarischen Eßgewohnheiten, Ökologieorientierung, Feminismus, Spiritualität kommt eine tiefe Sehnsucht nach Erd- und Naturverbundenheit zum Ausdruck.)
Zwischen New Age und konventionellem Christentum lassen sich durchaus Berührungspunkte finden, zumal wenn es darum geht, einen materialisierten, an Konsum orientierten Lebensstil zu überwinden, Vernunft und Gefühl miteinander zu versöhnen und den Menschen als integrierten Bestandteil der Schöpfung Gottes zu erkennen. Als eine Art «gnostischer» Gläubigkeit verlebendigt New Age allerdings eine religiöse Tradition, die die christliche Kirche in ihrer Geschichte immer wieder bekämpft hat. (→ Gnosis; → Ketzer) Während für New-Age-Gläubige Erlösung in der Partizipation des Menschen am Sein selbst gründet und sich durch Transformation und Freiwerdung menschlicher Lebensenergie verwirklicht, betont christliche Theologie die absolute Andersheit Gottes gegenüber Welt und Mensch – Heil ist demnach nicht eine Konsequenz aus Selbsterfahrung, sondern Gabe, und Vollendung der Welt bedeutet nicht den Endpunkt einer konsequenten Entwicklung, sondern ein von außen hereinbrechendes Ereignis.

O

Offenbarung

Offenbarung gehört zu jeder → Religion. Denn sie besagt, daß die Religion keine Erfindung des Menschen, sondern eine Schöpfung → Gottes sei.
Außer einer Gottheit können aber auch Geister oder unpersönliche Mächte Urheber von Offenbarungen sein. An allen natürlichen Gegenständen, an Bäumen und Pflanzen, Steinen und Bergen, kann sich das → Heilige offenbaren. Jedes beliebige Ding, aber auch ein Raum, eine Zeit oder eine Person, ist potentiell Offenbarungsträger und wird durch die Beziehung zur Offenbarung selbst heilig.

Inhalte einer Offenbarung sind der Wille oder das Wesen, das Dasein oder die Handlung der Gottheit oder der heiligen Macht. Empfänger der Offenbarung sind → Propheten, Wahrsager, Schamanen, Medizinmänner oder sonstige Offenbarungsmittler. Offenbarung kann sich dabei als Inkarnation (Menschwerdung), Inspiration (Einhauchung) oder Orakel verwirklichen.

In manchen Religionen sind göttliche Offenbarungen in → Heiligen Schriften festgelegt. Die heiligen Schriften des → Hinduismus z. B. sollen von Ewigkeit her existieren. Den Inhalt des → Koran hat Mohammed von Allah in Träumen (→ Traum), Visionen und Auditionen (Hörerlebnissen) empfangen (→ Islam): «Manchmal kommt es wie das Klingeln einer Schelle; das ist die schmerzhafteste Art... Manchmal ist es ein → Engel, der wie ein Mensch zu mir spricht.»

Im Alten Testament meint Offenbarung das Hervortreten Gottes aus dem Verborgenen: Jahwe enthüllt sich und läßt sich sehen. Offenbarung ist «Schauung», «Gesicht», «Hören seines Wortes».

→ Jahwe läßt sich auch innerlich wahrnehmen: in Traum, Visison und Ekstase. Bisweilen aber zeigt er sich an äußeren Vorgängen: im Gewittersturm, als Wolken- und Feuersäule, in den Werken der → Schöpfung und in den Ereignissen der Geschichte. Manchmal schickt er seinen Boten oder Engel.

Im Zentrum der Offenbarung Jahwes steht die Erwählung → Israels: die Herausführung aus Ägypten (→ Exodus) und der Bundesschluß am Sinai. (→ Moses) In Erfolgen und Katastrophen zeigt sich sein Wirken, sein Segen oder sein → Fluch. Am Ende der Zeiten, am «Tag Jahwes», wird er seine Herrschaft endgültig und für alle sichtbar aufrichten.

Im Neuen Testament ist Gottes geheimer Plan (Mysterium) und Heilsratschluß Inhalt der Offenbarung. Dieser Plan ist von Ewigkeit her festgelegt. Das Ziel des Plans ist das Kommen Jesu Christi. Der «Parousie» (Ankunft) geht die Enthüllung der menschlichen Sünden und Verfehlungen voraus. Dieses Geschehen wird den Gläubigen Errettung und ewiges Leben, den Ungläubigen hingegen die Hölle bringen.

Dem Urchristentum war die Offenbarung Gottes in Jesus von zentraler Wichtigkeit. Demgegenüber traten die alttestamentlichen Offenbarungen zurück. Der Vollzug der Offenbarung geschieht im Geist. Der Kyrios (Herr) aber ist der Geist. (2. Kor. 3,17)

Jesus offenbart nicht nur den Willen Gottes; er selbst und sein Werk sind die abschließende Offenbarung Gottes. (Joh. 1,18) Jesu Jünger werden im Glauben schließlich selbst zu Trägern der Offenbarung. Annahme der Offenbarung erfolgt im Glauben, der sich in Gehorsam und Liebe verwirklicht.

Für die Orthodoxen Kirchen hat sich die Offenbarung Gottes in Jesus Christus in der Bibel und in den Dogmen vollgültig niedergeschlagen. Offenbarung verwirklicht sich auch im Leben der Kirche, im Kult, insbesondere im Mysteriendrama der Eucharistie (→ Abendmahl).

Nach katholischer Lehre ist Offenbarung die Basis des kirchlichen Lehrgebäudes: Was göttliche Autorität offenbart hat, muß vom Menschen zustimmend angenommen werden. Theologie ist dann die «geistige Durchdringung» der Offenbarung als Selbsterschließung Gottes.

Nach protestantischer Lehre verwirklicht sich die Selbstmitteilung Gottes in der «Heilsgeschichte», in der Wiedergeburt und im Rechtfertigungsglauben. Von zentraler Bedeutung ist die Offenbarungslehre z. B. in der → Dialektischen Theologie. Karl Barth (1886–1968) bezeichnete «Gottes Offenbarung als Aufhebung der Religion». Religion sei bloßes Suchen des Menschen nach Gott, während Offenbarung «souveränes göttliches Handeln am Menschen» bedeute.

Sowohl Offenbarung als auch ihr Empfang seien Wirkungen Gottes, die alle Religion und Frömmigkeit in Frage stellen.

Opfer

Das Opfer ist die zentrale Äußerungsform des →Kultus. Durch das Opfer nimmt der Mensch Kontakt zur Gottheit auf; er gibt etwas hin, um irgend etwas damit zu bewirken. Der Gottheit wird im Opfer Verehrung und Dank bezeugt. Segen und Hilfe werden daraufhin von ihr erwartet.

Ursprünglich war das Opfer ein magischer Ritus (→Magie): Durch Bestreichen, Salben, Begießen oder Besprengen eines heiligen Gegenstandes mit sakraler Materie wurde dem Fetisch als Geistträger Kraft zugeführt. (→Heilig)

Oft hat das Opfer erneuernde Wirkung. Nach einem Schöpfungsmythos der Azteken brachten die Götter das Weltgeschehen dadurch in Gang, daß sie sich selbst opferten. Die Neujahrs- und Frühjahrsopfer vieler Religionen erinnern an eine derartige Vorstellung.

Gottheit und Opfergabe stehen in innerer Beziehung zueinander. Bei den Azteken wurden die Menschenopfer deshalb in der Maske einer Gottheit enthauptet oder durch Herausreißen des Herzens getötet. Auch die Priester selbst, die das Opfer vollzogen, traten als Abbild der Gottheit auf. Dieser Vorgang bringt den Gedanken zum Ausdruck, daß der Gott das Opfer an sich selbst und durch sich selbst vollziehe. Auch das Kreuzesopfer Christi (→Kreuz) stellt als göttliches Selbstopfer eine Variante dieser religionsgeschichtlich altertümlichen Vorstellung dar.

Wohl nicht ursprünglich ist die Bedeutung des Opfers als Geschenk an eine Gottheit. Mit der Opfergabe soll der Gott genötigt werden, dem Wunsch des Opfernden zu entsprechen. Denn das Opfer ist eine Handlung der Gegenseitigkeit, und der beschenkte Gott muß mit der «Rückzahlung» an den Menschen reagieren.

Im Laufe der Religionsgeschichte wurden die materiellen Opfer zusehends vergeistigt und versittlicht. Die Idee, daß einer (der Mensch) einen Verzicht zugunsten eines anderen (eines Gottes) bringt, setzt das Verständnis des Opfers als Gabe und Darbringung allerdings voraus. Durch →Askese (Entsagung) verzichtet der Mensch zugunsten Gottes auf eigene Lebensentfaltung und Genuß und ruft durch dieses Opfer besondere geistige Kräfte hervor. (→Mönchtum) Auch die Gebete des christlichen Gottesdienstes, das Lob-, Dank-, Bitt- und Bußgebet, werden als vergeistigte Form des Opfers gedeutet (→Buße), und der Gebetsgottesdienst stellt eine entmaterialisierte Form des Opfers mit gleicher Zielrichtung dar: der Einwirkung auf Gott.

Opferriten wollen entweder einen erwünschten Zustand herbeiführen (gutes Wetter, Fruchtbarkeit, Reichtum, Glück, Kindersegen, Kriegserfolg usw.) oder aber etwas abwehren und abwenden: das Böse, die Sünde, die Dämonen, die Armut, den Tod usw. Sie dienen mitunter auch der Sühne von Sünde und Schuld. Besonders dem Opferblut (→Auferstehung; →Blut) wird reinigende Kraft zugesprochen. «Denn des Leibes Leben ist im Blut, und ich [→Jahwe] habe es auch für den Altar gegeben, daß ihr damit entsühnt werdet. Denn das Blut ist die Entsühnung, weil das Leben in ihm ist.» (3. Mose 17,11)

Im Neuen Testament gilt der Kreuzestod Jesu als endgültiges Sühneopfer. (Mt. 26,28; Mk. 14,24; 1. Kor. 11,25) Diese Deutung setzt ein bestimmtes Gottesverständnis voraus: Gott selbst hat ein Opfer gefordert. Er will die Verletzung seiner Ehre, die die Sünden der Menschen verursacht haben, ahnden. Deshalb kommt es zum (stellvertretenden) Opfer des Gottessohnes.

So entfaltet der Hebräerbrief die Lehre

vom Selbstopfer des himmlischen Hohenpriesters: Jesus ist Hoherpriester und «Opfertier» zugleich. (Hebr. 4,14ff) Gott selbst hat am Kreuz die ganze Welt mit sich versöhnt. (2. Kor. 5,18ff) Für die Gläubigen kann demzufolge Opfer nur noch heißen: Selbsthingabe an Gott (Röm. 12,1), Dienst (Röm. 15,16), Liebe (Phil. 4,18) und Lob Gottes (Hebr. 13,15).

Die mittelalterliche Kirche sah in der Messe eine Wiederholung und Erneuerung des Kreuzestodes Jesu: Das Meßopfer, bei dem der Priester Christus immer wieder neu opfert, wirkt sühnend und sündentilgend.

Orthodoxe Kirchen

Mit dem Namen «orthodoxe Kirchen» (orthodox, griech.: rechtgläubig) werden zwei unterschiedliche Kirchengruppen bezeichnet: 1. die Orthodoxen Katholischen Kirchen, die auf die alte byzantinische Reichskirche zurückgehen; (Byzanz-Konstantinopel war Hauptstadt des Byzantinischen Reiches um 395–1453), 2. die orientalischen Nationalkirchen, die sich nach dem Konzil von Chalcedon (451) im 5. und 6. Jahrhundert von der byzantinischen Reichskirche trennten.

Die Gemeinschaft der Orthodoxen Katholischen Kirchen umfaßt 14 «autokephale» (voll selbständige), 7 «autonome» (verwaltungsmäßig selbständige) National- oder Regionalkirchen und einige unabhängige Kirchen mit insgesamt 120 Millionen Kirchengliedern. Zu den an Alter ehrwürdigsten autokephalen Kirchen gehört das Ökumenische Patriarchat von Konstantinopel, die größte dieser Kirchen ist das Patriarchat von Moskau. Neben der Russischen sind auch die Serbische, die Rumänische, die Polnische, die Tschechoslowakische und die Bulgarische Kirche betont eigenständige Nationalkirchen. Die meisten osteuropäischen orthodoxen Kirchen sind von slawischer Kultur geprägt, während die Orthodoxe Kirche von Griechenland das griechisch geprägte Traditionsgut bewahrt hat. Zahlreiche und große orthodoxe Auslandsgemeinden gibt es in Westeuropa, in Nord- und Südamerika und in Australien.

Die orientalischen Nationalkirchen – die nestorianische und die monophysitische (Monophysitismus: Lehre von der einen [göttlichen] Natur Christi) Kirche – sind an Mitgliedern kleiner als die Orthodoxen Katholischen Kirchen; in der Liturgie und im kirchlichen Leben haben sie ein altertümliches Gepräge bewahrt. Die Nestorianer (benannt nach Nestor, dem Patriarchen von Konstantinopel, gest. um 451), die «eifrigste Missionskirche der Welt», schickte Missionare bis nach Indien und China.

Die Orthodoxen verstehen sich als Nachfolger der Alten Kirche. Ihrer Meinung nach hat Christus, der «menschgewordene Logos» (→ Christologie), die Kirche gegründet. «Mystisch-sakramental» ist er in ihr anwesend und stellt sich in der Liturgie, in den Mysterien (Sakramenten), in den → Bildern und den Heiligen dar.

Im Zentrum des orthodoxen Glaubens steht die Überzeugung, daß Christus, der Gottmensch, Tod und Vergänglichkeit überwunden habe. Der Glaubende wird in das göttliche Leben und in die an Ostern neu erstehende Schöpfung hineingenommen. Die Betonung liegt nicht auf «Vergebung» und «Versöhnung» wie bei den Kirchen der Reformation, sondern auf Verwandlung und Sieg über den Tod.

Hohe Verehrung erfährt → Maria, die «Gottesgebärerin»; denn sie ist «die Brücke, die den Menschen zum Licht hinführt». Die Ikonen (Bilder) eröffnen den Gläubigen ein Stück weit den Blick in die himmlische Welt. «Deine göttliche Gestalt im Bilde darstellend, verkündigen wir klar, o Christe, deine Geburt, deine unaussprechlichen Wunder, deine

Kreuzigung.» Die Ikonostase (Bilderwand) mit ihrer Darstellung heilsgeschichtlicher Ereignisse trennt im Kirchenraum den Altar vom Kirchenschiff. Über dem Raum spannt sich die Kuppel mit dem Bild des Pantokrators (Allbeherrscher).

Die orthodoxe Frömmigkeit drückt sich am deutlichsten im →Mönchtum aus. Der Mönch zeigt beispielhaft, wie Gott und Mensch eins werden können. Er ist Asket (→Askese) und will in Gebet und frommer Betrachtung die Leidenschaften überwinden. Es gibt keine Orden, sondern nur verschiedene Stufen der Askese: koinobitische Köster (Coenobium: das geregelte Zusammenleben der Mönche in einem Kloster), idiorhythmische Klöster (in denen man die Form der Askese selbst bestimmt), Skiten (Mönchsniederlassungen) und Einsiedeleien.

P

Papsttum

1. Das Papsttum charakterisiert die Organisationsform der römisch-katholischen Kirche. (→Katholizismus). Nach katholischer Glaubenslehre geht das Amt des Papstes auf die Einsetzung durch Jesus selbst zurück: Demnach ist der römische Bischof Nachfolger des Simon →Petrus. Daraus leitet man auch ab, daß der Papst das Recht habe, in allen Dingen des Glaubens und der Moral nach eigenem Ermessen «unfehlbar» und für alle Gläubigen bindend zu entscheiden, Vorschriften zu erlassen und von der rechten Lehre abweichende Meinungen bei Androhung des Verlustes ewiger Seligkeit zu verfolgen. (→Ketzer) Am 18. Juli 1870 hat das 1. Vatikanische Konzil diese Auffassung «von der Infallibilität [Irrtumslosigkeit] und dem Universalepiskopat [Unumschränktheit der Kirchenregierung] des römischen Bischofs» als verpflichtenden Glaubenssatz verkündet. (→Vatikanum I und II) Die katholische Lehre von der «göttlichen Einsetzung des Primats» (Vorrang des Papstes) stützt sich (außer auf Joh. 21,15ff und Lk. 22,32) insbesondere auf Mat. 16,18f: «Du bist Petrus, und auf diesen Felsen will ich bauen meine Gemeinde, und die Pforten der Hölle sollen sie nicht überwältigen. Ich will dir des Himmelreichs Schlüssel geben, und alles, was du auf Erden binden wirst, soll auch im Himmel gebunden sein, und alles, was du auf Erden lösen wirst, soll auch im Himmel los sein.» Daß Jesus diese Worte, die ihm der Verfasser des Matthäusevangeliums in den Mund legte, gesprochen haben soll, ist unwahrscheinlich. Die Absicht, eine Kirche zu gründen, stünde mit Jesu Predigt und seiner Erwartung des nahen Weltendes in Widerspruch. Unerklärlich wäre auch, warum ein Ausspruch dieser Bedeutung in den anderen Evangelien fehlt. Bei dem Spruch handelt es sich wohl um eine nachträglich formulierte «Weissagung», die ihre Erfüllung bereits voraussetzt: um die Rede von der künftigen Gründung einer Kirche zu einer Zeit, als es diese Kirche bereits gab. Der implizierte Anspruch verfolgt offensichtlich den Zweck, dem Apostel Petrus vor seinen Genossen eine außerordentliche Stellung zu sichern. Offenbar gab es zur Zeit seiner Formulierung Streitigkeiten in der christlichen Gemeinde um das Ansehen des Petrus.

Katholische Lehre behauptet überdies, die Verheißung von Mat. 16,18f gelte nicht nur Petrus, sondern zugleich allen seinen Amtsnachfolgern. Sie bezeichnet Petrus als den Gründer der Gemeinde von Rom, die er als erster Bischof geleitet habe: «Petrus aus Bethsaida» sei der erste Papst gewesen.

In Wirklichkeit berichten weder Paulus

noch die Apostelgeschichte, noch die frühchristliche Überlieferung davon, daß Petrus der Gründer der Gemeinde in Rom und das Oberhaupt der Kirche gewesen sei. Vielmehr unterstand Petrus in Jerusalem der Autorität des Jakobus, des Bruders Jesu. Paulus berichtet sogar, er selbst habe Petrus «ins Angesicht widerstanden». (Gal. 2,11ff) Dies verdeutlicht, wie begrenzt die Autorität des «Urapostels» tatsächlich war.
Petrus war nie römischer Bischof gewesen. In der ältesten christlichen Gemeinde in Rom gab es überhaupt keinen regierenden Bischof. Das Bischofsamt bildete sich in Syrien und Kleinasien aus und kam erst um die Mitte des 2. Jahrhunderts nach Rom.
Für eine angebliche Anwesenheit des Petrus in Rom gibt es erst späte und wenig glaubhafte Zeugnisse. Viele Generationen nach Jesu Tod wußte die römische Gemeinde noch gar nicht, daß sie von Petrus gestiftet worden sein sollte, geschweige denn, daß sie aus der apostolischen Erbschaft für ihren Bischof eine Vorzugsstellung in der Gesamtkirche ableitete.
Erst die Geburt der christlichen Theologie aus dem Streit um den rechten Christusglauben (→ Hellenismus; → Christologie) und die Notwendigkeit, die Übereinstimmung der kirchlichen Auffassungen mit der Lehre der Apostel als letzter Autorität zu erweisen, brachte die Konstruktion «apostolischer Sukzession» (ununterbrochene Nachfolgereihe der Bischöfe seit den Aposteln als Bürgschaft für die Wahrheit der Kirche) hervor. Einzelne Gemeinden führten jetzt zur Steigerung des Ansehens ihre Gründung auf hervorragende christliche Persönlichkeiten zurück. (Korinth, Antiochia und Rom auf Petrus, Alexandria auf Markus, Ephesus auf Johannes usw.; → Fälschungen) Apostolische Gründung bedeutete größere Autorität.
Um 170 taucht die Kunde auf, Petrus und Paulus hätten in Rom evangelisiert und dort auch eine Gemeinde gegründet. Tatsächlich war weder der eine noch der andere der Gemeindegründer. Daß Petrus, der Judenapostel, der die Mission der «Heiden» seinem Gegner Paulus überlassen hatte, überhaupt nach Rom gelangt sein soll, ist denkbar unwahrscheinlich. (→ Urgemeinde) Aber die erste Stadt des Weltreiches wollte den ersten Apostel als ihren Gründer haben. Anfangs gab man Petrus allerdings nur als Stifter der Gemeinde an. Später wurde er auch zum ersten römischen Bischof, der in Rom den Märtyrertod gefunden haben soll. Um die Mitte des 3. Jahrhunderts hieß Rom «der Stuhl des Petrus». Gleichzeitig trat das Ansehen des Paulus nach und nach zurück. Aus der Überzeugung, die römischen Bischöfe seien Amtsnachfolger des ältesten und angesehensten Apostels, wurde anfangs noch nicht das Recht abgeleitet, die römische Autorität über die anderen Gemeinden zu stellen. Als Waldenser im 12. Jahrhundert der Behauptung widersprachen, Petrus sei in Rom gewesen, wurden sie als Ketzer auf dem Scheiterhaufen verbrannt.
Die Vorschrift des öffentlichen Rechts, daß jeder Verein einen Vorsitzenden haben müsse, war vielleicht dabei mitbestimmend, daß sich das Amt des Bischofs, des Herren der Gemeinde und Trägers mystischer Kräfte, der «Weihen», herausbildete. Diese «Gnadenkräfte» waren angeblich in ununterbrochener Folge von Petrus ererbt worden und gingen nun von einem geweihten Bischof auf den anderen über. Diese Idee brachte die römischen Bischofslisten hervor, die beweisen sollen, daß Rom im Besitz echter apostolischer Überlieferung sei.
Daß der römische Bischof in den Mittelpunkt der Gesamtkirche und schließlich an deren Spitze rückte, verdankte er letztlich jedoch seinem Sitz in der Welt-

hauptstadt. Im Laufe der Zeit wurden von dort aus immer neue Anläufe unternommen, die römische Meinung (z. B. bezüglich der Formen des Gottesdienstes, der Feier des Osterfestes, der Vergebung von «Unzuchtssünden» oder der Anerkennung der von Ketzern gespendeten Taufe) als unverbrüchliche Richtschnur anderen Gemeinden aufzudrängen.

Beim Übergang vom dritten zum vierten Jahrhundert bildete sich das System der Metropoliten (Hauptstadt-Bischöfe) heraus: Das Reich wurde in Diözesen (Verwaltungsbezirke) aufgeteilt, und die Bischöfe der Provinzialhauptstädte wurden den anderen Bischöfen übergeordnet. Über den Metropoliten standen die Patriarchate; der Westen hatte nur eines: in Rom.

In ihrem Rangstreit untereinander standen Rom und Byzanz bald an der Spitze. Beide behaupten noch heute, die Jurisdiktionsgewalt (Rechtsprechung) über die ganze Christenheit innezuhaben. Seit Leo I. (440–461) bezeichnen sich die römischen Päpste als höchste Richter der Christen («Alles, was du auf Erden binden wirst, soll auch im Himmel gebunden sein, und alles, was du auf Erden lösen wirst, soll auch im Himmel los sein», Mat. 16,18), als oberste Verwalter der Kirche («Weide meine Lämmer», Joh. 21,15) und als Inhaber des höchsten Lehramtes («Stärke deine Brüder», Lk. 22,23). Als «Nachfolger Petri», des «Führers der Apostel» und «Stellvertreters Christi», gilt für die römischen Päpste, was einst dem Urapostel galt. Denn zwischen diesem und seinen Nachfolgern besteht, juristisch gesehen, «Identität der Personen». Der Papst «ist» Petrus.

2. Als das Römische Reich zusammenbrach, brauchte die katholische Kirche ein neues einigendes Band. Zum Symbol ihrer Einheit wurde nun der Patriarch des Abendlandes, der römische Bischof. «Katholisch» (griech.: allgemein, allumfassend) und «römisch» waren damit gleichbedeutend.

Im katholisch-germanischen Bereich organisierte sich die Kirche in Form von Landeskirchen. Vom Niedergang des Karolingerreiches war auch die mit ihm eng verbundene Staatskirche betroffen. Die Schwäche des Reiches wollten die Erzbischöfe zum Ausbau ihrer eigenen Macht gegen die Bischöfe nutzen. Da griffen diese zum Mittel der Fälschung von Urkunden (z. B. der sog. Pseudo-isidorischen Dekretalen), um zu erweisen, daß sie nicht den nahen Erzbischöfen, sondern dem fernen Papst unterstehen. Diese Fälschung hatte eine ungeheure Wirkung. Neben der religiösen Begründung der Papstidee gab es nun ein «Rechtsdokument», das den kirchlichen Führungsanspruch Roms stützen konnte. (→ Fälschungen)

Die Kirche, die sich bislang lediglich als «sakramentale» Größe verstanden hatte, wurde jetzt auch zu einer Körperschaft im römisch-rechtlichen Sinn, zu einem «Verein» mit einem angeblich direkten Auftrag von Gott. Deshalb unterstand sie göttlichem Recht, in «weltlichen Angelegenheiten» aber setzte sie sich selbst ein «menschliches Recht».

Leitendes Organ war der Papst. Die Eigenschaften, die bisher für die Kirche insgesamt gegolten hatten, gingen auf den über, der sie repräsentierte: Göttlichem Beistand verdankt er seine Autorität. Wer sich vom Papst trennt, trennt sich von Christus. «Es ist Bedingung der Seligkeit, dem Papst untertan zu sein.» Der Papst wurde somit zum absoluten Herrn der Kirche, dem alle Bereiche des kirchlichen Lebens unterstellt sind.

Als die kaiserliche Residenz von Rom nach Byzanz verlegt wurde, kam der Papst vom Anschein frei, nur eine Art Hofbischof des Kaisers zu sein. In den Wirren der Völkerwanderungszeit rückte die Großorganisation Kirche im Volksbewußtsein an die Stelle des alten

Römischen Reiches. Gregor der Große (590–604) faßte den stattlichen Grundbesitz der römischen Kirche zusammen und machte den römischen Stuhl auch finanziell unabhängig. So entstand der Kirchenstaat.
Zu ihrer Schutzmacht erkoren sich die Päpste das fränkische Reich. Pippin, der Sohn Karl Martells, erbat 751 vom Papst die Vollmacht, sich selbst die Krone aufsetzen zu dürfen. Der Papst war damit zum «Übertrager des Reiches» geworden. Pippin wurde im Gegenzug Schutzherr Roms.
In dem Dokument der sogenannten Konstantinischen Schenkung, einer Fälschung aus der Zeit um 750, die behauptet, → Konstantin der Große habe dem Papst «Gewalt und Macht über die Stadt Rom und alle Provinzen, Orte und Städte Italiens» übertragen, legte sich der «Stellvertreter» des armen Jesus von Nazareth selbst die Herrscherwürde zu.
Im Hochmittelalter trat neben die Idee des weltbeherrschenden Papsttums die Überzeugung, der politische Staat erhalte erst dadurch eine Daseinsberechtigung, daß er sich in das Gottesreich einordne, dessen irdischer Herr der Papst sei. Folglich war die Staatsmacht dem Papst untergeordnet. Die Päpste zogen nun immer mehr Befugnisse an sich, die zuvor die Fürsten ausgeübt hatten. Sie wollten auch keine irdischen Richter über sich anerkennen. «Der Papst kann von niemandem gerichtet werden.» Als «Haupt der Welt» beansprucht er «Theokratie» («Gottesherrschaft»). Der Papst wurde souveräner Herrscher mit unbegrenzter politischer Freiheit und eigenen territorialen Interessen.
Aber auch das Reich Karls des Großen erhob den Anspruch, eine Theokratie zu sein. Damit standen zwei Oberherrschaftsansprüche einander gegenüber. Das mußte zum Kampf auf Leben und Tod führen. Dieser Kampf bildete eine der Grundlagen für die geschichtlichen Ereignisse der nächsten Jahrhunderte. Es ging hierbei nicht nur um die Freiheit der Kirche vom Staat, sondern um Macht und Herrschaftsansprüche von Kirche und Staat.
Die Kirche beanspruchte das Recht, die Welt «in Ordnung» zu bringen, d. h. sie zum «Reich Gottes» umzugestalten. Tatsächlich «verweltlichte» sie selbst mehr und mehr, während sie dies versuchte.
Als das Reich Karls des Großen 843 in mehrere Teile zerfiel, konnten die Päpste die Situation zum Ausbau ihrer eigenen Macht nutzen. Im Laufe der Zeit setzten die weltlichen Herrscher dem Anspruch der Päpste, die geistliche Gewalt über sie zu haben, immer weniger Widerstand entgegen. Kein deutscher König bestritt es den Päpsten, die Kaiserkrone zu verleihen.
Kaiser Otto der Große (912–973) zog jedoch das Recht an sich, Bischöfe zu ernennen; indem er ihnen territorial-herrschaftliche Rechte verlieh, rief er die geistlichen Fürstentümer ins Leben. Aber die deutsche Kirche blieb Glied einer überdeutschen Gemeinschaft mit Zentrum in Rom.
Im Streit zwischen Papst und Kaiser um die Besetzung kirchlicher Ämter durch Laien kam der Kampf zwischen Imperium (Kaiserreich) und Sacerdotium (dem heiligen Reich der Kirche) zum Höhepunkt. Die stärkste Waffe des Papstes war der → Bann und damit die Verweigerung ewiger Seligkeit für den, der vor der Lösung vom Bann starb. Der Drohung mit jenseitiger Verdammnis hatte das Kaisertum nichts Gleichwertiges entgegenzusetzen. Der Kaiser sollte auf Einsetzung des Episkopats, die Hauptstütze seiner Krone, verzichten. Als Heinrich IV. 1076 die Absetzung von Gregor VII. betrieb, konterte der Papst mit dessen Absetzung und Bann sowie mit der Lösung der Untertanen vom Treueeid gegenüber dem Kaiser.

Auf seiner Bußfahrt nach Canossa 1077 erzwang Heinrich die Aufhebung des Banns.

3. Als das Papsttum auf dem Höhepunkt der Macht angelangt war, wurde die Kritik an ihm immer lauter. Friedrich II. (deutscher König ab 1211/1212, gest. 1250) kritisierte das Verhalten der Päpste, ihre zahlreichen Eidbrüche, ihre opportunistische Bündnispolitik mit Aufrührern und ihre Eingriffe in die Gerichtsbarkeit. Er forderte, daß die Kirche wieder arm und einfach wie in ihrer Frühzeit werde. Mit Anhäufung von Reichtum habe sie ihre Frömmigkeit verloren. Der Papst hingegen bezeichnete die Weigerung des Kaisers, sich ihm zu unterwerfen, als Auflehnung gegen göttliche Ordnung.

Am Ende siegte die Kirche. Die deutschen Kaiser beugten sich unter den Willen des Papstes. Meisterhaft brachte die Kurie ihre diplomatische Kunst zum Einsatz, wenn es galt, die Gegensätze in der «Welt» gegeneinander auszuspielen. Auch die kirchliche Zensur bewährte sich im päpstlichen Machtkampf. Statt aber, wie versprochen, das «Reich Gottes auf Erden› zu errichten, brachte der Kampf um die Durchsetzung päpstlicher Weltherrschaft Blutvergießen und Haß, Plünderung und Raub, Verrat und Eidbruch. Zur Zeit ihrer größten Herrschaft hat die Kirche nichts vom verheißenen Idealreich der Gerechtigkeit und Liebe verwirklicht. Die Kreuzzugsbewegung (von 1095 bis 1291) hatte eine ihrer Voraussetzungen in dem Bestreben, die ganze Christenheit unter dem Papsttum zu einigen. (→ Kreuzzüge) Der Papst machte sich die Idee des Gottesstreitertums der Ritter zu eigen. Wie Christus sein Blut für die Menschen vergossen hatte, so sollten die Christen jetzt ihr Blut für Jesus vergießen. Der Papst sprach ihnen dafür Sündenvergebung und ewige Seligkeit zu. Das Heilige Land sollte dem päpstlichen Herrschaftsbereich eingegliedert werden. Nebenbei wollte man auch noch die östliche Kirche zurückgewinnen.

Im Machtkampf gegen die deutschen Könige suchten die Päpste seit dem 13. Jahrhundert die Hilfe Frankreichs. Zwar behaupteten sie noch: «Dem römischen Bischof untertan zu sein, ist für alle menschliche Kreatur absolut heilsnotwendig.» Der Papst sei Inhaber der «beiden Schwerter», des geistlichen wie des weltlichen, und «Richter des Königs». Aber im 14. Jahrhundert siegte Frankreich völlig über das Papsttum. Avignon wurde zum Aufenthaltsort der damals meist französischen Päpste bestimmt. In dieser Zeit entstand eine neue Staatsidee, die das Volk zum Träger des Staates erklärt und den päpstlichen Primat ablehnt: Der Staat soll die Kirche beaufsichtigen, das Volk den Kaiser wählen.

Das Finanzsystem der päpstlichen Kurie mit Ämterschacher, Verkauf von Stellen an mehrere Bewerber, Exkommunikation von Erzbischöfen, Bischöfen und Äbten, die ihrer Zahlungspflicht nicht nachgekommen waren, erbitterte die ganze Christenheit. Die meisten Einnahmen verbrauchten die Päpste für ihre Kriege. 1323 verdammte Johannes XXII. den Satz, Jesus und die Apostel hätten kein Eigentum gehabt, als Ketzerei.

1378 wurden gleichzeitig zwei Päpste gewählt, einer in Rom, ein anderer in Avignon; jeder behauptete, der allein rechtmäßige Stellvertreter Christi auf Erden zu sein, und exkommunizierte seinen Gegner. In der Not forderte man ein Generalkonzil, das dem Papst übergeordnet sein sollte, um die verheerende Situation beenden zu können. In der Folgezeit sank der römische Papst auf das Niveau eines italienischen Territorialfürsten herab. Damals brachte das Papsttum Gestalten wie Alexander VI. Borgia auf den «Stuhl Petri», der an dem Gift starb, das er für andere vorgesehen hatte. Leo X. meinte: «Wir wollen das Papsttum genießen, das uns Gott beschert hat.»

Bis heute hat sich die Lehre vom gesamtkirchlichen Primat des Papstes, d. h. von der «vollen und höchsten Gewalt» des Papstes über die ganze Kirche, erhalten. Diese Lehre ist Dogma und damit unwiderrufliches «göttliches Recht». Sie hat im 1. Vatikanum ihren Ausdruck gefunden in der Lehre von der Unfehlbarkeit des Papstes, wenn er «ex cathedra» («vom Papstthron herab», kraft höchster Lehrautorität) spricht, das heißt, wenn er etwas zur Glaubens- oder Sittenlehre bindend vorschreibt. «Zur Ehre Gottes, unseres Heilandes, zur Erhöhung der katholischen Religion, zum Heil der christlichen Völker lehren und erklären wir endgültig als von Gott geoffenbarter Glaubenssatz...: Wenn der Römische Pontifex in höchster Lehrgewalt spricht, in höchster, apostolischer Amtsgewalt endgültig entscheidet, eine Lehre über Glauben oder Sitte sei von der ganzen Kirche festzuhalten, so besitzt er auf Grund des göttlichen Beistandes, der ihm im heiligen Petrus verheißen ist, jene Unfehlbarkeit, mit der der göttliche Erlöser seine Kirche... ausgerüstet haben wollte... Wenn sich jemand – was Gott verhüte – herausnehmen sollte, unserer endgültigen Entscheidung zu widersprechen, so sei er ausgeschlossen.»

Paradies

Das Wort «Paradies» kommt aus dem Persischen und bedeutet ursprünglich «Lustgarten». In ungezählten Varianten begegnen uns Paradiesvorstellungen in den Religionen. Paradies ist die Glücksstätte der Urzeit wie der Endzeit mit märchenhaften Segnungen und allen Verheißungen, die das Leben begehrenswert machen können. «Dort ist die Luft angenehm und heiter, das Licht strahlend – Bäume wachsen, deren Früchte immer reif werden, deren Blätter niemals abfallen, und in ihrem Schatten essen die Seelen von diesen Früchten.» (Text aus Syrien) Diese Segnungen sind so vollkommen, daß man sie nicht im Alltag, sondern an einem anderen Ort: in einem Leben «jenseits» zu suchen hat. (→ Jenseits) Alte ägyptische Texte sprechen von «jenem Land», in das die Toten gehen und in dem es sie «nicht dürstet, nicht hungert in Ewigkeit». (→ Ägyptische Religion) Das Paradies ist ein Land der Seelen. Neben zahlreichen Vorstellungen eines düsteren, unheimlichen Todesreiches gibt es jedoch auch das Bild eines schönen Landes. Das Paradies des 1. Buches Mose etwa ist eine fruchtbare Oase. (→ Schöpfung; → Adam) Die Paradiesgärten der Religionen sind nicht nur räumlich, sondern meist auch zeitlich weit entfernt. Dort wohnen die Götter, die seligen Toten, die gestorbenen Helden. «Dort ist kein Schnee, kein Winterorkan, kein gießender Regen; / Ewig wehn die Gesäusel des leiseatmenden Westes, / Welche der Ozean sendet, die Menschen sanft zu kühlen.» (Odyssee; → Griechische Religion)

Im Land der Seelen gibt es alle Herrlichkeiten der Welt. Dort tanzen Jungfrauen, erklingen Flöte und Leier, gibt es Speisen im Überfluß. «Dieses Land» liegt im Westen, wo die Sonne untergeht. Oft bleibt unklar, ob es sich im → Himmel oder auf Erden, auf einer Insel oder auf einem Berg, hinter den Nebeln des Nordens oder in der Tiefe der Erde befindet. Das Paradies am Anfang der Welt und das Paradies am Ende der Welt gehören zusammen. Am Anfang waren die Welt und die Menschen noch nicht da. Da war Gottes Zeit. In der Vergangenheit liegt das «Goldene Zeitalter». Einen solchen Zustand des Heils erwarten die Religionen auch für die Zukunft. Im Urzustand gab es noch Gemeinschaft zwischen Himmel und Erde. «Damals war weder Nichtsein noch Sein; nicht war der Luftraum noch der Himmel darüber... Nicht war damals Tod noch Unsterblichkeit, nicht das Erkennungszeichen von Tag und Nacht. Es atmete ohne Wind zu ma-

chen das Eine aus Eigentrieb. Außer diesem gab es weiter nichts anderes.» (Rigveda)
Urzeit ist Zeit paradiesischer Glückseligkeit. (→Glück) Ihr entspricht die Endzeit. Gott, der zu Anfang die Finsternis überwand, wird am Ende Sieger und Weltenherrscher sein. Zur →Schöpfung des Anfangs tritt die Vollendung am Ende der Zeit. Nach der Sicht der jüdisch-hellenistischen →Apokalyptik gehen der Glückszeit des Endes jedoch Krise und Chaos voraus; das Neue Testament beschreibt diese Unglückszeit als Epoche der Umwälzung aller natürlichen Verhältnisse. «Aber zu der Zeit, nach dieser Trübsal, werden Sonne und Mond ihren Schein verlieren, und die Sterne werden vom Himmel fallen, und die Kräfte der Himmel werden ins Wanken kommen.» (Mk. 13,24; vgl. auch Mk. 13,12) Diese «Bedrängnis» muß kommen, damit die Herrlichkeit anbrechen kann. Der Menschensohn durchleidet selbst diese Krise (Mk. 10,45), damit Gottes Reich beginnen kann.
Das Paradies am Ende der Zeit ist die «Gottesherrschaft», d. h. die Überwindung der Mächte des Bösen und des Todes durch Gott. Diese Herrschaft hat, nach der Darstellung des Neuen Testaments, mit dem Kommen des «Sohnes» begonnen. Seine Macht hat er in seinen Wundern gezeigt, indem er die Dämonen vertrieb. Das ist der erste Akt der Weltvollendung.

Parapsychologie

Die Wissenschaft der Parapsychologie (para = neben) beschäftigt sich mit Erscheinungen, die sich der normalen Psychologie nicht zuordnen lassen und die man früher als «okkult» (verborgen, übersinnlich) oder «magisch» (→Magie) bezeichnet hat. Es geht dabei um Wirkung, Wahrnehmung und Untersuchung mysteriöser (geheimnisvoller) Kräfte, die naturgesetzlich unerklärlich sind, das heißt vornehmlich um Inhalte des sogenannten →Aberglaubens.
Der «Volksglaube» produziert und nährt sich von außergewöhnlichen Ahnungen, «Zweitem Gesicht», Wahrträumen, Erscheinungen, Todesankündigungen und dergleichen. Die Attraktivität des Aberglaubens liegt offenbar in dem begründet, was er leistet: Er entlastet von der Ungewißheit und Unheimlichkeit der Welt, indem er dem Unerklärlichen einen Namen und eine Deutung gibt. Das Interesse am Okkulten ist deshalb auch weiter verbreitet, als man gemeinhin annehmen möchte. Spiritismus (Glaube an die Möglichkeit, mit den Geistern Verstorbener durch «Medien» Kontakt aufnehmen zu können) und Esoterik («Geheimlehre»), Ufologie (Glaube an «fliegende Untertassen») und →Astrologie (Kunst, aus den Sternen das Schicksal der Welt und der Menschen herauszulesen) haben seit dem 19. Jahrhundert eine breite Bewegung entstehen lassen, deren Anhängerzahl heute auf 100 Millionen Menschen geschätzt wird.
Wie jeder religiöse Glaube überhaupt, so engen auch diese Lehren menschliche Existenz nicht auf die kurze Spanne eines Lebens ein, sondern stellen den Menschen in große zeitliche und räumliche Zusammenhänge und in Beziehungen zu unsichtbaren Mächten und geheimen Gesetzen. So gewinnt das beschränkte Erdenleben Sinn und Gewicht durch Anschluß an übersinnliche Sphären und Welten.
In der Parapsychologie unterscheidet man zwischen Erscheinungen der «außersinnlichen Wahrnehmung» (a) und solchen der «Psychokinese» (b).
(a) Kennzeichnend für außersinnliche Wahrnehmung ist es, daß Personen Nachrichten erhalten, die weder durch Hören (Schallwellen) noch durch Sehen (Lichtwellen) vermittelt wurden. Wenn jemand eine solche Information aus räumlich weiter Entfernung erhält,

spricht man von «Hellsehen». (Der Dichter Emanuel Swedenborg etwa berichtete 1759 in einer Abendgesellschaft in Göteborg über eine zur selben Zeit wütende Feuersbrunst im etwa 400 Kilometer entfernt liegenden Stockholm und beschrieb die Vorgänge «hellseherisch» bis in kleinste Einzelheiten.)
Das «Hellsehen» kann sich auf die Vergangenheit (Rückschau) oder auf die Zukunft (Vorschau) beziehen. Vorschau (Präkognition) wäre das «Hellsehen» zukünftiger Vorkommnisse (z. B. im Traum), für die die Gegenwart keinerlei Anhaltspunkt liefert. Neben dem hellseherischen Erwerb äußerer Informationen wird auch von Erlebnissen berichtet, bei denen eine Person etwas über Gedanken und Vorstellungen, Bilder und Gefühle einer anderen Person erfährt. Eine solche Übertragung «von Seele zu Seele» nennt man «Telepathie».
(b) Als «Psychokinese» («Bewegung durch die Seele») wird die Einflußnahme der menschlichen Seele auf materielle Gegenstände beschrieben. Das unerklärliche Bewegen von Gegenständen oder das Auftreten von Geräuschen, ohne daß irgendwelche physikalischen Energien diese verursacht hätten, nennt man außerhalb der parapsychologischen Wissenschaft normalerweise «Spuk».
Die Haltung der Theologie zur Parapsychologie ist zwiespältig. Das hängt damit zusammen, daß Glaube und Aberglaube eng miteinander verwandt sind und ihre Unterscheidung meist bloß eine Frage des Standpunktes ist. Hinter dem Aberglauben steht das gleiche menschliche Interesse wie hinter dem Glauben: eine Antwort auf die Frage nach dem Sinn des Lebens zu finden.
Glaube wie Aberglaube sind am Problem des → Wunders, an der Frage nach den lebensbestimmenden (guten und bösen) Mächten, an der Überwindung des Schreckens vor Sterben und Tod interessiert. Bei einer Befragung stellte sich (1975) heraus, daß selbst (katholische und evangelische) Theologen ausgesprochen positiv zur Parapsychologie stehen und von ihr Aussagen erwarten, die ihre eigenen Auffassungen bestätigen. Andererseits haben Theologen und Kirchen den Aberglauben immer so bekämpft, wie eine herrschende Religion Nebenreligionen bekämpft. (→ Hexe) Eigene abergläubische Bestandteile von Theologie und Kirche werden dabei normalerweise übersehen. (→ Auferstehung; → Jungfrauengeburt) Aus Äußerungen wie denen Rudolf Bultmanns (1884 bis 1976) zog man keine Konsequenz: «Man kann nicht elektrisches Licht und Radioapparat benutzen... und gleichzeitig an die Geister- und Wunderwelt des Neuen Testaments glauben.» (1948) Glaube und Theologie der Kirchengemeinden halten sich lieber an Auffassungen, wie sie der erweckungsbewegte Gerhard Bergmann (1971) im Blick auf Seewandel, Brotvermehrung, Erscheinungen und Auferstehung Jesu formulierte: «Wenn es schon zum Erfahrungsbereich der Parapsychologie gehört, daß es Levitationen gibt, also Vorgänge, bei denen die Schwerkraft durch andere geistige Kräfte überboten wird – wieviel mehr muß Jesus dies Überbieten möglich sein... Wenn es schon zum Erfahrungsbereich der Parapsychologie gehört, daß es die Tatsache der Apporte, also das übernormale Herbeibringen von Gegenständen gibt, – wieviel mehr muß dies Jesus Christus möglich sein... Wenn schon die Durchdringung der Materie bis hinein in geschlossene Räume zum Erfahrungsbereich der Parapsychologie gehört, wieviel mehr muß es dem auferstandenen Gottessohn möglich sein, sich seinen Jüngern auch hinter verschlossenen Türen kundzutun und vor ihnen zu erscheinen. Wenn schon Naturwissenschaft und erst recht Parapsychologie um die Verwandlungsmöglichkeit der Materie wissen, wieviel mehr muß es Jesus möglich sein, durch die Auferste-

hung die Materie seines stofflichen Leibes in einen verklärten Leib zu verwandeln.»

Paulus

1. Die Briefe des Paulus (→ Paulusbriefe) sind die ältesten Teile des Neuen Testaments und gehören zur ersten urchristlichen Literatur. (→ Urchristentum) 27 Schriften enthält das Neue Testament, 21 davon haben die Schriftform von Briefen, 13 Briefe sind unter dem Namen des Paulus überliefert. Die Hauptbriefe des Paulus sind an die Korinther und Römer, weniger umfangreiche an die Thessalonicher, Galater und Philipper und ein kleiner Brief an Philemon gerichtet. Umstritten ist, ob Paulus der Verfasser des 2. Thessalonicherbriefes, des Kolosser- und des Epheserbriefes ist. Eindeutig nicht von Paulus sind der 1. und 2. Timotheus- und der Titusbrief. Die im Neuen Testament erhaltenen Briefe des Paulus sind übrigens nur ein Bruchteil derjenigen, die er tatsächlich geschrieben hat.

Die echten Paulusbriefe sind situationsbezogene, zeitgebundene Gelegenheitsschriften. Es gibt darin weite Partien lehrhafter Art, Schriftauslegungen (z. B. Röm. 4; 1 Kor. 10,1 ff; Gal. 3 und 4), Darlegungen grundsätzlicher theologischer Zusammenhänge (z. B. Röm. 9–11), apokalyptische Stücke (→ Apokalyptik) (z. B. 1. Kor. 15,20 ff) und ethisch-moralische Mahnreden. (→ Ethik)

2. Die Briefe des Paulus und die → Apostelgeschichte enthalten keine genauen Jahresangaben. Aber aufgrund einer Erwähnung des Prokonsuls Gallio (Apg. 18,12), dessen Amtszeit (51–52 n. Chr.) inschriftlich belegt ist, läßt sich das Leben von Paulus auch zeitlich genau bestimmen.

Paulus wurde um 10 n. Chr. in Tarsus in der heutigen Türkei geboren. Er war Sohn einer jüdischen Familie. In der hellenistischen Diaspora wuchs er auf und wurde in der jüdischen Religion erzogen. (Apg. 22,3) So entwickelte er sich zu einem gesetzestreuen Pharisäer («die Abgesonderten»; jüdische Religionspartei, vgl. Phil. 3,5 ff; Gal. 1,13 f). In seinem Eifer für das Gesetz erschienen ihm die Jesusanhänger als Gotteslästerer, die es auf die Fundamente der jüdischen Religion abgesehen hatten. Paulus wurde deshalb zum eingefleischten Christenhasser. (Gal. 1,23; 1. Kor. 15,9) Vor allem war ihm die radikale hellenistische Richtung der Stephanusleute (→ Urgemeinde) ein Dorn im Auge, weil sie den Heilsanspruch des jüdischen Volkes in Frage stellte. Bei den ersten → Christenverfolgungen scheint sich Paulus besonders eifrig hervorgetan zu haben.

Dann kam es in Damaskus zu seiner Bekehrung infolge einer Jesusvision. (Apg. 9,1 ff; 22,3 ff; 26,9 ff; 1. Kor. 9,1; 15,8) Paulus wurde daraufhin Heidenapostel und wandte sich sogleich der → Mission zu. Jesus war er nie begegnet. (2. Kor. 5,16) Dennoch dachte er nicht daran, sich zuerst einmal in der → Urgemeinde in Jerusalem eine Legitimation zu holen. Die Jesusvision verlieh ihm, wie er glaubte, genug eigene Autorität.

Im Mittelpunkt seiner Missionspredigt steht die Botschaft von der «Gerechtigkeit Gottes». Nicht durch «Werke des Gesetzes», sondern «allein aus Glauben» und «allein durch Christus» werde der Mensch vor Gott gerecht. (Röm. 3,21 ff) Das vermeintliche Ende des Jesus Christus, so das paulinische «Wort vom Kreuz», sei in Wirklichkeit das Ende des Gesetzes als Weg des Menschen zum Heil. (1. Kor. 1,18 ff; Röm. 10,4)

In Arabia, das etwa dem heutigen Jordanien entspricht, war das erste Missionsfeld des Paulus. Dort hielt er sich bis zu seiner Verfolgung (2. Kor. 11,32 f) mehrere Jahre lang auf. Dann missionierte er etwa 15 Jahre lang in Syrien, Kilikien und Antiochia. Während dieser langen Zeit führte ihn ein kurzer vierzehntägiger Zwischenaufenthalt nach Jerusalem zu

→ Petrus (Kephas) und Jakobus. Auffallend ist seine durchgängige Distanz zur Urgemeinde. Allerdings fand er dort auch wenig Verständnis für sein gesetzesfreies Evangelium, das er den Heiden verkündigte. In Antiochia, der Hauptstadt Syriens und Ausgangspunkt seiner Tätigkeit, gab es eine christliche Gemeinde, die auf den Kreis um Stephanus zurückging. Dort bahnte das Christentum seinen Übergang an aus dem palästinensischen in den hellenistischen Kulturkreis und ins Römische Reich. Mysterienreligionen und hellenistisch-orientalische sowie griechische Philosophie drangen ins «Heidenchristentum» ein.

Etwa 48 nach Christus fand in Jerusalem eine Apostelversammlung («Apostelkonvent») statt. (Gal. 2,1–10; Apg. 15) Dies scheint das wichtigste Ereignis in der Geschichte des Urchristentums gewesen zu sein. Denn es ging um die Frage nach dem Recht des «gesetzesfreien» Evangeliums, das heißt darum, ob die Heiden auch dann vollwertige Glieder der christlichen Gemeinde werden könnten, wenn sie nicht zuvor die Beschneidung (Bundeszeichen der Zugehörigkeit zum jüdischen Volk) hatten über sich ergehen lassen. Nach hartem Kampf setzte sich Paulus durch. (→ Urgemeinde) Die heidenchristlichen Gemeinden wurden anerkannt und verpflichteten sich ihrerseits, als Zeichen der Einheit, zu einer Spende oder Steuer für die Armen in Jerusalem. (Gal. 2,10)

Ob das sogenannte Aposteldekret (Apg. 15,19ff) mit der Aufforderung, daß ein Minimum an jüdischen Ritualgeboten auch für die missionierten Heiden zu gelten habe, echt ist oder erst nachträglich eingefügt wurde, ist umstritten. (Vgl. Gal. 2,6)

Nach dem Apostelkonvent entwickelte Paulus einen weltumspannenden Missionsplan. (Paulus hat viel mehr Missionsreisen unternommen als nur jene drei, die die Apostelgeschichte aufzählt.) Sein Ziel war es dabei, Rom und den Westen des Römischen Imperiums zu erreichen. Deswegen durchquerte er geradlinig Kleinasien (Apg. 16,8.10), setzte nach Philippi und Mazedonien über und wählte die Via Egnatia, die den Osten mit Rom verband. Diese Reichsstraße führte von Philippi über Thessalonich nach Illyrien (Röm. 15,19) und setzte sich jenseits der Adria von Brindisi bis Rom als Via Appia fort.

In Thessalonich wurde Paulus verfolgt und ins Innere Griechenlands abgedrängt, so daß er viele Jahre verlor, bis er seinen Romplan wieder aufnehmen konnte.

Bei einem Besuch in Jerusalem, wo er den Ertrag seiner Sammlungen ablieferte, wurde er von Juden verfolgt, von Römern jedoch in Gewahrsam genommen. Nach jahrelanger Gefangenschaft überwies man ihn nach Rom, weil er sich auf sein römisches Bürgerrecht berufen hatte. (Apg. 25–26)

In Rom empfing ihn die dortige christliche Gemeinde, an die er Jahre zuvor von Korinth aus einen Brief (den Römerbrief) geschrieben hatte. Zwei Jahre lang verbrachte er dort in Haft. Über den Ausgang seines Prozesses ist nichts bekannt. Spätere Überlieferung besagt, Paulus wäre unter Nero (zwischen 62 und 64 n. Chr.) als → Märtyrer gestorben.

3. Keiner hat die Lehre des Jesus von Nazareth so radikal verändert und gleichzeitig so nachhaltig auf Kirche und Theologie der Folgezeit eingewirkt wie Paulus. Obgleich er Jesus nicht persönlich gekannt hatte – an dessen Leben war er auch nicht sonderlich interessiert –, setzt er seine eigene Meinung gegenüber Vorgängern und Zeitgenossen, die andere Ansichten als er selbst vertraten, ohne Rücksicht und Kompromisse durch. «Aber wenn auch wir oder ein Engel vom Himmel (!) euch würde Evangelium predigen anders, als wir euch gepredigt haben, der sei verflucht!» (Gal. 1,8) Ab-

weichler von seiner Lehre, so sein Wunsch, sollten von Gott selbst ausgerottet werden. Denn «wer den Herrn nicht liebt, der sei verflucht». (1. Kor. 16,22ff) Seine Nachfolger haben bei der Behandlung von → «Ketzern» daraus die Konsequenz gezogen: «Wenn ihr aber nicht willig seid und nicht auf micht hört, so soll euch das Schwert fressen.» (So der 1. Clemensbrief, ein Gemeindeschreiben, etwa aus dem Jahr 96 n. Chr.) Auf die Verdammungsformel des Paulus, die selbst in Anlehnung an außerchristliche Zauber- und Fluchpraktiken gebildet ist, hat man später immer wieder zurückgegriffen: bei der Verfolgung von Andersgläubigen und anläßlich der Kreuzzüge, bei Judenpogromen (→ Antisemitismus) und der Inquisition.

Die Wende von der Jesusfrömmigkeit zur paulinischen Theologie mag zu einem Gutteil im entgegengesetzten «Naturell» dieser beiden Männer begründet sein. Wir wissen zwar über Leben und Person des Jesus von Nazareth wenig Genaues zu sagen. (→ Jesus) Aber gerade der Vergleich seiner Äußerungen mit denjenigen des Paulus zeigt zwei gegensätzliche Lebensauffassungen und Weltanschauungen. Jesu Lebensweise und Ausdrucksformen sind von einer gewissen Sinnlichkeit geprägt. Er scheut keine Berührung, wäscht Freunden die Füße, legt Kranken die Hände auf, faßt Aussätzige an, läßt sich von einer Prostituierten mit Tränen netzen. In den jesusnahen Evangelien ist die Rede von vielerlei Genüssen, von gemästeten Kälbern und gebratenem Fisch, von Sauerteig und Honigwaben, von Trauben und frischem Wasser. Jesus freut sich an Essen und Trinken, er nimmt Gerüche wahr (Joh. 12,3; 11,39) und läßt das Auge zu seinem Recht kommen (z. B. Lk. 24,31; 6,39; Mat. 5,28; Mk. 4,19). Ihm liegt offenbar an einer realen Sicht der Welt.

Anders Paulus. Er führt die sinnliche Askese des Christentums ein. Er warnt vor «Rausch» und mahnt zur «Nüchternheit». Essen und Trinken degenerieren zum «Dienst am Bauch». Während der Schreiber des Johannesevangeliums den «Duft der Narde» riecht, reicht es bei Paulus nur noch zum «Duft der Erkenntnis». Sehen und Hören wechseln ihren Rang. Während in den Evangelien das Auge zehnmal so häufig wie das Ohr genannt wird, dominiert bei Paulus das Ohr, Instrument der Hörigkeit. Hören ist fortan glaubensentscheidend: Der Glaube kommt aus dem Hören, dem Gehorchen, dem → Gehorsam. (Röm. 1,5; Röm. 10,16f) Paulus wird der theologische Systematiker der Unterwürfigkeit: des Kindes unter die Eltern, der Frau unter den Mann, des Mannes unter Christus, des Christus unter Gott.

Zur Ordnung Gottes gehört, nach Meinung des Paulus, übrigens auch das Sklavenwesen. Sklaven sind von Gott dazu berufen, Sklaven zu sein. Deshalb sollen sie sich gegenüber ihren Herren vor aller Widerspenstigkeit hüten und daran denken, daß Sklaverei «nur» den «äußeren» Menschen betrifft; der «innere» werde davon nicht berührt. (2. Kor. 4,16) Diese Ideologie hat vielen Unrechtssystemen bis in unsere Zeit als Legitimation gedient. Während Jesus Mensch und Gott in einem Vater-Sohn-Verhältnis sieht, erklärt Paulus das Sklavenhaltersystem zum Modell des Gott gegenüber geforderten Verhaltens. (Vgl. Röm. 1,1; 1. Kor. 7,21f)

Auch in urchristlichen Familien gab es Sklaven, über deren Leben und Leib die Besitzer wie über eine Ware verfügten. (Tit. 2,9; 1. Petr. 2,18; Eph. 6,9) Paulus nun erklärt Herren und Sklaven zu «Freien in Christus» (1. Kor. 12,3) und verdeckt damit die tatsächlichen Unterschiede. Indem er sie als je in ihren Stand «Berufene» bezeichnet, unterbindet er sozialen Wandel. Die Sklaven sollen «die Herren aller Ehre wert halten», sie fürchten «in der Einfalt des Herzens», ihnen «in allen Dingen zu Gefallen sein», «nichts veruntreuen», ihnen «nicht widersprechen», und dies alles «in Furcht und Zittern», «um Gottes willen», «um Christi willen», «um des Gewissens willen». Über 80 Prozent der Mahnworte in den Briefen, die Paulus zugeschrieben werden, gelten den Sklaven, aber weniger als 20 Prozent den Herren, die ihren Sklaven lediglich geben sollen, «was recht und billig ist».

Wie Sklaven den Herren untertan sind, so sollen Christen der Obrigkeit gehorchen. «Jedermann sei untertan der Obrigkeit, die Gewalt über ihn hat. Denn es ist keine Obrigkeit ohne von Gott; wo aber Obrigkeit ist, die ist von Gott verordnet. Wer sich nun der Obrigkeit widersetzt, der widerstrebt Gottes Ordnung.» (Röm. 13,1) Paulus schrieb diese Sätze zur Zeit des Bruder- und Muttermörders Nero ausgerechnet an die Gemeinde in Rom, das heißt ins Zentrum der damaligen Weltpolitik. In nahezu grenzenloser Anpassungsbereitschaft wird sich die an Paulus orientierte Kirche der Zukunft allen möglichen Staatsideologien unterwerfen.

4. Zentrale Inhalte der Theologie des Paulus, etwa die Erlösungslehre, sind dem Denken Jesu fremd. Gott hat, nach Paulus, seine eigene Gerechtigkeit. (Röm. 1,17) Trotz menschlicher Schuld sorgt er selbst für ein ihm wohlgefälliges Verhältnis zu den Menschen. Er läßt seinen Sohn am Kreuz einen Stellvertretungs- (Gal. 3,13f) und Sühnetod (Röm. 3,25) erleiden. Damit wird erreicht, daß Gott zugleich gerecht ist und die Gläubigen gerecht macht (Röm. 3,28), und die Menschen empfangen die Gottesgerechtigkeit «aus Glauben». (Röm. 3,22; 4,5.16)

Im Unterschied zu Paulus hatte Jesus Gott als Vater angesprochen, der keineswegs der Mittlerschaft und stellvertretenden Sühne seines Sohnes bedarf, um Schuld und Sünden zu vergeben.

Um zu betonen, wie bedeutsam die Erlösung durch Christus ist, behauptet Paulus, die menschliche «Natur» sei ganz und gar «verderbt», und alle Menschen seien bodenlos schlecht. (Röm. 3,9–18; 5,12–21; 7,14–25; Eph. 2,3) «Denn ich weiß, daß in mir, das ist in meinem Fleisch, wohnt nichts Gutes.» (Röm. 7,18) Von Jesus ist kein Ausspruch überliefert, der die Unfähigkeit des Menschen zum Guten und radikale Verdammnis behauptet. Paulus aber kann nicht genug Sünde und Verderbnis der gesamten Menschheit wie jedes einzelnen betonen. Die Menschen sind Scheusale, «Kinder des Zorns», «Knechte der Sünde». (Eph. 2,3; Röm. 6,17) Sie stekken im «Schmutz der Unsittlichkeit», in «schandbaren Leidenschaften» und haben alle nur erdenklichen Laster. Sie sind «voll allen Unrechts, Schlechtigkeit, Habsucht, Bosheit, voll Neides, Mordes, Haders, List, Tücke; Ohrenbläser, Verleumder, Gottesverächter, Frevler, hoffärtig, ruhmredig, auf Böses sinnend, den Eltern ungehorsam, unvernünftig, treulos, lieblos, unbarmherzig». (Röm. 29–31)

In der Nachfolge des Paulus, der die Welt und den Menschen restlos entwertet hat, formuliert die Kirche im 16. Jahrhundert den Glaubenssatz von der «Erbsünde». (→ Sünde) Danach kommt jedes Kind bereits als Sünder auf die Welt, weil seine Seele durch den «Fall» von Adam und Eva von vornherein immer schon «verunreinigt» ist.

5. An die Spitze menschlicher Verwerflichkeiten stellt Paulus die «Unzucht». → Sexualität überhaupt wird argwöhnisch betrachtet. Deshalb ist es gut für den Mann, keine Frau zu berühren». (1. Kor. 7,1ff) Sexualität, insbesondere die der Frau, rückt in die Nähe von «Unreinheit» und Sünde. Das eheliche Leben muß zwar als Zugeständnis an die sexuelle Triebhaftigkeit des Menschen zugelassen werden, aber «nicht heiraten ist besser».

Paulus' Kampf gilt nun dem «Laster», den «Werken der Finsternis», den «Schwelgereien und Trinkgelagen», der «Unzucht und Ausschweifung», dem «Verkehr mit unzüchtigen Leuten», «Ehebrechern», «Lüstlingen und Knabenschändern». Das «Fleisch» gilt ihm als Sitz der Sünde. Der Körper ist ein «Todesleib»; man muß ihn «ans Kreuz schlagen» und töten. «So ertötet denn eure Glieder, die an der Erde haften, in denen Unzucht, Unsittlichkeit, Leidenschaft, böse Begierde wohnen.» (Kol. 3,5; 1. Kor. 6,18)

In der Ehe gilt die «schuldige Pflicht» der Verheirateten wechselseitig (1. Kor. 7,3ff), die nur ausgesetzt werden darf, um «zum Beten Ruhe» zu haben. An diese Lehre von der schuldigen Pflicht schließt diejenige von der «heiligen Mutterschaft» an: Die Frau «wird aber selig werden dadurch, daß sie Kinder zur Welt bringt». (1. Tim. 2,15) Die Schüler des Paulus verklärten später das «christliche Heim» (1. Tim. 3,4.12; 2. Tim. 1,15; 4,19; Tit. 1,11) und verboten den Frauen, modische Kleider und teuren Schmuck zu tragen; statt dessen sollten sie sich «schmücken mit Scham und Zucht». (1. Tim. 5,8; 1. Kor. 11,14f)

Währenddessen wucherte die Anmaßung des Mannes fort. Daß Frauen das «schwächere Geschlecht» bilden (1. Petr. 3,7), wird alttestamentlich-heilsgeschichtlich begründet. «Denn Adam ist am ersten gemacht, danach Eva. Und Adam ward nicht verführt; das Weib (!) aber ward verführt und ist der Übertretung verfallen.» (1. Tim. 2,13f) Die Frau, die die zweite der Schöpfung, aber die erste bei der Sünde war, muß also vom Mann «geführt» werden. Der Mann ist das «Haupt» der Frau (1. Kor. 11,3) und «Gottes Abbild und Abglanz», aber die Frau nur «der Abglanz des Mannes». Auch wurde der Mann nicht für die Frau, sondern die Frau für den Mann gemacht. (1. Kor. 11,7ff) Zu den erwünschten weiblichen Eigenschaften von Sittsamkeit, Züchtigkeit und Innerlichkeit gehört es deshalb, daß die Frauen den Männern gehorchen.

Paulusbriefe

Die echten Paulusbriefe sind in der letzten Lebensphase des Apostels, und zwar während seiner Missionstätigkeit in Kleinasien, Mazedonien und Griechenland entstanden. Als → Paulus zum erstenmal in Korinth war (50 n. Chr.) schrieb er den 1. Thessalonicherbrief. Der Galaterbrief, um das Jahr 54 an die Gemeinden in der Landschaft Galatien gerichtet, die im 1. und 2. Korintherbrief gesammelte Korrespondenz mit der Gemeinde in Korinth und die Briefe aus der Gefangenschaft (Philipper- und Philemonbrief) entstanden wahrscheinlich in Ephesus. Bei seinem letzten Aufenthalt in Mazedonien und Griechenland schrieb Paulus den Brief an die Römer.

«Unechte», d. h. unter dem Namen des Paulus verbreitete, aber tatsächlich nicht von ihm verfaßte Briefe gibt es seit der Zeit der Alten Kirche. Überhaupt wurden damals gerne Schriften unter dem Namen urchristlicher Autoritäten verfaßt, wie beispielsweise die im Neuen Testament überlieferten Petrusbriefe, der Jakobus- und der Judasbrief. Die angeblichen Verfasser verleihen diesen Schriften den Charakter autoritativer Lehrtradition. (→ Fälschungen)

«Pseudopaulinen», d. h. gefälschte Paulusbriefe, sind die sogenannten «Pastoralbriefe» (1. und 2. Timotheus, Titus: in Briefform gekleidete Anweisungen für das «Hirtenamt» der Gemeinde) vom Anfang des 2. Jahrhunderts; der Epheserbrief mit Auffassungen, die der Theologie des Paulus eindeutig widersprechen; der Kolosserbrief und schließlich der 2. Thessalonicherbrief, der sogar die Unterschrift des Paulus, «der Gruß mit meiner, des Paulus Hand», als Zeichen der Echtheit ins Feld führt (2. Thess. 3,17).

Die Schriften des Paulus sind wirkliche

Briefe, d. h. aus einem bestimmten Anlaß heraus verfaßte und an bestimmte Adressaten gerichtete Gelegenheitsschriften. Sie gleichen sich im Aufbau des Briefeingangs, dem dazugehörenden Segenswunsch und in einem eigenhändig angefügten Schlußwunsch. Paulus hat seine Briefe selbst diktiert. Sie sollten in den gottesdienstlichen Versammlungen der Gemeinden, an die sie adressiert waren, vorgelesen werden. Diese Briefe sind die einzige schriftliche Hinterlassenschaft des Paulus; sie weisen ihren Verfasser als Sendboten und Prediger aus, der sein enormes Missionsprogramm noch vor der bald erwarteten Wiederkunft des Kyrios (Herrn) zu Ende bringen wollte. (→ Mission) Sie geben auch ein lebendiges Bild der theologischen Ansichten und des missionarischen Wirkens ihres Verfassers. Uns gewähren sie einen Einblick in die Geschichte des → Urchristentums, zumal sie die ältesten und historisch zuverlässigsten urchristlichen Dokumente darstellen, die erhalten geblieben sind. Die Evangelien, die von Jesu Verkündigung und Geschichte erzählen, sind wahrscheinlich erst Jahrzehnte später entstanden. (→ Synoptiker)

Pentateuch

Bestand

Der Pentateuch («Gefüge der fünf [Bücher])» ist der erste Teil des alttestamentlichen Kanons. (→ Altes Testament) Die einzelnen Bücher werden im Hebräischen jeweils nach ihrem ersten Wort, in der griechischen und in der lateinischen Übersetzung hingegen nach dem Hauptinhalt des betreffenden Buches genannt: Genesis («Ursprung»), bestehend aus der Urgeschichte (1. Mose 1–11) und der Vätergeschichte (1. Mose 12–50); → Exodus («Auszug»): → Israel in Ägypten, Herausführung, Zug durch die Wüste zum Sinai (2. Mose 1–18); Gottesoffenbarung und Gesetzgebung am Sinai (2. Mose 19–34); Ausführung der Anweisungen und Aufstellung des Heiligtums (2. Mose 35–40); Leviticus («das levitische Gesetzbuch»): kultische Anordnungen und Ereignisse am Sinai; Numeri («Zahlen»): Aufbruch vom Sinai (4. Mose 1–10) und Weiterzug bis ins Land Moab (4. Mose 11–36); und Deuteronomium («zweites Gesetz»): Rede des → Moses an Israel im Lande Moab (5. Mose 1–30) und Abschluß der Geschichte des Moses. (5. Mose 31–34)
Der Pentateuch schließt mit Moses' Tod. Den folgenden Einzug ins Westjordanland schildern die Bücher Josua bis Richter 1,1–2,5. Bisweilen nimmt man die Schriften von Genesis (1. Buch Mose) bis Josua als zusammengehörende Einheit und bezeichnet sie als «Hexateuch» («sechs Bücher»). Nach der Eroberung des Landes Palästina, das Jahwe den Vätern seit → Abraham verheißen hatte, folgt die Entwicklung zur Staatlichkeit und schließlich das Ende durch Assur und Babylon. Dieser Hergang wird in den Büchern Richter, Samuel und Könige dargestellt.
Die Unterteilung dieses weitgespannten alttestamentlichen Erzählwerkes, das von der Weltschöpfung (→ Schöpfung) bis zum babylonischen Exil reicht, nach ihm zugrundeliegenden, ursprünglich selbständigen Geschichtswerken ist umstritten. Vielleicht stellen die Bücher Genesis (1. Buch Mose) bis Numeri (4. Buch Mose) einerseits und Deuteronomium (5. Buch Mose) bis Könige (als das «Deuteronomistische Geschichtswerk») andererseits ursprünglich selbständige Einheiten dar, aus deren Zusammenfügung das Judentum erst in späterer Zeit den Pentateuch und schließlich dessen fünf einzelne Bücher ausgrenzte.

Gefüge

Vor dem Tod des Moses, über den am Ende des Pentateuch berichtet wird, zeigt Jahwe dem prophetischen Führer des Volkes Israel das «Land der Verheißung». «Und der Herr ließ ihn das ganze Land schauen... und sprach zu ihm: Dies ist das Land...» Damit kommt zum Abschluß, was im Buch Exodus (2. Mose) seinen Anfang nahm: Bei der Berufung (2. Mose 3) hatte Jahwe zu Moses gesagt: «Ich habe das Elend meines Volkes in Ägypten gesehen... Ich bin herabgekommen, um es aus der Gewalt Ägyptens zu erretten und es aus jenem Land herauszuführen in ein schönes, weites Land...» So spannt sich also ein Bogen vom 2. bis zum 5. Buch Mose.

Diesem Zusammenhang ist die Genesis (1. Mose) vorgeordnet. Danach hat die Verheißung bereits den Vätern gegolten: «Dies ist das Land, das ich Abraham, Isaak und Jakob zugeschworen habe.» (5. Mose 34)

Der Vätergeschichte (1. Mose 12–50), die die Zeit von Abraham bis zum Aufenthalt in Ägypten beschreibt, ist die Urgeschichte der Genesis vorangestellt (1. Mose 1–11) Sie handelt von der Weltschöpfung und reicht bis zur Berufung Abrahams: Jahwe hat die ersten Menschen gemacht. Alle Wirklichkeit ist von ihm geschaffen.

Damit ist ein Zusammenhang aus Urgeschichte, Vätergeschichte, Auszug aus Ägypten bis hin zur Ankunft im «Gelobten Land» hergestellt. Trotzdem kann man den Pentateuch nicht als in sich geschlossene, fortlaufende Erzählung «aus einem Guß» bezeichnen. Vielmehr sind in die uns vorliegende Endgestalt der fünf Bücher Mose eine Fülle von Traditionen eingegangen, die ursprünglich nichts miteinander zu tun hatten, aus verschiedenen Zeiten stammen und an unterschiedlichen Orten überliefert worden sind.

Quellen

In der deutschen Bibelübersetzung werden die fünf Teile des Pentateuch als «Bücher Mose» bezeichnet. Diese Überschrift legt die Vorstellung nahe, als sei Moses selbst der Autor dieser Schriften gewesen. Diese Ansicht teilen die jüdische und die christliche Tradition. Damit soll die Qualität alttestamentlicher Offenbarung und die historische Zuverlässigkeit der geschilderten Ereignisse unterstrichen werden.

Aber schon im 16. Jahrhundert kam die Erkenntnis auf, daß Moses nicht der Verfasser des Pentateuch gewesen sein könne. Die moderne Bibelkritik des 18. und 19. Jahrhunderts fand vielmehr heraus, daß die fünf Bücher Mose aus ursprünglich getrennten Teilen zusammengesetzt sind. Man entdeckte, daß der Pentateuch seine Gestalt mehreren Bearbeitungen (Redaktionen) verdankt. Ursprünglich selbständige Erzählwerke sind miteinander verbunden worden. Dabei waren Eingriffe, Streichungen und Umstellungen erforderlich.

Grundelemente der Erzählwerke sind einzelne Geschichten. Diese waren ursprünglich mündlich weitergegeben, und erst später schriftlich festgehalten und schließlich zu größeren Gebilden zusammengefügt worden. So entstanden im Laufe der Zeit große zusammenhängende Werke. Die «Traditionsschichten» sind die «Quellen», aus denen der Pentateuch entstand. Man unterscheidet die beiden älteren Quellen (sie stammen wohl aus dem 9. und 8. Jahrhundert v. Chr.) nach ihrem Gebrauch des Gottesnamens als «Jahwist» (J) und «Elohist» (E). Eine weitere Quelle, die während oder nach dem Exil entstanden ist, nennt man «Priesterschrift» (P).

Der «Redaktor» (es ist ungewiß, ob es sich dabei um eine Einzelperson, eine Gruppe oder gar eine «Schule» handelte) ließ die Gottesbezeichnungen «Jahwe» und «Elohim» (hebr. «Gott», «Götter», «Geistwesen») in der Regel so stehen, wie er sie in seinen Vorlagen vorfand. Zu dem Unterscheidungsmerkmal des Gottesnamens treten allerdings noch zahlreiche andere hinzu.

Die Schöpfungsgeschichte, die am Anfang der Bibel steht, stammt aus der Priesterschrift. (1. Mose 1,1–2,4a) Daran hat der Redaktor des Pentateuch noch eine andere Paradiesgeschichte, nämlich die des Jahwisten, angefügt. (1. Mose 2,4b–3,24) Zwei einander durchaus ähnliche und dennoch auf charakteristische Weise verschiedene Darstellungen vom Ursprung sollten damit zu einer einzigen verschmelzen. (→ Paradies)
Die Priesterschrift, in monotonem, umständlich-formelhaftem Stil verfaßt, ist ein Erzählwerk aus der israelitischen Spätzeit; es zerlegt den Geschichtsablauf in Perioden, bevorzugt schematische Darstellungen und widmet besondere Aufmerksamkeit dem Geschehen am Sinai, der ersten Kultstätte Israels. Es ist deutlich zu spüren, daß die geschilderten Ereignisse bereits in weite Ferne gerückt sind. Die geschichtliche Situation, in der die Priesterschrift entstand, setzt die Zerstörung Jerusalems (587 v. Chr.), das babylonische Exil und vielleicht sogar die spätere Bildung der jüdischen Kultusgemeinde unter der politischen Herrschaft der Perser voraus. (→ Israel)
Elohistische Texte finden sich u. a. in den Geschichten von → Abraham. Zu ihren Kennzeichen gehört eine Vorliebe für den Traum als Offenbarungsquelle, für das Auftreten von Engeln und die Bekanntschaft mit der Prophetie (→ Propheten). Der Gestalt des Abraham werden prophetische Züge verliehen. Die elohistische Quellenschicht scheint jünger zu sein als die jahwistische. «E» gilt als nordisraelitisch, «J» als judäisch.
Das jahwistische Erzählwerk beginnt mit der Paradieserzählung (1. Mose 2,4b–3,24) und reichte ursprünglich wohl bis zur Eroberung des verheißenen Landes. Es ist die erste Gesamtdarstellung der Vorgeschichte und Geschichte der Ahnen Israels. Die zugrundeliegenden Erzählungen handeln vom Auszug aus Ägypten, vom Einzug in Palästina, von den Ereignissen in der Wüste und am Sinai. Daneben wurden die «Vätergeschichten» gestellt, die ursprünglich eine ganz andere Darstellung eines (allmählichen und friedlichen) Einzugs ins verheißene Land vermittelten. Der uns vorliegende alttestamentliche Text des Pentateuch hat diese beiden Darstellungsweisen miteinander verbunden, indem er die Einwanderung zweimal stattfinden läßt: Es gibt zunächst einen vorläufigen Aufenthalt der Stammväter Israels im Land. Eine Hungersnot, die Jakob nach Ägypten treibt, wo seine Familie zum Volk Israel wird, beendet diesen Aufenthalt. Die endgültige Eroberung Palästinas erfolgt dann durch das ganze Volk Israel.
Einen weiteren Bestandteil des Pentateuch stellt das Deuteronomium dar. Als Abschiedsrede des Moses stilisiert, überliefert es verschiedene Gesetze, die das ganze Leben des Volkes Israel auf Gott beziehen. Hier wird der gesamte Glaubensbesitz Israels mit dem Ziel der Erneuerung des Volkes zusammengefaßt: Die «Tora», ursprünglich Einzelunterweisung eines Priesters, wird nun zum Inbegriff aller Willensäußerungen Jahwes.
Den Redaktionsprozeß, dessen Endergebnis der alttestamentliche Pentateuch darstellt, kann man sich nach dem bisher Gesagten so vorstellen: Am Anfang stand die Verbindung von «J» und «E». Der zustande gekommene Text wurde sodann durch das Deuteronomium, die Gesetzgebung im Land Moab, ergänzt. Schließlich erfolgte die Vereinigung mit der Priesterschrift.

Petrus

Der → Apostel Petrus hieß ursprünglich Symeon (Apg. 15,14; 2. Petr. 1,1) oder Simon (Mk. 1,1). Der Ehrenname «Petrus» (eine Übersetzung des aramäischen «Kephas = «Fels») wurde schließlich zu seinem Eigennamen. Simon Petrus war ein verheirateter Fischer aus Galiläa. (Mk. 1,16; 1,21.29f). Den Ehrennamen erhielt er nach der Darstellung des Markusevangeliums (→Markus), als Jesus die zwölf Jünger berief (Mk. 3,16), nach →Matthäus im Anschluß an das Bekenntnis, daß Jesus der Messias (→Christus) sei (Mat. 16,17ff), nach Johannes (→Johannesevangelium) bei seiner ersten Begegnung mit Jesus. (Joh. 1,42) Wahrscheinlich aber hat Simon den Titel «Petrus» erst nach Ostern von der Urgemeinde erhalten, in der er eine führende Stellung einnahm.

Seine besondere Autorität wurde dadurch betont, daß man nachträglich Jesus den Ausspruch in den Mund legte: «Selig bist du, Simon... Du bist Petrus, und auf diesen Felsen will ich meine Gemeinde bauen, und die Pforten der Hölle sollen sie nicht überwältigen. Ich will dir des Himmelreichs Schlüssel geben, und alles, was du auf Erden binden wirst, soll auch im Himmel gebunden sein, und alles, was du auf Erden lösen wirst, soll auch im Himmel los sein.» (Mat. 16,17ff)

Petrus wird als der erste Zeuge der →Auferstehung Jesu genannt. (Lk. 24,34; 1. Kor. 15,5) Die bedeutende Rolle, die er in der Urgemeinde gespielt hat, führt in den späteren neutestamentlichen Darstellungen dazu, daß man seine Person auch in den Schilderungen des Lebens Jesu aufwertet. (Vgl. Mk. 8,29; 9,5; 10,28; 11,21) Die allzumenschlichen Züge des Simon werden indes schon bei →Lukas unterdrückt: Nichts soll das Bild des angesehenen Gemeindeführers beeinträchtigen.

Mindestens bis zum Apostelkonvent in Jerusalem war Petrus der Leiter der Urgemeinde. (Gal. 1,18f) Später löst ihn Jakobus, der Bruder Jesu, ab. (Gal. 2,12) Das Lebensende des Petrus liegt in völliger Dunkelheit. Die kirchliche Tradition behauptet, Petrus und →Paulus seien zur Zeit des Kaisers Nero in Rom als →Märtyrer gestorben. Gegen Ende des 2. Jahrhunderts kam jedoch die Legende auf, Petrus und Paulus hätten die römische Gemeinde gegründet und daraufhin auch einen Nachfolger ins Episkopat (Bischofsamt) berufen. Die Papstliste nennt Petrus als ersten und Linius als zweiten Papst. Dadurch soll die apostolische Überlieferung bis in älteste Zeit lückenlos gesichert werden. Tatsächlich aber erwähnen weder Paulus noch die Apostelgeschichte, noch die christliche Literatur des 1. Jahrhunderts, daß Petrus je in Rom gewesen wäre.

Der Fischer Simon hat in Wirklichkeit nie auf dem «Stuhl Petri» gesessen und ist auch nicht der von Jesus selbst eingesetzte erste Papst. Auf dieser Behauptung gründen freilich Regierungsgewalt und Autorität der römischen Bischöfe. (→Papsttum)

Pfingstbewegung (Pfingstgemeinschaften, Pfingstkirchen)

Um die Wende vom 19. zum 20. Jahrhundert setzte eine weltweite Pfingstbewegung ein, und in den USA, Europa, Asien, Afrika und besonders in Lateinamerika haben die Pfingstgemeinschaften heute 40 bis 50 Millionen Mitglieder. Selbst in den sozialistischen Ländern (vor allem in den Ländern der ehemaligen Sowjetunion) konnten sie sich, trotz staatlicher Verbote, ausbreiten. In Deutschland gibt es (neben anderen) zwei größere Pfingstgemeinschaften: der Christliche Gemeinschaftsverband GmbH Mülheim/Ruhr und die Arbeitsgemeinschaft der Christengemeinden Deutschlands.

Die Besonderheit der Pfingstler ist die «Geisttaufe»: das Erfaßtwerden vom Geist Gottes, ein Vorgang, der sich als seelische Erschütterung bemerkbar macht und z. B. mit «Zungenreden» (vgl. Apg. 2,1ff) einhergeht. Daneben gelten Prophetie und «heilungskräftiges Gebet» als besondere «Geistesgaben». Sie zeigen angeblich an, daß die Wiederkunft Christi nahe bevorsteht: Der Herr wird zunächst unsichtbar zur «Entrükkung» der Gemeinde, sodann sichtbar mit dem Heiligen Geist und den Engeln kommen; dann bricht das Tausendjährige Reich an. (Vgl. Apk. 20,1–7; →Apokalyptik)

In den letzten Jahrzehnten sind außerhalb der pfingstlerischen Freikirchen zahlreiche Erweckungen aus dem Geist der Pfingstbewegung entstanden. (→Erweckungsbewegung) Seit 1951 betätigen sich z. B. die «Geschäftsleute des vollen Evangeliums» unter den Menschen, die im Wirtschaftsleben tätig sind. Seit 1977 sammeln sich Frauen unter dem Motto: «Seid brennend im Geist». «Jugend mit einer Mission» ruft junge Menschen «zur Nachfolge Jesu» auf. «Jesus People» verbindet kommunitäres Gemeinschaftsleben mit fundamentalistischem Bibelstudium. Charismatische Erfahrungen (Charisma: «Gnadengeschenk» nach 1. Kor. 12,28; 1. Kor. 14), die in Hausbibelkreisen, Dienstgruppen, Kommunitäten gemacht werden, sollen auch in die Kirchen hineingetragen werden («Charisma und Gemeinde», «Erneuerung der Kirche aus dem Geist»).

Pietismus

«Pietist» (von lat. pius = fromm) ist ursprünglich der Spottname für einen besonders religiös eingestellten Menschen, einen «Frömmler». Johannes Feller, ein junger Professor der Poesie, dichtete 1689: «Es ist jetzt stadtbekannt der Nam' der Pietisten. / Was ist ein Pietist? Der Gottes Wort studiert / Und nach demselben auch ein heilig Leben führt.» Später bezeichnete man mit dem Begriff «Pietismus» eine Frömmigkeitsbewegung, die seit dem 17. und 18. Jahrhundert und bis in die Gegenwart hinein den Protestantismus auf eine eigentümliche Art und Weise geprägt hat.

Der Augsburger Religionsfriede (1555) sollte es in Europa möglich machen, daß zwei christliche Glaubensbekenntnisse und Kirchenformen, die römisch-katholische und die evangelische, nebeneinander leben konnten. (→Reformation) Aber zahlreiche religiöse Mißhelligkeiten und weltpolitische Konflikte führten schließlich zum Dreißigjährigen Krieg (1628–1648). (→Gegenreformation) An dessen Ende war klar, daß keine Konfession die andere mit Gewalt beseitigen konnte. Das Ansehen der Kirchen und ihrer Institutionen sank immer tiefer. Man fragte sich, ob das Christentum der Zukunft überhaupt noch auf Stützen wie das kirchliche Recht und das Amt, die Liturgie und das Dogma angewiesen sei und ob es sich nicht direkter und wahrhaftiger als ausschließlich persönliche Frömmigkeit verwirklichen könne. (→Kirche)

In dieser Situation trat der Pietismus auf den Plan. Er wollte den Geist des Urchristentums erneuern. Die urchristliche Lebendigkeit sollte wiederauferstehen. Dabei verstanden sich die Pietisten als Erben Martin Luthers (1483–1546). Den Wortführern der lutherischen Orthodoxie aber warfen sie vor, sie hätten die zentralen Erkenntnisse der Reformation verschleudert und deren Lebendigkeit abgetötet. Glaube hatte ihrer Meinung nach wenig mit Theorie, viel aber mit Praxis zu tun. Deshalb wollten die Pietisten Theologie und Kirche ihrer Zeit nicht nur kritisieren, sondern selbst eine gültige Gestalt christlichen Lebens schaffen.

Die sachliche Programmschrift des lutherischen Pietismus verfaßte Philipp Jakob Spener (1635–1705): «Pia Desideria (Fromme Wünsche) oder Herzliches Verlangen nach gottgefälliger Besserung der wahren evangelischen Kirchen», 1675. Darin forderte er, daß die Bibel in den Vordergrund des christlichen Lebens treten müsse: Jeder einzelne Christ solle darin lesen, und über die Lektüre könne man sich dann in «Bibelkreisen» austauschen. Das fördere das Wachstum des Glaubens und leite zu seiner Bewährung im Leben an. Das Christentum sei nicht Wissen, sondern Tat, das heißt Liebe, die das ganze Leben des Gläubigen bestimmt. Besser als über Fragen des Glaubens zu streiten, sei es, die christliche Liebe in einem gottgefälligen Lebenswandel Gestalt gewinnen zu lassen. Der Welt «absterben» und anhand «geistlicher Übungen» nach der Bibel den «innerlichen Menschen auferbauen» – das sei wahres Christentum.

Spener wurde zum unbestrittenen Führer der pietistischen Bewegung, die eine «neue Reformation» in die Wege leiten und Martin Luther «vollenden» wollte. Mit dieser Zielstellung handelte sie sich allerdings die Ablehnung der lutherischen Orthodoxie ein.

Später aber wechselte die Gegnerschaft: Seit der Aufklärung traten Auseinandersetzungen mit der theologisch-kirchlichen «Rechtgläubigkeit» zurück, und die Pietisten legten sich statt dessen mit der liberalen Theologie an, die Bibel und Dogma aufklärerisch kritisierte und sich dem neuzeitlichen Denken anzupassen versuchte. Durch diesen Frontwechsel veränderte sich auch der Pietismus selbst: Aus einer anfangs kritischen, geheiligte Autoritäten verspottenden und «revolutionären» Kraft wurde ein konservatives, kirchenstabilisierendes Element, dessen Träger die «Stillen im Lande» waren.

Der anfängliche revolutionäre Schwung der Pietisten war aus der Überzeugung gekommen, daß der höchste Wert des christlichen Lebens «Wiedergeburt» sei: eine Art «Neuschöpfung» des Menschen, die diesen zum «Kind Gottes» werden läßt. Die Leidenschaft, mit der sie dieses Ziel zu erreichen versuchten, einte die unterschiedlichen (lutherischen und reformierten) Richtungen des weltweiten Pietismus, der sich in England, in den Niederlanden und Deutschland, in Skandinavien und bis nach Rußland ausgebreitet hatte. Die Betonung der Wiedergeburt sollte mit der zentralen Lehre der Reformation, der «Rechtfertigung des Sünders allein aus Gnade durch den Glauben», eigentlich nicht in Widerspruch treten; nach pietistischer Ansicht nimmt nämlich die «Wiedergeburt» als das größere und umfassendere Ereignis die «Rechtfertigung» als Teil in sich auf. Wiedergeburt hat mehr mit Erfahrung zu tun als die bloße Rechtfertigung «vor Gott», und sie zeigt sich auch deutlicher als Gehalt des Lebens. Dem «sündlichen Verderbnis» des Menschen stellen die Pietisten den «Adel des Wiedergeborenen» entgegen: die Annahme des Menschen durch Gott «an Kindes Statt».

Zahlreiche Persönlichkeiten, landschaftliche Besonderheiten und unterschiedliche Gruppenbildungen machten aus dem Pietismus eine verwirrend vielfältige und vielschichtige Bewegung. Jeder der führenden pietistischen Theologen – neben Spener: Gottfried Arnold (1666 bis 1714), Nikolaus Ludwig Graf von Zinzendorf (1700 bis 1760; →Herrnhuter Brüdergemeine), Johann Albrecht Bengel (1697 bis 1752), Friedrich Christoph Oetinger (1702 bis 1782) – entwickelte seine eigene Sicht des «neuen Menschen» und der «neuen Menschheit» und seine Theorie der Weltverwandlung durch Menschenverwandlung. Der Hallesche Pietismus, der sich um August Hermann Francke (1663–1727) gruppierte, entfaltete weltweit zwischenkirchliche und missionarische Beziehungen. Unter dem Stichwort der «Liebe» wurde eine besondere Soziallehre des Christentums entwickelt. Danach erweist sich der Glaube des einzelnen in seiner «Lebendigkeit», d.h. in seinen Wirkungen. Die Bindung an das kirchliche Amt ist demgegenüber zweitrangig; Christen sollen sich auch nicht mehr blindlings als gehorsame Untertanen dem Staat ausliefern. Dabei nimmt der Pietismus die Forderung der Täufer aus der Reformationszeit nach Trennung von Kirche und Staat wieder auf.

Kirche im rechten Sinn ist für Pietisten ein Zusammenschluß von Wiedergeborenen, die ihren persönlichen Glauben «bezeugen» und in der «Liebestat» verwirklichen. Institution, Amt und Sakrament treten zurück gegenüber der Bedeutung, die die freie Aktivität der «Laien» gewinnt. Alle Christen können «Priester» sein. An die Stelle der alten Patronen-, Amts- und Behördenkirche soll eine gemeindeorientierte Kirche treten. So entstehen aus dem Geist des Pietismus die kirchliche Frauen-, Männer- und Jugendarbeit, «Volksmission» und Bibelgesellschaften.

Über Theologie und Kirche hinaus beeinflußte der Pietismus auch Literatur und Kunst. Die Herrnhuter Brüdergemeine und Jung-Stilling (1740 bis 1817) berühren Goethe (1749 bis 1832), Schiller (1759 bis 1805) und Hölderlin (1770 bis 1843). Lessing (1729 bis 1781) und Herder (1744 bis 1803) zollen ihr Anerkennung. Kant (1724 bis 1804) und Fichte (1762 bis 1814) werden pietistisch erzogen, und auch Schleiermacher (1768 bis 1834), Novalis (1772 bis 1801) und Kierkegaard (1813–1855) kommen in ihrer Jugend unter den Einfluß der Herrnhuter.

Fragen des Alltags, von denen man annehmen sollte, sie seien für Religion und Glauben eigentlich nebensächlich, gewannen eine enorme Bedeutung. Die Pietisten zerbrachen sich insbesondere über solche Probleme den Kopf, für die die Bibel keine eindeutige Lösung vorsieht. Durfte man sich z. B. fotografieren lassen, oder wurden dadurch nur Eitelkeit und Hochmut geweckt? Als sich 1869 drei Schwestern aus dem Schwarzwald von einem Tübinger Fotografen ablichten ließen, vermerkten sie unter Gewissensqualen: «Es ist nicht geschehen, daß wir den Herrn nicht gefragt hätten, nein, ich und das Kätherle haben miteinander gebetet u. auch geloost [in uns hineingehört], ob es dem l. Heilande gefallen könnte, oder ob es eine Sünde wäre.»

Gewichtige Argumente sprachen nach Meinung der Pietisten beispielsweise gegen das Tanzen. «Du eilst zum Tanz, dir hüpft das Herz / Und springst mit deinen leichten Füßen. / Indessen muß dein Heiland büßen. / Du lachst, und Er empfindet Schmerz. / Er läßt die Füße sich durchbohren, / Die keinen bösen Tritt getan: / Du folgst dem Takt mit Fuß und Ohren, so hurtig auf der breiten Bahn.»

Eine besondere Ausgestaltung erfuhr die christliche Sexualmoral (→ Sexualität) unter pietistischem Einfluß. Vielen erschien die Ehe als bevorzugter «Hurenstand», die Frau als «Hindernis» «in Sachen des Reiches Gottes». Eine pietistische Bekehrung wirkt sich offensichtlich auch im Bereich der Sexualität aus. Von Johannes Widmann aus Gniebel bei Tübingen (geb. 1858) wird z. B. berichtet: «Sogleich [nach seiner Bekehrung] entsagte er aller Weiberliebe so entschieden, daß es im harten Kampf mit Fleisch und Blut zwar nicht (wie er bezeugte) zum Blutschweiß, aber doch zum Blutspucken kam. Einmal, als die Lust zum andern Geschlecht wieder erwachte, warf er sich in seinem Stübchen auf die Knie und schrie: ‹Lieber Heiland, jetzt wacht das Ding schon wieder auf!› Darauf antwortete der Heiland: ‹Du hast an mir, was dir fehlt!› Dann war es Schluß. Er blieb ledig.»

Der konservative, weltfremde «Neupietismus» der → Erweckungsbewegung trug diese pietistischen Anschauungen ins 19. und schließlich auch ins 20. Jahrhundert.

Bis heute steht die Lehre von der → Sünde in der Mitte der pietistischen Frömmigkeitsauffassung und des pietistischen und evangelischen Menschen- und Weltverständnisses. Die Folgen der Sünde –

so die Pietisten – zeigen sich überall: in der Gesellschaft und in der Natur, im Geist und in der Moral.
Überhaupt ist der Mensch von Natur aus unvollkommen und böse. Deshalb ist sein ganzes Leben eigentlich sinnlos und leer, egoistisch und selbstsüchtig. Das Menschenbild des Pietismus ist denkbar pessimistisch, die ganze Menschheitsgeschichte nichts als «Sündengeschichte». Durch Sünde hat «Satan, der übernatürliche Agent», Eingang in die Schöpfung gefunden. Der Teufel ist für die Pietisten eine wirkliche Person, die überall ihre Aktivitäten entfalten kann. Die Welt ist der Schauplatz des Kampfes zwischen dem Guten und dem Bösen. (→ Dualismus) Sünde ist «ein Angriff auf Gott, die Entthronung der Gottheit, ein Anschlag gegen Gottes Herrschaft, ein Kampf gegen Gott und das Gute, ein Verbund mit dem Teufel und dem Bösen, die Kreuzigung und Hinrichtung der göttlichen Natur, und der Mord des göttlichen Lebens. Sünde ist der gezielte Stich ins Herz Gottes.» (J. B. Champion, 1977)
Umkehr des Menschen, Umwandlung und Änderung der Lebensweise, des Denkens und Handelns – das alles bedeutet pietistische Bekehrung. Sich bekehren heißt, sich «das Heil in Christo persönlich aneignen und sein Leben danach richten». Bekehrung ist Voraussetzung der Wiedergeburt und das «Herzstück» der pietistischen und evangelikalen Frömmigkeit. Durch Bekehrung kommt der Pietist zur «Gewißheit des Glaubens» und zur «persönlichen Erfahrung der Errettung». Evangelikale Erwekkungsprediger setzen bei ihren Evangelisationsfeldzügen dramaturgische und rhetorische Mittel geschickt ein, um insbesondere Jugendliche in Gefühlslagen zu versetzen, die sie als «heftiges Sündenbewußtsein» deuten können. Sündenbewußtsein aber macht für die pietistische Botschaft aufnahmebereit.
Jede Bekehrung hat Folgen, die sich in der Lebenspraxis zeigen. Der Bekehrte läßt ab von «schlechtem Umgang, Vergnügen, Mode». (Evangelisationsprediger Billy Graham, 1978) Dafür gibt es «Vergnügungen in einem ganz neuen und herrlichen Bereich». Die hinfort wichtigste Frage in Entscheidungssituationen hat nun zu lauten: Was würde Christus wünschen, das ich tun soll? In allem Tun soll sich der Gläubige vorstellen, daß Christus zuschaut. Stellt sich im Hinblick auf eine Handlung ein schlechtes Gewissen ein, so soll man diese unterlassen.
Zu den Verpflichtungen, die jeder Bekehrte eingeht, gehört – neben Bibellesen, Gebet, Gottesdienst- und Bibelstundenbesuch – das «Zeugnis», das heißt «Christus bekennen». «Du bist jetzt ein rechtmäßig ernannter und beauftragter Botschafter des Königs aller Könige. Du sollst seine Flagge hoch über deiner Botschaft wehen lassen... Unser Oberbefehlshaber hat gesagt: Gehe und bringe diese Botschaft einer sterbenden Welt.» (Billy Graham)

Platonismus (Neuplatonismus)

1. Das 4. vorchristliche Jahrhundert ist die Epoche der großen griechischen Philosophien. Sokrates, der 399 durch den Giftbecher starb, begründete in der Auseinandersetzung mit den Sophisten eine neue Art des Philosophierens. Ihr ist alle Philosophie des Abendlandes bis heute verpflichtet. In seinen Dialogen hat Platon (428/427–349/348), der Schüler des Sokrates, die Lehren seines Meisters überliefert.
Die Schüler des Aristoteles (384–322) nannte man auch «Peripatetiker» (peripatein, griech.: umherwandeln), weil sie in der Wandelhalle ihrer Schule im athenischen Lykeion beim Philosophieren auf und ab schritten. Die Stoiker trafen sich in der Stoa, einer bildergeschmückten Säulenhalle in Athen, wo Zenon (333/332–262) eine Schule eingerichtet hatte. Schließlich gab es noch die Schule

der Epikureer, die auf eine Freundesgemeinschaft des Atheners Epikur (342/341–271/270) zurückging.
Die Platoniker, die Anhänger der Philosophie Platons, unterscheiden zwei Prinzipien: Gott als schaffendes und die Materie als erleidendes und aufnehmendes Prinzip. Gott und Materie stehen am Anfang. Sie bilden den Ursprung aller Dinge. Ein drittes Prinzip stellen die Ideen dar; mit ihnen wirkt Gott auf die Materie ein. Die Materie ist ungeformt; erst Gott verleiht ihr eine Gestalt. Die Urbilder Gottes geben dem materiellen Stoff eine Form.
Der Kosmos entsteht dadurch, daß die Materie gestaltet, das Formlose geordnet wird. Aber der Kosmos ist nicht selbst das Höchste. Er ist nur das Abbild des Ewigen, das freilich gern als das Letztgültige erscheinen möchte.
Wer den Sinn des Lebens erkennen will, soll den Kosmos betrachten. Man muß sich dabei über die sichtbare Welt erheben. Das Denken soll über den Schein hinausgehen, dabei den Kosmos als bloßes Abbild erkennen und zum Urbild dessen, was wir sehen, vordringen. Erkenntnis, die sich dann einstellt, zeigt uns nicht nur, was richtig, sondern auch was gut ist.
Was wir in der Welt sehen, ist nicht nur die Vielfalt unzähliger Dinge, sondern auch die innere Harmonie des Kosmos. Wer die Urbilder der sichtbaren Erscheinungen erkennen will, darf deshalb nicht nur alle möglichen Eindrücke der Sinne zusammenfügen. Er muß auch von der Vielfalt absehen können und mit der Kraft des Geistes und mit seinem Verstand auf die Urbilder zurückschließen. Dazu leitet die Beobachtung des geordneten Laufes der Gestirne an.
Nach der Ansicht der Platoniker ist nur der Körper des Menschen vergänglich, die →Seele aber unsterblich. Sie muß dem Ewigen gleichgebildet werden. Um dieses Ziel zu erreichen, richtet sich der Mensch an Gerechtigkeit und Klugheit, Tapferkeit und Besonnenheit aus.
2. In der Mitte des 2. nachchristlichen Jahrhunderts nahm Plotin (204–266) einige wichtige Gedanken Platons wieder auf. Er betonte, daß es das eigentliche Ziel des Menschen sei, aus dieser Welt zu fliehen. Erst dann könne sich der Mensch Gott angleichen. Denn in der Welt ist alles vergänglich, und nur das Göttliche ist ewig. Wie aber kann man Gott erkennen und zu ihm gelangen? Platon hatte den Weg dorthin gewiesen: Der Demiurg (Schöpfergott) hat die Welt in Entsprechung zu den Urbildern gestaltet. Folglich kann der Mensch, wenn er die Abbilder des Ewigen betrachtet, auf deren Grund zurückschließen.
Plotin stellte die Frage nach dem Grund des Seins neu. Diese Frage ist so wichtig, weil sie auch über Sinn oder Unsinn des Lebens selbst entscheidet. Plotin verknüpfte das, was wir in der Welt vorfinden, mit dem, was der Welt übergeordnet und folglich ewig ist. Das ganze Sein, das alles umfaßt, ist Plotins Meinung nach in Stufen geordnet. Die beiden Endpunkte dieser Stufenreihe bilden das Eine jenseits des Seins: die Weltseele und das gestaltlose Böse unterhalb der körperlichen Welt.
Unser Kosmos erhebt sich aus der formlosen Unordnung des Bösen. Höher aber als die Welt der Körper liegt das Sein. Dorthin kann der Mensch deshalb gelangen, weil er nicht nur Körper ist, sondern weil er eine Seele hat. Die Seele ist also dasjenige geistige Sein, das in die Körperwelt hineinragt.
Der Körper ist also nicht die Heimat der Seele. Vielmehr gehört die Seele eigentlich ins göttliche Sein. Heimweh treibt sie dorthin zurück. Die Seele muß sich nun auf sich selbst besinnen, sich aus der Vielheit der Welt lösen und dabei ihre Kraft aus der Vernunft beziehen.
Die Seele des einzelnen Menschen gehört eigentlich zur Weltseele. In geistiger

Schau kann der Mensch diese Einheit erfassen. Denn allem Sein liegt die absolute Einheit der Weltseele zugrunde. Sie gibt dem Menschen auch die Kraft zu denken. Die Welt folgt einem göttlichen Gesetz. Wenn die Seele des Menschen die Ordnung der Welt erkennen will, muß sie sich mit der Weltseele vereinen. Dann wird sie nicht mehr von der Vielheit der Welt und von der Sinnlosigkeit bedroht. In der Einheit mit der Weltseele findet die Seele des Menschen ihre Heimat und den Sinn des Kosmos.

Über die Vermittlung des Kirchenvaters Augustinus (354–430) hat die neuplatonische Philosophie die christliche Theologie grundlegend geprägt. Durch Vermittlung des Neuplatonismus lernte Augustinus selbst, Gott als ein rein geistiges Wesen zu denken: Gott ist unwandelbar, wie das Sein unveränderlich ist. Das Sein liegt allen Dingen zugrunde; dem entspricht es auch, daß man von Gott sagen kann, er sei überall gegenwärtig.

Politische Theologie

Der Begriff «Politische Theologie» setzt die Vorstellung voraus, daß es eine enge Verbindung zwischen Religion und Politik gebe, daß Politik mitunter nach einer religiösen Begründung sucht und daß Religion auch selbst durchaus politisch sei. Einzelne theologische Theorien über die Beziehung von Religion und Politik gehen allerdings weit auseinander.

1. Die Diskussion über die Politische Theologie nahm in den sechziger Jahren ihren Anfang, und die Zeit, in der sie die Gemüter heftig erregte, ist heute vorbei. In den Jahren ihres Aufschwungs gab es zahlreiche neue theologische Programme, die sich mit der aktuellen geistigen und gesellschaftlichen Situation auseinandersetzten: die «Gott-ist-tot-Theologie» (→ Gott) und die «Theologie der Hoffnung», die «Theologie der Revolution» und die → «Theologie der Befreiung», die «kritische Theologie» und die «Theologie der Natur». Die Politische Theologie ist ein Teil dieser theologischen Gesamtentwicklung.

In den sechziger Jahren kam es in den westlichen Industrienationen zu bedeutsamen Veränderungen des allgemeinen Zeitbewußtseins. Neue Probleme traten in den Blick: die «Herausforderung durch die Dritte Welt» und die Überlagerung des Ost-West-Konflikts durch den Nord-Süd-Konflikt, Bevölkerungswachstum und verheerende ökologische Folgen des technischen Zivilisationsprozesses. Weltweite politische und soziale Spannungen ließen die Gegenwart als Krisenzeit erscheinen. Bedeutung und Sinn der überkommenen Normen und Werte für die moderne Gesellschaft wurden dabei immer fraglicher. Es kam zu einem internationalen Protest der Studenten und zur Stärkung kommunistischer, sozialistischer und sozialdemokratischer Parteien in verschiedenen europäischen Staaten.

Die gesellschaftlichen Veränderungen führten auch zu einer Wende im kirchlichen und theologischen Bewußtsein. Die katholische Kirche versuchte nach dem 2. Vatikanischen Konzil (→ Vatikanum I und II), sich mit dem Geist der Neuzeit zu versöhnen. Die Weltkonferenz für Kirche und Gesellschaft thematisierte 1966 in Genf das grundsätzliche Problem der Revolution für das Leben der Christen und für den christlichen Glauben. In zahlreichen kirchlichen Gruppen wurde eine deutliche Linksbewegung spürbar.

2. Politische Theologie als bewußt neuzeitliche Gestalt von Theologie bezieht sich auf ein Grundproblem: die Frage des Theorie-Praxis-Verhältnisses. Von der Bestimmung des Verhältnisses von Theorie und Praxis ist dann auch die Verhältnisbestimmung von Wissen und Moral, Glaube und Gesellschaft, Dogmatik und Ethik berührt. In der Philosophie stehen hinter dem Vorzeichen des Theorie-Praxis-Problems darüber hinaus folgende Begriffspaare zur Debatte: Den-

ken und Handeln, Idee und Wirklichkeit, Sinn und Geschichte, Begriff und Gegenstand, Verstand und Wille. Es handelt sich also um eine Fragestellung, die die gesamte Philosophiegeschichte des Abendlandes durchzieht.
Im griechischen Denken gab es zunächst keine völlige Trennung von Theorie und Praxis und keine Praxislosigkeit der Theorie. Aus der theoretischen Betrachtung heraus sollte sich der Philosoph der geschichtlichen und gesellschaftlichen Welt zuwenden. Theorie galt gleichsam als höchste Form der Praxis.
Versenkung in das Göttliche sollte zur Erkenntnis des unveränderlichen Wesens der Dinge führen. Der Kosmos aber erschien als unwandelbar in seinen ewig wiederkehrenden Bewegungen. Der Unterscheidung von Theorie und Praxis ging die Unterscheidung von Sein und Zeit logisch voraus. Theorie war Anschauung des Seins. Dieses Sein galt als bereits vollendet. Deshalb war Theorie hauptsächlich Rückschau auf die Urgründe, nicht aber Vorschau auf die Zukunft, von der keine wesentliche Veränderung oder Verbesserung zu erwarten war.
Folglich waren aus der Theorie kaum stärkere Impulse für Praxis, Engagement und Zukunftsveränderung zu gewinnen. Idee und Wirklichkeit klafften auseinander.
Erst Karl Marx (1818–1883) formulierte die Einheit von Theorie und Praxis neu. Er erklärte die Praxis sogar zum umgreifenden Moment: Philosophie und Politik können schließlich zusammenfallen. Was Wahrheit ist, muß sich praktisch erweisen. Der Sinn der Geschichte läßt sich somit nicht mehr aus einer Idee ableiten, sondern gründet in gesellschaftlicher Praxis. Philosophie zielt also über sich selbst hinaus auf Praxis (Revolution). Deshalb wird das Philosophieren in praktischer Absicht betrieben. Philosophie fragt demnach nicht mehr nur nach Sein oder Nichtsein, sondern vielmehr auch danach, warum die Verhältnisse so sind, wie sie sind, und warum sie sich nicht ganz anders darstellen.
Politische Theologie hat sich an diesen philosophischen Vorgaben orientiert. Deshalb versteht sie sich als Geschichtstheologie in kritischer und praktischer Absicht. Ihr Wahrheitsbegriff ist geschichtlich und praktisch. Praxis wird zum Kriterium der Wahrheit, und die Wahrheit liegt in der Einheit von Theorie und Praxis.
Die Grundfrage der Politischen Theologie lautet: Wie verhält sich die gesellschaftliche Situation zur Zukunftsverheißung Gottes? Johann Baptist Metz, der seit 1965 den Begriff «Politische Theologie» verwendet, bezeichnete die christliche Überlieferung als «Erinnerung» an die Geschichte der Sehnsucht nach Freiheit und als «Erinnerung» an erfahrenes Leid. «Die wesentliche Dynamik der Geschichte ist demnach das Gedächtnis des Leidens als negatives Bewußtsein von künftiger Freiheit und als Stimulanz, im Horizont dieser Freiheit leidüberwindend zu handeln.» Diese Erinnerung habe einen befreienden Charakter. Der christliche Glaube, der auf der Erinnerung an das Leiden, den Tod und die Auferstehung Jesu Christi basiert, lebt von der Verheißung künftiger Freiheit. «Praxis» wird in eins gesetzt mit der Leidensgeschichte der Menschen. Menschliches Leiden schließt aber nicht nur Unterdrückung und politische Gewalt, sondern auch Schuld, Endlichkeit und Tod ein. So tritt der Erfahrung des Leidens die Verheißung christlicher Erlösung als Befreiung entgegen.
3. Politische Theologie will keine theologische Disziplin neben anderen, sondern ein Grundzug der Theologie überhaupt, «ein formales Strukturprinzip jeglicher theologischen Aussage» sein. Die Kritik der konventionellen Theologie ließ allerdings nicht lange auf sich warten:
Man warf der Politischen Theologie vor,

sie übertrage ihre eigene Sicht der Gesellschaft und der Religion auf die biblischen Texte. Ihre Exegese (→ Auslegung) sei nichts weiter als ein Versuch, ihr eigenes politisches Programm zu begründen. In der Bibel liege alle Betonung auf Gottes Heilstat in Christus; demgegenüber trete das Interesse an weltlichen Angelegenheiten fast völlig zurück. In der Politischen Theologie sei es jedoch gerade umgekehrt: «Heil» werde, völlig unbiblisch, mit politischer Praxis gleichgesetzt.
Die Berufung der Politischen Theologie auf Jesus und sein Kreuz als Symbol der Befreiung von politischer Entmündigung und Entfremdung sei nicht gerechtfertigt: Jesus stand angeblich zur jüdisch-apokalyptischen «Theologie der Revolution» seiner Zeit in einem radikalen Gegensatz. (→ Apokalyptik)
Gegenüber der optimistischen Ansicht Politischer Theologie, der christliche Glaube sei eine «Gestalt gesellschaftskritischer Freiheit» und die Kirche ein «Ort dieser Freiheit» sowie «Träger subversiver Tradition», wandte die konservative Theologie ein, hier würden Glaube und Politik in unangebrachter Weise miteinander vermengt. Der notwendige Abstand zwischen Gott und Welt sei damit eingeebnet, Gottes Transzendenz aufgehoben: Christliches Heil ist ein eschatologisches Gut (→ Eschatologie) und wirkt sich nicht direkt gesellschaftsverändernd aus. Heilsgeschichte und Weltgeschichte dürfen also nicht in eins gesetzt werden. Besonders heftig kritisierte man die «unkritische Übernahme marxistischer Kategorien in der Gesellschaftsanalyse».
Seit den siebziger Jahren ist nicht nur in der Politik, sondern auch in der Theologie ein Rechtsruck unübersehbar.
Die Notwendigkeit von Autorität, Disziplin und Hierarchie wird wieder stärker betont. In der Theologie hat man den Blick von der Zukunft ab- und der Gegenwart und Vergangenheit verstärkt zugewendet. Manche Beobachter sehen sogar Anzeichen für eine regelrechte religiöse Renaissance. Kontemplation und Meditation, Mystik und Kult rücken erneut ins Zentrum des religiösen Interesses. Theologie selbst ist im allgemeinen defensiver und konservativer geworden.

Polytheismus

Das Bild von → Gott als einer Person hat sich möglicherweise erst spät in der Geschichte der Religionen entwickelt. Ansätze dazu finden sich freilich schon in den «Naturreligionen» (→ Stammesreligionen), die personhaft charakterisierte Gottheiten kennen. Die biblische Urgeschichte (→ Schöpfung) unterstellt, es habe eine Art «Urmonotheismus» gegeben, das heißt, die ersten Menschen hätten an einen einzigen Gott geglaubt. Der Polytheismus, der Glaube an viele Götter, erscheint dann als Abfall vom wahren und einzigen Gott, als Sünde und Degeneration.
Wahrscheinlich aber verlief die historische Entwicklung eher umgekehrt: Der Polytheismus ging dem Monotheismus wohl voran. Selbst die gestalthaften Gottheiten des Polytheismus setzen ihrerseits einen langen Prozeß voraus, in dessen Verlauf sich die Anschauung des → Heiligen mehr und mehr konkretisierte.
Im polytheistischen Götterkosmos, der der menschlichen Staats- und Gesellschaftsordnung nachgebildet ist, treten die unterschiedlichsten Gottheiten nebeneinander. Zwischenwesen und Mittlergestalten, Heroen (Halbgötter) und Erlöser, Urheber- und Urmenschgestalten schlagen die Brücke zwischen den «Hochgöttern» und den Gläubigen. Diese Vermittler sind Prototypen (Urbilder) des gottähnlichen Menschen; in allen polytheistischen Religionen treten sie auf und stehen den Menschen, häufig als Kulturbringer, hilfreich und nützlich zur Seite: Quetzalcoatl bei den Azteken und

Maya, Viracocha bei den Inka, Osiris bei den Ägyptern, Gilgamesd in Babylonien. (→ Indianische Religionen; → Babylonisch-assyrische Religion)
Charakteristisch für den Polytheismus ist es, daß beständig neue Götter geboren werden, während die alten absterben. Auch können die Funktionen, die man zunächst einem einzigen Gott zugeschrieben hat, aufgespalten und auf verschiedene Gottheiten übertragen werden. Bisweilen aber vereinigen sich unterschiedliche Funktionen oder einzelne → Dämonen, etwa solche mit vorwiegend örtlicher Bindung, zu einer einzigen Göttergestalt.
Im Christentum hat der Vorgang der «Götterspaltung» noch ein spätes religionsgeschichtliches Nachspiel gehabt: An einzelnen Wallfahrtsorten erscheint die «Gottesmutter» Maria in einer jeweils individuellen wundertätigen Mariengestalt: als Madonna von Fátima oder von Lourdes, als Immaculata Concepción (Jungfrau von der Unbefleckten Empfängnis), als Assunta (Aufgefahrene zum Himmel) oder Annunciata (als diejenige, der die Botschaft der Menschwerdung Gottes – Lk. 12,6–38 verkündet worden ist).
Wenn Volksgruppen, die ursprünglich einander fremd waren und verschiedene polytheistische Systeme entwickelt hatten, durch Bündnis oder Krieg, Heirat oder Über- und Unterwanderung miteinander in Kontakt kamen, traten auch ihre Göttergruppen in Beziehung zueinander, und anfänglich nicht zusammengehörende Götter wurden in Ehen, Kindschafts-, Freundschafts- und Dienstbarkeitsverhältnissen einander zugeordnet.
Überhaupt gleicht im polytheistischen → Mythos das Leben der Götter dem Leben der Menschen. Im → Himmel gibt es Arbeit und Kampf, Geselligkeit und Genuß, erotische Verhältnisse und Betrug. Ehen werden geschlossen oder geschieden und Kinder geboren. Nur der Tod fehlt, denn die Götter gelten als unsterblich. (→ Ewigkeit)
Das Göttliche selbst ist noch in Werden und Wandel begriffen, und erst im Monotheismus setzt der Gläubige seinen eigenen Gott absolut. Dieser will keine anderen Götter mehr neben sich haben. Damit hängt die Auffassung zusammen, nur eine Religion, nämlich die eigene, könne die allein wahre sein. (→ Absolutheitsanspruch) So erwachsen Selbstbewußtsein und → Intoleranz des «Gläubigen» gegenüber den «Ungläubigen» aus dem Monotheismus.

Prophet (Prophetie)

1. Das Wort «Prophet» kommt aus dem Griechischen und bedeutet «Orakelkünder, Wahrsager, Vorhersager». Propheten gab es nicht nur im Alten Testament, sondern auch im ganzen Vorderen Orient schon vor Israel. Das Prophetentum knüpfte an ekstatische Magie (Ekstase: Außersichsein), Zauberheilkunde und visionären Schamanismus an. (→ Indianische Religionen) Aber auch der Priester im Kult, der Belehrungen gibt und Weisungen erteilt, kann «Prophet» genannt werden, wenn er göttliche Mitteilungen und → Offenbarungen verkündet. In ekstatischer Besessenheit tritt er selbst an die Stelle Gottes, ordnet an, was im Gottesdienst zu tun sei, und erklärt, wie Krankheiten beseitigt, das Wetter verbessert, Unheil abgewendet und Schuld gesühnt werden können.
Der Blick des Propheten richtet sich auch in die Zukunft; er offenbart, was bevorsteht, und enthüllt das → Schicksal, das durch einen Schleier des Geheimnisses für die gewöhnlichen Menschen verborgen ist. Das besondere Wissen des Propheten und seine Erfahrungen aus der höheren Welt sind ihm allerdings oft wie eine schwere Last und wie ein Druck, dem er sich nicht entziehen kann. Vision («Gesicht», «Schau») und Audition (Hörerlebnis), optische Wahrnehmun-

gen und akustische Erlebnisse von Stimmen, Tönen, Geräuschen, Musik vermitteln ihm diese Erkenntnisse.
Langhaarige prophetische Ekstatiker kannte das alte Indien. Dem Prophetentum (insbesondere der «Völva», der seherischen Frau) schrieben die Germanen große Bedeutung zu. (→ Germanische Religion) Auch unter den griechischen Propheten spielten sensible, einfühlsame Frauen eine große Rolle. (→ Griechische Religion) Ihre besondere Fähigkeit hieß «manía: Inspiration («Einhauchung», Eingebung), Verzückung, Intuition (inneres Schauen). Weissagungen der Orakelpriester waren nicht nur bei Schlachten und Kriegen, sondern auch anläßlich aller möglichen Probleme des öffentlichen und privaten Lebens gefragt. Orakel zu geben war auch die Stärke der römischen Seher. An sie schlossen sich die astralen Deuter an, die die Zukunft aus den Sternen lasen. (→ Astrologie)
Das Prophetentum hat ganze Religionen grundlegend geprägt; Zoroastrismus (→ Zarathustra, griech. Zoroaster, Stifter des Parsismus), der Glaube → Israels, der → Islam und in gewisser Hinsicht auch das Christentum gelten als «prophetische Religionen». Im Prophetentum hat die «Religion des Wortes Gottes» ihren Ursprung. «... so soll das Wort, das aus meinem Munde geht, auch sein: Es wird nicht wieder leer zu mir zurückkommen, sondern wird tun, was mir gefällt, und ihm wird gelingen, wozu ich es sende.» (Jes. 55,11)
2. Im Alten Testament gibt es unterschiedliche Bezeichnungen für die Propheten. «Vorzeiten sagte man in Israel, wenn man ging, Gott zu befragen: Kommt, laßt uns zu dem Seher gehen! Denn die man jetzt Propheten nennt [Prophet: Nabi], die nannte man vorzeiten Seher.» (1. Sam. 9,9) Der «Nabi» war «Berufener» und «Rufer» zugleich. Bisweilen trat er als einzelner, sonst aber auch in «Prophetenbanden» auf. (1. Sam. 10,5; 1. Kö. 18) Von der Prophetin Mirjam wird ein Siegeslied überliefert (2. Mose 15,20f); rhythmische Bewegungen, Musik und Rufe scheinen bewirkt zu haben, daß der Geist Jahwes über die Prophetenscharen kam, die von den Leuten entweder verehrt oder aber für verrückt erklärt wurden. (1. Sam. 10; 2. Kö. 3,15; 1. Chr. 25,1f) Häufig hielten sich Propheten und Seher bei Heiligtümern auf. Aber die großen Schriftpropheten des Alten Testaments sahen kritisch auf die «Kultpropheten» und amtlichen Verkünder des «Friedens» und des «Heils» herab.
Was einen zum Propheten machte, war die Berufung. (1. Kö. 19,19f) Der eigentlich Berufende war Jahwe. (2. Kö. 2,9ff; Jes. 6; Jer. 1; Hes. 1,1–3; Jes. 40,6–8; Am. 7,14f) Zu → Jeremia (1,5) hatte Jahwe gesagt: «Ich kannte dich, ehe ich dich im Mutterleib bereitete, und sonderte dich aus, ehe du von der Mutter geboren wurdest, und bestellte dich zum Propheten für die Völker.» Durch den «Geist Jahwes» fühlen sich die Propheten «überwältigt». (1. Sam. 19,20ff) Deshalb konnte Hosea auch als «Geist-Mann» bezeichnet werden. (Hos. 9,7)
Dem prophetischen «Seher» dienten insbesondere → Träume als Quelle seiner Gotteserfahrung. (Jes. 6; Am. 7,1ff; Jer. 4,23–26) Hesekiel war ein Prophet der Visionen. (Hes. 1,1–3; 8–11; 37,1–14; 40–48)
Das «Wort Jahwes» empfingen die Propheten naturgemäß in Auditionen. Danach traten sie selbst als Boten Jahwes auf und begannen dabei ihre Rede mit dem Botenspruch: «So spricht Jahwe...» Das Prophetenwort war also Jahwes eigenes Wort, das Bewußtsein der Sendung durch Jahwe die Legitimation der Propheten.
Bei der Beauftragung empfing der Prophet ein «Wort»; blieb das «Wort Jahwes» aber aus, so bedeutete dies das Ende des Botschafterdienstes. «Wort» – das

war nicht nur Gedanke, Begriff oder Idee, sondern konkrete, mitunter schreckliche Wirklichkeit: «Ist mein Wort nicht wie ein Feuer, spricht der Herr, und wie ein Hammer, der Felsen zerschmeißt?» (Jer. 23,29)
Bisweilen verdeutlichten die Propheten ihre Rede mit «Zeichenhandlungen». (1. Kö. 11,30f; 2. Kö. 13,14ff) Hosea heiratet eine Dirne (Hos. 1), →Jesaja läuft drei Jahre lang nackt herum (Jes. 20), Jeremia zerschmettert einen Topf am Scherbentor (Jer. 19,1ff): Jedesmal kündigt sich symbolisch zukünftiges Geschehen an.
Was die Propheten zu sagen hatten, lief oft den Erwartungen des Volkes zuwider. (Hos. 5,15) Bisweilen standen sich auch mehrere Propheten mit widersprüchlichen Aussagen gegenüber. Wodurch war in einer solchen Situation die echte von der falschen Prophetie zu unterscheiden? (1. Kö. 22,19ff; Hes. 14,9; Jes. 6,9f; Jer. 28,8f) Ein «objektives Kriterium» gab es nicht. (Jer. 28; vgl. auch Jer. 42,1ff)
3. Die frühesten Propheten in Israel waren eng und spannungsreich mit dem Königtum verbunden. Samuel, Gad, Nathan traten dabei als Mahner und Botschafter Jahwes auf. David stellte im Jerusalemer Heiligtum «Propheten» an. Propheten hatten selbst bei der Entstehung des Königtums mitgewirkt. (1. Sam. 9–11; 16; 2. Sam. 7; 1. Kö. 11,29ff)
Im 8. Jahrhundert lebte in Nordisrael der Prophet Amos. «Jahwe nahm mich von der Herde und sprach zu mir: Geh hin und weissage meinem Volk Israel!» (Am. 7,15) Er kann sich dieser Berufung nicht entziehen. Denn «der Löwe brüllt, wer sollte sich fürchten? Gott der Herr redet, wer sollte nicht Prophet werden?» (Am. 3,8) Sein Auftrag ist die Ankündigung des Gerichts Jahwes über Israel. «Aus allen Geschlechtern auf Erden habe ich allein euch erkannt, darum will ich auch an euch heimsuchen all eure Sünde.» (Am. 3,2)
Kurze Zeit nach Amos trat Hosea (750–ca. 725) in Nordisrael auf. Von ihm sind Zeichenhandlungen (Hos. 1; 3) und eine Sammlung von (zum Teil schlecht erhaltenen und deshalb nicht klar verständlichen) Worten (Kap. 2) überliefert. Seiner Meinung nach gleicht Israel einer Hure und Ehebrecherin. Ein solches «Weib» mußte sich Hosea, «am Anfang, als Jahwe zu ihm redete» (Hos. 1,2), auf Gottes Geheiß hin zur Frau nehmen. («Geh noch einmal hin und wirb um eine buhlerische und ehebrecherische Frau.» Hos. 3,1) Die Biographie des Propheten tritt damit in den Dienst seiner Verkündigung. Das Volk und seine Priester haben die «Gotteserkenntnis» verloren, der Kult ist verroht. «Der Herr hat Ursache, zu schelten die im Lande wohnen; denn es ist keine Treue, keine Liebe und keine Erkenntnis Gottes im Lande, sondern Verfluchen, Lügen, Morden, Stehlen und Ehebrechen haben überhandgenommen, und eine Blutschuld kommt nach der anderen.» (Hos. 4,1ff) Israel ist auf dem Weg, sich in der Religion Kanaans zu verlieren: Der Übergang aus der armen Wüstenzeit ins reiche Fruchtland, in das «Baalsland» (Baal: kanaanäischer Natur- und Bauerngott, der die Erde durch Regen fruchtbar macht), hat Israel in die Gefahr gebracht, seinen rechten Glauben zu verlieren. Dennoch steht der «Heilige Israels» nach wie vor zu seinem Volk: «Wie kann ich dich preisgeben, Ephraim, und dich ausliefern, Israel? ... Mein Herz ist anderen Sinnes, alle meine Barmherzigkeit ist entbrannt. Ich will nicht tun nach meinem grimmigen Zorn ...» (Hos. 11,8f)
Zeitgenosse Hoseas war →Jesaja (ca. 743–701), Prophet in Jerusalem, der die Geschichte der letzten Jahrzehnte des 8. Jahrhunderts begleitet, in denen das Nordreich Israel untergeht und das Süd-

reich Juda an den Rand der Katastrophe gerät.
Den Fall → Jerusalems (586) mußte → Jeremia miterleben, ausgeliefert dem unerbittlichen Zwang des Gotteswortes und der Forderung, den Untergang des Volkes anzukündigen. Das stürzt ihn in schwerstes persönliches Leid. «Wie ist mir so weh! Mein Herz pocht mir im Leibe, und ich habe keine Ruhe; denn ich höre der Posaune Hall, den Lärm der Feldschlacht; Niederlage auf Niederlage wird gemeldet...» (Jer. 4,19f)
Hesekiel (Ezechiel) war der Prophet des Exils; dorthin war er 597 zusammen mit dem König geführt worden. Inhalte seiner frühesten Verkündigung sind «Totenklage, Seufzen und Wehe». Später verbürgt er die Fortdauer der Beziehung Jahwes zu seinem Volk. In einer Vision sieht er, wie Jahwes Wort, ausgerufen über einem Feld vertrockneter Totengebeine, die Knochen wieder zu lebendigen Leibern werden läßt: Verheißung an Israel von einem neuen Anfang, einem neuen Heilsbund, und Ankündigung eines neuen Menschen. «Und ich will euch ein neues Herz und einen neuen Geist in euch geben und will das steinerne Herz aus eurem Fleisch mitnehmen und euch ein fleischernes Herz geben.» (Hes. 36,26)
Aus der spätexilischen Zeit Israels stammen die Prophetenworte, die in Jesaja 40–55 gesammelt sind. Ihr Verfasser ist unbekannt. Man nennt ihn «Deuterojesaja» (→ Jesaja) «Es spricht eine Stimme: Predige! und ich sprach: Was soll ich predigen? Alles Fleisch ist Gras, und alle seine Güte ist wie eine Blume auf dem Felde...» (Jes. 40,6) Ein Wunder kündigt dieser Prophet an: Jahwe ruft sein Volk zu einem neuen → Exodus auf.
Den Abschluß der alttestamentlichen Prophetie bildet die → Apokalyptik. Das Buch Daniel schildert die Erwartung der letzten Krise der Welt, die endgültige Durchsetzung der Gottesherrschaft und die Übergabe des «Reiches» an die «Heiligen des Höchsten» (Dan. 7,27); für immer und ewig wird dann das Königreich durch den «Gott des Himmels» (Dan. 2,44) aufgerichtet. Traum und visionäres Erleben spielen in dieser Prophetie eine große Rolle. Das Geschaute muß jedoch eigens gedeutet werden; dann erst enthüllt es das kommende Geschehen. Geschichte erscheint als von langer Hand und nach göttlichem Plan vorherbestimmter Geschehensablauf.
Grundanliegen der alttestamentlichen Prophetie bis hin zur Apokalyptik ist die Erwartung Gottes, des kommenden Königs von Israel, am «Tag Jahwes». Als Nebenzweig dieser Hoffnung entwickelte sich die Messiaserwartung. (→ Christus) Ursprünglich bezog sich die Zukunftsschau der Propheten lediglich auf Israel, später wurde sie zum universalen Anspruch Jahwes auf alle Völker und zur Hoffnung auf ein Friedensreich ausgeweitet, das sich über die ganze Erde ausbreiten werde.

Protestantismus (Evangelische Kirchen)

1. Seit dem Protest der evangelischen Fürsten und Städte auf dem Reichstag von Speyer 1529 gegen die Katholiken («In Sachen Gottes Ehre und der Seelen Seligkeit belangend muß ein jeglicher für sich selbst vor Gott stehen und Rechenschaft geben») nennt man die Anhänger der → Reformation «Protestanten».
Charakteristisch für den Protestantismus sind seine konfessionellen Aufspaltungen. Nach dem Augsburger Religionsfrieden (1555) wurden die deutschen Reichsstände ermächtigt, das Bekenntnis ihrer Untertanen zu bestimmen. Dies führte zu einer Vielzahl unterschiedlicher reformatorischer Kirchen. Das territoriale Nebeneinander selbständiger Landeskirchen blieb bis heute erhalten. Als eigentliche Erben der lutherischen Reformation (→ Luther) verstehen sich die lutherischen Kirchen, die heute etwa

70 Millionen Mitglieder haben und ein Viertel der protestantischen Kirchen ausmachen. Ein anderer Typus, der reformierte Protestantismus, geht auf →Zwingli (1484–1531) und →Calvin (1509–1564) zurück. Auch die Freikirchen sind von reformatorischen Einflüssen geprägt. Die anglikanische Kirchengemeinschaft (Protestantische Episkopalkirche in den USA) versteht sich als «katholisch» und betont dennoch gleichzeitig ihre Zugehörigkeit zum Protestantismus. Die Anglikanische Kirche Englands mit lutherisch-calvinistischem Mischbekenntnis entstand als Staatskirche nach der Lösung König Heinrichs VIII. von Rom.

Während die römisch-katholische Kirche national nicht begrenzt ist, spiegeln die protestantischen Kirchentümer viel deutlicher die politischen Verhältnisse ihrer jeweiligen Umwelt wider.

2. Zentrale theologische Auffassungen, die die protestantische Frömmigkeit charakterisieren, sind die lutherische Rechtfertigungslehre und die Zwei-Reiche-(bzw. Zwei-Regimenten-)Lehre.

Während die römisch-katholische Theologie die Begegnung zwischen Gott und Welt bevorzugt mit der Lehre der Inkarnation (Menschwerdung Christi) beschreibt, hebt die reformatorische Theologie die Ansicht hervor, daß sich Gott und Mensch in der kirchlichen Verkündigung dauernd personal begegnen: Gott offenbart sich in «Gesetz» und «Evangelium». (→Offenbarung) Das Gesetz verlangt die Liebe zu Gott und zum Nächsten; gleichzeitig klagt es das Unvermögen des Menschen an, die Gebote Gottes zu halten. Das Gesetz ist Gottes Anspruch und Macht, seine Forderung und sein Urteil. Das Evangelium begegnet dem Menschen hingegen als «frohe Botschaft» der Gnade und Verheißung: Der gekreuzigte und auferstandene Christus hat für den Menschen erfüllt, was das Gesetz von ihm fordert; Jesus Christus hat den Menschen gerechtfertigt. Im Glauben an Gott und sein eigenes «Sünder-Sein» nimmt der Mensch diese Gnade an. Das ist die «Rechtfertigung allein aus dem Glauben». Mit der «Rechtfertigung» (dem Gerechtsein) geht die «Heiligung» (das rechte Tun) einher. Person und Werk, Gabe und Aufgabe des Menschen sollen eine Einheit bilden.

Die Rechtfertigungslehre beschreibt die Situation des Menschen vor Gott. Von der Situation des Menschen in der Welt handelt indes die Zwei-Regimenten- oder Zwei-Reiche-Lehre. Dabei geht es um das Verhältnis der «Wirklichkeit Gottes» zur «Wirklichkeit des Menschen».

Das «weltliche Reich» oder «weltliche Regiment Gottes» zielt auf Erhaltung menschlichen Lebens. Deshalb gibt es die göttlichen Ordnungen von Ehe und Familie, Stand und Beruf, Volk und Staat, Kultur und Wirtschaft.

Gott gibt also seinen Willen kund durch das «Gesetz». Das Gesetz ist Ausdruck der «Regierung Gottes». Da sich der Mensch an Gottes Schöpfungsordnungen aber nicht halten will, offenbart ihm das Gesetz drohendes Unheil und Verderben. Das Gesetz hat also die doppelte Aufgabe, das weltliche Reich zu erhalten und das Gericht über die Welt und den Menschen herbeizuführen.

Das «geistliche Reich» oder «geistliche Regiment Gottes» aber zielt auf die Erlösung der Welt und der Menschen hin. Hier regiert Gott durch das Evangelium. Das Evangelium verweist auf Christus, der den Menschen den Glauben und das neue Leben schenkt.

Nach protestantischer Auffassung bildet die Rechtfertigungslehre die Mitte der Theologie. An ihr entscheidet sich überhaupt rechte und falsche Lehre.

Die Zwei-Reiche-Lehre hat im Luthertum zu einem immer stärkeren Rückzug der Kirche von der «Welt» geführt. Seit dem 17. und insbesondere im

19. Jahrhundert fiel «Kirchlichkeit» geradezu mit Desinteresse an Politik und mit Rückzug aus Staat und Gesellschaft zusammen.
Eine Kritik der Reformierten an der Zwei-Reiche-Lehre der Lutheraner formulierte Karl Barth (1886–1968) mit seiner Theorie der «Königsherrschaft Christi»: Christus ist Herr der Welt und alles Geschehens und Handelns. Alle Ordnungen und Gesetze sind in ihm begründet. Deshalb sind auch Staat, Recht und Gesellschaft christologisch, ja «christokratisch» (von der Christus-Herrschaft her) zu begründen.
Nach reformatorischer Auffassung findet Kirche als «Gemeinschaft der Gläubigen» vor allem in der Ortsgemeinde statt. Die Organe der Ortsgemeinde sind Kirchenvorstand (Presbyterium) und Pfarrer, ihre Betätigungsfelder Gottesdienst, Seelsorge, Unterricht und Diakonie. Mehrere Ortsgemeinden bilden einen Kirchenkreis (Dekanat), dessen Organe die Kreissynode, der Dekan (Superintendent) und der Kreissynodalvorstand sind.
Die meisten Landeskirchen haben sich mit anderen zusammengeschlossen. Die Evangelische Kirche der Union (EKU), gegründet 1953/54, will «die Gemeinschaft kirchlichen Lebens der in ihr verbundenen lutherischen, reformierten und unierten [s. u.] Gemeinden» pflegen.
Die Vereinigte Evangelisch-Lutherische Kirche Deutschlands (VELKD) wurde 1948 gegründet. Sie ist nicht nur ein Kirchenbund, sondern «geeint in dem gleichen Bekenntnis und gerufen zum gemeinsamen Bekennen und einheitlichen Handeln». (Verfassung) Ihre Organe sind die Bischofskonferenz mit dem Leitenden Bischof, die Generalsynode und die Kirchenleitung.
1884 wurde der Reformierte Bund gegründet. Er «bekennt sich zu Jesus Christus als dem einen Wort Gottes, wie es in der Heiligen Schrift des Alten und Neuen Testaments gegeben und wie es bezeugt ist in den altkirchlichen Glaubensbekenntnissen, in den reformierten Bekenntnisschriften, insbesondere im Heidelberger Katechismus [1563 von Ursinus und Olevianus verfaßt], und wie es bekannt ist in der Barmer Theologischen Erklärung von 1934». Im →Kirchenkampf während des Dritten Reiches stand der Reformierte Bund auf der Seite der Bekennenden Kirche.
Die Arnoldshainer Konferenz (gegründet 1967) ist eine Arbeitsgemeinschaft von Vertretern der Kirchenleitungen unierter, reformierter und lutherischer Landeskirchen. (Unierte Kirchen: Unter dem Einfluß der Aufklärung kam es zu Beginn des 19. Jahrhunderts zu protestantisch-kirchlichen Zusammenschlüssen, z. B. 1817 zur «Altpreußischen Union».)
In der Konferenz Bekennender Gemeinschaften in den evangelischen Kirchen Deutschlands haben sich 1970 verschiedene Gruppen und Gemeinschaften zusammengeschlossen: Die «Bekenntnisbewegung: Kein anderes Evangelium» (gegründet 1966) protestiert gegen die «Verleugnung des christlichen Glaubens durch die moderne Theologie». Vertreter evangelikaler und fundamentalistischer Richtungen («Kirchliche Sammlung von Bibel und Bekenntnis», «Ludwig-Hofacker-Vereinigung in Württemberg», «Deutscher Verband für Gemeinschaftspflege und Evangelisation [Gnadauer Verband]», «Evangelische Notgemeinschaft in Deutschland»; →Fundamentalismus) treten für eine Erneuerung der Kirche im konservativen Geist, für eine strengere Bindung an Bibel und Bekenntnis und gegen eine angeblich um sich greifende «Politisierung» von Theologie und Kirche ein. Sie wollen den «verwirrten» Gemeinden zu einem «eindeutigen Christusglauben» zurückhelfen. Deshalb halten sie an der «Irrtums-

losigkeit der Bibel», der «wahren Gottessohnschaft Jesu», seinem «Sühnetod» und «der leiblichen Auferstehung und Wiederkunft» fest.
Nach dem Zweiten Weltkrieg wurde die Deutsche Evangelische Kirche (DEK; → Deutsche Christen; → Kirchenkampf) neu geordnet. 1948 verabschiedeten Vertreter von 28 Landeskirchen in Eisenach die «Grundordnung der Evangelischen Kirche in Deutschland», eines Bundes lutherischer, reformierter und unierter Kirchen. Ihre Aufgaben sind u. a. die Förderung der Theologie, des Kirchenrechts, der Kirchenmusik, der kirchlichen Kunst, der kirchlichen Publizistik und der kirchlichen Werke und Verbände.
Zu den Gründern der EKD gehörten auch acht Landeskirchen aus dem Gebiet der ehemaligen DDR. Trotz der Einführung der Militärseelsorge nach der Wiederbewaffnung der BRD und anderer Zerreißproben blieb diese «letzte Klammer im geteilten Vaterland» erhalten, bis sich 1969 die evangelischen Landeskirchen von Berlin-Brandenburg, Pommern, Mecklenburg, Kirchenprovinz Sachsen, Thüringen, Anhalt, Sachsen und Schlesien zum Bund der Evangelischen Kirchen in der DDR zusammenschlossen. Nach der Vereinigung der Bundesrepublik Deutschland mit der Deutschen Demokratischen Republik schlossen sich auch die beiden protestantischen Kirchenbünde zusammen, indem die acht östlichen Landeskirchen ihre Mitgliedschaft in der EKD wieder aufnahmen.
4. Immer mehr Protestanten distanzieren sich heute von den traditionellen Erwartungen an eine Kirchenmitgliedschaft, und protestantische Frömmigkeit nimmt dabei weithin Züge einer Art «Bürgerreligion» an: Dogmatische Lehrsätze werden rundweg abgelehnt. Regelmäßige Teilnahme am gottesdienstlichen Leben erscheint entbehrlich. Gleichzeitig nimmt man naiv und unreflektiert die «Kasualien» (lat. «casus»: «Fall»; kirchliche Amtshandlungen in den «Fällen» von Taufe, Trauung und Bestattung) in Anspruch.
Diese fortschreitende protestantische Entkirchlichung bedeutet nicht unbedingt Entchristlichung. Widerspruch und Ablehnung richten sich häufig auch nicht gegen den christlichen Glauben an sich, sondern lediglich gegen dessen kirchliche Formulierungen. Kirchendistanzierte Protestanten halten oft an einer christlich-ethischen Grundhaltung fest, behaupten mitunter, die Kirche habe wesentliche christliche Grundanliegen verraten, und versuchen deshalb, selbst auf die unmittelbare biblische Tradition zurückzugreifen. Bei einer Befragung protestantischer Pfarrer (Marhold u. a. 1977) stellte sich heraus, daß auch im Bewußtsein von Theologen die protestantische Kirche in erster Linie Kasualienkirche ist. Neben diesem Tätigkeitsbereich treten der andere Auftrag der Kirche, nämlich das Evangelium zu verkündigen, sowie Erziehungs- und Beratungsfunktionen zurück. Insbesondere unter den Vikaren wird die Auffassung vertreten, daß es zu den ersten Aufgaben der Kirche gehöre, auf eine Veränderung gesellschaftlicher Verhältnisse hinzuwirken. Die meisten Pfarrer wünschen sich eine verkündigende, Randgruppenarbeit leistende und gesellschaftsverändernde Kirche.

Q

Quäker

Der Name «Quäker» (engl. quaker, dt. Zitterer) hat sich seit dem Ende des 17. Jahrhunderts als Bezeichnung für die «Kinder des Lichts», eine um 1650 von

George Fox (1624–1691) in England gegründete Bewegung, eingebürgert. Fox soll, wenn «der Geist über ihn kam», ein krampfhaftes Gliederzucken verspürt haben. Dabei entdeckte er bei sich selbst «etwas von Gott». Das brachte ihn zu der Überzeugung, daß sich Gott in jedem Menschen als innere Stimme melde. Dieses «innere Licht» erleuchte alle, ohne daß dafür Priester oder Kirche, Riten oder Dogmen notwendig seien.

Die «Children of Light» («Kinder des Lichts») gingen predigend über Land, zogen vor niemandem den Hut und verweigerten Steuern und Eid. Dabei verbanden sie Askese und Nächstenliebe mit der Forderung nach Gewaltlosigkeit. Das schützte sie freilich nicht vor schonungsloser Verfolgung. In ihren «Silent Meetings» warteten sie schweigend auf göttliche Offenbarungen.

Einer ihrer bekanntesten Vertreter war William Penn (1644–1718). In New Jersey (USA) am Delaware gründete er 1681 eine englische Kolonie. Das «heilige Experiment» sah Religionsfreiheit sowie Mitbestimmung aller Bewohner bei Gesetzgebung und Rechtsprechung vor. So entstand das Staatswesen Pennsylvania. Dort fanden, neben den Quäkern, auch andere aus religiösen Gründen Verfolgte eine Zuflucht.

Heute sind die Quäker in zahlreichen Sozial- und Friedensdiensten aktiv (Internationaler Versöhnungsbund, Quäkerspeisungen, Hilfswerke). Sie lehnen jede Art von Konfessionalisierung und Institutionalisierung des Glaubens (demnach auch jegliche Form einer Kirche), verpflichtende Bekenntnisse und kirchliche Reglementierungen ab. Religiosität soll völlig individuell gestaltet werden («Religion ohne Dogma»). Denn die «Gotteskindschaft» jedes einzelnen wurzelt in eigener Erfahrung mit Gott. In jedem Menschen lebt ein «göttlicher Funke». Deshalb wird der Mitmensch, wer immer er sei und welche Auffassung er vertritt, geachtet und toleriert. Solidarität mit Hungernden, Einsamen, Schutzlosen, Kranken ist so selbstverständlich wie «Friedensdienst» innerhalb sozialer Aktionen, die über die bloße Fürsorge hinaus auf Reformen und auf Beseitigung von Ungerechtigkeit und Feindschaft zwischen Völkern, Rassen und Gesellschaftsschichten abzielen.

Nach Auffassung der Quäker ist der einzelne Mensch nicht auf fremde Autoritäten, sondern auf sich selbst verwiesen. Der «Geist», der in ihm wohnt, hat allein unbedingte Autorität. Individualität (keiner ist einer anderen Instanz außerhalb seiner selbst unterworfen) bedeutet den höchsten Wert des Menschen. Folgerichtig braucht, wer Quäker werden will, nicht unbedingt mit allen Anschauungen des Quäkertums übereinzustimmen. «Entscheidend ist die religiöse Überzeugung und das Bemühen, diese Überzeugung im täglichen Leben wirksam werden zu lassen.»

R

Reformation

Die Tatsache, daß es heute Katholiken (→Katholizismus) und Protestanten (→Protestantismus) gibt, hat ihre Ursache in der Reformation (lat. «Wiederherstellung»). Der Protestantismus gilt gemeinhin als Werk →Martin Luthers (1483–1546). Luther wollte die ursprünglichen Ziele des Neuen Testaments und der Botschaft Jesu freilegen. Das führte am Ende zur Bildung einer neuen Kirche, aber auch zu tiefgreifenden politischen, wirtschaftlichen und kulturellen Veränderungen.

1. Luthers Schriften hätten nicht den durchschlagenden Erfolg gehabt, wenn sie nicht auf offene Fragen und Sehn-

süchte seiner Zeit gestoßen wären. Das späte Mittelalter mit seiner Enge und relativen Überschaubarkeit ging zu Ende. Es herrschte eine Atmosphäre allgemeinen Wandels vor allem in den Städten. Neben der Aristokratie entwickelte sich ein selbstbewußtes Bürgertum, das Individualität und Diesseitigkeit betonte. Der Buchdruck, den Gutenberg in der Mitte des 15. Jahrhunderts erfunden hatte, war in weiten Teilen Europas verbreitet. Die Weiterentwicklung der Feuerwaffe und der Aufbau von Söldnerheeren hatten das gesamte Kriegswesen revolutioniert. Unter beträchtlichem öffentlichem Interesse nahmen Ärzte Leichensezierungen vor. Kopernikus (1473 – 1543) entwickelte eine neue Astronomie. Martin Behaim (ca. 1459 bis 1507) baute 1492 den ersten Erdglobus. Im selben Jahr landete Kolumbus (1451 bis 1506) auf den «Westindischen Inseln» Mittelamerikas. In der ersten Hälfte des 16. Jahrhunderts eroberten Hernando Cortez Mexiko und Francisco Pizarro Peru.

Während Städter und Bürger aufstiegen, büßten Adel und Geistliche immer mehr von ihrer traditionellen Vorherrschaft ein. Die Ritterschaft wollte sich dem Abstieg widersetzen und erpreßte immer höhere Abgaben von den Bauern. Die Bauern aber wehrten sich. Überall in Europa gab es im 15. und 16. Jahrhundert Unruhen und Aufstände. (→Bauernkriege)

Der Humanismus, fasziniert von den Hinterlassenschaften der Antike, forderte, daß man sich an Erziehung, Philosophie und Kultur der Griechen ausrichte, und die Humanisten stellten Sokrates neben Jesus und Platon neben den Kirchenvater Hieronymus, kritisierten die Verweltlichung der Geistlichen und traten für eine grundlegende Reform der Kirche ein.

Als in Rom der Ketzerprozeß gegen Luther eröffnet wurde, setzten sie sich für den Wittenberger Mönch ein. Daß Luther bei der Leipziger Disputation (1519) erklärt hatte, auch Konzilien könnten irren, feierten sie als großen Sieg. Als aber Luthers Kirchenreform revolutionäre Züge anzunehmen drohte, zogen sich die Hauptvertreter des Humanismus zurück. Im Volk war eine starke Erbitterung gegenüber der Kirche verbreitet. In den ersten Jahren der Reformation entlud sich diese Spannung in Gottesdienststörungen, Bilderstürmen (→Bilder), Überfällen auf Klöster und Handgreiflichkeiten gegenüber Geistlichen, Mönchen und Nonnen. Die umfassenden sozialen und wirtschaftlichen Veränderungen stürzten weite Bevölkerungskreise in Angst und Unsicherheit. Vielen schien es, als stünde das Weltende bevor.

Ab 1520 mobilisierte Luther in seinen Schriften gerade diese Gefühle und peitschte den Antiklerikalismus auf. Er sprach davon, daß alle Christen gleich seien, daß zum Christentum Freiheit gehöre und daß die Bibel die einzige Norm christlichen und kirchlichen Lebens sei.

Diese neue agitatorische Lehre verbreitete sich rasch. Nicht nur Theologen, sondern auch Laien, darunter zahlreiche Frauen, trugen sie in Windeseile durch die Lande. Unzählige Flugschriften, Einblattdrucke, Pamphlete, Bilderfolgen und Broschüren machten die «neue Lehre» zu einer Angelegenheit aller.

An der Spitze der reformatorischen Bewegung standen die Städte; Modell für die Durchsetzung der Reformation war Zürich, wo →Zwingli (1484–1531) wirkte. Die Stadtregierungen, insbesondere die der freien Reichsstädte, kümmerten sich selbst um irdisches und ewiges Heil, um weltliche Ordnung und jenseitige Sinngebung. Auch die Reichsritter übernahmen bei ihrem Kampf gegen sozialen und politischen Abstieg die Gedanken der Reformation. Unter der Leitung von Franz von Sickingen (1481–1523) und Ulrich von Hutten (1488–1523) bliesen

sie 1523 zum Aufstand. Sie wollten dem «Evangelium eine Bahn» schaffen und die Reformation mit Waffengewalt durchsetzen.
Aber die politische Zukunft gehörte den Landesherren. Die vereinten Fürsten schlugen die Heere der aufständischen Bauern (1525). (→ Bauernkrieg) Durch Luthers brutale Stellungnahmen gegen die Bauern und nach einem grauenhaften Blutbad, das die Fürsten unter den Aufständischen anrichteten, büßte die Reformation die Sympathie breiter Bevölkerungskreise ein. Von nun an organisierten die Fürsten das protestantische Kirchenwesen und traten selbst an dessen Spitze.
2. Der Ausbau der Territorialstaaten seit etwa 1500 brachte die Landesfürsten in immer größere Spannung zum Kaiser. Der Habsburger Karl V. kämpfte für eine Universalmonarchie, d. h. für ein Kaisertum, das die einzelnen Nationen übergreift. Zur Idee des einen christlichen Imperiums gehörte aber die Einheit des Glaubens. Deshalb bekämpfte der Kaiser die Reformation. 1521 sagte der gerade 21 Jahre alt gewordene Karl V. auf dem Reichstag in Worms: «Ihr wißt, daß ich abstamme von den allerchristlichsten Kaisern der edlen deutschen Nation, von den katholischen Königen von Spanien, den Erzherzögen von Österreich, den Herzögen von Burgund, die alle bis zum Tode getreue Söhne der römischen Kirche gewesen sind, Verteidiger des katholischen Glaubens, der geheiligten Bräuche, Dekrete und Gewohnheiten des Gottesdienstes, die das alles mir nach ihrem Tode als Vermächtnis hinterlassen haben und nach deren Beispiel ich bislang auch gelebt habe. So bin ich entschlossen, festzuhalten an allem, was seit dem Konstanzer Konzil geschehen ist. Denn es ist sicher, daß ein einzelner Bruder irrt, wenn er gegen die Meinung der ganzen Christenheit steht, da sonst die Christenheit tausend Jahre oder mehr geirrt haben müßte.» Luthers Schriften wurden daraufhin verdammt, er selbst geächtet. (→ Bann) Aber die reformatorischen Gedanken breiteten sich weiter aus.
Als auf dem zweiten Reichstag in Speyer (1529) die in Worms beschlossenen Maßnahmen gegen die Reformatorischen durchgesetzt werden sollten, erklärten sechs Fürsten und vierzehn oberdeutsche Städte ihren Widerspruch. Sie legten dar, daß «in den Sachen, die Gottes Ehre und unserer Seelen Heil und Seligkeit belangen, ein jeglicher für sich selbst vor Gott stehen und Rechenschaft geben muß; also daß sich darin keiner auf des anderen minderes oder mehreres Anordnen und Beschließen entschuldigen kann, und aus anderen redlichen, gegründeten, guten Ursachen zu handeln nicht schuldig sei». Diesem Protest einer Minderheit gegen Mehrheitsbeschlüsse in Glaubensfragen verdanken die «Protestanten» ihren Namen.
Nachdem Karl V. vom Papst zum Kaiser gekrönt worden war und mit Frankreich Frieden geschlossen hatte, wollte er auf dem Augsburger Reichstag (1530) die Religionsfrage endgültig klären. Die Anhänger Luthers legten dort ihre Lehre und ihren Kult in der «Confessio Augustana» («Augsburgisches Bekenntnis») dar, deren hauptsächlicher Verfasser Philipp Melanchthon (1497–1560), Luthers Schüler und Freund, gewesen war. Die Altgläubigen stellten dem ihre «Confutatio» (Widerlegung) entgegen. Der konfessionelle Gegensatz erwies sich als nicht überbrückbar. Aber der Kaiser konnte gegen die Protestanten nicht vorgehen, da ihm die Katholiken den militärischen Beistand verweigerten. Alle Reichsfürsten widersetzten sich gemeinsam jeglicher Entwicklung, die die Zentralgewalt des Kaisers hätte stärken und ihre eigene Macht hätte schwächen können.
1531 schlossen sich die Protestanten im

Schmalkaldischen Bund zusammen. Sie wurden militärisch und politisch immer stärker, und viele Territorien gingen nun zur Reformation über. Der Kaiser gewann die Initiative erst zurück, als es ihm gelang, ein getrenntes Abkommen mit Philipp von Hessen, dem politischen Führer des Schmalkaldischen Bundes, zu schließen. Durch seine Doppelehe war Philipp auf das Wohlwollen des Kaisers angewiesen. Hinfort blockierte er den Schmalkaldischen Bund. Der Kaiser konnte nun seine Gegner nach und nach unterwerfen. 1546 begann er den Krieg gegen den Schmalkaldischen Bund, und 1547 hatte er völlig gesiegt. Den Fürsten aber war der Kaiser zu stark geworden. 1552 erhob sich Moritz von Sachsen zusammen mit einigen anderen Fürsten und im Bund mit Frankreich gegen ihn. Die alten Machtverhältnisse im Reich wurden stabilisiert. Der Reichsgedanke Karls war gescheitert. Er dankte ab.

3. Eine eigene Bewegung innerhalb der Reformation bildeten die Spiritualisten, Antitrinitarier (Gruppen, die die Trinitätslehre ablehnten) und Täufer. Viele unterschiedliche und zum Teil einander widersprechende Traditionen flossen in diesem «linken Flügel der Reformation» zusammen: biblizistische, enthusiastische, mystische und apokalyptische. Manche Kreise waren militant, andere ausgesprochen pazifistisch. In Kursachsen widersetzte sich Andreas Bodenstein von Karlstadt (um 1480–1541), ein ehemaliger Kampfgefährte Luthers, dem offiziellen reformatorischen Kurs. Auch → Thomas Müntzer (ca. 1490–1525) entwickelte sich vom Parteigänger Luthers zu einem leidenschaftlichen Gegner des Wittenbergers.

Seit 1529 wurden die Anhänger der radikalen Reformation überall blutig verfolgt. Auf Wiedertaufe stand die Todesstrafe. Die Täufer galten als Aufrührer und Gegner der bestehenden Ordnung. 1535 wurde das «Reich» der Täufer in Münster niedergeworfen. Nur solche Gruppen konnten überleben, die sich in abgelegenen Gegenden in weltabgewandten Konventikeln (lat. «kleine Versammlungen») organisierten. Zu ihnen gehören die Anhänger Jakob Huters (gest. 1536 in Mähren; ihre Nachkommen flohen vor der Gegenreformation nach Ungarn, dann nach Siebenbürgen und schließlich nach Rußland. 1874 zogen sie nach Amerika, wo sie heute noch in Kanada, Süddakota, Montana und in Paraguay leben) und die Kreise um Menno Simons (gest. 1561; → Mennoniten).

4. Angesichts der Erfolge der Reformation schien es eine Zeitlang, daß das Schicksal des Katholizismus besiegelt sei. Resignation machte sich breit. Jahrzehnte vergingen, bis sich die Spitze der katholischen Kirche in Rom zu Reformen bereitfand. Die Wende wurde von Paul III. (1534–1549) eingeleitet. Mit Paul IV. (1555–1559) begann die → Gegenreformation. Im Konzil von Trient (1545–1563) formulierte der erneuerte Katholizismus seine Lehren. Ein neuer militanter Geist ging von Spanien aus. Dort war die Frömmigkeit von großer Innerlichkeit geprägt. Seinen typischen Ausdruck fand der verinnerlichte und militante Katholizismus der Gegenreformation im Jesuitenorden des → Ignatius von Loyola (1491–1556).

Der spätreformatorische Protestantismus der zweiten Hälfte des 16. Jahrhunderts konzentrierte sich darauf, das Erreichte zu sichern. Eine Tendenz zum Engen, Einseitigen und Doktrinären trat nun hervor. Die «wahre» Lehre Luthers sollte unter allen Umständen festgehalten werden. Darüber kam es zu einer ganzen Reihe theologischer Lehrstreitigkeiten. 1577 legten Lutheraner ein Lehrbekenntnis («Konkordienformel») vor, auf das sich aber nicht alle Anhänger der lutherischen Reformation einigen konnten.

Bald breitete sich der Calvinismus als

zweite aktive reformatorische Bewegung in Deutschland aus und bedrohte den Bestand der Lutheraner. 1560 ging die Kurpfalz zum «reformierten» (calvinistischen) Bekenntnis über. Calvins (1509–1564) Theologie, die die reformatorische Lehre systematisierte und zusammenfaßte, die Kirchenzucht betonte und vor allem die Prädestinationslehre (Lehre von der Vorherbestimmung durch Gottes Willen) hervorkehrte, hatte ihren Ausgangspunkt im Stadtstaat Genf genommen. Nun wurde der Calvinismus zum eigentlichen Gegner des gegenreformatorischen Katholizismus. 1560 erzielten Genf und Zürich (wo Heinrich Bullinger, 1504–1575, die Nachfolge Zwinglis angetreten hatte) eine theologische Übereinkunft vor allem hinsichtlich der Lehre vom → Abendmahl. Als in Frankreich die Anhänger des neuen Glaubens («Hugenotten») blutig verfolgt wurden, erhielten sie von Calvin und der Stadt Genf Unterstützung. 1562 bis 1598 wüteten die unvorstellbar grausamen Hugenottenkriege in Frankreich.
Der Calvinismus verband Frömmigkeit mit politischem Engagement. In Frankreich, den Niederlanden und Schottland (wo sich 1560 unter der Führung von John Knox [gest. 1572] eine calvinistische Staatskirche bildete) konnten zahlreiche Adelige gewonnen werden.
Gegen Ende des 16. Jahrhunderts hatten sich die wirtschaftlichen, politischen und religiösen Verhältnisse gegenüber dem Jahrhundertanfang grundlegend verändert. Wirtschaftlich ging es den Menschen schlechter, und die religiöse Einstellung war durchgehend enger und strenger geworden. An die Stelle der mittelalterlichen Idee von der einen christlichen Welt waren rivalisierende Nationalstaaten getreten.

Religion

Merkmale

Die ersten Systeme des Denkens, in denen sich die Menschen mit der Welt und mit sich selbst beschäftigt haben, sind religiösen Ursprungs. Jede Religion ist eine «Kosmologie» (Lehre von der Welt), die für die Gesellschaft, in die sie gehört, von großer Wichtigkeit ist.
Wir neigen dazu, Religion durch ihre Beziehung zum Übernatürlichen und Überirdischen zu charakterisieren. Inhalt von Religion – so meint man – sei vor allem das, was unser Verständnis übersteigt: Mysteriöses, Überraschendes und Unbegreifliches. (→ Wunder) In Wirklichkeit aber ist der Begriff des Übernatürlichen eine recht junge Erfindung, und für die sogenannten primitiven Religionen steht nicht so sehr das Außergewöhnliche und Seltsame, sondern gerade der normale Gang der Natur und des Universums im Mittelpunkt des Interesses: der Rhythmus der Jahreszeiten, die Bewegung der Sterne, das Erwachen der Natur usw.
Aufgrund der Gegebenheiten unserer eigenen Religion glauben wir auch, daß das Göttliche und vor allem der Gottesbegriff für den Bereich des Religiösen allgemein charakteristisch sei. Tatsächlich aber gibt es große Religionen, die ganz ohne die Vorstellung von Göttern und von Geistern auskommen. Für einen Anhänger des ursprünglichen → Buddhismus etwa ist es völlig sinnlos, zu einem höheren Wesen zu beten und von ihm Hilfe zu erbitten, ja, es interessiert einen Buddhisten nicht einmal, ob es Götter gibt oder nicht. Viel wichtiger ist es ihm, den Weg des Heils zu erkennen.
Innerhalb der Religionen, in denen Götter und Geister angebetet werden, gibt es dennoch zahlreiche Riten und Verbote, die vom Götter- und Geisterglauben unabhängig sind. Verbote der Bibel wie etwa die, ein aus Hanf und Leinen vermischtes Kleid zu tragen oder Esel und Pferd zusammenzuspannen (5. Mose

22,10f) oder auch die Anordnung, menstruierende und niederkommende Frauen zu isolieren (3. Mose 22; 1. Sam. 21,6) stehen in keinerlei Beziehung zum Glauben an Jahwe. Auch enthalten religiöse Kulte gewöhnlich viele Praktiken, die – ohne Gott – aus sich selbst heraus wirken. (→Magie) Aus diesen und ähnlichen Beobachtungen wird ersichtlich, daß der Glaube an einen Gott oder an Götter keineswegs für alles Religiöse grundlegend ist; vielmehr greift Religion über die Idee von Göttern und Geistern hinaus.

Religionen sind umfassende Systeme von →Mythen und →Dogmen, Riten und Zeremonien. Sie teilen alle Dinge, die wirklichen und die vorgestellten, in zwei Bereiche ein: in den Bereich des Profanen, Irdischen, Weltlichen und in denjenigen des →Heiligen. Der Unterschied zwischen dem Heiligen und dem Profanen ist unvergleichlich tief, radikal, ja absolut. Wenn dennoch ein Wesen von einem Bereich in den anderen gelangen will, muß es sich zuvor völlig «verwandeln».

In den Religionen vieler Völker kennt man deshalb Initiationsriten, das heißt Zeremonien, die zur Weihe führen und diese vollziehen. In der Weihe «stirbt» der alte Mensch, und ein neuer, wiedergeborener, tritt an seine Stelle. Viele Religionen nötigen ihre Anhänger dazu, durch ihren ganzen Lebensvollzug das Profane zu verlassen, um in einer heiligen Gegenwelt zu leben. (→Askese; →Mönchtum)

Das Heilige ist vom Profanen so scharf getrennt, daß ein heiliges Ding ein profanes Ding nicht einmal berühren darf. Religiöse Verbote schützen und isolieren das Heilige; dabei beziehen sie sich auf profane Dinge, die in Abstand von den heiligen Dingen gehalten werden sollen.

Mit Nachdruck versucht man, Religion von Magie zu unterscheiden. Dabei sind beide miteinander verwandt. In der Magie gibt es Religion und in der Religion Magie. Beide bestehen aus Überzeugungen und Riten. Man kann Magie durchaus als eine Sonderform von Religion bezeichnen. Im Unterschied zur Magie ist Religion jedoch Angelegenheit einer bestimmten Gemeinschaft (z. B. einer Kirche), während Magier keine Kirche stiften.

Ursprung der Religion

Die meisten Religionen kennen zwei Arten von Objekten, an die sie sich wenden: Dinge der Natur (kosmische Kräfte, Gestirne, →Himmel, Pflanzen, Tiere, Berge usw.) und geistige Dinge (Geister, →Seelen, →Dämonen, Gottheiten). Von dieser Beobachtung ausgehend, hat man zwei Theorien über den Ursprung der Religion aufgestellt, die Theorie des →Animismus und die Theorie des Naturismus. Die animistische Theorie behauptet, der Mensch sei über die Erfahrung des «Doppellebens» beim Wachen und Schlafen auf die Idee der Seele gekommen. Die Möglichkeit, sich im →Traum sozusagen an einen weit entfernt liegenden Ort zu begeben, habe den primitiven Menschen auf den Gedanken gebracht, daß in ihm selbst ein Double (d. h. die «Seele») existiere: Die Seele ist sozusagen Abbild des Körpers.

Im →Tod, so der Animismus, verwandele sich die Seele zum Geist; durch die Zerstörung der Körper entstehen freie, körperlose Geister. Da die Seelen mit den Lebenden in Kontakt bleiben und Krankheit sowie Gesundheit der Menschen beeinflussen, werden sie mit →Opfern und →Gebeten wohlwollend gestimmt. Die ältesten religiösen Riten wären folglich Totenriten. (→Totenbestattung)

Gegen den Animismus ist u. a. eingewendet worden, daß Ahnenkult wohl für weit fortgeschrittene Gesellschaften wie etwa diejenigen Chinas, Ägyptens und der griechischen und lateinischen Städte, nicht aber für einfachste soziale Organi-

sationsformen wie beispielsweise diejenigen der australischen Gesellschaften charakteristisch sei. Wenn aber der Totenkult nicht primitiv (ursprünglich) ist, so fehlt dem Animismus die Grundlage.
Der Naturismus behauptet, daß Naturkörper und Naturkräfte die ersten Objekte waren, an die sich das religiöse Gefühl gerichtet habe. So seien zum Beispiel Himmel und Sterne zu den ersten vergöttlichten Gegenständen geworden. Schließlich habe die Mythologie jedem Gott eine Lebensgeschichte verliehen, wodurch die Gottheiten zu eigenständigen Wesen wurden.
Animismus und Naturismus machen, wie kritisch einzuwenden ist, beide Irrtümer und Täuschungen des Menschen zur Grundlage von Religion. Weder sind Trauminhalte wirklich noch Sterne göttliche Persönlichkeiten. Unerklärlich bleibt dann, weshalb sich die auf Irrtümern basierende Religion so lange hat behaupten können.

Religion und Gesellschaft
Seit dem Ende des 18. Jahrhunderts und vor allem seit dem 19. Jahrhundert hat man den → Totemismus zum Ursprung der Religion erklärt. (Vgl. z. B. E. Durkheim: Die elementaren Formen des religiösen Lebens, Frankfurt/M. ^{3}1984)
Träger der Totem-Religion ist der Klan, eine Gruppe von Menschen, die miteinander verwandt sind, denselben Namen haben und auch der Meinung sind, eine einzige Familie zu bilden. Das Totem drückt die Gemeinschaft des Klans aus, wobei das Totem des Klans auch das Totem jedes einzelnen Klanmitglieds ist. Gegenstände, die als Totem dienen können, gehören meist zur Tier- und Pflanzenwelt; bisweilen sind es auch unbelebte Dinge. Das Totem ist eine Gattung oder Art. Es wird auf das Kind entweder über die Mutterlinie oder über die Vaterlinie übertragen; so erhält jedes Kind das Totem seiner mythischen Ahnen.
Das Totem ist ein heiliges Ding, ein Name oder ein Wappen, das soziale und religiöse Bedeutung hat. Da das Totemtier heilig ist, darf man es normalerweise nicht essen. Ausnahmen bilden sakrale Mahlzeiten. (→ Abendmahl; → Sakrament)
So heilig wie das Totem ist auch der Klan und der einzelne Totemträger. Das Klanmitglied ist nämlich gleichzeitig Mensch und (Totem-)Tier oder (Totem-)Pflanze. In der Tiefe des menschlichen Organismus verbirgt sich demnach ein heiliges Prinzip. Träger heiliger Macht sind vor allen Dingen → Blut und Haare.
Dem Totem gegenüber verhält sich der Mensch nicht wie ein Gläubiger vor Gott; vielmehr steht er mit dem Heiligen auf gleichem Niveau. Das Totem ist Schutzwesen seines Trägers (Individualtotem). Als Kollektivtotem verbürgt es darüber hinaus das Recht, das der einzelne im Klan hat.
Über das Totem kommt der Mensch mit dem heiligen Lebensprinzip der Gemeinschaft in Beziehung. Dieses Lebensprinzip ist der Stoff, aus dem die Religionen die Geister und Dämonen, die Heilande und die Götter geformt haben. Nicht Eindrücke der Sinne oder die Natur bestimmter heiliger Dinge haben die Geister und Götter entstehen lassen; vielmehr ist es das von der Gesellschaft erzeugte Gefühl der Abhängigkeit, das die Gottesvorstellungen hervorgebracht hat. Die eigentliche Quelle göttlicher Autorität ist demnach die Gesellschaft.
Religion ist aber nicht nur Zeichen von Abhängigkeit, sondern auch Quelle von Kraft. Dem Gläubigen, der Gott gehorcht, verleiht Religion ein Gefühl der Zuversicht und Sicherheit gegenüber der Welt. Das Gefühl, das der Mensch Gott gegenüber hat, bestimmt auch das Gefühl, das er zu sich selbst hat.
Die Kräfte der Religion sind also die Kräfte der Gemeinschaft, in der der Mensch lebt. Diese Kräfte sind wirklich und alles andere als Illusion. In der Religion ent-

werfen die Menschen Bilder und Begriffssysteme, mit deren Hilfe sie sich ihre eigene Gesellschaft vorstellen. Indem sich Gläubige in Ritus und Kultus an ihre Götter binden, festigen sie auch die Beziehungen und Bindungen untereinander. Das religiöse Gefühl ist demnach die Kraft, die die Gemeinschaft ihren Mitgliedern einflößt.

Religion und Gott
Die Gesellschaft, die die Quelle ist, aus der alles Heilige entspringt, bewegt den Menschen nicht nur von außen, sondern sie nistet sich mitten in ihm selbst ein: in seiner «Seele». Wie es keine Gesellschaft ohne Religion gibt, so gibt es keine Religion ohne Seelenvorstellung. Die Seele des einzelnen ist ein Teil der Gruppenseele. Verbreitet ist die Vorstellung, daß Ahnenseelen in den Nachkommen wiedergeboren werden. Der Glaube daran, daß die Seele den Körper überlebt, spiegelt die Erfahrung von der Fortdauer der Gruppe: Der einzelne stirbt, aber die Gruppe lebt weiter.
Eine Sonderform der Seele ist die Ahnenseele. Während die Seele zum Körper gehört und erst beim Tod endgültig entweicht, führt der Geist eine unabhängige Existenz. Der Geist hat einen bestimmten Wirkungsgrad und bestimmte Aufgaben. Darin gleichen ihm die Seelen der Ahnen, die deshalb auch Geister sind. Neben den wohltätigen gibt es auch boshafte Geister, die z. B. Alpträume und Krankheiten, Stürme und Katastrophen verursachen.
Über die Geister scheinen die Menschen auf die Vorstellung der Götter gekommen zu sein. Die wichtigsten Merkmale der Götter sind in allen Religionen gleich: Die Gottheit ist unsterblich, und sie stammt von niemandem ab. Sie hat Macht über die Sterne und regelt den Lauf von Sonne und Mond. Aus den Wolken läßt sie es blitzen, und auch Donner und Regen stehen ihr zu Gebot. Gott gilt als Schöpfer, und man spricht ihn auch als Vater an. Verbreitet ist die Vorstellung, Gott habe den Menschen wie eine Statuette aus Lehm gemacht, und er habe dieser anschließend seinen eigenen Odem eingeblasen, um sie zu beleben.
Die Gottheit gilt auch als Wächter der Moral; nach dem Tod des Menschen wird Gott selbst die Rolle seines Richters übernehmen. Schließlich empfängt er die Seelen im → Jenseits.
Gott zu Ehren singen und beten die Gläubigen. Der Gottesglaube einer Gruppe von Gläubigen hat meist die Neigung, sich über den engen Bereich eines einzigen Stammes auf die ganze Umgebung und schließlich sogar möglichst weltweit auszubreiten.
Dieser Gottesglaube liegt durchaus in der Konsequenz des Totemismus, aber zwischen der Gottheit und den verehrten Ahnen gibt es nur Gradunterschiede. Bisweilen schiebt sich zwischen die Ahnengeister und die Idee eines obersten Gottes ein Mittelglied: der Kultheros oder Zivilisationsheld («Dema-Gottheit»), der die Menschen über die Künste der Zivilisation belehrt, die wichtigsten sozialen Einrichtungen begründet und alle religiösen Zeremonien offenbart hat. (→ Stammesreligionen)
Der höchste Gott ist ein ehemaliger Ahnengeist, der inzwischen einen hervorragenden Platz eingenommen hat. In ihm drückt sich das Gemeinschaftsgefühl des Kollektivs am stärksten aus.
Gott hat die größtmögliche Fülle an Macht. Die Ideen der Macht, der Herrschaft, der Abhängigkeit und der Unterordnung, die für Religion überhaupt von zentraler Bedeutung sind, entstammen als soziale Beziehungen ausnahmslos der Gesellschaft, die die Menschen in Herren und Untertanen, in Autoritäten und Gehorchende unterteilt. Nach dem Bild der sozialen Machthaber sind auch die religiösen Mächte gestaltet, und nach dem

Vorbild der himmlischen Mächte werden schließlich die irdischen Gewalten begriffen und verehrt. Die Autorität Gottes ist die Autorität der Gesellschaft. Da Glaube und Riten sich an die Überlieferung der Ahnen halten, wird schließlich auch Tradition selbst zur Autorität.

Religiöse Praxis

Zahlreiche religiöse Praktiken und Riten sind darauf ausgerichtet, das Heilige vom Profanen getrennt zu halten. Bestimmte Leistungen muß der Gläubige erbringen, und bestimmte Handlungen sind ihm untersagt. Es gibt keine Religion ohne Verbote. Wer ein → Tabu bricht, gerät in einen Zustand der Schuld.

Häufig ist die Berührung, bisweilen schon der Blick auf das Heilige (z. B. der Blick von Frauen auf Kultgegenstände) verboten. Das Religiöse und das Profane dürfen nicht im selben Raum zusammen sein. Daher werden Tempel und heilige Stätten vom normalen Raum ausgegrenzt. Da auch Arbeit eine Form profaner Tätigkeit ist, scheidet man von ihr die religiöse Arbeitsruhe, d. h. die Festtage, ab. Wenn der Mensch dem Heiligen begegnen will, muß er sich alles Profanen entledigen. Zu diesem Zweck gibt es eigens Salbungen und Sühneopfer, Einsegnungen und Fasten, Nachtwachen und Klausur, sexuelle Enthaltsamkeit und Schweigen. Jedes religiöse Verbot hat im Kern einen asketischen Charakter.

Bisweilen führt strenge und dauerhafte Entweltlichung zur völligen Veränderung des Menschen und zu einer Art «zweiten Geburt». Aus dem Asketen wird schließlich ein Heiliger. (→ Heilige) → Askese ist also keine Randerscheinung, sondern ein zentrales Anliegen von Religion. Zur Askese gehören Schmerz und Leiden. «Heftige Schmerzen» gelten mitunter sogar als Bedingung der Heiligung. Stammesreligionen kennen etwa die Praxis der Verstümmelung (z. B. Beschneidung) bei Initiationsriten; auch im Christentum hat sich die Vorstellung erhalten, daß Schmerz und Leid reinigend und vergeistigend auf die Seele wirken. Im Schmerz bricht der Gläubige die Fesseln auf, die ihn an das Profane binden.

Im Zentrum religiöser Riten steht das → Opfer, bei dem die Gläubigen an einem Mahl selbst teilnehmen, das sie doch gleichzeitig Gott anbieten. Die gemeinsame Mahlzeit soll eine Art Verwandtschaftsbeziehung unter allen Teilnehmern des Essens herstellen: Alle haben teil am gleichen Fleisch und → Blut. Selbst der Gott ist in diese Gemeinschaft eingeschlossen.

Durch vorausgehende Sühne, Salbung und → Gebet wird das zu opfernde Tier geheiligt, und beim Essen überträgt sich die Heiligkeit des Opfertiers auch auf die Mahlteilnehmer. Zum Akt der Kommunion kommt der Akt der Darbringung hinzu: Das Opfer ist Gabe an Gott und auch «Opfer» im Sinn von Verzicht. Kult und Opfer halten die Götter am Leben; ohne Kult würden sie sterben.

In den Riten erneuert sich die gläubige Gemeinschaft selbst. Das gemeinsame religiöse Erleben gibt ihr Sicherheit und Kraft und ruft die gemeinsamen Traditionen und Interessen in Erinnerung. Im Falle des Todes eines Stammesmitglieds ist das Kollektiv geschwächt und rückt näher zusammen. Jeder muß an den Trauerriten teilnehmen.

Wer sich gegen die Normen der Gruppe vergeht, bekommt als Strafe eine → Buße auferlegt. Buße ist Ausdruck öffentlicher Wut, ihre Wirkung ist Wiedergutmachung. Die Funktion von Religion besteht also primär nicht darin, Denken und Wissen der Menschen anzureichern; Religion leitet vielmehr zum Handeln an. In der Religion geht es um Wege zum Heil. Die Gefühle, die der Kult bei den Gläubigen wachruft, sind Beweis genug für die Richtigkeit des Glaubens. Im Kult schafft und erneuert sich der Glaube, und die Gemeinschaft der Gläubigen bestätigt sich gleichzeitig selbst. Durch Theorien und Glaubensaussagen, Dogmen und → Dogmatik wird die religiöse Praxis gerechtfertigt und so weit wie möglich verständlich gemacht.

Religion und Tod
Das Ansehen, das die Religion genießt, dürfte in ihrer Leistung für den Gläubigen begründet sein. Was mehr als alles andere schmerzt, ist das Bewußtsein, eines Tages sterben zu müssen. Dieses Wissen möchte jeder klein halten und am liebsten überhaupt nicht wahrnehmen. So recht mag keiner an seinen → Tod glauben, und nichts in uns kommt dem eigenen Sterben entgegen. Wenn es schon sein muß, sollte der Tod als Zufall, nicht aber als Notwendigkeit erscheinen. Die Möglichkeit, Leben und Tod als natürliches Kommen und Gehen zu begreifen, geht überdies in dem Maß verloren, wie Gewalt und Krieg, Bedrohung und Mord zu Alltagserfahrungen werden. Entbehrungen und Einschränkungen öffnen in den Menschen gleichzeitig «Schattenräume ungelebten Lebens, wo das Wünschen, das Phantasieren, die Sehnsucht geahnter Andersheit des vollen Lebens zu brüten beginnt». (Sloterdijk)
So stellt sich Todesangst, recht betrachtet, vor allem als Angst dar, überhaupt noch nicht richtig gelebt zu haben. Im Blick auf den eigenen Tod empfindet man, daß mit dem faktischen Ende noch keineswegs alle Wünsche und Vorstellungen, Träume und Energien abgegolten sind. Die Menschen bräuchten offensichtlich mehr Zeit; sie sterben voll Weigerung, ungelebtes Leben bricht ab.
Diese Weigerung macht für Religion ansprechbar. An die gekränkten Lebensträume appellieren Versprechungen einer himmlischen Existenz: Das wahre Leben reicht über das tatsächlich gelebte Leben hinaus, ja, es beginnt erst jenseits des Sterbens; denn nach dem Tod lockt die Aufhebung der Frustration. Den Todeswiderstand des Menschen nimmt die Religion zum Anlaß für die Umkehrung der tatsächlichen Verhältnisse: Sie erklärt die Nachexistenz für das vollwertige Leben, das durch den Tod abgeschlossene Leben indes als bloße Vorbereitung darauf.
Wer wirklich glaubt, ist gesegnet. So schreitet der Gläubige durchs Leben: gleichsam eingehüllt in Vorsehung und Schutz. Nichts wirklich Schlimmes kann ihm geschehen. Er ist geborgen. Selbst Leid und Tod sind aufgehoben in Ordnung und Sinn. Am Lebensgefühl des Gläubigen prallen Argumente der → Religionskritik ab, nicht weil diese falsch, sondern weil sie unangenehm sind.

Religionskritik
→ Religion ist ein System der Deutung von Welt und Mensch, bei dem beide als von heiligen Mächten bestimmt erscheinen. Diese Mächte werden in den sogenannten Hochreligionen als persönliche Gottheiten vorgestellt (→ Gott), deren Handeln dem Menschen die Welt und seine eigene Stellung in ihr verständlich und sinnvoll macht.
In den frühen Religionen gab es noch keine Religionskritik. Sie begann erst mit den Griechen. Xenophanes (ca. 570 bis 480) kritisierte, daß man den Göttern all das «angehängt» habe, «was nur bei Menschen Schimpf und Tadel ist: Stehlen und Ehebrechen und einander Betrügen». Tatsächlich führten die griechischen Götter auf dem Olymp (Götterberg, Sitz des Zeus) ein fröhliches Leben. Man schrieb ihnen Macht über alle möglichen Naturkräfte zu.
Der Gang der Religionskritik durch die Geschichte erscheint als fortschreitende Beseitigung der Götter aus dem Geschehen in der Natur und der Welt. Am Ende dieses Prozesses der «Säkularisierung» (des Eindringens von «Weltlichkeit» in

ehemals religiöse Bezirke) wird es mehr und mehr verpönt, sich bei der Erklärung von Natur und Welt auf Gott zu berufen. Die → Aufklärung hat diesen Vorgang historisch zu deuten versucht: In der Frühzeit hätten sich die Menschen von zahlreichen Kräften und Mächten, Geistern und Göttern bestimmen lassen. In der Neuzeit aber seien an deren Stelle natürliche Erklärungen für das innerweltliche Geschehen getreten. (Auguste Comte, 1789–1857)

In dem Maß, wie Götter und Geister für die Welterklärung überflüssig wurden, richtete man den Blick auch auf das Zustandekommen der Gottesvorstellungen selbst. Schon die Griechen bezeichneten die Angst des Menschen vor Bestrafung nach dem Tod und die Furcht vor außergewöhnlichen Naturerscheinungen als Ursprung des Götterglaubens. (Demokrit, ca. 470–380) Diese Auffassung hat sich über die Zeiten hinweg bis in die Gegenwart erhalten. «Die Religion stützt sich vor allem und hauptsächlich auf die... Angst vor dem Tod.» (Bertrand Russell, 1872–1970)

Einen anderen Ansatz der Religionskritik wurde dem athenischen Staatsmann Kritias im 4. Jahrhundert v. Chr. zugeschrieben, nach dessen Meinung «ein schlauer und gedankenkluger Mann die Götterfurcht erfunden [habe], auf daß ein Schreckmittel da sei für die Schlechten, auch wenn sie im Verborgenen etwas täten oder sprächen oder dächten». Der Gottesglaube erscheint damit als Mittel zur Verfolgung bestimmter sozialer Ziele. Auch diese Auffassung hat sich, wenn auch in Abwandlungen, bis in unsere Zeit erhalten. Nach Meinung Friedrich Nietzsches (1844–1900) zweifelt die Gesellschaft an der Aufrichtigkeit jedes ihrer Mitglieder, das sie eigentlich durchschauen möchte, in Wirklichkeit aber nicht durchschauen kann. Deshalb habe sie eigens einen Gott als Richter erfunden, dem nichts verborgen bleibt: Gott, der Wahrhaftige, fordert und kontrolliert Wahrhaftigkeit und stiftet so Moral.

Damit wird der Gottesglaube unter dem Gesichtspunkt seiner Nützlichkeit betrachtet. Er erweist sich als durchaus brauchbar bei der Ausübung von Macht. Den Herrschern des Staates riet schon Niccolò Machiavelli (1469–1527), «die Grundpfeiler ihrer Religion», selbst wenn sie deren Unwahrheit erkannt hätten, aufrechtzuerhalten: um ihrer Herrschaft wie um der Einheit im Staat willen. Im 19. Jahrhundert wurde diese Sichtweise der Religion weitergeführt: Religion sei «Narkotikum». «Es ist mehr Verwandtschaft zwischen Opium und Religion, als sich die meisten Menschen träumen lassen», meinte Heinrich Heine (1797–1856). Im Anschluß an Bruno Bauer (1809–1882) und Moses Heß (1812–1875) bezeichnete Karl Marx (1818–1883) Religion geradezu als «Opium des Volks».

Ludwig Feuerbach (1804–1872) hatte zuvor erklärt, daß das Geheimnis der Theologie und Gottes niemand anderes als der Mensch selbst sei. «Das Bewußtsein Gottes ist das Selbstbewußtsein des Menschen.» «Gott» sei das eigene Wesen des Menschen, das dieser aus seinem Innern nach außen «projiziert» (übertragen) habe. Dieser Vorgang muß durchschaut und rückgängig gemacht werden. Erst der → Atheismus kann, nach Feuerbachs Meinung, dem Menschen diejenige Würde zurückgeben, die ihm der Gottesglaube genommen hat. Erst die «Aufhebung des → Jenseits» kann die ganze Vielfalt diesseitiger Lebensmöglichkeiten eröffnen. An die Stelle der überkommenen Religion soll der Glaube «an die Wahrheit und Gottheit des menschlichen Wesens» treten.

Der Gedanke Feuerbachs, daß die Götter in Wirklichkeit nichts anderes als aus dem Menschen hinausprojizierte Wünsche seien, wird oft als Beweis dafür angesehen, daß diese himmlischen Wesen überhaupt nicht existieren. Die Theologen Helmut Gollwitzer (1962) und Hans Küng (1978) haben gegen diese Schlußfolgerung eingewendet: Selbstverständlich existiert etwas noch nicht deshalb, weil man wünscht, daß es existiere; aber die Tatsache, daß man etwas wünscht, ist kein ausreichender Grund zur Annahme, daß es das Gewünschte nicht gibt. D. h., auch wenn die Existenz Gottes den Wünschen des Menschen entspricht, sagt dies nichts darüber aus, ob es Gott gibt oder ob es ihn nicht gibt.

Friedrich Engels (1820–1895) begrüßte die «befreiende Wirkung» der Religionskritik Feuerbachs. «Mit einem Schlag zerstäubte er [Feuerbach] den Widerspruch... Außer der Natur und dem Menschen existiert nichts, und die höheren Wesen, die unsere religiöse Phantasie erschuf, sind nur die phantastischen Rückspiegelungen unseres Wesens.»

Marx erklärte 1843/44, die Kritik der Religion in Deutschland sei mit Feuerbach «im wesentlichen beendigt»: «Der Mensch macht die Religion, die Religion macht nicht den Menschen.» Er, Marx, wolle nun von der Kritik der Religion zur «Kritik der Politik» übergehen. «Die Kritik des Himmels verwandelt sich damit in eine Kritik der Erde.» Auf diese Weise sollen die sozialen und wirtschaftlichen Voraussetzungen des religiösen Bewußtseins entlarvt werden.

Auch Sigmund Freud (1856–1939) bezeichnete die Religion als Illusion. Ihre Inhalte seien nichts als kindliche Wunschvorstellungen: Der Glaube hat demnach seinen Grund nicht in der Wirklichkeit, sondern in Wünschen, die erfüllt werden möchten. «Wir heißen also einen Glauben eine Illusion, wenn sich in seiner Motivierung die Wunscherfüllung vordrängt, und sehen dabei von seinem Verhältnis zur Wirklichkeit ab, ebenso wie die Illusion selbst auf ihre Beglaubigung verzichtet.» Religion hat also, nach Freuds Meinung, mit Denken und Tatsachenerfahrung nicht viel zu tun. Der Gläubige möchte die Welt auf immer so sein lassen, wie er sie als Kind erlebt hat. Deshalb sind die Lehren der Religion «Erfüllung der ältesten, stärksten, dringendsten Wünsche der Menschheit; das Geheimnis ihrer Stärke ist die Stärke dieser Wünsche.»

Eine ähnliche Art der «Weltbewältigung» wie bei Gläubigen fand Freud bei Kindern. Deshalb verglich er kindliche und religiöse Wünsche miteinander. Aus diesem Vergleich schloß er, daß Religion ihren Ursprung in kindlicher Hilflosigkeit habe: Die Wünsche des Kindes setzen sich in der Religion der Erwachsenen fort. «Wenn nun der Heranwachsende merkt, daß es ihm bestimmt ist, immer ein Kind zu bleiben, daß er des Schutzes gegen fremde Übermächte nie entbehren kann, verleiht er diesen die Züge der Vatergestalt, er schafft sich die Götter, vor denen er sich fürchtet, die er zu gewinnen sucht und denen er doch seinen Schutz überträgt.» Gott ist also nichts anderes als ein erhöhter Vater – die Wiederholung der ersten Trostgestalt.

Deshalb trägt der Glaube, nach Freuds Ansicht, neurotische Züge. Denn der religiöse Mensch flieht vor der Wirklichkeit. Er will die Welt nicht so nehmen, wie sie ist. Er will nie erwachsen werden.

Die Religionskritik von Marx und Freud führte Erich Fromm (1900–1980) weiter. Seiner Meinung nach braucht der Mensch zur Bewältigung seiner Lebensaufgabe ein «Gerüst zum Zwecke der Orientierung und Hingabe». Kein Mensch kann ohne ein solches System auskommen. Religion kommt diesem Bedürfnis entgegen.

Als autoritäre Illusion unterwirft sie den Menschen jenseitigen Mächten, die → Gehorsam und Verehrung beanspruchen. Gehorsam ist die wichtigste Tugend der autoritären Religion, Ungehorsam ihre Hauptsünde. Dadurch verliert der abhängige Mensch seine eigene Kraft

und seine eigenen Fähigkeiten. Die autoritäre Religion erzeugt ein autoritäres Gewissen: die nach innen verlegte äußere Autorität. Gehorsam erfolgt aus Angst, Ungehorsam macht Schuldgefühle. Das autoritäre christliche Gewissen aber – nach Fromms Meinung wurde es von Paulus und Augustinus, Luther und Calvin theologisch konzipiert – verhindert, daß sich die Persönlichkeit selbst entfalten kann.
Kritik der Religion ist Kritik der Gottesvorstellung. Von einem autoritären Gott – der im Alten Testament bisweilen als Abbild eines autoritären Stammeshäuptlings dargestellt ist – muß sich der Mensch bis zur «Freiheit von Gott» lösen. Freiheitsgeschichte wird, nach Fromms Meinung, bis zur Auflösung von Theologie überhaupt führen. Der Glaube an Gott wird dann durch den Glauben an den Menschen und an die Menschheit ersetzt. Erst durch wahre Selbstliebe als Bejahung des eigenen Lebens und der eigenen Entfaltung kann der Mensch schließlich mit sich selbst und der Welt eins werden.

Religionsphänomenologie

Religionsphänomenologie (die Wissenschaft von den religiösen Erscheinungen) ist ein Zweig der → Religionswissenschaften. Den Begriff «Religionsphänomenologie» hat der holländische Religionshistoriker Pierre Daniël Chantepie de la Saussaye (1848–1920) eingeführt. Gerardus van der Leeuw, Professor für Religionsgeschichte und Ägyptologie an der Universität Groningen, hat mit seinem Hauptwerk «Phänomenologie der Religion» (1933; [4]1977) dieser Wissenschaft zum Durchbruch und zu allgemeiner Anerkennung verholfen.
Die Religionsphänomenologie war anfangs von der Phänomenologie des Philosophen Edmund Husserl (1859–1938) beeinflußt, einer Erkenntnistheorie, von der sie zwei Grundbegriffe und Grundanliegen übernahm: die «Epochè» und das «eidetische Erfassen». «Epochè» bedeutet das Zurückhalten von Urteilen: Religionswissenschaft befaßt sich nicht mit der «Wahrheit» einer Religion; vielmehr sind alle Erscheinungen, die als religiös bezeichnet werden, gültige Studienobjekte. «Eidetisches Erfassen» bedeutet sodann die Suche nach dem Wesen und Verstehen der religiösen Erscheinungen.
Als Mittel dieser Wissenschaft dient der religionswissenschaftliche Vergleich. Das Fremde wird in Beziehung gesetzt zu etwas bereits Bekanntem. Deshalb nennt man Religionsphänomenologie häufig auch «vergleichende Religionswissenschaft». Auf den Ergebnissen der Religionsgeschichte fußend, die die historischen Tatsachen und Entwicklungen darstellt, arbeitet die Religionsphänomenologie Kategorien wie Opfer und Kult, Priestertum und Prophetismus, Sekte und Orden usw. heraus.
Dabei zeigt sich, daß diese Kategorien in vielen Religionen in je eigenartiger Prägung hervortreten. Religiöse Erscheinungen, die vergleichbar sind, werden sodann einander zugeordnet. Auf diese Weise kann man Phänomene wie Vison oder Audition (Hörerlebnis), → Wunder oder Entrückung klassifizieren. Die Vielheit dieses Materials wird bisweilen aufgegliedert nach religiöser «Erscheinungswelt», «Vorstellungswelt» und der «Erlebniswelt».
Zur Erscheinungswelt einer Religion gehören Räume und Zeiten, in denen sich das Sakrale (Heilige) zeigt. Das Heilige manifestiert sich etwa in Flüssen und Seen, Hainen und Bergen, bei religiösen Festen und Feiern. Steine und Bäume, Pflanzen und Sterne, Götterbilder und Fetische (kraftgeladene Gegenstände), Tiere und Menschen (Priester, Mönche, Mystiker, Propheten, Könige) können zu Trägern des Heiligen werden. Bei heiligen Handlungen wie Reinigung (Taufe) und Opfer, Gebet und Liturgie, Segen

und Beschwörung ist es gegenwärtig. Zur Vorstellungswelt der Religionen gehören Gottesglaube und Offenbarung, Erlösung und Jenseitshoffnung. Die religiöse Erlebniswelt schließt Glaube, Liebe und Ehrfurcht vor dem Heiligen, aber auch Inspiration, Vision, Ekstase und Wunder ein.
Bei der Untersuchung religiöser Phänomene kümmert sich die Religionsphänomenologie nicht bevorzugt um die historische Entwicklung einer Religion; sie löst die religiösen Erscheinungen vielmehr aus ihrem historischen Zusammenhang heraus und erfaßt sie bevorzugt in ihrer bestimmten jeweiligen Situation.

Religionssoziologie
Religionssoziologie erforscht Wechselbeziehungen zwischen →Religion und Gesellschaft. Sie versteht sich dabei jedoch nicht als Hilfswissenschaft der Theologie, sondern als eigenständige soziologische Fachrichtung, die zur Erkenntnis der gesellschaftlichen Wirklichkeit beiträgt. Dabei bezieht sie sich hauptsächlich auf drei Forschungsgebiete: auf die Ursachen der Entstehung von Religionen, auf das soziale und religiöse Leben kirchlicher Gruppen und auf die Wechselwirkungen zwischen Religion und Gesellschaft.
Die Methoden der Religionssoziologie stammen aus der empirischen Sozialforschung. Dabei handelt es sich zum Beispiel um Interviewtechnik, Verfahren des Zählens und Messens (etwa bezüglich der Teilnahme an religiösen Veranstaltungen), teilnehmende und nicht-teilnehmende Beobachtung oder inhaltliche Analysen sprachlicher oder literarischer Erzeugnisse der Religionsgemeinschaften.
1. Das wissenschaftliche Interesse an der Bedeutung von Religion für die Gesellschaft kam erst mit der Kritik am «weltlichen» Herrschaftsanspruch der Kirchen auf. Deshalb steht am Anfang der Religionssoziologie die →Religionskritik der →Aufklärung: Ludwig Feuerbach (1804–1872) bezeichnete die Gottesvorstellung als menschliche Projektion (Hinausverlagerung unbewußter, in der eigenen Person begründeter Motive). Karl Marx (1818–1883) ermittelte daraufhin die gesellschaftlichen Verhältnisse als Grund für diesen Vorgang: Religion sei ein gesellschaftliches Produkt und darüber hinaus auch ein trügerisches Beruhigungsmittel derjenigen, die von der Gesellschaft am meisten benachteiligt werden.
Wichtige Anregungen verdankt die Religionssoziologie auch der Ethnologie (Völkerkunde; →Religionswissenschaft). Die Entdeckungen fremder Länder und Kulturen seit dem Ende des 15. Jahrhunderts brachten die Europäer mit einer Fülle unbekannter Lebensweisen und Religionen in Berührung. Aber erst im 19. Jahrhundert regte sich ein wissenschaftliches Interesse an den «Primitiven». Der Anthropologe Edward Burnett Tylor (1832–1917) bezeichnete die Religion der «Wilden» als «Glaube an spirituelle Wesen» und fand dessen Ursprung in konservativem Ahnenkult, der sich jeglichen Veränderungen im religiösen und sozialen Bereich grundsätzlich widersetze. (→Animismus)
Herbert Spencer (1820–1903) bestätigte diese Ansicht: Religion stärkt seiner Meinung nach den familiären Zusammenhalt, etwa durch kultische Praktiken wie Beisetzung (→Totenbestattung) und Verehrung der Ahnen. Religion dient auch dazu, Eigentum zu rechtfertigen, indem das →Tabu heiliger Gegenstände und Plätze auf privaten Besitz übertragen wird.
James George Frazer (1854–1941) hingegen bezeichnete die Vergöttlichung der Toten und damit den in aller Welt verbreiteten Glauben an Unsterblichkeit als Ursprung von Religion. →Magie sei die älteste religiöse Form menschlichen

Umgangs mit der Welt. Religion habe sich erst entwickeln können, als der Mensch einsah, daß Magie in Wirklichkeit wirkungslos ist.
Der in der Religionssoziologie bis heute nachhaltigste Einfluß ging von dem französischen Soziologen Emile Durkheim (1858–1917) aus. Nach seiner Definition ist Religion «ein solidarisches System von Glaubensvorstellungen und Handlungen, bezogen auf sakrale Dinge, d. h. abgetrennte und verbotene Dinge; diese Vorstellungen und Handlungen vereinen in einer moralischen Gemeinschaft, genannt Kirche, alle diejenigen, die ihnen anhängen». Religion gehört also zur Gesellschaft. Sie ist eine soziale Erscheinung in dem gleichen Maß, wie die Gesellschaft eine religiöse Erscheinung ist.
In seiner Untersuchung «Die protestantische Ethik und der Geist des Kapitalismus» (1904–1905; spätere Wiederabdrucke) beschäftigte sich Max Weber (1864–1920) mit den Wirkungen einer konkreten Religionsform auf nicht-religiöse Bereiche. Er wollte zum Beispiel erklären, weshalb Protestanten überdurchschnittlich viel Kapital besitzen und warum katholische Staaten oft wirtschaftlich geringer entwickelt sind als protestantische. Als Schlüssel des wirtschaftlichen Fortschritts im Protestantismus machte er nun die puritanische Theologie aus. (Puritaner, von «purus», lat. «rein», nennt man Vertreter des englischen Calvinismus seit dem späten 16. Jahrhundert, deren Frömmigkeit sich durch Strenge und düsteren Ernst auszeichnet.) In dieser Theologie zählt die weltliche Arbeit als gottgefälliges Tun. Rastlose Berufsarbeit und asketische Selbstkontrolle dienen den Nachfolgern Calvins (1509–1564) auch als Mittel gegen Glaubenszweifel. Erfolg gilt als Zeichen der Gnade Gottes. Das religiöse Gewinnstreben der Calvinisten ist, nach der Theorie Max Webers, einer der historischen Träger des kapitalistischen Geistes.
Im 20. Jahrhundert entwickelte sich die Religionssoziologie zu einer streng empirischen Wissenschaft, die mehr und mehr auf umfassende Theorien bezüglich des Zusammenhangs von Religion und Gesellschaft verzichtete und sich statt dessen auf die Anwendung exakter Methoden und auf eng begrenzte Forschungsfragen beschränkte. Bevorzugt wurden Merkmale institutioneller Kirchlichkeit, d. h. «religiöse Praxis», untersucht. Seit etwa 1950 nahmen deshalb Kirchengemeinde- und Kirchensoziologie in Europa einen bemerkenswerten Aufschwung.
2. In allen Kulturen, den «primitiven» ebenso wie den modernen, orientieren sich die Menschen sowohl an ihrer Vernunft wie an Gefühlen und Normen. Die unumgänglichen Enttäuschungen, die sie erleben müssen, werden nun aufgrund religiöser Überzeugungen positiv gewertet und als sinnvoll begründet. Auf diese Weise trägt Religion zur Stabilisierung der gesellschaftlichen Ordnung bei. Dieselben Funktionen wie Religionen können allerdings auch andere Weltorientierungssysteme übernehmen.
Für die heutigen kirchlichen Verhältnisse in Westeuropa ist es typisch, daß die Zugehörigkeit zu einer Kirche und die Beteiligung am kirchlichen Leben bei vielen Menschen auseinanderklaffen. Breite Schichten insbesondere der evangelischen Kirche (→ Protestantismus) beteiligen sich zwar nicht oder nur selten am kirchlichen Leben der Ortsgemeinden; dennoch sind sie an kirchlichen «Amtshandlungen» (Beerdigung, Trauung, Taufe, Konfirmation) interessiert.
Zahlreiche religionssoziologische Untersuchungen gehen der Frage nach, wie sich die «religiöse Einstellung» eines Menschen denn praktisch auswirke. Dabei zeigt sich, daß etwa zwischen religiöser Einstellung und «autoritärer Gesinnung» ein Zusammenhang besteht. Je ausgeprägter die «orthodoxe» (rechtgläubigenge) und «fundamentalistische» (an je-

dem einzelnen Wort der Bibel klebende) Frömmigkeit einer Person oder Gruppe ist, um so deutlicher treten auch Zeichen einer autoritären Haltung und Strenge hervor.
Nationalismus (übersteigertes Nationalgefühl, das zur Verachtung anderer Völker neigt), Konservatismus (Abneigung gegenüber politischen, sozialen und moralischen Neuerungen) und Ethnozentrismus (Überbewertung des eigenen Volkes und der eigenen Kultur gegenüber fremden Völkern und Kulturen) scheinen ebenfalls mit ausgeprägt religiöser Einstellung zusammenzuhängen.
Man fand schließlich heraus, daß Menschen, die an Gott und an die Unsterblichkeit glauben, eher als andere eine hohe Meinung von der Todesstrafe haben. Religiös Gesinnte seien gegenüber Verbrechern, Sträflingen, Prostituierten, Homosexuellen und Geisteskranken besonders streng eingestellt. Obgleich das Christentum der Liebe einen hohen Wert beimißt, neigen offenbar gerade viele Christen zu Vorurteilen und zur Diskriminierung von Fremden. Besonders rechtsextreme Gruppen, die eine strenge Glaubensüberzeugung miteinander teilen, haben in der Vergangenheit immer wieder den Kommunismus als Hauptübel der Welt bezeichnet, das vernichtet werden müsse.
Humanitäre Gesinnung indessen nimmt mit wachsender religiöser Intensität ab. Religion steigert auch keineswegs das Interesse an sozialen Problemen und am Geschick des Nächsten. Hingegen sind religiöse Menschen eher als weniger fromme geneigt, die persönliche Freiheit Andersgläubiger zu unterdrücken. Das trifft besonders dann zu, wenn es um strittige Fragen der Sexualmoral geht. (→ Sexualität)
Bei Untersuchungen von Zielen und Perspektiven Jugendlicher in der Bundesrepublik Deutschland (Jugend '81, 3 Bände, Hamburg 1981) fand man heraus, daß religiös eingestellte junge Menschen zuversichtlicher als ihre weniger frommen Altersgenossen in die Zukunft blicken. Dabei geht der Glaube an einen gnädigen Gott mit dem Glauben an ein sinnvolles Leben und an persönlichen Erfolg einher. Fromme Jugendliche empfinden sich selbst dem Kindsein näher; sie vertauschen offenbar das anfängliche Kind-Eltern-Verhältnis mit einem Kind-Gott-Verhältnis. Im Unterschied zu religiösen Erwachsenen sind fromme Jugendliche an zwischenmenschlichen und sozialen Angelegenheiten besonders stark, an technischen Problemen hingegen besonders wenig interessiert. Sie lehnen politisch aktive «alternative» Gruppen (Hausbesetzer, Kernkraftgegner, Demonstranten) ab. Politisch stehen sie der CDU/CSU, ansonsten konventionellen und national orientierten Jugendgruppen nahe. Sie sind politisch eher konservativ oder aber an Politik überhaupt nicht interessiert.
Insgesamt gesehen sind entschiedene Anhänger der christlichen Kirchen militaristischer, demokratiefeindlicher, weniger tolerant und konservativer als liberale Christen oder Ungläubige. Möglicherweise läßt der verinnerlichte Glaube an einen zornigen, strafenden Gott den Gläubigen selbst strenger und vorurteilsverhaftet, unnachsichtiger und autoritärer auftreten. Nach Meinung von Strenggläubigen kann Gott zwar Untaten der Menschen vergeben; aber zuvor wird deren Gehorsam erzwungen. Deshalb neigt eine strenge orthodox-christliche Einstellung im Konfliktfall zur Ausübung von Gewalt gegenüber Andersgläubigen, Ketzern oder Kriminellen.

Religionsunterricht/Katechese
Nach Artikel 7 des Grundgesetzes der Bundesrepublik Deutschland ist der Religionsunterricht «in den öffentlichen Schulen mit Ausnahme der bekenntnisfreien Schulen ordentliches Lehrfach.

Unbeschadet des staatlichen Aufsichtsrechtes wird der Religionsunterricht in Übereinstimmung mit den Grundsätzen der Religionsgemeinschaft erteilt.»
«Katechese» ist eine Bezeichnung für die Unterrichtung in Glaubensangelegenheiten. Seit der Zeit des Urchristentums wurden Taufbewerber («Katechumenen») im Glauben unterrichtet. (→ Taufe)
1. Die Alte Kirche, die sich ursprünglich in Hausgemeinden organisierte, kannte noch keine spezielle Form der Unterrichtung von Kindern. Einzelne übernahmen die Katechese der erwachsenen Taufbewerber. Dabei standen Fragen des Lebenswandels im Vordergrund. Im 3. Jahrhundert wurde das Katechumenat (Katechetenamt) zur festen Institution. Neben der ethischen Unterweiseung ging es dabei hauptsächlich um eine Einführung in die liturgische Ordnung des Gottesdienstes.
Mit dem Massenandrang in die christliche Kirche im Gefolge der «Konstantinischen Wende» (→ Konstantin der Große) setzte die Katechese bereits nach der Aufnahme eines Taufbewerbers ein, der damit schon als Mitglied der Kirche galt. Augustinus (354–430) erklärte, daß bei der Einführung ins Christentum die «Heilsgeschichte» von Adam über Jesus bis zum Jüngsten Gericht nacherzählt werden solle. Seit dem 3. Jahrhundert setzte sich die Kindertaufe mehr und mehr durch, und ab dem 6. Jahrhundert entfiel die Erwachsenentaufe ganz. Damit erübrigte sich auch das Katechumenat. Kinder erhielten nach wie vor keinen eigenen Unterricht.
Das blieb auch während des Mittelalters so. Eltern und Paten sollten ihre Kinder selbst unterrichten und sie eigens auf die Sakramente vorbereiten. Die Schulen waren hauptsächlich für den geistlichen Nachwuchs da. Dort wurden die Kulturtechniken an religiösen Stoffen eingeübt.
Im 16. Jahrhundert führten die Reformatoren mit Nachdruck eine Glaubensunterweisung für Kinder in der Muttersprache ein. Protestanten und Katholiken vermittelten den Kindern ihre jeweiligen Glaubensauffassungen in eigens entwikkelten Lehr- und Lernbüchern, den Katechismen. (Luther, 1529; Petrus Canisius, 1555) Ein Katechismus erklärt die Kerntexte des Glaubens, das Bekenntnis, die Sakramente, die Zehn Gebote, das Vaterunser.
Im 18. Jahrhundert setzte die Aufklärung die allgemeine Schulpflicht durch (z. B. Preußen 1763, Bayern 1802). Nun übernahm der Staat die Verantwortung für das Bildungswesen, unterstellte die Schule aber der «geistlichen Aufsicht» der Kirchen. Katechese wurde zum Religionsunterricht.
Die Kinder sollten fortan so lange zur Schule gehen, bis sie das «Nöthigste vom Christenthum gefasset haben und fertig lesen und schreiben» können. Religionsunterricht nahm im Lehrplan der Schule eine bevorzugte Stelle ein. Der Ortspfarrer «visitierte» zweimal wöchentlich die Klassen und meldete auch unfähige oder auffällige Lehrer der kirchlichen Oberbehörde.
«Religion» gehörte fortan zur «Vorbereitung auf das Leben», genauso wie Lesen, Schreiben und Rechnen. Religiöse Unterweisung sollte jene Einstellungen und Haltungen bei den Kindern festigen, die der Obrigkeit genehm waren.
Im 19. Jahrhundert traten Pädagogen wie Johann Heinrich Pestalozzi (1746–1827) und Friedrich Fröbel (1782–1852) für eine religiös-ethische Erziehung im Sinne «natürlicher Religion» ein und lehnten jede kirchlich-dogmatische Verengung ab. Die «Philanthropen» (Hauptvertreter der deutschen Aufklärungspädagogik wie Johannes Bernhard Basedow, 1724–1790, und Christian Gotthilf Salzmann, 1744–1811) rückten nun die Rechte und Ansprüche, das Fragen und Denken der Kinder selbst in den Vorder-

grund und forderten einen schülernahen Religionsunterricht. Der Unterricht solle sich nicht in bloß gedächtnismäßigem Lernen und Memorieren unverstandener Begriffe erschöpfen, sondern vielmehr in einem fragend-entwickelnden Verfahren und in erzählender Darstellung die Heilsgeschichte kindgemäß behandeln.
Zu Beginn des 20. Jahrhunderts wurde diese Forderung nach einem undogmatischen, «pädagogisch verantworteten» Religionsunterricht wiederaufgenommen. Psychologische Erkenntnisse und methodische Erfahrungen sollten bei der Glaubensvermittlung stärker berücksichtigt werden. Methoden des Arbeits- und Erlebnisunterrichts wurden jetzt auch einbezogen. Kritiker wandten dagegen jedoch ein, man könne Inhalte des Glaubens methodisch nicht genauso behandeln wie «weltliche» Gegenstände.
2. Die Weimarer Verfassung schaffte 1919 die geistliche Schulaufsicht ab und erklärte den Religionsunterricht zum «ordentlichen Lehrfach» (s. u.). Ihre Bestimmungen zum Religionsunterricht gingen später fast wörtlich in das Grundgesetz der Bundesrepublik Deutschland über (s. o). Da das Grundgesetz auch die Freiheit des Glaubens, des Gewissens und des religiösen und weltanschaulichen Bekenntnisses garantiert, wirkt sich dies auch für den Bereich des Religionsunterrichts aus: «Die Erziehungsberechtigten haben das Recht, über die Teilnahme des Kindes am Religionsunterricht zu bestimmen.» (Art. 7 II Grundgesetz) In Bremen und Berlin jedoch gilt der Religionsunterricht ganz und gar als Angelegenheit der Kirchen. Nähere Bestimmungen zum Religionsunterricht enthalten die einzelnen Landesverfassungen.
«Ordentliches Lehrfach» bedeutet, daß der Religionsunterricht Pflichtfach ist. Er ist normalerweise jedes Schuljahr im Fächerkanon jeder Klasse vertreten. Die Schüler müssen sich nicht eigens dazu anmelden; es gibt aber ein Abmelderecht. In vielen deutschen Bundesländern ist der Religionsunterricht «versetzungserheblich». 1973 hat das Bundesverwaltungsgericht die Möglichkeit der Versetzungserheblichkeit des Religionsunterrichts noch einmal bekräftigt. Voraussetzung dafür sei jedoch, daß er «auf wissenschaftlicher Grundlage» erteilt werde. Bedenken gegen seine Wissenschaftlichkeit könnten sich, nach Auffassung des Gerichts, allerdings dann ergeben, wenn der Religionsunterricht «entsprechend den traditionellen Vorstellungen der Kirchen... ausschließlich als kirchliche Verkündigung im Sinne einer ‹Kirche in der Schule› verstanden wird».
In den letzten Jahren nimmt der Religionsunterricht wieder verstärkt den Charakter kirchlicher Unterweisung und Verkündigung an. Das Grundgesetz sieht immerhin vor, daß die Religionsgemeinschaften auf die inhaltliche Gestaltung des Religionsunterrichts maßgebenden Einfluß nehmen. Die Lehrer werden zwar vom Staat eingestellt; der katholische Religionslehrer braucht darüber hinaus aber die «Missio canonica», der protestantische die «Vocatio», d. h. die «kirchliche Betrauung mit amtlicher Lehrverkündigung». Diese kirchliche Lehrerlaubnis setzt voraus, daß der Religionslehrer nicht nur bereit ist, den Religionsunterricht in Übereinstimmung mit den Lehren seiner Kirche zu erteilen, sondern daß er auch in seiner persönlichen Lebensführung die kirchlichen Grundsätze beachtet.
Mit dem Beitritt der ehemaligen DDR zum Gültigkeitsbereich des Grundgesetzes (einschließlich seines Artikels 7) der Bundesrepublik Deutschland wurde die Frage nach einer Einführung des Religionsunterrichts – und der Abschaffung der bisherigen «Christenlehre» – in den neuen Bundesländern aufgeworfen. Im Zusammenhang dieser Debatte wird nun die religionspädagogische Diskussion der zwanziger und dreißiger Jahren dieses

Jahrhunderts verlebendigt: Sollen die «bekenntnisfreien Schulen» der Weimarer Zeit erneuert werden? Ist nicht ein Unterricht vonnöten, der religiöse Überlieferung als Bildungsgut erschließt? Sollte es einen allgemein verbindlichen Unterricht in Ethik geben? Oder sollten nicht vielmehr das Religiöse und das Ethische als Dimension aller vorhandener Unterrichtsfächer zum Tragen kommen?

3. Zu Anfang des 20. Jahrhunderts schrieb man dem Religionsunterricht die Aufgabe zu, den Schüler zu einer «religiös-sittlichen Persönlichkeit» zu erziehen. In den zwanziger und dreißiger Jahren hingegen forderten Religionspädagogen wie Gerhard Bohne, Martin Rang und Oskar Hammelsbeck einen Religionsunterricht als Sonderform kirchlicher Verkündigung. Dieses Programm wurde auch nach dem Zweiten Weltkrieg fortgesetzt. «Evangelische Unterweisung, so heißt die uns gestellte Aufgabe – nie wieder Religionsunterricht!» (H. Kittel) Der Religionslehrer sollte Bekenner, Verkündiger, Missionar und Zeuge des Evangeliums sein.

Gegen Ende der fünfziger Jahre setzte eine Neuorientierung ein. M. Stallmann und G. Otto forderten eine pädagogische Begründung des Religionsunterrichts: Belehrung sollte Bekehrung, Information sollte Verkündigung ersetzen. Religionsunterricht wurde zum Ort der Erziehung zu Freiheit und Selbständigkeit proklamiert. Verschiedene religionspädagogische Konzeptionen wurden nun entwickelt: Der «problemorientierte Religionsunterricht» möchte Einsicht in die Bedeutung des Glaubens für das eigene Leben der Schüler und für die ganze Gesellschaft wecken. Ihm geht es um die Behandlung von Fragen und «Problemen der Welt im Licht des Glaubens».

Ein «sozialkritischer Religionsunterricht» will die ganze menschliche Existenz beachten und auf Emanzipation hinarbeiten. Dabei geht es «nämlich gar nicht nur um jene Gebilde, die wir phänomenologisch als Religionen bezeichnen, sondern in den Kreis kritischer Betrachtung müssen gegebenenfalls auch alle jene Deuteschemata, Weltauffassungen, Philosophien, Ideologien und die durch sie bedingten Verhaltensstrukturen einbezogen werden, die sich selbst zwar gar nicht als Religionen verstehen, aber ihrerseits die Funktionen von ‹Religionen› in konkreten Situationen, Urteilen oder Entscheidungen übernehmen». (H. J. Dörger u. a.: Neues Handbuch des Religionsunterrichts, 1972, S. 32)

«Therapeutischer Religionsunterricht» (D. Stoodt, 1969) verstand sich als Interaktion und Sozialisationsbegleitung mit Therapiefunktion: Er wollte den Schülern einen Freiraum ohne Leistungsdruck anbieten. Erste Versuche mit dieser Konzeption wurden gegen Ende der sechziger Jahre angestellt. Heute scheint sie aus den Klassenzimmern verschwunden zu sein.

Im «projektorientierten Religionsunterricht» geht es nicht in erster Linie um Aussprache über Probleme und theologische Sachverhalte, sondern um praktische Lebensbewältigung. Projekte haben einen sozialen Bezug und eine politische Seite. Das bloße Reden über Dinge wird abgelöst vom Umgang mit den Dingen. Zur Reflexion tritt Aktion, und Schüler selbst werden an der Planung und Durchführung des Unterrichts beteiligt.

In den letzten Jahren hat sich die Situation im Religionsunterricht offenbar gewandelt: Während gegen Ende der sechziger Jahre die unterrichtliche Behandlung traditioneller Inhalte ohne offensichtlichen Aktualitätsbezug von vielen Schülern rundweg abgelehnt wurde, sprechen heute Eltern, Lehrer und sogar Schüler einem Religionsunterricht, der keine biblischen und im engen Sinne theologischen Stoffe zum Inhalt hat, die Existenzberechtigung rundweg ab.

Überdies vermissen viele Lehrer am problemorientierten Religionsunterricht die Eindeutigkeit theologischer Grundaussagen und fühlen sich durch allzu zeitaufwendige Unterrichtsvorbereitungen und die besonderen Anforderungen von Projekten überfordert. Schülern sind die «ständigen Probleme» zu anspruchsvoll. Der traditionelle Unterricht ist zwar langweilig, aber bequem. Viele Eltern kritisieren eine angebliche «Politisierung» des Religionsunterrichts und treten dafür ein, daß in gewohnter Weise Bibelsprüche, Gesangbuchlieder und Gebote auswendig gelernt werden. Seine Berechtigung erweist der Religionsunterricht heute wieder eher dadurch, daß er sein «Proprium» (das, was seine Eigentümlichkeit ausmacht) im Gottesglauben, im Christusbekenntnis und im «biblischen Zeugnis» aufweist.

Religionswissenschaft (Religionsgeschichte)

Zur Religionswissenschaft im weitesten Sinn gehören die Studien, die sich mit → Religion und mit den Religionen beschäftigen, wie Religionsgeschichte, → Religionssoziologie, Religionspsychologie, Religionsphilosophie und → Religionsphänomenologie. Im Unterschied zur → Theologie ist die Religionswissenschaft eine empirische (auf Erfahrung bezogene) Wissenschaft. Sie will nicht verkündigen, sondern erkennen und verstehen.

1. Ein Anlaß zum Vergleich verschiedener Religionen ist z. B. dann gegeben, wenn einander fremde Religionen sich begegnen. Als sich in der Epoche der Conquista (span. = Eroberung, Entdekkung und Eroberung der Neuen Welt im 15. und 16. Jahrhundert) das europäische Christentum über die ganze Welt auszubreiten begann, lernte das Abendland viele fremde und bislang unbekannte Religionen kennen. Mit der plötzlich gestellten Aufgabe, diese fremden Glaubensweisen zu begreifen, waren die Christen aber überfordert.

Mit dem Problem des Pluralismus der Religionen hatte sich bereits lange zuvor die Antike auseinandergesetzt. Die «griechische und römische Deutung» («interpretatio graeca» und «interpretatio romana») hatten fremde Götter, die in den Gesichtskreis der antiken Welt eingetreten waren, einfach mit den Namen griechischer und römischer Gottheiten belegt. Das Fremde mittels bekannter Namen zu beschreiben, ermöglicht in gewissen Grenzen ein Verstehen des Unbekannten.

Diese Methode wurde von den Römern auch gegenüber der germanischen und der keltischen Religion angewendet. (→ Germanische Religion) So schrieb Tacitus (römischer Geschichtsschreiber, ca. 50–ca. 116) über die Germanen: «Von den Göttern verehren sie am meisten Merkur [germanisch: Wodan], dem sie an bestimmten Festtagen auch Menschenopfer darbringen dürfen. Herkules [germanisch: Donar] und Mars [germanisch: Ziu] versöhnen sie mit erlaubten Tieren.»

Die Römer verglichen aber nicht nur die anderen Götter mit den ihrigen, darüber hinaus übereigneten sie auch den eigenen Qualitäten der fremden Götter. Dadurch wurden die römischen Gottheiten mythologisch immer reicher ausgestattet (→ Mythos) Der Göttervergleich war gleichzeitig auch der erste Schritt zur Ausweitung des Macht- und Wirkungsbereiches der eigenen Gottheiten.

Vermischung von verschiedenen Gottheiten ist kennzeichnend für die religiöse Situation der Spätantike. Man bezeichnet diesen Vorgang mit dem Begriff «Synkretismus» (Vermischung verschiedener Religionen).

Von entgegengesetzter Intention war der Religionsvergleich, den die Christen vornahmen («interpretatio Christiana»): Das Fremde sollte abgewehrt werden.

Lukian von Samosata (ca. 120 – ca. 180) beispielsweise schrieb über Gottheiten des ägyptischen Tierkultes: «Du hundsköpfiger, in Leinen gehüllter Ägypter, wer bist denn du? Und wie kannst du elender Hund ein Gott sein wollen? Und wozu läßt sich der bunte Stier aus Memphis verehren und gibt Orakel und hat Priester?» Während die Römer die germanischen Götter grundsätzlich akzeptierten und sie sogar mit den eigenen gleichstellten, erklärten die Christen germanische Götter zu bösen Geistern, Dämonen und Teufeln. «Alle Götter der Heiden sind Dämonen.» (Augustinus, 354–430) So brachten die Christen die fremden Götter in einen absoluten Gegensatz zu ihrem eigenen Gott. (→ Hölle) Im Unterschied zu den «heidnischen» Römern weigerten sich die Christen auch, die Göttlichkeit des Kaisers anzuerkennen. Gleichzeitig übernahmen sie jedoch die Würdenamen des Kaisers und wendeten diese auf Christus an. (→ Christologie) So wurden der Kaiser von den Römern und Jesus von den Christen gleichzeitig Kyrius (Herr), Pantokrátor (Allherrscher) und Sotér (Heiland) genannt. (→ Theologie)

Begegnung mit fremden Kulten und Kultstätten führte bisweilen zur Akkomodation (Anpassung) an vorgefundene Glaubensformen und Riten. Um die Wende vom 6. zum 7. Jahrhundert schrieb Papst Gregor der Große an einen Missionsbischof bei den Angelsachsen: «Ich bin der Meinung, man solle die Götzentempel bei diesem Volke nicht zerstören, nur die Götzenbilder, die sich darin befinden, vernichten, die Mauern aber mit Weihwasser besprengen, um sie gleichsam zu reinigen, Altäre darin errichten und Reliquien niederlegen, damit, wenn das Volk sieht, daß man seine Tempel unversehrt läßt, es seinen Irrtum von Herzen ablege und sich an den nun einmal gewohnten Stätten zur Anbetung des wahren Gottes williger versammle.» Durch diese Maßnahmen konnten sich traditionelle Phänomene der besiegten Religionen gleichsam unter dem Deckmantel des Christentums erhalten. (→ Aberglaube)

2. Religionswissenschaft basiert auf Erkenntnissen der Religionsgeschichte. Das Christentum selbst steht nicht in der Mitte ihrer Fragestellungen; auch hat sie sich vom christlichen → Absolutheitsanspruch losgelöst und von der christlichen Theologie emanzipiert. Sie möchte nicht einem Glauben oder einer religiösen Gemeinde dienen, sondern versteht sich als freie Forschung. Religionswissenschaft ist deshalb bei vielen Theologen umstritten. Adolf von Harnack (1851–1930) hielt sie für überflüssig. («Wer die christliche Religion kennt, kennt alle.») Nach Karl Barths (1886–1968) Meinung gibt es nur eine Offenbarung Gottes, nämlich diejenige in Jesus Christus; folglich können die Religionen der Welt den Christen nichts wesentlich Neues sagen.

Andere Theologen vertreten allerdings die entgegengesetzte Auffassung und meinen, Theologie sollte in Religionswissenschaft aufgehen; die christliche Religion sei nämlich lediglich eine historische Größe neben anderen innerhalb der Geistesgeschichte der Menschheit.

Christliche Theologie geht von der Annahme einer einmaligen Offenbarung Gottes in Jesus aus. Für Religionswissenschaftler ist es jedoch keine wissenschaftliche Frage, ob Religionen auf Offenbarungen beruhen; denn «Offenbarung» ist kein wissenschaftlicher, sondern ein Glaubensbegriff. Deshalb kümmert sich die Religionswissenschaft auch nicht um die Wahrheit oder Gültigkeit einer Religion. Sie beschäftigt sich mit den geschichtlichen Tatsachen der Religionen, nicht aber mit deren theologischer Bedeutung.

Religionswissenschaft klärt Begriffe wie «Opfer» und «Sühne», «Sakrament» und «Mysterium», «Kult» und «Mythos». Worte wie «Heiland» oder «Logos» (Wort, Vernunft), «heilig» oder «Sünde», die im Christentum von Bedeutung sind, werden von den Religionen her erklärt, in denen sie vorkommen oder entstanden sind.

Was Religion ist, will die Religionswissenschaft empirisch, d. h. durch das Studium der Religionen selbst, herausfinden. Sie stellt aber nicht die Frage nach dem Ursprung von Religion. Wissenschaftlich kann nämlich über den Ursprung der Religion noch weniger ausgesagt werden als über den Ursprung der Welt und des Menschen. Die Frage nach dem Ursprung, gekoppelt mit der Frage nach dem Wesen von Religion, ist eher ein Problem der Theologie oder der Philosophie. In zurückliegender Zeit hat die Religionsgeschichte unter dem Einfluß des Entwicklungsgedankens die Theorie aufgestellt, die Geschichte der Menschheit sei eine einzige Entwicklungslinie, an der auch Religion teilhätte, indem sie von primitiven zu höheren und höchsten Formen emporstieg.

In den «primitiven Religionen» und ihren Erscheinungen wie Ahnenkult und Fetischismus (Fetisch = machtgeladener Gegenstand) glaubte man, das Urstadium religiöser Entwicklung vor sich zu haben. Die Theorie des → Animismus leitet alle Religionen vom Geisterglauben ab. Andere Theoretiker nahmen ein noch früheres Stadium an, in dem es Religion angeblich nur als → Magie gab. Die Theorie des «Dynamismus» hielt den Glauben an eine alles durchdringende, unpersönliche Macht für den Ursprung von Religion. Die Entwicklung der Religion dachte man sich dann in Stadien: Aus dem Geisterglauben habe sich der Glaube an Dämonen und aus diesem der Götterglaube entwickelt, wobei es zunächst den → Polytheismus (Glaube an mehrere Götter) gab, der sich schließlich zum Monotheismus (Eingottglauben) verdichtete.

Heute wird die Theorie einer einlinigen Entwicklung von Religion nicht mehr aufrechterhalten. Man geht nicht mehr von einem «vorgeschichtlichen Stadium» der «primitiven Religionen» aus, auf die die Religionen der «Kulturvölker» gefolgt wären. Die angenommenen «Frühstadien» lassen sich nämlich nicht historisch bezeugen. Hingegen belegen schon früheste Urkunden der ältesten Kulturvölker, der Ägypter, Babylonier, Inder und Chinesen, den Kult von Göttern. Daß sich der Gottesglaube aus Animismus oder aus Dämonenvorstellungen entwickelt habe, läßt sich demnach nicht nachweisen.

Deshalb untersucht Religionswissenschaft nicht mehr die Geschichte von Religion, sondern die Geschichte der Religionen. Religionen gelten dabei selbst als geschichtliche Erscheinungen. Sie gehören zu politischen Gebilden, zu Stämmen, Völkern, Staaten und Reichen. Sie sind von der jeweiligen Kultur und von politischen Entwicklungen beeinflußt und wirken ihrerseits auch auf die politischen, gesellschaftlichen und kulturellen Verhältnisse ein.

3. Religionswissenschaftliche Fragestellungen richten sich 1. auf die Gläubigen selbst, 2. auf das, was diese glauben, 3. auf die Beziehungen zwischen den Gläubigen und ihrem Glauben und 4. auf die gesellschaftlichen Auswirkungen von Religion. Die seelischen Zustände, Gefühle und Strebungen des Gläubigen untersucht hingegen die Religionspsychologie.

Religiöse Vorstellungen schlagen sich in Mythen nieder. Mythen sind Göttergeschichten. Sie beschreiben die Tätigkeiten der Götter, insbesondere deren Herrschaft über die Menschen, und geben eine Deutung der Welt. Der Mythos ist auf den Kult bezogen. Jeder Kult setzt mythische Vorstellungen voraus.

Als Gegenstand des Glaubens bezeichnet die Religionswissenschaft häufig ein

unpersönliches Heiliges, dessen Wesen «Macht» sei, die sich offenbare.
Glaube enthält die Vorstellung, daß die Macht dessen, der verehrt und angerufen wird, in die Welt hinein wirke und so das Leben der Menschen bestimme. Die eigentliche religiöse Frage lautet demnach nicht: «Wer ist Gott?» sondern: «Was tut er für uns, und was verlangt er dafür?»
Der Kontakt zwischen den Gläubigen und der Gottheit vollzieht sich im Kult. Der Kult ist ein zweckbestimmtes Wechselverhältnis. Von der Gottheit wird «Heil» (Gnade, Segen) erwartet. Zorn und Grimm der Gottheit (Fluch, Unheil) müssen hingegen abgewendet werden. Deshalb gibt es Gebet und Opfer, Reinigung und Weihe, Lob und Sühnehandlungen.
Religion ist aber nicht nur auf den kultischen Bereich beschränkt. Sie wirkt sich auch im Leben der Menschen aus. Religionen haben einen geschichtlichen Charakter. Deshalb gehören zur religiösen Überlieferung immer auch Gesetze. Die religiösen Gesetze beziehen sich nicht nur auf den Kult und auf das Verhalten an heiligen Stätten. Sie bestimmen auch das sonstige Verhalten der Menschen und das Gemeinschaftsleben. In den alten Kulturen gründen die sozialen und ethischen Ordnungen, Recht, Sitte und Gesetz, in der Religion. Die Götter selbst sind Hüter des Gesetzes. Wer Sitte und Gesetz verletzt, zieht Zorn und Rache der Götter auf sich.

S

Sakrament

Mit dem Begriff «Sakrament» werden heute kirchliche Handlungen wie zum Beispiel →Taufe und →Abendmahl bezeichnet. Das ursprüngliche lateinische Wort «sacramentum» meinte jedoch entweder die Geldsumme, die prozessierende Parteien im Heiligtum niederlegen mußten, oder den «militärischen Fahneneid» und die damit verbundene kultische Zeremonie. In den ältesten lateinischen Bibelübersetzungen steht der Begriff für das griechische «Mysterium» («Geheimnis»), das heißt für die Gabe des Reiches Gottes am Ende der Zeiten. (Mk. 4,11; vgl. auch 1. Kor. 2,7; Röm. 11,25; Eph. 5,32) Später wurden dann auch Taufe und Abendmahl «Sakramente» genannt. Die Taufe galt als «Fahneneid für den Kriegsdienst Christi» und als religiöses «Geheimnis».
Wenn religionswissenschaftlich von Sakramenten gesprochen wird, so meint man damit heilige Handlungen, die etwas ähnliches beabsichtigen wie die christlichen Sakramente: Es geht dabei immer um die Vermittlung von Heil für die Menschen. Während sich das →Opfer als menschliche Handlung an einen Gott richtet, gilt das Sakrament umgekehrt als Handeln Gottes am Menschen.
Beim Vollzug der Sakramente kommen «Instrumente» und «Medien» zum Einsatz: Flüssigkeiten oder Speisen, Fette oder Öle, Pflanzen oder Fleisch, machtvolle Gegenstände oder heilige Bücher. Durch Medien, Zeichen oder Gesten werden im Menschen (als wirklich vorgestellte) Veränderungen herbeigeführt. Auf vielerlei Art werden die sakramentalen Handlungen vorgenommen: durch Berührung und Handauflegung, Anblasen und Bespeien, Salbungen und Besprengung, Schlagen und Auspeitschen.

Verbreitet sind Speisesakramente. Sie wurden teilweise im → Totemismus ausgebildet, der zwar den Verzehr bestimmter Tiere normalerweise ausschließt, andererseits aber heilige Tiere unter besonderen Bedingungen zum Genuß freigibt. Brot und Wein sind agrarische Symbole, kultische Gleichnisse des Werdens und Vergehens, und stammen aus den Totenriten der Kulte von Muttergöttinnen. (Muttergottheiten: Herrscherinnen der Erdentiefe sowie Göttinnen der Fruchtbarkeit und Herrinnen der Toten, wie Demeter, Ischtar, Astarte, Isis usw.) Das sakramentale Mahl der hellenistischen → Mysterienreligionen beispielsweise schloß Fleisch, Gerstentrank oder Fisch ein. Mit heiligem Fisch glaubte man, das Fleisch der Gottheit selbst zu verzehren. (Der Fisch wurde zum Symbol des eucharistischen Leibes Christi.) Das Sakrament drückt einerseits die Verbundenheit der Kultgenossen untereinander und andererseits die persönliche Nähe der Gottheit aus.

Der Mithras-Kult (Mithras: persische Gottheit, Lieblingsgott der Krieger; sein Kult breitete sich seit etwa 1400 v. Chr. immer weiter aus und erreichte im 1. Jahrhundert n. Chr. auch Rom, wo er zu einem gefährlichen Rivalen des Christentums wurde) kannte eine Taufe und ein Abendmahl mit Brot, Wasser und Wein als Unterpfand der Unsterblichkeit und als Erinnerungsfest an eine letzte Mahlzeit des Gottes, der daraufhin mit einem Sonnenwagen zum Himmel aufgefahren war. Das urchristliche Abendmahl scheint in Anlehnung an die Praktiken und Vorstellungen dieser antiken Mysterienmahlzeiten gestaltet zu sein.

Zu den beiden ursprünglichen christlichen Sakramenten Taufe und Abendmahl traten im Laufe der Zeit zahlreiche (bis zu dreißig) andere. Schließlich legte die Hochscholastik sieben fest, die auch von den Orthodoxen Kirchen im 13. und 15. Jahrhundert und von der katholischen Kirche im Konzil von Trient (1547) bestätigt wurden: Taufe, Firmung, → Buße, Abendmahl, Ordination, → Ehe und letzte Ölung. Häufig wurde die Ansicht vertreten, daß Sakramente allein schon durch ihren bloßen Vollzug und völlig unabhängig von irgendwelchen persönlichen Voraussetzungen der Gläubigen wirken.

Die Kirchen der Reformation erkannten ursprünglich nur drei oder vier Sakramente (Taufe, Abendmahl, Absolution und Ordination) und später lediglich noch Taufe und Abendmahl an. Das Sakramentsverständnis selbst war heftig umstritten. Martin Luther (1483–1546) hielt die Sakramente für «Gottes Zeichen und Siegel», die neben der Verkündigung jedoch keine eigenständige Bedeutung hätten. Die Lutheraner definierten daraufhin Sakramente als «Riten, die ein Mandat Gottes haben und denen die Verheißung der Gnade beigegeben ist».

Für Zwingli (1484–1531) waren Taufe und Abendmahl lediglich Gedächtnishandlungen sowie Bekenntnis- und Erneuerungszeichen der christlichen Gemeinde. Calvin (1509–1564) hingegen bezeichnete die Sakramente als von Gott gesetzte Zeichen, die Gottes Gnade bezeugen und bekräftigen sowie den Glauben stärken.

Schicksal

Im Glauben an ein Schicksal schreibt der Mensch das, was ihm im Leben widerfährt, einer Macht außerhalb seiner selbst zu. Gewisse Ereignisse sieht er als determiniert an: «Es war so bestimmt.» Unglück erscheint als böses, → Glück als gutes Schicksal. In vielen Religionen wird das Schicksal auf göttliche Urheber zurückgeführt. Manche sehen deshalb im Schicksalsglauben den Ursprung von Religion überhaupt.

1. Im Lateinischen heißt Schicksal, Orakel oder Götterspruch «Fatum». Fatum ist das dunkle Todesschicksal des Men-

schen, das bereits bei der Geburt von den Sternen bestimmt ist. (Der christliche Eigenname «Bonifatius», der seit dem 4. Jahrhundert gebräuchlich ist, setzt sich aus «bonum» [«gut»] und «fatum» [«Schicksal»] zusammen.) Fatum und die Götter treten deshalb fast austauschbar nebeneinander. Aus den weiblichen Schicksalsgöttinnen (Fatae) werden später Feen: dämonische Gestalten des Märchens, der Sage und des Volksglaubens. (→ Aberglaube)

Die griechische Bezeichnung für Schicksal oder Verhängnis ist «heimarmene». Heimarmene ist das Gesetz des Kosmos, das über den einzelnen verhängte Lebenslos oder Todesgeschick. Am Ende von Platons (427–347 v. Chr.) Werk «Der Staat» erscheint die Göttin Ananke («Notwendigkeit», «Schicksal»). Ihre Töchter, die Moiren (Moira, griech.: «Anteil»; Schicksalsgöttinnen, die den Lebensanteil des Menschen bestimmen), umgeben sie: Lachesis kündet die Vergangenheit, Klotho die Gegenwart und Atropos die Zukunft. Nach tausendjähriger Wanderung kommen die Seelen aus der Tiefe der Erde oder vom Himmel herab. Sie treten vor Lachesis, aus deren Schoß ein Prophet Lose und Lebensmuster entnimmt. Demnach ist alles vorherbestimmt und Gleichgültigkeit gegenüber der Zukunft (Fatalismus) angebracht.

Dennoch ist es der Mensch selbst, der die Wahl trifft; sein Wille ist nämlich frei. «Die Tugend hat keinen Herrn... Die Schuld liegt bei den Wählenden; Gott ist schuldlos.» Die christliche Literatur hat sich an diese Auffassung angeschlossen. Der Mensch ist frei, um sich sittlich entscheiden zu können. Für das, was er tut, trägt er allein die Verantwortung. Er kann die Schuld nicht auf die göttliche Vorsehung abschieben. Gott ist trotz des Leidens in der Welt gerechtfertigt. (Theodizee, griech.: «Gottesrechtfertigung»)

Nach der Lehre des → Platonismus ist Heimarmene jene göttliche Vorsehung, die als dauerhaftes Gesetz dem Kosmos auferlegt ist. Zwar ist der Mensch frei, sich für oder gegen das Handeln zu entscheiden; das Ergebnis der Handlung aber unterliegt der Heimarmene. Die Mantik (Kunst des Wahrsagens und Weissagens) und das Orakelwesen können die Wege der Heimarmene aufdecken. Was am Ende zum tatsächlichen Geschick des Menschen wird, ergibt sich aus dem Zusammentreffen von menschlicher Entscheidung und göttlicher Bestimmung. Die «Ordnung des vorsehenden Schicksals» zielt also geradewegs auf den freien Willen des Menschen.

Ein völlig anderes Verständnis des Schicksals hatten die astrologischen Fatalisten. Ihrer Meinung nach kann man an den ewigen Bahnen der kreisenden Gestirne, dem reinsten Ausdruck der Naturgesetze, die Zukunft erkennen. Leben und Tod, Schicksal und Beruf, wichtige Ereignisse und Charaktereigenschaften, selbst Verbrechen und Sühne, sind unabänderlich vorherbestimmt. (→ Astrologie) Bei der Beobachtung der Sternenbewegungen gewinnt der Mensch seinen Seelenfrieden. (Apathia = Leidenschaftslosigkeit, Gelassenheit) Da die Handlungen nicht dem eigenen freien Entschluß der Menschen entspringen, kann man niemanden für seine Untaten strafen oder für seine Tugenden belohnen. Auch Gebete und Opfer sind demnach völlig sinnlos. Menschliche Sehnsüchte und Wünsche müssen am Mechanismus der Vorsehung abprallen.

Aristoteles (384–322 v. Chr.) hat dieser Auffassung entschieden widersprochen. Seiner Meinung nach ist jeder Mensch für seine frei gewollten Taten verantwortlich. Die Gesetzgeber «verhängen Straf- und Sühnemaßnahmen gegen Schuldige, sofern nicht Zwang oder unverschuldete Unwissenheit im Spiele waren. Edle Tat aber zeichnen sie aus und wirken so teils ermunternd, teils abschreckend.»

2. Der Gottesbegriff des Alten Testa-

ments enthält zahlreiche schicksalhafte Züge. Gottes Handeln ist für den Menschen oft unbegreiflich. Jahwe entscheidet mitunter allein über Erfolg und Mißerfolg menschlichen Tuns. Er bestimmt sogar die Handlungen der Menschen selbst. Für ihn ist der Mensch wie Ton in der Hand des Töpfers. «Kann ich nicht ebenso mit euch umgehen, ihr vom Hause Israel, wie dieser Töpfer? spricht der Herr. Siehe, wie der Ton in des Töpfers Hand, so seid auch ihr vom Hause Israel in meiner Hand.» (Jer. 18,6) Mitunter ist es Gott selbst, der den Menschen sogar zur Sünde zwingt oder ihn mit Blindheit schlägt. «Denn der Herr hat über euch einen Geist des tiefen Schlafs ausgegossen und eure Augen – die Propheten – zugetan, und eure Häupter – die Seher – hat er verhüllt.» (Jes. 29,10)

Das Judentum hat die Lehre ausgebildet, daß alles Geschick des Menschen und der Völker vorherbestimmt sei. So war beispielsweise Jakobs und Esaus Rangverhältnis schon vor ihrer Geburt festgelegt. «Und der Herr sprach zu ihr [zu der schwangeren Rebekka]: Zwei Völker sind in deinem Leibe, und zweierlei Volk wird sich scheiden aus deinem Leibe; und ein Volk wird dem andern überlegen sein, und der Ältere wird dem Jüngeren dienen.» (1. Mose 25,23) Jahwe selbst hat Israel aus freiem Entschluß erwählt. «So spricht der Herr, der dich gemacht und bereitet hat und der dir beisteht vom Mutterleibe an: Fürchte dich nicht!» (Jes. 44,2) Alles ist von Gott vorherbestimmt. «Ich habe von Anfang an verkündigt, was hernach kommen soll, und vorzeiten, was noch nicht geschehen ist. Ich sage: Was ich beschlossen habe, geschieht, und alles, was ich mir vorgenommen habe, das tue ich.» (Jes. 46,10)

3. Der griechischen Welterklärung, die von der gesetzmäßigen kosmischen Bewegung und der Schicksalsbedeutung der Sterne als Ausdruck von Harmonie und Vernunft ausging, widersprach die →Gnosis. Die Gnosis war eine Bewegung, die in vorchristlicher Zeit entstanden war und die innerhalb und außerhalb des Christentums in Erscheinung trat. Sie setzte den Kosmus in radikalen Gegensatz zum jenseitigen guten Gott: Die Welt ist widergöttlich; in dieses Gefängnis sind die Menschen geworfen. Der Mensch besteht aus Leib (Körper, Fleisch), Seele und Geist. Aber nur der Geist als Lichtfunke kann den Weg der Rettung finden. Ihm kommt Hilfe von außen entgegen: die göttliche Vorsehung, die das böse Schicksal (Heimarmene) besiegen wird. Erst wenn der Lichtfunken zur göttlichen Vorsehung aufgestiegen ist, findet der menschliche Geist zu sich selbst. Nach gnostischer Auffassung sind alle Menschen Sklaven der Heimarmene und böser Astraldämonen. Göttliche Vorsehung aber ermöglicht den Ausbruch aus dem Schicksal und zeigt den Weg der Erlösung.

Im Christentum blieb der alte Schicksalsglaube lange erhalten. Manche «heidnischen» Astrologen führten ihren Beruf nach ihrer Taufe weiter. Die Kirche ging gegen diese «heidnischen Reste» jedoch entschieden vor. Täuflinge mußten dem Glauben an das Fatum abschwören. Dieses Verbot des Schicksalsglaubens wurde auf Konzilien und Synoden bis in späte Zeiten immer wieder erneuert.

Im Kampf gegen den verbreiteten Schicksalsglauben wies man vor allem auf die verderblichen moralischen Folgen des Fatalismus hin. Dabei sprachen die Christen jedoch keineswegs den Sternen, die als geistige Wesen höherer Art angesehen wurden, jegliche Einflüsse auf das irdische Geschehen und auf das menschliche Geschick ab. Lediglich den freien Willen des Menschen – so glaubte man – könnten sie nicht bezwingen. Damit war immerhin die sittliche Verantwortung eines jeden für sein Tun gesichert.

Im Kampf gegen den Fatalismus tat sich

vor allem Origenes (gest. 254) hervor. Ausgangspunkt seiner Lehren war die Behauptung, daß der Wille des Menschen frei sei: Das Übel in der Welt geht nicht zu Gottes, sondern zu der Menschen Lasten. Schicksalsglaube führt zu Gottlosigkeit und Unmoral. Dem freien Handeln des Menschen paßt sich die Vorsehung und Lenkung Gottes an. Die Vorsehung hat demnach einen «pädagogischen» Zweck.

Auch Augustinus (354–430) versuchte Gottes Vorherwissen und des Menschen freie Taten miteinander in Einklang zu bringen. Der Mensch ist selbst verantwortlich, und nur deshalb erweisen sich Gesetz und Lob, Tadel und Gebete als begründet. Die Astrologen bezeichnete Augustinus als Handlanger des Bösen: Sie führen nämlich das Böse auf das Fatum und – da das Fatum der Wille und die Macht Gottes ist – somit auf Gott selbst zurück. Der Schicksalsglaube tötet alle sittliche Verantwortlichkeit. Astrologische Bücher ließ Augustinus verbrennen. Gegen die Auffassung des Augustinus von der Gnade, die Gott den Menschen ohne eigenes Verdienst schenkt, wandten sich die Pelagianer, die in dieser Lehre einen verkappten Schicksalsglauben sahen. (Pelagius betonte gegenüber der Gnadenlehre Augustinus' die sittliche Verantwortung des Menschen, dessen Natur er für wesentlich unverdorben und keineswegs als von der Erbsünde geschädigt ansah.)

4. In der neuesten Zeit war es vor allen Dingen die Philosophie des → Existentialismus, die sich der Frage nach dem Schicksal zuwandte. Nach Martin Heidegger (1889–1976) ist das Dasein als endliches (begrenztes) Dasein Schicksal. Unser Leben beginnt mit Bedingungen, die ererbt sind. Das Dasein ist Geschichte. Niemand kann frei beginnen, aber man kann seine Möglichkeiten ins Auge fassen und sie auch gestalten. Schicksal ist also ein Ausdruck dafür, daß wir geschichtlich sind. Geschichtliche Ereignisse, ein bestimmtes Elternhaus, eigene Fähigkeiten und Mängel, die uns schicksalhaft mitgegeben sind, erscheinen als unentrinnbar. Sein Schicksal übernehmen heißt, es mit ihm aufnehmen. Das Schicksal ist also Bedingung, aber auch Begrenzung der Freiheit.

In der Hoffnung, daß es eine Führung (etwa durch Gott) gebe, wird das Schicksal auf vielfältige Weise mystifiziert. Damit ringt sich der Mensch ein Ja zu dem ab, was ihm eigentlich unverständlich ist. An die Stelle aktiver Auseinandersetzung mit den Daseinsbedingungen tritt der «fatalistische» Glaube an Eingriffe von außen. So soll dem Spiel des Zufalls ein Sinn abgewonnen werden, ohne daß die eigene Lebensgestaltung diesen Sinn vor Augen zu stellen braucht.

Schintoismus

Schintoismus ist die ursprüngliche Religion Japans. Ihr Name kam auf, als sich der → Buddhismus in Japan ausbreitete. Da nannte man die alte Religion «Schinto», «Weg der Götter». Wie bei fast allen Stammes- und Naturreligionen gab es zunächst keine Aufzeichnungen. Erst nachdem die Schrift von China nach Japan gekommen war, verfaßte man (seit dem 7. Jahrhundert) auch Texte religiösen Inhaltes.

Im 8. Jahrhundert gab der japanische Kaiser dem Offizier Yasumaro den Auftrag, alle Legenden und Mythen zu sammeln, die von der Abstammung des kaiserlichen Hauses handeln. Auf langen Reisen durch Japan suchte Yasumaro daraufhin Märchen und Geschichten, die er 712 n. Chr. unter dem Titel «Kojiki» («Alte Annalen») herausgab. Sie beginnen mit der Schöpfung und reichen bis ins 8. Jahrhundert.

Da ihm kein Alphabet zur Verfügung stand, griff der Verfasser auf chinesische Ideogramme (Schriftzeichen) zurück. Bei der Transkription der «Kami no michi» (japanisch: «der Weg der Kami», d. h. der Weg wichtiger Personen) verwendete er die chinesischen Zeichen für «Geist» («schin») und für «Weg» («tao»; → Taoismus). So entstand «Schinto»: «Weg der Götter», obgleich es sich bei den mythischen Personen dieser Geschichten nicht um höhere Mächte, sondern um wirkliche Menschen – Helden und Ahnen – handelt.

Das Buch «Kojiki» beginnt mit einer langen Abstammungsreihe der Kami. An der 17. und 18. Stelle der Kette werden Izanagi und Izanami genannt, die Ureltern, die das männliche und das weibliche Prinzip verkörpern. Sie «gebaren» Japan, indem sie einen Speer in den Weltozean tauchten. Das himmlische Paar, das auch Bruder und Schwester war, schuf viele Arten von Kami, z. B. den Feuergott. Dieser verbrannte Izanamis Schoß und tötete sie. Izanagi brachte später noch die Himmel-Scheinende-Große-Erlauchte-Gottheit (Amaterasu, die Sonnengöttin), den Mond-Nach-Besitzer und den Sturmgott hervor. Das sind die drei Hauptkami.

Im Allerheiligsten jedes Schintotempels wird der «Gottesleib» (Schintai) aufbewahrt: ein Spiegel als Abbild der Sonnenscheibe, den kein Mensch anschauen darf; denn er ist Träger göttlicher Kraft.

Berge gelten als Sitz der Götter. Brunnen und Quellen, Flüsse und Meere, Felder und Bäume werden verehrt. Jedem Gott kommt eine bestimmte Aufgabe zu.

Neben den Naturgottheiten gibt es auch Totengeister. Sie übernehmen den Schutz der lebenden Familie. Verehrt wird – zu Lebzeiten wie auch nach dem Tod – das Ahnenoberhaupt. Die Zahl der Götter ist unübersehbar. Angehörige des kaiserlichen Hauses und verdiente Staatsmänner (auch Wissenschaftler wie der deutsche Tropenmediziner Robert Koch) wurden zu Gottheiten erhoben. Der Kaiser, der 1945 nach der japanischen Kapitulation im Zweiten Weltkrieg abdanken mußte, galt selbst als Nachkomme der Sonnengöttin; er wird von vielen Japanern heute noch als göttliches Wesen angesehen.

Nach dem Eindringen des Mahayana-Buddhismus im 6. Jahrundert geriet der Schintoismus in Verfall; japanische Gottheiten wurden mit den Buddhas identifiziert. Schließlich verschmolzen beide Religionen. Es gibt Simultantempel, in denen buddhistische «Bonzen» (Priester) mit Schintopriestern zusammen amtieren. Bis heute sind diese Religionen eng miteinander verquickt.

Der Glaube an viele Tausende von Kami ist bis heute erhalten geblieben. Wenn beispielsweise eine Ölquelle angebohrt wird, so muß zuvor der Geist der Quelle besänftigt werden.

Das japanische Religionsgemisch hat neben Elementen des Buddhismus und Schintoismus auch solche des → Taoismus und des → Konfuzianismus ineinander aufgehen lassen. Buddhisten erklären, die Kami seien lediglich besondere Erscheinungsformen des Buddha. Schintoisten hingegen bezeichnen die Kami als Originale, von denen die Buddhas abgeleitet seien.

Im letzten Jahrhundert wurde offiziell erklärt, Schinto sei keine Religion, sondern seinem Wesen nach Ahnenverehrung; deshalb ordnete man alles, was mit Schinto zusammenhängt, dem Zuständigkeitsbereich des Innenministeriums unter. Hingegen bezeichnete man den Buddhismus mit seinen Sekten, Einrichtungen und Tempeln als Religion und unterstellte diese dem Ministerium für religiöse Angelegenheiten.

Im heutigen Japan gibt es zahlreiche buddhistische und schintoistische Sekten. Die Schintosekten, die zum Teil auch vom Christentum beeinflußt sind, geben bevorzugt den religiösen Bedürfnissen der Menschen Raum und bieten denjenigen, die der Alltagswirklichkeit entfliehen wollen, religiöse Hilfe an.

Schöpfung

Auf die Frage, wie die Welt entstanden ist, geben die Religionen unterschiedliche Antworten. Häufig stellen sie einen persönlichen Urheber an den Anfang, dessen Schöpfungstat die Welt und die Menschen hervorgebracht habe. «Schöpfung» setzt also einen persönlichen Urheber voraus. «Es war zu der Zeit, da Gott der Herr Erde und Himmel machte...» (1. Mose 2,4b) Andere Religionen beschreiben die Entstehung der Welt hingegen wie ein Werden, das unpersönliche Kräfte zur Entfaltung kommen ließen.

In den → Mythen vieler Stammesreligionen treten Schöpfergestalten auf, die, nachdem sie ihr Werk verrichtet haben, zurücktreten und hinfort in der Frömmigkeit und im Kult kaum noch eine Rolle spielen. (→ Schöpfungsmythen) Häufig ist der Demiurg (Weltschöpfer) vom höchsten und wichtigsten Gott unterschieden. Dies weist darauf hin, daß die Schöpfungsvorstellungen im religiösen Denken vieler Völker eine weniger bedeutsame Rolle spielen, als man gemeinhin annimmt.

Im Christentum hat die Auseinandersetzung zwischen Theologie und Biologie seit dem 19. Jahrhundert das Problem von «Schöpfung oder Entwicklung» auf die Frage zugespitzt: Ist das Dasein der Welt und des Menschen eigentlich auf das Handeln eines persönlichen Gottes zurückzuführen, oder ist der Kosmos nicht vielmehr durch einen fortschreitenden Entwicklungsprozeß entstanden? Sind wir also von einem Vatergott gewollt und folglich in seiner Fürsorge geborgen, oder sind wir lediglich Produkt eines Zufalls?

Der Schöpfungsglaube des Alten Testaments gehört, im Unterschied etwa zu Aussagen über die Offenbarung Jahwes beim Auszug aus Ägypten (→ Exodus), nicht zu den ältesten Glaubenselementen des Volkes Israel. (Vgl. 5. Mose, 26,5–9) Gott wurde vielmehr zuerst deshalb verehrt, weil Israel mit ihm gute Erfahrungen in der Geschichte gemacht hatte. Das Thema «Schöpfung» kam hingegen erst viel später auf. Die Schöpfungsmythen der kanaanäischen, ägyptischen und mesopotamischen Nachbarkulturen waren in Israel wohl bekannt. Erst in der Auseinandersetzung mit ihnen entwickelte sich aber in Israel selbst die Überzeugung, daß der Gott, der in die Geschichte des Volkes eingegriffen hatte, auch der Schöpfer der Welt gewesen sei.

Im Jahr 587 v. Chr. wurde Juda (das Südreich mit der Hauptstadt Jerusalem) von den Babyloniern erobert. Das Königtum fand ein Ende, der Tempel wurde zerstört, die geistige Führungsschicht nach Babylonien deportiert. 538 siegte der Perser Kyros über das neubabylonische Reich und ließ die Judäer nach Palästina zurückkehren. Damals entstand die sogenannte Priesterschrift, ein lehrhaftes theologisches Werk von Priestern; es stellt eine der Quellenschriften der Mosebücher dar (→ Pentateuch) und beginnt mit der Schöpfungsgeschichte: «Am Anfang schuf Gott Himmel und Erde...» (1. Mose 1,1ff)

Nach dieser Beschreibung geht die Entstehung des Kosmos und der Erde auf eine eigene Entscheidung Jahwes zurück. Über dem Chaos des Uranfangs brütete der «Gottessturm». Da fügte Jahwe schöpferisch Element an Element, so daß ein wohlgeordnetes Ganzes entstand, die Welt, die mit Leben gefüllt ist. Die Schöpfung geschah durch ein Wort Jahwes. Auch in einem Mythos der Maya heißt es: «Es geschehe! Es fülle sich die Leere! Weichet zurück ihr Wasser, und gebet Raum, daß die Erde aufsteige und sich festige!» Das Licht war das erste Werk Jahwes. Indem er den Elementen ihre Namen gab, besiegelte er seinen Herrschaftsanspruch über sie.

Als Himmel und Erde getrennt waren, konnte Leben entstehen. Ähnlich wie im Alten Testament, heißt es im babylonischen Weltschöpfungsepos «Enumaelisch» (→ Babylonisch-assyrische Religion): «Das Aufstehen des Windes, den frischen Regen, den Hauch der Nebel, die Ströme ihres Speichels ordnete er und nahm das Ganze selbst in die Hand.»

Nach der Vorstellung der Priesterschrift wird die Erdscheibe von Säulen sicher getragen; sie ist von Wasser umgeben. Unter ihr befinden sich die Urflut, über ihr die Himmelsglocke und das Wasser, das den Regen spendet. Der Schöpfergott hat das Chaotische des Wassers in die Schranken gewiesen. Die Pflanzen beziehen ihr Wachstum aus der Erde; die Gestirne gelten, anders als bei den altorientalischen Nachbarvölkern Israels, als Geschöpfe Jahwes und keineswegs als Götter. Die lebendigen Geschöpfe, Tiere und Menschen, sind von Jahwes eigener Hand gemacht.

Die Erschaffung der Menschen bildet den Höhepunkt des Schöpfungsaktes: «Lasset uns Menschen machen...» Sie werden nach dem «Ebenbild» Gottes geformt. (Vgl. 1. Mose, 1,26ff mit Psalm 8) Als Herr über die Tiere ist der Mensch Stellvertreter Gottes auf Erden. Jahwe übergibt ihm damit einen Teil seiner Verantwortung.

Von Anfang an ist der Mensch als Mann und Frau gemacht; beide sind gleichberechtigt, füreinander bestimmt und verantwortlich für den Fortbestand der Menschheit. Es herrscht ein harmonisches Zusammenleben. Verspeist werden dürfen nur Pflanzen (anders 1. Mose 9,3ff); im Orient galten Pflanzen als nicht lebendig. Die Schöpfung erscheint insgesamt als vollkommen und harmonisch. «Siehe, es war sehr gut.» Schließlich «heiligt» Jahwe am siebten Tag die Ruhe. (1. Mose 2,1–3)

Für die Israeliten der Exilzeit war der Sabbat (jüdischer Ruhetag) das Zeichen ihres Bundes mit Jahwe, das sie von den Heiden unterschied. «Haltet meinen Sabbat; denn er ist ein Zeichen zwischen mir und euch von Geschlecht zu Geschlecht... Wer ihn entheiligt, der soll des Todes sterben.» (2. Mose 31,12ff)

Ins 1. Mosebuch ist ein weiterer Schöpfungsmythos eingearbeitet. Man ordnet ihn der Quellenschrift des «Jahwisten» zu. (Der Name dieser wahrscheinlich um 950 v. Chr. verfaßten Quelle leitet sich von dem darin verwendeten Gottesnamen «Jahwe» ab; → Pentateuch) Ihr Verfasser hat alte Stammes- und Sippenüberlieferungen, die im Volk umliefen, gesammelt und mit ihnen die Heilsgeschichte Israels mit Jahwe darzustellen versucht. In 1. Mose 2,4b setzt sein Schöpfungsbericht ein.

Im Unterschied zur Priesterschrift ist hier der Urzustand der Erde nicht als Chaos der Urflut, sondern als lebensfeindliche Wüste dargestellt, die zum Kulturland werden soll. Gottes erstes Geschöpf ist der Mensch. Alles andere entwickelt sich erst um ihn herum. Der Mensch wird aus Erde erschaffen, er ist ein Teil der Natur. Gottes Odem (→ Geist) macht ihn zu einem Lebewesen. Er setzt ihn in einen umgrenzten, Geborgenheit vermittelnden Garten. Unter dessen Bäumen gibt es den «Baum des Lebens» und den «Baum der Erkenntnis des Guten und Bösen». Das → Paradies ist kein absoluter Freiraum; es gibt dort einige Einschränkungen.

Jahwe erschafft «dem Menschen» ein Gegenüber, eine «Hilfe», die seiner Hilflosigkeit ein Ende setzen soll: die Frau «aus der Rippe, die er vom Menschen genommen hatte».

Die Schöpfungsaussagen in den Psalmen setzen die geschichtliche Situation des Volkes Israel während des Exils und zum Teil die Zeit danach voraus. «Durch das Wort des Herrn sind die Himmel gemacht, durch den Hauch seines Mundes ihr ganzes Heer.» (Ps. 33,6) Jahwe hat in der Geschichte und bei der Schöpfung gehandelt. «...der die Himmel mit Weisheit geschaffen..., der die Erde auf Was-

ser gegründet..., der die großen Lichter gemacht hat». (Psalm 136,5ff; vgl. auch Ps. 104) Wie er die ersten Menschen erschaffen hat, so läßt er auch jedes neue Leben entstehen. (Ps. 89,13ff)
Keine noch so tief einschneidende geschichtliche Katastrophe kann in Israel die Zuversicht zerstören, die vom Glauben an den Schöpfer ausgeht. «Denn so spricht der Herr, der die Himmel geschaffen, ... der die Erde gebildet und sie gemacht hat...: Ich bin der Herr und keiner sonst.» (Jes. 45,18) Jahwe ist der Ursprung von allem, was ist. «Ich bin der Erste, ich auch der Letzte!» (Jes. 48,12)
Nach der Darstellung des Buches Hiob, das um die Mitte des 5. Jahrhunderts v. Chr. entstand, wies Jahwe bei der Erschaffung des Kosmos die Urgewässer und das Chaos der Urzeit in ihre Schranken. «Wo warst du, als ich die Erde gründete?... Weißt du, wer ihr das Maß gesetzt hat oder wer über sie die Richtschnur gezogen hat? Worauf sind ihre Pfeiler eingesenkt, oder wer hat ihren Eckstein gelegt, als mich die Morgensterne miteinander lobten und jauchzten alle Gottessöhne? Wer hat das Meer mit Toren verschlossen, als es herausbrach wie aus dem Mutterschoß, als ich's mit Wolken kleidete und in Dunkel einwickelte wie in Windeln, als ich ihm seine Grenze bestimmte mit meinem Damm und setzte ihm Riegel und Tore...» (Hiob 38,4ff)
Gegenüber der Herrlichkeit Jahwes erscheint der Mensch als Geschöpf, vergänglich und unvollkommen.
Die Aussagen des Neuen Testaments über Schöpfung und Schöpfer schließen an diejenigen des Alten Testaments an. Gott hat die Welt durch sein Wort geschaffen und «das Nichtseiende ins Sein gerufen». (Vgl. Röm. 4,17; Hebr. 11,3) In aktuellen Notsituationen setzt sich das Handeln Gottes des Schöpfers als Errettung fort. (Röm. 8,12–23) Am Ende der Zeiten wird es schließlich zu Neuerschaffung und Vollendung von Himmel und Erde kommen. (Mat. 19,28; Apk. 21) (→ Apokalyptik)

Schöpfungsmythen
Die Religionen der ganzen Welt kennen kosmogonische → Mythen. (Kosmogonie: Lehre von der Weltentstehung) Sie schildern die Entstehung oder Erschaffung der Welt. Dabei blicken sie auf den allerersten Anfang zurück. «Alles war dunkel. Weder gab es Sonne noch Mond, weder Tiere noch Pflanzen», heißt es in einem Schöpfungsmythos der südamerikanischen Kogi-Indianer.
Oft wird irgend etwas, eine erste Materie oder eine Schöpfergestalt, als bereits vorhanden vorausgesetzt, so daß die → Schöpfung nur einen Neubeginn beschreibt: «Zuerst war das Meer..., das Meer war die Mutter. Sie war Wasser und Wasser, überall.» (Kogi)
Immer geht es um die Frage nach dem Woher? und dem Warum? der Welt und damit auch um ihr Wesen, ihren Sinn und ihre Einrichtungen. Warum gibt es Bäume und Steine? Wer hat die Kulturpflanzen erschaffen? Warum gibt es Menschen? Weshalb müssen sie eigentlich sterben?
Auf grundlegend unterscheidbare Weisen wird in den Mythen der Akt der Schöpfung vorgestellt:

1. Die Welt entsteht spontan, zum Beispiel dadurch, daß sich das «Weltei» in zwei Teile spaltet: Der eine Teil wird zum Himmel, der andere zur Erde, der Eidotter zur Sonne. (→ Vedische Religion) Nach der altägyptischen Kosmologie (Lehre von der Weltordnung) kommt der Sonnengott Re aus dem Weltei. (→ Ägyptische Religion)
2. Die Welt wird entweder von einem Gott (durch Selbstbegattung) oder von zwei Gottheiten gezeugt. In der neuplatonischen Metaphysik beispielsweise geht aus dem «Ureinen» der «Geist», aus diesem die «Weltseele» und aus ihr schließlich die «Mate-

rie» hervor. (→Platonismus/Neuplatonismus)

3. Schöpfung ist die Bearbeitung eines bereits vorhandenen Urstoffes. «Da dachte Wamek: Es gibt keine Erde. Er besorgte Wachs, knetete ihn so, wie man einen Maisfladen knetet, schön rund, legte es auf das Wasser, und brannte es an. Der Wachs lief auseinander, und so entstand die Erde.» (Mythos der kolumbianischen Guayabero-Indianer) Der babylonische Marduk (Gott der Früh- und Frühlingssonne) besiegte den Abgrund, tötete die Urschlange Tiamat und bildete aus ihr die Welt. (→Babylonisch-assyrische Religion) Nach platonischer Auffassung schuf der Demiurg (Weltschöpfer) die Welt aus der «Urmaterie».
4. Die Schöpfung geschieht aus dem Nichts durch göttliche Zauberkraft. «Es werde Licht, und es ward Licht.» (1. Mose 1) Neben Gott steht kein zweites selbständiges Prinzip. Die Schöpfung ist zwar nicht Gott, aber sie ist, als Abbild seiner Weisheit und Schönheit, mit ihm verbunden.

Die Weltschöpfungsvorstellungen der Religionen drücken auch ein bestimmtes Verständnis vom Menschen selbst aus. (→Adam) Mit der Frage nach dem Werden der Welt ist auch die Frage nach dem Werden des Menschen verbunden. Der erste Mensch gilt oft als Urbild des Menschen überhaupt, bisweilen gibt es keinen Unterschied zwischen Urmenschen und Urgöttern.

Die Schöpfungsmythen zeigen, daß sich der Mensch im Werden der Welt wiederfinden möchte; er stellt sich selbst mitten in den Kosmos hinein.

Häufig beantworten die kosmogonischen Mythen auch die Frage nach der Herkunft der Kultur. «Kulturbringer», «Kulturheroen» oder «Urheber-Gestalten» (Dema-Gottheiten), die als Schöpfer auftraten, haben auch die Kulturgüter geschaffen und den Menschen die Techniken des Wirtschaftens, des Handwerks und aller Kunstfertigkeiten übermittelt. Sie waren es auch, die die Menschen in allem Wissenswerten, besonders aber in den Fragen des Kultes unterrichtet haben. (→Kultus)

Scientology-Kirche

Die Scientology-Kirche wird bisweilen zu den neuen «Jugendreligionen» gezählt, obgleich sie so gut wie nichts Religionsspezifisches an sich hat: Sie will zum «Studium des menschlichen Geistes in seiner Beziehung zu sich selbst, zum Universum und zu anderem Leben» anleiten. «Scientologen stehen in der vordersten Reihe der Gesellschaft von heute. Ihre Wachsamkeit, ihre Begeisterung sind allen sichtbar, und in dieser ahnungslosen, verirrten Welt wirken Scientologen neben ihren Mitmenschen wie Fanale. Die Scientologie ist die lebenskräftigste Philosophie in der heutigen Welt, ja sie ist die lebenskräftigste Philosophie, die die Welt je erlebt hat.» (Scientologen-Zeitschrift «The Auditor»)

Der Gründer dieser Gruppe war Lafayette Ron Hubbard. Als Junge begleitete er seinen Vater, einen US-Offizier, auf Reisen durch China und Indien. Schon als Zwölfjähriger hat er, nach eigenen Angaben, die Prinzipien der «Dianetik» («Dianetics») und der «Scientology» zu formulieren begonnen. Im Zweiten Weltkrieg wurde er angeblich verwundet. Aber nach einem «inneren Kampf» arbeitete er sich wieder «empor zu voller Lebenskraft»; seine Erkenntnisse und Bekenntnisse formulierte er 1950 in dem Buch «Dianetics – The modern Science of Mental Health».

Unter «Dianetics» versteht er den «Versuch des Menschen, eine Stufe der Freiheit zu erreichen, wo Anstand und Glücklichsein die Oberhand gewinnen können und wo ein Wissen vom Verstand

selbst die skrupellose Anwendung des Sklavereimechanismus hindert... Der Verstand, der sich selbst versteht, ist der Verstand eines freien Mannes. Er ist nicht länger geneigt zu gequältem Benehmen, unbedachter Willfährigkeit, versteckten Anspielungen... Er ist der Löser von Problemen, der Erfinder von Spielen...»
Wer «Dianetics» praktiziert, hat angeblich die Möglichkeit, alles Belastende seines Lebens auszulöschen und «clear», neu geboren, zu werden. Hubbard: «Die langersehnte Brücke zur totalen Freiheit für den Menschen war gebaut.»
1954 trat neben «Dianetics» als zweiter Teil des Programms der Befreiung die «Scientology»: «Dianetics wendet sich an den Körper, Scientology wendet sich an den Thetan (Geist). Während Thetan Krankheiten produzieren kann, ist es der Körper, der krank ist. Deshalb gebraucht man Dianetics, um Krankheiten, unerwünschte Empfindungen (sensations), Mißemotionen, Somatics, Schmerzen usw. zu beseitigen. Scientology wird niemals für solche Dinge verwendet. Scientology wird angewandt, um geistige Freiheit, Intelligenz und Fähigkeiten zu steigern und somit das Bewußtsein von Unsterblichkeit hervorzubringen.» (Bulletin von 1969)
Grundlage der Hubbardschen Befreiungsmethode ist der sogenannte «Hubbard-Elektrometer» («E-Meter»), eine Art «Lügendetektor», der gefühlsmäßig oder gedanklich bedingte elektrische Schwankungen im Körper mißt: ein Hautgalvanometer, ausgegeben als «Freiheit produzierende Glaubensmaschine»; mit dessen Hilfe wird in Kursen, bei Trainingstagungen und in «Auditings» (eine Mischung aus Beichte und Befragung) aus einem «Preclear» (Neuling) ein «Clear» (Freier).
Hubbards Weltanschauung setzt sich aus zahlreichen Elementen zusammen; Anleihen macht sie bei Psychologie und Seelenwanderungslehre, bei verschiedenen Religionen und magischen Geheimlehren. «Die Scientology ist eine Religion im ältesten Sinne des Wortes – ein Studium der Weisheit.»
1955 gründete Hubbard die Church of Scientology. Zuvor soll er gesagt haben: «Wenn man eine Million Dollar verdienen will, wäre der beste Weg, eine eigene Religion zu gründen.» Angeblich hat seine «Kirche» inzwischen 20 Millionen Anhänger, und Hubbard wurde zum vielfachen Millionär, genauso übrigens wie die Chefs der → Kinder Gottes (David Berg) und der → Vereinigungskirche (San Myung Mun) oder → Bhagwan (Shree Rajneesh). In den sechziger und siebziger Jahren war, nach Angaben ihrer Anhänger, die Scientology-Kirche die am schnellsten wachsende religiöse Bewegung der Welt. Sie breitete sich vor allem in Großbritannien, den USA, Australien, Neuseeland und Südafrika aus. 1971 wurde in München die Scientology-Kirche Deutschlands (mit fast 60000 Mitgliedern) gegründet.
Das Rückgrat der Scientology-Kirche bildet die «Sea-Org» (See-Organisation). «Die Sea Org ist eine einer Bruderschaft ähnliche Organisation, die innerhalb des festgefügten Aufbaus der Churches of Scientology besteht... Die Sea Org verfügt auf internationaler Basis über drei Schiffe, sechzehn Organisationen und hat über tausend Mitglieder.» (Werbeschrift, 1975) Eine Yacht Hubbards fuhr 1974 unter panamesischer Flagge mit 342 Personen an Bord, «Männer, Frauen und Kinder, so als wäre es ein kleines Dorf». Dabei handelte es sich um eine hierarchisch durchorganisierte Gruppe ausgesuchter Mitglieder, die «Mission», «Beaufsichtigung» und «Strafexpeditionen» in den Festland-Orgs durchzuführen hatten. «Die Sea-Org ist eine... Organisation, deren Ziel es ist, diesen Planeten clear zu machen.»
Wer Mitglied werden will, muß einen

Vertrag unterzeichnen. «Ich... erkläre mich hiermit bereit, in den Dienst der See-Organisation zu treten und erkläre mich im Vollbesitz meiner Geisteskraft bereit, ihrem Ziel gemäß zu leben, welches darin besteht, auf diesem Planeten und im Universum der Moral zum Sieg zu verhelfen, und unterwerfe mich vollständig und ohne Einschränkungen der Disziplin, den Sitten und Bedingungen dieser Gruppe und gelobe, ihnen gemäß zu leben. Aus diesem Grunde binde ich mich für die nächste Milliarde Jahre an die See-Organisation.» Die Laufdauer des Vertrags von einer Milliarde Jahren schließt alle möglichen Wiederverkörperungen der Seele des Unterzeichneten ein. «Also, was ist 1 Milliarde Jahre für ein Wesen, das nicht altert und das nur wachsen kann, falls es in der richtigen Gruppe ist? Die Sea-Org ist diese Gruppe, die die Menschheit heraufbringen wird und den Menschen befähigen wird, größer zu werden und noch mächtiger als irgend etwas, das das Universum für lange Zeit gekannt hat.» Unzweideutig wird dabei auch die Frage der Disziplin geklärt: «Da Scientology jetzt TOTALE Freiheit bringt, muß sie auch die Macht und Autorität haben, totale Disziplin zu fordern, oder sie wird nicht überleben.» (1968)

Ron Hubbard hat selbst den «Ehrenkodex» dieser Gruppe formuliert. Darin heißt es:

«...

4. Setze Dich niemals selbst herab und verkleinere nie Deine Stärke oder Macht.
5. Benötige niemals Lob, Bewunderung oder Mitleid.
6. Schließe niemals Kompromisse mit Deiner eigenen Realität.
7. Erlaube niemals, daß Deine Zuneigung verunreinigt wird.
8. Gib und empfange keine Kommunikation, wenn Du nicht selbst es wünschst.
9. Deine Selbstbestimmung und Deine Ehre sind wichtiger als Dein unmittelbares Leben...
10. Bedaure niemals das, was gestern war.
11. Das Leben ist heute in Dir, und Du machst Deine Zukunft.
12. Fürchte niemals, einem anderen in einer gerechten Sache weh zu tun...»

Im März 1980 verschwand Hubbard plötzlich aus der Zentrale der Scientology-Kirche in Clearwater/Florida. Das führte zu einer starken Verunsicherung in den Führungskreisen der Gemeinschaft. Seither gingen ihre expansiven Unternehmungen zurück. 1983 wurde der Organisation in der Bundesrepublik Deutschland der Status eines nicht-geschäftlichen Vereins abgesprochen, 1986 starb Hubbard.

Tochterorganisationen der Scientology sollen u.a. Narconon e.V. (angebliche Drogenrehabilitation) und ZIEL – Zentrum für Individuelles und Effektives Lernen sein.

Die Zahl der «Scientologen» in Deutschland dürfte zwischen 10000 und 20000 liegen. Zu horrenden Preisen werden Kurse angeboten, die zur «Selbstfindung» verhelfen sollen. Wer daraufhin in die Organisation eintritt, unterwirft sich permanenter Kontrolle und einer penetranten Überwachungsapparatur. Gleichzeitig werden die Menschen, die außerhalb stehen, in zwei Kategorien eingeteilt – in Sympathisanten oder Feinde. In aller Welt hat die Organisation Scientology die Gerichte beschäftigt. «Ihre Praxis», heißt es bereits 1965, «ist eine ernste Bedrohung der Gesellschaft, medizinisch, moralisch und sozial.»

Seele

Mit der Vorstellung, daß der Mensch eine «Seele» habe, drücken verschiedene Religionen den Glauben aus, daß das menschliche «Wesen» mit der Gottheit oder dem Heiligen verbunden und dadurch zugleich selbst mit einer besonderen Macht ausgestattet sei. (→ Religion) Die «Zauberer» mancher Naturvölker sahen deshalb ihre vornehmste Aufgabe darin, diese Macht den Feinden zu entwenden und sie dem eigenen Stamm zukommen zu lassen. (→ Stammesreligionen) Dabei gingen sie mitunter davon aus, daß man eine Seele «essen» könne: Wer das «Herz» des Feindes ißt, mehrt den eigenen Seelenstoff.

In allen Völkern und zu allen Zeiten war die Vorstellung verbreitet, daß Seele und Atem miteinander verwandt seien. Atman («Atem»), ein Hauptbegriff des Brahmanismus, ist Träger des Lebens und des Bewußtseins, das Selbst des Menschen, das sogar auch noch nach dem Tod fortdauert, und das innerste Wesen der Persönlichkeit. (→ Hinduismus) Nach biblischer Schöpfungsvorstellung hauchte Jahwe dem aus Erde geformten Menschen seinen «Atem» oder «Geist» («ruach»), d.h. das Leben selbst, ein. (→ Schöpfung) Pneuma (griech. = «Hauch», «Wehen») heißt «Geist», ein «Pneumatiker» ist ein vom Geist Durchwalteter, z.B. ein Prophet. «Anima» (lat. «Seele») kann alle Dinge und Gegenstände beleben. Verbreitet ist die Vorstellung, daß der Kuß der gegenseitigen Übertragung von Hauch und Seele diene.

Auch das → Blut kann Träger der Seele sein. Das an Türen gestrichene Blut etwa wehrt den Tod ab. (2. Mose 12) Weil das Blut diese Macht hat, ist es auch in die Theologie des Todes Christi eingedrungen: Das Blut Christi hat Heilsmacht.

Bei Kopfjägern galt der Kopf als Sitz der Seele; bisweilen war dies auch das Herz, die Leber oder das Auge. Zwischen der Menschenseele und der Tier- oder Pflanzenseele machte man keinen grundlegenden Unterschied.

Viele Völker kennen aber unterschiedliche Arten von Seelen, z.B. die den Körper überdauernde Seele, die Seele, die in einem Tier wohnt, den Schatten, den Namen, das Gespenst. (→ Geist)

Als Gestalt der Seele wurde mitunter das Bild eines Menschen oder eines Dinges angesehen. Dieses → Bild war gleichzeitig Macht und Wesen dessen, was es abbildete. Auch der bloße Name konnte die Gestalt der Seele sein. Manche Riten der Namengebung bedeuten, daß die Seele dem betreffenden Kind erst gegeben wird. Bei den Germanen gehörte zur Geburt nicht nur die Niederkunft der Mutter, sondern gleichwertig auch die Namengebung durch den Vater. (→ Germanische Religion)

Eine andere Gestalt der Seele ist der Schatten, der notwenig zum Leben gehört. Die Toten und die → Dämonen haben keine Schatten. Angehörige westafrikanischer Völker vermieden es, am Mittag auszugehen, weil dann der Körper keinen Schatten wirft. (→ Afrikanische Religionen)

Weit verbreitet ist die Vorstellung des Seelenvogels. Bisweilen gelten die Toten als eine Art Vögel. Die Sirenen (bekannt als Zauberwesen, die Odysseus mit ihrem Gesang verführen wollten) sind Totenseelen in Gestalt menschenköpfiger Vögel. Die geflügelten → Engel des Christentums sind mit diesen Totenvögeln verwandt.

Die Seele kann sich vom Leib entfernen. Dadurch sichert sie erst das Überleben. Denn die Seele, die außerhalb des Menschen ist, wird vom Tod nicht betroffen. Manchmal bedeutet erst das Sterben die Vereinigung des Toten mit seiner Seele: der Gestorbene kommt dann zur vollen Lebensmacht wie die Götter. In solchen Vorstellungen (z.B. in Altägypten) deutet sich bereits die Idee von der «Unsterblichkeit der Seele» an. Der Gedanke der Totenseele gibt dem Menschen Sicherheit über das Leben hinaus selbst noch im Tod. (→ Ewiges Leben)

Manche Völker glauben, daß im Schlaf, in der Bewußtlosigkeit, im → Traum die

Seele abwesend sei. «Ich schlief so fest und tief, daß meine Seele mich verließ. Schlafend und träumend kam ich ins Totenreich.» (→Animismus) Die Seele hat Bewegungsfreiheit. Deren äußerste Möglichkeit drückt die Vorstellung der «Seelenwanderung» etwa in Indien oder Griechenland aus: Das Leben ist ein Kreislauf, in dem der Tod nur eine Etappe, aber keinen Schluß markiert. Es gibt überhaupt keinen Schluß. Alles wechselt den Ort und wandelt sich, die Seele allein bleibt auch dann, wenn der Leib stirbt.

Manchmal nimmt die Seele außerhalb des Menschen die Gestalt eines «Schutzengels» an. Die Vorstellung der Schutzengel taucht auch im Christentum schon früh auf. Alle Engel sind Seelenwesen, d. h. keine selbständige Gestaltung heiliger Macht, sondern nur Erscheinung, die sich von einer Macht losgelöst hat: Engel sind Abgesandte und Boten Gottes. Der Engel, der das Kind schützt, ist die Macht des Kindes selbst, die wacht. Von Jesus wird das Wort überliefert: «Sehet zu, daß ihr nicht jemand von diesen Kleinen verachtet, denn ich sage euch: Ihre Engel im Himmel sehen allezeit das Angesicht meines Vaters im Himmel.» (Mat. 18,10) Der Schutzgeist ist Seele und Schicksal zugleich. Beides sind Gestalten jener Macht, die der Mensch an sich selbst erlebt.

Platon (427–347) betonte den Gegensatz zwischen Seele und materieller Welt. Er erklärte, daß die Materie und der Stoff zum Bereich des Bösen gehörten. Damit führte er den klassischen →Dualismus des Parsismus (→Zarathustra) fort. Leib und Seele, im Leben miteinander verbunden, treten erst im Augenblick des Todes auseinander.

Die Abwertung des Stofflichen und Körperlichen führte am Ende zu der Vorstellung, man müsse den Leib verabscheuen; er sei «Gefängnis» und «Grab der Seele». Folglich hängt das Heil des Menschen davon ab, daß sich die Seele aus der Haft der Materie befreit. (→Gnosis) «Nach dem Fleisch» zu sterben und «im Geist» zu leben, ist Ziel der Asketen (→Mönchtum; →Askese): Der Körper mit seinen Wünschen und Lüsten gilt als moralisch und religiös minderwertig. Man muß den Leib verdammen, um die Seele zu vergeistigen.

Die Idee der «Askese der Seele» und das Bestreben, die «Triebe» und «fleischlichen Begierden» zurückzudrängen, veranlaßten die Griechen dazu, über dem Leib und über der Seele eine dritte Instanz anzunehmen: den Geist. Nach Platons Ansicht lagert über der Leiblichkeit des Menschen die Seele und über dieser erst die reine Geistigkeit. Die →Mystik hat die Vergeistigung der Seele konsequent zu Ende gedacht. «Wenn du das Nichts bist, wird Gott in euren Seelen das All sein.» Im «Seelengrund» werden Gott und die Seele eins.

Im alten Griechenland bedeutet die Trennung von Leib und Seele im Tod das Eingehen ins Leben und in die Unsterblichkeit. Bestimmte Göttergetränke (z. B. der Soma der Inder oder der Nektar der Griechen) halfen, die Macht des Körpers zu brechen und die «Himmelreise der Seele» anzutreten. Von Stufe zu Stufe aufsteigend, gelangt die Seele zur Vereinigung mit der Gottheit. (→Platonismus) Während für die Juden das →Jenseits unerreichbar und einzig der Gottheit vorbehalten war, galt den Griechen die Seele selbst als unsterblich, das Sterben als Voraussetzung des ewigen Lebens.

Nach altchristlicher Vorstellung (etwa des Hebräerbriefes 9,27) wird die vom Leib befreite Seele nach dem Tod von Gott gerichtet: Die Gerechten gelangen daraufhin in den «Schoß Abrahams», die Bösen hingegen in die Hölle. (Vgl. auch Lk. 16,19ff) Nach dem 1. Thessalonicherbrief (4,15f) «schlafen» die Seelen der Toten, bis sie am «Jüngsten Tag» vom Schall einer Posaune aufgeweckt werden. Ähnliche Vorstellungen hatte Martin Luther (1483–1546): «Sie [die Seelen] ruhen wie in einem Ruhebettlein.» Nach anderer Auffassung befinden sich die Toten im Zustand des Wartens auf die → Auferstehung und das Gericht. Daneben wird auch die Ansicht vertreten, die Seelen befänden sich zwischenzeitlich im → Fegfeuer, das sie «läutere» und schießlich zur Anschauung Gottes befähige.

Sekten

Ursprünglich bezeichnete der Begriff «Sekte» (von lat. sequor = nachfolgen) eine Lehre, eine philosophische Schule oder Partei oder eine bestimmte Denk- und Handlungsweise.
Die Apostelgeschichte erzählt, daß Paulus einmal verklagt worden sei als einer, «der Aufruhr erregt unter allen Juden auf dem ganzen Erdboden, und als ein Anführer der Sekte der Nazarener». (Apg. 24,1ff) Hier hat das Wort «Sekte» die Bedeutung von «Irrlehre» und «Abspaltung» angenommen. Das Christentum entstand ja selbst durch Abspaltung vom Judentum, und die Christen waren, gemessen an den Juden, Sektierer, die sich anfangs wie eine Mysteriengemeinschaft (→ Mysterien) organisierten.
1. Im christlichen Sprachgebrauch verwendet man den Begriff «Sekte» zur Bezeichnung kleinerer Religionsgemeinschaften, die sich von größeren (insbesondere von der «Großkirche») absonderten oder aber ausgeschlossen wurden. Der Grund für solche Spaltungen kann in abweichenden Lehren («Häresien»; → Ketzer), Riten oder sonstigen Praktiken liegen.
Je größer die Vorrechte waren, die Staat und Gesellschaft der christlichen Kirche einräumten, um so strenger grenzte sich diese von Abweichlern ab. Die Vorstellung, selbst im Besitz der absoluten Wahrheit zu sein, führte dazu, daß sie alle anderen Wahrheitsansprüche als Ketzerei verfolgte. (→ Absolutheitsanspruch des Christentums) Die Diskriminierung «falscher Propheten» und «Irrlehrer» durchzieht denn auch die ganze Kirchengeschichte seit ihren Anfängen. Der Anspruch, auf die Frage nach der Wahrheit eindeutige Antworten geben zu können, und die politische Forderung nach Einheit des Glaubens innerhalb eines staatlichen Herrschaftsbereiches hatten zur Folge, daß die Geschichte der Kirche eine Geschichte der Verfolgung wurde.
Die katholische Kirche hat bis in die Gegenwart alle religiösen Gemeinschaften, die nicht römisch-katholisch sind, als Sekten bezeichnet. Auch die protestantischen Landeskirchen verfuhren entsprechend, solange ihr Bekenntnis den Rang eines Staatsgesetzes hatte.
Heute unterscheidet man zwischen «Freikirchen», «Sondergemeinschaften» und «Sekten». Zu den Freikirchen werden → Baptisten, Methodisten (→ Evangelisch-methodistische Kirche) und → Mennoniten gerechnet, die man früher den Sekten zuordnete. Zu den «Sondergemeinschaften» zählt man z. B. die → Christengemeinschaft und die Katholisch-Apostolische Gemeinde. Als eigentliche «Sekten» gelten u. a. die → Zeugen Jehovas, die Neuapostolischen und die Mormonen. In allen Konfessionen gibt es Sekten, aber die meisten brachte der → Protestantismus hervor.
2. «Sekte» ist, recht besehen, nichts anderes als ein religiöses Schimpfwort, mit dem die Angehörigen einer religiösen Mehrheit auf religiöse Minderheiten herabblicken. Eine Minderheit nennt sich selbst naturgemäß nie «Sekte», sondern bevorzugt Selbstbezeichnungen wie «Verband» oder «Kirche», «Bewegung» oder «Gemeinde», «Gesellschaft» oder «Vereinigung», «Allianz» oder «Bund». Nach Meinung jeder Sekte war ihre Abspaltung deshalb notwendig geworden, weil die religiöse Mehrheit von der «rechten Lehre» abgewichen ist, weil de-

ren religiöse Auffassungen verflachten oder weil ihre praktische Frömmigkeit erlahmte. Der Masse der «Unerleuchteten» und «Unerlösten» tritt in der Sekte gewöhnlich die kleine Zahl der «Auserwählten» und «Begnadeten» entgegen, deren elitäres Bewußtsein zur Triebfeder ihres Handelns geworden ist.

In der Sekte begegnet der Kirche in gewisser Weise der Idealtypus ihrer selbst. Was dort zählt, ist einzig lebendige Frömmigkeit. Man beruft sich ständig auf Jesus und das Neue Testament und versteht sich selbst als Fortsetzung des Urchristentums und der Urkirche. Nicht verbeamtete Priester, sondern Laien sind die Träger der Sektenfrömmigkeit. Während die Kirche ihre Mitglieder über die Kindertaufe sozusagen automatisch gewinnt, muß man den Anschluß an eine Sekte bewußt vollziehen und sich persönlich dafür entscheiden. Auch reicht der einmalige Akt des Eintritts nicht aus; vielmehr muß sich die Mitgliedschaft im Leben ständig neu bewähren und praktisch ausweisen.

Der ethische Radikalismus der Sektierer entfaltet sich am besten innerhalb einer religiösen Gemeinschaft, die sich in kleineren Gruppen organisiert. Zum Lebensstil des Sektierers gehören fast immer Genügsamkeit, Askese, Abkehr von zahlreichen «weltlichen Interessen und Leidenschaften» sowie gegenseitige Zuwendung und Unterstützung. Alle sind gleich wie «Brüder» und «Schwestern», und die aufgegebenen Vorschriften und Gesetze gelten gleichermaßen für alle.

Häufig gehören Angehörige von Sekten zur gesellschaftlichen Unterschicht. Die religiösen Neigungen scheinen mit ihren Aufstiegsinteressen zusammenzuhängen. Häufig sind es vereinsamte, unsichere, gescheiterte und religiös leicht beeinflußbare Menschen, die sich vom Angebot der Sekten angesprochen fühlen. Die enge Gemeinschaft entlastet von beschwerlichen täglichen Entscheidungen, schafft wenigstens zeitweise die Illusion einer heilen Gesellschaft und lenkt den Blick auf das kommende Ende und eine bessere Zukunft. Dadurch wird der betrübliche Alltag etwas heller. Der aktuelle Glaube fühlt sich an wie ein Vorgeschmack auf kommenden Triumph. Gleichzeitig wird der Verlust geistiger Geborgenheit durch neue Mythen aufgefangen. Das geschlossene Weltbild der Sekte gibt einer bestimmten Art von Gefühlen und Phantasien Raum. Wer die Tugend des Gehorsams übt, erhält einen sicheren Platz in der besseren Welt. Die drohende Angst der Sinnlosigkeit und Leere scheint für immer gebannt zu sein.

Die charakteristischen Merkmale der Sektenfrömmigkeit sind im Grundsatz kaum oder bestenfalls in ihrer Intensität von denen der Kirchenfrömmigkeit zu unterscheiden. Diese Verwandtschaft dürfte denn auch ein wesentlicher Grund für den Haß der Kirchen auf ihre Sekten sein.

3. Im Laufe ihrer eigenen Geschichte werden die Sekten in der Regel einem starken Anpassungsdruck ausgesetzt. Darüber wandelt sich die anfängliche Gegnerschaft zur «Welt» und zu den herrschenden Verhältnissen. Man geht notgedrungen vielfältige Kompromisse ein. Die ursprüngliche moralische Strenge läßt nach; an die Stelle der anfänglichen Spontaneität treten fester gefügte Formen. Häufig geht auch das Laienprinzip zurück, und man beginnt mit der besonderen Ausbildung von Leitern und Pastoren.

Im deutschen Staatskirchenrecht gibt es für Sekten keine besonderen Regelungen. «Religionsgemeinschaften» können als juristische Person öffentlichen Rechts (Körperschaften des öffentlichen Rechts wie die Großkirchen und mehrere kleine Religionsgemeinschaften), als juristische Person des Privatrechts (häufiger Rechtsstatus kleinerer Religionsgemeinschaften) oder als Religionsgemeinschaf-

ten ohne Status einer juristischen Person (d. h. ohne Rechtsfähigkeit) auftreten. Unabhängig davon gewährt der Staat allen religiösen und weltanschaulichen Richtungen Religionsfreiheit; er setzt jedoch den Rahmen fest, innerhalb dessen sich die Religionsgemeinschaften entfalten können. Erst wenn diese mit den fundamentalen staatlichen Normen in Konflikt geraten, können sie aufgelöst werden.
Heute besitzen folgende kleineren religiösen Gemeinschaften den Status einer Körperschaft des öffentlichen Rechts: Adventisten, Christengemeinschaft, Christliche Wissenschaft, Bund freireligiöser Gemeinden Deutschlands, Freie Religionsgemeinschaft Rheinland-Pfalz, → Heilsarmee, Mormonen, Neuapostolische Kirche.
In der Bundesrepublik Deutschland dürfte es etwa 100 Sekten mit rund 900000 missionarisch aktiven Mitgliedern geben. Weltweit zählt man gegen 20 Millionen Sektengläubige.
Der Begriff der Sekte wird mitunter auch auf außerchristliche Religionen angewendet, obgleich es dort den Gegenbegriff zur Sekte – den der Kirche – nicht gibt. Derartige religiös abweichende kleine Gruppen gibt es am Rande fast aller größeren Religionen, z. B. im → Buddhismus, → Hinduismus, → Islam oder im → Schintoismus.

Sexualität

Kult und Sexualität

Sexualität spielt in so gut wie allen Religionen eine große Rolle. Zwischen der sexuellen Erfahrung und religiösen Erlebnissen besteht offensichtlich eine enge Verwandtschaft. «Kein Mensch ist imstande, das Sexuelle aus irgendeinem Verhältnis, auch nicht aus demjenigen zur Gottheit, völlig zu entfernen.» (G. van der Leeuw, 1956) Verbreitet ist die Vorstellung, daß der Mensch eine geschlechtliche Einung (griech. hieros gamos – heilige Hochzeit) mit Gott vollziehen könne. Aber schon der normale Geschlechtsakt ist zauberkräftig. Er kann z. B. die Natur befruchten. Im vedischen Opferritual (→ Vedische Religion) etwa wurde ein Pferd geschlachtet; mit ihm vollzog die Königin symbolisch den Beischlaf. Dadurch sollte das Gedeihen des Getreides gefördert werden. Wenn sich nackte Mädchen auf den Feldern wälzten, wuchs angeblich die Aussaat besonders gut. Auch die heute noch verbreitete Praxis, Konfetti zu werfen, geht auf alte Fruchtbarkeitsriten zurück. Ursprünglich verwendete man dabei frische Blütenknospen.
Die sexuelle Gotteinung mußte natürlich mit einem Stellvertreter vollzogen werden: einem Priester, einer «Tempelprostituierten» oder einem heiligen Lehrer. Mit Zauberformeln leitete man diesen Geschlechtsakt ein. Nach hinduistischer Auffassung beispielsweise wird erst auf diese Weise die Einheit von Seele und Gottheit hergestellt: Der Mann ist «Buddha», die Frau «Erkenntnis», das Geschlechtsglied des Mannes heißt «Diamant», das weibliche Geschlecht «Lotos», der Same «Erleuchtungsdenken». (→ Buddhismus) Die sexuelle Vereinung bringt das Bewußtsein überirdischer Seligkeit hervor.
In gnostischen Sperma-Kulten (→ Gnosis) vollzogen Eheleute ebenso wie spontan gebildete Paare die Kommunion dadurch, daß sie Sperma und Menstrualblut genossen. In der Kultprostitution wurde die weibliche «Reinheit» dem Gott hingegeben. Angeblich mußte jedes babylonische Mädchen ihre Reinheit im Tempel der Ischtar (babylonische Göttin der Liebe) zum Opfer bringen. Die Tempelmädchen hießen in Babylonien «die Heiligen»; man glaubte, daß sie mit einer besonderen Zaubermacht ausgestattet seien. Die sakrale Prostitution breitete sich weit aus. Sie fand offenbar auch Eingang im Jahwekult. (Vgl. 5. Mose 23,18; 2. Kö. 23,7)

Prostitution, die ursprünglich die mystische Einung mit der Fruchtbarkeits- und Liebesgottheit herstellen sollte, wurde später vergeistigt: In den →Mysterien richtete man ein Brautbett zu, auf dem sich der Myste (der Eingeweihte) visionär mit Gott einte. In Klöstern der Benediktinerinnen (→Benedikt von Nursia) gilt die Nonnenweihe als Weihe der Jungfrau, die sich mit Christus, dem Bräutigam, vermählt; ihr wird deshalb ein mit Blumen geschmücktes Brautbett bereitet. Mit dem Kruzifix auf dem Kopfkissen verbringt die neuvermählte Jungfrau ihre «Hochzeitsnacht».

Diese Vorstellung steht durchaus in der Traditionslinie sowohl des Alten wie auch des Neuen Testaments: Jahwe ist der «Geliebte» Israels (das alttestamentliche Hohelied, eine Sammlung weltlicher Liebeslieder, ist allegorisch auf das Verhältnis Gottes zu seinem Volk umgedeutet worden), und auch Christus steht zur Kirche in einer Art Brautverhältnis. Deshalb weihten die Jungfrauen schon in altkirchlicher Zeit ihren Körper dem Herrn: «Dir weihe ich meine Keuschheit.» Denselben Gedanken formuliert die indische Mystik folgendermaßen: «Wie einer, vom geliebten Weib umschlungen, nicht weiß, was innen und außen ist, so weiß der vom Urselbst Umschlungene nicht mehr, was innen und außen ist.» Origenes (gest. 254) bezeichnete deshalb die Seele des Menschen als Braut des Logos; in geistlicher (pneumatischer) Einigung sei sie mit Christus verbunden. Die christliche Mystik entwarf später das Bild vom «minnekliche brutbette» («Minnebett»), die Gotteinung wurde zum metaphysisch-sexuellen Akt.

Altes Testament

Nach alttestamentlicher Auffassung ist der Mensch «Leib». Der Leib bestimmt die →Frau zur Mutterschaft, den Mann zur Vaterschaft. Der Ort, an den die Frau gehört, ist deshalb die Familie. Bei der Eheschließung sind Liebe, Zuneigung oder persönliche Wahl ohne größere Bedeutung. Sexuelle Vergehen der Frau werden streng geahndet: Ihr droht die Steinigung. Ehebruch des Mannes hingegen bedeutet lediglich Verletzung fremder Besitzverhältnisse.

Der Zweck der →Ehe und die Bestimmung der Frau verwirklichen sich in der Zeugung von Kindern. Außerhalb der Familie spielt die Frau keine große Rolle. Das heiratsfähige Mädchen wird vom Vater, unberührt, ihrem Mann übergeben und ist nun Besitz ihres Eheherrn. Kinder, die die Frau zur Welt bringt, sind die Kinder des Vaters.

Dem Mann ist Polygamie, Umgang mit Prostituierten und sonstiger außerehelicher Verkehr erlaubt, vorausgesetzt, er läßt sich nicht mit der Frau eines Volksgenossen ein.

Das sexuelle Verhalten rückte in Israel erst ins Zentrum des religiösen Interesses, als sich der Jahweglaube mit den Fruchtbarkeitsreligionen Kanaans konfrontiert sah. Die kanaanäisch-matriarchalischen Kulte kannten sakrale Prostitution (s. o.). Im Gewand derartiger religiöser Praktiken konnten die Frauen ihre Position beträchtlich aufwerten. Für den Jahwekult aber bedeutete Kultprostitution ein Einfallstor fremder Religiosität. Die Frau wurde nun zur Mittlerin des Abfalls vom rechten Gottesglauben.

Gegen die Prostitution kämpften vor allem die alttestamentlichen Propheten. Mit dem Vorwurf der «Hurerei» wollten sie letztlich die gegnerische Religion und die Brutstätten des Götzendienstes treffen. Nun erst kamen außereheliche Beziehungen ganz allgemein in Mißkredit. Auch die traditionelle Freizügigkeit der Männer wurde eingeschränkt und Monogamie propagiert. Sexualität überhaupt bekam mehr und mehr einen negativen Beigeschmack: Reinheit des Jahweglaubens und geschlechtliche Reinheit wurden so gut wie bedeutungsgleich. Auch

Homosexualität geriet in die Schußlinie der Kritik, weil sie unter den Kanaanäern als Dienst an den Gottheiten praktiziert wurde.

Jesus
Vom historischen Jesus wissen wir wenig Genaues; denn was das Neue Testament von ihm überliefert, entspricht weniger den geschichtlichen Tatsachen als dem Bild, das sich die frühen christlichen Gemeinden von Christus machten. Es scheint so, daß er Frauen und Sexualität ziemlich unvoreingenommen gegenüberstand, obgleich er selbst nicht verheiratet war; auch ist von eigenen sexuellen Beziehungen Jesu zu Frauen nichts überliefert.
Jedenfalls erschien sein Verhalten gegenüber Frauen Zeitgenossen und Jüngern befremdlich. Jüdische Bräuche und das alttestamentliche Gesetz übernahm er nicht unbesehen, sondern überprüfte sie am Maßstab der Nächstenliebe. (Vgl. Mk. 12,28ff) Deshalb nahm er sich der Verachteten und Randständigen: der Zöllner, Sünder, Samariter und auch der Frauen an.
Überhaupt sind seine Gleichnisse und Bilder häufig der Welt der Frauen entnommen. (Mat. 13,33; Lk. 18,1ff; Mat. 25,1ff; Lk. 15,8ff) Er tat Wunder zugunsten von Frauen und Mädchen. (Mk. 1,30ff; 5,22ff; 7,25ff; Lk. 13,11ff; 8,2f) Selbst vor Berührungen mit Frauen scheute er nicht zurück. (Mk. 1,31) Einem Rabbi war es damals nicht einmal erlaubt, eine Frau anzuschauen.
Frauen gehörten auch zum Kreis seiner Jünger (Maria und Marta, vgl. Lk. 10,38f). Unter diesen Jüngerinnen fanden sich Frauen, die er zuvor von bösen Geistern und Krankheiten geheilt hatte (Lk. 8,1ff); Frauen waren auch bei seiner Kreuzigung anwesend. (Mk. 15,40f; Mat. 20,20) Ein Teil der Jünger war selbst verheiratet. (Mk. 1,30; 1. Kor. 9,5)
Die alttestamentliche Erlaubnis zur Ehescheidung lehnte Jesus rundweg ab (Mk. 10,2–12): Die Ehe ist seiner Meinung nach von Gott verordnet, deshalb ist sie unauflöslich. Ehebruch darf es nicht geben: «Ihr habt gehört, daß gesagt ist (2. Mose 20,14): ‹Du sollst nicht ehebrechen.› Ich aber sage euch: Wer eine Frau ansieht, ihrer zu begehren, der hat schon mit ihr die Ehe gebrochen in seinem Herzen. Wenn dir aber dein rechtes Auge Ärgernis schafft, so reiß es aus und wirf's von dir...» (Mat. 5,27ff) Andererseits verurteilt er weder «Sünderin» noch Ehebrecherin. (Lk. 7,36ff; vgl. Math. 21,31f; Joh. 8,3ff) «Wer unter euch ohne Sünde ist, der werfe den ersten Stein auf sie.»
Bisweilen diente Jesus die Ehe als Bild für religiöse Verhältnisse. (Mk. 2,19; Mat. 25,1ff) Allerdings galt sie ihm nicht als höchstes Ziel. «Wenn sie von den Toten auferstehen werden, so werden sie nicht freien noch sich freien lassen, sondern sie sind wie die Engel im Himmel.» (Mk. 12,25)
Die letzten Tage, die Jesus heraufkommen sah, würden, wie es schon der Prophet Micha (7,6) angekündigt hatte, alle Verhältnisse erschüttern und die Familien zerrütten. «Ihr sollt nicht wähnen, daß ich gekommen sei, Frieden zu bringen auf die Erde. Ich bin nicht gekommen, Frieden zu bringen, sondern das Schwert. Denn ich bin gekommen, den Menschen zu erregen wider seinen Vater und die Tochter wider ihre Mutter und die Schwiegertochter wider ihre Schwiegermutter. Und des Menschen Feinde werden seine eigenen Hausgenossen sein. Wer Vater oder Mutter mehr liebt als mich, der ist mein nicht wert...» (Mat. 10,34ff; Lk. 12,51ff)
Ein rätselhaftes Jesuswort ist bei Mat. 19,11f überliefert: «Er sprach aber zu ihnen: Dies Wort fasset nicht jedermann, sondern denen es gegeben ist. Denn etliche enthalten sich der Ehe, weil sie von Geburt an zur Ehe unfähig sind; etliche

enthalten sich, weil sie von Menschen zur Ehe untauglich gemacht sind; und etliche enthalten sich, weil sie um des Himmelreichs willen auf die Ehe verzichten. Wer es fassen kann, der fasse es!» Die katholische Kirche begründet mit diesem Ausspruch Jesu über die «Verschnittenen um des Himmelreichs willen» das Keuschheitsgelübde der Mönche und den Zölibat der Priester als die «aus der Liebe zu Gott entspringende vollkommene Enthaltung von frei gewollter geschlechtlicher Betätigung jeder Art». Origenes ließ sich von dieser und anderen neutestamentlichen Stellen, in denen empfohlen wird, «ärgerliche Glieder» gegebenenfalls abzuhauen (Mat. 5,29ff; Mk. 9,43ff), dazu verleiten, sich selbst zu kastrieren.

In der Überlieferung von Jesus in den Evangelien finden sich in Wirklichkeit keinerlei Aussagen zum Ideal der Keuschheit oder Jungfräulichkeit und zum Segen des Zölibats. Auch in den Seligpreisungen der Bergpredigt gibt es keinen Aufruf zu sexueller Enthaltsamkeit und keine Verdammung von «Unzucht», Hurerei oder Homosexualität. Aber schon im 2. Jahrhundert hat man Jesus genau diejenige sexualfeindliche Haltung unterschoben, die für das Christentum charakteristisch werden sollte. Die um 150 n. Chr. entstandenen «Petrusakten» etwa (von denen 1886/87 ein Bruchstück in einem Grab in Oberägypten aufgefunden wurde) schildern eine aufschlußreiche Höllenvision mit folgenden Worten: «Ich sah aber auch einen anderen Ort, jenem gerade gegenüber, der ganz finster war. Und es war ein Ort der Strafe... Und es war da ein großer See, gefüllt mit brennendem Schlamm, in dem sich solche Menschen befanden, welche die Gerechtigkeit verdrehten, und Engel bedrängten sie als Folterer. Es waren aber auch sonst noch Weiber da, die an den Haaren aufgehängt waren, oben über jenem aufbrodelnden Schlamm. Das waren die, welche sich zum Ehebruch geschmückt hatten, und die, welche sich mit ihnen vermischt hatten in der Schande des Ehebruchs, waren an den Füßen aufgehängt und mit dem Kopf in jenen Schlamm gesteckt, und sie sprachen: ‹Wir glaubten nicht, daß wir an diesen Ort kommen würden.›... Nahe an jenem Ort sah ich einen anderen engen Ort, in dem das Blut und der Unrat derer, die bestraft wurden, herabfloß und dort zu einem See wurde. Und dort saßen Weiber, die staken im Blut bis an den Hals, und ihnen gegenüber saßen viele Kinder, die unzeitig geboren worden waren und weinten. Und von ihnen gingen Feuerstrahlen aus und trafen die Weiber über das Gesicht. Das waren die, welche unehelich empfangen und abgetrieben hatten... Andere Männer und Weiber wurden von einem gewaltigen Abhange hinabgestürzt, kamen hinunter und wurden wiederum von den Drängern auf den Abhang hinaufzugehen angetrieben und von dort hinabgestürzt. Und hatten keine Ruhe vor dieser Pein. Das waren die, welche ihre Leiber befleckt und sich benommen hatten wie Weiber, und die Weiber bei ihnen, das waren die, welche beieinander gelegen hatten wie ein Mann beim Weibe.»

Die um 180 n. Chr. entstandenen «Paulusakten» charakterisierten das Christentum als «das Wort Gottes von der Enthaltsamkeit und Auferstehung» und besserten Jesu Seligpreisungen asketisch nach: «Selig sind, die reinen Herzens sind, denn sie werden Gott schauen. Selig sind, die ihr Fleisch keusch bewahrten, denn sie werden ein Tempel Gottes werden. Selig sind die Enthaltsamen, denn mit ihnen wird Gott reden. Selig sind, die dieser Welt entsagten, denn sie werden Gott wohlgefallen. Selig sind, die Frauen haben, als hätten sie keine, denn sie werden Gott erben.»

Paulus
Paulus hat zwar die «Paulusakten» nicht verfaßt (→Fälschungen); tatsächlich aber war er der erste Fürsprecher einer betont asketischen Tendenz des Christentums. Seiner Meinung nach stehen im Menschen «Geist» und «Fleisch» einander gegenüber wie das Gute und das Böse, der Tod und das Leben. «Denn die da fleischlich sind, die sind fleischlich gesinnt; die aber geistlich sind, die sind geistlich gesinnt. Aber fleischlich gesinnt sein ist der Tod, und geistlich gesinnt sein ist Leben und Friede. Denn fleischlich gesinnt sein ist Feindschaft wider Gott, weil das Fleisch dem Gesetz Gottes nicht untertan ist.» (Röm. 8,5ff)
Nach Meinung des Paulus ist die Sünde durch die Frau, nämlich durch Eva, in die Welt gekommen. Durch den «Fall Adams» wurden die Menschen erst sterblich. Sünde und Tod sind sodann von Adam auf alle Menschen übergegangen. «Derhalben, wie durch einen Menschen die Sünde ist in die Welt gekommen und der Tod durch die Sünde, so ist der Tod zu allen Menschen durchgedrungen, weil sie alle gesündigt haben.» (Röm. 5,12) Die Minderwertigkeit der Frau wird hier und fortan aus dem Umstand «bewiesen», daß sie als erste gesündigt hat.
Überhaupt ist die Ehe zwischen Mann und Frau nach Paulus' Auffassung ein Notbehelf. «Es ist dem Menschen gut, daß er kein Weib berühre. Doch um der Unkeuschheit willen habe ein jeglicher seine eigene Frau, und eine jegliche haben ihren eigenen Mann. Der Mann leiste der Frau die schuldige Pflicht, desgleichen die Frau dem Manne.» (1. Kor. 7,1ff) Heiraten ist also besser als «vor Begierde verzehrt werden». (1. Kor. 7,9) Sexuelle Lust aber bleibt stets «Versuchung des Satans». Deshalb soll man sich einander nur für eine begrenzte Zeit entziehen – und zwar um «zum Beten Ruhe» zu haben. (1. Kor. 7,5)
Heiraten ist also keine Sünde, aber Ehelosigkeit ist besser. «Bist du los von der Frau, so suche keine Frau.» (1. Kor. 7,28) Denn «wer ledig ist, der sorgt um des Herrn Sache, nämlich wie er dem Herrn gefalle; wer aber gefreit hat, der sorgt um die Dinge der Welt, nämlich wie er der Frau gefalle, und so ist er geteilten Herzens. Und die Frau, die keinen Mann hat, und die Jungfrau sorgt um des Herrn Sache, nämlich daß sie heilig sei am Leib und auch am Geist; die aber gefreit hat, die sorgt um die Dinge der Welt, nämlich wie sie dem Manne gefalle.» (1. Kor. 7,32ff)
Mit derartigen Reflexionen vermittelte Paulus dem Christentum die Auffassung, daß sexuelle Lust letztendlich Lust an der Welt sei. Weltlust aber bedeutet soviel wie Weltverfallenheit. Sexualität ist also gleichbedeutend mit Weltliebe und Gotteshaß. (Vgl. Joh. 4,4) Der sexuelle Trieb ist dabei Medium der Sünde, innerhalb und außerhalb der Ehe. In der Nachfolge Paulus' hat die asketische Grundstimmung des Christentums die Einrichtung der Einehe stabilisiert. Als die urchristliche Naherwartung zurücktrat, wuchs naturgemäß das Interesse an der Zeugung von Kindern. Jetzt diente das asketische Motiv dazu, vor Unzucht zu warnen und zu drohen sowie Sexualität auf die Ehe einzugrenzen. Die Einehe galt hinfort als Symbol der «Ehe» Christi mit der Kirche.

Augustinus und die Folgen
Augustinus (354–430) erklärte den Eros zum Sitz und Symbol des Bösen: In der Sexualität drückt sich Selbstliebe des Menschen aus. Deshalb muß der Kampf gegen sexuelle Begierde in den Mittelpunkt der Moral treten.
Im sinnlichen Rausch der Sexualität wird der Mensch überwältigt und verliert dabei alle Herrschaft über sich selbst. Deshalb ist Augustinus' Wunschbild eine Art willensgesteuerter, schuldloser, apathi-

scher Sinnlichkeit. «Wer aber, der ein Freund der Weisheit und heiliger Wonnen ist und im Ehestande lebt, ... möchte nicht lieber, wenn's möglich wäre, ohne Wollust Kinder erzeugen...» Sexuelle Erregung ist das Böse, ist Sünde. Begierde, sexuelle Lust und Ursünde werden von Augustinus fast gleichgesetzt. In der Theorie ist der Geschlechtsakt zwar gut, in seinem Vollzug aber böse. Sexualität treibt den Menschen von Gott, d. h. von seiner geistlichen Bestimmung, fort.

Der zölibatär-asketische Zug hat sich nach Augustinus dem Christentum immer tiefer eingeprägt. Als sexualfeindliche Ketzer im Mittelalter die Ehe rundweg ablehnten, erklärte die Kirche die Ehe jedoch zum Sakrament. «Nicht nur die Jungfrauen und die Enthaltsamen, sondern auch die Verheirateten, die dank ihrer Rechtgläubigkeit und Ehrenhaftigkeit Gott gefallen, verdienen es, zur ewigen Seligkeit zu gelangen.» (Innozenz III. auf dem 4. Laterankonzil, 1215) Thomas von Aquin (1225–1274) legte dar, daß schon das bloße Lustverlangen der Eheleute sündhaft sei: Erster Zweck der Sexualität ist die Arterhaltung, zweiter Zweck die gegenseitige Treue, dritter Zweck ihre «Sakramentalität». (→ Ehe) Sexuelle Lust hingegen ist «tierisch» und «niederziehend». Überwindung und Beherrschung der «Welt» bedeuten deshalb stets auch Feindschaft gegenüber Sexualität. Im Laufe der Jahrhunderte entwickelte die christliche Kirche die umfangreichste, detaillierteste und penetranteste Reglementierung von Sexualität, die je eine Religion hervorgebracht hat.

In Abgrenzung zur katholischen Auffassung erklärte Martin Luther (1483–1546) die Ehe zu einem «äußerlich, leiblich Ding, wie andere weltliche Hantierung». Der Beischlaf stehe auf ein und derselben Stufe mit anderen Bedürfnissen wie Essen, Trinken und Verdauen. «Also wenig man des Essens und Trinkens entbehren und geraten kann, also möglich ist's auch, sich von Weibern zu enthalten, denn wir durch natürliche Begier allermaßen uns nicht davon äußern können.» (Tischreden) Da die Ehe «ein zeitlich, weltlich Ding» sei, gehe sie die Kirche nichts an; «drum gehöret sie für die Oberkeit [Obrigkeit]».

Im Falle von Impotenz des Mannes empfahl Luther der betreffenden Frau, sich mit folgenden Worten an ihren Ehemann zu wenden: «Siehe, lieber Mann, du kannst mein nicht schuldig werden und hast mich um meinen jungen Leib betrogen, dazu in Fahr [Gefahr] der Ehre und Seelen Seligkeit gebracht, und ist vor Gott keine Ehe zwischen uns beiden; vergönne mir, daß ich mit deinem Bruder oder nächsten Freunde eine heimliche Ehe habe und du den Namen habest, auf daß dein Gut nicht an fremde Erben komme, und laß dich wiederum williglich betrügen durch mich, wie du mich ohne meinen Willen betrogen hast.»

Im Gegensatz zu solchen volkstümlichen Auffassungen stehen nun allerdings Luthers Predigten «Vom ehelichen Leben» (1522) und seine Rede von der unausweichlichen Sündhaftigkeit des ganzen Menschen einschließlich seiner Sexualität. «Wir sind durch die Erbsünde also vergiftet, daß kein Stand auf Erden ist, der von Gott eingesetzt und geordnet, den es nicht gereut, der darinnen ist.» Hierzu gehört auch der Ehestand. «Das ist unserer Erbsünde Schuld, die die ganze menschliche Natur beschissen und verheeret hat.» (Tischreden)

Auch bei Luther lebt die Auffassung Augustinus' weiter: Wer sich mit einer Frau sexuell einläßt, läßt sich mit der «Welt» ein. Wer sich mit der vergänglichen Welt einläßt, verfällt dem Chaos. Weltlust ist sinnlos, nichtig und verderblich. Sinnbild der Welt aber ist Sexualität.

Die Sexualitätsfeindschaft des Christentums ging offensichtlich mit dem politischen Herrschaftswillen der «Obrigkeit» und deren Interesse am Erhalt der gegebenen Verhältnisse ein inniges Bündnis ein. Die rigiden christlichen Sexualgebote konnten aber kaum von der großen Mehrheit in der Praxis befolgt werden. Das führte zur Herausbildung einer «doppelten Moral». Die Kirche verfolgte und strafte zwar uneheliche Schwangerschaften, nicht aber den außerehelichen Geschlechtsverkehr. Auch wurde das Sexualverhalten von Männern und Frauen nach zweierlei Maß gemessen. Den Angehörigen der «höheren Kreise» gestand man überdies größere Freiheiten zu als denjenigen der unteren Schichten. Man propagierte zwar die Einehe, duldete aber die Prostitution als «rechtmäßige Unmoral». Doppelte Moral wurde geradezu zur Bedingung, daß das christliche Monogamiegebot durchgesetzt werden konnte.

Liebeskultur und Kirche

Als Protestbewegung gegen die Lehren der Kirche und gegen die christliche Auffassung vom Eros kam es im 11. Jahrhundert zu einer regelrechten «emotionalen Revolution»: In Lyrik und Lied besangen die Troubadoure (ritterliche Minnesänger) Liebe als Lebenserfüllung. Ihren Ursprung hatte dieses neue Liebesgefühl in der Emanzipation der adeligen Frau. So entstand eine neue höfische Kultur; Männer trugen gewelltes, langes Haar, und Homosexualität kam in Mode. Frauenverehrung machte auch vor der «Gottesmutter» Maria nicht halt: «Unsere Liebe Frau» wurde zum Modell der «Dame» schlechthin.

Der Widerspruch zwischen Liebeskultur und Kirche vertiefte sich beträchtlich. Die Minnesänger besangen eine Liebe, die letztlich auf Ehebruch aus war. Liebe und Ehe hatten nichts mehr miteinander zu tun. Dennoch blieb auch für die Minnesänger der Vollzug des sexuellen Aktes etwas Niedriges und Erniedrigendes. «Höhere» (Eros) und «niedere Liebe» (Sex) traten auseinander. Diese Spaltung ließ das Bürgertum später wieder neu aufleben.

Der Liebesbegriff, der anfangs ausschließlich für die sozialen Eliten reserviert war, entwickelte sich im Laufe der Zeit von einer gesellschaftlichen Randerscheinung zu einem allgemeinen Bedürfnis. Liebe als Lebensbedürfnis und Ehe als Lebenserfüllung sollten ineinander aufgehen.

Ein Anwalt dieser Auffassung war Friedrich Schleiermacher (1768–1834), der einflußreichste evangelische Theologe des 19. Jahrhunderts. «Es bindet süße Liebe Mann und Frau, sie gehen den eigenen Herd sich erbauen. Wie eigne Wesen aus ihrer Liebe Schoß hervorgehen, so soll aus ihrer Naturen Harmonie ein neuer gemeinschaftlicher Wille sich erzeugen; das stille Haus mit seinen Geschäften, seinen Ordnungen und Freuden soll als freie Tat sein Dasein bekunden.» Schleiermacher, der Religion als «Gefühl schlechthiniger Abhängigkeit» definiert hatte, warf man später vor, er hätte «weiblich, zu weiblich» empfunden. Tatsächlich wertete seine Epoche das Weibliche enorm auf. Die Romantik sah in der Frau geradezu das Ideal der Vollkommenheit. Angeblich stellt erst die Vereinigung der Seele des Mannes mit der Seele der Frau das verlorene Gottesbild («Gottesebenbildlichkeit») des ganzen Menschen wieder her. Die neue Losung hieß: Gott in der Geliebten lieben. Reste der romantischen Frauenverehrung blieben uns bis heute in der Populärpsychologie erhalten.

Die Romantik feierte die monogame Ehe als regelrechtes Kunstwerk: Der einzelne Mensch kann nur durch einen anderen einzelnen und einmaligen Menschen in vollkommener Weise ergänzt werden. Beider Zusammentreffen bedeutet Lebensanspruch und Verheißung gleichermaßen. Diese Einmaligkeit schließt die Wiederheirat einer verwitweten Person aus.

In einer Zeit industrieller und kapitalistischer Expansion und entschlossenen Fortschritts traten Arbeit und Pflicht an die Spitze der Werteskala der bürgerlichen Gesellschaft. Die romantische Liebe erschien nun eher als Luxus unproduktiver Genußmenschen. Eine asketische Grundhaltung und stabile Charaktere waren jetzt gefordert. «Der Konkurrenzkampf, der für geschlechtliche Sorgen kaum mehr Zeit übrig hat, pointiert die Strebsamkeit statt der Geilheit; der heiße Tag des Geschäftsmanns überdeckt so die heiße Nacht des Lebemannes und seiner Libido.» (Ernst Bloch)
Wie kaum je zuvor in der Geschichte konnten sich nun Theologie und Kirche mit Grundsätzen der bürgerlichen Gesellschaft zu Verbündeten im Kampf um die Behauptung tradierter Ordnungen einen. Das Bürgertum wies der Kirche u. a. die Aufgabe zu, den Nachwuchs zu ordentlichen Staatsbürgern zu erziehen. Die Theologie gab dem antisozialistischen und antiemanzipatorischen Besitzbürgertum die religiöse Weihe. Alte christliche Sexualmoral mit ihrer asketischen Grundstimmung, der Heiligung der patriarchalischen Familienstruktur und der Segnung ordnender Herrschaft erwies aufs neue ihre Zweckmäßigkeit. Kirchliche Sexualpädagogik zielte zumindest insgeheim auf die Befähigung des Nachwuchses ab, Unlust tolerieren und die Erfüllung augenblicklichen Glücksverlangens zurückstellen zu können.
In der bürgerlichen Familie lebte vorindustrieller Patriarchalismus fort, obgleich ihm die natürliche Basis längst abhanden gekommen war. Die Familienideologie schrieb den Männern, die für den finanziellen Unterhalt der Familienangehörigen sorgten, auch die erste Autorität zu, und der Diktatur des Patriarchats entsprach auch eine Sexualmoral, die die Vorherrschaft des Mannes stützt. Übermäßige Vaterautorität verschob viel Zärtlichkeit auf das Verhältnis zu den Kindern. Die einst vom Pietismus ausgebildete und gepflegte Sexualethik kam zu neuen Ehren. Sie betont die Innerlichkeit, pflegt die Liebesehe und scheidet tunlichst zwischen «Natur» und «Geist», Sinnlichkeit und Frömmigkeit.
Die Einheit zwischen bürgerlichem Herrschaftsinteresse und unterdrückter Sexualität scheint Grund dafür zu sein, daß bis in die Gegenwart hinein die Forderung nach veränderten sozialen Verhältnissen immer wieder mit der Forderung nach einer neuen Sexualmoral einhergeht. Bürgerliche Auffassung versuchte ihrerseits soziale Emanzipationsbestrebungen als Ausdruck bloßer sexueller Begierde, die Lockerung sexueller Moral als «Zersetzung der Gesellschaft» abzutun. Der als «minderwertig» erfahrene sexuelle Trieb trägt, so die realistische Einschätzung bürgerlicher Ideologie, das Moment der Auflehnung in sich. Wer nach Lust strebt, will Glück und protestiert gegen Zwang. Sexualität, nach altchristlichem Verständnis eine in die niederen Gefilde der Welt hinabziehende Energie, wird zum Symbol des Lebens und der eigenen Kraft.

Soziales Christentum (Religiöser Sozialismus, «Christen für den Sozialismus»)

Im Laufe der Geschichte der Kirche in der Neuzeit hat es wiederholt Versuche gegeben, die sozialen Impulse und Auswirkungen des Christentums zu betonen und sich kritisch mit den bestehenden gesellschaftlichen Verhältnissen auseinanderzusetzen.
1. Im 19. Jahrhundert begann eine weit um sich greifende Entkirchlichung und Entchristlichung großer Bevölkerungskreise vor allem in den unteren Schichten. Diese Entwicklung ging mit wachsendem sozialem Elend einher. Da riefen einzelne christliche Persönlichkeiten, insbesondere solche aus den Kreisen der

→Erweckungsbewegung, zu Maßnahmen «tätiger Liebe» auf. (→Diakonie) Als sich im Gefolge fortschreitender Industrialisierung Elendsviertel in den Städten bildeten, ergriffen die Erweckten erste Hilfsmaßnahmen. Die «Armen und Gottlosen» sollten nicht nur missioniert, sondern auch praktisch unterstützt werden.

In den Befreiungskriegen gegen Napoleon (1812/13) verloren unzählige Kinder ihre Eltern. In Waisenhäusern, die «Rettungshäuser» genannt wurden, nahm man sich der Not dieser Kinder an. Die Kinder sollten vor dem schon absehbaren Weg in die Kriminalität bewahrt werden. Solche «Rettungsanstalten» riefen z. B. Johannes Daniel Falk (Lutherhof in Weimar, seit 1813) und A. von der Recke-Volmerstein (Düsselthal bei Düsseldorf, seit 1822) ins Leben.

Theodor Fliedner (1800–1864) gündete 1836 eine Diakonissenanstalt in Kaiserswerth, Amalie Sieveking (1794–1859) einen «Weiblichen Verein für Armen- und Krankenpflege» in Hamburg (1832). Mit derart praktischem Engagement wollten die Erweckten zur «Errichtung des Reiches Gottes» beitragen. In England versuchte Johann Wilhelm Rautenberg (seit 1825) die Kinder der Elendsviertel zum «Leben nach Gottes Wort» zu erziehen. Von ihm fühlte sich Johann Hinrich Wichern (1808–1881) zum Aufbau des «Rauhen Hauses» in Hamburg angeregt, wo «Kinder gottloser Eltern» in einer dem christlichen Familienkreis nachgebildeten Gemeinschaft herangezogen wurden.

Darüber hinaus war es Wicherns Ziel, die ganze Nation zu erneuern. Er bedauerte die «Unmoral» der unteren Schichten des Volkes, die er darin begründet sah, daß dort die christliche Glaubensüberzeugung fehlte: Zum armen Volk konnten Pfarrer und Kirche nicht mehr durchdringen. Deshalb sollten Anstalten und Vereine die kirchliche Verkündigung praktisch ergänzen und dadurch wirksamer machen. Aus diesem Grund rief Wichern zur «inneren Mission» auf. Sie sollte dem Kommunismus entgegentreten, der nach seiner Meinung im Begriff war, die gegebenen Ordnungen aufzulösen, indem er zur Revolution gegen die monarchische Verfassung aufrief. Im Kommunismus erblickte Wichern den «Antichrist», dessen Forderung nach Gleichheit aller und nach Abschaffung des Privateigentums die menschliche Persönlichkeit zerstöre, die Familie untergrabe und das Zusammenleben auflöse. Anstatt der kommunistischen sollte das Volk die christliche Heilsbotschaft hören. Armut, Sittenlosigkeit und Gottlosigkeit waren zu beseitigen, um den Weg zu einer christlichen Lebensordnung einschlagen zu können. Im Revolutionsjahr 1848 wurde ein Nationaler Kirchentag in Wittenberg einberufen. Dort trug Wichern sein Programm vor und gründete den «Zentralausschuß der Inneren Mission».

2. Wicherns Programm war nicht die einzige christliche Reaktion auf die Herausforderung der Zeit. Andere versuchten sozialistische Vorstellungen und Gedanken des Neuen Testaments miteinander zu verknüpfen, wobei sie sozialistische Bewegungen mit dem Handeln Gottes gleichsetzten.

Ein Vorläufer des «Religiösen Sozialismus» war Wilhelm Weitling (1808 bis 1871). Seiner Meinung nach gibt es im Christentum «vortreffliche Prinzipien», «welche der Prüfung wert sind und ohne Zweifel das Glück der Menschheit bezwecken werden, wenn die Möglichkeit ihrer allgemeinen Verwirklichung gefunden wird». Nach der Ansicht Weitlings zielt die «Lehre Christi» auf Gerechtigkeit ab. Deshalb sollte «biblisches Denken» stärker auf die gesellschaftlichen Verhältnisse angewendet werden. Die Kirche machte Weitling daraufhin den Vorwuf, er «verweltliche» das Evange-

lium. Die Marxisten hingegen bezeichneten ihn als Frömmler.
Johann Christoph Blumhardt (1805 bis 1880) und sein Sohn Christoph Blumhardt (1842–1919) erwarteten eine fundamentale Veränderung der Verhältnisse vom Kommen des Reiches Gottes. Der jüngere Blumhardt bezog dabei den «Sieg Jesu in der Welt» auf die sozialen Probleme der Armen und Elenden. Mit diesen Gedanken beeinflußte er die Schweizer Leonhard Ragaz (1868–1945) und Hermann Kutter (1869–1931), die die herrschende soziale Ungerechtigkeit als Folge menschlicher Sünde bezeichneten und gleichzeitig erklärten, die Sozialisten seien nichts weniger als Werkzeuge in Gottes Hand, um die verheißene neue Lebensgemeinschaft des Reiches Gottes in die Welt zu bringen.
Unter den Katholiken trat der Münchener Philosoph Franz von Baader (1765–1841) mit sozialreformerischen Ideen hervor. Die Kirchen, die katholische wie die protestantischen, blieben jedoch nahezu untätig. Einzelne Geistliche wie Adolf Kolping (1813–1865), der Gründer des ersten Gesellenvereins, und der Mainzer Bischof von Ketteler (1811–1877), der die Forderung nach einem neuen sozialen Katholizismus erhob, blieben in ihrem sozialen Engagement isoliert. Die Päpste ließen sich erst spät zu Stellungnahmen über die «soziale Frage» bewegen. Leo XIII. bezeichnete 1891 die Lage der Arbeiter zwar als ein «sklavenähnliches Joch», den Sozialismus aber als eine «verheerende Seuche» und «offenbare Ungerechtigkeit».
1926 wurde in Deutschland der «Bund religiöser Sozialisten» gegründet. Schon 1930 warnten dessen Mitglieder vor dem «Faschismus als einer Gefahr für das Christentum». Als sie sich dabei auf Karl Marx als Gewährsmann für ihre Auffassung von Wirtschaft und Gesellschaft beriefen, wurde der Bund durch die NS-Machthaber verboten. 1949 organisierte er sich neu und gab sich 1957 den Namen «Gemeinschaft für Christentum und Sozialismus».
Seit 1968 gibt es einen «Bund der religiösen Sozialisten Deutschlands» mit Sitz in Bochum, der die Impulse des religiösen Sozialismus für Kirche und Gesellschaft fruchtbar machen will.
3. In neuerer Zeit engagiert sich eine zunehmende Anzahl von Christen in allen fünf Erdteilen für die Befreiung der Völker, die in Abhängigkeit und Unterdrükkung leben. Gleichzeitig suchen sie auch nach neuen Formen des Glaubens, den sie mit politischer Praxis verbinden wollen. Oft schließen sie sich den proletarischen Parteien und Volksorganisationen ihrer Länder an. Die «Botschaft des Evangeliums» verstehen sie als eine «befreiende Kraft»; deshalb solidarisieren sie sich mit der Arbeiterklasse und kritisieren das etablierte Christentum, das sich ihrer Meinung nach mit dem herrschenden System der Ausbeutung verbündet hat. Unter ihnen tritt die Bewegung der «Christen für den Sozialismus» hervor, die ihr Selbstverständnis folgendermaßen beschreibt: «Wir verstehen uns als Christen, die dem Evangelium nur treu bleiben können, wenn sie in den Kämpfen der Gegenwart Partei ergreifen, Partei für die Benachteiligten, Unterdrückten und Ausgebeuteten... Wir wenden uns gegen das Herrschaftssystem des Kapitalismus, dessen Toleranz und Veränderungsbereitschaft nur soweit reichen, wie seine Profitinteressen nicht in Frage gestellt werden.» (Erklärung von Arnheim, 1973)
1967 wurde in Argentinien die Bewegung «Priester für die Dritte Welt» gegründet, deren Teilnehmer sich an Streiks und Fabrikbesetzungen beteiligen. In den folgenden Jahren entstanden ähnliche Gruppen in den anderen lateinamerikanischen Ländern (z. B. 1969 «Golconda» in Kolumbien). Sie sprachen sich für einen «lateinamerikanischen Sozialis-

mus» und für die Mitwirkung von Christen bei dessen Aufbau aus. In Chile engagierten sich Arbeiterpriester in den Slums und für die Wahl des marxistischen Präsidenten Salvador Allende. Bald gab es christlich-soziale Gruppen in Brasilien und Bolivien, in Peru, Chile und Mexiko, aber auch in Kanada und den USA und in fast allen Ländern Westeuropas. Sie bezeichneten ihren «radikalen christlichen Glauben» als wichtiges Element im revolutionären Prozeß der Völker. Zahlreiche Anhänger dieser Bewegung in Südamerika, Priester, Laien und Ordensleute, wurden in den zurückliegenden Jahren verhaftet, ausgewiesen oder ermordet.
In Europa faßte die Bewegung 1973 im spanischen Avila Fuß, wo die Teilnehmer eines Kongresses formulierten: «Wir engagieren uns bewußt als Christen im revolutionären Kampf; wir behaupten weiterhin unser Heimatrecht in der Kirche; mit vollem Ernst geben wir unsere revolutionäre Haltung und unseren marxistischen Klassenstandpunkt zu erkennen.»
1974 schlossen sich die westeuropäischen christlich-sozialistischen Gruppen zum «Collectif de Genève» zusammen, das den Kampf gegen Ausbeutung und Unterdrückung in Kirche und Gesellschaft stärken will und auch antifaschistische Flüchtlinge in aller Welt unterstützt.
In der Bundesrepublik Deutschland bildete sich eine Gruppe der «Christen für den Sozialismus» im Anschluß an die Initiative des Ökumenischen Arbeitskreises «Politisches Nachtgebet» in Köln. Sie hält sich an die Gesellschaftstheorie von Karl Marx und vertritt die Meinung, die Bibel sei besser als ihre gängige bürgerliche Auslegung. Als Ziel schwebt ihr die «Veränderung der Gesellschaft» mit den Mitteln von «Reflexion und Aktion» vor, wobei sie eine «kritische Analyse und Ablehnung des Kapitalismus» mit dem Glauben an das Evangelium verbindet, das ihrer Meinung nach zur «Parteinahme zugunsten der Unterdrückten» aufruft. Inspiriert wurden diese Christen vor allem von den Theologen Dorothee Sölle, Helmut Gollwitzer und Rudolf Bultmann. Sie wendeten sich u. a. gegen den insbesondere in kirchlichen Kreisen grassierenden christlich überhöhten Antikommunismus und riefen immer wieder zu Solidaritätsaktionen zugunsten von Befreiungsbewegungen in Südamerika und Südafrika sowie zum Kampf gegen die Praxis der Berufsverbote in Staat und Kirche auf. (→ Theologie der Befreiung)

Stammesreligionen

Als Stammesreligionen bezeichnet man Religionen von sogenannten Naturvölkern, die man früher «Wilde» oder «Primitive» nannte. Religionen, deren Träger Stämme sind, haben sich kaum irgendwo rein erhalten. Sie sind von fremden Zivilisationen und missionierenden Religionen meist nachhaltig beeinflußt worden. Stammesreligionen hat man früher bisweilen auch «Naturreligionen» oder «Primitivreligionen» genannt und alle ihre Erscheinungen unter dem Begriff → «Animismus» zusammengefaßt. Man nahm an, daß sie dem Ursprung der Religion näher stünden als die Religionen der sogenannten Kulturvölker.
Charakteristisch für Stammesreligionen ist die → Magie. Theologen waren stets darauf bedacht, Magie und Religion streng voneinander zu trennen. In der religiösen Praxis sind sie jedoch eng miteinander verbunden. Magie ist eine Technik zur Bewältigung von Lebensproblemen: z. B. zur Herbeiführung von Regen oder Sonnenschein, zur Vertreibung von Krankheiten, Vernichtung von Feinden oder zur Sicherung der Übergänge zwischen den verschiedenen Lebensaltersstufen (z. B. vom Kindheits- in das Pubertätsalter). Häuptlinge und Familienälteste, Exorzisten und Krankenheiler,

Opferer und Schamanen, Wahrsager und Beschwörer haben sowohl mit Religion als auch mit Magie zu tun. Magie und Religion sind untrennbar miteinander verbunden im → Opfer. Durch die Hingabe wertvoller Dinge sollen von den Göttern erwünschte Zustände erbeten oder gar erzwungen und die Gesetze der Natur ausgeschaltet werden.
Unsere Kenntnis der Stammes- oder Naturreligionen ist beschränkt. Archäologische Funde, Grabanlagen und Grabbeigaben müssen auf ihren religiösen Bedeutungsgehalt hin mühsam untersucht werden. Felsbilder drücken bisweilen magische und religiöse Vorstellungen aus. Man sammelt und interpretiert Gegenstände, die bei religiösen und kultischen Praktiken gebraucht wurden. Die Stammesreligionen haben keine eigenen authentischen heiligen Schriften, keine Stifter und auch keine festgelegte Lehre. Sie sind vielmehr «schriftlose Religionen». Aufzeichnungen über sie werden meist erst von Fremden vorgenommen. Ob deren Deutungen allerdings stimmen, muß bisweilen bezweifelt werden.
Mit Magie ist mythisches Denken verbunden. Die → Mythen der Stammesreligionen «berichten» ein Geschehen aus lang vergangener Zeit, als beispielsweise ein Gott getötet wurde und daraufhin aus seinem Körper die Menschen und die Nutzpflanzen entstanden sind. Diese alten Vorgänge müssen nun rituell wiederholt werden: Im Ritus wird der Mythos aktualisiert.
Hinter alltäglichen Erfahrungen, aber auch hinter den außerordentlichen Erscheinungen, vermutet der Angehörige einer Stammes- oder Naturreligion eine besondere Kraft oder Macht. Eine solche Macht kann sich etwa als Lebenskraft im → Blut oder in einem Körperteil konzentrieren. Diese Macht wirkt belebend; sie kann etwas Gutes, aber auch etwas Schlechtes bewirken.
Die → «Seele» ist Bestandteil des Körpers, kein im Gegensatz zum Leib stehendes höheres Wesen. (→ Platonismus) Sie kann den Körper etwa im → Traum oder beim → Tod verlassen. Manche Völker setzen sie mit dem Schatten in eins.
Viele Stammesreligionen glauben, daß der Mensch nach dem Tod in Gestalt eines → Geistes fortlebe. Die Riten der Überlebenden bewirken, daß der Verstorbene sein Dasein ordnungsgemäß im Totenreich fristen kann. Fallen diese Riten jedoch aus, so findet der Tote keine Ruhe und irrt als bedrohliches Gespenst umher.
Der Aufenthaltsort der Toten soll eine Totenstadt unter der Erde oder im Himmel, im Westen, wo Sonne und Mond untergehen, oder auf einem der Himmelskörper sein. Naturgeister wohnen meist auf Bergen und in Felsklüften, Einöden und Flüssen. Aus solchen Naturgeistern sind in Europa Elfen, Nixen und Zwerge geworden.
Höher als Geister und Dämonen stehen die Götter. Aber nicht alle Stammesreligionen kennen Götter. Himmelskörper können als Götter angesehen werden. Sie haben die gleichen Aufgaben wie die Geister.
Oft ragt aus der Menge der Geister und Götter eine einzige Gestalt besonders hervor, der sogenannte «Hochgott». Meist wird ihm die Erschaffung der Welt zugeschrieben (→ Schöpfungsmythen); aber seit geraumer Zeit hat er sich zurückgezogen, und andere Wesen sind daraufhin zwischen ihn und die Menschen getreten. Die christlichen Missionare griffen oft auf die Namen der Hochgötter zurück, wenn sie bei Predigt oder Bibelübersetzung eine Bezeichnung für den Christengott suchten.
Im Kult (→ Kultus) werden Riten vollzogen, die höheren Wesen, den Ahnen, Geistern oder Gottheiten, gelten. Kultische Feste werden bevorzugt am Anfang und am Ende des Jahres gefeiert. Riten und Gebete sollen die wirtschaftliche

Existenz der Gemeinschaft sichern. Durch Magie und Religion wollen die Menschen Anteil an der höheren Macht gewinnen und diese zufrieden und hilfsbereit stimmen.
Dabei spielen «Medizinmänner» eine wichtige Rolle. Der Medizinmann kennt die magischen Machtmittel und benutzt sie zur Krankenheilung. Daneben gibt es auch Wahrsager, die etwa aus dem Vogelflug oder aus der Eingeweideschau, nach Los oder Orakel bestimmte Vorhersagen treffen. «Zauberer» können über Menschen und Dinge jedoch auch Unheil bringen. Medizinmann, Zauberer und Wahrsager arbeiten mit den Mitteln der Magie. Der Schamane ist Heilkundiger genauso wie der Medizinmann; in Ekstase (Außersichsein) kann er seinen Körper verlassen, mit Dämonen kämpfen, die Verstorbenen ins Totenreich geleiten und die «Seele» eines Kranken zurückbringen. (→ Indianische Religionen)
Das ganze Leben steht in mannigfachen Bezügen zur Religion. Die Übergangsriten (bei Geburt, Reife und Tod) machen dies besonders deutlich. Auch das politische Leben ist mit Religion verknüpft. Selbst der Häuptling hat wichtige religiöse Funktionen. An seiner «Macht» liegt es, ob es dem Stamm gutgeht. Vom Recht gilt, daß es nicht von Menschen erfunden, sondern von einer Gottheit angeordnet worden ist. Auch Tänze und Lieder dienen dazu, magische Kraft zu erwerben. Vor der Jagd wird das Wild figürlich dargestellt und symbolisch erlegt; die Tänze mancher Stämme tragen noch heute den Namen von Jagdwild.
Durch fortschreitenden Kontakt mit der «Zivilisation» und durch Missionierung seitens der «Hochreligionen» drohen die Stammesreligionen auszusterben. Bisweilen begehren sie auf, meist versuchen sie sich den modernen Verhältnissen anzupassen. In den sie überlagernden Hochreligionen leben ihre Anschauungen oft im Verborgenen weiter. (→ Afrikanische Religionen) → «Aberglaube» enthält viele vergessene Reste vergangener Frömmigkeit. Im Volksglauben leben bis heute auch bei uns Relikte früheren Glaubensgutes und zahlreiche Vorstellungen aus vorchristlicher Zeit fort.

Sünde

1. Die Lehre von der Sünde nimmt im Christentum eine zentrale Stelle ein. Sünde ist Ungehorsam des Menschen gegenüber dem Willen Gottes. Angeblich kränkt der abhängige Mensch in der Sünde den Herrschaftsanspruch der souveränen Gottheit. Wer als Mensch selbst souverän und unabhängig sein will – eine für das Christentum letzlich illegitime, ja sogar widernatürliche Nachahmung Gottes –, wird als Sünder bezeichnet. (→ Gehorsam)
In den verschiedenen Religionen gibt es, auch wenn der Begriff selbst bisweilen fehlt, unterschiedliche Sündenvorstellungen: Sündhaft ist, was vom → Heiligen trennt. Wer die → Tabu-Gesetze übertritt, kann sich «verunreinigen» und «beflecken». Bileam etwa (eine alttestamentliche Gestalt im Umfeld Israels zur Zeit der Landnahme) entschuldigt sich bei dem Engel Jahwes dafür, daß er die Sakralsphäre (den Raum des Heiligen) verletzt hat: «Ich habe gesündigt; denn ich wußte nicht, daß du mir im Wege standest.» (4. Mose 22,34)
In Religionen, die einen persönlichen Gott kennen, wird das Sündenverständnis personal: Erzürnt reagiert die Gottheit auf die Übertretung seiner ethischen, sozialen oder kultischen Gesetze. Nach alttestamentlich-jüdischer, christlicher und islamischer Lehre ist Sünde Abkehr von Gott und willentlich aggressiver Ungehorsam ihm gegenüber. Wenn hingegen (wie im → Jainismus und → Buddhismus) eine personale Gottesvorstellung fehlt, wird die Sünde zur Störung der ewigen Ordnung.
2. Das Alte Testament kennt religiös-sitt-

liche (ethische) und kultisch-rituelle Sünden. (Ps. 15; Ps. 24,4; Hos. 4,1f; Jes. 1,15ff; Hes. 18,5ff; 3. Mose 19) Verstöße gegen die Gottesdienstordnung, insbesondere der Götzen- und Bilderdienst (→ Bilder), das Berühren heiliger Gegenstände, die Schändung des Sabbats oder der eigene Gebrauch des Opfers, das eigentlich nur Gott zukommt, sind schwere Vergehen und werden mit dem Tode bestraft. (1. Sam. 6,19ff; 2. Sam. 6,6ff; 3. Mose 10,1ff; 1. Sam. 2,12ff) Die zentrale Bedeutung der Sünde zeigt sich, wenn der sündigende Mensch der Heiligkeit Jahwes gegenübertritt. Die Propheten klagen das Volk an (Hos. 12; Jes. 1,4ff; 6,5ff) und fordern eine Erneuerung des ganzen «Herzens». (Jer. 31,31ff)

Nach der Vertreibung des ersten Menschenpaares aus dem → Paradies ist die Sünde allgemein und unausweichlich geworden: Unrein und schwach sind alle Geschöpfe. (Hiob 4,17f; Ps. 143,2) Zuvor waren die Menschen jedoch gut und vollkommen. (1. Mose 1f) Nicht Gott, sondern der Mensch selbst hat die Sünde verursacht: Die Menschen wollten sein wie Gott. (→ Adam) Das Resultat der Sünde ist Schuld. Sünde macht schuldig, und Schuld zieht Strafe nach sich. Man kann diesen Zusammenhang auch umkehren: Wer (von Gott) bestraft wird, muß zuvor gesündigt haben. (2. Sam. 21) Genauso hängen Krankheit und Sünde zusammen. (Ps. 6,2ff; Ps. 38,2ff; Hiobbuch) Jahwes Strafe ist so hart, wie die Sünde schwer ist. (Jes. 5,8ff)

3. Der alttestamentliche Mythos vom Sündenfall ist Grundlage für die theologische Spekulation, die Paulus in Römer 5 anstellt: Durch einen Menschen sei die Sünde in die Welt hineingekommen und durch die Sünde der Tod. Das Kommen Jesu Christi sei verursacht durch die Sündhaftigkeit des Volkes Israel, dieses «abtrünnigen und sündigen Geschlechts». (Mk. 8,38) Jesus proklamiert das «Reich Gottes» und fordert → Buße zur Sündenvergebung. Der Gottessohn selbst hat Vollmacht, Sünden zu vergeben. Er hat sich, um dies zu verdeutlichen, sogar als ein Freund der «Zöllner und Sünder» gezeigt.

Paulus war der erste christliche Systematiker der Sünde. Mit → Adam kamen Ungehorsam und → Tod in die Welt, «weil sie alle gesündigt haben». (Röm. 5,12) Das «Gesetz», Weg der Juden zum Heil, erfüllt seinen Zweck nicht mehr. (1. Kor. 15,56; Röm. 8,3) Die ganze Welt, Juden und Heiden, ist in Sünde verstrickt. (Röm. 1–3) Der Leib wird «von der Sünde beherrscht», in ihm steckt das «Gesetz der Sünde», alle sind «Sklaven der Sünde» und «an die Sünde verkauft». Die Menschen sind «von Natur aus» böse und verharren «im Schmutz der Unsittlichkeit und in schandbaren Leidenschaften». (Röm. 5,12ff)

4. Im Anschluß an Paulus entwickelte der lateinische Kirchenvater Augustinus (354–430) später die Lehre von der «Erbsünde»: Bei der Zeugung kommt es zu «geschlechtlicher Begierde», und durch diese pflanzt sich die Sünde von Generation zu Generation fort. Die Sünde ist Schuld und Verhängnis gleichermaßen. Zeugung und Geburt versetzen alle in den sündhaften Zustand Adams. Deshalb werden auch Kinder, die ohne → Taufe gestorben sind, den ewigen Höllenstrafen (→ Hölle) ausgesetzt. In seinen «Bekenntnissen» (3. Buch) schreibt der Kirchenvater: «... Lieben und Geliebtwerden, es war mir am köstlichsten, wenn ich auch den Körper der Geliebten genießen konnte, so trübte ich den Quell der Freundschaft mit dem eklen Schlamme der Sinneslust, ihren reinen Glanz verdunkelte ich durch höllische Lüste ... Du aber, o mein Gott und mein Erbarmer, wie hast du mir in deiner Güte diese Süßigkeit vergällt!» Geschlechtsverkehr, meinte er, behindere den Empfang der Kommunion. Die «Keuschheit der Ehe-

losen» sei besser als die der Verheirateten. Eine Mutter nehme im Himmelreich einen geringeren Platz ein als eine Jungfrau. Eheleute, die sich «fleischlicher Verbindung» enthielten, seien «um so heiligere Ehegatten». Am besten wäre es, die Nachkommenschaft würde «mit der Hand gesät wie das Korn».
Auch Ambrosius, Bischof in Mailand (gest. 397), äußerte sich ähnlich wie Augustinus: «Ehrenvoll ist die Ehe, aber ehrenvoller die Enthaltsamkeit; denn wer eine Jungfrau zur Ehe gibt, handelt gut, wer sie nicht zur Ehe gibt, besser.» Die Ehe sei «Bürde», «Knechtschaft» und «Trübsal des Fleisches».
Theologen des Mittelalters erklärten den Geschlechtstrieb für verkommen und sündhaft. Bonaventura (1221–1274), Franziskanergeneral und Kardinal, hielt den Akt der Liebe überhaupt für «verdorben und gewissermaßen stinkend». Sein Freund Thomas von Aquin (1225–1274), der einflußreichste Scholastiker, bezeichnete ihn als «schlüpfrigen Schmutz»; der Christusmystiker Bernhard von Clairvaux (1090–1153) erklärte, das «Jucken der Begierlichkeit» und böse Lust ließen Menschen tiefer herabsinken als Schweine.
Auch die Reformatoren hielten an der Behauptung fest, der Mensch werde in einen sündigen Zustand hineingeboren. Das mildere aber seine persönliche Schuld keineswegs. Martin Luther (1483–1546) sprach dem Menschen die Freiheit des Willens rundweg ab und verglich ihn mit einem Reittier, das entweder von Gott oder aber vom Satan geritten werde.
Im 16. Jahrhundert hat die katholische Kirche die Erbsündenlehre dogmatisiert (zum Glaubenssatz erklärt): Weil Adam das Gebot Gottes übertreten hat, ist er unter die Herrschaft von Tod und Teufel gefallen. Die Sünde Adams samt ihren Folgen ging sodann durch Fortpflanzung auch auf alle Nachkommen über. In der Taufe kann die Schuld der Ursünde zwar weggenommen werden. Die «Konkupiszenz» (die «Begierde», besonders diejenige geschlechtlicher Art, die der Sünde vorausgeht) aber «stammt aus der Sünde» und «macht zur Sünde geneigt».
Das kirchliche Bekenntnis, das die Sündlosigkeit des menschgewordenen Gottessohnes und die «unbefleckte Empfängnis» seiner Mutter betonen will, behauptet, Maria habe Jesus als Jungfrau zur Welt gebracht. (→ Jungfrauengeburt) Nicht ein Mann, sondern der Heilige Geist selbst habe sie schwanger werden lassen.
So pflanzte sich der christliche Sexualpessimismus von Paulus und Augustinus über die Jahrhunderte fort. Noch heute sind die Kirchen darauf bedacht, die herrschende Sexualmoral im Sinne christlicher Tradition zu bestimmen. (→ Sexualität)

Synoptiker

Die ersten drei Evangelien, → Matthäus, → Markus und → Lukas, sind miteinander verwandt. Weithin laufen ihre Berichte parallel nebeneinander her und stimmen auch in vielen Details miteinander überein.
Besonders bei Matthäus und Lukas findet man aber auch Texte, die in den jeweils anderen Evangelien nicht vorkommen. Diese Texte nennt man «Sondergut» des Lukas (z. B. die Vorgeschichte Lk. 1f; die Auferstehungsgeschichten Lk. 24; viele Einzelgeschichten wie Lk. 4,16–30; 5,1–11; 7,36–50) oder «Sondergut» des Matthäus (wie die Vorgeschichte Kapitel 1f; den Auferstehungsbericht Kapitel 28; verschiedene Redestücke und Geschichten).
Dieses wechselnde Verhältnis von Übereinstimmung und Unterschiedlichkeit der drei Evangelien kann man sich anhand einer «Synopse» (Zusammenschau) klarmachen, bei der die «synoptischen» Evangelientexte in Kolumnen ne-

beneinander gestellt werden. (Z. B. C. H. Peisker: Zürcher Evangelien-Synopse,[10] 1970 oder: Synoptisches Arbeitsbuch zu den Evangelien, hg. von R. Pesch Band 1–5. u. a., Zürich/Einsiedeln/Köln/Gütersloh 1980/81)

Daß die drei synoptischen Evangelien neben grundlegenden Gemeinsamkeiten auch beträchtliche Unterschiede aufweisen, läßt sich schlüssig keineswegs dadurch erklären, daß die Darstellung ein und desselben Vorgangs durch verschiedene Augenzeugen oder Hörer notgedrungen auch immer verschieden ausfallen müsse. Denn die Wiedergabe der Texte ist so gleichlautend, daß ihnen eine gemeinsame Überlieferung zugrunde liegen muß. Bis auf wenige Ausnahmen finden sich die Perikopen (Textabschnitte) des Markus auch bei Matthäus oder Lukas oder bei beiden. Die entscheidenden Worte der handelnden Personen, besonders die Aussagen →Jesu, sind bei den drei Evangelien meist wörtlich gleich wiedergegeben.

Betrachtet man die Texte, die Matthäus und Lukas über Markus hinaus gemeinsam haben, so stellt man fest, daß auch sie fast wörtlich übereinstimmen.

Um diese Übereinstimmungen und Abweichungen zu erklären, hat man die sogenannte «Zweiquellentheorie» entwikkelt. Sie besagt folgendes:

(a) Markus ist das älteste Evangelium. Es liegt den größeren Evangelien Matthäus und Lukas zugrunde.

(b) Über Markus hinausgehend haben Matthäus und Lukas unabhängigig voneinander aus einer zweiten Quelle geschöpft. Da die Überlieferung, die beiden über Markus hinaus gemeinsam ist, fast ausnahmslos aus Sprüchen Jesu besteht, nennt man diese zweite Quelle («Q») meist «Spruchquelle», manchmal auch «Logien-(Ausspruch, Rede) Quelle».

Früher nahm man an, Matthäus sei das älteste Evangelium. Dem widerspricht aber die Tatsache, daß sich der gesamte Erzählstoff des Markus in den beiden anderen Evangelien wiederfindet. Auch halten sich Matthäus und Lukas meist an die Szenenfolge, die Markus vorgibt.

Wie die «Spruchquelle» beschaffen war, ist schwer zu bestimmen. Fraglich ist, ob sie bereits eine literarisch fixierte Gestalt hatte oder ob sie nicht vielmehr nur mündlich überliefert wurde.

Das Sondergut des Matthäus und Lukas dürfte kaum aus schriftlichen Quellen stammen. Es zeigt vielmehr, daß es neben der literarisch fixierten Tradition noch lange Zeit einen breiten Strom mündlicher Überlieferung der Handlungen und Reden Jesu gab.

T

Tabu

Tabu ist ein Wort aus dem Polynesischen. Es bedeutet ursprünglich wahrscheinlich «das besonders Gemerkte, Ausgezeichnete, Hervorgehobene, Vorgeschriebene» im Gegensatz zum Alltäglichen und Profanen (Weltlichen).

Tabu sein können Gegenstände, Handlungen oder Personen. Sie sind dann gleichsam mit einer Kraft «aufgeladen» und deshalb gefährlich. Wenn Tiere unter Tabuverbot stehen, darf man sie nicht töten oder verzehren. Auch Menschen können in bestimmten Lagen oder Zuständen unter ein zeitweiliges Tabu fallen: z. B. Frauen während der Menstruation oder im Kindbett, Krieger vor oder nach dem Kampf, Männer, die zum Jagen oder Fischen ausziehen. Auch Gegenstände, Bäume, Pflanzen, Häuser, Örtlichkeiten, können tabu sein. Dann darf man sich ihnen nicht nähern, sie nicht berühren; denn eine zauberhafte Kraft hängt an ihnen, sie sind heilig (→Heilig).

Tabuverbote bedürfen keiner gesonderten Begründung. Ihre Herkunft ist dem, der sich ihnen unterwerfen muß, normalerweise unbekannt. Dennoch sind sie unausweichlich und gleichsam selbstverständlich.
Manches spricht dafür, daß das Tabu in früheste Zeiten zurückreicht und sogar älter ist als die Götter. An das Tabu, das immer ein «Du sollst nicht!», «Du darfst nicht!» enthält, knüpfen auch die ersten Strafsysteme der Menschheit an. (→ Totemismus)
Auch in unserer Zeit scheint das Tabu fortzubestehen: etwa in Form zwanghafter religiöser und moralischer Forderungen, für die eine bewußte Begründung rundweg abgelehnt wird, die jedoch auch nicht zu erbringen wäre. Quelle des Tabus ist die Furcht vor dem Wirken dämonischer Mächte. (Wilhelm Wundt) Denn hinter diesen steht das Gebot: Hüte dich vor dem Zorn der Dämonen! Dieser könnte beim Übertreten der Tabuforderung geweckt werden. Dämonen aber sind Schöpfungen des Menschen. Das heißt, daß der Ursprung des Tabus in der Gesellschaft und im Menschen selbst gesucht werden muß. (→ Religion)
Beim Vergleich von Tabuverboten «primitiver» Gesellschaften mit Zwangsverboten von Neurotikern stellte Sigmund Freud (1856–1939) zahlreiche Übereinstimmungen fest: Tabu wie Zwangsneurose äußern sich als Angst vor körperlicher Berührung oder auch nur vor «Gedankenberührung» und führen zu vielerlei Verzicht und Einschränkung: (Sigmund Freud: Fragen der Gesellschaft. Ursprünge der Religion. Studienausgabe Band IX, Frankfurt/M. 1974, S. 287 ff: Totem und Tabu)
Der Mensch, der ein Tabu übertreten hat, wird automatisch selbst tabu. Das Tabu ist «ansteckend». Wer tabu geworden ist, könnte andere dazu verleiten, ihm zu folgen. Das Tabu der Toten verbietet, Tote zu berühren. Bisweilen darf man nicht einmal ihre Namen nennen; denn der Name gilt als ein wesentliches Stück der Person. Das Tabu des Toten rührt vielleicht daher, daß die Lebenden sich vor der Wiederkehr des Geistes des Verstorbenen fürchten. Seine → «Seele» ist zum Dämon geworden, der Tote erscheint als Feind. (→ Totenbestattung)

Talmud

Der Talmud (hebr. «Studium», «Lehre») gilt im orthodoxen Judentum als autoritative Quelle von Religionslehre und Religionsgesetz. Er ist sozusagen die Brille, durch die hindurch die heilige Schrift des Judentums zu lesen ist.
Der Talmud setzt sich aus zwei Teilen zusammen, aus der Mischna (hebr. «Wiederholung») und aus der Gemara (aramäisch «das Gelernte», «Vollendung»). Die *Mischna* stellt eine Sammlung religiöser Gesetze, aber auch zivilrechtlicher Regeln dar. Diese Überlieferung geht direkt auf die Pharisäer und auf die Rabbinen der ersten beiden Jahrhunderte n. Chr. zurück. Zunächst war das Gewohnheitsrecht des Judentums mündlich überliefert worden. Dieser Stoff wurde dann von Rabbi Jehuda, dem Patriarchen, zu Anfang des 3. Jahrhunderts gesichtet und redigiert. Das bis dahin mündlich tradierte Gesetz soll bis auf die Gesetzgebung Jahwes am Sinai zurückgehen – die Überlieferungskette verläuft von Moses bis zu Hillel und Schammaj, den berühmten jüdischen Gesetzeslehrern zur Zeit Jesu.
Als sich nach der Zerstörung des Tempels von Jerusalem (70 n. Chr.) das Schriftgelehrtentum durchsetzte, entstand ein Traditionalismus, der die Definition des mündlichen Gesetzes vorantrieb und mit Hilfe des Midrasch seine Übereinstimmung mit der Thora zu begründen suchte. Mit dem Namen *Midrasch* («Forschung», «Auslegung», «Hermeneutik») wird ein Zweig rabbinischer Literatur bezeichnet, der durch

Kommentierung biblischer Perikopen rabbinische Lehren aus der heiligen Schrift begründen will. Man unterscheidet dabei zwischen halakhischen (gesetzlichen) Midraschim, die zum Teil aus dem 3. und 4. Jahrhundert stammen und die gesetzlichen Teile des Pentateuch behandeln, Auslegungs-Midraschim hauptsächlich aus talmudischer Zeit, die ganze biblische Bücher kommentieren, und homiletischen Midraschim zu denjenigen Teilen der fünf Bücher Moses, die in den Synagogen vorgelesen werden. Die Midraschliteratur überliefert den Stoff alter rabbinischer Theologie.

Halacha (hebr. «der einzuschlagende Weg») nennt man den gesetzlichen Teil des Talmud, *Haggada* (aramäisch «Erzählung», «Verkündigung») den nichtgesetzlichen, der Anekdoten, Legenden, theologische Reflexionen, Gleichnisse, Medizinisches, Psychologisches und Reiseberichte enthält. Als verpflichtend wird die Halacha, nicht jedoch die Haggada angesehen. Besonders diejenigen Mischnajot, die ohne Nennung eines Lehrers angeführt werden, sind autoritativ und als solche jeder Diskussion entzogen. In anderen Fällen werden die Parteien (z. B. die Schulen Hillels und Schammajs) genannt, die über die betreffende Angelegenheit gestritten haben.

Neben die Mischna tritt als zweiter Teil des Talmud die *Gemara*. Sie enthält diejenigen Diskussionen, die in späteren Jahrhunderten die palästinensischen und die babylonischen Rabbinen über die Mischna geführt haben. Damit hängt es zusammen, daß es einen palästinensischen und einen babylonischen Talmud gibt. Ersterer, der Jerusalemer Talmud, wurde gegen Ende des 5. Jahrhunderts verfaßt; der umfangreiche babylonische Talmud, der hauptsächlich im 6. und 7. Jahrhundert redigiert wurde, galt dem mittelalterlichen Judentum als autoritative Quelle.

Christentumskritische Stellen im Talmud dienten der christlichen Kirche des Mittelalters als willkommener Anlaß zu Bücherverbrennungen und Judenverfolgungen. Auch der neuzeitliche → Antisemitismus hat sich immer wieder auf Talmudzitate gestützt, um die angebliche Menschenfeindlichkeit der Juden zu beweisen. In der neueren Theologie hingegen analysiert man bevorzugt solche Texte des Talmud, die ein Licht auf soziale, politische und religiöse Zustände zur Zeit Jesu und des frühen Christentums werfen können.

Taoismus

In der taoistischen Religion Chinas (→ Chinesische Religionen) vermischen sich Ahnenkult, traditioneller Volksglaube, schamanistische Praktiken, Magie und taoistische Philosophie miteinander. Letztere geht auf das Werk «Tao te king» (Tao The Ching») zurück, das von Lao-tse (Lao-tzu) innerhalb von nur drei Tagen verfaßt worden sein soll.

1. Über Lao-tse («alter Meister») läßt sich kaum etwas Sicheres sagen. Er soll 604 v. Chr. geboren worden sein. Der Legende nach blieb er zweiundachtzig Jahre lang im Mutterleib, ehe er als alter Mann mit einem langen weißen Bart das Licht der Welt erblickte. Alter ist Zeichen der Weisheit.

Außerordentlich hoch betagt wollte er, so wird erzählt, China verlassen. Der chinesische Zollbeamte ließ ihn jedoch die Grenze nicht passieren, ehe er nicht alles, was er besaß (und das war seine Philosophie), zurückließ. So schrieb Lao-tse den «Tao te king».

Das Werk befaßt sich mit dem Begriff «tao». Tao ist der Gang der Natur, das Zeitgemäße, die Übereinstimmung der Verhältnisse mit den Erfordernissen der Stunde; tao bedeutet aber auch «Hauptweg» oder «Hauptstraße». Der erste Satz des Werkes drückt aus, daß tao dann, wenn man es als «tao» bezeichnet, nicht mehr das wirkliche tao ist: Unsere Sprache kann das Absolute nicht fassen. «Ehe Himmel und Erde bestanden, war etwas Nebelhaftes: schweigend, abgeschieden, alleinstehend, sich nicht ändernd, ewig kreisend ohne Unterlaß. Würdig, die Mutter aller Dinge zu sein. Ich weiß seinen Namen nicht und spreche es ‹Tao› an... Darum: das Tao ist groß, der Himmel ist groß, die Erde ist groß, der König ist auch groß. Das sind die Großen Vier des Alls, und der König ist einer davon. Der Mensch bildet sich nach der Erde; die Erde bildet sich nach dem Himmel; der Himmel bildet sich nach dem Tao; das Tao bildet sich nach der Natur.»

2. Die Gedanken Lao-tses wurzeln in der chinesischen Philosophie, die vom «I-Ging» geprägt ist. Das «I-Ging» («Chamäleon», Verwandlungen») ist ein Buch mit Weissagungen und Orakeln. Seine ältesten Teile stammen aus der Zeit nach 1028 v. Chr., als die Shang-Dynastie von den Fürsten von Chou gestürzt wurde. Die Chou-Zeit dauerte achthundert Jahre.

«I-Ging» basiert auf acht dreizeiligen Grundsymbolen. Jede Zeile besteht aus ungebrochenen oder gebrochenen Linien. Die Grundsymbole werden paarweise zusammengestellt. So entstehen 64 sechszeilige Figuren (Hexagramme).

Diese Hexagramme werden mit den dualistischen Kräften (→ Dualismus) yin und yang in Beziehung gebracht. Durch geregeltes Zusammenspiel von yin und yang sind alle Zustände und Abläufe des Daseins bestimmt.

Ein durchgehender Strich (–) bedeutet «yang». Yang ist das befruchtende Prinzip und steht u. a. für helles Sonnenlicht. Ein unterbrochener Strich (– –) heißt yin. Yin ist das gebärende Prinzip und steht u. a. für dunkle Wolken. Yang und yin stehen einander gegenüber wie Feuer und Wasser, Himmel und Erde, Vater und Mutter, heiß und kalt, trocken und feucht, hell und dunkel, aufwärts und abwärts strebend, rein und trüb, Sonne und Mond. Alle Aspekte der Wirklichkeit sind somit von yang und yin umgriffen.

Der Mensch muß so handeln, daß er mit den jeweiligen Bedingungen von yang und yin übereinstimmt. Dann besteht Normalität, und Normalität ist die höchste aller Tugenden. Sie ist dann verwirklicht, wenn man zu jeder Zeit in Harmonie mit den Gegebenheiten des Universums lebt.

Durch die Jahrtausende hindurch hat das «I-Ging» als Orakelbuch gedient. Wer ein Haus bauen will, läßt die Lose sprechen. Man wirft Bambusstäbchen, die auf einer Seite, der yang-Seite, weiß gestrichen und auf der anderen, der yin-Seite, dunkel sind. Dann stellt man fest, wie sie gefallen sind (z. B. yin, yin, yang, yin, yin, yin), schlägt das «I-Ging» auf und liest den Kommentar zu dem Symbol, das die Stäbchen gebildet haben. Die Folge vom dreifachen positiven yang über das dreifache negative yin und umgekehrt stellt tao, die Ursache aller Dinge, dar. «Der Meister sagte: Ist das I-Ging nicht ein vollkommenes Buch? Durch das I-Ging erhöhten die Weisen ihre Tugend und vergrößerten den Bereich ihrer Beschäftigung. Ihre Weisheit war erhaben, und ihre Verhaltensregeln waren fest. Jene Erhabenheit war nach dem Vorbild des Himmels; jene Festigkeit nach dem Vorbild der Erde.»

3. Das erstrebenswerte sittliche Prinzip des Taoismus ist Wu-Wei («Nichttun»), das eigentlich nicht Passivität, sondern kampfloses Handeln bedeutet. Das Tun des Menschen sollte so sein, daß sein Ergebnis nicht erkennbar ist, sondern sich in die gegebene Situation einfügt. «Ein guter Läufer hinterläßt keine Spur. Eine gute Rede gibt sich keine Blöße. Ein guter Rechner gebraucht keine Rechenstäbchen. Eine gut geschlossene Tür braucht keine Riegel, und kann dennoch nicht geöffnet werden.»

Besonders wichtig ist es, gewisse Eigenschaften eines Menschen oder eines Dinges nicht allzu sehr zu betonen, um nicht das Gegenteil davon hervorzurufen. «Wenn die Menschen der Erde all die Schönheit als Schönheit erkennen, entsteht die Erkenntnis der Häßlichkeit. Wenn die Menschen der Erde alle das Gute als gut erkennen, entsteht die Erkenntnis des Bösen. Darum: Sein und Nichtsein hängen im Werden voneinander ab; Schwierig und Leicht hängen in der Durchführung voneinander ab; ... Darum der Weise: Führt die Geschäfte ohne Tun; predigt die Lehre ohne Worte.»

An einem Gefäß ist nicht das Material, etwa Ton oder Glas, bedeutsam, sondern der Hohlraum, der die Flüssigkeit aufnimmt. «Knete ein Gefäß aus Ton: Aus seinem Nichtsein [in der Höhlung] entsteht der Nutzen des Gefäßes.» Auf diesem Erkenntnisprinzip ruht z. B. auch die chinesische und japanische Bildkunst. Der gemalte Strich will häufig nur das Weggelassene zu erkennen geben. In der Musik ist nicht der Ton, sondern das Intervall zwischen zwei Noten das Ausschlaggebende.

Die «Weisen der Vorzeit» haben nach Lao-tses Auffassung die wahren Ideale des Menschseins verwirklicht. Sie waren «behutsam, wie beim Überschreiten eines Flusses im Winter; unentschlossen, wie wenn von überall Gefahren drohen; ernsthaft, wie wenn man zu Gast ist; nachgebend wie schmelzendes Eis; echt wie ein Stück unbearbeitetes Holz; offenherzig wie ein Tal; aufnahmebereit wie trübes Wasser».

Nach drei Tagen unfreiwilligen Aufenthalts an der Grenze war das «Tao te king» fertig – Lao-tse konnte seine ganze Weisheit dem Grenzbeamten übergeben. Die letzte Eintragung lautet:

«Wahre Worte sind wohlklingend.
Wohlklingende Worte sind nicht wahr.
Ein guter Mensch streitet nicht mit Worten.
Wer mit Worten streitet, ist kein guter Mensch.
Der Weise weiß nicht vieles;
Wer vieles weiß, ist nicht weise.»

Lao-tses Philosophie ist im Taoismus schließlich zu einem System der Geisterbeschwörung erstarrt. Taoistische Mönche betätigen sich heute als «Zauberer», Wahrsager und Magier.

Als der Taoismus mit dem → Buddhismus bekannt wurde, glaubte man, in Buddha den wiedergeborenen Lao-tse erkennen zu können. Wie die buddhistischen Mönche, so sammelten sich auch die Tao-Mönche in Klöstern. Um Tschang Tao-ling (Chang Tao-ling), der (um 150 n. Chr.) mit einer Himmelfahrt sein Leben beschloß, bildete sich eine taoistische Kirche. Bis heute hat sich auch eine Art taoistisches Papsttum erhalten. Der jeweilige «Himmelsmeister» oder «wahrhaftige Mensch» gilt als Wiederverkörperung Tschang Tao-lings. Er ist Herrscher über mehr als 100000 Priester. Die Klostermönche halten sich an ähnliche Gelübde, wie sie auch das Christentum und der Buddhismus ausgebildet haben: «Du sollst nicht töten oder Lebewesen Schaden zufügen! – Du sollst kein Fleisch oder Blut lebender Wesen verzehren! – Du sollst keinen Wein trinken! – Du sollst nicht schmeicheln, doppelzüngig reden oder Unwahres aussprechen! – Du sollst nichts Böses sagen, nicht schwören und nicht verfluchen! – Du sollst nicht heimlich nach Frauen sehen, damit du von unreinen Gedanken befreit bleibst! – Du sollst nicht unrechtmäßig den Besitz anderer begehren!»

Taufe

Die Religionen kennen zahlreiche Waschungs- und Reinigungsriten. Unter ihnen spielt die Taufe eine besondere Rolle als Initiationsritus (rituelle Einweihung). Weder Taufe noch Kindertaufe sind etwas ausschließlich Christliches. Auch die alten Mexikaner tauften ihre Kinder,

und die Germanen tauchten sie in eiskaltes Flußwasser. Buddha kritisierte den Glauben an die unmittelbare Wirkung des bloßen Vollzugs von Waschungsriten: «Warum baden sich immer diese Brahmanen [indische Priester] und zittern im Bad? Glauben sie, so Reinigung von ihren Sünden zu erlangen? Dann müßten ja Frösche und Schildkröten in den Himmel eingehen, und alle Wasserschlangen wären zur Seligkeit bestimmt.» Ähnlich argumentierte Jeremia (2,22): «Und wenn du dich auch mit Lauge wüschest und nähmest viel Seife dazu, so bleibt doch der Schmutz deiner Schuld vor mir, spricht Gott der Herr.»
Kultische Reinigung spielt im Alten wie im Neuen Testament eine große Rolle. (Jer. 4,14; Ps. 51,4) Jahwe selbst kann sich als Taufender betätigen: «Ich will reines Wasser über euch sprengen, daß ihr rein werdet; von all eurer Unreinheit und von all euren Götzen will ich euch reinigen, und ich will euch ein neues Herz und einen neuen Geist in euch geben...» (Hes. 36,25f)
Die Vorstellung von «heiligem Wasser» ist in den Religionen weit verbreitet. Brunnen, Quellen, Flüsse spenden «lebendiges Wasser», «Wasser des Lebens», d. h. nicht nur Fruchtbarkeit und Gedeihen, sondern sogar «ewiges Leben». In späterer Zeit beschränkt sich die Heiligkeit allerdings auf ganz besondere Gewässer, auf heilige Ströme in Indien, die heilige Quelle der Demeter (Erdgöttin; → Griechische Religion), auf das durch eine kultische Handlung mit Macht begabte «Weihwasser»: Durch Exorzismus (Teufelsaustreibung) wird es frei von schädlichen Einflüssen und kann nun seinerseits vor dämonischer Einwirkung schützen sowie Spuk und Krankheit vertreiben. Bei der Taufe treibt es den → Teufel aus und macht statt dessen heiligender Gnade Platz.
Reinigung ist demnach Ausstoßung der einen (bösen) Macht und Heranziehen der anderen (guten) Macht. Wenn aller «Schmutz» beseitigt ist, ist das rechte Verhältnis zur guten Macht wiederhergestellt. An die Stelle anfänglicher Beschmutzung tritt Heiligkeit. Diese Reinigung schafft neues Leben, gleichsam eine neue Geburt. Im alten Ägypten bezeichnete man die Reinigung als Mitteilung göttlichen Lebens, das im Wasser ist, das heißt: als → Auferstehung. So wird der Tote neu geboren. (→ Ägyptische Religion)
Eine ähnliche Bedeutung hat die Taufe im Christentum. Taufe ist auch hier nicht nur Reinigung von Schmutz und Sünde; darüber hinaus wird sie auch als «Bad der Wiedergeburt» (Tit. 3,5), als Geburt aus «Wasser und Geist» (Joh. 3,5) bezeichnet.
Schon in der Predigt des Johannes (des Täufers) erhält die Taufe eine Bedeutung für die allerletzte Zeit: Der Messias wird «mit dem heiligen Geist und mit Feuer taufen». (Mat. 3,11) Christus selbst hat seinen Tod angeblich als «Taufe» bezeichnet. (Mat. 20,22; Lk. 12,50)
Nach christlichem Verständnis ist der Getaufte ein «neuer Mensch» geworden. Im Wasser sein heißt tot und begraben sein, heißt zurückkehren ins «Urwasser», über dem, nach biblischer Schöpfungsvorstellung, der «Geist Gottes» schwebte, der lebendig macht und der den Menschen neu erschafft.
Durch Verbindung mit dem Leiden und dem Tod Jesu wurde die Taufe zum grundlegenden → Sakrament der Christenheit. Nach Joh. 19,34 floß Wasser und Blut aus der Seitenwunde des gekreuzigten Christus: Dementsprechend leitet sich das Sakrament vom Heilstod Christi her. Der Name Jesu wurde deshalb seit urchristlicher Zeit über den Täuflingen ausgerufen (Apg. 2,38) Auch Paulus erklärte die Taufe zum Abbild des Sterbens, Begrabenwerdens und Auferstehens mit Christus. (Röm. 6ff) Man konnte sich sogar stellvertretend für

einen schon Gestorbenen taufen lassen. (1. Kor. 15,29) Die Taufe versprach dabei nicht nur Reinigung von persönlichen Sünden, sondern vor allem Befreiung von der Erbsünde.
Ursprünglich erfolgte die Taufhandlung durch dreimaliges Untertauchen. Dann beschränkte man sich aufs bloße Begießen oder Besprengen des Täuflings. Die Ostkirchen und das alte Luthertum hielten jedoch am Untertauchen fest. Die Protestanten begnügen sich mit Besprengen oder Betupfen. In der katholischen Kirche wie in den Ostkirchen wird das Taufwasser eigens geweiht (z. B. in der Osternacht oder an Pfingsten).
Die Kirche des Mittelalters erklärte, die Taufe sei kraft ihres bloßen Vollzugs und unabhängig von der inneren Verfassung des taufenden Priesters und des Täuflings wirksam. Dagegen behauptete Luther (1483–1546), die Taufe sei überhaupt kein «Werk» des Menschen, sondern wirke erst, wenn die Taufverheißung im Glauben ergriffen werde. Obgleich bei Säuglingen dieser Glaube nicht vorausgesetzt werden kann, trat Luther für die Kindertaufe ein: Der Taufbefehl (Mat. 28,18ff) gelte allen Heiden, einschließlich der Kinder. Später bezeichnete die lutherische Theologie die Kindertaufe als «Sakrament der zuvorkommenden Gnade», die zwar ohne Glauben des Täuflings, aber in frommer Hoffnung auf seinen späteren Glauben zu vollziehen sei.
Die Praxis der Kindertaufe ist häufig kritisiert worden. Karl Barth (1886–1968) etwa bezeichnete sie als «kirchliche Schluckimpfung». Pfarrer, die sich weigerten, Kleinkinder zu taufen, wurden von ihren Kirchenleitungen bisweilen zwangspensioniert. Kritiker der Kirche wiesen darauf hin, daß die Abschaffung der Kindertaufe die automatische Selbstrekrutierung der Volkskirche antaste und das Kirchensteueraufkommen drastisch zu vermindern drohe. Im übrigen verstoße die Kindertaufe gegen das Grundrecht des Kindes auf Religionsfreiheit («Niemand darf zu einer kirchlichen Handlung oder Feierlichkeit oder zur Teilnahme an religiösen Übungen oder zur Benutzung einer religiösen Eidesformel gezwungen werden», Grundgesetz), vergewaltige hilflose Menschen und mache sie zu Zwangsmitgliedern einer Organisation, in der sie sich schwerlich frei entfalten könnten. Deshalb sei die Kindertaufe ein Akt der «Zwangschristianisierung».

Tempel (Tempelkult, Synagoge)

1. Ein Tempel (griech. «der abgetrennte Bereich») ist eine von Menschen errichtete Behausung für die Gottheit – eine Einrichtung, die ältere Offenbarungsstätten bevorzugt in Hainen oder Wäldern, Grotten oder Höhlen, auf Bergen oder an Quellen, an Flüssen oder Seen ablöst.
Derartige offene heilige Orte wurden überbaut; so entstand als eine frühe Form des Heiligtums etwa das Grab als Ruhestätte der Toten oder ihrer Geister – ein Sammelpunkt unheimlicher Mächte. Entweder um die verstorbenen Ahnen vor Tieren und Dämonen zu sichern oder aber um die Nachkommen vor den gefürchteten Totengeistern zu schützen, sind Grabanlagen oft in unwegsamen Gegenden – bisweilen unter Steinbedekkung – errichtet worden. Was heilige Stätten stets charakterisiert, ist die unabdingbare Notwendigkeit, sie vor Verunreinigung zu schützen; nur der kultisch Reine hat Zugang zum Heiligen.
Ursprünglich war der Tempel ausschließlich «Haus Gottes», und später erst bildete sich (wie in Kirche und Moschee) seine Funktion als Versammlungsort der Gläubigen heraus. Im Innern der Heiligtümer vieler Religionen repräsentiert ein → Bild die anwesende Gottheit. Mitunter ehrt man diese Bilder, indem sie geschmückt und bekleidet werden. Der sich im Bild manifestierende Gott findet

einen gesicherten Platz im Innern (cella) des Gotteshauses, zu dem ein eigens eingerichteter Vorraum führt; dort hat nur derjenige Zugang, der zum Dienst der Gottheit berechtigt ist. Aber auch zur Ablehnung und Bekämpfung der Bilder kommt es in nicht wenigen Religionen (Perser, Germanen, Schintoismus, Judentum, Urchristentum, Islam): Auf diese Weise wird unterstrichen, daß Gott frei ist, daß man seiner (auch im Bild) nicht habhaft werden kann.

2. Mit der Vorstellung des Tempels ist in der jüdisch-christlichen Religion vor allem die zentrale Kultanlage in → Jerusalem verbunden. Im Hinblick darauf ist zwischen einem «ersten» und einem «zweiten», einem vor- und einem nachexilischen, Tempel zu unterscheiden. Der zweite Tempel umfaßt seinerseits zwei Bauperioden: eine Zeitspanne nach der Rückkehr der Verbannten aus dem babylonischen Exil und – etwa ein halbes Jahrtausend später – die Erweiterung des Gotteshauses unter Herodes.

Während ihrer Wanderung aus Ägypten ins «Gelobte Land» führten Stämme, die einmal Israel bilden sollten, die «Stiftshütte», eine Art Nomadenheiligtum, mit sich. (→ Israel) Nach Seßhaftwerdung und Staatenbildung dachte der König David an die Errichtung eines festen Kultplatzes. An seinem Vorhaben, einen Tempel zu bauen, wurde er allerdings von dem Propheten Nathan gehindert. So konnte erst Salomo, nach tatkräftigen Vorarbeiten seines Vaters, mit der Tempelerrichtung beginnen – dies geschah im vierten Jahr seiner Regierung, angeblich 480 Jahre nach dem Auszug Israels aus dem «Haus der Knechtschaft» (Flavius Josephus), und die gesamte Bauzeit dauerte acht Jahre.

In seiner Funktion wie seiner Einrichtung glich der Tempel der alten Stiftshütte; er umfaßte ein «Allerheiligstes», das «Heilige», eine Vorhalle und ein umlaufendes Bauwerk. Die Bundeslade, das alte Kriegsheiligtum Israels (4. Mose 10,35), fand im Allerheiligsten ihren Platz. «Und es war nichts in der Lade als nur die zwei steinernen Tafeln des Mose, die er hineingelegt hatte am Horeb, die Tafeln des Bundes, den der Herr mit Israel schloß, als sie aus Ägyptenland gezogen waren.» (1. Kö. 8,9) Bei den beiden Steintafeln mit dem Dekalog handelt es sich vielleicht um heilige Steine eines uralten Kultes, die möglicherweise erst durch Umdeutung zu Gesetzessteinen der Jahwereligion geworden sind. Neben der Bundeslade im Tempel stellte Salomo zwei große, das Heiligtum schützende Cherubimfiguren auf, die aus Ölbaumholz gefertigt und mit Gold überzogen waren.

Wie vormals in der Stiftshütte, so befand sich auch im Heiligen ein Rauchopferaltar. Das eigentliche Tempelgebäude war von einem Hof – dem «Priestervorhof» – umgeben. In dessen Mitte erhob sich ein großer Bandopferaltar. An dieser Stelle, dem «heiligen Felsen», hatte angeblich schon → Abraham geopfert. Dort brannte das heilige Feuer, das beständig unterhalten werden mußte. Daneben war der Schlachtplatz, an dem die Opfertiere getötet, gereinigt und für die Darbringung zerteilt wurden.

Nach dem Tod Salomos ging die Bedeutung des Jerusalemer Tempels als Zentralheiligtum Israels verloren, nur für Juda blieb er Mittelpunkt des Gottesdienstes. Im Jahr 587 v. Chr. wurde dieser Tempel vom Heer des Babyloniers Nebukadnezar zerstört.

3. Nach der Eroberung Babylons durch den Perserkönig Kyros durften die exilierten Juden nach Palästina zurückkehren. In Jerusalem legten sie alsbald den Grundstein zu einem neuen Tempel. Um das Jahr 520 begann man mit der Errichtung des Brandopferaltars an der alten, heiligen Stätte, und im 6. Regierungsjahr des persischen Großkönigs Darius konnte der neue Tempel eingeweiht werden –

die Propheten mußten allerdings diejenigen trösten, die angesichts des Vergleichs mit der Herrlichkeit des alten Gotteshauses in Tränen ausbrachen. Das Allerheiligste blieb leer, denn die Bundeslade war verschwunden.
Nach mehreren Plünderungen und Entweihungen belagerte auch der Römer Pompejus im Jahr 62 v. Chr. den Tempel; er eroberte ihn und drang bis ins Allerheiligste vor. Im Jahr 56 v. Chr. raubte Crassius den gesamten Tempelschatz. Etwa 35 v. Chr. stürmte Herodes der Große das Heiligtum und zerstörte dabei einige Gebäude. Später, als sein Thron gesichert war, restaurierte und vergrößerte er es beträchtlich.
Der herodianische Tempel war das Gotteshaus, in dem später Jesus von Nazareth «dargestellt» wurde und das er mit zwölf Jahren erstmals selbst betreten sollte. Aus dessen Vorhöfen hat er die Händler und Käufer hinausgetrieben; dort soll er täglich gelehrt, sich selbst als Sohn Gottes offenbart und auch geweissagt haben, daß von diesem Gebäude kein Stein auf dem anderen bleiben werde. (Mat. 24,2)
Entweiht durch eine fast ununterbrochene Kette von Greueltaten, durch «Ströme von Blut», bildete der Tempel schließlich im Krieg gegen die Römer (70 n. Chr.) die letzte Zufluchtsstätte der Belagerten. Das Bauwerk geriet in Brand, die Tempelschätze gingen zugrunde. Allein die Stützmauer des herodianischen Tempels blieb stehen – als heiligste Stätte ihrer Religion wird die «Klagemauer» bis heute von den Juden verehrt.
4. Lange Zeit war der Tempel zentraler Ort des Opferkultes, der Hauptform von Gottesverehrung in Israel, gewesen. Diese Zentralisierung des Opfers in Jerusalem hatte jedoch erst die «deuteronomische Reform» etwa im Jahr 621 v. Chr. bewirkt. Zuvor hatte das Volk an verstreuten Lokalheiligtümern – den «Kulthöhen» (1. Kö. 3,2) – seine Opfer dargebracht. Im Tempeldienst traten neben das Opfer auch Gebet, Bekenntnis und Lied (Psalmen).
Bereits zur Zeit des zweiten Tempels entstand neben dem Gottesdienst des Tempels derjenige der Synagoge. Im Unterschied zum Tempeldienst findet in der Synagoge – außer Gebet und Studium der Thora – allerdings kein Opferkult statt. Damit hängt es zusammen, daß Priester, die im Tempel Opfer verrichten, in der Synagoge von Laien abgelöst werden: Der jüdische synagogale Wortgottesdienst ist Laienreligion – (männliche) Laien beten vor, verlesen die Texte der heiligen Schrift, predigen.
Die eigentlichen Wurzeln des Gottesdienstes der Synagoge sind wohl im babylonischen Exil zu suchen. Fern der Heimat, des Tempels und des Altars kamen damals die Gläubigen bevorzugt am Sabbat zusammen, um die heilige Schrift zu lesen und unter Gebet und Gesang einen opferlosen Gottesdienst zu feiern. Trotz der Errichtung des zweiten Tempels wurde nach der Rückekhr aus dem Exil diese Art gottesdienstlicher Versammlung beibehalten. Eigens richtete man dafür geeignete Versammlungsplätze ein. Auf diesem Weg entstand neben dem Tempeldienst der synagogale Gottesdienst, und zwar vor allem in den bedeutendsten jüdischen Städten, aber auch in der Diaspora und sogar in Jerusalem selbst.
Offenbar hat man dabei den Tempel zum Muster der Synagoge, des Bauwerks wie seiner Einrichtung, genommen. Wichtige Gerätschaften in der Synagoge sind vor allem der Schrank, in dem die Gesetzesrollen sowie andere biblische Vorlesebücher aufbewahrt werden, und der Lehrstuhl, von dem aus der Vorsteher vorbetet und vorliest. In den Synagogen der Neuzeit nehmen die Frauen abgesondert, etwa auf einer Galerie, ihren Platz ein. Nach alter Tradi-

tion sollte die Synagoge stets an einer erhöhten Stelle erbaut sein, um den Ort, zu dem sie gehört, zu überragen.
Genauso wie der Tempel, so gilt auch die Synagoge als heiliger Ort. Gottesdienste fanden dort anfangs an Sabbaten und Festtagen, später auch an einzelnen Wochentagen statt. In Nachahmung des Tempeldienstes haben Gebete das Opfer ersetzt. «Kadisch» und «Barechu», das «Schema» und das «Schemone-Esre» sind die Gebete, die den Synagogengottesdienst eröffnen. Sie werden mit Lob- und Segenssprüchen verbunden, auf die das Volk jeweils mit «Amen» antwortet. Es folgen Lesungen aus dem «Gesetz», unterbrochen und gefolgt von Doxologien. Anschließend werden auch aus anderen biblischen Büchern, zumal den Propheten, einzelne Abschnitte verlesen.
Im rabbinischen Judentum hat sich die Hoffnung, daß der Tempel einst wieder errichtet werde, zu einem zentralen Inhalt der → Eschatologie entwickelt: Der kommende Messias wird den nur vorübergehend unterbrochenen Opferkult aufs neue einführen. Gebet, Wohltätigkeit, Thorastudium sind nur ein behelfsmäßiger Ersatz des ausgefallenen Opferdienstes.
Das frühe Christentum hat den Tempelkult wie das jüdische Opfer zur bloßen Vorform des einmaligen und abschließenden Opfers Jesu Christi erklärt. Die Zerstörung des Jerusalemer Tempels und das Ende des jüdischen Staates im Jahr 70 n. Chr. erschienen den Christen als Beweis für die Wahrheit der Prophezeiung Jesu (Mat. 24,1f) und als Ausdruck des Zorns Gottes, der sich an den Juden dafür rächt, daß sie den Messias abgelehnt und verworfen haben. (→ Antisemitismus)

Teufel

1. Zu den Grunderfahrungen des Menschen gehört es, daß das Leben gefährdet ist und «das Böse» Macht in der Welt hat. Der Teufel verkörpert diese Macht. Angeblich verleitet er den Menschen dazu, ungehorsam gegenüber → Gott zu sein.
Nahezu alle Religionen haben einen Teufelsglauben entwickelt. Mit der Gestalt des Teufels und der → Dämonen wird die Erfahrung des Bösen in der Welt mythisch erklärt. (→ Mythos) Personhaft vorgestellte Mächte schädigen den Menschen und bewirken Krankheit, Tod und Unglück.
Die bösen Dämonen waren ursprünglich unheimliche Natur- oder Totengeister (→ Geist), verantwortlich für Seuchen und Wahnsinn, Erdbeben und Überschwemmungen. Manche Religionen kannten ganze Klassen von bösen und mißgebildeten, menschenähnlichen oder tiergestaltigen Wesen. Auch ursprünglich durchaus freundliche Dämonengestalten konnten im Laufe der Zeit verblassen und mehr und mehr zurücktreten, um später als Verkörperung der Bosheit und des Ingrimms wiederaufzuerstehen. Bisweilen spaltete sich ein einheitliches Gottesbild, das ursprünglich neben dem Guten auch Unheil und Böses auf ein und denselben Gott zurückführte, in zwei Gestalten auf: Die unheimlichen Züge der Gottheit wurden dann auf eine besondere dämonische Person übertragen, die daraufhin als Widersacher des guten Gottes erschien.
Das Alte Testament führt die Herkunft des Bösen auf Jahwe selbst zurück. (Am. 3,6; Jes. 45,7; Hiob 2,10; 12,10ff) Krankheiten, Plagen und Verderben kann Jahwe auch durch seine Boten (2. Mose 12,23; 2. Sam. 24,16f) oder beispielsweise durch einen «bösen Geist» schikken. (1. Sam. 16,14) Eine Sonderstellung im himmlischen Hofstaat nimmt indes der «Satan» ein. (Hiob 1–2)
Der Teufel oder Satan gilt auch in manchen indianischen Religionen als Urheber des Übels. Er war es nämlich, der die guten Werke des höchsten Gottes beständig zu stören versuchte. In Indien war Mara/Kama der Gott des Todes und der Lust, Herr der Welt und Verführer des Men-

schen; Kama wollte Buddhas Erleuchtung und Verkündigung verhindern. → Buddhismus) Der Teufel stellt dem Guten, das Gott schafft, etwas Böses entgegen. Sein eigentliches Element ist der Tod.

Im Alten Testament war der Dämonen- und Teufelsglaube noch eine Randerscheinung des religiösen Denkens. Aber in späterer Zeit drang die Teufelsidee des persischen → Dualismus (Lehre von den zwei einander entgegengesetzten Prinzipien, von Welt und Gott, Licht und Finsternis) ins Judentum. Der Teufel erhielt verschiedene Namen: «Beelzebub» («Gott der Fliegen» oder «Mistgott»), «Belial» oder «Satan». Er galt ursprünglich als einer der «Söhne Jahwes». Seine Aufgabe war die eines «himmlischen Staatsanwaltes» und obersten Anklägers, eines Versuchers und Vollstreckers des Bösen gewesen. Er hatte die Herrschaft inne über die abgefallenen und zu Dämonen gewordenen → Engel. Um das gute Verhältnis der Menschen zu Gott zu zerstören, verführt er sie zur → Sünde. Bisweilen wird er ganz mit dem «bösen Trieb» in eins gesetzt, so daß dem Menschen nur noch Buße und gute Werke helfen können.

2. Im Neuen Testament ist «Diabolos» der große Gegenspieler Gottes. Demjenigen, der ihn als Oberherrn anerkennt, will er die Herrschaft über die Reiche dieser Welt übertragen. (Mat. 4,9; Lk. 4,6) Mit Hilfe der Dämonen kann er den Menschen Schaden an Leib und Seele zufügen. (Lk. 13,16; Apg. 10,38) Aber Jesus bricht in seinen Machtbereich ein; der Sohn Gottes ist gekommen, «die Werke des Teufels zu zerstören». (1. Joh. 3,8) Deshalb kämpft er mit dem Satan in der Wüste. Jesu Teufelsaustreibungen sind Angriffe auf das Böse und Zeichen dafür, daß die Gottesherrschaft anfängt. (Lk. 11,20)

Durch Verfolgung und Versuchungen aber fährt der Teufel fort, den Bestand der Gemeinde des Herrn zu bedrohen. (1. Petr. 5,8; Apg. 5,3; 1. Kor. 7,5) Er hat jedoch nur noch «eine kurze Frist». (Apk. 12,12) Im Glauben ist die Gemeinde jetzt schon aus dem Machtbereich des Teufels genommen; deshalb bedeutet der Ausschluß aus der Gemeinde nichts weniger als Überantwortung an die Macht des Satans. (1. Kor. 5,5; 1. Tim. 1,20) Der Teufel hat nämlich die Herrschaft über den Tod. (Hebr. 2,14) Er kann sogar in einen Menschen eingehen. (Joh. 13,27) Dann wird dieser selbst zum Teufel. (Joh. 6,70)

3. Im Anschluß an die Teufelsaustreibungen Jesu wurde der Exorzismus (Geisterbeschwörung, Teufelsaustreibung) zum kultischen Ritual der Kirche. Es entstand sogar ein besonderes Amt: das des Exorzisten, das bis heute in der katholischen Kirche fortbesteht. (→ Dämonen) Im Taufritual der griechisch-orthodoxen Kirche spricht der Priester: «Es schilt dich, Teufel, der Herr, der in die Welt gekommen ist: habe Schrecken, fahre aus und hebe dich hinweg von diesem Geschöpf.» (→ Taufe)

Im Mittelalter zog die Teufelsgestalt zahlreiche bildhafte Züge an sich: Der Satan wurde als «Affe Gottes» in Gestalt eines Bockes, mit Pferdefuß und hinkend oder aber als schöner, geflügelter Jüngling vorgestellt. Die Mystik aber vergeistigte ihn: «Satan ist der Name einer Abweichung des Willens von der Wahrheit.» Immanuel Kant (1724–1804) bezeichnete ihn als «die Idee des absoluten Egoismus», Georg Wilhelm Friedrich Hegel (1770–1831) als «Prinzip der Negation», Friedrich Schleiermacher (1768 bis 1834) als «Gottlosigkeit des Bösen». Im Neupietismus und in zahlreichen «Sekten» lebt bis heute der Glaube an einen personhaften Teufel und an ein Reich satanischer Dämonen fort.

Die Vorstellung des Teufels drückt das Staunen des Menschen vor der Macht des Bösen in der Geschichte aus. Unfaßlich

erscheint, was Menschen selbst zuwege gebracht haben. Böse ist das eigene unmenschliche Tun. In der Gestalt des Teufels wird der Mensch also seiner selbst ansichtig: Aspekten seines eigenen Wesens, vor denen er lieber die Augen verschließt, verleiht er gegenmenschliche und übermenschliche Züge. So glaubt er sich der Verantwortung für sein eigenes Tun entledigen zu können.
Mitunter greift auch politische und ideologische Propaganda (z. B. der Nationalsozialismus in der Vergangenheit und der fanatische Antikommunismus bis in die Gegenwart) auf den Stil religiöser Endzeitlehren zurück, die die Menschen in Engel (Anhänger) und Teufel (Gegner) einteilt, wenn zur Entscheidungsschlacht zwischen dem «Reich des Guten» und dem «Reich des Bösen» gerufen werden soll.

Theologie

«Theologie» ist aus den Begriffen «theos» (griech. Gott) und «logos» (griech. Vernunft, Verstand, Wort, Begriff) zusammengesetzt und kann als «Rede oder Lehre von Gott» übersetzt werden. Das Wort «Theologie» kommt allerdings weder im Alten noch im Neuen Testament vor. Das weist darauf hin, daß auch die Sache, die mit dem Begriff gemeint ist, in der Bibel fehlt. Folglich kann sich Theologie (als vernunftgemäße Beschäftigung mit Gott) auch nicht durch Rückbezug auf die Bibel begründen. Theologie ist, im Wort wie in der Sache, eine nachbiblische, spezifisch griechisch-philosophische Schöpfung.

Theologie: vernünftige Rede von Gott

Platon (427–348/47) hat das Wort «Theologie» eingeführt. Es steht in seinem staatsphilosophischen Werk, der «Politeia», und bedeutet die rechte, vernünftige Rede von Gott: Aus politischem und pädagogischem Interesse heraus müssen der Volksglaube (→Aberglaube) und die →Mythen kritisiert werden, weil sie das Volk keineswegs zur Tugend, sondern vielmehr zur Untugend führen. «Theologie» nach dem Verständnis Platons ist aber gerade kritisches Wissen über den Mythos und schließt den Bruch mit der selbstverständlichen Überlieferung ein. Eine neue Gesellschaftsordnung braucht auch eine neue →Religion.
Der theologischen Mythenkritik Platons war diejenige des Xenophanes (ca. 580–478) bereits vorausgegangen: «Alles haben den Göttern Homer und Hesiod angehängt, was nur bei Menschen Schimpf und Tadel ist: Stehlen und Ehebrechen und einander Betrügen... Doch wähnen die Sterblichen, die Götter würden geboren und hätten Gewand und Stimme und Gestalt wie sie. Doch wenn die Ochsen und Rosse und Löwen Hände hätten oder malen könnten mit ihren Händen und Werke bilden wie die Menschen, so würden die Rosse roßähnliche, die Ochsen ochsenähnliche Göttergestalten malen und solche Körper bilden, wie jede Art gerade selbst ihre Form hätte.»
Historisch gesehen ist Theologie also kritisches Denken über Gottesvorstellungen. Diese Götterkritik steht im Dienst der Lebensgestaltung. Betrügerische Gottheiten sind Spiegelbilder einer betrügerischen Gesellschaft. Wer eine bessere Ordnung will, muß auch die Götterbilder verändern. Theologie steht demnach im Auftrag der Pädagogik, der Politik, der Gesellschaftsreform.
Seine kritischen Überlegungen führten Platon zu der Annahme, daß Gott reine Güte, Schönheit und Tugend sei. «Wir können doch nicht sagen, daß Gott an irgendeiner Schönheit oder Tugend Mangel leide.» Schon Xenophanes war in der Konsequenz seiner Götterkritik zur Annahme eines größten Gottes vorgestoßen. «Ein einziger Gott, unter Göttern und Menschen am größten, weder an Gestalt den Sterblichen ähnlich noch an Gedanken... Stets aber am selbigen Ort

verharrt er, sich gar nicht bewegend, und es geziemt ihm nicht hin- und herzugehen bald hierhin bald dorthin.»

Damit waren aller nachfolgenden Theologie zwei Bestimmungen Gottes vorgegeben: Gott ist der Größte, und er verharrt in ewiger Ruhe. Das göttliche Unbewegte ist jedoch gerade das, was den Menschen bewegt.

Aristoteles (384–322) hat diese theologische Mythenkritik weitergeführt: Mythen seien Geschwätz, die wahre Theologie aber könne man gleichsetzen mit der ersten Philosophie. Theologie betrachtet das von der bewegten Welt abgeschiedene Ewige und Unbewegliche. Dabei dient die Vernunft dem Nachdenken über Gott. Die Lehre vom Sein des Seienden ist demnach Theologie. Sie unterstellt alles dem Kriterium der Wahrheit, die sich durch argumentatives Denken finden läßt. Philosophische Theologie ist also «Aufklärung» über Wahrheit und Unwahrheit.

Diese Kritik der griechischen philosophischen Theologie mußte mit der christlichen Tradition heftig zusammenstoßen. Denn das Christentum bezog sich ja ursprünglich gerade auf solche Erzählungen und Mythen, die die Philosophie der Griechen als Geschwätz abtat. Ausgerechnet dieses von jüdisch-christlicher Mythenüberlieferung getragene Christentum nun bildete seit dem 2. Jahrhundert eine eigene Theologie aus, die in der Nachfolge griechischer Philosophie stand. Die gänzlich untheologischen orientalischen Erzählungen und Mythen von Jesus von Nazareth, der am Kreuz geendet war und sich in seiner Auferstehung als Sohn Gottes «erwiesen» hatte, stießen auf die hellenistische Weltanschauung (→ Hellenismus) und führten zu einer Neuorientierung philosophischer Theologie, die sich nun für endlose Jahrhunderte damit beschäftigt sah, die griechischen Gedanken der «Logik von Gott» mit den christlichen Ursprungsgeschichten von Jesus Christus als dem «Wort Gottes» in Einklang zu bringen.

Dieses Problem sprach schon Tertullian gegen Ende des 2. Jahrhunderts an: «Was also haben gemeinsam der Philosoph und der Christ, der Schüler Griechenlands und des Himmels?» Glaube, der sich auf ein beschränktes, konkretes Geschehen (d. h. auf Jesus) bezog, und universales Denken, die Botschaft vom Gott Israels und vom Gott Jesu und die hellenistische Philosophie wollten in Ausgleich miteinander gebracht sein. Die Spannung zwischen diesen beiden Polen bestimmte die Geschichte der Theologie.

Der philosophischen Universalisierung der Griechen und der politischen Universalität der römischen Weltverwaltung gesellte sich schließlich ein Christentum zur Seite, das selbst einen universalen Anspruch ausbildete. (→ Absolutheitsanspruch) Instrument dieser Universalisierung des Christentums wurde die Theologie, das treibende Moment die christliche → Mission. Die kleine jüdische Sekte der Christen bewahrte sich dadurch vor dem Untergang, daß sie durch ihre Botschaft vom «Reich Gottes» den Rahmen einer nationalen Religion sprengte und sich an «alle Völker» wendete.

Was sie zu sagen hatte, galt angeblich der ganzen Welt und sollte hinfort jede Gesellschaft bestimmen. Um dies allen Menschen klarzumachen, mußte die Botschaft des Mannes aus Nazareth möglichst verallgemeinert, d. h. rationalisiert werden. «Alles was gut und schön ist, gehört uns», erklärte der Märtyrer Justin schon in der Mitte des 2. Jahrhunderts. Der christliche Glaube sollte so dargestellt werden, daß er jedermann einleuchtete. Denn vernünftig ausgedrückt, war er eine für alle zumutbare Erkenntnis. Ein Glaube hingegen, der mit der Vernunft nicht einsehbar ist, kann auch nicht für jeden Bürger verbindlich sein.

Als Philosophie aber war die christliche Lehre universal. Nach und nach nahm der Glaube nun die Gestalt des → Gehorsams gegenüber einer festen Lehre an. Die Theologie der ersten christlichen Jahrhunderte übersetzte das Bekenntnis von Jesus als dem Christus in Prinzipien der griechischen Welt; aus Jesus wurde die Weltvernunft, aus der urchristlichen Jenseitshoffnung eine Seinsspekulation (→ Platonismus), aus dem Messias schließlich der «Christus Imperator» (Herrscher) des Römischen Reiches.

Theologie: die wahre Philosophie

Dieser Begriff von «Theologie» setzt also die Ansicht voraus, daß der Mensch mit seiner Vernunft durchaus befähigt sei, über Gott zu sprechen und ihn auch zu verstehen. Im Gespräch mit den griechischen Intellektuellen und den römischen Kaisern wollten die «Apologeten» (Apologetik, griech. «Verteidigung»), die ersten regelrechten christlichen Theologen, den christlichen Glauben nicht nur «verteidigen», sondern darüber hinaus ihn auch als die «wahre Philosophie» ausweisen. Deshalb suchten sie zunächst die Nähe zur zeitgenössischen Philosophie der späten Stoa (griechisch-römische Philosophie, gegründet von Zenon von Kition, 336–264) und dem aufkommenden Neuplatonismus. «Ist nicht alles Bemühen der Philosophen auf Gott gerichtet, und beschäftigen sich ihre Untersuchungen nicht ständig mit der Lenkung des Universums und mit der Vorsehung, oder ist es nicht die Aufgabe der Philosophie, das Problem des Göttlichen zu untersuchen?» (Justin) Christus erschien mit einemmal als der wahre Sokrates.

Origenes (um 184–254) wandte das Wissen seiner Zeit auf die Auslegung der christlichen Überlieferung an. Diese maß er am Wirklichkeitsverständnis der Philosophie, um sie so als allgemeine Wahrheit erweisen zu können. Er stellte auch alle erreichbaren Ausgaben griechischer Übersetzungen des Alten Testaments in fünf Kolumnen mit dem hebräischen Text zusammen (Hexapla), um durch kritischen Vergleich dem Urtext näher zu kommen. Hieronymus (347–420) hat später diesen Text ins Lateinische übersetzt. Tausend Jahre später (über Erasmus von Rotterdam, 1466 oder 1469 bis 1536) wurde die philologische Technik des Origenes zur Grundlage aller neuzeitlichen theologisch-biblischen Arbeit. In seinem Werk «Von den Prinzipien» begründete Origenes überdies die systematische Theologie, indem er die christliche Glaubensüberlieferung mit Fragestellungen der griechischen Philosophie bezüglich der Gründe des Seienden und der Erkenntnis in Verbindung brachte. «Viele haben bei Griechen und Barbaren den Anspruch erhoben, die Wahrheit zu verkünden, aber wir haben aufgehört, sie bei all denen zu suchen, die sie auf falsche Meinungen zu begründen versuchten, seit wir zum Glauben gelangt sind, daß Christus Gottes Sohn ist, und uns überzeugt haben, daß wir von ihm die Wahrheit zu lernen haben.»

Origenes hat der Theologie auch die Aufgabe gestellt, die kirchliche Überlieferung, die angeblich durch eine ununterbrochene Abfolge seit der apostolischen Verkündigung weitergegeben worden ist, nach den grundlegenden Prinzipien der Philosophie zu ordnen und auf diese Weise ein zusammenhängendes Ganzes zu konstruieren. Theologie soll so die christliche Tradition vor der Vernunft, d. h. vor allen Menschen, rechtfertigen. Theologie begründet und verteidigt also den Glauben. Selbst die Bibel wird nach bestimmten Denkprinzipien ausgelegt. Die Theologie systematisiert aber nicht nur die eigene Tradition; darüber hinaus bietet sie auch an, alle möglichen offenen Fragen der Zeit zu beantworten. Denn Christus, der Mittler zwischen Mensch und Gott, ist diejenige Wahrheit, die alle Philosophie bisher vergeblich gesucht hat. «Da nun zur unsterblichen Reinheit hoch oben das Sterbliche und Unreine tief unten nicht paßt, bedarf es zur Gesundung in der Tat eines Mittlers, doch ... eines solchen, der sich, was Sterblichkeit des Leibes anlangt, uns niedersten Wesen angleicht, aber kraft der unsterblichen Gerechtigkeit des Geistes, die nicht in örtlicher Entrückung, sondern durch den hohen Adel der Gottähnlichkeit bei dem höchsten Wesen verharrt, uns zur Reinigung und Befreiung seinen wahrhaft göttlichen Beistand gewährt.» (Augustinus: «De civitate Dei», «Vom Gottesstaat»)

Theologie: Instrument der Universalisierung des Christentums

Nun setzte die christliche Mission dazu an, das ganze Römische Reich, das gerade zur größten Entfaltung gelangt war, zu durchdringen. Dafür reichte die Ausarbeitung einer universalen Gottesidee und die Darstellung Jesu Christi als des wahren Philosophen allerdings noch nicht aus. Der göttlichen Autorität des Kaisers mußte jetzt eine andere Autorität zur Seite gestellt werden: die Herrschaft Christi als Herrschaft Gottes. In der Folge wurde durch den «Kriegsdienst Christi» das Imperium (Reich) durch das «Reich Gottes» überhöht. Paulus hatte dieser Anpassung der Christen an die staatlichen Gegebenheiten schon vorgearbeitet. «Laß dich nicht vom Bösen überwinden, sondern überwinde das Böse mit Gutem. Jedermann sei untertan der Obrigkeit, die Gewalt über ihn hat. Denn es ist keine Obrigkeit ohne von Gott; wo aber Obrigkeit ist, die ist von Gott verordnet. Wer sich nun der Obrigkeit widersetzt, der widerstrebt Gottes Ordnung; die aber widerstreben, werden über sich ein Unheil empfangen.» (Röm. 12,21 ff) In demselben Sinne ließ gegen Ende des 1. Jahrhunderts Clemens von Rom die Korinther folgendes Gebet sprechen: «Wir bitten dich, Herr, unser Helfer und Beschützer zu sein ... Lenke unsere Schritte, daß wir in Heiligkeit des Herzens wandeln und tun, was gut und wohlgefällig ist vor dir und vor unseren Herrschern ..., gib, daß wir deinem allmächtigen und vortrefflichen Namen sowie unseren Herrschern und Vorgesetzten auf Erden gehorsam seien! Du, Herr, hast ihnen die Königsgewalt gegeben durch deine erhabene und unbeschreibliche Macht, damit wir die von dir ihnen gegebene Herrlichkeit und Ehre anerkennen und uns ihnen unterordnen.»

Nachdem die Theologie jüdische und griechische Tradition an die römischen Gegebenheiten angepaßt hatte, formulierte sie den Herrschaftsanspruch christlicher Botschaft über das ganze Reich. Neue Hoheitstitel für Jesus Christus lauteten nun «Consul» und «Pontifex» (röm.: «Oberpriester»; christlich: «Bischof»), «Maximus» («Hoherpriester»; Titel des Kaisers, später des Bischofs von Rom) und «Princeps» («Fürst»), «Augustus» und «Imperator» («Herrscher»), «Victor» («Sieger») und «Caesar».

Da den Römern im öffentlichen wie im privaten Bereich «Auctoritas» (Autorität) mehr wert war als eine philosophische Lehre, bildete die christliche Theologie alsbald ein eigenes Autoritätsdenken aus. (→ Autorität) Aus christlicher Glaubenslehre wurde eine Art Gesetz, dessen letzte Instanz die «Autorität Christi» war. «Durch seine Wunder hat Christus Autorität gewonnen, durch die Autorität verdient er Glauben, durch den Glauben bringt er die Menge der Menschen zusammen, durch die Menge wird die Kontinuität garantiert, durch die Kontinuität wird die Religion stabilisiert.» (Augustinus)

Ein Hang zum Autoritarismus ist dem Christentum erhalten geblieben: Nach Darlegung des 1. Vatikanischen Konzils (1869–1870; → Vatikanum I und II) hält der Glaube einen Sachverhalt nicht wegen seiner inneren Wahrheit oder aus

Gründen der Vernunft für richtig, sondern «wegen der Autorität des sich offenbarenden Gottes», d. h. weil es das «Lehramt» der Kirche zu glauben aufgibt. (→ Gehorsam)

Gott als Konstruktion der neugierigen Vernunft des Menschen

1250 starb Kaiser Friedrich II. und mit ihm das später so genannte «Heilige Römische Reich deutscher Nation». Zu dieser Zeit lebte → Thomas von Aquin (1225–1274). Seine Theologie wurde während der → Gegenreformation von der katholischen Kirche zur Wahrheit schlechthin erklärt. Auch noch nach geltendem katholischem Recht dürfen Theologie und Philosophie nur «nach der Vernünftigkeit, der Lehre und den Prinzipien des engelgleichen Lehrers» aus Aquino traktiert werden. Die Äußerungen Thomas' wurden zur ein für allemal gültigen Autorität und zu einer für alle Zeiten geltenden kirchlichen Theorie erklärt. Die Hierarchie der katholischen Kirche zog sich damit ins Lehrgebäude einer mittelalterlichen philosophischen Theologie zurück, das sie vor kritischen Anfragen neuzeitlicher Wissenschaft, vor revolutionärer Veränderung und vor konfessionellem Zwist schützen soll.

Thomas, Lehrer an der Universität in Paris, dem «neuen Athen» seiner Zeit, wollte allerdings selbst entgegen den kirchlichen Verboten keine traditionelle Autorität gelten lassen und zog bei seinen Studien alle zur Verfügung stehenden Quellen, beispielsweise die Texte des von den Arabern überlieferten Aristoteles sowie diejenigen islamischer und jüdischer Denker, zu Rate. Theologie wurde mehr und mehr zur Wissenschaft von Texten. Ihre Adressaten waren die Gebildeten, ihre Themen aktuelle Zeitfragen.

Grund für die Zustimmung zum Glauben ist nach Thomas' Meinung die Wahrheit selbst. Glaube und Erkenntnis widersprechen sich nicht. «Das Licht des Glaubens, das uns umsonst geschenkt wird, zerstört nicht das uns naturhaft mitgegebene Licht der natürlichen Erkenntnis, ... da uns beide von Gott gegeben sind. ... Wie die Theologie auf das Licht des Glaubens baut, so die Philosophie auf das natürliche Licht des Verstandes. Was der Philosophie ist, kann dem, was des Glaubens ist, demzufolge unmöglich widersprechen, es bleibt nur hinter ihm zurück. Demgemäß können wir die Philosophie in der Theologie gebrauchen.» Theologie und Wissenschaft, Kirche und Staat waren für Thomas Teile eines einheitlichen Ganzen: Die Wissenschaften erklären nichts anderes als Gottes Schöpfung; Theologie selbst ist Glaubens-Wissenschaft. Dennoch kann Vernunft die göttliche Wahrheit nicht beweisen, sondern sie nur wahrscheinlich machen «zur Übung und zum Trost der Gläubigen, nicht aber zur Überzeugung ihrer Gegner». Daß man die Wahrheit der Heiligen Schrift ein für allemal formulieren könnte, erschien Thomas undenkbar; das tat erst die Inquisition, indem sie seine theologischen Sätze an die Stelle der Bibel stellte.

Im Mittelalter hat die Kirche ein festes Lehrgebäude ausgebildet, in dessen Mitte sie selbst steht: Der «Leib Christi» sei in ihr gegenwärtig. Die Kirche thronte somit über allen gesellschaftlichen Umwälzungen. Ihre Professoren und Studenten legte sie auf den Thomismus fest. Das «Mittelalter» in der römisch-katholischen Kirche dauerte daraufhin mindestens bis zum 2. Vatikanischen Konzil (1962–1965; → Vatikanum I und II). Noch 1950 bezeichnete es Pius XII. als einzigartige Aufgabe der Kirche, die Offenbarung auszulegen, die «der göttliche Erlöser nicht den einzelnen Gläubigen und selbst nicht den Theologen, sondern allein den kirchlichen Lehrern zur authentischen Erklärung anvertraut» habe. An die Stelle der Autorität der Schrift war die Autorität der Kirche und ihres Lehramtes getreten. Die Autorität der unfehlbaren Kirche gründe nämlich in der Autorität Gottes.

Gegen Ende des 18. Jahrhunderts hatte Immanuel Kant (1724–1804) die Revolution des Denkens, die die → Aufklärung eingeleitet hatte und der sich auch die Theologie auf die Dauer nicht entziehen konnte, auf einen Nenner gebracht: Gott, die unsterbliche Seele und die Schöpfung können nicht mehr als dem Menschen vorgegebene Wahrheiten bezeichnet werden. Sie sind vielmehr Konstruktionen der neugierigen Vernunft des Menschen. Wissenschaftlich kann man nur über die wirklichen Erscheinungen der Welt sprechen. Das Handeln des Menschen verlangt indes nach Normen, seine Hoffnung ist auf Glückseligkeit und auch die Vernunft darauf ausgerichtet, daß die Schöpfung einen Grund habe. Aber beweisen kann man Gott so wenig wie ihn widerlegen. Für das Handeln wäre es allerdings wünschenswert, daß es ihn gibt.

In der Nachfolge Kants konnte die Theologie gerechtfertigterweise nur noch so von Gott reden, daß sie gleichzeitig über das Interesse des Menschen an Gottes Dasein redete. Der Glaube war nun von aller Wissenschaft und Philosophie getrennt und blieb gleichsam sich selbst überlassen.

Die europäische Restauration des 19. Jahrhunderts rief aber die von der Kritik zerstörten Ideale zurück. Johann Gottlieb Fichte (1762–1814) meinte, wenn der Mensch sich freiheitlich verwirkliche, erfahre er sich selbst als Bild Gottes und Symbol seiner Offenbarung. Georg Wilhelm Friedrich Hegel (1770–1831) erklärte, das Bewußtsein müsse sich erst seiner Geschichte bewußt werden, um zu sich selbst zu kommen. Die Philosophie reflektiere die göttliche Selbsterfahrung: Im Kreuz Christi verliert sich der Geist, um sich in der Auferweckung wiederzufinden. So offenbart die Philosophie das Absolute; sie wird darüber zu einer philosophischen Religion. Philosophie ist in Wahrheit Theologie. Ludwig Feuerbach (1804–1872) wies später darauf hin, daß diese idealistische Auffassung geeignet sei, den Menschen von seinem eigenen Wesen zu entfremden. (→ Religionskritik)

Im 19. Jahrhundert lehnte die evangelische Theologie die Lehre von der Verbalinspiration, d. h. die Auffassung ab, daß die Heilige Schrift bis in den einzelnen Buchstaben hinein von Gott selbst «eingegeben» sei. Naturwissenschaften und Technik begannen ihren Siegeszug, und die Industrialisierung warf ihre Schatten voraus. Die aufkommende Bibelkritik stellte den herkömmlichen Glauben nachhaltig in Frage, und die Theologie geriet in die geistige Defensive. Von den Naturwissenschaften grenzte sie sich jetzt als «Geisteswissenschaft» ab, und statt sich den sozialen und politischen Herausforderungen der Zeit zu stellen, zog sie sich aufs Privileg des Staatskirchentums zurück. (→ Kirche) Allenthalben triumphierte eine konservative Grundhaltung.

Nachhaltiger als die Kritik Feuerbachs, Karl Marx' (1818–1883) und Friedrich Nietzsches (1844–1900) erschütterte allerdings der Erste Weltkrieg die Basis der Theologie. Paul Tillich (Werke, Band III, S. 182) sah damals den neuen Menschen des 20. Jahrhunderts heraufkommen. «Er hat gelernt zu zweifeln, nicht nur an den Urteilen der anderen, sondern auch an dem, was ihm selbst das Sicherste war. Da ist keine Festung des Glaubens geblieben, in die nicht Elemente des Zweifels eingedrungen sind. Und wenn die Frage in ihm auftaucht, was der Sinn seines Seins ist, dann tut sich ein Abgrund vor ihm auf, in den zu blicken nur der Mutigste wagt: der Abgrund der Sinnlosigkeit.»

In der Theologie setzte nun eine radikale

Wende ein. Statt von der Religion des Menschen her nach der Offenbarung Gottes zu fragen, sollte die Religion von der Offenbarung her befragt werden. Der Versuch des Menschen, von sich aus, d. h. durch Religion, Gott zu erkennen, sei umsonst, erklärte Karl Barth (1886–1968). Theologie gründe nicht in einem angeblichen Gottesbewußtsein des Menschen, sondern im Zeugnis der Offenbarung.

Rudolf Bultmann (1884–1976) wollte nun den theologischen Ansatz, den u. a. Karl Barth vertrat (→ Dialektische Theologie), mit den Ergebnissen der kritischen → Bibelwissenschaft verbinden. Dazu sollte zunächst das mythische Weltbild des Neuen Testaments «entmythologisiert», d. h. «auf das in diesen Vorstellungen sich aussprechende Existenzverständnis hin» interpretiert werden. Dies sei überhaupt die eigentliche Aufgabe der Theologie. (→ Existentialismus)

Herbert Braun (geb. 1903), ein Schüler Bultmanns, führte diesen theologischen Ansatz konsequent weiter. «Ich kann von Gott nur reden, wenn ich vom Menschen rede; also anthropologisch.» Gott ist, nach Brauns Meinung, eigentlich kein dem Menschen «jenseitiger Gott», sondern vielmehr «eine bestimmte Art der Mitmenschlichkeit». «Der Mensch als Mensch impliziert Gott.»

Seit dem 19. Jahrhundert drängte auch im Bereich des Katholizismus der theologische «Modernismus» auf eine Begegnung von Theologie und neuzeitlichem Denken. 1864 aber verurteilte der päpstliche «Syllabus» (Verzeichnis) achtzig «Irrtümer» des Zeitgeistes. Eine päpstliche Bibelkommission überwachte hinfort alle biblischen Studien und versuchte die Erkenntnisse der Bibelwissenschaften zu unterdrücken. Überwachung und «Antimodernisteneid» machten den Reformkatholizismus mundtot und verhinderten, daß historisch-kritische Forschung auf Dogmen, Kirche und religiöses Bewußtsein angewendet wurde. (→ Ketzer)

So verlor die katholische Theologie für lange Jahre den Anschluß an zeitgemäßes Denken.

Einen tiefgehenden Umbruch in der katholischen Theologie leitete erst das 2. Vatikanische Konzil (→ Vatikanum I und II) ein: In seinem Gefolge machte sich die Theologie «auf die Suche nach der Welt». Sie verstand sich nun als «Theologie der irdischen Wirklichkeiten», als «Theologie der Welt»; ihr Thema sei nun die «Weltverantwortung» der Kirche. Das Interesse verlagerte sich von den «übernatürlichen Geheimnissen» zu konkreten Fragen der Zeit und der Menschen von heute. Zahlreiche neue theologische Richtungen betonen deshalb die personalen und existentiellen, gesellschaftspolitischen und ideologiekritischen Dimensionen des christlichen Glaubens. (→ Theologie der Befreiung)

Theologie der Befreiung

1. Im Jahr 1976 wurde in Daressalam die Ökumenische Vereinigung von Theologen der Dritten Welt gegründet. Diese Vereinigung ist ein Zusammenschluß unabhängiger Theologen aus Afrika, Asien und Lateinamerika. Sie will, ohne Beeinflussung durch die europäischen und nordamerikanischen Kirchen, eigenständiges theologisches Denken aus den Ländern der Dritten Welt artikulieren. Trotz denkbar unterschiedlicher Ausgangspositionen teilen die Vertreter dieser Theologie ein gemeinsames Engagement für die Armen und Unterdrückten in ihren Ländern. Sie wollen «die christliche Botschaft» in den jeweiligen kulturellen, religiösen und sozioökonomischen Kontext ihrer Kontinente stellen und «vom Evangelium her» einen Beitrag zur Befreiung der Armen aus Abhängigkeit, Ausbeutung und Ungerechtigkeit leisten.

Für die «asiatische Theologie» – in Asien stellt das Christentum lediglich eine Minderheit von etwa 2,6 Prozent der Bevöl-

kerung – ist der Versuch charakteristisch, Religiosität und «Spiritualität» miteinander zu vernknüpfen, der Meditation einen gebührenden Platz einzuräumen und aus dem Dialog mit den lebenden Religionen (Buddhismus, Hinduismus, Islam, Chinesische Religionen) den Horizont des Christentums zu erweitern.
Die «afrikanische Theologie» überdenkt die eigenen Glaubenserfahrungen nicht nur vor dem Hintergrund der Bibel, sondern auch im Zusammenhang der einheimischen afrikanischen Kulturen. Dabei drückt sich das Besondere des afrikanisierten Christentums nicht so sehr im geschriebenen Wort als vielmehr in der Musik, im Drama, im Tanz aus. Die eigenen Traditionen und Bräuche, Gottesvorstellungen und Ahnenverehrung sowie überlieferte Auffassungen von Ehe, Familie und Zusammenleben werden im Vergleich und im Kontrast zum europäischen Christentum neu gewertet.
Eine Sonderform afrikanischer Theologie ist die «Schwarze Theologie». Ihr zentrales Thema ist der Rassismus, und ihr Kampf gilt der Diskriminierung bestimmter Gruppen von Menschen aufgrund völkischer und nationaler Herkunft, vor allem aber aufgrund ihrer Hautfarbe (Benachteiligung und Diskriminierung von Farbigen durch Weiße insbesondere in der Südafrikanischen Republik und in den Vereinigten Staaten von Amerika).
Von den Theologien der Dritten Welt hat die lateinamerikanische «Theologie der Befreiung» bisher am nachhaltigsten gewirkt und am meisten von sich reden gemacht. Die Theologie der Befreiung wird vor allem von «Basisgemeinden» und Gruppen wie «Christen für den Sozialismus» getragen. (→ Soziales Christentum) Ihr Thema ist der Nachweis, daß Armut, Ausbeutung und Abhängigkeit in den Ländern der Dritten Welt zusammenhängen und daß der traditionelle christliche Begriff der «Erlösung» heute mit dem Begriff der «Befreiung» übersetzt werden muß.
2. Die Entstehung der lateinamerikanischen Theologie der Befreiung ist in die sechziger Jahre unseres Jahrhunderts zu datieren. Damals kam es bei vielen zu einem Bewußtwerdungsprozeß der Ursachen und Bedingungen, die zur Unterentwicklung der Dritten Welt führten. Man erkannte, daß die Unterentwicklung der technologisch rückständigen und rohstoffreichen Länder eine Folge der kapitalistischen Entwicklung ist: Die armen Länder hinken den reichen nicht hinterher; nein, sie werden unterentwikkelt gehalten. Die Entwicklung der Reichen ist also die Kehrseite der Unterentwicklung der Armen. Diese Abhängigkeit bedeutet für die Armen wirtschaftliche, politische und kulturelle Unterdrückung. Aus dieser Sicht erscheint es notwendig, eine Strategie der Befreiung mit der Möglichkeit einer selbstgewollten und selbstverantworteten Entwicklung zu entwerfen. Diese Strategie muß sich an den wirklichen Bedürfnissen der armen Völker orientieren.
Als sich immer mehr Menschen im Sinne dieser Sichtweise für die Armen und für eine gerechtere Gesellschaft engagierten, kam es zum offenen Konflikt mit den Machthabern und mit denen, die den gegenwärtigen Zustand verteidigen, weil sie daraus Vorteile ziehen. Viele junge Leute gaben den Glauben daran auf, daß man mit friedlichen Mitteln überhaupt zu einer Veränderung der Verhältnisse gelangen könne, und gingen zur Anwendung von Gewalt über; sie traten einer der zahlreichen lateinamerikanischen Guerillabewegungen bei.
Indes begannen auch in Bibelkreisen und kirchlichen Basisgemeinden zahlreiche Christen, die Frage nach der Konsequenz ihres Glaubens für das politische Leben zu stellen. Sie meinten, der christliche Glaube ziele zwar auf die endzeitliche Befreiung der «Kinder Gottes» unter der

«Königsherrschaft Christi» ab, aber dieser Prozeß schließe die wirkliche Befreiung innerhalb der Geschichte mit ein. Die soziale und politische Ungerechtigkeit der gegebenen Situation bezeichnete sie als «Sünde», die bestehenden Strukturen der Ausbeutung als widergöttlich.
Nachdem die Kirche viele Jahrhunderte lang auf der Seite der Machthaber und Reichen gestanden und sich bestenfalls als «Kirche für die Armen» verstanden hatte, sollte sie jetzt zu einer Kirche «von Armen und mit den Armen» werden und sich für soziale und politische Veränderungen in Richtung auf ein gerechteres Zusammenleben engagieren.
Kritische lateinamerikanische Theologen begannen nun damit, die soziale, politische und wirtschaftliche Problematik ihrer Länder aufzuarbeiten. Da ihrer Ansicht nach der Marxismus eine überzeugende Situationsanalyse vorgelegt hat, benutzten sie das marxistische Instrumentarium. Sie stellten fest: 1. In den lateinamerikanischen Ländern ist es immer eine kleine Minderheit, die die Macht in Händen hält. 2. Die Machthaber lassen wirtschaftliche Reformen, die ihren eigenen Interessen zuwiderlaufen, nicht zu. 3. Christen müssen den Schritt zur revolutionären Aktion tun.
Wenn die Kirche, die Gläubigen und Theologen, die Priester und Mönche, den Kampf der Befreiung des Volkes unterstützen und begleiten, gewinnen sie nach Meinung der Theologie der Befreiung auch einen neuen Ausgangspunkt für ihren eigenen Glauben. Die Kirche sollte, statt immer nur alte Texte auszulegen und bloß über die Zukunft nachzudenken, ihre eigene Situation als Ausgangspunkt und Bedingung der Theologie erkennen. Was bisher als «Heilsgeschichte Gottes» mit seiner Kirche beschrieben wurde, stellt sich jetzt als Geschichte der Befreiung der Menschen der Dritten Welt dar. Theologen sollen sich nun, sozusagen von Berufs wegen, mit der realen Lage und dem Alltag der Menschen, mit Not und Elend, Kriminalität und Hunger, Abhängigkeit und Ausbeutung beschäftigen.
Diese neue Sichtweise bestimmte die Zweite Generalversammlung der lateinamerikanischen Bischöfe, die im September 1968 in Medellín (Kolumbien) stattfand. Die «Dokumente von Medellín» wurden zum Ausgangspunkt und zur Rückenstärkung für eine neue Theologie und eine neue christliche Haltung. Die Kirche bezog zum erstenmal öffentlich und im ganzen gesehen recht eindeutig Stellung: «Wenige besitzen viel [Kultur, Reichtum, Macht, Ansehen], während viele wenig besitzen... Man stellt häufig fest, daß diese (begünstigten) Gruppen und Schichten... jeden Versuch, ein soziales System zu verändern, das den Fortbestand ihrer Privilegien begünstigt, als subversive Aktion bezeichnen.» Die Bischöfe erkannten die Abhängigkeit ihrer Länder «von den wirtschaftlichen Machtzentren» in den USA und Europa. «Wir klagen hier den Imperialismus jedweder ideologischer Prägung an... Die von den Machtgruppen ausgeübte Unterdrükkung kann den Eindruck vermitteln, Frieden und Ordnung zu erhalten, ist aber in Wirklichkeit der dauernde und unvermeidliche Keim der Rebellionen und Kriege.»
Die Konferenz von Medellín war ein kirchengeschichtliches Ereignis von herausragender Bedeutung. Die Kirche fand sich zu einiger (wenn auch begrenzter) Selbstkritik bereit. «Medellín» wurde in der Folgezeit Bezugspunkt und Rückendeckung für diejenigen lateinamerikanischen Christen, die sich auf die Seite des Volkes stellten und für dessen Befreiung kämpfen wollten.
Die Theologie nach Medellín begann, sich als eine Form praktizierter → politischer Theologie zu verstehen. Sie ist theologische Reflexion befreiender Praxis. Dabei benutzt sie das Instrumenta-

rium des Marxismus zur Analyse von Abhängigkeit und Ausbeutung, um die Wahrheit besser zu erkennen. Das hat ihr die heftigste Kritik eingebracht: Durch die Verwendung der «atheistischen marxistischen Theorie» habe sich die Theologie der Befreiung selbst diskreditiert. In der Theologie der Befreiung wird der Marxismus tatsächlich zu einer Waffe der Armen und zu einem Mittel, die «Sünden» der Mächtigen und des kapitalistischen Systems zu entlarven. Die Kritik der politischen und kirchlichen Machthaber und zahlreicher konservativer Theologen aus Europa und Nordamerika zielt zwar auf die Verwendung atheistisch-marxistischer Kategorien; was diese Kritik jedoch tatsächlich im Visier hat, sind die unangenehmen Konsequenzen für die Privilegierten und Reichen, die sich aus der Anwendung dieser Theorie ergeben.
Die dritte Vollversammlung des lateinamerikanischen Episkopates in Puebla (Mexiko) 1979 brachte der Theologie der Befreiung keinen Fortschritt, höchstens eine Bestätigung der eingeschlagenen Richtung. Insbesondere solche Bischöfe und Priester hielten sich zu ihr, die aus dem einfachen Volk kommen oder sich mit ihm verbunden fühlen.
Auch «Puebla» ging von einer kritischen Betrachtung der Wirklichkeit aus, sah diese Realität «im Lichte des Glaubens» und zeigte schließlich praktische Wege kirchlicher Arbeit auf. Von der Situation der Armen her kann die Bibel neu verstanden werden. Teilnahme am Leiden und an der Befreiung des Volkes «liest» sich dann als Teilhabe und Mithilfe an Gottes «neuem Schöpfungswerk». Denn Gott hat sich, so die Überzeugung der Theologie der Befreiung, am Kreuz selbst mit den Unterdrückten solidarisiert und identifiziert. Befreiung ist demnach ein doppelter Prozeß: Zum einen geht es um «Befreiung von allen Knechtschaften der persönlichen und gesellschaftlichen Sünde, von allem, was dem Menschen und der Gesellschaft schadet und was seinen Ursprung im Egoismus, im Geheimnis des Bösen hat» und zum anderen um «Befreiung zum Wachstum, zur Fortentwicklung im Sein, zur Kommunion mit Gott und den Menschen, die in der vollkommenen Gemeinschaft im Himmel gipfelt, wo Gott alles in allem ist, und wo es keine Tränen mehr geben wird». (Puebla)
3. Die Theologie der Befreiung versteht sich selbst als Herausforderung an die konventionelle Theologie. Sie rät den europäischen und nordamerikanischen Kirchen, die theologische «Befreiungsmethode» auch auf ihre eigene Situation anzuwenden. «Wie soll man das Evangelium in einem kapitalistischen Land verkünden, das andere Länder ausbeutet, das Reichtum anhäuft, ohne große Rücksicht zu nehmen auf die Probleme der Welt...» (Leonardo Boff: Die soziale Sünde schreit nach Befreiung, 1980)
In Europa wurde die Theologie der Befreiung als theologische Theorie rasch bekannt. Die einen stimmten ihr begeistert zu, andere sprachen ihr alle Berechtigung ab. Die lateinamerikanischen Schriften, Zeugnisse des Kampfes, Streitparolen, nachgetragene Bekundungen konkreter Erfahrung von Christen lassen sich schwerlich an den westlichen Grundsätzen theologischer Tradition messen. Was man der Theologie der Befreiung vorwarf, war eine «radikale Vereinfachung – Verdünnung, ja ein Ausverkauf – der Theologie unter Umgehung des meisten traditionell Gewordenen», das heißt Verzicht auf die alten zentralen, seit zwei Jahrtausenden behandelten Themen der Theologie. Außer zahlreichen theologischen Versäumnissen glaubte man den Lateinamerikanern auch beträchtliche Mißverständnisse nachweisen zu können.
Der Lieblingsgedanke der Theologie der Befreiung, den → Exodus (Auszug) des alttestamentlichen Israel aus der Unterdrückung in Ägypten auf die eigene aktu-

elle Geschichte anzuwenden, wurde z. B. als eilfertiger und einfältiger Mißgriff «entlarvt»: «Diese Herausforderung ist... keine Selbstbefreiung, sondern bleibt die Großtat Gottes.» – «Israel wird die erste Befreiung und alle späteren Befreiungen immer der freien Initiative Gottes zuschreiben.» Damit wird der Theologie der Befreiung verwehrt, sich bei ihrem Freiheitskampf auf die Bibel zu berufen: Israel habe auf Jahwes Tat gewartet, jedoch keineswegs selbst das Heft in die Hand genommen. So sollen sich auch die Christen in Lateinamerika in Geduld üben. «Durch Bekehrung der Herzen zu ihrer politischen Verantwortung kann sich so etwas wie ‹Bekehrung der Strukturen› ereignen.» Auch könne «Jesu gelebte und verkündete Heilsbotschaft» «als endzeitliche in keinen endgültig zu nennenden Bezug zur Gestaltung der innerzeitlichen Zukunft der Welt gebracht werden». (Hans Urs von Balthasar, 1977)
Besonders heftige Angriffe auf die Theologie der Befreiung gingen u. a. von Kardinalerzbischof Ratzinger aus: Die größte «Sünde» der Theologie der Befreiung sei ihre Verbindung mit dem Marxismus. Sie predige Gewalt, und «nichts erfüllt die tragische Verstrickung des menschlichen Geistes und erst recht des christlichen Gewissens deutlicher als die Berufung auf die Freiheit, um äußerste Gewalttägigkeit und Grausamkeit zu rechtfertigen». (F. Hengsbach u. a.: Kirche und Befreiung, Aschaffenburg 1975) Zu bedauern sei, daß «die Religion» «in den emanzipatorischen Prozeß einbezogen» und dadurch «jedes sittliche Wertsystem praktisch dem Zugriff des Menschen anheimgestellt» werde. Daß die Menschen über ihre Werte und ihre Moral selbst entscheiden, muß offenbar tunlichst verhindert werden. Theologie der Befreiung erscheint als «Verirrung des menschlichen Geistes nach Utopia».
Die europäische Analyse gipfelt in der Feststellung, die Theologie der Befreiung bewirke das Gegenteil dessen, was sie vorgibt. («Jeder, der die Befreiung des Menschen auf jene Gebiete – Wohlfahrt und gesellschaftliche Freiheit – beschränkt», «verbreitet dadurch nur neue Manipulation und damit Unterdrükkung.») Die Armen seien letztlich selbst an ihrer Misere schuld, denn «alles Unglück des Menschen [habe einmal] mit dem Drang nach bindungsloser Freiheit begonnen». Das Gegenprogramm lautet: «Der Mensch, der sich in Freiheit zu Gott wendet und im Glauben mit Gott verbunden ist, bleibt in dieser Freiheit, auch wenn er äußerlich unfrei ist... Vor dieser Aufgabe, nämlich der Befreiung aus den Zwängen der Schuld, ist das Problem jeder anderen Befreiung gering zu achten.»
In einer Instruktion der römischen Glaubenskongregation aus dem Jahr 1986 mit dem Titel «Über die christliche Freiheit und die Befreiung» scheint die Theologie der Befreiung, ohne eigens genannt zu werden, eine kirchenpolitische Aufwertung zu erfahren. «Basisgemeinschaften», eben noch des Marxismus verdächtigte Gemeinden, die sich selbst helfen und sich auf diese Weise «befreien» wollen, gelten nun als «Grund großer Hoffnung». Freilich sollten die Priester «in den armseligen Hüttensiedlungen von Rio und Lima» nicht nur über Befreiung, sondern auch über die «religiösen Geheimnisse des Evangeliums» predigen.

Thomas von Aquin

Thomas von Aquin (1225–1274) war der einflußreichste Theologe der Scholastik. Scholastik nennt man die Theologie des → Mittelalters, die sich «schulmäßig» an die Bibel, die Schriften der Kirchenväter und die Philosophie des Aristoteles anschloß, um aus der Verbindung von Theologie und Philosophie eine allesumfassende Welt- und Glaubenserkenntnis zu begründen. Der Katholizismus der

→ Gegenreformation und auch derjenige der neuesten Zeit orientieren sich bevorzugt an den Fragestellungen von Thomas und → Augustinus.

Thomas trat schon als Kind in ein Benediktinerkloster ein. Nach ersten Studien in Neapel schloß er sich dem neugegründeten Orden der Dominikaner an. Dann studierte er bei Albert dem Großen (Albertus Magnus, etwa 1200–1280) in Paris. Albert machte die damals neuerschlossenen Schriften des Aristoteles allgemein bekannt und begründete darauf eine Theologie, die Thomas, sein berühmtester Schüler, später konsequent durchgestalten sollte. Über Albert lernte Thomas auch den Neuplatonismus (→ Platonismus) kennen. Thomas wurde selbst Magister in Paris. Nach einem Zwischenaufenthalt in Rom verbrachte er seine letzten Jahre als Ordensprofessor in Neapel.

In seinem Werk «Summa theologica» versuchte Thomas die kirchlichen Glaubenslehren zusammenzufassen. Dabei verband er Fragestellungen der Philosophie mit Antworten des Glaubens. Philosophie erhebt den Anspruch, alles Sein zu verstehen. Der Glaube hingegen beruht auf Offenbarungen. Thomas erkannte die Leistungen der Vernunft durchaus an; aber er hielt darüber hinaus eine geoffenbarte Lehre für notwendig, wenn es um das Heil des Menschen geht. Denn die Erkenntnisse der Vernunft bleiben, nach Thomas' Meinung, immer unklar und mit Irrtümern behaftet, zumal wenn es sich um Aussagen über Gott handelt und die Erfahrungen der Vernunft überschritten werden müssen. Gott aber ist das höchste Ziel des Menschen. Um über ihn Klarheit zu gewinnen, braucht man also notwendigerweise ein Wissen, das durch Offenbarung vermittelt ist.

Thomas vertrat die Ansicht, daß auch dieses offenbarte Wissen über Gott Wissenschaft sei. Denn jede Wissenschaft beruhe ja auf nicht beweisbaren Prinzipien. Die Theologie setzt also Offenbarung voraus, und Offenbarung ist ein solches nicht beweisbares Prinzip. Da Theologie Wissenschaft ist, muß sie ihre Einsichten allerdings stichhaltig begründen; sie ist nicht unvernünftig. Das Wissen aus Offenbarung hebt das Wissen der Vernunft nicht auf, sondern führt darüber hinaus. «Die Gnade hebt die Natur nicht auf, sondern vollendet sie.» Das theologische Wissen kommt also nicht aus der Vernunft, trotzdem ist es der Vernunft nicht entgegengesetzt. Wie Gnade die Natur vervollkommnet, so überschreitet Offenbarung alle Vernunft.

Vernunft sagt dem Menschen, daß Gott existiert, so Thomas in Anlehnung an Aristoteles. Gott ist die erste Ursache von allem, was es gibt. Von der Tatsache der Dinge kann auf die Tatsache Gottes zurückgeschlossen werden. Sodann können die Eigenschaften der Dinge Aufschluß geben über die Eigenschaften Gottes. Diese Feststellungen sind vernünftig. Folglich hat die Vernunft ein Wissen von Gott. Sie weiß aber auch, daß sie der Offenbarung untergeordnet ist.

Ähnlich wie im Bereich des Denkens Vernunft und Glaube einander zugeordnet werden, so sieht Thomas auch das Verhältnis der weltlichen Herrschaft zur Kirche. Beide Kräfte werden in einen harmonischen Ausgleich gebracht. Herrschaft und Unterwerfung gehören schließlich zu den Bedingungen der Schöpfung.

Der einzelne Mensch muß, nach der Theologie des Thomas, vor seinem Tod übernatürliches Sein erwerben, um vor Gottes Gericht bestehen zu können. Glaube und Liebe sind Ausdruck dieses übernatürlichen Seins. Sie kommen einerseits aus der Gnade Gottes, andererseits sind sie aber auch ein Verdienst menschlicher Anstrengungen.

Einzelne Auffassungen des Thomas von Aquin sind noch während des Mittelalters von Johannes Duns Scotus (gest. 1308), von Meister Eckhart (gest. 1327; → Mystik) und von Marsilius von Padua (gest. ca. 1342), dann aber besonders heftig und nachhaltig von den Reformatoren kritisiert und bekämpft worden.

Tod

Mit der Deutung des Lebens geht naturgemäß die Deutung des Todes einher. Deshalb ist der Tod eines der Hauptthemen in Philosophie und Theologie, die ja beide beanspruchen, die Wahrheit über das Leben aussagen zu können. Das Todesthema ist die eigentliche Domäne der → Religion. Religion bringt die Frage nach dem Sinn des Lebens mit der Frage nach dem Tod in Zusammenhang. Sinn oder Sinnlosigkeit des Lebens erweisen sich am Sinn des Todes.

Eine der Stärken der christlichen Religion liegt in der Art der Verknüpfung dieser beiden Fragen nach Tod und Sinn begründet. Als Antwort auf die Frage nach dem Sinn des Todes und des Lebens gilt den Christen die Aussage Jesu Christi: «Ich bin die Auferstehung und das Leben.» Durch die Taufe wird den Gläubigen die Teilhabe am Tod und an der → Auferstehung Christi angeboten. In allem, was sie sagt und tut, hält die Kirche die Frage nach dem Tod wach, bringt Leben und Tun des Menschen in Beziehung zu einem vorgestellten Geschehen nach dem Tod («Jüngstes Gericht; → Jenseits) und überhöht somit Todesangst durch Schuldangst. (→ Furcht)

1.In den meisten Religionen nehmen die Riten für die Toten einen zentralen Platz ein. (→ Totenbestattung) Götter, Dämonen und Geister stehen in enger Beziehung zu den verstorbenen Ahnen und zum Totenreich. (→ Himmel; → Hölle; → Paradies)

In den → Stammesreligionen erscheint der Tod jedoch nicht als unausweichliches Schicksal des Menschen, sondern als unnatürliches Ereignis und als Unglück. Durch den Ungehorsam eines Menschen gegenüber einem göttlichen Befehl kam der Tod überhaupt erst in die Welt. Wenn die ersten Menschen gehorsam gewesen wären, hätten sie das → Ewige Leben keineswegs verloren. (Vgl. 1. Mose 3; → Adam)

Die Ursache für den Tod wird häufig in böswilligen Handlungsweisen anderer Personen gesehen: Irgendein Übelgesinnter kann durch magische Riten einen Todesfall bewirken. (→ Magie) Wenn böse Geister den Tod verursachen, ist der Mensch machtlos.

Wenn der Tote zum Gegenstand der Furcht und der Verehrung geworden ist, nimmt man zahlreiche Riten an seinem Leichnam vor. Die Überlebenden wollen sich vor dem Toten schützen. «Geh fort, o Toter, auf dem Wege, der dein eigener ist... Unserer Jugend schade nicht, nicht unseren Männern!» («Rigveda»; → Vedische Religion) Berührung des Leichnams etwa bei der Bestattung des Körpers macht eine Person tabu. (→ Tabu) Je heiliger der Lebende war, um so mehr Unreinheit verbreitet sein Leichnam. (Es gibt freilich auch zahlreiche religiöse Bräuche, bei denen die Furcht vor den Toten völlig fehlt. Vgl. zum Beispiel 1. Mose 50,1)

2. Im Alten Testament erscheint der Tod als ein Wesen, das die Toten im Totenreich weidet. (Jer. 9,20; Ps. 49,15) Beim Sterben tritt die Seele oder der Geist wie ein Wind oder ein Hauch aus dem Körper. (Jer. 15,9; Hiob 11,20) Der Mensch ist sterblich, Jahwe hingegen ewig. (Hab. 1,12; Dan. 12,7; 1. Mose 3,19.22) Entweder sterben die Menschen als «Gerechte» (4. Mose 23,10) oder infolge der Sünde. (1. Mose 38,7; Hiob 15,32; Ps. 55,24) Zwar wird der Mensch zu Staub. (1. Mose 3,19; Ps. 90,3) Aber die Toten leben in herabgesetzter Intensität weiter. (Jes. 14,9ff) Tod und Totenreich sind nach ältester alttestamentlicher Vorstellung von ewiger Dauer. (Hiob 14,12) In der

→ Apokalyptik entwickelt sich schließlich der Glaube an die → Auferstehung der Toten, da Gott am Ende «den Tod für immer verschlingt». (Jes. 25,8; vgl. Dan. 12,1 ff)

3. Jesus von Nazareth ist wegen Gotteslästerung, Selbstvergottung, Verstoß gegen das Gesetz des Moses und Anstachelung zum Aufruhr zum Tod verurteilt und am Kreuz hingerichtet worden. Vor der Vollstreckung des Urteils flehte er Gott um Verschonung an und «begann zu trauern und zu zagen». (Mat. 26,37) Er wollte nicht sterben. Am Ende geriet er in höchste Verzweiflung. «Mein Gott, mein Gott, warum hast du mich verlassen?» (Mat. 27,46) Mit seiner Person fiel auch seine Sache. Seine Botschaft schien durch seinen Tod widerlegt.

Mit diesem Befund endet freilich nicht das Neue Testament. Es folgt der «Bericht» der Auferweckung Jesu von den Toten. Dem Scheitern der «Utopie» des Jesus von Nazareth folgt alsbald der Osterglaube seiner Anhänger. Jesus «erschien» seinen Jüngern. In den Paulusbriefen, den ältesten Texten des Neuen Testaments, ist von Offenbarungen des Auferweckten vor einer Anzahl von Zeugen die Rede. (1. Kor. 15,5 ff) Was zwischen der Grablegung Jesu und diesen Erscheinungen wirklich stattfand, blieb zunächst im dunkeln. Später wurden diese dunklen Stellen aufgefüllt. Der Osterglaube umfaßte schließlich die Auferweckung Jesu, seine Höllen- und Himmelfahrt und die Auferweckung der Toten.

Jesus starb in Gottverlassenheit. Mit der Auferweckung jedoch, so das Neue Testament, verlor sein Tod, und damit auch der Tod aller Gläubigen, seinen Schrekken. Niemand braucht mehr den «Tod ewiger Verdammnis» zu sterben. Während die jüdische Apokalyptik die Auferweckung der Toten erst für das Ende der Tage verhieß, beginnt die Auferstehung für die Anhänger Jesu bereits in der Gegenwart: das Ende der Zeit mitten in der Zeit. Jesu Auferweckung ist für die Gläubigen zur Grundlage des Glaubens an die eigene Auferstehung geworden, selbst wenn sie bis auf weiteres noch den üblichen Tod sterben müssen.

Denn Jesu Tod gilt als «Sühneopfer» für die Sünden und die Schuld der Menschen (Röm. 3,25 f): Gott ist durch das Blutopfer eines Unschulidgen (→ Opfer), seines eigenen Sohnes, besänftigt worden. (→ Christologie).

Diese Opferung geschah stellvertretend für diejenige der tatsächlichen Sünder. (Gal. 3,13; 2. Kor. 5,21; Röm. 8,2) Durch den Tod Jesu sind die Menschen «losgekauft» vom «Fluch des Gesetzes». Aber die Vollendung steht noch aus. Der Glaube kann dem Menschen einen Anteil lediglich am zukünftigen ewigen Leben verschaffen.

4. Nach christlicher Grundüberzeugung ist das Leben in jedem Moment und in allen seinen Aspekten auf den Tod bezogen; vom Tod her hat das Leben erst einen Sinn. «Media vita in morte sumus» («Mitten wir im Leben sind, von dem Tod umschlungen»), sagte der Mönch, Dichter und Gelehrte Notker Balbulus («der Stammler») im 9. Jahrhundert. Dieser Auffassung wurde häufig widersprochen. Der griechische Philosoph Epikur (341–271 v. Chr.) etwa hatte schon gemeint: «Der Tod geht uns nichts an; denn solange wir sind, ist der Tod nicht da, und wenn der Tod da ist, sind wir nicht mehr. Er geht also weder die Lebenden an noch die Toten.»

Mit dieser Auffassung fand Epikur zwar Zustimmung und Nachfolger (u. a. Lukrez, gest. 55 v. Chr.; Cicero, gest. 43 v. Chr.; Jean-Paul Sartre, gest. 1980); der Todesangst freilich kann diese Logik nichts entgegensetzen. Statt über den Tod einfach hinwegzusehen, schlug Michel de Montaigne (1533–1592) deshalb eine andere Angstbewältigungsstrategie vor: «Nehmen wir ihm [dem Tod] seine

Unheimlichkeit, machen wir ihn uns vertraut, halten wir mit ihm Umgang, bedenken wir nichts so häufig wie den Tod. Stellen wir ihn jeden Augenblick und in jeder Gestalt vor unser inneres Auge.» Bei jedem ausfallenden Zahn (und dem dadurch ausgelösten Todesschrecken: «So löse ich mich auf und komme mir abhanden») soll diese «Gewöhnungsstrategie» greifen.

Nach der klassischen marxistisch-leninistischen Philosophie stirbt der Mensch, der eingebettet in kollektive Prozesse gelebt hat, in die Gesellschaft und die Geschichte als in ihn umgreifende Zusammenhänge hinein. Insbesondere dann, wenn sich ein Mensch für das Wohlergehen anderer eingesetzt und sich für die Zukunft aller engagiert hat, erwirbt er «Unsterblichkeit». «Ein Funke Unsterblichkeit liegt im Leben jedes Menschen, der seinen... Beitrag zur allgemeinen menschlichen Kultur geleistet...» Angesichts der persönlichen Angst und Todesweigerung des Sterbenden erweist sich der Trost mit den «Früchten des Schaffens» jedoch meist als schwach. Die angenommene Unsterblichkeit der Gesellschaft, in deren Andenken der Tote noch einige Geschlechter weiterleben mag, ist kein Ausgleich für das realistische Gefühl, daß Sterben Verschwinden heißt.

Den Widersinn des Todes hat vor allem Jean-Paul Sartre (1905–1980) ausgedrückt: Jeder Mensch ist ein zum Tod Verurteilter. Es gibt keinen Ausweg. Der Tod ist absurd. «So ist der Tod niemals das, was im Leben einen Sinn hat: er ist im Gegenteil das, was ihm grundsätzlich jede Bedeutung nimmt.» Die verschiedenen übernommenen Vorschläge, wie man sich zu seinem eigenen Tod verhalten soll, lehnt Sartre deshalb als sinnlos ab. «Ich kann meinen Tod weder entdecken noch erwarten, noch eine Haltung ihm gegenüber einnehmen, denn er ist das, was sich als das Unentdeckbare enthüllt, das alle Erwartungen wirkungslos macht.» Ähnlich wie Epikur hält Sartre den Tod für «unwichtig», weder für gedanklich faßbar noch gestaltbar. Nach dem Sinn des Todes zu fragen sei zwecklos.

«Ich sterbe – d. h.: ich werde mein Werk nicht zu Ende führen», schrieb der tschechoslowakische Philosoph V. Gardavsky (1968). «Ich werde die, die ich geliebt habe, nicht mehr sehen, ich werde Schönheit oder Trauer nicht mehr empfinden. In meinen Sinnen wird nicht mehr die unwiederholbare Musik dieser Welt wiederklingen: ich werde niemals mehr nirgendwohin, nach keiner Richtung über mich hinausschreiten. Mir bleibt nur dies Letzte.»

Im Tod verschwindet das Eigentümliche jedes einzelnen. Von daher gesehen, ist der Tod absolut sinnlos. Die absolute Sinnlosigkeit des Todes aber macht das, was wir tun, selbst zweifelhaft. Damit fällt die (letzte) Frage nach dem Tod zurück auf die (vorletzte) Frage nach dem Leben als überhaupt letztmögliche Frage. Wer den Tod nicht verleugnen will und sich mit seiner Sinnlosigkeit auch nicht versöhnen kann, dem bleibt immerhin der Versuch, selbst möglichst glücklich zu leben, um die Todesangst als Angst, überhaupt noch nicht richtig gelebt zu haben, zu verkleinern.

Totemismus

Mit dem Wort «Totem», das aus einer nordamerikanischen Indianersprache stammt, bezeichnet man dasjenige Wesen, zu dem die Menschen eines Clans (Sippe) in einer bestimmten magisch-mystischen Verbindung stehen. (→ Magie; → Mythos) Totems gibt es sowohl bei Akkerbauvölkern, u. a. in Afrika, Indien, Melanesien, als auch bei Jägervölkern etwa in Australien und Amerika.

Viele Indianerstämme sind nach Totemgruppen organisiert. Zu einer solchen Gruppe gehören das Totem und die Totembrüder, das heißt diejenigen Menschen, die nach dem Totem benannt werden und die annehmen, sie besäßen eine

Art Blutsgemeinschaft mit dem Totem. (→ Indianische Religionen)
Das Totem ist bisweilen ein Gegenstand der Natur oder eine Naturerscheinung wie Sonne, Mond, Gewitter, Wasser, Feuer oder – was häufiger vorkommt – eine Pflanzen- oder Tierart. Es ist Gefährte, Verwandter, Schützer und Helfer. Manchmal ist es mit übermenschlichen Kräften ausgestattet. Man begegnet ihm scheu und respektvoll, voll Furcht und mit Verehrung.
Vom Totem leitet die Totemgruppe ihren eigenen Ursprung her. Das Totemtier darf man nicht ohne weiteres töten oder essen, ja man soll es nicht einmal berühren.
Die Angehörigen eines Gruppentotems, die miteinander verwandt sind, überliefern Erzählungen über das Wesen des Totems und den Ursprung ihrer Gemeinschaft. Nach den Mythen vieler südamerikanischer Indianerstämme hat sich in alter Zeit ein tierischer Vorfahre in einen Menschen verwandelt und wurde daraufhin zum Begründer der Gruppe. Häufig wird aber auch erzählt, der Ahnherr des Clans entstamme der ehelichen Verbindung eines Menschen mit dem Totemtier. Als Kind wird man in eine totemistische Verwandtschaftsgruppe hineingeboren und erbt das Totem entweder nach der Erbfolge des Vaters oder nach der Mutter. (→ Religion)
Dem Totemismus liegt die Anschauung zugrunde, daß Tier und Mensch miteinander verwandt seien. Das Tier ist Kraftträger und Gefährte des Menschen. Die «Seelen» der Toten können in Tiere eingehen. Der Jäger, der ein Wild getötet hat, muß den Stammvater, der das Jagdwild schützt, versöhnen.
Mit der Organisation in Totemgruppen verbinden sich oft Eheregelungen: Totemgenossen dürfen nicht innerhalb der eigenen Genossenschaft heiraten: (Exogamie: Der Ehepartner muß aus einem anderen Stamm kommen).
Die Zusammengehörigkeit der Totemgemeinschaft wird bei Feiern stets neu erlebt und gefestigt. Die hierfür vorgesehen Zeremonien sollen das Totem günstig stimmen und die Jagdbeute mehren. Im Totemismus fließen somit soziale und religiöse Momente zusammen. Die Totems werden als etwas Heiliges und mitunter wie Götter angesehen. Ein Totem gewährt seiner Gruppe Schutz, während die Gruppe das Totem ehrfurchtsvoll in den Mittelpunkt ihres Kultes, ihrer Mythen und kultischen Riten stellt. (→ Stammesreligionen)

Totenbestattung

Die Bestattungsbräuche der Völker geben Aufschluß über das religiöse Verhältnis der Menschen zum → Tod und zu den Toten. (→ Religion; → Jenseits)
In früher Zeit wurden die Verstorbenen häufig nur weggeworfen oder aber verbrannt, zerstückelt und abgekocht. Eine besondere Art der Totenbeseitigung war der Leichenkannibalismus, das Verzehren der Toten. (→ Vorgeschichtliche Religion)
Die Beisetzung der Toten verfolgte hingegen den Zweck, die Leichen zu schonen und zu konservieren oder aber die Überlebenden vor Einflüssen, die angeblich von den Toten ausgehen können, zu schützen. Beliebte Orte der Bestattung waren das Haus des Toten, die Wohnhöhle oder eigens für das Begräbnis errichtete Häuser und Höhlen. Verbreitet war die Erdbestattung in der freien Natur oder an bestimmten Begräbnisplätzen.
An den Leichen selbst wurden zahlreiche Vorkehrungen getroffen: Sie mußten bandagiert, gefesselt oder eingewickelt werden. Bisweilen wurden sie getrocknet und präpariert. Der Tote stellt nämlich eine Macht dar, die gut oder böse sein kann. Entsprechend verfolgen die Bestattungssitten und -riten das Ziel, ihn fern oder aber nahe zu halten. Die Totenriten wurden beim Eintritt des Todes und

hinterher am Grab sowie am ehemaligen Wohnort des Verstorbenen vollzogen. Dabei hatten die Riten dafür Sorge zu tragen, daß der Abgeschiedene gesättigt, daß seine geschlechtlichen Bedürfnisse gestillt, daß er mit Wohnung und Kleidung versorgt wurde und daß er seine im Diesseits geübten Tätigkeiten auch im «Jenseits» fortsetzen konnte. Häufig fanden anläßlich der Totenfeiern →Opfer und damit verbundene Mahlzeiten statt. (→Abendmahl) Gegenüber den Toten verhielten sich die Hinterbliebenen ganz ähnlich wie gegenüber Geistern und Göttern. Sie suchten bei den Verstorbenen Stärkung, Fürbitte, Hilfe. Deshalb wurden die Toten geehrt, verherrlicht, geschmückt. Wenn allerdings die Erinnerung an den Toten erlosch, hörte auch die gefährliche Macht auf, die diesem innewohnte. Die Toten gingen nun in ein fernes Geister- und Gespensterkollektiv ein. Daraus konnten sich später Götter- und Mittlergestalten, aber auch böse Dämonen absondern. Bisweilen diente dieser Vorrat an Totenseelen auch als Reservoir, aus dem die Neugeborenen ihre «Seelen» bezogen.

Häufig wurde der Totenkult nach der Beerdigung jedoch mit Opfern, Mahlzeiten, Spenden und Schmückung des Grabes weitergeführt. Dieser Kult (→Kultus) galt vor allem hervorragenden Toten. Die Ahnen wurden dadurch zu Kultobjekten. Ihr Kult glich sie dem der Götter an.

Dieser Totenkult wirkte auf die Bestattungsbräuche zurück. Das Grabmal wurde jetzt immer mehr ausgestaltet und bis zur Größe eines Bauwerkes oder gar einer ganzen Kultanlage erweitert.

Die so geehrten «Heroen» waren fast so mächtig wie Götter. Man vergaß schließlich ihre menschliche Herkunft und ihr einstiges geschichtliches Dasein. Herakles und Asklepios in Griechenland erschienen als Helfer und Heilkundige, Retter und Fürbitter. (→Griechische Religion) Im Christentum übernahmen die →Heiligen und Märtyrer die gleichen Aufgaben.

Während in der «heidnischen» Antike die Toten verbrannt wurden, bestatteten die ersten Christen ihre Verstorbenen in der Erde. (→Urchristentum) Dies entsprach jüdischer Sitte und sollte an Jesu Grablegung erinnern. Schon früh erwarben die Christen eigene Friedhofsgrundstücke, oder aber sie begruben ihre Toten (unterirdisch) in Katakomben. Das Begräbnis war von Gebet, Psalmen und Schriftlesung begleitet.

Im Mittelalter, das das Verständnis des Abendmahls als vom Priester dargebrachtes Opfer herausstellte, entwickelte sich die Praxis, das Begräbnis durch ein Opfer für die Toten zu erweitern. (Totenmesse) Dieses Opfer sollte dem Verstorbenen das Los im →Fegfeuer erleichtern.

Die Kirchen der Reformation lehnten das Verständnis des Abendmahls als Opfer und folglich auch die Totenmesse ab. Jede Möglichkeit der Einflußnahme auf das Schicksal der Toten wurde bestritten. Nach protestantischem Verständnis ist das Begräbnis ein Gottesdienst, dessen Akzentuierung sich freilich von der Verkündigung hin zur «Seelsorge» an den Trauernden verschoben hat.

Traum

1. In den Religionen vieler Völker spielt der Traum – etwa als Quelle göttlicher →Offenbarung – eine entscheidende Rolle. Bei den Assyrern, Ägyptern, Juden und Griechen gab es eigens Traditionen der Traumdeutung, die hinsichtlich zahlreicher Auffassungen miteinander übereinstimmen.

Die Ägypter vermeinten, sie würden in ihren Träumen den Göttern selbst begegnen. Im Kontakt mit der «anderen Welt» erhofften sie sich Ratschläge und Warnungen für die Zukunft. In einem Papy-

rus aus Theben in Oberägypten, der um das Jahr 1350 vor Christus geschrieben worden ist, werden z. B. auch Hinweise gegeben, wie man Träume deuten kann: Wer vom Tod träumt, kann mit einem langen Leben rechnen. Zähne, die einem im Traum ausfallen, deuten auf den Tod eines Familienmitgliedes hin. Gegen die Auswirkungen bedrohlicher Träume gibt es Zaubersprüche. Wer etwa Nachrichten des Gottes Seth empfangen will, muß ihn beschwören: «Nimm ein reines Leinen und schreib darauf die gegebenen Namen. Falte es zu einem Lampendocht und gieße reines Öl darauf. Die Worte lauten Armuith, Lailanchoid, Arsenophephen, Phta, Archentechtha. Gehe dann abends ohne zu essen ins Bett und tue dieses: Nähere dich der Lampe und sprich siebenmal die Formel, lösche dann das Licht, leg dich wieder zum Schlafen. Die Formel ist: Sachnu... eparna Ligotereench. Ewiger Donnerer, der du verschlungen hast die Schlange und aufsaugst den Mond und erhöhst die Sonne zu ihrer Zeit, Chtetho ist dein Name. Ich bitte, o Gebieter der Götter, Seth, Chreps, gebt mir die Nachricht, derer ich bedarf.» (→ Ägyptische Religion)
Bisweilen erscheinen die Götter im Traum und fordern irgendein frommes Werk. In anderen Fällen geben sie Warnungen oder enthüllen Geheimnisse. Manche Träume müssen erst mit Hilfe gewisser Riten herbeigeführt werden. Es gab Heiligtümer, an denen Priester die «Inkubation» praktizierten. Inkubation ist der Schlaf an einer heiligen Stätte, der dem Zweck dient, im Traum eine Offenbarung zu empfangen. Die Ägypter gaben diese Praxis an andere Kulturen, vor allem an die Griechen, weiter (s. u.).
Als «heilig» wurden vor allem die Träume der Könige und Priester angesehen. Viele solcher Träume schrieb man ehrfurchtsvoll auf. Böse Träume und ihre Folgen mußten abgewehrt werden. Für solche Zwecke hatten schon die Assyrer «Traumbücher». Die Tontafeln des assyrischen Königs Assurbanipal (669–626 v. Chr.) übermitteln ein Wissen, das vielleicht bis 5000 v. Chr. zurückreicht. Wer im Traum fliege, so wird dort u. a. erklärt, werde sein Hab und Gut verlieren. (→ Babylonisch-assyrische Religion)
2. Aus dem Alten Testament sind vor allem Träume von Joseph, dem Pharao, Daniel, Nebukadnezar, Jakob und Salomo bekannt. Die Juden sind in der Exilszeit von Traumtheorien der Babylonier beeinflußt worden. (→ Israel) Auch Jahwe selbst kann sich im Traum offenbaren. «Denn auf eine Weise redet Gott und auf eine zweite; nur beachtet man's nicht. Im Traum, im Nachtgesicht, wenn der Schlaf auf die Menschen fällt, wenn sie schlafen auf dem Bett, da öffnet er das Ohr der Menschen und schreckt sie auf und warnt sie, damit er den Menschen von seinem Vorhaben abwende und von ihm die Hoffart tilge und bewahre seine Seele vor dem Verderben und sein Leben vor des Todes Geschoß.» (Hiob 33,14ff)
In Israel gab es deshalb die Praxis, mit einer bestimmten Frage in den Schlaf zu gehen, um im Traum von Gott Antwort zu bekommen. In aussichtsloser Lage «befragte» z. B. Saul Jahwe; «aber der Herr antwortete ihm nicht, weder durch Träume noch durch das Los noch durch Propheten». (1. Sam. 28,6) Eine Antwort Gottes erfolgt offensichtlich nicht automatisch. Deshalb wird die Gottheit bisweilen durch → Opfer und → Gebet zur Traumoffenbarung bewegt. Erst nachdem Salomo tausend Brandopfer dargebracht hatte, erschien ihm Jahwe «zu Gibeon im Traum des Nachts». (1. Kö. 3,4ff) Änlich erging es Abraham (1. Mose 15,9ff) und Jakob (1. Mose 46,1–7)
Insgesamt gesehen ist die Bibel gegenüber dem Traum als Orakel allerdings sehr zurückhaltend. Gottesoffenbarungen aus Träumen begegnet man mit Vorsicht. Der Traum ist etwas Gespenstisches und Unheimliches, das vielleicht in

die Religionen anderer Völker, jedoch nicht so recht zum Glauben an den allein wahren Gott Israels passen will.
Das Neue Testament enthält einige prophetische Träume. Joseph wird vom → «Engel des Herrn im Traum» davon abgehalten, die schwangere Maria zu verlassen. (Mat. 1,20) Die «Weisen aus dem Morgenland» werden im Schlaf gewarnt, zu Herodes zurückzukehren. Ein Engel fordert Joseph zur Flucht nach Ägypten auf. Nach dem Tod des Königs Herodes erfolgt die Aufforderung zur Rückkehr erneut durch einen Traum.
Auch im Islam spielen Träume und Traumdeutung eine große Rolle. Mohammed ließ sich die Träume seiner Schüler erzählen. Er deutete sie nicht nur nach Trauminhalten, sondern auch nach den persönlichen Merkmalen und der Situation des jeweiligen Träumenden. Mohammed selbst hat den ersten Teil des → Koran im Traum empfangen.
Im Bereich des Islam erfreuen sich Traumdeuter seit jeher großen Ansehens. Häufig verknüpft man Traumtheorien und → Astrologie miteinander und berücksichtigt bei der Traumdeutung die jeweilige Mondphase, den Stand der Sterne sowie den betreffenden Wochentag und Monat.
3. Die Griechen betonten die heilende Kraft des Träumens. Deshalb breitete sich der Inkubationskult aus. Ursprünglich galt dieser der Erdmutter, und sein anfänglicher Zweck war es, Sterilität (Unfruchtbarkeit) zu heilen. Der Schlaf im Tempel sollte zu einer sexuellen Vereinigung mit der Gottheit (z.B. mit Isis oder Seraphis) führen. (→ Sexualität) Die Heilungsabsicht ging dann von sexuellen Gebrechen auf alle möglichen Krankheiten über. Die Inkubation begann mit Reinigung, Salbung und der Einnahme von Drogen, Arzneien oder Kräutern, die den Schlaf herbeiführten. Später deuteten Orakelpriester die Träume und berieten die Kranken über Mittel und Wege der Heilung. Das berühmteste Orakel war das des Asklepios (Äskulap) in Epidaurus. Das Zeichen des Asklepios ist die Schlange, die in der Psychoanalyse und auch in vielen Stammesreligionen als Symbol des männlichen Geschlechtsorgans und als Sinnbild der Stärke, Gesundheit und Fruchtbarkeit gedeutet wird. (→ Griechische Religion)
Der Heilkult breitete sich im ganzen Römischen Reich aus und wurde auch vom Christentum übernommen. An die Stelle der Vereinigung mit Gott im Schlaf trat allerdings die Vereinigung mit Gott im Gebet. Der Brauch des Schlafens in der Kirche hielt sich jedoch lange, und der Glaube an die Heilkraft bestimmter Orte (z. B. eines Wallfahrtsortes wie Lourdes) bewirkte immer wieder neue «Wunder».
Eine Wende im Verständnis der Träume markiert Aristoteles (384–322 v. Chr.). Er bezeichnete den Traum als Regung der Seele: Im Schlaf geht die Aktivität der Sinne zurück, aber ein Rest von Sinnestätigkeit wirkt fort. Traumvorstellungen können nun fälschlicherweise für wirkliche Dinge oder Ereignisse gehalten werden. Manchmal beeinträchtigen Traumeindrücke auch noch nach dem Erwachen die Stimmung dessen, der geträumt hat. Von göttlicher Eingabe oder prophetischer Schau während des Träumens kann nach der Meinung Aristoteles' jedoch keine Rede sein.
Diese vernünftige Sicht des Traumes geriet bald wieder in Vergessenheit. Der römische Kaiser Augustus (27 v. Chr. bis 14 n. Chr.) ordnete an, daß jeder, der etwas vom Staat träumte, es auf dem Marktplatz bekanntgebe.
In der Mitte des 2. Jahrhunderts schrieb der Wahrsager Artemidor ein Werk über Traumdeutung, in dem er sich auf alte assyrische, ägyptische und griechische Traumbücher stützte. In den folgenden Jahrhunderten griffen zahlreiche Traumdeuter auf diese Schrift zurück. Artemidor unterschied zwischen dem «Traum-

gesicht», das «die Zukunft voraussagt», und dem Traum, der «die Gegenwart andeutet». «So ist es z. B. ganz naturgemäß, wenn dem Verliebten von einem Stelldichein mit seinem Lieblingsknaben träumt, der Furchtsame die Ursachen seiner Befürchtungen schaut, der Hungrige wieder vom Essen, der Durstige vom Trinken... träumt.»

4. Hinduismus und Buddhismus gehen von der Vorstellung aus, daß die Seele des Menschen im Schlaf den Körper verlasse. Diese Auffassung ist auch in vielen «primitiven» Religionen verbreitet. (→ Stammesreligionen) E. Burnett Tylor (1832–1917) nahm sie zur Grundlage seiner Theorie, nach der Seelenglauben und Dämonenvorstellungen vom Traumerleben des primitiven Menschen ihren Ausgangspunkt genommen hätten. Im Traum habe der Mensch «erfahren», daß sich die Seele vom Körper befreien und an jeden beliebigen Ort gehen könne; die Begegnung mit Verstorbenen im Traum hätte die Überzeugung begründet, daß die Entschlafenen nicht wirklich tot seien, sondern an einem verborgenen Ort weiterleben. (→ Animismus)

Im alten China machte man einen Unterschied zwischen der «materiellen Seele», die die Funktionen des Körpers reguliert, und der «geistigen Seele», die im Tod den Körper verläßt. Im Traum, bei Visionen und in Trancezuständen lasse die «geistige Seele» den Körper nur vorübergehend zurück. Sie könne sich mit anderen Seelen der Toten oder mit Geistern verbinden und Erfahrungen von dort zurückbringen. «Es gibt für den Menschen zwei Zustände, den einen hier in dieser Welt, den anderen in der anderen Welt und, als einen dritten, mittleren, den Zustand des Schlafs. Im mittleren Zustand sieht der Mensch beide Zustände zugleich, den einen in dieser Welt hier und den anderen in der anderen Welt.» (Upanishaden, um 1000 v. Chr.)

Die Frage nach der Wirklichkeit des Traumes ist durch die Jahrhunderte hindurch immer wieder neu gestellt worden. Der chinesische Philosoph Tschuangtse schrieb um 350 vor Christus: «Einst geschah es, daß ich, Tschuangtse, träumte, ich sei ein Schmetterling, hin- und herflatternd mit allen Absichten und Zielen eines Schmetterlings. Ich war mir einzig und allein meiner Neigungen als Schmetterling bewußt, nicht aber meiner Individualität als Schmetterling. Plötzlich erwachte ich und lag da, wieder ich selbst. Nun weiß ich nicht, war ich ein Mensch, der träumte, er sei ein Schmetterling, oder bin ich ein Schmetterling, der jetzt träumt, er sei ein Mensch?»

Fast zweitausend Jahre später meinte Blaise Pascal (1623–1662): «Da wir... nach unserm eigenen Zugeständnis die Hälfte des Lebens mit Schlaf zubringen, in welchem wir – so sehr es uns auch so vorkommen mag – keine Vorstellung von der Wahrheit haben, da ja alle unsere Gefühle nur Illusionen sind: wer weiß, ob jene andere Hälfte des Lebens, in der wir zu wachen vermeinen, nicht ein anderer, von jenem ersten etwas verschiedener Schlaf ist, aus dem wir dann erwachen, wenn wir zu schlafen glauben? ...Und da man oft träumt, daß man träumt, einen Traum auf den anderen schichtend, ist es schließlich durchaus möglich, daß die Hälfte des Lebens, in der wir zu wachen glauben, selbst nur ein Traum ist, ...aus dem wir beim Tod erwachen.»

5. Seit der Frühzeit des Christentums waren christliche Schriftsteller bemüht, «abergläubische» und magische Wahrsagerei und Traumdeutung zu unterbinden. Bestimmte Eigenarten der christlichen Religion scheinen jedoch das Träumen der Christen auf charakteristische Weise zu prägen. Das Gewicht etwa, das man der Keuschheit lange Zeit beimaß, forderte seinen Tribut. Gerade die Gläubigsten litten unter teuflischen Spukbildern, und die Einsiedler träum-

ten von den verführerischen Frauen, vor denen sie in die Wüste geflüchtet waren. Die Betonung der → Demut scheint einen regelrechten Nährboden für aggressive Dämonen- und Teufelsvorstellungen abgegeben zu haben. Mit den Hexen verfolgte man offenbar auch die eigenen sexuellen Versuchungen und Wünsche. Andererseits sahen sich mittelalterliche Nonnen in Träumen und Visionen als Bräute Christi. Martin Luther (1483 bis 1546) warnte davor, daß der Teufel gerade durch Träume viel Übel anrichten könne. Gewisse Zaubersprüche und besondere Maßnahmen wie das Bestreichen der Augenlider mit Fledermausblut riefen angeblich «diabolische» Träume hervor. Auch kannte man zahlreiche Getränke und Salben, die Visionen bewirken. Nach der Meinung von Paracelsus (Philippus Aureolus Theophrastus Bombastus von Hohenheim, 1493–1541, Schweizer Alchimist und Arzt) zeigt der Traum den Schatten der Weisheit, der im Menschen selbst existiert. «Es gibt übernatürliche Träume, und sie sind Boten Gottes.»

Da Traumdeutung, Wahrsagerei, Zauberei und Okkultismus ineinander aufgingen, sank mit dem Ansehen des Okkultismus auch dasjenige der Traumdeutung, die schließlich zu einer Angelegenheit für Abergläubische verkam. In zahllosen Volksbüchern blieb sie jedoch den einfachen Leuten erhalten. Die Gebildeten hingegen erklärten Traumdeutung rundweg für Betrug. Träume galten als unvernünftig und unnütz.

Erst im 19. Jahrhundert erwachte das Interesse am Traum neu. Jetzt suchte man die Quelle der Träume im Menschen selbst. So konnte der Weg zu einer ernsthaften Traumforschung beschritten werden.

6. Im 19. und 20. Jahrhundert begann man auch damit, Träume von Naturvölkern zu sammeln. (→ Stammesreligionen) Obgleich jede dieser Gemeinschaften ihre eigene Sozialstruktur, ihre eigenen Traditionen, Bräuche und Glaubensvorstellungen hat, fand man in ihren Träumen und → Mythen doch bestimmte immer wiederkehrende Themen. Zwischen Mythen und Träumen schien eine innere Beziehung zu bestehen; beide können demnach als Ausdruck derselben Kräfte verstanden werden. Der Psychoanalytiker Ernest Jones meinte deshalb: «Eines der erstaunlichsten Merkmale echter Symbolik ist die bemerkenswerte Allgegenwart derselben Symbole nicht nur in verschiedenen Gebieten des Denkens, Träumens, Witzes, Wahnsinns, der Poesie usw. einer gegebenen Gesellschaftsklasse und eines gegebenen Zivilisationsgrades, sondern auch unter verschiedenen Rassen und in verschiedenen Epochen der Weltgeschichte... Eine Schlange wird im Bewußtsein niemals mit dem Phallus in Zusammenhang gebracht, doch regelmäßig in Träumen, und sie ist eines der beständigsten und unveränderlichsten Symbole in primitiven Religionen.»

Antropologen und Völkerkundler stellten die Hypothese auf, daß Träumen eine allen Menschen gemeinsame aufschlußreiche Erfahrung sei. Bei vielen Stämmen sind die Träume des einzelnen deshalb von großer Wichtigkeit für die Gemeinschaft. Träume bestimmen z. B., welches Totem (→ Totemismus) der einzelne oder der Stamm wählen. Aus Träumen entnimmt man, wann Opfer dargebracht werden müssen. Träume offenbaren, welche Heilmittel oder Zauberriten für bestimmte Krankheiten erforderlich sind. In Tänzen, Gesängen oder Zeremonien stellt man seine Träume dramatisch dar.

7. Ein nachhaltiger Anstoß zur Untersuchung der Träume von Naturvölkern ging von Sigmund Freuds (1856–1939) Hauptwerk «Die Traumdeutung» (1899/1900) aus. Freud, der sich seit 1890 dem Problem der Neurose als Erlebens- und

Verhaltensstörung) zugewandt hatte, sah sich vor die Frage nach der Beziehung zwischen Körper und Seele gestellt. Wenn er seine Patienten frei erzählen ließ («freie Assoziation»), berichteten sie häufig von Träumen. Diese Träume brachten mitunter verlorene Erinnerungen an die eigene Kindheit wieder ins Gedächtnis. Freud begann nun eine intensive Selbsterforschung. Er kam dabei zu der Erkenntnis, daß die meisten seelischen Vorgänge, die das menschliche Leben beherrschen, keineswegs im Bewußtsein wurzeln. Vielmehr sei das Unbewußte (dieser Begriff war bereits vor Freud geprägt worden) der eigentliche Ursprung der Antriebe für Denken und Handeln. Als bester Weg zum Unbewußten erschien ihm die Analyse von Träumen.

Als wesentliches Motiv des Traumes bezeichnete Freud die Erfüllung verborgener Wünsche. Vor allem handele es sich dabei um sexuelle Wünsche: Der Traum befaßt sich mit Gefühlen, Wünschen und Situationen, die «verdrängt» werden mußten, weil sie dem Bewußtsein als nicht annehmbar erscheinen. Im Traum werden diese Wünsche in eine weniger gefährlich erscheinende Form gebracht. «Der Traum ist ein vollwichtiger psychischer Akt; seine Triebkraft ist alle Male ein zu erfüllender Wunsch; seine Unkenntlichkeit als Wunsch und seine vielen Sonderbarkeiten und Absurditäten rühren von dem Einfluß der psychischen Zensur her, den er bei der Bildung erfahren hat.»

Freud erkannte, daß der Traum nicht nur Einblick in die Kindheit des Träumenden, sondern, weit darüber hinausgreifend, auch Einblick in die «Entwicklung des Menschengeschlechts» überhaupt gibt. Die Entdeckung zahlreicher Übereinstimmungen von Träumen, Mythen und Märchen bestätigt auch Friedrich Nietzsches (1844–1900) Ansicht, daß ein Traum «ein uraltes Stück Menschenthum fortübt, zu dem man auf direktem Wege kaum mehr gelangen kann». Traumdeutung verfolgt deshalb auch das Ziel, «zur Kenntnis der archaischen Erbschaft des Menschen zu gelangen» und «das seelisch Angeborene in ihm zu erkennen».

U

Urchristentum

Mit dem Namen «Urchristentum» bezeichnet man die Christen der ersten bis dritten Generation nach dem Tod des → Jesus von Nazareth, also der Zeit zwischen 30 und etwa 100 n. Chr. Im Urchristentum sieht die christliche → Kirche ihr grundlegendes Erststadium, in dem sich die kirchliche Tradition herausbildete und das → Christentum überhaupt erst Kirche wird.

Träger des Urchristentums waren Angehörige des ungebildeten, armen Volkes in Jerusalem (→ Urgemeinde) und Kleinbauern des Landes, die durch großen Steuerdruck und häufig durch Schuldknechtschaft ausgesogen wurden. Politische und wirtschaftliche Unterdrückung hatte zu zahlreichen Rebellionen und Aufständen geführt. Da richteten sich politische, soziale und religiöse Erwartungen auf den Anbruch einer glücklicheren Zukunft.

Wie die Verkündigung Jesu, so verwies auch die des Urchristentums auf die Nähe des «Reiches Gottes»: Wer hineinkommen will, muß sich zuvor völlig verändern, die Sorge um das irdische Leben vergessen und alle Hoffnung auf Gott setzen.

Diese Botschaft versetzte die Leidenden und Unterdrückten in eine begeisterte Hoffnung. Sie erwarteten ungeduldig den Anbruch des wunderbaren Zeitalters («Naherwartung») und befürchteten bloß, bis dahin nicht mehr alle Heiden missionieren zu können. Ihre Sehnsucht richtete sich aber nicht nur auf materiellen Ausgleich ihres Mangels und ihrer Bedürfnisse; sie sannen auch auf Rache an den Herrschenden, Reichen und Gelehrten. Ihr Haß galt vor allem den Pharisäern und Zöllnern. «Wohlan nun, ihr Reichen, weinet und heulet über das Elend, das über euch kommen wird! Euer Reichtum ist verfault, eure Kleider sind von Motten zerfressen...» (Jak. 5,1ff)

Untereinander verkehrten die ältesten Christen jedoch brüderlich und «demokratisch». Gleichgültig war man gegenüber Macht und Institutionen; man fühlte sich als «Fremdling und Gast auf Erden». Nichts war auf Dauer angelegt. Wer es nötig hatte, wurde von den anderen wirtschaftlich unterstützt. Unterdrückung von außen, gegenseitige Hilfe, gemeinsamer Haß auf die Wohlhabenden und die gleichen Hoffnungen hielten die Gemeinschaft zusammen.

Da die reale politische Verwirklichung dieser Hoffnungen jedoch völlig aussichtslos war, richteten sie die Christen auf Jesus. Er galt ihnen als der verheißene Messias, den Gott nach seinem Tod am Kreuz auferweckt und erhöht hatte, um ihn demnächst wieder zu schicken, damit er dann endlich sein Reich der Herrlichkeit aufrichten könne: Gott hat diesen Jesus, den seine Gegner hingerichtet haben, «zum Herrn und Christus gemacht» (Apg. 2,36); er hat ihn «adoptiert».

Während die Urgemeinde noch erklärt hatte, Jesus sei nach der Auferstehung zum machtvollen Gottessohn und königlichen Weltenherrscher geworden, meinte Paulus, er sei dies schon von Anfang an gewesen. Mit dem Menschen Jesus, der zu Gott wurde, konnten sich die Unterdrückten und Leidenden identifizieren. Wer selbst im Alltag gequält und gedemütigt war und «sein Kreuz tragen» mußte, gelangte mit dieser Identifizierung in die Nähe Gottes, wurde gottähnlich, ja selbst vergottet. Das erklärt Erfolg und Schnelligkeit, mit der sich die neue christliche Religion unter den Massen ausbreitete.

Die ersten Adressaten der christlichen Mission waren Juden in Palästina; später wandte sich das Christentum an die «Heiden» im gesamten römischen Weltreich. (→Mission) Die soziale Zusammensetzung der christlichen Gemeinden änderte sich dadurch zunächst nicht. «Nicht viele Weise nach dem Fleisch, nicht viele Gewaltige, nicht viele Edle sind berufen... Das Unedle vor der Welt und das Verachtete hat Gott erwählt.» (1. Kor. 1,26ff) Auch die ersten Heidenchristen entstammten den untersten Volksschichten; es waren kleine Handwerker, Sklaven, Freigelassene. Aber nach und nach drangen auch Gebildete und Wohlhabende in die christlichen Gemeinden ein. Paulus, Sohn reicher römischer Bürger, war selbst Pharisäer und Intellektueller. Vor allem begüterte Kaufleute gewannen Bedeutung für die Ausbreitung des Christentums. Auch zahlreiche Frauen aus vornehmen Familien taten sich hervor. Am Ende des 2. Jahrhunderts war das Christentum keine Sklaven- und Handwerkerreligion mehr. Es wurde zur Glaubensgemeinschaft der vornehmen Klassen des römischen Weltreiches. Das Römische Reich war ein einziges hierarchisch gegliedertes System, an dessen Spitze der göttliche Kaiser stand. Was alle Untertanen einte, war der Kaiserkult.

Im Laufe der ersten drei Jahrhunderte nahm die unmittelbare Naherwartung des Christentums immer mehr ab. Die Christen legten jetzt nicht mehr alle Betonung auf die endzeitliche Vollendung und schauten statt dessen zurück auf das Heil, das angeblich schon angebrochen war: In der Erhöhung des Messias hatte sich alle Hoffnung bereits erfüllt. Das begeistert-apokalyptische Bewußtsein

(→ Apokalyptik) trat damit zurück und verschwand schließlich fast ganz. An die Stelle der Erwartung auf die Wiederkunft des Herrn (→ Kyrios) rückte die Erinnerung an sein einstiges Dasein.

Später riefen sich immer wieder solche Schichten die christliche Naherwartung ins Gedächtnis zurück, die wirtschaftlich und gesellschaftlich in einer ähnlichen Situation der Unterdrückung und Ausbeutung lebten wie das Urchristentum. Sie mußten sich dann gewöhnlich gegen die etablierte Kirche wenden, weil diese sich kaum an der Zukunft, hingegen sehr betont an der Vergangenheit orientierte. Deshalb bekämpften die Kirchen ihre christlichen Gegner als «Schwärmer» und «Ketzer». Für sie selbst war nämlich das Entscheidende längst erfolgt: die Erscheinung Gottes in Jesus. Deshalb brauchten die herrschenden Verhältnisse auch nicht verändert zu werden. Staat und Gesellschaft, Wirtschaft und Recht, Kultur und Moral sollten am besten so bleiben, wie sie waren. Der Glaube an Christus garantierte von nun an geradezu, daß sich nichts veränderte.

Deshalb auch schlossen sich Kirche und Staat immer enger zusammen. Die Kirche versuchte für den Staat ruhige, gewissenhafte und pflichttreue Bürger zu erziehen, die immer, wenn es nötig war, für Ruhe, Ordnung und Recht eintraten.

So wurde aus dem frühen Christentum als einer Religion der Unterdrückten nach und nach eine Religion der Herrschenden und der Massen, die sich beherrschen ließen. Aus der autoritäts- und staatsfeindlichen urchristlichen Gemeinschaft von Brüdern und Schwestern entstand eine Kirche, die in ihrer Hierarchie («heilige Ordnung») und Bürokratie die absolute Monarchie des Römischen Reiches widerspiegelte.

Kirchliche Führer entwickelten nun auch eine verbindliche Glaubenslehre (→ Dogmatik) und wählten diejenigen frühchristlichen Schriften aus, die ein für allemal als heilig zu gelten hatten. (→ Kanon) An die Stelle Gottes, der einst allein für Heil oder Unheil zuständig gewesen war, trat die Kirche und behauptete, außerhalb ihrer selbst gäbe es kein Heil. Darüber hinaus erklärte sie sich selbst für heilig; die Gewalt über die Gläubigen übte sie durch ihre Priester und Bischöfe aus. Bevorzugt durch das Christentum wurden fortan die Massen in das Herrschaftssystem der Staaten eingepaßt. (→ Konstantin der Große) Erinnerungen an revolutionäre Impulse der Frühzeit gingen darüber fast völlig verloren. Was die kirchliche Predigt von den Gläubigen forderte, waren hauptsächlich Geduld, Gottvertrauen und Unterordnung. Während die frühen Christen aus ihrem Haß gegenüber den Reichen keinen Hehl gemacht und diesen alle Schuld an ihrer Misere zugeschrieben hatten, interpretierte die christliche Religion ab dem 4. Jahrhundert das Jammertal ihrer Anhänger als Folge eigener Sünden und Verfehlungen. Aus berechtigten Vorwürfen gegenüber den Herrschenden wurden Selbstvorwürfe der Gläubigen.

Für die selbstgezüchteten Schuldgefühle bot die Kirche als Vermittlerin des Heils Verzeihung und Sühne an. Tröstend verwies sie auf den Sohn Gottes, der ja seinerseits freiwillig gelitten hatte: Wer jetzt sein «Kreuz» geduldig trage, dem winke im Jenseits das Glück und die Erfüllung, die auf Erden versagt geblieben waren. Damit war der Verzicht auf die Hoffnung auf eine wirkliche, historische Befreiung und Erlösung der Menschen besiegelt.

Urgemeinde

Die Christen der ersten zwei bis drei Generationen nennt man → «Urchristentum», die erste Gruppe von Jesusanhängern, die sich nach den Osterereignissen in Jerusalem bildete, «Urgemeinde».

Das Ende des → Jesus von Nazareth am → Kreuz war über seine Jünger wie eine

Katastrophe hereingebrochen. Aber kurz danach verkündigten sie, Gott habe Jesus nicht im Tod gelassen: Er ist auferstanden. (→ Auferstehung) Damit sei erwiesen, daß dieser Mann der Messias gewesen war, den die Juden seit langem erwarteten. (→ Christus) Demnächst werde er in Herrlichkeit wiederkommen.

Die Gemeinde in Jerusalem

In Apg. 1–15 werden die Anfänge der Urgemeinde aus einem zeitlichen Abstand von etwa fünfzig Jahren geschildert. Zweifelsohne ist diese Darstellung teilweise lückenhaft. Die tatsächlichen geschichtlichen Ereignisse lassen sich jedoch aus verstreuten Angaben in den Briefen des → Paulus (z. B. Gal. 1–2) annäherungsweise rekonstruieren:

Nach Jesu Tod scheint der Kreis seiner Jünger auseinandergebrochen zu sein. (Vgl. Mk. 14,50; 16,7) Da aber kam es zu den «Ostererscheinungen». Zuerst ist → Petrus, dann den «Zwölfen» (→ Apostel), schließlich auch anderen der gekreuzigte und auferweckte Herr «begegnet». «... und daß er gesehen worden ist von Kephas [Petrus], danach von den Zwölfen. Danach ist er gesehen worden von mehr als fünfhundert Brüdern auf einmal, von denen die meisten noch heute leben, etliche aber sind entschlafen. Danach ist er gesehen worden von Jakobus, danach von allen Aposteln. Am letzten nach allen ist er auch von mir als einer unzeitigen Geburt gesehen worden.» (1. Kor. 15,5ff)

Der erste «Zeuge», Simon mit dem Beinamen «Kephas» (aram. «Fels»), hat wohl die Jünger wieder um sich gesammelt. Aus Galiläa zogen sie unter seiner Führung zurück nach Jerusalem. Vielleicht kam es dort zu der erwähnten Erscheinung vor den «fünfhundert Brüdern». Damit entstand die christliche Urgemeinde. Denjenigen ihrer Glieder, die Jesus nicht persönlich gekannt hatten, mußte nun erst erklärt werden, wer dieser Mann eigentlich gewesen war. So entstand die Predigt von Jesus aus Nazareth als dem «Messias».

Die Jesusanhänger waren Teil der jüdischen Tempelgemeinde, und ursprünglich wendeten sie sich nur an die Juden. In Jerusalem und Judäa (1. Thess. 2,14; Gal. 1,22), Galiläa und Samaria (Apg. 1,8; 8,1ff; 15,3) und im Küstenland (Apg. 9,32ff) bildeten sich bald darauf die ersten Gemeinden. Das Verhältnis zu den Juden war wechselhaft; offenbar kam es zu einzelnen Verfolgungen (1. Thess. 2,14), im großen und ganzen aber blieben die Christen unbehelligt. (Apg. 9,31) Die Juden hatten auch wenig an ihnen auszusetzen, denn die Christen hielten sich an das jüdische Gesetz. In den ersten Jahren war Petrus das Haupt der Urgemeinde. (Gal. 1,18) Der Leitungskreis der «Zwölf» erinnert an die zwölf Stämme Israels und soll symbolisch das Volk der Endzeit repräsentieren.

«Hebräer» und «Hellenisten»: urchristliche Fraktionen

Im ersten Jahrhundert nach Christus waren die Grenzen zwischen Judentum und «Heidentum» bereits fließend geworden. Es gab große Judengemeinden außerhalb Palästinas. In der hellenistischen «Diaspora» (Zerstreuung der Religionsgenossen unter Andersgläubigen) entfernten sich die Juden immer weiter von ihrer heimatlichen Tradition, indem sich alttestamentlich-jüdischer Glaube mit griechisch-römischer Weltanschauung vermischte.

Lange Jahre dauerte es, bis sich die Christen selbst zu einer «Heidenmission» nach dem Vorbild der Juden entschlossen. Darüber spaltete sich die urchristliche Gemeinde. (1. Thess. 2,15f) Es gab zwei Fraktionen: Der palästinensisch-hebräischen Gruppe standen Juden aus der Diaspora gegenüber, die Christen geworden waren. Zwischen den «Hebräern» und den «Hellenisten» gab es heftige

Spannungen. Das Neue Testament verwischt absichtlich diese Gegensätze. Tatsächlich stießen nicht nur unterschiedliche Sprachen (die einen sprachen aramäisch, die anderen griechisch) und Kulturen, sondern auch gegensätzliche theologische Anschauungen aufeinander. Die Spannungen entluden sich im Streit des Paulus mit der Urgemeinde in Jerusalem über die Frage der Heidenmission.

Hellenistische Christen hatten Mißbilligung und Verfolgung der Juden auf sich gezogen. Daraufhin wurde ihr Wortführer Stephanus (Apg. 6,8–10) wegen seiner Attacken wider Tempel und Gesetz, das heißt wegen Gotteslästerung, gesteinigt und damit zum ersten christlichen → Märtyrer. Er hatte die Juden mit der Behauptung brüskiert, der Messias Jesus werde den Tempelkult abschaffen und das Gesetz umwerfen. Auch die Anhänger des Stephanus wurden nun verfolgt. (Apg. 8,1ff) Sie mußten Jerusalem verlassen. Die Apostel, unter ihnen Petrus und Jakobus, blieben. Sie sahen keinen Anlaß, sich mit der Stephanuspartei zu solidarisieren.

Die Vertriebenen zogen durch Judäa und Samaria und missionierten. (Apg. 8,4; 8,26ff) So kamen sie schließlich bis nach Phönizien, Zypern und Antiochia. Der Begründer der eigentlichen «Heidenmission» war wohl Barnabas. (Apg. 4,36f; 9,27; 11,22ff) In Antiochia entstand eine Heidenkirche. Deren Mitglieder waren zum großen Teil «Unbeschnittene» (Nichtjuden), und sie brauchten nicht erst zum Judentum überzutreten, um Christen werden zu können. Alsbald nahmen sie selbst die Mission der Heiden in die Hand. Ihre Gegner gaben ihnen den Namen «Christianer» oder «Chrestianer» (Apg. 11,26). Dies zeigt, daß sie sich nachdrücklich von den Juden abhoben.

Die Heidenchristen hielten sich keineswegs ans jüdische Gesetz. Aber sie waren darauf bedacht, von der Muttergemeinde in Jerusalem anerkannt zu werden und mit ihr in Kontakt zu bleiben (Apg. 11,29f; 12,25). Während sich im Glauben der Judenchristen alles um die bevorstehende Wiederkehr des Auferstandenen drehte, trat bei den Heidenchristen die Erwartung des nahen Endes mehr und mehr zurück. Statt dessen entwickelten sich bei ihnen rituelle Frömmigkeit, Mystik, Ekstase, «Zungenreden» und der Glaube an einen Gott, der auf die Erde herabgekommen, gestorben und auferstanden ist, der im Kult verehrt wird und an dessen Auferstehung die Gläubigen dadurch teilhaben können, daß sie die Sakramente (→ Abendmahl; → Taufe) empfangen.

Rasch nahm die Zahl der Heidenchristen zu. Die Judenchristen aber verschwanden aus der Geschichte. Ihr erster Führer, Petrus, verlor bald alle Autorität, obgleich er zum engsten Kreis um Jesus gehört hatte und der Auferstandene ihm als erstem erschienen war. Jakobus, ein Bruder Jesu, übernahm statt seiner die Gemeindeleitung. Zu Lebzeiten Jesu hatte dieser offensichtlich von den Lehren seines Bruders nichts wissen wollen. Auch ihm war der Auferstandene begegnet. (1. Kor. 15,7) Seine Autorität stellte bald die aller anderen Apostel in den Schatten. (Gal. 2,9) Er beeinflußte die judenchristliche Gemeinde so, daß sie sich wieder stärker an Tempel und Thora (Gesetz) orientierte. (Apg. 15,5ff) Lange Jahre lenkte er die Geschicke der Urgemeinde. Um das Jahr 62 wurde er (nach dem Bericht des Josephus) von den Juden gesteinigt.

Als die Römer sich anschickten, Jerusalem zu belagern, wanderte die Urgemeinde geschlossen ins Ostjordanland. Bis ins 4. Jahrhundert hinein existierte das Judenchristentum dort und in Syrien weiter. Das älteste Christentum verschwand schließlich aus der Geschichte, während die Hellenisten zur Eroberung der griechisch-römischen Welt ansetzten.

Paulus gegen Petrus: Streit der Apostel
Die größte Bedeutung unter den Heidenchristen erlangte Paulus, die wichtigste Gestalt der frühen Kirchengeschichte. Die neuen Adressaten der christlichen Bewegung, die «Heiden», sollten die Bewegung selbst spürbar verändern. Griechische Popularphilosophie, → Mysterienreligionen und orientalisch-hellenistische Weltanschauung verdrängten die ursprünglichen Lehren des Jesus von Nazareth.
Auf seinen ausgedehnten Missionsreisen trat Paulus mit Nachdruck für ein gesetzesfreies Christentum ein. Damit brachte er allerdings die Gemeinde in Jerusalem gegen sich auf. Sie schickte Vertreter nach Antiochia, wo es alsbald zu heftigen Streitigkeiten kam. (Gal. 2,4; Apg. 15,2) Daraufhin reiste Paulus selbst zusammen mit Barnabas nach Jerusalem.
Auf dem dortigen «Apostelkonvent» widersetzte sich Paulus dem Anliegen der Judenchristen. Ein Kompromiß in der Sache war nicht möglich. So einigte man sich darauf, daß Jakobus und seine Leute die Juden, Paulus mit seinen Anhängern aber die Heiden missionieren sollten. (Gal. 2,9) Paulus hatte für die Heidenchristen den Dispens (Befreiung) vom jüdischen Gesetz erzwungen, diese sollten sich lediglich zur Enthaltung «vom Götzenopfer und vom Blut und vom Ersticken und von Unzucht» verpflichten. (Apg. 15,28f)
Als bald darauf Petrus nach Antiochia kam, gab es einen heftigen Zusammenstoß mit Paulus, der ihn «ins Gesicht» als «Heuchler» beschimpfte. (Gal. 2,11ff) Petrus hatte nämlich bedenkenlos mit Heidenchristen gespeist, dies aber anschließend vor Abgesandten des rigiden Jakobus geleugnet und statt dessen plötzlich alle Heidenchristen dazu zwingen wollen, wie Judenchristen zu leben. Die Szene zeigt, daß Petrus, der «Fels», auf den angeblich Jesus seine Kirche bauen wollte (Mat. 16,18), schon damals keineswegs mehr die erste Autorität in der Urgemeinde war.
Gegen ihn und gegen die Gemeinde in Jerusalem setzte nun Paulus die Regeln und Grundsätze für die Heidenmission und damit für die Zukunft der christlichen Kirche durch. Aber der Kampf um Lehre, Grundsätze und Macht dauerte noch lange an. Alle Judenchristen standen gegen Paulus, und während dieser auf langen Missionsreisen abwesend war, fielen judenchristliche Agitatoren, ausgestattet mit (echten oder gefälschten) Empfehlungsschreiben der Urapostel, in seine Missionsgebiete ein und sorgten für Zank, Zwietracht und Spaltungen. (→ Fälschungen) Die sich entwickelnde Kirche zersplitterte zusehends in Einzelgruppen, obwohl sich Paulus nach Kräften wehrte. «Solche Leute sind Lügenapostel, trügerische Arbeiter, die nur die Masken von Aposteln Christi tragen. Und das ist kein Wunder, denn der Satan selbst nimmt die Maske eines Engels des Lichtes an.» (2. Kor. 11,13f)
Auch nach Paulus' Tod gingen die Auseinandersetzungen weiter. Der Schreiber des Jakobusbriefes etwa bekämpft mit Nachdruck die Rechtfertigungslehre des Paulus. Judenchristen erklärten Paulus sogar zum Irrlehrer, ältesten Ketzer der Christenheit und zum → «Antichrist» (Pseudo-Clementinische Homilien).
Erst die spätere Überlieferung stellte Petrus und Paulus als ideales Apostelpaar brüderlich nebeneinander. Am Ende wurde Paulus vom «ersten Papst» jedoch in den Schatten gestellt (→ Papsttum), und im 17. Jahrhundert erklärte ein Nachfolger Petri, wer Paulus auf ein und dieselbe Stufe mit Petrus stelle, sei nichts weniger als ein Ketzer.

V

Vatikanum I und II

Vatikanum I

Als «Vatikanum I» bezeichnet man das im Vatikan während der Jahre 1869 und 1870 abgehaltene Konzil. «Vatikan» heißt der Papstpalast neben der Peterskirche in Rom, der auf eine Gründung des Papstes Symmachus (um 500) zurückgeht und sich durch unzählige Erweiterungen zum größten Palast der Welt entwickelt hat. Heute ist «Vatikan» auch der Name des souveränen Kirchenstaates (Città del Vaticano).

«Konzilien» (griech. «Synoden») sind kirchliche «Zusammenkünfte». Von der gesamten Christenheit werden sieben «ökumenische» Konzilien anerkannt. In der griechischen Kirche fanden seit dem 9. Jahrhundert keine ökumenischen Konzilien mehr statt. Die römisch-katholische Kirche zählte jedoch weiter: Das Vatikanum I ist nach dem Konzil von Trient (Tridentinum, 1545–1563; → Gegenreformation) das zwanzigste Konzil.

Das erste Vatikanische Konzil versammelte etwa 700 «Konzilsväter» und damit 70 Prozent des Weltepiskopates (Gesamtheit der Bischöfe), «um die Irrtümer der jüngsten Zeit zu verurteilen, den Glauben des christlichen Volkes zu beleben und die Disziplin in der Kirche, die in unseren Tagen so bedenklich nachgelassen hat, zu erneuern und zu festigen. Die Übel sind allgemein, daher müssen auch die Heilmittel allgemein sein.» (Kardinal Lambruschini, 1849) Schon vor Beginn der Verhandlungen gab es heftige Diskussionen, da die römischen Jesuiten (→ Ignatius von Loyola) die Erwartung ausgesprochen hatten, das Konzil möge die dogmatische Unfehlbarkeit des Papstes erklären. Insbesondere die deutschen Bischöfe hielten eine solche Lehre jedoch für nicht angebracht. Aber Papst Pius IX. ließ sich an der Durchsetzung seiner Pläne nicht hindern.

In der dogmatischen Konstitution (Erlaß mit Gesetzeskraft) «De fide catholica» («Vom katholischen Glauben») wurden die Grundlehren des → Katholizismus und die Verurteilung von Irrlehren und Irrtümern formuliert. Erst die Verhandlungen über die Unfehlbarkeit des Papstes führten dann zu schweren Konflikten. Pius IX. vertrat den Standpunkt: «Die Tradition bin ich!» Damit stellte er dem politischen Absolutismus («Der Staat bin ich!») einen kirchlichen Absolutismus zur Seite.

Die Erklärung der päpstlichen Unfehlbarkeit wurde in die Konstitution «De ecclesia Christi» («Von der Kirche Christi») eingefügt: Darin wird behauptet, der apostolische Primat (Vorrang des Papstes; → Apostel) gehe auf → Petrus zurück. Er dauere seit Petrus in den römischen Päpsten ununterbrochen fort. Die päpstliche Jurisdiktionsgewalt (Rechtsprechungsgewalt) beziehe sich nicht nur auf Sachen des Glaubens und der Sitten (→ Ethik), sondern auch auf die Ordnung und Regierung der ganzen → Kirche. Wenn der Papst «in der Ausübung seines Hirten- und Lehramtes» (d. h. «ex cathedra», «vom Papstthron herab») spreche, so seien seine Entscheidungen «unfehlbar» und – selbst ohne Zustimmung der Kirche – «unabänderlich». (→ Papsttum)

Damit hatte sich der Papst mittels einer Lehrbestimmung selbst zur Offenbarungsquelle gemacht. Den demokratischen, liberalen, auf Toleranz abzielenden «Gefahren» der Zeit setzte er die absolute Autorität seines Amtes entgegen. Wann und unter welchen Bedingungen der Papst aber «ex cathedra», d. h. «unfehlbar», spricht, wurde nicht ausdrücklich festgelegt. So kam es, daß seither so gut wie alle Entscheidungen des Papstes von einer Aura der Irrtumslosigkeit umgeben sind.

Erstaunlicherweise ließ sich der Unfehlbarkeitsanspruch des Papstes auch durchsetzen. Die anfängliche Opposition einzelner Bischöfe zerfiel rasch. Der Kirchenhistoriker Ignaz von Döllinger (1799–1890) erklärte: «Als Christ, als Theologe, als Geschichtskenner, als Bürger kann ich diese Lehre nicht annehmen.» 1871 wurde er exkommuniziert.
Andere exkommunizierte Theologen, die die Unfehlbarkeitsbehauptung des Papstes ebenfalls nicht hinnehmen wollten, bildeten den Kern der deutschen altkatholischen Kirche. Mit der seit dem 18. Jahrhundert bestehenden altkatholischen Kirche der Niederlande schlossen die Altkatholiken in Deutschland, Österreich und der Schweiz eine Union und nahmen später auch die polnische und die kroatische «Nationalkirche» auf.

Vatikanum II
Am 25. 1. 1959 kündigte Papst Johannes XXIII. das 2. Vatikanische Konzil an. Alle katholischen Bischöfe, Universitäten und Fakultäten wurden nach ihren Vorschlägen befragt. Am 11. Oktober 1962 begann das Konzil. Anwesend waren etwa 2300 Konzilsväter, die etwa 70 vorkonzilare Entwürfe bearbeiten sollten. Als Johannes XXIII. am 3. Juni 1963 starb, setzte Paul VI. das Konzil fort.
Am Ende wurden vier Konstitutionen veröffentlicht: über die Liturgie, die Kirche, die Offenbarung und die Kirche in der heutigen Welt. «Dogmatische Konstitutionen» legen zwar keine Dogmen fest, aber sie stellen Aussagen des höchsten katholischen Lehramtes dar und haben bindenden Charakter. Neun Dekrete («Entscheidungen») behandeln Probleme der Kommunikationsmittel und die ökumenische Bewegung, die orientalischen Kirchen und das Bischofsamt, die Orden und die Priesterausbildung, die Aufgaben der Laien, die Mission und das Leben der Priester. Schließlich verfaßte das Konzil auch drei Erklärungen über die christliche Erziehung, das Verhältnis der katholischen Kirche zu den nichtchristlichen Religionen und über die Religionsfreiheit.
Das Vatikanum II hat keine neuen Dogmen beschlossen, sondern die meisten überkommenen katholisch-christlichen Ansichten und Ansprüche bestätigt: «Christus ist das Licht der Völker.» In ihm sei «der Schlüssel, der Mittelpunkt und das Ziel der ganzen Menschheitsgeschichte gegeben». (→ Mission) Angeblich hat Jesus selbst eine einige und einzige Kirche gegründet. Die Bischöfe setzen das Werk Christi «mit und unter dem Papst» fort. «In den Bischöfen, denen die Priester zur Seite stehen, ist... inmitten der Gläubigen der Herr Jesus Christus... anwesend.»
Die jeweilige Landessprache soll im Gottesdienst mehr Raum bekommen, um «Eigenart und Überlieferungen der Völker» besser berücksichtigen zu können. Wenn auch allen Gläubigen aufgetragen ist, die Bibel häufig zu lesen, so wird doch betont, daß deren verbindliche Auslegung nur dem Lehramt der Kirche «anvertraut» sei. Die an Christus glaubenden Nichtkatholiken werden als «Brüder» bezeichnet, und am Ende des Konzils hat man den gegenseitigen Bannfluch (völliger Ausschluß aus der Kirchengemeinschaft unter Verfluchung) der Kirchen von Rom und Konstantinopel von 1054 aufgehoben. (→ Bann; → Fluch)
Was das Verhältnis der römisch-katholischen Kirche zu den nichtchristlichen Religionen betrifft, so soll gemäß dem Vatikanum II hinfort anerkannt werden, was bei diesen «wahr und heilig» ist. Die in den anderen Religionen vorhandenen «Lichtstrahlen» und «Samenkörner» der göttlichen Offenbarung bedürfen freilich noch immer der Klärung und Vervollständigung durch das Christentum, d. h. durch die katholische Kirche. (→ Absolutheitsanspruch) Je ähnlicher eine Religion dem Christentum ist, um so höher ist

ihre Qualität einzuschätzen. Ihre Vorläufigkeit» ist jedoch bleibender Grund und Aufforderung zur christlichen Missionierung.

Ansonsten soll Religionsfreiheit herrschen (1965 wurde der → Index abgeschafft), und auch Rassendiskriminierung sowie Judenverfolgungen werden verurteilt und beklagt. (→ Antisemitismus) Die Kirche will sich in Zukunft nicht (mehr) von irdischem Machtwillen bestimmen lassen; sie hat «zu retten, nicht zu richten; zu dienen, nicht sich bedienen zu lassen».

Vedische Religion

1. Die vedische Religion war die Religion des alten Indien. Zu Beginn des 2. Jahrtausends v. Chr. drangen Arier dort ein. Sie brachten eine Religion mit, die Ähnlichkeiten mit dem Zoroastrismus (→ Zarathustra) aufwies.

Der «Veda» («das Wissen») ist die Sammlung der ältesten religiösen Literatur der arischen Inder. Dieses Wissen meint die Kenntnis heiliger Mächte. Es ist angeblich von der Gottheit selbst formuliert, ewig und «inspiriert». (→ Heilige Schriften) Entstanden ist der «Veda» in brahmanischen Familien. «Brahman» war ursprünglich der vedische Zauberspruch, den der Priester beim Opfer sprach. Danach bezeichnete man den Priester selbst als «Brahmanen». «Brahmanismus» nennt man bisweilen dasjenige Stadium der indischen Religionsgeschichte, das auf die vedische Religion folgte. (→ Hinduismus)

Die Brahmanen haben den «Veda» lange Zeit mündlich überliefert. Sein ältester Teil heißt «Rigveda», eine Sammlung von Hymnen, (Kultliedern), die aus Strophen («Ric»), bestehen und Gebete und Götterlob, Anrufungen und die Beschreibung mythischer Begebenheiten enthalten.

Neben den älteren Teilen des «Veda» gibt es die jüngeren «Brahmanas»: Interpretationen von Kulthandlungen, Gesängen und Formeln der Brahmanen aus der Zeit zwischen dem 10. und 7. Jahrhundert v. Chr. Die sie fortsetzenden Sammlungen von Texten heißen «Upanishaden» («geheime Sitzungen»): Sie geben das geheime Wissen wieder, das Lehrer ihren Schülern in «vertraulichen Sitzungen» mitteilten. Die «Upanishaden» sind die wichtigste Quelle zur Erforschung des Brahmanismus.

2. Religion bedeutete den alten Indern Sorge um Heil und Wohlsein in der Welt wie auch im Jenseits. Sie umfaßt den Glauben an persönliche wie auch an unpersönliche Mächte, von denen der Mensch sich abhängig wähnt. Durch Kult und Verehrung brachten die Menschen ihren Glauben zum Ausdruck, wirkten daran mit, daß der normale Weltenverlauf aufrechterhalten blieb, und zeigten den Göttern ihre Interessen an. Es gab weder Kirche noch Dogmen. Allein der «Veda» hatte unfehlbare Autorität.

Nach vedischem Glauben ist die Welt voll von Wesen und Mächten, die dem Menschen entweder freundlich oder aber feindlich gesinnt sein können. Die Arier hatten ihre Feinde und Gegner «mythologisiert», d. h. sie in «Zauberer» und «Dämonen» umgewandelt. Die Schlachten, die sie selbst bei der Landnahme geführt hatten, wurden zu Kämpfen Indras (Kampfgott der vedischen Religion) gegen dämonische Mächte.

Im vedischen Pantheon (Götterhimmel) waren nur männliche Gottheiten von Bedeutung. An die Stelle des alten indoeuropäischen Himmelsgottes war Varuna, der oberste Herrschergott, getreten. Er «hat die Erde auseinandergeschlagen wie ein Fleischer die Haut, damit sie für die Sonne ein Teppich sei». Er hat «in die Kühe die Milch gelegt, den Verstand in die Herzen, das Feuer in die Wasser, in den Himmel die Sonne, den Soma auf das Gebirge». (Soma: Opfertrank aus Pflanzensaft; später der Name des Mondgot-

tes) Varuna behielt noch die Eigenschaften der alten Himmelsgötter; er galt als «überall sichtbar», «allwissend», «unfehlbar», «tausendäugig». Da er alles sieht, auch die verborgenen Sünden, fühlen sich die Menschen vor ihm «wie Sklaven».
Der populärste Gott im «Rigveda» ist Indra: der Held schlechthin, Vorbild der Krieger und Weltschöpfer. Von ihm erzählt ein Mythos, daß er im Kampf einen riesigen Drachen tötete, der die Gewässer «in den Schluchten der Berge» zurückhielt. Indra, von Soma gestärkt, zerschmettert den Drachen mit dem Blitz, spaltet ihm den Kopf und befreit die Gewässer, die sich «wie brüllende Kühe» ins Meer ergießen. Ähnliche Mythen vom Kampf eines Gottes gegen ein Schlangen- und Meerungeheuer sind in zahlreichen Religionen verbreitet. Bisweilen ist dieser Gottessieg Vorbedingung für die Entstehung der Welt (→ Schöpfungsmythen), in anderen Fällen eröffnet er ein neues Zeitalter. Indras Sieg bedeutet jedenfalls den Sieg des Lebens über Unfruchtbarkeit und Tod.
Agni ist im «Veda» der Gott des Feuers. Er hat «Flammenhaare», einen «goldenen Kiefer» und trägt, als «Bote» zwischen Himmel und Erde, die Opfergaben der Menschen zu den Göttern. «Ich besinge Agni, den Vorsteher, den Gott des Opfers, den Priester, den Opferer, der uns mit Gaben überhäuft.» Er vertreibt die Finsternis, hält die Dämonen fern und schützt vor Krankheit und Zauberei. Zu ihm wendet man sich vertrauensvoll: «Führe uns, Agni, auf dem guten Weg zu Reichtum ... Halte von uns die Verfehlung, die uns irreleitet ... Verschone uns vor Krankheiten. Beschütze uns immer, Agni, mit deinen unermüdlichen Wächtern ... Überlasse uns nicht dem Bösen, dem Zerstörer, dem Lügner oder dem Unglück.»
Der dritte Gott im vedischen Pantheon ist Soma. Pflanze, Getränk und Gottheit tragen denselben Namen. Ein Adler, «der bis zum Himmel flog», brachte diese Pflanze zur Erde. Das Somaopfer galt als beliebtestes Opfer überhaupt. Soma war der Trank des «Nicht-Todes». Somagenuß rief Ekstase hervor. «Wir haben den Soma getrunken, wir sind unsterblich geworden; zum Lichte gelangt, haben wir die Götter gefunden. Was kann uns nun die Gottlosigkeit oder die Bosheit des Sterblichen anhaben, o Unsterblicher?» Soma regt das Denken an, gibt den Kriegern Mut, erhöht die sexuelle Potenz, heilt Krankheiten. Überhaupt vermittelt die Ekstase das Gefühl der Gemeinschaft mit den Göttern. «Mit einem meiner Flügel habe ich den Himmel berührt, der andere zieht hier auf Erden seine Spur ... Ich bin groß, groß, bis zu den Wolken habe ich mich aufgeschwungen.»
Unter den zahlreichen anderen Göttern der vedischen Texte treten noch Rudra-Shiva und Vishnu hervor; in späterer Zeit sollten diese Gestalten immer mehr an Bedeutung gewinnen und zu Hochgöttern aufsteigen. Im «Rigveda» ist Vishnu der Gott, der das Firmament des Weltalls trägt; in den «Upanishaden» wird er zum höchsten Gott überhaupt. Rudra-Shiva liebt die Menschen nicht, er terrorisiert sie mit Unglück und Krankheiten. So versinnbildlicht er das Dämonische und Chaotische, Gefährliche und Unvorhersehbare. Im → Hinduismus schließlich wird Shiva in den Rang des höchsten Gottes erhoben.
3. In den vedischen Texten finden sich unterschiedliche Auffassungen über die Entstehung der Welt. Solche «Kosmologien» waren in der gesamten alten Welt verbreitet; sie gehen wohl auf das Erbe vorgeschichtlicher Zeit zurück. (→ Schöpfungsmythen) Nach einem Hymnus des «Rigveda» schwebte am Anfang der Gott «Goldkeim» über den Wassern; er drang in sie ein und befruchtete sie; so wurde der Feuergott Agni geboren.

Nach einer anderen Auffassung geschah die Schöpfung der Welt durch Zerstückelung eines Urriesen. Aus seinem Leib gingen die Tiere, die Erde, der Himmel und die Götter hervor. «Sein Mund wurde zum Brahmanen, der Krieger ging aus seinen Armen hervor, seine Schenkel wurden zum Handwerker, aus seinen Füßen wurde der Diener geboren.»
Ein anderer Hymnus fragt, wie denn das Sein aus dem Nichtsein hat kommen können. Am Anfang «war weder Nichtsein noch Sein», «weder Tod noch Nicht-Tod». Es gab nur das «Eine». «Das Eine atmete mit seiner eigenen Lebenskraft, ohne Atem.» Das Eine war der «Keim». Aus diesem Keim entwickelte sich «Verlangen», «der erste Same der Bewußtheit». Der «erste Same» teilt sich in ein männliches und ein weibliches Prinzip. Erst viel später wurden die Götter geboren. Nach dieser Auffassung bestand also das Eine als Höchstes Wesen vor dem Universum; die Welt entstand aus dessen eigenem Sein. Bewußtheit und Universum gründen beide in seinem schöpferischen Verlangen.
So vielfältig wie die verschiedenen Auffassungen über die Entstehung der Welt sind auch die Traditionen über den Ursprung der Götter und Menschen. Nach dem «Rigveda» wurden die Götter durch ein Urpaar, Himmel und Erde, gezeugt, oder sie sind aus den Urwassern bzw. dem Nichtsein aufgetaucht. Aus dem Urpaar gingen auch die Menschen hervor. Am Anfang konnten diese durch Opfer Unsterblichkeit erlangen. Dann aber reservierten die Götter die Unsterblichkeit für sich allein und beließen den Menschen den Zugang zu ihr nur noch über den Tod. (→ Ewiges Leben)

Vereinigungskirche (Mun-Bewegung)

(Gesellschaft zur Vereinigung des Weltchristentums)
Die Vereinigungskirche, eine der neuen «Jugendreligionen», nahm in Korea ihren Ausgangspunkt. Sie tritt unter zahlreichen Namen auf (ursprünglich: Tong-Il Kyo, Holy Spirit Association for the Unification of World Christianity, Unification Church, Vereinigungskirche e. V., Föderation für Weltfrieden und Vereinigung usw.) Ihre Heilslehre basiert auf Offenbarungen von Sun Myung Mun (geb. 1920), der als «Offenbarer der Göttlichen Prinzipien», «Herr der Wiederkunft» und «Messias» gilt; unter seinem «Zepter» soll sich die ganze Welt, d. h. die Welt-Wirtschaft, die Welt-Wissenschaft und die Welt-Kultur «vereinigen». «Von allen Heiligen, die jemals von Gott gesendet wurden, bin ich der Erfolgreichste. Die ganze Welt ist in meiner Hand. Ich werde die Welt erobern und beherrschen. Wir werden Gottes Willen erfüllen, indem wir alles in Ordnung bringen. Alle Hindernisse müssen vernichtet werden...»
Mun, Sohn christlicher Eltern, hatte bereits als Sechzehnjähriger Visionen. Da «erschien ihm Jesus am Ostermorgen und sagte ihm, daß er für die Durchführung einer großen Mission auserwählt sei und er, Jesus, ihm dabei helfen würde». (Die Göttlichen Prinzipien. Studienführer. Aus dem Englischen übersetzt von Paul Werner, Essen [1]1963, [5]1972) «Trotz der ständigen Angriffe Satans war Herr Mun sieben Jahre lang durch Gebete verzweifelt auf der Suche nach Antworten... Im Verlauf dieser Jahre des Kampfes entdeckte er die Göttlichen Prinzipien, Gottes gesamten Plan für die Menschheit, die verborgene Bedeutung der menschlichen Geschichte und das geheime Verbrechen Satans. Nachdem er diesen Schlüssel zur Lösung der Probleme der Welt entdeckt hatte, forderte er Satan zum kosmischen Kampf heraus, den er mehr als zwanzig Jahre lang allein gegen ihn kämpfte. Sein seelisches Leid war unvorstellbar. Er vergoß unzählbare Tränen für Gott und betete inbrünstig für die Welt. Auf diese Weise kämpfte er un-

ermüdlich gegen den kosmischen Feind.» (Studienführer)
1954 entschloß sich Mun zur Gründung einer Gemeinde. «Viele Mitglieder dieser Gruppe verfügen über geistige Gaben. Einige stehen mit den höchsten Regionen der geistigen Welt in Verbindung, und andere unterhalten sich mit Jesus und Gott...» (Studienführer) Im Jahr 1958 begann Mun mit einer Auslandsmission, die zu Zweigstellen in über 130 Ländern führte. 1964 tauchte die Vereinigungskirche als «Gesellschaft zur Vereinigung des Weltchristentums» in Frankfurt am Main auf. In der Bundesrepublik Deutschland hatte sie 1984 etwa zwanzig (Wohn- und Trainings-)Zentren, etwa 900 aktive Mitglieder und etwa 2000 «Freunde».
Muns vierte Eheschließung (1960) wurde zu einem für die Lehre der «Vereinigungskirche» bedeutsamen Akt. Sie gilt als die «Hochzeit des Lammes», prophezeit im 19. Kapitel der Offenbarung des Johannes. Mun und seine Gattin werden als das «wahre Ehepaar», als «neuer Adam und neue Eva» angesehen, ihre Kinder sind die «Erstlinge einer neuen, vollkommenen Welt». «Erlösung» ist fortan an «Familie» gebunden. «Ein einzelner Mensch ohne eine Familie kann sich weder wiederherstellen noch vermehren oder herrschen.» (Studienführer) Der einzelne bleibt aus der Heilsgeschichte ausgeschlossen. «Familie» ist folglich auch Organisationsform und Name der neuen Religion.
Wer in die «Familie» Muns eintritt, muß einen Treueschwur ablegen: «Ich bin stolz, das Kind des einen Wahren Elternpaares zu werden; stolz auf die Familie, die die eine Tradition ererben wird. – Ich werde unter Einsatz meines Lebens kämpfen. – Ich bin verantwortlich, meine Pflicht und meine Mission zu erfüllen. – Das gelobe ich und schwöre ich.»
Tausende von Mun-Anhängern wurden zu Großfeldzügen ausgeschickt. «Jeder Missionar soll jeden Monat der Familie ein neues Mitglied zuführen. Hat er dieses Soll erfüllt, ist drei Jahre dabei und hat mindestens einmal sieben Tage gefastet, besteht die Möglichkeit, daß ihn der Meister zur Segnung (Hochzeit) auswählt. Die Ehepaare müssen jedoch noch mindestens vier Jahre getrennt leben. So wird der eine Partner nach Indien geschickt und der andere nach Berlin. Sollte ein Ehepaar der Gemeinschaft beitreten, so muß es so lange getrennt leben, bis der Meister die beiden segnet. Freund und Freundin werden ohnehin auseinandergebracht.» (Erlebnisbericht) Besonders publikumswirksam sind Muns «Massenhochzeiten» geworden, bei denen er Hunderte von Paaren während einer einzigen Zeremonie «verheiratet» (1968: 430; 1970: 777; 1975: 1800 Paare): «Überall in der Welt haben sich Menschen aller Altersgruppen zu einer Familie von Christen zusammengefunden, um den Völkern der Welt über alle kulturellen Schranken und sogar über die seit langer Zeit bestehenden nationalen Feindschaften hinweg die Realität Gottes und Seiner Liebe näherzubringen.»
Muns Erlösungsreligion will den Weg aufzeigen, den die Menschheit beschreiten muß, um sich von der «Herrschaft Satans» zu befreien. Die Voraussetzung dafür erbrachte Mun angeblich dadurch, daß er selbst den Satan besiegte. «An diesem Punkt wurde er zum unumschränkten Sieger von Himmel und Erde. Die gesamte geistige Welt beugte sich am Tag des Sieges vor ihm; denn er hatte sich nicht nur von der Anschuldigung Satans völlig freigemacht, sondern war nun auch in der Lage, Satan vor Gott zu verklagen. Satan ergab sich ihm an jenem Tag völlig, denn San Myung Mun hatte sich zu einem reinen und vollkommenen Sohn Gottes emporgekämpft.» (Lebenslauf) Deshalb kann er nun den Menschen «die himmlische Botschaft» bringen, die Jesus selbst nicht offenbaren konnte.

Mun: «Ich sprach mit Jesus.» Erst mit Muns Erscheinen wurden «die letzten Maßnahmen Gottes» eingeleitet. Bei einem bevorstehenden Dritten Weltkrieg wird «die demokratische Welt die kommunistische Welt» unterwerfen. Vor Beginn dieses letzten Weltkrieges ist Christus in Korea, dem Land, in dem «die Frontlinie zwischen Gott und Satan» verläuft, wiedergeboren: als Mun. Seit Jahren rüstet Mun für diesen Dritten Weltkrieg. 1978 begann er eine Schiffswerft im Golf von Mexiko aufzubauen, um «ebenso wie Noah gerüstet zu sein». Nach Muns Sicht ist die Welt in einen «himmlischen» und einen «satanischen» Bereich unterteilt; beide liegen miteinander im Kampf auf Leben und Tod. (→ Dualismus) Gott steht auf seiten der himmlischen Kräfte: auf der der westlichen Demokratien; der Teufel hingegen unterstützt den Kommunismus. Der große Gotteskrieg steht noch in unserem Jahrhundert bevor. Muns religiöser Militarismus hält diesen Endkampf für unausweichlich, «damit die weltweite Bedingung der Wiedergutmachung zur Wiederherstellung der himmlischen Herrschaft errichtet wird. Der gefallene Mensch muß in Kain- und Abel-Typen geteilt werden. Abel muß Kain unterwerfen, um auf weltweiter Ebene die Tötung Abels durch Kain wiedergutzumachen...»

Als 1968 die Föderation für Weltfrieden und Vereinigung e. V. gegründet wurde, verkündete Mun als deren Hauptziel: «den Kommunismus und sein System als Feind Gottes und Feind der Menschheit» zu entlarven sowie «den Kommunismus und seine Taktik auszurotten». 1970 richtete er in Seoul ein zentrales Trainingslager ein, um in Zusammenarbeit mit dem südkoreanischen Geheimdienst Armeereservisten, Staatsbeamte, Lehrer und Studenten in antikommunistischer Ideologie und Agitation auszubilden. Allein bis 1974 sollen nach Angaben der Bewegung dort über 10 Millionen Koreaner geschult worden sein.

Während der Watergate-Affäre (1973/74) setzte sich die Vereinigungskirche mit Geld und Gebet für Richard Nixon ein. «Die Vereinigungskirche und das Weiße Haus können sich sehr nahe kommen. Geistig sind wir schon eins geworden, und darauf können wir bauen, wenn es um die Errettung der ganzen Welt geht.» (Verlautbarung der Sekte) Im Sommer 1976 griffen Mun-Anhänger in der Bundesrepublik Deutschland in den Bundestagswahlkampf ein und unterstützten mit Millionen von Flugblättern die CDU/CSU mit Parolen wie «Unser Vaterland befindet sich in außerordentlicher Gefahr». Die Unionsparteien distanzierten sich rasch.

Als Sektenführer wie als privater Geschäftsmann hat Mun erstaunliche Erfolge zu verbuchen. Sein Wirtschaftsimperium ist heute kaum mehr zu überschauen. Er ist Koreas größter Exporteur von Il Hwa Ginseng-Wurzeln und -Tee. Zu seinem Imperium gehören u. a. Banken, Hotels, Gebäudereinigungsfirmen, Zementfabriken, Waffenfabriken, Tankstellen und Reisebüros. Das Vermögen an Aktien, Grundstücken, Häusern und Bargeld wird auf 70 bis 80 Millionen Dollar geschätzt.

Vorgeschichtliche Religion

Die früheste Geschichte der Menschheit reicht ungefähr 3 Millionen Jahre zurück. Sie umfaßt selbst eine riesige Zeitspanne, die von der Altsteinzeit (Altpaläolithikum) über die Neusteinzeit bis zur Bronze- und Eisenzeit reicht. Die Prähistorie (Vorgeschichte) endet und die Geschichte beginnt mit der Erfindung der Schrift. Die verschiedenen ältesten Schriftzeugnisse entstanden ungefähr zur selben Zeit, nämlich vor etwa 5000 Jahren in den alten Kulturen Ägyptens, Mesopotamiens, Indiens und Chinas.

Früheste Zeugnisse davon, daß sich

menschliches Bewußtsein produktiv betätigt, fanden sich aus dem Altpaläolithikum: Menschen stellten sich Werkzeuge selbst her, indem sie Steine bearbeiteten. Bei der Jagd, zur Verteidigung und beim Früchtesammeln gebrauchten sie hölzerne Instrumente. Indem sie von runden Steinen Stücke an der einen oder an beiden Seiten abschlugen, entstanden Kerne und Abschläge mit scharfen Kanten, steinerne Werkzeuge, die z. B. beim Zerlegen getöteter Tiere verwendet werden konnten. Mit dem Erscheinen dieser Werkzeuge war menschliche Arbeit geboren. Der Mensch handelte bewußt, planmäßig und zielgerichtet. Damit zeigt er sich als Wesen, das mit Intelligenz und Phantasie begabt ist.

Diese Qualitäten, die den Altsteinzeitmenschen als «vollwertig» auszeichnen, legen manchen Forschern die Folgerung nahe, dieser Mensch müsse auch bestimmte Glaubensvorstellungen gehabt und religiöse Riten praktiziert haben. Tatsächlich ist die Auffassung nicht zu bestreiten, daß der Altsteinzeitmensch eine «Religion» besaß. Über deren Inhalte freilich schoß die Spekulation wild ins Kraut. Die auf uns zugekommenen Dokumente: menschliche Knochen, Steinwerkzeuge, Farbpigmente (vor allem Ocker), Grabbeigaben, Gravierungen, Felszeichnungen, Statuetten, Höhlenmalereien sind für uns kaum «durchsichtig», das heißt, sie verraten nichts oder nur sehr wenig über ihren tatsächlichen religiösen Gebrauchswert.

Bestandteil des Kultes ist immer das →Opfer. Der Glaubende drückt durch Gaben seine Verbundenheit mit einer Gottheit aus. Wie zu allen Zeiten waren auch im Paläolithikum eßbare Tiere als Opfergaben besonders beliebt. Man fand beispielsweise in ehemaligen Tümpeln versenkte weibliche Rentiere, deren Brustkorb die spätpaläolithischen Jäger geöffnet und mit Steinen beschwert hatten. Andere Tieropfer (z. B. Mammute oder Rentiere) wurden inmitten oder nahe bei Lagerplätzen niedergelegt.

Die Bedeutung dieser Opferpraktiken versucht man dadurch zu erschließen, daß man sie mit denen neuzeitlicher Jägervölker vergleicht. Diese deponieren ihre «Opfer» in der Hoffnung, daß daraus neues Jagdwild entstehe. Ob paläolithische Jäger ihre Opfer mit den gleichen Motiven darbrachten, ist natürlich nicht mit Sicherheit zu sagen.

In der Behandlung ihrer Toten zeigen die frühen Menschen, daß sie, aller Erfahrung zum Trotz, den →Tod nicht als etwas Endgültiges, das die menschliche Existenz ganz und gar auslöscht, hinnehmen wollten. (→Totenbestattung) Der Verstorbene wird nicht als restlos tot angesehen. Aus dem Altpaläolithikum gibt es zwar noch keine archäologischen Zeugnisse, die Einblick in die Behandlung der Toten geben. Die Beschädigung mancher Menschenknochen läßt allerdings vermuten, daß es Kannibalismus und Kopfjägerei gab. Aber aus dem Mittelpaläolithikum gibt es Funde, die eindeutig auf eine regelrechte Bestattung und die rituelle Behandlung von Toten hinweisen. Man fand Grabbeigaben, Steingeräte, Schmuck und Waffen. Oft wurden die Schädel von den Körpern getrennt, gesondert behandelt (durch Entfleischung und Herausnahme des Gehirns) und sichtbar aufbewahrt.

Im Jungpaläolithikum scheint es Brauch gewesen zu sein, Tote auf der (manchmal noch warmen) Herdstelle des Lagers zu bestatten. Man bestreute die Leichen mit Ocker. Vielleicht steht hinter der Verwendung dieses roten Pulvers eine Symbolik, die biologisches und «jenseitiges» Leben miteinander in Beziehung setzt. (→Jenseits)

Die Toten wurden nicht verbrannt, sondern mitunter auf ebener Erde oder in einer Mulde oder Felsspalte beigesetzt. Man umstellte sie bisweilen mit Steinen oder beschwerte sie mit Steinplatten. Ob diese Steinplatten die Leichen lediglich vor Raubtieren schützen oder aber die Wiederkehr der Toten als bedrohliche «lebende Leichname» verhindern sollten, ist umstritten. Gestorbene Männer, Frauen und Kinder wurden gleichermaßen geschmückt. Außer Geräten und Schmuck finden sich auch Speisen als Grabbeigaben.

Unumstritten ist die These, daß die figürliche Kunst des Jungpaläolithikums in den Bereich des Religiösen gehört. Man fand Steinplatten und Knochen mit Tierdarstellungen und Tierbildern an Höhlenwänden und -decken. Manche der Höhlen scheinen als Kultstätten, die Wandbilder als szenischer Hintergrund bei rituellen Handlungen gedient zu haben. Die Tierbilder könnten Ausdruck einer animistischen Haltung (→ Animismus) gewesen sein, derzufolge der Jäger in einer magischen (→ Magie) oder mystisch-religiösen Bindung zum Jagdtier steht.

Schließt man vom Animismus heutiger Jägervölker auf eine Jägerreligion der Jungpaläolithiker zurück, so könnte man folgende Anschauungen des frühen Menschen vermuten: Tiere mögen als «beseelte», menschenähnliche Wesen angesehen worden sein. Menschliche → «Seelen» konnten in Tierkörper eingehen. Man glaubte an eine Wesensverwandtschaft zwischen Mensch und Tier. Menschen konnten tierische Schutzgeister haben. Äußerungen dieses Animismus waren Tänze in Tiermasken, Träume um Tiere, Tierspiele, auf Tiere bezogene Fruchtbarkeitsriten, der Glaube an tierische Stammväter usw. (→ Totemismus)

Vielleicht erhoffte man sich von der Anfertigung von Bildern zauberische Wirkungen. (Bildmagie) So könnte die Darstellung eines Jagdtieres Jagderfolg, diejenige eines Raubtieres Schutz vor diesem verschafft haben. Möglich ist auch, daß es sich bei der bildlichen Fixierung von Jagderlebnissen um die gedanklich-bewußte Wiederholung von tatsächlichen Erlebnissen mit einer gewissen religiösen Absicht handelt. Die steinzeitlichen Malereien, Zeichnungen und Figuren könnten im Zusammenhang mit bestimmten Geschichten und Riten gestanden haben, die sich auf bedeutsame Ereignisse im Leben der Menschen bezogen, wie etwa auf den Wechsel der Jahreszeiten, das Verhalten des Wildes, Sexualität oder Tod.

Die Funde zahlreicher weiblicher Statuetten (sog. Venus-Figuren) zeigen, daß der Frau in der Gesellschaftsordnung und dem weiblichen Prinzip im religiösen Vorstellungsbereich des Jungpaläolithikums eine große Bedeutung beigemessen wurde. Die kleinen Figuren dienten als Anhänger und Grabbeigaben. Manche Forscher vermuten, daß die Frauenstatuetten mit übermäßig stark betontem Unterleib auf die Verehrung einer mythischen Ahnmutter hinweisen, aus der der ganze Stamm hervorgegangen ist und die die Familie und die Wohnplätze schützt.

Es ist nicht unwahrscheinlich, daß die steinzeitlichen Völker eine Reihe (kosmogonischer und Ursprungs-)→ Mythen kannten, in denen sie sich zu erklären versuchten, wie die Menschen, die Tiere, der Tod, die Pflanzen entstanden sind. Dies würde verständlich machen, weshalb bis in Einzelheiten gleichartige Kosmogonien (Lehren von der Entstehung der Welt) in allen Kontinenten von Australien bis nach Südamerika verbreitet sind. (→ Schöpfungsmythen)

W

Wochentage

Unsere Siebentagewoche hat zwei Ursprünge: die astrologisch (→ Astrologie) ausgerichtete → babylonisch-assyrische Religion, die sieben Wochentage je einem Planetengott (Sonne, Mond und den fünf bekannten Planeten unseres Sonnensystems) zuordnete, und den → Schöpfungsmythos im 1. Buch Mose, der das Zustandekommen der Woche auf Jahwes Schöpfertätigkeit zurückführt. (→ Schöpfung) Das Christentum hat diese Erklärung der sieben Tage vom Judentum übernommen.

Der Vorgang, daß Gottheit, Himmelskörper und Wochentag zusammen gesehen werden, nahm also in Babylonien seinen Ausgangspunkt und verbreitete sich über die ganze antike Welt. Die Römer gaben den Planeten die Namen ihrer Götter. Sie haben sich bis heute erhalten. In den französischen Namen der Wochentage erkennt man Mond, Merkur, Jupiter und Venus. Im englischen «Saturday» erscheint Saturn.

Als die Römer mit den Germanen in Berührung kamen, «übertrug» man die Namen der germanischen Gottheiten auf römische. Das prägte auch die germanische Bezeichnung der Wochentage. In den Namen unserer Wochentage haben sich bis heute die germanischen Götternamen erhalten (→ Germanische Religion)

Der römische Gott Mars wurde mit dem Gott identifiziert, der im Althochdeutschen Zio und bei den Angelsachsen Tiw hieß. Daher stammt das englische «Tuesday». «Dienstag» geht auf den romanisierten Gottesnamen Thinxus zurück.

Odin wurde mit Merkur gleichgesetzt. Von daher leitet sich der niederländische «Woensdag» ab.

Jupiter übersetzte man mit Thor oder Donar. Beide Götter standen in Beziehung zu Erscheinungen wie Blitz und Donner. In «Donnerstag», englisch «Thursday», haben sich diese Götternamen erhalten.

Der Liebesgöttin Venus entsprach Fria, eine germanische Liebes- und Fruchtbarkeitsgöttin. Sie verbirgt sich hinter «Freitag».

«Sonntag» ist die vorchristliche Bezeichnung für den Tag der Sonne. Im Französischen wurde der Name christianisiert: «Dimanche», «dies dominica» – «Tag des Herrn».

«Samstag» (oder französisch «Samedi») ist vom jüdischen Sabbat (auf dem Umweg über die griechische Form «sambaton») abgeleitet. Die Kirche des Mittelalters forderte an jedem Wochentag bestimmte Andachtsübungen und schrieb vor, sonntags zur Messe zu gehen, montags für die Seelen im Fegfeuer zu beten, dienstags das Lob der Engel und der Dreifaltigkeit im Herzen zu tragen, mittwochs des Verrats von Judas an Jesus zu gedenken, donnerstags der Gefangennahme des Herrn, freitags seines Todes und samstags der himmlischen Kaiserin eingedenk zu sein. Im Glauben des Volkes galten die Wochentage teils als Glücks-, überwiegend aber (vor allem Montag, Mittwoch und Freitag) als Unglückstage. Freitag, Samstag und Sonntag, aber auch der Donnerstag, wurden als besonders heilige Tage hervorgehoben. Dienstag und Donnerstag, die beiden «Fleischtage» der Woche, eigneten sich besonders gut zur Veranstaltung von Hochzeitsfeiern.

Für Geburten waren alle Tage außer dem Sonntag ungünstig, und selbst den Sonntagskindern schrieb man die zweifelhaften und keineswegs glücklich machenden Gaben des Hellsehens und des Geistersehens zu. Bei der Taufe erhielten Kinder oft den Namen des ihrem Geburtstag oder dem Tauftag zugewiesenen Wochentagsheiligen. Für das Liebesleben galten bestimmte Tage als ungünstig

(«Fensterln» war in gewissen Gebieten am Montag, Mittwoch und Freitag verboten), und kirchliche Verordnungen untersagten den Geschlechtsverkehr an manchen Tagen überhaupt.

Wunder

Als «Wunder» gelten mitunter ungewöhnliche Ereignisse, Erfahrungen oder Taten, die so erstaunlich und geheimnisvoll sind, daß man sie als Wirkungen einer heiligen oder jenseitigen Macht glaubt erklären zu müssen.

Wunder sind für alle Religionen typisch. Sie waren dem alten Orient genauso vertraut wie dem Hellenismus. Im 1. Jahrhundert n. Chr. gab es eine regelrechte Wunderrenaissance.

1. Die wesentlichen Äußerungen der Religionen zielen auf den Glauben an Wunder. Die rituellen Handlungen im Kult basieren auf bestimmten magischen Grundvorstellungen (→ Magie), die besagen, daß die Welt der Materie (das Körperlich-Stoffliche), aber auch das Geistige durch Manipulationen zu verändern seien. Magie und religiöser Kult wollen Weltveränderung und Weltverbesserung bewirken. Dabei soll das Böse und Gefährliche gebannt, das Gute hingegen befreit werden. Dies erreichen Ritus und Kult, Beschwörung und Askese (Entsagung), Zauber und Gebet. Auch die christliche Taufe und das Abendmahl (→ Sakrament) sind Wunder als Ergebnis von Riten. Die Mythen (Götter- und Kultgeschichten), deren Hauptfiguren Götter, Halbgötter oder beispielhafte Menschen darstellen, sind voll von Wundern: Die Grenzen zwischen Himmel und Erde, Oberwelt und Unterwelt, Gott und Mensch, Mensch und Tier sind offen. Die Gestalten des Mythos vollbringen diejenigen Wunder, die Magier und Schamanen gerne selbst vollbringen möchten. Die mythischen Fabelwesen sind demnach Wunschbilder der Menschen, die die Mythen überliefern.

Eine besondere Funktion des Wunders besteht darin, Religion zu stiften: Am Anfang der meisten Religionen stehen wunderbare Vorkommnisse. Oft ist die Geburt des Religionsstifters von Wundern begleitet. Wunder ranken sich um seine Biographie (Buddha, → Buddhismus; → Zarathustra; Moses, Jesus). Das Zeugungs- und Geburtswunder nimmt den Religionsstifter gleichsam aus dem Normalen heraus und erhöht ihn über seine Umwelt.

Die christliche «Weihnachtserzählung», die Lukas überliefert (Lk. 1–2), ist von Motiven durchsetzt, die sich auch in vielen außerchristlichen Geschichten von wunderbaren Geburten finden. Das Dionysoskind, Sohn des Zeus und einer sterblichen Mutter, der später zum leidenden, sterbenden und von den Toten auferstehenden Gott wird, liegt in einer Getreideschwinge (→ Griechische Religion), das Jesuskind wird in eine Krippe gebettet. Die Lichterscheinung in der Nacht ist ein weitverbreitetes religiöses Motiv: «Mitten in der Nacht sah ich die Sonne strahlend im leuchtenden Licht», heißt es bei den Isisweihen (Isis: ägyptische Göttin, Gemahlin des Osiris, → Ägyptische Religion). Auch der Ruf: «Euch ist heute der Heiland geboren», stammt aus Mysterienfeiern (griechische Geheimkulte). «In dieser Stunde, heute, gebar die Jungfrau den Aion», wurde am Geburtsfest des Gottes Aion verkündet. (Aion, griech. «Zeit», erscheint als Gott in schlangenumwundener Menschengestalt mit Löwenkopf) Das Motiv der Verkündigung großer Freude bei der Geburt des Heilandes gibt es auch in den Geburtslegenden von Buddha und Zarathustra.

Nach der wunderbaren Geburt Jesu (→ Jungfrauengeburt) waren auch sein Leben und seine Wirksamkeit begleitet von Wundern. Die Synoptiker berichten vom Wunder seiner Berufung (Taufgeschichte) und den ersten Heilungswun-

dern als Auftakt seines Wirkens. Es folgen Dämonenbeschwörungen, Totenerweckungen und Naturwunder. (→ Dämonen)
Diese Erzählungen kamen meist dadurch zustande, daß man volkstümliche Geschichten von Wundertätern nachträglich auch auf Jesus übertrug. Dies zeigt sich, wenn man die zahlreichen Parallelen zu den neutestamentlichen Wundern in der antiken Literatur zum Vergleich heranzieht.
Ein Gegenstück zur Geschichte von Jesu Seewandel wird beispielsweise von Buddha überliefert, der angeblich über die Fluten des Ganges schritt. (Auch Hiob 9,8 ist die Rede von Gott, «der einherschreitet auf den Höhen des Meeres».) Aber auch Josua und Elias konnten trokkenen Fußes den Jordan durchschreiten. (Vgl. Ps. 77; 20; Jes. 43,2; 43,16; Jos. 3,7ff; 2. Kö. 2,8) Das Speisungswunder Jesu (Mk. 6,34ff; 8,1ff) verarbeitet alttestamentliche Motive (2. Kö. 4,42ff; vgl. auch 1. Kö. 17,11ff) und hat Parallelen in der hellenistischen, indischen und chinesischen Literatur sowie in den Märchen zahlreicher Völker.
2. Im Neuen Testament sollen die Wunder beweisen, daß Jesus der Messias ist (→ Christus). Die Geheilten und von Dämonen Befreiten sind eigentlich nur Statisten auf der Bühne des außergewöhnlichen Geschehens. Denn das Licht des Wunders fällt hauptsächlich auf den, der es bewirkt.
Das ist auch außerhalb des Christentums so. Buddha weilte, ebenso wie Jesus (Phil. 2,5), vor seiner Herabkunft auf die Erde unter den Gottheiten des Himmels. Er kam, um der Welt das Heil zu bringen. Bei seiner Geburt wurde er als Erlöser deklariert, und seiner Mutter verhießen die Engel: «Alle Freude komme über dich, Königin Maya, – jauchze und sei froh, denn dieses Kind, das du geboren hast, ist heilig.» Buddha machte Kranke gesund, Blinde sehend, Taube hörend, und Krüppel konnten wieder gehen. Seinen Jüngern sagte er: «Wer Ohren hat zu hören, der glaube.» Wie Jesus wollte er seine Wunder nicht als bloße Schaustellungen vorführen. Aber seine Anhänger und Nachfolger räumten den Taten des Wundermannes genausoviel Bedeutung ein wie Christen denen des Jesus von Nazareth. Mythen und Legenden flochten sich um seine Gestalt wie um die des Jesus, und beide wurden schließlich vergöttlicht.
Auch von Asklepios (lat. Äsculapius, ursprünglich ein Erddämon, ab dem 5. Jahrhundert v. Chr. griech. Heilsgott) werden zahlreiche Wunder berichtet, deren Umstände und Motive den Wundern des Neuen Testaments gleichen. Asklepios heilte, genauso wie später Jesus, Gelähmte, Stumme und Lahme durch bloße Berührung, wenn nötig auch durch Ferneinwirkung, stillte Stürme und erweckte Tote. (→ Aberglaube; → Griechische Religion)
Herakles (lat. Hercules), dessen Kult sich zur Zeit Jesu bereits ums ganze Mittelmeer herum ausgebreitet hatte, wurde, wie das Jesuskind, schon in der Wiege verfolgt; er starb mit demselben Ruf wie der gekreuzigte Jesus: «Es ist vollbracht.» (Vgl. Joh. 19,30) Da bebte die Erde; sie spaltete sich, und eine Finsternis trat ein. Daraufhin schwebte Herakles zu seinem göttlichen Vater im Himmel. Auf Erden – und bisweilen auch über Wasser wandelnd – wurde Herakles zum Heiland, Wohltäter und Friedensbringer für die ganze Menschheit. Er brachte auch den Unterirdischen Erlösung und besiegte die Dämonen. Wie Jesus im Johannesevangelium, so wurde auch er mit dem Namen «Logos» geehrt. (→ Christologie)
3. In ihren Wundern streben die Religionen über die Begrenzung von Raum und Zeit hinaus. Sie sprengen die Naturgesetze. In der Zeit, als die beschriebenen Vorstellungen wunderbarer Ereignisse

und Taten aufkamen und verbreitet wurden, kannte man noch nicht durchgehend das Prinzip mechanisch wirksamer Kausalität (Zusammenhang von Ursache und Wirkung), das den Gesetzen des Raumes und der Zeit zugrunde liegt. Deshalb war der Widerspruch zwischen religiösem Denken und den Naturgesetzen nicht allzu gravierend. Wunder waren lediglich ein Ausdruck dafür, daß außermenschliche Mächte ins Weltgeschehen eingriffen.

In Konflikt zwischen Glauben und Vernunft bringen die Wunder eigentlich erst den modernen Menschen. Gegenüber der Ursprungssituation des Wunders ist die Problematik des Wunderglaubens heute völlig verschoben. Was einst dem Glauben als Argument diente, wird jetzt zum kaum überbrückbaren Glaubenshindernis. Den Ungläubigen kann das Wunder nicht überzeugen; es könnte, wenn es ihm wirklich begegnete, ihn bestenfalls überrumpeln. Dem Gläubigen indes bestätigt es nur das, was er ohnedies schon immer wußte, daß Gott nämlich frei ist gegenüber den Gesetzen, denen die Welt und die Menschen unterworfen sind; jedenfalls kann den Frommen, wenn er wirklich «gläubig» ist, das Wunder nicht dazu bringen, daß er sich wundert. Dem Zweifler aber wird der Wunderglaube als Glaubensbedingung, der er sich um seines Seelenheils willen zu unterwerfen habe, aufgenötigt. (→ Autorität)

Z

Zarathustra (Parsismus, Mazdaismus)

Ob Zarathustra (persisch: Zoroaster) wirklich gelebt hat, ist umstritten. Manche Forscher behaupten, er sei die historische Persönlichkeit gewesen, die als Reformator einer traditionellen Religion der Ureinwohner im Iran auftrat. Andere meinen, der Name «Zarathustra» stehe für eine bestimmte Ausprägung der iranischen Religion, der Mazda-Religion (Mazdaismus), in der Ahura Mazda als allmächtiger Schöpfergott verehrt wurde; sie bestreiten die Geschichtlichkeit Zarathustras.

Wahrscheinlich ist die historische Person Zarathustra zu einem idealen Beispiel und Vorbild für die Gläubigen der Mazda-Religion umgestaltet worden. Darüber sind die biographischen Züge der Gestalt verblaßt. Nach ähnlichen Gesetzen wurde auch die Überlieferung von Gautama Buddha (→ Buddhismus) und Jesus Christus geprägt. Von den meisten Wissenschaftlern werden die «Gathas» («Sechzehn Gesänge») als Werk Zarathustras angesehen. Sie enthalten einige autobiographische Einzelheiten.

Höchstwahrscheinlich lebte Zarathustra in dem Zeitraum zwischen 1000 und 600 v. Chr. (vielleicht zwischen 628 und 551) im Ostiran. Er war Opferpriester und Sänger. Seine «Gathas» gehören in den Rahmen sakraler Dichtung. Er war verheiratet, hatte Kinder und war nicht reich. «Ich weiß, o Weiser [Ahura Mazda], warum ich ohnmächtig bin: Mein ist nur wenig Vieh, und weil ich wenige Leute habe.»

Seine Botschaft richtete er an eine Gemeinde von Hirten. Die Priester griff er im Namen Ahura Mazdas an. Daraufhin mußte er fliehen. «Nach welchem Land soll ich mich wenden? Wo soll ich meine Zuflucht nehmen? Der Familie und meinem Stamm entfremden sie mich; weder das Dorf noch die falschgläubigen Landesfürsten sind mir gewogen.»

Nun floh er zu dem Fürsten Vishtaspa, den er bekehrte und als Freund und Beschützer gewann. Eine Gruppe von Freunden und Jüngern, die als «Arme», «Wissende», «Eidgenossen» bezeichnet werden, zog mit ihm.

Die «Gathas» geben Kunde davon, daß sich Zarathustra an Ahura Mazda mit der Bitte wandte, ihm Aufschluß über die Geheimnisse der Welt, der Zukunft und des Schicksals zu geben: «Das frage ich dich, sage mir der Wahrheit gemäß, o Herr!» Er will wissen, «wer der Sonne und den Sternen ihren Weg gewiesen hat», «wer die Erde unten und den Wolkenhimmel so befestigt hat, daß er nicht fällt»? Am Ende erwartet er die Bestrafung der Bösen und die Belohnung der Tugendsamen.

Im Laufe des Überlieferungsprozesses nahmen die mythologischen Elemente (→ Mythos) in der Biographie Zarathustras überhand. Man pries seine außergewöhnliche Geburt. «Bei seiner Geburt und seinem Heranwachsen wurden Wasser und Kräuter froh, bei seiner Geburt und seinem Heranwachsen wuchsen Wasser und Kräuter.» Vor seiner Ankunft auf der Welt, so wurde behauptet, habe er im Himmel gelebt («Präexistenz»). Als ihn seine Mutter empfing, umgab sie ein großes Licht. «Drei Nächte hindurch erscheinen die Wände des Hauses wie in Feuerflammen.» Die Substanz seines Leibes war mit dem Regen auf die Erde herabgefallen, war in die Pflanzen gelangt, die von den Kühen seiner Eltern gefressen wurden; so kam die himmlische Substanz in die Milch, die Zarathustras Eltern tranken, bevor sie zusammen schliefen und den Himmelssohn zeugten. Als das Kind geboren wurde – es kam lachend zur Welt –, umgab es strahlendes Licht. Vier Prüfungen mußte es überstehen. Siege und → Wunder wiesen den zukünftigen Erlöser aus. Das übernatürliche Licht trat den Dämonen, den Kräften des Bösen, entgegen.

Von Zarathustra berichtet die Überlieferung, er habe «sich der Ekstase hingegeben». Im Trancezustand soll er Visionen gehabt und das Wort Ahura Mazdas vernommen haben.

Auf die Offenbarung der neuen Religion hin, die unmittelbar durch Ahura Mazda erfolgt war, ahmte Zarathustra die Urtat Gottes nach: Er wählte das Gute. Dasselbe forderte er alsbald auch von seinen Anhängern. «Nachahmung Gottes» wurde überhaupt zum Hauptinhalt der zoroastrischen Religion. Der Mensch soll Ahura Mazda folgen; dabei ist er aber frei und fühlt sich keineswegs als Diener oder Sklave des Gottes.

Ahura Mazda, der die Welt durch sein Denken (aus dem Nichts) erschaffen hat, ist gut und heilig. Eine Gruppe göttlicher Wesen begleitet ihn: «Recht» und «Guter Sinn», «Frömmigkeit» und «Macht», «Gesundheit» und «Unsterblichkeit». Aus Ahura Mazda selbst gingen der Gute Geist und der Zerstörerische Geist, das Gute und das Böse, hervor; er wußte, aufgrund seiner Allwissenheit und von Anfang an, daß es so kommen würde; aber er hat das Böse nicht verhindert.

Dadurch daß in der Urzeit Gut und Böse sich trennten, ist erst die Bedingung der Freiheit des Menschen erfüllt: Der Mensch kann sich selbst frei entscheiden. Alle Toten werden einst danach gerichtet werden, wie sie sich auf Erden entschieden haben. Die Gerechten gelangen in das «Haus des Sanges», das Paradies, die Sünder aber werden «auf immer Bewohner des Hauses des Bösen». Auf dem Weg ins Jenseits, der über eine Brücke führt, findet die Scheidung zwischen Gerechten und Bösen statt. Zarathustra selbst wird diejenigen anführen, die Ahura Mazda verehrt haben. «Mit ihnen allen werde ich die Brücke der Entscheidung überschreiten.»

Zarathustra vertrat auch die Vorstellung, daß der Leib auferstehen werde. Die Auferstehung erfolge im Zusammenhang mit dem Gericht und der abschließenden Erneuerung. Die völlig erneuerte Welt erscheint als neue Schöpfung. Dann werden die Leiber für immer unzerstörbar bleiben. (→ Ewiges Leben)

Genauso wie nach ihm Jesus, so erwartete auch Zarathustra eine unmittelbar bevorstehende «Umgestaltung» der Welt. «Daß wir doch jene wären, die dieses Leben erneuern!» Wie das Christentum, so verschob jedoch auch der Mazdaismus die Erwartung des Gerichts und der Welterneuerung in immer weitere Zukunft.

Nach der Überlieferung wurde Zarathustra mit 77 Jahren getötet; seine Mörder sollen als Wölfe verkleidet gewesen sein. In den folgenden fünfzehn Jahrhunderten wurde sein Mythos immer weiter ausgestaltet.

Die Lehren Zarathustras verbreiteten sich im Iran und unter den persischen Großkönigen Kyros und Darius. Seit dem 3. Jahrhundert v. Chr. wurden sie Grundlagen der iranischen Staatsreligion. Unter dem religiösen und wirtschaftlichen Druck des Islam wanderten im 10. Jahrhundert große Teile des iranischen Volkes nach Indien aus, wo ihnen die Hindus religiöse Toleranz entgegenbrachten. (→ Hinduismus) Ihre heiligen Schriften («Avesta» = «Grundlage» oder «Preistext»), deren älteste Teile die «Gathas» Zarathustras sind, schrieben sie immer wieder neu ab. Da die Anhänger Zarathustras (Zoroastrier) aus Persien stammen, nannte man sie «Parsen». So entstand die Bezeichnung «Parsismus». Der Parsismus hat heute noch etwa 90000 Anhänger in Indien; im Iran gibt es etwa 25000 Zoroastrier.

Von den Lehren Zarathustras scheint auch das Judentum beeinflußt worden zu sein. Beiden gemeinsam sind dualistische Auffassungen, die Licht und Finsternis, Gut und Böse, Gerechtigkeit und Wahrheit einander gegenüberstellen. Dieser → Dualismus ist z. B. in den Texten von Qumran deutlich ausgeprägt. (In der Ruine Qumran beim Toten Meer fand man 1947 in Höhlen eine Fülle von Schriftrollen, die von einer in klosterartiger Gemeinschaft lebenden jüdischen Sekte aus der Zeit vom 2. Jahrhundert v. Chr. bis 68 n. Chr. stammen.) Weitere gemeinsame Themen sind die Lehre von den vier Weltreichen (Dan. 2,1–29); die Verkündigung eines göttlichen Mittlers, der als künftiger Erlöser erwartet wird (→ Menschensohn); der Glaube an Engel und Teufel; an die Auferstehung und an die Bestrafung der Gottlosen in der Hölle.

Auch zwischen den Lehren Jesu und dem Parsismus gibt es erstaunliche Übereinstimmungen. Weltuntergangsbilder der Apokalypse des Johannes dürften von iranischen Vorstellungen geprägt sein. (→ Apokalyptik) Stärker jedoch war der Einfluß der iranischen Religion auf die → Gnosis, aufs östliche Christentum bis ins Mittelalter und auf den Islam.

Zen

Das japanische Wort «Zen» geht auf das chinesische «Ch'an» und dieses wiederum auf das Sanskritwort (Sanskrit: heilige Sprache des → Hinduismus) «Dhyana» zurück. Zen ist Meditation, die zu Einsicht und Erlösung führen soll. Dieses Ziel, die «Erleuchtung» oder das «Erwachen», heißt auf japanisch «satori». Satori wollen die Mönche der Zenklöster gewinnen.

Die gleiche Erleuchtung wurde einst Buddha zuteil. (→ Buddhismus) Nach «sechsjähriger Hingabe an die Wahrheit» versank der Begründer des Buddhismus, Siddhartha, sieben Wochen lang in tiefstes Nachdenken. «Am achten Tag im zweiten Monat seines fünfunddreißigsten Lebensjahres hat er beim Leuchten des Morgensternes jenes große Erlebnis erfahren, das erhaben ist über alle Wahrheit.» Diese Erleuchtung ist der eigentliche Ursprung des Zen.

Ein Zenpatriarch beschrieb sein «Erwachen» folgendermaßen:

«Seit ich den Weg zur Wahrheit fand,
Bin ich gewiß, daß man weder Leben
noch Tod hochhalten sollte.
Gehen ist Zen,

Sitzen ist auch Zen.
Wenn ich spreche, schweige ich,
Wenn ich ruhe, eile ich:
Im Wesen ist alles
Das unbeweglich, ursprünglich Eine.
Wenn man mich mit dem Speer oder
dem Schwert bedroht,
Zucke ich nie mit der Wimper.
Wenn Gift mich anschleicht,
Fürchte ich mich nicht.
Wie oft bin ich wiedergeboren worden,
Wie oft bin ich wieder gestorben!
Unaufhörlich und unermeßlich
Werden Leben und Tod.
Doch seit ich wie ein Blitzstrahl
Die höchste Wahrheit erfahre,
Kümmert mich gutes oder schlechtes
Geschick nicht mehr.»

Nach dem Tod des Buddha (wahrscheinlich um 380 v. Chr.) wurde das «geistliche Siegel» des Meisters über die Kette der «Patriarchen» durch die Jahrhunderte hindurch weitergereicht bis zum heutigen Tag. Der achtundzwanzigste Patriarch war Bodhidharma. 526 nach Christus kam er, der aus einer südindischen Adelsfamilie stammte, von Indien nach China. Dort verkündete er wortlose Selbstversenkung und begründete eine Meditationsschule (Dhyana).

Der Art und Weise, wie das Zen überliefert wird, kommt eine besondere Bedeutung zu. Man nennt diese Tradition «das Anvertrauen des Lichtes». Ein Lehrer erwirbt die Wahrheit von einem anderen, «wie ein und dasselbe Wasser von einem Glas ins andere gegossen wird». Das Register der zeitlich aufeinander folgenden Patriarchen ist dem Zen ebenso bedeutsam wie die Liste der Päpste und die «apostolische Sukzession» («ununterbrochene Reihenfolge»; → Papsttum) dem Katholizismus:

Der Weg des Zen ist ein Weg zum Nirwana, das heißt zum «Erlöschen» und zum inneren Frieden. (→ Buddhismus) Ihn zu beschreiten ist äußerst schwer und dauert oft viele Jahre. Die Erleuchtung wird beschrieben als umfassendes Gefühl des Wohlseins und als Zustand, in dem der Mensch mit sich selbst und mit der Wirklichkeit außerhalb seiner selbst übereinstimmt. Erleuchtung bedeutet «das volle Erwachen des ganzen Menschen zur Wirklichkeit». Dieses neue gesteigerte Erfassen der Wirklichkeit ist keineswegs Resultat gesteigerter Denkanstrengung. Dies verdeutlicht folgendes Gespräch eines Meisters mit einem Mönch:

«Bemühst du dich je, die Wahrheit zu lernen?»

«Ja.»

«Wie übst du dich?»

«Wenn ich hungrig bin, esse ich; wenn ich müde bin, schlafe ich.»

«Das tut doch jeder. Kann man von ihnen sagen, sie übten sich auf die gleiche Weise wie du?»

«Nein.»

«Warum nicht?»

«Wenn sie essen, so essen sie nicht, sondern denken an verschiedene andere Dinge und lassen sich hierdurch stören; wenn sie schlafen, so schlafen sie nicht, sondern träumen von tausenderlei Dingen. Deshalb sind sie nicht wie ich.»

Wissen des Zen ist nicht Frucht vernünftigen Denkens, sondern ganzheitliche Erfahrung. Der Zen-Buddhist gelangt schließlich zu der Erkenntnis, daß nichts wirklich ist. Die ganze Welt ist bloß vorgestellt. Deshalb ist das ganze Dasein völlig unwichtig. Jeder Schmerz beruht letztlich auf einer Illusion. So wird alles Schwere leichter erträglich.

Auf dem Weg des Zen spielt das Koan eine große Rolle. Ein Koan wird «an die Tür klopfen» genannt. Es soll die Tür zum eigenen Innern aufschließen. Koan ist ein «Problem», an dem sich der Schüler übt, um reif zu werden. Man hat etwa 1700 solcher «Probleme» gesammelt, die der Buddha und die «Heiligen» ihren Schülern zur Anleitung eigenen Erlebens aufgegeben haben. Mit dem Koan, das nie ein intellektuelles Problem ist, helfen

die Lehrer ihren Schülern, die Wahrheit zu erfahren.
Der Zustand des plötzlichen Erwachens wird oft wie ein Rausch beschrieben. Dem Schüler stürzen Tränen in die Augen, und er glänzt vor Schweiß. Die Wahrheit zwingt sich geradezu auf. Viele Zenanhänger sind sogleich nach ihrem Erwachen für Jahrzehnte unter die Leute gegangen, etwa als Arbeiter oder Bettler. So wird die Wahrheit erprobt. In Japan und China hat das Zen das gesellschaftliche Leben, die Malerei und die Poesie nachhaltig geprägt.
Hauptübung des Zen ist das «Sa-Zen», das heißt das «Sitzen». Man unterscheidet den «Sitz der Teufelsüberwindung» (Verschränkungssitz) vom (bequemeren) «Sitz der Glückseligkeit». Während man dabei alle Sorgen und Pflichten vergessen soll, konzentrieren sich Geist und Körper. In japanischen Zenklöstern übt man jeden Monat eine Woche lang. Das Ziel aller Anstrengung ist die Erkenntnis der Buddha-Natur als Teil der eigenen Natur.

«Die Menschen sind in ihrem tiefsten Wesen Buddha,
Wie Wasser Eis ist, und wie es kein Eis gibt
Ohne Wasser, so gibt es ohne Buddha
Nicht einen Menschen.
Weh den Menschen, die in weiter
Ferne suchen
Und, was naheliegt, nicht wissen!
Sie gleichen denen, die mitten im
Wasser stehen
Und doch nach Wasser schreien.
Als Söhne des Reichsten und Vornehmsten geboren,
Wandeln sie gleichwohl in Armut und Elend
Trostlos dahin.
Die Ursache des ewigen Kreislaufes
im sechsfachen Reich
Ist der düstere Weg eigener Stumpfheit und Blödheit.
Doch immer dunkler und dunkler
wird es um sie
Im Dunkel des Irrtums.
Wann sollten sie je sich lösen
Von Leben und Tod?»

Der Zen-Buddhismus ist in Europa und Amerika auf großes Interesse gestoßen. Bereits im 19. Jahrhundert waren zahlreiche Texte des Buddhismus übersetzt worden. Arthur Schopenhauer (1788 bis 1860) etwa vertrat die Ansicht, die buddhistische Religion sei der christlichen weit überlegen. Hermann Hesses (1877–1962) «Siddhartha» (1922) – auf der Suche nach dem «Innersten im Wesen, das nicht mehr Ich ist, das große Geheimnis» – vermittelte den Europäern des 20. Jahrhunderts einen Einblick in das Lebensgefühl des Buddhismus. Buddhistische Auffassungen gewannen auch Raum in Theosophie und Anthroposophie. (→ Christengemeinschaft) Zahlreiche Europäer bekehrten sich und ließen sich in buddhistischen Klöstern auf Ceylon (Sri Lanka) und in Birma nieder. Buddhistische Mission aus Asien führte schließlich zur Gründung verschiedener buddhistischer Gesellschaften und zur Publikation buddhistischer Zeitschriften in Europa und den USA. Nach der Methode des Zen sollen heute Zehntausende auch in Deutschland meditieren.

Zeugen Jehovas

Die Zeugen Jehovas entstanden gegen Ende des 19. Jahrhunderts. Der Kaufmann und «Bibelforscher» Charles Taze Russell (1852–1916), der zusammen mit einer Gruppe von Adventisten (von lat. Adventus = Ankunft Christi; Anhänger eines Glaubens an die bevorstehende Wiederkunft Christi seit 1832 in Nordamerika) für das Jahr 1872 die «Zweite Wiederkunft des Herrn» vergeblich erwartet hatte, intensivierte sein Bibelstudium und seine Berechnungen, um den «Plan Gottes mit der Menschheit» herauszufinden. Er «erkannte» schließlich, daß 1874 Jesu «Zweite Gegenwart auf

Erden» unsichtbar begonnen habe und daß, nach einer vierzigjährigen «Erntezeit», im Jahr 1914 alle «irdischen Reiche» zerbrechen und «die Heiligen» «im Himmel mit Jesus regieren» würden.

1881 gründete Russell das Schriften-Missionswerk «Wachtturm Gesellschaft», das die Zeitschrift «Der Wachtturm» (heutige Auflage über 9 Millionen in 82 Sprachen) und die Begleitzeitschrift «Das Goldene Zeitalter» (Auflage über 8 Millionen in 34 Sprachen) herausbringt. Russells Anhänger, die Ernsten Bibelforscher, nennen sich seit 1931 «Zeugen Jehovas». «‹Jehova› ist ein Eigenname und bezieht sich ausschließlich auf den allmächtigen Gott und Schöpfer des Universums. Das geht aus Psalm 83,18 hervor, wo es heißt: ‹Damit man erkenne, daß du, dessen Name Jehova ist, du allein, der Höchste bist über die ganze Erde.›»

Russells Verkündigungsunternehmen leitet alle Mitglieder zu ständigem missionarischem Einsatz an. «Daher sind die über 2000000 Personen, die heute die gute Botschaft von Jehovas messianischem Königreich in über 200 Ländern verkündigen, der Überzeugung, daß es angebracht ist, sich als Jehovas Zeugen zu bezeichnen.» (Selbstdarstellung, 1979; 1981: 2,4 Millionen Anhänger in 206 Ländern; 106400 in Deutschland)

Im Jahr 1914 blieb die erhoffte «Entrükkung» genauso aus wie 1872. Russells Nachfolger wurde der Jurist Joseph F. Rutherford (1869 bis 1942). Fortan blickte man auf das Jahr 1914 als ein Jahr von besonderer Bedeutung zurück: Es hat das Ende der «Heidenzeit» markiert. Hatte nicht Jesus selbst auf die am Ende der Tage hereinbrechenden schrecklichen Ereignisse hingewiesen? «Das sind die Tage der Vergeltung... Denn es wird große Not auf Erden sein und ein Zorn über dies Volk, und sie werden fallen durch des Schwertes Schärfe und gefangen geführt unter alle Völker, ...bis daß der Heiden Zeit erfüllt ist.» (Lk. 21,22ff) Rutherford erklärte nun 1914 (anstatt 1874) zum Jahr der «Aufrichtung des Königreiches Jehovas» und das Jahr 1925 zum «Endtermin»: «Millionen jetzt Lebender werden nie sterben.» 1966 riefen die Zeugen Jehovas schließlich das Jahr 1975 als das «Ende von 6000 Jahren Menschheitsgeschichte» und als Beginn des Tausendjährigen Reiches aus. Nach Apk. 20 wird ein Engel vom Himmel herabfahren, «den Drachen, die alte Schlange, das ist der Teufel und Satan», tausend Jahre lang binden und in den Abgrund werfen, «daß er nicht mehr verführen sollte die Völker, bis daß vollendet würden die tausend Jahre».

Der Chiliasmus (von griech. chilioi = 1000; Lehre vom künftigen «Millennium», dem mit Christi Wiederkunft verbundenen Tausendjährigen Reich) der Zeugen Jehovas entstammt der jüdischen → Eschatologie und ist insbesondere in Kreisen sektiererischer und biblizistischer «Schwärmer» bis in die Gegenwart immer wieder aufgebrochen. Die angenommene Weltdauer von 6000 Jahren kommt in Anlehnung an die Vorstellung der «Weltwoche» Gottes zustande, bei dem sich «tausend Jahre» «wie der Tag, der gestern vergangen ist, und wie eine Nachtwache» (Ps. 90,4) darstellen. Die «Weltwoche» geht nach dem anbrechenden «Millennium» zu Ende.

Die apokalyptische Naherwartung feuerte den Missionseifer der Zeugen Jehovas beträchtlich an, ließ die Zahl der Anhänger stark zunehmen, führte naturgemäß aber stets zu heftigen Enttäuschungen. (→ Apokalyptik)

Die Lehren der Zeugen Jehovas sind apokalyptisch bestimmt und werden fundamentalistisch aus der Bibel begründet: (→ Fundamentalismus) In der Welt stehen zwei Mächte einander gegenüber (→ Dualismus): auf der einen Seite Jehova Gott, der Jesus Christus die «Königreichsgewalt» übertragen hat; auf der anderen Seite Satan. Jesus hat den Teufel besiegt und ihn auf die Erde geworfen, die er nun völlig beherrscht. Bei der unmittelbar bevorstehenden «Schlacht von Harmagedon» wird er jedoch gebunden werden. (Apk. 16,16) Dann werden alle irdischen Mächte, einschließlich der Kirchen und des Heidentums, zerstört.

Nach der Überzeugung der Zeugen Jehovas gibt die Bibel über alle diese Hergänge zweifelsfrei Aufschluß. Die Bibel ist Gottes Wort und als solches die Wahrheit. Wer sie studiert, wird den Lehren der Zeugen Jehovas zustimmen müssen. Christus, der «Anfang der Schöpfung Gottes», starb nicht an einem Kreuz, sondern an einem Pfahl. (Apg. 5,30) Als «unsterbliche Geistperson» wurde er von den Toten auferweckt. Er wird sein Königreich als eine gerechte und friedliche Herrschaft über die Erde aufrichten und ideale Lebensbedingungen herbeiführen. Nie wird die Erde zerstört oder entvölkert werden. Aber das «gegenwärtige System der Dinge» muß zuvor vernichtet werden. Diese Vernichtung wird die Bösen für immer und ewig treffen. (→ Hölle)

Nur eine «kleine Herde» von 144000 Menschen kommt dermaleinst in den Himmel und «regiert» dort mit Christus. «Und ich sah, und siehe, das Lamm stand auf dem Berg Zion und mit ihm hundertvierundvierzigtausend, die hatten seinen Namen und den Namen seines Vaters geschrieben auf ihrer Stirn ... Diese sind's, die sich mit Frauen nicht befleckt haben, denn sie sind jungfräulich, und folgen dem Lamme nach, wo es hingeht. Diese sind erkauft aus den Menschen zu Erstlingen Gott und dem Lamm, und in ihrem Munde ist kein Falsch gefunden; sie sind unsträflich.» (Apk. 14,1ff)

Während die 144000 Gerechten vom Himmel aus herrschen, nimmt die «große Volksmenge der treuen Zeugen Jehovas» die gereinigte und in ein Paradies verwandelte Erde ein.

Zeugen Jehovas haben deshalb an der vergehenden Welt und an der Gegenwart kein besonderes Interesse mehr. Sie wollen sich «von der Welt getrennt halten», sich an keinen interkonfessionellen Bewegungen beteiligen, alle menschlichen Gesetze, insoweit sie mit den göttlichen Gesetzen nicht in Widerspruch stehen, insbesondere aber die «biblischen Sittengesetze», befolgen. Ihrer Meinung nach ist z. B. die Aufnahme von Blut «durch den Mund oder auf intravenöse Weise» eine Verletzung der Gesetze Gottes. Theologie als Wissenschaft, die Kirchenorganisation, die kirchlichen Sakramente, die Lehre von der Trinität («Dreifaltigkeit») und die kirchlichen Gottesdienstformen lehnen sie ab. Hingegen ist es eines ihrer wichtigsten Gebote, «die biblische Wahrheit» öffentlich zu bezeugen. Deshalb gehen die Zeugen Jehovas von Haus zu Haus «gerade so wie Jesus es tat, als er ‹von Stadt zu Stadt und von Dorf zu Dorf› zog».

Zwingli, Huldrych

Huldrych Zwingli wurde am 1. Januar 1484 in Wildhaus/Toggenburg als Sohn eines Bergbauern geboren. Sein Onkel, Dekan Bartholomäus, schickte ihn auf die Universität nach Wien. Dort kam er in den Einflußbereich des (osteuropäischen) Humanismus, einer Kulturbewegung, die sich an der Antike orientierte und vor allem die Naturwissenschaften und Poesie pflegte. Während eines Studienjahres in Paris lernte Zwingli die Theologie des → Thomas von Aquin (1225–1274) kennen. 1502 schrieb er sich an der Universität Basel ein. In Konstanz wurde er schließlich zum Priester geweiht.

Während seiner Tätigkeit als Stadtpfarrer in Glarus beteiligte er sich an einer Wallfahrt nach Aachen und zog auch zweimal als Feldprediger nach Italien. Interessiert las er die Schriften des Erasmus von Rotterdam (1466 oder 1469 bis 1536); 1516 besuchte er den Meister in

Basel, dessen Ausgabe des Neuen Testaments im griechischen Urtext gerade an die Öffentlichkeit gekommen war. Erasmus vertrat die Ansicht, der «geheime Sinn» der Schrift sei nur allegorisch (gleichnishaft) zu ermitteln. Zwingli bezweifelte dies. Er wollte am wortwörtlichen Textsinn festhalten. «Du mußt... die Meinung Gottes rein aus seinem einfältigen Wort lernen. Da hub ich an, Gott zu bitten um sein Licht, und die Schrift fing an, mir klar zu werden, obwohl ich sie nur las.»

Ende 1516 übernahm Zwingli ein Pfarramt in dem Wallfahrtsort Einsiedeln. Er studierte die Kirchenväter, die Schriften des Erasmus und das Neue Testament im Urtext. Unter dem Eindruck von Augustinus (354–430) und Paulus entwickelte sich nun seine reformatorische Theologie.

1519 kam Zwingli ans Großmünster nach Zürich. Er begann dort mit der fortlaufenden Auslegung biblischer Bücher. Im Sommer desselben Jahres brach die Pest aus. In Zürich starben zweieinhalb von siebentausend Einwohnern. Auch Zwingli wurde von der Seuche angesteckt. In seinem «Pestlied» dichtete er: «Tu wie du wilt / mich nüt befilt» («nichts ist mir zuviel»).

Nach seiner Genesung aber führte er die Stadt in wenigen Jahren zur kirchlichen, sozialen und pädagogischen Reformation.

Als Achtunddreißigjähriger heiratete Zwingli Anna Reinhart, die Witwe eines in der Lombardei gefallenen Junkers; sie brachte zwei Töchter und den Sohn Gerold mit in die Ehe, der sich eng an den Stiefvater anschloß und später auch zusammen mit ihm bei Kappel fiel. Zwingli und Anna Reinhart hatten vier Kinder.

Im März 1522 brachen Zwinglis Freunde in der Werkstatt des Buchdruckers Froschauer die kirchlichen Fastengebote. Zwingli setzte sich für sie ein: Der Glaube an die Gnade Gottes in Christus bedeute Freiheit von Menschenlehren. Zahlreiche Anklagen auf Ketzerei gingen nun beim Rat der Stadt ein.

Es kam nun zur Ersten Zürcher Disputation (Januar 1523). Zwingli faßte seine Auffassungen in 67 «Schlußreden» (Thesen) zusammen. Durch deren Verteidigung wurde die reformatorische Predigt im Gebiet Zürichs legitimiert. Die «Auslegung und Begründung der Schlußreden» ist die erste umfassende evangelische Glaubenslehre in deutscher Sprache.

Die Zweite Disputation im Herbst behandelte Messe und Heiligenbilder und führte zu ersten Maßnahmen der Kirchenerneuerung: Die Pfarrer wurden auf schriftgemäße Predigt verpflichtet, die Bilder aus den Kirchen entfernt, Seelenmessestiftungen für Schule und Armenpflege verwendet, ein theologisches Seminar («Prophezey») für Übersetzung und Auslegung der Bibel eingerichtet. 1525 erschien als erste umfassende reformatorische Dogmatik Zwinglis «Commentarius de vera et falsa religione». («Über wahre und falsche Religion»)

Zwingli zielte auf eine Reformation, die religiöse und gesellschaftliche Erneuerung zugleich war. Kirchlich wie politisch wies sein Vorhaben demokratische Tendenzen auf. Aber gegen freikirchliche Bestrebungen der Täufer ging Zwingli gnadenlos vor.

Über das Verständnis des → Abendmahls kam Zwingli mit → Luther (1483–1546) in Streit. 1529 begegneten sich die beiden Reformatoren in Marburg. In allen Lehrpunkten gab es Einigkeit, außer beim Problem der «Realpräsenz» (wirkliche Gegenwart Christi) im Abendmahl.

Für Zwingli war das Abendmahl ein Gedächtnis- und Bekenntnismahl, bei dem sich die Gemeinde an den Tod Jesu erinnert und ihren Glauben an den Gekreuzigten bekennt. Luther hingegen behauptete die wirkliche Gegenwart Jesu Christi: Im Abendmahl werde der wahre

Leib und das wahre Blut des menschgewordenen, gekreuzigten und auferstandenen Christus «in, mit und unter» Brot und Wein dargereicht und empfangen. Deshalb sei das Abendmahl ein «Gnadenmittel», durch das Christus den Seinen zur Stärkung ihres Glaubens, d. h. zur «Vergebung der Sünden, Leben und Seligkeit», gegeben werde.

Die unterschiedlichen Auffassungen in der Abendmahlslehre waren unüberbrückbar und führten schließlich zur Bildung zweier reformatorischer Kirchen.

Die Reformation breitete sich über Zürich hinaus auch auf andere Schweizer Städte aus. Zwei Bündnisse standen nun einander gegenüber: die altgläubigen Orte und das «Christliche Burgrecht» mit Zürich, Bern, Konstanz und Straßburg sowie Basel, Schaffhausen, St. Gallen, Biel und Mühlhausen. Die Spannungen stiegen. 1529 konnte der Erste Kappeler Friede den Krieg noch einmal verhindern. Aber am 11. Oktober 1531 wurden die Züricher überfallen und vernichtend geschlagen.

Zwingli zog als Feldprediger mit in die Schlacht. Schon seit der Genesung von der Pest rechnete er mit einem gewaltsamen Tod. «Ich bin schon lange gefaßt auf alles Böse von allen, Geistlichen und Laien. Ich flehe Christus nur um das eine an, daß er mir verleihe, alles mit mannhaftem Herzen zu tragen und daß er mich, sein Geschirr, zerbreche oder festige, wie es ihm gefällt.»

In den letzten Jahren trat bei Zwingli immer deutlicher das Leitbild hervor, ein «Prophet» zu sein, der seine «Stimme wie eine Posaune erhebt». «Aber mit welcher Meinung und Absicht der allmächtige Gott solches durch mich, als seinen unwürdigen Diener, hat geschehen lassen wollen, kann ich nicht wissen, denn er allein erkennt und weiß das Geheimnis seiner Ratschlüsse.»

Kurz vor der Schlacht, so wird erzählt, wandte sich der Bäcker Lienhardt Burckhart an Zwingli mit der Frage: «Wie gefällt euch die Sache? Sind die Rüben gesalzen? Wer will's ausessen?»

«Ich und mancher Biedermann, der hier in Gottes Hand steht, dessen wir lebendig oder tot sind», entgegnete Zwingli.

«Tapfer kämpfend» fiel Zwingli.

Der Einfluß, den er durch seine Schriften ausüben konnte, war schon zu seinen Lebzeiten beträchtlich. Seine Lehre breitete sich vor allem in den süddeutschen Reichsstädten aus. Die direkten Nachwirkungen blieben aber im wesentlichen auf die deutschsprachige Schweiz beschränkt.

Anhang

Theologische und religionswissenschaftliche Literatur
Eine Auswahl

Lexika

Theologische Realenzyklopädie, hg. von G. Krause und G. Müller, Berlin/New York 1977 ff

Reallexikon für Antike und Christentum. Sachwörterbuch zur Auseinandersetzung des Christentums mit der antiken Welt, hg. von Th. Klauser, Stuttgart 1950 ff

Lexikon für Theologie und Kirche, hg. von J. Höfer und K. Rahner, Freiburg 1957 ff

Die Religion in Geschichte und Gegenwart. Handwörterbuch für Theologie und Religionswissenschaft, hg. von K. Galling, Tübingen [3]1957 ff

Taschenlexikon Religion und Theologie, hg. von E. Fahlbusch, Göttingen [4]1983

H. Cancik u. a. (Hg.): Handbuch religionswissenschaftlicher Grundbegriffe, Band 1 und 2, Stuttgart/Berlin/Köln/Mainz 1988 und 1990

E. Gössmann u. a. (Hg.): Wörterbuch der feministischen Theologie, Gütersloh 1991

H. Gasper (u. a.): Lexikon der Sekten, Sondergruppen und Weltanschauungen, Freiburg/Basel/Wien 1990

J. J. Petuchowski u. a.: Lexikon der jüdisch-christlichen Begegnung, Freiburg/Basel/Wien 1989

Religionen der Welt – Religionswissenschaft

Handbuch der Religionsgeschichte, hg. von J. Peter Asmussen u. a., Göttingen Bd. 1 1971, Bd. 2 1972, Bd. 3 1975

M. Eliade: Geschichte der religiösen Ideen, Freiburg/Basel/Wien, Bd. 1 1978, Bd. 2 1979, Bd. 3 1983, Quellentexte 1981

Fr. Heiler: Erscheinungsformen und Wesen der Religion, Stuttgart 1961

K. Goldammer: Die Formenwelt des Religiösen, Stuttgart 1960

G. van der Leeuwe: Phänomenologie der Religion, Tübingen [3]1970

G. Windgren: Religionsphänomenologie, Berlin 1969

G. Kehrer: Religionssoziologie (Sammlung Göschen 1228), 1968

G. Matthes: Kirche und Gesellschaft, Reinbek 1969, rde 312/313

Psychoanalyse und Religion, hg. von E. Nase und H. Scharfenberg, Darmstadt 1977

Die Religionen der Menschheit, hg. von Chr. M. Schröder, Stuttgart 1961 ff

A. Leroi-Gourhan: Die Religionen der Vorgeschichte, Frankfurt am Main 1981

Fr. Spiegelberg: Die lebenden Weltreligionen, Frankfurt am Main 1977

H. Küng u. a.: Christentum und Weltreligionen. Hinführung zum Dialog mit Islam, Hinduismus und Buddhismus, München/Zürich 1984

W. Hinz: Zarathustra, 1961
Fr. König: Zarathustras Jenseitsvorstellungen und das Alte Testament, Wien/Freiburg/Basel 1964
S. Morenz: Ägyptische Religion, Stuttgart 1960
H. Kees: Der Götterglaube im alten Ägypten, Berlin ^{3}1977
W. Burkert: Griechische Religion der archaischen und klassischen Epoche, Stuttgart/Berlin/Köln/Mainz 1977
K. Kerényi: Die Mythologie der Griechen, Bd. 1, Zürich ^{3}1964
E. Dammann: Die Religionen Afrikas, Stuttgart 1963
J. S. Mbiti: Afrikanische Religion und Weltanschauung, Berlin/New York 1974
W. Krickeberg u. a.: Die Religionen des alten Amerika, Stuttgart 1961
A. V. Ström und H. Biezais: Germanische und Baltische Religion, Stuttgart/Berlin/Köln/Mainz 1975
H. Oldenburg: Die Religion des Veda, Darmstadt 1977
H. von Glasenapp: Die Religionen Indiens, Stuttgart ^{2}1956
L. Renon: Der Hinduismus, Genf 1972
E. Conze: Der Buddhismus, Stuttgart/Berlin/Köln/Mainz ^{6}1977
U. Schneider: Einführung in den Buddhismus, Darmstadt 1980
Z. Shibayama: Zu den Quellen des Zen, 1976
L. Trepp: Das Judentum. Geschichte und lebendige Gegenwart, Reinbek 1970
J. Maier: Geschichte der jüdischen Religion, Berlin/New York 1972
Begegnungen mit dem Judentum, hg. von B. Rübenach, Stuttgart/Berlin 1981
W. M. Watt und A. T. Welch: Der Islam I, Stuttgart/Berlin/Köln/Mainz 1980
Der Islam in der Gegenwart, hg. von W. Ende und U. Steinbach, München 1984

Kritik an Religion und Christentum

Das Christentum im Urteil seiner Gegner, hg. von K. Deschner, Wiesbaden, Bd. 1 1969, Bd. 2 1971
Fr. W. Kantzenbach: Religionskritik der Neuzeit, München 1972
H. Zirker: Religionskritik, Düsseldorf 1982
P. Eicher: Bürgerliche Religion. Eine theologische Kritik, München 1983
Glaube – Unglaube, hg. von H. J. Türk, Mainz 1971
F. Leist: Der Gefangene des Vatikans. Strukturen päpstlicher Herrschaft, München 1971
K.-M. Kodalle: Unbehagen an Jesus. Eine Herausforderung der Psychoanalyse an die Theologie, Olten/Freiburg 1978
Angst und Gewalt, hg. von H. von Stietencron, Düsseldorf 1979
Der Fall Schultz, hg. von H. von Kuenheim, Köln 1979
H. Herrmann: Die sieben Todsünden der Kirche, Reinbek 1978
H. Mynarek: Religion – Möglichkeit oder Grenzen der Freiheit, Köln 1977
K. Deschner: Das Kreuz mit der Kirche. Eine Sexualgeschichte des Christentums, Düsseldorf/Wien ^{2}1974
E. Durkheim: Soziologie und Philosophie, Frankfurt am Main 1980
S. Freud: Die Zukunft einer Illusion, in: Gesammelte Werke Bd. 14, Frankfurt am Main ^{6}1979, S. 323 ff

Bibel: Altes und Neues Testament

C. Westermann: Abriß der Bibelkunde. Altes und Neues Testament, Stuttgart u. a. ^{2}1980
W. H. Schmidt und G. Delling: Wörterbuch zur Bibel, Stuttgart u. a. 1971
R. Smend: Die Entstehung des Alten Testaments, Stuttgart/Berlin/Köln/Mainz 1978
G. Fohrer: Einleitung in das Alte Testament, Heidelberg ^{12}1979
W. Zimmerli: Grundriß der alttestamentlichen Theologie, Stuttgart/Berlin/Köln/Mainz ^{4}1982
H. Ringgren: Israelitische Religion, Stuttgart 1963
Kl. Koch: Die Propheten, Stuttgart/Berlin/Köln/Mainz, Bd. 1 1978, Bd. 2 1980
G. Adam u. a.: Einführung in die exegetischen Methoden, München ^{5}1975
P. Feine, J. Behm, W. G. Kümmel: Einleitung in das Neue Testament, Heidelberg ^{16}1970
Ph. Vielhauer: Geschichte der urchristlichen Literatur, Berlin/New York 1975
E. Lohse: Grundriß der neutestamentlichen Theologie, Stuttgart/Berlin/Köln/Mainz 1974
H. Conzelmann: Grundriß der Theologie des Neuen Testaments, München ^{2}1968
W. Marxsen: Der Streit um die Bibel, 1965
E. Schweizer: Jesus Christus im vielfältigen Zeugnis des Neuen Testaments, Gütersloh ^{5}1979
E. Haenchen: Der Weg Jesu, Berlin ^{2}1968
L. Schottroff und W. Stegemann: Jesus von Nazareth – Hoffnung der Armen, Stuttgart u. a. 1978
G. Theißen: Soziologie der Jesusbewegung, Kaiser 1977
G. Bornkamm: Paulus, Stuttgart/Berlin/Köln/Mainz ^{3}1977

Kirchengeschichte

C. Andresen: Geschichte des Christentums, Stuttgart/Berlin/Köln/Mainz, Bd. 1 1975
Gestalten der Kirchengeschichte, hg. von M. Greschat, Stuttgart/Berlin/Köln/Mainz, 1984 ff
W. Schneemelcher: Das Urchristentum, Stuttgart u. a. 1981
K. Deschner: Abermals krähte der Hahn. Eine Demaskierung des Christentums von den Evangelisten bis zu den Faschisten, Reinbek 1972
H. Kühner: Das Imperium der Päpste. Kirchengeschichte, Weltgeschichte, Zeitgeschichte von Petrus bis heute, Zürich/Stuttgart 1977
I. W. Frank: Kirchengeschichte des Mittelalters, Düsseldorf 1984
K. S. Frank: Grundzüge der Geschichte des christlichen Mönchtums, Darmstadt ^{3}1979
F.-D. Maaß: Mystik im Gespräch, Würzburg 1972
R. Chr. Zaehner: Mystik – Harmonie und Dissonanz. Die östlichen und westlichen Religionen, Walter 1980
W. Nigg: Das Buch der Ketzer, Zürich/Stuttgart ^{5}1970
Die Wahrheit der Ketzer, hg. von H. J. Schultz, 1968
J. Hansen: Zauberwahn, Inquisition und Hexenprozeß im Mittelalter und die Entstehung der großen Hexenverfolgungen (1900), Aalen 1964

J. R. Grigulevic: Ketzer, Hexen, Inquisitoren. Geschichte der Inquisition, Bd. 1 und 2, Berlin 1976
P. Joachimsen: Vom Mittelalter zur Reformation, 1959
G. Wehr: Umstrittene Reformation, München 1983
H. Kemler: Christentum – Reformation und Neuzeit, Stuttgart/Berlin/Köln/Mainz 1984
E. Beyreuther: Geschichte des Pietismus, Stuttgart 1978
M. Schmidt: Pietismus, Stuttgart u. a. [2] 1978
Kl. Scholder: Die Kirchen und das Dritte Reich, Bd. 1, Frankfurt am Main/Berlin/Wien 1977
A. Lindt: Das Zeitalter des Totalitarismus, Stuttgart u. a. 1981
K. Deschner: Ein Jahrhundert Heilsgeschichte. Die Politik der Päpste im Zeitalter der Weltkriege, Köln 1982
H. E. Fey: Geschichte der ökumenischen Bewegung, Göttingen 1974
Ökumenische Theologie, hg. von P. Lengsfeld, Stuttgart/Berlin/Köln/Mainz 1980
E. Fahlbusch: Einheit der Kirche – Eine kritische Betrachtung des ökumenischen Dialogs, München 1983
U. Neuenschwander: Denker des Glaubens, Gütersloh, Bd. 1 [3] 1978, Bd. 2 [2] 1979
Religion ohne Kirche: Die Bewegung der Freireligiösen, hg. von Fr. Heyer und V. Pitzer, Stuttgart 1977
Fr. Kabermann: Die Jesusfalle. Der sanfte Krieg der Sekten, Hamburg 1979
Fr.-W. Haack: Die neuen Jugendreligionen, Evangelischer Presseverband [3] 1982
M. Mildenberger: Die religiöse Revolte, Frankfurt am Main [3] 1981 (Fischer-TB)

Themen systematischer und ethischer Theologie – Christentum und Gesellschaft

F.-J. Nocke und H. Zirker: Einübung in die systematische Theologie, München 1984
G. Sauter und A. Stock: Arbeitsweisen systematischer Theologie, München 1976
Chr. Frey: Dogmatik, Gütersloh 1977
W. Joest: Fundamentaltheologie, Stuttgart u. a. [2] 1982
G. Hasenhüttl: Kritische Dogmatik, Graz/Wien/Köln 1979
H. Küng: Christ sein, München/Zürich [7] 1975
J. B. Metz: Glaube in Geschichte und Gesellschaft, Mainz 1977
Th. und G. Sartory: In der Hölle brennt kein Feuer, München 1968
H. Haag: Teufelsglaube, Tübingen 1974
W. Pannenberg: Anthropologie in theologischer Perspektive, Göttingen 1983
M. Sievernich: Schuld und Sünde in der Theologie der Gegenwart, Frankfurt am Main 1982
Handbuch der christlichen Ethik, hg. von A. Hertz u. a., Bd. 1 und 2 1978, Bd. 3 1982
T. Rendtorff: Ethik, 2 Bände, Stuttgart u. a. 1980/81
J. Moltmann: Politische Theologie – Politische Ethik, Mainz/München 1984
H. Schulze: Theologische Sozialethik, Gütersloh 1979
H. Wahl: Christliche Ethik und Psychoanalyse, München 1980
K.-W. Dahm u. a.: Das Jenseits der Gesellschaft. Religion im Prozeß sozialwissenschaftlicher Kritik, München 1975
Frieden – Bibel – Kirche, hg. von G. Liedke, München/Stuttgart 1972

Christentum und Militarismus, hg. von W. Huber und G. Liedke, Stuttgart/München 1974
E. Drewermann: Der Krieg und das Christentum, Regensburg 1982
S. Vierzig: Kirche und Politik, Stuttgart/Berlin/Köln/Mainz 1980
Dem Evangelium auf der Spur. Theologie in der Dritten Welt, hg. von S. Torres u. a., texte 22, Frankfurt am Main 1980
G. Gutiérrez: Theologie der Befreiung, München [5]1980
Befreiungstheologie als Herausforderung, hg. von H. Goldstein, Düsseldorf 1981
J. Pobee: Grundlinien einer afrikanischen Theologie, Göttingen 1981

Register

* «→» Siehe innerhalb des Registers unter dem angegebenen Begriff, in diesem Fall unter «Askese»

rowohlts bildmonographien

Thema Religion

Henri Marrou
Augustinus (008)

Otto Wolff
Sri Aurobindo (121)

Gehard Wehr
Jacob Böhme (179)

Eberhard Bethge
Dietrich Bonhoeffer (236)

Gerhard Wehr
Martin Buber (147)

Volker Zotz
Buddha (477)

Ivan Gobry
Franz von Assisi (16)

Eckhard Bernstein
Ulrich von Hutten (394)

Alain Guillermou
Ignatius von Loyola (74)

David Flusser
Jesus (140)

Johannes Hemleben
Johannes der Evangelist (194)

Hanns Lilje
Martin Luther (98)

Gerd Presler
Martin Luther King (333)

Gerhard Wehr
Meister Eckhart (376)

Emile Dermenghem
Mohammed (47)

André Neher
Moses (94)

Gerhard Wehr
Thomas Müntzer (188

Claude Tresmontant
Paulus (23)

Solange Lemaitre
Ramakrischna (60)

Harald Steffahn
Albert Schweitzer (263)

Johannes Hemleben
Pierre Teilhard de Chardin (116)

M.-D. Chenu
Thomas von Aquin (45)

Gerhard Wehr
Paul Tillich (274)

Angelica Krogmann
Simone Weil (166)

bildmono ro ro ro graphien

C 2057 /10

rowohlts bildmonographien

Thema Naturwissenschaft, Pädagogik, Medizin

Naturwissenschaft

Jochen Kirchhoff
Giordano Bruno (285)

Fritz Vögtle / Peter Ksoll
Marie Curie (417)

Johannes Hemleben
Charles Darwin (137)

Fritz Vögtle
Thomas Alva Edison (305)

Johannes Wickert
Albert Einstein (162)

Johannes Hemleben
Galileo Galilei (156)

Armin Hermann
Werner Heisenberg (240)

Adolf Meyer-Abich
Alexander von Humboldt (131)

Johannes Hemleben
Johannes Kepler (183)

Jochen Kirchhoff
Nikolaus Kopernikus (347)

Fritz Vögtle
Alfred Nobel (319)

Armin Hermann
Max Planck (198)

Medizin

Josef Rattner
Alfred Adler (189)

Wilhelm Salber
Anna Freud (343)

Octave Mannoni
Sigmund Freud (178)

Rainer Funk
Erich Fromm (322)

Gerhard Wehr
C. G. Jung (152)

Hans-Martin Lohmann
Alexander Mitscherlich (365)

Ernst Kaiser
Paracelsus (149)

Bernd A. Laska
Wilhelm Reich (298)

Pädagogik

Helmut Heiland
Friedrich Fröbel (303)

Wolfgang Pelzer
Janusz Korczak (362)

Helmut Heiland
Maria Montessori (419)

Max Liedtke
Johann Heinrich Pestalozzi (138)

Johannes Hemleben
Rudolf Steiner (79)

Hans-Dieter Klumpjan / Helmut Klumpjan
Henry David Thoreau (356)

bildmono rororo graphien

C 2057/8 b

rowohlts bildmonographien

Thema Geschichte

Herman Weber
Lenin (168)

Bernd-Rüdiger Schwesig
Ludwig XIV. (352)

Bernd-Rüdiger Schwesig
Rosa Luxemburg (158)

Edmond Barincou
Niccolò Machiavelli (17)

Tilemann Grimm
Mao Tse-tung (141)

Peter Berglar
Maria Theresia (286)

Friedrich Hartau
Clemens Fürst von Metternich (250)

Hans Peter Heinrich
Thomas Morus (331)

Giovanni de Luna
Benito Mussolini (270)

Detlef Brennecke
Fridtjof Nansen (411)

André Maurois
Napoleon (112)

Reinhold Neumann-Hoditz
Peter der Große (314)

Heinrich G. Ritzel
Kurt Schumacher (184)

Maximilian Rubel
Josef W. Stalin (224)

G. Prunkle und A. Rühle
Josip Broz-Tito (199)

Harry Wilde
Leo Trotzki (157)

Harald Steffahn
Richard von Weizsäcker (479)

Friedrich Hartau
Wilhelm II (264)

bildmono rororo graphien

C 2053 /10 a

rowohlts bildmonographien

Thema Literatur

bildmono ro ro ro graphien

C 2058/8

Heinrich Goertz
Friedrich Dürrenmatt (380)

Paul Stöcklein
Joseph von Eichendorff (84)

Johannes Kleinstück
T.S. Eliot (119)

Jürgen Manthey
Hans Fallada (78)

Peter Nicolaisen
William Faulkner (300)

Reinhold Jaretzky
Lion Feuchtwanger (334)

Jean de la Varende
Gustave Flaubert (20)

Helmuth Nürnberger
Theodor Fontane (145)

Volker Hage
Max Frisch (321)

Franz Schonauer
Stefan George (44)

Claude Martin
André Gide (89)

Peter Boerner
Johann Wolfgang von Goethe (100)

Rolf-Dietrich Keil
Nikolai W. Gogol (342)

Nina Gourfinkel
Maxim Gorki (9)

Georg Bollenbeck
Oskar Maria Graf (337)

Heinrich Vormweg
Günter Grass (359)

Gerhard Scheit
Franz Grillparzer (396)

Hermann Gerstner
Brüder Grimm (201)

Curt Hohoff
Johann Jakob Christoph vom Grimmelshausen (267)

Martin Beheim-Schwarzbach
Knut Hamsum (3)

Ottmar Hinz
Wilhelm Hauff (403)

Kurt Lothar Tank
Gerhart Hauptmann (27)

Hayo Matthiesen
Friedrich Hebbel (160)

Detlef Brennecke
Sven Hedin (355)

Ludwig Marcuse
Heinrich Heine (41)

Georges-Albert Astre
Ernest Hemingway (73)

Bernhard Zeller
Hermann Hesse (85)

Dietrich Gronau
Nâzim Hikmet (426)

Ulrich Häussermann
Friedrich Hölderlin (53)

Gabrielle Wittkop-Ménardeau
E.T.A. Hoffmann (113)

Werner Volke
Hugo von Hofmannsthal (127)

Herbert Bannert
Homer (272)

rowohlts bildmonographien

Thema Literatur

Dieter Hildebrandt
Ödön von Horváth (231)

Theo Schumacher
Aldous Huxley (368)

Gerd Enno Rieger
Henrik Ibsen (295)

Francois Bondy
Eugène Ionesco (223)

Elsbeth Wolffheim
Hans Henny Jahnn (432)

Hanns-Josef Ortheil
Jean Paul (329)

Jean Paris
James Joyce (40)

Luiselotte Enderle
Erich Kästner (120)

Klaus Wagenbach
Franz Kafka (91)

Bernd Breitenbruch
Gottfried Keller (136)

Adolf Stock
Heinar Kipphardt (364)

Curt Hohoff
Heinrich von Kleist (1)

Paul Schick
Karl Kraus (111)

Erika Klüsener
Else Lasker-Schüler (283)

Richard Aldington
David Herbert Lawrence (51)

Curt Hohoff
Jakob Michael Reinhold Lenz (259)

Wolfgang Drews
Gotthold Ephraim Lessing (75)

Wolfgang Promies
Georg Christoph Lichtenberg (90)

Sybil Gräfin Schönfelt
Astrid Lindgren (371)

Thomas Ayck
Jack London (244)

Heribert Hoven
Malcolm Lowry (414)

Hugo Huppert
Wladimir Majakowski (102)

Klaus Schröter
Heinrich Mann (125)

Uwe Naumann
Klaus Mann (332)

Klaus Schröter
Thomas Mann (93)

David A. Jackson
Conrad Ferdinand Meyer (238)

Walter Schmiele
Henry Miller (61)

Hans Egon Holthusen
Eduard Mörike (175)

Friedrich Hartau
Molière (245)

Uwe Schultz
Michel de Montaigne (442)

Martin Beheim-Schwarzbach
Christian Morgenstern (97)

bildmono ro ro ro graphien

C 2058/8 b

rowohlts bildmonographien

Thema Literatur

Otto Basil
Georg Trakl (106)

Klaus-Peter Schulz
Kurt Tucholsky (31)

Thomas Ayck
Mark Twain (211)

Heidi Thomann Tewarson
Rahel Levin Varnhagen (406)

Marion Giebel
Vergil (353)

Volker Dehs
Jules Verne (358)

Hans-Uwe Rump
Walther von der Vogelweide (209)

Günter Seehaus
Frank Wedekind (213)

Jochen Vogt
Peter Weiss (367)

Norbert Abels
Franz Werfel (472)

Irmela Brender
Christoph Martin Wieland (475)

Peter Funke
Oscar Wilde (148)

Karen Baasch/
Helmuth Nürnberger
Oswald von Wolkenstein (360)

Werner Waldmann
Virginia Woolf (323)

Marc Bernard
Émile Zola (24)

Thomas Ayck
Carl Zuckmayer (256)

Jost Hermand
Arnold Zweig (381)

Hartmut Müller
Stefan Zweig (413)

bildmono ro ro ro graphien

C 2058/8 e

sie aufmerksam und mit einer Neugier, die ihr das Herz schwer machte.

Schließlich war es Zeit, nach Frankfurt zurückzufahren.

Kurz bevor die Tür zuging, hörte sie noch, wie ihr Vater ihre Mutter auf Spanisch fragte:

»Wer ist denn diese nette junge Frau?«

Rosa Ribas
Kalter Main
Kriminalroman
Aus dem Spanischen von
Kirsten Brandt
Deutsche Erstausgabe
st 4088. 368 Seiten

Hochwasser in Frankfurt, und in den Fluten des Mains treibt ein Toter – ermordet, wie sich schnell herausstellt. Hauptkommissarin Cornelia Weber übernimmt den Fall, und die Ermittlungen bringen nicht nur so manche dunkle Seiten des Mordopfers, eines seit Jahrzehnten in Frankfurt lebenden Spaniers, ans Licht, sondern lassen auch Webers eigene Vergangenheit wiederaufleben ... Zwischen Bankentürmen und Bahnhofsviertel – der erste Fall der eigenwilligen Frankfurter Kommissarin Cornelia Weber.

»Spannend bis zum Schluss.« *Ecos*

NF 979/1/8.10

Rosa Ribas
Falsche Freundin
Kriminalroman
Aus dem Spanischen von
Peter Schwaar
Deutsche Erstausgabe
st 4302. Etwa 300 Seiten

Ein tragischer Todesfall am Frankfurter Flughafen kommt Cornelia Weber-Tejedor gerade recht. Inkognito mischt sich die Kommissarin unter das Reinigungspersonal des Flughafens und flieht so aus ihrem verzwickten Privatleben. Mit Hilfe ihrer neuen Kollegin Elin, in der Cornelia eine Freundin gefunden hat, stößt sie schon bald auf den Chef eines Drogenhändlerrings. Als Elin plötzlich bedroht wird, begeht Cornelia einen fatalen Fehler …
Mit *Falsche Freundin* legt die spanische Krimipreisträgerin Rosa Ribas einen rasanten, atmosphärisch dichten Kriminalroman vor, in dem die deutsch-spanische Kommissarin Cornelia Weber-Tejedor in die Tiefen des Frankfurter Flughafens eintaucht und dabei in die gefährlichen Machenschaften eines Drogennetzwerks gerät.

»Frankfurt hat mit der Kommissarin Weber-Tejedor nun einen Platz auf der europäischen Krimilandkarte.«

Qué leer, Barcelona

NF 1012/1/7.11

Rosa Ribas
Tödliche Kampagne
Ein neuer Fall für Kommissarin Cornelia Weber-Tejedor
Kriminalroman
Aus dem Spanischen von Kirsten Brandt
Deutsche Erstausgabe
st 4184. 462 Seiten

Ein brutaler Mord sorgt für Aufregung in Frankfurts Werbeagenturen: In ihrem zweiten Fall taucht Hauptkommissarin Cornelia Weber-Tejedor tief ein in die Welt der Jungen und Kreativen ... kreativ auch, wenn es um Mord geht? Zunächst sind es nur Drohbriefe, die in der Frankfurter Werbeagentur Baumgard & Holder eingehen, doch dann wird ein Kollege ermordet aufgefunden. Wollte man im Wettstreit um eine lukrative Kampagne, die die Stadt Frankfurt ausgeschrieben hat, einen unliebsamen Konkurrenten aus dem Weg schaffen? Cornelia Weber, in Eheprobleme verstrickt und unzufrieden über die Zusammensetzung ihres Teams, übersieht ein entscheidendes Detail. Dann geschieht ein zweiter Mord.

NF 1013/1/7.11